제9판

현대재무관리

박정식 · 박종원 · 조재호(가나다순)

다산출판사

제9판 머리말

'현대재무관리' 제1판이 출간된 지 약 47년이 흘렀고, 제8판 이후 약 9년 만에 제9판이 나오게 되었다. 오랜 기간 동안 많은 독자들이 보내주신 책에 대한 애정과 성원에 또 다시 감사드린다. 개정판을 좀 더 일찍 내놓지 못한 것에 대해 송구스럽지만, 한편으론 이번 판을 통해 책의 전통을 계승할 수 있게 되어 다행으로 생각한다. 이 책의 원저자인 박정식 교수께서는 안타깝게도 2017년에 타계하셨다. 다시 한번 박정식 교수님의 명복을 빌며, 생전에 이 책에 쏟아 부은 노력과 헌신에 감사드린다. 박 교수님께서 워낙 탄탄한 기초와 뼈대를 마련해 놓았기 때문에 지금의 「현대재무관리」가 가능할 수 있다고 생각한다. 나머지 두 저자들은 앞으로도 이 책의 전통이 오랫동안 계승 · 발전될 수 있기를 간절히 기원한다.

이 책의 제8판이 제7판을 전면적으로 개정한 것인 데 비해, 이번 판에서는 제8판을 부분적으로 개정하였다. 재무학의 틀을 바꿔 놓을 만한 새로운 이론이 없었던 상황에서, 제8판의 구성이 여전히 적절하다고 판단하기 때문에 책의 큰 골격은 그대로 유지하려고 하였다. 다만, 지난 9년간 일어났던 재무환경의 변화와 연구결과를 반영하여 관련되는 내용을 수정하고 보완하였다. 변경된 제도와 법규를 적절히 반영하였고 일부 주제의 경우 최근의 연구결과를 포함하여 내용을 보완하였다. 또 기업의 재무관리와 관련한 여러 통계수치를 최신의 것으로 업데이트하였다. 제8판에 비해 제9판에서 변화된 주요 내용들을 요약하면 다음과 같다.

제 I 편(재무관리의 기초)의 제1장에서는 기업의 사회적 책임에 관한 내용을 보강하고 이와 관련하여 기존의 재무관리 목표가 어떻게 수정될 수 있는지를 살펴보았으며, '우리나라의 금융기관'과 '자본시장을 통한 자금조달추이' 등에 관한 통계를 업데이트하였다. 제2장에서는 주제의 중요성을 고려하여 영업현금흐름과 잉여현금흐름에 관한 내용을 별도의 절에서 다루었다. 기업의 재무의사결정 전반에 걸쳐 두 가지 현금흐름에 대한 개념과 측정방법을 명확히 이해하는 것이 매우 중요하다고 판단했기 때문이다.

제 II 편(가치평가와 자본예산)의 제6장에서는 우리나라와 미국 기업을 대상으로 한 '자본예산기법의 실제 이용현황'을 업데이트하였다. 제7장에서는 영업현금흐름과 잉여현금흐름의 정의를 부채사용의 경우로 일반화하여 다룸으로써 제2장에서 소개한 두 현금흐름의 내용과 일관성을 유지하도록 하였다.

제 III 편(위험과 자본예산)의 제8장에서는 한국자본시장의 과거수익률 자료와 통계치를 업데이트하였으며, 제9장에서는 체계적 위험과 비체계적 위험에 대한 개념을 보다 분명히 할 수 있도록 설명을 보완하였다. 제10장에서는 '자본자산가격결정모형'의 구성요소에 영향을 미치는 경제변수들을 그림으로 정리하였고, 소비 CAPM과 대표소비자 모형에 대해서도 언급하였다. 또 제11장에서는 불확실성하에서의 투자결정 방법으로 위험조정할인율법 외에 확실성등가법에 대한 설명을 추가하였다.

제Ⅳ편(자본조달결정)의 제12장에서는 사건연구 방법론을 재정리하였고, 시장효율성에 관한 실증연구 결과와 시장이상현상의 내용을 보강하였다. 행동재무학에 관한 내용도 부분적으로 수정하였다. 제15장에서는 세율자료를 업데이트하여 실효배당소득세율과 현금유보의 실효세율을 재분석하였다.

제Ⅴ편(자본조달결정과 자본예산)의 제16장에서는 증분잉여현금흐름의 정의를 명확히 하여 제2장, 제7장, 제15장 등에서 나타나는 현금흐름의 내용과 일관성을 유지하도록 하였다.

제Ⅵ편(옵션과 기업재무)의 제17장에서는 KOSPI 200 옵션의 시세표를 최근의 것으로 업데이트하였으며, 제19장에서는 '옵션을 이용한 자본구조의 해석'을 재정리하였다.

제Ⅶ편(장기자본조달)의 제20장에서는 제도변화를 반영하여 의결권제한주식에 더해 복수의결권주식에 대해서 설명하였으며, IPO주식에 대한 평균수익률 자료를 업데이트하였다. 제21장에서는 K-IFRS의 운용리스에 대한 회계처리 방식의 변경을 반영하여 설명을 새롭게 하였으며, 스타트업기업에 대한 투자자로서 사모펀드와 기관투자자의 역할도 언급하였다.

제Ⅸ편(재무관리의 특수주제)의 제24장에서는 M&A시장의 동향을 최근까지의 기간으로 업데이트하고, 적대적 M&A의 방어방법으로서 복수의결권주에 대한 설명을 추가하였다. 제25장에서는 우리나라 부실기업의 사적정리 제도의 하나인 자율협약에 대한 내용을 포함하고 워크아웃과의 차이를 정리하였으며, 부실예측모형으로서 판별분석 외에 로짓분석에 대해서도 언급하였다. 제26장의 위험관리와 제27장의 국제재무관리에서는 환율 등 가격자료를 모두 최근의 시장가격 수준으로 대체하여 관련 내용을 수정하고 재분석하였다.

개정작업을 할 때마다 느끼는 것이지만, 나름대로 노력을 기울인 것 같은데 마치고 나면 아직 여러 가지 부족한 점이 적지 않아 보인다. 부족한 점은 앞으로도 계속 보완해 나갈 것을 약속한다. 독자들께서도 계속 관심을 가지고 여러 의견과 조언을 전달해 주시면, 더 나은 책을 만드는 데 큰 도움이 될 것이다. 이번 개정판을 출간하는 과정에서도 여러 분들의 많은 도움과 수고가 있었다. 서울시립대학교 경영대학의 김성식 박사과정생은 이 책의 강의자료집을 새로 만드는 데 큰 역할을 해 주었다. 다산출판사의 강희일 사장님은 새로운 판의 책이 나오기를 인내심으로 기다리며 필요한 모든 지원을 해 주셨고, 양선용 부장님은 빈틈없이 훌륭하게 편집작업을 수행해 주셨다. 이 분들께 깊은 감사와 큰 박수를 보낸다. 마지막으로, 개정작업에 응원을 아끼지 않았던 우리의 가족들에게도 감사와 애정을 표한다.

2024년 2월 저자 씀

차 례

제 I 편 재무관리의 기초

제9장 포트폴리오이론

제10장 자본자산가격결정모형

제11장 위험을 고려한 자본예산과 자본비용

제Ⅳ편 자본조달결정

제12장 효율적 자본시장과 행동재무학

제 V 편 자본조달결정과 자본예산

제16장 부채사용과 투자안의 평가

제 VI 편 옵션과 기업재무

제17장 옵션의 개요

제18장 옵션의 가격결정

제19장 옵션의 응용과 실물옵션

제Ⅶ편 장기자본조달

제20장 부채 및 자기자본의 조달

제 I 편

재무관리의 기초

제 1 장

기업과 재무관리

STUDY GUIDE

재무관리는 기업이 어떤 사업에 투자를 할 것인지, 또 투자에 필요한 자금을 어떻게 조달할 것인지를 주된 연구대상으로 한다. 자본주의가 발전하고 기업의 규모가 커짐에 따라 기업활동을 구성하는 여러 기능 중에서 재무관리가 차지하는 비중은 계속 커지고 있다. 어떤 기업은 필요한 자금을 적당한 시기에 잘 조달하여 좋은 사업에 투자함으로써 성장을 계속한다. 그러나 또 다른 기업은 자금조달과 투자에 실패하여 경영활동이 크게 위축되고 심한 경우 그 기업이 도산하기도 한다. 이 장에서는 재무관리라는 학문분야와 기업의 형태를 소개한 후, 재무관리의 주된 연구대상인 주식회사의 소유 및 경영과 재무관리의 목표에 관련된 여러 주제들을 살펴본다. 그리고 기업의 사회적 책임과 지배구조에 대해 살펴보고 기업을 둘러싼 재무관리환경과 기업활동과 관련된 법규를 소개한다.

1.1 재무관리란 무엇인가?

넓은 의미에서 재무관리는 재무학(finance)이라는 이름으로도 불린다. 재무학은 자금(funds)의 흐름을 파악하고 분석하는 학문분야이다.[1] 다른 재화나 서비스와 마찬가지로 자금의 경우에도 이를 필요로 하는 수요자가 있고 또 이를 수요자에게 제공해 주는 공급자가 있다. 자금의 수요자 중 대표적인 경제주체가 기업이다. 기업의 재무의사결정(financial decision)과 기업이 접하는 재무환경 등을 다루는 연구분야를 기업재무론(corporate finance)이라고 한다. 또 재무학에서는 많은 경우 자금의 공급자를 투자자로 부르는데, 투자자의 재무의사결정과 투자자가 접하는 투자환경 등을 다루는 연구분야를 흔히 투자론(investments)이라고 한다. 기업재무론과 투자론은 재무학을 구성하는 두 개의 큰 축이 된다.

좁은 의미에서 재무관리는 기업재무론(corporate finance)을 의미한다. 이는 자금의 수요자인 기업의 자금흐름과 관련된 활동을 다루는 학문으로 자금의 운용과 조달 그리고 유동성관리 등을 연구대상으로 하고 있다. 이 책에서 다룰 재무관리는 기업의 재무의사결정을 담당하는 재무관리자(chief financial officer: CFO)의 관점에서 다루는 기업재무론, 즉 좁은 의미의 재무관리이다.

재무관리를 담당하는 재무관리자는 기업에서 어떤 일을 할까? 재무관리에서 다루는 내용을 파악하면 재무관리자의 역할을 알 수 있는데, 이를 기업의 재무상태표(또는 대차대조표)를 이용하여 살펴보자. 재무상태표(statement of financial position)는 일정시점에서 기업의 재무상태, 즉 자산과 부채 · 자본의 구성을 나타내는 표이다. 재무상태표는 [그림 1-1]에서 보는 것과 같다.

기업의 자산(asset)은 재무상태표 왼쪽(차변)에 위치하며 크게 유동자산과 비유동자산으로 구분한다. 유동자산은 현금 · 재고자산 등과 같이 단기간 동안 보유하는 자산이며, 비유동자산은 건물 · 기계 등과 같이 기업이 장기간 보유하는 자산이다. 유동자산과 비유동자산의 구분은 회계관행상 1년을 기준으로 한다. 유동자산은 정상적인 기업활동에서 1년 이내에 현금화되는 자산이며, 비유동자산은 1년 이상의 비교적 오랜 기간 동안 기업이 사용하는 자산이다.

자산을 구입하기 위해서는 자금이 필요하다. 필요한 자금을 어떻게 조달하였는지는 재무상태표 오른쪽(대변)에 나타나며, 조달된 자금은 크게 부채(liability)와 자기자본(equity)으로 구분된다. 부채는 타인자본이라고 하며, 기업이 단기간 동안 사용하는 유동부채와 장기간 동안 사용하는 비유동부채로 구분된다. 유동자산과 비유동자산의 구분과 마찬가지로 유동부채와 비유동부채의 구분도 1년을 기준으로 한다. 유동부채는 1년 이내에 갚아야 할 부채이며, 비유동부채는 1년 이내에 갚을 필요가 없는 부채이다. 한편, 자기자본은 주식을 발행하여 조달한 자금과 과거의 기업활동에서 벌어들인 이익을 유보한 것이며, 특정한 기한 내에 갚아야 할 의무가 없는 자금이다.

이와 같은 재무상태표의 내용을 기초로 재무관리에서 다루는 내용을 요약하면 다음과 같다. 첫

1 이 분야의 저명학자인 로스(Ross)는 재무학을 '시간과 불확실성의 경제학(economics of time and uncertainty)' 이라고 하였다. 이는 자금흐름을 분석하는데 있어 시간과 불확실성이 가장 중요하게 고려해야 할 요소이기 때문이다.

| 그림 1-1 | 기업의 재무상태표

째, 어떤 사업(자산)에 얼마만큼 투자할 것인가를 결정하는 투자결정(investment decision)이다. 투자결정은 [그림 1-1] 재무상태표의 왼쪽(차변)에 나타나 있는 항목을 다루는 것으로 기업이 자산을 가장 이상적인 형태로 보유하려는, 즉 최적자산구성(optimal asset structure)을 찾는 노력이다. 특히 비유동자산 중 건물 · 설비 등과 같은 유형자산이나, 지식재산권(intellectual property right)이나 R&D투자 등과 같은 무형자산에 대한 투자는 기업의 영업활동에 오랫동안 영향을 미치기 때문에 매우 중요하다. 이처럼 영업활동에 장기간 사용하게 될 유 · 무형자산에 대한 투자분석을 자본예산(capital budgeting)이라고 하며, 이는 재무관리에서 다루는 가장 중요한 과제 중의 하나이다.

둘째, 자금을 어떻게 조달할 것인가를 결정하는 자본조달결정(financing decision)이다. 이는 [그림 1-1] 재무상태표의 오른쪽(대변)에 관계되는 것으로 기업이 필요한 자금을 가장 이상적인 형태로 조달하려는, 즉 최적자본구조(optimal capital structure)를 찾는 노력이다. 부채(타인자본)와 자기자본의 비중을 결정하는 문제와, 이익의 내부유보를 통한 내부자금과 차입이나 주식발행을 통한 외부자금을 어떻게 적절히 배분하여 필요자금을 조달하는가를 결정하는 것이 자본조달결정이다.

셋째, 단기간의 영업활동에 필요한 현금의 유입과 유출을 관리하는 유동성(liquidity)관리이다. 영업활동에서 발생하는 현금의 유입과 유출은 금액과 시간적인 면에서 크게 다를 수 있다. 이러한 차이를 조정하는 일은 [그림 1-1]의 재무상태표에서 유동자산과 유동부채의 차이인 순운전자본(net working capital)의 관리를 통해 이루어진다. 투자결정과 자본조달결정이 장기적 관점에서 재무관리의 과제라면 유동성관리는 단기적 관점에서 재무관리의 과제이다. 특히, 2008년의 글로벌 금융위기나 최근의 COVID-19 팬데믹과 같은 경제위기 시에 유동성관리는 더욱 중요한 과제가 된다.

1.2 주식회사의 소유와 경영

■ 기업의 형태와 주식회사제도

기업의 형태

앞서 살펴본 것과 같이 재무관리는 기업의 투자결정과 자본조달결정, 그리고 유동성관리를 다루는 학문이다. 이러한 재무의사결정 기능은 개인이나 다른 조직체에도 유사하게 적용될 수 있으나 그 주된 적용대상은 기업이다. 재무의사결정의 구체적인 내용을 살펴보기에 앞서 기업의 형태에 대해 간단히 살펴보자. 기업(firm)은 영리추구를 목적으로 설비와 원자재 등을 구입하고 이를 이용하여 제품이나 서비스를 생산한 후, 생산된 제품이나 서비스를 시장에서 판매한다.

시장에는 다양한 형태의 기업들이 활동한다. 어떤 기업들은 한 개인이 모든 소유권을 가지고 기업을 경영한다. 주로 작은 규모의 기업에 이러한 형태가 많은데 이런 기업을 개인기업(sole proprietorship)이라고 부른다. 개인기업의 소유주는 회사의 부채에 대해 무한책임(unlimited liability)을 져야 한다. 또 소유주의 수명이 곧 회사의 수명이 되고, 소유권의 이전이 쉽지 않다는 특징이 있다.

어떤 기업들은 소수의 출자자들이 기업을 공동 소유하고 경영하는 형태를 취하기도 한다. 이러한 기업을 공동기업(partnership)이라고 부르는데 합명회사(general partnership)가 대표적인 예이다. 합명회사는 소유주가 여러 명이라는 점 외에는 개인기업과 동일한 성격을 갖는다. 소유권을 가진 출자자들이 기업활동에 대해 무한책임을 지며, 예외적 규정이 없는 한 소유주가 사망하거나 출자를 철회하면 회사의 존속이 종료된다.[2] 많은 경우 법무법인이나 회계법인 등이 이러한 형태를 취하고 있다.

한편, 1인 이상의 유한책임 사원으로 구성되는 회사로 유한회사(limited liability company)가 있다. 유한회사에서 사원은 주식회사에서의 주주와 마찬가지로 기업활동에 대해 출자금액을 한도로 책임을 질 뿐 회사의 부채에 대하여 아무 책임도 지지 않는다. 유한회사는 주식회사에 비해 법규정이 복잡하거나 엄격하지 않고 회사의 기관이 간소화된 형태(이사회나 감사가 필수적이지 않으며 사원총회가 의사결정기관이다)의 조직이다. 또 사원이 보유한 주식(지분)의 증권화가 금지되어 있어 주식이 시장에서 자유롭게 거래되지 못하며 채권발행 역시 금지되어 있는 점은 합명회사와 비슷하다. 따라서 유한회사는 합명회사와 주식회사의 중간 형태라고 할 수 있다.[3]

많은 수의 현대 기업은 개인기업이나 합명회사 또는 유한회사와는 달리 기업의 소유권이 많은 수의 주주들에게 분산되는 주식회사(corporation)의 형태를 취한다. 기업의 수는 개인기업의 형태가 다수를 차지하나 매출액 등 경제에 미치는 영향은 주식회사가 보다 큰 비중을 차지한다. 규모가 큰 기업의 경우 대부분 주식회사의 형태를 취하게 되는데 우리가 잘 알고 있는 삼성전자㈜나 현대차㈜, 그리고 Apple이나 Tesla 등이 모두 주식회사이다.[4]

---

2 합명회사의 변형된 형태로 합자회사가 있다. 합자회사(limited partnership)는 무한책임을 지는 사원(general partner)과 유한책임을 지는 사원(limited partner)으로 조직되는 기업의 형태이다. 합명회사에서보다 많은 수의 투자자들로부터 자본을 조달할 수 있다는 장점을 갖는다. 기업경영은 무한책임을 지는 사원이 담당하며, 유한책임을 지는 사원은 출자에 따른 이익의 분배를 받는다.

3 유한회사와 유사한 형태로 유한책임회사가 있다. 다만, 유한책임회사에서 사원총회는 유한회사에서와 달리 필수기관이 아니며 선출된 업무집행사원이 업무를 집행한다. 또 의결권은 사원의 지분비율에 따르는 것이 아니라 사원 1명당 1개의 의결권을 갖는다.

4 국세청이 작성하는 「국세통계연보」에 따르면 2022년도에 우리나라에서 세금신고를 한 총사업자 수는 7,871,616명이

주식회사제도

주식회사의 설립은 개인기업이나 합명회사를 설립하는 것에 비해 복잡한 절차를 거쳐야 한다. 회사의 설립을 위해서 우선 회사의 이름과 수행할 사업의 내용, 발행할 주식의 수, 그리고 이사회의 의결방법과 이사의 수 등 향후 기업경영의 기준이 될 내용을 규정한 정관(articles of incorporation)을 마련하여야 하며, 경영자는 이에 기초하여 경영활동을 수행한다. 주식회사의 설립 시에는 소수의 출자자들만이 기업의 소유권을 나타내는 주식(share 또는 stock)을 보유한다. 그러나 기업의 규모가 커져 자금수요가 증가하면 기업은 새로운 주식을 발행하여 많은 수의 투자자들로부터 필요자금을 조달한다. 이러한 과정을 거친 기업의 주식은 시장에서 공개적으로 거래되는데 이런 기업을 공개기업(public company)이라고 한다. 삼성전자㈜나 현대차㈜는 모두 공개기업이다. 주식회사의 소유주는 주주(shareholder)이지만 회사는 주주와는 독립적인 법인체이다. 주식회사는 독립적인 인격을 갖는 법인이므로 스스로 차입을 하거나 소송의 당사자가 될 수 있다. 또 회사의 이익에 대해서는 일정비율의 세금을 납부할 의무를 진다.

기업이 주식회사의 형태를 취하면 여러 이점을 누릴 수 있다. 우선 새로운 주식발행을 통해 불특정다수의 투자들로부터 필요자금을 조달할 수 있으므로 개인기업이나 합명회사에 비해 대규모의 자금을 손쉽게 조달할 수 있다. 반대로 주식회사는 이미 발행된 주식을 주주들로부터 되사들일 수도 있다. 주식은 기업의 소유권을 아주 작은 단위로 분할한 지분(equity)을 나타내는 것이므로 주주는 자신이 소유한 주식수에 비례하여 기업경영에 참여할 수 있는 권리와 기업의 이익 및 재산을 배분받을 권리를 갖는다. 주주는 일반개인뿐 아니라 은행이나 보험회사, 뮤추얼 펀드 등의 기관들로 구성된다.

주식회사는 유한회사와 같이 모든 주주가 회사의 부채에 대하여 유한책임(limited liability)을 진다는 특성을 갖는다. 즉, 주식회사의 주주들은 자신이 투자한 금액을 초과하는 기업의 채무나 손실에 대해서는 책임을 지지 않는다. 주식회사가 파산한 경우 주주들은 회사의 채무를 변제하기 위해 추가출자를 할 필요가 없으며 자신이 투자한 금액만 손해를 보면 된다. 한편, 주식회사가 청산되어 자산을 분배할 경우, 주주는 채권자의 채무를 우선적으로 변제한 후 남는 재산에 대해서만 권리를 주장할 수 있다. 이러한 권리를 잔여재산 청구권(residual claims)이라고 한다.

주식회사는 많은 장점을 가지지만 단점도 있다. 우선 주주와 채권자 등 기업과 관련된 이해관계자가 늘어날수록 기업활동의 성과와 내용을 전달하는 데 들어가는 노력과 비용이 증가하며 이해관계자 간의 갈등 또한 증가한다는 점이다. 기업규모가 커질수록 의사결정과정이 느리고 경영의 효율성이 떨어질 수 있다. 또 주식회사는 법인세를 납부하고 난 후의 이익을 소유주인 주주에게 배당으로 지급하거나 회사내부에 유보하게 되는데, 이때 주주는 회사로부터 받은 배당에 대해 다시 일

다. 이 중 법인사업자는 1,078,946명으로 13.7%를 차지하며 개인사업자는 6,792,878명으로 전체의 86.3%를 차지한다. 한편 총매출액은 약 6,604조원이며 이 중 법인사업자의 매출액이 약 5,714조원으로 전체의 86.5%를 차지한다. 법인사업자 중에서는 주식회사의 비중이 사업자 수나 매출액 모두에서 95% 이상을 차지한다.

정비율의 개인소득세를 부담하여야 한다. 즉, 주식회사의 주주는 법인세와 개인소득세를 이중으로 부담하는 것이므로 개인기업의 소유주에 비해 세금부담 측면에서 불리하다고 할 수 있다.

■ 소유-경영의 분리와 대리문제

1인이 소유하는 개인기업이나 소수의 출자자가 소유하는 합명회사는 소유주가 직접 기업을 경영하고 그에 대한 책임을 진다. 그러나 주식회사는 많은 수의 주주에게 소유권이 분산되어 있다. 예를 들어 2023년 말 현재 삼성전자의 총발행주식 수는 약 60억주이며 주주 수는 약 600만명이다. 이들 주주가 모두 경영에 참여하는 것은 매우 어려운 일이다. 대신 주주는 자신들의 권익을 대표하는 이사회(board of directors)를 구성하고, 기업의 경영은 이 이사회가 담당한다. 이사회는 이사회 구성원 중에서 기업경영을 대표할 최고경영자를 선임하고 최고경영자가 주주의 이익을 위하여 일하는지를 감시 · 감독한다. 이와 같은 체제를 소유-경영의 분리(separation of ownership and control)라고 부른다.

기업경영에 있어 소유와 경영의 분리는 여러 가지 장점을 갖는다. 기업의 소유권이 경영권(기업지배권)과 분리되어 있으므로 회사는 경영자가 바뀌더라도 이에 관계없이 계속하여 기업활동을 해나갈 수가 있으며, 경영능력을 갖춘 유능한 전문경영인을 고용함으로써 경영성과를 높일 수 있다. 또 소유와 경영의 분리는 주주들이 부담하는 정보수집비용을 줄여줄 수 있다. 경영자가 기업경영에 관해 가장 정확하고 많은 정보를 수집하고 이에 기초하여 경영을 하기 때문에 소유주인 주주들은 기업경영에 대한 정보를 개별적으로 수집할 필요가 없다.

반면 소유와 경영의 분리에 따라 중요한 문제도 발생한다. 대표적인 것이 경영자와 주주 간에 발생할 수 있는 이해다툼이다. 주식회사의 주주와 경영자의 관계는 본인(principal)인 주주가 대리인(agent)인 경영자에게 자신을 대신하여 의사결정을 할 수 있도록 의사결정권한을 위임한 계약관계인 대리관계(agency relationship)로 설명될 수 있다. 대리인인 경영자는 주주의 권익을 대변하도록 선출되었으므로 주주의 이익을 위하여 행동해야 하나, 때로는 주주의 이익보다 경영자 자신의 이익을 추구하는 의사결정을 할 수 있다. 이런 경우 주주의 이익이 침해되고 주주와 경영자 간에 이해다툼이 발생하게 되는데, 이러한 문제를 대리문제(agency problem) 또는 본인-대리인 문제(principal-agent problem)라 하고 대리문제를 해결하는 데 드는 비용을 대리비용(agency cost)이라고 한다.

규모가 큰 기업의 경우 기업과 관련된 이해관계자는 주주와 경영자뿐 아니라 채권자, 종업원, 납품업체, 소비자, 정부 등 매우 다양하다. 이러한 여러 이해관계자 사이의 관계도 앞서 설명한 대리관계로 파악할 수 있다. 따라서 근래에 와서 대리문제는 소유자와 경영자 사이의 문제만이 아니라 이해당사자들 사이의 문제를 모두 포함하는 넓은 의미로 사용된다. 예를 들어 채권자와 주주 간의 관계는 채권자가 자신의 자금을 사용할 수 있는 권한을 주주에게 위임한 대리관계로 설명될 수 있다. 이러한 대리관계하에서 각각의 이해관계자들이 기업에 대해 갖는 정보가 서로 다를 경우(이를 '정보비대칭(information asymmetry)' 이라 한다) 이들 간에 이해다툼이 발생하고 대리비용이 발생하게 된다. 재무관리에서 대리문제는 투자결정이나 자본조달결정에서 중요한 문제로 등장하며, 이를 해결하지 못하는 경우 대리비용의 발생에 따라 기업가치가 감소한다. 따라서 기업의 경영자(재무관리자)는 기업을 둘러싼 이해관계자 간의 정보비대칭 상황을 정확하게 인식하고 이를 해결하기 위한 노력을 기울이는 것이 필요하다. 대리문제에 대해서는 제14장에서 좀 더 자세히 다루기로 한다.

1.3 재무관리의 목표

재무관리(기업경영)의 목표는 재무관리자가 투자결정과 자본조달결정을 내릴 때 의사결정의 기준이 된다. 재무관리의 목표가 무엇인가에 대하여는 많은 논란이 있으나, 가장 자주 거론되는 것은 기업가치(firm value)의 극대화와 주주가치(shareholders' wealth)의 극대화이다. 그리고 대안으로서 이윤(profit)의 극대화, 시장점유율(market share)의 극대화, 기업규모(size)의 극대화 등도 거론되며, 나아가 기업경영은 사회적 가치를 극대화할 수 있어야 한다는 주장도 제기된다.

■ 기업가치의 극대화

기업의 가치를 재무상태표의 왼쪽(차변)에서 파악하여 보자. 기업가치는 기업의 자산이 앞으로 그 기업이 영위하는 사업에 얼마나 공헌할 것인가에 달려 있다. 구체적으로 기업가치는 기업이 보유자산을 이용하여 벌어들일 미래수익의 규모와 불확실성에 따라 결정된다. 기업이 벌어들일 미래수익이 많을수록 기업가치는 커지며 미래수익의 불확실성, 즉 위험이 클수록 기업가치는 작아진다.[5] 기업가치 V는 다음과 같이 미래의 수익과 위험의 함수로 표현할 수 있다.

$$V = f(\text{수익, 위험}) \tag{1.1}$$

재무상태표의 오른쪽(대변)은 기업의 가치가 누구의 소유인가를 나타낸다. 기업은 투자에 필요한 자금을 부채(debt)와 자기자본(equity)으로 조달한다. 부채의 제공자를 채권자라 부르며 자기자본의 제공자를 주주라고 부른다. 따라서 기업가치에 대한 권리는 채권자와 주주가 함께 갖게 된다. 결국 기업가치는 채권자의 몫과 주주의 몫으로 나누어지며 다음과 같이 표현될 수 있다.

$$V = D + E \tag{1.2}$$

여기서 D는 부채가치(=채권자가치)를 나타내며, E는 자기자본의 가치(=주주가치 또는 주식가치)를 나타낸다. 결국 '기업가치의 극대화' 란 여러 제약하에서 채권자가치와 주주가치의 합을 최대화한

---

5 기업가치와 위험의 관계에 대해서는 제Ⅲ편에서 자세히 다룬다. 이 책에서는 불확실성과 위험을 같은 의미로 사용한다.

다는 것이다.[6]

■ 주주가치의 극대화

기업가치의 극대화를 재무관리의 목표로 설정하는 이유는 채권자와 주주 모두를 기업의 소유주로 보기 때문이다. 그러나 기업은 자기자본을 제공하는 주주의 가치(shareholders' wealth)를 최대로 하는 것을 목표로 할 수 있다. 왜냐하면 기업의 궁극적인 주인은 바로 주주이기 때문이다. 주주만을 기업의 진정한 소유주로 간주하는 이유는 부채와 자기자본이 근본적으로 그 성격을 달리하기 때문이다.

채권자는 약속된 기일에 약속된 이자와 원금을 받을 권리를 가지며, 이 권리는 기업의 성과가 나쁜 경우에도 유효하다. 반면에 주주는 기업이 벌어들이는 수익 중에서 채권자의 몫을 지급하고 난 이후의 나머지 잔여분에 대해 권리를 행사할 수 있을 뿐이다. 따라서 수익이 많으면 유리하나, 수익이 적을 경우에는 돌아오는 몫이 없을 수 있다. 즉, 채권자의 몫은 기업가치에 관계없이 일정하나 주주의 몫은 기업가치에 따라 변동한다. 따라서 기업의 미래경영성과에 대한 위험을 궁극적으로 부담하는 자본제공자인 주주를 기업의 소유주로 보는 것이 타당할 수 있다. 이럴 경우 재무관리의 목표는 기업의 진정한 소유주인 주주의 가치를 최대화하는 것이어야 한다.

주주의 권리는 주식의 형태로 거래되므로 주주가치의 극대화는 곧 주식가치의 극대화이다. 주식가치는 시장에서 거래되는 주가에 의해 쉽게 파악할 수 있으므로 주주가치의 극대화는 곧 주가의 극대화를 의미하게 된다.

기업가치의 극대화 목표와 주주가치의 극대화 목표는 각기 나름대로의 논리적 근거를 갖고 있다. 그러나 이 두 가지 목표가 항상 일치하는가에 대해 의문이 제기될 수 있다. 그러나 부채의 가치가 기업의 미래수익에 관계없이 안정적이고 또 주주가 여러 수단을 통해 경영자로 하여금 자기자본의 가치를 극대화하도록 통제할 수 있다면, 두 목표는 서로 상반되지 않고 일치할 수 있다.

■ 이윤, 기업규모, 또는 시장점유율의 극대화

기업은 가치극대화 목표의 대안으로 수익과 비용의 차이로 정의되는 이익(이윤)이나, 기업규모, 또는 시장점유율의 극대화를 목표로 할 수 있다. 이윤극대화를 목표로 하는 경우 한계수익과 한계비용이 일치하는 점에서 최적생산수준을 결정함으로써 기업의 총이익은 극대화된다. 그러나 이윤극대화 목표는 기업이 실현하는 이익의 시간의 차이와 미래이익의 불확실성을 반영하지 못한다는 비

6 식 1.2는 기업에 자본을 제공한 채권자와 주주를 기업가치에 대해 청구권을 갖는 이해관계자로 파악한다. 기업에 대한 이해관계자를 보다 포괄적으로 파악하면 자본제공자인 채권자와 주주뿐만 아니라 근로자, 거래기업, 정부, 소비자 등 기업과 관련된 모두를 포함하며, 재무관리(기업경영)의 목표인 기업가치의 극대화는 이들 모든 이해관계자의 가치를 극대화하는 방향으로 이행돼야 한다고 할 수 있다. 이러한 주장을 이해관계자자본주의(stakeholder capitalism)라고 부른다. 한편, 기업의 소유주인 주주만을 기업의 이해관계자로 보고 기업경영의 목표는 주주가치를 극대화하는 방향으로 이루어져야 한다는 주장을 주주자본주의(shareholder capitalism)라고 부른다.

판을 받는다. 또 경쟁적인 시장에서 기업은 장기이윤의 극대화를 목표로 함으로써 지속가능성을 확보할 수 있으며, 이 경우 이윤극대화 목표는 가치극대화 목표로 수렴될 수 있다.

한편 기업은 기업규모의 극대화나 시장점유율의 극대화를 목표로 할 수도 있다. 이러한 목표는 기업이 처한 특수한 상황을 타개하기 위한 단기 목표로 이용될 수 있다. 그러나 가치를 창출하지 못하는 기업규모나 시장점유율의 극대화는 기업의 생존과 성장을 가져오지 못한다. 따라서 장기적인 관점에서 기업의 지속가능성을 확보하기 위해서는 가치의 극대화가 필수적이다.

1.4 기업의 사회적 책임과 기업지배구조

■ 기업의 지속가능성과 사회적 책임

주주자본주의 체제에서 경영자는 법과 제도의 틀 내에서 주주가치(또는 기업가치)를 극대화할 수 있도록 기업을 경영하는 것으로 자신의 책임을 다하게 된다. 자유시장경제(free market system)에서 이러한 논리는 1970년대 이후 지금까지 오랫동안 기업활동의 중요한 기준이 되어 왔다.[7] 그러나 2008년 글로벌 금융위기를 계기로 주주가치 극대화의 목표가 단기성과 위주의 기업경영을 초래하여 장기적 성장기반을 약화시키고 소득불균형 등 사회 문제를 야기한다는 비판이 대두되었다. 이에 따라 주주가치 극대화 목표에 대한 대안으로 기업의 지속가능성과 사회적 책임이 고려되어야 한다는 주장이 확산되고 있다.

법과 제도가 완전무결하게 갖춰진 시장에서는 기업(경영자)은 법과 제도의 틀 내에서 경제적 책임(예를 들어 주주가치의 극대화)을 다함으로써 기업과 사회의 발전을 함께 달성할 수 있다. 그러나 불완전한 현실시장에서 주주가치를 우선하는 기업활동은 기업의 다른 이해관계자나 사회에 의도하지 않은 피해를 줄 수 있으며, 이러한 문제의 해결을 위해서는 사회적으로 합의된 윤리적 목표가 기업활동에 반영될 필요가 있다. 기업의 지속가능성(sustainability)은 기업이 추구하는 경제적 목표와 사회가 제시하는 윤리적 목표의 조화를 통해 기업과 사회가 함께 발전할 수 있을 때 확보될 수 있으며, 기업의 사회적 책임(corporate social responsibility: CSR) 수행은 이를 달성하기 위한 활동이라고 할 수 있다. 여러 논란이 있지만, 기업의 사회적 책임은 대개 환경(environment)과 사회(social) 문제를 해결하는 데 공헌하는 형태로 이루어지며, 이는 곧 기업이 주주뿐 아니라 다른 모든 이해관계자의 가치, 즉 사회적 가치(social value)의 극대화를 추구해야 한다는 것을 의미한다.[8] 사

7 자유시장경제의 우월성을 옹호한 저서 *Capitalism and Freedom*(1962)의 저자로 잘 알려진 프리드먼(Milton Friedman)은 주주자본주의 논리를 대변한다. 그는 "자유시장경제에서 기업이 지는 유일한 사회적 책임은 경영자가 게임의 규칙을 준수하며 속임수나 기망행위 없이 공개적이고 자유로운 경쟁을 통해 기업의 이익을 극대화할 수 있도록 자원을 활용하는 것이다."라고 주장한다(*New York Times Magazine*, September 1970). 이와 같은 프리드먼의 주장의 논리적 배경은 첫째, 책임은 개인이 지는 것이지 기업이 지는 것이 아니며, 둘째 소유와 경영이 분리된 상황에서 전문경영자가 자의적인 판단으로 기업의 자원을 사회적 책임 활동에 투입하는 것은 자신을 고용한 주주들에 대한 도덕적 해이에 해당한다는 것이다.

8 대표적으로 지난 2019년 8월 19일에 미국을 대표하는 대기업의 경영자들의 모임인 Business Roundtable(BRT)은

회적 가치의 극대화는 추상적인 개념으로서 이를 구체적으로 어떻게 실행할 수 있을 것인가에 대해서는 넘어야 할 과제가 많다. 사회가 요구하는 윤리적 목표가 무엇인지, 사회적 가치는 어떻게 측정할 것인지, 사회적 책임 활동에 대해 어떤 기준으로 자원을 배분할 것인지, 장기적인 관점에서 다양한 이해관계자들의 가치를 어떤 방법으로 조정할 수 있는지 등에 대해 보다 많은 고민이 필요하다.[9]

기업지배구조

기업지배구조(corporate governance)는 기업의 목표가 달성될 수 있도록 주주, 채권자, 경영자, 그리고 기업과 관련된 기타 이해관계자들 간의 상호작용관계를 규율하는 메커니즘을 의미한다. 이는 기업이 목표에 부합하여 운영될 수 있도록 설계한 경영통제와 이를 규율하는 제도적 장치, 그리고 동기부여에 관한 제반 시스템을 포함한다. 좁은 의미로는 기업의 주인(주주, 채권자)이 경영자에 의한 기업경영을 감시, 견제하고 규율하는 메커니즘을 말한다.

주주와 채권자가 왜 경영자를 규율하고 감독해야 할까? 이는 소유와 경영(지배)이 분리되면서 정보비대칭 상황에서 본인-대리인 문제가 발생하게 되고, 이에 따른 비용(대리비용)을 최소화하기 위해 본인(예를 들어 주주)이 대리인(경영자)을 규율하는 장치가 필요하기 때문이다. 주주가 기업에 대한 완전한 정보를 얻을 수 없는 현실에서 경영자는 회사경영과 자산의 운용 및 처분에 대한 재량권을 가질 수밖에 없으며, 결국 기업지배구조는 이러한 경영자의 재량권 행사를 어떻게 제한함으로써 주주의 권익을 보호할 것인가의 문제로 귀착된다. 이를 위해 크게 다음과 같은 두 가지의 방법이 제시된다. 하나는 기업의 지분을 상당부분 보유하는 대주주가 존재하도록 하는 것이다. 대주주는 경영성과와 밀접한 이해관계를 가지며 경영자에게 효과적으로 압력을 행사할 수 있기 때문에 대리인 문제가 해결된다는 것이다. 또 다른 방법은 주주의 권리를 보장해줄 수 있는 법적 · 제도적 장치를 마련함으로써 주주의 이해관계가 기업경영에 관철될 수 있도록 하는 것이다.

어떤 형태의 기업지배가 최선인지에 대해서는 많은 논란이 있으며 정답은 없다. 각 기업마다 경영환경이 다르고 성장배경과, 조직문화, 특성이 다르므로 각 기업에 적합한 지배구조도 다 다를 수 있다. 전문경영자시스템을 채택하고 있는 영미계의 세계적인 대기업들이 좋은 성과를 내고 있는

181명의 경영자들이 서명한 "새로운 기업의 목표에 관한 성명서"를 발표했다. 1972년에 출범한 BRT는 1997년에는 기업의 목표는 주주가치 극대화에 있다는 성명을 발표하기도 했다. BRT는 새로운 성명서에서 "기업의 이해관계자들 하나 하나는 모두 중요하다. 우리는 기업, 공동체, 그리고 국가의 성공을 위해 이들 모두에게 가치를 제공할 것을 약속한다."고 선언하였다. 보다 구체적으로 BRT가 발표한 새로운 기업의 목표에는 다음과 같은 내용들이 담겨 있다. ① 소비자들에게 가치를 제공한다. ② 종업원들에게 투자한다. ③ 납품업자들을 공정하고 윤리적으로 대한다. ④ 기업이 속해 있는 공동체를 지원한다. ⑤ 기업에 자본을 제공한 주주들을 위해 장기적 가치를 창출한다.

9 이러한 고민을 해결하기 위한 하나의 방안이 최근 영미에서 각광받는 기업형태인 베네피트 기업(benefit corporation)이다. 전통적인 기업의 주된 목표가 '이윤창출'인 데 비해, 베네피트 기업은 '이윤'과 '자선(charity)'을 동시에 추구하는 조직이라고 할 수 있다. 저명한 경제학자 쉴러(Robert Shiller)는 이를 가장 유망한 금융혁신 사례 중 하나로 꼽고 있다. 한편, 최근 국내기업이 ESG(Environment, Social, Governance: 환경, 책임, 투명)경영에 많은 관심을 보이는 것도 기업의 사회적 가치와 관련된 문제를 해결하기 위한 노력의 일환으로 이해될 수 있다.

것과 마찬가지로, 소유경영자시스템을 채택하고 있는 유럽과 아시아의 기업들 역시 영미계 대기업 못지않게 좋은 성과를 내고 있는 것이 이를 뒷받침한다.

한편, 1990년대 중반 이후 건전한 기업지배구조가 기업경쟁력의 원천이며 장기적인 경제성장의 기본요건이라는 인식이 세계적으로 확산되면서 기업지배구조에 대한 국제규범의 필요성이 제기되었다. 경제협력개발기구인 OECD(Organization for Economic Cooperation and Development)는 1999년 '기업지배구조의 기본원칙'을 제정하였고, 그 후 기업환경의 변화를 반영하여 2004년과 2015년, 그리고 2023년에 이를 개정하였다. 이 '원칙'은 주주자본주의를 중심으로 이해관계자자본주의 내용을 더해 주주이익의 보호, 이사회의 책임, 투명한 공시, 자본시장과 기관투자자의 역할 제고, 포용성과 지속가능한 성장, 디지털 기술의 활용과 위험관리 등을 강조하는 내용으로 구성되어 있다.[10]

1.5 재무관리환경

경영자는 보다 저렴한 비용으로 필요자금을 조달하여 이를 기업의 가치를 보다 높일 수 있는 곳에 투자하려고 한다. 기업의 재무활동과 관련된 의사결정을 위해서 경영자는 자신의 기업이 활동하고 있는 환경, 즉 투자와 자금조달이 이루어지는 환경에 대해서 충분한 이해를 하고 있어야 한다. 기업이 어디서 어떻게 자금조달을 할 수 있는지, 자금조달수단인 주식과 채권 등의 거래는 어떻게 이루어지는지, 그리고 투자와 자금조달과정에서 도움을 받을 수 있는 기관은 어떤 것들이 있는지 등이 경영자가 이해해야 할 주요 환경들이다. 이를 재무관리환경(financial environment)이라고 부르며, 이 절에서는 이에 대해서 살펴본다.

■ 재무관리환경의 구성요소

현대차㈜가 새로운 자동차를 개발하기 위하여 5,000억원이 필요한 신규투자를 계획하고 있는데 이 자금을 어떻게 마련할 수 있을까? 또 LG전자㈜가 운영자금 500억원을 조달하려고 하는데 이를 어떻게 구할 수 있을까? 기업이 이와 같은 필요자금을 어디에서 어떤 방법으로 조달할 수 있는지에 대한 대답은 [그림 1-2]에서 나타낸 금융시장, 금융중개기관, 증권 등에서 찾을 수 있는데, 이들을 재무관리환경을 구성하는 3대요소라고 한다.

금융시장

주식이나 채권과 같은 금융자산(financial asset) 혹은 증권(securities)이 발행 · 거래되고 또 그 가격이 형성되는 시장을 금융시장(financial markets) 또는 증권시장(securities markets)이라고 한다. 자금의 수요자가 발행한 주식과 채권 등의 증권을 자금의 공급자인 투자자가 매입함으로써 자금이 투자자로부터 수요자에게로 직접 흘러가는 방식을 직접금융(direct financing)이라고 하는데, 금융시

10 OECD(2023), G20/OECD Principles of Corporate Govemance.

| 그림 1-2 | 재무관리환경

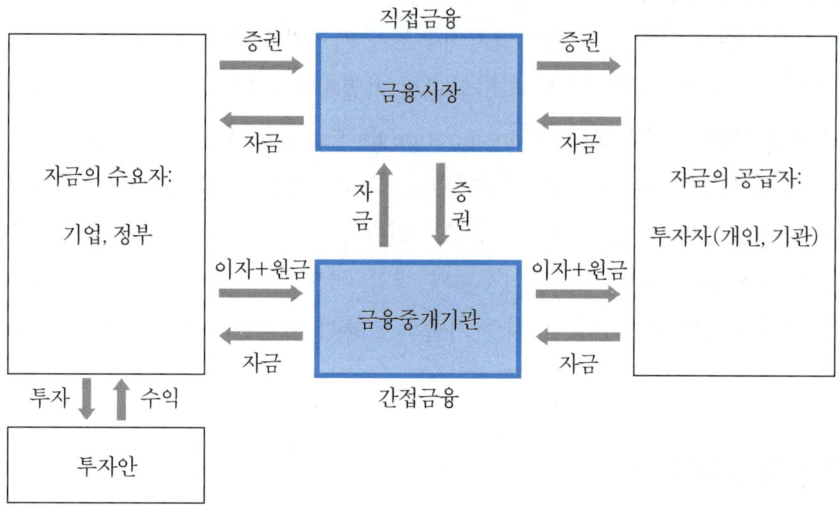

장은 직접금융이 일어나는 곳이다.

금융시장은 거래되는 증권의 만기에 따라 화폐시장(money market)과 자본시장(capital market)으로 분류된다. 화폐시장에서는 만기가 1년 이하인 단기채권들이 거래되는데 단기채권은 유동성이 높고 현금화가 쉽기 때문에 때로는 현금등가물로 불린다. 기업은 화폐시장에서 기업어음(CP)과 같은 단기채권을 발행하여 단기자금을 조달한다.

자본시장은 장기증권이 거래되는 곳인데 이는 다시 채권시장(bond market)과 주식시장(stock market)으로 분류된다. 채권시장에서는 기업이나 정부가 장기자금을 조달하기 위해 발행하는 만기 1년 이상의 채권이 거래되며, 주식시장에서는 기업의 소유지분(equity)을 나타내는 보통주와 우선주 등의 주식이 거래된다.

한편, 금융시장은 발행시장(primary market)과 유통시장(secondary market)으로도 분류된다. 이에 대한 자세한 설명은 뒤에서 다루도록 한다.

금융중개기관

금융자산의 거래는 자금의 공급자와 수요자가 직접 만나 거래조건을 정하고 그에 따라 금융자산과 자금을 교환하는 것이 가장 기본적인 방법일 것이다. 그러나 자금의 공급자와 수요자가 직접 만나서 거래를 한다면 여러 가지 문제가 발생할 수 있다. 자금의 수요자와 공급자가 거래상대방을 직접 찾는다는 것은 매우 어려운 일이며 많은 시간과 비용이 든다. 상대방을 찾는다고 하더라도 그 상대방의 신뢰성을 직접 확인하여야 하는데, 이 또한 정보수집의 제약과 분석능력의 부족으로 쉬운 일이 아니다. 전문적인 지식이 없는 경우 거래조건을 직접 정해야 하는 것 역시 어려운 일이다. 이에 따라 금융에 관한 전문성을 갖춘 제3자가 자금의 공급자로부터 자금을 예치받아 이를 자금의 수요자에게 공급해 줌으로써 직접거래에 따른 문제점을 해결하게 되는데 이러한 금융방식을 간접금융(indirect financing)이라 하고, 간접금융에서 중개인 역할을 하는 기관을 금융중개기관(financial intermediaries)이라고 한다. 금융중개기관은 자금거래에서 중간자 역할을 전문적으로 수행함으로써 대량거래에 따른 규모의 경제(economy of scale) 효과를 얻을 수 있으며, 정보의 수집과 분석에 따른 비용을 절약할 수 있다. 은행, 보험회사 등이 우리에게 익숙한 금융중개기관이다. 금융시장과 금융중개기관을 합쳐 금융기관(financial institution)이라고 하는데, 좁은 의미에서 금융기관은 금융중개기관만을 의미하기도 한다.

기업은 금융중개기관으로부터 차입(금융중개기관은 기업에게 대출)을 통해 필요한 자금을 조달하게 되는데 이 경우도 만기가 1년 이하인 단기차입과 1년 이상의 장기차입으로 구분할 수 있다. 단기대출에서는 은행과 종합금융회사들이, 장기대출에서는 은행이나 보험회사들이 중요한 역할을 한다. 금융중개기관은 ① 예금기관(depository institutions) ② 계약형 저축기관(contractual savings institutions) ③ 투자기관(investment intermediaries) 등으로 구분되며, 각각은 다시 〈표 1-1〉과 같이 세분된다. 또 이 장의 참고사항에서는 우리나라의 금융기관을 정리하였다.

표 1-1 금융중개기관의 유형

예금기관	시중은행(commercial bank) 특수은행(special bank) 협동조합(credit union)
계약형 저축기관	연금기관(pension fund) 생명보험회사(life insurance company) 손해보험회사(fire & casualty insurance company)
투자기관	종합금융회사(merchant bank) 투자회사(investment company 또는 mutual fund) 할부금융회사(finance company)

증권

증권은 미래에 발생하는 수익에 대한 권리를 나타내는 법적 증서로 정의될 수 있다. 금융시장에서 거래되는 증권의 종류는 수없이 많지만 이들은 크게 ① 채권 · 채무관계를 나타내는 부채증권(debt securities), ② 소유지분을 나타내는 자본증권(equity securities), ③ 앞의 두 가지 성격을 모두 지닌

표 1-2 금융시장에서 거래되는 증권의 종류

부채증권	단기부채증권	기업어음(CP), 양도성예금증서(CD), 신용장(L/C) 등
	채 권	국채, 공채, 회사채, 자산유동화증권
자본증권	우선주, 보통주	
혼합증권	전환사채, 신주인수권부사채	
파생증권	선도 · 선물, 옵션, 스왑	

혼합증권(hybrid securities), ④ 기초자산의 수익에 따라 그 수익형태가 결정되는 파생증권(derivative securities) 등으로 분류된다. 이들을 좀 더 세분화하면 〈표 1-2〉와 같다.

■ 증권의 발행시장

새로이 발행된 증권이 거래되는 시장을 발행시장(primary market 또는 new issues market)이라고 한다. 증권의 발행시장은 기업, 정부, 또는 공공기관 등의 발행자, 즉 발행주체가 새로운 증권을 발행하여 장기적인 자본을 조달하는 시장이다. 발행시장은 이미 상장된 회사가 증자를 위하여 증권을 발행하는 시장(seasoned new issues market)과 새로이 상장되는 회사가 증권을 처음 발행하는 시장(unseasoned new issues market)으로 구분이 되는데, 후자를 IPO(initial public offerings)시장이라고도 한다.

증권을 발행하는 방법에는 두 가지가 있다. 발행주체가 중개기관을 거치지 않고 직접 일반투자자에게 증권을 팔아 자금을 조달할 수 있는데 이를 직접발행이라고 한다. 반면에 증권발행에 관한 전문지식을 활용하고 증권의 판매를 쉽게 하기 위하여 발행기관을 개입시키는 방법이 간접발행이다. 대부분의 증권발행에는 간접발행방법이 이용되며, 이 방법에 의한 발행시장의 구조를 살펴보면 [그림 1-3]과 같다.

| 그림 1-3 | 발행시장의 구조

발행기관은 발행자에게 조언을 하거나 사무적인 발행절차를 대행하는 일도 하지만 제일 큰 기능은 증권을 매출하거나 모집할 때 담당하는 인수기능이다. 인수(underwriting)란 발행자가 발행하는 유가증권을 매입하고, 이를 투자자에게 판매함으로써 필요한 자금을 조달하는 기능이다. 이러한 인수기능을 수행하는 발행기관을 보통 투자은행(investment bank)이라고 부르는데, 국내의 경우 증권회사와 은행이 주류를 이루고 있다. 증권을 발행하고 판매하는 구체적인 방법에 대해서는 제20장에서 다루도록 한다.

발행시장에 참가하는 투자자는 기관투자자(institutional investors)와 개인투자자(individual investors)로 구분된다. 기관투자자는 대부분 법인형태를 취하고 있는데 연금(pension fund), 기금(endowment fund), 은행, 보험회사, 투자회사(mutual fund) 등 금융중개기관이 주류를 이루고 있다. 기관투자자는 많은 자금을 동원할 수 있으며 개별증권이나 시장상황을 분석하기 위한 전문적인 인력을 가지고 있기 때문에, 기관투자자의 투자행위는 증권시장에 큰 영향을 미친다.

자본시장을 통한 자금조달 추이

우리나라의 자본시장에서 기업이 주식과 회사채를 발행하여 조달한 자금의 규모를 〈표 1-3〉에 나타냈다. 이 표에서 보는 것처럼 기업공개가 많았던 1978년까지는 주식과 회사채가 비슷한 비율을 점하고 있으나, 1980년 이후에는 사채에 의한 자금조달의 비중이 압도적으로 크게 증가하였다. 2,000년 이후 총자금조달의 약 80% 이상을 회사채 발행이 차지하고 있으며, 2020년과 2022년에는 90%를 훨씬 상회하고 있다.

표 1-3 자본시장을 통한 자금조달 추이 (단위: 억원, %)

구분 / 연도	주식(비율)	회사채(비율)	전체(비율)
1978	3,267(50.0)	3,263(50.0)	6,530(100)
1980	1,711(15.1)	9,637(84.9)	11,348(100)
1990	29,178(20.8)	110,835(79.2)	140,013(100)
2000	143,486(19.7)	586,628(80.3)	730,114(100)
2005	67,633(12.3)	481,031(87.7)	548,664(100)
2010	103,393(11.0)	835,739(89.0)	939,132(100)
2015	93,352(8.8)	964,136(91.2)	1,057,487(100)
2020	116,728(6.0)	1,835,668(94.0)	1,952,396(100)
2022	115,631(6.0)	1,826,239(94.0)	1,941,870(100)

자료: 금융감독원(www.fss.or.kr).

■ 증권의 유통시장

기존에 발행된 증권이 거래되는 시장을 유통시장(secondary market)이라고 한다. 유통시장에서는 이미 발행된 증권이 현재와 미래 소유주 사이에서 거래되는 것이므로 증권을 발행한 회사와는 관계가 없다. 유통시장의 대표적인 예가 조직화된 증권거래소이다.

발행시장이 유휴자금을 산업자금으로 전환하는 등 국가경제적으로 중요한 기능을 한다면 유통시장은 발행시장에서 거래된 증권의 유동성(liquidity)을 높여준다. 그뿐만 아니라 이로 인해 증권을 담보로 하여 자금을 빌리거나 빌려주는 일을 쉽게 한다. 또 유통시장에서는 치열한 경쟁과 철저한 정보분석을 통하여 증권가격이 결정되기 때문에 여기에서 결정된 가격은 많은 사람들이 합의한 적정가격(fair price)이라고 할 수 있다.

유통시장의 구조

증권의 거래가 이루어지는 유통시장은 거래소시장(on-board market)과 장외시장(off-board market)으로 나누어진다. 우리나라의 경우 거래소시장은 한국거래소(Korea Exchange)가 개설하는 '유가증권시장', '코스닥시장', '코넥스시장'과 '파생상품시장'으로 구분된다. '유가증권시장', '코스닥시장', 그리고 '코넥스시장'에서는 주식과 채권 등이 거래되며, '파생상품시장'에서는 선물과 옵션 등의 파생증권이 거래된다.

(1) 유가증권시장

우리나라에서는 한국거래소의 유가증권시장(KOSPI market), 미국에서는 뉴욕증권거래소(NYSE)가 대표적인 거래소시장이다. 거래소에서 거래가 이루어지도록 증권을 등록시키는 것을 상장(listing)이라 한다. 일반투자자들이 증권의 매매를 원할 때는 증권회사를 통하여 유가증권시장에서 사거나 판다. 여기에 관계되는 기관들을 보다 구체적으로 살펴보면 [그림 1-4]와 같다.

| 그림 1-4 | 유가증권시장의 구조

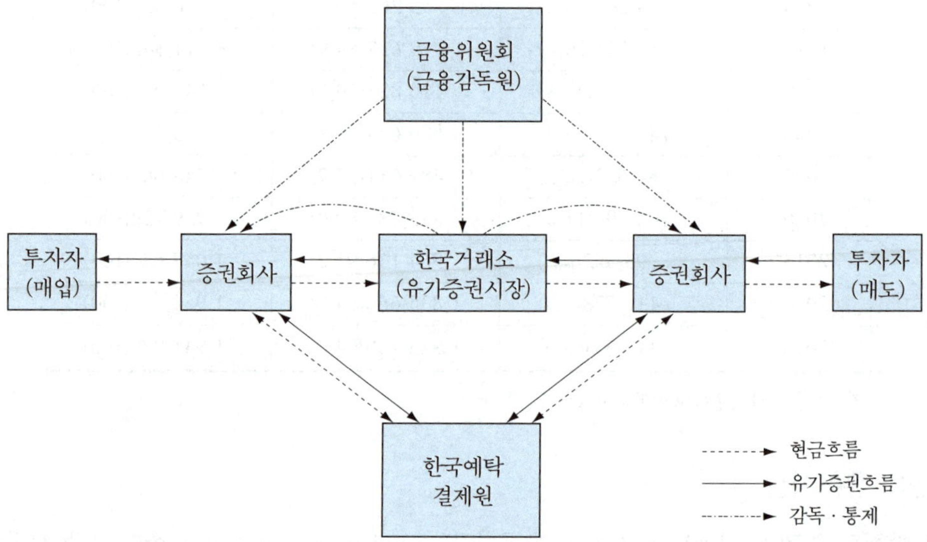

금융위원회는 증권의 발행, 관리, 공정한 거래, 그리고 증권관계기관의 감독에 관한 사항을 심의 · 의결하기 위한 기관이다. 금융감독원은 위원회의 지시를 받아 유가증권의 발행을 촉진하고, 그 관리와 공정한 거래를 위하여 증권관계기관의 감독과 검사를 담당하는 기관이다.

한국거래소는 증권의 대량거래가 가능하도록 일정한 설비를 갖추고, 공정한 거래가 이루어질 수 있게 일정한 규칙에 의하여 거래를 형성시키는 조직화된 시장이다. 한국거래소는 증권이 거래되도록 시장을 개설함과 동시에 모든 매매거래업무에 대하여 책임을 지며, 증권회사에 대한 감독 · 통제도 하게 된다.

증권회사는 증권업을 영위하는 기업이다. 증권회사는 발행시장에서는 증권을 인수 · 모집 · 매출하는 업무를 하며, 유통시장에서는 증권의 위탁매매를 하게 된다. 투자자들이 거래소시장에서 매매를 하려면 언제나 증권회사를 통해야만 하는데, 이는 한국거래소의 업무처리상 회원(member)

이라고 불리는 증권회사만이 거래소시장 내에서 매매업무에 종사할 수 있도록 되어 있기 때문이다.

증권거래에 대한 결제는 거래소를 통한다. 그러나 각 증권회사 간에 빈번한 거래가 있을 때는 서로 간에 대체결제를 하는 것이 더 쉽다. 대체결제는 거래 때마다 현금과 증권이 서로 교환되지 않고, 여러 번의 거래 후에 그 증권회사 계좌 사이에서 차이가 나는 금액이나 증권을 결제하는 방법이다. 각 증권회사가 계좌를 설정하여 서로 간의 거래를 계좌 간에 대체결제하게 되는데, 이를 담당하는 곳이 한국예탁결제원이다.

(2) 코스닥시장과 코넥스시장

코스닥시장(KOSDAQ market) 역시 유가증권의 매매를 위하여 한국거래소가 개설하는 시장으로, 현재 코스닥시장에는 유가증권시장에 상장되지 않은 증권의 매매거래가 이루어진다. 한국거래소는 투자자의 보호를 위하여 「유가증권시장상장규정」과 「코스닥시장상장규정」을 정하여 각 시장에 상장할 유가증권이 갖추어야 할 요건과 상장되어 거래되는 증권들의 관리에 필요한 사항을 규정하고 있다. 한편, 한국거래소는 기술력 있는 창업 초기의 중소 · 벤처기업들이 필요자금을 자본시장에서 원활하게 조달할 수 있도록 하기 위해 2013년 7월 중소기업 전용 증권시장인 코넥스시장(KONEX market)을 개설하여 운영하고 있다.

(3) 파생상품시장

파생상품시장은 파생증권 거래를 위하여 한국거래소가 개설하는 시장을 말한다. 파생상품시장은 금리선물, 통화선물, 주식관련선물, 일반상품선물과 다양한 옵션상품이 거래되는 우리나라 유일의 종합파생상품거래소시장으로 1999년 4월에 개설된 한국선물거래소가 그 모태이다. 2024년 현재 금리(국채), 외환(달러, 위안 등), 상품(금, 돈육 등), 개별주식, 주가지수, 변동성지수 등을 기초자산으로 하는 다양한 선물과 옵션 상품이 거래되고 있다. 파생상품시장에서는 회원사인 증권회사와 선물회사 들이 매매업무를 담당하고 있다.

(4) 장외시장

장외시장(off-board market)이란 거래소 밖에서 증권의 매매가 이루어지는 시장을 말한다. 거래소시장에서는 상장된 증권만을 제한된 시간에 매매할 수 있는 데 반하여 장외시장에서는 비상장증권을 포함하여 거래시간의 제약 없이 언제든지 매매가 이루어진다. 우리나라의 경우 한국거래소가 유일한 거래소이므로, 한국거래소가 개설하는 시장 외에서 이루어지는 모든 매매거래가 장외거래이며, 이러한 장외거래가 이루어지는 시장을 장외시장이라고 할 수 있다.

장외시장은 증권회사의 점두에서 증권회사와 고객 간에 거래가 이루어지는 점두시장(over-the-counter market : OTC)과 증권회사를 거치지 않고 거래당사자 간에 직접 증권을 매매하는 직접거래시장으로 분류할 수 있다. 장외시장은 기본적으로 조직적인 시장인 거래소시장과 상호보완의 관계를 가지나 최근 들어 각국의 장외시장은 조직적인 관리체계를 갖춤으로써 거래소시장과 경쟁하는 관계로 변모하고 있다.[11]

(5) 대체거래소

최근 국내외 유통시장은 전자통신기술의 발달, 장외거래의 증가, 규제의 완화로 인해 단순히 거래소에서의 거래유무에 따라 장내거래와 장외거래로 구분하던 방식에서 나아가 보다 복잡하고 다양한 형태로 발전하고 있으며, 기존의 정규거래소를 대체하는 다자간매매체결회사 또는 대체거래소(alternative trading system: ATS)가 빠르게 성장하고 있다. 대체거래소는 거래소로 등록하지 않고 거래소의 기능을 수행하는 거래시스템이다. 즉 정규거래소 이외의 다양한 형태의 증권시장(장외전자거래시스템(ECN)이나 다자간매매시스템(MTF) 등)을 통칭하며, 제한적인 시장감시 기능만을 수행하고 상장기능 없이 매매체결기능만을 제공한다. 최근 해외시장에서는 정규거래소와 투자은행(IB)간에 증권매매를 둘러싼 경쟁이 현실화되면서 다양한 형태의 ATS들이 생겨나고 있다. 대체거래소는 표준화된 유형으로만 매매거래를 하는 전통적인 거래소와 달리 자체적으로 매매거래의 기준을 설정하여 투자자들이 원하는 다양한 형태의 거래수요에 보다 쉽게 부응할 수 있다.

상장주식의 추이

한국거래소에 상장되어 있는 기업 수는 2023년 11월 말 현재 2,663개 사에 달하고 있다. 1965년 이후 5년단위로 한국거래소에 상장되어 있는 상장회사수, 주식수, 상장주식의 시가 등이 〈표 1-4〉에 나타나 있다. 우리나라의 자본시장은 1968년 「증권거래법」, 「자본시장육성에 관한 법률」, 1972년 「기업공개촉진법」, 2009년 2월 「자본시장과 금융투자업에 관한 법률」 등이 제정되어 제도적으로 정비되고 육성되어 왔으며, 그 결과 1965년에는 17개 사에 불과하던 상장기업수가 1973년에는 104개 사, 2023년 11월 말에는 2,663개 사로 늘어난 것이다. 주주의 수에도 커다란 변화가 있어서, 1965년 1만 5천명에 불과하던 주주수가 2023년 11월 말 현재 약 1,441만명에 이르고 있다. 상장주식의 시가총액도 크게 증가하였다. 증권시장에 상장되어 있는 주식의 시가총액은 주식투자자의 부를 나타내는 동시에 국가의 부를 나타내는 것으로도 볼 수 있다. 한국거래소에 상장되어 있는 주식의 시가총액은 1965년에는 146억원, 1995년 말에는 141조 1천억원이었으며, 2023년 11월 말 현재 약 2,441조원에 달하고 있다.

상장채권의 추이

우리나라에서 1972년도까지는 국채와 금융기관이 발행한 금융채만 거래소에 상장하여 거래할 수 있었으나, 1972년 이후 일반기업의 회사채가 상장되어 거래되기 시작하면서 상장채권의 종류가 다양해지고 상장규모도 급증하게 되었다. 〈표 1-5〉를 보면 1976년 말에 국공채 254종목, 회사채

---

11 금융투자협회에서는 유망 중소기업과 벤처기업들의 자금조달을 원활히 하고 이들 기업이 발행한 주식의 유동성을 높이기 위하여 K-OTC시장을 개설하여 운영하고 있다. K-OTC시장에서는 유가증권시장이나 코스닥시장, 그리고 코넥스시장에 상장되지 않은 주식 중 금융투자협회에 등록된 종목이 거래된다.

표 1-4 한국거래소 상장주식의 총괄표

연도 \ 구분	상장회사수	주주수*	상장주식수(천주)	상장회사의 자본금(백만원)	상장주식의 시가총액(백만원)
1965	17	14,820	28,933	23,162	14,566
1970	48	76,276	158,965	134,292	97,922
1975	189	290,678	824,983	643,414	916,054
1980	352	753,290	3,875,641	2,421,416	2,526,552
1985	342	772,471	7,955,343	4,665,387	6,570,403
1990	669	2,418,329	4,796,327	23,981,636	79,019,675
1995	721	1,548,386	7,609,405	38,047,028	141,151,399
2000	1,308	2,700,948	26,687,504	100,058,201	217,057,336
2005	1,694	3,537,000	37,286,972	93,464,447	725,972,330
2010	1,806	4,787,000	57,077,004	111,935,797	1,239,857,714
2015	2,030	4,940,000	63,671,442	116,644,935	1,448,410,481
2020	2,411	9,190,076	100,850,720	135,964,968	2,381,736,356
2023.11.	2,663	14,409,702	115,714,700	148,643,660	2,441,135,121

* 주주수는 한국예탁결제원의 보도자료(2022년 12월 말 결산 상장법인 소유자 현황).
자료: 통계청 국가통계포털(https://kosis.kr/index/index.do)

표 1-5 상장채권의 추이

연도 \ 구분	국공채		회사채		
	종목수	상장잔액(백만원)	회사수	종목수	상장잔액(백만원)
1976	254	280,098	105	180	118,430
1980	230	895,389	434	1,004	1,649,280
1985	979	4,737,782	1,213	2,749	7,263,250
1990	2,648	29,049,113	1,603	4,243	22,068,214
1995	4,671	69,542,162	2,024	8,050	56,455,874
2000	5,030	296,805,999	727	2,436	127,877,600
2005	3,726	552,109,729	788	4,618	168,045,933
2010	4,583	844,990,262	672	4,931	269,833,956
2015	5,341	1,201,990,786	601	7,021	357,154,906
2020	5,658	1,538,364,713	585	9,044	510,508,189
2023.11.	6,630	1,926,962,913	617	9,871	568,943,611

자료: 통계청 국가통계포털(https://kosis.kr/index/index.do)

180종목에 불과하던 상장채권은 2023년 11월 말 현재 국공채 6,630종목, 회사채 9,871종목에 이르고 있다. 상장잔액 역시 급속히 증가하여 액면가기준으로 2023년 11월 말 현재 국공채 1,927조원, 회사채 569조원에 달하고 있다.

■ 펀드(투자신탁)

증권투자의 방법으로 직접투자와 간접투자를 들 수 있다. 전자는 투자자가 유통시장에서 원하는 주식이나 채권을 직접 사거나 파는 것을 말하며, 후자는 외부의 전문기관이나 전문가에게 투자를 맡기는 방법이다. 외부의 전문투자기관이 관리하는 금융상품은 흔히 펀드(fund) 또는 투자신탁(investment trust)이라고 불린다. 펀드는 투자회사(또는 투자신탁회사)가 불특정다수의 일반투자자로부터 자금을 모아, 투자자를 대신하여 여러 증권에 분산투자하고 그 수익을 투자자에게 배분하는 제도이다.[12] 투자회사는 전문적인 투자대행회사로서 특정 기업의 지배나 통제를 목적으로 증권에 투자하지 않고, 분산투자를 통한 위험의 분산과 수익의 극대화를 추구한다.

계약형과 회사형 펀드

펀드 또는 투자신탁은 조직형태에 따라 계약형과 회사형으로 구분한다. 계약형(contractual type)은 주로 영국에서 발전된 제도로 신탁계약에 근거하여 조직 · 운영되는 형태이다. 계약형 투자신탁에서는 투자신탁회사가 일반투자자에게 수익증권(beneficiary certificate)을 발행하여 투자기금을 모집한다. 수익증권을 보유하는 일반투자자는 투자신탁의 운용으로부터 발생한 이익에 대하여 분배청구권을 가지며 신탁기간의 만기 후에는 투자성과에 따른 상환을 받는다. 회사형(corporate type)은 주로 미국에서 발전된 제도로 증권투자를 목적으로 하는 주식회사형태의 투자회사를 설립하고 투자회사가 발행한 주식을 일반투자자에게 파는 형태이다. 투자신탁의 운용에서 얻어지는 이익은 이익배당의 형식으로 주주들에게 분배된다. 계약형 투자신탁에서는 수익증권만이 발행되며 신탁재산이 계약에 따라 운용되는 데 비하여, 회사형 투자신탁은 신탁계약에 의하지 않고 회사조직을 보통의 주식회사의 경우와 같이 구성하며 회사는 보통주, 우선주 및 사채 등을 발행하여 자금을 조달하고 정관에 따라 자산을 운용한다. 미국에서 크게 발전한 뮤추얼펀드(mutual fund)는 회사형 투자신탁의 일종이다.

공모펀드, 사모펀드, 헤지펀드

투자신탁, 즉 펀드는 자금모집방식에 따라 일반투자자를 대상으로 공개적으로 자금을 모집하는 공모펀드(public fund)와, 특정한 소수의 투자자를 대상으로 자금을 모집하는 사모펀드(private fund)

---

12 투자회사(또는 투자신탁회사)는 자본시장과 금융투자업에 관한 법률에 근거하여 설립된 집합투자기구를 말한다. 집합투자기구는 투자신탁, 투자회사, 투자유한회사, 투자합자회사, 투자조합 등 다양한 형태로 설립될 수 있다. 우리 시장에서 펀드를 운용하는 대표적인 회사는 자산운용회사이다. 한편, 소수의 투자자에게서 사적으로 자금을 모집하여 운용하는 사모펀드는 대개 투자합자회사나 투자조합의 형태로 설립된다.

로 분류할 수 있다. 펀드산업이 발전하던 초기에는 공모펀드가 펀드의 대부분을 차지하였으나 투자대상이 다양해지고 투자자의 다양한 욕구에 부응하기 위한 노력이 계속되면서 현재에는 사모펀드가 차지하는 비중이 크게 높아지고 있다. 사모펀드는 공모펀드에 비해 규제가 약하며 자금운용에 제한이 없어 투자자의 욕구에 보다 적합한 다양한 형태의 운용이 가능하다는 장점이 있다. 사모펀드의 한 형태로 헤지펀드가 있다. 헤지펀드(hedge fund)는 높은 투자수익을 목적으로 금융시장에서 주식, 채권, 외환, 파생상품 등에 공격적으로 투자하는 사모펀드를 말한다. 위험을 상쇄하는 투자전략을 통하여 손실을 피하거나 줄이고 최대의 이익을 추구한다는 의미에서 헤지펀드라고 불리나 실제로는 많은 경우에 높은 위험을 부담하고 고수익을 추구하는 투자전략을 사용한다.

1.6 기업관련 법규

기업의 경영자가 경영활동에 대한 지침과 절차 및 또 이를 규율하는 법규를 충분히 이해하고 준수하는 것은 매우 중요하다. 법규를 위반할 경우 때로는 엄청난 손실을 입을 수 있기 때문이다. 기업이 법적 분쟁으로 인해 손실을 부담해야 할 가능성을 법적 위험(legal risk)이라고 한다. 2012년 4월 이후 우리나라에서는 기업의 법적 위험을 사전적으로 차단하기 위해 준법지원인제도를 도입하고 있다. 이는 일정 규모 이상의 상장기업으로 하여금 법적 위험을 사전적으로 진단하고 관리하는 법률전문가를 상시적으로 회사 내에 두게 하는 제도이다. 이에 앞서 2000년 10월에는 금융회사 임직원의 내부통제기준 준수를 강화하기 위해 준법감시인(compliance officer)제도를 도입하였다. 내부통제기준이란 회사의 임직원이 직무를 수행함에 있어 영업의 효율성, 재무보고의 신뢰성, 법규 및 규정 준수 등의 조직 목표를 효과적으로 달성하기 위해 따라야 할 기본적인 절차를 말한다. 〈표 1-6〉에서는 우리나라 기업이 재무활동과 관련하여 따르고 준수해야 할 주요 법규와 그 내용을 요약 · 정리하였다.

표 1-6 기업의 재무활동과 관련된 주요 법규

법 규	주요 내용
재무활동 전반에 관한 법률	
• 상법	기업의 모든 재무활동의 기초법률 주주총회, 정관변경, 이사/감사 선임, 결산, 재무제표 작성, 배당, 분할/합병 등
회계관련 법규	
• 주식회사의 외부감사에 관한 법률	외부감사 선임 및 업무, 내부회계관리제도 등
– 한국채택 국제회계기준(K-IFRS)	국제회계기준위원회가 제정한 회계처리기준, 외감법에 따라 금융위가 정한 회계처리기준 및 해석
• Sarbanes-Oxley Act(미국)	내부회계관리제도, 감사의 독립성, 재무제표에 대한 CEO/CFO 책임 등

세무관련 법규	
• 법인세법, 소득세법, 조세특례제한법	법인의 시가 산정, 법인세액의 계산, 계열사 간 거래 시 거래가액의 산정 등
• 국세기본법, 지방세기본법	조세불복 및 각종 가산세액, 지방세 신고 등
• 국제조세조정에 관한 법률, 조세조약	국제거래에 관한 조세의 조정 및 국가 간의 조세행정 협조, 이중과세 및 조세회피 방지
• 관세법	수입, 수출에 관한 법률
자금조달 등 자본시장관련 법규	
• 자본시장과 금융투자업에 관한 법률(자본시장법)	증권의 발행 및 거래, 공시 등 금융투자관련 전반
– 유가증권시장 공시규정 및 시행세칙	자본시장법에 근거, 유가증권시장에서의 기업의 공시사항
– 증권의 발행 및 공시 등에 관한 규정	자본시장법에 근거, 합병, 분할, 자사주 취득 등의 경우 보고서 제출 및 지분공시, 증권신고서 제출 등
– 자본시장조사 업무규정	자본시장법에 근거, 위법행위 조사에 관한 규정 등
• The Securities Exchange Act of 1934 (미국)	미국 증권거래소에 제출할 사업보고서에 관한 사항, 미국 상장기업이 준수해야 할 공시의무와 요구사항 등
• Dodd-Frank Wall Street Reform and Consumer Protection Act, 2010(미국)	이사 선임에 대한 주주권한, 임원보상에 대한 주주의 승인, 이사회 내 독립적인 보상위원회 설치, 임원보상의 공시 등
보험관련 법규	
• 보험업법	보험, 보험계약자–피보험자의 권리, 자산운용원칙 등
• 산업재해보상보험법	산업재해보험관련 제반 사항
외국환관련 법규	
• 외국환거래법	외환거래 및 해외투자관련 전반
– 외국환거래규정	외환거래 절차 및 지급수단, 외국환 자본거래 등
– 외국환거래당사자에 대한 제재규정	외환거래 당사자에 대한 제재 기준, 방법 등
기타	
• 개인정보보호법	고객 및 벤더(협력업체) 관리 시 개인정보 처리 및 보호에 관한 사항
• 신용정보의 이용 및 보호에 관한 법률	금융거래상의 신용판단을 위한 신용정보 오남용 방지 등

참고사항 **우리나라의 금융기관**

구분			기관 수*	비고
은행	일반은행	시중은행	7	외국사 한국시티은행 포함
		지방은행	6	
		인터넷전문은행	3	
		외은지점	34	
	특수은행	한국산업은행	1	
		한국수출입은행	1	
		중소기업은행	1	
		농협은행주식회사	1	
		수산업협동조합중앙회	1	

비은행 예금취급 기관	상호저축은행		79	
	신용협동기구	신용협동조합	870	
		새마을금고	1,294	
		상호금융(단위조합)	1,344	농협, 축산업, 인삼업 1,111/수협 91/ 산림조합 142
	우체국예금		1	
	종합금융회사		1	
금융 투자업자	투자매매중개업자	증권회사	61	
		선물회사	3	
	집합투자업자	자산운용회사	324	
	신탁회사	부동산 신탁회사	14	은행, 증권, 보험의 신탁업 제외
	투자자문업자	투자자문 및 일임회사	95	
보험회사	생명보험회사		23	외국사 8포함
	손해보험회사		22	외국사지점 5포함
	우체국보험		1	
	공제기관		3	새마을공제, 수협공제, 신협공제
기타 금융기관	금융지주회사	은행지주 비은행지주	8 2	지방은행지주 포함
	여신전문금융회사	신용카드/리스 · 할부금융/ 신기술금융	157	8/50/99
	벤처캐피탈회사	중소기업창업투자회사 (신기술사업금융회사 포함)	203	
공적 금융기관	한국무역보험공사		1	
	한국주택금융공사		1	
	한국자산관리공사		1	
	한국투자공사		1	
	금융감독원		1	
	예금보험공사		1	
	금융결제원		1	
	신용보증기관	신용보증기금 기술신용보증기금	1 1	
금융 보조기관	한국거래소		1	
	한국예탁결제원		1	
	한국증권금융		1	

금융 보조기관	신용, 펀드, 채권평가사	신용평가사 펀드평가사 채권평가사	4 4 5	
	신용정보회사	채권추심/신용조회/본인신용정보(마이데이터)관리	38	24/6/8
	자금중개회사		13	원화중개회사 3 외국환중개회사 10

* 인가 및 전업 기준. 표의 분류는 한국은행이 제공하는 기준에 따른 것이며, 금융투자업자는 자본시장법에서 규정하는 업무분류에 따른 것임. 기관 수에서 일부는 2022년 말 기준 숫자임.
자료: 한국은행 및 각 유형별 금융기관 중앙회(협회) 홈페이지 공시자료.

중요용어

재무학(finance)
재무관리(corporate finance)
투자결정(investment decision)
자본조달결정(financing decision)
부채(liability)
자기자본(equity)
순운전자본(net working capital)
개인회사(sole proprietorship)
합명회사(general partnership)
합자회사(limited partnership)
유한회사(limited liability company)
주식회사(corporation)
주식(share 또는 stock)
기업지배구조(corporate governance)
정보비대칭(information asymmetry)
법적 위험(legal risk)
대리문제(agency problem)
재무관리환경(finance environment)
직접금융(direct financing)
간접금융(indirect financing)
금융자산(financial assets)
증권(securities)
금융시장(financial market)
화폐시장(money market)
자본시장(capital markets)
금융중개기관(financial intermediaries)
발행시장(new issues market)
유통시장(secondary market)
인수(underwriting)
준법지원인(compliance officer)
한국거래소(Korea Exchange)
뮤추얼펀드(mutual fund)
사모펀드(private fund)
지속가능성(sustainability)
소유와 경영의 분리(separation of ownership and control)
기업의 사회적 책임(corporate social responsibility)

연습문제

1-1 넓은 의미에서의 재무관리와 좁은 의미에서의 재무관리를 구별하여 설명하라.

1-2 재무관리에서 다루는 주요 내용을 설명하라.

1-3 재무관리의 목표에서 기업가치의 극대화와 주주가치의 극대화가 같은 의미로 쓰일 수 있는 조건은 무엇인지 말해 보라.

1-4 주식회사의 형태로 기업을 조직할 때의 장점과 단점을 설명하라.

1-5 주식회사의 경영자들이 자신의 이익이 아닌 주주들의 이익을 극대화하는 의사결정을 하도록 하는 방안에 대해 설명하라.

1-6 직접금융과 간접금융의 차이를 설명하라.

1-7 기업지배구조의 의미에 대해 설명하라.

1-8 기업의 사회적 책임의 의미에 대해 설명하라.

1-9 펀드(투자신탁)의 종류를 설명하라.

1-10 한국거래소에 상장되어 거래되고 있는 증권들에는 어떤 것들이 있는지 조사해 보라.

1-11 기업이 필요한 자금을 금융시장과 금융중개기관을 이용하여 어떻게 조달할 수 있는지 설명하라.

1-12 우리나라의 장외시장에 대해 조사해 보라.

1-13 상장회사(public company)와 비상장회사(private company)의 차이점을 설명하라.

1-14 증권회사는 어떤 역할을 하는지 설명하라.

1-15 공모펀드와 사모펀드의 차이에 대해 설명하라

1-16 기업의 재무활동과 관련된 주요 법규에 대해 조사해 보라.

제 2 장

재무제표와 현금흐름

STUDY GUIDE

기업의 재무상태와 경영성과에 관한 정보는 다양한 원천으로부터 얻을 수 있지만, 가장 손쉽게 이용할 수 있는 정보의 원천은 바로 재무제표(financial statements)이다. 재무제표는 기업의 재무상태와 경영성과를 나타내는 보고서로 기업의 성적표라 할 수 있다. 재무제표 중에서 대표적인 것이 재무상태표와 손익계산서, 그리고 현금흐름표이다. 재무제표에서 얻을 수 있는 여러 유형의 재무비율(financial ratios)과 현금흐름(cash flow)을 이용하여 기업의 성과를 평가하고 기업가치를 높이기 위해 필요한 개선책을 찾아볼 수 있으며, 과거의 재무제표뿐만 아니라 미래에 예상되는 추정재무제표를 작성하고 이로부터 의사결정에 필요한 정보를 얻을 수 있다. 제2장에서는 재무제표를 소개하고 분석한 후, 재무제표정보를 이용하여 기업의 재무상태와 경영성과를 어떻게 평가할 수 있는지 살펴본다. 그리고 재무제표에서 재무의사결정을 위해 기본적으로 필요한 영업현금흐름과 잉여현금흐름을 어떻게 구할 수 있는지 설명한다.

2.1 재무보고와 재무제표

2.2 재무상태표

2.3 손익계산서

2.4 현금흐름표

2.5 영업현금흐름과 잉여현금흐름

2.6 기타의 재무제표정보

2.7 재무보고의 현실적 문제들

2.1 재무보고와 재무제표

■ 재무보고

경영자는 매기 일정한 회계기준에 따라 작성된 재무제표를 중심으로 기업의 주요 재무정보를 기업 내·외의 이해관계자들에게 보고한다.[1] 이를 재무보고(financial reporting)라고 한다. 경영자는 왜 재무보고를 하며 이는 금융시장에서 어떤 기능을 할까?

경영자는 기업의 소유주인 주주로부터 권한을 위임받아 기업을 경영한다. 따라서 경영자는 성실한 경영활동을 통하여 주주의 재산을 유지, 증식한 후 그 결과를 주주에게 보고할 책임을 진다. 이를 경영자의 수탁책임(stewardship responsibility)이라 한다. 경영자는 수탁책임을 이행하는 한 방법으로 기업의 재무상태와 경영성과를 잘 나타내는 보고서를 작성하고 이를 주주를 비롯한 정보이용자(채권자, 은행, 국세청, 잠재적 투자자 등)에게 제공한다. 이때 작성되는 대표적인 보고서가 재무제표이다. 재무제표는 경영자와 주주(또는 정보이용자) 사이에 존재하는 기업내용에 대한 정보비대칭(information asymmetry)을 해소하는 중요한 역할을 한다. 재무제표정보의 공개를 통해 경영자는 기업의 실체에 대한 시장의 올바른 평가를 이끌어 낼 수 있다. 또 회계기준과 외부감사제도 등을 통하여 재무제표정보의 공정성과 신뢰성을 확보할 수 있으므로 정보이용자는 이에 기초하여 합리적인 의사결정을 할 수 있다.

■ 일반적으로 인정된 회계원칙(GAAP)과 국제회계기준

일반적으로 인정된 회계원칙(generally accepted accounting principles: GAAP)이란 경영자가 재무제표를 작성하는 과정에서 신뢰성과 비교가능성을 높이기 위해 따라야 할 기준 또는 원칙을 의미한다. 흔히 줄여서 GAAP이라고 표현하고 '갭'이라고도 말한다. 우리나라의 경우, 좁은 의미에서 GAAP은 한국회계기준원이 제정하는 기업회계기준서, 기업회계기준해석서 및 기업회계기준적용사례를 포함한다. 넓은 의미에서는 회계기준 등에 명시되지 않더라도 실무에서 전통적으로 사용되는 회계처리방법과 학계 등에서 이론적으로 지지를 받는 방법, 기타 권위 있는 기관의 보고서 등을 포함한다.

현실적으로는 세계 각국의 회계기준은 서로 달라 재무제표의 비교가능성이 떨어지는 문제가 발생한다. 이에 따라 세계 각국은 국제회계기준위원회(International Accounting Standards Board: IASB)를 구성하고 국제회계기준(International Financial Reporting Standards: IFRS)을 제정하여 회계기준의 통일을 위해 노력하고 있다. 우리나라에서도 상장기업은 2011년 이후 국제회계기준을 따라 재무제표를 작성하도록 되어 있다(이 기준을 한국채택국제회계기준(K-IFRS)이라고 부른다). 비상

1 기업의 주요 재무정보는 해당 기업이 공개하는 사업보고서나, 해당 기업의 재무제표에 대한 외부감사인의 감사보고서, 재무분석가 등 전문가의 기업분석보고서 등에서 얻을 수 있다. 우리나라의 경우 사업보고서와 감사보고서를 금융위원회에 제출하도록 규정하고 있다. 제출된 사업보고서와 감사보고서 등의 공시자료는 금융감독원 전자공시시스템(http://dart.fss.or.kr)에서 확인할 수 있다.

장기업의 경우 K-IFRS를 적용받지 않고 한국회계기준원이 제정한 '일반기업회계기준'을 따라 재무제표를 작성한다.

■ 재무제표의 종류

재무제표(financial statements)는 기업의 활동을 측정 · 기록하여 작성하는 회계보고서로 기업의 재무상태와 경영성과 등을 나타낸다. 재무제표는 재무의사결정을 위한 유용한 정보원천이다. 재무관리자는 과거의 재무제표뿐만 아니라, 재무의사결정의 결과로 미래에 예상되는 추정재무제표를 작성하고 이로부터 의사결정에 필요한 정보를 얻을 수 있다. 재무제표에 포함되어야 할 보고서는 나라마다 다를 수 있으나 대체로 재무상태표(대차대조표), 손익계산서(포괄손익계산서), 현금흐름표, 그리고 자본변동표와 각 보고서에 대한 주석 등으로 구성된다.

2.2 재무상태표

■ 재무상태표의 구성

재무상태표(statement of financial position) 또는 대차대조표(balance sheet)는 일정시점에서 기업의 재무상태를 나타내는 보고서이다. 기업의 재무상태라 함은 자산과 부채 · 자본의 구성을 말한다. 재무상태표의 왼쪽(차변)은 자산(assets)의 구성상태를 나타내며, 오른쪽(대변)은 부채 · 자본(liabilities and shareholders' equity)의 구성상태를 나타낸다. 자산은 기업이 소유하고 있는 자원을 나타내며, 부채 · 자본은 기업이 필요한 자금을 외부채권자로부터 조달한 자금(부채 또는 타인자본)과 기업의 소유주인 주주로부터 조달한 자금(자본 또는 자기자본)을 나타낸다. 〈표 2-1〉의 재무상태표는 2022년 12월 31일과 2023년 12월 31일 시점의 ㈜백두의 자산과 부채 · 자본의 구성을 보여주고 있다.

재무상태표에서 자산과 부채 · 자본 간에는 다음과 같은 균형이 항상 성립한다.

$$\text{자산} = \text{부채} + \text{자본(자기자본)} \qquad (2.1)$$

식 2.1을 재무상태표등식 또는 회계등식(accounting equation)이라 한다. 〈표 2-1〉의 ㈜백두의 재무상태표를 보면 매년도 말에 자산의 합계는 부채 · 자본의 합계와 정확히 같다.

■ 자 산

〈표 2-1〉의 재무상태표에서 왼쪽은 자산을 구성하는 항목들을 나타내는데, 이 항목들은 보통 위로부터 유동성이 큰 순서대로 기록된다. 현금, 매출채권, 재고자산, 유형자산, 무형자산 등의 순으로 정상적인 기업경영에서 현금화가 빠른 것, 즉 유동성이 큰 것부터 먼저 나타낸다. 현금, 매출채권, 재고자산 등을 유동자산(current assets)이라 하는데, 이것은 정상적인 기업경영에서 단기간(보통 1년) 내에 현금화될 수 있는 것들이다.

㈜백두

표 2-1 재무상태표(대차대조표)

(단위: 천원)

자 산	2023.12.31.	2022.12.31.	부채 · 자본	2023.12.31.	2022.12.31.
Ⅰ. 유동자산	773,000	707,000	Ⅰ. 유동부채	486,000	455,000
현금과 예금	152,000	107,000	매입채무	213,000	197,000
매출채권	294,000	270,000	단기차입금	50,000	53,000
재고자산	269,000	280,000	미지급비용	223,000	205,000
기타유동자산	58,000	50,000			
			Ⅱ. 비유동부채	588,000	562,000
Ⅱ. 비유동자산	1,118,000	1,035,000	사 채	471,000	458,000
유형자산	873,000	814,000	장기차입금	117,000	104,000
무형자산	245,000	221,000			
			부채총계	1,074,000	1,017,000
			Ⅲ. 자 본	817,000	725,000
			자본금	94,000	78,000
			주식발행초과금	347,000	327,000
			이익잉여금	376,000	320,000
자산총계	1,891,000	1,742,000	부채 · 자본총계	1,891,000	1,742,000

* 2023년 12월 31일 현재 ㈜백두의 총발행주식수는 188,000주이며, 주당시장가격은 5,000원이다. 2023년 중에 149,000천원의 유형자산과 24,000천원의 무형자산 신규취득이 있었으며, 자본금과 주식발행초과금의 증가는 신주발행에 따른 것이다.

재무상태표에 나타난 자산 중에서 유형자산과 무형자산 등은 기업의 정상적인 경영활동에서 1년 이내에 현금화가 어려운 것으로서 이들을 비유동자산(non-current assets)이라 부른다. 유형자산과 무형자산은 기업의 경영활동에 사용되어 미래수익을 창출한다. 토지를 제외한 유형자산과 무형자산은 매년 감가상각(depreciation(무형자산의 경우 감모상각, amortization))에 따라 비용으로 처리된 금액만큼 재무상태표에 표시되는 금액이 줄어든다.[2] 따라서 특정 시점의 재무상태표에 표시되는 유형자산과 무형자산의 장부가치는 최초에 평가된 가치에서 그동안의 감가상각에 따른 비용을 차감하고, 추가로 취득한 자산의 가치를 더한 금액이다.

경영자는 재무상태표에 나타나는 자산의 장부가치를 어떤 기준으로 기록할 것인지를 결정해야 한다. 우리나라에서 채택하고 있는 국제회계기준(K-IFRS)에서는 금융상품의 경우 공정가치(fair value)로 기록하는 것을 원칙으로 하며, 유형자산과 무형자산에 대해서는 취득원가에 기초한 역사적 원가(historical cost)나 작성시점의 시장상황을 잘 반영하는 공정가치 중에서 선택할 수 있도록

2 감가상각비는 실제 현금지출을 가져오는 비용은 아니며, 단순히 비용의 배분과정에 따라 발생하는 장부상의 비용이다. 예를 들어 ㈜백두가 10억원을 주고 새 기계를 구입하였다면, 이 10억원은 해당 연도의 비용으로 처리되지 않고 재무상태표에 유형자산을 구성하는 항목으로 기록된다. 이후 기계의 내용연수 동안 영업활동에 이 기계를 사용하게 되고 매년 기계의 가치가 감소하는 만큼을 감가상각비로 처리하게 된다. 만일 이 기계의 내용연수가 5년이고 매년 균등하게 기계의 가치가 감소한다면 감가상각비는 매년 2억원이 될 것이며, 취득 후 1년이 경과한 시점에서 기계의 장부가치는 8억원이 될 것이다.

하고 있다.[3] ㈜백두는 역사적 원가에 기초하여 유형자산과 무형자산의 가치를 기록한 것으로 가정한다. 예를 들어, 2023년 12월 31일 현재 유형자산의 장부가치 873,000천원은 시장가치를 나타내는 것이 아니라 유형자산의 취득원가에서 그동안의 감가상각비용을 차감한 금액이 873,000천원임을 나타낸 것으로 가정한다.

■ 부채와 자기자본

재무상태표의 오른쪽은 부채와 자본을 나타내는 것으로, 보통 갚아야 할 시기가 빠른 것부터 먼저 기록된다. 매입채무, 단기차입금, 미지급비용, 사채, 장기차입금 등의 순으로 기록된다. 자본에 있어서는 우선주, 보통주 그리고 잉여금의 차례로 재무상태표를 작성하는 것이 일반적이다.

식 2.1의 재무상태표등식에서 자본(자기자본)보다 부채를 앞에 놓는 이유는 기업자산에 대한 기업소유주의 소유권보다 외부채권자의 소유권이 우선하기 때문이다. 따라서 자기자본은 자산에서 부채를 뺀 값이다.

$$\text{자기자본} = \text{자산} - \text{부채} \tag{2.2}$$

기업은 부채를 조달할 때 자본제공자인 채권자에게 부채사용의 대가로 미래의 일정기간에 걸쳐 정해진 금액을 상환할 것을 약속한다. 기업이 이 약속을 지키지 못하는 경우 기업은 파산하며, 기업의 소유권은 주주로부터 채권자에게 넘어간다. 기업가치에 대해 채권자는 자신의 몫을 우선적으로 챙길 수 있는 권리를 가지며, 주주의 몫은 기업가치에서 채권자 몫을 먼저 상환하고 난 후의 잔여가치이다. 앞의 〈표 2-1〉에서 2023년 12월 31일 현재 ㈜백두의 자산가치는 총 1,891,000천원이며, 이 중 외부채권자에게 지급되어야 할 몫은 유동부채와 비유동부채를 합한 1,074,000천원(= 486,000천 + 588,000천)이다. 소유주인 주주의 몫은 자산에서 부채를 뺀 817,000천원(= 1,891,000천 − 1,074,000천)이다.

〈표 2-1〉의 재무상태표에서 자산과 부채의 장부가치가 시장가치를 잘 반영하고 있다면, 자기자본의 장부가치 817,000천원은 주주의 부(wealth)를 정확하게 나타낼 것이다. 그러나 현실적으로는 자기자본의 장부가치는 주주의 실제 부를 정확하게 반영하지 못하는 것이 일반적이다. 가장 큰 이유는 ㈜백두가 역사적 원가에 기초하여 재무상태표를 작성하고 있어 자산의 장부가치가 시장가치와 차이가 있을 수 있기 때문이다. 또 하나의 중요한 이유는 재무상태표가 기업가치에 영향을 미치는 모든 자원을 포함하지 못하고 있다는 것이다. 대표적인 예로 기업의 인적자원은 기업가치를 결정하는 중요한 요소이나, 인적자원의 가치는 재무상태표에 포함되지 않는다. 이와 같이 자산가치와 실제 기업가치 사이에 차이가 발생하면 자기자본의 장부가치도 실제 주주의 부와는 괴리를 보일 수 있다.

주주의 부는 어떻게 측정할 수 있을까? 기본적으로는 미래의 경영활동에서 주주에게 귀속되는

3 구체적인 자산과 부채 항목별 가치평가기준과 공정가치의 추정방법에 관해서는 회계학 교과서를 참조하기 바란다.

현금흐름의 현재가치[4]로 주주의 부를 측정할 수 있겠으나, 발행주식이 시장에서 거래되는 상장기업의 경우 주식의 시장가격을 이용하여 손쉽게 주주의 부를 측정할 수 있다. 예를 들어 ㈜백두의 주식이 상장되어 있고 2023년 말 현재 주가가 5,000원이라면, ㈜백두의 주주의 부는 발행주식의 시가총액인 940,000천원(=188,000×5,000원)으로 평가된다.

■ 재무상태표분석

투자활동과 자본조달활동

재무상태표로부터 어떤 정보를 얻을 수 있을까? 재무상태표는 기업의 투자활동과 자금조달활동에 관한 정보를 제공해 준다. 재무상태표의 왼쪽은 투자활동의 결과로 기업이 보유하게 된 자산의 구성 내역이며, 오른쪽은 필요자금을 어떻게 조달하였는지를 나타낸다.

재무상태표의 자산구성에서 유형자산과 무형자산은 기업이 영업활동에 장기간 사용할 목적으로 취득한 자산이며, 기업은 이들 자산을 이용하여 미래현금흐름을 창출한다. 따라서 정보이용자는 유형자산과 무형자산을 살펴봄으로써 그 기업이 영업활동을 위해 투자한 자산의 내역과 금액을 확인할 수 있다. 〈표 2-1〉의 ㈜백두의 경우 2023년 말 현재 유형자산과 무형자산의 장부가치는 1,118,000천원이다. 이는 ㈜백두가 영업활동에 사용할 자산에 투자한 금액이 1,118,000천원임을 의미한다.

투자에 필요한 장기자금은 기업의 소유주인 주주와 외부채권자로부터 조달할 수 있다. 〈표 2-1〉의 재무상태표의 오른쪽을 살펴보면 ㈜백두는 2023년 말 현재 회사채를 발행하여 471,000천원을, 은행으로부터의 장기차입으로 117,000천원을 조달하고 있으며, 자기자본으로 817,000천원을 조달하고 있다.

기업가치와 사업가치

주식의 시장가치는 기업의 소유주인 주주의 실제 부를 나타낸다. 그렇다면 기업가치와 기업이 영위하고 있는 사업의 가치는 어떻게 측정할 수 있을까? 기업가치(firm value)는 재무상태표에 나타나는 자산의 시장가치를 모두 더해 구할 수 있다. 또 기업가치는 재무상태표의 오른쪽을 구성하는 타인자본가치(부채가치)와 자기자본가치의 합과 같으므로, 주식의 시장가치에 부채금액을 더해 구할 수 있다. ㈜백두의 경우 기업가치는 주식의 시장가치 940,000천원과 부채 1,074,000천원의 합계인 2,014,000천원이다. 사업가치(enterprise value)는 현재 영업활동에 사용 중인 유형 · 무형 자산의 가치와 영업활동과 관련된 유동자산의 가치를 더한 것으로, 주식의 시장가치를 이용하면 다음과 같이 정의된다.

$$\text{사업가치} = \text{주식의 시장가치} + \text{부채} - \text{현금과 예금} \tag{2.3}$$

4 현재가치의 개념과 평가방법에 대해서는 제4장에서 다룬다.

식 2.3에서 현금과 예금을 빼 주는 이유는 기업이 보유하고 있는 현금과 예금은 현재 영업활동에 직접 사용되고 있는 항목이 아니기 때문이다. 〈표 2-1〉의 자료를 이용하여 2023년 말의 ㈜백두의 사업가치를 구하면 다음과 같다.

㈜백두의 사업가치 = 940,000 + 1,074,000 − 152,000 = 1,862,000(천원)

사업가치는 해당 기업을 인수하기 위하여 소요되는 비용으로 해석할 수 있다. 예를 들어 어떤 투자자가 2023년 말 현재 ㈜백두를 인수하려고 한다면, 총기업가치는 2,014,000천원이나 인수자가 현금과 예금 152,000천원을 인수대금으로 활용할 수 있으므로, 실제 필요한 인수비용은 이를 제외한 1,862,000천원이라는 것이다.

순운전자본

재무상태표에서 유동자산과 유동부채는 짧은 기간(보통 1년) 내에 현금으로 전환되거나 지출이 발생할 항목을 나타낸다. 대개의 경우 이들 유동항목은 기업의 영업활동과 관련하여 주기적으로 발생하는 항목들이다. 재무상태표에서 유동항목 간의 차이를 보여주는 개념으로 순운전자본(net working capital)이 있다. 순운전자본은 유동자산에서 유동부채를 뺀 값이며, 이는 앞으로 1년 이내에 현금화될 수 있는 자산이 1년 이내에 갚아야 할 부채보다 얼마나 더 큰가를 나타낸다. 따라서 순운전자본의 크기는 기업의 단기유동성을 평가하는 지표로 이용된다. 앞의 〈표 2-1〉의 ㈜백두의 재무상태표에서 순운전자본을 계산하면 다음과 같다.

유동자산 − 유동부채 = 순운전자본 (2.4)

2022년: 707,000 − 455,000 = 252,000(천원)
2023년: 773,000 − 486,000 = 287,000(천원)

부채비율과 유동비율

재무상태표에서 자본구성의 적정성과 단기지급능력을 측정하는 재무비율로 부채비율과 유동비율이 자주 사용된다. 부채비율(debt-equity ratio)은 기업의 총자본을 구성하는 타인자본과 자기자본의 구성비율을 나타내는 것으로 타인자본(부채)을 자기자본으로 나누어 구한다. 부채비율은 다음에 설명할 이자보상비율과 함께 기업의 자본구성의 안정성을 나타내는 대표적인 비율이다. 타인자본을 산정할 때 비유동부채 중 영업활동에 실제 투자되고 있는 장기차입금과 사채만을 포함시키기도 하고 또는 유동부채와 비유동부채를 합한 총부채를 사용하기도 한다.

부채비율 = 부채 / 자기자본 (2.5)

식 2.5의 부채비율이 높을수록 자본구성에서 타인자본이 차지하는 비중이 높아 자본구성이 안정적이지 못하다는 것을 나타낸다. 〈표 2-1〉에서 ㈜백두의 2023년 말 현재 부채비율을 비유동부채 중 장기차입금과 사채를 사용하여 계산하면 다음과 같다.

㈜백두의 부채비율 = 588,000 / 817,000 = 71.97(%)

이는 기업이 필요로 하는 장기자금의 조달에서 자기자본과 장기부채를 1 대 0.7197의 비율로 조달하고 있음을 나타낸다.

부채비율이 낮을수록 채무불이행이 발생할 가능성이 낮고 또 기업이 파산하거나 청산하는 경우에도 채권자의 손실을 줄일 수 있기 때문에, 채권자의 입장에서는 부채비율이 낮을수록 좋다. 그러나 주주의 입장에서 보면 부채비율이 높은 것이 언제나 나쁜 것만은 아니다. 예를 들어, 미래의 경기전망이 좋아서 부채사용에 따른 비용보다 투자에서 예상되는 수익이 더 클 경우 차입을 통해 투자를 늘리면 주주에게 돌아가는 이익이 커질 수 있다. 또 기업이 새로이 자금을 조달할 때 주식을 발행하면 기존주주들의 기업지배권이 약화될 우려가 있기 때문에 타인자본으로 조달할 수도 있다.

유동비율(current ratio)은 유동자산을 유동부채로 나눈 값으로 기업의 단기지급능력을 나타내는 대표적인 비율이다.

유동비율 = 유동자산 / 유동부채 (2.6)

유동비율이 높을수록 기업의 단기지급능력이 좋다는 것을 나타낸다. 〈표 2-1〉에서 ㈜백두의 2023년 말 현재 유동비율을 계산하면 다음과 같다.

㈜백두의 유동비율 = 773,000 / 486,000 = 159.05(%)

이는 백두주식회사의 유동자산이 단기간에 갚아야 할 부채의 1.59배임을 뜻한다.

유동비율이 높다는 것은 단기부채에 대한 지급능력이 높다는 것을 뜻하기 때문에 단기부채를 제공한 채권자의 입장에서는 매우 바람직한 것이다. 그러나 경영자의 입장은 다를 수 있다. 유동자산은 높은 수익을 가져다주는 자산이 아니기 때문에 이것이 많을 경우 수익성이 낮아질 수 있다. 예를 들어, 대표적인 유동자산인 현금을 너무 많이 가지고 있다는 것은 현금을 다른 곳에 투자하여 수익을 올릴 기회를 잃고 있다는 것이다.

이와 같이 어떤 재무비율이 높거나 낮다는 것은 이해관계자 모두에게 좋거나 나쁜 것이 아니라, 그 비율을 분석하는 입장에 따라 달라질 수 있다는 것을 명심해야 한다. 한편, 경영자는 자사의 재무비율을 같은 업종에 종사하는 경쟁기업이나 산업 전체의 평균비율과 비교함으로써 상대적인 건전성을 평가해 볼 수 있다.

주당장부가치와 주가장부가치배수(*PBR*)

기업이 발행한 주식 1주당 소유주지분을 나타내는 주당장부가치(book value per share: *BPS*)를 재무상태표로부터 계산할 수 있다. 주당장부가치는 자기자본을 발행주식수로 나누어서 구하며, 이는 장부상으로 평가되는 1주당 투자금액이라고 할 수 있다. 〈표 2-1〉에서 ㈜백두의 2023년 말 현재 주당장부가치를 계산하면 다음과 같다.

㈜백두의 주당장부가치 = 817,000,000 / 188,000 = 4,345.74(원)

주당장부가치는 앞서 설명한 것처럼 주식의 시장가격과 다를 수 있다. 주식의 시장가격과 주당장부가치를 비교하는 지표로 주가장부가치배수(price-to-book value ratio: *PBR*)가 흔히 이용된다.

주가장부가치배수 = 주식의 시장가격 / 주당장부가치 (2.7)

주식가격은 시장에서 평가된 가치이므로 주가장부가치배수를 시장가치 대 장부가치비율(market-to-book ratio)이라고도 한다. 이는 장부상으로 본 소유주지분과 시장에서 평가되는 가치를 비교한 것이다. 높은 수익률을 내는 기업은 장부가격보다 더 높은 가격으로 주가가 형성되기 때문에, 이 비율에 의해 기업의 수익성을 평가할 수 있다. ㈜백두의 경우 2023년 말 현재 주가가 5,000원이므로 주가장부가치배수는 다음과 같다.

㈜백두의 주가장부가치배수 = 5,000 / 4,345.74 = 1.15(배)

주가장부가치배수는 산업이나 기업에 따라 커다란 차이가 있다. 높은 성장이 기대되는 기업의 경우 주가가 장부가치보다 높게 형성되어 이 비율이 1보다 훨씬 크게 나타날 수 있으나 성장성이 낮은 기업의 경우에는 1보다 작을 수 있다.

2.3 손익계산서

■ 손익계산서의 구성

손익계산서(income statement) 또는 포괄손익계산서(statement of comprehensive income)는 일정기간 동안의 기업의 경영성과를 나타내는 보고서로서, 그 기간 동안에 실현된 수익과 발생한 비용을 기록하고 이로부터 해당 기간의 이익을 계산한 표이다. 수익과 비용, 그리고 이익 사이에는 다음과 같은 등식이 성립한다.

수익 − 비용 = 이익 (2.8)

재무상태표가 일정시점에서 기업의 재무상태를 보여주는 데 비해 손익계산서는 일정기간 동안에 일어난 경영활동의 성과를 나타낸다. 다음의 〈표 2-2〉는 ㈜백두의 2023년 1월 1일부터 2023년 12월 31일까지 1년 동안의 경영활동을 기록한 손익계산서이다.[5]

5 K-IFRS에서는 재무제표 작성 시 사용되는 계정과목의 구분이나 명칭에 대해 기업이 자율적으로 결정하도록 하고 있다. 따라서 실제 기업들이 보고하는 재무상태표나 손익계산서의 형태와 내용은 〈표 2-1〉이나 〈표 2-2〉와는 다를 수 있다. 〈표 2-2〉의 손익계산서는 내용설명을 위해 전통적으로 사용되어 온 기능별 분류기준에 따라 작성된 것이다.

㈜백두: 2023.1.1.~2023.12.31.

표 2-2 손익계산서(포괄손익계산서)

(단위: 천원)

Ⅰ. 매출액	2,262,000
Ⅱ. 매출원가	(1,655,000)
Ⅲ. 매출총이익	607,000
Ⅳ. 판매비와 관리비	(417,000)
1. 판매비와 일반관리비	(327,000)
2. 감가상각비	(90,000)
Ⅴ. 영업이익	190,000
Ⅵ. 영업외비용	(50,000)
금융비용(이자비용)	(50,000)
Ⅶ. 법인세비용 차감전 순이익	140,000
법인세비용(법인세율 20%)	(28,000)
Ⅷ. 당기순이익	112,000
Ⅸ. 주당순이익	596원

* 당기순이익 112,000천원 중 56,000천원은 배당금으로 지급되었다.

■ 영업활동과 영업외활동의 수익과 비용

〈표 2-2〉의 손익계산서에서, 매출액에서 영업이익에 이르는 부분은 기업의 정상적인 영업활동과 관련된 수익과 비용에 대한 정보를 제공한다. 영업이익의 아랫부분은 주된 영업활동과 관련되지 않은 기업활동으로부터 발생한 수익과 비용을 나타내며, 특히 비용부문은 영업활동에서 얻어진 성과를 이해관계자들에게 어떻게 배분했는지를 나타낸다. 영업외비용 부문의 이자비용은 기업이 부채를 사용한 대가로 채권자에게 지급한 금액을 나타내며, 법인세비용은 기업이 국가에 납부한 세금을 나타낸다. 당기순이익은 기업이 한 해 동안 벌어들인 수익에서 영업활동과 부채사용에 관련된 모든 비용과 세금을 공제한 후에 기업의 소유주인 주주에게 돌아가는 몫을 나타낸다.

㈜백두는 2023년 한 해 동안 영업활동에서 190,000천원의 세전이익을 실현하였으며, 부채사용의 대가로 외부채권자에게 지급한 이자비용은 50,000천원이다. 법인세비용은 28,000천원, 그리고 주주의 몫인 당기순이익은 112,000천원을 시현하였다. 당기순이익은 배당의 형태로 주주에게 실제로 지급되거나 미래의 기업활동을 위해 기업내부에 유보될 수 있다. ㈜백두의 경우 당기순이익 중 절반인 56,000천원이 배당으로 지급되었으며, 나머지 반인 56,000천원은 기업내부에 유보되었다. 이 유보이익은 자기자본 중 이익잉여금항목에 포함되게 된다. 〈표 2-1〉의 재무상태표에서 이익잉여금의 증가분이 56,000천원(= 376,000천 − 320,000천)임을 확인할 수 있다.

■ 주당순이익과 주당배당금

기업이 발행한 주식수를 알면 손익계산서에 나타나는 당기순이익과 배당금에 관한 정보를 이용하여 1주당 얻은 순이익과 배당의 액수를 계산할 수 있다. 주당순이익과 주당배당금은 주주의 투자성과를 측정하는 지표로 자주 이용된다. 2023년 말 현재 ㈜백두의 총발행주식수가 188,000주이므로 1주당 순이익과 배당금은 다음과 같다.

주당순이익(earnings per share: *EPS*) = 112,000(천원) / 188,000(주) = 596(원)

주당배당금(dividend per share: *DPS*) = 56,000(천원) / 188,000(주) = 298(원)

■ 손익계산서분석

손익계산서에 나타나는 자료를 이용하여 어떤 정보를 얻을 수 있는지 살펴보자. 먼저 기업의 수익성에 대한 정보를 들 수 있다. 수익성을 평가하는 재무비율로 총자본순이익률과 매출액순이익률이 대표적으로 사용된다.

총자본순이익률

총자본순이익률(return on investments: *ROI*)은 순이익을 총자본(총자산)으로 나누어 준 값으로 투하된 자본 1원당 순이익이 얼마인가를 나타낸다. 이 비율은 투자수익률이라고도 하며, 간단히 *ROI*로도 쓰인다.

총자본순이익률 = 당기순이익 / 총자본 (2.9)

식 2.9에서 분자인 당기순이익은 일정기간 동안 발생한 것이나, 분모인 총자본은 특정 시점에서 측정된 것이다. 이러한 문제를 해소하기 위해 보통 총자본은 기초와 기말 금액의 평균을 이용한다. 〈표 2-1〉과 〈표 2-2〉의 재무상태표와 손익계산서 자료를 이용하여 ㈜백두의 2023년도 총자본순이익률을 계산하면 다음과 같다.

㈜백두의 총자본순이익률 = 112,000 / (1,891,000 + 1,742,000) × 0.5 = 6.16(%)

이는 회사가 2023년 한 해 동안 투하된 총자본에 대해 평균 6.16%의 이익을 실현하였음을 나타낸다.

매출액순이익률

매출액순이익률(net profit to sales)은 순이익을 매출액으로 나눈 것으로 매출액 1원에 대한 순이익이 얼마인가를 나타낸다. 보통 매출마진(margin on sales)이라는 용어로 자주 사용된다. 이 비율은 기업의 경영활동의 성과를 총괄적으로 파악하는 비율이라 할 수 있다.

매출액순이익률 = 순이익 / 매출액 (2.10)

㈜백두주식회사의 2023년의 매출액순이익률을 계산하면 다음과 같다.

㈜백두의 매출액순이익률 = 112,000 / 2,262,000 = 4.95(%)

EBITDA와 이자보상비율

기업의 현금창출능력을 평가하는 지표로 감가상각비, 이자비용, 법인세 차감전 이익(earnings before interest, taxes, depreciation, and amortization: EBITDA)이 자주 이용된다. EBITDA는 영업이익에다 감가상각비를 더해 손쉽게 구할 수 있다. ㈜백두의 2023년 중의 EBITDA를 구하면 280,000천원(= 190,000천 + 90,000천)이다. EBITDA는 기업이 영업활동에서 창출한 현금흐름을 개략적으로 나타내 준다.

손익계산서 자료를 이용하여 기업의 부채사용의 적정성을 평가하는 대표적인 비율로 이자보상비율이 있다. 이자보상비율(times interest earned 또는 interest coverage ratio)은 타인자본의 사용으로 발생하는 금융비용, 즉 이자가 기업에 어느 정도의 압박을 가져오는가를 보기 위한 것으로, 영업이익이 매년 지급해야 할 금융비용의 몇 배에 해당하는가를 나타낸다. 이자비용은 법인세비용 차감전 이익에서 지출되므로 이자지급능력은 세금의 영향을 받지 않는다.

$$이자보상비율 = 영업이익 / 이자비용 \quad (2.11)$$

㈜백두의 이자보상비율을 계산하면 다음과 같이 3.8배이다.

$$㈜백두의\ 이자보상비율 = 190,000 / 50,000 = 3.8(배)$$

즉, 백두주식회사가 2023년 한 해 동안 벌어들인 영업이익은 차입금에 대해 지급한 이자비용의 3.8배에 해당한다. 이자보상비율이 높을수록 부채상환능력이 우수한 것으로 평가된다.

한편, 이자보상비율은 영업이익 대신에 EBITDA를 이용하여 평가하기도 한다. 영업이익이 영업활동에서 창출한 현금흐름과 차이가 있으므로, EBITDA를 이용하여 구한 이자보상비율은 실제 현금지출이 필요한 이자비용을 영업활동에서 창출한 현금흐름으로 감당할 수 있는지를 보다 잘 나타내 준다. ㈜백두의 경우 EBITDA를 이용하여 구한 이자보상비율은 5.6배(= 280,000 / 50,000)이다.

활동성비율

손익계산서와 재무상태표의 자료를 결합하여 기업이 소유하고 있는 자산들을 얼마나 효율적으로 이용하고 있는지를 나타내는 재무비율들을 구할 수 있다. 이와 같은 비율들은 보통 매출액에 대한 각 중요자산의 회전율로 표시되는데 대표적인 비율이 매출채권회전율과 총자산회전율이다.

매출채권회전율(receivables turnover)은 매출액을 평균매출채권으로 나눈 값이다. 같은 매출액에 비하여 매출채권이 적을수록 매출채권관리를 잘하고 있다고 볼 수 있으므로, 매출채권회전율은 클수록 좋다.

$$매출채권회전율 = 매출액 / 평균매출채권 \quad (2.12)$$

식 2.12에서 평균매출채권은 기초와 기말의 매출채권의 평균값을 구한 것이다. ㈜백두의 평균매출채권은 282,000천원(= (294,000천 + 270,000천) / 2)이므로, 2023년의 매출채권회전율을 구하면 다음과 같다.

㈜백두의 매출채권회전율 = 2,262,000 / 282,000 = 8.02(회)

㈜백두의 매출액은 평균적으로 매출채권의 약 8배이다. 즉, 매출채권은 연중 8회 정도 발생과 회수를 반복한다.

매출채권회전율과 관계되는 것으로 매출채권회수기간(receivables collection period)이 있다. 매출채권회수기간은 판매 후 그 금액이 며칠 만에 회수되는가를 보여주는 값으로 이를 계산하기 위해서는 ① 1일평균매출액을 구하고, ② 평균매출채권을 1일평균매출액으로 나누면 된다.

매출채권회수기간 = 평균매출채권 / 1일평균매출액 (2.13)

㈜백두의 경우 1일평균매출액은 6,197,260원(= 2,262,000,000 / 365)이다. 따라서 매출채권회수기간은 다음과 같다.

㈜백두의 매출채권회수기간 = 282,000,000 / 6,197,260 = 45.5(일)

매출채권회수기간을 보다 간단히 계산하는 방법으로는 매출채권회전율의 역수를 365로 곱하면 된다(365/8.02 = 45.5일).

매출채권회수기간과 관련하여 유의할 사항이 있다. 매출액이 모두 외상으로 거래된다면 위의 계산에 별 문제가 없다. 그러나 매출액의 일부만 외상으로 거래되고 나머지는 현금으로 거래된다면, 외상매출액을 1일평균외상매출액으로 나누어야 평균회수기간이 된다. 따라서 외상매출만 분리하여 생각하면 실제 외상매출금에 대한 회수기간은 훨씬 길어질 수 있다.

다음으로 총자산회전율에 대해 살펴보자. 총자산회전율(total assets turnover)은 매출액을 총자산으로 나눈 것이다. 총자본은 총자산과 같기 때문에 총자산회전율은 총자본회전율이라고도 한다. 이 비율은 기업의 총자산이 1년에 몇 번이나 회전하였는지를 나타내는 것으로 자산의 효율적인 이용도를 종합적으로 나타낸다.

총자산회전율 = 매출액 / 총자산 (2.14)

총자산회전율이 높으면 기업이 자산을 효율적으로 이용하고 있다는 것을 뜻하며, 낮으면 과잉투자와 같은 비효율적인 투자를 하고 있다는 것을 의미한다. ㈜백두의 2023년 중 총자산회전율을 구하면 다음과 같다.

㈜백두의 총자산회전율 = 2,262,000 / (1,891,000 + 1,792,000) × 0.5 = 1.23(회)

자기자본순이익률과 유지가능성장률

주주의 투자성과를 측정하는 중요한 재무비율로 자기자본순이익률(return on equity: *ROE*)이 있다. *ROE*는 경영활동에서 얻은 순이익을 자기자본으로 나눈 값으로 기업의 소유주인 주주의 투자성과를 측정하는 재무비율이다. 즉, *ROE*가 10%라는 것은 주주의 투자수익률이 10%라는 것을 의미한다.

$$\text{자기자본순이익률}(ROE) = \text{순이익} / \text{자기자본} \tag{2.15}$$

㈜백두의 2023년 중의 자기자본순이익률은 다음과 같다.

$$\text{㈜백두의 자기자본순이익률} = 112{,}000 / (817{,}000 + 725{,}000) \times 0.5 = 14.53(\%)$$

*ROE*는 다음과 같이 기업활동을 구성하는 여러 요소로 분해될 수 있다.

$$\begin{aligned} ROE &= \frac{\text{순이익}}{\text{자기자본}} = \frac{\text{순이익}}{\text{총자산}} \times \frac{\text{총자산}}{\text{자기자본}} \\ &= \frac{\text{순이익}}{\text{매출액}} \times \frac{\text{매출액}}{\text{총자산}} \times \frac{\text{총자산}}{\text{자기자본}} \\ &= \frac{\text{순이익}}{\text{매출액}} \times \frac{\text{매출액}}{\text{총자산}} \times \left(1 + \frac{\text{부채}}{\text{자기자본}}\right) \end{aligned} \tag{2.16}$$

식 2.16에서 보듯이 *ROE*는 총자산의 수익성을 나타내는 총자산순이익률(순이익 / 총자산)과 총자산에서 자기자본이 차지하는 비중의 역수를 곱해서 구해질 수 있다. 총자산은 부채와 자기자본의 합이므로 (총자산 / 자기자본)은 결국 부채사용 정도를 나타낸다. 이를 더 분해하면 *ROE*는 매출의 수익성을 나타내는 매출액순이익률과 기업의 활동성을 나타내는 총자산회전율, 그리고 부채사용의 정도를 나타내는 (1 + 부채비율)의 곱으로 구해진다.

㈜백두의 자료를 이용하여 *ROE*를 식 2.16의 형태로 분해해 보자. 2023년도 매출액순이익률은 4.95%, 총자산회전율은 1.23회였다. 2023년 중 평균부채가 1,045,500천원, 평균자기자본이 771,000천원이므로 평균부채비율은 1.356이다. 따라서 백두주식회사의 2023년의 *ROE*는 다음과 같이 매출액순이익률과 총자산회전율, 그리고 평균부채비율의 곱으로 분해된다.

$$ROE = 14.53\% = 4.95\% \times 1.23 \times (1 + 1.356)$$

한편, 기업이 외부로부터 자금을 조달하지 않고 내부자금만으로 투자비용을 조달하며, 새로운 투자안의 내용이 기존사업과 큰 차이가 없는 경우를 가정해 보자. 이 경우 자기자본순이익률은 새로운 투자의 기대수익률과 큰 차이가 없으며, 신규투자를 위한 자금은 순이익 중 내부에 유보되는 부분이다. 따라서 기업이 외부자금에 의존하지 않고 내부에 유보되는 자금만으로 필요자본을 조달할 때 달성할 수 있는 성장률 — 이를 유지가능성장률(sustainable growth rate)이라 부른다 — 은 자기자본순이익률에 유보율, 즉 (1 − 배당성향)을 곱해 간단하게 구해진다.

$$\text{유지가능성장률} = \text{자기자본이익률}(ROE) \times (1 - \text{배당성향}) \quad (2.17)$$

배당성향은 순이익 중 배당으로 지급된 금액의 비중을 나타내는 것으로 ㈜백두의 2023년도 배당성향은 50%이다. 따라서 ㈜백두의 유지가능성장률을 구하면 다음과 같다.

$$\text{㈜백두의 유지가능성장률} = 14.53(\%) \times 0.5 = 7.265(\%)$$

주가이익배수(주가이익비율)

주가이익배수(price earnings ratio: *PER*)는 주가를 주당순이익으로 나눈 것으로서, *P*/*E*비율 또는 *PER*라고 하며, 그 단위는 배가 된다. 즉 주가가 주당순이익의 몇 배가 되는지를 보여준다. 높은 성장이 기대되는 기업의 *PER*는 높게 나타나며, 낮은 성장이 예상되는 기업의 *PER*는 낮다.

$$\text{주가이익배수}(PER) = \text{주가} / \text{주당순이익} \quad (2.18)$$

주가는 시간에 따라 변하기 때문에 *PER*는 평가시점에 따라 달라진다. ㈜백두의 2023년 말의 주가이익배수를 구해보면 다음과 같다.

$$\text{㈜백두의 주가이익배수} = 5{,}000 / 596 = 8.4(\text{배})$$

*PER*에 관해서는 제5장에서 좀 더 상세히 다룬다.

2.4 현금흐름표

■ 현금흐름표의 구성

현금흐름표(statement of cash flows)는 일정한 기간 동안 기업의 현금이 어떻게 변동하였는지를 보여주는 보고서이다. 여기서 현금은 단순히 현금(cash) 그 자체만을 의미하는 것이 아니라, 예금은 물론 단기간의 자금운용을 위해 보유하고 있는 시장성유가증권과 같은 현금성자산(cash equivalents)을 포함한다. 현금흐름표는 현금의 변동내역을 유입과 유출로 구분하여 보여주며, 유입의 경우는 조달된 현금의 원천별로, 유출의 경우는 사용된 현금의 용도별로 세분하여 나타낸다.

재무의사결정에 있어 가장 기초적인 작업 중의 하나는 현금흐름을 정확하게 파악하는 것이다. 투자의 결과로 나타나는 현금흐름의 규모나 시점을 파악하지 못하면 합리적인 의사결정을 할 수가 없다. 특정 기간의 현금흐름(cash flow)은 해당 기간 동안 발생한 현금유입과 현금유출의 차이로 측정된다. 다음의 〈표 2-3〉은 ㈜백두의 2023년 중 현금의 변동을 나타내는 현금흐름표이다.

〈표 2-3〉의 현금흐름표에서는 현금의 유입과 유출을 가져오는 기업활동을 크게 영업활동과 투자활동, 그리고 재무활동의 세 가지로 분류하고 있다. 영업활동은 기업의 정상적이고 주된 경영활

표 2-3 현금흐름표

㈜백두: 2023.1.1.~2023.12.31. (단위: 천원)

Ⅰ. 영업활동 현금흐름			212,000
1. 당기순이익		112,000	
2. 현금의 유출이 없는 비용 가산		140,000	
감가상각비	90,000		
이자비용	50,000		
3. 영업활동으로 인한 자산·부채의 변동		10,000	
매출채권의 증가	(24,000)		
재고자산의 감소	11,000		
기타 유동자산의 증가	(8,000)		
매입채무의 증가	16,000		
단기차입금의 감소	(3,000)		
미지급비용의 증가	18,000		
4. 이자비용		(50,000)	
Ⅱ. 투자활동 현금흐름			(173,000)
1. 투자활동으로 인한 현금유입액		0	
2. 투자활동으로 인한 현금유출액		(173,000)	
유형자산 취득	(149,000)		
무형자산 취득	(24,000)		
Ⅲ. 재무활동 현금흐름			6,000
1. 재무활동으로 인한 현금유입액		62,000	
사채의 발행	13,000		
장기차입금의 차입	13,000		
신주의 발행	36,000		
2. 재무활동으로 인한 현금유출액		(56,000)	
배당금의 지급	(56,000)		
Ⅳ. 현금 및 현금성자산의 증가(Ⅰ+Ⅱ+Ⅲ)			45,000
Ⅴ. 기초의 현금 및 현금성자산			107,000
Ⅵ. 기말의 현금 및 현금성자산			152,000

동을 말하며, 투자활동은 비유동자산의 구입이나 처분과 관련된 활동이다. 재무활동은 부채의 차입이나 신주의 발행, 또는 부채의 상환, 배당금의 지급 등 기업의 자금조달활동과 관련된다. ㈜백두의 경우 2023년 중에 영업활동과 관련하여 212,000천원의 현금유입이 발생하였다. 투자활동과 관련해서는 173,000천원의 현금유출이, 그리고 재무활동과 관련해서는 6,000천원의 현금유입이 발생하여 기업 전체적으로는 45,000천원의 현금이 증가하였다.

■ 회계이익과 현금흐름

손익계산서상의 여러 항목 중 가장 관심을 끄는 항목이 영업이익이나 당기순이익이다. 손익계산서상의 영업이익과 당기순이익을 회계이익(accounting income)이라고 한다. 그러나 회계이익은 현금흐름과는 다르다. 예를 들어 비유동자산의 구입과 처분에 따라 발생하는 현금지출과 현금수입은 손익계산서의 계산과정에서 수익과 비용으로 포함되지 않는다. 또 이익의 계산과정에 포함된 수익과 비용 중에도 실제 현금유입이 없는 수익항목과 현금유출이 없는 비용항목이 포함되어 있다. 따라서 손익계산서로부터 현금흐름을 계산하려면 이러한 차이가 조정되어야 한다. 현금유출이 없는 비용으로 감가상각비와 퇴직급여충당부채와 같은 부채성충당금의 증가와 외화환산손실 등을 들 수 있으며, 현금유입이 없는 수익으로는 외화환산이익, 유가증권 평가이익 등을 들 수 있다. 이 중 감가상각비와 유가증권 평가이익에 대하여 살펴보자.

감가상각비는 이미 구입한 유형자산의 취득원가를 자산의 사용기간에 걸쳐 매기의 비용으로 배분하는 과정에서 발생한다. 감가상각비는 구입시점에서 이미 현금유출이 발생한 것을 매기에 나누어 비용으로 인식하는 것이므로 실제로는 현금의 지출 없이 발생하는 비용이다. 예를 들어 〈표 2-2〉의 손익계산서에서 감가상각비 90,000천원은 2023년에 실제로 현금이 지출된 비용이 아니다. 따라서 회계이익으로부터 현금흐름을 계산할 때에는 회계이익에 감가상각비를 더하여 구해야 한다. 〈표 2-3〉의 현금흐름표를 보면 영업활동 현금흐름을 구하기 위하여 당기순이익에 감가상각비 90,000천원을 더해 주는 것을 확인할 수 있다.

기업이 시장성 유가증권에 투자했을 때 구입가격(장부가액)과 회계연도 말의 시장가격이 차이가 나는 경우 그 차액만큼을 유가증권 평가손실이나 유가증권 평가이익으로 손익계산서에 반영하게 된다. 기말의 시장가격이 구입가격보다 큰 경우 유가증권 평가이익이 영업외수익으로 계상된다. 그러나 유가증권의 가격상승분은 실제로 판매되어야 현금유입이 발생한다. 따라서 현금흐름을 계산할 때에는 회계이익에서 이 유가증권 평가이익만큼을 빼 주어야 한다.

■ 순운전자본의 변동과 현금흐름

〈표 2-3〉의 현금흐름표에서 '영업활동 현금흐름'을 구성하는 세 번째 항을 보면 '영업활동으로 인한 자산 · 부채의 변동'에 따른 현금의 유입과 유출이 계상되어 있다. 이는 앞서 살펴본 순운전자본의 변동에 따라 발생하는 현금흐름을 나타낸 것이다. 이에 대해 살펴보자. 순운전자본이 현금흐름에 영향을 주는 경우는 현금과 예금을 제외한 순운전자본의 크기가 전년도와 비교하여 증가하거나 감소했을 때이다. 즉, 순운전자본의 변동액만큼 현금의 유입이나 유출이 발생한다. 이를 살펴보기 위해 2023년 중의 ㈜백두의 현금과 예금을 제외한 순운전자본의 변동을 〈표 2-1〉의 자료를 이용하여 계산하면 다음과 같다.

$$\text{순운전자본의 변동} = \text{유동자산(현금과 예금 제외)의 변동} - \text{유동부채의 변동}$$
$$= 21{,}000 - 31{,}000 = -10{,}000\text{(천원)}$$

㈜백두의 2023년의 현금과 예금을 제외한 순운전자본의 변동은 −10,000천원이다. 이는 2023년 1년 동안 현금과 예금을 제외한 유동자산은 21,000천원 증가했고 유동부채는 31,000천원 증가하여 순운전자본이 10,000천원 감소했음을 나타낸다.

유동자산이 증가할 때에는 유동자산 구입에 따른 추가적인 현금유출이 발생하고, 유동부채가 증가할 때에는 부채증가에 따른 추가적인 현금유입이 발생한다. 예를 들어 영업활동과 관련하여 매출채권이 증가하면 손익계산서에 반영된 매출액보다 적은 현금이 유입된다. 반대로 영업활동과 관련하여 외상매입금이 증가하면 손익계산서에 반영된 매출원가보다 현금지출이 적게 발생한다. 순운전자본이 증가한 경우는 유동부채에 비하여 유동자산이 더 많이 증가하였으므로 추가적인 현금유출이 추가적인 현금유입보다 커서 현금의 유출이 발생한다. 반대로 순운전자본이 감소한 경우에는 현금의 유입이 발생한다. ㈜백두의 경우 10,000천원만큼의 순운전자본이 감소하였으므로 10,000천원만큼의 현금유입이 발생하였다. 〈표 2-3〉의 현금흐름표에서 영업활동으로 인한 자산 · 부채의 변동은 이러한 내용을 유동자산과 유동부채의 각 항목별로 나타내고 있다.

■ 영업활동 현금흐름

〈표 2-3〉의 현금흐름표에서 '영업활동 현금흐름'의 계산과정을 보면 당기순이익에 현금의 유출이 없는 비용을 가산하고 여기에 영업활동으로 인한 자산 · 부채의 변동을 조정하여 계산하고 있다. 이를 〈표 2-3〉에서 조정된 항목을 기준으로 식으로 나타내면 다음과 같다.

$$\begin{aligned} \text{영업활동 현금흐름} &= \text{당기순이익} + \text{감가상각비} + \text{이자비용} - \Delta NWC - \text{이자비용} \\ &= \text{당기순이익} + \text{감가상각비} - \Delta NWC \qquad (2.19) \end{aligned}$$

식 2.19에서 ΔNWC는 현금 · 예금을 제외한 순운전자본의 변동(증분)이다. 〈표 2-2〉에서 당기순이익이 112,000천원이므로 식 2.19를 이용하여 영업활동 현금흐름을 구하면 다음과 같이 212,000천원임을 쉽게 확인할 수 있다.

$$\text{영업활동 현금흐름} = 112{,}000 + 90{,}000 - (-10{,}000) = 212{,}000(\text{천원})$$

영업활동 현금흐름을 구하는 과정을 좀 더 자세히 살펴보자. 당기순이익에서 출발하여 영업활동 현금흐름을 계산하기 위해 조정되는 항목은 다음과 같다.

첫째, 현금의 유입이 없는 수익과 유출이 없는 비용 항목이다. 앞서의 회계이익과 현금흐름의 차이에 대한 설명에서 살펴본 것처럼 당기순이익 계산과정에서 수익이나 비용으로 포함되었으나 실제로는 현금의 유입과 유출이 없는 항목은 순이익에서 빼 주거나 더해 주어야 한다. 〈표 2-3〉에서 감가상각비를 더한 것이 좋은 예이다.

둘째, 이자비용이다. 부채사용의 대가로 채권자에게 지급하는 이자비용은 현금유출 항목이나 기업의 영업활동과는 직접적인 관련이 없는 항목이다. 따라서 현금흐름표에서는 영업활동 현금흐름을 계산할 때 당기순이익에 이자비용을 더해 주고, 이후 이자비용에 따른 현금지출을 독립적인 항목으로 구분하여 다시 차감해 주고 있다.[6]

6 기업이 발표하는 현금흐름표를 보면 '영업에서 창출된 현금흐름' 항목이 표시된다. 이는 보통 (법인세비용 차감전 순이익 + 현금의 유출입이 없는 수익과 비용 항목 + 영업활동으로 인한 자산 · 부채의 변동에 따른 현금흐름)을 구한 값으로 이자비용과 법인세비용을 차감하기 전의 영업활동 현금흐름으로 볼 수 있다. 백두주식회사의 2023년의 영업에서 창출된 현금흐름은 290,000천원(=212,000천+50,000천+28,000천)이다. 영업에서 창출된 현금흐름 290,000천원은

셋째, 영업활동으로 인한 자산과 부채의 변동이다. 이는 현금을 제외한 유동자산과 유동부채 항목 중 영업활동과 관련하여 증가하거나 감소한 항목들이 있는 경우 이에 따라 나타나는 현금흐름의 변동을 조정해 주는 작업이다. 앞서 설명한 것처럼 유동자산의 증가는 현금의 유출을 의미하며 유동부채의 증가는 현금의 유입을 의미한다. 따라서 현금흐름을 계산하기 위해서는 순이익에서 유동자산의 증가를 빼 주어야 하며 유동부채의 증가는 더해 주어야 한다. 〈표 2-3〉의 현금흐름표에 영업활동으로 인한 자산 · 부채의 변동에 따른 현금유입액 10,000천원이 나타나 있으며, 이는 앞서 계산된 순운전자본의 감소액과 같다.

■ 현금흐름표분석

영업활동, 투자활동, 재무활동 현금흐름의 관계

현금흐름표의 분석에서 가장 강조되는 것은 영업활동 현금흐름이다. 정상적인 영업활동에서 실현되는 현금흐름이 많을수록 기업의 부채상환능력이 개선되고 배당금지급능력이 커지기 때문이다. 따라서 현금흐름표를 분석할 때 강조되는 것은 영업활동 현금흐름이 기업의 유동부채나 총부채, 그리고 이자비용이나 배당금 등에 비하여 충분한지를 분석하는 것이다. 한편, 투자활동 현금흐름을 분석함으로써 기업의 신규투자 정도와 비유동자산의 처분에 관한 정보를 얻을 수 있으며, 재무활동 현금흐름을 분석함으로써 기업의 외부자금 조달내역에 대한 정보를 얻을 수 있다. 정상적인 경우 투자활동에서 순현금지출이 발생할 것이므로 투자활동에 필요한 자금을 영업활동과 재무활동에서의 현금흐름으로 조달하게 될 것이다. 또 재무활동 현금흐름의 분석을 통하여 부채와 자기자본의 조달비율이 적정하게 유지되는지, 부채상환과 신규조달이 균형 있게 이루어지는지를 파악할 수 있다. 정상적인 경우 신주발행과 부채차입을 통한 외부자금조달은 기업이 목표로 하는 자본구조에 맞추어 적정하게 유지될 것이며, 기존부채의 상환과 새로운 자금조달이 균형 있게 이루어질 것이다.

〈표 2-3〉의 현금흐름표를 통해 이러한 내용들을 분석해 보자. ㈜백두는 2023년의 영업활동에서 212,000천원의 현금유입을 시현하였고 재무활동에서 6,000천원의 현금흐름을 조달하여, 투자활동에 173,000천원의 현금을 지출하고 나머지 45,000천원의 현금을 기업내부에 유보하였다. 전체적으로 볼 때 ㈜백두는 투자에 필요한 현금지출보다 더 많은 현금흐름을 영업활동에서 창출하고 있으므로 기업의 상태가 매우 건전하다고 할 수 있다.

한편, ㈜백두는 부채와 신주의 발행을 통해 62,000천원의 장기자금을 새로이 조달하였으며, 부채와 자기자본의 조달비율은 26,000천원 대 36,000천원으로 자기자본의 비중이 커 기업의 재무상태를 악화시키지 않고 있다. 또 재무활동에 따른 현금유출액은 재무활동에서 조달된 현금이나 영업활동 현금흐름에 비추어 볼 때 비중이 그리 크지 않아 기업의 지급능력이 양호함을 보여준다.

앞서 살펴본 EBITDA에 ΔNWC로 인한 현금흐름을 더한 것과 같다(즉, 280,000천원+10,000천원=290,000천원).

〈표 2-1〉에 제시된 재무상태표의 정보를 이용하여 ㈜백두의 부채상환능력과 배당금지급능력을 좀 더 구체적으로 살펴보자. 재무상태표에는 기말 현재 유동부채가 486,000천원, 총부채가 1,074,000천원으로 나타나 있다.

부채상환능력의 분석

기업의 지급능력을 평가하는 지표로 영업활동 현금흐름 대비 유동부채(또는 총부채)의 비율을 이용할 수 있다. 즉, 영업활동 현금흐름이 갚아야 할 부채의 몇 %를 부담할 수 있는지를 측정하는 것이다. ㈜백두의 경우를 계산하면 다음과 같다.

단기지급능력의 평가: 영업활동 현금흐름 / 유동부채 = 212,000 / 486,000 = 43.62(%)
장기지급능력의 평가: 영업활동 현금흐름 / 총부채 = 212,000 / 1,074,000 = 19.74(%)

이는 유동부채의 약 44%를, 또 총부채의 약 20%를 영업활동에서 벌어들이는 현금흐름으로 갚을 수 있다는 것이다. 이와 같이 계산된 비율들은 그 값이 높을수록 지급능력이 좋다는 것을 나타낸다.

이러한 두 비율 외에 부채사용에 대한 대가로 지급하는 이자비용과 '이자비용과 법인세비용 차감전 영업활동 현금흐름'(이는 각주 6에서 설명하는 '영업에서 창출된 현금흐름'과 같다)의 비율을 계산하여 기업의 이자지급능력을 측정할 수 있다. 이 비율은 이자보상비율을 측정한 앞의 식 2.11에서 영업이익 대신 영업활동에서 실현되는 현금흐름을 이용한 것이다(이자비용과 법인세비용 차감전 영업활동 현금흐름을 이용함에 주의하자). 〈표 2-2〉의 손익계산서에서 ㈜백두의 2023년 이자비용은 50,000천원이며, 〈표 2-3〉의 현금흐름표에서 이자비용과 법인세비용 차감전 영업활동 현금흐름은 290,000천원이므로 이자보상비율은 다음과 같다.

이자보상비율: 이자비용과 법인세비용 차감전 영업활동 현금흐름/이자비용
=290,000/50,000=5.8(배)

이 비율은 영업활동에서 벌어들인 현금흐름이 이자비용의 몇 배나 되는지를 나타내는 것으로 그 값이 크면 클수록 기업의 부채상환능력과 장기적인 지급능력이 양호하다는 것을 의미한다.

배당금지급능력의 분석

㈜백두의 배당금지급능력은 영업활동 현금흐름과 배당금의 비율로 측정할 수 있다. 이 비율은 영업활동 현금흐름이 주주에게 지급할 배당금의 몇 배나 되는지를 나타내는 것으로, 높을수록 기업의 현금흐름 상태와 배당금지급능력이 양호하다는 것을 나타낸다. ㈜백두의 2023년도 배당금은 56,000천원이므로 이를 계산하면 다음과 같다.

배당금지급능력: 영업활동 현금흐름 / 배당금 = 212,000 / 56,000 = 3.79(배)

기업의 수익력과 주식가치분석

마지막으로, 영업활동 현금흐름을 기업의 발행주식수로 나눈 주당현금흐름(cash flow per share)을 통해 기업의 수익력을 평가할 수 있다. ㈜백두의 총발행주식수가 188,000주이므로 주당현금흐름은 다음과 같다.

주당현금흐름 = 영업활동 현금흐름 / 발행주식수
= 212,000(천원) / 188,000(주) = 1,128(원)

즉 2023년에 ㈜백두가 벌어들인 1주당 현금흐름은 1,128원이다. 당연히 주당현금흐름의 크기가 클수록 시장에서 주가는 높게 형성될 것이다.

주당현금흐름 대 주식가격의 비율을 나타내는 주가현금흐름배수(price-to-cash flow ratio: *PCR*)가 주가를 분석하는 지표로 자주 이용된다.

주가현금흐름배수 = 주가 / 주당현금흐름 (2.20)

주가현금흐름배수는 기업이 영업활동에서 실현한 주당현금흐름 1원에 대해 시장에서 얼마의 가치로 평가하는가를 나타낸다. 성장성이 높은 기업일수록 이 배수가 높게 나타날 것이다. ㈜백두의 2023년 말 현재 주가가 5,000원이므로 주가현금흐름배수는 다음과 같다.

㈜백두의 주가현금흐름배수 = 5,000 / 1,128 = 4.43(배)

2.5 영업현금흐름과 잉여현금흐름

현금흐름표는 기업의 현금흐름에 관한 정보를 얻을 수 있는 유용한 정보원천이다. 재무관리자는 과거의 기업활동에서 발생한 현금흐름 정보를 보여주는 현금흐름표에서도 유용한 정보를 얻기도 하지만, 재무의사결정을 위해 미래에 발생할 현금흐름 정보가 필요한 경우 미래의 추정현금흐름표를 작성하고 이로부터 필요한 현금흐름 정보를 얻어야 한다. 다음에서는 앞서 살펴본 ㈜백두의 재무제표를 이용하여 재무의사결정을 위해 기본적으로 필요한 영업현금흐름과 잉여현금흐름을 어떻게 구할 수 있는지 살펴본다.

■ 영업현금흐름

영업현금흐름(operating cash flow: *OCF*)은 기업의 정상적인 영업활동에서 발생하는 것으로 기업의 자금조달활동에 의해 영향을 받지 않는 현금흐름이다. 영업현금흐름은 앞서의 현금흐름표상의 '영업활동 현금흐름'과는 다소 차이가 있다는 점을 주의해야 한다. 현금흐름표에 나타나는 '영업활동 현금흐름'은 식 2.19에서 보듯이 이자비용 지급 후의 당기순이익에서 출발하여 계산되므로 자금조달활동, 즉 부채사용의 영향을 받게 된다. 그러나 영업현금흐름은 기업의 부채사용에 따른 이자비용과는 관계없이 발생하는 것으로서 자기자본으로만 자금을 조달한 경우에 발생하는 현금흐름이라고 할 수 있으며 다음과 같이 계산된다.

$$\text{영업현금흐름} = \text{영업이익} \times (1 - \text{법인세율}) + \text{현금지출이 없는 비용} - \text{현금수입이 없는 수익} \quad (2.21)$$

식 2.21에서 세후영업이익을 기준으로 하는 이유는 기업의 정상적인 영업활동에서 실현되는 회계이익이 영업이익이며 법인세는 이에 대한 세금으로 현금지출이기 때문이다. 현금지출이 없는 비용과 현금수입이 없는 수익을 조정해 주는 이유는 앞에서 설명하였다. 기업의 경영활동에서 현금수입이 없는 수익항목은 그리 크지 않으므로 이를 무시하고 현금지출이 없는 비용항목으로 감가상각비만을 고려한다면 식 2.21은 대략 다음의 식 2.22와 같이 나타낼 수 있다(영업현금흐름을 구하는 방법에 대한 보다 자세한 설명은 제7.1절에서 다룬다).

$$\text{영업현금흐름}(OCF) = \text{영업이익} \times (1 - \text{법인세율}) + \text{감가상각비} \quad (2.22)$$

한편, 앞서 살펴본 현금흐름표에서 영업활동 현금흐름을 구하는 과정은 식 2.19에서 보여주었다.

$$\text{영업활동 현금흐름} = \text{당기순이익} + \text{감가상각비} - \Delta NWC \quad (2.19)$$

〈표 2-2〉의 손익계산서에서 당기순이익=[영업이익−이자비용]×(1−법인세율)이기 때문에, 이 관계를 식 2.19에 대입한 후 식 2.22에 나타낸 영업현금흐름의 정의를 이용하면 다음과 같은 관계를 도출할 수 있다.

$$\text{영업현금흐름}(OCF) = \text{영업활동 현금흐름} + \text{이자비용} \times (1 - \text{법인세율}) + \Delta NWC \quad (2.23)$$

앞서 살펴본 ㈜백두의 자료를 이용하여 식 2.22와 식 2.23의 영업현금흐름을 구하면 다음과 같다.

$$\begin{aligned}
\text{식 2.22: 영업현금흐름} &= \text{영업이익} \times (1 - \text{법인세율}) + \text{감가상각비} \\
&= 190{,}000 \times (1 - 0.2) + 90{,}000 = 242{,}000(\text{천원}) \\
\text{식 2.23: 영업현금흐름} &= \text{영업활동 현금흐름} + \text{이자비용} \times (1 - \text{법인세율}) + \Delta NWC \\
&= 212{,}000 + 50{,}000 \times (1 - 0.2) + (-10{,}000) = 242{,}000(\text{천원})
\end{aligned}$$

■ 잉여현금흐름

잉여현금흐름(free cash flow: *FCF*)이란 순운전자본의 증감과 투자활동 현금흐름(자본적 지출)을 반영한 후의 영업현금흐름(*OCF*)을 의미한다. 기업이 재무활동과는 관계없이 보유자산을 활용하여 최종적으로 얻게 되는 여유로운 자금이며, 이는 기업이 채권자와 주주에게 자유롭게 분배할 수 있는 현금흐름이기도 하다. 이에 따라 잉여현금흐름은 다음과 같이 정의된다.

$$\text{잉여현금흐름}(FCF) = \text{영업현금흐름}(OCF) + \text{투자활동 현금흐름} - \Delta NWC + \text{기타} \tag{2.24}$$

식 2.24의 우변에서 '기타' 항목은 재무활동을 제외한 기업활동에서 추가로 발생할 수 있는 현금흐름을 말한다. 예로서 이자의 감세효과(interest tax shield)를 들 수 있다. 식 2.24 우변의 나머지 항목들은 기업의 재무활동과 관계없이 발생하는 것이기 때문에 부채를 사용하지 않는 경우를 전제로 한 것이라고 할 수 있다. 그러나 기업이 부채를 사용하면 법인세 계산에서 이자비용만큼 과세표준이 줄어들어 부채를 사용하지 않는 기업에 비해 (이자비용×법인세율)만큼의 법인세를 절약할 수 있다. 이를 이자의 감세효과라고 하는데(이에 대해서는 제3.7절과 제14장에서 자세히 살펴본다), 이것은 현금유입으로 계상되어야 한다. 부채사용의 대가로 지출되는 실제 현금지출은 세후이자비용이므로 이자의 감세효과만큼이 추가적인 현금유입으로 더해져야 한다는 것이다.

위의 식 우변의 영업현금흐름 대신 식 2.23의 관계를 대입하면 식 2.24는 다음과 같은 형태로도 쓸 수 있다.

$$\begin{aligned}\text{잉여현금흐름}(FCF) &= \text{영업활동 현금흐름} + \text{투자활동 현금흐름} \\ &\quad + \text{이자비용} \times (1 - \text{법인세율}) + \text{기타}\end{aligned} \tag{2.25}$$

한편으로 이와 같은 잉여현금흐름은 부채를 제공한 채권자와 자기자본을 제공한 주주에게 귀속되어야 하는 것이므로 다음의 관계도 성립한다.

$$\text{잉여현금흐름}(FCF) = \text{채권자의 현금흐름} + \text{주주의 현금흐름} \tag{2.26}$$

식 2.26에서 주주의 현금흐름은 주주에게 직접 조달·지급한 부분과 기업의 자산 중 '현금과 예금' 항목의 변동분을 포함한다.

식 2.24, 식 2.25 및 식 2.26에 의해 계산되는 잉여현금흐름은 기업가치를 평가하는 가장 중요한 요소 중 하나이기 때문에(이에 대해서는 제7장과 제16장에서 자세히 다룬다), 그 개념과 계산과정을 명확하게 이해할 필요가 있다. 〈표 2-3〉의 ㈜백두의 현금흐름표를 바탕으로 잉여현금흐름을 구해 보자.

식 2.22에서 영업현금흐름은 242,000천원으로 계산되었으며, 앞서 순운전자본의 변동에 따른 현금흐름은 10,000천원, 그리고 투자활동으로 인한 현금흐름은 −173,000천원이다. 그리고 이자의 감세효과 10,000천원(=50,000천원×0.2)이 추가로 유입된다. 따라서 식 2.24를 이용하여 ㈜백두의 2023년의 잉여현금흐름을 계산하면 다음과 같다.

㈜백두의 2023년 잉여현금흐름 (단위: 천원)

영업현금흐름	242,000
투자활동 현금흐름	(173,000)
순운전자본의 변동에 따른 현금흐름	10,000
기타: 이자의 감세효과	10,000
잉여현금흐름	89,000

■ 잉여현금흐름의 배분

앞서 계산된 잉여현금흐름은 식 2.26에서와 같이 자본제공자인 채권자와 주주의 몫으로 배분된다. ㈜백두의 경우 잉여현금흐름 89,000천원이 어떻게 배분되는지 살펴보자. 먼저 채권자에게 배분된 현금흐름은 다음과 같다.

이자비용	50,000 천원
장기차입금의 증가	(13,000)
사채의 증가	(13,000)
채권자에게 배분된 현금흐름	24,000 천원

다음에 주주에게 배분된 현금흐름은 다음과 같다.

배당금 지급	56,000 천원
신주발행에 따른 자기자본 증가	(36,000)
주주에게 직접 배분된 현금흐름	20,000 천원
현금 · 예금의 증가	45,000
주주에게 배분된 현금흐름	65,000 천원

결국 ㈜백두가 2023년 중에 보유자산을 경영활동에 사용하여 창출한 잉여현금흐름 89,000천원은 채권자에게 24,000천원, 주주에게 20,000천원, 그리고 기업의 현금 · 예금 항목에 45,000천원씩 배분된 것을 확인할 수 있다.

2.6 기타의 재무제표정보

자본변동표

자본변동표(statement of changes in capital)는 한 회계기간 동안 기업의 소유주 지분인 자본이 어떻게 변동했는가를 나타내는 표로, 주주들의 최대 관심사인 자본의 변동내역에 대한 정보를 제공해준다. 정보이용자는 자본변동표에서 자본을 구성하고 있는 자본금, 주식발행초과금, 자본조정, 기타포괄손익누계액, 이익잉여금의 각 항목별로 기초잔액, 변동사항, 기말잔액에 대한 내용을 확인할 수 있다.

사업보고서의 내용

사업보고서(annual report)는 재무제표뿐만 아니라 회사의 개요와 주요 사업내용, 경영진과 주요 주주 등 기업의 소유 · 지배구조에 관한 내용, 기업의 성과와 미래전망에 대한 경영진의 진단, 이해관계자와의 중요한 거래내용, 그리고 투자자보호를 위해 필요한 내용 등 다양한 정보를 담고 있다.

재무제표주석

주석(footnote)은 재무제표의 본문만으로는 중요한 정보 전부를 공시하기 어렵기 때문에 재무제표 본문에 표시할 수 없는 정보를 재무제표상의 해당 과목이나 금액에 기호를 붙이고 별지에 동일한 기호를 표시하여 그 내용을 간결 · 명료하게 기재하는 방법이다. 주석은 재무제표의 내용을 이해하는 데 필수적인 것으로 재무제표의 일부이다.

2.7 재무보고의 현실적 문제들

이익조정과 발생액

경영자는 재무보고과정에서 GAAP의 범위 내에서 재무나 생산에 관한 의사결정을 조정하거나 회계추정 또는 회계처리방법의 선택을 통하여 자신이 원하는 형태로 보고될 이익을 조정할 수 있다. 이를 이익조정(earnings management)이라고 하며, 이익조정에 사용되는 대표적인 수단은 발생액이다. 발생액(accruals)은 발생주의 기준에 따른 경영성과를 나타내는 당기순이익과 현금주의 기준에 따른 경영성과의 차이를 말하는 것으로, 보통 당기순이익과 앞서 현금흐름표에서 살펴본 영업활동 현금흐름과의 차이로 측정된다. 즉, 다음의 관계가 성립한다.

$$\text{순이익} = \text{영업활동 현금흐름} + \text{발생액} \tag{2.27}$$

발생액은 다시 비재량적 발생액과 재량적 발생액으로 나눌 수 있다. 비재량적 발생액은 영업활동과정에서 정상적으로 발생하는 것으로, 비용으로 처리되나 실제 현금지출은 발생하지 않는 감가상각비, 영업활동으로 인한 매출채권이나 매입채무의 발생, 수요증가나 판매부진에 따른 재고자산의 증감 등을 포함한다. 반면, 재량적 발생액은 경영자가 임의로 조정할 수 있는 항목들로, 신용정책의 변경에 따른 매출채권의 변동, 추정기준의 변경에 따른 대손충당금이나 감모 또는 평가 손실 등의 과소계상, 연구개발비 등 회계처리기준의 변경을 통한 이익조정을 포함한다.

일반기업회계기준

우리나라의 상장기업은 2011년도부터 한국채택국제회계기준(K-IFRS)을 따라 재무제표를 작성한다. 한편, 비상장기업은 일반기업회계기준의 적용을 받는다. 일반기업회계기준은 한국채택국제회계기준을 적용받지 않는 기업(비상장일반기업)을 위해 제정된 별도의 간략한 회계기준으로, 국제회계기준을 따르는 것에 대한 부담은 완화하되 회계기준의 국제적 정합성을 유지할 수 있도록 마련된 회계기준이다.

회계분식

경영자는 자산이나 이익을 실제보다 부풀리거나 비용이나 손실을 감추는 방법 등으로 재무제표를 왜곡할 수 있다. 이를 회계분식 또는 분식회계(accounting fraud)라고 한다. 분식회계를 하는 이유는 다양하다. 우선, 경영자에 대한 평가는 기업의 재무상태와 경영성과에 따라 결정되므로 대부분의 경영자는 가능하면 기업이 건전한 재무상태를 유지하고 많은 이익을 벌어들인 것처럼 보이기를 원한다. 또 재무제표의 왜곡을 통해 보다 유리한 조건으로 자금을 차입하거나 주가를 높여 차익을 얻을 목적으로 회계분식을 하는 경우도 있다. 어떤 경영자는 세금을 회피하거나 비자금을 조성할 목적으로 매출을 줄이거나 비용을 실제보다 부풀려 순이익을 줄이려고 한다. 대표적인 회계분식의 사례로 엔론(Enron)과 월드콤(WorldCom)의 사례가 있다. 엔론은 2001년 말 파산하기 직전까지 포춘(*Fortune*)지에 의해 1995년부터 2000년까지 연속 6년간 미국에서 가장 혁신적인 기업으로 선정되었을 정도로 칭송을 받던 미국의 대표적인 에너지 기업이었다. 그러나 엔론의 경영성과 대부분은 자회사들과의 반복적인 내부거래를 통해 매출과 이익을 과대계상하고 부채와 비용을 감추는 방법 등에 의해 허위보고된 것으로 드러났다(실제 2000년도의 경우 엔론이 보고한 순이익의 96%가 회계분식의 결과로 밝혀졌다). 월드콤은 영업비용으로 처리해야 할 여러 지출 항목을 자산(통신설비)으로 기록해 비용을 줄이고 이익을 부풀리는 방법으로 재무제표를 왜곡하였다. 2002년 7월 파산 직전의 월드콤의 시장가치는 약 1,200억달러로 당시까지 미국 기업의 파산규모 중 최대를 기록했다.

이러한 회계분식은 재무제표의 신뢰성을 보장할 수 없게 하며, 투자자의 손실을 가져오고, 경제 전체적으로는 효율적인 자원배분을 어렵게 해 자원의 생산성을 떨어뜨린다. 엔론과 월드콤의 파산 이후 회계제도의 개혁을 통해 회계분식을 방지하고 이사회와 주주에게 제공되는 회계정보의 정확성을 높이기 위한 노력으로 미국에서는 2002년 7월 사베인-옥슬리법(Sarbanes-Oxley Act: SOX)이 제정되었다. 이 법에서는 (1) 감사인의 독립성, (2) 재무제표정보에 대한 경영진의 책임, (3) 내부통제시스템, (4) 기업공시제도 등을 강화하는 내용을 담고 있으며 우리나라를 비롯한 세계 각국의 회계제도 개혁에 큰 영향을 미치고 있다.

중 요 용 어

재무제표(financial statements)
정보비대칭(information asymmetry)
자산(assets)
손익계산서(income statement)
재무보고 (financial reporting)
재무상태표(statement of financial position)
부채(debt 또는 liability)
영업이익(operating income)

당기순이익(net income 또는 net earnings)
자기자본(shareholders' equity)
회계이익(accounting income)
순운전자본(net working capital: *NWC*)
역사적 원가(historical cost)
국제회계기준(IFRS)
부채비율(debt-equity ratio)
매출액순이익률(net profit margin)
이자보상비율(interest coverage ratio)
자기자본순이익률(return on equity: *ROE*)
주가장부가치배수(price-to-book value ratio: *RBR*)
주가현금흐름배수(price-to-cash flow ratio: *PCR*)
영업활동 현금흐름(cash flow from operations)
이자의 감세효과(interest tax shield)
사베인-옥슬리법(Sarbanes-Oxley Act: SOX)
감가상각비, 이자비용, 법인세비용 차감전 순이익(EBITDA)
주당배당금(dividend per share: *DPS*)
주식(stock)
현금흐름(cash flow)
현금흐름표(statement of cash flows)
공정가치(fair value)
주당순이익(earnings per share: *EPS*)
유동비율(current ratio)
총자본순이익률(return on investments: *ROI*)
매출채권회수기간(accounts receivable days)
유지가능성장률(sustainable growth rate)
주가이익배수(price-to-earnings ratio: *PER*)
회계분식(accounting fraud)
영업현금흐름(operating cash flow: *OCF*)
잉여현금흐름(free cash flow: *FCF*)
일반적으로 인정된 회계원칙(GAAP)

연습문제

2-1 재무제표에는 어떠한 종류들이 있으며 이러한 재무제표의 정확성을 평가하기 위한 기준은 무엇이 있는지 간략하게 설명하라.

2-2 한국거래소에 주식과 채권을 상장한 기업(상장기업)들은 2011년부터 한국채택국제회계기준(K-IFRS)에 따라 재무제표를 작성하여 공시한다. 반면, 비상장기업들은 일반기업회계기준에 따라 재무제표를 작성한다. K-IFRS와 일반기업회계기준에 대해 설명하고 중요한 차이가 있으면 그에 대해 설명하라.

2-3 대표적인 재무제표의 이용자들을 열거하고, 각각의 이용자들이 관심을 가지는 재무제표정보가 무엇인지 설명하라.

2-4 어떤 기업의 당기순이익이 양의 값을 가질 때, 이 기업의 현금보유는 그 반대일 수 있는지 설명하라.

2-5 2023년 12월 말 현재 ㈜설악의 자기자본의 장부가치는 1조원이며 발행주식수는 1억주이다. 현재 이 회사의 주식은 주당 15,000원에 거래되고 있다. ㈜설악이 상환해야 할 부채의 액면가치는 4,000억원이다. 2023년 중에 ㈜설악은 1,500억원의 세후순이익을 실현하였다. 다음 물음에 답하라.

① 2023년 말 현재 ㈜설악 주식의 시장가치를 계산하라.
② 2023년 말 현재 ㈜설악의 *PBR*을 구하고 그 의미를 설명하라.
③ 2023년 말 현재 ㈜설악의 *PER*를 구하고 그 의미를 설명하라.
④ 2023년도 ㈜설악의 *ROE*를 구하고 그 의미를 설명하라.

⑤ 2023년 말 현재 ㈜설악의 부채비율을 구하라.

2-6 ㈜CT의 법인세율은 30%라고 한다.

① 이 기업에 100억원의 영업비용이 추가적으로 발생했다면 올해와 내년의 순이익에 어떤 영향을 미치는지를 분석하라.

② ㈜CT는 300억원을 들여 새로운 기계를 구입하였다. 이 기계는 앞으로 3년간 정액법으로 감가상각될 예정이다. 이 기계의 구입비용이 앞으로 3년간 ㈜CT의 순이익 및 현금흐름에 어떤 영향을 미칠지 분석하라.

2-7 2023년 중에 ㈜한라는 1조원의 매출을 기록하였으며, 기초와 기말의 매출채권은 각각 2,000억원이다. 감가상각비가 포함되지 않은 매출원가와 판매관리비는 각각 5,000억원과 2,000억원이었다. 2023년 중 감가상각비는 1,000억원이다. ㈜한라의 법인세율은 25%라고 가정하고 다음 물음에 답하라.

① ㈜한라의 2023년도 영업이익을 계산하라.

② ㈜한라의 2023년 법인세비용 차감전 순이익과 당기순이익을 구하라.

③ ㈜한라의 영업활동 현금흐름을 구하라.

④ ㈜한라의 매출액영업이익률과 매출액순이익률을 구하라.

⑤ ㈜한라의 매출채권회전율과 매출채권회수기간을 구하고 그 의미를 설명하라.

2-8 다음의 항목들이 기업의 당기순이익과 현금흐름표상의 현금흐름(영업활동, 투자활동, 재무활동으로 구분하여)에 어떠한 변화를 가져오는지 설명하라.

① 기초에 비해 매출채권이 증가하였다.

② 기초에 비해 재고자산이 증가하였다.

③ 종업원들에게 임금을 지급하기로 하였으나 아직 지급하지 않은 상태이다.

④ 은행으로부터 설비구입에 필요한 자금을 3년간 대출받았다.

⑤ 특허출원을 위한 등록비를 지급하였다.

⑥ 신주를 무상으로 발행하였다.

⑦ 주주들에게 배당금을 지급하였다.

⑧ 보유하고 있던 현금으로 주식을 매입하였다.

2-9 A기업의 발행주식수는 32억주이고 주당가격은 10,000원이다. A기업은 신기술에 대한 250억원의 R&D투자를 고려하고 있다. 한편, A기업은 시장에서 이미 그 기술을 보유하고 있는 기업을 450억원에 인수할 수 있는 기회도 가지고 있다. 새로운 상품을 생산하는 비용을 제외한 예상 *EPS*는 400원이다.

① 만약 A기업이 신기술을 자체적으로 개발한다면, 개발비용이 A기업의 *EPS*에 어떠한 영향을 미칠지를 결정하라. 단, 모든 비용은 올해 R&D비용으로 처리되고, 법인세율은 35%이며, 주식수의 변화는 없다고 가정하라.

② 만약 A기업이 신기술을 개발하지 않고 기술을 보유한 기업을 인수한다면, 인수 후 A기업의 *EPS*는 어떻게 변할 것인지 분석하라. 단, 인수는 연초에 이루어지며 인수기업의 수익이나 비용은 없다고 가정하라.

③ 어떠한 방법이 *EPS*에 덜 영향을 미치는지, 또 어떠한 방법이 비용이 적게 드는지를 결정하라.

2-10 다음의 재무비율을 바탕으로 아래의 재무상태표의 빈칸을 채우라.

유동비율: 120%, 당좌비율: 60%, 총자산회전율: 0.73회, 매출채권회전율: 4.0회, 부채비율: 214%

자산	금액	부채 · 자본	금액
현금 및 유가증권 외상매출금 재고자산 고정자산	200	유동부채 장기차입금 보통주	
자산총계	2,200	부채 · 자본총계	

2-11 다음은 ㈜서울의 2023년도 현금흐름표이다. 이를 이용하여 다음 물음에 답하라.

현금흐름표

㈜서울: 2023. 1. 1.~2023.12.31 (단위: 천원)

Ⅰ. 영업활동 현금흐름			190,000
1. 법인세비용 차감전 순이익		120,000	
2. 현금의 유출이 없는 비용 가산		110,000	
감가상각비	90,000		
이자비용	20,000		
3. 영업활동으로 인한 자산 · 부채의 변동		10,000	
외상매출금의 증가	(24,000)		
재고자산의 감소	11,000		
기타 유동자산의 증가	(8,000)		
외상매입금의 증가	16,000		
미지급비용의 증가	15,000		
4. 이자의 지급		(20,000)	
5. 법인세의 납부		(30,000)	
Ⅱ. 투자활동 현금흐름			(173,000)
1. 투자활동으로 인한 현금유입액		0	
2. 투자활동으로 인한 현금유출액		(173,000)	
건물 및 기계설비 취득	(149,000)		
무형고정자산 취득	(24,000)		
Ⅲ. 재무활동 현금흐름			36,000
1. 재무활동으로 인한 현금유입액		69,000	
장기차입금의 차입	13,000		
사채의 발행	13,000		
신주의 발행	43,000		
2. 재무활동으로 인한 현금유출액		(33,000)	
배당금의 지급	(33,000)		
Ⅳ. 현금의 증가(Ⅰ + Ⅱ + Ⅲ)			53,000
Ⅴ. 기초의 현금			107,000
Ⅵ. 기말의 현금			160,000

① ㈜서울의 이자비용과 법인세비용 차감전 영업활동 현금흐름을 이용하여 이자보상비율을 구하고 부채상환능력을 평가하라.
② ㈜서울의 발행주식수는 10만주이다. 주당 영업활동 현금흐름을 구하라.
③ ㈜서울 주식의 평가를 위한 할인율은 10%로 추정된다. 영업활동 현금흐름이 계속된다고 가정하고 주식의 공정가치를 구하라.
④ 영업활동 현금흐름을 이용하여 ㈜서울의 배당지급능력을 평가하라.
⑤ ㈜서울의 2023년의 영업현금흐름(OCF)을 구하라.
⑥ ㈜서울의 2023년의 잉여현금흐름(FCF)을 구하고 이 잉여현금흐름이 채권자와 주주에게 어떻게 배분되었는지 설명하라.

제 3 장

재무관리의 중요개념들

STUDY GUIDE

이 장에서는 앞으로 재무관리를 공부하기 위해서 필요한 기본지식을 간단히 소개한다. 기업의 투자 및 자금조달 결정을 위해서는 여러 가지 복잡한 문제에 대한 재무적 분석이 선행되어야 하는데 이를 위해서 분석도구(analytical tool)를 갖추는 것이 필수적이다. 여기에는 경제학, 수학, 통계학, 회계학 등에서 다루는 여러 개념이나 분석방법이 포함된다. 이 장에서 다룰 내용은 주로 경제학에서 정립된 기본 개념과 원리로서 이 책의 곳곳에서 반복하여 설명되고 이용되는 기본지식이다. 구체적으로는 이자율, 화폐의 시간가치, 위험과 수익률, 순현가, 무차익원리, 자본시장의 효율성, 세금 등의 개요를 설명할 것이다.

3.1 대출 · 차입과 이자율

은행의 정기예금 이자율(수익률)이 3%라든가 특정 기업이 발행한 채권의 이자율(수익률)이 5%라든가 하는 말을 자주 듣게 된다. 여기서 3% 또는 5%는 무엇을 의미하는 것일까? 이자율을 결정하는 경제적 요인에 대해 살펴보자.

■ 대출 · 차입과 실질이자율

금융시장에서는 시장참가자 간에 자금을 빌려주고 빌리는 활동이 계속 발생한다. 자금을 빌려주는 행위를 대출(lending)이라 하고, 자금을 빌리는 행위를 차입(borrowing)이라고 한다. 이러한 대출 · 차입과정에서 이자율이 어떻게 결정되는지 예를 통해 살펴보자.

L 씨와 B 씨 각자가 오늘과 1년 후 각 시점에서 쓸 수 있는 예산이 500만원이라고 하자. L 씨는 소문난 구두쇠로 미래의 소비를 위하여 현재의 소비를 줄이려 하며, B 씨는 씀씀이가 헤픈 사람으로 미래의 소비를 줄이고 현재의 소비를 늘리려고 한다. L 씨가 원하는 오늘의 소비는 4백만원이며 B 씨가 원하는 현재의 소비는 600만원이라 가정하고, L 씨와 B 씨 사이에 어떤 거래가 이루어질지 살펴보자.

B 씨가 L씨에게 오늘 100만원을 빌려주면 1년 후에 110만원을 갚겠다는 제의를 했다고 하자. 이 제의에 따른 현금흐름이 [그림 3-1]에 나타나 있다. L 씨가 이 제의를 받아들인다면 그는 오늘 100만원을 빌려주고 그 대신 1년 뒤에 원금 100만원과 '자금을 빌려준 대가'로 10만원을 받는다. 이 대가를 원금에 대한 비율로 표시하면 10%가 되며 이를 이자율(interest rate)이라고 한다. 특히 두 사람 사이의 계약이 지켜질 것이 확실하고, 오늘과 1년 후의 물가수준이 같다는 가정하에서 이때의 이자율을 실질무위험이자율(real risk-free interest rate) 혹은 단순히 실질이자율이라고 한다.

| 그림 3-1 | L 씨와 B 씨 사이의 현금흐름

		시점: 0	1
L 씨의 현금흐름	주어진 예산:	+500만원	+500만원
	대출:	−100만원	+110만원
B 씨의 현금흐름	주어진 예산:	+500만원	+500만원
	차입 :	+100만원	−110만원

그렇다면 실질이자율은 어떠한 요인들에 의해 결정되는 것일까? 우선, 주관적인 것으로 시장참여자들의 '시점간 소비배분에 대한 선호(intertemporal substitution)'를 들 수 있다. L 씨는 오늘 100만원을 포기하는 대가로 1년 후에 최소한 108만원을 더 소비하길 원한다고 하자. 또 B 씨는 오늘 100만원의 소비를 늘리는 대가로 1년 후에 최대 112만원의 소비를 포기할 수 있다고 하자. 각 개

인마다 다르겠지만 시장에서 결정되는 이자율은 이러한 선호도의 평균적 수준을 반영하게 된다. L 씨가 현재소비를 100만원 줄이는 대가로 1년 후에 108만원의 소비를 요구할 때 이자율 10%는 그의 욕구를 만족시킨다. 또 B 씨는 현재소비를 100만원 늘리는 대가로 1년 후 소비를 최대 112만원까지 포기할 수 있기 때문에 이자율 10%는 B 씨의 욕구도 만족시킬 수 있다. 일반적으로 현재소비를 포기하는 대가로 요구하는 미래소비의 크기(또는 현재소비를 늘리는 대가로 포기할 수 있는 미래소비의 크기)가 커질수록 시장의 이자율은 높아지게 된다.

또 다른 이자율의 결정요인으로 투자기회(investment opportunity)를 들 수 있다. 앞의 L 씨와 B 씨의 얘기를 계속해 보자. B 씨가 L 씨와의 거래 외에도 은행으로부터 이자율 10%로 100만원을 차입할 수 있다고 하자. 그리고 이 자금으로 호떡기계를 매입하여 호떡장사를 하면 1년 후에 120만원을 벌 수 있다고 하자. 이때 B 씨가 추가적으로 얻게 되는 20만원(원금의 20%)은 호떡장사라는 투자기회에서 얻는 것이다. 투자기회에서 추가적으로 얻는 수익이 은행에게 지급해야 할 이자 10만원보다 많기 때문에 B 씨는 당연히 은행차입을 원할 것이다. 또 호떡장사에서 얻는 수익이 많을수록 기꺼이 더 높은 이자율을 지급할 것이다.

일반적으로 투자기회는 한 국가의 경제성장률에 의해 영향을 받게 된다. 또 경제성장을 결정하는 중요한 요소로는 노동력과 노동시간, 그리고 생산성을 들 수 있다. 그리고 생산성을 결정하는데 중요한 역할을 하는 것이 기술이다. 이와 같은 논리를 적용하면 경제가 이미 성숙한 선진국에서는 대체로 이자율이 낮고, 경제가 성장 중인 개발도상국에서는 이자율이 높은 현상을 설명할 수 있다.

■ 예상인플레이션과 명목이자율

앞의 L 씨와 B 씨의 예에서 L 씨는 1년 후의 물가가 변하지 않는다는 전제하에 10%의 이자를 받아들였다. 물가수준이 변하지 않는다면 자금이 10% 증가하는 것은 곧 재화의 소비를 10% 증가시킨다는 의미이다. 그런데 L 씨와 B 씨를 포함한 모든 사람들이 1년 후의 물가가 5% 오르리라고, 즉 인플레이션율(inflation rate)이 5%라고 예상한다면 L 씨는 어떻게 할까? 만약 L 씨가 여전히 10%의 이자를 받아들인다면 재화의 소비는 약 5%(= 10 − 5)밖에 증가하지 않는다. 따라서 인플레이션이 예상되는 경우 L 씨는 인플레이션에 대한 추가적인 보상을 요구하게 된다. 이 경우 예상인플레이션율이 반영되어 결정된 이자율을 명목무위험이자율(nominal risk-free interest rate) 혹은 간단히 명목이자율이라 하며, 정확히는 다음과 같은 관계에 의하여 결정된다.[1]

$$r_N = (1 + r_R)(1 + l) - 1 \approx r_R + l \tag{3.1}$$

여기서 r_N은 명목무위험이자율, r_R은 실질무위험이자율, l은 예상인플레이션율을 나타낸다. 식 3.1

1 $r_N = (1 + r_R)(1 + l) - 1 = 1 + l + r_R + r_R \cdot l - 1$에서 r_R과 l은 작은 값이므로 $r_R \cdot l$은 무시해도 될 만큼 매우 작아진다. 따라서 본문의 식 3.1의 결과가 얻어진다.

의 관계를 피셔의 등식(Fisher equation)이라고 부른다.

■ 시장여건과 균형이자율

실질이자율이 결정되면 예상인플레이션율이 명목이자율의 수준을 결정하는 것을 보았다. 그렇다면 실제로 시장이자율이 식 3.1에 의해서만 결정되는 것일까? 이자율에 대한 과거자료들을 보면 실제 이자율은 식 3.1이 예측하는 것보다 훨씬 불안정하게 움직인다. 이는 명목이자율이 예상인플레이션율 외의 또 다른 요인에 의해 영향을 받기 때문이다. 명목이자율을 결정하는 또 다른 요인으로 흔히 금융시장의 수급여건(financial market condition)을 든다. 자금에 대한 수요가 공급보다 많은 경우 시장의 이자율은 올라가며, 반대로 공급이 수요보다 많은 경우 이자율은 떨어진다. 예를 들어 8% 수준에서 자금에 대한 수요가 공급을 초과하면 자금을 차입하려는 사람들은 더 높은 이자율을 지불하려고 할 것이고, 그 결과 시장의 이자율은 올라간다. 이자율이 올라가면 자금의 공급이 늘어나는 반면 수요는 줄게 된다. 결국 자금에 대한 수요와 공급이 균형을 이루는 수준에서 이자율은 안정된다. 한편 12% 이자율수준에서 자금의 공급이 수요보다 많다면 이와는 반대의 현상이 일어난다. 이렇게 결정된 이자율을 균형이자율(equilibrium interest rate)이라고 한다.

시장수급여건의 변화는 주로 정부의 통화정책이나 재정정책에 영향을 받는데, 정부정책의 효과는 보통 단기간에 그칠 수 있다. 예를 들어 중앙은행이 통화량을 감축하면 금융시장에서 자금의 공급이 감소하여 단기적으로는 이자율이 올라간다. 하지만 이자율의 상승은 저축을 증가시키고 기업의 자금수요를 감소시켜 결국은 장기적인 균형점으로 되돌아오게 되는데, 이때 균형이자율은 장기적인 경제성장률과 예상인플레이션에 의해 결정된다. 따라서 시장이자율의 움직임은 단기적으로는 식 3.1이 예측하는 것과 상당한 차이가 있을 수 있지만, 장기적으로는 그 차이가 훨씬 작아질 수 있다.

■ 이자율의 기간구조

같은 종류의 은행예금이라도 예금기간에 따라 다른 이자율이 적용되는 것을 흔히 볼 수 있다. 예를 들면 1년만기 정기예금의 이자율이 연 2.5%인 데 비해 2년만기 정기예금의 이자율은 연 2.75%인 경우 등이다. 이와 같이 투자기간과 이자율의 관계를 이자율의 기간구조(term structure of interest rates)라고 부르고, 이를 그림으로 나타낸 것을 수익률곡선(yield curve)이라고 부른다.

이자율의 기간구조가 취할 수 있는 전형적인 형태로 ① 장기이자율이 단기이자율보다 높은 경우 ② 장·단기이자율이 같은 경우 ③ 장기이자율이 단기이자율보다 낮은 경우 등을 들 수 있다. 이론과 현실의 많은 예에서 문제를 단순하고 쉽게 하기 위하여 ②의 경우를 흔히 가정하기도 하지만, 기간에 따라 이자율이 달라질 수 있다는 사실을 항상 기억해야 한다. 이에 대해서는 제5장에서 좀 더 상세히 다룬다.

■ 채무불이행위험과 이자율

투자기간이 같더라도 특정 기업이 발행한 회사채의 이자율(수익률)이 은행의 정기예금 이자율보다 높은 현상을 흔히 볼 수 있다. 이는 은행에 예금하는 것은 안전한 반면 기업이 발행한 채권에 투자하는 것은 이자와 원금의 일부를 지급받지 못할 위험을 수반하기 때문이다. 이러한 위험을 채무불이행위험(default risk)이라고 하는데, 투자자는 이러한 위험에 대해 프리미엄을 요구하게 된다. 따라서 안전한 예금에 대해서 무위험이자율이 지급된다면, 채무불이행위험이 있는 회사채에 대해서는 무위험이자율보다 높은 수익률이 지급되어야 한다. 이때 회사채의 수익률과 무위험이자율의 차이를 수익률스프레드(yield spread)라고 한다. 이에 대해서는 제5장에서 좀 더 상세히 다룬다.

3.2 화폐의 시간가치와 현가모형

■ 화폐의 시간가치

투자활동이나 자금조달활동 등의 재무활동은 현재와 미래 여러 기간에 걸쳐서 현금흐름(cash flow)을 발생시킨다. 재무활동에 따라 기업내부로 들어오는 현금흐름을 현금수입 또는 현금유입(cash inflow)이라 하고, 외부로 나가는 현금흐름을 현금지출 또는 현금유출(cash outflow)이라고 한다. 기업이 설비에 투자하면 오늘은 현금지출이 발생하나 앞으로 여러 기간에 걸쳐 현금수입이 발생한다. 또 기업이 은행대출을 받게 되면 오늘은 현금수입이 발생하나 미래 여러 기간에는 현금지출이 발생한다. 이렇듯 현재와 미래의 현금흐름을 발생시키는 투자와 자금조달결정을 합리적으로 수행하기 위해서는 서로 다른 시점에서 발생하는 현금흐름은 서로 다른 가치를 갖는다는 점을 고려해야 한다. 같은 금액이라고 하더라도 발생되는 시점에 따라 현금흐름의 가치가 서로 달라지는데 이를 화폐의 시간가치(time value of money)라고 한다. 일반적으로 가까운 장래에 발생하는 현금흐름은 먼 미래에 발생하는 현금흐름보다 큰 가치를 갖게 되는데 이는 이자율이 양(+)인 이상 항상 성립해야 한다. "오늘의 1원이 내일의 1원보다 그 가치가 크다."는 사실을 '재무관리의 제1원리(the first principle of finance)' 라고 한다.

■ 현가모형

시장에서 거래되는 자산의 가치는 그 자산이 가져다줄 미래현금흐름이 발생하는 시기에 따라 화폐의 시간가치를 반영하여 결정된다. 미래의 매시점에 발생하는 현금흐름을 현시점의 가치로 환산한 것을 현재가치(present value: *PV*) 또는 간단히 현가라고 하며, 이를 계산하는 모형을 할인현금흐름모형(discounted cash flow model) 또는 현가모형(present value model)이라고 한다. 미래현금흐름을 현재가치로 환산하려면 '재무관리의 제1원리' 에 따라 주어진 금액을 할인해야 한다. 현금흐름이 확실한 경우 적정할인율은 무위험이자율이 될 것이다. 기간에 관계없이 이자율이 r로 일정하다고 가정하고, 시점 t에서 발생하는 현금흐름을 $CF_t(t = 1, 2, \cdots, n)$라고 할 때 현가모형은 다음과 같다.

$$PV(\text{현금흐름}) = \frac{CF_1}{(1+r)} + \frac{CF_2}{(1+r)^2} + \cdots + \frac{CF_n}{(1+r)^n} \quad (3.2)$$

식 3.2에서 기간에 따라 이자율이 다를 경우 각 시점에서 발생하는 현금흐름에 적용되는 할인율도 달라져야 한다. 이러한 현가모형은 재무관리를 공부하는 데 있어 가장 기본바탕이 되는 모형이기 때문에 이를 확실하게 이해하고 기억할 필요가 있다. 제4장에서 이에 대한 자세한 내용을 다룬다.

한편, 식 3.2에서 미래의 현금흐름이 불확실한 경우 현가모형은 불확실성을 반영하여 수정되어야 한다. 즉 분자 항은 매기의 불확실한 현금흐름의 기댓값으로 대체되어야 하고, 분모의 할인율은 무위험이자율 대신 불확실성을 반영한 할인율이 되어야 한다. 이를 식으로 쓰면 다음과 같다.

$$PV(\text{현금흐름}) = \frac{E(CF_1)}{(1+k)} + \frac{E(CF_2)}{(1+k)^2} + \cdots + \frac{E(CF_n)}{(1+k)^n} \quad (3.2)'$$

식 3.2′에서 $E(CF_t)$는 t기에 발생하는 현금흐름의 기댓값을, k는 불확실성을 반영한 할인율을 나타낸다. 이에 대해서는 제14장에서 자세히 다루도록 한다.

3.3 위험–수익의 상충관계

앞에서 살펴본 명목무위험이자율은 국민경제의 전체적인 상황을 반영해서 결정되는 거시경제변수이므로 금융시장에서 거래되는 개별자산들의 특성에 의해 큰 영향을 받지 않는다. 즉, 시장에서 거래되는 특정 주식이나 채권에 관계없이 명목무위험이자율은 모든 금융자산의 수익률에 똑같이 영향을 미친다. 그러나 시장에서 거래되는 금융자산들의 수익률은 저마다 다르다. 그 이유는 어떻게 설명될 수 있을까?

각 금융자산이 가져다주는 미래수익의 형태는 그 자산의 특성에 따라 각기 다르다. 예를 들어, 은행에서 취급하는 1년짜리 정기예금에 가입을 하면 1년 후에 얼마를 받을 것인지 확실하게 알 수 있다. 그러나 기업이 새로운 기계를 산 경우에 이 기계를 이용하여 미래에 얼마를 벌게 될 것인지 확실하지 않다. 이와 같이 불확실한 현금흐름을 갖는 자산의 가치평가에는 현금흐름의 불확실성(또는 위험)이 반영되어야 한다.[2]

재무관리에서는 많은 경우 시장에 참여하고 있는 투자자들이 위험을 싫어한다고 가정한다. 즉, 투자자들은 불확실한 1원보다는 확실한 1원을 선호한다고 가정하는데, 이를 '재무관리의 제2원리(the second principle of finance)' 라고 한다. 위험을 싫어하는 위험회피형(risk averse) 투자자는 미래 현금흐름의 불확실성이 커질수록 위험부담에 대한 대가로 더욱 많은 수익을 요구하게 되는데, 이를 위험프리미엄(risk premium)이라고 한다. 위험프리미엄은 위험이 클수록 또 위험회피성향이 강할수록 더 커질 수밖에 없다. 여러 금융자산들은 그 수익의 불확실성, 즉 위험이 서로 다를 수 있기

2 이 책에서는 불확실성과 위험이란 용어를 구별하지 않고 같은 의미로 사용한다.

때문에 위험프리미엄 또한 달라질 수 있다.

요약하면, 특정 금융자산으로부터 기대할 수 있는 수익률은 시장의 전반적인 상황을 반영해서 결정된 명목이자율과 그 자산의 미래수익의 불확실성, 즉 위험을 반영한 위험프리미엄의 합으로 결정된다. 그리고 이 위험프리미엄은 각 자산의 위험에 따라 달라질 수 있다. 결국 시장에서 거래되는 금융자산들의 수익률이 서로 다른 것은 그 자산의 위험에 따른 위험프리미엄이 서로 다르기 때문이라고 할 수 있다. 즉, 미래수익의 불확실성이 없는 은행의 정기예금과 같은 상품은 그 수익률이 명목이자율과 같지만, 개별기업이 발행한 주식은 미래수익이 불확실하므로 그 수익률은 명목이자율과는 다르게 결정될 수 있다. 이를 식으로 나타내면 다음과 같다.

$$E(r_i) = r_f + \alpha_i \qquad (\text{단}, \alpha_i > 0) \tag{3.3}$$

여기서 $E(r_i)$는 개별위험자산에 대한 기대수익률을, r_f는 명목무위험이자율을 나타낸다. 그리고 α_i는 개별자산에 대한 위험프리미엄을 나타내며 이는 일정한 위험회피성향하에서는 위험이 클수록 더 커진다.

식 3.3의 관계를 위험-수익의 상충관계(risk-return trade-off)라고 한다. 위험-수익의 상충관계란 위험을 크게 부담하면 높은 수익률을 요구할 수 있고, 위험을 작게 부담하면 낮은 수익률을 받아들여야 한다는 것이다. 위험-수익의 상충관계를 정형화한 대표적 이론이 뒤에서 공부할 자본자산가격결정모형(capital asset pricing model)인데, 이 모형은 재무관리에서 가장 널리 쓰이는 모형이다. 이 모형 외에도 차익거래결정모형 등 여러 후속이론이 개발되어 금융자산의 수익률이 어떻게 결정되는지에 대한 대답을 다양한 방법으로 제시하고 있다. 위험-수익의 상충관계에 대해서는 제8장, 9장, 10장에서 자세히 다룬다.

3.4 순현가와 할인율

■ 순현가

기업이 영위하려는 사업, 즉 투자안에 대한 의사결정을 내릴 때 투자안을 평가하는 여러 방법 중 가장 바람직한 것이 순현가법(net present value rule: *NPV* rule)이다. 순현가법은 투자안의 순현가를 계산하여 그것이 양(+)일 경우 투자안을 수용하고, 음(−)일 경우에는 기각한다는 것이다. 순현가는 투자안으로부터 예상되는 미래현금흐름을 적정할인율로 할인하여 그 현가 *PV*를 계산하고, 이것에서 투자에 소요되는 비용을 빼 준 것으로 다음과 같이 정의된다.

$$\begin{aligned} NPV(\text{투자안}) &= PV(\text{투자안}) - \text{투자비용} \\ &= \frac{E(CF_1)}{(1+k)} + \frac{E(CF_2)}{(1+k)^2} + \cdots + \frac{E(CF_n)}{(1+k)^n} - \text{투자비용} \end{aligned} \tag{3.4}$$

■ 할인율

식 3.4에서 투자안의 *PV*를 계산할 때, 미래현금흐름이 확실한 것이라면 식 3.2를 사용하면 된다. 그러나 대부분의 경우 투자안에서 발생하는 현금흐름은 불확실하기 때문에 기대현금흐름 $E(CF_t)$와 위험을 반영한 할인율 *k*를 이용한 식 3.2′를 사용한다. 이때 할인율 *k*는 자본의 기회비용(opportunity cost of capital)이란 의미를 갖는다. 즉 기업이 현재 고려하는 사업안을 포기하는 대신이 사업과 위험이 같은 투자대안에 투자했을 때 기대할 수 있는 수익률이란 의미이다. 이는 위험이 같은 투자대안에 대해 시장의 투자자들이 기대하는(또는 요구하는) 수익률과 일치할 것이기 때문에 기대수익률(expected rate of return) 또는 요구수익률(required rate of return)의 의미를 갖는다. 따라서 위험을 반영하는 할인율을 구하기 위해서 제3.3절에서 설명한 위험-수익의 상충관계, 즉 자산가격결정모형을 이용할 수 있다. 한편 기업이 사업에 필요한 자금을 조달하기 위해서는 투자자가 요구하는 수익률을 제공해야 하기 때문에 투자안(사업안)의 할인율은 자본비용(cost of capital)의 의미를 가지기도 한다.

식 3.4에서 정의한 *NPV*는 투자결정뿐 아니라 자금조달의 결정에 있어서도 유사하게 적용되는 개념이다. *NPV*는 이 책의 가장 핵심적인 주제로서 대부분의 문제가 결국은 이것을 극대화하는 것과 연결되어 있다고 할 수 있다.

■ 가치의 가산원칙

여러 투자안을 동시에 고려할 때 총투자의 순현가는 개별투자안의 순현가를 단순히 합한 것과 같다. 예를 들어 투자안 A와 투자안 B를 동시에 채택할 때의 순현가는 다음과 같다.

$$NPV(\mathrm{A}+\mathrm{B}) = NPV(\mathrm{A}) + NPV(\mathrm{B}) \tag{3.5}$$

식 3.5의 관계가 성립할 때 *NPV*는 가치의 가산원칙(value additivity)을 만족시킨다고 말한다. *NPV*뿐 아니라 *PV*도 이러한 성질을 만족시키는데, 이는 여러 시점 또는 여러 개의 현금흐름의 가치를 합하는 과정을 단순하고 편리하게 해 준다는 이점이 있다.

3.5 차익거래와 무차익원리

■ 차익거래란?

미래수익이 같은 자산(또는 투자전략) A와 B가 시장에서 서로 다른 가격에 거래될 때 과대평가된 자산을 공매하고 과소평가된 자산을 매입함으로써 자기자금과 위험을 전혀 부담하지 않고 이익을 실현할 수 있다.[3] 이러한 투자전략을 차익거래(arbitrage)라고 하는데, 이는 결국 어떤 비용도 치르지

3 자산을 빌려서 파는 것을 공매도(short sale 또는 shortselling) 또는 공매라고 한다. 공매자는 공매시점에서 자산의 매각으로 대금을 받게 되고 일정한 시간 후에 해당 자산을 그때의 가격에 사서 갚아야 한다.

않고 '무'에서 '유'를 창출해 내는 과정이라고 할 수 있다. 그리고 거래의 규모를 증가시키면 이익의 규모도 무한하게 늘릴 수 있어 차익거래의 기회를 '머니펌프(money pump)'란 말로 표현하기도 한다. 차익거래를 통하여 공짜로 이익을 얻으려는 투자자를 차익거래자(arbitrageur)라고 부른다.

차익거래는 두 가지 유형으로 나눌 수 있다. 현재의 투자비용이 0이거나 음(−)인데 미래의 투자수익이 양(+)이 될 확률이 0보다 큰 경우를 '유형 1(type 1) 차익거래'라고 부르며, 현재의 투자비용이 음(−)이면서, 미래의 투자수익이 0인 경우를 '유형 2(type 2) 차익거래'라고 한다. 현재의 투자비용이 음(−)이라는 것은 현금이 유입된다는 것을 의미한다.

■ 차익거래의 예

1년 후 자산 A와 B로부터 발생하는 수익과 각 자산의 현재가격이 다음과 같이 주어졌다고 하자.

(단위: 원)

상태 (시점 1)	미래수익	
	자산 A	자산 B
1	30	30
2	20	20
가격(시점 0)	18	15

위에서 보면 자산 A와 B는 미래수익이 같은데 현재 다른 가격에 거래되고 있다. 이 경우 상대적으로 고평가된 자산 A를 1단위 공매하는 동시에 저평가된 자산 B를 1.2단위(= 18/15) 매입해 보자. 이러한 거래에 소요되는 총비용은 0이며 또 거래에서 발생하는 현금흐름을 파악하면 다음과 같다.

(단위: 원)

거 래	현금흐름		
	시점 0	시점 1	
		상태 1	상태2
• 자산 A 1단위 공매	+18	−30	−20
• 자산 B 1.2단위 매입	−18	+36	+24
합 계	0	+6	+4

위의 표에서와 같은 거래는 투자비용이 0이면서 미래에 양(+)의 수익을 가져다주는 '유형 1의 차익거래'이다.

이번에는 상대적으로 고평가된 자산 A를 1단위 공매하는 동시에 저평가된 자산 B를 1단위 매입해 보자. 이러한 거래에 소요되는 총비용과 또 거래에서 발생하는 현금흐름을 파악하면 다음과 같다.

(단위: 원)

거 래	현금흐름		
	시점 0	시점 1	
		상태 1	상태 2
• 자산 A 1단위 공매 • 자산 B 1단위 매입	+18 −15	−30 +30	−20 +20
합 계	+3	0	0

위의 표에서 자산 A를 공매하고 자산 B를 매입하는 거래에 소요되는 비용은 음(−3)[현금흐름은 양(+)]인데 미래수익은 0인 것을 볼 수 있다. 여기서 음의 투자비용은 차익(arbitrage profit)으로 간주된다. 따라서 위의 거래는 '유형 2 차익거래' 이다.

자산 A와 B의 가격이 현재의 상태로 유지되는 한 위와 같은 거래의 단위를 증가시키면 차익도 비례하여 증가하게 된다. 즉 자산 A와 B를 각각 열 단위씩 공매하고 매입하면 차익은 +30원이 될 것이고, 백 단위씩 공매하고 매입하면 차익은 +300원이 된다.

예제 3-1 1년 후 자산 C와 D로부터 발생하는 수익과 각 자산의 현재가격이 다음과 같이 주어질 때 차익거래가 가능한지의 여부를 판단하고, 가능할 경우 필요한 거래와 현금흐름을 분석하라.

(단위: 원)

상태 (시점 1)	미래수익	
	자산 C	자산 D
1 2	30 20	60 40
가격(시점 0)	18	30

풀이 상태에 관계없이 자산 C 수익이 자산 D 수익의 절반이므로 자산 C 2단위와 자산 D 1단위의 수익이 같다. 자산 C 2단위의 구입비용은 36원으로 자산 D의 가격 30원보다 크기 때문에 자산 C가 과대평가된 것이다. 따라서 다음의 표에서와 같이 자산 C를 공매하고 자산 D를 매입하는 거래를 통해 차익을 얻을 수 있다.

(단위: 원)

거 래	현금흐름		
	시점 0	시점 1	
		상태 1	상태 2
• 자산 C 5단위 공매 • 자산 D 3단위 매입	+90[= 18 × 5] −90[= 30 × 3]	−150[= 30 × (−5)] +180[= 60 × 3]	−100[= 20 × (−5)] +120[= 40 × 3]
합 계	0	+30	+20

위와 같은 거래는 '유형 1의 차익거래' 이다. 이것과는 다른 형태로 다음과 같은 '유형 2의 차익거래' 를 고려할 수도 있다.

(단위: 원)

거 래	현금흐름		
	시점 0	시점 1	
		상태 1	상태 2
• 자산 C 2단위 공매	+36	−60[= 30 × (−2)]	−40[= 20 × (−2)]
• 자산 D 1단위 매입	−30	+60	+40
합 계	+6	0	0

예제 3-2 1년 후 자산 J와 K로부터 발생하는 수익과 현재의 가격이 다음과 같이 주어질 때 차익거래가 가능한지의 여부를 판단하고, 가능할 경우 필요한 거래와 현금흐름을 분석하라.

(단위: 원)

상태 (시점 1)	미래수익	
	자산 J	자산 K
1	50	60
2	40	20
현재가격(시점 0)	23	29

풀이 이 경우 자산 J와 K의 미래수익은 선형독립적(linearly independent)이기 때문에 모든 상태에서 미래수익을 0으로 만드는 것은 불가능하다. 따라서 비용이 0인 거래를 구축한 후 미래수익의 부호를 보면 차익거래의 가능 여부를 판단할 수 있다. 각 자산의 가격에 따라 자산 J를 29단위 매입하고 자산 K를 23단위 공매한 거래의 현금흐름은 다음과 같다.

(단위: 원)

거 래	현금흐름		
	시점 0	시점 1	
		상태 1	상태 2
• 자산 J 29단위 매입	−667[= 29 × 23]	+1,450[= 50 × 29]	+1,160[= 40 × 29]
• 자산 K 23단위 공매	+667[= 23 × 29]	−1,380[= 60 × (−23)]	−460[= 20 × (−23)]
합 계	0	+70	+700

위와 같은 거래는 자기자금의 투입 없이 미래의 모든 상태에서 양(+)의 수익을 가져다주기 때문에 '유형 1의 차익거래' 이다.

■ 무차익원리

시장이 매우 경쟁적이어서 많은 투자자들이 기회가 오면 즉시 위의 예에서와 같은 차익거래를 할 수 있다고 가정하자. 모든 시장참여자들이 고평가된 자산 A를 공매하고 저평가된 자산 B를 매입하면, A는 공급증가로 가격이 하락하고 B는 수요증가로 가격이 상승하여 차익거래의 기회는 오래 지속되지 않는다. 결국 자산 A와 B는 동일한 가격에 거래될 것이고 이때 시장은 균형상태에 도달하게 된다. 따라서 자산의 균형가격이란 차익거래가 가능하지 않은 상태에서의 가격을 말한다.[4]

이와 같이 경쟁적인 시장에서 "미래수익이 같은 두 자산의 가격은 같아야 한다."(또는 "미래수익이 같은 두 투자전략의 투자비용은 같아야 한다.")는 원리를 '무차익원리(no arbitrage principle)' 또는 '일물일가의 법칙(law of one price)' 이라고 한다. 이 원리는 결국 '공짜 없다(no free lunch)' 라는 한마디로 압축될 수 있으며, 이 간단한 원리가 다수의 주요 경제이론을 탄생시키는 데 있어 핵심적인 역할을 담당하여 왔다. 무차익원리는 다음과 같이 여러 가지 다른 방법으로 표현할 수 있으며 필요에 따라 적절한 형태를 선택하여 적용하면 된다.[5]

무차익원리(no arbitrage principle) 또는 일물일가의 법칙(law of one price): '공짜 없다'

① 미래수익이 같은 두 자산의 가격(또는 두 투자전략의 비용)은 같아야 한다.
② 자기자금과 위험을 부담하지 않는 투자에 대한 수익은 0이어야 한다.
③ 위험을 부담하지 않는 투자에 대한 수익률은 무위험이자율과 같아야 한다.
④ 위험이 같은 투자에 대한 기대수익률은 같아야 한다.

'무차익원리' 는 규모수익 불변(constant returns to scale)의 생산기술을 가진 기업의 경제적 이익은 0이 되어야 한다는 논리와 매우 유사하다. 만약 그러한 기업들이 양(+)의 이익을 실현할 수 있다면 생산규모를 무제한으로 확대하려 할 것이고 이 경우 최적생산은 존재하지 않기 때문이다.

---

4 경제학에서는 여러 가지 형태의 균형개념을 다룬다. 전통적인 왈라스(Walras)의 일반균형모형에서는 경제주체가 기대효용을 극대화하여 의사결정을 하게 되고, 개별의사결정들이 취합되어 경제의 균형점이 결정된다. 이러한 균형개념 이외에도 합리적 기대모형, 게임이론 등에서 많은 정교한 개념들이 정립되어 있다. 앞에서 언급한 무차익균형은 이들 균형에 비해 단순하고 본원적인 개념이라고 할 수 있다. 무차익균형에 도달한다고 해서 반드시 보다 정교한 개념의 균형에 도달하는 것은 아니다. 그러나 어떤 형태의 균형에서도 무차익원리는 반드시 충족되어야 한다. 즉, 무차익균형은 다른 정교한 개념의 균형에 도달하기 위한 (충분조건은 아니지만) 필요조건으로 이해될 수 있다.

5 '무차익원리' 를 이용한 여러 모형들의 특징은 경제주체의 효용함수(u)에 큰 제약이 없다는 점이다. 많은 경제모형들이 증가효용함수($u' > 0$)와 한계효용체감($u'' < 0$)을 가정하는 데 비해 무차익원리에 근거한 모형은 전자의 가정만을 필요로 한다. 효용함수의 이차미분(u'')의 부호에 제약이 필요 없다는 사실은 경제주체의 위험에 대한 태도가 전혀 중요하지 않다는 것을 의미하며, 이러한 개념은 자산가격결정이론에서 중요한 위치를 차지하고 있는 위험중립평가법(risk neutral valuation)의 개발을 가능하게 하였다. 효용함수의 성질에 대해서는 제9장에서 다룬다.

■ 무차익원리와 순현가

기업이 실물자산에 투자하여 얻게 되는 양(+)의 *NPV*도 일종의 차익거래에서 발생하는 이익으로 해석될 수 있다. 아래의 두 전략을 고려하여 보자.

전략 A: (실물)투자안 A 선택

전략 B: 투자안 A와 동일한 미래의 현금흐름을 가지는 금융자산 포트폴리오를 구성

전략 B를 공매하고 투자안 A를 수용할 경우 B로부터 발생하는 현금흐름이 A로부터 발생하는 현금흐름을 정확히 상쇄시키므로, 두 전략의 실행비용을 비교하면 차익기회의 존재 여부를 판단할 수 있다. 전략 B의 비용은 포트폴리오의 현재가치이므로 미래현금흐름의 기댓값을 적정할인율로 할인한 값이다. 따라서 공매대금으로 유입되는 이 금액이 투자안 A에 필요한 투자비용보다 크면 그 차이는 결국 차익(arbitrage profit)이라고 할 수 있다. 따라서 *NPV*의 부호는 차익기회가 존재하느냐 아니냐의 문제로 귀착된다.

위의 논리에 따르면, 양(+)의 *NPV*를 가진 투자안들이 세상에 많이 존재한다는 사실이 앞에서 언급한 '무차익원리'에 위배되는 것처럼 보일지 모른다. 그러나 이는 기업들이 가치창조를 위해 실물시장과 금융시장 사이에서 차익거래기회를 만들어 내는 과정으로 이해되어야 할 것이다. 실물시장을 이용한 차익거래는 기업의 특수한 능력이나 환경요인 등에 의하여 결정되므로 아무나 쉽게 만들어 낼 수 없는 특성을 지닌다.

3.6 자본시장의 효율성

기업은 주식이나 채권을 발행하여 외부자금을 조달한다. 주식과 채권 같은 상품이 거래되는 시장을 자본시장이라고 하였다(제1장 참조). 자본시장에서는 기업 · 주주 · 채권자 · 금융기관 등이 시장참여자로 활동한다. 재무관리이론에서는 시장참여자가 합리적(rational)이고 경쟁적이며, 자본시장은 효율적(efficient)이라고 가정한다. 시장참여자가 합리적이라는 것은 각 시장참여자가 자신의 목적을 달성하기 위하여 최적의 활동을 행하는 것을 말한다. 기업, 주주, 채권자, 금융기관 등은 자신에게 주어진 여건하에서 가장 효과적인 방법으로 목적을 달성하기 위해 노력한다.

자본시장이 효율적이라는 것은 시장에서 형성되는 자산가격이 그 자산과 관련된 모든 중요한 정보를 충분히 그리고 신속하게 반영하고 있는 상태를 말한다. 모든 중요한 정보를 충분히 반영한다는 것은 효율적 시장에서의 자산가격이 그 자산의 진정한 가치를 나타내는 가장 좋은 척도가 된다는 것을 의미한다. 또 모든 정보를 신속히 반영한다는 것은 이 정보를 이용하여 남보다 우월한 수익률을 얻는 것이 불가능하다는 것을 의미한다. 예를 들어, 효율적 주식시장에서 ㈜LG가 공시한 중요한 정보를 접하고 이 회사 주식을 매입하더라도 이미 주가는 공시 정보를 반영하여 새로운 가격을 형성하고 있기 때문에 ㈜LG 주식에 대한 정상적인 수익률 이상을 기대할 수 없다는 것

이다.

효율적 자본시장에서는 모든 금융자산의 거래로부터 얻게 되는 *NPV*가 항상 0이다. 왜냐하면 가격이 모든 중요한 정보를 충분히 그리고 신속히 반영하기 때문에 그 자산의 거래로부터 비정상적인 수익률을 기대할 수 없기 때문이다. 여기서 비정상수익률은 차익(arbitrage profit)을 의미하는 것이므로, *NPV*가 0라는 것은 곧 차익거래가 존재하지 않는다는 것을 의미한다.

효율적 자본시장에서 자산가격(또는 자산수익률)은 새로운 정보가 유입될 때에만 변화한다. 새로운 정보는 정의상 예측불가능한 것이다. 따라서 예측불가능한 새로운 정보를 반영하는 미래의 자산가격도 역시 예측불가능하다. 이는 시간의 흐름에 따른 자산가격의 변화가 서로 독립적이라는 것을 의미하기도 한다.

예제 3-3 어느 기업이 지금 10억원을 투자하면 1년 후 11억원의 확실한 현금흐름을 가져다줄 사업안에 대한 투자를 고려하고 있다. 이 사업안에 투자할 경우 ① 전액 자기자본으로 자금을 조달하는 안과 ② 투자비용 중 5억원에 대해서는 채권을 발행하여 조달하는 안을 검토하고 있다. 무위험이자율은 5%로서 채권을 발행하면 1년 후 5억 2,500만원을 갚아야 한다. 두 가지 자금조달방법 중 어느 것이 이 회사에게 유리한지를 분석하라.

풀이 ① 전액 자기자본으로 투자비용을 조달할 경우 투자안의 *NPV*는 다음과 같다.

$$NPV = 11\text{억}/1.05 - 10\text{억} = 4{,}762\text{만원}$$

*NPV*가 양(+)이므로 회사는 이 투자안을 수용할 것이다.

② 투자비용 10억원 중 5억원을 채권발행을 통해서 조달하면, 자기자본은 5억원만 투입하면 된다. 그리고 1년 후 회사로 유입되는 현금흐름은 11억원에서 부채상환액인 5억 2,500만원을 뺀 5억 7,500만원이다. 따라서 이 사업안의 *NPV*는 다음과 같다.

$$NPV = 5.75\text{억}/1.05 - 5\text{억} = 4{,}762\text{만원}$$

*NPV*가 여전히 양(+)이며 ①의 경우와 같게 되는 것을 볼 수 있다.

이와 같이 투자결정이 자금조달결정에 영향을 받지 않는 것은 두 가지 의사결정이 분리될 수 있다는 것을 의미한다. 이를 투자결정과 자금조달결정의 분리원리(separation principle)라고 한다. 이러한 분리원리가 성립하는 것은 효율적 자본시장에서 증권거래의 *NPV*가 0이기 때문이다.

3.7 세 금

기업의 재무활동에 영향을 미치는 빼놓을 수 없는 중요한 요소 중 하나가 세금(tax)이다. 기업이 벌어들인 소득에 대해 부과되는 법인세(corporate income tax)는 비중이 매우 큰 현금유출 항목이다. 기업에 자본을 제공하고 있는 주주와 채권자가 부담하는 개인소득세(individual income tax) 역시 기업의 재무의사결정에서 필수적으로 고려해야 할 요소이다. 이 절에서는 세금문제를 개인소득세와 법인세로 나누어 살펴본다.

■ 개인소득세

개인은 자신의 경제활동에서 얻는 소득(예: 급여, 임금, 배당소득, 이자소득, 사업소득 등)에 대해 일정 세금을 납부해야 한다. 이때 세금을 계산하는 기준이 되는 소득금액을 과세소득(taxable income)이라 한다. 과세소득은 개인이 경제활동에서 얻은 총소득에서 세법에서 허용하는 소득공제(deduction) 항목과 비과세(exemption) 항목 등을 뺀 값이다.

개인의 소득에 대해 부과되는 개인소득세는 소득이 커짐에 따라 세율이 누진적으로 올라가는 누진세(progressive tax)제도를 택하고 있다. 따라서 소득이 많은 개인일수록 자신의 소득에서 더 높은 비율의 세금을 부담한다. 이와 같은 누진세제도하에서는 한 개인의 소득구간에 따라 서로 다른 세율이 적용된다. 이때 최종 구간의 소득에 대해 부과되는 세율을 한계세율(marginal tax rate)이라 하며 과세소득에 대해 부담한 총소득세의 비율을 평균세율(average tax rate)이라고 한다. 예를 들어 과세소득이 1억 1천만원인 사람이 부담한 총소득세가 2,500만원이라고 하자. 또 개인소득세율 체계상 1억원에서 1억 5천만원까지의 소득에 대해 40%의 세율이 적용된다고 하자. 이때 이 사람의 한계세율은 40%이다. 그러나 평균세율은 22.73%(= 2,500/11,000)가 된다.

기업의 재무의사결정에서 기업에 자본을 제공한 주주와 채권자의 개인소득세율이 어떠한가는 매우 중요한 사항이다. 채권자는 기업으로부터 부채를 제공한 대가로 이자를 지급받고 주주는 자기자본을 제공한 대가로 배당을 지급받는다. 주주와 채권자는 또한 구입한 주식과 채권의 가격상승에 따른 이득을 얻는다. 이를 자본이득(capital gain)이라 한다. 주주와 채권자가 기업으로부터 받는 이자와 배당은 개인의 과세소득에 포함되어 과세대상이 된다.[6] 따라서 주주와 채권자가 얻는 세후수익률은 세전수익률에서 부담해야 되는 한계세율을 뺀 것이다.

$$세후수익률 = 세전수익률 \times (1 - 한계세율) \quad (3.6)$$

예를 들어 한계세율이 40%인 갑돌이가 삼성전자㈜ 주식을 구입한 후, 삼성전자㈜가 주가의 15%를 배당으로 지급한다면 갑돌이가 얻을 수 있는 세후수익률은 9%[= 15 × (1 − 0.4)]이다. 이자와 배당 소득에 대해 과세하는 것과는 달리 우리나라의 세법에서는 상장기업의 주식이나 채권의 가격상승에 따른 이득인 자본이득(양도소득)에 대해서 예외적인 경우를 제외하면 세금을 부과하지 않고 있다.[7]

■ 법인세

개인이 개인소득세를 부담하는 것과 마찬가지로 기업도 영업활동에서 얻은 소득에 대해 법인세를

6 상장기업의 주식과 채권에 투자한 경우 이에 대한 이자와 배당 소득에 대해서는 일정한 세율을 세금으로 내게 된다.
7 상장주식의 경우 대주주요건을 충족하면 양도소득세를 납부해야 한다.

부담한다. 법인세를 내야 하는 과세소득의 계산은 개인의 경우와 마찬가지로 총소득에서 각종 공제 항목과 비과세 항목을 차감하여 계산한다. 그러나 개인소득세가 누진세인 데 비해 법인세는 대부분의 국가에서 소득규모와 관계없이 일정한 비율의 세금을 부과하는 단일세율제도를 택하고 있다. 우리나라의 경우, 2023년 말 현재 소득 구간에 따라 최저 9%, 최고 24%의 법인세를 부과하고 있다.

법인세는 기업의 중요한 현금지출 항목이므로 재무의사결정에 이를 정확히 반영하는 것은 대단히 중요하다. 부채를 사용하는 기업의 경우 채권자에게 부채사용의 대가로 이자를 지급한다. 이때 지급이자는 과세소득계산에서 비용(손금)으로 인정되므로 이자지급이 없는 경우에 비해 과세소득은 줄게 되고 결과적으로 법인세를 덜 내게 된다. 이를 이자의 감세효과(interest tax shield)라고 한다. 따라서 감세효과를 고려한 후의 이자율은 법인세율만큼 작아지게 된다.

$$\text{세후이자율} = \text{세전이자율} \times (1 - \text{법인세율}) \quad (3.7)$$

예를 들어 24%의 법인세율을 부담하는 삼성전자㈜가 6%의 세전이자율을 약속하고 부채를 조달했다면 이때 삼성전자㈜가 부담하는 세후이자율은 4.56%[= 6 × (1 − 0.24)]이다.

이자비용이 감세효과를 갖는 것과는 달리, 자기자본을 사용한 대가로 주주에게 지급되는 배당은 과세소득을 계산하는 과정에서 비용(손금)으로 인정받지 못해 법인세를 줄이는 효과가 없다. 이자의 감세효과에 대한 자세한 내용은 제13장에서 다뤄진다.

중요용어

대출(lending)
차입(borrowing)
이자율(interest rate)
실질이자율(real interest rate)
명목이자율(nominal interest rate)
예상인플레이션(expected inflation rate)
피셔의 등식(Fisher equation)
채무불이행위험(default risk)
수익률스프레드(yield spread)
화폐의 시간가치(time value of money)
현가모형(present value model)
불확실성(uncertainty)
위험(risk)
위험회피(risk aversion)
위험프리미엄(risk premium)
비체계적 위험(unsystematic risk)
체계적 위험(systematic risk)
순현가(net present value: NPV)
할인율(discount rate)
기대수익률(expected rate of return)
요구수익률(required rate of return)
자본비용(cost of capital)
차익거래(arbitrage)
차익거래기회(arbitrage opportunity)
무차익원리(no arbitrage principle)
일물일가의 법칙(law of one price)
가치의 가산원칙(value additivity)
자본시장의 효율성(capital market efficiency)
개인소득세(personal income tax)
누진세율(progressive tax rate)
한계세율(marginal tax rate)
평균세율(average tax rate)

법인세(corporate income tax)
이자율의 기간구조(term structure of interest rates)
할인현금흐름모형(discounted cash flow model)
이자의 감세효과(interest tax shield)
재무관리의 제1원리(the first principle of finance)
재무관리의 제2원리(the second principle of finance)

연습문제

3-1 실질무위험이자율을 결정하는 경제적 요인에 대해 설명하라.

3-2 명목무위험이자율이 어떻게 결정되는지를 장기와 단기로 나누어서 설명하라.

3-3 채권의 수익률스프레드란 무엇인지 설명하라.

3-4 화폐의 시간가치와 재무관리의 제1원리란 무엇인지 설명하라.

3-5 위험프리미엄이란 무엇인지 설명하라.

3-6 위험-수익의 상충관계에 대해서 설명하라.

3-7 차익거래란 무엇인지 설명하고, 유형 1과 유형 2의 차익거래 사이의 차이점을 말해 보라.

3-8 무차익원리 또는 일물일가의 법칙에 대해 설명하고 이것이 던지는 의미를 한마디로 표현해 보라.

3-9 가치의 가산원칙을 설명하라.

3-10 효율적 자본시장을 정의하고, 또 그 의미를 설명하라.

3-11 개인소득세를 납부할 때, 한계세율과 평균세율이 무엇을 의미하는지 설명하라.

3-12 기업이 법인세를 납부할 때, 이자의 감세효과란 무엇인지 설명하라.

3-13 은행 A는 대출과 예금 모두 5%의 무위험이자율을 적용하며, 은행 B는 6%의 무위험이자율을 적용한다.
① 이 경우 차익거래가 가능한지를 보여라.
② 대출과 예금에 대한 수요가 늘어날 은행은 각각 어느 곳인지 대답하라.
③ 이 두 은행이 제공하는 이자율은 어떻게 변화할 것인지 설명하라.

3-14 상장지수펀드(ETF)는 개별주식들의 포트폴리오로 구성되며 증권시장에서 주식처럼 매매가 가능한 상품이다. POSCO 주식 2주, LG디스플레이 주식 1주, 삼성중공업 주식 3주, 그리고 S-Oil 주식 4주로 구성되어 있는 ETF가 거래되고 있다고 한다. 각각의 주가는 다음과 같다.
① 이 ETF의 주당시장가격은 얼마인지 계산하라.

주식	주가
POSCO	285,000원
LG 디스플레이	30,100원
삼성중공업	27,200원
S-Oil	56,800원

② 이 ETF가 현재 시장에서 850,000원에 거래된다. 차익거래가 가능한지의 여부를 판단하고, 가능할 경우 필요한 거래와 현금흐름을 분석하라.

③ 이 ETF가 현재 시장에서 1,100,000원에 거래된다고 하자. 차익거래가 가능한지의 여부를 판단하고, 가능할 경우 필요한 거래와 현금흐름을 분석하라.

제 II 편

가치평가와 자본예산

제 4 장

화폐의 시간가치

STUDY GUIDE

투자활동이나 자금조달활동 등의 재무활동은 현재와 미래 사이의 여러 기간에 걸쳐서 현금흐름(cash flow)을 발생시킨다. 예를 들어, 기업이 설비투자를 하면 오늘은 현금지출이 발생하나 앞으로 여러 기간에 걸쳐 현금수입이 발생한다. 또 기업이 은행에서 대출을 받게 되면 오늘은 현금수입이 발생하나 미래 여러 기간 동안 현금지출이 발생한다. 이렇듯 여러 기간에 걸쳐 현금흐름을 발생시키는 투자와 자금조달에 관한 사항을 합리적으로 다루기 위해서는 서로 다른 시점에서 발생하는 현금흐름은 서로 다른 가치를 갖는다는 점을 고려해야 한다. 같은 금액이라고 하더라도 발생하는 시점의 차이에 따라 현금흐름이 서로 다르게 평가되는데, 이를 화폐의 시간가치(time value of money)라고 한다. '많으면 많을수록 좋다' 는 경제학의 기본가정하에서는 모든 사람이 내일의 1원보다 오늘의 1원을 선호한다. 왜냐하면, 오늘 1원을 은행에 예금하거나, 확실한 이익을 가져다줄 사업에 투자할 경우 내일에는 1원보다 더 큰 금액을 얻을 수 있기 때문이다. 따라서 내일의 1원보다 오늘의 1원이 더 큰 가치를 가지는데, 이를 '재무관리의 제1원리' 라고 한다. 이 장에서는 한 시점 또는 여러 시점에서 발생하는 현금흐름을 다른 시점에서의 가치로 환산하는 여러 가지 기법을 다룬다. 화폐의 시간가치를 고려하는 것은 앞으로 다루게 될 모든 재무관리이론의 바탕이 된다.

4.1 단일시점의 현금흐름 평가

■ 미래가치와 복리

오늘 100만원을 은행에 예금하면 1년 후에 얼마를 받을 수 있을까? 이와 같은 질문에 대답하려면 현재의 일정금액을 미래 특정시점의 가치로 환산해야 하는데 이를 미래가치(future value: *FV*)라고 한다. 미래가치의 계산은 복리(compound interest)와 단리(simple interest) 계산법이 있는데, 단리계산은 거의 사용되지 않기 때문에 여기서는 복리계산을 중심으로 설명한다. 복리계산이란 원금에 대한 이자가 발생하면 그것이 재투자되어 이자에 대한 이자가 반복하여 발생한다고 가정하고 미래가치를 구하는 방법이다. 즉, 처음 예금한 원금에 대해 이자가 발생하면 이를 원금에 더한 합계금액을 새로운 원금으로 보고 다음 기의 이자를 계산하는 방법이다. 현재의 원금을 C_0, 향후 1년간의 이자율을 r_1이라고 하자. 원금 C_0원을 1년간 예금하였을 때 받게 되는 1년 후의 미래가치 FV_1은 원금 C_0와 이에 대한 이자를 더한 값이다. 이자는 원금 C_0에 연간이자율 r_1을 곱한 값이므로 FV_1은 다음과 같이 쓸 수 있다.

$$FV_1 = C_0 + C_0 \cdot r_1 = C_0 \cdot (1 + r_1) \tag{4.1}$$

C_0원을 2년간 예금하면 2년 후의 미래가치 FV_2는 얼마가 될까? 이를 구하기 위해서는 앞으로 2년 동안에 적용될 연간이자율을 알아야 한다. 2년만기 정기예금에 가입했을 때 얻을 수 있는 이자율 등이 바로 그것이다. 앞으로 2년간의 예금에 적용될 연간이자율을 r_2라고 하면 2년 후의 미래가치 FV_2는 원금 C_0를 처음 1년간 r_2의 이자율로 예금하여 얻은 1년 후의 미래가치를 다음 1년 동안 이자율 r_2로 다시 예금하여 얻은 값이므로 다음과 같이 계산된다.

$$FV_2 = C_0 \cdot (1 + r_2) \cdot (1 + r_2) = C_0 \cdot (1 + r_2)^2 \tag{4.2}$$

같은 방법으로 향후 3년 동안에 적용될 연간이자율이 r_3인 경우 3년 후의 미래가치 FV_3는 다음과 같이 나타낼 수 있다.

$$FV_3 = C_0 \cdot (1 + r_3) \cdot (1 + r_3) \cdot (1 + r_3) = C_0 \cdot (1 + r_3)^3 \tag{4.3}$$

일반적으로 $FV_n(C_0)$는 [그림 4-1]에서 보는 것과 같이 현재의 C_0원을 n년 후의 미래가치로 환산할 때 사용하는 연산자이며, 앞으로 n년 동안에 적용될 연간이자율이 r_n일 경우 이는 다음과 같이 나타낼 수 있다.

$$FV_n = C_0 \cdot (1 + r_n) \cdot (1 + r_n) \cdots (1 + r_n) = C_0 \cdot (1 + r_n)^n \tag{4.4}$$

| 그림 4-1 | 현재 C_0원의 n년 후의 미래가치: $FV_n(C_0)$

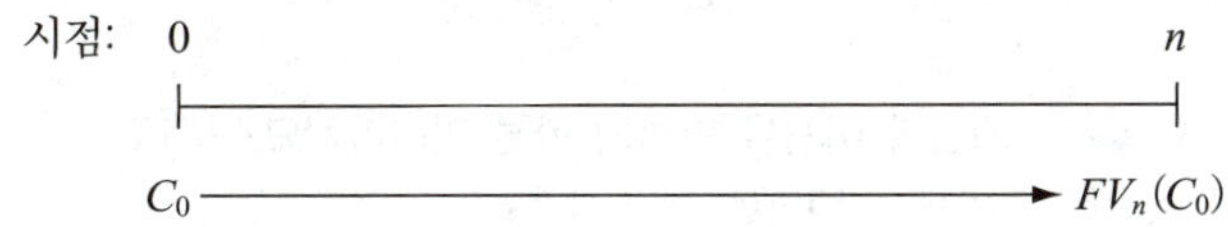

예제 4-1 앞으로 1년, 2년, 그리고 5년 동안에 적용될 연간이자율은 각각 5%, 6%, 그리고 10%이다. 원금 10,000원을 1년, 2년, 5년 동안 정기예금하였을 때 1년 후, 2년 후, 5년 후에 받게 될 각각의 미래가치를 구하라.

풀이 원금 10,000원의 1년, 2년, 5년 후의 미래가치 FV_1, FV_2, FV_5는 각각 다음과 같이 계산된다.

$FV_1 = 10{,}000 \times (1.05) = 10{,}500$원; $FV_2 = 10{,}000 \times (1.06)^2 = 11{,}236$원;
$FV_5 = 10{,}000 \times (1.1)^5 = 16{,}105$원

식 4.4의 복리계산법은 원금 C_0원에 대하여 매기간 일정한 금액 $C_0 \cdot r_n$의 가치가 증가하는 단리계산과 구분되어야 한다. [예제 4-1]에서 원금 10,000원을 5년간 정기예금할 때의 미래가치를 단리계산법으로 구하면 다음과 같다.

$$FV_5 = 10{,}000(1 + 0.1 \times 5) = 15{,}000(\text{원})$$

단리계산에 의한 미래가치 15,000원이 복리계산에 의한 미래가치 16,105원과 차이가 나는 이유는 단리계산의 경우 원금에 대한 이자만이 고려되었을 뿐, 매기마다 붙는 이자에 대한 이자가 계산되지 않았기 때문이다. 따라서 정확한 의미의 미래가치는 식 4.4와 같은 복리계산을 통해 구해진 값이다. 〈표 4-1〉은 [예제 4-1]에서 5년간 예금할 때의 미래가치가 계산되는 과정을 보여주고 있다.

표 4-1 10%의 이자율로 5년 동안 예금할 때의 복리계산과정 (단위: 원)

년	기초가치	이자금액	기말가치
1	10,000	1,000	11,000
2	11,000	1,100	12,100
3	12,100	1,210	13,310
4	13,310	1,331	14,641
5	14,641	1,464	16,105

n기간 동안에 적용될 연간이자율이 r_n일 때 현재의 1원은 n기간 후에는 $(1 + r_n)^n$원이 된다. 이때 $(1 + r_n)^n$을 복리가치요소(compound value factor: CVF) 혹은 미래가치요소(future value factor: FVF)라고 하는데 매번 계산하는 불편함을 없애기 위해 미리 계산한 표를 만들어 사용하고 있다. 부록에 나타낸 〈표 1〉이 그것인데 이를 복리표라 한다. 복리표의 일부를 〈표 4-2〉에 옮겨 놓았다. [그림

4–2]는 〈표 4–2〉의 내용을 그림으로 나타낸 것이다. 복리계산에 적용되는 이자율이 커질수록, 또 기간이 길어질수록 미래가치요소는 점점 커지는 것을 볼 수 있다.

표 4-2 기간과 이자율 변화에 따른 미래가치요소(*FVF*)

$FVF(r_n,\ n) = (1 + r_n)^n$

기간(n)	0%	5%	10%	15%
1	1.0000	1.0500	1.1000	1.1500
2	1.0000	1.1025	1.2100	1.3225
3	1.0000	1.1576	1.3310	1.5209
4	1.0000	1.2155	1.4641	1.7490
5	1.0000	1.2763	1.6105	2.0114
6	1.0000	1.3401	1.7716	2.3131
7	1.0000	1.4071	1.9487	2.6600
8	1.0000	1.4775	2.1436	3.0590
9	1.0000	1.5513	2.3579	3.5179
10	1.0000	1.6289	2.5937	4.0456

그림 4-2 기간과 이자율의 변화에 따른 *FVF*값의 변화

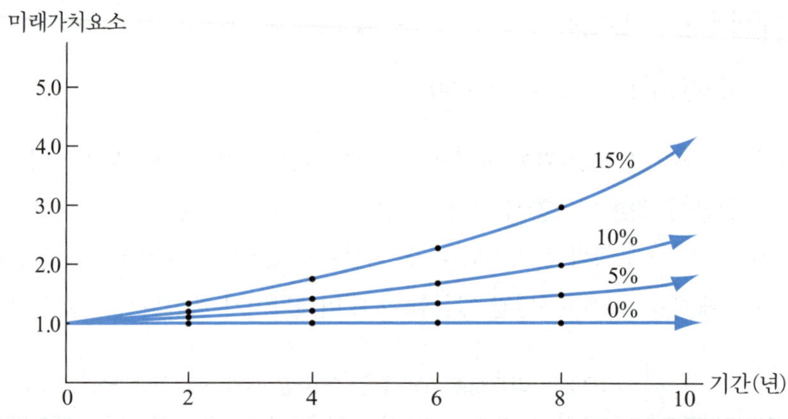

예제 4-2 원금 10,000원을 연리 5%에 9년 동안 예금할 때, 9년 후의 미래가치를 복리표를 사용하여 계산하라.

풀이 〈표 4–2〉에서 FVF(5%, 9년) = 1.5513이므로 $FV_9 = 10{,}000 \times 1.5513 = 15{,}513$(원)이다.

■ 72의 법칙

〈표 4–2〉를 보면 이자율이 10%인 경우 약 7년이 경과하면 미래가치가 원금의 2배가 되고 15%인 경우는 약 5년 후에 원금의 2배가 된다. 실무적으로는 미래가치가 원금의 2배가 되는 이자율과 기

간과의 관계를 나타내는 '72의 법칙(rule of 72)' 을 통해 대략적인 미래가치를 계산하기도 한다. 이는 미래가치가 원금의 2배가 되는 이자율과 기간의 조합들은 그 곱이 대략 72로 일정하다는 것이다. 예컨대 6%의 이자율일 경우 약 12년 후에 미래가치가 원금의 2배가 되고, 10년 후의 미래가치가 원금의 2배가 되도록 하는 이자율은 7.2%로 보면 된다는 것이다. '72의 법칙' 은 이자율이 5~20% 범위를 벗어나면 오차가 크게 되어 그 유용성이 떨어진다.

■ 현재가치와 할인

미래가치가 현재의 일정금액을 미래시점의 가치로 환산한 것이라면, 현재가치 또는 현가(present value: *PV*)는 미래에 발생하는 현금흐름을 현재시점의 가치로 환산한 금액을 말한다. 1년 후에 받게 될 100만원을 오늘의 가치로 환산하면 얼마가 될까? '많으면 많을수록 좋다' 는 경제학의 기본 가정하에서는 모든 사람이 내일의 1원보다 오늘의 1원을 선호할 것이다. 왜냐하면, 오늘 1원을 은행에 예금하거나 확실한 이익을 가져다줄 사업에 투자할 경우 내일에는 1원보다 더 큰 금액을 얻을 수 있기 때문이다. 따라서 내일의 1원보다 오늘의 1원이 더 큰 가치를 가지는데 이를 '재무관리의 제1원리(the first principle of finance)' 라고 한다.

현가계산을 위한 공식은 미래가치의 계산식인 식 4.4로부터 도출할 수 있다. 미래가치의 계산에서는 현재의 현금흐름 C_0와 이자율 r_n을 알고 n기간 후의 미래가치 FV_n을 계산하는 데 반해, 현가계산에서는 미래의 현금흐름 C_n과 이자율 r_n을 알 경우 그것의 현재가치 PV를 계산하고자 하는 것이므로 식 4.4를 다음과 같이 변형한 것이 현가를 계산하는 공식이 된다.

$$PV = \frac{C_n}{(1+r_n)^n} = C_n \cdot (1+r_n)^{-n} \qquad (4.5)$$

여기서 PV는 [그림 4-3]에서 보는 것과 같이 n년 후의 C_n원을 현재가치로 환산할 때 사용하는 연산자이다.

| 그림 4-3 | n년 후 C_n원의 현재가치: $PV(C_n)$

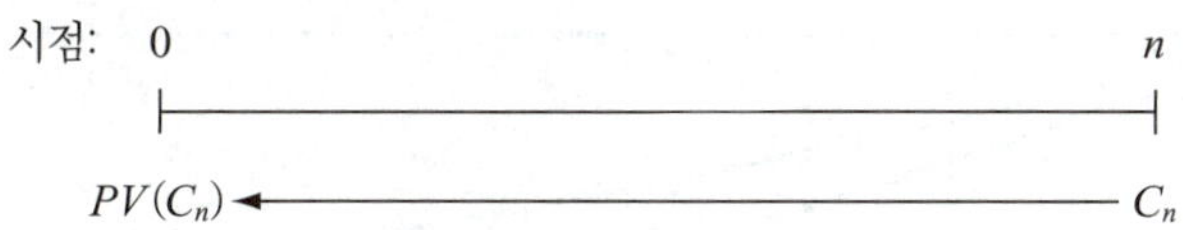

이 내용을 예를 들어 자세히 살펴보자. ㈜백두는 1년 후에 100만원의 확실한 수익을 가져다줄 투자안을 가지고 있다. 만일 ㈜백두가 이 사업을 현 시점에서 다른 회사에 매각한다면 얼마의 가격을 요구할 수 있을까? ㈜백두가 투자안의 매각대금을 안전한 은행에 1년간 예금할 경우 연 10%의 이자를 받을 수 있다고 한다.

이 문제에 대한 대답은 결국 투자안의 현가를 구하는 일이다. ㈜백두로부터 사업을 인수하려는 회사는 사업의 현가 이상을 지불하지 않을 것이며, ㈜백두는 현가 이하에 팔 이유가 없다. '재무관리의 제1원리' 에 의하면 1년 후 발생할 100만원의 현가는 100만원보다 작으며, 식 4.5를 이용하여 다음과 같이 계산된다.

$$PV = 100 \times (1/1.1) = 90.9(\text{만원})$$

여기서 (1/1.1)을 할인요소(discount factor: *DF*), 이자율 10%를 할인율(discount rate)이라고 부른다. ㈜백두가 투자안의 현재가치를 구하기 위해 사용한 할인율은 ㈜백두가 이 사업을 진행할 경우 포기해야 하는 투자대안(매각대금을 은행에 예금하는 일)에 대한 수익률(이자율)이다. 이런 의미에서 할인율은 자본의 기회비용(opportunity cost of capital)의 의미를 갖는다. 결국 위의 예에서 말하려는 것은 이자율이 연 10%일 때 1년 후의 100만원과 현 시점의 90.9만원은 같은 가치를 갖는다는 것이다.

투자안의 현가가 90.9만원이라고 해서 ㈜백두가 얻는 순이득이 90.9만원이라는 의미는 아니다. 이 투자안에 투자하는 데 들어간 투자비용을 고려해야 하기 때문이다. 만약 투자비용이 70만원이라면 순이득은 90.9 − 70 = 20.9(만원)가 되며 투자비용이 100만원이라면 90.9 − 100 = −9.1(만원)이 되는데, 이러한 순이득을 투자안의 순현가(net present value: *NPV*)라고 한다. 순현가를 구하는 공식은 다음과 같이 쓸 수 있다.

$$\text{순현가}(NPV) = \text{투자안의 현가} - \text{투자비용} \tag{4.6}$$

순현가가 양(+)이면 투자하고 음(−)이면 투자하지 말아야 한다. 순현가에 대해서는 제6장에서 상세히 다루도록 한다.

| 그림 4-4 | 기간과 할인율의 변화에 따른 *PVF*값의 변화

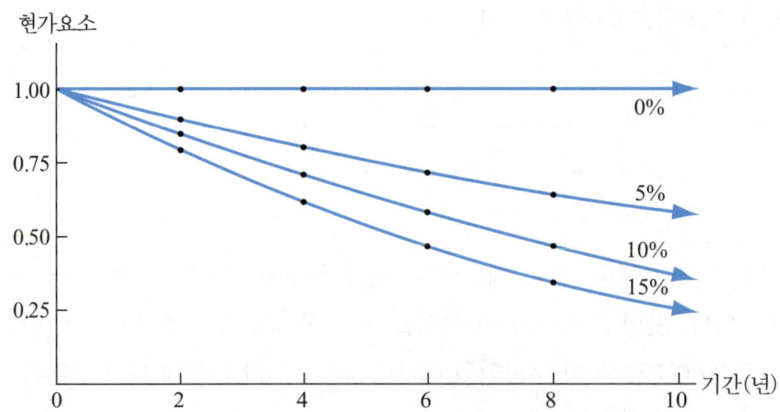

식 4.5에서 보면 n기간 동안의 이자율이 r_n일 때 n기간 후 1원의 현재가치는 $(1+r_n)^{-n}$이 되는데 이를 할인요소(discount factor: DF) 또는 현가요소(present value factor: PVF)라고 하며, 흔히 $DF(r_n, n)$ 혹은 $PVF(r_n, n)$으로 나타낸다. 부록에 나타낸 〈표 2〉는 매번 계산하는 불편함을 없애기 위하여 할인율 r_n과 기간 n의 조합에 따라 현가요소의 값을 미리 계산한 것인데, 이를 현가표라고 한다. 앞의 [그림 4-4]는 기간과 할인율의 변화에 따른 PVF값의 변화를 나타낸 것이다. PVF는 기간과 이자율이 커짐에 따라 점점 작아지고 있음을 알 수 있다. 또 현가계산에 사용되는 현가요소(PVF)와 미래가치계산에 사용되는 미래가치요소(FVF) 사이에는 역수의 관계가 성립한다.

$$PVF = \frac{1}{FVF} \tag{4.7}$$

예제 4-3 4년 후에 500만원을 받을 수 있는 투자안의 현재가치를 계산기를 이용하여 계산하라. 단, 투자기간 중 이자지급은 없으며 할인율은 연 6%라고 한다. 또 계산결과를 복리표 및 현가표를 이용하여 구해 보라.

풀이 $PV = C_0/(1+r)^n = 500/(1+0.06)^4 = 396.05$(만원)

또는 부록 〈표 1〉의 복리표로부터 $FVF(6\%, 4년) = 1.2625$이므로

$$PV = C_0 \times \{1/FVF(r_n, n)\} = 500/1.2625 = 396.05\text{(만원)}$$

또는 부록 〈표 2〉의 현가표로부터 $PVF(6\%, 4년) = 0.7921$이므로

$$PV = C_0 \times PVF(r_n, n) = 500 \times 0.7921 = 396.05\text{(만원)}$$

4.2 여러 시점의 현금흐름 평가와 현가모형

지금까지는 현금흐름이 단 한 번 일어나는 경우의 미래가치와 현재가치의 계산에 관련된 기초개념들을 살펴보았다. 다음에 살펴볼 문제는 현금흐름이 여러 기간에 걸쳐 일어나는 경우이다. 이러한 현금흐름의 현재가치를 먼저 계산해 보고 또 이를 미래가치로 환산해 보자.

■ 현재가치의 계산

1년 후에 C_1, 2년 후에 C_2, ⋯, n년 후에 C_n의 확실한 현금흐름을 가져다주는 투자안이 있다고 하자. 이 투자안의 현재시점에서의 가치는 어떻게 계산할 수 있을까? 여러 기간에 걸쳐 발생하는 크기가 서로 다른 현금흐름의 현재가치는 각각의 현금흐름의 현재가치를 계산하고 그 값들을 합하여 총현재가치를 구하면 된다.[1] 각 기간 동안에 적용되는 연간이자율을 $r_i(i=1, 2, \cdots, n)$라고 하면, 앞의 현금흐름의 현가를 구하는 과정은 [그림 4-5]와 같다.

---

1 이는 같은 시점의 가치로 평가된 현금은 서로 더하고 빼는 것이 허용되는 가치의 가산원칙(value additivity)이 적용되기 때문이다. 서로 다른 시점의 가치로 평가된 현금들은 시간가치가 서로 다르기 때문에 주어진 상태로 단순히 더하고 뺄 수 없다는 점에 주의해야 한다.

| 그림 4-5 | **여러 시점에서 발생하는 현금흐름의 현가(PV) 계산**

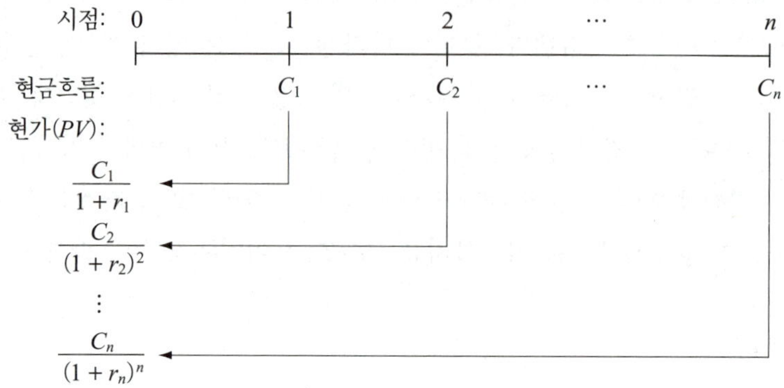

[그림 4-5]에서 1년 후의 현금흐름 C_1의 현재가치는 $C_1/(1+r_1)$이고, 2년 후의 현금흐름 C_2의 현재가치는 $C_2/(1+r_2)^2$ 등과 같으므로, 총현재가치는 다음과 같다.

현가모형(present value model) 또는 할인현금흐름모형(discounted cash flow model):

$$PV = \frac{C_1}{(1+r_1)} + \frac{C_2}{(1+r_2)^2} + \cdots + \frac{C_n}{(1+r_n)^n} = C_1 \times PVF_1 + C_2 \times PVF_2 + \cdots + C_n \times PVF_n \quad (4.8)$$

식 4.8은 현가모형(present value model) 또는 할인현금흐름(discounted cash flow: DCF)모형이라고 불리며 재무관리에서 가장 기본이 되고 흔히 사용되는 가치평가모형이다. 만일 기간 $i(i=1, 2, \cdots, n)$에 관계없이 연간이자율이 r로 일정할 경우 식 4.8은 다음과 같이 쓸 수 있다.

$$PV = \frac{C_1}{(1+r)} + \frac{C_2}{(1+r)^2} + \cdots + \frac{C_n}{(1+r)^n} \quad (4.8)'$$

예제 4-4 앞으로 1년 동안은 5%의 연간이자율이, 2년 동안에는 6%의 연간이자율이 적용되는 경우 다음과 같은 현금흐름의 현가를 구하라.

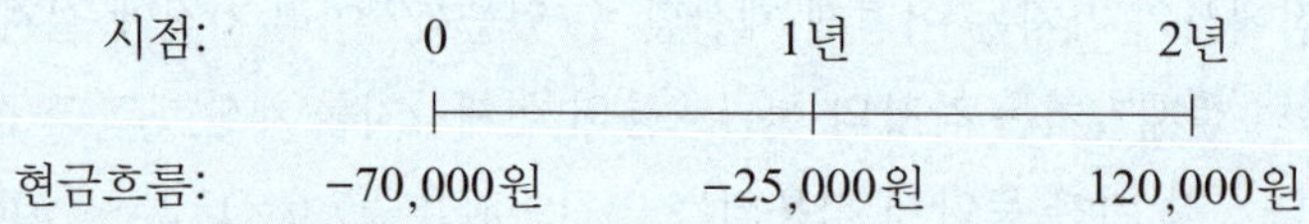

풀이 식 4.8을 이용하여 각 현금흐름의 현가를 계산하여 총현가를 구하면 아래 표와 같다.

시점	현금흐름	$PVF\,[=1/(1+r_n)^n)]$	현가
0	−70,000	1	−70,000
1	−25,000	$1/1.05=0.9524$	−23,810
2	120,000	$1/(1.06)^2=0.8900$	+106,800
총현가			12,990

위의 현금흐름이 사업안으로부터 발생하는 현금흐름을 나타낸 것이라면 첫 두 시점에서 발생하는 음(−)의 현금흐름은 이 사업에 소요되는 투자비용으로 해석될 수 있다. 이 경우 위에서 구한 현가는 사업안의 순현가(NPV)가 될 것이다.

■ 미래가치의 계산

정기예금이 아닌 일반예금에 가입할 때 개인의 현금사정에 따라 예금액이 커지거나 작아질 수 있다. 이런 식의 예금에 대해 일정기간 후의 미래가치를 계산하려면 어떻게 해야 할까? 1년 후에 C_1, 2년 후에 C_2, …, n년 후에 C_n의 금액을 예금할 때 n년 후의 예금의 가치는 얼마인가를 계산해 보자. 향후 각 기간 동안에 적용되는 연간이자율을 $r_i(i=1,\ 2,\ \cdots,\ n)$라고 하면, 앞의 현금흐름의 n기간 후의 미래가치를 구하는 과정은 [그림 4−6]과 같다. 모든 예금의 n년 후 미래가치는 각 시점에서의 예금의 현재가치를 계산하고 그 값들을 모두 더한 후 이것의 n년 후 미래가치로 환산한 값이다.

| 그림 4-6 | 여러 시점에서 발생하는 현금흐름의 미래가치(FV) 계산

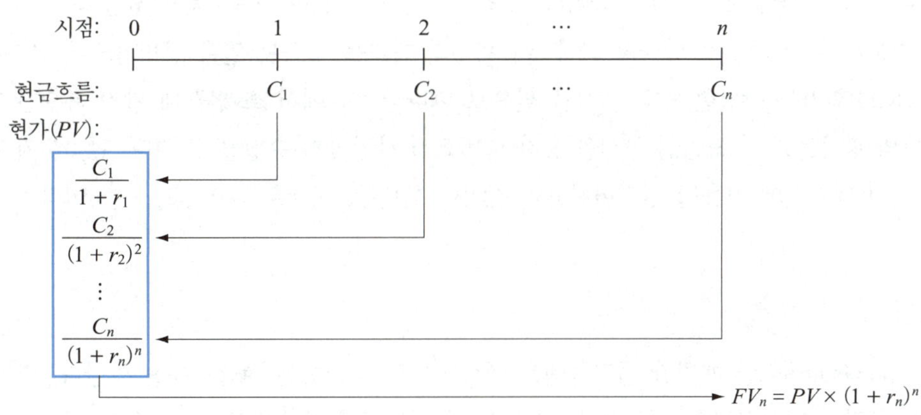

[그림 4−6]에서 1년 후 예금 C_1의 현재가치 $PV(C_1)$은 $1/(1+r_1)$이고, 2년 후 예금 C_2의 현재가치 $PV(C_2)$는 $1/(1+r_2)^2$ 등과 같으므로 총미래가치는 각각의 현재가치를 더한 후 이것에 미래가치 요소를 곱하여 다음과 같이 구한다.

$$FV_n = [PV(C_1) + PV(C_2) + \cdots + PV(C_{n-1}) + PV(C_n)] \cdot (1 + r_n)^n$$
$$= \left[\frac{C_1}{(1 + r_1)} + \frac{C_2}{(1 + r_2)^2} + \cdots + \frac{C_n}{(1 + r_n)^n} \right] \cdot (1 + r_n)^n \quad (4.9)$$

만일 앞의 현금흐름의 3년 후 시점에서의 미래가치를 알고 싶다면 식 4.9를 이용하여 다음과 같이 구할 수 있다.

$$FV_3 = \left[\frac{C_1}{(1 + r_1)} + \frac{C_2}{(1 + r_2)^2} + \cdots + \frac{C_n}{(1 + r_n)^n} \right] \cdot (1 + r_3)^3 \quad (4.10)$$

예제 4-5 투자자 김 씨는 1년 후에 400만원, 2년 후에 600만원, 3년 후에 700만원의 투자수익을 회수할 것이 확실하다. 1년, 2년, 3년 동안의 이자율이 각각 4%, 5%, 6%일 경우 이 현금흐름의 2년 후와 3년 후의 미래가치를 구하라.

풀이 투자수익의 현재가치 PV는 다음과 같다.

$$PV = 400\text{만}/1.04 + 600\text{만}/(1.05)^2 + 700\text{만}/(1.06)^3 = 1{,}516.57(\text{만원})$$

이를 2년 및 3년 후의 가치로 환산하면 각각 다음과 같다.

$$FV_2 = 1{,}516.57 \times (1.05)^2 = 1{,}672.02(\text{만원});\ FV_3 = 1{,}516.57 \times (1.06)^3 = 1{,}806.26(\text{만원})$$

4.3 특수형태의 현금흐름

화폐의 시간가치에 관한 한 기본적으로 식 4.8과 4.9를 이용하면 모든 문제를 해결할 수 있다. 그러나 많은 경우 계산에 소요되는 시간이나 노력이 엄청날 수 있다. 예를 들어 20년 동안 매월 같은 금액을 지불해야 할 채무가 있다고 하자. 이 채무의 현가를 구하는 일은 방법상으로 단순하지만 240(= 12 × 20)회라는 상당한 양의 계산을 필요로 한다. 이 절에서 소개될 네 가지 특수한 형태의 현금흐름의 평가는 미리 도출된 공식을 통하여 비교적 간편하게 수행될 수 있다. 단, 네 가지 모두의 경우에서 매기간에 적용될 연간이자율이 같아야 한다는, 즉 $r_i = r(i = 1,\ 2,\ \cdots,\ n)$이라는 가정이 필요하다.

■ 영구연금

영구연금(perpetuity)이란 매기간 일정금액을 영속적으로 지급하는 현금흐름을 말한다. 영원한 현금흐름이란 말이 비현실적으로 들릴 수 있으나, 영국 정부가 발행했던 'consol'이라는 만기가 없는 채권이 잘 알려진 예이다. 이 채권을 구입하면 원금의 상환 없이 매기간마다 일정금액의 이자를 영구히 지급받게 된다. 영구연금의 현금흐름형태는 [그림 4-7]과 같다.

| 그림 4-7 | **영구연금의 현금흐름**

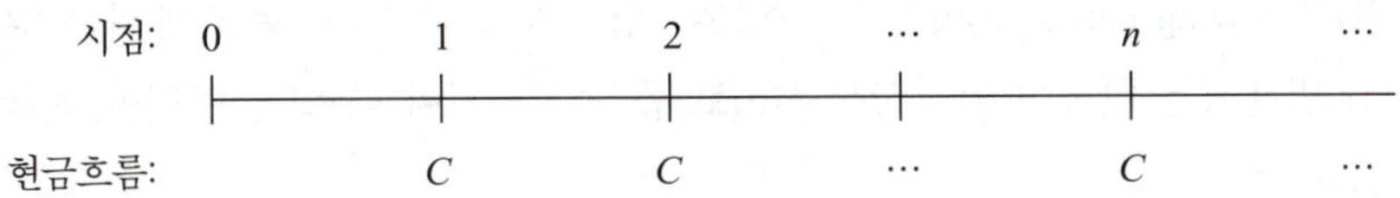

식 4.8′을 적용하면 영구연금의 현가는 다음과 같이 구해진다.

$$PV = \frac{C}{(1+r)} + \frac{C}{(1+r)^2} + \cdots + \frac{C}{(1+r)^n} + \cdots \qquad (4.11)$$

식 4.11의 우변은 등비급수로서 무한히 많은 항을 가지고 있지만 이들의 합은 다음 공식에 의하여 간단히 계산된다.[2]

$$PV(\text{영구연금}) = \frac{C}{r} \qquad (4.12)$$

영구연금이 무한개수의 현금흐름을 가지면서도 유한한 값의 현가를 가지는 이유는 미래로 갈수록 현금흐름에 대한 할인폭이 커져 아주 먼 미래에 발생하는 현금의 현가는 거의 영에 가깝기 때문이다. 식 4.12의 결과를 직관적으로 설명해 보자. 영구연금의 현가는 어떤 사람이 매년 C원을 영구히 지출한다고 할 때 총지출액의 현가와 같다. 그렇다면, 이자율이 r일 때 매년 C원을 영구히 지출하기 위해서는 현재 은행에 얼마를 예금해야 할까? 이 문제는 식 4.12의 영구연금의 현가를 구하는 것과 같다. 따라서 예금액 $\times r = C$가 되어야 하므로 필요한 예금액은 C/r가 된다.

예제 4-6 이자율이 5%일 때, 1년 후부터 매년 3억원의 장학금을 영구히 지급하고자 하는 장학재단은 현 시점에서 얼마의 기금을 조성해야 하는지 계산하라. 또 이 장학금을 3년 후부터 지급을 개시한다면 현재 얼마의 기금이 필요한지 계산하라.

풀이 1년 후 지급을 개시할 경우 현재 필요기금은 3억/0.05 = 60(억원)이다. 3년 후 지급을 개시할 경우 2년 후에 필요한 기금은 60억원이며, 이를 위해 현재 필요한 기금은 60억원의 현가인 54.42억원[= 60억/$(1.05)^2$]이다.

---

2 식 4.11에서 $C/(1+r) = a$, 그리고 $1/(1+r) = x$라 하고 식을 다시 쓰면 다음과 같다.

$$PV = a + ax + ax^2 + \cdots \qquad \text{(i)}$$

양변에 x를 곱하면 다음의 식을 얻게 되고,

$$x \cdot PV = ax + ax^2 + ax^3 \cdots \qquad \text{(ii)}$$

식 (i)에서 식 (ii)를 빼면 다음의 결과를 얻는다: $PV(1-x) = a$. 여기에 $x = 1/(1+r)$, 그리고 $a = C/(1+r)$를 다시 대입하여 정리하면 식 4.12를 얻는다.

■ 성장형 영구연금

성장형 영구연금(growing perpetuity)은 현금흐름이 영구적으로 발생하는 점에서는 영구연금과 유사하나, 매기간 발생하는 현금이 일정성장률(g)로 증가하는 점이 다르다. 이러한 현금흐름의 형태는 [그림 4-8]과 같다.

| 그림 4-8 | 성장형 영구연금의 현금흐름

시점:	0	1	2	3	⋯	n	⋯
현금흐름:		C	$C(1+g)$	$C(1+g)^2$	⋯	$C(1+g)^{n-1}$	⋯

식 4.8′에 의해 성장형 영구연금의 현가는 다음과 같고,

$$PV = \frac{C}{(1+r)} + \frac{C\cdot(1+g)}{(1+r)^2} + \cdots + \frac{C\cdot(1+g)^{n-1}}{(1+r)^n} + \cdots \qquad (4.13)$$

각주 2에서와 같은 방식으로 이를 간단히 하면 다음과 같은 공식을 얻는다.

$$PV(\text{성장형 연구연금}) = \frac{C}{r-g} \qquad (\text{단, } r > g) \qquad (4.14)$$

식 4.14는 성장률 g가 할인율 r보다 작은 경우에만 적용되어야 한다. 만약 현금흐름이 할인율보다 빠르게 성장한다면($r < g$) 이 영구연금의 현재가치는 무한대가 될 것이다. 이 공식을 적용하기 전에 또 한 가지 주의할 사항은 현금흐름이 시점 1부터 발생하고 이 금액이 시점 2부터 일정률로 성장하는 경우에 적용된다는 점이다.

예제 4-7 [예제 4-6]에서 장학재단이 장학금을 매년 연평균 물가상승률 2%만큼 증액하여 지급한다면 현재 얼마의 기금을 조성해야 할지를 결정하라. 단 장학금 지급은 1년 후 3억원으로 시작된다.

풀이 필요기금 = 3억/(0.05 − 0.02) = 100(억원)

■ 연 금

미래의 일정기간 동안 매년 일정금액을 지급하는 현금흐름의 형태를 연금(annuity)이라고 한다. 매년 일정금액을 지급하는 면에서는 영구연금과 유사하나 현금흐름이 영구적이지 않고 어느 유한한 시점에서 그친다는 점이 다르다. 일반적인 연금의 현금흐름형태는 [그림 4-9]와 같다.

| 그림 4-9 | 연금의 현금흐름

시점:	0	1	2	…	n
현금흐름:		C	C	…	C

연금의 현재가치

[그림 4-7]의 연금의 현가는 식 4.8′에 의해 다음과 같이 계산된다.

$$PV = \frac{C}{(1+r)} + \frac{C}{(1+r)^2} + \cdots + \frac{C}{(1+r)^n} \tag{4.15}$$

식 4.15의 계산을 위해 다음과 같은 두 가지 형태의 영구연금 A와 B를 고려해 보자.

시점:	0	1	2	…	n	$n+1$	$n+2$	…
현금흐름: 영구연금 A:		C	C	…	C	C	C	…
영구연금 B:		0	0	…	0	C	C	…

영구연금 A는 시점 1부터, 영구연금 B는 시점 $(n+1)$부터 현금흐름이 발생한다. [그림 4-9]의 연금의 현금흐름은 영구연금 A와 B의 현금흐름의 차이로 볼 수 있으며, 식 4.15의 연금의 현가 역시 두 영구연금의 현가의 차이로 구해질 수 있다. 영구연금 A의 현가는 단순히 다음과 같다.

$$PV(\text{영구연금 A}) = \frac{C}{r} \tag{4.16}$$

영구연금 B는 시점 $(n+1)$부터 현금흐름이 시작되므로 시점 n에서의 현가는 C/r가 될 것이며, 이 금액의 시점 0에서의 가치(현가)를 구하기 위해서는 $1/(1+r)^n$만큼의 할인이 필요하다. 즉 영구연금 B의 현가는 다음과 같다.

$$PV(\text{영구연금 B}) = \frac{C}{r} \cdot \frac{1}{(1+r)^n} \tag{4.17}$$

따라서 식 4.16과 식 4.17의 차이를 구하면 다음과 같은 연금의 현가 공식이 얻어진다.

$$\begin{aligned} PV(\text{연금}) &= PV(\text{영구연금 A}) - PV(\text{영구연금 B}) \\ &= C \times \left[\frac{1}{r} - \frac{1}{r \cdot (1+r)^n} \right] \equiv C \times PVFA(r, n) \end{aligned} \tag{4.18}$$

식 4.18 우변의 두 번째 항목은 이자율 또는 할인율이 r일 때 1년 후부터 매년 1원씩 n년간 지급받는 연금의 현가이며, 이를 연금의 현가요소(present value factor for annuity: *PVFA*)라고 한다. 연금의 현가요소를 미리 계산하여 놓은 표를 연금현가표라 하며 부록의 〈표 3〉에 나타나 있다.

예제 4-8 매년 말에 600만원씩 20년간 받게 되는 연금을 현재 일시불로 받으려 한다면 얼마를 받을 수 있는지 연금의 현가요소를 이용하여 계산하라. 할인율은 연 5%라고 한다.

풀이 PV = 600만 × $PVFA$(5%, 20년) = 600만 × 12.462 = 7,477.20(만원)

예제 4-9 자동차를 구입하기 위하여 캐피탈 회사로부터 3,000만원을 융자받으려고 한다. 캐피탈 회사가 2.5년에 걸쳐 매월 원리금 균등상환을 요구할 경우, 매월 지불해야 할 할부금을 계산하라. 연평균이자율(annual percentage rate: *APR*)은 6%이다.

풀이 연평균이자율이 6%이면 월 이자율은 0.5%(= 6%/12개월)이다. 2.5년은 30개월이므로 다음의 관계가 성립한다: 3,000만 = C × $PVFA$(0.5%, 30개월) = C × 27.7941. 이 식에서 C를 구하면 월 할부금은 107.94(만원)이 된다.

예제 4-10 박 씨는 은행으로부터 1억원을 융자받으려고 한다. 융자기간은 3년이고 이자율은 연 6%이다. 은행이 1년 후부터 매년 원리금 균등상환을 요구할 경우 박 씨가 매년 말 은행에 지급해야 할 금액을 구하라. 또 이 금액을 이자와 원금 부분으로 나누고 매년 말의 대출잔액을 계산하라.

풀이 매년 말 상환액은 다음의 식에서 구할 수 있다: 1억 = C × $PVFA$(6%, 3년) = C × 2.6730. 이 식에서 연 상환액 C는 3,741.11(만원)[= 1억/2.6730]이다. 또 박 씨의 상환스케줄은 다음과 같이 작성될 수 있다.

(단위: 만원)

시점(t)	(1) 연지급액	(2)이자지급 (= 대출잔액$_{t-1}$ × 0.06)	(3) 원금상환 [= (1) − (2)]	(4) 대출잔액$_t$ (= 대출잔액$_{t-1}$ − 원금상환$_t$)
0	0	0	0	10,000
1	3,741.11	600	3,141.11	6,858.89
2	3,741.11	411.53	3,329.58	3,529.31
3	3,741.11	211.80	3,529.31	0
합 계		1,223.33	10,000	

상환스케줄을 보면 시간이 갈수록 이자지급액의 비중은 작아지고 원금상환액의 비중은 커지는 것을 알 수 있다.

이상에서 살펴본 연금의 현금흐름은 연금의 표준형태로서 일상생활에서 일어나는 많은 금융거래에서 실제 적용되고 있다. 이러한 표준형태 외에도 여러 가지 변형된 연금의 형태도 쓰여지는데 몇 가지 대표적인 경우를 들면 다음과 같다.

- 현금흐름의 시작이 일정시점 이후에 시작되는 경우
- 현금흐름의 시작이 기말이 아닌 기초에 일어나는 경우, 즉 시점 0부터 시작되는 경우
- 현금흐름이 여러 기간에 한 번씩 일어나는 경우

이러한 경우 각 현금흐름의 현가는 어떻게 계산되는지 예를 통해 살펴보자.

예제 4-11 6년도 말부터 5년 동안 매년 100만원을 받는 연금이 있다. 이자율이 연 8%일 때 이 연금의 현재가치를 구하라.

풀이 이 연금의 현금흐름을 나타내면 다음과 같다.

시점:	0	1	2	3	4	5	6	7	8	9	10
현금흐름(만원):							100	100	100	100	100

5년도 말에서의 이 연금의 현금흐름은 1년 후부터 5년 동안 매년 100만원을 지급하는 연금과 같다. 따라서 5년도 말의 이 연금의 가치는 다음과 같다.

$$FV_5 = 100\text{만} \times PVFA(8\%,\ 5\text{년}) = 100\text{만} \times 3.9927 = 399.27(\text{만원})$$

이 연금의 현재가치는 5년도 말에 399.27만원의 가치를 갖는 현금흐름을 연 이자율 8%로 5년 동안 할인한 값과 같다: $PV = 399.27/(1.08)^5 = 271.74(\text{만원})$

예제 4-12 오늘 복권에 당첨되어 오늘부터 매년 10만원씩 20회를 받는다면 이 당첨금의 현재가치는 얼마인지 계산하라. 할인율은 연 10%이다.

풀이 이 당첨금의 현금흐름은 다음과 같다.

시점:	0	1	2	3	…	18	19
현금흐름(만원):	10	10	10	10	…	10	10

위의 현금흐름은 1년 후부터 10만원씩 19년 동안 지급하는 연금에 현재시점의 현금흐름 10만원이 추가된 형태이다. 따라서 이 당첨금의 현재가치는 다음과 같다.

$$PV = 10\text{만} + 10\text{만} \times PVFA(10\%,\ 19\text{년}) = 10\text{만} + 10\text{만} \times 8.3649 = 93.649(\text{만원})$$

예제 4-13 2년 후부터 10년에 걸쳐 2년마다 매회 50만원씩 지급하는 연금이 있다. 할인율이 연 8%일 때 이 연금의 현재가치를 구하라.

풀이 이 연금의 현금흐름은 다음과 같다.

시점:	0	1	2	3	4	5	6	7	8	9	10
현금흐름(만원):			50		50		50		50		50

2년 동안의 이자율은 $(1.08)(1.08)-1=0.1664$, 즉 16.64%이다. 따라서 이 연금의 현재가치는 매년 말에 50만원을 5년 동안 지급하고 연 이자율이 16.64%인 연금의 현재가치와 같다.

$$PV = 50\text{만} \times PVFA(16.64\%,\ 5\text{년}) = 50 \times 3.2260 = 161.30(\text{만원})$$

연금의 미래가치

연금의 미래가치를 어떻게 계산하는지 살펴보자. [그림 4-9]에서와 같은 현금흐름의 n시점에서의 미래가치는 식 4.18에서 구한 연금의 현가에다 미래가치요소 $FVF(r, n)$을 곱해 주면 쉽게 구해진다.

$$FV_n(\text{연금}) = PV(\text{연금}) \times FVF(r,\ n) = C \times \left[\frac{1}{r} - \frac{1}{r \cdot (1+r)^n}\right] \times (1+r)^n$$
$$= C \times \left[\frac{(1+r)^n - 1}{r}\right] \equiv C \times CVFA(r,\ n) \qquad (4.19)$$

식 4.19 우변의 두 번째 항목은, 이자율 또는 할인율이 r일 때 1년 후부터 매년 1원씩 n년간 받는 연금의 미래가치이며, 이를 연금의 복리가치요소(compound value factor for annuity: *CVFA*) 혹은 연금의 미래가치요소(future value factor for annuity: *FVFA*)라고 한다. 연금의 미래가치요소를 미리 계산하여 놓은 표를 연금복리표라 하며 부록의 〈표 4〉에 나타나 있다.

예제 4-14 매년 말 60만원씩 납입하는 정기적금에 가입하여, 19년 후에 원금과 연리 4%의 이자를 지급받는다면, 이때 받을 금액은 얼마인지 연금복리표를 이용하여 계산하라.

풀이 $r = 4\%$이며 $n = 19$이므로, 부록의 〈표 4〉에서 $FVFA(4\%,\ 19\text{년})$을 찾으면 27.6712이다. 따라서 $FV_{19} = 60\text{만} \times 27.6712 = 1{,}660.27(\text{만원})$이다.

■ 성장형 연금

성장형 연금(growing annuity)이란 연금(annuity)에서 매기간 지급되는 금액이 일정 성장률로 증가하는 경우를 말한다. 성장형 영구연금과의 차이는 현금흐름이 어느 시점에서 그친다는 점이다. 성장형 연금의 현금흐름형태는 [그림 4-10]과 같다.

| 그림 4-10 | 성장형 연금의 현금흐름

시점:	0	1	2	…	n
현금흐름:		C	$C(1+g)$	…	$C(1+g)^{n-1}$

성장형 연금의 현재가치는 연금의 현재가치를 구하는 방법과 유사하게 두 가지 형태의 성장형 영구연금을 이용하여 얻어질 수 있으며 그 결과는 다음과 같다.

$$PV(\text{성장형 연금}) = C \times \frac{1}{r-g} \cdot \left[1 - \left(\frac{1+g}{1+r}\right)^n\right] \tag{4.20}$$

성장형 연금의 n시점에서의 미래가치도 전과 동일한 방법으로 단순히 식 4.20에 미래가치요소 $(1+r)^n$을 곱해 주면 된다.

$$FV_n(\text{성장형 연금}) = C \times \frac{1}{r-g} \cdot \left[(1+r)^n - (1+g)^n\right] \tag{4.21}$$

예제 4-15 [예제 4-7]에서 장학재단이 20년 동안만 장학금을 지불하고자 한다면 얼마의 기금이 조성되어야 하는지 계산하라.

풀이 필요기금 $= 3$억 $\times [1/(0.05-0.02)] \times [1-(1.02/1.05)^{20}] = 44$(억원)

예제 4-16 매년 예금액을 앞으로 5년 동안의 연평균 기대인플레션율인 3%씩 늘려간다고 하자. 1년차 예금액을 100만원이라고 하면 이 예금의 5년 후의 미래가치는 얼마가 될지 이자율 5%로 계산하라.

풀이 $FV_5 = 100$만 $\times [1/(0.05-0.03)] \times [(1+0.05)^5 - (1+0.03)^5] = 585.04$(만원)

4.4 이자지급횟수와 복리

■ 이자지급횟수와 복리

지금까지 설명한 복리계산에서는 이자가 단위기간 동안 한 번만 지급된다고 가정하였다. 일반적으로 이자율은 1년을 단위로 하므로 현금흐름도 1년마다 발생하고 또 이에 맞춰 복리계산을 하였다.

만일 이자가 단위기간 동안 여러 번에 걸쳐 지급된다면 어떻게 될까? 즉, 주어진 이자율의 단위기간보다 짧은 기간을 주기로 하여 현금흐름이 발생한다면 이때의 복리계산은 어떻게 이루어질 것인가를 다음과 같은 예를 통해서 생각해 보자.

오늘 1,000만원을 은행에 연간이자율(*APR*) 6%로 예치하였을 경우 연간이자지급횟수가 변화함에 따라 1년 후의 미래가치가 어떻게 달라질 것인가를 계산해 보자.

- **이자가 1년에 한 번 지급되는 경우**: 이때에는 앞서 설명한 미래가치의 계산공식을 그대로 적용할 수 있다.

$$FV_1 = C_0 \times (1 + r) = 1{,}000 \times (1 + 0.06) = 1{,}060(\text{만원})$$

- **이자가 6개월에 한 번 지급되는 경우**: 연 이자율이 6%이고 1년 동안 2회 이자가 지급되므로 6개월 동안의 이자율은 0.06/2 = 0.03이며, 미래가치는 다음과 같이 계산된다.

$$FV_1 = C_0 \times \left(1 + \frac{r}{2}\right)^2 = 1{,}000 \times \left(1 + \frac{0.06}{2}\right)^2 = 1{,}060.9(\text{만원})$$

이는 1년 동안 6.09%의 이자율로 1회 이자가 지급되는 경우와 같다.

- **이자가 1개월에 한 번 지급되는 경우**: 연 이자율이 6%이고 1년 동안 12회 이자가 지급되므로 1개월 동안의 이자율은 0.06/12 = 0.005이며, 미래가치는 다음과 같다.

$$FV_1 = C_0 \times \left(1 + \frac{r}{12}\right)^{12} = 1{,}000 \times \left(1 + \frac{0.06}{12}\right)^{12} = 1{,}061.7(\text{만원})$$

이는 1년 동안 6.17%의 이자율로 1회 이자가 지급되는 경우와 같다.

이와 같이 단위기간 동안의 이자지급횟수가 늘어날수록 미래에 받을 수 있는 금액과 실질적인 이

| 그림 4-11 | 이자계산방법에 따른 미래가치의 비교

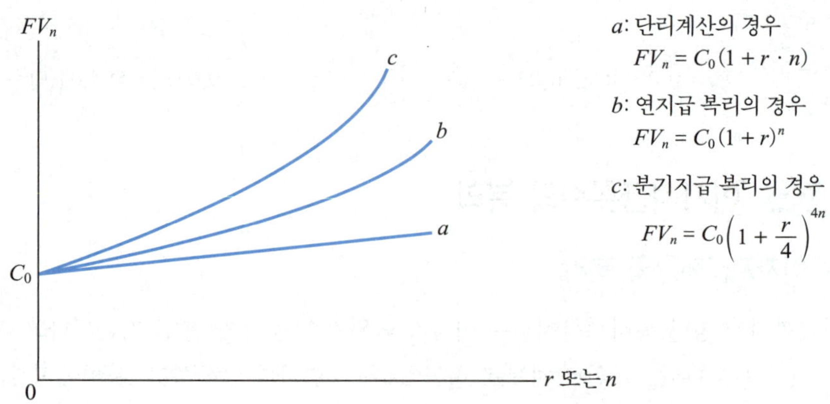

자율은 커진다. 이자지급횟수가 늘어난다는 것은 곧 이자의 이자가 발생되는 기회가 그만큼 많아진다는 것을 뜻한다. [그림 4-11]이 이를 보여준다.

일반적으로 원금 C_0원에 대하여 연 r의 이자율로 연간 k회 이자를 지급하는 경우 1년 후의 미래가치는 다음과 같다.

$$FV_1 = C_0 \times \left(1 + \frac{r}{k}\right)^k \qquad (4.22)$$

그리고 미래가치 FV_1을 가져다주는 1년 1회 지급되는 이자율을 r_e라고 하면 이는 다음과 같이 계산될 수 있다.

$$r_e = \frac{FV_1}{C_0} - 1 = \left(1 + \frac{r}{k}\right)^k - 1 \qquad (4.23)$$

식 4.23에서 구한 r_e를 유효이자율 또는 실효이자율(effective interest rate 또는 effective annual rate: *EAR*)이라고 하며, 이는 명목이자율 r과 구분된다. 그리고 이처럼 n년 동안 계속 이자를 지급할 경우 n년 후의 미래가치는 다음과 같이 계산하면 된다.

$$FV_n = C_0 \times \left[\left(1 + \frac{r}{k}\right)^k\right]^n = C_0 \times \left(1 + \frac{r}{k}\right)^{k \cdot n} = C_0 \times (1 + r_e)^n \qquad (4.24)$$

예제 4-17 연 이자율이 8%이며 분기마다 이자를 지급하는 경우 원금 500만원의 5년 후 미래가치를 구하고 또 이때 연간실효이자율은 얼마인지 계산하라.

풀이 $FV_5 = 500\text{만} \times \left(1 + \frac{0.08}{4}\right)^{4 \times 5} = 742.97(\text{만원})$; 실효이자율 $r_e = \left(1 + \frac{0.08}{4}\right)^4 - 1 = 8.24\%$

■ 연속복리

단위기간 동안의 이자지급횟수가 늘어날수록 얻게 되는 이자수익이 계속 늘어나는 것을 앞에서 보았다. 만일 단위기간을 일정하게 두고 이자지급횟수 k를 무한히 늘려나간다면, 다시 말해 매순간 이자에 대한 이자가 지급된다면, 단위기간 동안의 실효이자율은 얼마나 될까? 이처럼 단위기간 동안의 이자지급횟수 k를 무한히 크게 한 경우를 연속복리(continuous compounding)라고 부른다. 이와 상대적인 개념이 앞에서 설명한 이자지급횟수가 유한한 경우이며 이를 이산복리(discrete compounding)라고 한다.

식 4.24에서 k를 무한대로 보내면 원금 C_0의 미래가치는 다음과 같이 표현된다.

$$FV_n = C_0 \times \left[\lim_{k \to \infty}\left(1 + \frac{r}{k}\right)^k\right]^n \qquad (4.25)$$

식 4.25에서 [ ] 안의 항목은 다음과 같이 계산할 수 있다.

$$\lim_{k\to\infty}\left(1+\frac{r}{k}\right)^{k}=\lim_{k/r\to\infty}\left(1+\frac{1}{k/r}\right)^{(k/r)\cdot r}=\left[\underbrace{\lim_{k/r\to\infty}\left(1+\frac{1}{k/r}\right)^{(k/r)}}_{e}\right]^{r}=e^{r} \qquad (4.26)$$

여기서 e는 자연로그의 밑수를 나타내는 수학적 부호로서 약 2.7183…의 값을 가진다.[3] 식 4.26을 식 4.25에 대입하면 다음과 같은 연속복리계산에서 미래가치를 구하는 공식을 얻는다.

$$FV_n = C_0 \cdot e^{r\cdot n} \qquad (4.27)$$

식 4.27에서와 같이 연속복리계산에 적용되는 이자율 r을 연속복리이자율(continuously compounded interest rate)이라고 부른다.

식 4.27을 사용하는 연속복리계산은 엄밀히 말해서 실제로는 있을 수 없는 이자지급을 가정한 것이다. 그럼에도 불구하고 현실적으로 식 4.27이 의미를 가질 수 있는 것은 이자지급횟수(또는 현금흐름의 발생횟수)가 충분히 큰 경우라면 상수 e를 사용하는 것이 실제의 복리계산과 그리 큰 차이를 보이지 않으며, 계산 자체가 훨씬 간편하기 때문이다. 일정한 현금흐름이 상대적으로 빠른 속도로 발생하는 경우이거나, 상당히 많은 현금흐름이 단위기간 동안 연속적으로 발생하면서 이를 확실히 알 수 없는 경우 등에는 상수 e를 사용하는 연속복리계산을 이용하는 것이 바람직하다. 이에 따라 실무적으로도 연속복리를 채택하는 금융기관들이 생겨나고 있다.

연속복리를 이용하는 미래현금흐름에 대한 현재가치를 구하려면 식 4.27로부터 간단히 공식을 유도할 수 있다. 즉, C_n을 알 때 이것의 현가를 계산하기 위해서는 식 4.27을 현재가치에 대해 정리하면 된다.

$$PV = C_n \cdot e^{-r\cdot n} \qquad (4.28)$$

예제 4-18 연간이자율 10%로 5년 동안 1,000만원을 예치할 경우 5년 후의 미래가치를 단리의 경우, 연복리의 경우, 분기복리의 경우, 연속복리의 경우로 나누어 각각 계산하라.

풀이
- 단리의 경우: $FV_5 = 1{,}000\text{만} \times (1 + 0.1 \times 5) = 1{,}500$(만원)
- 연복리의 경우: $FV_5 = 1{,}000\text{만} \times (1 + 0.1)^5 = 1{,}610.51$(만원)
- 분기복리의 경우: $FV_5 = 1{,}000\text{만} \times [1 + (0.1/4)]^{4\times5} = 1{,}638.62$(만원)
- 연속복리의 경우: $FV_5 = 1{,}000\text{만} \times e^{0.1\times5} = 1{,}648.72$(만원)

3 자연로그의 밑수 e는 다음과 같이 정의된다: $e=\lim_{x\to\infty}\left(1+\frac{1}{x}\right)^{x}$. 식 4.26에서 $(k/r)=x$라고 하면 결과는 쉽게 얻어진다.

예제 4-19 연 이자율이 7%일 경우, 5년 후 받게 될 현금 3천만원의 현가를 구하라. 단, 연속복리를 적용하라.

풀이 $PV = 3{,}000\text{만} \times e^{-0.07\times 5} = 2{,}114.06$(만원)

■ 실효이자율과 연속복리이자율

앞의 식 4.24에서 나타난 실효이자율 r_e와 식 4.27의 연속복리이자율 r의 관계를 도출해 보자. 식 4.27의 r을 연속복리가 일어난다는 의미에서 r_c라 표시하자. 식 4.24와 식 4.27을 같게 놓으면 다음의 관계가 성립한다.

$$1 + r_e = e^{r_c} \tag{4.29}$$

식 4.29를 실효이자율 r_e에 대해 정리하면, 연속복리이자율이 주어졌을 때 이에 상응하는 실효이자율을 구하는 공식을 얻는다.

$$r_e = e^{r_c} - 1 \tag{4.30}$$

또한 식 4.29의 양변에 자연로그 ln을 취하면 다음의 관계를 얻는다.

$$r_c = \ln(1 + r_e) \tag{4.31}$$

이는 1년에 한 번 이자를 지급하는 실효이자율이 주어졌을 때 이에 상응하는 연속복리이자율을 구하는 공식이 된다.

동일한 조건하에서의 미래가치를 같게 만드는 연속복리이자율은 실효이자율보다 작게 된다. 예를 들어 r_e가 10%라면 식 4.31에 따라 r_c는 $\ln(1+0.1) = 9.5\%$의 값을 갖게 된다. 반대로 r_c가 10%로 주어진 경우에는 식 4.30으로부터 r_e는 $e^{0.1} - 1 = 10.5\%$의 값을 갖는다. 이는 연속복리로 연 10%의 이자를 지급하는 은행예금이나, 연 1회 이산복리로 연 10.5%의 이자를 지급하는 은행예금은 효과가 같다는 것을 의미한다.

예제 4-20 연간이자율 6%로 분기복리가 적용될 때의 실효이자율에 상응하는 연속복리이자율을 구하라.

풀이 1원에 대해 분기복리와 연속복리가 일어날 때의 미래가치를 같게 놓으면 다음의 관계가 성립한다: $[1 + (0.06/4)]^4 = e^{r_c}$. 이 식의 양변에 자연로그 ln을 취하면 다음과 같은 값을 얻는다.

$$r_c = \ln\left[1 + \left(\frac{0.06}{4}\right)\right]^4 = 5.96\%$$

4.5 엑셀을 이용한 현금흐름의 평가

지금까지 다룬 현금흐름의 평가는 수작업이나 계산기를 이용해서 할 수 있지만 엑셀(Excel)과 같은 스프레드시트 프로그램을 이용해서 손쉽게 수행될 수 있다. 이를 살펴보자.

■ 미래가치의 계산

엑셀에서 함수 'FV'를 이용하여 미래가치를 계산할 수 있다. 함수 FV는 FV(Rate, Nper, Pmt, PV, Type)의 형식을 갖는데, 여기서 Rate는 이자율, Nper은 복리로 가치증식이 되는 기간, Pmt는 각 기간의 이자지급액(현금흐름), PV는 현재시점의 예금액, Type는 현금흐름 지급시기(기초면 1, 기말이면 0)를 나타낸다. 다음의 〈표 4-3〉은 함수 'FV'를 이용하여 [예제 4-1]의 5년 예금을 하는 경우의 미래가치를 계산한 것이다. 미래가치 계산에서 주의할 것은 현재시점의 예금액은 현금지출이므로 (−)의 부호로 기록된다는 점이다.

표 4-3 엑셀 함수 'FV'를 이용한 미래가치의 계산

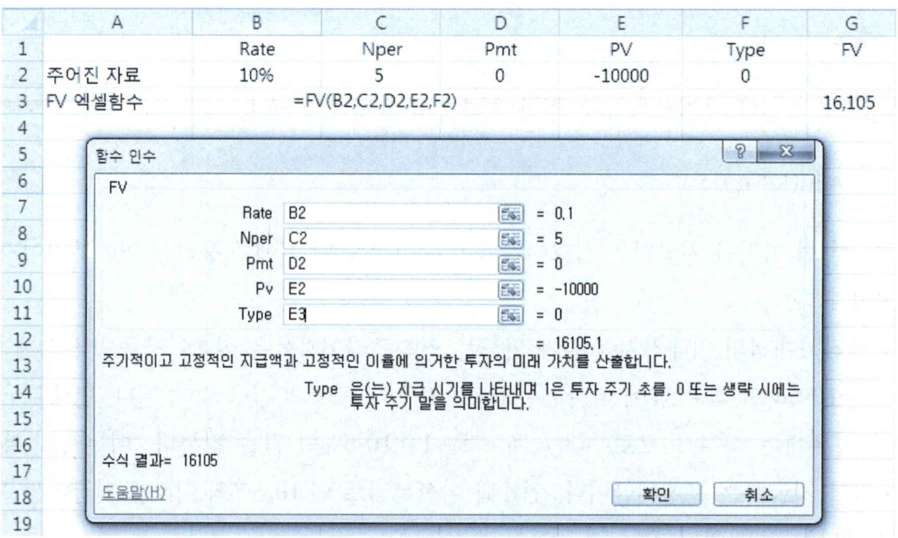

	A	B	C	D	E	F	G
1		Rate	Nper	Pmt	PV	Type	FV
2	주어진 자료	10%	5	0	-10000	0	
3	FV 엑셀함수		=FV(B2,C2,D2,E2,F2)				16,105

■ 현재가치의 계산

한편, 엑셀에서 함수 'PV'를 이용하여 현재가치를 계산할 수 있다. 함수 PV는 PV(Rate, Nper, Pmt, FV, Type)의 형식을 갖는데, Rate는 할인율(이자율), Nper은 현금흐름이 발생하는 기간, FV는 미래의 현금흐름을 나타낸다. 다음의 〈표 4-4〉는 할인율이 10%일 때 5년 후에 발행하는 현금흐름 10,000원의 현재가치를 함수 'PV'를 이용하여 계산한 내용이다. 주의할 것은 미래시점의 현금흐름 FV가 −10,000원으로 기록되었다는 것이다. 이는 이자율이 10%일 때 5년 후에 10,000원을 상환하기로 하는 경우 오늘 6,209원을 차입할 수 있다는 것이다.

표 4-4 함수 'PV'를 이용한 현재가치의 계산

	A	B	C	D	E	F	G
1		Rate	Nper	Pmt	FV	Type	PV
2	주어진 자료	10%	5	0	-10000	0	
3	PV 엑셀함수		=PV(B2,C2,D2,E2,F2)				6,209

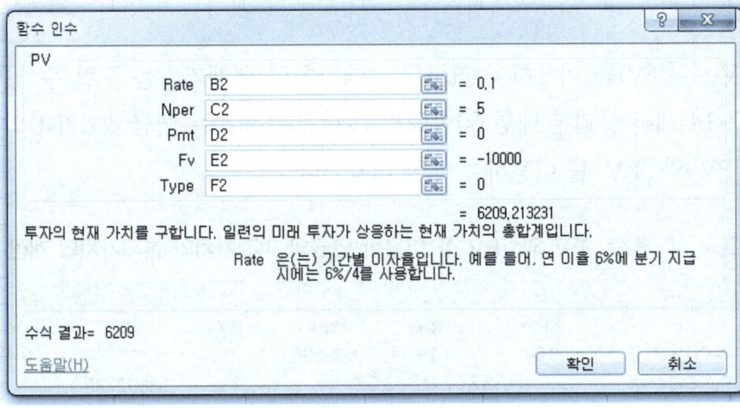

■ 연금 수령액(불입액)과 연금의 미래가치(현재가치)의 계산

함수 'FV'와 'PV'에서 매기의 이자수령액(또는 지급액) 'Pmt'를 이용하면 일정액을 예치하였을 경우 향후 일정기간 동안 매기 수령할 수 있는 금액과 특정한 미래가치를 얻기 위해 일정기간 동안 매기 불입해야 하는 금액을 계산할 수 있다. 이를 살펴보자.

주택구입을 위해 은행에서 5,000만원을 차입하려 한다고 하자. 은행은 10년에 걸쳐 매년 원리금의 균등분할상환을 요구하며, 연간이자율은 6%이다. 〈표 4-5〉는 함수 Pmt를 이용하여 매년 상환해야 할 금액을 구한 것이다. 표에서 보듯이 오늘 5천만원을 이자율 6%에 차입하고 이를 향후 10년 동안 매년 균등분할상환하는 경우의 상환금액을 함수 Pmt를 이용하여 구하면 6,793,398원이다.

표 4-5 함수 'Pmt'를 이용한 매기의 상환액 계산

	A	B	C	D	E	F	G
1		Rate	Nper	Pmt	PV	FV	Type
2	주어진 자료	6%	10		50000000	0	0
3	Pmt 함수	=Pmt(B2,C2,E2,F2,G2)		-6793398			

〈표 4-6〉은 위의 자료에서 10년 후에 1억원을 만들기 위해 매년 불입해야 하는 금액을 함수 Pmt를 이용하여 구한 것이다. 표에서 보듯이 10년 후에 1억원을 얻기 위해서는 매년 말에 7,586,796원을 10년간 불입하면 된다.

표 4-6 함수 'Pmt'를 이용한 특정 미래가치를 얻기 위해 필요한 매기의 불입액 계산

	A	B	C	D	E	F	G
1		Rate	Nper	Pmt	PV	FV	Type
2	주어진 자료	6%	10		0	100000000	0
3	Pmt 함수	=Pmt(B2,C2,E2,F2,G2)		-7586796			

한편, 함수 PV(또는 FV)를 이용하여 연금의 미래가치와 현재가치를 구할 수 있다. 다음의 〈표 4-7〉은 [예제 4-14]에서 살펴본 매년 60만원씩 19년간 불입하는 연금(정기적금)의 미래가치와 현재가치를 함수 'PV'와 'FV'를 이용하여 구한 내용이다.

표 4-7 함수 'FV'와 'PV'를 이용한 연금의 미래가치와 현재가치의 계산

	A	B	C	D	E	F	G
1		Rate	Nper	Pmt	PV	FV	Type
2	주어진 자료	0.04	19	-600000	0		0
3	FV엑셀함수	=FV(B2,C2,D2,E2,G2)				16602738	
4							
5		Rate	Nper	Pmt	PV	FV	Type
6	주어진 자료	0.04	19	-600000		0	0
7	PV엑셀함수	=PV(B2,C2,D2,F2,G2)			7880364		

■ 순현가의 계산

엑셀의 함수를 이용하여 순현가를 구할 수 있다. 엑셀 내에는 순현가를 계산할 수 있는 함수 'NPV'가 내장되어 있다. 함수 'NPV'는 NPV(Rate, Value1, Value2, …)의 형식을 갖는데, 여기서 'Rate'는 가치평가에 적용되는 할인율이며, 'Value1', 'Value2', …는 매시점의 현금흐름을 나타낸다.

다음의 〈표 4-8〉은 [예제 4-4]에서 2년간의 연간이자율이 10%로 일정하다고 가정한 경우에 순현가의 계산을 엑셀의 함수를 이용하여 수행한 내용을 보여준다. 주의할 것은 NPV함수는 첫 현금흐름이 시점 1에 발생한다고 가정한다는 것이다. 즉, NPV함수는 [예제 4-4]에서와 같이 시점 0에 발생하는 현금흐름을 고려하지 않으므로 별도로 반영해 주어야 한다. 따라서 〈표 4-8〉에서 순현가를 엑셀을 이용하여 구하는 식은 다음과 같다.[4]

엑셀을 이용한 〈표 4-8〉의 순현가 = B3 + NPV(B1, C3:D3)

〈표 4-8〉 내의 작은 상자는 위 식의 오른쪽 둘째 항 NPV(B1, C3:D3)의 계산을 보인 것이다.

4 현금흐름이 발생하지 않는 시점의 경우 엑셀 시트에 반드시 '0'의 값으로 기록해야 한다. '0'의 값을 주지 않고 공란으로 두는 경우 *NPV*함수는 마치 이 시점이 없는 것처럼 처리한다. 따라서 이럴 경우 *NPV*함수는 잘못된 순현가를 계산하게 된다.

표 4-8 엑셀의 NPV함수를 이용한 순현가 계산

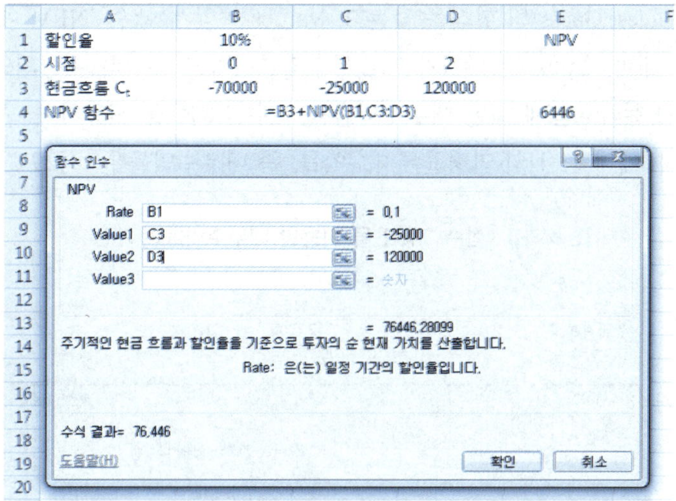

■ 내부수익률(*IRR*)의 계산[5]

엑셀 함수를 이용하여 연평균투자수익률인 내부수익률을 구할 수 있다. 먼저 투자에서 실현되는 현금흐름이 매기 일정한 경우의 연평균투자수익률은 앞서 살펴본 함수 'PV' 또는 'FV'를 변수 Rate에 대하여 풀면 된다. 이를 살펴보자. 예를 들어 향후 3년간 매년 말에 50,000원의 현금수입을 가져다주는 어떤 투자안의 투자비용이 105,325원이라고 하자. 이 투자안의 내부수익률을 구해보자. 투자에서 실현되는 현금유입의 현재가치와 투자비용을 같게 만드는 할인율인 내부수익률은 다음의 〈표 4-9〉와 같이 함수 'PV'에서 'Rate'를 미지수로 놓고 구하면 된다.

표 4-9 엑셀 함수 'Rate'를 이용한 내부수익률의 계산

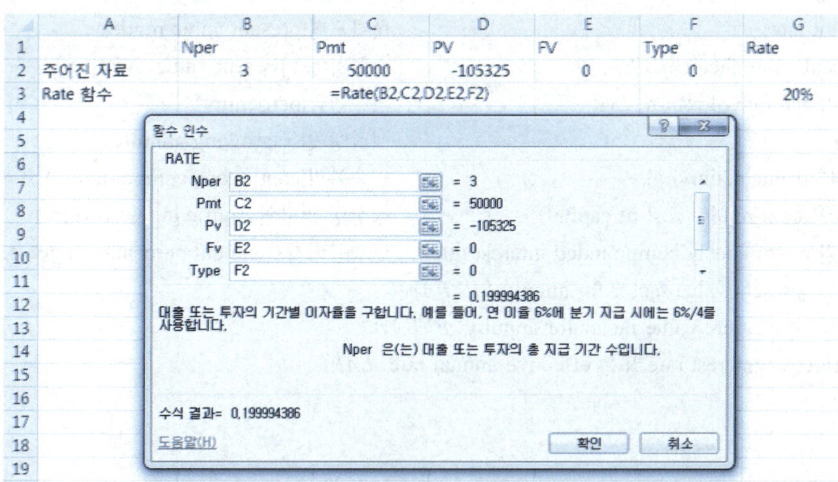

5 내부수익률에 대해서는 제6.3절에서 자세히 다루고 있다.

한편, 투자에서 실현되는 현금흐름이 매기 다른 경우 엑셀 내의 함수 'IRR'을 이용하면 된다. 함수 IRR은 IRR(Values, Guess)의 형식을 갖는다. Values는 앞서 함수 'NPV'에서 보았듯이 매기의 현금흐름을 나타내며, Guess는 투자자가 내부수익률이라고 추정하는 임의의 값이다. 〈표 4-10〉에 [예제 4-4]의 현금흐름에 대한 내부수익률을 함수 'IRR'을 이용하여 구한 내용을 나타내었다. 표에서 보듯이 [예제 4-4]의 연평균투자수익률, 즉 내부수익률은 14.29%이다.

표 4-10 함수 'IRR'을 이용한 내부수익률의 계산

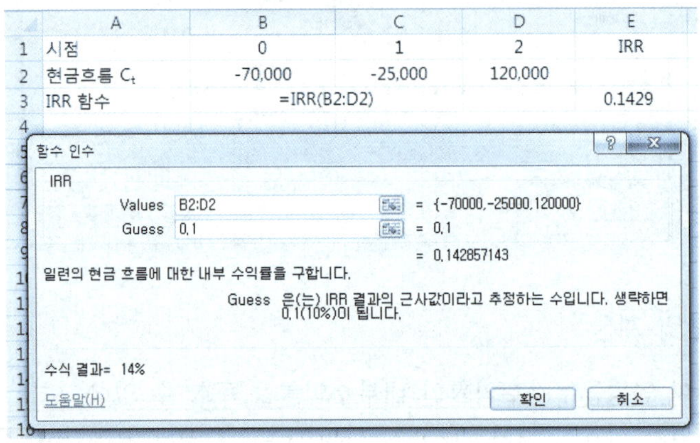

중 요 용 어

화폐의 시간가치(time value of money)
이자율(interest rate)
미래가치(future value)
단리(simple interest)
복리(compound interest)
현가(present value)
미래가치요소(future value factor: *FVF*)
72의 법칙(rule of 72)
할인율(discount rate)
현가모형(present value model)
현가요소(present value factor: *PVF*)
순현가(net present value: *NPV*)
내부수익률(internal rate of return: *IRR*)
영구연금(perpetuity)
연금(annuity)
성장형 연금(growing annuity)
가치의 가산원칙(value additivity)
연속복리(continuous compounding)
자본의 기회비용(opportunity cost of capital)
성장형 영구연금(growing perpetuity)
연속복리이자율(continuously compounded interest rate)
연평균이자율(annual percentage rate: *APR*)
연금의 현가요소(present value factor for annuity: *PVFA*)
연금의 미래가치요소(future value factor for annuity: *FVFA*)
실효이자율(effective interest rate 또는 effective annual rate: *EAR*)

연 습 문 제

4-1 연 이자율이 5%일 때 현재의 1억원과 5년 후의 1.2억원은 어느 것이 더 큰 가치를 가지고 있는지를 비교하라.

4-2 퀴즈당첨의 상금으로 다음과 같은 것들이 있을 때 어느 것을 선택할 것인지 결정하라. 할인율은 12%로 가정하라.

① 5년 후에 180,000원을 받는다. ② 19,000원을 10년 동안 받는다.
③ 100,000원을 지금 받는다. ④ 11,400원의 영구연금을 받는다.

4-3 어느 투자안에 투자하면, 처음 10년 동안은 현금흐름이 매년 600만원, 그 후에는 5년 동안 매년 400만원의 현금흐름이 발생한다. 할인율이 10%일 때 투자안의 현가를 계산하라.

4-4 8년 후부터 매월 100만원씩 영구연금을 받는다고 할 때 이 영구연금의 현가를 구하라. 할인율은 월 1%이다.

4-5 K은행에서 고객이 매월 10,000원씩 5년 동안 적금하면 연평균 6%의 수익률을 제공하겠다고 제안하였다. 5년 후에 받을 수 있는 미래가치를 계산하라. 현금흐름은 매월 말에 발생한다.

4-6 [문제 4-5]에서 5년 후에 받을 수 있는 미래가치를 받기 위해 매월 10,000원씩 적금하는 대신 오늘 일시불로 예금하려고 한다. 얼마를 예금해야 할지를 계산하라.

4-7 박종호 씨는 현재 45세이다. 정년퇴임(60세) 후 30년간 매년 1,000만원의 연금을 수령하고자 한다. 연간이자율이 4%라면 박씨가 은행에 1년 후부터 매년 얼마씩의 금액을 예금해야 할지를 계산하라.

4-8 연간이자율 10%로 월 복리가 일어날 때의 실효이자율과 이에 상응하는 연속복리이자율을 구하라.

4-9 올해 대학을 졸업하는 다경이는 대학졸업 후 H은행에서 근무하게 되었다. 다경이는 H은행에서 받는 연간보수 중 첫해인 2025년에는 1,000만원을 저축할 수 있으며, 이후 매년 3%의 급여인상에 따라 같은 증가율로 저축을 증액할 수 있다. 또 이와 같이 저축되는 금액은 매년 5%의 수익률로 투자될 수 있다. 다경이의 우선적인 목표는 독립된 생활을 하기 위한 조그마한 아파트를 장만하는 것이다. 아파트구입을 위해 필요한 자금이 2억원이라면 다경이는 몇 년 후에 이 자금을 확보할 수 있을지 계산하라. 단, 모든 현금흐름은 매년 말에 발생한다.

4-10 B생명보험사가 새로이 출시한 연금상품은 은퇴시점에 일시금으로 1억 5천만원을 납입할 시 가입자가 사망할 때까지 매년 2천만원씩을 지급하도록 되어 있다. 이 상품의 가입자가 최소한 납입한 금액만큼의 연금을 지급받기 위해서 걸리는 시간은 얼마인지 계산하라. 연 이자율은 4.5%이다.

4-11 현수는 4억 2천만원짜리 아파트를 매입하려고 한다. 현수는 현재 가진 6천만원을 오늘 지급하고 나머지 금액은 주택담보대출로 충당하고자 한다. 은행에서는 연이율 8%로 25년짜리 주택담보대출을 제공한다고 할 때, 현수가 매년 상환해야 할 금액을 결정하라.

4-12 A제약회사는 불치병의 치료효과가 있는 신약을 개발하였다. 이 신약의 특허는 20년이고, 첫해의 이익은 30억으로 예상이 되며 특허 기간 동안 매년 이익증가율은 5%이다. 특허가 만료된 후에는 다른 회사들도 약을 제조하여 판매할 수 있기 때문에 이익은 0이 된다고 한다. 무위험이자율이 8%

일 때, 신약이 가져오는 이익의 현재가치를 구하라.

4-13 신입사원 지연이는 올해 27세이고 올해부터 은퇴 후 생활비를 위한 적금을 시작하려고 한다. 지연이는 매년 말 600만원씩 저축할 예정이고 은퇴 예정 나이인 60세 때에 불입이 끝난다. 연금저축의 이자율은 연 7%라고 한다.

① 은퇴 시점에 지연이의 계좌에 있게 될 금액은 얼마인지 계산하라.
② 만약 지연이가 적금을 35세부터 시작한다면 은퇴 시점의 계좌잔고가 어떻게 될지 계산하라.

4-14 병재는 25년만기의 주택담보대출을 통해 집을 마련했다. 매년 갚아야 할 금액은 1,500만원이고, 연 이자율은 6.5%이다. 아래에 주어진 기간까지 대출금을 지급하였으며 남은 금액을 한 번에 중도상환하려고 할 때 각각의 경우에 지불해야 할 금액을 구하라.

① 10년 동안 대출금을 갚았으며 앞으로 15년의 상환의무가 남아 있을 때
② 17년 동안 대출금을 갚았으며 앞으로 8년의 상환의무가 남아 있을 때
③ 10년째 거주했고, 10번째 대출금 납부 직전에 중도상환을 결정했을 때

제 5 장

채권과 주식의 가격결정

STUDY GUIDE

제4장에서는 현금흐름의 현재가치를 미래가치로 환산하고 또 미래가치를 현재가치로 환산하는 방법을 중점적으로 설명하였다. 후자의 방법을 식으로 나타낸 것이 현가모형이다. 이 장에서는 현가모형을 이용하여 대표적인 증권인 채권과 주식의 가치를 계산하는 방법을 설명하고자 한다. 채권과 주식은 기업이 자금을 조달하기 위해 발행하는 증권이며 기업이 벌어들일 미래현금흐름에 따라 그 가치가 결정된다. 채권과 주식의 종류와 특성, 그리고 이들 증권의 발행방법 등에 대한 자세한 내용은 제20장 '장기자본조달'에서 다루기로 하고 여기서는 이들 증권의 가치가 어떻게 결정되는지에 초점을 두고 설명한다. 먼저 채권의 가격결정과 수익률 등에 대해 살펴보고 다음으로 주식가격의 결정 및 이와 관련된 이슈들을 설명한다.

5.1 채권의 가격결정

5.2 주식의 가격결정

5.1 채권의 가격결정

채권(bond)은 발행자가 일정기간 후에 약속한 금액(이자 또는 액면가)을 지급할 것을 약속한 증서이다. 채권은 발행자가 누구냐에 따라 국·공채, 회사채, 그리고 특수채 등으로 구분된다.

국·공채는 국가나 지방자치단체가 재정적자를 보전할 목적이나 특정 사업에 필요한 자금조달을 위해 발행하는 채권이다. 우리나라에서 거래되는 국·공채의 대표적인 것으로는 국고채, 지방채, 통안채 등이 있다. 회사채(corporate bond)는 간단히 사채라고도 하며, 기업이 일반대중으로부터 자금을 조달하기 위하여 발행한 채권을 말한다. 특수채는 특별한 법률에 의해 설립된 법인이 발행하는 채권을 말한다. 예를 들어 산업은행이 발행하는 산업금융채권이 이에 속한다. 재무관리에서 주된 관심의 대상이 되는 채권은 기업이 발행한 회사채이지만 가격을 결정하는 방법은 국·공채나 회사채, 특수채 등에도 유사하게 적용되므로 여기에서 다루어지는 내용은 이들 모두에 적용된다.

■ 채권의 종류

채권의 이자와 액면가를 마지막으로 지급하기로 한 날을 만기일(maturity date)이라고 한다. 우리나라 정부가 발행하는 국채(국고채)의 만기는 보통 1년에서 5년 정도였으나 최근에는 만기가 10년, 20년, 30년, 50년인 국채도 발행되었다. 경우에 따라서는 만기가 없이 무한히 이자만을 지급하는 채권이나 만기가 아주 긴 초장기의 채권도 발행된다. 예를 들면, 멕시코 정부는 2010년에 만기가 100년인 채권을 발행하기도 하였다.

만기일에 지급하기로 증서에 기재된 금액을 액면금액 또는 액면가(par 또는 face value: *F*)라고 한다. 액면가는 앞으로 지급할 이자를 계산하는 기준이 된다. 채권증서에는 액면가뿐 아니라 만기일까지 매기간 지급하기로 약속한 이자율이 표시되어 있다. 이 이자율을 표면이자율(coupon rate)이라 하고, 지불될 이자금액을 표면이자(coupon)라고 한다. 표면이자는 액면가에 표면이자율을 곱해서 결정된다. 표면이자는 채권에 따라 1년에 한 번 지급되는 경우도 있고 두 번 지급되는 경우도 있으며 네 번 지급되는 경우도 있다.

채권은 이자지급 유무와 만기에 따라 다음의 세 종류로 구분된다. 첫째는 무이표채(zero coupon bond)로 만기까지 이자지급이 전혀 없고 만기일에 액면가를 지급받는 채권이다. 무이표채는 순수할인채(pure discount bond)라고 불리기도 한다. 둘째는 이표채(coupon bond)로 만기까지 매기간 일정액의 이자를 지급받고 만기일에 마지막 기의 이자와 액면가를 받는 채권이다. 셋째는 영구채(perpetual bond)로 만기가 없이 영원히 이자만을 받는 채권이다. [그림 5-1]에서는 무이표채, 이표채, 그리고 영구채로부터 발생하는 현금흐름(또는 수익)을 나타내었다.

| 그림 5-1 | 무이표채, 이표채, 영구채의 현금흐름

시점:	0	1	2	3	…	$T-1$	T	$T+1$	
무이표채:							F		
이표채:		C	C	C	…	C	$C+F$		
영구채:		C	C	C	…	C	C	C	…

T: 만기시점, F: 액면가, C: 표면이자

■ 채권의 가격결정요인

채권보유자는 보유기간 동안 약속된 현금흐름을 받는다. 그렇다면, 특정한 현금흐름을 발생시키는 채권의 적정한 가격은 얼마일까? 이에 대한 해답은 제4장에서 배운 현재가치의 개념에서 구할 수 있다. 채권으로부터 발생할 모든 현금흐름을 현재시점에서 평가하여 합한 가치가 바로 채권의 가치이다. 즉 채권가격은 기본적으로 다음의 식에 의해 결정된다.

$$PV = \frac{CF_1}{(1+r_1)} + \frac{CF_2}{(1+r_2)^2} + \cdots + \frac{CF_T}{(1+r_T)^T} = \sum_{t=1}^{T} \frac{CF_t}{(1+r_t)^t} \qquad (5.1)$$

여기서 PV는 채권의 현재가치, $CF_t(t=1, 2, \cdots, T)$는 채권보유에서 얻는 시점 t의 현금흐름, r_t는 t 기간 동안에 적용될 할인율, T는 채권의 만기를 나타낸다. 식 5.1은 본질적으로 제4장의 식 4.8과 같은 것으로 현가모형을 채권의 평가에 적용한 것이다. 식 5.1을 바탕으로 하여 채권의 가격을 결정하는 요인과 이들이 가격과 수익률(만기수익률)에 미치는 영향을 살펴보면 다음과 같다.

- **현금흐름**: 채권으로부터 발생할 현금흐름은 약속된 표면이자와 액면가이다. 무이표채와 이표채, 그리고 영구채에서 발생할 미래현금흐름은 [그림 5-1]에서 이미 살펴보았다. 표면이자와 액면가는 식 5.1의 분자항목이므로 이들이 클수록 채권가격은 비싸다.
- **현물이자율**: 채권의 평가에 사용되는 할인율은 채무불이행위험이나 상환조건 등 채권의 특성에 따라 다른 값이 적용된다. 이러한 차이를 무시하고, 모든 채권으로부터 발생하는 현금흐름은 확정적이고 따라서 같은 기간에는 모든 채권의 평가에 적용될 할인율이 동일하다고 가정할 경우 적정 할인율은 무위험이자율이 된다. 이는 시장에서 결정되는 현물이자율(spot interest rate)이며, 채권에 정해져 있는 표면이자율(coupon rate)과는 다르다. 표면이자율은 식 5.1의 분자인 CF_t의 크기를 결정하는 것이며, 현물이자율은 분모인 r_t를 의미한다. 분모인 현물이자율이 전반적으로 올라가면 채권가격은 떨어진다. 현물이자율은 대부분의 경우 단순히 '이자율'이라고 하는데 '현물'이란 용어를 붙이는 이유는 제26장에서 다룰 '선도'와 구별하기 위한 것이다. 현물이자율에 대해서는 뒤에서 좀 더 자세히 살펴볼 것이다.

- **만기까지의 기간**: 식 5.1에서 보면 만기까지의 기간(T) 또한 채권가격에 영향을 미칠 수 있다. 가장 간단한 예로서 무이표채의 경우 다른 조건이 같다면 만기가 길수록 채권가격은 낮아진다. 만기가 길수록 할인폭이 크기 때문이다.

식 5.1에 나타난 위의 세 가지 결정요인 외에도 채권가격을 결정하는 중요요인으로 다음과 같은 것들을 들 수 있다.

- **채무불이행위험**: 채무불이행위험(default risk)이 클수록 투자자에게 불리한 것이므로 채권의 가격은 내려간다. 따라서 채무불이행위험이 상대적으로 높은 회사채를 같은 조건의 국채와 비교하면 가격은 싸고, 만기수익률은 높다. 뒤에서 자세히 설명하겠지만 채권의 가격과 만기수익률은 역의 관계를 갖는다.
- **세금**: 채권수익에 대한 세금(개인소득세)이 낮을수록 가격은 비싸다. 세금이 낮을수록 투자자는 높은 가격을 지불할 용의가 있기 때문이다. 예를 들어, 미국의 경우 지방채(municipal bond)에서 발생하는 이자에 대해서는 세금이 면제되는데, 이로 인해 지방채는 같은 조건의 국채(정부채)보다 비싸고, 만기수익률은 낮다.
- **전환권**: 투자자가 채권을 주식으로 전환할 수 있는 권리를 나타내며, 투자자가 권리를 보유하고 있으므로 그만큼 채권의 가격은 비싸고 만기수익률은 낮다. 전환권이 내재된 회사채를 전환사채(convertible bond)라고 하는데 이에 대해서는 제19장에서 자세히 다룬다.
- **수의상환권**: 채권의 발행자가 만기 이전에 채권을 상환할 수 있는 권리를 말하며, 이러한 권리가 내재된 회사채를 수의상환사채(callable bond)라고 한다. 이자율이 전반적으로 낮아지면 채권발행회사는 현재의 채권을 상환하고 새롭게 채권을 발행할 유인을 가진다. 이는 투자자에게 불리하게 작용하며, 따라서 수의상환권이 내재된 채권의 가격은 그렇지 않은 채권보다 싸며, 만기수익률은 더 높다. 수의상환사채에 대해서도 제19장 및 제20장에서 자세히 다룬다.
- **유동성**: 채권의 유동성(liquidity)이 높다는 것은 투자자에게 유리한 것이며 따라서 가격은 그만큼 비싸며, 만기수익률은 낮다.

■ 무이표채의 가격과 현물이자율

현물이자율 또는 단순히 이자율은 현금흐름이 단 한 번 발생하는 채권, 즉 만기에 액면가만 한 번 지급하는 무이표채에 대한 수익률로 정의된다. 일반적으로 무이표채의 만기는 여러 기간 후가 될 수 있으므로 여기서 수익률이란 연평균수익률을 의미한다. 액면가가 주어질 때 채권수익률은 채권가격에 의해 결정되기 때문에 무이표채의 수익률인 이자율은 무이표채의 가격에 의해 결정된다. 액면가가 F이고 만기가 t인 무이표채의 가격이 B_0라면 이 채권에 대한 연평균수익률, 즉 연 이자율 r_t는 다음과 같은 식에 의해 결정된다.

$$B_0 \cdot (1 + r_t)^t = F \qquad (5.2)$$

식 5.2에서 F, t, 그리고 B_0가 주어지면 r_t를 계산해 낼 수 있고 이것이 바로 t기간 동안의 연평균 수익률인 현물이자율이 된다.

예제 5-1 액면가가 100만원이고 만기가 5년인 무이표채의 현재가격이 82.19만원일 경우 이 가격에 내재된 5년 동안의 연 이자율을 구하라.

풀이 식 5.2를 이용하면 다음의 관계가 성립한다: $82.19만 \times (1 + r_5)^5 = 100만$. 이 식으로부터 r_5를 구하면 $r_5 = 4\%$이다.

■ 이자율의 기간구조

시장에서는 여러 가지 이유로 인하여 만기가 서로 다른 무이표채의 수익률이 서로 다를 수 있다. 즉 이자율이 기간마다 다르게 나타난다. 은행이 1년 동안의 예금에 대해서는 3%의 연 이자율을 적용하고 2년 동안의 예금에 대해서는 3.5%의 연 이자율을 적용하는 현상 등이 좋은 예이다. 시간의 흐름에 따른 실물경제의 생산성의 차이나 예상인플레이션의 차이는 기간에 따라 이자율을 다르게 하는 중요한 이유 중의 하나이다. 시간에 따라 실물경제의 생산성에 차이가 나는 경우 기간에 따라 실질이자율이 달라지며, 실질이자율이 같더라도 예상인플레이션이 다르면 명목이자율이 달라지기 때문이다.

무이표채의 수익률과 만기의 관계, 즉 기간에 따라 달라질 수 있는 이자율 사이의 관계를 이자율의 기간구조(term structure of interest rates)라고 부른다. 쉽게 말하면, 이는 단기이자율과 장기이자율의 관계를 나타낸다. 이자율의 기간구조는 흔히 수익률곡선(yield curve)으로 나타내는데 [그림 5-2]에서 몇 가지 전형적인 형태를 보여주고 있다. 수익률곡선이 우상향이면 장기이자율이 단기

| 그림 5-2 | 이자율의 기간구조: 수익률곡선

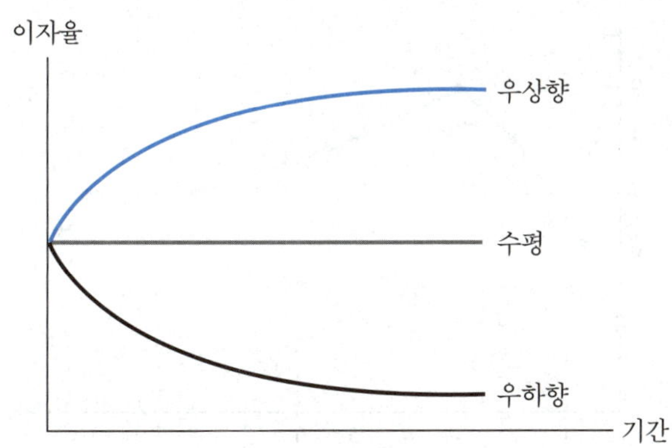

이자율보다 높고, 우하향이면 그 반대이며, 수평이면 기간에 관계없이 이자율이 일정하다.

이자율의 기간구조 또는 수익률곡선은 채권시장에서 거래되는 만기가 서로 다른 무이표채의 가격들을 관찰한 후 식 5.2에 의해 $r_t(t=1, 2, \cdots)$를 계산함으로써 얻어질 수 있다. 물론 무이표채가 시장에서 적정가격에 거래된다는 전제가 필요하다. 예를 들어 액면이 100만원이고 만기가 서로 다른 무이표채가 현재 〈표 5-1〉에서와 같은 가격에 거래되고 있다고 할 때, 각 기간에 적용될 현물이자율을 구해 보자.

표 5-1 만기가 서로 다른 국채(무이표채)의 가격 (단위: 만원)

국채	만기(년)	가격	국채	만기(년)	가격
A	1	94.34	D	5	68.06
B	2	85.73	E	8	58.20
C	3	77.22	F	10	50.83

[예제 5-1]에서와 같은 방법으로 만기가 서로 다른 국채의 가격들로부터 각각의 이자율을 구하면 〈표 5-2〉와 같다.

표 5-2 만기에 따른 현물이자율 (단위: 만원)

만기(년)	현물이자율(%)	만기(년)	현물이자율(%)
1	6	5	8
2	8	8	7
3	9	10	7

〈표 5-2〉의 내용을 이용하면 [그림 5-3]과 같은 수익률곡선을 도출할 수 있다.

| 그림 5-3 | 국채의 수익률곡선

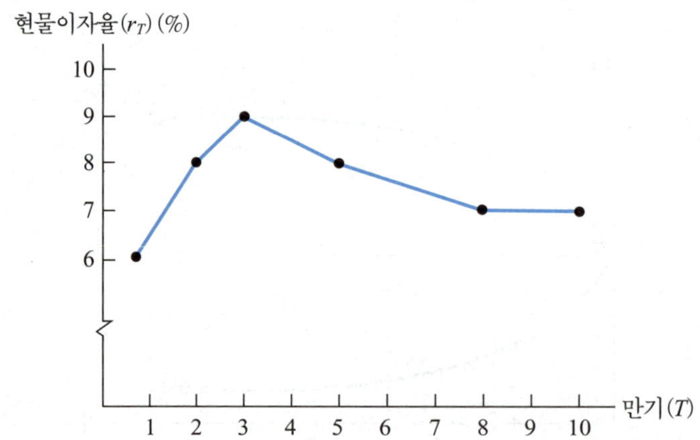

■ 이자율의 기간구조와 채권가격

앞에서와 같이 이자율의 기간구조, 즉 기간에 따른 이자율 $r_t(t = 1, 2, \cdots)$가 얻어지면 채권의 적정가격은 식 5.1을 이용하여 계산해 낼 수 있다. 즉, 1년 후의 현금흐름은 1년만기 현물이자율로 한 번 할인하고, 2년 후의 현금흐름은 2년만기 현물이자율로 두 번 할인하는 등의 방법을 따르면 된다.

이표채의 가격결정

정부가 발행하는 장기국채나 기업이 발행하는 회사채, 또 주택저당채권이나 자산유동화채권 등은 모두 이표채의 형태를 취한다. 채권발행자가 약속한 표면이자의 지급이 약속대로 이행될 경우 이표채의 적정가격은 식 5.1을 이용하여 [그림 5-1]에 나타낸 이표채의 현금흐름의 현가를 계산함으로써 구해질 수 있다. 이를 식으로 나타내면 다음과 같다.

$$B_0 = \frac{C}{(1+r_1)} + \frac{C}{(1+r_2)^2} + \cdots + \frac{C+F}{(1+r_T)^T} \tag{5.3}$$

식 5.3에서 채권가격(B_0)을 결정하는 변수 중 액면가(F), 표면이자(C), 만기(T)는 채권의 발행과 동시에 확정되어 있는 변수이다. 그러나 할인율인 현물이자율은 시장의 자금사정에 의하여 계속해서 변하므로 이자율이 변하면 채권가격도 변화한다. 이자율과 채권가격은 역의 관계를 가지므로, 이자율이 올라가면 채권가격은 떨어지고 이자율이 내려가면 채권가격은 올라간다.

예제 5-2 〈표 5-2〉에서 구한 현물이자율을 이용하여 표면이자율이 5%이고 액면가가 100만원이며, 만기가 2년인 채권의 적정가격을 계산하라.

풀이 이 채권에서 발생하는 현금흐름을 그림으로 나타내면 다음과 같다.

시점:	0	1	2
현금흐름:		5만	5만 + 100만

따라서 채권가격은 시점 1, 2에서의 현금흐름을 1년 및 2년 이자율인 6%와 8%로 각각 할인한 값이다.

$$\frac{5}{1+0.06} + \frac{105}{(1+0.08)^2} = 4.72 + 90.02 = 94.74(\text{만원})$$

영구채의 가격결정

영구채(perpetual bond 또는 consol)는 만기가 없이 매 기간마다 일정한 금액의 이자를 영원히 지급하는 채권이다. 영구채는 일반적인 형태의 채권은 아니며 18세기에 영국의 중앙은행이 발행한 적이 있다.[1] 기업에서는 보통 영구채를 발행하지는 않지만 기업이 발행한 주식 중에는 영구채와 비

1 영국 중앙은행은 1751년 만기가 없이 3.5%의 표면이자를 영구히 지급하는 채권을 발행했다. 이를 Consol

슷한 특성을 지닌 주식이 있다. 우선주가 그것으로, 발행기업이 소유자에게 영원히 일정한 금액의 배당을 보통주에 우선하여 지급하는 조건의 주식이다. 이러한 우선주의 가치는 영구채권을 계산하는 방법으로 구할 수 있다.

영구채의 가격은 식 5.1을 이용하여 [그림 5-1]에 나타낸 영구채의 현금흐름의 현가를 계산함으로써 구해질 수 있다.

$$B_0 = \frac{C}{1+r_1} + \frac{C}{(1+r_2)^2} + \cdots + \frac{C}{(1+r_n)^n} + \cdots \tag{5.4}$$

영구채의 현금흐름은 끝이 없으므로 식 5.4를 계산하는 것은 원칙적으로 불가능하다. 그러나 먼 미래에 발생하는 현금흐름의 현가는 거의 무시할 정도로 작게 되므로 영구채의 가격은 표면이자만 지급하는 장기이표채의 가격과 큰 차이가 없다고 할 수 있다. 그리고 이자율의 기간구조가 수평일 경우, 즉 $r_t = r(t=1, 2, \cdots)$일 때 식 5.4는 제4장에서 소개한 영구연금의 현가를 나타내는 것이므로 식 4.12의 공식을 이용하면 된다.

$$B_0 = \frac{C}{r} \tag{5.5}$$

무차익원리와 채권가격

지금까지의 분석에서 채권의 적정가격 혹은 이론가격은 채권으로부터 발생하는 미래현금흐름의 현가와 같아야 한다고 하였는데 그렇다면 이 논리의 이론적 배경은 무엇일까? 식 5.3이나 식 5.4의 채권가격결정모형은 근본적으로 제3.5절에서 소개한 무차익원리에 이론적 근거를 두고 있다. 즉, 채권시장이 효율적이어서 차익거래의 기회가 존재하지 않으려면 식 5.3이나 식 5.4의 좌변과 우변이 같아야 하며, 그렇지 않을 경우 차익거래가 가능하다는 것이다.

[예제 5-2]에서 분석한 만기가 2년이고 표면이자율이 5%인 이표채의 예를 통해 살펴보자. 예제풀이의 마지막 식은 채권을 매입하는 대신 4.72만원을 앞으로 1년간 6%의 이자율로, 그리고 90.02만원을 현재로부터 2년간 8%의 이자율로 은행에 예금하면 채권의 미래현금흐름을 얻는 것과 같은 효과를 거둘 수 있다는 것을 말해 준다. 따라서 이 채권을 살 때 치러야 할 값은 은행에 예금하여야 할 금액과 같아야 한다. 만약 시장에서 이 채권이 90만원에 거래된다면 어떻게 할까? 상

(consolidated bond)이라 부른다. 이 채권은 채무자인 영국 정부가 상환을 하기 전까지는 영원히 지속된다는 점에서 주식과 유사하다. 그러나 주식은 배당금이 변동되는 반면, 콘솔은 표면이자율이 고정되어 있다. 2015년 영국 정부는 유통 중인 모든 콘솔을 상환하기로 결정했다. 미국에서는 테네시계곡 개발사업을 위한 자금조달 목적으로 영구만기를 갖는 TVA공채가 발행된 적이 있다. 콘솔과 유사한 상품으로는 1980년대 일본에서 주택 구입을 보다 저렴하게 하기 위해 도입된 100년 만기 주택담보대출(mortgage) 상품이 있다. 영구채는 주로 영연방국가와 영미계은행에서 간헐적으로 발행되어 왔는데, 실제 발행되는 형태는 대부분 일정기간 후에 상환이 가능한 장기의 만기를 갖는 채권이다. 국내의 경우 2012년 4월 상법개정으로 일반기업에도 영구채(신종자본증권) 발행이 허용되었으며, 2012년 10월 두산인프라코어가 국내기업 최초로 영구채(30년 만기이나, 만기는 연장가능)를 발행하였으며 이후 포스코, SK텔레콤 등이 유사한 채권을 발행하였다.

표 5-3 채권매입과 차입을 통한 차익거래의 현금흐름 (단위: 만원)

거래	현금흐름		
	시점 0	시점 1	시점 2
• 채권 1단위 90에 매입	−90	5	105
• 1년간 4.72 차입(이자율 6%)	4.72	−5	0
• 2년간 90.02 차입(이자율 8%)	90.02	0	−105
합계	4.74	0	0

대적으로 채권이 과소평가되고 예금이 과대평가된 것이므로 채권을 매입하고 예금의 반대거래인 은행차입을 통해 차익거래를 할 수 있다. 〈표 5−3〉은 이러한 거래에서 발생하는 현금흐름을 나타내고 있다.

〈표 5−3〉에서와 같이 투자비용은 음(−)[현금흐름은 양(+): 4.74]인데 미래수익은 0인 거래를 제3.5절에서 '유형 2 차익거래'라고 하였다. 여기서 음의 투자비용이 공짜이익(arbitrage profit)인 셈이다. 그렇다면 시장에서 채권가격이 90만원인 상태가 오래 지속될 수 있을까? 시장에서 다수의 투자자들이 위와 같은 거래를 한다면 채권에 대한 수요증가로 채권가격은 올라가고, 차입에 대한 수요증가는 이자율을 높이게 된다. 이 경우, 1기에 5만원, 2기에 105만원 갚기로 되어 있는 차입으로부터 현재 받는 금액이 적어지게 된다. 이런 과정이 반복되면서 채권가격과 차입금액의 차이가 없어지게 되어 결국은 차익거래기회가 사라지게 된다.

■ 채권가격과 만기수익률

지금까지 채권으로부터 발생하는 현금흐름을 적절한 할인율로 할인하여 채권의 가치를 계산하였다. 채권시장에서 수요와 공급을 반영하는 채권가격이 이러한 방식으로 결정되면 채권만기까지의 연평균수익률을 계산해야 할 경우가 자주 있다. 이 연평균수익률을 채권의 만기수익률(yield to maturity)이라고 하는데 이는 채권거래의 내부수익률(internal rate of return: *IRR*)로 정의된다. 제6장에서 자세히 다뤄지겠지만, 내부수익률은 순현가(*NPV*)를 0으로 만드는 할인율을 의미한다. 채권거래의 순현가는 채권에서 발생하는 현금흐름의 현가에서 투자비용 즉 가격을 뺀 것이므로, 할인율을 y라고 할 때 이표채의 순현가는 다음과 같은 식으로 표현된다.

$$NPV = PV(\text{채권의 현금흐름}) - \text{채권가격} = \frac{C}{1+y} + \frac{C}{(1+y)^2} + \cdots \frac{C+F}{(1+y)^T} - B_0 \quad (5.6)$$

이 식에서 NPV를 0으로 놓으면 다음의 관계가 성립한다.

$$B_0 = \frac{C}{1+y} + \frac{C}{(1+y)^2} + \cdots \frac{C+F}{(1+y)^T} \quad (5.7)$$

식 5.7에서 B_0, C, F, T가 알려져 있는 상태에서 y를 계산하면 이것이 곧 채권의 만기수익률이 된다. 채권의 만기가 2년을 초과하면 식 5.7의 차수가 높아져 방정식을 손으로 풀기가 어렵다. 이때에는 제4장에서 배운 엑셀과 같은 컴퓨터프로그램을 이용하면 손쉽게 풀어낼 수 있다.

예제 5-3 [예제 5-2]에서의 채권이 풀이에서 계산한 적정가격으로 시장에서 거래될 때 이 채권의 만기수익률을 계산하라.

풀이 $94.74 = \frac{5}{1+y} + \frac{105}{(1+y)^2}$ 에서 $y = 7.94\%$

식 5.7에서 구한 만기수익률과 관련하여 다음과 같은 사항들을 기억할 필요가 있다.

- 식 5.3과 식 5.7의 관계에서 보면 만기수익률은 식 5.3의 분모항인 (현물)이자율 $r_t(t=1, 2, \cdots)$의 복잡한 가중평균치로 생각할 수 있다. [예제 5-2]와 [예제 5-3]에서 보면 2년만기 이표채의 만기수익률 7.94%는 현물이자율 6%와 8%의 가중평균치로 볼 수 있으며, 6%보다 8%에 아주 가까운 이유는 2년 후 현금흐름이 1년 후 현금흐름보다 훨씬 커서 8%에 큰 가중치가 주어지기 때문이다.
- 무이표채나 1년만기 이표채와 같이 현금흐름이 단 한 번만 일어나는 경우나, 수익률곡선이 수평인 경우의 만기수익률은 현물이자율과 같다. 이들의 경우 하나의 현물이자율에 주어지는 가중치가 100%이기 때문이다.
- 만기와 액면가가 같은 이표채라고 할지라도 표면이자가 다르면 만기수익률이 달라지는데 이는 각 (현물)이자율에 주어지는 가중치가 달라지기 때문이다. [예제 5-2]와 [예제 5-3]에서 이표채의 표면이자율이 10%라고 하여 보자. 이때 채권가격은 103.74만원이 되고 만기수익률은 다음과 같다.

$$103.74 = \frac{10}{1+y} + \frac{110}{(1+y)^2} \text{ 에서 } y = 7.90\%$$

  표면이자율이 5%일 때보다 만기수익률이 작아지는 이유는 현물이자율 6%에 주어지는 가중치가 상대적으로 커지기 때문이다.
- 식 5.7에서 구해진 연평균수익률인 만기수익률이 항상 실현된다는 의미는 아니다. 식 5.7에서 만기수익률의 계산은 미래에 지급될 표면이자가 만기시점까지 매년 만기수익률에 재투자된다는 것을 가정하고 있다. 즉 T기간 동안의 연평균수익률이 만기수익률 y와 같다는 것은 매기 발생하는 현금흐름이 T기 말까지 수익률 y로 재투자된다는 것을 의미한다. 따라서 미래에 발생할 표면이자의 재투자수익률이 만기수익률과 다르면 실현되는 연평균수익률과 만기수익률 간에는 다소의 차이가 생긴다.
- 식 5.3을 보면 채권가격 B_0는 (현물)이자율에 의해 결정되므로 이자율이 변화하면 채권가격도

변동하게 되고 따라서 채권의 만기수익률도 이자율이 변할 때마다 달라질 수 있다. 이자율이 전반적으로 올라가면 채권가격은 떨어지고 만기수익률은 올라가며, 반대로 이자율이 전반적으로 내려가면 채권가격은 올라가고 만기수익률은 내려간다.

- [예제 5-2]에서 채권은 액면가보다 낮은 값에 거래되고 있는데 이러한 채권을 할인채(discount bond)라고 한다. 이 경우 만기수익률은 [예제 5-3]에서 보듯이 표면이자율보다 높다. 만일 채권이 액면가보다 높게 거래되면 이를 할증채(premium bond)라고 하는데 이때 만기수익률은 표면이자율보다 낮게 된다. 또 채권이 액면가에 거래되면 이를 액면채(par bond)라 하고 이때는 만기수익률이 표면이자율과 같게 된다. 이러한 관계는 일반적으로 성립하며 내용을 요약하면 다음과 같다.

할인채: 채권가격 < 액면가 ⇔ 만기수익률 > 표면이자율
할증채: 채권가격 > 액면가 ⇔ 만기수익률 < 표면이자율
액면채: 채권가격 = 액면가 ⇔ 만기수익률 = 표면이자율

■ 수익률스프레드와 등급평정

만기가 같은 채권이라도 발행자가 다르면 각각의 채권의 만기수익률이 달라지는 것을 볼 수 있다. 다음의 〈표 5-4〉에서는 만기가 같지만 발행자가 다른 여러 채권의 2024년 1월 4일자 수익률을 보여주고 있다.

표 5-4 발행자가 다른 여러 채권의 만기수익률(2024년 1월 4일)

	국고채	한국전력채권	무보증회사채
만기(년)	3	3	3
수익률(%)	3.227	3.739	10.434

자료: 금융투자협회(www.freesis.or.kr).

〈표 5-4〉에서 나타나는 만기수익률의 차이는 채권의 발행조건이나 발행자의 채무불이행위험의 차이 때문에 발생한다. 이러한 차이로 인해 채권의 수익률에 체계적인 차이가 나타나는 것을 채권수익률의 위험구조(risk structure of bond yield)라고 한다. 채권은 투자에 따른 미래현금흐름인 이자와 액면가가 계약에 의해 확정되어 있다는 점에서 주식과는 달리 현금흐름의 불확실성이 없다. 그렇다고 해서 채권에 투자하는 투자자가 위험을 전혀 부담하지 않는 것은 아니다. 채권을 발행한 기업은 미래의 영업실적에 따라 이자와 액면가를 약속대로 지급하지 못할 수 있으며, 때로는 발행조건에 따라 미래현금흐름에 대한 불확실성이 존재하기도 한다.[2]

---

2 예를 들어 기업은 때에 따라서 만기 이전에 채권을 일정한 가격으로 상환할 수 있는 권리가 내재된 수의상환사채를 발행하기도 한다. 이 채권에 투자한 투자자는 미래에 조기상환을 받아들여야 할 위험을 부담한다.

채무불이행위험프리미엄과 수익률스프레드

채권발행자가 투자자에게 약속한 금액을 모두 지급할 경우에 얻게 되는 만기수익률을 약속수익률(promised yield)이라고도 부른다. 그러나 채권발행자가 약속한 이자와 액면가의 일부 또는 전부를 상환하지 못할 수 있는데 이를 채무불이행위험(default risk) 또는 지급불능위험이라고 한다. 채권을 발행한 기업이 약속된 채무를 모두 갚지 못하게 되면, 채권을 발행할 때 기업이 투자자에게 약속했던 수익률보다 실제로 실현될 수 있는 수익률은 낮게 된다. 이때 채무불이행의 가능성을 고려하여 계산한 수익률의 기댓값을 채권의 기대수익률(expected yield)이라고 한다. 또 이 약속수익률과 기대수익률의 차이를 채무불이행위험프리미엄(default premium)이라고 한다. 이는 투자자가 지급불능위험을 부담하는 대가로 요구하는 프리미엄이다.

위험채권에 투자하여 얻을 수 있는 기대수익률은 만기와 표면이자율이 같은 무위험채권의 수익률과 비교될 수 있다. 위험채권의 기대수익률과 무위험채권의 수익률의 차이를 위험채권의 위험프리미엄(risk premium)이라고 한다. 이는 위험채권의 미래현금흐름(또는 수익률)의 불확실성에 대한 대가이다. 채무불이행위험에 따른 채무불이행위험프리미엄과 미래수익률의 불확실성에 따른 위험프리미엄을 합쳐 채권의 수익률스프레드(yield spread)라고 한다. 이상의 내용을 식으로 나타내면 다음과 같다.

$$\text{만기수익률(약속수익률)} = \underbrace{\text{무위험이자율} + \rlap{\overbrace{\phantom{\text{위험프리미엄}+\text{채무불이행위험프리미엄}}}^{\text{수익률스프레드}}}\text{위험프리미엄}}_{\text{기대수익률}} + \text{채무불이행위험프리미엄} \qquad (5.8)$$

식 5.8을 그림으로 나타낸 것이 [그림 5-4]이다.

| 그림 5-4 | 위험채권의 만기수익률 구조

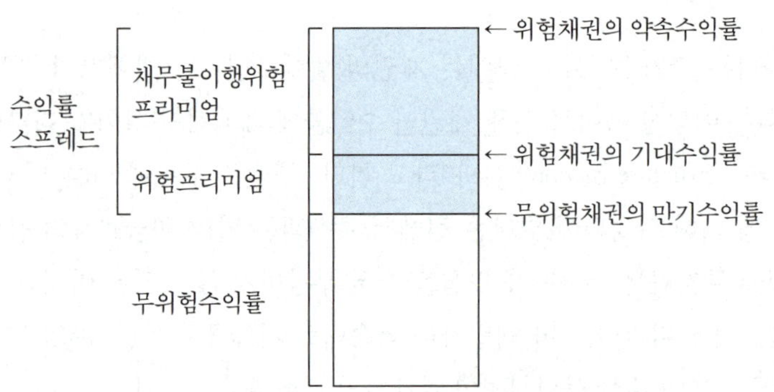

예제 5-4 정부가 발행한 1년만기 무위험무이표채(액면가 = 100)의 현재가격은 96이다. 그리고 만기와 액면가가 같지만 A기업이 발행한 무이표채의 현재가격은 93이다. A기업이 발행한 무이표채의 채무불이행확률(default probability)은 10%이며, 채무불이행이 일어날 경우 투자자는 액면가의 80%를 회수할 수 있다고 한다. 이때 무위험이자율과 A기업 채권의 약속수익률, 기대수익률, 채무불이행위험프리미엄, 위험프리미엄, 수익률스프레드를 계산하라.

풀이 ① 무위험이자율 = 100/96 − 1 = 4.17%이다.
② A기업 채권의 약속수익률 = 100/93 − 1 = 7.53%
③ 기대수익률: 채무불이행이 일어날 경우(확률 = 0.1) 얻게 되는 수익은 80이고 그렇지 않을 경우(확률 = 0.9) 얻는 수익은 100이다. 따라서 기대수익률은 다음과 같이 계산된다:
기대수익률 = 0.1 × [(80/93) − 1] + 0.9 × [(100/93) − 1] = 5.38%
④ 채무불이행위험프리미엄 = 약속수익률 − 기대수익률 = 7.53 − 5.38 = 2.15%
⑤ 위험프리미엄 = 기대수익률 − 무위험이자율 = 5.38 − 4.17% = 1.21%
⑥ 수익률스프레드 = 약속수익률 − 무위험이자율 = 7.53 − 4.17 = 3.36%
(= 채무불이행위험프리미엄 + 위험프리미엄 = 2.15 + 1.21)

수익률스프레드의 결정요소

채권의 약속수익률과 무위험채권의 수익률의 차이인 수익률스프레드에 영향을 미치는 요인으로는 채무불이행위험 외에도 여러 가지를 생각할 수 있다. 앞서 채권가격의 결정요인에서 살펴보았듯이 이자나 가격상승분에 대해 적용되는 세금의 차이, 수의상환조건이나 전환조건 등 발행조건의 차이, 그리고 채권을 단시일 내에 적절한 가격으로 매각할 수 없는 유동성위험 등이 수익률스프레드에 영향을 미칠 수 있다. 그러나 다른 무엇보다 수익률스프레드의 결정에 가장 큰 역할을 하는 것이 채무불이행위험이다. 따라서 채권의 수익률스프레드는 흔히 채무불이행위험프리미엄, 즉 약속수익률과 기대수익률의 차이를 의미하기도 한다.

등급평정

위험채권의 경우 각 채권마다 채무불이행위험(또는 지급불능위험)이 서로 다르므로 이 위험에 따라 채권의 등급을 정할 수가 있다. 이를 채권의 등급평정(bond rating)이라고 한다. 기업이 발행하는 회사채를 평가하기 위해서는 발행기업의 여러 가지 재무요인과 비재무적 요인, 그리고 경영진의 능력 · 태도 등도 고려해야 하므로 과학적이면서도 누구나 인정할 수 있는 객관적인 평가를 내리기는 어렵다. 그러나 채권발행을 통한 자금조달이 활발해짐에 따라 채무불이행위험을 평가하는 등급평정제도가 오래전부터 시행되어 오고 있다. 여러 신용평가회사에서 회사채의 평정결과를 등급을 매겨 발표하는데 우리나라의 경우 한국신용평가㈜, NICE신용평가㈜, 한국기업평가㈜ 등이 회사채평정을 담당하고 있으며, 외국의 경우에는 무디스사(Moody's Investors Service)와 스탠다드 · 푸어스사(Standard & Poor's Corporation), 피치사(Fitch Ratings) 등이 대표적이다.

무디스의 평정은 사채들 중에 가장 최상급이라고 고려되는 것을 Aaa로 하고 Aa, A, Baa, Ba,

B, Caa, Ca, C로 분류하여 9등급으로 하고 있으며, 스탠다드 · 푸어스와 피치의 등급은 AAA, AA, A, BBB, BB, B, CCC, CC, C와 D로서 10등급으로 되어 있다.[3] 높은 등급의 사채일수록 채무불이행위험이 작고 이에 따라 채무불이행위험프리미엄이 작은 값을 가지므로 수익률이 낮다. 반대로 사채의 등급이 낮을수록 채무불이행위험이 크고 투자자들이 높은 수익률을 요구하게 된다.

〈표 5-5〉에 한국기업평가㈜에서 사용하는 장기회사채의 평정등급과 그 내용을 나타내었다. 일반적으로 채권시장에서는 〈표 5-5〉의 등급분류 중 AAA에서 BBB까지의 등급을 받은 회사채들을 채무불이행 가능성이 낮은 안정적인 채권, 즉 투자적격채권(investment grade bond)으로 분류한다. BB 이하의 등급은 채무불이행위험이 높은 채권, 즉 투자부적격채권(disinvestment grade bond 또는 speculative grade bond)으로 분류하며, 이런 채권들을 정크본드(junk bond)라고도 부른다.

표 5-5 장기회사채의 평정등급과 그 내용

신용등급	등급의 정의
AAA	원리금 지급확실성이 최고 수준이며, 예측가능한 장래의 환경변화에 영향을 받지 않을 만큼 안정적이다.
AA	원리금 지급확실성이 매우 높으며, 예측가능한 장래의 환경변화에 영향을 받을 가능성이 낮다.
A	원리금 지급확실성이 높지만, 장래의 환경변화에 영향을 받을 가능성이 상위등급에 비해서는 높다.
BBB	원리금 지급확실성은 있으나, 장래의 환경변화에 따라 지급확실성이 저하될 가능성이 내포되어 있다.
BB	최소한의 원리금 지급확실성은 인정되나, 장래의 안정성면에서는 투기적 요소가 내포되어 있다.
B	원리금 지급확실성이 부족하며, 그 안정성이 가변적이어서 매우 투기적이다.
CCC	채무불이행이 발생할 가능성이 높다.
CC	채무불이행이 발생할 가능성이 매우 높다.
C	채무불이행이 발생할 가능성이 극히 높고, 합리적인 예측범위 내에서 채무불이행 발생이 불가피하다.
D	현재 채무불이행 상태에 있다.

자료: 한국기업평가㈜(www.korearatings.co.kr).

한편, 기업은 단기운영자금을 조달하기 위하여 만기가 짧은(보통의 경우 1년 이내) 전자단기사채와 기업어음(CP)을 발행하기도 한다. 신용평가회사는 전자단기사채와 기업어음을 발행하는 기업의 단기간의 영업상황과 유동성 위험 등 단기채무상환능력을 평가하여 신용등급을 부여한다. 이때 등급평정은 장기회사채의 평정에 이용되는 기호와 구분하여 보통 A1에서 D까지의 등급으로 구분

3 각 등급 내에서도 각 사는 보다 세부적인 분류를 하고 있다. 예를 들어 스탠다드 · 푸어스는 AA+, AA0, AA−로, 무디스는 Aa1, Aa2, Aa3와 같은 세부등급으로 분류를 하고 있다.

표 5-6 전자단기사채와 기업어음의 평정등급과 그 내용

신용등급	등급의 정의
A1	단기적인 채무상환능력이 매우 우수하며, 예측 가능한 장래의 환경변화에 영향을 받을 가능성이 낮다.
A2	단기적인 채무상환능력이 우수하지만, 장래의 환경변화에 의해 영향을 받을 가능성이 상위등급에 비해서는 높다.
A3	단기적인 채무상환능력은 있으나, 장래의 환경변화에 따라 저하될 가능성이 내포되어 있다.
B	최소한의 단기적인 채무상환능력은 인정되나, 그 안정성은 가변적이어서 투기적이다.
C	단기적인 채무상환능력이 의문시되며, 채무불이행이 발생할 가능성이 높다.
D	현재 채무불이행 상태에 있다.

자료: 한국기업평가㈜(www.korearatings.co.kr).

한다. 〈표 5-6〉은 한국기업평가㈜에서 전자단기사채와 기업어음의 신용평가에 사용되는 등급과 내용을 나타낸 것이다.

회사채의 등급평정은 기업과 투자자 모두에게 매우 중요하다. 왜냐하면 등급평정결과가 채무불이행위험을 나타내는 지표로서의 역할을 하기 때문이다. 평정등급은 회사채의 수익률에 직접적인 영향을 미친다. 또한 대부분의 회사채는 기관투자자에 의해 구입되는데, 이들 기관투자자가 투자할 수 있는 회사채의 등급은 일반적으로 제한되어 있어서, 낮은 등급의 회사채는 시장에서 팔리기가 어렵다. 투자자들은 낮은 등급의 회사채를 위험이 큰 것으로 인식하기 때문에 높은 등급의 회사채보다 높은 수익률을 요구하게 된다.

〈표 5-7〉은 우리 시장에서 거래된 만기 3년의 국채와 AA등급과 BBB등급 회사채를 대상으로 하여 각각의 수익률과 각 등급 회사채의 수익률스프레드를 구해 나타낸 것이다.

표 5-7 채권의 신용등급과 수익률, 그리고 수익률스프레드 (단위: %)

	수익률			수익률스프레드	
	국채	AA	BBB	AA	BBB
2019년 7월 1일	1.479	1.974	8.081	0.495	6.602
2024년 1월 4일	3.227	3.977	10.427	0.750	7.200

자료: 금융투자협회(www.freesis.or.kr).

〈표 5-7〉에서 보는 것과 같이 AA등급을 받은 회사채의 수익률이 BBB등급의 회사채의 수익률보다 낮게 나타나고 있으며 수익률스프레드도 훨씬 작다. 수익률스프레드는 각 회사채의 수익률에서 무위험채권의 수익률인 국채의 수익률을 뺀 것이다. 회사채의 평정등급이 낮을수록 위험이 크기

때문에 위험에 대한 프리미엄인 수익률스프레드가 커지는 것을 볼 수 있다. 2019년 7월 1일에는 BBB 회사채의 수익률스프레드는 6.602%였으며, 2024년 1월 4일에는 7.200%였다. 수익률스프레드는 경제여건에 따라 다르게 나타나는데, 경기가 불안한 시기에는 안정된 시기보다 수익률스프레드가 커지는 것이 보통이다.

5.2 주식의 가격결정

주식은 채권과 더불어 시장에서 거래되는 가장 중요한 금융자산이다. 기업이 발행할 수 있는 주식의 종류는 이익배당과 잔여재산의 분배에 관한 권리의 순서에 따라 보통주, 우선주, 후배주, 혼합주로 구분된다. 보통주를 표준으로 할 때, 우선주는 이익배당이나 잔여재산분배에 관한 우선적 지위가 인정되는 주식이며, 후배주는 열등한 지위를 가지는 주식, 그리고 혼합주는 이익배당에는 우선하지만 잔여재산분배에 있어서는 열등한 주식을 말한다. 이 중 대표적인 것이 보통주이므로 여기에서는 보통주를 중심으로 가치평가에 대해 설명한다. 주식의 종류와 특성에 대해서는 제20장 '장기자본조달' 에서 자세히 설명한다.

■ 배당평가모형

주식의 가격(주가)을 결정하는 방법도 채권의 경우와 마찬가지로 주식으로부터 발생하는 미래의 수익을 적절한 할인율로 할인하는 것이다. 주식을 평가할 때 큰 어려움이 따르는 이유는 주식으로부터 발생하는 현금흐름은 무위험채권의 경우처럼 확실하지 않기 때문이다. 주식투자에서 매년 받게 되는 배당금은 항상 일정한 것이 아니라 기업의 성장성이나 주주총회의 배당결정 등에 따라 달라질 수 있다. 또 하나의 이유는 채권의 할인율은 시장에서 비교적 쉽게 구할 수 있는 데 비해 주식의 할인율은 그렇지 않다는 것이다. 따라서 주식을 평가하기 위해서는 일정한 가정이 필요하고, 서로 다른 가정에 따라 평가모형도 달라지게 된다. 그러나 여기서는 주식을 보유할 때 받게 되는 미래배당의 규모와 적정 할인율이 주어졌다고 가정하고 주식을 평가하는 데 가장 자주 사용되는 배당평가모형(dividend discount model: DDM)에 대해 살펴본다.

주식투자에서 발생하는 수익은 두 가지이다. 하나는 주식발행기업이 지급하는 배당금이다. 주식보유자는 주주총회나 이사회에서 결정되는 배당금을 매년 또는 일정기간마다 받게 된다. 다른 하나는 보유하고 있던 주식을 팔았을 때 받게 되는 주식매각대금이다. 현가모형에 의하면 어떤 투자자가 주식을 1년만 보유하고 1년 후에 판다고 할 때 주식의 가치 P_0는 다음과 같다.

$$P_0 = \frac{D_1 + P_1}{1 + k} \tag{5.9}$$

여기서 D_1은 1년 후의 예상배당금, P_1은 1년 후의 예상주가, k는 할인율을 나타낸다. 할인율 k는 자기자본비용(cost of equity) 또는 자본환원율(capitalization rate)이라고도 하며, 위험수준이 같은 다른 주식에 투자했을 때 얻을 수 있는 기대수익률을 의미한다(자본비용에 대해서는 제11장에서 설명한다). 할인율 k는 주식의 미래수익이 확실한 경우라면 무위험이자율과 같다. 그러나 미래수익이 불확실하고 투자자가 위험회피형이라면 무위험이자율보다 커야 할 것이다.[4]

그렇다면 1년 후의 주식가격 P_1은 어떻게 결정될까? 1년 후에 주식을 사서 1년만 보유하고 2년도 말에 판다고 하면 1년도 말의 주식의 가치 P_1은 2년 후에 기대되는 수익을 할인한 값이다.

$$P_1 = \frac{D_2 + P_2}{1+k} \tag{5.10}$$

식 5.10을 식 5.9에 대입하면 현재의 주가는 다음과 같이 결정된다.

$$P_0 = \frac{D_1}{1+k} + \frac{D_2 + P_2}{(1+k)^2} \tag{5.11}$$

마찬가지 방법으로 P_2는 3년 후의 예상수익을 할인한 값이 되며, 이를 식 5.11에 대입하는 등 이러한 과정을 계속적으로 반복하면 현재의 주가는 결국 다음과 같은 식으로 결정된다.

$$P_0 = \frac{D_1}{1+k} + \frac{D_2}{(1+k)^2} + \frac{D_3}{(1+k)^3} + \cdots + \frac{D_\infty}{(1+k)^\infty} \tag{5.12}$$

식 5.12는 주식을 평가하기 위해 가장 널리 사용하는 배당평가모형의 일반적인 형태이다. 식 5.12에 의하면 현재주가는 주식으로부터 발생하는 미래의 현금흐름, 즉 미래에 기대되는 배당흐름을 할인하여 계산한 현가라는 것인데, 이는 본질적으로 제4장에서 살펴본 식 4.8의 현가모형과 다를 바 없다. 식 5.12는 배당흐름의 형태에 관계없이 사용될 수 있는 모형이다. 미래의 배당이 증가할 때, 감소할 때, 또는 변함없이 일정할 때 등에 관계없이 언제든지 적용될 수 있다. 그러나 실제로 장기간에 걸친 미래의 배당흐름을 정확하게 예측하는 것은 매우 어렵기 때문에 식 5.12를 현실적으로 적용하는 데에는 문제가 있다. 따라서 미래의 배당흐름에 대해 일정한 가정을 전제로 하여 이 모형을 사용한다. 즉 여러 가정에 기초하여 보다 단순한 모형들을 만들어 주식가격결정에 사용한다. 미래의 배당흐름에 대한 가정은 ① 성장이 없는 경우, ② 성장이 일정한 경우, ③ 초과성장이 있는 경우의 세 가지로 요약할 수 있다. 세 가지 가정에 기초한 주식평가모형을 차례로 살펴보자.

성장이 없는 경우

매기간 배당이 일정하여 1년 후 배당금 D_1이 미래에도 계속적으로 지급된다고 가정해 보자 ($D_2 = D_3 = \cdots = D_1$). 이는 가장 간단한 형태로 이때의 주식가격 P_0는 다음과 같이 구할 수 있다.

$$P_0 = \frac{D_1}{1+k} + \frac{D_1}{(1+k)^2} + \frac{D_1}{(1+k)^3} + \cdots + \frac{D_1}{(1+k)^\infty} = \frac{D_1}{k} \tag{5.13}$$

---

4 이에 대해서는 제8장에서 자세히 다룬다.

식 5.13은 단순히 제4장의 식 4.12에서 나타낸 영구연금의 현가를 구하는 공식을 적용한 것이다.

일반적으로 매년 배당이 일정한 경우는 예외적인 경우이다. 주식을 발행한 기업이 성장이 전혀 없어서 이익이 매년 일정하며, 이 이익을 모두 배당하는 경우에나 가능하다. 그리고 이러한 경우 매년의 주당배당금은 주당순이익(earnings per share: *EPS*)과 같아질 것이므로 식 5.13은 다음과 같이 나타낼 수 있다.

$$P_0 = \frac{D_1}{k} = \frac{EPS_1}{k} \tag{5.13$'$}$$

성장이 일정한 경우

주식을 발행한 기업이 성장하여 이익이 늘어나면 배당도 증가할 수 있다. 매기간 지급되는 배당이 일정한 비율로 증가한다고 가정해 보자. 1기의 배당을 D_1, 이후 매기의 배당의 증가율을 g라고 하면 t기의 배당금 D_t는 다음과 같다.

$$D_t = D_1(1+g)^{t-1} \qquad (t = 1, 2, 3, 4, \cdots) \tag{5.14}$$

그리고 이때의 주가 P_0는 다음과 같은 공식에 의해 구해진다.[5]

$$P_0 = \frac{D_1}{1+k} + \frac{D_1(1+g)}{(1+k)^2} + \frac{D_1(1+g)^2}{(1+k)^3} + \cdots = \frac{D_1}{k-g} \qquad (\text{단, } k > g) \tag{5.15}$$

이는 제4장에서 살펴본 식 4.14의 성장형 영구연금의 계산공식을 적용한 것이다. 식 5.15를 항상배당성장모형(constant dividend growth model) 혹은 고든모형(Gordon model)이라고 한다. 고든모형에서 배당성장률이 일정하고 영원히 지속된다는 것은 매우 비현실적인 가정이지만 그럼에도 불구하고 이 모형은 주식가격을 분석하는 데 있어서 매우 유용한 틀을 제공하여 준다.

예제 5-5 ㈜PK의 주주는 1년 후에 1,500원의 배당을 예상하고 있다. 이 회사가 영구히 같은 규모의 배당을 지급하리라고 예상할 때와, 또 1년 후부터 6%의 성장률로 영구히 배당지급을 계속하리라고 예상할 때의 현재주가를 계산하라. 할인율은 연 12%라고 가정하라.

풀이 성장이 없는 경우 주가는 식 5.13에 의해 12,500원이다: $P_0 = \frac{1,500}{0.12} = 12,500$(원)
6%의 성장률로 배당이 증가할 경우 주가는 식 5.15에 의해 25,000원이다:
$P_0 = \frac{1,500}{0.12 - 0.06} = 25,000$(원). 두 경우를 비교하면 주식가격 P_0가 성장률 g의 값에 상당한 영향을 받는다는 것을 알 수 있다.

5 이 공식이 적용되려면 g는 k보다 작다는 전제가 필요하다. 만일 g가 k와 같거나 크면 주식의 가치는 무한히 커지게 되어 이 공식이 적용될 수 없다.

초과성장이 있는 경우

어떤 기업이 굉장히 빠른 속도로 성장하고 있다면 이 기업의 배당성장률 g가 할인율보다 크거나 같은 경우가 생길 수 있다. 이와 같은 초과성장은 영원히 계속된다고 볼 수는 없으며, 기업이 초기의 초과성장시기를 지나 정상적인 성장기로 접어들면 기업의 성장률이 떨어지는 것이 일반적인 현상이다. 일정기간 동안 초과성장이 있는 경우 주식평가는 항상성장모형에만 의존할 수 없지만 여전히 그 공식을 유용하게 쓸 수 있다. 이 경우 공식을 도출하기 어렵기 때문에 예를 들어 살펴보자.

예제 5-6 제약회사인 ㈜MG는 새로운 약을 개발하여 앞으로 3년간 매우 가파른 성장이 예상된다고 하자. 이 기업의 1년 후의 배당은 1,500원이고 그 후 2년간은 배당이 매년 20%씩 증가할 전망이다. 그리고 그 후에는 성장이 둔화되어 4차연도부터는 배당이 매년 5%씩 성장할 것으로 추정된다. 할인율이 연 10%라고 할 때 이 주식의 현재가격은 얼마나 될지 계산하라.

풀이 이 경우 주식의 가치는 앞으로 3년간의 배당에 대한 현재가치를 구하고 그 다음으로 4년 후부터의 배당에 대한 현재가치를 구하여, 이 두 가치를 더함으로써 구할 수 있다. 이 기업의 앞으로의 배당흐름을 나타내면 다음과 같다.

D_1: 1,500	D_4: $1{,}500\times(1.2)^2(1.05)=2{,}268$
D_2: $1{,}500\times(1.2)=1{,}800$	D_5: $1{,}500\times(1.2)^2(1.05)^2=2{,}381$
D_3: $1{,}500\times(1.2)^2=2{,}160$	⋮

앞으로 3년간의 배당에 대한 현재가치는 다음과 같다.

$$1{,}500/(1+0.1)+1{,}800/(1+0.1)^2+2{,}160/(1+0.1)^3=4{,}474(\text{원})$$

4년 후부터는 항상배당성장모형을 이용하여 3년 후의 주식가치 P_3를 다음과 같이 구할 수 있다.

$$P_3=D_4/(k-g)=2{,}268/(0.1-0.05)=45{,}360(\text{원})$$

이때 P_3는 3년 후의 주식가치이므로 이를 현재가치로 환산하면 다음과 같다.

$$P_3/(1+0.1)^3=45{,}360/(1+0.1)^3=34{,}080(\text{원})$$

따라서 ㈜MG의 현재주가 P_0는 위의 두 가치를 더한 값이다.

$$P_0=4{,}474+34{,}080=38{,}554(\text{원})$$

■ 할인율과 성장률의 추정

배당평가모형을 실제 적용하기 위해서는 미래배당의 예측치, 할인율, 배당성장률의 값이 필요하다. 그러면 이러한 변수들의 값은 어떻게 얻을 수 있을까? 아래에서는 미래배당의 예측치와 현재의 주가가 주어졌다고 가정하고 할인율과 배당성장률을 어떻게 얻을 수 있는지를 살펴본다.

성장이 없는 경우

식 5.13′에서 살펴보았듯이 성장이 전혀 없는 경우 주당배당금은 주당순이익(EPS)과 같아지며 주가는 $P_0 = EPS_1/k$가 된다. 이를 할인율 k에 대해 정리하면 다음과 같다.

$$k = \frac{EPS_1}{P_0} = \frac{1}{P_0/EPS_1} = \frac{1}{PER} \qquad (5.16)$$

여기서 P_0/EPS_1을 주가이익배수 또는 주가이익비율(price earnings ratio: PER 또는 P/E ratio)이라고 한다. 주가이익비율은 주가를 기업이 벌어들일 주당순이익으로 나눈 값으로, 기업이 벌어들이는 회계상의 이익 1원을 시장에서 얼마의 가치로 평가하는지를 나타내는 지표이다. 보통 기업의 성장률이 높을수록 주가이익비율은 큰 값을 갖는다. 식 5.16은 성장이 없는 경우 할인율은 PER의 역수로 추정될 수 있다는 것을 보여준다.

일부에서 주식가격은 주당순이익을 할인율로 나눈 것이며, 할인율은 PER의 역수라고 주장하는 것을 볼 수 있다. 그러나 이는 올바른 주장이 아니다. 이러한 주장은 배당의 성장이 전혀 없고 이익을 모두 배당으로 지급하는 특수한 기업에 대한 주식의 평가에만 해당되는 것이다.

성장이 일정한 경우

배당의 성장이 일정한 경우 주식가격은 식 5.15와 같이 구할 수 있기 때문에 식 5.15를 k에 대하여 정리하면 다음과 같다.

$$k = \frac{D_1}{P_0} + g \qquad (5.17)$$

여기서 D_1/P_0를 배당수익률(dividend yield)이라고 하는데 1년 후의 배당 D_1은 예측이 비교적 용이하므로 배당수익률을 추정하는 일은 그리 어렵지 않다. 그러나 배당성장률 g를 추정하는 것은 쉬운 일이 아니다. 여러 방법이 있을 수 있으나 가장 널리 쓰이는 방법 하나를 아래에서 소개한다.

기업이 성장하기 위해서는 투자가 필수적이다. 기업은 현재 벌어들인 이익을 모두 배당으로 지급하는 것이 아니라 그중의 일부는 투자하기 위하여 사내에 유보하게 된다. 기업이 미래의 성장을 위하여 유보하는 이익을 유보이익(retained earnings)이라고 하며, 외부로부터 자금조달이 없다면 성장에 필요한 투자자금은 모두 유보이익으로 조달된다. 유보이익이 총이익에서 차지하는 비율을 유보율(retention ratio)이라고 한다. 기업이 벌어들인 이익 중 일부를 유보하여 미래의 성장을 위하여 투자한다고 할 때, 이익에 대한 유보율이 b로 일정하고 성장기회의 투자수익률도 일정하여 과거의 투자성과를 나타내는 자기자본이익률(return on equity: ROE)과 같다고 하자. 이때 시점 t에서의 주당배당금 D_t는 주당순이익 EPS_t에 [1 − 유보율(b)]을 곱하여 다음과 같이 결정된다.

$$D_t = EPS_t \times (1 - b) \qquad (t = 1, 2, 3, \cdots) \qquad (5.18)$$

여기서 $(1-b)$를 배당성향(payout ratio)이라고 하는데 유보율이 일정한 경우 이는 항상 일정하므로 배당성장률은 이익성장률과 같게 된다.

한편 t시점에서의 주당순이익 EPS_t는 다음과 같이 쓸 수 있다.

$$EPS_t = EPS_{t-1} + b \cdot EPS_{t-1} \cdot ROE = EPS_{t-1}(1 + b \cdot ROE) \tag{5.19}$$

즉, t시점의 주당순이익은 전기의 주당순이익에 전기의 주당순이익 중 유보된 금액이 재투자되어 얻은 재투자수익을 더한 것과 같다. 식 5.19의 양변을 EPS_{t-1}으로 나누면 다음의 관계를 얻게 된다.

$$\frac{EPS_t}{EPS_{t-1}} = \frac{D_t}{D_{t-1}} = 1 + g = 1 + b \cdot ROE \tag{5.20}$$

따라서 배당성장률 혹은 이익성장률 g는 유보율(b)에 자기자본이익률(ROE)을 곱하여 추정할 수 있다.

$$g = b \times ROE \tag{5.21}$$

식 5.21로 추정되는 배당성장률 g는 앞서 식 2.17에서 살펴보았던 유지가능성장률이다. 즉, 기업이 외부자금에 의존하지 않고 내부에 유보되는 자금만으로 신규투자에 필요한 자금을 조달할 때 달성할 수 있는 이익의 성장률이다.

예를 들어 A기업은 매년 당기순이익의 50%를 유보한다고 하자. 이 기업의 과거 자기자본이익률이 20%였다면, 이 기업의 성장률은 $g = 0.1 (= 0.5 \times 0.2)$ 즉, 10%로 추정할 수 있다. 이렇게 하여 배당성장률의 추정치를 구하면 식 5.17을 이용하여 할인율을 결정할 수 있다.

예제 5-7 ㈜TK는 1년 후 1,200원의 배당을 지급할 예정이며, 이 회사 주식에 대한 할인율은 10%이다. 투자자 김 씨는 ㈜TK 주식에 대한 배당이 매년 4%씩 증가할 것이라고 믿고 있으나, 이에 대해서 확신은 없다. 현재 ㈜TK 주식이 시장에서 18,000원에 거래된다면 투자자 김 씨가 배당성장률을 어떻게 수정할지를 분석하라.

풀이 항상배당성장모형에 의하면 성장률이 4%일 경우 주가는 $P_0 = 1{,}200/(0.1 - 0.04) = 20{,}000$원이 되어야 한다. 그러나 현재주가가 이보다 낮다는 것은 시장에서 배당성장률을 이것보다 낮게 생각하고 있다는 것을 의미한다. 배당성장률이 여전히 일정하다는 가정하에 이를 식 5.17에 의해 추정하면 다음과 같다.

$$g = k - D_1/P_0 = 0.1 - 1{,}200/18{,}000 = 3.33\%$$

이와 같이 시장에서 주식이 적정하게 평가되고 있다는 전제하에 시장가격을 이용하여 배당에 대한 기대를 수정할 수 있다.

■ 배당성장과 주가

식 5.15에서 본 바와 같이 주식가격 P_0는 성장률 g의 값에 크게 영향을 받는다. 그렇다면 기업의 성장을 나타내는 성장률 g의 값은 주식가격에 어떻게 반영되는지 좀 더 자세히 살펴보자. 배당의 성장이 전혀 없는 경우 주식가격은 식 5.13에 의해 결정된다. 그러나 대부분의 기업은 성장기회를 갖는다. 따라서 성장기업의 주식가치는 ① 기업의 성장이 전혀 없다고 가정했을 때의 주식가치와 ② 성장기회가 있음으로써 얻을 수 있는 가치의 증가분으로 나눌 수 있다.

$$P_0 = \frac{EPS_1}{k} + NPVGO \tag{5.22}$$

식 5.22의 우변에서 첫 항은 성장이 없을 때의 주식가치이며(식 5.13), *NPVGO*(net present value of growth opportunity)는 성장기회의 순현가를 나타낸다.

성장기회가 한 번 있는 경우

기업이 한 번의 성장기회를 갖는 경우 주식을 어떻게 평가할 수 있는지 예를 들어 살펴보자.

예제 5-8 ㈜DK는 현재 매년 15억원의 순이익을 벌어들인다고 한다. 이 기업이 발행한 주식수는 총 100만주이고, 이때 주당순이익은 1,500원이다. 이 기업이 1년 후에 15억원이 소요되는 투자기회가 있어 이 투자안에 투자한다면 그 후 매년의 이익은 3억원이 증가되어 18억원이 되며, ㈜DK는 이 이익을 모두 배당으로 지급할 예정이다. 즉, ㈜DK는 1년 후 15억원의 이익을 전액 투자하는 단 한 번의 성장기회가 있다. 할인율이 15%라면 ㈜DK의 현재주가는 얼마가 될지 계산하라.

풀이 ㈜DK의 주식으로부터 예상되는 현금흐름은 다음의 표와 같다.

1주당 현금흐름 (원)	1년 말	2년 말	3년 말	…	∞
• 성장기회가 없는 경우의 *EPS*	1,500	1,500	1,500	…	1,500
• 투자로부터의 현금흐름	−1,500	300	300	…	300
성장기회를 고려한 *EPS*	0	1,800	1,800	…	1,800

재투자로 인해 1년 말의 배당은 없지만 2년 후부터는 성장이 없는 경우에 비해 주당 300원의 배당이 증가한다. 성장기회를 고려했을 때의 현금흐름을 현재가치로 할인한 주식의 가치는 다음과 같이 10,435원이 된다: $P_0 = [1/(1+0.15)](1,800/0.15) = 10,435$(원). 그런데 이는 성장이 없는 경우의 주식가치와 성장기회의 순현재가치로 나누어 볼 수 있다. 성장이 없는 경우의 주식가치와 성장기회의 순현가는 각각 다음과 같이 구해진다.

$$\frac{EPS_1}{k} = \frac{1,500}{0.15} = 10,000(\text{원});\ NPVGO = \frac{1}{1+0.15}\left(-1,500 + \frac{300}{0.15}\right) = 435(\text{원})$$

결국 ㈜DK의 주식가치는 식 5.22와 같이 두 부분으로 분해될 수 있다(10,435 = 10,000 + 435).

성장기회가 계속되는 경우

위의 예는 성장기회가 한 번 존재하는 비교적 간단한 경우이다. 이제 성장기회가 매년 계속하여 존재하는 경우에 성장기회를 평가하여 보자. 배당성장률이 일정할 경우 주식가격은 항상배당성장모형인 식 5.15에 의해 평가되는데 이 경우에도 주식가치는 식 5.22와 같이 분해될 수 있다.

우선 재투자는 영원히 계속되며 이익에 대한 유보율 b와 자기자본이익률 ROE는 매년 일정하다고 하자. 그러면 각 연도에서 주당순이익은 배당액(D_t)과 재투자액(I_t)으로 나눌 수 있고, 이때 각각의 값은 다음과 같다.

$$D_t = (1-b)\cdot EPS_t; \qquad I_t = b\cdot EPS_t \qquad (t=1, 2, 3, \cdots) \tag{5.23}$$

한편 1년 후의 재투자액 $I_1 = b\cdot EPS_1$은 1년 후에 다음과 같은 순현가를 발생시킨다.

$$\begin{aligned} NPV_1 &= -b\cdot EPS_1 + b\cdot EPS_1\cdot\frac{ROE}{1+k} + b\cdot EPS_1\cdot\frac{ROE}{(1+k)^2} + b\cdot EPS_1\cdot\frac{ROE}{(1+k)^3} + \cdots \\ &= -b\cdot EPS_1 + b\cdot EPS_1\cdot\frac{ROE}{k} = b\cdot EPS_1\cdot\left(\frac{ROE}{k}-1\right) \end{aligned} \tag{5.24}$$

일반적으로 t년도의 재투자액 $I_t = b\cdot EPS_t$로부터 발생하는 t년도 말 시점의 순현가(NPV_t)도 식 5.24와 같은 방법으로 구할 수 있다.

$$NPV_t = b\cdot EPS_t\cdot\left(\frac{ROE}{k}-1\right) \tag{5.25}$$

식 5.25를 보면 성장기회가 양(+)의 순현가를 가지기 위해서는 재투자의 수익률을 나타내는 자기자본이익률(ROE)이 할인율 k보다 커야 한다는 것을 알 수 있다. 만약 ROE가 k보다 작다면 NPV_t가 음의 값을 가지게 되어 오히려 주식의 가치를 떨어뜨리게 된다.[6]

그런데 식 5.21에서 보듯이 유보율 b와 자기자본이익률 ROE가 일정하다면 EPS는 성장률 g로 증가하는 성장형 영구연금의 형태를 갖게 된다.

$$EPS_t = EPS_1(1+g)^{t-1} \tag{5.26}$$

---

6 이 결과를 일반화하여 보자. 식 5.18과 식 5.21을 식 5.15에 대입하면 현재주가는 다음과 같이 결정된다.

$$P_0 = \frac{(1-b)\times EPS_1}{k-b\times ROE} \tag{i}$$

식 (i)에서 보면 미래 ROE의 증가로 인하여 성장률이 높아지면 주가는 상승한다. 그러나 유보율의 증가로 성장률이 높아지면 주가는 반드시 상승하지는 않는다. 식 (i)을 유보율 b에 대해 미분하면 다음의 결과를 얻는다.

$$\frac{\partial P_0}{\partial b} = \frac{EPS_1(ROE-k)}{(k-ROE\times b)^2} \tag{ii}$$

따라서 높은 성장률이 높은 유보율에 기인한 경우라면, ROE가 할인율보다 클 때 주가는 상승하고, ROE가 할인율보다 작을 때 주가는 하락한다. 만약 ROE와 할인율이 같다면 주가의 변화는 없다.

여기서 성장률 $g = b \cdot ROE$이다. 식 5.26을 식 5.25에 대입하면 NPV 역시 성장률이 g인 성장형 영구연금의 형태를 갖게 됨을 확인할 수 있다.

$$NPV_t = NPV_{t-1}(1+g) \tag{5.27}$$

성장기회의 순현가 $NPVGO$는 주당순이익의 재투자로 인해 발생하는 순현가 NPV_1, NPV_2, NPV_3, …의 현재가치의 합으로 나타낼 수 있다.

$$NPVGO = \frac{NPV_1}{1+k} + \frac{NPV_2}{(1+k)^2} + \frac{NPV_3}{(1+k)^3} + \cdots \tag{5.28}$$

식 5.27을 식 5.28에 대입하여 성장형 영구연금 공식을 이용하면 다음과 같은 관계를 얻는다.

$$NPVGO = \frac{NPV_1}{k-g} \tag{5.29}$$

식 5.29를 식 5.22에 대입하면 성장기회가 계속되는 경우의 주식가치는 결국 다음과 같은 성장기회평가모형을 통해서 계산할 수 있으며, 이는 식 5.15의 항상배당성장모형을 이용하여 평가한 것과 같은 값을 갖게 된다.

$$P_0 = \frac{EPS_1}{k} + \frac{NPV_1}{k-g} \tag{5.30}$$

식 5.30에서 NPV_1은 식 5.24에 의해 계산된다.

예제 5-9 [예제 5-5]에서 ㈜PK는 성장을 위한 재투자를 위하여 매년 순이익의 40%를 유보하기로 하였다. 이 기업의 자기자본이익률은 15%이다. 1년 후의 주당순이익은 2,500원이고 주식에 대한 할인율이 여전히 12%일 때, ㈜PK 주식의 현재가치를 성장이 없을 때의 가치와 성장기회의 현가로 분해하라.

풀이 재투자를 위한 유보율이 40%이고 자기자본이익률이 15%이므로 ㈜PK의 성장률은 6%(= 0.4 × 0.15)로 추정되어 [예제 5-5]에서 주어진 성장률 6%와 일치한다. 1년 후의 주당배당금 1,500원[= 2,500 × (1 − 0.4)]과 할인율도 [예제 5-5]에서와 같기 때문에 주식의 현재가치는 25,000원[= 1,500/(0.12 − 0.06)]이다.

현재가치 25,000원을 성장기회평가모형을 이용하여 주식가격을 계산해 보자. 우선 기업이 성장기회가 없어 이익을 모두 배당할 때 주식가격은 20,833원이다.

$$EPS_1/k = 2{,}500/0.12 = 20{,}833(\text{원})$$

다음으로 ㈜PK 주식의 성장기회의 순현가 $NPVGO$는 다음의 순서에 따라 구한다. 유보율이 40%이므로 1년 후 2,500원의 주당순이익 중 1,000원(= 0.4 × 2,500)을 재투자한다. 그리고 자기자본이익률이 15%이므로 이 투자로부터 생기는 매년의 현금흐름은 150원이며, 매년 발생하는 이 금액의 순현가는 식 5.25에 의해 다음과 같다.

$$NPV_1 = (150/0.12) - 1{,}000 = 1{,}000 \times [(0.15/0.12) - 1] = 250(\text{원})$$

미래의 *NPV*는 성장률 6%인 성장형 영구연금이므로 이들의 현재가치는 다음과 같이 4,167원이다.

$$NPVGO = 250/(0.12 - 0.06) = 250/0.06 = 4{,}167(\text{원})$$

따라서 항상배당성장모형을 이용하여 구한 주식가치 25,000원은 성장이 전혀 없음을 가정했을 때 주식가치 20,833원과 성장기회의 순현가 4,167원을 합한 값과 일치한다.

예제 5-10 [예제 5-9]에서 재투자에 대한 자본이익률(*ROE*)이 10%일 경우 주식가치는 어떻게 되는지 분석하라.

풀이 *ROE*가 10%이면 순이익과 배당의 성장률은 4%(= 0.4 × 0.1)로 수정된다. 이때 주가는 1,500/(0.12 − 0.04) = 18,750원으로 순이익을 모두 배당으로 지급할 때의 주가 20,833원 (= 2,500/0.12)보다 작다. 배당의 증가에도 불구하고 주가가 감소하는 것은 재투자에 대한 수익률 *ROE*가 할인율보다 낮아 성장기회의 순현가(*NPVGO*)가 음(−)이 되기 때문이다. [예제 5−9]의 풀이에서와 같은 방법으로 첫해의 재투자로 인한 NPV_1과 성장기회의 순현가 *NPVGO*를 구하면 다음과 같다.

$$NPV_1 = (0.4 \times 2{,}500 \times 0.1)/0.12 - 1{,}000 = -167\text{원}; \quad NPVGO = -167/(0.12 - 0.04) = -2{,}083\text{원}$$

따라서 주식가치 18,750원은 재투자가 없을 때의 주가 20,833원에서 2,083원을 뺀 값과 일치한다.

성장주와 안정주, 그리고 주가이익배수

투자자들이 주식에 대해 이야기할 때 성장주(growth stock)나 안정주(income stock) 등의 용어를 자주 사용한다. 성장주는 수익이 주로 자본이득으로부터, 안정주는 수익이 주로 안정적인 배당으로부터 발생하는 주식을 의미한다. 그런데 일반적으로 성장주의 주가이익배수(*PER*)는 높고 안정주의 주가이익배수는 낮은 현상을 발견하는데, 왜 이런 현상이 나타날까? 앞에서 소개한 성장기회평가모형을 이용하여 설명해 보자.

식 5.22의 양변을 EPS_1으로 나누어 주면 다음과 같은 관계를 얻는다.

$$\frac{P_0}{EPS_1} = \frac{1}{k} + \frac{NPVGO}{EPS_1} = \frac{1}{k}\left(1 + \frac{NPVGO}{EPS_1/k}\right) \tag{5.31}$$

식 5.31의 좌변은 바로 주가이익배수(*PER*)이다. 식 5.31의 우변에서 *NPVGO*가 0이면 주가이익비율은 $1/k$이 되어 식 5.16의 결과와 일치한다. 그렇지만 *NPVGO*가 증가함에 따라 주가이익배수는 이보다 훨씬 커질 수 있다. 식 5.31의 우변 괄호 ( ) 안의 두 번째 항은 성장기회의 순현가와 성장기회가 없어서 기존사업이 계속되었을 경우의 주식가치의 비율이다. 따라서 성장기회가 커서 이익을 배당으로 지급하기보다 새로운 투자에 많이 사용해야 하는 기업의 주식, 즉 성장주의 경우에는 이 비율이 높아져 주가이익배수가 높아진다. 이런 의미에서 주가이익배수는 기업의 성장성을 나타내는 지표로 사용된다.

주가이익배수를 이용할 때 다음과 같은 점을 유의하여야 한다. ① 주당순이익은 회계처리방법에 따라 많은 영향을 받는다. 예를 들어 취득원가에 따라 자산을 평가할 경우 인플레이션이 높은 기간에는 자산을 과소평가하여 금기의 이익을 과대평가하게 되고 따라서 주가이익배수를 과소평가할 수 있다. ② 회계이익은 경기변동에 따라 변동성이 크므로 주가이익배수도 변동성이 상당히 크다. ③ 신문 등 언론매체에서 주가이익배수를 계산할 때 과거의 주당순이익을 사용하여 계산하는데(P_0/EPS_0), 만일 미래예상이익이 과거이익과 크게 다르다면 진정한 값과 큰 차이가 날 수 있다. ④ 시장에서 평가되는 주식가격은 경제상황이나 기업의 경영환경의 변화에 따라 계속 변동한다. 따라서 주당순이익이 일정한 경우에도 주가이익배수는 평가시점에 따라 다른 값을 가질 수 있다.

■ 주가배수를 이용한 주식평가

지금까지의 주식평가모형에서는 미래의 예상배당에 바탕을 두고 주식의 절대적인 가치를 구하려고 하였다. 주식을 평가하는 또 다른 방법은 유사기업(comparable firms)의 주가를 이용하여 평가대상주식의 상대적 가치를 계산해 내는 것이다. 현금흐름의 특성이 똑같은 주식이 있다면 이 주식의 가격이 바로 대상주식의 가격이 될 수 있다. 그러나 현실적으로 모든 것이 똑같은 주식은 찾아보기 힘들다. 기대현금흐름과 위험이 같더라도 기업규모가 다를 수 있다. 이럴 경우 실무적으로 흔히 이용하는 방법은 대상주식의 예상 주당순이익에 기업규모와는 무관하게 결정되는 유사기업의 주가배수(price multiples)를 적용하여 주식가치를 구해 내는 것이다.

자주 이용되는 주가배수에는 주가이익배수(*PER*), 주가장부가치배수(price-book value ratio: *PBR*)나 주가현금흐름배수(price-cash flow ratio: *PCR*) 등이 있으며, 이러한 평가방법을 상대가치평가 또는 주가배수방법이라고 부른다. 주가배수를 이용한 평가는 비교할 수 있는 유사기업들이 존재하며, 시장이 효율적이어서 유사기업들의 주가와 회계자료를 신뢰할 수 있을 때 주식평가를 위한 방법으로 손쉽게 이용할 수 있다.

주가이익배수를 이용한 평가방법을 살펴보자. 항상배당성장모형을 이용할 경우 유사기업의 주가는 $P_0 = D_1/(k-g)$와 같이 결정된다. $D_1 = (1-b) \cdot EPS_1$을 여기에 대입하고 양변을 EPS_1으로 나누면 다음의 식을 얻는다.

$$\frac{P_0}{EPS_1} \equiv PER = \frac{1-b}{k-g} \qquad (5.32)$$

식 5.32는 두 주식의 배당성향$(1-b)$, 성장률(g), 그리고 위험이 같다면 PER가 같다는 것을 의미한다. 따라서 평가대상주식의 가치는 그 주식의 주당순이익(EPS_1)에 식 5.32에서 구한 유사주식의 평균주가이익배수를 곱하여 구할 수 있다.

예제 5-11 철강회사인 ㈜HM의 1년 후 주당순이익은 3,000원이 될 것으로 예상된다. 철강산업에 속하는 기업 중 ㈜HM과 배당성장률, 배당성향, 그리고 주식위험이 비슷한 회사들의 평균주가이익배수는 9.2정도이다. 이 배수를 사용하여 ㈜HM 주식의 가치를 추정하라.

풀이 $P_0 = 3,000 \times 9.2 = 27,600$(원)

중요용어

채권(bond)
액면가(face value 또는 par)
표면이자율(coupon rate)
무이표채(zero-coupon bond)
이표채(coupon bond)
영구채(perpetual bond)
콘솔(consol)
현물이자율(spot interest rate)
수익률곡선(yield curve)
만기수익률(yield to maturity)
채무불이행위험(default risk)
채무불이행위험프리미엄(default risk premium)
기대수익률(expected yield)
약속수익률(promised yield)
위험프리미엄(risk premium)
수익률스프레드(yield spread)
등급평정(bond rating)
자본환원률(capitalization rate)
배당평가모형(dividend discount model)
유보이익(retained earnings)
배당수익률(dividend yield)
배당성향(payout ratio)
유보율(retention ratio)
성장주(growth stock)
주가이익배수(*PER*)
안정주(income stock)
이자율의 기간구조(term structure of interest rates)
주가배수(price multiples)
채권수익률의 위험구조(risk structure of bond yield)
항상배당성장모형(constant dividend growth model)
성장기회의 순현가(net present value of growth opportunity: *NPVGO*)

연습문제

5-1 정부에서 발행한 국민주택채권의 조건이 다음과 같다.

액면가: 100만원,
표면이자율: 2%(연단위 복리계산 만기 일시지급)
만기: 5년
이자율(수평 수익률곡선): 4%

원금 및 이자가 만기일에 일시지급된다고 할 때, 이 채권의 가치를 구하라. 단, 매년의 표면이자는 만기까지 약속된 표면이자율로 재투자된다.

5-2 액면가가 100,000원이며 만기 2년인 채권이 있다. 매년 7%의 표면이자를 지급받는다고 할 때, 이 채권의 현재 시장가격이 105,000원이라면 채권의 만기수익률은 얼마인지 엑셀을 이용하여 계산하라.

5-3 2년만기, 액면가 1,000원인 무이표채를 현재시점에서 797.19원에 매입하였다면 2년 동안의 현물이자율은 얼마인지 또 만기수익률은 얼마인지 계산하라.

5-4 만기별로 다음과 같이 네 가지 종류의 무이표채가 거래된다고 하자. 만기가 4년, 표면이자율 6%, 액면금액 100,000원의 이표채가 새로 발행된다면 이 채권의 적정한 가격은 얼마인지 계산하라.

만기(년)	만기수익률(r_t)(%)
1	4.0
2	5.0
3	6.0
4	6.5

5-5 액면가가 100만원인 무위험무이표채의 만기별 채권가격이 다음과 같다.

만기(년)	1	2	3
가격(원)	965,435	931,240	888,735

액면가 100만원, 표면이자율 10%의 3년만기 이표채의 현재가격이 1,110,247원일 때, 차익거래의 기회가 존재하는지를 결정하고, 존재할 경우 차익거래의 예를 보여라.

5-6 다음은 무이표채, 이표채의 만기, 표면이자율(연 1회 지급) 그리고 만기수익률을 나타낸 것이다.

만기(년)	1	2	3	4
표면이자율(%)	0%	10%	8%	12%
만기수익률(%)	3%	5.95%	8.83%	8.76%

① 무차익원리를 이용하여 2년만기 무이표채의 만기수익률을 구하라.
② 3년만기와 4년만기 무이표채의 만기수익률을 구하라.

5-7 다음은 2024년 2월 말 현재시장에서 거래되고 있는 채권들의 수익률자료이다. 이를 이용하여 다음 물음에 답하라.

만기(년)	국채(무이표채) 수익률(%)	회사채수익률(%)			
		AAA	AA	A	BBB
1	5.45	5.65	5.70	5.80	6.05
3	5.80	6.20	6.30	6.45	6.75
5	6.15	6.75	6.85	7.10	7.50
10	6.20	6.90	6.90	7.20	8.00

① 현재 시장에서 형성되는 국채의 수익률곡선을 그려보라.
② AAA 회사채와 BBB 회사채의 수익률스프레드를 구해 보고 수익률스프레드 간에 차이가 나는 이유를 설명하라.

5-8 W건설은 새로운 사업을 위해 외부에서 자금을 조달하려고 하는데 만기가 4년이고, 액면가 100만원, 표면이자율이 6%인 채권을 발행하여 100억원을 조달할 예정이다. 다음 표는 4년만기 채권의 신용등급별 만기수익률을 나타낸 것이다.

등급	AAA	AA	A	BBB	BB
만기수익률(%)	6.00	6.05	6.25	6.75	7.45

① W건설의 회사채가 AA등급으로 평가된다면 회사채의 가격은 얼마인지 계산하라.
② 회사채 등급이 AA등급이라는 전제하에 오늘 100억원을 조달하기 위해서 발행해야 하는 채권의 총액면가는 얼마가 되어야 하는지 계산하라.
③ 액면가에 채권을 판매하기 위해서 W건설의 채권은 어떤 등급을 받아야 하는지 설명하라.
④ 만약 채권이 발행되었을 때 그 가격이 951,380원이라면, 이 채권은 어떠한 등급에 속하는지, 또 부실채권인지의 여부를 결정하라.

5-9 S사는 올 연말 2,500원의 배당을 지급하고, 내년 말에는 3,000원의 배당을 지급할 예정이다. 투자자 박 씨는 S사의 주가가 앞으로 2년 후에는 63,000원이 될 것이라 예상하고 있으며 S회사의 자기자본비용은 10%이다.

① 박 씨가 S사 주식을 2년 동안 보유할 예정이라면,오늘 박 씨는 S회사의 주식에 대해 얼마까지 지불할 용의가 있을지를 계산하라.
② 박 씨가 주식을 1년 동안만 보유하기로 하였다면, 1년 후 얼마에 주식을 팔 것인지 결정하라.
③ 박 씨가 주식을 1년 동안만 보유하고 되팔 예정이라면, 현재 시점에서 박 씨가 S회사 주식에 대해 지불할 가격을 결정하고, ①의 결과와 비교하라.

5-10 D회사의 배당수익률은 2.1%이고, 자기자본비용은 7%라고 한다. 또한 배당은 일정 비율로 성장할 것이라고 한다.

① 항상배당성장모형을 이용하여 D사의 배당성장률을 추정하라.
② D사의 예상 주가상승률을 구하라.

5-11 Q사는 올해 1,150원의 배당을 막 지급하였다. 애널리스트들은 Q사의 주식이 앞으로 6년간 연 8.5%씩 성장할 것이고, 그 후에는 산업 평균인 5.3%의 성장률로 돌아설 것이라고 예상한다. 만약 Q사의 자기자본비용이 6.7%이고 배당성향이 일정 비율로 계속 유지된다면, Q사의 주가는 얼마인지 배당평가모형을 이용하여 계산하라.

5-12 ㈜DH의 주식평가에 적용되는 할인율은 10%이고, 1년 후의 주당배당금은 100원으로 예상된다. C회사는 배당을 매년 5%씩 증가시키기로 하고 있으며, 첫째 해의 기대주당순이익(EPS_1)은 160원이다.

① 항상배당성장모형을 이용하여 ㈜DH주식의 가치를 구하라.

② 성장을 하지 않는 경우의 주가는 얼마인지 계산하라.

③ 위의 ①과 ②로부터 성장기회의 순현가(*NPVGO*)를 구하라.

④ 이 회사의 *ROE*를 추정하라.

⑤ 성장기회평가모형을 통해 *NPVGO*를 구하고, 위 ③의 결과와 일치하는지 확인하라.

5-13 해운업을 영위하는 ㈜HM의 현재시점의 주당장부가치는 40,000원이며, 1년 후 주당순이익은 3,000원이 될 것으로 예상된다. 해운업에 속하는 기업 중 ㈜HM과 배당성장률, 유보율, 그리고 주식의 위험이 유사한 회사들의 평균 주가이익배수와 주가장부가치배수는 각가 15와 1.2이다.

① 주가이익배수를 이용하여 ㈜HM의 적정주가를 평가하라.

② 주가장부가치배수를 이용하여 ㈜HM의 적정주가를 평가하라.

제 6 장

순현가법과 자본예산기법

STUDY GUIDE

사업에 대한 투자결정은 기업의 재무관리자에게 가장 큰 관심사이다. 어떤 투자안에 얼마를 투자하느냐에 따라 기업의 성장과 가치가 결정되기 때문이다. 이 장에서는 투자결정을 하는 데 있어서 분석대상이 되는 투자안의 경제성을 분석하는 방법을 제시한다. 투자안의 경제성 분석방법으로는 순현가법, 회수기간법, 회계적 이익률법, 내부수익률법, 수익성지수법 등이 있다. 이 중 가장 바람직한 방법으로 평가되는 것이 순현가법이다. 제5장에서 다룬 채권과 주식의 가격결정모형이 제4장의 현가모형을 금융자산의 평가에 적용한 것이라면, 여기서 다룰 순현가법은 현가모형을 실물자산의 평가에 적용하는 것이라고 보면 된다. 이 장에서는 순현가법 외에도 다른 자본예산기법의 장단점을 살펴본 후 자본제약하에서의 투자결정에 대해서도 살펴본다.

6.1 자본예산과 순현가법

■ 자본예산의 기초

자본예산의 의의

회사를 새로 설립할 때는 물론 기존회사가 사업을 확장할 때도 기업은 자산을 취득하게 된다. 자산의 취득은 기업의 미래수익뿐만 아니라 위험에도 영향을 주어 그 기업의 가치를 변화시킨다. 자산을 취득한다는 것은 곧 투자를 의미하는데,[1] 투자결정은 기업의 성장에 직접적인 영향을 준다. 특히 투자결과 그 효과가 장기적으로 나타나는 투자는 더욱 큰 영향을 주게 되는데, 효과가 장기적으로 나타나는 투자의 총괄적인 계획을 일컬어서 자본예산(capital budgeting)이라고 한다. 따라서 자본예산이란 용어는 투자결정(investment decision)과 같은 의미로 사용된다.

장기적이라는 것은 일반적으로 1년 이상을 의미하나, 이는 임의적이라 할 수 있다. 자산을 유동자산과 비유동자산으로 분류하였을 때 비유동자산에 속하는 토지 · 건물 · 설비 등에 대한 투자의 계획을 자본예산으로 보기도 하며, 보다 넓은 의미로는 투자의 영향이 비교적 장기에 걸쳐 나타나는 광고 · 연구개발 등을 위한 투자계획도 자본예산의 범주에 포함시키기도 한다.

투자를 위한 총괄적인 계획은 합리적인 투자를 하기 위해 필요한 투자목적의 설정, 투자대상의 선정, 현금흐름의 측정, 투자안의 경제성평가, 자금조달의 계획 등과 같은 여러 활동을 포함한다. 이러한 작업을 위해서는 투자목표를 설정하고 적정한 투자규모를 결정하는 기업내부적인 요인과 함께 경제전망, 소비자의 욕구분석 등 기업외부환경에 대한 분석이 같이 이루어져야 한다. 그러나 보통 자본예산은 좁은 의미로 사용되는데 이때에는 투자안의 현금흐름을 측정하고 이를 바탕으로 한 경제성평가를 통해 투자결정을 내리는 과정을 말한다.

자본예산의 중요성

자본예산은 재무관리에서 큰 비중을 차지하는 주제이다. 자본예산이 갖는 중요성은 기업을 둘러싸고 있는 재무환경의 특성을 살펴보면 분명해진다.

첫째, 현대 기업의 투자규모는 매우 크다. 대규모의 자금을 투자함에 따라 기업은 유동성을 상실할 위험이 크다. 또 산업별 · 생산제품별로 전문화된 투자를 하는 것도 현대 기업의 특징이다. 이러한 경우 일단 설치한 시설을 다른 목적으로 전환할 수 있는 융통성이 떨어진다. 이 때문에 투자가 실패할 경우 엄청난 손실을 입게 되며, 기업의 존립과 성장에 큰 영향을 미치게 된다. 따라서 자본예산은 기업의 장기적인 경영전략과 자금조달계획, 그리고 미래경제상황에 대한 분석을 토대로 신중하게 이루어져야 한다.

둘째, 자본예산의 투자안은 투자결정이 내려졌다고 해서 바로 제품이 생산되는 것이 아니라, 실제로 생산이 이루어지기까지는 오랜 시간을 필요로 한다. 또한 투자대상의 사용기간이 길어짐에

---

1 여기서 자산이나 투자는 금융자산이나 금융투자가 아닌 실물자산(real asset)과 실물투자(real investment)를 의미한다.

따라 미래의 기업활동은 한 번 내려진 투자결정으로 인하여 큰 제약을 받게 된다. 이런 이유로 자본예산은 미래의 자금수요와 투자효과에 대한 합리적인 예측을 바탕으로 이루어져야 한다.

셋째, 자본예산은 단순한 투자안의 선정뿐만이 아니라 투자자금의 지출 규모와 시기에 맞추어 자금을 적시에 조달하기 위한 면밀한 계획을 필요로 한다. 특히 자금의 초과수요가 있는 경제환경에서는 필요자금을 필요한 시기에 조달하는 것이 투자의 성패를 좌우하게 되므로 다각적이고 광범위한 자금수급계획을 세우는 것이 매우 중요하다.

넷째, 기업사회는 치열한 경쟁사회이다. 임기응변적인 투자결정은 비효율적인 결과를 초래하기 쉬우므로 다른 기업과의 경쟁에서 뒤떨어지게 된다. 현대 기업의 경쟁력은 설비의 현대화를 통한 품질의 향상과 가격경쟁력에 따라 좌우되기 때문에 기업은 자본예산과정에서 경제환경의 변화, 소비자취향의 변화, 국가정책의 변화 등 여러 요인을 계획성 있게 분석하여 투자결정을 내려야 한다.

자본예산과정

자본예산을 실제로 수행하는 과정은 기업이 처해 있는 상황에 따라서 조금씩 다르지만 대체로 다음과 같은 단계로 나눠볼 수 있다.

① 투자목적의 설정
② 투자안의 선정과 투자안의 성격에 따른 분류
③ 각 투자안들로부터 예상되는 현금흐름의 측정
④ 투자안의 경제성평가
⑤ 투자의 결정 및 실행

자본예산의 첫 단계인 투자목적의 설정은 기업 내부와 외부의 투자환경을 분석하여 기업가치를 증가시킬 수 있는 투자기회를 발견하는 것이다. 물론 이는 기업의 목적이나 상황에 따라 달라질 수 있다. 기존의 시설을 교체하기 위한 투자가 있을 수 있으며, 제품생산을 확대하기 위하여 기존시설을 확장하는 투자도 있다. 또 새로운 공정과 기술개발을 위한 연구개발(R&D)투자와 광고나 공해방지시설에 대한 투자도 생각할 수 있다.

투자목적이 설정되면 이를 달성하기 위한 여러 가지 투자안이 선정되어야 한다. 그리고 이들 투자안을 그 성격에 따라 체계적으로 분류할 필요가 있다. 왜냐하면 투자안의 성격에 따라 투자안의 경제성을 평가하는 방법의 적용방식이 달라지기 때문이다. 투자안을 분류하는 방법에는 여러 기준이 있을 수 있으나 투자안들 사이의 상호관련성 여부가 가장 중요하다. 이를 기준으로 투자안을 분류하면 다음과 같다.

- **독립적 투자**(independent investment): 어떤 투자안으로부터 기대되는 현금흐름이 다른 투자안의 채택 여부와 아무런 관련이 없는 경우를 말한다. 예를 들어 자동차공장에서 제품조립라인과 성능시험설비는 공정에서 반드시 필요로 하지만 서로 관련되어 있지 않은 독립적 투자이

다. 투자안들이 독립적이면 이들을 별개의 것으로 보고 각각에 대해 평가할 수 있다.

- **종속적 투자**(dependent investment): 한 투자안을 선택하는 것이 다른 투자안의 채택 여부에 영향을 미치는 경우를 말한다. 종속적 투자안은 상호배타적 투자와 상호인과적 투자로 분류할 수 있다. 상호배타적 투자(mutually exclusive investment)는 같은 목표를 달성할 수 있는 투자안들이 여러 개 있을 때 특정 투자안이 채택되면 다른 투자안들은 자동적으로 기각되어 채택될 수 없는 경우를 말한다. 예를 들어, 어떤 공장에서 생산설비를 선택할 때 완전자동화된 설비와 반자동화된 설비를 고려할 수 있다. 둘 중 하나가 선택되면 다른 설비는 자연히 탈락된다. 상호인과적 투자(contingent investment)는 한 투자안이 결정되면 이와 더불어 다른 투자안에 대한 투자가 필연적으로 따르게 되어 있는 경우를 말한다. 예를 들면, 공장을 건설하는 투자안과 이 공장까지의 연결도로를 건설하는 투자안의 경우 공장건설의 효과를 얻기 위해서는 공장까지의 연결도로 건설이 필수적으로 뒤따라야 한다. 이 경우 상호관련이 되어 있는 투자안들을 같이 묶어서 투자의 타당성을 평가해야 한다.

자본예산에서 가장 중요한 과정은 좁은 의미의 자본예산이라 할 수 있는 ③ 투자안들로부터 예상되는 현금흐름의 측정과 ④ 투자안의 경제성평가이다. 이 장의 다음 부분에서 경제성평가에 대해 먼저 설명하고, 현금흐름의 측정에 관해서는 제7장에서 자세히 다루기로 한다.

■ 순현가법

투자안의 경제성을 평가하는 방법을 자본예산기법(capital budgeting rule) 또는 투자결정기법(investment decision rule)이라고 하는데 다음과 같은 기법들이 흔히 이용된다.

- 순현가법
- 회수기간법 및 회계적 이익률법
- 내부수익률법
- 수익성지수법

위의 여러 대안 중 가장 나은 방법으로 알려진 기법이 순현가법(*NPV* rule)인데 그 이유는 순현가법이 다음과 같은 바람직한 성질을 가지기 때문이다.

- 재무관리에서 가장 기본이 되는 원리인 화폐의 시간가치를 반영한다. 즉 모든 가치는 오늘의 화폐가치로 측정된다.
- 순현가는 기대현금흐름과 자본의 기회비용(할인율)에 의해서만 결정되므로 계산과정이 어렵지 않을 뿐 아니라, 경영자나 주주의 취향, 회계처리방식 등에 영향을 받지 않는다.
- 모든 가치는 오늘의 화폐가치 즉, 현가로 측정되기 때문에 가치의 가산원칙(value additivity)이 적용된다. 즉 두 개의 투자안 A와 B가 존재할 때 둘을 결합한 사업의 순현가는 각각의 순현가

를 합한 것과 같다: $NPV(\text{A}+\text{B}) = NPV(\text{A}) + NPV(\text{B})$.

순현가법 이외의 다른 기법들은 위와 같은 성질의 일부 또는 전부를 만족시키지 못하기 때문에 때로는 그릇된 투자결정을 내리게 할 수 있다. 제6.2절부터 제6.4절까지에서는 위와 같은 기준을 적용하여 순현가법 이외의 다른 투자결정기법의 장점 및 단점을 분석할 것이다.

순현가

순현가법의 적용은 투자안의 순현가(*NPV*)를 계산하는 일로부터 시작한다. 제4장에서 이미 보았듯이 순현가는 투자안의 현가(*PV*)에서 초기의 투자비용을 뺀 값으로 정의된다. 투자안으로부터 발생하는 현금흐름과 할인율을 이용하여 순현가를 구하는 공식은 다음과 같다.

$$NPV = \underbrace{\frac{C_1}{(1+r)} + \frac{C_2}{(1+r)^2} + \cdots + \frac{C_n}{(1+r)^n}}_{\text{현가 }(PV)} - \underbrace{I_0}_{\text{투자비용}} \tag{6.1}$$

식 6.1에서 C_t는 t기에 발생하는 현금흐름을, r은 할인율을, I_0는 초기의 투자비용을 나타낸다.

이 식은 투자로 인한 현금유출은 전액 현 시점에서 발생한다는 것을 전제로 나타낸 것이다. 만일 현금유출이 여러 기간에 걸쳐 일어날 경우 식 6.1은 다음과 같이 일반화될 수 있다.

$$NPV = \sum_{t=0}^{n} \frac{C_t}{(1+r)^t} \tag{6.2}$$

식 6.2에서 C_t의 부호가 음(−)이면 현금유출 즉 투자비용을 나타내며, 양(+)이면 현금유입을 나타낸다.

〈표 6−1〉에서는 상호독립적인 세 투자안의 현금흐름을 나타내었다.

표 6-1 상호독립적인 세 투자안의 현금흐름

투자안	현금흐름 Ct(억원)			
	C_0	C_1	C_2	C_3
A	−15	3	13	4
B	−15	13	3	4
C	−15	6	8	8
$PVF(10\%, t)$	1.000	0.909	0.826	0.751

* PVF: 할인요소(present value factor).

〈표 6−1〉의 세 투자안 중 투자안 C의 순현가를 계산하는 과정은 〈표 6−2〉에서와 같다. 〈표 6−2〉에서와 같은 방법으로 투자안 A와 B의 순현가를 구한 결과를 〈표 6−3〉에서 나타내었다.

표 6-2 투자안 C의 순현가 계산

시점	현금흐름(억원) ①	*PVF*(10%, *t*) ②	현재가치 ①×②
0	−15	1.000	−15
1	6	0.909	5.46
2	8	0.826	6.61
3	8	0.751	6.01
			NPV = 3.08억원

표 6-3 투자안 A, B, C의 순현가

투자안	A	B	C
NPV(억원)	1.48	2.30	3.08

투자결정기준

순현가법은 순현가가 양(+)이면 투자안을 채택하고, 음(−)이면 기각한다는 것이다. 〈표 6-3〉에서 세 투자안의 *NPV*가 모두 양(+)이므로, 이들 투자안이 서로 독립적이고 또 자본조달에 제약이 없는 한 세 투자안 모두를 수용해야 한다는 결론이 따른다. 그러나 세 투자안이 상호배타적일 경우 순현가가 가장 큰 투자안 C를 채택해야 할 것이다.

순현가의 의미

식 6.1(또는 식 6.2)과 같이 계산하여 얻게 되는 양(+)의 *NPV*는 일종의 차익거래의 결과로 얻어지는 이익으로 해석될 수 있다. 〈표 6-1〉의 투자안 C의 경우를 예로 들어 설명해 보자. 만일 기업이 투자안 C와 동일한 현금흐름을 가지는 금융자산 포트폴리오를 구성할 수 있다면 이 포트폴리오를 구성하는 데 드는 비용은 〈표 6-2〉로부터 18.08억원(= 5.46억 + 6.61억 + 6.01억)이라는 것을 알 수 있다(즉 효율적인 자본시장에서 금융자산의 시장가격은 미래현금흐름의 현재가치로 평가된다). 같은 현금 유입을 가져다주는 투자안 C의 투자비용은 15억원이므로 투자안 C는 과소평가된 것이다. 따라서 금융자산 포트폴리오를 공매하고 투자안 C를 수용할 경우 금융자산으로부터 발생하는 현금흐름이 투자안 C로부터 발생하는 현금흐름을 정확히 상쇄시키며, 공매대금으로 유입되는 18.08억원이 투자안 C의 투자비용 15억원보다 크다. 기업은 그 차이 3.08억원을 차익(arbitrage profit)으로 챙기게 되는 것이다. 따라서 *NPV*가 양(+)이냐 음(−)이냐의 문제는 결국 차익거래기회가 존재하느냐 아니냐의 문제로 귀착된다.

이와 같은 논리에 의하면, 양(+)의 *NPV*를 가진 투자안들이 세상에 많이 존재한다는 사실이 제 3.5절에서 언급한 '무차익원리'에 위배되는 것일 수 있다. 그러나 이는 기업이 실물시장과 금융시장 사이에서 차익거래기회를 만들어 내는 과정은 아무나 쉽게 모방할 수 없는 것이므로 차익거래가 없는 균형상태에 도달하는 데에는 많은 시간이 걸리기 때문이라고 할 수 있다.

6.2 회수기간법과 회계적 이익률법

■ 회수기간법

회수기간의 의의와 계산

회수기간(payback period)이란 투자시점에서 발생한 비용을 회수하는 데 걸리는 기간을 말하는 것으로 보통 연단위로 표시한다. 예를 들어 〈표 6-1〉의 투자안 A의 경우 15억원의 투자비용은 투자 이후 발생하는 현금흐름의 누적합계가 15억원 이상이 되는 2년이 지나야 모두 회수된다(3억+13억=16억). 따라서 투자안 A의 회수기간은 2년이다. 〈표 6-4〉는 〈표 6-1〉의 각 투자안에 대해 계산한 회수기간과 *NPV*를 보여준다.

표 6-4 상호독립적인 세 투자안의 회수기간과 *NPV*

투자안	현금흐름 C_t(억원)				회수기간(년)	*NPV*(억원) @10%
	C_0	C_1	C_2	C_3		
A	−15	3	13	4	2	+1.48
B	−15	13	3	4	2	+2.30
C	−15	6	8	8	3	+3.08

투자결정기준

회수기간법에 의한 투자결정에서는 투자비용을 빨리 회수할수록 바람직하다고 평가하므로 상호배타적인 투자안들 중에서는 회수기간이 가장 짧은 것을 선택하게 된다. 〈표 6-4〉에 나타낸 투자안들 중에서는 투자안 A와 B가 회수기간 2년으로 C보다 우월한 투자안이다. 그러나 독립적인 투자안의 경우에는 각각의 회수기간이 기업 자체에서 기준으로 정한 회수기간(cut-off period)보다 짧으면 투자가치가 있다고 판단한다. 예에서 각각의 투자안을 독립적인 것이라 하고, 이 기업에서는 3년 이하의 회수기간을 갖는 투자안을 선택하기로 하였다면 투자안 A, B, C 모두가 채택되게 된다.

문제점

회수기간법은 쉽고 간편하지만 다음과 같은 결정적인 문제점들이 있다.

① 회수기간 이후의 현금흐름을 고려하고 있지 않다. 앞의 예에서 투자안 A와 B는 회수기간이 2년으로 우수하지만 회수기간이 지난 이후인 3차연도의 현금흐름이 저조하여 투자안 C보다 *NPV*가 작다. 그럼에도 불구하고 투자분석에서 이러한 사실은 전혀 고려되지 않고 있다. 회수기간법은 투자안의 가치를 수익성에 두는 것이 아니라 시간성에 두고 있기 때문에 이러한 현상이 나타난다.

② 화폐의 시간가치를 무시하고 있다. 〈표 6-4〉의 두 투자안 A와 B를 비교해 보자. 투자안 A

와 B는 회수기간이 2년으로 똑같다. 따라서 회수기간을 기준으로 의사결정을 하는 경우에 두 투자안은 차이가 없지만, 가까운 미래에 실현되는 현금흐름의 가치가 더 크므로 모든 투자자들은 할인율에 관계없이 투자초기에 많은 현금유입을 가져다주는 투자안 B를 선호한다.

③ 셋째, 독립적인 투자안에 있어서 투자결정의 기준이 되는 회수기간의 선정이 자의적이다. 각 기업마다 나름대로의 기준을 정하여 의사결정을 할 수 있으나, 얼마의 회수기간을 기준으로 하여 투자결정을 해야 하는지에 대한 객관적이고 합리적인 근거를 찾기가 어렵다.

유용성

회수기간법은 많은 단점을 가지고 있으나 아직도 많은 기업들이 사용하는 것으로 보고되고 있다. 그 이유는 무엇일까? 첫째, 방법이 매우 간단하여 이해하기 쉽다는 점이다. 그러나 큰 자금을 투자하는 경우에 있어서 단순히 이해하기 쉽다는 이유로 회수기간법을 사용하여 투자결정을 내려서는 안 된다. 둘째, 회수기간법은 경영자에게 투자위험에 대한 정보를 제공하고 있다. 회수기간이 짧을수록 미래의 현금흐름에 대한 불확실성이 빨리 제거되므로 위험이 작다. 셋째, 기업가치를 결정하는 데 있어 수익성이 중요하지만 유동성 또한 중요하다. 투자비용이 같은 여러 투자안 중에서 회수기간이 짧을수록 현금이 빠른 기간 내에 유입되므로, 이러한 투자안을 선택하면 일정기간 동안 기업의 유동성을 높일 수 있다. 넷째, 투자규모의 대형화와 과학기술의 급격한 발달 등은 장기적 이윤을 목표로 투자한 설비에 대하여 예측하지 못한 진부화(obsolescence)를 가져올 위험이 따르게 마련인데, 짧은 기간에 자금을 회수할 수 있다면 이러한 진부화위험을 덜어주는 장점이 있다.

할인회수기간법

회수기간법이 화폐의 시간가치를 고려하지 못한다는 문제점을 보완하기 위하여 할인회수기간법(discounted payback period method)을 사용하기도 한다. 할인회수기간법은 먼저 각 기간의 현금흐름을 할인하여 각각의 현재가치를 구한 후, 각 기간의 현재가치의 합이 최초의 투자금액과 같아지는 기간을 구하여 기업이 정한 기준기간과 비교하여 더 짧으면 투자가치가 있다고 판단하는 것이다.

〈표 6-4〉의 예에서 할인율이 연 10%일 때 어떤 투자안도 현가기준으로 2년 내에 투자비용을 회수하는 것이 불가능하여 투자안 모두의 회수기간은 3년이 된다. 따라서 할인회수기간법에 의한 의사결정은 전통적인 회수기간법을 이용하는 것보다 보수적이라고 할 수 있다. 할인회수기간법은 현금흐름의 시간가치를 고려하였을 뿐 모든 현금흐름을 고려하지 않는다는 점과 객관적이고 합리적인 기준을 선정하지 못한다는 회수기간법이 갖는 다른 문제점을 해결하지 못한다.

회수기간법은 투자의 수익성을 분석하는 것이 아니기 때문에 회수기간법에만 의존하여 투자결정을 하는 경우는 적으며, 회수기간법과 함께 다른 여러 가지 분석기법을 동시에 고려하는 것이 보통이다.

■ 회계적 이익률법

의의와 계산

회계적 이익률법(accounting rate of return method)은 평균이익률법이라고도 하며, 투자로 인하여 나타나는 장부상의 연평균순이익을 연평균투자액으로 나누어 회계적 이익률을 계산하고 이를 이용하여 투자안을 평가하는 방법이다.

$$\text{회계적 이익률} = \text{연평균순이익}/\text{연평균투자액} \tag{6.3}$$

연평균순이익은 투자기간에 발생한 순이익의 연평균액으로 다음과 같이 계산한다.

$$\text{연평균순이익} = \text{순이익의 합}/\text{투자수명} \tag{6.4}$$

연평균투자액은 감가상각과 잔존가치에 의해 영향을 받는 장부상의 투자금액의 연평균액으로 다음과 같이 계산한다.

$$\text{연평균투자액} = \text{매년 말 장부가치의 합}/(\text{투자수명} + 1) \tag{6.5}$$

예제 6-1 ㈜갑을은 40억원을 투자하여 새 기계를 구입하여 제품을 생산하려고 한다. 새 기계의 투자수명은 4년이고 이후의 잔존가치는 없으며 정액법으로 감가상각을 한다고 한다. 새 기계의 도입으로 인한 순이익은 첫째 해에 3억원, 둘째 해에 3.5억원, 셋째 해에 4.5억원, 마지막 해에 5억원이 될 것으로 예상하고 있다. 이 투자안의 회계적 이익률을 구하라.

풀이 먼저, 식 6.4에 의해 연평균순이익을 계산하면 4억원이다.

$$\text{연평균순이익} = (3 + 3.50 + 4.50 + 5)/4 = 4(\text{억원})$$

잔존가치가 없고 정액법으로 감가상각하므로 매년 10억원씩 감가상각이 일어난다. 따라서 새 기계의 투자시점에서의 장부가치는 40억원, 1년 후 장부가치는 30억, 2년 후 장부가치는 20억원, 3년 후 장부가치는 10억원, 4년 후의 장부가치는 0원이 된다. 식 6.5에 의해 연평균투자액을 계산하면 20억원이다.

$$\text{연평균투자액} = 40 + 30 + 20 + 10 + 0/(4 + 1) = 20(\text{억원})$$

위에서 계산한 연평균순이익과 연평균투자액으로부터 계산한 회계적 이익률은 20%이다.

$$\text{회계적 이익률} = \text{연평균순이익}/\text{연평균투자액} = 4\text{억}/20\text{억} = 20\%$$

회계적 이익률법은 회계학에서 사용하는 투자결정기법이라는 뜻은 아니며, 단순히 회계장부상의 수치를 기초로 계산되기 때문에 이렇게 불리고 있다. 투자 후 잔존가치가 있는 경우에는 이에 알맞게 변형하여 계산할 수 있으며, 투자의 수익성을 대충 어림하는 데 사용된다.

투자결정기준

투자결정을 위하여 회계적 이익률법을 이용할 때에는 투자대상의 회계적 이익률이 기업에서 기준으로 정해 둔 회계적 이익률보다 높으면 투자안을 채택하며, 여러 투자안이 고려되는 경우에는 가장 높은 회계적 이익률을 가진 투자안을 채택한다.

이용과 한계점

회계적 이익률법을 투자안평가에 사용하는 데 가장 큰 장점은 간단하고 이해하기 쉬우며, 회계장부상의 자료를 그대로 사용할 수 있다는 점이다. 그러나 이 분석방법은 화폐의 시간가치를 고려하지 않는다는 단점이 있다. 또한 투자안의 현금흐름이 아닌 회계이익을 분석대상으로 한다는 근본적인 문제점이 있다.

이상에서 보았듯이 회수기간법과 회계적 이익률법은 투자안의 경제성분석에 있어서 화폐의 시간가치를 무시하고 있다. 화폐의 시간가치를 고려하여 분석하는 할인현금흐름법에는 순현가법 외에도 내부수익률법과 수익성지수법이 있다. 다음에서는 이들 기법에 대해 살펴보자.

6.3 내부수익률법

■ 내부수익률의 의의와 계산

투자기간이 단일기간일 때 수익률은 다음과 같이 계산할수 있다.

$$\text{수익률} = \text{투자수익}(C_1)/\text{투자비용}(-C_0) - 1 \quad \text{또는} \quad 1 + \text{수익률} = C_1/(-C_0)$$

여기서 C_0앞에 음(−)의 부호가 붙는 것은 C_0가 현금유출이라서 음(−)의 값을 가지기 때문이다. 위의 식은 다음과 같이 다시 정리될 수 있다.

$$\text{순현가}(NPV) = C_0 + C_1/(1 + \text{수익률}) = 0$$

따라서 수익률은 NPV를 0으로 만드는 할인율이다. 이 경우 수익률이 시장의 기회비용을 나타내는 할인율보다 크면 NPV는 0보다 크며, 수익률이 클수록 NPV도 커지며 투자안은 그만큼 더 매력적이다.

그러나 일반적으로 투자기간이 단일기간인 경우는 드물며 여러 기간인 경우가 보통이다. 투자기간이 여러 기간일 때에는 수익률이 무엇을 의미하는지 분명하지 않을 수 있다. 이 경우, 연평균수익률 개념인 내부수익률(internal rate of return: IRR)을 사용한다. 내부수익률이란 미래현금흐름의 NPV를 0으로 만드는 할인율이다. 이를 달리 표현하면 미래 현금유입의 현가와 현금유출의 현가를 같게 만드는 할인율이다. 따라서 사업기간이 n년인 투자안의 IRR을 찾기 위해서는, 다음 식을 IRR에 대해 풀면 된다.

$$NPV = C_0 + \frac{C_1}{(1+IRR)} + \frac{C_2}{(1+IRR)^2} + \cdots + \frac{C_n}{(1+IRR)^n} = 0 \tag{6.6}$$

내부수익률을 구하는 최선의 방법은 컴퓨터를 이용하는 것이다. 정확한 해답을 필요로 하지 않는다면 시행착오법에 의해서 계산할 수 있다. 순현가를 여러 개의 할인율로 계산하여 보고, 그중 *NPV*가 0이 되는 할인율을 찾으면 그것이 내부수익률(*IRR*)이다. 〈표 6-5〉는 〈표 6-1〉의 투자안 C에 대해 할인율을 5%, 10%, 15%, 20%, 25%로 변화시키며 *NPV*가 어떻게 변화하는지를 살펴보았다. 그리고 [그림 6-1]은 〈표 6-5〉의 결과를 바탕으로 *NPV*와 *IRR*의 관계를 그림으로 나타내었다.

표 6-5 할인율의 변화와 투자안 C의 순현가

할인율(%)	5	10	15	20	25
순현가(억원)	4.88	3.08	1.53	0.19	−0.98

| **그림 6-1** | *NPV*와 *IRR*의 관계: 투자안 C

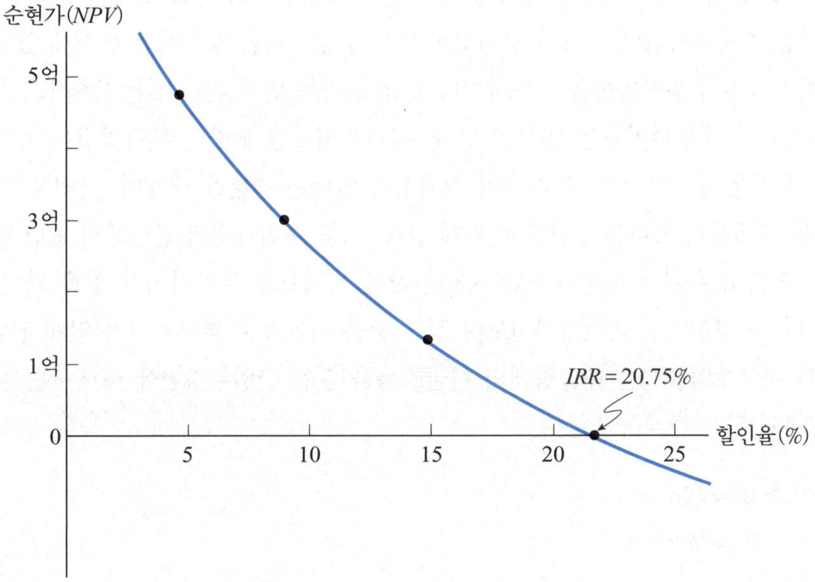

[그림 6-1]에서 보면 할인율과 순현가의 관계는 곡선으로 나타나며 이 곡선과 X축이 만나는 점, 즉 순현가가 0이 되게 하는 점이 내부수익률이다. 투자안 C의 경우 이 점은 20.75%이다. 같은 방식으로 〈표 6-1〉의 나머지 투자안에 대한 *IRR*을 엑셀에 의해 계산한 결과를 〈표 6-6〉에서 정리하였다.

표 6-6 투자안 A, B, C의 내부수익률(IRR)

투자안	현금흐름 C_t(억원)				IRR(%)	NPV(억원) @10%
	C_0	C_1	C_2	C_3		
A	−15	3	13	4	15.26	+1.48
B	−15	13	3	4	21.28	+2.30
C	−15	6	8	8	20.75	+3.08

■ 투자결정기준

대출형태의 현금흐름을 갖는 단일투자안의 분석

일반적인 투자안의 현금흐름은 초기에 투자비용이 발생하고[(음(−)의 현금흐름)], 이후 여러 기간에 걸쳐 양(+)의 현금흐름이 발생하는 형태를 갖는다. 이는 마치 자금을 대출(lending)해 준 경우에 얻는 현금흐름의 형태와 같다. 대출형태의 현금흐름을 갖는 단일투자안(또는 투자안들이 상호독립적인 경우)에 대한 투자결정에 IRR법을 적용하는 경우 내부수익률(IRR)이 할인율보다 높은($IRR > r$) 경우 투자안을 채택하고 내부수익률이 할인율보다 낮은($IRR < r$) 경우 투자안을 기각하면 된다. 그리고 이 경우 IRR법에 의한 투자결정은 NPV법에 의한 투자결정과 정확히 일치한다. 즉, 대출형태의 현금흐름을 갖는 개별투자안에 대하여 경제성이 있느냐 없느냐를 평가하는 문제에 있어서는 순현가법을 이용하거나 내부수익률법을 이용하거나 같은 결과를 얻게 된다. 예를 들어 [그림 6−1]에서 예로 든 투자안 C의 내부수익률은 20.75%였다. 내부수익률법에 따라 투자결정을 한다면 할인율이 20.75%보다 작은 경우에는 이 투자안이 경제성이 있다는 결론을 내리며, 할인율이 20.75%보다 큰 경우에는 경제성이 없다는 결론을 내리게 된다. 이를 순현가법의 관점에서 보면 할인율이 내부수익률보다 작은 경우에는 순현가가 0보다 큰 값을 가지므로 투자가치가 있게 되며, 할인율이 내부수익률보다 큰 경우에는 순현가가 0보다 작은 값을 가지므로 투자가치가 없게 된다. 이와 같이 순현가법과 내부수익률법은 대출형태의 현금흐름을 갖는 단일투자안에 대해서는 같은 평가를 하게 되며, 다음과 같은 관계를 갖는다.

$$NPV > 0 \Leftrightarrow IRR > r$$
$$NPV = 0 \Leftrightarrow IRR = r$$
$$NPV < 0 \Leftrightarrow IRR < r$$

차입형태의 현금흐름을 갖는 투자안과 복수의 투자안 분석

어떤 투자안은 초기에 양(+)의 현금흐름이 발생하고 이후의 여러 기간에 걸쳐 음(−)의 현금흐름이 발생하는 형태를 갖는다. 이는 마치 자금을 차입(borrowing)하는 경우의 현금흐름과 같은 형태이다. 또 어떤 투자안은 (−)와 (+)의 현금흐름이 여러 번에 걸쳐 반복되는 형태의 현금흐름을 갖기도 한다. 이러한 경우 앞서 대출형태의 단일투자안 분석에 적용되었던 IRR의 투자결정기준은 잘못된 결과를 가져오게 된다. 이는 아래의 '함정 1'과 '함정 2'에서 살펴본다.

단일투자안이 아닌 복수의 투자안에 대해 분석을 하는 경우에도 앞서의 대출형태의 단일투자안 분석에서와 같이 *IRR*법과 *NPV*법은 항상 같은 결과를 가져올까? 대표적으로 여러 투자안 중에서 하나를 선택해야 하는 상호배타적인 투자안들을 생각해 보자. *IRR*법에서는 *IRR*이 높을수록 경제성이 높은 것으로 판단하므로 상호배타적인 투자안들에 대해 투자결정을 하는 경우 *IRR*법은 내부수익률이 가장 높은 투자안을 선택한다. 그러나 여러 투자안에 대해 분석하는 경우 이러한 기준을 일률적으로 적용할 경우 *NPV*법에 의한 결정과는 다른 그릇된 판단을 내릴 수 있다. 이는 아래의 '함정 3'에서 살펴본다. 또 수익률곡선이 수평이 아닌 경우 *IRR*법은 *NPV*법에 비해 적용에 어려움이 존재한다. 이는 '함정 4'에서 살펴본다.

이처럼 투자안의 현금흐름형태가 대출형태의 현금흐름과 다른 경우나 복수의 투자안을 분석하는 경우 *IRR*법과 *NPV*법은 서로 다른 결정을 내릴 수 있으므로, 내부수익률법과 순현가법이 같은 결론에 도달할 수 있도록 세심한 주의를 기울이는 것이 필요하다.

함정 1: 차입 여부

[그림 6-1]에서 보면 *NPV*가 할인율의 감소함수이다. 즉 할인율이 클수록 *NPV*는 작아진다. 이 경우 *IRR*법에 의한 투자결정은 *IRR*이 할인율보다 큰 투자를 채택하고, *IRR*이 할인율보다 작은 투자안은 기각하는 것이다. 이러한 기준이 적용될 때 *IRR*법과 *NPV*법이 같은 결론에 도달한다.

그러나 모든 현금흐름의 *NPV*가 반드시 할인율의 감소함수가 되는 것은 아니다. 다음 표의 투자안 P와 Q를 고려해 보자.

투자안	현금흐름 C_t(억원)		*IRR*(%)	*NPV*(억원) @10%
	C_0	C_1		
P	−10	+12	20	+0.91
Q	+10	−12	20	−0.91

표에서 투자안 P와 Q의 *IRR*은 같다. 그렇다면 P와 Q가 우열을 가릴 수 없다는 의미일까? 할인율이 10%일 때 *NPV*를 비교하면 분명히 그렇지 않다는 것을 알 수 있다. 투자안 P의 현금흐름은 먼저 지출이 일어나고 나중에 유입되기 때문에 대출(lending)의 형태이며 대출이자율이 20%이다. 투자안 Q의 현금흐름은 유입이 먼저 일어나고 나중에 지출되는 차입(borrowing)의 형태이며 차입이자율이 20%이다. 대출의 경우 수익률이 높을수록 좋고, 차입의 경우 수익률이 낮을수록 좋다. 따라서 투자안 P는(대출의 경우) *IRR*이 r보다 높기 때문에 채택되어야 하며, 투자안 Q는(차입의 경우) *IRR*이 r보다 크기 때문에 기각되어야 한다.

투자안 Q의 경우, 할인율과 *NPV*의 관계는 [그림 6-2]에서 보듯이 *NPV*가 할인율의 증가함수가 되는 것을 알 수 있다.[2] 이때 *IRR*법은 *IRR*이 할인율보다 작은 투자안을 채택하고, *IRR*이 할인

| 그림 6-2 | *NPV*가 할인율의 증가함수인 경우: 투자안 Q

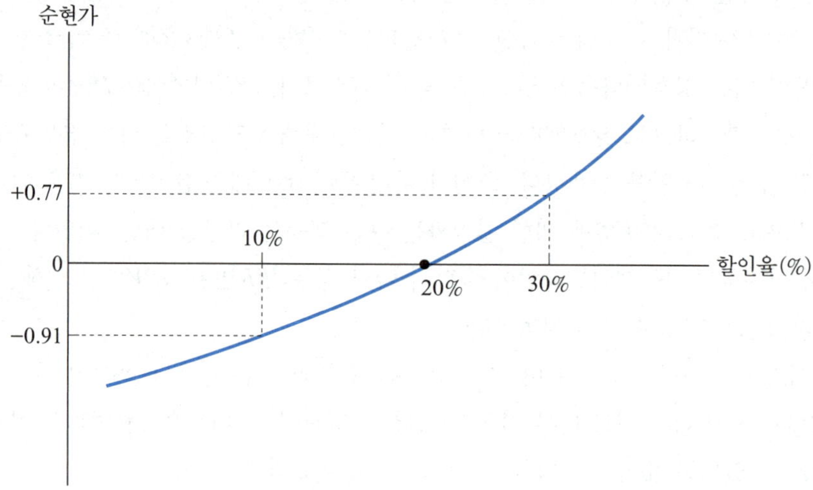

율보다 큰 투자안은 기각하는 것으로 수정되어야 한다.

그렇다면 어떤 경우에 *NPV*가 할인율의 감소함수가 되고 어떤 경우에 증가함수가 될까? 식 6.1을 다음과 같이 할인율 r에 대해 미분해 보자.

$$\frac{dNPV}{dr} = -\frac{C_1}{(1+r)^2} - 2\frac{C_2}{(1+r)^3} - 3\frac{C_3}{(1+r)^4} - \cdots - n\frac{C_n}{(1+r)^{n+1}} \tag{6.7}$$

식 6.7을 보면 C_0가 초기의 투자비용이고, 후속 기간의 현금흐름이 모두 양(+)일 경우 위의 식은 항상 음(−)이 되어 *NPV*가 할인율의 감소함수가 되며 따라서 대출 상황인 것을 알 수 있다. 그러나 현금유출이 자주 일어나는 경우 그 형태가 차입인지 또는 대출인지를 판단하는 것은 쉽지 않다. 다음의 예를 통해 살펴보자.

현금흐름이 다음과 같은 투자안의 *IRR*을 구하고 할인율이 5%일 때 투자안의 채택 여부를 결정해 보자.

현금흐름 C_t(억원)			
C_0	C_1	C_2	C_3
−925	+1,000	+1,400	−1,500

이와 같은 현금흐름은 초기에 투자비용이 발생하고 말기에 다시 청산비용이 드는 경우에 나타날 수 있다. 건설현장을 원상태로 복원하거나 폐광을 제거할 때 찾아볼 수 있는 현상이다. 우선 이 현

2 이러한 관계는 $NPV[=10-12/(1+r)]$를 r에 대해 미분하면 쉽게 확인할 수 있다: $dNPV/dr = 12/(1+r)^2 > 0$.

금흐름의 형태가 대출인지 또는 차입인지의 여부를 판단하기 위하여 할인율이 0%일 때와 10%일 때의 *NPV*를 구해 보자.

$$r = 0:\ NPV = -925 + 1{,}000 + 1{,}400 - 1{,}500 = -25 < 0$$
$$r = 10\%:\ NPV = -925 + 1{,}000/1.1 + 1{,}400/(1.1)^2 - 1{,}500/(1.1)^3 = 14 > 0$$

위의 계산으로부터 다음과 같은 결과 즉, *NPV*는 할인율의 증가함수이고 이는 차입의 형태라는 것을 추측할 수 있다. 그리고 엑셀을 이용하여 구한 *IRR*은 4.62%이다. 현금흐름이 차입의 형태일 때의 *IRR*법에 의하면 *IRR*이 할인율 5%보다 작기 때문에 이 투자안은 채택되어야 한다.

| 그림 6-3 | *NPV*가 할인율의 증가 또는 감소 함수인지의 판단

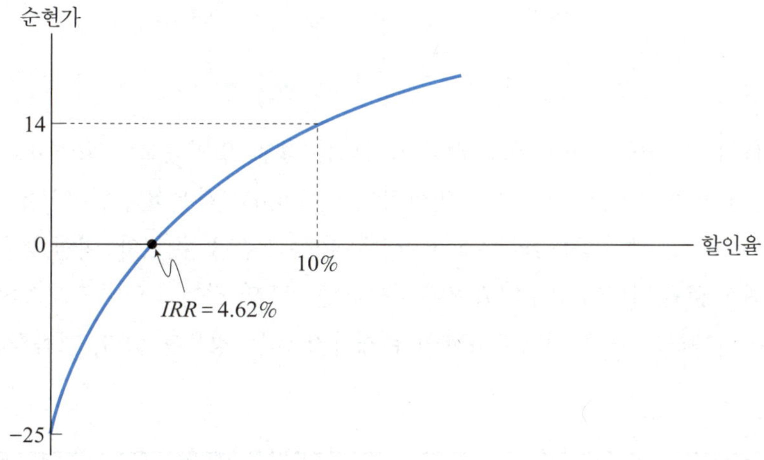

여러 기간에 걸쳐 현금흐름이 발생하는 경우 위에서와 같이 차입 또는 대출 여부를 확인하는 작업은 단순하지 않을 뿐더러 오랜 시간이 걸린다. 그러나 순현가법을 이용한다면, 현 상황이 차입인지 대출인지를 확인할 필요가 없다. 단지 *NPV*만을 계산하면 되기 때문에 훨씬 쉬운 작업이다.

함정 2: 복수의 *IRR*

앞의 예를 계속 살펴보면 이자율이 30%일 때, *NPV*는 $-925 + 1{,}000/1.3 + 1{,}400/(1.3)^2 - 1{,}500/(1.3)^3 = -10$이 되어 0보다 작다. 이럴 때 [그림 6-4]에서와 같은 경우를 상정할 수 있다. 그림에서 보면 *NPV*가 0이 되는 점이 두 개 존재한다. 이론적으로 *IRR*이 두 개(IRR_1과 IRR_2)가 되는 것이다. 이럴 경우 IRR_1에서는 *NPV*가 할인율의 증가함수이므로 $IRR_1 < r$일 때 투자안을 채택하고, IRR_2에 대해서는 *NPV*가 할인율의 감소함수이므로 $IRR_2 > r$일 때 투자안을 채택해야 한다. 그렇지 않을 경우에는 기각해야 한다.

*IRR*이 복수로 존재할 경우 실제문제는 보다 훨씬 복잡하다. 왜냐하면, 투자안의 내용연수가 장

| 그림 6-4 | 내부수익률이 두 개인 경우

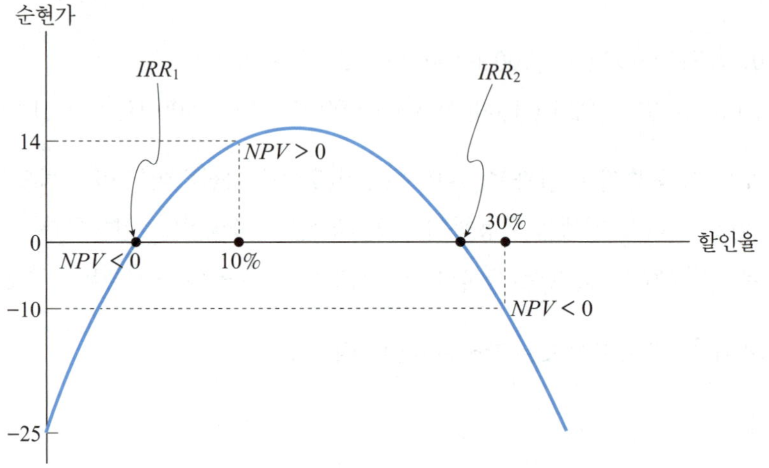

기이고, 현금흐름이 양(+)에서 음(−)으로 많이 교차되는 경우, 일반적으로 *NPV*가 0이 되는 할인율은 2개보다 훨씬 많을 수 있기 때문이다. 일반적으로 식 6.6과 같은 *n*차 방정식에서 해(solution)의 개수는 현금흐름의 양(+)과 음(−)의 부호가 바뀌는 횟수와 같을 수 있다. 이럴 경우 *IRR*법의 적용은 더욱 복잡해질 뿐만 아니라 다수의 *IRR*이 나타나면 *IRR*의 경제적 의미도 모호하다.

복수의 *IRR*이 존재하는 경우 외에도 *IRR*이 존재하지 않는 경우도 있다. 다음의 예를 고려해 보자.

현금흐름 C_t(억원)			*IRR*	*NPV* @10%
C_0	C_1	C_2		
+20	−30	+20	None	9.26

현금흐름이 위와 같은 경우 모든 할인율에 대해 *NPV*가 양(+)이 되며, *IRR*은 존재하지 않는다. 따라서 *IRR*법을 적용할 수 없다.

이와 같이 *IRR*법을 적용하는 것이 매우 복잡하거나 또 불가능할 경우, 문제의 해결방법은 아주 단순하다. *IRR*법에 의존할 것이 아니라 단순히 순현가법을 이용하면 된다는 것이다.

함정 3: 상호배타적 투자안

상호배타적 투자는 투자안이 여러 개 있을 때, 특정 투자안이 채택되면 다른 투자안들은 자동적으로 기각되는 투자라고 하였다. 투자안을 선택할 때 종종 상호배타적인 투자안들과 접하게 된다. 다음의 상호배타적 투자안 J와 K를 고려해 보자.

| 그림 6-5 | 상호배타적 투자안 J와 K의 순현가와 *IRR*

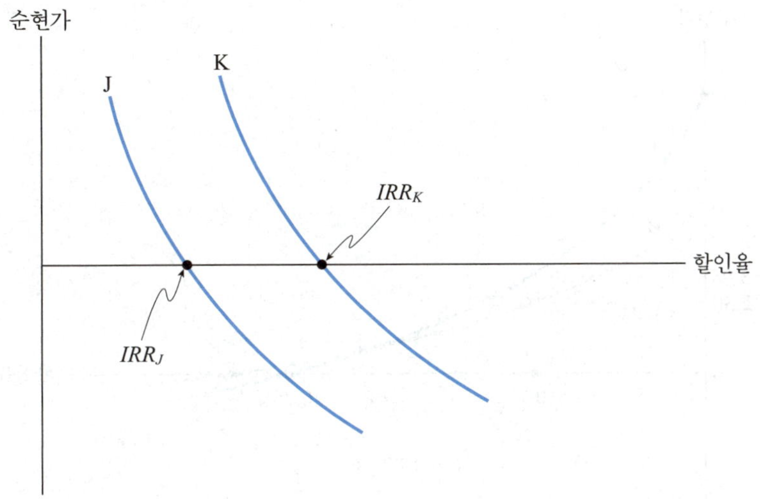

투자안 K가 투자안 J에 비해 *IRR*도 높고 *NPV*도 높기 때문에 우월하다. 이런 경우에는 아무런 문제가 없다.

그러나 〈표 6-6〉에서 투자안 B와 투자안 C를 비교해 보자. 순현가법을 따를 경우 투자안 C가 우월하지만 내부수익률법을 따를 경우 투자안 B가 우월하다. 투자안 B와 C의 순현가와 할인율의 관계를 좀 더 자세히 들여다 보면 [그림 6-6]의 상황과 같다. *NPV*를 비교하면 r에 따라 C안이 우월할 때도 있고 B안이 우월할 때도 있다. 할인율이 r^*(= 19.32%)보다 높을 때는 B안이 우월하고, 할인율이 r^*보다 낮을 때는 C안이 우월하다. 이에 따라 할인율이 10%이면 C안이 우월하다. 내부수익률법을 적용할 경우, 할인율에 상관없이 B안이 더 우월하다. 이럴 경우 어떤 평가법에 의해 투자안을 선택하여야 할까? 다음의 예제에서 이에 대한 대답을 찾아보자.

예제 6-2 상호배타적 투자안 D와 E에 대한 현금흐름, 내부수익률(*IRR*), 순현가(*NPV*), 그리고 순현가가 같게 되는 할인율 r^*가 다음의 표에서와 같다. 두 투자안 중 어느 것을 선택할지 결정하라.

투자안	C_0	C_1	*IRR*	*NPV*@10%(억원)	
D	−1,000	+1,200	20%	91	r^* = 18.18%
E	−10	+30	200%	17	

풀이 이 문제에서의 투자결정은 상대적이냐 절대적이냐의 문제다. D안은 상대적으로 수익성이 낮지만, 절대적 금액으로는 높다. E는 상대적으로 수익성이 높으나, 절대적 금액으로는 낮다. D와 E가 상호배타적이라면 둘 다 채택할 수 없으므로, 중요한 것은 절대적인 수익이다. 왜냐하면 중요한

| 그림 6-6 | 상호배타적 투자안 B와 C의 순현가와 *IRR*

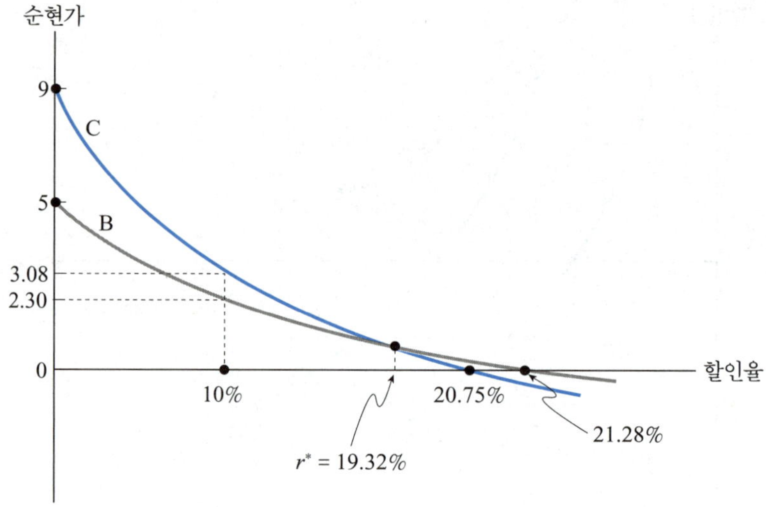

것은 상대적 수익률이 아니라 주머니에 들어갈 화폐의 절대액이기 때문이다. 따라서 위와 같이 두 평가법이 충돌할 경우 내부수익률법보다 반드시 순현가법을 적용해야 한다.

만약 [예제 6-2]와 같은 문제에서 내부수익률법을 고집한다면 현금흐름의 증분에 근거하여 *IRR*을 계산해야 한다. 증분현금흐름에 근거한 의사결정방법은 다음과 같다. 우선투자안 D와 E의 차이를 반영한 가상적인 증분투자안 F를 가정하고 이에 대한 현금흐름에 근거하여 증분*IRR*과 증분*NPV*를 계산한다.

증분투자안	C_0	C_1	증분*IRR*(%)	증분*NPV*@10%
F = D − E	−990	+1,170	18.18	74

위 표에서 증분투자안 F는 *IRR*이 18.18%로 할인율 10%보다 크며 *NPV*는 74로 0보다 크다. 따라서 [예제 6-2]에서 *IRR*법에 기초하여 투자결정을 할 때 우선 투자규모가 작지만 *IRR*이 200%로 높은 투자안 E에 10을 먼저 투자하고, 이후 투자안 F에 990을 투자한다. 결국 E + F = E + (D − E) = D가 되므로 투자안 D를 선택한 것과 같은 결론을 얻는다. 그리고 이때 증분투자안 F의 *NPV* 74는 바로 투자안 D와 E의 순현가의 차이이다. 이와 같이 *IRR*법을 적절히 개조하면 *NPV*법과 같은 결과를 가질 수가 있다. 그러나 역시 *NPV*법이 훨씬 사용하기에 편리하다.

함정 4: *IRR*과 이자율의 기간구조

투자안의 순현가를 계산할 때 지금까지는 매기간에 대해 동일한 할인율(이자율)을 가정하였다. 즉 이자율의 수익률곡선(yield curve)이 수평이라고 가정하였다. 그러나 현실은 꼭 그렇지만은 않다. 이자율의 수익률곡선은 우하향하거나 우상향할 수도 있다. 이 경우 매기간의 이자율이 다르므로, *NPV*를 계산할 때도 각 기간에 맞는 할인율을 사용해야 한다. 그러므로 *NPV*를 구하는 공식은 다음과 같다.

$$NPV = C_0 + \frac{C_1}{(1+r_1)} + \frac{C_2}{(1+r_2)^2} + \cdots \qquad (6.8)$$

이 경우 *IRR*방법을 사용한다면 *IRR*을 어떤 할인율과 비교해야 할까? 수익률곡선이 수평이 아닐 경우, 투자안의 *IRR*을 이자율의 가중평균과 비교하거나 또는 투자안과 현금흐름의 패턴이 같고 위험이 동일한 증권의 기대수익률과 비교해야 한다. 하지만 이는 상당히 어려운 작업이다. 역시 *NPV*법이 쉬운 방법이다.

6.4 수익성지수법

순현가는 절대액으로 표현되기 때문에 투자규모가 다른 여러 투자안을 평가할 경우에는 각 투자안의 상대적 성과를 비교하기가 어렵다. 이러한 단점을 보완하기 위해 수익성지수(profitablilty index: PI) 또는 수익-비용비율(benefit-cost ratio)이 자주 사용된다. 수익성지수는 투자안의 현재가치 *PV*를 초기투자비용 *I*로 나누어 구한다.[3]

$$\text{수익성지수}(PI) = \text{투자안의 현재가치}(PV) \;/\; \text{초기투자비용}(I) \qquad (6.9)$$

수익성지수법의 투자결정기준은 *PI*가 1보다 크면 투자안을 채택하고, 1보다 작으면 투자안을 기각한다는 것이다.

수익성지수법으로 투자안을 채택할 경우, 양(+)의 순현가를 가지는 투자안만을 채택하므로 항상 *NPV*법과 같은 결과를 나타낼 것처럼 보인다.[4] 그러나 상호배타적 투자안의 우선순위를 결정해야 할 경우에는 수익성지수법 역시 *IRR*법과 마찬가지로 *NPV*법과는 다른 결과를 얻을 수 있다. 이 경우에도 상대적인 것보다는 절대적인 것을 고려해야 한다. 즉 *NPV*법을 사용해야 한다.

---

3 수익성지수는 분자항목인 *PV* 대신 *NPV*를 사용하여 정의되기도 한다.

4 순현가법에서는 $NPV = PV - I > 0$일 때 투자안을 선택한다. 즉, $PV > I$인 경우이다. 양변을 I로 나누면 $PV/I > 1$이고, PV/I는 바로 수익성지수이다. 그러므로 $PI > 1$은 $NPV > 0$과 같은 의미이다.

예제 6-3 수익성지수법을 이용하여 [예제 6-2]의 상호배타적 투자안 D와 E 중 하나를 선택하라.

투자안	C_0	C_1	*IRR*	*NPV*@10%	*PI*
D	−1,000	+1,200	20%	91	1.091
E	−10	+30	200%	17	2.7

풀이 *NPV*법을 사용한 경우 투자안 D를 선택하겠지만, *PI*법을 적용하면 투자안 E를 선택해야 한다. 그러나 중요한 것은 상대적인 비율이 아니라 절대적인 금액이다. 따라서 *PI*법을 사용하려면, *IRR*법에서와 마찬가지로 아래와 같이 증분현금흐름을 반영한 증분*PI*를 계산해 보아야 한다.

증분투자안	C_0	C_1	*PV*@10%	증분*PI*	증분*NPV*@10%
F = D − E	−990	+1,170	1,064	1.074	74

위에서 증분투자안 F는 투자안 D와 E의 차이를 반영한 가상적인 투자안이다. 증분투자안 F의 *PI*는 1.074로 1보다 크다. 따라서 *PI*법에 기초하여 투자를 결정할 때 *PI*가 2.7로 높은 투자안 E에 먼저 10을 투자한다. 이후 증분투자안 F에 990을 투자한다. 결국 E + F = E + (D − E) = D가 되므로 투자안 D를 선택한 것과 같은 결론을 얻는다. 이처럼 *PI*방법도 적절히 개조하면 *NPV*방법과 같은 결과를 가질 수 있다. 그러나 이렇게 번거로운 방법을 피하고 *NPV*법을 사용하는 것이 훨씬 편리하다.

6.5 자본제약하에서의 투자결정

기업이 자주 당면하는 문제 중의 하나는 투자할 자금이 한정되어 있다는 것이다. 투자에 필요한 자금을 기업내부에서 조달하려는 경우에는 자금의 제약이 더욱 문제가 된다. 이론적으로는 자금조달의 제한이 없는 한 순현가가 양(+)인 모든 투자대상에 투자함으로써 기업의 가치를 최대로 할 수 있다. 그러나 현실적으로는 기업의 자본이 한정되어 있기 때문에 이 한정된 자본으로 기업가치를 최대로 할 수 있도록 자금을 적절히 분배하여 투자하는 자본배분(capital rationing)이 문제가 된다.

기업이 자본배분을 해야 하는 이유에 따라 자본배분은 내부제약에 따른 배분(soft rationing)과 외부제약에 따른 배분(hard rationing)의 두 가지 형태로 구분된다. 전자의 경우, 경영진이 기업의 급속한 성장이 조직에게 과중한 부담이 된다고 믿을 경우 이러한 성장을 제한하는 수단으로 자본제약을 이용한다. 후자의 경우는 기업이 투자에 필요한 자금을 외부에서 충분히 조달할 수 없는 경우에 발생한다. 예를 들어 금융기관들은 어떤 특별한 기업에게 너무 많은 돈을 대출하기를 꺼릴 수 있다.

이와 같이 자본의 사용이 제한되는 경우, 기업은 어떻게 투자결정을 해야 할까? 자본제약이 완전자본시장의 가정을 크게 위배하지 않는다면 주주의 부를 극대화하는 방법은 여전히 *NPV*의 극대화이다. 다음의 예를 통해 살펴보자.

〈표 6-7〉은 상호독립적인 네 투자안 X, Y, W, Z의 현금흐름, 수익성지수, 그리고 순현가를 보여주고 있다.

표 6-7 투자안 X, Y, W, Z의 현금흐름, 수익성지수, 그리고 순현가

투자안	현금흐름 C_t(억원)			*PV*(억원) @10%	수익성지수 (*PI*)	*NPV*(억원) @10%
	C_0	C_1	C_2			
X	−20	55	15	62.40	3.12	42.40
Y	−10	15	35	42.56	4.26	32.56
W	−10	10	30	33.88	3.39	23.88
Z	0	−75	120	30.99*	0.45**	30.99

* $PV = ((120/1.1) - 75)/1.1 = 30.99$

** $PI = 30.99/(75/1.1) = 0.45$

위의 표에서 보면 모든 투자안이 순현가가 양(+)이므로 매력적이라고 할 수 있다. 그러나 투자에 사용할 수 있는 자금이 20억원으로 제한되어 있는 상황이라면 X안이나 또는 (Y + W)안을 선택할 수 있다. Y안과 W안이 개별적으로는 X안보다 못하지만 두 안의 *NPV*를 합한 것은 X안의 *NPV*보다 크다. 자본제약이 있는 경우 순현가법에 전적으로 의존해서는 안 되고 수익성지수를 함께 고려할 필요가 있다. 왜냐하면 사용가능한 자본에 대해 최대한의 *NPV*를 얻도록 투자결정을 해야 하는데, 수익성지수가 이를 반영하기 때문이다. 표에서 보면 Y의 수익성지수가 가장 높고, W가 다음이다. 따라서 20억원을 투자할 경우 (Y + W)의 두 투자안을 선택하는 것이 투자의 효율성을 가장 높여준다.

그러나 투자자금이 시점 0과 시점 1에서 각각 20억원씩 주어질 경우 사정은 달라질 수 있다. 시점 0에서 (Y + W)안에 투자하는 것이 유리해 보이지만 이 경우 시점 1에서 투자안 Z를 수용할 수 없다. 반면 X안을 수용하면 1년 후 Z안을 수용할 수 있고 또 이렇게 하는 것이 *NPV*도 크게 한다.

6.6 자본예산기법의 실제 이용현황

다음에서는 지금까지 살펴본 자본예산기법들이 기업의 실제 투자결정과정에서 어떻게 이용되고 있는지를 살펴보자.

다음의 〈표 6-8〉은 미국과 한국 기업의 재무관리자들을 대상으로 투자결정 시에 어떤 분석방법을 사용하는지를 설문조사한 결과이다. 미국자료의 경우 2022년 조사는 461명, 2001년 조사는 392명에게 응답을 받은 결과이며, 한국자료는 2001년에 161명으로부터 응답을 받은 결과이다. 표에 제시된 비율은 각 방법을 투자안평가 시에 항상 사용하고 있다고 대답한 응답자의 수를 전체 조사대상자 수로 나누어 구한 것이다.[5]

5 투자안 분석에 복수의 방법이 사용될 수 있으므로 각 방법의 사용비율은 최대 100%, 최소 0의 범위를 갖는다. 예를 들

표 6-8 미국과 한국 기업의 재무관리자가 사용하는 투자안의 경제성평가 방법 (단위: %)

구분 / 경제성평가 방법	미국(2022년)		미국(2001)년		한국(2001년)
	대기업	중소기업	대기업	중소기업	
순현가법	77.4	40.2	84.5	67.9	51.0
내부수익률법	75.0	39.7	84.8	68.7	54.0
ROIC(2022)·회계적이익률(2001)*	56.8	44.0	18.2	21.2	15.0
회수기간법	63.9	66.4	45.9	64.3	32.0
수익성지수법	38.7	30.6	8.0	14.5	–**

* 2022년의 경우 투하자본수익률(return on invested capital), 2001년은 회계적 이익률이 평가방법으로 제시된 결과임.

** 설문에는 포함되었으나 응답률을 보고서에 제시하지 않음.

자료: 미국: Graham, J.(2022), "Presidential Address: Corporate Finance and Reality," *Journal of Finance* 77, 1975-2049; Graham, J. and C. Harvey(2001), "The Theory and Practice of Corporate Finance: Evidence of the Field," *Journal of Financial Economics* 60, 187-243. 한국: 이한득·박상수·최수미(2001), "한국기업의 경제활동 역량 서베이," LG경제연구원.

〈표 6-8〉을 보면, 미국 대기업의 경우 2022년 조사대상 재무관리자의 77%가 투자안을 평가할 때 순현가법을 사용하며 또 75%가 내부수익률법을 사용한다. 2001년 조사의 경우 순현가법과 내부수익률법을 항상 사용한다는 응답 비율은 모두 84%를 넘는다. 한국기업의 경우 내부수익률법과 순현가법을 사용한다는 비율은 각기 54%와 51%이다. 이러한 결과는 여러 자본예산기법들 중에서 현실의 기업들이 사용하는 주된 방법은 순현가법과 내부수익률법이라는 것을 보여주는 것이며, 대부분의 기업이 투자결정에 하나의 방법만을 사용하는 것이 아니라 복수의 방법을 사용하고 있다는 것을 나타낸다.

〈표 6-8〉은 또한 상당수의 기업이 회수기간법을 사용하고 있음을 보여준다. 이는 앞서 설명하였던 여러 문제점에도 불구하고 회수기간법이 투자안의 위험도를 대략적으로 나타내 준다는 것과 기업의 유동성확보 측면에서 회수기간이 짧을수록 유리하다는 점 등이 의사결정에 반영된 때문으로 보인다. 이와 관련하여 〈표 6-8〉에 나타나는 주목할 만한 결과 중의 하나는 대기업과 중소기업에서 사용하는 경제성평가 방법에 상당한 차이가 있다는 것이다. 2022년과 2001년의 두 조사 모두에서 미국의 중소기업들은 대기업에 비해 순현가법과 내부수익률법을 사용하는 비율이 현저히 낮다. 반면에 회수기간법을 사용하는 비율은 대기업에 비해 훨씬 높은 모습을 보인다. 이러한 차이는 중소기업이 갖는 전문적인 분석능력의 부족과 자금조달의 제약을 반영한 것이라 할 수 있다.

〈표 6-8〉에서 또 하나 흥미로운 점은 내부수익률법을 사용한다고 대답한 비율이 순현가법을 사용한다고 대답한 비율만큼 높다는 것이다. 이는 재무관리자들이 한 방법만을 사용하는 것이 아니라 복수의 방법을 사용한다는 점과, 대출형태의 현금흐름을 갖는 개별투자안(또는 상호독립적인

어 표에서 미국기업의 재무관리자가 순현가법과 내부수익률법을 사용한다고 응답한 비율이 각각 77%와 75%라는 것은 투자안평가에서 조사대상기업 중 77%는 순현가법을 항상 사용하며 동시에 75%는 내부수익률법을 항상 사용한다는 것을 나타낸다.

투자안)을 분석하는 경우에는 내부수익률법과 순현가법이 항상 같은 결과를 가져온다는 점, 내부수익률을 이용하는 경우 상대적인 투자수익성을 쉽게 파악할 수 있다는 점, 그리고 순현가계산을 위해 필요한 투자안의 할인율을 추정하기가 현실적으로 어렵다는 점 등이 반영된 것으로 생각할 수 있다.

중 요 용 어

자본예산(capital budgeting)
할인율(discount rate)
순현가(법)[NPV (rule)]
회수기간(법)[payback period (method)]
수익성지수(법)[profitability index: PI (rule)]
가치의 가산원칙(value additivity)
독립적 투자(independent investment)
상호배타적 투자(mutually exclusive investment)
내부수익률(법)[IRR (rule)]
회계적 이익률(법)[accounting rate of return (rule)]
자본예산기법(capital budgeting technique)
자본배분(capital rationing)

연 습 문 제

6-1 자본예산이 기업의 의사결정에서 중요시되는 이유를 설명하라.

6-2 자본예산에서 이용되는 경제성평가 방법을 설명하고, 각 방법을 이용할 때의 장단점을 설명하라.

6-3 강남기업은 초기투자비용이 2,000억원이고, 투자수명이 4년이며, 매년 1,000억원의 매출과 300억원의 현금지출 영업비용이 발생하는 투자안을 검토하고 있다. 이 기업의 법인세율이 30%이고, 투자안은 정액법으로 감가상각을 하며 잔존가치는 없다고 가정할 때 다음 물음에 답하라. 강남기업의 할인율은 10%이다.

① 이 투자안의 회계적 이익률을 계산하라.
② 이 투자안의 회수기간을 계산하라.
③ 이 투자안의 *NPV*를 계산하라.
④ 이 투자안을 채택할 것인지의 여부를 *NPV*법을 이용하여 결정하라.

6-4 백두회사는 다음과 같은 두 투자안을 고려하고 있다. 현금흐름은 확실하게 알고 있으며, 적정 할인율은 10%라고 하자.

① 각 투자안의 순현가를 계산하라.
② 각 투자안의 내부수익률을 구하라.
③ 각 투자안의 수익성지수를 계산하라.
④ 어느 투자안이 가장 경제성이 크다고 보는지 말해 보고, 그 이유를 설명하라.

연도	현금흐름(만원)	
	투자안 X	투자안 Y
0	−10,000	−10,000
1	6,500	3,500
2	3,000	3,500
3	3,000	3,500
4	1,000	3,500

6-5 순현가법과 내부수익률법을 비교 · 설명하고, 어느 방법이 우수한 투자결정기법인가를 설명하라.

6-6 우리투자은행은 다음과 같은 현금흐름을 갖는 상호배타적인 투자안들을 분석하고 있다.

(단위: 억원)

투자안 \ 연도	0	1	2	3	4
A	−500	300	300	100	100
B	−500	100	100	300	400

① 할인율이 0%라면 어느 투자안을 선택할지 결정하라.
② 할인율이 15%라면 어느 투자안을 선택할지 결정하라.
③ 위 ①과 ②의 답이 달라졌다면, 그 이유는 무엇인지 말해 보라.

6-7 다음과 같은 현금흐름을 갖는 상호배타적인 세 투자안 A, B, C가 있다.

(단위: 천원)

연도	투자안 A	투자안 B	투자안 C
0	−10,000	−10,000	−10,000
1	11,500	6,151	0
2	0	6,151	13,225

① 각 투자안의 내부수익률을 계산하라.
② 1년 후에 받는 현금흐름을 15%의 수익률로 재투자한다고 가정할 경우, 2년 후에 각 투자안으로부터 받을 수 있는 현금흐름을 계산하라.
③ 할인율을 10%로 가정할 경우 세 투자안 중 어느 것이 가장 우월한지 판단하고 그 이유를 설명하라.

6-8 유명 영화감독 B 씨는 새로운 영화를 구상 중에 있다. 영화제작비용은 제작 초기에 80억원이 소요되며 제작기간은 1년이다. 영화가 출시되는 해 말에 기대되는 수익은 50억원이며 그 후 3년 동안 예상 수익은 연 16억원이다. 자본조달비용은 11%이며 B씨는 3년 이내의 회수기간을 요구한다고 할 때, 회수기간법과 순현가법에 따른 투자의 경제성을 평가하라.

6-9 박 부장은 두 가지 사업안 중 어느 것을 선택할지 고민하고 있다. 두 사업은 상호배타적이기 때문에 하나를 선택할 경우 다른 하나는 포기해야만 한다. A, B사업 모두 초기 투자비용은 70억원이며 A

는 매년 말 15억원씩 영구히 수익이 발생한다. B사업의 경우 첫 해 말에는 12억원의 수익이 발생하지만 매년 수익의 성장률은 2.3%이다. 다음 물음에 답하라.

① 내부수익률법에 따르면 어떤 사업을 선택할지 판단하라.
② 자본조달비용이 8%일 때, 순현가법에 의하면 어떤 사업안을 선택할지 결정하라.
③ 내부수익률법에 의한 선택이 옳게 되는 자본조달비용의 범위를 구하라.

6-10 투자수명이 5년이고 동일한 투자지출을 필요로 하는 두 투자안 A, B가 있다. 이 두 투자안의 내부수익률을 계산한 결과 두 투자안의 내부수익률은 서로 같으며, 이 값은 두 투자안에 동일하게 적용할 할인율보다 크다. 투자안 A의 현금흐름이 투자안 B의 현금흐름에 비해 늦게 발생한다면 두 투자안 중 순현가가 큰 투자안은 어느 것인지 결정하고 그 이유를 설명하라.

6-11 다음과 같은 현금흐름을 갖는 투자안이 있다.

(단위: 억원)

연도	0	1	2
현금흐름	−100	+200	−75

① 이 투자안의 내부수익률을 계산하라.
② 할인율이 20%라고 할 때 이 투자안은 투자가치가 있는지 대답하고 그 이유를 설명하라.

6-12 A기업은 철광석을 채굴하여 이를 제철업체로 넘기는 기업이다. 대부분의 철광석은 수입에 의존하지만 최근 사업성이 높을 것으로 예상되는 광맥을 발견하여 새로이 공장을 건설하고자 한다. 공장건설에 소요되는 시간은 1년으로 예상되며 공사 시작시점에 1억 2천만원의 비용이 발생한다고 한다. 건설된 후에는 18년 동안 매년 말 2천만원의 수익이 창출될 것으로 예상되며 18년 이후에는 철광석이 고갈되어 공장을 철수하고자 한다. 공장을 철수하고 주변을 정비하는 데 드는 비용은 일시금으로 2억원이다. 자본조달비용은 12%이다.

① 순현가법으로 사업성을 평가하라.
② 이 문제의 경우 내부수익률법을 사용하여 사업성을 평가하여도 되는지 판단하라.
③ 내부수익률을 구해 보고 내부수익률법 적용의 문제점을 설명하라.

6-13 A놀이동산은 새로운 놀이기구를 설치하고자 한다. 두 가지 안을 고려 중인데, 각각의 예상현금흐름과 내부수익률은 다음과 같다. 만약 이 두 기구 중 하나만을 선택하여야 한다면, 자본조달비용이 8%일때 증분*IRR*을 사용하여 어떤 사업을 선택할지 결정하라. 각각의 현금흐름은 모두 연말기준이다.

사업명	0	1	2	3	*IRR*
대관람차	−6,000만원	2,000만원	3,000만원	2,000만원	8.11%
롤러코스터	−1억 1,000만원	3,500만원	4,600만원	4,900만원	8.35%

6-14 A제약회사는 바이러스 백신 개발을 위해 여러 가지 실험을 진행하고 있다.지금까지의 연구경험을 바탕으로 했을 때, 각각의 프로젝트의 자본비용과 필요한 인력 그리고 순현가, 수익성지수 등을 다음과 같이 구하였다.

프로젝트명	초기 투자비용 (억원)	필요 연구원 수 (명)	*NPV* (억원)	수익성지수	*NPV*/명 (억원)
가	16	3	15.6	0.975	5.20
나	30	4	35	1.167	8.75
다	30	5	40	1.333	8.00
라	50	12	82	1.640	6.83

① A회사의 자본제약이 80억원일때, 프로젝트의 우선순위를 결정하라.

② A회사의 연구원 수가 총 12명이고, 기술의 특수성으로 인해 추가적인 연구원의 고용이 불가능할 때 프로젝트의 우선순위를 결정하라.

③ 만약 연구원 수가 16명이라면 수익성지수를 기준으로 우선순위를 정할 수 있는지 말해 보라. 이 경우 어떤 프로젝트를 선택해야 하는지 판단하라.

제 7 장

순현가법과 자본예산의 실제

STUDY GUIDE

제6장에서는 투자안의 경제성을 분석하는 방법인 순현가법, 회수기간법, 회계적 이익률법, 내부수익률법, 수익성지수법에 대해 살펴보았고, 이들 평가방법 가운데 순현가법이 가장 합리적이라고 평가하였다. 순현가는 투자안으로 발생하는 현금흐름을 추정하여 이를 적절한 할인율로 할인하여 구해진다. 이 장에서는 순현가법을 실제로 적용할 때 접하게 되는, 특히 순현가 공식의 분자항목인 현금흐름을 측정하는 것과 관련한 여러 가지 문제를 다룬다. 회계이익으로부터 영업현금흐름을 어떻게 측정하는지, 증분현금흐름을 측정할 때 어떤 사항들이 고려되어야 하는지를 설명한 후 현금흐름의 측정과 순현가법을 적용하는 종합적인 예를 다룬다. 또 투자안을 평가할 때 인플레이션은 어떻게 반영하는지에 대해 설명하고 상호배타적인 투자안의 평가에서 투자수명에 큰 차이가 나는 경우에 대해서도 분석한다.

7.1 현금흐름의 측정

자본예산에서 무엇보다 중요한 것은 분석대상인 투자안으로부터 발생하는 현금흐름을 측정하는 것이다. 규모가 크고 수명이 긴 투자안으로부터 예상되는 현금의 유입과 유출을 정확히 측정한다는 것은 쉽지 않은 일이다. 현금흐름의 측정은 재무관리자뿐만 아니라 마케팅 · 생산 · 회계 담당자들 간의 유기적인 협조 속에서 이루어지게 된다.

이 장에서는 분석의 편의를 위해 자기자본으로만 필요자금을 조달하는 경우를 가정하여 투자안을 평가한다. 부채사용에 따른 문제는 이 책의 제16장에서 다루어진다. 그리고 현금흐름을 투자시점에서 지출되는 현금흐름과 투자 후에 실현되는 현금흐름으로 나누어 분석한다. 투자시점에서 지출되는 현금흐름은 기계장치의 구입이나 공장의 건설 등과 같이 새로운 투자에 따라 추가적으로 발생하는 현금흐름으로, 이에 대한 개념은 제2장의 현금흐름표에서 '투자활동 현금흐름'의 내용으로 이미 살펴보았다. 투자 후에 실현되는 현금흐름은 투자 후 정상적인 영업활동에서 발생하는 현금흐름과 순운전자본의 변동에 따른 현금흐름, 그리고 잔존가치의 회수 등 기타의 현금흐름으로 구분된다. 정상적인 영업활동에서 발생하는 현금흐름을 영업현금흐름(operating cash flow: *OCF*)이라고 부르며 투자안 평가를 위한 현금흐름 측정에서 가장 기본이 되는 항목이다. 여기에 자본적 지출과 순운전자본의 변동, 그리고 잔존가치 등 기타 현금흐름을 반영한 것이 잉여현금흐름(free cash flow: *FCF*)이다.

투자시점이나 투자 후에 발생하는 현금흐름을 측정할 때 재무관리자는 다음과 같은 세 가지 기본원칙을 명심해야 한다.

① 투자안의 분석에서 중요한 것은 오직 현금흐름이다.
② 현금흐름은 증분기준(incremental basis)으로 측정해야 한다.
③ 인플레이션을 다루는 데 있어서 일관성을 유지해야 한다.

이 절에서는 ①의 원칙에 대해 설명하고, 제7.2절과 제7.3절은 각각 ②와 ③의 원칙을 살펴본다.

■ 오직 현금흐름만이 중요하다

재무관리자가 현금흐름을 측정할 때 가장 먼저 접하는 것이 재무제표이다. 그러나 재무제표상의 회계이익은 자본예산에서의 평가대상인 현금흐름과는 다음의 식 7.1에서 보는 것과 같이 차이가 있다.

- 회계이익 = 수익 − 비용
- 현금흐름 = 현금유입 − 현금유출 (7.1)

즉 회계상의 수익과 현금유입이 항상 일치하지는 않으며, 비용과 현금유출도 항상 일치하지는 않으므로 매년의 회계이익과 영업현금흐름 사이에 차이가 발생한다. 자본예산에서 중요한 것은 오직 현금흐름이므로, 최적투자를 위한 의사결정을 위해서는 투자시점의 현금지출을 계산하고 재무제표상의 회계이익을 적절한 방법으로 조정하여 투자분석에 필요한 영업현금흐름을 계산해야 한다.

영업현금흐름을 계산하기 위해서는 회계이익에 수익항목 중 현금유입이 수반되지 않는 항목은 빼 주고 비용항목 중 현금지출을 수반하지 않는 항목은 더해 주어야 한다. 이러한 조정항목은 투자안마다 다를 것이나 가장 대표적인 것은 감가상각비이다. 감가상각비는 손익계산서상에서 비용항목이지만 실제로 현금지출이 발생하는 항목은 아니므로 현금흐름을 계산할 때는 현금유출로 보아서는 안 된다. 따라서 영업현금흐름을 계산할 때 회계이익에 감가상각비를 더해 주어야 한다. 또 반드시 기억해야 할 사항은 항상 납세 후 현금흐름을 측정해야 한다. 왜냐하면 주주들의 주머니에 들어가는 것은 기업의 납세 후 현금흐름이기 때문이다. 그리고 현금흐름이 실제로 일어났을 때에만 기록하고, 현금흐름을 수반하지 않는 제품이나 용역의 판매나 부채가 발생할 때에는 이를 현금흐름으로 인식해서는 안 된다. 다음에서는 현금유입과 현금유출을 수반하지 않는 수익과 비용 항목으로 감가상각비만을 고려하고 영업현금흐름을 어떻게 추정할 수 있는지를 살펴본다.[1]

■ 영업현금흐름

영업현금흐름(*OCF*)은 정상적인 영업활동에서 실현되는 현금흐름이며, 자금조달활동에 따른 이자비용의 지급 여부에 영향을 받지 않는다. 따라서 새로운 투자의 결과 발생하는 영업현금흐름은 투자에 필요한 자금을 자기자본으로 조달하든 부채로 조달하든 관계없이 같은 값을 갖게 된다. 제 2.5절에서 이미 소개한 영업현금흐름의 계산식을 다시 한번 반복하면 다음과 같다.

$$\text{영업현금흐름} = \text{영업이익} \times (1 - \text{법인세율}) + \text{현금지출이 없는 비용} - \text{현금수입이 없는 수익} \quad (2.21)$$

여기서 현금유입이 수반되지 않는 수익 항목과 감가상각비를 제외한 현금유출이 수반되지 않는 비용 항목을 무시할 수 있다고 하면 영업현금흐름은 대략 다음과 같이 추정할 수 있다고 하였다.

$$\begin{aligned} \text{영업현금흐름}(OCF) &= \text{영업이익} \times (1 - \text{법인세율}) + \text{감가상각비} \\ &= \text{세후영업이익} + \text{감가상각비} \end{aligned} \quad (2.22)$$

1 일반적인 경우 영업현금흐름은 다음과 같이 계산된다.

$$\text{영업현금흐름} = \text{세후영업이익} - \text{현금유입이 수반되지 않는 수익} + \text{현금유출이 수반되지 않는 비용}$$

이 식에서 현금유입이 수반되지 않는 수익항목과 감가상각비를 제외한 현금유출이 수반되지 않는 비용항목을 무시할 수 있다고 하면 대략적으로 영업현금흐름은 다음과 같이 추정할 수 있다.

$$\text{영업현금흐름} = \text{세후영업이익} + \text{감가상각비}$$

여기서 세후영업이익은 영업이익에 대한 법인세를 제외한 영업이익을 말한다.[2]

식 2.22를 바탕으로 영업현금흐름(OCF)을 측정하는 방법을 예를 통해 살펴보자. ㈜영신의 지난 1년간 매출액, 현금비용[3] 및 감가상각비, 이자비용, 그리고 법인세율 τ_C에 대한 자료가 다음과 같다고 하자.[4]

(단위: 억원)

매출액	현금비용	감가상각비	이자비용	법인세율(τ_C)
50	25	15	5	25%

위 자료를 이용하여 우선 ㈜영신의 손익계산서를 작성하면 다음과 같다.

(단위: 억원)

매출액	50
−현금비용	−25
EBITDA	25
−감가상각비	−15
영업이익(EBIT)	10
−이자비용(Int)	−5
세전순이익(EBT)	5
−법인세비용(=EBT × 0.25)	−1.25
당기순이익	3.75

* EBITDA: earnings before interest, taxes, depreciation and amortization; EBIT: earnings before interest and taxes; EBT: earnings before taxes

손익계산서에서 보면 영업이익(EBIT)은 10억원이고, 영업이익에 대한 법인세비용은 2.5억원(=10억×0.25)이다. 따라서 세후영업이익은 7.5억원(=10억 − 2.5억)이다.

위의 자료를 이용하면 ㈜영신의 영업현금흐름은 다음과 같은 네 가지 방법으로 계산될 수 있다.

방법 1:

$$\text{영업현금흐름} = \text{세후영업이익} + \text{감가상각비} = 10 - 2.5 + 15 = 22.5(\text{억원}) \tag{7.2}$$

2 식 2.22의 영업현금흐름(OCF)과 현금흐름표상의 영업활동 현금흐름의 관계는 식 2.23에서 보여준다.

3 현금비용이란 감가상각비 등 현금지출을 수반하지 않는 비용을 제외한 현금지출비용을 의미한다.

4 새로운 투자의 결과 기대되는 영업현금흐름을 추정하기 위해서는 투자의 효과를 반영하는 미래기간의 추정재무제표를 먼저 작성하고 이로부터 영업현금흐름을 추정하여야 할 것이다.

방법 2:

$$\text{영업현금흐름} = \text{매출액} - \text{현금비용} - \text{영업이익에 대한 법인세비용} \qquad (7.3)$$
$$= 50 - 25 - 2.5 = 22.5(\text{억원})$$

방법 3:

$$\text{영업현금흐름} = (\text{매출액} - \text{현금비용}) \times (1 - \tau_C) + \text{감가상각비} \times \tau_C \qquad (7.4)$$
$$= (50 - 25)(1 - 0.25) + 15 \times 0.25 = 22.5(\text{억원})$$

방법 4:

$$\text{영업현금흐름} = \text{세후순이익} + \text{감가상각비} + \text{이자비용} \times (1 - \tau_C) \qquad (7.5)$$
$$= 3.75 + 15 + 5 \times (1 - 0.25) = 22.5(\text{억원})$$

계산결과에서 보듯이 네 방법은 모두 같은 결과를 가져온다. 방법 1은 일반적으로 사용되는 식으로서 영업이익에서 출발하여 영업현금흐름을 구하기 때문에 이자비용의 유무와 관계없이 적용할 수 있다. 방법 2는 영업활동과 관련한 비용을 현금비용과 현금유출이 없는 비용으로 분명하게 구분할 수 있을 경우에 손쉽게 사용될 수 있다. 이 방법 역시 매출액에서부터 출발하여 이자비용의 유무와 관계없이 영업현금흐름을 구한다. 주의할 점은 법인세비용은 영업이익에 대해 계산한 것이라는 점이다. 한편, 영업이익의 계산에서 감가상각비는 현금유출이 없는 비용이지만 비용으로 처리되어 과세대상 소득을 줄여주므로 기업이 부담해야 할 법인세비용을 줄여주게 된다. 즉, 감가상각비×법인세율만큼의 법인세를 절약하게 된다. 이를 감가상각비의 감세효과(tax shield of depreciation expenses)라고 한다. 방법 3은 감가상각비의 감세효과를 구분하여 영업현금흐름을 계산하기 때문에 감가상각방법에 따른 감세효과의 크기를 잘 파악할 수 있도록 해 준다. ㈜영신은 15억원의 감가상각비를 비용으로 계상함에 따라 3.75억원(=15억×0.25)의 법인세 감세효과를 얻었다. 방법 4는 당기순이익(세후순이익)에서 출발하여 영업현금흐름을 구할 때 유용하다. 감가상각비는 현금유출이 없는 비용이므로 다시 더해 줘야 된다. 한편, 영업현금흐름은 정의상 자금조달방법에 영향을 받지 않기 때문에 타인자본을 사용하더라도 자기자본만으로 자금을 조달하는 경우와 같은 결과를 얻어야 한다. 당기순이익에서 출발하여 영업현금흐름을 구하기 위해서는 순이익 계산 시 비용으로 차감된 실효이자비용(= 이자비용 – 이자의 감세효과)을 다시 더해 주어야 한다.

■ 잉여현금흐름

투자안의 평가에서 최종적으로 할인이 대상이 되는 것은 잉여현금흐름(*FCF*)이다. 왜냐하면 투자자(부채사용이 없는 경우에는 주주)에게 최종적으로 지급될 수 있는 금액은 잉여현금흐름이기 때문

이다. 잉여현금흐름은 제2.5절의 식 2.24에서 보았듯이 다음과 같이 정의된다.[5]

$$\text{잉여현금흐름} = \text{영업현금흐름} - \text{자본적 지출} - \text{순운전자본의 변동분} + \text{기타 현금흐름} \quad (7.6)$$

위 식의 우변에서 자본적 지출은 식 2.24에서의 투자활동 현금흐름이다. '기타' 항목은 재무활동을 제외한 기업활동에서 추가로 발생할 수 있는 현금흐름이라고 하였다. 식 7.6에 의해 계산된 잉여현금흐름을 적절한 할인율로 할인하여 현가를 계산한 것이 투자안의 순현가(*NPV*)가 된다.

7.2 증분현금흐름

자본예산에서 필요로 하는 모든 현금흐름은 증분기준에 따라 계산해야 한다. 어떤 투자안의 증분현금흐름(incremental cash flow)은 그 투자안을 선택한 결과 직접적으로 발생하는 기업의 현금흐름의 변화를 말하는 것으로 다음과 같이 정의된다.

$$\begin{aligned}\Delta\text{잉여현금흐름} &= \overbrace{\Delta\text{영업이익} + \Delta\text{감가상각비} - \Delta\text{영업이익에 대한 법인세비용}}^{\Delta\text{영업현금흐름}} \\ &\quad - \Delta\text{자본적 지출} - \Delta\text{순운전자본} + \Delta\text{기타 현금흐름}\end{aligned} \quad (7.7)$$

여기서 Δ는 증분을 나타내며 이는 어떤 투자안을 선택하는 경우와 선택하지 않는 경우의 현금흐름의 차이이다. 식 7.7에서 Δ자본적 지출은 새로운 투자에 소요되는 투자비용을 나타낸다. 이처럼 증분현금흐름은 새로운 투자의 결과로 발생하는 현금흐름의 변동분을 의미하는 것으로 그 개념은 간단하지만 실제 투자안에 적용할 경우 다음과 같은 점을 주의해야 한다.

■ 증분기준의 적용 시 주의할 사항

모든 부수효과를 포함시켜라

사업의 다른 부분에서 발생할지도 모르는 모든 부수효과(side effect 또는 incidental effect)를 포함시켜야 한다. 예를 들어 가수 싸이가 콘서트를 계획하고 있을 때 콘서트가 양(+)의 순현가를 가지는지 알고 싶다면, 입장권 판매 외에 고려해야 할 사항이 부수효과이다. 콘서트가 CD와 티셔츠 판매 등에 미치는 영향을 고려할 수 있다. 또 프로야구팀의 주된 현금 수입원은 입장권 판매가 되겠지만, 그 외에 유니폼이나 야구용품의 판매, 야구장에서의 음료와 스낵 등의 판매로부터 발생하는 수입도 무시 못할 비중을 차지하는 부수효과이다.

5 잉여현금흐름(*FCF*)과 현금흐름표상 항목들의 관계는 식 2.25에서 보여준다.

매몰비용은 잊어버려라

매몰비용(sunk cost)은 이미 지출한 비용으로서 컵에서 엎질러진 물과 같다. 이 비용은 되돌릴 수 없는 것이기 때문에 현금흐름에 포함시키지 말아야 한다. 매몰비용에 대해서는 그냥 내버려 두고, 일단 돈을 지출하였으니 고려대상에서 제외시켜야 한다. 예를 들어 어떤 기업이 신제품을 생산하기 위한 새로운 사업안을 고려하고 있는데, 작년에 이 제품의 시장성을 분석한 용역에 대한 대가로 컨설팅 회사에 3억원을 지불하였다고 하자. 이 3억원은 새로운 사업의 채택 여부에 관계없이 이미 지출된 비용이다. 따라서 이 비용은 현재의 투자결정에 영향을 미치지 말아야 한다.

기회비용을 포함시켜라

어떤 기업이 새로운 사업에 사용하기 위한 토지를 이미 소유하고 있다고 하자. 이 경우 토지를 매각한 자금을 다른 곳에 투자하여 수익을 창출할 수도 있었다는 것을 고려해야 한다. 즉 기회비용(opportunity cost)을 고려해야 한다는 것이다. 올바른 비교는 시간상 전후 문제가 아니라 다른 투자기회의 존재유무이다.

평균과 증분 개념을 혼동하지 말자

많은 경우 경영자들은 과거에 실적이 좋지 않았던 사업에 투자하기를 꺼린다. 그러나 비록 상황이 좋지 못하여 현재 손실을 기록하고 있는 사업이라도 앞으로 상황이 반전되어 좋은 투자기회가 된다면 추가로 자금을 투자할 가치가 있을 수 있다. 통신사업이 현재는 시장이 좋지 않지만 가까운 미래에 훌륭한 투자대상으로 돌아설 수 있다면 현 상황이 나쁘더라도 사업을 확장해 나가야 한다.

또 과거에 실적이 좋았던 사업이라고 하여 여기에 계속 투자하는 것은 옳지 않다. 아무리 좋았던 사업이라도 가까운 미래에 그 사업이 사양사업으로 전락할 수 있다. 이 경우 기존사업을 계속하기로 하는 것은 무모한 결정이 되고 말 것이다.

간접비용의 배분에 주의하자

간접비용(overhead cost)은 기업이 수행하는 여러 활동에 공통적으로 관련되어 발생하는 비용이다. 간접비용은 특정한 경영활동에 직접적으로 관련을 짓기가 어려우므로 대개 일정한 배분기준을 만들어 여러 활동에 비용을 배분하게 된다. 그러나 이 경우 주의해야 할 점은 새로운 투자 여부와 관계없이 비용발생이 확정되어 있는 고정간접비용(fixed overhead cost)은 투자안의 현금흐름에 포함시켜서는 안 된다는 것이다. 즉 고정간접비용은 신규투자 여부와 관계없이 이미 지출된 매몰비용의 성격을 갖는다. 배분의 대상이 되는 것은 새로운 투자의 결과 추가적으로 발생하는 간접비용이다.

■ 감가상각방법과 현금흐름

감가상각비는 현금유출이 아닌 비용으로 과세대상이 되는 소득을 줄여주는 효과가 있기 때문에 감가상각비의 감세효과를 통해 현금흐름에 영향을 주게 된다는 것을 보았다. 감가상각비의 감세효과는 [감가상각비×법인세율]만큼의 현금유입으로 나타난다. 만일 법인세가 없거나 모든 기업이 똑

같은 감가상각방법을 사용해야 한다면 감가상각방법에 따라 현금흐름이 달라지는 문제를 고민할 필요가 없다. 그러나 현실적으로 기업들은 여러 가지 감가상각방법을 선택적으로 적용할 수 있으며, 이에 따라 부담하는 감가상각비와 법인세비용이 서로 다를 수 있다. 따라서 어떤 감가상각방법을 사용하느냐에 따라 현금흐름에 차이가 날 수 있다. 기업이 사용할 수 있는 감가상각방법으로는 정액법 이외에도 정률법, 연수합계법, 이중체감잔액법 등이 있다. 다음에서는 정액법과 정률법을 예로 들어 감가상각방법에 따라 현금흐름에 차이가 나는 현상을 살펴보자.

㈜동해건설은 내용연수가 5년인 기계를 구입하려고 한다. 이 기계의 구입원가는 1억원이며 5년 후의 잔존가치는 2,000만원이 될 것이라고 예상하고 있다. 이 회사의 법인세율이 30%일 때 감가상각방법으로 정액법을 이용하는 경우와 정률법을 이용하는 경우 각각의 감가상각비와 감가상각비의 감세효과를 계산해 보자.

정액법

정액법(straight-line method)은 자산의 내용연수 동안 매년 같은 금액의 감가상각비를 인식하는 방법으로 계산이 쉽기 때문에 실무에서 널리 이용되고 있다. 정액법에 의한 감각상각비의 계산방법은 다음과 같다.

$$\text{매년의 감가상각비} = (\text{취득원가} - \text{추정잔존가치})/\text{추정내용연수} \tag{7.8}$$

따라서 ㈜동해건설의 경우 정액법에 따른 새 기계의 매년의 감가상각비는 1,600만원[= (1억 − 2,000만)/5]이고, 이에 따른 감가상각비의 감세효과는 매년 480만원(= 1,600만 × 30%)이다.

표 7-1 정액법에 의한 감가상각비와 감세효과 (단위: 만원)

기간	1	2	3	4	5
감가상각비	1,600	1,600	1,600	1,600	1,600
감세효과	480	480	480	480	480

정률법

정률법(constant percentage method)은 내용연수 말의 자산의 장부가치가 잔존가치와 일치하도록 매년 사용할 일정한 상각률을 계산한 후 특정 연도의 감가상각비를 [기초장부가치 × 감가상각률]로 계산하는 방법이다. 감가상각률은 다음과 같은 방법으로 구한다.

$$\text{감가상각률} = 1 - (\text{잔존가치}/\text{취득원가})^{1/n} \tag{7.9}$$

여기서 n은 자산의 내용연수를 나타낸다. 따라서 ㈜동해건설의 새 기계에 적용할 감가상각률을 계산하면 27.52%[$= 1 - (2{,}000/10{,}000)^{1/5}$]이다. 이에 따라 매년의 감가상각비와 감가상각비의 감세효과를 계산하면 다음과 같다.

표 7-2 정률법에 의한 감가상각비와 감세효과 (단위: 만원)

기간	1	2	3	4	5
기초장부가치	10,000	7,248	5,253	3,807	2,759
감가상각비	2,752	1,995	1,446	1,048	759
감세효과	826	599	434	314	228

〈표 7-1〉과 〈표 7-2〉에서 살펴본 것처럼 감가상각방법에 따라 매년의 감가상각비가 달라지고 이에 따라 감세효과의 크기도 달라진다. 감가상각방법에 따른 감세효과의 차이를 다음의 〈표 7-3〉에 정리하였다.

표 7-3 감가상각방법에 따른 현금흐름(감세효과)의 차이 (단위: 만원)

기간	1	2	3	4	5
정액법	480	480	480	480	480
정률법	826	599	434	314	228
차 이	−346	−119	46	166	252

〈표 7-3〉에서 보는 것처럼 정액법은 매기 동일한 감세효과를 얻는다. 정률법은 정액법에 비해 초기에 큰 감세효과를 얻으며 내용연수 말로 갈수록 감세효과가 줄어드는 것을 볼 수 있다.

■ 자본적 지출, 순운전자본의 변동과 기타 고려할 사항

자본적 지출

새로운 투자에서 추가로 발생하는 자본적 지출(capital expenditure)은 바로 투자에 소요되는 비용이다. 이 투자비용은 초기에 집중해서 나타날 수도 있고, 또 여러 기간에 걸쳐 장기적으로 발생할 수도 있다.

순운전자본의 변동과 현금흐름

대부분의 새로운 투자안은 기계설비와 같은 고정자산에 대한 투자뿐만 아니라 외상매출금과 재고자산 같은 운전자본(유동자산)에 대한 추가적인 투자를 필요로 한다. 새로운 투자에 따라 유동자산에서 유동부채를 뺀 순운전자본이 증가하였다면 이 증가분은 새로운 투자로 인한 추가적인 투자금액으로 보아야 한다. 반대로 새로운 투자에 따라 순운전자본이 감소하였다면 감소분만큼 추가적인 현금유입으로 파악하여야 한다. 유동자산의 증가는 그만큼의 현금지출을 의미하며 유동부채의 증가는 그만큼의 현금유입을 의미하기 때문이다.

기타 고려할 사항

현금흐름을 측정할 때 고려해야 할 사항은 지금까지 살펴본 것 외에도 투자의 상황에 따라서 여러 가지가 있을 수 있다. 예를 들어 사용하고 있던 기존의 설비를 새로운 설비로 바꿀 때 기존기계의 처분과정에서 나타나는 세금효과와 새로운 설비의 구입 시에 얻을 수 있는 투자세액공제를 살펴보자.

기존기계를 새 기계로 바꿀 때 기존기계의 장부가치는 앞서 살펴본 매몰비용으로 새 기계에 대한 투자결정과 직접적인 관련이 없다. 그러나 기존기계를 처분하게 될 때 처분가격이 장부가치와 다르다면 주의해야 할 점이 있다. 즉, 기존기계의 처분손실은 세법에서 과세소득을 줄여주는 비용(손금)으로 처리되며, 처분이익은 과세소득을 증가시키는 수익(익금)으로 처리된다. 이에 따라 법인세효과가 나타난다. 따라서 기존기계를 처분할 때 기업이 실제로 얻게 되는 현금흐름은 처분손익에 따른 세금효과를 반영해서 다음과 같이 결정된다.

$$\text{기존기계의 처분에 따른 현금유입} = \text{처분가격} - (\text{처분가격} - \text{장부가치}) \times \text{법인세율} \quad (7.10)$$

위 식에서 [(처분가격 − 장부가치) × 법인세율]은 기계의 처분손익에 따른 세금효과이다.

투자세액공제(investment tax credit)도 현금흐름에 영향을 미친다. 투자세액공제는 기업의 설비투자를 장려하기 위해 투자비용의 일부를 기업이 납부해야 할 법인세에서 빼 주는 제도이다. 따라서 기업이 새로운 투자에서 투자세액공제를 받게 되는 경우에는 이 금액만큼을 투자세액공제를 받는 시점에서 현금유입으로 계산하여야 한다.

7.3 현금흐름 측정과 순현가법 적용의 예

제6장의 식 6.1에서 투자안의 NPV는 다음과 같이 계산된다고 하였다.

$$NPV = \underbrace{\frac{C_1}{(1+r)} + \frac{C_2}{(1+r)^2} + \cdots + \frac{C_n}{(1+r)^n}}_{\text{현가}(PV)} - \underbrace{I_0}_{\text{투자비용}} \quad (7.11)$$

앞의 제7.2절의 내용을 종합하면 이 식에서 C_t는 결국 증분영업현금흐름에서 증분순운전자본을 뺀 값에 기타 추가적으로 발생하는 현금흐름을 더한 값이라고 할 수 있다. 그리고 I_0는 투자로 인한 자본적 지출 즉, 투자안에 소요되는 투자비용을 나타낸다. 증분현금흐름 C_t에서 투자비용을 뺀 것이 증분잉여현금흐름(FCF)이므로 위 식은 다음과 같이 다시 쓰여질 수 있다.

$$NPV = FCF_0 + \frac{FCF_1}{(1+r)} + \frac{FCF_2}{(1+r)^2} + \cdots + \frac{FCF_n}{(1+r)^n} \quad (7.12)$$

아래에서는 식 7.12를 바탕으로 새로운 투자의 현금흐름을 측정하고 순현가를 구하는 구체적인 예를 들어보자. 현금흐름은 투자비용, 증분영업현금흐름, 순운전자본의 변동에 따른 증분현금흐름과 기타의 증분현금흐름으로 구분하여 측정한 후 증분잉여현금흐름을 구한다.

■ 기초자료

지민문화사는 국내외의 지도제작을 전문으로 하는 출판사이다. 지금까지 지도제작은 대부분 수작업 의존도가 큰 반자동 제작기계에 의존하여 왔으나, 지난 해부터 5,000만원의 자료조사비를 들여 기획 · 제작한 전국도로교통안내도가 좋은 반응을 얻자 새로운 자동제작기계의 구입이 논의되기 시작하였다. 이에 따라 지민문화사의 재무담당자는 다음과 같은 자료를 수집하였다.

기존 제작기계에 대한 자료

지민문화사의 기존 제작기계는 5년 전 5억원에 구입한 것으로 10년의 내용연수에 잔존가치는 없으리라는 가정하에 정액법을 이용하여 매년 5,000만원씩 감가상각을 해 왔다. 따라서 현재의 장부가액은 2.5억원이다. 시장조사결과 만일 이 기계를 지금 매각한다면 중고시장에서 2억원을 받을 수 있다고 한다.

새로운 자동 제작기계에 대한 자료

새 자동 제작기계의 구입원가는 6.5억원이지만, 정밀한 기계이므로 이를 설치하여 운전을 시작할 때까지 5,000만원의 추가비용이 든다고 한다. 또한, 기존기계와는 달리 새로운 기계는 전력수급상의 문제로 현재의 사옥에는 설치하기 힘들다고 한다. 마침 전력사정이 비교적 용이한 곳에 지민문화사 소유의 창고가 하나 있는데, 얼마 전 새로 지은 관계로 신규기계의 설치 · 운영에는 문제가 없다. 근처의 부동산업자에 따르면 창고를 5년간 다른 회사에 임대할 경우 1억원을 받을 수 있다고 한다. 새 기계의 내용연수는 5년이고, 5년 후에는 2억원을 받고 처분할 수 있을 것으로 예상된다.

새 기계 구입의 효과

새 기계를 이용할 경우 품질향상이 이루어져 〈표 7-4〉에서와 같이 도로교통안내도의 판매부수는 늘어나고 영업비용은 줄어들 것이 예상된다. 편의상 가격은 어느 경우에나 같으며, 매년 500원씩의 가격인상이 있는 것으로 가정한다. 새로운 기계설비와 이에 따르는 매출액의 증가는 필연적으

표 7-4 예상영업자료(기말자료)

항 목 \ 시 점	1	2	3	4	5
1부당 판매가격(원)	10,000	10,500	11,000	11,500	12,000
판매부수(부): 구기계	100,000	120,000	100,000	90,000	80,000
신기계	120,000	140,000	125,000	120,000	100,000
1부당 현금비용(원): 구기계	7,000	7,500	8,000	9,000	10,000
신기계	6,000	6,300	6,700	7,000	7,200
운전자본(만원): 구기계	20,000	25,000	30,000	25,000	0
신기계	30,000	38,000	47,000	40,000	0

로 외상매출금, 재고자산 등 운전자본의 증가를 가져온다. 기존기계를 사용할 경우와 새 기계를 사용할 경우에 기말재무상태표에 나타날 운전자본총액을 〈표 7-4〉의 아랫부분에 나타내었다.

기타자료

지민문화사의 법인세율은 25%이고, 이 투자에 대한 할인율은 10%이다.

■ 현금흐름의 측정

앞의 예는 전형적인 시설대체문제이다. 주어진 자료를 이용하여 현금흐름을 하나하나 측정해 보자.

투자비용

새로 도입하려는 기계의 구입원가는 6.5억원이나, 이를 설치하여 운전할 때까지 5,000만원의 추가비용이 든다. 따라서 새 기계를 설치하여 이용하기 위한 총투자비용은 7억원이 된다. 한편, 지민문화사는 지난 해에 5,000만원의 자료조사비를 사용한 바 있으나, 이는 매몰비용으로 신·구기계의 교체에 대한 의사결정에 아무런 영향을 주지 못하므로 투자비용으로 포함해서는 안 된다.

새로운 투자로 인한 증분영업현금흐름

우선 앞서 설명한 증분기준에 따른 현금흐름의 측정원칙에 따라 기계교체 후 첫해의 증분영업현금흐름을 계산해 보기로 하자. 식 7.2를 이용하면 기계교체에 따라 영업활동에서 발생하는 증분영업현금흐름은 다음과 같이 계산된다.

$$\text{증분영업현금흐름} = \text{증분세후영업이익} + \text{증분감가상각비}$$

위의 식에 따라 지민문화사의 1차연도 증분영업현금흐름을 계산한 것이 〈표 7-5〉이다. 각 연도마다 이와 같은 방법으로 증분영업현금흐름을 계산하면 〈표 7-6〉과 같은 결과를 얻게 된다.

표 7-5 1차연도 증분영업현금흐름의 계산 (단위: 만원)

	신기계 사용 시 (A)	구기계 사용 시 (B)	증분 (A − B)
매출액	120,000	100,000	20,000
현금비용	−72,000	−70,000	−2,000
감가상각비	−10,000[1)]	−5,000	−5,000
영업이익	38,000	25,000	13,000
세후영업이익	28,500[2)]	18,750	9,750
감가상각비	10,000	5,000	5,000
영업현금흐름	38,500	23,750	14,750

주: 1) (70,000 − 20,000)/5 = 10,000, 2) 38,000 × (1 − 0.25) = 28,500

표 7-6 연도별 증분영업현금흐름

(단위: 만원)

시점	1	2	3	4	5
Δ매출액	20,000	21,000	27,500	34,500	24,000
Δ현금비용	−2,000	1,800	−3,750	−3,000	8,000
Δ감가상각비	−5,000	−5,000	−5,000	−5,000	−5,000
Δ영업이익	13,000	17,800	18,750	26,500	27,000
Δ세후영업이익	9,750	13,350	14,063	19,875	20,250
Δ감가상각비	5,000	5,000	5,000	5,000	5,000
Δ영업현금흐름	14,750	18,350	19,063	24,875	25,250

순운전자본의 변동에 따른 증분현금흐름

앞서 설명한 대로 새로운 투자에 따른 순운전자본의 변동은 추가적인 투자이다. 지민문화사의 경우, 〈표 7−4〉를 보면 첫해 말의 재무상태표로부터 계산될 순운전자본이 구기계를 사용할 경우에는 2억원이지만 새 기계를 도입할 경우 3억원으로 증가하리라는 예상을 하고 있다. 이는 새 기계를 구입한 결과 매출액이 증가하게 되면 이에 따라 재고자산이나 외상매출금 등에 대한 투자가 증가할 것으로 보고 있기 때문이다. 그러나 운전자본에 대한 투자는 비유동자산에 대한 투자와는 달리 그 성격상 1년을 주기로 반복된다. 즉, 올해에 투자된 금액은 다음 해에는 회수가 되고 그 다음 해의 영업을 위해 재투자되는 과정이 반복되어 마지막 해에 앞 해에서 투자된 현금유출이 회수된다. 즉, 재고자산은 판매를 통하여 현금화가 가능하며 외상매출금도 회수가 가능할 것이기 때문이다. 이와 같은 점을 고려하여 지민문화사의 향후 순운전자본의 변동에 따른 증분현금흐름을 구한 것이 〈표 7−7〉이다. 편의상 순운전자본의 변동에 따른 현금흐름은 매기 말에 발생하는 것으로 간주한다.

표 7-7 순운전자본의 변동에 따른 증분현금흐름

(단위: 만원)

시점	1	2	3	4	5
순운전자본: 신기계	30,000	38,000	47,000	40,000	0
구기계	20,000	25,000	30,000	25,000	0
순운전자본의 증분	10,000	13,000	17,000	15,000	0
순운전자본의 변동에 따른 증분현금흐름	−10,000[1]	−3,000[2]	−4,000	+2,000	+15,000

주: 1) 순운전자본이 증가하였다는 것은 그에 따른 현금유출이 증가하였음을 나타낸다.
2) 전년 말에 비해 순운전자본이 3,000만원(= 13,000만 − 10,000만)만큼 증가했다는 것은 3,000만원의 추가적인 현금유출이 있었다는 것을 의미한다.

기타의 증분현금흐름

① 기존기계의 처분에 따른 현금흐름과 처분손실의 감세효과

신기계로 기존기계를 교체하는 경우 기존기계는 처분한다. 투자시점에서 기존기계의 장부가치는

2.5억원이지만 이를 매각할 경우 매각대금은 2억원이다. 따라서 기존기계의 처분에 따라 2억원의 현금유입과 5,000만원의 처분손실이 발생한다. 이 처분손실은 세법에서 과세소득을 줄여주는 비용으로 처리되므로, 처분손실에 따른 감세효과라는 새로운 현금흐름이 창출된다. 지민문화사는 5,000만원의 손실을 통해 1,250만원(= 5,000만×0.25)만큼의 법인세절약이라는 현금흐름을 만든 셈이다. 편의상 매각대금은 투자시점에서 즉시 실현되며 처분손실에 따른 세금효과는 1기 말에 발생하는 것으로 가정한다.

② 창고의 기회비용
지민문화사가 새 기계를 설치할 창고는 기계를 설치하지 않고 임대할 경우 1억원을 받을 수 있으므로 이를 기회비용으로 반영해야 한다. 즉 투자시점에서 창고의 임대를 포기하는 것에 따라 1억원의 현금유출이 발생한다.

③ 신기계의 잔존가치
옛날 기계는 잔존가치가 없으나 새로 도입할 기계는 내용연수가 끝나게 되면 잔존가치가 2억원이 될 것으로 추정되며 이는 5년 후의 장부가치와 같을 것으로 판단되었다. 현 시점에서 볼 때 5년 후에 무난히 현금화가 될 것으로 기대한다면 이를 추가적인 현금흐름에 포함시켜야 한다.

이상의 내용을 종합하여 지민문화사의 기계교체에 따라 발생하는 기타의 현금흐름을 정리하면 〈표 7-8〉과 같다.

표 7-8 기타의 증분현금흐름

(단위: 만원)

시점	0	1	2	3	4	5
기존기계의 매각대금	20,000	–	–	–	–	–
처분손실의 세금효과	–	+1,250	–	–	–	–
창고의 기회비용	−10,000	–	–	–	–	–
신기계의 잔존가치	–	–	–	–	–	20,000
기타의 증분현금흐름	+10,000	+1,250	0	0	0	+20,000

증분잉여현금흐름

지금까지 분석한 투자비용과 증분영업현금흐름, 순운전자본의 변동에 따른 증분현금흐름, 그리고 기타의 증분현금흐름을 모두 포함시켜 새로운 투자에 따른 전 기간의 증분잉여현금흐름을 구한 것을 〈표 7-9〉에 나타내었다.

표 7-9 증분잉여현금흐름과 현가

(단위: 만원)

시점	0	1	2	3	4	5
투자비용	−70,000	0	0	0	0	0
증분영업현금흐름[1]	−	14,750	18,350	19,063	24,875	25,250
순운전자본의 변동[2]	−	−10,000	−3,000	−4,000	2,000	15,000
기타의 증분현금흐름[3]	10,000	1,250	0	0	0	20,000
증분잉여현금흐름	−60,000	6,000	15,350	15,063	26,875	60,250
현가(할인율 10%)	−60,000	5,455	12,686	11,317	18,356	37,410

주: 1) 〈표 7−6〉 참조, 2) 〈표 7−7〉 참조, 3) 〈표 7−8〉 참조.

이렇게 추정된 증분잉여현금흐름을 바탕으로 투자안의 순현가를 계산하여 투자안을 평가하면 된다. 〈표 7−9〉의 맨 아랫줄에 나타난 매년의 증분잉여현금흐름의 현가를 모두 더해 순현가를 계산해 보면 2억 5,224만원이며, 따라서 지민문화사는 새 자동 제작기계를 구입해야 한다는 결론이 따른다.

$$\text{새 기계 구입의 순현가} = (5{,}455 + 12{,}686 + 11{,}317 + 18{,}356 + 37{,}410) - 60{,}000$$
$$= 25{,}224(\text{만원})$$

7.4 인플레이션과 자본예산

인플레이션(inflation)은 물가상승에 따라 재화를 구입하기 위한 화폐의 가치가 떨어지는 현상이다. 건물과 기계설비 등 자본예산의 대상인 비유동자산은 그 내용연수가 길기 때문에 투자의 내용연수 동안 예상되는 인플레이션을 현금흐름과 할인율에 적절하게 반영하여 투자안을 평가하는 것이 중요하다. 이를 위해서는 우선 명목과 실질을 구분해야 한다. 명목현금흐름(nominal cash flow)이란 미래의 어느 시점에 실제로 나타나는 금액, 즉 인플레이션이 반영된 현금흐름을 말하며, 실질현금흐름(real cash flow)이란 투자시점에서의 구매력으로 조정된 현금흐름, 즉 인플레이션의 영향이 제거된 현금흐름이다. 명목할인율(nominal discount rate)은 인플레이션이 반영된(포함된) 할인율을 말하며 실질할인율(real discount rate)은 인플레이션이 반영되지 않은 할인율을 말한다. 명목할인율과 실질할인율의 관계는 다음과 같다.

$$\begin{aligned}\text{명목할인율} &= (1 + \text{실질할인율}) \times (1 + \text{기대인플레이션율}) - 1 \\ &\approx \text{실질할인율} + \text{기대인플레이션율} \qquad (7.13)\end{aligned}$$

투자안평가에 인플레이션을 반영하는 방법에는 명목기준평가와 실질기준평가가 있다. 명목기준평가와 실질기준평가는 둘 다 같은 결과를 얻게 되는 대체적인 방법이다. 중요한 점은 어떤 한 방법을 선택하더라도 일관성을 유지해야 한다는 것이다. 명목현금흐름은 명목할인율로 할인해야 하고, 실질현금흐름은 실질할인율로 할인해야 한다. 이 사실만 명심하면 어느 방법을 선택하더라도 무관하다. 두 가지 방법이 같은 결과를 가져다주고, 또 한 가지 방법을 다른 방법으로 변환시키는 방법을 다음의 예를 통해 살펴보자.

어떤 사업안의 명목현금흐름이 다음과 같고 명목이자율이 10%, 그리고 기대인플레이션율이 5%일 때 명목기준과 실질기준에 의해 이 사업안의 순현가를 구해 보자.

명목현금흐름(억원)

C_0	C_1	C_2
−10	9	5

① 명목기준평가에 의하면 단순히 명목현금흐름을 명목할인율로 할인하면 된다.

$$NPV = -10 + 9/1.1 + 5/(1.1)^2 = 2.31\text{(억원)}$$

② 실질기준평가에 의하면 우선 명목현금흐름을 실질현금흐름으로 바꾸어 주어야 한다.

명목현금흐름	−10	9	5
현금흐름변환	−10/1	9/1.05	$5/(1.05)^2$
실질현금흐름	−10	8.5714	4.5351

그리고 식 7.13을 이용해 명목할인율을 실질할인율로 환산해야 한다.

$$\text{실질할인율} = (1 + \text{명목할인율})/(1 + \text{기대인플레이션율}) - 1 = 1.1/1.05 - 1 = 4.762\%$$

따라서 순현가 NPV는 다음과 같이 계산된다.

$$NPV = -10 + 8.5714/1.04762 + 4.5321/(1.04762)^2 = 2.31\text{(억원)}$$

위의 예에서 보는 것처럼 명목기준과 실질기준 중 어느 방법을 사용하느냐에 관계없이 인플레이션을 다루는 데 일관성을 유지한다면 같은 값의 순현가를 얻게 된다. 단지 두 방법을 혼용하지 않으면 된다. 여기서 한 가지 주의할 점은 감가상각비의 법인세 감세효과는 명목현금흐름이라는 것이다. 즉 물가가 상승하더라도 매년 감가상각비는 역사적 취득원가를 기준으로 산출되는 것이고 미래시점에서 법인세를 절감하게 되는 실제금액도 이에 따라서 결정되기 때문이다.

예제 7-1 지민문화사는 향후 4년 동안 시장 전체의 평균적인 연간인플레이션율이 6%가 될 것으로 기대하고 있다. 그러나 도로교통안내도의 판매가격은 동종업체와의 경쟁 때문에 연평균 약 5%로 상승할 것으로 예상하고 있다. 판매부수가 100,000부일 때 4년 후의 명목현금흐름을 실질현금흐름으로 환산하라.

풀이 현재 10,000원인 교통안내도의 4년 후의 판매가격은 12,155원[$= 10{,}000 \times (1.05)^4$]이 된다. 따라서 4년 후의 명목현금흐름은 12억 1,550만원(= 100,000부 × 12,155원)이다. 명목현금흐름을 투자시점의 화폐가치로 평가된 실질현금흐름으로 바꾸려면 이를 시장 전반적인 기대인플레이션율인 6%로 할인하여야 한다.

$$121{,}550/(1.06)^4 = 9\text{억 } 6{,}280\text{만원}$$

이렇게 계산한 9억 6,280만원은 앞으로 4년 후에 나타날 현금흐름을 투자시점의 화폐구매력으로 평가한 실질현금흐름이다. 도로교통안내도의 기대가격상승률 5%가 전반적인 기대인플레이션 수준인 6%에 못 미치므로 4년 후의 실질현금흐름 9억 6,280만원은 판매부수 100,000부의 현재 현금흐름인 10억원(= 10,000원 × 100,000부)에 못 미치고 있다.

예제 7-2 3억원을 지불하고 구입한 새 기계의 5년 후 잔존가치가 투자원금의 1/3이라고 한다. 새 기계를 향후 5년간 정액법으로 감가상각을 하고자 한다면 이때의 매년도 감가상각비인 4,000만원 [= (3억 − 1억)/5]과 5년 후의 잔존가치 1억원은 명목현금흐름인지 아니면 실질현금흐름인지를 결정하라.

풀이 매년의 감가상각비 4,000만원은 얼핏보면 투자시점을 기준으로 계산하였기 때문에 실질현금흐름으로 보일 수 있으나, 감가상각비는 분명한 명목현금흐름이다. 왜냐하면 매년도의 감가상각비 4,000만원은 고정비용으로 각 연도에 장부상의 비용항목이 되어 실제 감세효과를 가져다주기 때문이다. 따라서 기대인플레이션율을 6%라고 할 때 5년간의 감가상각비를 실질감가상각비로 바꾸면 다음의 표와 같다. 예를 들어 4년 후의 실질감가상각비는 4,000만원을 6%로 4년간 할인한 3,168만원[$= 4{,}000\text{만}/(1.06)^4$]이 된다.

(단위: 만원)

시점	1	2	3	4	5
명목감가상각비	4,000	4,000	4,000	4,000	4,000
실질감가상각비	3,774	3,560	3,358	3,168	2,989

그러나 5년 후의 잔존가치인 1억원은 투자시점의 화폐가치를 기준으로 계산한 것이므로 실질현금흐름이 된다. 잔존가치의 5년 후 명목현금흐름은 13,382만원[$= 10{,}000 \times (1.06)^5$]이다.

7.5 수명이 다른 투자안의 분석

현실에서 보면 같은 종류의 사업에 대한 투자일지라도 투자안들의 수명이 같은 경우는 드물고, 각각의 투자수명이 다른 것이 더 일반적이다. 이처럼 투자수명이 서로 다른 상호배타적 투자의 경우 어떻게 투자결정을 내릴 것인지에 대해 살펴보기로 하자.

기계 A와 B는 동일한 작업을 수행할 수 있으나 서로 다른 내용연수를 가지고 있다. 기계 A와 기계 B의 내용연수는 각각 2년과 1년이다. 두 기계로부터 발생하는 수익의 현가는 같으나 소요되는 비용은 다음과 같다고 하자.

기계	비용(억원)			*PV* @10%
	C_0	C_1	C_2	
A	18	6	4	26.76
B	10	5	–	14.55

이럴 경우 기계 B에 소요되는 비용의 현가가 더 작다고 해서 기계 A 대신 B를 선택해야 할까? 반드시 그렇지는 않다. 왜냐하면 기계 B는 1년 일찍 교체해야 하기 때문이다. 또한 위의 계산은 기계 B를 계속 사용할 경우 1년 후에 발생할 추가적인 비용을 고려하지 않고 있다. 만약 두 기계가 동일한 내용연수를 가지고 있다면, 이와 같은 문제는 발생하지 않을 것이다. 투자수명이 서로 다른 투자안들을 비교·평가하기 위해서는, 투자안의 현금흐름을 동일한 투자수명을 가지는 현금흐름으로 조정해야 한다. 현금흐름을 조정하는 방법에는 다음의 두 가지가 있다.

반복투자법

반복투자법(overlapping method)은 투자안들이 동일한 조건으로 반복하여 투자되는 것을 가정하는 방법이다. 앞서의 기계 A와 B의 경우 기계 A는 2년 단위로 동일조건으로 반복투자되며, 기계 B는 1년 단위로 반복투자되는 것을 가정하여 두 투자안의 수명이 일치되는 기간을 구한 후 총비용의 현가가 작은 것을 선택한다. 투자수명이 2년이 되는 경우 두 기계가 동일한 내용연수를 갖게 되므로, 기계 A는 1회 투자되며, 기계 B는 1년 단위로 두 번 반복투자된다. 이때 각 기계의 총비용의 현가는 다음과 같다.

기계 A의 2년간의 총비용의 현가 = 26.76(억원)
기계 B의 2년간의 총비용의 현가 = 14.55 + 14.55/(1.1) = 27.78(억원)

위의 결과에 의하면 기계 A에 투자하는 것이 더 낫다는 결론을 얻는다.

내용연수가 짧은 경우에 반복투자법은 쉽게 이용할 수 있다. 그러나 내용연수가 긴 경우에는 지루하고 많은 계산이 필요하다. 예를 들면, 내용연수가 8년과 9년의 문제인 경우 8 × 9 = 72 기간 동안의 현금흐름의 현가를 계산해야 한다. 이보다 훨씬 간단한 계산방법이 연간균등비용법이다.

연간균등비용법

연간균등비용(equivalent annual cost: *EAC*)법은 소요되는 비용이 기계의 내용연수 동안 균등하게 발생한다는 가정하에 연평균비용을 계산하여 비교하는 방법이다. 여기서 연간균등비용은 연금(annuity)과 같은 현금흐름의 형태를 갖게 되고, 이것의 현가와 총비용의 현가가 동일하도록 결정된다. 예를 들어 A기계에 지출되는 비용의 현가 26.76억원과 동등한 2년 동안의 연간균등비용은 다음과 같이 연금의 현가요소를 이용하여 쉽게 구할 수 있다.

$$PV = \text{연간균등비용}(EAC) \times \text{연금의 현가요소}(PVFA: 2\text{년}, 10\%)$$

$$EAC = 26.76/1.736 = 15.41$$

위에서 구한 연간균등비용 15.41억원이 2년간 지출되는 경우 그 현가가 26.76과 같다는 것을 다음 표에서 확인할 수 있다.

기계	C_0	C_1	C_2	PV @ 10%
A(억원)	18	6	4	26.76
연간균등비용(억원)	–	15.41	15.41	26.76

같은 방법으로 B기계의 연간균등비용을 다음과 같이 계산할 수 있다.

$$14.55 = EAC \times PVFA(1\text{년}, 10\%) \quad \Rightarrow \quad EAC = 14.55/0.909 = 16.005$$

기계	C_0	C_1	PV @ 10%
B(억원)	10	5	14.55
연간균등비용(억원)	–	16.005	14.55

A기계의 연간균등비용(15.41억원)이 B기계의 연간균등비용(16.005억원)보다 작기 때문에 A기계를 선택해야 한다는 결론이 따른다.

연간균등비용법은 기술적 변화가 크지 않아 기계를 구입하는 비용이 계속 유지된다는 가정을 전제로 한다. 기술진보로 인해 제품가격이 지속적으로 하락하는 컴퓨터와 같은 장비를 유지하는 비용을 계산할 때에는 이 방법이 적절하지 않을 수 있다. 만약 급속한 기술적 변화가 있을 경우에는 반복투자법을 사용하는 것이 더 합리적이다.

기계교체시기의 결정

수명이 다른 여러 기계 중 어떤 것을 선택할 것인가의 문제 외에도 기업에서는 지금 사용 중인 기계를 언제 새 기계로 교체할 것인가를 결정하는 문제도 자주 발생한다. 기계의 교체시기에 대한 의사결정은 다음과 같은 단계를 거쳐 이루어진다.

먼저 새 기계의 연간균등비용(EAC)을 앞에서와 같은 방법으로 계산한다. 다음으로, 현재의 기계를 1년 더 사용할 때 드는 비용을 계산한다. 이때에 고려해야 할 비용으로는 기계의 유지비용뿐만 아니라 기계를 지금 팔지 않고 1년 더 사용하게 됨으로써 잃게 되는 매각가격을 기회비용으로 고려해야 하고, 또한 1년을 사용한 후의 잔존가치까지 고려해야 한다. 이러한 비용은 새 기계의 연간균등비용과 비교하기 위해 1년 후의 미래가치로 계산해야 한다. 마지막으로, 새 기계의 연간균등비용과 현재기계를 추가적으로 1년 더 사용했을 때 드는 비용을 비교하여, 현재기계의 사용비용이 새 기계의 연간균등비용을 초과하기 시작하는 연도의 바로 전년도에 기계를 교체하기로 결정한다. 다음의 예를 통해 구체적으로 살펴보자.

예제 7-3 한강기업에서는 현재 사용 중인 생수 제조기계를 새 기계로 교체하려고 한다. 기존기계의 유지비용은 매년 증가하고 매각가격은 매년 감소할 것으로 예상되고 있으며, 그 비용과 가격은 다음과 같다.

(단위: 만원)

시점	0	1	2	3	4	5
유지비용	0	200	275	325	450	500
매각가격	900	850	775	700	600	500

또한 한강기업은 기능면에서 기존기계와 차이가 없는 내용연수가 6년인 새 기계를 3,000만원에 구입할 수 있다. 이 기계는 매년 20만원의 유지비용이 들고 6년 후에 1,200만원에 팔 수 있을 것으로 예상하고 있다. 세금은 없으며, 할인율이 10%라고 할 때 기존기계의 교체시기를 결정하라.

풀이 먼저 새 기계를 도입할 때 소요되는 비용의 현재가치와 연간균등비용을 계산하면 다음과 같다.

$$PV = 3,000 + 20/1.1 + 20/(1.1)^2 + \cdots + 20/(1.1)^6 - 1,200/(1.1)^6 = 2,409.73(\text{만원})$$
$$EAC = PV/PVFA(10\%,\ 6\text{년}) = 2,409.73/4.3553 = 553.29(\text{만원})$$

연간균등비용이 553.3만원이라는 것은 새 기계가 매년 553.3만원의 비용이 드는 것과 같다는 것이다.

다음으로, 지금 시점에서 기존기계를 1년 더 사용하는 데 드는 비용을 계산해 보자. 이때 고려할 비용은 현재시점에서의 기계의 판매가격, 1년 동안의 유지비용, 1년 후의 잔존가치 등이다. 기존기계를 1년 더 사용하는 데 드는 비용의 현재가치는 다음과 같다.

$$900 + 200/1.1 - 850/1.1 = 309.09(\text{만원})$$

현재시점에서의 기계의 매각가격은 기회비용으로서 현금유출로 계산하고, 1년 후 기계의 잔존가치는 현금의 유입으로 계산해야 한다. 따라서 기존기계를 1년 더 사용할 때 드는 비용의 미래가치는 340만원(= 309.09 × 1.1)이다. 여기에서 미래가치로 계산하는 것은 연간균등비용이 발생하는 시점과 일치시키기 위해서이다.
따라서 현재시점에서 볼 때 새 기계로 교체할 때의 비용 533.3만원보다 기존기계를 1년 더 사용할 때의 비용 340만원이 더 작기 때문에 기계를 교체할 필요가 없다. 이제 기존기계를 1년 더 사용하여 2년이 지난 시점에서는 어떻게 할 것인지를 생각해 보자. 1년이 지난 시점에서 기계를 1년 더 사용할 때 드는 비용의 현재가치는다음과 같다.

$$850 + 275/1.1 - 775/1.1 = 395.45(\text{만원})$$

이 비용의 미래가치는 435만원(= 395.45 × 1.1)이므로 이때에도 새 기계로 교체할 필요가 없다. 위와 같은 방법으로 기존기계를 1년씩 더 사용할 때 각 시점에서 살펴본 기존기계의 사용비용과 새 기계의 연간균등비용을 비교하면 다음의 표와 같다.

(단위: 만원)

시점	1	2	3	4	5	6
새 기계의 연간균등비용	553.29	553.29	553.29	553.29	553.29	553.29
기존기계의 사용비용	340	435	478	620	660	–

기존기계의 사용비용이 새 기계의 연간균등비용보다 커지는 때는 4차연도이다. 따라서 기존기계를 새 기계로 교체할 최적의 시점은 3차연도 말이다.

중 요 용 어

회계이익(accounting income)
증분기준(incremental basis)
영업현금흐름(operating cash flow)
잉여현금흐름(free cash flow)
매몰비용(sunk cost)
정액법(straight-line method)
명목할인율(nominal discount rate)
반복투자법(overlapping method)
연간균등비용(equivalent annual cost: *EAC*)
감가상각비의 감세효과(tax shield of depreciation expenses)
현금흐름(cash flow)
인플레이션(inflation)
감가상각비(depreciation expenses)
부수효과(side effect)
기회비용(opportunity cost)
정률법(constant percentage method)
명목현금흐름(nominal cash flow)
실질할인율(real discount rate)

연 습 문 제

7-1 감가상각방법의 선택에 따라 현금흐름의 양상이 어떻게 달라지는지 설명하라.

7-2 인플레이션을 고려할 때 현금흐름과 할인율은 어떻게 적용하여야 하는지 설명하라.

7-3 투자안의 수명이 다른 경우 투자안을 평가하는 방법에 대해 설명하라.

7-4 A피자회사는 콜레스테롤이 낮은 건강한 피자를 만들려고 계획 중이다. A회사는 이 피자를 판매함으로써 연간 10억원의 매출액 증가를 기대하고 있다. 이 중에 약 30%는 기존에 A회사에서 판매하던 오리지널 피자 대신 새로 나온 피자를 시켜 먹는 고객으로부터 올 것으로 기대하고 있고, 나머지는 새로운 고객으로부터 기대하고 있다.

① 고객들이 오리지널 피자와 새로운 피자에 같은 금액을 소비할 것으로 가정하고 새로운 피자가 판매된 후에 기대할 수 있는 증분매출액을 구하라.

② 만일 A회사에서 새로운 피자가 판매되지 않는다면, 오리지널 피자에서 새로운 피자를 시켜 먹을 것으로 예상되었던 고객의 50%가 A회사에서 B회사로 옮길 것이라는 예측이 나왔다. 이 경우, 새로운 피자가 판매된 후에 기대할 수 있는 증분매출액을 구하라.

7-5 T통신회사의 전년도의 당기순이익은 2,000억원이었다. 이 기업의 감가상각비는 800억원이었으며, 자본적 지출은 1,500억원이고 이자비용은 없었다고 한다. 운전자본은 지난 기에 비해 200억원 증가하였다.이 회사의 전년도의 영업현금흐름(*OCF*)과 잉여현금흐름(*FCF*)을 구하라.

7-6 헬스케어제품 생산기업인 D기업은 최근 늘어나는 수요에 발맞춰 생산시설의 증대를 고려하고 있다. 다음은 D기업이 생산시설을 증대하였을 때 앞으로 2년 간 변화가 예상되는 재무자료이다.

(단위: 억원)

	1년	2년
매출액	140	200
현금지출 매출원가 및 영업비용	51	65
감가상각비	30	38
순운전자본 증가분	6	9
자본적 지출	37	41
법인세율	30%	30%

① 생산시설 증대에 따른 증분세후영업이익을 구하라.

② 매년의 증분잉여현금흐름을 구하라.

7-7 ㈜백두건설은 내용연수가 5년인 기계를 구입하려고 한다. 이 기계의 구입원가는 10억원이며 5년 후의 잔존가치는 6,000만원으로 예상하고 있다. 법인세율은 40%이고, 인플레이션은 없다고 가정한다. 이때 이 기계를 정액법과 정률법으로 감가상각할 때 각각의 감가상각비와 감가상각비의 감세효과를 비교하라.

7-8 유모차를 제조하는 A기업은 매년 400,000대의 유모차를 생산하며, 이러한 생산 수준은 앞으로도 지속될 것이라고 예상된다. A기업은 유모차 부품인 바퀴를 외부 공급업체로부터 매입해 오는데, 바퀴 4개당 매입가격이 2,000원이다. A기업의 생산 책임자는 바퀴를 외부에서 사오는 것보다 직접 만드는 것이 비용측면에서 더 유리하다고 생각하고 있다. 바퀴를 직접 만드는 데 드는 비용은 4개당 1,600원이며 바퀴를 만드는 기계의 가격은 2억원이고 기계의 수명은 10년이다. 감가상각은 정액법을 적용한다. 또한 바퀴를 만들기 위해서는 투자 초기에 추가적으로 운전자본 3,500만원이 필

요한데 이는 10년 후에 회수가능한 금액이라고 한다. 10년이 지난 후 기계의 청산가치는 1,800만원이다. A기업의 법인세율이 35%이고 자본조달비용이 15%일 때, 바퀴를 직접 생산하는 것이 나을지를 결정하라.

7-9 ㈜Dream.com은 UHD TV를 생산하는 회사로서 내용연수가 5년인 기계를 구입하고자 한다. 이 기계의 구입원가는 40억원이며 5년 후의 잔존가치는 없다고 한다. 이 기계는 연간 10,000대의 TV를 생산할 수 있으며, TV는 첫해에 대당 40만원이고, 이후 가격이 매년 5%씩 오를 것으로 예상하고 있다. 한편 TV의 생산원가는 첫해에 20만원이며, 이후 매년 10%씩 증가할 것으로 예상된다. 법인세율을 34%로, 할인율을 15%로 가정할 때 이 투자안의 순현가(*NPV*)를 계산하라. 단, 감가상각은 정액법을 적용하며, 인플레이션은 고려하지 않는다.

7-10 ㈜패기건설은 다음과 같은 현금흐름을 갖는 상호배타적인 두 투자안을 고려하고 있다.

(단위: 만원)

년	0	1	2	3
A	−50,000	40,000	15,000	15,000
B	−100,000	20,000	40,000	80,000

투자안 A는 실질현금흐름으로, 투자안 B는 명목현금흐름으로 표시되었다. 명목이자율이 15%이고 인플레이션율이 4%라고 한다면 어느 투자안을 선택해야 할지 결정하라.

7-11 ㈜상훈은 새로운 투자안을 고려하고 있다. 이 투자안의 첫해 예상명목현금흐름은 다음과 같다.

(단위: 만원)

매출액	150,000
매출원가	80,000
기타비용	40,000

이 회사는 매년 2억원씩을 지급하고 리스회사로부터 기계를 임대하려고 한다. 이 리스료는 매출원가에 포함되어 있다. 연간매출액은 5%, 매출원가는 3%, 그리고 기타비용은 1%씩 실질증가율을 보일 것으로 예상되며, 연간인플레이션율은 6%일 것으로 예상하고 있다. 매출액 및 매출원가 그리고 기타비용의 실질할인율은 10%이고 리스료의 실질할인율은 7%라고 한다. 세금이 없고 기업이 영구히 존속한다면, 이 투자안의 순현가(*NPV*)는 얼마일지 계산하라.

7-12 ㈜광속인쇄는 사업확장을 위해 새로운 기종인 모델 A와 모델 B의 두 가지 중에서 하나를 구입하고자 한다. 각각의 구입원가와 유지비용에 대한 실질현금흐름은 다음과 같다.

(단위: 만원)

	0	1	2	3	4	5
모델 A	1,800	200	200	200	−	−
모델 B	1,400	200	220	220	220	220

인플레이션율은 5%이고, 명목이자율은 14%이다. 선택된 기종에 관계없이 매출액이 같다면 어떤 기종을 구입해야 하는지 결정하라. 단, 세금과 감가상각은 무시한다.

7-13 ABC기업은 새로운 기계장치를 구입하고자 한다. 기계장치의 구입비용은 65억원이다. 이 회사에 적용되는 법인세율이 35%이고 자본조달비용이 8%일 때 다음 각각의 경우 감가상각비 감세효과의 현재가치를 구하라.

① 정액법으로 10년 동안 감가상각을 하고, 첫 공제는 1년째부터 시작될 때
② 정액법으로 5년 동안 감가상각을 하고, 첫 공제는 1년째부터 시작 될 때
③ 정률법으로 5년동안 감가상각을 하고, 첫 공제는 1년째부터 시작될 때(단 잔존가치는 구입비용의 5%로 한다.)
④ 매입하자마자 즉시 모두 감가상각을 하고 공제가 이루어질 때

제Ⅲ편

위험과 자본예산

제 8 장

위험과 수익률

STUDY GUIDE

많은 경우 기업의 투자결정은 미래가 불확실한 상황에서 이루어진다. 어떤 기업이 새로운 사업에 투자한 경우 앞으로 그 사업으로부터 얼마만큼의 수익이 발생할지 확실하게 알 수 없다. 실물자산에 투자할 때와 마찬가지로 금융자산에 투자할 때도 불확실성이 따른다. 예를 들어 주식시장에서 주식을 산 경우에 미래에 주가가 얼마가 될지 또 얼마만큼의 배당을 받을지 불확실하다. 투자의 성과를 수익(또는 수익률)이라 하고 수익의 불확실성을 위험이라고 한다. 이 장에서는 먼저 투자의 수익률을 어떻게 측정하는지에 대해 설명한다. 다음으로 수익률이 불확실한 경우 이것의 특성을 나타내는 수단인 확률분포에 대해 살펴보고, 확률분포에 담긴 정보를 요약하는 기댓값, 분산, 표준편차, 공분산, 그리고 상관계수 등의 통계치를 어떻게 계산하는지를 알아본다. 또 과거자료가 주어진 경우 통계치를 어떻게 계산할 수 있는지와 위험프리미엄에 대해 살펴본다.

8.1 개 요

제6장과 제7장에서 투자안의 경제성을 분석하는 여러 방법 중에서 순현가법이 가장 바람직한 방법이라는 것을 살펴보았다. 투자기간이 1기간인 경우 순현가는 다음과 같이 계산하였다.

$$NPV = \frac{CF_1}{1+r} - I_0$$

위 식에서 I_0는 투자비용, CF_1은 1년 후의 현금흐름, r은 할인율로 정의하였다. 순현가를 계산하기 위해서는 우선 미래현금흐름을 측정해야 하고, 다음 단계에서 이 현금흐름을 할인할 적정할인율을 결정해야 한다. 미래현금흐름의 측정에 관해서는 이미 제6장과 제7장에서 많은 내용을 다루었으나 적정할인율에 관해서는 아직 자세한 설명을 하지 않았다. 단지 미래의 현금흐름이 확실하다면 무위험이자율을 할인율로 사용한다는 사실을 설명했을 뿐이다.

그렇다면 미래현금흐름이 불확실한 경우에는 어떤 할인율을 사용해야 할까? 미래의 현금흐름이 다음과 같은 투자안 A와 B를 예로 하여 할인율을 어떻게 결정할 수 있는지 설명하여 보자.

미래상태	확률	1년 후 현금흐름(억원)	
		투자안 A	투자안 B
불경기	0.5	110	80
호경기	0.5	110	140

투자안 A는 미래상태에 관계없이 1년 후에 110억원을 가져다주는 확실한 투자안이고, 투자안 B는 미래상태에 따라 현금흐름이 불확실한(또는 위험한) 투자안이다. 현 시점에서 지출할 투자비용은 두 투자안 모두 98억원이고 무위험이자율은 10%라고 가정하자.

투자안 A의 경우 미래현금흐름이 확실하므로 순현가를 구하기 위해 10%의 할인율을 사용하는데 문제가 없다. 따라서 순현가는 2[= 110/(1 + 0.1) − 98)]억원이 되어 투자자는 이 투자안을 수용할 것이다. 미래현금흐름이 불확실한 투자안 B의 경우에도 10%의 할인율을 사용하는 것이 적절한 것일까? 만일 10%의 할인율을 사용한다면 투자안 B의 현금흐름이 투자안 A의 현금흐름과 평균적으로 같기 때문에 순현가도 같게 된다.[1] 그러나 투자비용이 같다면 대부분의 사람들은 위험한 투자안 B보다 투자안 A를 선택한다. 왜 그럴까? 이는 사람들이 불확실한 현금흐름보다 확실한(또는 안전한) 현금흐름을 선호하기 때문이다. 다시 말해 "안전한 1원이 위험한 1원보다 더 높은 가치를 가진다."는 사실 때문인데 이 사실을 '재무관리의 제2원리(the second principle of finance)' 라고 한다.

따라서 투자안 B와 같이 위험이 있는 투자안에 투자를 유치하기 위해서는 무위험이자율보다 높

1 여기서 평균적으로 같다는 말은 미래현금흐름의 기댓값이 같다는 의미로, 기댓값에 대해서는 제8.3절에서 다룬다.

은 수익률을 제시해야 할 것이다. 다시 말해 투자안 B를 공정하게 평가하기 위해서는 무위험이자율보다 높은 할인율을 사용하여야 한다. 그 결과 위험이 있는 투자안의 할인율(k)은 다음과 같이 무위험이자율(r_f)에 위험프리미엄(α)을 더한 것으로 표현할 수 있다.

$$\text{위험한 투자안 } i\text{의 할인율} = \text{무위험이자율} + \text{투자안 } i\text{의 위험프리미엄} \tag{8.1}$$

$$k_i = r_f + \alpha_i \qquad (\text{단}, \alpha_i > 0)$$

여기서 투자안 i의 위험프리미엄 α_i는 위험의 크기나 사람들이 위험을 싫어하는 정도에 의해 결정된다. 투자안의 위험이 클수록, 또 사람들이 위험을 싫어하는 정도가 심할수록 위험프리미엄도 커진다. 앞으로의 제8장에서 제10장까지는 이러한 위험프리미엄을 결정하는 데 이용될 이론적 모형을 단계적으로 설명할 것이다.

8.2 수익과 수익률

■ 수익과 수익률의 의의

실물자산에 투자한 기업이나 금융자산에 투자한 개인들은 투자를 통해 자신들이 기대하는 성과를 얻기를 원한다. 제품이나 서비스의 생산 또는 이자, 배당, 증권가격의 상승 등이 투자자가 얻는 성과의 형태이다. 투자에서 얻는 이러한 성과를 수익(return 또는 payoff)이라고 한다. 경제상황에 따라 투자의 수익은 이득(gain)이 될 수도 있고 손실(loss)이 될 수도 있다. 수익은 투자에 대하여 얼마나 많은 성과를 얻었는지를 나타내는 절대액의 개념으로 사용된다. 이에 비하여 수익률(rate of return)은 1원의 투자에 대해 어느 정도의 성과를 얻었는지를 나타내는 상대적인 개념으로 사용된다. 즉, 수익률은 투자에 의해 얻은 수익과 투자비용의 비율로 나타낸다.

수익률은 투자에서 얻은 모든 수익을 투자비용으로 나누어 계산한 조수익률(gross rate of return)과 투자에서 얻은 모든 수익에서 투자비용을 뺀 값을 투자비용으로 나누어 계산한 순수익률(net rate of return)로 구분할 수 있다.

$$\text{조수익률} = \text{총수익} / \text{투자비용} \tag{8.2}$$

$$\text{순수익률} = (\text{총수익} - \text{투자비용}) / \text{투자비용} = \text{총수익} / \text{투자비용} - 1 \tag{8.3}$$

식 8.3의 오른쪽은 (조수익률 − 1)이므로 조수익률은 (1 + 순수익률)로 나타낼 수 있다.

$$\text{조수익률} = 1 + \text{순수익률} \tag{8.4}$$

대부분의 경우 순수익률을 수익률의 개념으로 사용하기 때문에 앞으로는 특별한 언급이 없는 한 수익률은 순수익률을 의미하는 것으로 한다.

■ 단일기간 수익률

단일기간 동안의 투자에서 얻는 수익률을 단일기간 수익률(single-period rate of return)이라고 하며 여러 형태의 수익률 중 가장 기본이 된다. 주식투자의 경우를 예로 들어 보자. 주식을 사서 1년간 보유한 후에 다시 팔 때 발생하는 수익에는 배당과 1년 후에 주식을 판 대금이 포함된다. 오늘 가격이 P_0인 주식 1주를 구입하고, 1년 후 D_1의 배당을 받은 다음 P_1의 가격을 받고 매각한 경우 식 8.3의 정의를 이용하여 주식투자의 수익률을 구해 보자.

$$\text{주식수익률} = \frac{D_1 + P_1 - P_0}{P_0} = \frac{D_1}{P_0} + \frac{P_1 - P_0}{P_0} \tag{8.5}$$

식 8.5에서 주가의 변동분 $(P_1 - P_0)$가 양(+)인 경우를 자본이득(capital gain)이라고 하고, 음(−)인 경우를 자본손실(capital loss)이라고 한다. 식 우변의 첫 번째 항은 예상되는 배당금과 현재 주가의 비율로서 배당수익률이라고 하고, 두 번째 항은 자본이득(손실)의 현재 주가에 대한 비율로서 가격 상승(하락)률을 나타낸다. 따라서 주식수익률은 배당과 자본이득에 의해 결정된다.

채권수익률도 식 8.5와 유사하게 정의되는데, 이표채의 경우 표면이자가 배당을 대신하게 되며 무이표채의 경우는 배당에 해당하는 수익은 없고 자본이득이나 자본손실만 있을 뿐이다.

예제 8-1 어떤 투자자가 A회사 주식을 주당 6,000원에 매입하여 1년 후에 주당 500원의 배당을 받고 7,000원에 팔았다고 하자. 이 경우 1년 동안의 수익률을 계산하라.

풀이 수익률 = 500 / 6,000 + (7,000 − 6,000) / 6,000 = 500 / 6,000 + 1,000 / 6,000
= 8.33% + 16.67% = 25%

위 계산에서 보는 것처럼 A회사 주식투자의 수익률은 배당수익률 8.33%와 주가상승에 따른 자본이득률 16.67%를 합한 25%이다.

■ 보유기간 수익률

여러 기간에 걸쳐 반복해서 금융자산 또는 실물자산에 투자하여 얻는 수익률을 보유기간 수익률(holding period rate of return: *HPR*)이라고 한다. 매기간이 끝날 때마다 재투자가 가능하고, 각 기간 동안의 단일기간 수익률이 다음의 그림과 같다고 하자.

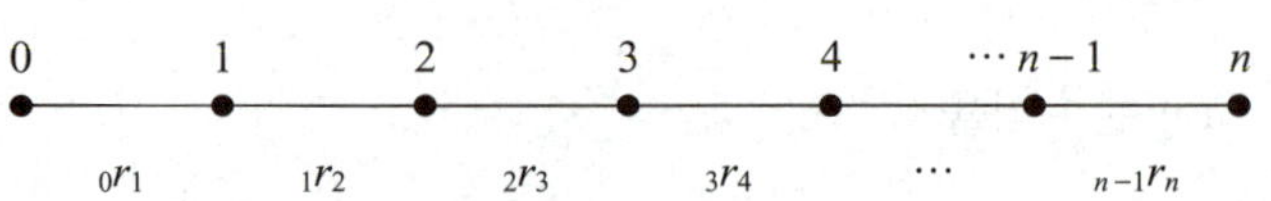

위의 그림에서 ${}_0r_1$은 첫 1년 동안의 수익률을, ${}_1r_2$는 두 번째 해의 수익률을, ⋯, ${}_{n-1}r_n$은 n번째 해의 수익률을 나타낸다. 지금 1원을 투자하면 1년 후에 $(1 + {}_0r_1)$원의 수익을 얻을 수 있다. 이 금액을 두 번째 해에 또 투자하면 2년 말에는 $(1+{}_0r_1)(1+{}_1r_2)$원의 수익을 얻을 수 있다. 이렇게 반복하여 n년 동안 투자했을 때 n년 말에는 $(1+{}_0r_1)(1+{}_1r_2)\cdots(1+{}_{n-1}r_n)$원의 수익을 얻을 수 있다. 따라서 n년 동안의 투자에서 얻는 보유기간 수익률 $HPR(n)$은 다음과 같다.

$$\text{보유기간 수익률}[HPR(n)] = (1+{}_0r_1)(1+{}_1r_2)\cdots(1+{}_{n-1}r_n) - 1 \qquad (8.6)$$

예제 8-2 가격과 배당이 다음과 같을 때 이 주식의 기간별 수익률과 2년 동안의 보유기간 수익률을 구하라.

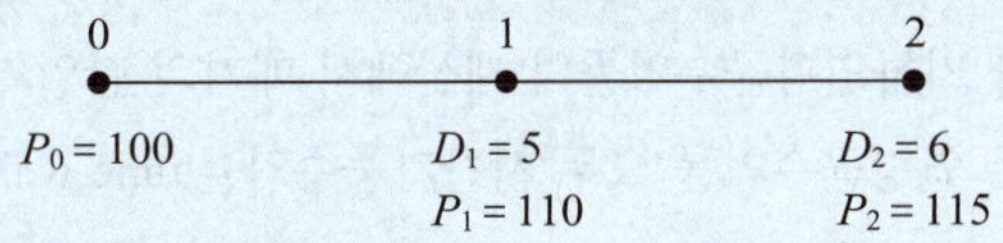

풀이 첫 번째 해의 수익률 = 5 / 100 + (110 − 100) / 100 = 15%
두 번째 해의 수익률 = 6 / 110 + (115 − 110) / 110 = 10%
2년 동안의 보유기간 수익률 $HPR(2) = (1+0.15)(1+0.1) - 1 = 26.5\%$

2년 동안의 보유기간 수익률은 2년 후 얻게 되는 총수익을 구해 계산할 수도 있다. 첫 번째 해에 실현된 배당수익 5원은 2차연도에 10%의 수익률로 재투자될 수 있으므로 2차연도 말에는 5.5원의 수익을 얻는다. 따라서 2차연도 말에 얻게 되는 총수익은 126.5(= 6 + 115 + 5.5)원이 된다. 100원을 투자하여 126.5원을 얻었으므로 2년 동안의 보유기간 수익률은 26.5%[= (126.5 − 100) / 100]이다.

■ 연평균수익률

투자가 여러 기간에 걸쳐 지속되는 경우 보유기간 수익률 외에도 연평균수익률(annual mean rate of return)을 이용하여 투자성과를 분석한다. 연평균수익률은 계산방법에 따라 산술평균수익률, 기하평균수익률, 그리고 내부수익률 등으로 분류할 수 있다. 이 수익률들은 나름대로 타당성이 있는 서로 다른 가정하에서 계산되는데, 이 가정의 내용을 분명히 이해하고 필요에 따라 적절한 것을 선택하여 사용하는 것이 중요하다.

산술연평균수익률

여러 기간에 걸쳐 투자하였을 때, 각 기간의 단일기간 수익률을 구하여 단순히 산술평균한 것이 산술연평균수익률(arithmetic annual mean rate of return: *AMR*)이다. 이를 식으로 표현하면 다음과 같다.

$$\text{산술연평균수익률}(AMR) = ({}_0r_1 + {}_1r_2 + {}_2r_3 + {}_3r_4 + \cdots + {}_{n-1}r_n) / n \qquad (8.7)$$

식 8.7에서 보는 것과 같이 산술연평균수익률의 계산에서는 재투자과정을 고려하지 않는다.

기하연평균수익률

기하연평균수익률(geometric annual mean rate of return: *GMR*)은 연평균복리수익률(compound annual mean rate of return)이라고도 하며 매기간의 단일기간 수익률이 주어지면, 보유기간 조수익률을 계산하여 이것의 기하평균을 계산한 후 1을 뺀 값이다.

$$\text{기하연평균수익률}(GMR) = [(1 + {}_0r_1)(1 + {}_1r_2) \cdots (1 + {}_{n-1}r_n)]^{1/n} - 1 \qquad (8.8)$$

식 8.8에서 보듯이 기하연평균수익률은 매기의 단일기간 수익률로 재투자하여 복리로 가치가 증식되는 효과를 반영하는 것으로, 투자의 경제적 실질을 잘 나타내는 연평균수익률이라고 할 수 있다.[2] 산술연평균수익률과 기하연평균수익률의 계산에서 매기의 단일기간 수익률에 주어지는 가중치가 동일하기 때문에 두 연평균수익률 모두 시간가중수익률(time weighted rate of return) 또는 펀드매니저수익률이라고도 불린다.

예제 8-3 3년 동안 주식투자로부터 얻은 수익률이 첫 해에는 9%, 다음 해에는 −10%, 마지막 해에는 16%라고 하자. 이 기간 동안 얻은 보유기간 수익률[*HPR*(3)], 산술연평균수익률(*AMR*), 그리고 기하연평균수익률(*GMR*)을 구하라.

풀이 $HPR(3) = [(1.09)(0.9)(1.16)] - 1 = 13.80\%$
$AMR = [9 + (-10) + 16] / 3 = 5\%$
$GMR = [(1.09)(0.9)(1.16)]^{1/3} - 1 = 4.40\%$

[예제 8−3]에서 보면 산술연평균수익률이 기하연평균수익률보다 크게 나타난다. 이러한 관계는 단일기간 수익률이 매년 일정한 경우를 제외하면 일반적으로 성립한다. 단일기간 수익률이 매년 일정한 경우에는 두 연평균수익률이 같게 되나, 기간수익률의 변동이 심할수록 두 연평균수익률의 차이는 커지게 된다. 예를 들어 [예제 8−3]에서 매년 수익률이 (9%, −12%, 18%)로 (9%, −10%, 16%)보다 변동이 더 심한 경우, 산술연평균수익률은 5%로 변화가 없지만 기하연평균수익률은 4.22%가 되어 둘 사이의 차이는 0.60%에서 0.78%로 증가한다.[3]

내부수익률

내부수익률(internal rate of return: *IRR*)은 제6장과 제7장의 자본예산과 제5장의 채권의 만기수익률 계산에서 살펴보았던 것처럼, 미래에 발생하는 투자수익의 현가와 투자비용의 현가를 일치시키

2 투자금액이 여러 기간에 걸쳐 변화가 없는 경우 기하연평균수익률은 투자의 경제적 실질을 잘 나타내나, 기간에 따라 자금에 유입과 유출이 자주 발생하는 경우 이에 따른 효과를 잘 반영하지 못한다는 문제가 있다.

3 산술연평균수익률은 기하연평균수익률에 비해 실제 성과를 과대평가하게 되므로, 과거기간의 투자성과를 평가할 때 기하연평균수익률이 보다 적합하다고 할 수 있다. 그러나 미래의 수익률을 예측하기 위하여 과거의 평균수익률을 이용할 때에는 보통 산술연평균수익률을 이용한다. 그 이유는 표본평균을 이용하여 모집단의 평균을 추정할 때, 산술평균은 모집단평균에 대한 불편추정치(unbiased estimate of the true mean)라는 좋은 특성을 가지기 때문이다.

는 할인율로서 금액가중수익률(dollar weighted rate of return) 또는 투자자수익률이라고도 불린다. 내부수익률은 서로 다른 시점에서 발생하는 현금흐름의 크기와 화폐의 시간가치를 고려한 연평균 수익률의 개념으로 매기 발생하는 현금흐름을 내부수익률로 계속 재투자한다는 가정하에서 계산되는 값이다.

예제 8-4 [예제 8-2]의 자료를 이용하여 투자의 산술연평균수익률(*AMR*), 기하연평균수익률(*GMR*), 그리고 내부수익률(*IRR*)을 구하고 비교하라.

풀이 첫 해와 둘째 해의 단일기간 수익률은 각각 15%와 10%이므로 *AMR*은 12.5%[= (15 + 10) / 2]이고 *GMR*은 12.47%[= $\{(1.15)(1.1)\}^{1/2} - 1$]이다. 한편, 오늘 100원을 투자하여 2년간 보유 시 발생하는 수익은 1년 말에 배당금 5원, 2년 말에 배당금 6원과 주식가격 115원이다. 내부수익률은 다음과 같이 미래수익의 현가와 투자비용을 일치시키는 할인율을 구한 것이다.

$$100 = \frac{5}{1 + IRR} + \frac{6 + 115}{(1 + IRR)^2}$$

시행착오법으로 위 식을 풀면 *IRR* = 12.53%이다. *AMR*의 계산에서와는 달리 *GMR*과 *IRR*의 계산에서는 재투자가 반영된다. 또 *AMR*과 *GMR*의 계산에서 각 단일기간 수익률에 주어지는 가중치가 동일한 반면, *IRR*에서는 현금흐름의 크기가 가중치를 결정한다. 따라서 *IRR*이 *AMR*보다 크게 나타나는 이유는 첫해에 투자하는 금액이 커서 15%와 10% 중 15%에 주어지는 가중치가 상대적으로 크기 때문이다.

8.3 위 험

■ 위험의 의의

투자결정은 대부분 미래가 불확실한 상황에서 이루어진다. 기업이 여유자금을 은행의 정기예금이나 국가가 발행한 채권에 투자한다면 미래에 어떤 결과를 얻을지 거의 확실하게 알 수 있다. 그러나 기업이 새로운 기계를 구입하거나 신제품 생산을 위한 공장을 건설하는 경우, 미래에 어떤 투자성과를 얻을지 확실하게 알 수 없다. 또한 주식에 투자한 경우에도 미래에 얼마만큼의 수익을 얻을 수 있는지 현재시점에서는 확실히 알 수 없으며, 회사채를 구입한 경우에도 약속된 이자와 액면금액을 제대로 받을 수 있을지 불확실하다. 이와 같이 투자로부터 미래에 얻을 수 있는 결과를 확실하게 알지 못하는 상황을 불확실성(uncertainty) 또는 위험(risk)이 있는 상황이라고 한다. 불확실성과 위험이라는 말은 재무관리에서 같은 의미로 사용된다.

투자의 불확실성이 클수록 미래의 투자수익은 넓은 범위에 걸쳐 분포하게 된다. 예를 들어 10%의 확실한 수익률을 얻는 정기예금에 100만원을 투자하면 1년 후에 얻는 수익은 어떤 상황하에서도 110만원이 된다. 그러나 미래의 주식시장의 상황에 따라서 20%의 수익률을 얻거나 0%의 수익률을 얻을 수 있는 지수펀드에 100만원을 투자한다면, 1년 후에 얻는 수익은 120만원이 되거나

100만원이 된다. 또 미래의 기업성과에 따라서 50%의 수익률이나 0%의 수익률 또는 −20%의 수익률을 얻는 벤처기업의 주식에 100만원을 투자한다면, 1년 뒤의 수익은 150만원이나 100만원 또는 80만원 중의 하나가 실현된다. 정기예금의 경우 수익은 확실한 것이지만, 미래의 상황에 따라 수익이 달라지는 지수펀드와 벤처기업 주식의 경우는 불확실한 것이다. 정기예금보다는 지수펀드의 위험이 크며, 지수펀드보다는 벤처기업 주식의 위험이 더욱 크다. 투자의 불확실성 또는 위험이 커질수록 미래현금흐름은 넓은 범위에 걸쳐 분산된다. 이러한 의미에서 재무관리에서는 위험을 '미래수익(또는 수익률)의 변동성(volatility of future payoffs)' 으로 정의하여 사용한다.

■ 수익률의 확률분포

주식에 투자했을 때 얻게 되는 수익률은 미래에 어떠한 상태가 발생하느냐에 따라 여러 가지 다른 값을 갖게 된다. 이와 같이 미래의 상태에 따라 서로 다른 값을 갖는 변수를 확률변수(random variable)라고 한다. 주식수익률뿐 아니라 우리가 일상생활에서 접하는 수많은 불확실한 것들을 확률변수로 나타낼 수 있다. 예를 들면 지금 시점에서 한 달 후의 강우량이 얼마가 될지 아무도 확실하게 알 수가 없다. 20mm가 될 수도 있고 3mm 혹은 100mm가 될 수도 있다. 하지만 경험에 의하여 20mm가 될 가능성이 3mm나 100mm가 될 가능성보다 클 수 있다. 확률변수의 특성은 확률분포(probability distribution)에 의해 나타낸다. 확률분포는 미래에 발생할 상태와 각 상태가 발생할 가능성을 나타내는 확률, 그리고 각 상태가 발생할 때 확률변수가 취하는 값을 그 내용으로 하는데, 표나 그림 또는 함수의 형태로 나타낼 수 있다.

아이스크림회사와 겨울용품을 판매하는 스키회사의 주식을 예로 들어 보자. 일반적으로 날씨가 더우면 아이스크림의 판매량이 증가하고 날씨가 추우면 겨울용품의 판매량이 증가한다. 〈표 8−1〉은 다음 연도의 기후상태에 따른 아이스크림회사 주식과 스키회사 주식의 미래수익률을 각각 r_1과 r_2로 표기하고, 이들 두 확률변수의 확률분포를 나타낸 것이다.

〈표 8−1〉은 미래의 상태와 각각의 상태가 발생할 확률, 그리고 각각의 상태가 발생할 때 실현되는 두 회사 주식의 수익률에 관한 정보를 제공하고 있다. 각각의 상태가 발생할 확률은 항상 0보다 커야 하며, 각각의 확률을 모두 합하면 반드시 1이 되어야 한다. 〈표 8−1〉에서 투자자는 미래에 어떠한 상태가 발생할지를 모를 따름이며, 미래에 발생할 상태를 알기만 한다면 그 상태에 실현될 수익률은 알고 있다고 가정한다. [그림 8−1]은 〈표 8−1〉에 나타낸 아이스크림회사와 스키회사 주식수익률의 확률분포를 막대그래프의 형태로 다시 나타낸 것이다.

표 8-1 아이스크림회사와 스키회사 주식수익률 r_1 및 r_2의 확률분포

날씨상태	확률	r_1	r_2
더운 날씨	0.2	30%	−20%
보통 날씨	0.6	10	10
추운 날씨	0.2	−10	60

| 그림 8-1 | 아이스크림회사와 스키회사 주식의 수익률의 확률분포

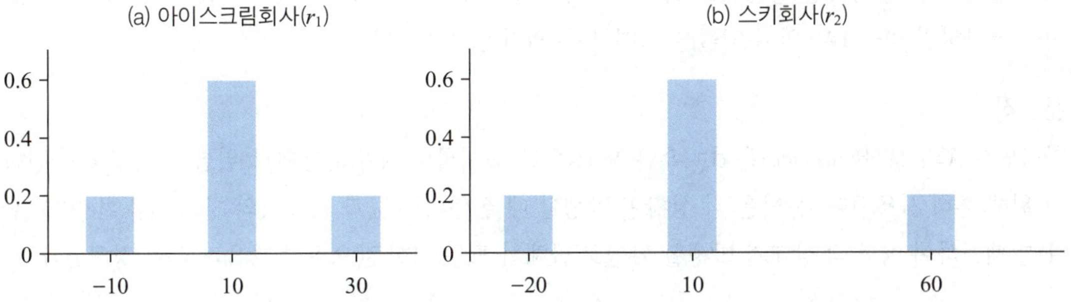

■ 기댓값과 분산 및 표준편차

미래의 주식수익률과 같은 확률변수에 관한 정보는 기본적으로 〈표 8−1〉이나 [그림 8−1]과 같은 확률분포를 통해 얻을 수 있다. 그렇지만 미래상태의 수가 매우 많거나 연속적일 경우 확률변수의 특성을 매번 표나 그림 혹은 함수에 의해 나타내야 한다면 이는 매우 불편한 일이다. 따라서 많은 경우에 있어 확률변수에 관한 정보를 요약하는 통계치(statistics)를 대신 사용하게 되는데, 이 중 많이 쓰이는 몇 가지를 〈표 8−1〉에 제시한 확률분포를 예로 삼아 살펴보기로 하자. 이 내용들은 불확실성하의 재무문제를 다루는 데 있어 필수적으로 알아야 할 기본지식이므로 명확히 이해해야 한다.

기댓값(기대수익률)

확률분포가 주어지면 이로부터 기댓값을 계산할 수 있다. 일반적으로 확률변수 X의 기댓값(expectation)은 $E(X)$로 표시하며, 기댓값 $E(X)$는 식 8.9에 나타낸 것과 같이 각 상태가 발생할 확률에다 각 상태가 발생할 경우에 실현되는 확률변수의 값을 곱한 결과를 모두 더해서 구해진다.

$$E(X) = p_1 \cdot x_1 + p_2 \cdot x_2 + \cdots + p_S \cdot x_S = \sum_{j=1}^{S} p_j \cdot x_j \tag{8.9}$$

식 8.9에서 E는 기댓값을 나타내는 연산자(operator)이며, $p_j(j=1, 2, \cdots, S)$는 상태 j가 발생할 확률, x_j는 상태 j가 발생할 때 실현되는 확률변수 X의 값, S는 상태의 수를 나타낸다. 식 8.9에서와 같이 구한 확률변수의 기댓값을 평균(mean)이라고 부르며, 이는 확률변수가 평균적으로 어느 정도의 값을 가질 것인지를 하나의 값으로 나타낸 것이다.

〈표 8−1〉에서 아이스크림회사와 스키회사 주식수익률의 기댓값 $E(r_1)$과 $E(r_2)$를 계산하면 다음과 같다.

$$E(r_1) = 0.2 \times 30 + 0.6 \times 10 + 0.2 \times (-10) = 10\%$$
$$E(r_2) = 0.2 \times (-20) + 0.6 \times 10 + 0.2 \times 60 = 14\%$$

즉, 아이스크림회사 주식에 투자하면 미래상태에 따라 서로 다른 수익률이 실현되나 장기적으로 여러 번 투자를 반복하면 평균적으로 10%의 수익률을 얻을 것으로 기대할 수 있으며, 스키회사 주식에 투자하면 평균 14%의 수익률을 기대할 수 있다는 의미이다.

분 산

확률변수 X의 분산(variance)은 σ_X^2 혹은 $\mathrm{Var}(X)$로 표시하며 재무분야에서 위험의 정도를 측정하기 위해 흔히 사용된다. 분산은 각 상황이 발생할 때 실현되는 값과 기댓값의 차이(이를 편차라고 한다)를 제곱하여 이를 각 상태가 발생할 확률로 곱해서 모두 더한 값으로서 다음과 같이 정의된다.

$$\sigma_X^2 \equiv \mathrm{Var}(X) \equiv E[X-E(X)]^2$$
$$= p_1 \cdot [x_1 - E(X)]^2 + p_2 \cdot [x_2 - E(X)]^2 + \cdots + p_S \cdot [x_S - E(X)]^2 \tag{8.10}$$

식 8.10에서 $[X-E(X)]^2$은 X의 값이 평균으로부터 떨어진 정도를 나타내는 거리 개념이다. 따라서 분산은 확률변수의 실현값들이 그 기댓값으로부터 떨어져 있는 정도를 평균한 통계치라고 해석할 수 있다. 기댓값으로부터 평균적으로 많이 떨어져 있다는 것은 확률변수의 실현값이 넓게 분포되어 있다는 의미이며 이는 곧 변동성이 크다는 것을 의미한다.

〈표 8-1〉에서 아이스크림회사와 스키회사 주식의 수익률의 분산 σ_1^2과 σ_2^2을 계산하면 다음과 같다.

$$\sigma_1^2 = 0.2 \times (30-10)^2 + 0.6 \times (10-10)^2 + 0.2 \times (-10-10)^2 = 160\%^2$$
$$\sigma_2^2 = 0.2 \times (-20-14)^2 + 0.6 \times (10-14)^2 + 0.2 \times (60-14)^2 = 664\%^2$$

스키회사 주식이 아이스크림회사 주식보다 높은 분산값을 가지는데 이는 스키회사 주식의 위험이 아이스크림회사 주식의 위험보다 크다는 것을 의미한다. 〈표 8-1〉과 [그림 8-1]에서 보면 스키회사 주식의 수익률이 훨씬 넓은 범위에 걸쳐 분포되어 있음을 볼 수 있다. 이는 스키회사 주식의 위험이 더 크다는 것을 의미하며 이러한 위험의 크기는 분산에 의하여 측정된다는 것이다.

분산의 단위는 확률변수 자체 단위의 제곱이 된다는 점을 주의해야 한다. 수익률을 %로 표시하면 수익률 분산의 단위는 $\%^2$이 된다. $1\%^2$을 소수로 전환하면 $1\%^2 = (1\%) \cdot (1\%) = 0.0001$이 된다.

표준편차

분산을 위험의 측정치로 사용하면 그 단위가 확률변수 자체의 단위와 일치하지 않아 불편을 겪을 때가 많다. 이럴 경우 분산의 양(+)의 제곱근을 구하여 확률변수의 단위와 같도록 표준화한 값을 사용한다. 이를 표준편차(standard deviation)라고 하며 다음과 같이 정의한다.

$$\sigma_X \equiv \sqrt{\mathrm{Var}(X)} \tag{8.11}$$

〈표 8-1〉에서 아이스크림회사와 스키회사 주식의 수익률의 표준편차 σ_1과 σ_2를 구하면 다음

과 같다.

$$\sigma_1 = \sqrt{160\%^2} = 12.65\%$$
$$\sigma_2 = \sqrt{664\%^2} = 25.77\%$$

표준편차는 분산을 사용할 때 나타나는 단위적용의 어려움을 해결해 줄 수 있어 분산 대신 위험의 측정치로 많이 이용된다.[4]

〈표 8-2〉에서는 지금까지의 내용을 요약하였다.

표 8-2 아이스크림회사와 스키회사 주식수익률의 통계치

	아이스크림회사(r_1)	스키회사(r_2)
기댓값(%)	10	14
분　산(%^{2})	160	664
표준편차(%)	12.65	25.77

■ 공분산과 상관계수

앞에서는 〈표 8-1〉과 같은 수익률의 확률분포가 주어지면, 이로부터 개별자산에 대한 수익률의 기댓값과 위험을 나타내는 분산을 어떻게 구하는지를 살펴보았다. 분산 또는 표준편차와 더불어 투자의 위험을 나타내는 통계치로 공분산이 자주 이용된다. 분산(또는 표준편차)이 개별자산의 수익률의 위험을 나타내는 통계치인 데 비하여, 공분산(covariance)은 두 자산의 수익률 변동이 서로 어떻게 관련되는지를 측정하는 통계치이다.

공분산은 σ_{XY} 또는 Cov(X, Y)로 표시하며, 두 확률변수의 확률분포가 주어지면 다음의 식 8.12와 같이 특정 상태에서 각 확률변수의 실현값과 기댓값의 차이인 편차의 곱을 발생확률로 곱하여 모두 더함으로써 계산된다.

$$\begin{aligned}\sigma_{XY} &\equiv \mathrm{Cov}(X, Y) = E[\{X - E(X)\}\{Y - E(Y)\}] \\ &= p_1[x_1 - E(X)][y_1 - E(Y)] + \cdots + p_S[x_S - E(X)][y_S - E(Y)] \qquad (8.12)\end{aligned}$$

〈표 8-1〉의 확률분포로부터 두 주식수익률 간의 공분산을 계산하는 과정을 다음의 〈표 8-3〉에 나타내었다.

공분산의 단위는 분산과 마찬가지로 %^{2}이다. 〈표 8-3〉에서 두 주식의 공분산은 −320%^{2}으로 음(−)의 값을 가지는데 이는 두 주식의 수익률이 서로 반대방향으로 움직인다는 것을 나타낸다. 〈표 8-3〉에서 보듯이 보통 날씨를 제외한 각 상태에서 아이스크림회사 주식과 스키회사 주식의 수익률은 하나가 평균보다 커지는 경우 다른 하나는 평균보다 작아지는 모습을 보인다. 반면, 어떤

4 표준편차 대신 때로는 변동성계수(coefficient of variation)가 쓰이기도 하는데 이는 기댓값 한 단위당 변동성을 나타낸다. 즉 변동성계수=$\sigma_X/E(X)$. 아이스크림회사 주식의 경우 변동성계수는 12.65/10=1.265이다.

표 8-3 아이스크림회사와 스키회사 주식수익률의 공분산

미래날씨	확률	평균으로부터의 편차		편차의 곱
		$\{r_1 - E(r_1)\}$	$\{r_2 - E(r_2)\}$	$\{r_1 - E(r_1)\}\{r_2 - E(r_2)\}$
더운 날씨	0.2	20%	−34%	−680%^{2}
보통 날씨	0.6	0	−4	0
추운 날씨	0.2	−20	46	−920
공분산(σ_{12}) = 0.2(−680) + 0.6(0) + 0.2(−920) = −320%^{2}				

두 자산의 수익률이 같은 방향으로 움직인다면, 즉 하나가 평균보다 클 때 다른 것도 평균보다 크고, 하나가 평균보다 작을 때 다른 것도 평균보다 작다면, 두 자산의 공분산은 양(+)의 값을 갖게 된다. 한편, 두 자산의 수익률이 일정한 관련성이 없이 독립적으로 움직인다면 공분산은 0의 값을 갖는다.

두 확률변수의 움직임이 어떻게 관련되는지의 방향성을 나타내 주는 척도로 공분산이 많이 이용되지만 공분산으로는 두 변수가 어느 정도로 연관되어 움직이는지를 구체적으로 나타낼 수가 없다.[5] 이 경우 공분산을 표준화한 값인 상관계수(correlation coefficient)가 자주 이용된다. 두 확률변수의 상관계수는 ρ_{XY}라고 나타내며 다음과 같이 정의된다.

$$\rho_{XY} \equiv \text{Corr}(X, Y) = \frac{\text{Cov}(X, Y)}{\sigma_X \sigma_Y} \tag{8.13}$$

상관계수는 공분산을 각 투자안의 표준편차로 나누어 두 확률변수가 어느 정도로 밀접하게 관련되어 움직이는지를 나타낸 것으로 [그림 8-2]에서 보는 것과 같이 −1에서 +1 사이의 값을 갖는다. 상관계수가 +1인 경우 두 확률변수는 양(+)의 기울기를 갖는 직선관계로 나타낼 수 있고, 이 값이 −1인 경우에는 음(−)의 기울기를 갖는 직선관계로 나타낼 수 있다. 또 두 자산의 수익률 간에 아무런 관련성이 없을 경우 상관계수는 0의 값을 갖는다.

〈표 8-3〉과 〈표 8-2〉의 자료를 이용하여 아이스크림회사와 스키회사 주식수익률 간의 상관계수 ρ_{12}를 구해 보면 다음과 같이 −0.98이다.

$$\rho_{12} = (-320\%^2)/(12.65\%)(25.77\%) = -0.98$$

위 계산에서 보는 것처럼 공분산의 단위는 분산과 마찬가지로 $\%^2$이나, 상관계수는 단위가 없다. 두 주식수익률의 상관계수는 −0.98로 −1에 가깝다. 이는 앞서 〈표 8-1〉과 [그림 8-1]에서 본 것처럼 아이스크림회사 주식과 스키회사 주식의 수익률이 날씨상태에 따라 거의 정반대로 움직인다

5 공분산은 두 확률변수가 움직이는 방향성에 대한 정보를 제공해 주지만, 두 변수가 갖는 값의 단위에 따라 그 값이 달라져 공분산값을 이용하여 변수들 간의 관련성의 정도를 비교할 수 없다는 문제를 갖는다. 또 〈표 8-3〉에서 보듯이 공분산의 단위는 두 확률변수가 갖는 측정단위의 곱으로 나타나 해석이 어렵다는 문제가 있다.

| 그림 8-2 | 상관계수와 두 확률변수의 상호관계

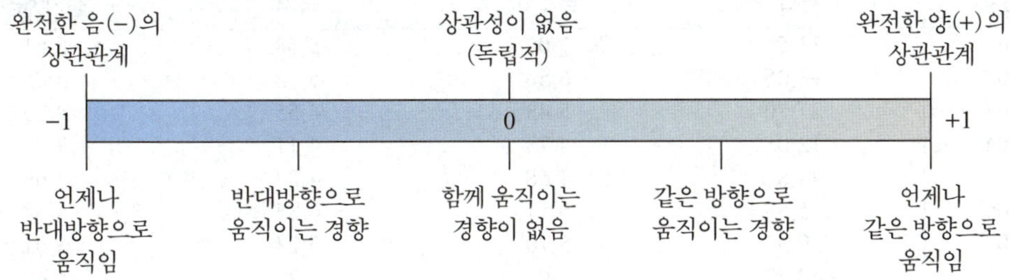

는 것을 의미한다.

8.4 자본시장의 과거통계치

앞 절에서는 확률변수의 특성을 나타내는 확률분포와 또 확률분포에 담긴 내용의 요약정보라고 할 수 있는 몇 가지 통계치에 대해 살펴보았다. 확률변수가 취할 수 있는 모든 값의 집합을 모집단(population)이라고 하는데, 앞에서 살펴본 통계치는 모집단을 이용하여 계산한 것이기 때문에 모집단통계치(population statistics)라고 불린다. 확률분포가 주어지는 한 모집단통계치를 계산하는 과정은 크게 어려울 게 없다. 그러나 현실적으로 부딪히는 문제는 대부분의 경우 정확한 확률분포를 알 수 없기 때문에 모집단통계치를 구하는 것이 불가능할 수 있다는 점이다. 이럴 경우 확률변수의 모집단의 부분집합이라고 할 수 있는 표본(sample)을 관찰하여 모집단통계치를 추정(estimation)할 수밖에 없다. 이렇게 하여 얻은 통계치를 표본통계치(sample statistics)라고 하는데, 대부분의 경우 과거자료를 통해 표본을 관찰할 수 있기 때문에 이를 과거통계치(historical statistics)라고도 한다. 과거통계치는 모집단통계치의 추정치(estimator)라고 할 수 있으며, 현실에서는 모집단통계치보다 과거통계치가 많이 쓰일 수밖에 없다. 이 절에서는 한국금융시장의 과거자료를 살펴본 후 이를 이용하여 몇 가지 금융자산들의 과거통계치를 계산하는 방법에 대해 알아본다.

■ 한국자본시장 금융자산의 과거 수익률자료

〈표 8-4〉는 한국의 금융시장에서 거래되는 금융자산 수익률에 대한 과거자료로서, 2001년부터 2023년까지 23년간의 주식, 회사채, 국채, 그리고 정기예금의 연간수익률자료를 보여주고 있다. 주식의 수익률은 주식시장의 움직임을 대표적으로 나타내는 한국종합주가지수(KOSPI)의 수익률(= 주가상승률 + 배당수익률), 회사채는 장외시장에서 거래된 AA등급 3년만기 회사채의 평균수익률, 국채는 정부가 발행한 채권 중 가장 활발하게 거래되어 온 3년만기 국고채의 수익률, 그리고 정기예금은 6개월~1년만기인 정기예금의 가중평균금리를 의미한다.

〈표 8-4〉의 연간수익률을 그림으로 나타낸 것이 [그림 8-3]이다. 이 그림을 보면 회사채와 국

표 8-4 한국의 금융자산 연간수익률자료(2001~2023년)

(단위: %)

연도	주식	회사채	국채	정기예금
2001	33.55	7.05	5.68	5.61
2002	−8.25	6.56	5.78	4.85
2003	27.70	5.43	4.55	4.25
2004	12.05	4.73	4.11	3.79
2005	44.89	4.68	4.27	3.60
2006	5.58	5.17	4.83	4.38
2007	29.35	5.70	5.24	5.01
2008	−49.72	7.02	5.27	5.69
2009	41.48	5.81	4.04	3.33
2010	20.91	4.66	3.72	3.26
2011	−10.09	4.41	3.62	3.72
2012	10.30	3.77	3.13	3.42
2013	1.85	3.19	2.79	2.72
2014	−3.75	2.98	2.59	2.46
2015	3.69	2.08	1.79	1.75
2016	4.79	1.89	1.44	1.52
2017	21.05	2.33	1.80	1.60
2018	−17.04	2.65	2.10	1.92
2019	9.41	2.02	1.53	1.76
2020	28.29	2.13	0.99	1.07
2021	5.38	2.08	1.39	1.12
2022	−22.69	4.16	3.20	2.91
2023	20.67	4.58	3.77	4.14

자료: 한국은행 경제통계시스템(http://ecos.bok.or.kr); 통계청 국가통계포털(http://kosis.kr)

| 그림 8-3 | 한국의 금융자산 연간수익률의 변동

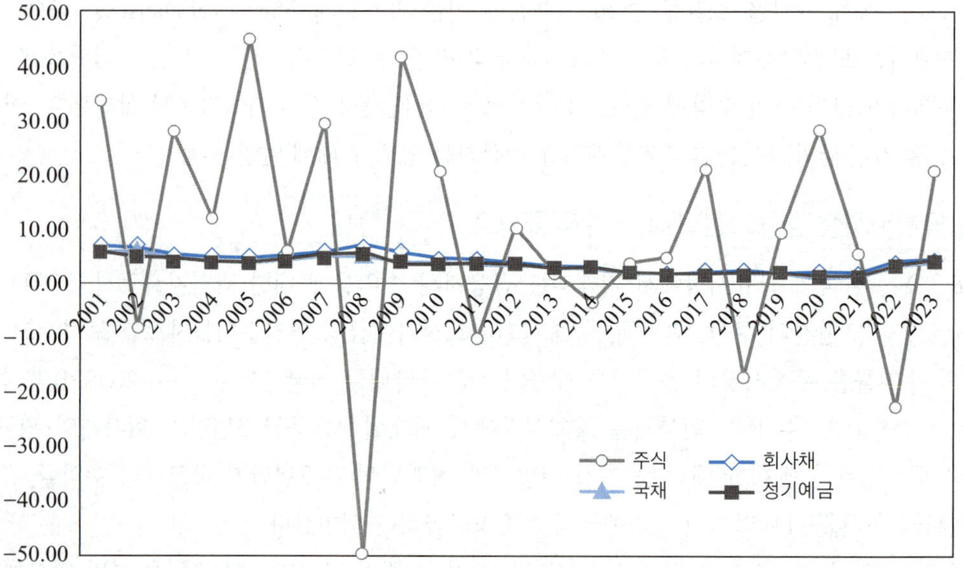

채, 정기예금의 수익률은 상당히 안정적이나 주식수익률은 기간에 따라 그 변동이 매우 크다는 것을 알 수 있다.

■ 수익률자료의 과거통계치

한국의 금융자산 수익률의 특성을 파악하기 위해서 〈표 8-4〉의 자료를 이용하여 수익률의 과거통계치들, 즉 기댓값(평균), 분산, 표준편차, 그리고 공분산과 상관계수를 구해 보자.

평 균

일반적으로 확률변수 X에 대한 T기간 동안의 과거자료(표본)의 관측치가 $(X_1, X_2, \cdots, X_T)$로 주어질 때, X의 표본평균(sample mean) $\overline{X}$는 다음과 같이 구해진다.

$$\text{표본평균}(\overline{X}) = \frac{X_1 + X_2 + \cdots + X_T}{T} \tag{8.14}$$

〈표 8-4〉의 주식의 경우 과거 23년간의 표본평균을 구하면 다음과 같다.

$$\text{주식수익률의 표본평균}(\overline{r}) = \frac{33.55 - 8.25 + 27.70 + \cdots - 22.69 + 20.67}{23} = 9.10\%$$

이는 앞서 식 8.6에서 살펴본 산술평균수익률과 같다. 과거기간의 연평균수익률은 기하평균수익률의 방법으로도 구할 수 있으나, 기하평균은 모집단평균의 불편의 추정치가 될 수 없기 때문에 통계학적 분석에서는 사용되지 않는다.

분산과 표준편차

과거 23년 동안 주식수익률의 최저치는 −49.72%이며 최고치는 44.89%였다. 이 기간의 주식수익률의 위험을 분산으로 측정해 보자. 확률변수 X에 대하여 과거 T기 동안의 표본(과거자료)이 주어지면, X의 표본분산(sample variance: S_X^2)은 다음과 같이 구해진다.[6]

$$\text{표본분산}(S_X^2) = \frac{1}{T-1}[(X_1 - \overline{X})^2 + (X_2 - \overline{X})^2 + \cdots + (X_T - \overline{X})^2] \tag{8.15}$$

이 식을 이용하여 〈표 8-4〉의 주식수익률의 분산과 표준편차를 구해 보자.

$$\text{주식수익률의 표본분산} = \frac{1}{23-1}[(33.55 - 9.10)^2 + (-8.25 - 9.10)^2 + \cdots + (20.67 - 9.10)^2] = 481.53\%^2$$

$$\text{주식수익률의 표본표준편차} = \sqrt{481.53\%^2} = 21.94\%$$

---

6 여기서 T가 아닌 $T-1$로 나누어 주는 이유는 표본자료의 경우 모집단의 기댓값(평균)을 모르기 때문에 표본평균을 이용하여 평균으로부터의 편차를 구하고 분산을 계산하게 된다. 이때 표본평균을 구하기 위해서 최소한 1개의 관측치가 필요하고, 결과적으로 분산을 구하는 데 이용되는 관측치는 $T-1$개의 관측치가 이용되기 때문이다.

주식수익률의 평균과 분산, 그리고 표준편차를 계산하는 것과 같은 방법으로 다른 변수들의 과거(표본)통계치를 구하여 정리한 것이 〈표 8-5〉이다. 〈표 8-5〉를 보면 주요 투자대상인 주식, 회사채, 국채, 정기예금 중 주식의 평균수익률이 가장 크고 회사채, 국채, 정기예금의 순으로 수익률을 얻고 있다. 수익률의 최댓값과 최솟값을 보면 주식수익률이 가장 넓은 범위에 걸쳐 분포하고 있으며 회사채, 국채, 정기예금의 순이다. 위험의 측정치인 분산(또는 표준편차) 역시 주식수익률이 가장 크고 회사채, 국채, 정기예금의 순으로 작은 값을 갖는다. 따라서 위험이 높을수록 수익률도 높았다는 것을 알 수 있다.

표 8-5 한국의 금융자산수익률의 과거 통계치: 평균, 분산과 표준편차 (단위: %)

구분	주식	회사채	국채	정기예금
평 균	9.10	4.13	3.38	3.21
최솟값	−49.72	1.89	0.99	1.07
최댓값	44.89	7.05	5.78	5.69
분산($\%^2$)	481.53	2.80	2.19	1.96
표준편차	21.94	1.67	1.48	1.40

공분산과 상관계수

한편, 과거자료를 이용하는 경우 두 확률변수 X와 Y의 표본공분산 S_{XY}는 다음 식을 이용하여 계산한다.

$$\text{표본공분산}(S_{XY}) = \frac{1}{T-1}[(X_1-\overline{X})(Y_1-\overline{Y}) + (X_2-\overline{X})(Y_2-\overline{Y}) + \cdots + (X_T-\overline{X})(Y_T-\overline{Y})] \quad (8.16)$$

식 8.16을 이용하여 〈표 8-4〉에 제시된 주식과 회사채 수익률 간의 표본공분산을 구해 보면 다음과 같다.

$$\begin{aligned}\text{공분산(주식, 회사채)} &= \frac{1}{23-1}[(33.55-9.10)(7.05-4.13) + \cdots + (20.67-9.10)(4.58-4.13)] \\ &= 0.91\%^2\end{aligned}$$

한국시장에서 과거 23년간의 주식과 회사채에 대한 연간수익률의 공분산은 $0.91\%^2$이다. 이 값과 〈표 8-5〉에 제시된 표준편차를 이용하여 표본상관계수를 구하면 다음과 같이 0.025이다.

$$\text{상관계수(주식, 회사채)} = (0.91\%^2)/(21.94\%)(1.67\%) = 0.025$$

예제 8-5 〈표 8-4〉와 〈표 8-5〉의 자료를 이용하여 회사채와 국채 수익률 간의 공분산과 상관계수를 계산하라.

풀이 공분산(국채, 회사채) $= \frac{1}{23-1}[(7.05-4.13)(5.68-3.38)+\cdots+(4.58-4.13)$
$(3.77-3.38)] = 2.41\%^2$

상관계수(국채, 회사채) $= (2.41\%^2)/(1.67\%)(1.48\%) = 0.97$

■ 위험프리미엄(기대초과수익률)과 샤프비율

〈표 8–5〉에서 정기예금수익률의 표준편차는 1.40%로 다른 것들에 비해 가장 작다. 정기예금을 과거 23년 동안의 무위험자산의 대용치로 사용하면 주식과 회사채와 같은 위험자산의 평균수익률과 무위험이자율인 정기예금수익률의 차이는 각 자산이 갖고 있는 위험에 대한 보상으로 해석할 수 있다. 이를 위험자산의 기대초과수익률(expected excess return) 또는 위험프리미엄(risk premium)이라고 한다.

위험에 대한 보상은 특정 투자안의 위험프리미엄을 해당 투자안의 표준편차로 나눈 비율로 측정할 수도 있는데 이를 개발한 사람의 이름을 따라서 샤프비율(Sharpe ratio)이라고 부른다.

$$\text{투자안 } i\text{의 샤프비율} = \frac{E(r_i) - r_f}{\sigma_i} \tag{8.17}$$

식 8.17로 측정되는 샤프비율은 부담하는 위험(표준편차) 한 단위당 얻게 되는 위험프리미엄을 나타낸다. 이 비율이 높을수록 효율적인 투자를 했다고 할 수 있다.

〈표 8–6〉은 지난 23년간의 주식과 회사채에 대한 위험프리미엄을 보여준다. 주식에 투자한 경우 과거 23년간 연평균 21.94%만큼의 위험(표준편차)을 부담하였으며, 이에 대한 보상으로 매년 평균 5.99%만큼의 초과수익률을 얻었다.[7] 또 회사채에 투자한 경우는 연평균 1.67%만큼의 위험을 부담하고 매년 평균 0.92%의 초과수익률을 얻었으며, 3년만기 국채의 경우 1.48%의 위험을 부담하고 매년 평균 0.17%의 초과수익률을 얻었다. 과거 위험프리미엄과 표준편차를 이용하여 주식, 회사채, 국채에 투자한 경우에 얻은 샤프비율을 구해 〈표 8–6〉의 마지막 열에 나타내었다. 한국 금융시장에서 과거기간의 샤프비율은 주식이 0.27, 회사채는 0.55, 그리고 국채는 0.11로 나타난다. 이는 표준편차 한 단위를 부담한 대가로 주식은 0.27, 회사채는 0.55, 그리고 국채는 0.11 단위의 초과수익률을 얻었음을 나타내며, 한국 금융시장에서 회사채가 투자의 효율성이 가장 높았음을 말해준다.

〈표 8-6〉의 위험프리미엄의 크기는 각 금융자산의 위험수준을 고려할 때 과연 적정한 것일까? 이에 대한 대답, 즉 위험의 적정한 가격을 규명하는 것은 현대 재무관리의 중요한 관심사이며 이

7 미국 증권시장의 경우 과거기간의 시장위험프리미엄의 크기는 약 6~8%로 매우 안정적이다. 우리나라 시장의 경우 주식시장의 역사가 짧고 변동성이 매우 높아 그 크기가 측정기간에 따라 적지 않은 차이를 보인다. 또 연평균수익률을 산술평균이 아닌 기하평균으로 계산하는 경우 위험프리미엄은 〈표 8–6〉에서 계산한 것과 상당한 차이를 보일 수 있다.

책의 제10장에서 다룬다.

표 8-6 한국자본시장의 과거 위험프리미엄(평균초과수익률)과 샤프비율 (단위: %)

자산	평균수익률	무위험이자율	초과수익률	샤프비율
주 식	9.10	3.21	5.89	5.89/21.94 = 0.27
회사채(3년)	4.13	3.21	0.92	0.92/1.67 = 0.55
국 채(3년)	3.38	3.21	0.17	0.17/1.48 = 0.11

참고사항 기댓값, 분산, 공분산의 연산법칙

아래에서 X, Y, Z 각각은 확률변수를, 그리고 a, b, c는 상수(정수 혹은 소수 혹은 분수)를 나타낸다. 확률변수들의 기댓값, 분산, 공분산과 관련하여 다음과 같은 연산법칙이 성립한다.

기댓값의 연산법칙

- 상수의 기댓값은 상수 자체이다.

$$E(a) = a$$

- 확률변수 X에 일정한 배수 a를 곱한 확률변수의 기댓값은 본래의 확률변수 X의 기댓값에 a를 곱한 값과 같다.

$$E(aX) = a \cdot E(X)$$

- 확률변수 X와 Y의 합의 기댓값은 각각의 기댓값의 합과 같다.

$$E(X+Y) = E(X) + E(Y)$$

- 위의 두 법칙으로부터 다음 식이 성립한다.

$$E(aX+bY) = a \cdot E(X) + b \cdot E(Y)$$

분산의 연산법칙

- 상수 a의 분산은 0이다.

$$\mathrm{Var}(a) = 0$$

- 확률변수 X에 일정한 배수 a를 곱한 확률변수의 분산은 본래의 확률변수 X의 분산에 a^2을 곱한 것과 같다.

$$\mathrm{Var}(aX) = a^2 \cdot \mathrm{Var}(X)$$

〈증명〉

$$\begin{aligned}\mathrm{Var}(aX) &= E[aX - E(aX)]^2 \\ &= E[a\{X - E(X)\}]^2 \\ &= E[a^2\{X - E(X)\}^2] \\ &= a^2E[\{X - E(X)\}^2] = a^2 \cdot \mathrm{Var}(X)\end{aligned}$$

- 두 확률변수 X와 Y의 합의 분산은 각각의 분산에다 둘 사이의 공분산을 두 배하여 더한 것과 같다.

$$\begin{aligned}\mathrm{Var}(X+Y) &= \mathrm{Var}(X)+\mathrm{Var}(Y)+2\mathrm{Cov}(X,\ Y)\\ &= \sigma_X^2+\sigma_Y^2+2\rho_{XY}\cdot\sigma_X\cdot\sigma_Y\end{aligned}$$

〈증명〉

$$\begin{aligned}\mathrm{Var}(X+Y) &= E[(X+Y)-E(X+Y)]^2\\ &= E[\{X-E(X)\}+\{Y-E(Y)\}]^2\\ &= E[\{X-E(X)\}^2+\{Y-E(Y)\}^2+2\{X-E(X)\}\{Y-E(Y)\}]\\ &= E[X-E(X)]^2+E[Y-E(Y)]^2+2E[X-E(X)][Y-E(Y)]\\ &= \mathrm{Var}(X)+\mathrm{Var}(Y)+2\mathrm{Cov}(X,\ Y)\end{aligned}$$

• 위의 두 관계를 이용하면 다음의 관계가 성립한다.

$$\begin{aligned}\mathrm{Var}(aX+bY) &= a^2\cdot\mathrm{Var}(X)+b^2\cdot\mathrm{Var}(Y)+2ab\cdot\mathrm{Cov}(X,\ Y)\\ &= a^2\cdot\sigma_X^2+b^2\cdot\sigma_Y^2+2ab\cdot\rho_{XY}\cdot\sigma_X\cdot\sigma_Y\end{aligned}$$

공분산의 연산법칙

• 상수 a와 확률변수 X의 공분산은 0이다.

$$\mathrm{Cov}(a,\ X)=0$$

• 확률변수 X에 일정한 배수 a를 곱한 값과 확률변수 Y의 공분산은 두 확률변수 X와 Y의 공분산에 a를 곱한 것과 같다.

$$\mathrm{Cov}(aX,\ Y)=a\cdot\mathrm{Cov}(X,\ Y)$$

〈증명〉

$$\begin{aligned}\mathrm{Cov}(aX,\ Y) &= E[aX-E(aX)][Y-E(Y)]\\ &= E[a\{X-E(X)\}][\{Y-E(Y)\}]\\ &= a\cdot E[X-E(X)][Y-E(Y)]\\ &= a\cdot\mathrm{Cov}(X,\ Y)\end{aligned}$$

• 위의 관계를 이용하면 다음의 관계가 성립한다.

$$\mathrm{Cov}(aX,\ bY)=ab\cdot\mathrm{Cov}(X,\ Y)$$

• 두 확률변수 X와 Y의 합과 또 다른 확률변수 Z의 공분산은 X와 Z의 공분산과 Y와 Z의 공분산의 합과 같다.

$$\mathrm{Cov}(X+Y,\ Z)=\mathrm{Cov}(X,\ Z)+\mathrm{Cov}(Y,\ Z)$$

〈증명〉

$$\begin{aligned}\mathrm{Cov}(X+Y,\ Z) &= E[X+Y-E(X+Y)][Z-E(Z)]\\ &= E[\{X-E(X)\}+\{Y-E(Y)\}][Z-E(Z)]\\ &= E[X-E(X)][Z-E(Z)]+E[Y-E(Y)][Z-E(Z)]\\ &= \mathrm{Cov}(X,\ Z)+\mathrm{Cov}(Y,\ Z)\end{aligned}$$

• 위의 두 관계를 이용하면 다음의 관계가 성립한다.

$$\mathrm{Cov}(aX+bY,\ cZ)=ac\cdot\mathrm{Cov}(X,\ Z)+bc\cdot\mathrm{Cov}(Y,\ Z)$$

중 요 용 어

위험(risk)
수익률(rate of return)
내부수익률(internal rate of return)
확률변수(random variable)
통계치(statistics)
분산(variance)
공분산(covariance)
모집단(population)
보유기간 수익률(holding period rate of return)
산술연평균수익률(arithmetic annual mean rate of return)
기하연평균수익률(geometric annual mean rate of return)
수익(return)
확률분포(probability distribution)
기댓값(expectation)
표준편차(standard deviation)
상관계수(correlation coefficient)
표본(sample)
샤프비율(Sharpe ratio)
위험프리미엄(risk premium)

연 습 문 제

8-1 여러 기간 동안 투자할 때 연평균수익률을 구하는 방법에 대해 설명하라.

8-2 위험의 의미에 대해 설명하고, 위험을 어떻게 측정할 수 있는지에 대해 설명하라. 위험의 척도로서 미래수익률의 분산 또는 표준편차를 적용할 때 그 장점과 단점은 무엇인가?

8-3 기말의 가치가 50,000원이 될 확률과 150,000원이 될 확률이 각각 1/2인 위험자산을 가정하자. 시장에서 거래되는 무위험자산의 수익률은 5%이다.

① 만일 어떤 투자자가 위험부담의 대가로 10%의 보상을 원한다면, 이 투자자가 이 자산을 구입하기 위해 지불해야 할 가격을 계산하라.
② 질문 ①에서 산출된 가격으로 위의 자산에 투자했다고 하자. 이 투자로부터 기대되는 기대수익률은 얼마인지 계산하라.
③ 이 투자자가 15%의 위험프리미엄을 원한다고 하면, 자산가격은 얼마가 될지 계산하라.
④ 위 ①과 ③의 결과를 보고 위험자산의 가격과 위험프리미엄 사이에는 어떠한 관계가 있는지 설명하라.

8-4 A기업 주식의 현재가격은 10,000원이다. A기업 주식에 2년간 투자하는 것을 가정하고, 이 주식의 가격변동이 다음과 같을 때 아래 물음에 답하라. 1기 후의 주가 =15,000원, 2기 후의 주가 = 10,000원, 배당은 없다.

① 각 기간별 수익률과 2년간 투자 시의 보유기간수익률을 구하라.
② 연평균수익률을 산술평균과 기하평균의 방법으로 구하고, 어느 방법이 투자의 경제적 실질을 잘 나타내는지 설명하라.

8-5 어떤 주식의 다음 1년간의 수익률이 다음과 같은 확률분포를 갖는다. 이 주식에 투자했을 때 얻을 수 있는 수익률의 기댓값과 분산, 표준편차를 구하라.

확 률	수익률(%)
0.2	−10
0.3	−5
0.3	3
0.2	15

8-6 두 투자안 A와 B의 확률분포가 다음과 같다. 각 투자안의 수익률의 기댓값, 분산, 표준편차를 구하라. 또한 두 수익률의 공분산 및 상관계수를 구하라.

확률	투자안 A의 수익률(%)	투자안 B의 수익률(%)
0.1	−18	−14
0.3	33	22
0.2	15	30
0.2	−10	−7
0.2	27	26

8-7 지난 5년 동안의 주식 A와 B에 대한 수익률이 다음과 같을 때, 각 주식의 평균수익률, 분산, 표준편차를 구하고, 또 두 주식의 공분산과 상관계수를 추정하라.

주식 A	3%	10%	5%	−4%	11%
주식 B	−5%	30%	15%	−11%	6%

8-8 무위험이자율이 4%이고, 주식시장 수익률은 각각 50%의 확률로 35%이거나 −20%라고 한다. 이러한 시장에서 투자자가 선택할 수 있는 두 가지 투자전략이 있다고 한다. 첫 번째는 1년 동안 무위험투자를 하고, 나머지 1년 동안은 주식시장에 투자를 하는 전략이다. 두 번째는 2년 동안 주식시장에 투자하는 전략이다. 다음 물음에 답하여라.

① 어느 전략의 기대수익률이 더 큰지 비교하라.

② 어느 전략의 수익률의 표준편차가 더 큰지 비교하라.

③ 주식의 보유기간을 늘리면 위험이 줄어드는지 대답하라.

제 9 장

포트폴리오이론

STUDY GUIDE

앞 장에서는 미래수익률의 확률분포나 과거 수익률자료를 이용하여 투자의 기대수익률과 위험을 어떻게 측정하는지를 살펴보았다. 또 두 자산에 대한 수익률의 상관관계를 공분산과 상관계수를 이용하여 측정해 보았다. 이 장에서는 불확실성하에서의 투자결정이론인 평균–분산 모형을 살펴보고, 여러 위험자산으로 구성한 포트폴리오의 기대수익률과 위험을 계산하는 방법에 대해 알아본다. 또 여러 자산에 분산하여 투자할 때 효율적 투자선은 어떻게 결정되는지와 최적포트폴리오는 어떻게 선택할 수 있는지를 무위험자산이 없는 경우와 있는 경우로 나누어서 분석한다. 포트폴리오이론에서 가장 핵심적인 내용은 개별자산들을 결합하여 포트폴리오를 구성하면 위험을 줄일 수 있어 투자자의 기대효용을 증가시켜 줄 수 있다는 것이다. 이 장에서는 이러한 내용을 포트폴리오이론의 선구자인 마코위츠가 제시한 모형을 중심으로 설명한다.

9.1 기대효용가설과 위험에 대한 인간의 태도

■ 기대효용가설

어떤 투자자가 현 시점에서 일정금액을 주식에 투자하고 1년 후에 발생하는 수익을 회수하여 소비할 계획이라고 하자. 이 투자자가 투자대상인 주식의 종목을 선택할 때 적용하여야 할 기준은 어떤 것일까? 투자자가 투자를 하는 궁극적인 목적은 효용(utility), 즉 만족도를 극대화하는 일이다. 미래의 수익이 확실하다면, 많으면 많을수록 좋다는 경제학의 기본가정에 따라 투자자는 수익을 가장 많이 가져다주는 주식을 선택함으로써 효용을 극대화할 수 있다. 따라서 투자자의 목적함수는 '수익(률)의 극대화' 라고 하여도 무방하다.

미래의 수익이 불확실한 경우에도 같은 논리가 적용될까? 불확실성하에서도 투자자들이 추구하는 것은 주식으로부터 발생하는 수익을 소비함으로써 얻는 만족도인 효용의 극대화이다. 그렇지만 불확실성하에서는 기대수익을 극대화한다고 해서 반드시 효용이 극대화되는 것은 아니다. 합리적인 투자자는 기대수익뿐만 아니라 수익에 따르는 위험도 고려하기 때문이다. 불확실성하에서 투자자의 목적함수는 단순히 '효용의 극대화' 가 아니라 '기대효용(expected utility)의 극대화' 이다.

지금 1원을 투자할 경우 1년 후에 발생하는 총투자수익(return)을 R이라 하면, 이로부터 얻을 수 있는 기대효용 $E[u(R)]$은 다음과 같이 계산된다.

$$E[u(R)] = p_1 \cdot u(R_1) + p_2 \cdot u(R_2) + \cdots + p_S \cdot u(R_S) = \sum_{j=1}^{S} p_j \cdot u(R_j) \tag{9.1}$$

여기서 E는 기댓값, u는 효용함수, p_j는 상태 j가 발생할 확률, R_j는 상태 j에서 발생하는 수익을 나타낸다. 기대효용가설을 이용하여 의사결정을 하기 위해서는 식 9.1에서와 같이 미래수익의 크기를 효용값으로 변환시킬 수 있어야 한다. 이와 같이 수익의 크기에 따라 효용의 크기를 결정하여 주는 함수를 효용함수(utility function)라고 한다. 폰 노이만과 모겐스턴(von Neumann and Morgenstern)은 불확실성하에서 투자자의 취향(preferences)에 관한 몇 가지 공리(axiom)가 만족되면 식 9.1에서와 같은 기대효용이 투자자의 취향을 잘 나타낸다는 것을 보였는데, 이를 기대효용가설(expected utility hypothesis)이라고 한다. 이 가설에 의하면 주식 A와 주식 B로부터 발생되는 미래수익을 각각 R_A와 R_B라 할 때 주식 B보다 주식 A의 수익으로부터 얻는 기대효용이 크다면 즉 $E[u(R_A)] > E[u(R_B)]$이면, 투자자는 주식 B보다 주식 A를 선호하며 그 역도 성립한다는 것이다.

기대수익의 극대화를 위한 투자결정은 투자에 따르는 위험을 고려하지 않지만 기대효용의 극대화를 목적으로 하는 투자결정은 투자의 기대수익뿐 아니라 위험도 고려하게 된다. 따라서 많은 경제이론에서 위험을 수반하는 모든 투자의사결정의 기준은 '기대효용의 극대화' 로 한다.

■ 효용함수와 위험에 대한 태도

앞에서 소개한 기대효용가설을 이용하여 투자자의 위험에 대한 태도를 살펴보자. 위험에 대한 태도는 투자자의 효용함수의 형태와 밀접한 관계를 갖는다. 경제문제를 분석하는 대부분의 모형에서와 마찬가지로 효용함수에 대하여 다음과 같이 가정하자.

① 수익이 증가하면 할수록 효용도 증가한다. 수학적으로 이는 효용함수 u를 수익 R에 대하여 1차 미분한 값이 양(+)이라는 것을 의미한다: $u'(R) = du/dR > 0$.

② 수익이 증가함에 따라 효용의 증가율(한계효용)은 체감한다. 이 가정을 흔히 한계효용 체감의 법칙이라고 부른다. 수학적으로는 효용함수 u를 수익 R에 대하여 2차 미분한 값이 음(−)이라는 것을 의미한다: $u''(R) = d^2u/dR^2 < 0$.

예를 들어 $u(R) = \sqrt{R}$의 형태를 가진 효용함수를 살펴보자. 〈표 9−1〉에서는 수익이 0에서 4원까지 증가할 때 효용과 한계효용을 계산하였고, 그 결과를 [그림 9−1]에 나타내었다. 효용함수가 위의 두 조건을 만족시키고 있음을 쉽게 볼 수 있다. 일반적으로 조건 ②를 만족시키는 효용곡선은 [그림 9−1]에서와 같이 원점에 대해 오목한(concave) 형태를 가진다.

표 9-1 효용과 한계효용: $u(R) = \sqrt{R}$

수익: R	효용: $\sqrt{R}$	한계효용: $u'(R)$
0	0	0
1	1	1
2	1.4142	0.4142
3	1.7321	0.3179
4	2	0.2679

주: 한계효용은 수익이 1원 증가할 때 추가적으로 얻어지는 효용을 말한다.

| 그림 9-1 | 효용곡선: $u(R) = \sqrt{R}$

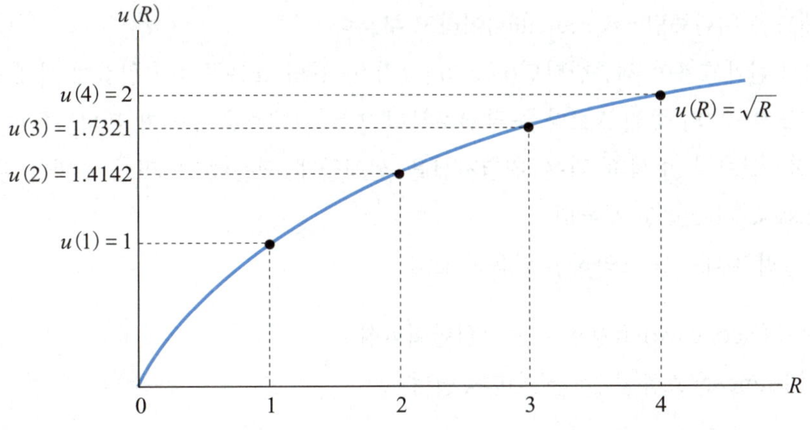

투자자가 〈표 9-1〉에서와 같은 효용함수를 가지고 있고, 증권 A와 증권 B에 각각 1원씩 투자하였을 때 미래수익(R)이 〈표 9-2〉와 같은 확률분포를 가진다고 하자.

표 9-2 증권 A와 B로부터 발생하는 미래수익의 확률분포

미래상태	확률	미래수익(원)	
		R_A	R_B
불황	0.50	2	0
호황	0.50	2	4

〈표 9-2〉에서 보면 두 증권의 기대수익은 2원으로 같으나 증권 A는 위험이 없고 증권 B는 위험이 있다. 즉 증권 A는 안전자산이고, 증권 B는 주식과 같은 위험자산이다. 증권 A와 B 각각에 투자한 경우 미래수익으로부터 얻는 기대효용을 계산하여 보자.

$$E[u(R_A)] = 0.5 \cdot u(2) + 0.5 \cdot u(2) = u(2) = \sqrt{2} = 1.4142$$
$$E[u(R_B)] = 0.5 \cdot u(0) + 0.5 \cdot u(4) = 0.5 \cdot u(4) = 0.5 \cdot \sqrt{4} = 1$$

증권 B보다 증권 A의 수익으로부터 얻는 기대효용이 크기 때문에 투자자는 증권 B보다 증권 A를 선호할 것이다. 이는 투자자가 다른 조건이 같다면 위험을 싫어한다는 걸 의미하는데, 위험에 대한 투자자의 이러한 태도를 위험회피(risk aversion)라고 부른다. [그림 9-1]의 효용함수와 같이 원점에 대해 오목한(concave) 효용함수를 가지는 투자자는 위험회피형이며, 또한 위험회피형의 투자자는 반드시 오목한 효용함수를 가지게 된다.[1]

효용함수에 대한 조건 ②에서 한계효용이 일정하다면($u'' = 0$) 어떠할까? 이 경우 [그림 9-1]의 효용곡선은 선형(linear)이 되고, 〈표 9-2〉의 증권 A와 증권 B로부터 얻는 기대효용이 같게 되는 것을 쉽게 보일 수 있다. 이는 투자자의 의사결정이 위험에 대해 무관함을 의미하는데, 이러한 위험에 대한 태도를 위험중립(risk neutrality)이라고 부른다.

조건 ②에서 한계효용이 체증한다면($u'' > 0$) [그림 9-1]의 효용곡선이 원점에 대해 볼록(convex)하게 되고, 〈표 9-2〉의 증권 A보다 증권 B로부터 얻는 기대효용이 크게 된다. 즉 투자자는 위험이 없는 안전자산보다 주식과 같은 위험자산을 선택하게 되는데, 이러한 취향을 위험선호(risk loving 또는 risk seeking)라고 부른다.

지금까지 살펴본 내용을 요약하면 다음과 같다.

오목한(concave) 효용함수 ⇔ 위험회피형
선형(linear) 효용함수 ⇔ 위험중립형

1 따라서 원점에 대해 오목한 효용함수는 투자자가 위험회피성향을 가지기 위한 필요 · 충분조건이 된다. 이러한 관계를 젠센의 부등호(Jensen's inequality)라고 부르며 수학적으로는 다음과 같이 표현된다: $E[u(R)] < u[E(R)] \Leftrightarrow u'' < 0$.

볼록한(convex) 효용함수 ⇔ 위험선호형

여기서 기호 '⇔'는 좌우의 내용이 서로가 필요 · 충분조건이 된다는 뜻으로 쓰였다. 이와 같이 위험에 대한 태도에 관한한 투자자는 크게 세 가지 유형으로 분류된다. 하지만 지금까지 자본시장 내의 거래에 있어 합리적인 투자자의 행위는 평균적으로 위험회피성향을 보이고 있고 과거 자료도 이를 뒷받침하고 있어 앞으로 특별한 언급이 없는 한 투자자는 위험회피형이라고 가정한다.

9.2 평균-분산 모형

■ 평균-분산 무차별곡선

투자자들이 '기대효용 극대화' 기준을 적용하여 투자결정을 하기 위해서는 각 투자안에 대해서 식 9.1에서와 같이 기대효용을 계산할 수 있어야 한다. 기대효용을 계산하기 위해서는 효용함수의 형태와 투자에서 발생하는 미래수익의 확률분포를 알아야 한다. 그러나 현실적으로는 효용함수의 구체적인 형태나 미래수익의 정확한 확률분포를 알아내기란 거의 불가능하다. 따라서 기대효용 극대화 기준을 현실적으로 적용하기 위하여는 기대효용의 계산을 가능한 한 간단히 할 수 있는 방법을 필요로 한다.

투자자의 효용함수나 미래수익의 분포에 대해 어떤 제약을 가하는 경우 기대효용은 식 9.2에서와 같이 미래수익의 기댓값(평균)과 위험의 측정치인 분산(혹은 표준편차)의 함수로 표시할 수 있다.[2]

$$E[u(R)] = f(E(R), \sigma^2(R)) \tag{9.2}$$

식 9.2와 같이 미래수익의 평균과 분산(혹은 표준편차)의 두 통계치만으로 투자자의 기대효용을 나타내는 모형을 평균-분산 모형(mean-variance model)이라고 한다.

투자자의 효용함수가 수익의 증가함수이고($u' > 0$) 원점에 대해 오목하다면($u'' < 0$), 식 9.2에서의 기대효용은 기대수익(평균)이 커질수록 증가하고 분산이 커질수록 감소하는 것을 보일 수 있다. 따라서 투자자는 기대효용을 극대화하기 위해서 같은 값이면 높은 기대수익을 선호하고, 위험을 나타내는 분산(혹은 표준편차)에 대해서는 작은 값을 선호하게 된다.

이러한 투자자의 기대수익과 위험에 대한 취향을 효용함수 대신에 기대수익과 분산(또는 표준편차)을 축으로 하는 평면에 그림으로 나타내는 방법이 있다. 특정 투자자에게 동일한 기대효용을 가져다주는 기대수익과 위험의 조합은 수없이 많다. 위험의 측정치로 표준편차를 사용할 때 기대효용이 같은 평균-표준편차의 조합을 연결한 선을 평균-분산 무차별곡선(mean-variance indifference curve)이라고 한다.[3] [그림 9-2]에서는 전형적인 무차별곡선의 형태를 나타내었다.

---

2 다음의 두 조건 중 하나만 만족되면 기대효용은 미래수익의 기댓값(혹은 평균)과 분산으로 나타낼 수 있다: ① 미래수익이 정규분포를 따른다. ② 투자자의 효용함수가 2차함수(quadratic function)이다.

3 엄밀히 말하면 평균-표준편차 무차별곡선이라고 불러야 할 것이나 문헌에서 통상적으로 평균-분산 무차별곡선이란

| 그림 9-2 | 위험회피형 투자자의 평균-분산 무차별곡선

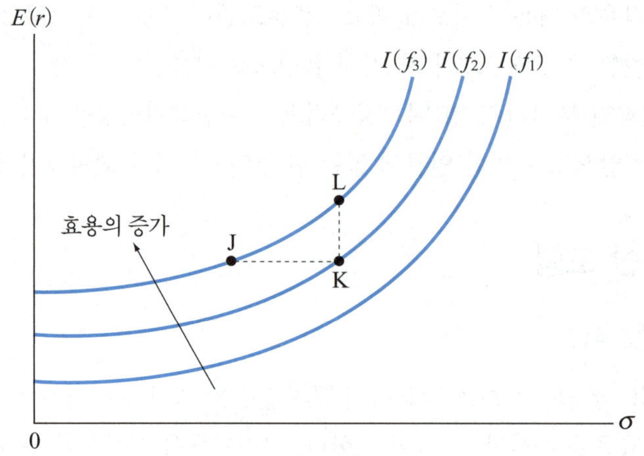

[그림 9-2]에서 원칙적으로 x축은 수익의 표준편차 $\sigma(R)$을, y축은 기대수익 $E(R)$을 나타내야 한다. 그런데 여기서 R은 1원 투자에 대한 총수익이므로 조수익률과 같다. 조수익률 R과 순수익률 r의 표준편차는 같으므로 x축은 순수익률 r의 표준편차로 대신 나타낼 수 있고, 조수익률과 순수익률의 기댓값은 그 차이가 1이므로 y축을 1만큼 아래로 이동시킬 경우 $E(r)$로 나타내어도 무방하다. 문헌에서 x축과 y축을 흔히 이러한 식으로 표시하므로 이에 따르도록 한다. [그림 9-2]에서 투자안 J와 L은 같은 무차별곡선상에 있으므로 두 투자안의 수익으로부터 얻어지는 기대효용은 같다. 이러한 무차별곡선은 다음과 같은 성질을 가진다.

- 무차별곡선이 북서쪽 방향으로 위치할수록 더 큰 기대효용을 나타낸다. 이는 투자안 J와 K, 그리고 L과 K를 비교하면 쉽게 이해된다. J와 K는 기대수익률이 같지만, 위험은 J가 작기 때문에 투자안 J의 기대효용이 높다. L과 K는 위험이 같지만, 기대수익률은 L이 높으므로 투자안 L의 기대효용이 높다. 따라서 그림에서 $I(f_3)$는 $I(f_2)$보다 더 높은 수준의 기대효용을 나타내며 $I(f_2)$는 $I(f_1)$보다 더 높은 수준의 기대효용을 나타낸다.[4]
- 위험회피형 투자자의 무차별곡선은 양(+)의 기울기를 가지며 원점에 대해 볼록하다. 다시 말해 기대수익률과 위험의 한계대체율(marginal rate of substitution)이 체증한다. 이는 같은 기대효용을 얻기 위하여 위험이 한 단위 증가할 때마다 추가로 요구되는 기대수익률의 크기는 점차로 증가한다는 것을 나타낸 것이다.

용어를 사용하므로 이에 따르기로 한다. 무차별곡선을 그릴 때 위험의 측정치로서 분산 대신 표준편차를 사용하는 이유는 평균과 표준편차의 단위가 같기 때문이다.

4 이는 미시경제학에서 두 재화에 대한 무차별곡선이 우하향하며 북동쪽 방향으로 효용이 증가하는 것과는 대조적인데, 그 이유는 투자자들이 기대효용을 결정하는 두 요소 중 기대수익은 좋아하고 위험은 싫어하기 때문이다.

| 그림 9-3 | 위험회피성향에 따른 무차별곡선

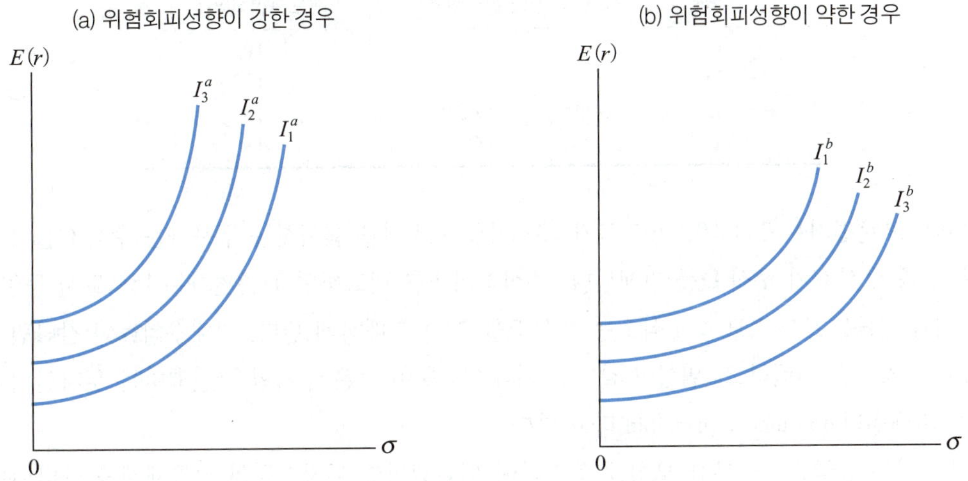

- 특정 개인의 무차별곡선은 서로 교차하지 않는다. 즉 하나의 투자안은 반드시 하나의 효용값을 갖는다.
- 투자자의 위험회피성향이 크면 클수록 모든 위험수준에서 무차별곡선의 기울기는 더 커진다. 투자자들이 위험회피형이라고 하여 모두가 같은 모양의 무차별곡선을 갖는 것은 아니다. 투자자들마다 위험증가에 따라 보상을 바라는 정도에는 서로 차이가 있을 수 있다. 따라서 각 개인의 평균-분산 무차별곡선은 그 모양이 서로 다르게 된다. 위험회피성향이 강한 투자자는 위험증가에 따른 보상으로 아주 높은 기대수익률을 요구하게 되어 [그림 9-3]의 (a)와 같은 가파른 무차별곡선을 갖는다. 반면에 위험회피성향이 상대적으로 약한 투자자는 위험증가에 대한 보상으로 더 높은 기대수익률을 요구하지만 그 정도가 작아서 [그림 9-3]의 (b)에서와 같이 무차별곡선의 기울기가 완만하다.

■ 지배원리와 증권선택의 예: 개별투자안의 경우

투자자가 투자안을 선택할 때 앞에서 배운 평균-분산 모형을 어떻게 이용할 수 있는지 예를 통해 살펴보자. 어떤 투자자가 투자대상으로 C, D, E, F의 네 가지 주식을 고려하고 있으며 이들 중 하나를 투자안으로 선택하려고 한다.[5] 네 주식에 대한 기대수익률과 표준편차로 나타낸 위험은 다음의 〈표 9-3〉과 같다. 〈표 9-3〉의 각 주식의 기대수익률과 표준편차를 [그림 9-4]와 같은 2차원 평면에 나타낼 수 있다는 것이 평균-분산 모형의 큰 장점이다.

투자안의 선택에 있어 우선 주식 C와 D를 비교하여 보자. 주식 C와 D는 기대수익률이 모두

5 여기서는 여러 주식에 분산하여 투자하는 경우를 배제한다. 여러 주식에 투자하면 개별주식에만 투자할 때보다 기대효용을 증가시킬 수 있다. 이에 대해서는 다음 절에서 다룬다.

표 9-3 개별주식의 기대수익률과 표준편차

주식	기대수익률(%)	표준편차(%)
C	10	10
D	10	13
E	12	15
F	16	15

10%이나, 표준편차는 C가 10%이고 D가 13%이므로 위험을 싫어하는 투자자는 주식 C를 선호하게 된다. 즉 주식 C가 주식 D를 지배한다. 주식 E와 F를 비교하면 표준편차는 15%로서 동일하지만, 기대수익률은 F가 크므로 주식 F는 주식 E를 역시 지배하게 된다. 기대수익률이 같다면 위험이 작은 투자안을 선택하고, 위험이 같다면 기대수익률이 높은 투자안을 선택하는 투자안의 선택기준을 지배원리(dominance principle)라고 한다.

지배원리는 결국 평균–분산 모형에 입각하여 위험회피형 투자자들의 선호체계를 나타내는 투자안의 선택기준이라고 할 수 있다. [그림 9–4]를 보면 주식 C를 중심으로 하는 직교축(그림의 청선)을 그었을 때 직교축을 포함하는 4사분면(파란 부분)에 놓이는 모든 투자안이 주식 C에 의해 지배당하게 된다. 어떤 투자안이 다른 투자안에 의해서 지배된다면 그 투자안은 투자선택에서 제외된다. 위의 예에서 주식 D는 주식 C에 지배당하고 주식 E는 주식 F에 지배당하나, 주식 C와 F는 어느 주식으로부터도 지배를 받지 않는다. 따라서 투자선택대상은 주식 C와 주식 F로 좁혀진다.

그러나 주식 C와 F 중에서 어느 것이 더 좋다고 간단하게 결론을 내릴 수는 없다. 기대수익률과 위험에 대한 투자자의 주관적인 효용함수에 따라 선호대상이 달라지게 되기 때문이다. 어떤 사람은 주식 F가 기대수익률이 높아서 좋다고 할 수 있고, 위험을 매우 싫어하는 사람은 기대수익률이

| 그림 9-4 | 자산의 선택기준: 지배원리

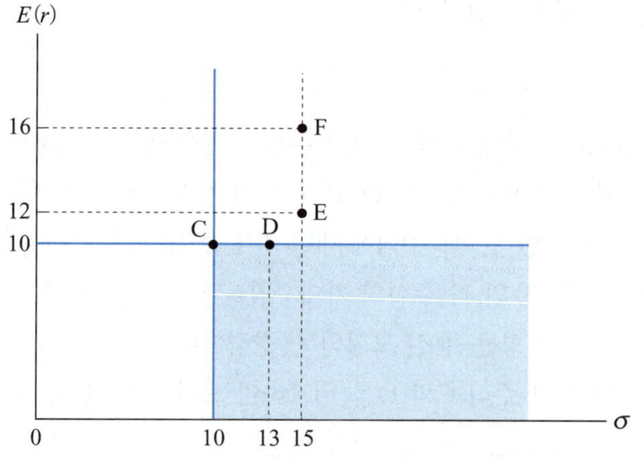

| 그림 9-5 | 평균-분산 무차별곡선과 개별투자안의 선택

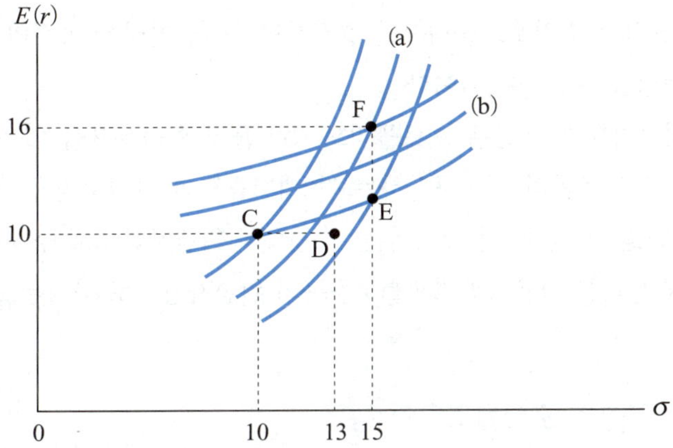

낮더라도 주식 C를 선택할 것이다. 이를 앞에서 설명한 평균-분산 무차별곡선으로 설명하여 보자.

[그림 9-3]의 (a)와 같이 위험회피성향이 아주 강한 투자자와 (b)와 같이 위험회피성향이 비교적 약한 투자자가 있다고 하자. 이들의 투자선택과정은 [그림 9-3]과 투자안의 특성을 나타내는 [그림 9-4]를 결합함으로써 볼 수 있는데, [그림 9-5]에 그 결과를 나타내었다. 투자자 (a)는 투자안 C를 지나는 무차별곡선의 효용이 가장 커서 투자안 C를 선택할 것이고, 투자자 (b)는 투자안 F를 지나는 무차별곡선의 효용이 가장 커서 투자안 F를 선택하게 된다. 위험을 싫어하는 사람들은 지배원리에 따라서 투자안 C와 F 가운데 어느 하나를 선택하는 것에는 동의하지만 투자자 개인의 위험회피성향에 따라 투자안의 최종선택은 달라지게 된다는 것이다. 즉, 위험회피성향이 강한 보수적인 투자자는 기대수익률이 다소 낮더라도 상대적으로 위험이 작은 주식 C를 선택하게 되며, 위험회피성향이 약한 공격적인 투자자는 어느 정도의 위험까지는 감수하면서 기대수익률이 높은 주식 F를 선택하게 된다.

9.3 포트폴리오의 기대수익률과 위험

일반적으로 기업이나 개인은 한 개의 자산만을 보유하는 것이 아니라 여러 개의 자산을 동시에 보유한다. 시장에는 많은 투자대상이 있는데, 투자자는 자신의 선호에 따라 투자목적에 알맞은 여러 투자대상을 소유하게 된다. 이와 같은 여러 투자대상의 집합을 포트폴리오(portfolio)라고 한다. 포트폴리오는 넓은 의미로는 여러 개의 자산이 결합된 자산군(asset class)의 집합을 말하며, 좁은 의미로는 증권시장에서 거래되는 주식 · 사채 등의 금융자산(financial asset)의 집합을 말한다.

투자자의 기대효용을 극대화시키는 최적포트폴리오를 선택하기 위해서는, 앞의 제9.2절에서 배운 평균–분산 모형을 그대로 적용하면 된다. 포트폴리오 수익률의 확률분포로부터 포트폴리오의 기대수익률과 분산을 구하고, 지배원리를 적용하여 선택대상이 되는 포트폴리오의 범위를 좁힌 다음, 무차별곡선을 이용하여 최적포트폴리오를 결정하면 된다. 이러한 과정의 첫 단계는 포트폴리오의 기대수익률과 위험을 계산하는 일이다.

포트폴리오의 기대수익률과 분산은 포트폴리오 수익률의 확률분포를 알면 계산할 수 있으나, 확률분포를 모르더라도 포트폴리오를 구성하는 각 개별증권의 기대수익률, 분산, 그리고 증권들 간의 공분산을 알면 구할 수 있다. 이 절에서는 두 종목의 위험자산으로 구성된 가장 간단한 포트폴리오의 경우를 먼저 살펴본 다음, 그 결과를 n종목의 위험자산으로 구성된 포트폴리오의 경우로 일반화한다.

■ 두 위험자산으로 구성된 포트폴리오의 경우

수익률이 r_1과 r_2인 두 자산으로 포트폴리오를 구성해 보자. 우선, 두 주식($i = 1, 2$)이 포트폴리오에서 차지하는 구성비율(비중)을 다음과 같이 나타내자.

$$\text{각 주식의 구성비율: } w_i = \frac{\text{포트폴리오를 구성하는 주식 } i\text{의 가치}}{\text{포트폴리오의 총가치}} \quad (i = 1, 2) \tag{9.3}$$

여기서 포트폴리오의 총가치와 개별주식의 가치는 포트폴리오를 구성하는 시점 즉 증권을 매입하는 시점의 가격에 의하여 결정된다.

예제 9-1 투자자 Y 씨가 주식 1과 주식 2로 구성한 포트폴리오의 내용이 다음 표와 같다. 매입시점과 매도시점의 포트폴리오에서 각 주식이 차지하는 구성비율을 구하라.

	매입시점		매도시점	
	주가	주식수	주가	주식수
주식 1	10,000원	500주	12,000원	500주
주식 2	20,000원	250주	20,000원	250주

풀이 Y 씨가 구성한 포트폴리오의 매입시점에서의 가치는 주식 1의 가치 500만원(= 10,000원×500주)과 주식 2의 가치 500만원(= 20,000원×250주)의 합계인 1,000만원이며 각 주식의 구성비율은 다음과 같이 각각 50%이다.

$$\text{매입시점의 포트폴리오 구성비율: } w_1 = \frac{500\text{만원}}{1{,}000\text{만원}} = 0.5; \quad w_2 = \frac{500\text{만원}}{1{,}000\text{만원}} = 0.5$$

매도시점에서 주식 1은 가격이 상승하여 그 가치가 600만원(= 12,000원×500주)이 되었으며, 주식 2는 가격변동이 없어 매입시점에서와 동일하게 500만원이다. 따라서 매도시점에서 포트폴리오를 구성하는 주식 1과 주식 2의 구성비율은 다음과 같다.

$$\text{매도시점의 포트폴리오 구성비율: } w_1 = \frac{600\text{만원}}{1{,}100\text{만원}} = 0.545; \quad w_2 = \frac{500\text{만원}}{1{,}100\text{만원}} = 0.455$$

이와 같이 구성자산의 가격이 변동하면 포트폴리오의 구성비율도 변화한다. 그러나 포트폴리오의 수익률을 계산할 때에는 포트폴리오를 구성하는 시점의 구성비율을 사용해야 한다.

식 9.3에서와 같은 구성비율이 주어지면 포트폴리오의 수익률 r_P는 개별자산 수익률 r_1과 r_2의 가중평균을 계산하여 구해진다.

$$\text{포트폴리오의 수익률: } r_P = w_1 \cdot r_1 + w_2 \cdot r_2 \quad (\text{단, } w_1 + w_2 = 1) \tag{9.4}$$

식 9.4에서 각 주식의 구성비율 w_i는 [예제 9-1]에서의 계산과 같이 그 합은 항상 1이어야 한다. w_1과 w_2는 양(+)의 값을 가질 수도 있고 음(−)의 값을 가질 수도 있다. 예를 들어 1,000만원을 가지고 있는 사람이 1,500만원을 주식 1에 1년간 투자하려고 할 경우, 우선 주식 2를 가지고 있는 사람과 "지금 500만원어치의 주식 2를 빌리고(현재주가가 20,000원이므로 250주를 빌리면 된다), 1년 후에 이 주식을 갚기로 하는" 계약을 통해 자신이 원하는 포트폴리오를 구성할 수 있다. 위와 같이 자신이 가지고 있지 않은 주식(자산)을 다른 사람에게서 빌려서 팔고 일정기간 후에 빌린 주식수만큼 돌려주는 거래를 공매도(short sale) 또는 줄여서 공매라고 한다. 이 투자자는 주식 2를 공매하여 500만원을 마련하고 총 1,500만원을 주식 1에 투자하여 원하는 포트폴리오를 구성할 수 있다.[6] 이 포트폴리오에서 주식 1의 구성비율 w_1은 자신이 원래 가지고 있는 1,000만원보다 많은 1,500만원을 투자하는 것이므로 1,500/1,000 = 1.5여서 1보다 크다. 그리고 주식 2의 구성비율 w_2는 주식 2를 공매하여 500만원을 마련하였으므로 −500/1,000 = −0.5로 음(−)의 값을 갖는다. 따라서 포트폴리오를 구성할 때 매입하는 주식의 구성비율은 양(+)이고 공매한 주식의 구성비율은 음(−)이다.

우리나라에도 증권회사가 투자자들에게 주식을 빌려주는 대주제도가 있어서 투자자들은 주식을 공매할 수 있으나, 실제로 공매는 매우 제한적으로 일어난다. 포트폴리오이론을 비롯한 대부분의 재무이론들은 공매가 자유롭다는 가정하에 이론을 전개하고 있다.

식 9.4로 표현되는 포트폴리오 수익률의 기댓값(기대수익률)은 개별주식의 기대수익률 $E(r_i)$ $(i = 1, 2)$의 가중평균과 같다.[7]

$$\text{포트폴리오의 기대수익률: } E(r_P) = E(w_1 r_1 + w_2 r_2) = w_1 E(r_1) + w_2 E(r_2) \tag{9.5}$$

한편, 포트폴리오를 구성하고 있는 개별자산의 수익률의 분산 $\sigma_i^2 (i = 1, 2)$과 두 자산수익률 간의

6 주식 1의 거래와 같이 주식을 사서 보유하는 것을 매입포지션(long position)이라 하고, 주식 2의 거래와 같이 주식을 빌려서 파는 것을 매도포지션(short position)이라고 표현한다.

7 기댓값, 분산, 공분산, 상관계수 등의 연산법칙에 관해서는 제8장의 참고사항에서 다루고 있다.

공분산 σ_{12}, 그리고 각 자산의 구성비율 w_i가 주어지면 식 9.4에서 구성한 포트폴리오 수익률의 분산은 다음과 같이 구할 수 있다.

$$\text{포트폴리오의 수익률의 분산: } \sigma_P^2 \equiv \text{Var}(r_P) = \text{Var}(w_1 r_1 + w_2 r_2) = w_1^2\sigma_1^2 + w_2^2\sigma_2^2 + 2w_1w_2\sigma_{12} = w_1^2\sigma_1^2 + w_2^2\sigma_2^2 + 2w_1w_2\rho_{12}\sigma_1\sigma_2 \quad (9.6)$$

식 9.6에서 마지막 등호가 성립하는 것은 제8장에서 배운 식 8.13의 상관계수의 정의에 따라 공분산, 표준편차, 그리고 상관계수 사이에는 $[\sigma_{12} = \rho_{12} \times \sigma_1 \times \sigma_2]$의 관계가 성립하기 때문이다. 식 9.6에서 보면, 포트폴리오의 위험(분산)을 결정하는 데 있어 개별자산의 위험뿐 아니라 두 자산 간의 공분산도 중요한 역할을 하는 것을 볼 수 있다.

식 9.6에서 포트폴리오의 분산을 계산하는 과정은 [그림 9-6]과 같은 2×2 행렬을 통하여 쉽게 이해할 수 있다. [그림 9-6]에서 네 칸 속의 수치를 모두 더한 것이 포트폴리오의 분산이다. 각 칸 속의 수치는 주식수익률 간의 공분산을 두 구성비율로 곱한 것이다. 칸 ①과 칸 ④에서 나타나는 σ_{11}과 σ_{22}는 자신과의 공분산을 나타내는데, 자신과의 공분산은 식 8.12의 공분산의 정의에 의해 분산과 같다. 즉 $\sigma_{11} = \sigma_1^2$이고 $\sigma_{22} = \sigma_2^2$이다. [그림 9-6]에서 대각선상의(diagonal) 칸 ①과 ④에는 개별주식의 위험(분산)이 나타나고, 나머지 부분인 대각선 외의(off-diagonal) 칸 ②와 ③에는 두 주식 간의 공분산이 나타나는데, $\sigma_{12} = \sigma_{21}$이기 때문에 서로가 대칭관계를 가진다. [그림 9-6]을 분산-공분산 행렬(variance-covariance matrix) 또는 단순히 공분산 행렬(covariance matrix)이라고 부른다.

| 그림 9-6 | 분산-공분산 행렬을 이용한 포트폴리오 위험(분산)의 분해

	$w_1 \cdot r_1$	$w_2 \cdot r_2$	
$w_1 \cdot r_1$	① $w_1 \cdot w_1 \cdot \sigma_{11}$ $= w_1 \cdot w_1 \cdot \sigma_1^2$	② $w_1 \cdot w_2 \cdot \sigma_{12}$	$= w_1(w_1 \cdot \sigma_{11} + w_2 \cdot \sigma_{12}) = w_1 \cdot \sigma_{1P}$
$w_2 \cdot r_2$	③ $w_2 \cdot w_1 \cdot \sigma_{21}$ $= w_1 \cdot w_2 \cdot \sigma_{12}$	④ $w_2 \cdot w_2 \cdot \sigma_{22}$ $= w_2 \cdot w_2 \cdot \sigma_2^2$	$= w_2(w_1 \cdot \sigma_{21} + w_2 \cdot \sigma_{22}) = w_2 \cdot \sigma_{2P}$
		합계	σ_P^2

분산-공분산 행렬은 각 행(row)별로 분해하여 볼 수도 있다. 첫 번째 행의 칸 ①과 ②의 합은 다음과 같이 쓸 수 있다.[8]

8 공분산의 연산법칙을 이용하면 주식 1과 식 9.4의 포트폴리오와의 공분산은 다음과 같다(제8장의 참고사항 참조).

$$w_1 w_1 \sigma_{11} + w_1 w_2 \sigma_{12} = w_1(w_1 \sigma_{11} + w_2 \sigma_{12}) = w_1 \sigma_{1P} \tag{9.7}$$

식 9.7은 포트폴리오 전체 위험에서 주식 1이 기여하는 부분을 나타낸다. 같은 방식에 의하여 두 번째 행의 칸 ③과 ④의 합은 $w_2\sigma_{2P}$로 쓸 수 있으며 이는 포트폴리오 전체 위험에서 주식 2의 기여도를 나타낸다. 따라서 포트폴리오 위험은 개별주식이 기여하는 부분의 합으로 다음과 같이 표시될 수 있다.

$$\sigma_P^2 = w_1 \sigma_{1P} + w_2 \sigma_{2P} \tag{9.8}$$

예제 9-2 ㈜삼성과 ㈜현대 주식의 다음 1년 동안의 기대수익률은 각기 12%와 10%, 표준편차는 40%와 30%로 추정되며, 두 주식수익률 간의 상관계수는 −0.2로 추정된다. 다음 물음에 답하라.

① 투자원금의 40%를 ㈜삼성 주식에, 60%를 ㈜현대 주식에 투자하여 구성한 포트폴리오의 기대수익률과 분산을 계산하라.

② ①에서 계산한 포트폴리오의 분산을 ㈜삼성 주식이 기여한 부분과 ㈜현대 주식이 기여한 부분으로 분해하라.

풀이 ① 식 9.5에 의하여 기대수익률은 다음과 같다: $E(r_P) = 0.4(12) + 0.6(10) = 10.8\%$. 또 앞 장에서 배운 식 8.13을 이용하면 공분산은 다음과 같이 −240이다: $\sigma_{12} = \rho_{12}\sigma_1\sigma_2 = -0.2(40)(30) = -240\%^2$. 따라서 식 9.6에 의하여 분산은 다음과 같이 계산되고, 표준편차는 분산의 양(+)의 제곱근이다.

$$\sigma_P^2 = w_1^2\sigma_1^2 + w_2^2\sigma_2^2 + 2w_1w_2\sigma_{12} = (0.4)^2(1{,}600) + (0.6)^2(900) + 2(0.4)(0.6)(-240) = 464.8\%^2$$
$$\sigma_P = \sqrt{464.8\%^2} = 21.55\%$$

② ㈜삼성 주식이 기여하는 부분 $= w_1\sigma_{1P} = w_1(w_1\sigma_{11} + w_2\sigma_{12}) = 0.4[(0.4)(1{,}600) + (0.6)(-240)]$
$= 198.4$

㈜현대 주식이 기여하는 부분 $= w_2\sigma_{2P} = w_2(w_1\sigma_{21} + w_2\sigma_{22}) = (0.6)[(0.4)(-240) + (0.6)(900)]$
$= 266.4$

포트폴리오 위험 $464.8\%^2$은 이 둘을 합한 것이다: $198.4 + 266.4 = 464.8$.

n 위험자산으로 구성된 포트폴리오의 경우

두 자산으로 구성된 포트폴리오의 기대수익률과 분산의 계산에 익숙해지면 n개의 자산으로 구성된 일반적인 포트폴리오의 경우도 쉽게 처리할 수 있다. 계산원리가 앞에서 다룬 내용의 단순한 확장이기 때문이다. n개의 자산으로 포트폴리오를 구성하면 포트폴리오 수익률은 다음과 같다.

$$r_P = w_1 r_1 + w_2 r_2 + \cdots + w_n r_n \qquad (\text{단, } w_1 + w_2 + \cdots + w_n = 1) \tag{9.9}$$

여기서 $r_i(i = 1, 2, \cdots, n)$는 자산 i의 수익률을, $w_i(i = 1, 2, \cdots, n)$는 구성비율을 나타내며, 구성비율

$\sigma_{1P} = \text{Cov}(r_1, w_1r_1 + w_2r_2) = w_1\text{Cov}(r_1, r_1) + w_2\text{Cov}(r_1, r_2) = w_1\sigma_{11} + w_2\sigma_{12}$

의 합은 역시 1이 되어야 한다.

포트폴리오의 기대수익률은 식 9.9의 수익률의 기댓값으로서 개별자산의 기대수익률 $E(r_i)(i=1, 2, \cdots, n)$와 각각의 구성비율 w_i가 주어지면 다음과 같이 구해진다.

$$E(r_P) = w_1E(r_1) + w_2E(r_2) + \cdots + w_nE(r_n) = \sum_{i=1}^{n} w_iE(r_i) \tag{9.10}$$

또 포트폴리오 위험은 식 9.9의 수익률의 분산으로서 개별자산의 분산 $\sigma_i^2(i=1, 2, \cdots, n)$과 두 자산 간의 공분산 $\sigma_{ij}(i, j=1, 2, \cdots, n, i \neq j)$, 그리고 각각의 구성비율 w_i가 주어지면 다음과 같이 계산된다.

$$\sigma_P^2 = \sum_{i=1}^{n}\sum_{j=1}^{n} w_i w_j \sigma_{ij} = \sum_{i=1}^{n}\sum_{j=1}^{n} w_i w_j \rho_{ij} \sigma_i \sigma_j \tag{9.11}$$

식 9.11을 [그림 9-6]의 분산-공분산 행렬의 형태로 나타내면 [그림 9-7]과 같다. [그림 9-7]에서 Q로 표시한 칸의 값은 $w_6w_3\rho_{63}\sigma_6\sigma_3$가 될 것이다. 즉, [자산 6의 구성비율×자산 3의 구성비율×두 자산의 상관계수×자산 6의 표준편차×자산 3의 표준편차]가 된다. [그림 9-7]의 모든 칸을 더한 것이 식 9.11에서 계산한 포트폴리오의 위험이다. [그림 9-7]에서 [각 자산의 분산(σ_i^2)×각 자산의 구성비율의 제곱]을 나타내는 칸은 파란색으로 구분하였으며, 자산과 자산 간의 공분산과 두 자산의 구성비율의 곱은 공백으로 두었다. 다시 말하면 $w_iw_j\sigma_{ij}$가 각 칸을 나타내나, $i=j$인 경우에는 $w_i^2\sigma_i^2$이 되며 이는 파란 색으로 표시한 부분이다.

| 그림 9-7 | *n* 자산으로 구성된 포트폴리오의 분산

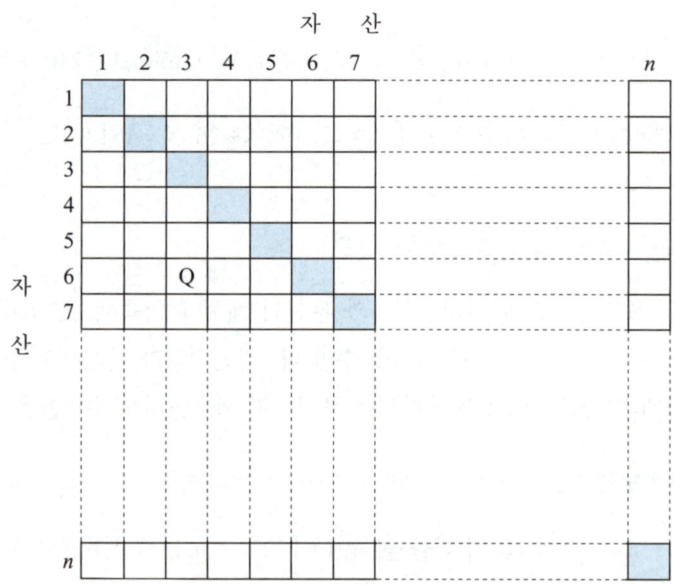

식 9.11을 개별자산의 분산 항목과 자산 간의 공분산 항목으로 구분하여 다시 쓰면 다음과 같다.

$$\sigma_P^2 = \sum_{i=1}^{n} w_i^2 \sigma_i^2 + \sum_{\substack{i=1 \\ (i \neq j)}}^{n} \sum_{j=1}^{n} w_i w_j \sigma_{ij} = \sum_{i=1}^{n} w_i^2 \sigma_i^2 + \sum_{\substack{i=1 \\ (i \neq j)}}^{n} \sum_{j=1}^{n} w_i w_j \rho_{ij} \sigma_i \sigma_j \tag{9.12}$$

식 9.11뿐 아니라 식 9.12도 포트폴리오의 분산을 표현할 때 많이 이용되는 식이다. 식 9.12와 [그림 9-7]에서 보면 포트폴리오의 위험을 구성하는 항목이 n^2개 나타나는데, 그중에서 대각선상에 있는 n개의 항목은 각 자산의 분산과 관련되며, 나머지 $(n^2 - n) = n(n-1)$개의 항목은 자산 간의 공분산과 관련된 부분을 나타낸다.

한편 포트폴리오의 위험은 식 9.8에서와 같이 각 자산이 포트폴리오의 위험을 결정하는 데 기여하는 부분의 합으로 나타낼 수 있는데, 식 9.8을 일반화하면 다음과 같다.

$$\sigma_P^2 = w_1 \sigma_{1P} + w_2 \sigma_{2P} + \cdots + w_n \sigma_{nP} = \sum_{i=1}^{n} w_i \sigma_{iP} \tag{9.13}$$

9.4 포트폴리오 투자의 분산효과

■ 분산효과란?

[예제 9-2]의 계산결과를 보면 ㈜삼성과 ㈜현대 주식의 위험(표준편차)이 각각 40%와 30%인데 비해 두 자산에 40%와 60%의 비율로 투자하여 구성한 포트폴리오의 위험은 이들 각각의 위험보다 훨씬 작은 21.55%에 불과하다. 어떻게 하여 이러한 현상이 나타났을까? 포트폴리오를 구성함으로써 위험이 줄어드는 과정을 간단한 예를 들어 살펴보자.

자산 G, H, I에 대한 수익률의 확률분포가 〈표 9-4〉와 같이 주어졌다고 하자.

표 9-4 자산 G, H, I의 수익률의 확률분포

미래상태	확률	자산수익률(%)		
		r_G	r_H	r_I
1	0.5	10	20	0
2	0.5	10	0	20

〈표 9-4〉에서 자산 G는 미래상태와 관계없이 확실한 10%의 수익률을 가져다주는 무위험자산이나, 자산 H와 I는 미래상태에 따라 수익률이 달라지는 위험자산이다. 또 자산 H와 I는 서로 완전히 반대방향으로 움직이고 있다. 즉 자산 H와 I의 수익률의 상관계수는 −1이다.

〈표 9-4〉에서 기대수익률은 자산 G, H, I 모두가 10%이나 위험(표준편차)은 자산 G가 0이고 자산 H와 I는 10%임을 쉽게 계산할 수 있다. 따라서 평균-분산 모형에 의하면 자산 H와 I는 자산 G에 의해 지배되어 위험회피형 투자자라면 아무도 자산 H나 I를 선호하지 않는다.

그런데 자산 H와 I에 절반씩 투자하여 구성한 포트폴리오 P와 자산 G 중 하나를 선택하라면 어떤 결정을 내리게 될까? 이 경우 포트폴리오 P의 수익률은 각각의 상태에서 10%가 되어,[9] 기대수익률은 여전히 10%이고 표준편차는 0이 된다. 따라서 포트폴리오 P는 결코 자산 G에 지배되지 않는다. 이러한 결과는 [그림 9-8]과 같이 나타낼 수 있다. [그림 9-8]에서 보면 자산 H와 I로부터 얻는 기대효용의 수준은 같으며 자산 G로부터 얻는 기대효용보다 낮다. 그렇지만 H와 I에 1/2씩 투자하여 포트폴리오 P를 구성하면 이 포트폴리오 P로부터 얻는 기대효용은 자산 G로부터 얻는 기대효용과 같다. 이와 같이 자산을 결합하여 포트폴리오를 구성함으로써 위험이 줄어들어 기대효용이 증가하는 현상을 분산효과(diversification effect) 또는 포트폴리오 효과(portfolio effect)라고 한다.

| 그림 9-8 | 포트폴리오 분산효과의 예

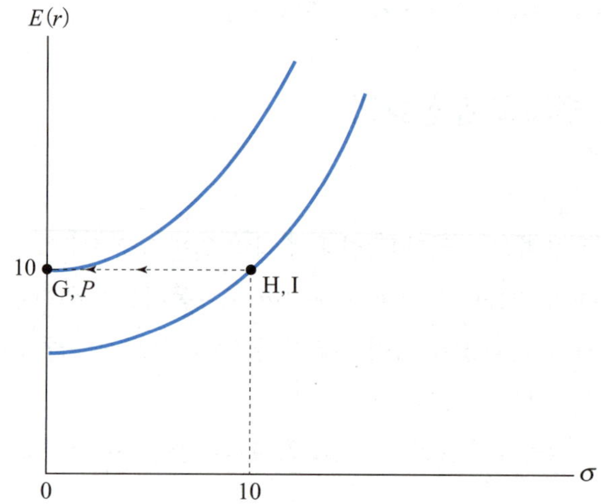

왜 이런 현상이 나타날까? 분산효과는 포트폴리오를 구성하는 자산들의 움직임이 서로를 상쇄하는 작용을 하기 때문에 나타난다. 위의 예에서 보면 자산 I의 수익률이 평균보다 10% 낮을 때 자산 H의 수익률은 평균보다 10% 높고, 자산 H의 수익률이 평균보다 10% 낮을 때 자산 I의 수익률은 평균보다 10% 높다. 즉, 두 자산이 반대방향으로 정비례하여 움직이기 때문에 서로의 움직임을 정확하게 상쇄하며 위험을 완전히 제거한다. 이 경우는 두 자산 움직임의 상관계수가 −1인 경우로서, 이때 분산효과가 가장 크게 나타난다.

[예제 9−2]의 ㈜삼성과 ㈜현대의 예에서도 수익률 간의 상관계수가 −0.2로 두 주식이 반대방향으로 움직이는 추세이기 때문에, 서로의 움직임을 상쇄하는 효과가 작지 않다. 따라서 두 주식에 분산투자하여 구성한 포트폴리오 수익률의 표준편차가 21.55%로 개별주식의 표준편차보다 작아

9 포트폴리오 수익률은 상태 1에서 $0.5\times20+0.5\times0=10\%$가 되고, 상태 2에서 $0.5\times0+0.5\times20=10\%$가 된다.

진 것이다.

■ 두 위험자산으로 구성된 포트폴리오의 경우

두 자산을 결합하여 포트폴리오를 구성할 때 앞서 주식 H와 I로 구성한 포트폴리오의 경우처럼 위험이 항상 완전히 없어지는 것은 아니다. 그렇지만 두 자산이 같은 방향으로 완전히 정비례하여 움직일 경우(상관계수가 +1일 경우)를 제외하면 정도의 차이는 있지만 분산효과는 항상 일어난다. 이때 분산효과의 크기는 포트폴리오를 구성하는 두 자산 간의 상관계수에 의해 결정되며, 상관계수가 작을수록, 즉 −1에 가까울수록 분산효과는 더 크게 일어난다. 이를 확인해 보자.

앞서 식 9.8에서 두 자산으로 구성된 포트폴리오의 분산은 각 자산과 포트폴리오와의 공분산의 가중평균과 같다는 것을 보았다. 공분산을 상관계수를 이용하여 다시 나타내면 식 9.8은 다음과 같이 쓸 수 있다.

$$\sigma_P^2 = w_1 \rho_{1P} \sigma_1 \sigma_P + w_2 \rho_{2P} \sigma_2 \sigma_P \qquad (9.8)'$$

이 식을 포트폴리오의 표준편차 σ_P로 나누면 다음과 같은 식 9.14를 얻는다.

$$\sigma_P = w_1 \rho_{1P} \sigma_1 + w_2 \rho_{2P} \sigma_2 \leq w_1 \sigma_1 + w_2 \sigma_2 \qquad (9.14)$$

두 확률변수의 상관계수는 +1에서 −1 사이의 값을 갖기 때문에 식 9.14에서 등호의 우변은 상관계수가 +1일 때 최댓값을 가진다. 이때 포트폴리오의 표준편차는 개별자산의 표준편차를 가중평균한 것이 되며, 이는 분산효과가 발생하지 않는다는 것을 의미한다. 그러나 각 자산과 포트폴리오와의 상관계수가 +1보다 작은 범위에서는 포트폴리오의 표준편차가 개별표준편차의 가중평균보다 작아져 분산효과가 발생할 수밖에 없다.

기대수익률과 표준편차가 다음과 같은 주식 J와 K의 예를 통해 상관계수가 달라질 때 포트폴리오의 위험이 어떻게 변화하는지를 살펴보자.

	주식 J	주식 K
기대수익률	30%	10%
표준편차	30%	10%

주식 J와 K의 구성비율이 각각 60%와 40%이고 상관계수(ρ)가 +1, 0, −1일 때, 포트폴리오의 기대수익률과 표준편차는 식 9.5와 식 9.6에 의해 다음과 같이 계산된다.

- $\rho = +1$일 경우

$$E(r_P) = (0.6)(30) + (0.4)(10) = 22\%$$

$$\sigma_P = \sqrt{(0.6)^2(30)^2 + (0.4)^2(10)^2 + 2(0.6)(0.4)(+1)(30)(10)} = 22\%$$

• $\rho=0$일 경우

$$E(r_P)=(0.6)(30)+(0.4)(10)=22\%$$

$$\sigma_P=\sqrt{(0.6)^2(30)^2+(0.4)^2(10)^2+2(0.6)(0.4)(0)(30)(10)}=18.4\%$$

• $\rho=-1$일 경우

$$E(r_P)=(0.6)(30)+(0.4)(10)=22\%$$

$$\sigma_P=\sqrt{(0.6)^2(30)^2+(0.4)^2(10)^2+2(0.6)(0.4)(-1)(30)(10)}=14\%$$

계산결과를 보면 상관계수에 관계없이 포트폴리오의 기대수익률은 같으나, 포트폴리오의 표준편차는 상관계수가 +1일 때 22%로서 가장 크고, 상관계수가 0일 때는 18.4%, −1일 때는 14%로 줄어들고 있다.

주식 J에 투자하는 비율을 w_J라 할 때, 〈표 9−5〉에서는 각각의 주어진 상관계수하에서 포트폴리오의 구성비율을 변화시키며 포트폴리오의 기대수익률과 표준편차를 계산하여 정리하였으며, 그 결과를 [그림 9−9]의 (a)에 나타내었다.

표 9-5 상관계수와 포트폴리오의 기대수익률 및 위험

w_J	w_K	$\rho_{JK}=+1$		$\rho_{JK}=0$		$\rho_{JK}=-1$	
		$E(r_P)(\%)$	$\sigma_P(\%)$	$E(r_P)(\%)$	$\sigma_P(\%)$	$E(r_P)(\%)$	$\sigma_P(\%)$
2.00	−1.00	50	50.00	50	60.83	50	70.00
1.75	−0.75	45	45.00	45	53.03	45	60.00
1.50	−0.50	40	40.00	40	45.28	40	50.00
1.25	−0.25	35	35.00	35	37.58	35	40.00
1.00	0.00	30	30.00	30	30.00	30	30.00
0.75	0.25	25	25.00	25	22.64	25	20.00
0.50	0.50	20	20.00	20	15.81	20	10.00
0.25	0.75	15	15.00	15	10.61	15	0.00
0.00	1.00	10	10.00	10	10.00	10	10.00
−0.25	1.25	5	5.00	5	14.58	5	20.00
−0.50	1.50	0	0.00	0	21.21	0	30.00
−0.75	1.75	−5	5.00	−5	28.50	−5	40.00
−1.00	2.00	−10	10.00	−10	36.06	−10	50.00

[그림 9−9(a)]의 곡선 또는 직선은 상관계수가 주어질 때 구성비율을 변화시키며 생성해 낸 모든 포트폴리오의 집합을 나타내고 있다. 여기서 각 포트폴리오는 기대수익률과 위험(표준편차)의 조합으로 표시된다. 공매를 이용할 수 없는 경우에 투자자는 [그림 9−9(a)]의 실선상의 포트폴리오들을 구성할 수 있다. 그러나 공매가 가능한 경우 투자기회는 점선으로 나타낸 부분으로까지 확대된다.

[그림 9−9(b)]는 상관계수가 0인 경우에 주식 J와 K에 투자하여 얻을 수 있는 포트폴리오의 집

| 그림 9-9 | 상관계수와 포트폴리오의 기대수익률 및 위험

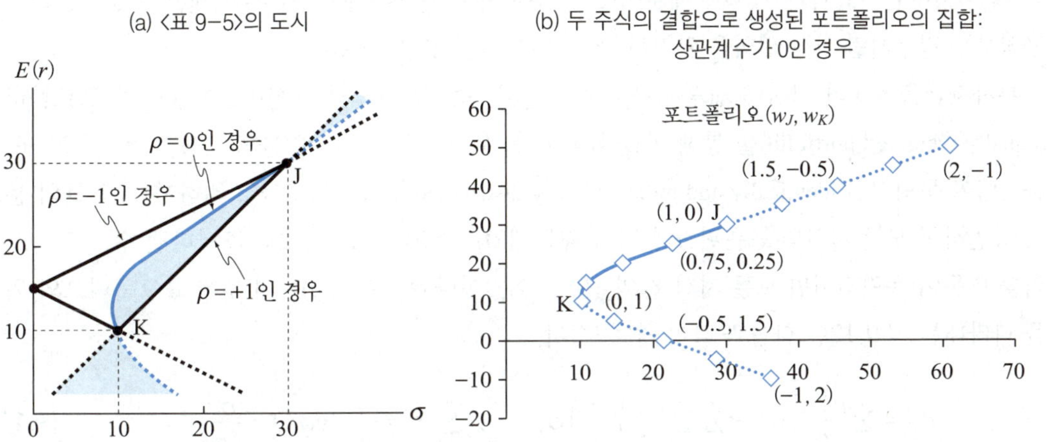

합을 따로 떼어낸 것이다. 두 주식의 상관계수가 0인 경우 이들로 구성되는 포트폴리오의 집합은 주식 J와 주식 K를 연결한 완만한 곡선을 이룬다. [그림 9-9(b)]에서 실선은 주식 J와 주식 K에 대한 공매가 불가능한 경우 구성할 수 있는 포트폴리오들을 나타낸다. 그러나 공매가 가능한 경우 포트폴리오 집합은 점선부분으로까지 확대된다. 예를 들어 포트폴리오 (1.5, −0.5)는 주식 K의 공매를 통해 투자자금을 50% 더 마련한 후 투자원금의 150%에 해당하는 금액을 주식 J에 투자했을 때 얻게 되는 포트폴리오이다.

〈표 9-5〉와 [그림 9-9]를 보면 다음과 같은 일반적인 사실을 관찰할 수 있다. 첫째, 상관계수가 +1이거나 −1일 때 구성가능한 포트폴리오 집합은 직선이 된다. 둘째, 구성비율이 주어지면 여러 포트폴리오들의 기대수익률은 같다. 셋째, 두 자산 모두에 대해 양(+)의 구성비율로 투자하면, 포트폴리오 위험은 두 자산의 상관계수가 +1일 때 가장 크고 −1에 가까울수록 작아지며 −1일 때 가장 작은 값을 갖는다. 넷째, 두 자산의 상관계수가 −1일 때 특정 구성비율에 따라 포트폴리오를 구성하면 위험을 완전히 제거할 수 있다. 앞의 예에서 주식 J에 25%, 주식 K에 75% 투자하면 위험은 0이 되는 것을 볼 수 있다.[10]

■ *n* 위험자산으로 구성된 포트폴리오의 경우

균등비율 포트폴리오의 경우

앞에서는 두 주식으로 구성된 포트폴리오의 예를 통해 분산효과를 살펴보았다. 두 주식의 상관계수가 −1인 경우 위험을 완전히 없애는 것도 가능하다는 것을 보았다. 그러면 일반적으로 *n*개의 자산으로 구성된 포트폴리오의 위험은 어떻게 될까? 포트폴리오의 위험은 일반적으로 포트폴리오를

10 공매가 가능한 경우에는 상관계수가 +1인 경우에도 위험이 0이 되는 포트폴리오를 구성할 수 있다는 것을 〈표 9-5〉에서 확인할 수 있다.

구성하는 종목수가 많을수록 평균적으로 감소하는 현상을 보인다. 서로의 움직임을 상쇄하는 횟수가 많아져서 분산효과가 커지기 때문이다. 그렇지만 상관계수가 −1인 두 자산으로 포트폴리오를 구성하는 경우처럼 항상 위험을 완전히 제거할 수 있는 것은 아니다.

투자자금을 n개의 자산에 균등투자하여 구성한, 즉 각 자산의 구성비율이 $1/n$인 포트폴리오(equally-weighted portfolio)를 통해 이를 살펴보자. 우선 모든 자산수익률의 분포가 동일하고 또 그 움직임이 독립적인(identically and independently distributed: i.i.d.) 경우를 고려하자. 수익률의 분포가 동일하면 모든 자산의 표준편차가 같기 때문에 $\sigma_i = \sigma(i = 1, 2, \cdots, n)$라고 나타낼 수 있고, 또 수익률 변동이 독립적이면 모든 자산 간의 공분산이 0이다[$\sigma_{ij} = 0(i \neq j)$]. 이 경우 포트폴리오의 위험을 나타내는 식 9.12는 다음과 같이 쓸 수 있다.

$$\sigma_P^2 = \sum_{i=1}^{n}\left(\frac{1}{n}\right)^2 \sigma_i^2 + \sum_{\substack{i=1 \\ (i \neq j)}}^{n}\sum_{j=1}^{n}\left(\frac{1}{n}\right)\left(\frac{1}{n}\right)\sigma_{ij} = \frac{1}{n^2}\sum_{i=1}^{n}\sigma^2 = \frac{1}{n^2}(n\sigma^2) = \frac{\sigma^2}{n} \tag{9.15}$$

식 9.15를 보면 포트폴리오를 구성하는 종목수(n)가 많을수록 위험이 줄어드는 것을 볼 수 있다. 예를 들어 10종목으로 포트폴리오를 구성하면 포트폴리오의 위험은 개별자산 위험의 1/10이 된다. 종목수가 아주 많을 경우, 즉 n이 무한대로 갈 경우 식 9.15의 포트폴리오 위험은 0으로 점근하는 것을 볼 수 있다.

분산효과의 한계

다음으로 i.i.d.의 가정이 없는 좀 더 일반적인 경우를 고려해 보자. 즉 모든 자산의 분산과 서로 간의 공분산이 반드시 같지는 않으며 수익률분포가 서로 독립적이지 않은 경우이다. 식 9.15에서 첫 번째 우변의 첫째 항에서 $1/n$을 앞으로 빼내고, 둘째 항에서 $(n-1)/n$을 빼내면 다음과 같은 식이 된다.

$$\sigma_P^2 = \frac{1}{n}\sum_{i=1}^{n}\frac{\sigma_i^2}{n} + \frac{n-1}{n}\sum_{\substack{i=1 \\ (i \neq j)}}^{n}\sum_{j=1}^{n}\frac{\sigma_{ij}}{n(n-1)} \tag{9.16}$$

제9.3절에서 설명하였듯이 포트폴리오가 n개의 자산으로 구성되었을 때, 그 포트폴리오의 분산은 n개의 분산과 $n(n-1)$개의 공분산으로 구성된다. 그러므로 식 9.16에서 $(\Sigma\sigma_i^2/n)$과 $[\Sigma\Sigma\sigma_{ij}/n(n-1)]$은 각각 분산과 공분산의 평균을 나타낸다. 따라서 식 9.16은 다음과 같이 쓸 수 있다.

$$\sigma_P^2 = \frac{1}{n}\sum_{i=1}^{n}\frac{\sigma_i^2}{n} + \frac{n-1}{n}\sum_{\substack{i=1 \\ (i \neq j)}}^{n}\sum_{j=1}^{n}\frac{\sigma_{ij}}{n(n-1)} = \frac{1}{n}\cdot\overline{\sigma}_i^2 + \left(1-\frac{1}{n}\right)\cdot\overline{\sigma}_{ij} \tag{9.17}$$

여기서 $\overline{\sigma}_i^2$는 분산의 평균을, $\overline{\sigma}_{ij}$는 공분산의 평균을 나타낸다. 식 9.17에서 포트폴리오를 구성하는 자산수 n이 증가할수록 포트폴리오의 분산은 평균공분산($\overline{\sigma}_{ij}$)에 접근하며 점점 줄어든다. 즉 포트폴리오의 위험분산효과는 다음 식에 의해 요약된다.

$$\sigma_P^2(n\text{이 무한대로 갈 때}) = \overline{\sigma}_{ij} \tag{9.18}$$

식 9.18에서와 같이 포트폴리오를 구성하는 종목수가 무한히 증가하면 개별자산의 분산은 완전히 없어지지만 공분산은 남게 된다. 이와 같이 충분히 많은 수의 자산으로 구성된 포트폴리오의 위험은 분산으로 측정되는 개별자산의 위험보다 자산들 간의 공분산위험에 의해 결정된다. 식 9.18은 자산수를 아무리 증가시켜도 포트폴리오 위험이 평균공분산 아래로 떨어지지 않는다는 것을 의미하므로 이는 곧 분산효과의 한계를 나타내는 것이라고 할 수 있다.

일반적으로 동일한 경제 내에서 거래되는 자산들에 대한 수익률의 변화는 경기변동과 밀접한 관계를 갖는다. 따라서 자산수익률의 상관계수가 평균적으로 음(−)의 값을 갖는 경우는 거의 없고 대부분 0과 1 사이의 값을 갖게 되어, 평균공분산은 양(+)의 값을 갖게 된다.

예제 9-3 주식시장에 무수히 많은 주식들이 거래되고 있다. 이 주식들은 모두 동일한 기대수익률과 표준편차를 가지고 있으며, 기대수익률은 15%, 표준편차는 30%이다. 또한 모든 주식들 간에는 동일한 상관관계를 가지며, 그 계수는 0.5라고 한다.

① 10개 주식으로 균등비율의 포트폴리오를 구성할 때 이 포트폴리오의 기대수익률과 표준편차는 얼마인지 계산하라.

② 모든 주식에 균등비율로 투자하는 포트폴리오를 구성하는 경우 투자자가 부담하는 궁극적인 위험은 얼마인지 계산하라.

풀이 ① 모든 주식들이 동일한 표준편차를 가지며, 주식들 간의 상관계수는 모두 0.5이므로 두 주식 사이의 공분산은 모두 (0.5)(30)(30) = 450%²이다. 공분산 항목의 수는 90개이므로 평균공분산은 다음과 같다.

$$\overline{\sigma}_{ij} = \frac{1}{90}(90 \times 450) = 450\%^2$$

개별주식의 기대수익률이 15%로 동일하므로 10개 주식에 균등투자한 포트폴리오의 기대수익률 역시 15%이고, 포트폴리오의 분산은 식 9.17을 이용하면 다음과 같이 495%²이며, 표준편차는 22.25%이다.

$$\sigma_P^2 = \frac{1}{n} \cdot \overline{\sigma}_i^2 + \left(1 - \frac{1}{n}\right) \cdot \overline{\sigma}_{ij} = \frac{1}{10}(30\%)^2 + \left(1 - \frac{1}{10}\right)450\%^2 = 495\%^2$$

$$\sigma_P = \sqrt{495\%^2} = 22.25\%$$

② 무수히 많은 주식에 균등비율로 투자하는 경우 투자자가 부담하는 포트폴리오의 분산은 식 9.18에 의해 개별주식들 간의 공분산의 평균이다. 따라서 표준편차는 21.21%이다.

$$\sigma_P(n\text{이 무한대로 갈 때}) = \sqrt{450\%^2} = 21.21\%$$

예제 9-4 [예제 9-3]에서 시장에 존재하는 모든 주식들 간의 상관계수가 +1이라고 하면, 질문 ② 에서 구성한 포트폴리오의 궁극적인 위험은 얼마인지 계산하라. 또 상관계수가 0인 경우에도 궁극적인 위험을 구해 보라.

풀이 주식들 간의 상관계수가 +1인 경우 공분산의 평균은 $\overline{\sigma}_{ij} = \frac{1}{90}[90 \times (1)(30\%)(30\%)] = 900\%^2$ 이다. 따라서 무수히 많은 주식에 분산투자한 포트폴리오의 위험(표준편차)은 30%가 된다. 즉, 포트폴리오를 구성하는 주식들의 수익률이 서로 간에 완전하게 양(+)의 상관관계를 가질 경우 투자자는 분산투자를 통해 포트폴리오의 위험을 줄일 수 없다.

주식들 간의 상관계수가 0인 경우 공분산의 평균은 0이다. 따라서 포트폴리오의 분산은 $\sigma_P^2 = \frac{1}{n} \cdot \overline{\sigma}_i^2$이 되고, 무수히 많은 주식에 분산투자하는 경우 $1/n$은 0에 수렴하게 되므로 포트폴리오의 위험은 0이 된다. 즉, 포트폴리오를 구성하는 주식들의 수익률이 서로 독립적으로 움직일 경우 투자자는 분산투자를 통해 포트폴리오의 위험을 거의 0으로 만들 수 있다.

일반적인 포트폴리오의 경우

균등비율 포트폴리오의 경우와 달리 구성비율이 임의적인 포트폴리오의 위험분산효과는 앞서 살펴본 식 9.13을 통하여 살펴볼 수 있다. 식 9.13에서 포트폴리오의 분산은 각 자산이 포트폴리오의 위험에 기여하는 부분의 합으로 다음과 같이 다시 쓸 수 있다.

$$\sigma_P^2 = w_1\sigma_{1P} + w_2\sigma_{2P} + \cdots + w_n\sigma_{nP} = w_1\rho_{1P}\sigma_1\sigma_P + w_2\rho_{2P}\sigma_2\sigma_P + \cdots + w_n\rho_{nP}\sigma_n\sigma_P \tag{9.19}$$

식 9.19를 포트폴리오의 표준편차 σ_P로 나누면 다음의 식 9.20을 얻는다.

$$\sigma_P = w_1\rho_{1P}\sigma_1 + w_2\rho_{2P}\sigma_2 + \cdots + w_n\rho_{nP}\sigma_n \leq w_1\sigma_1 + w_2\sigma_2 + \cdots + w_n\sigma_n \tag{9.20}$$

식 9.20을 보면 포트폴리오를 구성하는 각 자산들과 포트폴리오와의 상관계수가 +1이 아닌 한 포트폴리오의 위험은 각 자산의 표준편차의 가중평균보다 작은 값을 갖는다. 포트폴리오를 구성하는 모든 개별자산들과 포트폴리오의 상관계수가 +1인 경우는 매우 이례적이기 때문에, 이 경우를 제외한 어떤 경우에도 개별자산 대신 포트폴리오에 투자하면 위험이 줄어드는 분산효과를 거둘 수 있다.

■ 체계적 위험과 비체계적 위험

식 9.18에서 무수히 많은 수의 자산에 분산투자하는 경우 투자자가 궁극적으로 부담하게 되는 위험은 자산들 간의 공분산의 평균으로 수렴하는 것을 보았다. 그렇다면 개별자산의 위험 중 분산투자를 통해 없앨 수 있는 위험은 어떤 것이고, 없앨 수 없는 위험은 어떤 것일까? 이를 살펴보기 위해 보험산업의 예를 들어 보자.

주택에 대해 화재보험과 재난보험(지진발생 시 손실을 보전해 주는 보험)을 판매하는 손해보험회사를 고려해 보자. A회사가 판매하는 화재보험은 화재발생으로 손실이 발생하는 경우 주택가격을 보전해 주는 보험이다. 주택소유자는 보험료로 매년 주택가격의 1%를 지불하고, 화재가 발생하는 경우 주택가격에 해당하는 보험금을 지급받는다. A회사는 전국에 걸쳐 100,000건의 주택에 대한 화재보험을 판매하였다. 보험에 가입한 100,000건의 주택은 전국에 골고루 산재해 있으며, 매년 한 주택에서 화재가 발생할 확률은 1%로 모두 동일하나 서로가 독립적이라고 한다. 즉 어떤 한 주택에 화재가 발생하는 것은 다른 주택의 화재발생에 영향을 미치지 않는다. B회사가 판매하는 재난보험은 지진발생으로 주택이 파손되는 경우 주택가격을 보전해 주는 보험이며, 주택소유자는 주택가격의 1%를 보험료로 지불하고 지진발생으로 주택이 파손되는 경우 보험금을 지급받는다. B회사는 지진발생가능성이 높은 특정 지역의 주택에 대한 100,000건의 재난보험을 판매하였다. 매년 지진발생으로 보험가입 주택이 파손될 확률은 각기 1%로 동일하나, 각 주택이 파손될 가능성은 서로 완전한 양(+)의 상관관계를 갖는다고 한다.

우선 A회사가 판매하는 화재보험에 가입한 보험가입자의 위험과 보험회사가 부담하는 위험을 계산해 보자. 매년 각 주택은 99%의 확률로 화재가 발생하지 않거나 1%의 확률로 화재가 발생한다. 따라서 보험가입에 따라 가입자가 얻는 미래의 수익률은 99%의 확률로 0%이거나 1%의 확률로 100%이고, 평균수익률은 1%(= 0.99 × 0 + 0.01 × 100%)이다. 따라서 개별보험가입자의 표준편차는 다음과 같이 9.95%이다.

$$\text{개별보험가입자의 표준편차} = \sqrt{0.99 \times (0 - 0.01)^2 + 0.01 \times (1.00 - 0.01)^2} = 9.95\%$$

100,000건의 보험을 판매한 A회사의 위험은 어떠할까? 보험회사의 포지션은 100,000건의 개별주택에 분산투자하여 포트폴리오를 구성한 것과 같다. 각 주택의 화재발생가능성이 서로 독립적이며, 표준편차는 9.95%로 동일하므로 포트폴리오의 위험은 [예제 9-4]에서와 같이 $\sigma_P^2 = (1/n) \cdot \overline{\sigma}_i^2$를 이용하여 계산할 수 있다.

$$\text{A회사의 분산} = \sigma_P^2 = \frac{1}{n} \cdot \overline{\sigma}_i^2 = \frac{1}{100{,}000} \cdot (9.95\%)^2 = 0.00099\%^2$$

$$\text{A회사의 표준편차} = \sqrt{0.00099\%^2} = 0.031\%$$

즉, 화재보험을 판매하는 A회사의 위험은 0.031%로 개별보험가입자의 위험에 비해 아주 작은 값을 갖는다.

다음으로 B회사가 판매하는 재난보험에 가입한 보험가입자의 위험과 보험회사가 부담하는 위험을 계산해 보자. 매년 각 주택은 1%의 확률로 지진발생에 따른 손실을 입거나 99%의 확률로 손실을 입지 않는다. 따라서 보험가입에 따라 가입자가 얻는 미래의 수익률은 99%의 확률로 0%이거나 1%의 확률로 100%이고, 평균수익률은 1%(= 0.99 × 0 + 0.01 × 100%)이다. 따라서 개별보험가입자의 표준편차는 다음과 같이 9.95%이다.

$$\text{개별보험가입자의 표준편차} = \sqrt{0.99 \times (0-0.01)^2 + 0.01 \times (1.00-0.01)^2} = 9.95\%$$

100,000건의 보험을 판매한 B회사의 포지션은 100,000건의 개별주택에 분산투자하여 포트폴리오를 구성한 것과 같다. 그러나 각 주택이 지진으로 피해를 입을 가능성이 서로 완전한 양(+)의 관계를 가지며, 표준편차는 9.95%로 동일하다. 그리고 모든 주택들 간의 공분산이 $(9.95\%)^2$ (=(1)(9.95%)(9.95%))으로 같기 때문에 평균공분산도 $(9.95\%)^2$이다. 따라서 B회사의 위험은 식 9.17에 의해 다음과 같다.

$$\text{B회사의 분산} = \sigma_P^2 = \frac{1}{n} \cdot \bar{\sigma}_i^2 + \left(1 - \frac{1}{n}\right) \cdot \bar{\sigma}_{ij}$$

$$= \frac{1}{100{,}000}(9.95\%)^2 + \left(1 - \frac{1}{100{,}000}\right)(9.95\%)^2 = 99\%^2$$

$$\text{B회사의 표준편차} = \sqrt{99\%^2} = 9.95\%$$

즉, 재난보험을 판매하는 B회사의 위험은 9.95%로 개별보험가입자의 위험과 같아 포트폴리오 구성에 따른 분산효과의 혜택을 누리지 못한다.

결과를 요약하면, 두 보험회사가 판매하는 개별주택의 위험은 동일하지만 개별주택의 포트폴리오를 구성한 보험회사의 위험은 확연히 다른 특성을 보인다. 왜 이런 차이가 발생할까? A회사는 서로 간의 상관계수가 0인 100,000개의 자산에 분산하여 투자함으로써 큰 폭으로 위험을 줄인 반면, B회사는 서로 간의 상관계수가 +1인 100,000개의 자산으로 포트폴리오를 구성함으로써 위험을 전혀 줄이지 못한 것이다.

이처럼 개별자산에 고유한 위험은 여러 자산에 분산투자하는 경우 서로 간에 상쇄작용을 일으킨다. 즉, A회사의 입장에서 볼 때 특정 주택에 화재가 발생하여 손실이 발생하더라도 다른 주택에서는 화재가 발생하지 않음으로써 보험료 수익을 올릴 수 있다. 이와 같이 분산투자를 통해 줄일 수 있는 위험을 독립적 위험(independent risk)이라고 한다. 반면, B회사가 판매한 재난보험의 경우 각 가입자의 손실이 서로가 완전한 상관관계를 가지고 있어 여러 자산에 투자하더라도 위험을 줄이지 못한다. 즉 지진이 발생하여 특정 주택이 파손되는 경우 다른 주택도 동일하게 파손되므로 B회사의 위험은 개별주택의 위험과 같다. 이와 같이 분산투자를 통해서도 줄어들지 않는 위험을 공통위험(common risk)이라고 한다.

그렇다면 주식의 경우 포트폴리오를 구성함으로써 얼마만큼의 위험을 줄일 수 있을까? 예를 통해 살펴보자. 〈표 9-6〉은 미국 뉴욕증권거래소에 상장된 주식들로 균등비율 포트폴리오를 구성하였을 때, 종목수에 따라 포트폴리오의 위험이 평균적으로 얼마인가를 본 것이다(월별수익률을 자료로 사용하였다). 표를 보면 포트폴리오 투자의 분산효과를 뚜렷하게 관찰할 수 있다. 분산투자를 전혀 하지 않은 경우, 즉 하나의 종목에 투자한 경우, 평균분산은 $46.619\%^2$이다. 이는 10종목에 투

표 9-6 포트폴리오 투자의 분산효과와 체계적 위험

구성주식수	포트폴리오 분산의 평균(%^{2})	구성주식수	포트폴리오 분산의 평균(%^{2})
1	46.619	35	8.188
2	26.839	40	8.047
4	16.948	45	7.937
6	13.615	50	7.849
8	12.003	75	7.585
10	11.013	100	7.453
14	9.883	200	7.255
16	9.530	300	7.190
20	9.036	400	7.157
25	8.640	500	7.137
30	8.376	1,000	7.097
		∞	7.058

자료: Elton, E.J., and M.J. Gruber(1991), *Modern Portfolio Theory and Investment Analysis*, 4th ed.(New York: Wiley & Sons Inc), 32.

자하는 경우 약 1/4 수준으로 감소하여 11.013%^{2}이 되며, 30종목에 투자한 경우에는 8.376%^{2}으로 약 1/6로 줄어든다. 그러나 아무리 많은 수의 종목으로 포트폴리오를 구성하더라도 평균분산은 7.058%^{2} 이하로 떨어지지 않는다. 다시 말해 〈표 9-6〉에서 분산투자를 통해 제거할 수 있는 위험은 분산투자를 하지 않은 경우에 비해 약 85%[(=46.619 − 7.058) / 46.619)]이며, 가능한 모든 종목에 투자할 때 궁극적으로 부담해야 할 위험은 7.058%^{2} 정도로 이는 분산투자를 하지 않은 경우에 비해 약 15%(=7.058/46.619) 수준이다. [그림 9-10]에 〈표 9-6〉의 내용을 나타내었다.

주식의 위험 중 포트폴리오 구성(분산투자)을 통해 제거할 수 있는 부분을 비체계적 위험

| 그림 9-10 | 포트폴리오 투자의 분산효과와 체계적 위험

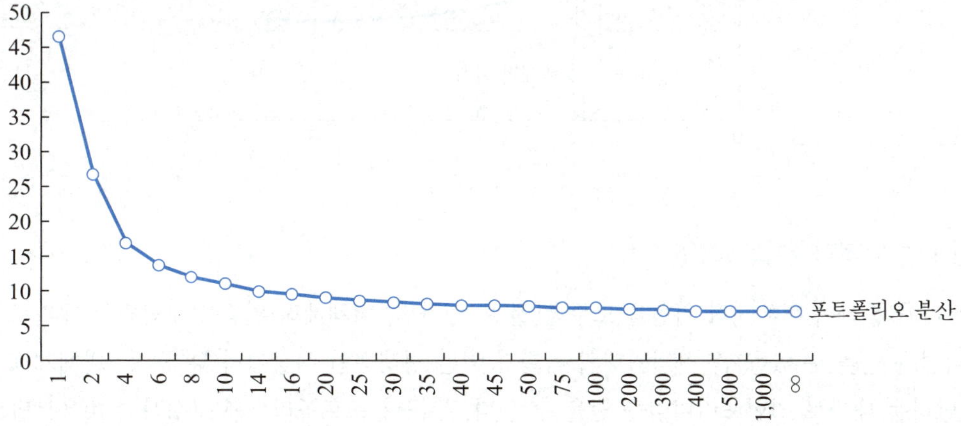

(unsystematic risk) 또는 분산가능위험(diversifiable risk)이라고 하며, 화재보험에서 언급한 '독립적 위험'에 비유될 수 있다. 비체계적 위험은 종업원의 파업, 법적 문제, 판매의 부진 등 개별기업에 고유하게 발생하는 사건에 기인하는 것이기 때문에 고유위험(unique risk 또는 idiosyncratic risk) 또는 기업고유위험(firm-specific risk)이라고도 한다. 기업의 특수사정으로 인한 위험은 예측하기 어려운 상황에서 돌발적으로 일어날 수 있는 것들로 여러 주식에 나누어 투자함으로써 제거할 수 있다. 예로서, 어느 회사의 판매부진에 의한 투자의 위험은 다른 회사의 판매성장으로 상쇄시킬 수 있다.

주식의 위험 중 분산투자를 통해서도 제거할 수 없는 부분을 체계적 위험(systematic risk) 또는 분산불가능위험(undiversifiable risk)이라고 하며, 재난보험에서 언급한 '공통위험'에 비유될 수 있다. 체계적 위험은 주식시장의 전반적인 상황에 영향을 받는 것이기 때문에 시장위험(market risk)이라고도 한다. 주식시장은 여러 기업들에게 공통적으로 영향을 미치는 거시경제의 흐름 또는 경기(business cycle) 상황을 반영하기 때문에 개별주식의 움직임은 주식시장의 영향을 받지 않을 수 없다. 따라서 경제 전반 또는 주식시장 전반의 움직임에 기인한 위험은 분산투자를 통해서 제거할 수 없다. [그림 9-11]에서는 포트폴리오를 구성하는 종목수의 증가에 따른 체계적 위험, 비체계적 위험, 그리고 총위험의 관계를 나타내었다.

| 그림 9-11 | 체계적 위험과 비체계적 위험, 그리고 포트폴리오 위험

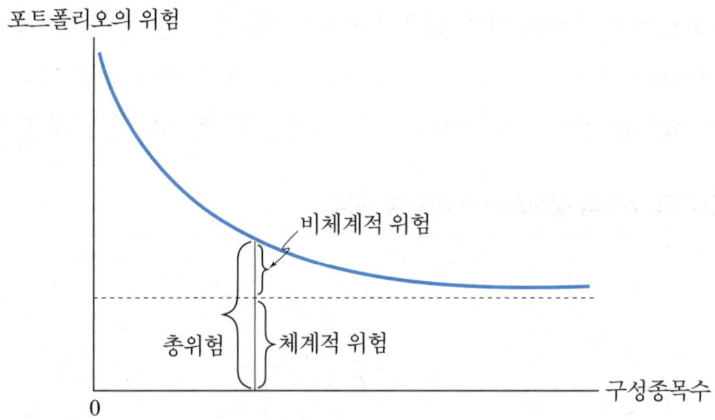

■ 체계적 위험과 위험프리미엄

분산투자를 통하여 비체계적 위험을 모두 없앨 수 있다면, 비체계적 위험을 부담하는 대가로 위험프리미엄을 얻을 수 있을까? 차익거래의 기회가 없는 경쟁적인 시장에서 투자자는 비체계적 위험을 부담하는 대가로 위험프리미엄을 얻을 수 없다. 누구나 포트폴리오를 구성하여 비용부담 없이 비체계적 위험을 없앨 수 있기 때문이다.

[그림 9-11]에서 보듯이 주식수익률이 기업고유위험 즉, 비체계적 위험에 의해서만 변동하는 경우 분산투자를 함으로써 위험을 줄일 수 있다. 특히 포트폴리오를 구성하는 종목수를 무한대로 늘리면 궁극적으로는 위험을 0으로 만들 수 있다. 이런 유형에 속하는 기업들에 투자하는 경우 기대수익률은 무위험이자율과 같아야 한다. 만일 시장에서의 예상수익률이 무위험이자율보다 높다면 투자자는 차익거래를 통하여 자기자금과 위험의 부담 없이 공짜이익을 얻을 수 있다. 결국 차익거래기회가 없는 시장에서는 체계적 위험만이 위험프리미엄의 대상이 된다.

예제 9-5 개별기업에 고유한 사건에 의해서만 주가가 변동하는 주식들(유형 D)에 대한 다음 1년간의 수익률이 7%로 예상된다고 하자. 무위험이자율이 5%라고 할 때 어떠한 차익거래가 가능한지 설명하라. 또 경제 전반에 영향을 미치는 공통요인에 의해서만 주가가 변동하는 주식들(유형 U)의 1년간 수익률이 8%로 예상된다고 한다. 이때에도 여전히 차익거래가 가능한지를 설명하라.

풀이 투자자는 무위험이자율에 차입하여 유형 D의 주식들로 포트폴리오를 구성함으로써 무위험이자율을 초과하는 만큼의 수익률을 얻을 수 있다. 즉, 차입을 통하여 충분히 많은 수의 유형 D 주식들에 골고루 분산투자하여 위험이 0인 포트폴리오를 구성하면, 자기자금과 위험을 부담하지 않고 2%(= −5 + 7)의 차익을 얻을 수 있다.

그러나 유형 U 주식들의 경우 기대수익률이 무위험이자율보다 높다고 하더라도 반드시 차익거래가 가능한 것은 아니다. 유형 U 주식들의 위험은 분산불가능한 것이기 때문에 이에 대한 위험프리미엄이 요구된다. 만일 적정 위험프리미엄이 3%라고 하면, 많은 수의 유형 U 주식들로 포트폴리오를 구성하더라도 차익거래의 기회는 없다. 이 포트폴리오에 대한 기대수익률이 8%(= 5 + 3)로서 시장이 예상하는 수익률과 같기 때문이다.

9.5 효율적 투자선과 최적포트폴리오

■ 마코위츠의 포트폴리오이론

앞의 두 절에서는 둘 이상의 자산을 결합하여 구성한 포트폴리오의 기대수익률과 위험을 측정하는 방법과, 또 포트폴리오를 구성함으로써 위험을 제거하거나 줄일 수 있는 원리를 공부하였다. 이와 같이 불확실성하의 문제를 평균 및 분산에 의해 계량화하고, 또 자산 간의 상관관계를 고려한 분산투자의 이점 등을 제시한 것은 1952년 마코위츠(Markowitz)가 처음이며, 이를 토빈(Tobin)이 발전시켰다.[11] 이들이 제시한 모형을 평균-분산 포트폴리오이론이라고 부른다. 마코위츠 이전에도 여러 자산에 투자할 때 나타나는 분산효과 등에 관한 서술적인 연구는 있었으나, 그가 제시한 모형이 훗날 재무이론이 비약적으로 발전하는 데 중요한 계기가 된 자본자산가격결정모형(capital asset pricing model: CAPM)의 발판이 되었다. 이러한 공로로 인해 마코위츠는 1990년 경제학 분야 노벨상을 공동 수상하게 된다.

11 Markowitz, H.(1952), "Portfolio Selection," *Journal of Finance* 3, 77-91; Tobin, J.(1958), "Liquidity Preference as Behavior toward Risk," *Review of Economic Studies* 25, 65-86.

마코위츠의 포트폴리오이론은 다음과 같은 몇 가지 가정하에 그 논리가 전개된다. 아래의 첫 세 가정은 결국 앞에서 설명한 내용을 요약·정리한 것으로 보면 된다.

① 모든 투자자의 투자기간은 1기간이다.
② 투자자는 위험회피형이고 자신의 기대효용을 극대화하려고 한다.
③ 투자결정은 투자대상의 기대수익률과 표준편차에 의존하며, 평균-분산 모형(지배원리)에 따라 투자대상을 선택한다.
④ 자본시장에 마찰요인이 없어 거래비용과 세금이 없으며 모든 투자자가 하나의 무위험이자율로 대출과 차입을 무한정 할 수 있다.

위의 네 가지 가정을 요약하면, 합리적인 투자자는 기대효용을 극대화하는 것을 목적으로 하며, 이를 달성하기 위해서 투자안의 미래수익률에 대한 확률분포를 바탕으로 포트폴리오의 기대수익률과 표준편차를 계산한 뒤, 평균-분산 모형에 따라 의사결정을 한다는 것이다. 평균-분산 모형의 적용은 두 단계로 나누어 볼 수 있다. 첫 단계에서는 지배원리를 적용하여 선택대상이 되는 포트폴리오의 범위를 좁히고, 다음 단계에서는 무차별곡선을 이용하여 최적포트폴리오를 선택하는 일이다. 앞서 설명하였듯이 지배원리란 기대수익률이 같다면 위험이 낮은 포트폴리오를 선택하고, 위험이 같다면 기대수익률이 높은 포트폴리오를 선택한다는 선호체계를 말한다. 지배원리를 만족시키는 포트폴리오를 효율적 포트폴리오(efficient portfolio)라고 하며, 모든 효율적 포트폴리오의 집합을 효율적 투자선(efficient frontier)이라고 부른다. 여러 자산에 투자하여 포트폴리오를 구성할 때 효율적 투자선이 어떻게 결정되고 또 최적포트폴리오는 어떻게 선택되는지를 살펴보자.

■ 효율적 투자선

무위험자산이 없는 경우의 효율적 투자선

앞의 제9.3절에서 두 자산으로 포트폴리오를 구성할 때 구성비율을 변화시킴으로써 기대수익률과 위험의 조합이 다른 수많은 포트폴리오를 만들어 낼 수 있었다. 다수의 자산으로 포트폴리오를 구성하는 경우에도 두 자산인 경우의 논리를 반복하여 적용할 수 있다. [그림 9-12]는 A, B, C라는 세 자산을 결합하는 과정을 나타내고 있다.

[그림 9-12]에서 AB′, A, AB, B를 지나는 곡선은 A와 B를 결합하여 얻을 수 있는 포트폴리오들의 집합을 나타낸다. 포트폴리오 AB는 투자금액을 A와 B에 나누어 투자함으로써 구성되며, 포트폴리오 AB′는 당초의 투자자금과 B를 공매한 대금을 합쳐 A에 투자함으로써 얻어진다. 또 유사한 방법으로 B와 C를 결합시키면 B, BC, C, BC′를 지나는 곡선을 얻게 된다.

세 자산이 결합된 포트폴리오를 얻으려면 이들 두 개의 곡선으로부터 각각 하나씩의 포트폴리오를 선택하여 새로이 포트폴리오를 구성하면 된다. 예를 들어 포트폴리오 AB와 포트폴리오 BC를 결합하여 얻어지는 곡선 AB, ABC, BC는 공매가 허용되지 않을 때 세 자산을 모두 결합한 포

| 그림 9-12 | 세 자산으로 구성되는 포트폴리오의 집합

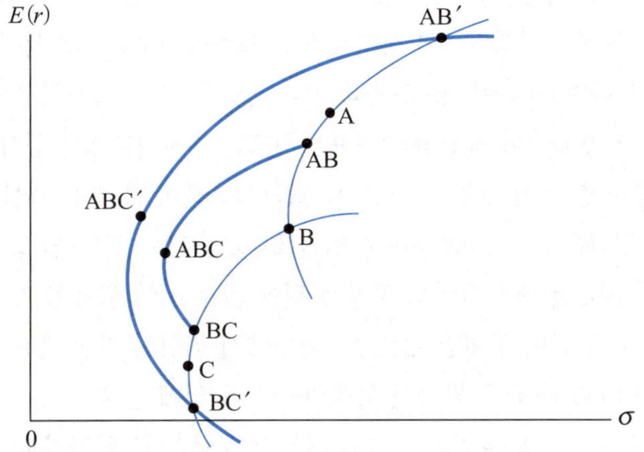

트폴리오들을 나타내고 있다. 한편 포트폴리오 AB′와 BC′를 적절히 결합하여 얻어지는 곡선 AB′, ABC′, BC′는 공매가 가능한 경우에 얻을 수 있는 세 자산 모두를 결합한 포트폴리오들을 나타낸다. 세 자산으로 구성된 포트폴리오를 만드는 방법은 무수히 많다. 이처럼 구성가능한 모든 포트폴리오의 집합을 투자기회집합(investment opportunity set)이라고 한다.

이러한 논리를 투자가 가능한 모든 투자대상에 확대 · 적용할 수 있다.[12] [그림 9-13]은 일반적

| 그림 9-13 | 투자기회집합, 포트폴리오 투자선 및 효율적 투자선

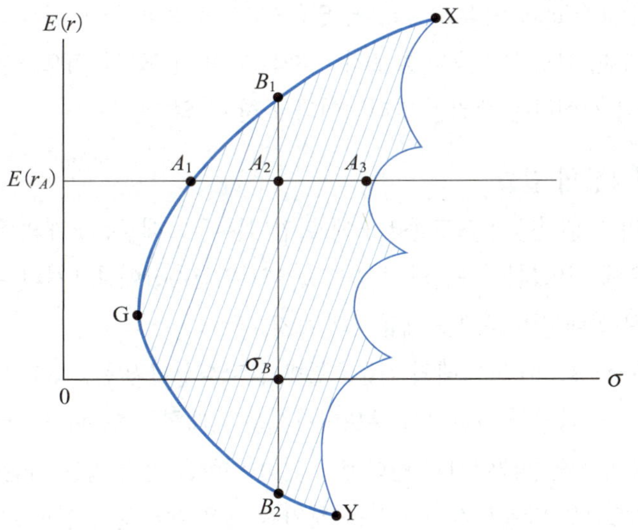

12 여기서 투자대상의 범위는 주식이나 채권과 같은 증권만을 의미하는 것은 아니다. 부동산이나 골동품은 물론, 자본예산의 대상이 되는 실물투자나 인적 자원에 대한 투자도 그 대상이 될 수 있다.

으로 n개의 위험자산이 투자대상일 경우 구성가능한 모든 포트폴리오의 집합을 나타낸 것이다. 그림에서 파란 색으로 표시된 부분이 구성가능한 모든 포트폴리오들을 나타내는 투자기회집합이다. 이들 중 X, G, Y와 같이 투자기회집합의 경계가 되는 포트폴리오를 최소분산포트폴리오(minimum variance portfolio)라고 하며, 최소분산포트폴리오의 집합을 나타내는 곡선을 포트폴리오 투자선(portfolio frontier)이라고 한다. 이 곡선상의 포트폴리오는 투자기회집합 중에서 '일정한 기대수익률을 갖는 포트폴리오들 중 가장 위험이 작은 포트폴리오'를 나타낸다. 예를 들어 [그림 9-13]의 A_1, A_2, A_3를 지나는 직선은 모두 같은 기대수익률 $E(r_A)$를 갖는 포트폴리오의 집합이다. A_1, A_2, A_3 중에서 X, G, Y를 지나는 포트폴리오 투자선 위에 있는 A_1이 위험이 가장 작은 포트폴리오로 A_2와 A_3를 지배한다. A_1과 같이 주어진 기대수익률하에서 위험이 가장 작은 포트폴리오들을 찾아내어 이들을 연결하면 XGY와 같은 쌍곡선 형태의 곡선을 얻게 된다.

그러나 XGY상에 존재하는 모든 포트폴리오들이 '지배원리'를 완전히 만족시키는 효율적 포트폴리오가 되는 것은 아니다. 즉, 이들 중에는 비효율적인 포트폴리오가 일부 포함되어 있다. 이 비효율적인 부분은 "같은 위험을 갖는 포트폴리오 중에서 기대수익률이 가장 높은 포트폴리오"라는 지배원리의 조건을 적용함으로써 제거할 수 있다. [그림 9-13]의 선분 B_1B_2가 이를 설명하고 있는데, B_1B_2상의 포트폴리오들은 모두 같은 위험 σ_B를 가지고 있지만 효율적 포트폴리오는 B_1이며, B_2는 비효율적인 포트폴리오이다. 따라서 지배원리를 충족시키는 효율적 포트폴리오는 XGY상의 포트폴리오들 중에서 가장 위험이 작은 포트폴리오 G(globally minimum variance portfolio: GMVP)를 시작점으로 이보다 위에 위치하는 포트폴리오이다. [그림 9-13]에서 보면 GMVP인 G로부터 A_1, B_1 및 X를 지나는 곡선이 지배원리를 충족시키는 효율적 포트폴리오의 집합인데, 이를 효율적 투자선(efficient frontier)이라고 부른다. 평균-분산 포트폴리오이론의 가정대로 투자자들이 합리적으로 행동한다면, 어느 투자자나 효율적 투자선 위의 한 포트폴리오를 선택하게 된다. 그 외의 다른 포트폴리오를 선택하는 행위는 합리적이라고 할 수 없다.

무위험자산과 위험자산의 결합

지금까지의 포트폴리오 분석에서 포트폴리오에 편입되는 투자대상은 n개의 위험자산에 국한하였다. 이제 포트폴리오에 편입되는 자산의 범위를 n개의 위험자산에다 1개의 무위험자산을 추가한 $(n+1)$개의 자산으로 확대하여 문제를 재분석해 보자.

무위험자산(risk-free asset)이란 미래의 현금흐름에 불확실성이 없는, 즉 확실한 투자수익을 얻을 수 있는 자산을 말한다. 엄밀한 의미에서 무위험자산은 미래현금흐름에 불확실성이 없을 뿐만 아니라, 이자율의 변동이나 인플레이션의 변화에도 전혀 영향을 받지 않는 자산을 의미한다. 그러나 현실적으로 이러한 조건을 만족시키는 자산을 찾기란 매우 어려운 일이므로 대개의 경우 만기가 짧으면서 미래수익이 확실한 국채를 무위험자산의 대용으로 사용한다. 우리나라의 경우 만기가 짧은 통화안정채권이나, 미국의 경우 재무성이 발행하는 단기 재무증권(Treasury bill)이 이에 해당한다. 무위험자산은 미래수익이 확실하기 때문에 이에 대한 기대수익률은 무위험이자율 r_f로서 분산은 0이며, 다른 증권의 수익률과의 공분산도 0이라는 특징이 있다.

투자자가 무위험자산과 위험자산(또는 위험자산으로 구성된 포트폴리오)을 결합하여 투자하면 어떤 투자기회를 가질 수 있는지 살펴보자. 위험자산의 수익률을 r_i로 나타내면, 위험자산에 w 그리고 무위험자산에 $(1-w)$의 구성비율로 투자한 포트폴리오 P의 수익률은 다음과 같다.

$$r_P = wr_i + (1-w)r_f \tag{9.21}$$

또 포트폴리오 P의 기대수익률은 위험자산 i의 기대수익률과 무위험이자율의 가중평균으로 다음과 같다.

$$E(r_P) = wE(r_i) + (1-w)r_f = r_f + w[E(r_i) - r_f] \tag{9.22}$$

식 9.22는 포트폴리오 P의 기대수익률이 무위험이자율에 포트폴리오 P의 위험프리미엄이 더해져 결정된다는 것을 보여주고 있다. 포트폴리오 P의 위험프리미엄은 자산 i의 위험프리미엄 $[E(r_i)-r_f]$에 위험자산 i에 대한 투자비율을 곱한 값으로 결정된다. 따라서 위험자산에 대한 투자비중을 높일수록 포트폴리오의 위험프리미엄과 기대수익률은 선형적으로 증가한다.

포트폴리오 P의 위험은 식 9.21로 표현되는 포트폴리오 수익률의 표준편차를 계산함으로써 측정할 수 있는데, 이는 위험자산 수익률의 표준편차에 위험자산에 대한 투자비율을 곱한 값과 같다.[13]

$$\sigma_P = w\sigma_i \tag{9.23}$$

포트폴리오 P의 위험 역시 위험자산에 대한 투자비율 w에 선형적으로 비례하여 증가한다. 만일 투자자가 위험자산과 무위험자산에 절반씩 투자한다면 이때의 위험은 $\sigma_P = 0.5\sigma_i$로 위험자산 i의 위험의 절반으로 줄어든다. 만일 투자자금 전액을 i에 투자하고 투자자금의 50%에 해당하는 금액을 차입하여 위험자산 i에 추가적으로 투자한다면, $w = 1.5(1-w=-0.5)$가 되어 이때의 위험은 $\sigma_P = 1.5\sigma_i$로 σ_i의 1.5배로 증가한다.

포트폴리오 P의 기대수익률과 위험과의 관계식을 나타내 보자. 포트폴리오 P의 기대수익률 $E(r_P)$와 위험 σ_P의 관계는 식 9.22와 식 9.23을 결합하여 구할 수 있다. 먼저 식 9.23을 w에 대해 정리하면 $w = \sigma_P/\sigma_i$이다. 이를 식 9.22에 대입하면 다음과 같은 기대수익률–위험의 관계식이 얻어진다.

$$E(r_P) = r_f + \left[\frac{E(r_i) - r_f}{\sigma_i}\right]\sigma_P \tag{9.24}$$

13 식 9.21과 같이 구성한 포트폴리오 수익률의 표준편차는 다음과 같다.
$\sigma_P = \sqrt{w^2\sigma_i^2 + (1-w)^2\sigma_f^2 + 2w(1-w)\sigma_{if}}$. 그런데 $\sigma_f = \sigma_{if} = 0$이므로 $\sigma_P = \sqrt{w^2\sigma_i^2} = w\sigma_i$이다.

식 9.24에 의하면 포트폴리오 P의 기대수익률은 위험인 표준편차와 선형관계를 갖는다. 즉, 기대수익률 $E(r_P)$는 무위험이자율에 위험프리미엄을 더한 값이 되며 위험프리미엄은 포트폴리오 P의 위험인 σ_P의 선형함수로 결정된다. 예를 들어 위험자산 i의 기대수익률이 20%이고 표준편차가 40%, 그리고 무위험이자율이 10%라 하자. 이 경우 위험자산 i와 무위험자산으로 구성되는 포트폴리오의 기대수익률과 위험의 관계는 다음과 같은 식으로 표현된다.

$$E(r_P) = 10 + \left[\frac{20-10}{40}\right]\sigma_P = 10 + 0.25\sigma_P$$

이 관계를 그림으로 나타내면 [그림 9-14]와 같다.

| 그림 9-14 | 무위험자산과 위험자산의 결합

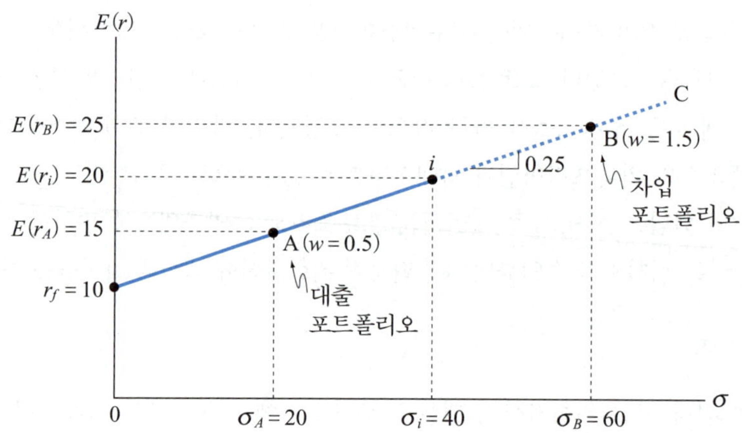

[그림 9-14]에서 점 A는 위험자산 i에 50%, 무위험자산에 50%를 투자한 포트폴리오를 나타낸다. 투자자금의 일부는 빌려주고 일부는 위험자산에 투자하였다고 하여 A와 같은 포트폴리오를 대출포트폴리오(lending portfolio)라고 한다. ir_f 선상에 있는 모든 포트폴리오는 대출포트폴리오이다. 포트폴리오 B는 투자원금에다 이 금액의 50%를 무위험이자율로 차입한 금액을 더해 투자원금의 총 150%를 위험자산 i에 투자한 포트폴리오이다. 포트폴리오 B와 같이 자금을 빌려서 투자원금 이상으로 위험자산에 투자하는 포트폴리오를 차입포트폴리오(borrowing portfolio)라고 한다. iC선상에 있는 모든 포트폴리오가 이에 해당한다.

무위험자산이 있는 경우의 효율적 투자선(자본배분선)

무위험자산과 위험자산을 결합하여 구성한 포트폴리오의 집합은 직선이 된다는 식 9.24의 결과와 [그림 9-15]를 이용하여, 무위험자산이 존재하는 경우 효율적 투자선이 어떻게 되는지를 살펴보자. [그림 9-15]에서 곡선 GX는 무위험자산이 없는 경우의 효율적 투자선을 나타낸다. 이 곡선상

| 그림 9-15 | 무위험자산이 있는 경우의 효율적 투자선(자본배분선)

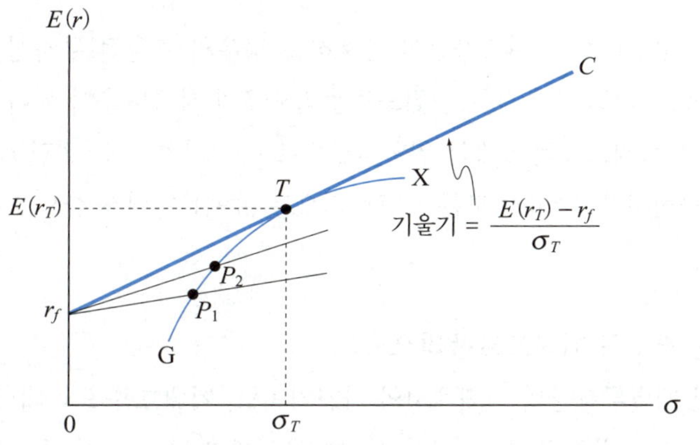

의 특정 포트폴리오 P_1과 무위험자산을 결합하면 r_f와 P_1을 잇는 직선상의 포트폴리오들을 얻게 된다. 곡선 GX상의 또 다른 포트폴리오 P_2와 무위험자산을 결합하면 r_f와 P_2를 잇는 직선을 얻게 되어 r_fP_1상의 포트폴리오를 지배하게 된다. 동일한 위험하에서 r_fP_2상의 모든 포트폴리오는 r_fP_1상의 포트폴리오보다 기대수익률이 크고, 동일한 기대수익률하에서 r_fP_2상의 모든 포트폴리오는 r_fP_1상의 포트폴리오보다 위험이 작기 때문이다. 일반적으로, 무위험자산과 위험포트폴리오(위험자산으로만 구성된 포트폴리오)를 결합할 때 얻게 되는 직선의 기울기가 커질수록 투자는 더욱 매력적이라고 할 수 있다. 이 직선의 기울기는 위험포트폴리오에 대한 기대초과수익률(위험프리미엄)과 표준편차의 비율로서, 이를 포트폴리오의 위험-보상비율(reward-to-risk ratio) 또는 샤프비율(Sharpe ratio)이라고 부른다.

$$\text{샤프비율(위험보상비율)} = \frac{E(r_P) - r_f}{\sigma_P} \tag{9.25}$$

제 8.4절에서 소개하였듯이 식 9.25의 샤프비율은 포트폴리오 P가 위험(표준편차) 1단위를 부담하는 대가로 얻게 되는 평균초과수익률의 크기를 나타내는 것으로 이 비율이 높을수록 투자가 효율적이라는 것을 의미한다.

[그림 9-15]에서 투자자는 마코위츠의 효율적 투자선 GX상의 포트폴리오 중에서 포트폴리오 T를 선택하여 무위험자산과 결합함으로써 샤프비율을 극대화할 수 있다. 포트폴리오 T를 접점포트폴리오(tangent portfolio)라고 하는데, 이는 위험포트폴리오들 중 가장 효율적인 포트폴리오라고 할 수 있다. 따라서 합리적인 투자자라면 위험포트폴리오 중에서 T를 찾아내고, 이것을 무위험자산과 결합하여 r_fTC상의 포트폴리오를 구성하게 된다. 이때 r_fTC를 잇는 직선을 자본배분선(capital allocation line: CAL)이라고 하며, 식으로 표현하면 다음과 같다.

$$E(r_P) = r_f + \left[\frac{(E(r_T) - r_f)}{\sigma_T} \right] \cdot \sigma_P \tag{9.26}$$

식 9.26의 자본배분선이 바로 무위험자산이 존재하는 경우의 효율적 투자선을 나타내며, 이것의 절편은 무위험이자율이 되고 기울기는 접점포트폴리오 T의 샤프비율이 된다. 자본배분선상의 포트폴리오 중 접점포트폴리오 T는 n개의 위험자산으로 구성되었으며, 절편(r_f)상의 포트폴리오는 무위험자산으로만 구성된다. 나머지 모든 포트폴리오는 $(n+1)$개의 자산으로 구성된 것이다.

■ 최적포트폴리오

무위험자산이 없는 경우의 최적포트폴리오

제9.2절에서 설명한 개별투자안의 선택에서와 마찬가지로, 기대효용을 극대화하려는 투자자는 자신의 위험에 대한 태도가 반영된 평균-분산 무차별곡선에 따라 효율적 투자선상에서 최적포트폴리오를 선택하게 된다. 최적포트폴리오는 효율적 투자선과 무차별곡선이 접하는 점에서 결정되는데, 이 점에서 효율적 투자선의 기울기와 무차별곡선의 기울기는 같다는 사실을 이용하여 구해질 수 있다. 이 과정을 그림을 통해 구체적으로 살펴보자.

[그림 9-16]에서는 [그림 9-13]의 효율적 투자선 GX와 투자자의 무차별곡선을 결합하였다. 위험회피성향이 강한 투자자 A의 무차별곡선을 (a), 그리고 위험회피성향이 비교적 약한 투자자 B의 무차별곡선을 (b)라 할 때, 투자자 A는 포트폴리오 A^*를, 투자자 B는 포트폴리오 B^*를 선택함으로써 자신의 기대효용을 극대화할 수 있다. 위험회피성향이 강한 방어적인 투자자는 기대수익률이 다소 낮더라도 상대적으로 위험이 작은 포트폴리오 A^*를 선택하며, 위험회피성향이 약한 공격적인 투자자는 어느 정도의 위험까지는 감수하면서 기대수익률이 높은 포트폴리오 B^*를 선택하게 된다.

| 그림 9-16 | 무위험자산이 없는 경우의 최적포트폴리오

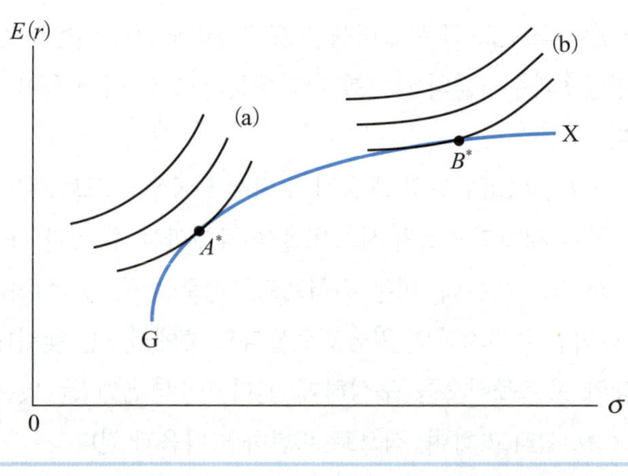

무위험자산이 있는 경우의 최적포트폴리오

무위험자산이 있는 경우의 최적포트폴리오는 앞에서와 유사하게 효율적 투자선인 자본배분선과 무차별곡선이 접하는 점에서 결정된다. 이 접점에서는 자본배분선의 기울기와 무차별곡선의 기울기가 같다. 이를 [그림 9-17]에 나타내었다. 그림에서 직선 $r_f TC$는 무위험자산이 있는 경우의 효율적 투자선인 자본배분선을 나타내고, 곡선 (a)는 방어적 투자자 A의 무차별곡선을, 곡선 (b)는 공격적 투자자 B의 무차별곡선을 나타낸다. 방어적 투자자 A는 투자자금 중 일부는 무위험자산에 투자하고 나머지는 접점포트폴리오 T에 투자하는 대출포트폴리오 A^*를 최적포트폴리오로 선택하며, 공격적 투자자 B는 r_f의 이자율로 자금을 차입하여 투자원금보다 큰 금액을 접점포트폴리오 T에 투자하는 차입포트폴리오 B^*를 최적포트폴리오로 선택하고 있다.

이처럼 무위험자산이 있는 경우의 최적포트폴리오도 투자자의 취향, 즉 위험회피성향을 나타내는 무차별곡선의 형태에 따라 자본배분선의 각기 다른 점이 된다. 그러나 투자자의 무차별곡선에 상관없이 위험자산에 관한 한 접점포트폴리오 T에만 투자하게 된다. 즉 위험회피성향의 차이에 따라 접점포트폴리오와 무위험자산의 구성비율만 다를 뿐, 최적포트폴리오에서 위험자산들 간의 상대적 구성비율은 접점포트폴리오 T의 구성비율과 같다.

| 그림 9-17 | 무위험자산이 있는 경우의 최적포트폴리오

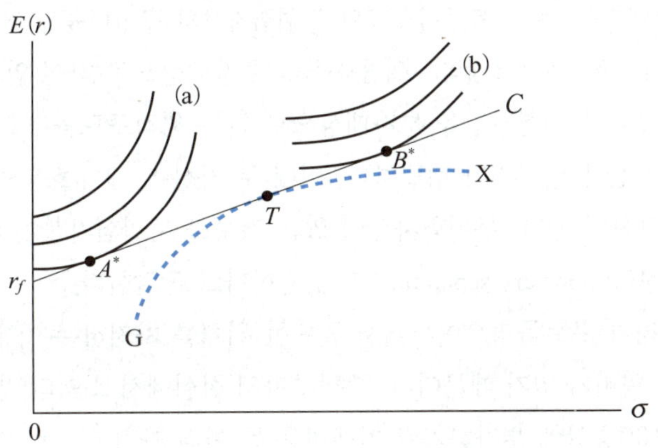

■ 포트폴리오 분리정리

[그림 9-16]과 [그림 9-17]에서 투자자 A와 B가 각자의 최적포트폴리오인 A^*와 B^*를 얻게 되는 과정을 좀 더 자세히 살펴보자. 무위험자산이 없는 경우([그림 9-16]), 투자자는 효율적 투자선상에 존재하는 포트폴리오들 중 자신의 무차별곡선과 접하는 포트폴리오를 최적포트폴리오로 선택한다. 이때 선택되는 최적포트폴리오는 효율적 투자선상의 서로 다른 두 개의 효율적 포트폴리오를 적절히 결합하여 얻을 수 있다. 이는 두 개의 효율적 포트폴리오를 선형결합(linear combination)하

면 또 다른 효율적 포트폴리오가 생성된다는 이론적 결과에 따른 것이다.[14]

따라서 [그림 9-16]에서의 포트폴리오선택은 두 단계로 나누어질 수 있다. 첫 단계에서는 투자자의 취향, 즉 무차별곡선의 형태에 관계없이 전체 투자기회집합으로부터 효율적 투자선을 찾아내는 일이고, 다음 단계에서는 투자자의 기대효용을 극대화하도록 무차별곡선과 효율적 투자선이 접하는 점에서의 최적포트폴리오를 찾아내는 일이다. 최적포트폴리오의 선택, 즉 n개의 자산에 대한 자금배분이 이와 같은 두 단계로 분리되어 이루어지는 원리를 포트폴리오 분리정리(portfolio separation theorem)라고 한다. 여기서 효율적 투자선상에 있는 어떤 포트폴리오도 임의의 두 효율적 포트폴리오를 결합하여 얻을 수 있기 때문에, 최적포트폴리오는 임의의 두 개의 효율적 포트폴리오를 찾아내어 적절히 결합함으로써 구성할 수 있다. 결국 n개의 개별자산을 투자대상으로 하여 얻게 되는 최적포트폴리오와 두 개의 효율적 포트폴리오를 투자대상으로 하여 얻은 최적포트폴리오가 일치하게 된다. 이럴 경우 포트폴리오 분리정리를 두 자산 분리정리(two-fund separation theorem)라고도 한다.

무위험자산이 있는 경우([그림 9-17])에도 마찬가지의 원리가 적용된다. 투자자 A와 B는 접점포트폴리오 T와 무위험자산을 적절히 결합하여 최적포트폴리오 A^*와 B^*를 얻게 된다. 따라서 포트폴리오 선택은 첫 단계에서 무차별곡선의 형태와 관계없이 포트폴리오 T와 무위험자산을 찾아내어 효율적 투자선인 자본배분선 r_fTC를 도출하는 것이고, 다음 단계에서 기대효용을 극대화하는 최적포트폴리오를 선택하는(즉, 포트폴리오 T와 무위험자산의 구성비율을 결정하는) 것이다. 결국 $(n+1)$개의 자산(n개의 위험자산과 1개의 무위험자산)을 투자대상으로 하여 얻게 되는 최적포트폴리오는 접점포트폴리오 T와 무위험자산을 투자대상으로 하는 최적포트폴리오와 일치하게 된다. 따라서 이 경우에도 두 자산 분리정리가 성립하며, 이때 두 자산(두 개의 효율적 포트폴리오)은 접점포트폴리오 T와 무위험자산이 된다. 무위험자산이 있는 경우를 무위험자산이 없는 경우와 구별하기 위하여 화폐자산분리정리(monetary separation)가 성립한다고도 말한다.

포트폴리오 분리정리가 포트폴리오이론에서 중요한 위치를 차지하는 이유는 이론적으로 뿐 아니라 현실적으로도 큰 의미가 있기 때문이다. 주식투자의 현실에서 소액의 자금으로 많은 종목, 예컨대 1,000만원으로 100종목에 투자하기란 거래비용 등 여러 가지 이유로 거의 불가능하다. 이럴 때 자산운용회사가 100종목으로 구성된 두 개의 펀드(효율적 포트폴리오)를 만들어 판매한다고 하자. 두 자산 분리정리가 성립할 경우, 투자자는 100종목에 투자하는 대신 2개의 펀드에 투자하여 100종목에 투자할 때의 최적포트폴리오와 같은 포트폴리오를 구성할 수 있다. 따라서 포트폴리오 분리정리는 뮤추얼펀드(mutual fund) 등이 존재해야 할 이론적 근거를 마련해 준다고 할 수 있다.

14 따라서 투자자는 서로 다른 두 개의 효율적 포트폴리오를 찾아내어 그 구성비율을 변화시킴으로써 효율적 투자선상의 모든 포트폴리오를 만들어 낼 수 있다. 이에 대한 자세한 설명은 이 책의 범위를 벗어나므로 생략한다.

중요용어

포트폴리오(portfolio)
공매(short sale)
효용함수(utility function)
기대효용(expected utility)
위험회피(risk aversion)
평균-분산 모형(mean-variance model)
상관계수(correlation coefficient)
공분산행렬(covariance matrix)
지배원리(dominance principle)
분산효과(diversification effect)
독립적 위험(independent risk)
공통위험(common risk)
비체계적 위험(unsystematic risk)
체계적 위험(systematic risk)
효율적 투자선(efficient frontier)
무위험자산(risk-free asset)
자본배분선(capital allocation line)
대출포트폴리오(lending portfolio)
차입포트폴리오(borrowing portfolio)
최적포트폴리오(optimal portfolio)
무차별곡선(mean-variance indifference curve)
샤프비율(Sharpe ratio)
두 자산 분리정리(two-fund separation theorem)
포트폴리오 분리정리(portfolio separation theorem)

연습문제

9-1 불확실성하에서 합리적인 투자자는 단순히 기대수익을 극대화하는 것이 아니라 미래의 기대효용(expected utility)을 극대화하고자 한다. 그 이유는 무엇인지 설명하라.

9-2 두 자산으로 포트폴리오를 구성할 때 두 자산의 상관관계에 따라 포트폴리오의 기대수익률과 위험이 어떤 관계를 갖는지 설명하라.

9-3 대출포트폴리오(lending portfolio)와 차입포트폴리오(borrowing portfolio)가 자본배분선상에서 어떻게 표시되는지 도시해 보라.

9-4 평균-분산 효용함수를 가진 합리적인 투자자들은 어떻게 포트폴리오를 선택하는지 무위험자산이 없는 경우와 있는 경우로 나누어 설명하라.

9-5 포트폴리오 분리정리(portfolio separation theorem)란 무엇인지 설명하라.

9-6 주식 A와 B의 기대수익률은 각각 15%와 20%이고, 수익률의 표준편차는 각각 40%와 60%이다. 그리고 두 주식의 수익률 간의 상관계수는 0.6이라고 한다. 두 주식의 투자비율을 3 : 7로 하여 포트폴리오를 구성할 때 이 포트폴리오의 기대수익률과 표준편차를 계산하라.

9-7 두 투자안 A와 B가 있다. 투자안 A의 기대수익률은 0.2이며, 표준편차는 0.3이다. 투자안 B의 기대수익률은 0.16이며, 표준편차는 0.24이다. 두 투자안에 대한 투자비율이 다음과 같이 변할 때 각 포트폴리오의 표준편차와 기대수익률을 구하라.

구성비율		기대수익률	표준편차
A	B		
1.0	0.0		
0.8	0.2	0.192	
0.6	0.4		
0.5	0.5		
0.4	0.6		
0.2	0.8		0.228
0.0	1.0		

9-8 세 투자안 x, y, z가 있다. 수익률의 표준편차는 x가 0.4, y는 0.5, z는 0.2이다. x와 y의 수익률 간의 상관계수는 0.6, x와 z의 수익률의 상관계수는 0.2, 그리고 y와 z의 수익률 간의 상관계수는 0.1이다. 이들 주식의 구성비율이 각각 0.5, 0.4, 0.1인 포트폴리오의 표준편차를 계산하라.

9-9 (주)이지텍과 (주)라지텍의 주식의 기대수익률과 표준편차가 다음과 같다고 하자.

(단위: %)

	(주)이지텍	(주)라지텍
기대수익률	14	8
표준편차	10	8

두 주식의 수익률의 상관계수 $\rho = -1.0$이라고 한다.

① 두 주식의 결합으로 구성되는 포트폴리오의 표준편차와 기대수익률의 관계를 나타내는 식을 구하라.

② 공매도가 허용되지 않는 상황에서 위험이 가장 작은 포트폴리오를 구성하려면 위의 두 주식에 어떻게 투자해야 하는지를 결정하라.

9-10 다음은 동일한 가중치로 구성된 포트폴리오의 분산효과를 부분적으로 나타낸 표이다. 빈 칸을 채워라.

포트폴리오의 구성주식수	포트폴리오의 평균분산
1	( )
2	17.2
4	15.8
100	( )
∞	( )

9-11 주식 X, Y, Z에 대한 수익률의 확률분포는 다음과 같다고 한다. 이를 이용하여 물음에 답하라.

경제상황	확률	수익률		
		X	Y	Z
불 황	0.25	−0.10	0.00	0.10
보 통	0.50	0.10	0.05	0.05
호 황	0.25	0.30	0.10	0.00

① 주식 X, Y, Z의 기대수익률과 표준편차를 구하라.
② 주식 X와 Y, X와 Z 사이의 공분산과 상관계수를 구하라.
③ 주식 X와 Y에 각각 50%씩 투자한 포트폴리오와 주식 X와 Z에 각각 50%씩 투자한 포트폴리오의 기대수익률과 분산을 구하고, X와 Z로 포트폴리오를 구성하였을 경우 위험이 더 크게 감소하는 이유를 설명하라.
④ X와 Z로 포트폴리오를 구성할 때, 투자비율을 100: 0, 80: 20, 50: 50, 20: 80, 0: 100, −20: 120으로 조정해 나갈 경우 포트폴리오의 기대수익률과 표준편차를 구하고, 이를 토대로 하여 포트폴리오 투자기회집합을 표시하라.
⑤ 주식 X와 Z로 구성되는 포트폴리오 중에서 위험이 최소화되는 포트폴리오를 구하라.

9-12 지금 시장에는 투자가능한 무수히 많은 주식들이 거래되고 있다. 이 주식들은 모두 동일한 기대수익률과 표준편차를 가지고 있으며, $E(r) = 15\%$, $\sigma = 30\%$이다. 또한 모든 주식 간에는 동일한 상관관계를 가지며, 상관계수는 0.5이다.

① 25개 주식으로 균등비율의 포트폴리오를 구성할 때 이 포트폴리오의 기대수익률과 표준편차를 구하라.
② 이 시장에서 궁극적인 체계적 위험은 얼마인지 계산하라.
③ 시장에 존재하는 모든 주식들 간의 상관관계가 0이라고 하면 궁극적인 체계적 위험이 얼마인지 계산하라.

9-13 ㈜MG 주식은 기대수익률이 15%이며 표준편차는 80%로 추정되고 있다. 무위험자산인 정기예금의 이자율이 10%라고 할 때 다음 물음에 답하라.

① 정기예금과 ㈜MG 주식에 분산투자할 때 얻을 수 있는 투자기회집합을 나타내 보라.
② 1,000만원을 보유하고 있는 투자자가 ㈜MG 주식과 정기예금에 절반씩 투자했다면 이때 얻을 수 있는 기대수익률과 위험을 구하라.
③ 정기예금 이자율에 500만원을 차입하고 투자원금 1,000만원과 합쳐 ㈜MG 주식에 투자했을 때의 기대수익률과 위험을 구하라.

9-14 A은행은 건당 2억원인 채권계약을 100개 가지고 있으며, 고객들이 오늘 이를 상환할 것이라고 예상한다. 각 계약은 채무불이행 확률이 6%이며 이 경우 은행은 아무것도 돌려받지 못한다. 개별채무들의 채무불이행은 서로 독립적인 사건이다. B은행은 200억원에 상당하는 1개의 채권계약을 가지고 있으며 오늘 상환될 것이라고 기대한다. B은행의 계약도 채무불이행의 확률이 6%로 A은행과 동일할 때,두 은행 중 어떤 은행이 더 큰 위험에 노출되어 있는지 설명하라.

9-15 다음의 사건들이 체계적 위험인지 또는 비체계적 위험인지를 말해 보라.

① 경기가 침체되어 어떤 기업 제품에 대한 수요가 감소하는 경우
② 어떤 기업의 핵심 인재가 경쟁사로 이직하는 경우
③ 태풍으로 인해 주요 생산공장이 운영을 멈추게 되는 경우
④ R&D부서에서 새롭게 개발한 상품이 상품화되지 않는 경우

9-16 A주식의 표준편차는 55%이고, 포트폴리오 *P*와의 상관계수가 0.1이다. B주식의 표준편차는 25%이고 포트폴리오 *P*와의 상관계수는 0.24%이다. 현재 두 주식 모두가 포트폴리오에 편입되어 있다고 할 때, 다음 중 어떠한 전략이 포트폴리오의 변동성을 증가시킬 것인지 판단하라: ① B주식의 일부를 팔아서 그 금액을 A에 투자한다. ② A주식의 일부를 팔아서 그 금액을 B에 투자한다.

9-17 투자자 박 씨는 현재 현금 1억원을 보유하고 있다. 이 자금에다 5%의 이자율로 2천만원을 차입한 금액을 더하여 주식에 투자를 하고자 한다. 박 씨는 1억 2천만원을 전부 포트폴리오 *C*에 투자하려고 하며, 포트폴리오 *C*의 기대수익률은 20%, 표준편차는 30%이다.

① 이때 포트폴리오의 기대수익률과 표준편차를 구하라.
② 포트폴리오 *C*의 올해 수익률이 30%일 때, 투자의 실현수익률을 구하라.
③ 포트폴리오 *C*의 올해 수익률이 −25%일 때, 투자의 실현수익률을 구하라.

9-18 균등비율 포트폴리오에 편입된 각 주식들의 표준편차는 30%이고, 포트폴리오에 속한 모든 주식수익률 간의 상관계수는 0.25라고 한다.

① 포트폴리오에 포함된 주식의 수가 무한대일 때 포트폴리오의 표준편차를 구하라.
② ①에서의 포트폴리오와 개별주식 간의 평균상관계수는 얼마인지 계산하라.

제 10 장

자본자산가격결정모형

STUDY GUIDE

불확실성하에서 투자자들은 기대수익률과 분산이라는 두 가지 척도를 이용하여 자신의 기대효용을 극대화시키는 포트폴리오를 선택할 수 있다. 이 장에서는 자본시장에 참여하고 있는 수많은 투자자들이 이와 같은 선택원리에 따라 행동할 경우 시장은 어떻게 균형에 도달하며, 또 자산(증권)의 균형가격은 어떻게 결정되는지를 살펴본다. 균형상태에서 자산가격이 어떻게 결정되는지를 밝히려는 이론을 자산가격결정모형이라고 부르는데, 대표적인 것으로 자본자산가격결정모형(CAPM)이 있다. CAPM은 재무관리 분야에서 가장 잘 알려지고 널리 이용되는 모형이다. 이 장에서는 CAPM이 도출되는 과정과 그 의미를 소개하고, CAPM이 재무의사결정에 어떻게 이용되는지를 살펴본 후, CAPM을 보완하는 다른 종류의 자산가격결정모형들에 대해서도 간략히 살펴본다.

10.1 자본자산가격결정모형의 기초

자본자산가격결정모형(capital asset pricing model: CAPM)은 자산의 위험에 따라 기대수익률이 어떻게 결정되는지를 보여주는 균형이론으로서 1960년대 중반 샤프(Sharpe), 린트너(Lintner), 모신(Mossin) 등에 의해 거의 동시에 개발되었다.[1] 어떤 자산의 기대수익률이 어떻게 결정되는지를 밝히는 것은 해당 자산의 균형가격이 어떻게 결정되는지를 보이는 것과 같은 의미를 갖는다. 예를 들어 1년 후의 예상수익이 12,000원인 자산에 투자할 때 기대수익률이 1년에 20%라고 한다면 이 자산의 현재 균형가격은 10,000원이 된다.

CAPM은 균형가격의 결정과정을 밝히는 여러 자산가격결정모형 중 가장 널리 알려진 모형으로서 증권의 가격결정, 자본예산, 투자성과평가 등 재무관리 분야 전반에 걸쳐 광범위하게 이용된다. 이 절에서는 CAPM을 도출하는 데 필요한 가정을 알아보고, 자본시장에 참여하고 있는 수많은 투자자들이 평균-분산 모형의 선택원리에 따라 행동할 경우 시장이 어떻게 균형에 도달하는지를 살펴본다.

■ CAPM의 가정

CAPM은 위험과 기대수익률 사이의 균형관계를 보여주는 가격결정이론으로서 마코위츠의 평균-분산 포트폴리오이론의 가정에 몇 가지 가정을 추가하여 전개되고 있다. 〈표 10-1〉에 그 내용을 정리하였다.

표 10-1 CAPM의 가정

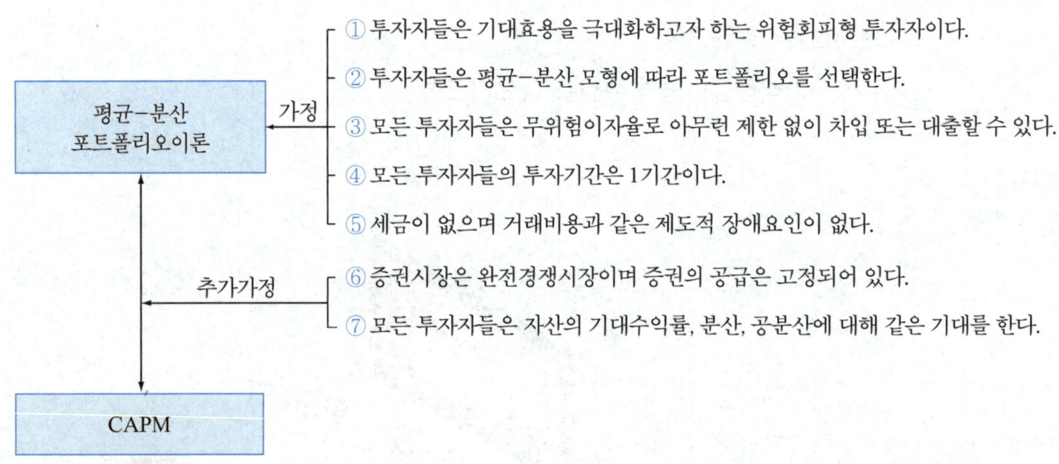

1 Sharpe, W.(1964), "Capital Asset Prices: A Theory of Market Equilibrium under Conditions of Risk," *Journal of Finance* 19, 425-442; Mossin, J.(1966), "Equilibrium in a Capital Asset Market," *Econometrica* 20, 768-783; Lintner, J.(1965), "Security Prices, Risk and Maximal Gains from Diversification," *Journal of Finance* 20, 587-615.

CAPM에 추가된 가정 가운데 하나인 완전경쟁가정(가정 ⑥)은 증권시장 참여자 간의 경쟁이 치열하여 개인의 거래행위가 증권가격에 영향을 미치지 않는다는 것을 의미하며, 증권의 공급이 고정되어 있다는 가정(가정 ⑥)은 증권가격이 증권을 발행하는 공급자보다는 증권의 수요자인 투자자의 의사에 따라 결정된다는 것이다. 마코위츠의 포트폴리오이론이 자본시장의 균형가격결정을 설명하는 CAPM으로 발전하는 데 중요한 역할을 한 것은 모든 투자자들이 증권의 미래수익률분포에 대해 동질적 기대(homogeneous expectations)를 한다는 가정(가정 ⑦)이라고 할 수 있다. 이 가정의 도입으로 말미암아 CAPM의 첫 단계라고 할 수 있는 자본시장선을 얻게 된다. 자본시장선을 소개하기 전에 시장균형의 의미를 살펴보자.

■ 시장균형과 시장포트폴리오

제9.5절에서 투자자가 접점포트폴리오와 무위험자산을 적절히 결합하여 최적포트폴리오를 선택하는 것을 보았다. 이렇게 결정된 최적포트폴리오는 투자자 개인의 각 증권에 대한 수요를 나타내는 것이다. 이제 시장에서 개인의 각 증권에 대한 수요가 어떻게 취합되고 또 시장이 어떻게 균형에 도달하는지를 살펴보자.

우선 모든 투자자들이 자산의 기대수익률, 분산, 공분산에 대해 동질적 기대를 한다는 가정하에서는 모든 투자자가 동일한 접점포트폴리오를 구성하게 된다. 즉, 위험자산에 관한 한 모든 투자자들은 똑같은 포트폴리오를 보유하게 된다는 것이다. 이는 모든 투자자들이 동일한 평균-표준편차 평면에서 의사결정을 하게 되어 동일한 포트폴리오 투자선(최소분산포트폴리오의 집합)을 도출하게 되고, 또 같은 무위험이자율을 적용하면 동일한 자본배분선을 얻게 되기 때문이다.

이제 모든 투자자가 보유한 접점포트폴리오, 즉 각 위험자산(증권)에 대한 수요를 취합할 때 시장이 균형에 도달하기 위한 조건을 살펴보자. 수요와 공급이 같아지는 점에서 균형이 결정된다는 경제학의 기본원리에 따라, 각 증권에 대한 수요의 합이 그 증권의 공급량과 같게 될 때 시장은 균형에 도달한다. 여기서 시장에 공급되는 각 증권의 물량은 고정되어 있다고 가정하였다. 따라서 균형에서 투자자들은 시장에서 거래되는 모든 증권을 보유하게 되며, 결과로 투자자들이 보유한 모든 증권(접점포트폴리오)을 취합한 것은 시장에서 거래되는 모든 증권을 합한 것과 같다.

시장에서 거래되는 모든 증권을 포함하는 포트폴리오 또는 이와 구성비율이 같은 포트폴리오를 시장포트폴리오(market portfolio)라고 하며 흔히 m으로 표시한다. 그리고 균형에서 시장포트폴리오의 구성비율은 다음 식에서 보듯이 개별위험자산의 시가총액이 모든 위험자산의 시가총액에서 차지하는 상대적 비중에 의해 결정된다.

$$w_i^m = \frac{V_i}{V_m} \tag{10.1}$$

여기서 w_i^m은 시장포트폴리오에서 자산 i가 차지하는 구성비율, V_i는 자산 i의 시가총액, V_m은 시장에서 거래되는 모든 자산의 시가총액을 나타낸다.

동질적 기대의 가정하에서 식 10.1의 구성비율은 모든 투자자가 보유한 접점포트폴리오의 구성비율과 같을 수밖에 없다. 왜냐하면 시장포트폴리오는 모든 접점포트폴리오를 합한 것인데, 구성비율이 같은 접점포트폴리오를 합한 포트폴리오는 여전히 같은 구성비율을 유지하기 때문이다. 이와 같은 내용을 예를 통해 살펴보자.

미래증권수익률의 확률분포에 대해 의견이 일치하는 세 사람의 투자자(H, J, K)가 참여하여 두 위험자산(1, 2)과 무위험자산을 거래하는 자본시장에서 세 투자자의 총투자액과 최적포트폴리오가 다음과 같이 결정되었다고 하자.

표 10-2 투자자 H, J, K의 총투자액과 최적포트폴리오

투자자		H	J	K
총투자액(억원)		70	110	180
보유자산(억원)	무위험자산	−20	−10	30
	주식 1	60	80	100
	주식 2	30	40	50

〈표 10−2〉에서 보면 각 투자자의 최적포트폴리오는 서로 다르다는 것을 쉽게 알 수 있다. 그러나 아래의 계산에서 보듯이 위험자산으로만 구성된 접점포트폴리오에 관한 한 그 구성비율이 같다. 이는 동질적 기대의 결과이다.

투자자		H	J	K
접점포트폴리오의 구성비율	주식 1	60/90 = 2/3	80/120 = 2/3	100/150 = 2/3
	주식 2	30/90 = 1/3	40/120 = 1/3	50/150 = 1/3
위험자산 구성비율의 합		1.0	1.0	1.0

이제 세 투자자가 보유한 모든 자산을 취합해 보자. 무위험자산의 총 수요는 0인 것을 볼 수 있는데, 이는 차입이나 대출은 상대방이 있어야 일어나고 또 균형에서는 서로가 서로를 상쇄하기 때문이다. 위험자산의 경우, 세 투자자가 보유한 개별자산의 평가액을 합한 것이 해당 자산의 시가총액이 되어야 하며 이 개별시가총액을 합한 것이 모든 주식의 시가총액이 된다. 그리고 개별시가총액이 총시가총액에서 차지하는 비중이 바로 시장포트폴리오의 구성비율이 된다. 아래의 표에서 이를 정리하였다.

	시가총액(억원)	시장포트폴리오의 구성비율
주식 1	60 + 80 + 100 = 240	240억/360억 = 2/3
주식 2	30 + 40 + 50 = 120	120억/360억 = 1/3
모든 주식	90 + 120 + 150 = 360	1.0

위 표에서 보면 시장포트폴리오의 구성비율이 세 투자자의 접점포트폴리오의 구성비율과 같다는 것을 확인할 수 있다.

요약하면, 동질적 기대의 가정하에서 모든 투자자의 접점포트폴리오(T)는 시장포트폴리오(m)와 같은 구성비율을 갖게 되며, 각 자산의 구성비율은 시장에서 거래되는 모든 자산들의 시가총액에서 개별자산의 시가총액이 차지하는 비율로 결정된다.

■ 자본시장선

동질적 기대하에서 각 투자자의 접점포트폴리오가 시장포트폴리오와 일치한다는 사실은 각 투자자가 접점포트폴리오 대신 시장포트폴리오를 무위험자산과 결합하여도 동일한 자본배분선을 얻게 된다는 것을 의미한다. 시장포트폴리오와 무위험자산을 결합하여 구성된 자본배분선을 자본시장선(capital market line: *CML*)이라고 부른다. 시장포트폴리오의 기대수익률을 $E(r_m)$이라 하고 표준편차를 σ_m이라 하면 자본시장선은 다음과 같이 나타낼 수 있다.

$$E(r_P) = r_f + \left[\frac{(E(r_m) - r_f)}{\sigma_m} \right] \cdot \sigma_P \tag{10.2}$$

식 10.2의 자본시장선은 본질적으로 식 9.26의 자본배분선과 같은 것으로 이 선상의 모든 포트폴리오는 지배원리를 만족시키는 효율적 포트폴리오이다. 자본시장선상의 포트폴리오 P의 기대수익률은 무위험수익률에 위험프리미엄을 더한 값으로 결정되며 위험프리미엄은 시장포트폴리오의 위험보상비율(또는 샤프비율)에 포트폴리오 P의 위험을 곱한 값으로 결정된다. 여기서 시장포트폴리오의 위험보상비율인 $[\{E(r_m) - r_f\} / \sigma_m]$을 위험의 시장가격(market price of risk)이라 부르며, 이는 바로 자본시장선의 기울기를 나타낸다. 이러한 내용을 그림으로 나타내면 [그림 10-1]과 같다.

| 그림 10-1 | 자본시장선과 위험의 시장가격

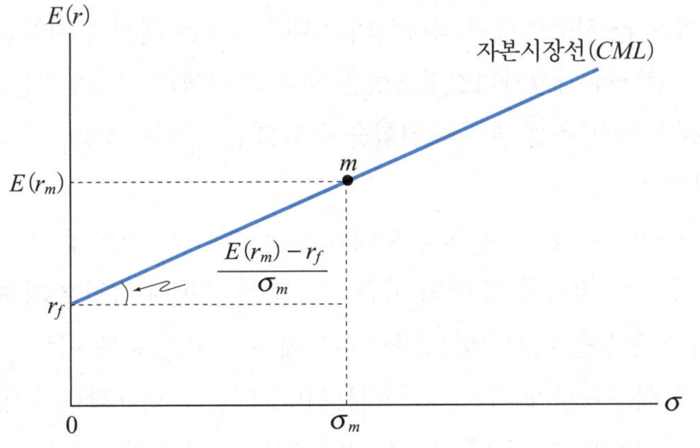

자본시장선과 관련하여 다음과 같은 사항들을 기억할 필요가 있다. 첫째, 투자자들은 무차별곡선의 형태에 관계없이 무위험자산과 시장포트폴리오 m만을 투자대상으로 선택한다. 위험포트폴리오 중에서는 오직 시장포트폴리오 m만이 투자대상이 될 뿐이며, 그 밖의 다른 위험포트폴리오는 투자대상에서 제외된다. 이런 의미에서 시장포트폴리오는 그 외의 모든 위험포트폴리오를 지배한다고 할 수 있다.

둘째, 모든 투자자는 자본시장선상의 특정 포트폴리오 P를 최적포트폴리오로 선택하게 되는데, 어떤 최적포트폴리오도 시장포트폴리오와 무위험자산으로 구성된 것이므로 시장포트폴리오와 완전한 양(+)의 상관관계($\rho_{Pm} = +1$)를 갖는다.

셋째, 자본시장선은 위험과 기대수익률의 관계를 나타내는 식이지만 자산가격결정모형으로 이용되기에는 두 가지 부족함이 있다. 우선 이 관계식은 효율적 포트폴리오에만 적용될 따름이며, 비효율적 포트폴리오나 개별자산의 위험-수익률의 관계에 대해서는 아무런 설명을 하지 못한다. 비효율적 포트폴리오나 개별주식은 [그림 10-1]의 자본시장선 아래 쪽에 위치하기 때문이다. 또, 이 관계식에서 나타나는 표준편차 위험은 일반적으로 체계적 위험뿐 아니라 비체계적 위험도 포함한다. 그러나 제9.4절에서 보았듯이 비체계적 위험에 대해선 위험프리미엄이 요구되지 않는다. 우리가 최종적으로 관심을 두고 있는 자산가격결정모형은 모든 개별자산과 모든 포트폴리오(효율적 또는 비효율적)에 대해서 체계적 위험과 기대수익률의 관계를 말해 줄 수 있어야 한다. 제10.3절에서 다루게 될 자본자산가격결정모형(또는 증권시장선)이 자본시장선의 이러한 문제를 해결해 줄 것이다.

10.2 체계적 위험: 베타

■ 체계적 위험의 측정

제 9.4절에서 개별자산의 총위험(σ_i^2 또는 σ_i)은 비체계적 위험과 체계적 위험으로 나눠질 수 있고, 비체계적 위험은 분산투자를 통하여 제거할 수 있기 때문에 체계적 위험만이 위험프리미엄의 대상이 된다고 하였다. 이는 곧 시장에서 위험자산의 기대수익률은 체계적 위험만을 반영하여 결정된다는 것을 의미하며, 따라서 자산가격결정모형은 체계적 위험과 기대수익률의 관계를 규명해 줄 수 있어야 한다. 이를 위해서 우선 체계적 위험을 측정할 수 있어야 한다. 체계적 위험의 측정치인 베타(β)의 개념에 대해 알아보자.

주식과 같은 위험자산에 투자할 때 흔히 던지게 되는 의문은 과연 몇 종목의 자산에 투자하는 것이 가장 바람직할까 하는 것이다. 소액의 자금으로 많은 종목에 직접 투자하는 것이 비현실적일 수 있으나, 시장의 불완전성을 배제하면 포트폴리오에 포함시킬 종목수는 많을수록 좋다. 왜냐하면 종목수가 많을수록 분산효과가 더 커지기 때문이다. 이는 분산효과를 극대화하기 위해서는 시장에서 거래되는 모든 종목에 투자해야 한다는 걸 의미한다. 시장에서 거래되는 모든 종목을 포함하는 포트폴리오 중 가장 효율적인 포트폴리오가 시장포트폴리오라는 것을 앞 절에서 보았다. 따라서 모든 투자자는 시장포트폴리오에 투자하게 된다. 이때 모든 자산은 시장포트폴리오에 포함되기 때문에 특정 개별자산의 진정한 위험, 즉 체계적 위험은 이 자산이 시장포트폴리오 위험에 기여하는 부분이라 할 수 있고, 이것을 계량화한 것이 베타이다. 체계적 위험을 [그림 10-2]와 같은 n개의 주식으로 구성된 시장포트폴리오의 공분산행렬(covariance matrix)을 이용하여 측정해 보자.

| 그림 10-2 | 시장포트폴리오의 위험과 개별주식의 기여도

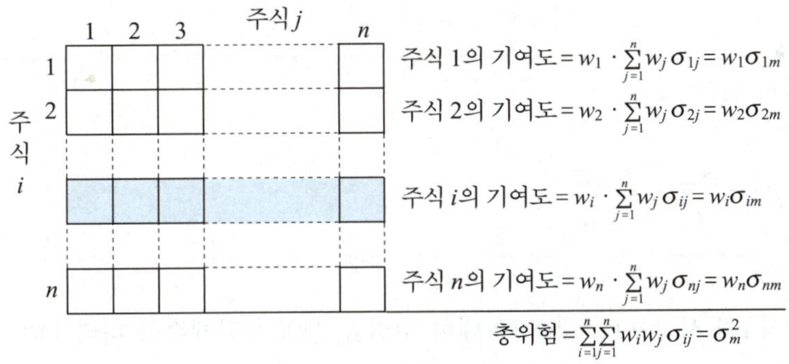

제9.3절에서 설명하였듯이, [그림 10-2]에서 개별주식 i와 j가 만나는 작은 사각형은 $w_i^m w_j^m \sigma_{ij}$ 만큼의 값을 의미하므로, 시장포트폴리오의 전체분산을 σ_m^2이라고 하면 σ_m^2은 작은 사각형의 총합으로 다음과 같이 나타낼 수있다.

$$\sigma_m^2 = \sum_{i=1}^{n} \sum_{j=1}^{n} w_i^m w_j^m \sigma_{ij} \tag{10.3}$$

식 10.3에서 주식 i가 시장포트폴리오의 위험에 기여하는 부분은 [그림 10-2]의 파란색 사각형을 모두 합한 것으로 다음과 같이 정리될 수 있다.

$$\text{주식 } i\text{가 } \sigma_m^2\text{에 기여하는 부분} = \sum_{j=1}^{n} w_i^m w_j^m \sigma_{ij} = w_i^m \cdot \sum_{j=1}^{n} w_j^m \sigma_{ij} = w_i^m \sigma_{im} \tag{10.4}$$

식 10.4에 의하면 개별주식이 시장포트폴리오 위험에 기여하는 부분은 그 주식과 시장포트폴리오의 공분산(σ_{im})과 주식 i가 시장포트폴리오에서 차지하는 비중(w_i^m)에 의해 결정된다. 여기서 주식 i의 구성비율 w_i^m이 곱해지는 것은 상대적 기여도를 나타낸 것이라고 보면 된다. 따라서 σ_{im}은 주식 i가 시장포트폴리오 위험에 절대적으로 기여하는 부분이라고 해석할 수 있다. 시장포트폴리오의 위험은 식 10.4로 측정되는 개별주식의 상대적 기여도를 모두 합한 것이므로 다음과 같이 나타낼 수 있다.

$$\sigma_m^2 = \sum_{i=1}^{n} w_i^m \sigma_{im} = w_1^m \sigma_{1m} + w_2^m \sigma_{2m} + \cdots + w_n^m \sigma_{nm} \tag{10.5}$$

식 10.5에서 좌변과 우변을 σ_m^2으로 나눠 주면 시장포트폴리오 위험을 1로 보고 개별주식의 상대적 기여도를 표준화할 수 있다.

$$1 = \sum_{i=1}^{n} w_i^m \cdot \frac{\sigma_{im}}{\sigma_m^2} = w_1^m \cdot \frac{\sigma_{1m}}{\sigma_m^2} + w_2^m \cdot \frac{\sigma_{2m}}{\sigma_m^2} + \cdots + w_n^m \cdot \frac{\sigma_{nm}}{\sigma_m^2} \tag{10.6}$$

식 10.6에서 개별주식의 시장포트폴리오 위험에 대한 절대적 기여도를 표준화한 값, 즉 공분산 위험 σ_{im}을 시장포트폴리오 위험인 σ_m^2으로 나눈 값을 체계적 위험이라고 정의하며 이를 베타(beta: β)라고 부른다.

주식 i의 체계적 위험:

$$\text{베타}(\beta_i) \equiv \frac{\sigma_{im}}{\sigma_m^2} = \frac{\rho_{im}\sigma_i}{\sigma_m} \tag{10.7}$$

여기서 ρ_{im}은 주식 i와 시장포트폴리오에 대한 수익률 간의 상관계수를 나타내며, 두 번째 등호는 $\sigma_{im} = \rho_{im}\sigma_i\sigma_m$의 관계에 의해 얻어진다.

예제 10-1 주식 A와 시장포트폴리오의 다음 1년간의 수익률의 확률분포가 아래 표와 같을 때 주식 A의 베타를 구하라.

주식 A와 시장포트폴리오 수익률의 확률분포

경제상황	확률	수익률(%)	
		주식 A(r_A)	시장포트폴리오(r_m)
불황	0.2	−5	0
보통	0.5	15	14
호황	0.3	25	20
기대수익률		14%	13%

풀이 우선 시장포트폴리오 수익률의 분산 σ_m^2과 주식 A와 시장포트폴리오 간의 공분산 σ_{Am}을 구하면 다음과 같다.

$$\sigma_m^2 = (0-13)^2 \cdot 0.2 + (14-13)^2 \cdot 0.5 + (20-13)^2 \cdot 0.3 = 49(\%^2)$$
$$\sigma_{Am} = (-5-14)(0-13) \cdot 0.2 + (15-14)(14-13) \cdot 0.5 + (25-14)(20-13) \cdot 0.3 = 73(\%^2)$$

위의 계산결과를 식 10.7에 대입하여 주식 A의 베타 β_A를 구하면 다음과 같이 1.49이다.

$$\beta_A = \sigma_{Am} / \sigma_m^2 = 73/49 = 1.49$$

예제 10-2 주식 B의 수익률의 표준편차는 40%이며, 주식 B와 시장포트폴리오 간의 상관계수는 0.6이다. 시장포트폴리오 수익률의 표준편차가 30%일 때 주식 B의 베타를 구하라.

풀이 식 10.7을 이용하면 주식 B의 베타 β_B는 다음과 같이 0.8이다.

$$\beta_B = \rho_{Bm}\sigma_B / \sigma_m = (0.6 \times 40)/30 = 0.8$$

■ 베타의 의미와 특성 및 결정요인

베타의 의미

앞에서 이미 보았듯이, 개별주식의 베타는 그 주식의 시장포트폴리오 위험에 대한 절대적 기여도를 측정한 것으로, 시장포트폴리오의 위험을 1로 보고 그 기여도를 표준화하여 계산한 값이다. 따라서 베타는 상관계수처럼 단위가 없다(%나 %^{2}이 아님을 주의하자).

이러한 의미 외에도 베타는 시장포트폴리오의 수익률 r_m의 변화에 대해 주식의 수익률 r_i가 얼마나 민감하게 변화하는지를 나타내기도 한다. 즉 시장포트폴리오의 가치가 1% 변화할 때 해당 주가는 평균적으로 어떻게 변화하는지를 측정하는 민감도(sensitivity)라는 것이다. 예를 들어 $\beta_i = 1.5$이면 r_m이 1% 증가할 때 r_i는 평균적으로 1.5% 증가하고, r_m이 1% 감소할 때 r_i는 평균적으로 1.5% 감소한다는 것이다. 베타가 어떻게 이러한 민감도를 나타내는지를 예를 통해 좀 더 자세히 살펴보자.

시장포트폴리오와 주식 i의 수익률에 대한 확률분포가 다음과 같다고 하자.

미래상태	확률	수익률(%)	
		r_m	r_i
호황	0.5	8	12
불황	0.5	−4	−6

위 확률분포에서 보면 경제가 불황에서 호황으로 변화할 때 시장포트폴리오의 수익률은 −4%에서 8%로 변화하여 12%만큼 증가하며, 주식 i의 수익률은 −6%에서 12%로 변화하여 18%만큼 증가한다. 따라서 주식 i는 시장포트폴리오 변화에 대하여 1.5(=18/12)배만큼 민감하게 반응하는데, 이러한 민감도는 식 10.7에서 정의한 베타와 일치하게 된다는 것이다. 위의 확률분포를 이용하여 σ_m^2과 σ_{im}을 계산하면 각각 36과 54를 얻게 되어 $\beta_i = 54/36 = 1.5$가 되는 것을 확인할 수 있다.

베타의 특성

식 10.7에서 정의한 베타는 다음과 같은 특성을 갖는다.

- 앞에서도 보았듯이 시장포트폴리오의 베타는 1이다. 즉 시장에서 거래되는 모든 자산의 베타

를 가중평균한 값은 1이 된다. 베타가 1보다 커 수익률이 시장의 평균보다 더 큰 폭으로 변동하는 주식을 공격적 주식(aggressive stock)이라 하고, 베타가 1보다 작아 수익률이 시장의 평균보다 더 작은 폭으로 변동하는 주식을 방어적 주식(defensive stock)이라고 한다. 일반적으로 내구재나 사치품 등을 생산하는 업종은 경기에 민감하므로 이 업종에 속하는 주식들의 베타는 1보다 크며, 필수품을 생산하는 업종은 경기에 둔감하여 이 업종에 속하는 주식들의 베타는 1보다 작다.

- 식 10.7에서 분자항인 공분산이나 상관계수는 음(−)의 값을 취할 수 있다. 따라서 베타도 음의 값을 가질 수 있다. 음(−)의 베타값을 갖는 주식은 그 가격움직임이 시장포트폴리오의 움직임과 평균적으로 반대방향임을 의미한다. 즉, 주식수익률이 경제가 호황일 때 낮고, 불황일 때 높다는 것이다. 이와 같이 이론적으로는 음(−)의 베타값을 가지는 주식이 존재할 수 있으나 실증결과는 그러한 주식이 거의 없음을 보여주고 있다.
- 식 10.7에서 분자항인 공분산이 0일 경우 베타는 0이 된다. 베타가 0인 대표적인 자산이 무위험자산(f)이다. 무위험자산의 경우 시장포트폴리오와의 상관계수가 0($\rho_{fm}=0$)이기도 하고 표준편차도 0($\sigma_f=0$)이기 때문에 공분산이 0이다. 어떤 위험자산의 경우 표준편차는 양(+)($\sigma_i>0$)이지만 시장포트폴리오와의 상관계수가 0($\rho_{im}=0$)이 되어 베타가 0일 수 있다. 베타가 0인 주식은 그 가격이 시장포트폴리오와 상관없이 독립적으로 움직인다는 것을 의미한다.

베타의 결정요인

개별주식의 베타는 주식을 발행한 기업별로 상당한 차이를 보일 수 있다. 이러한 차이의 주된 이유는 기업마다 (i) 영위하는 사업 및 자산구조와 (ii) 자금조달방식, 즉 자본구조가 다를 수 있기 때문이다. 전자는 기업의 사업위험(business risk)을, 후자는 재무위험(financial risk)을 결정짓게 되는데, 두 위험의 정도는 주식베타에 영향을 미치는 가장 중요한 변수이다. 두 가지 위험과 베타의 관계는 제11장에서 좀 더 자세히 살펴본다.

사업위험과 재무위험 외에도 베타의 결정요인으로 환위험을 들 수 있다. 환율변동은 경제활동 전반뿐 아니라 개별기업의 사업과 재무활동에도 영향을 미치는데, 기업마다 사업구조와 재무구조에 따라 환위험에 대한 노출의 정도가 다르기 때문이다.

■ 포트폴리오의 베타

앞에서는 개별주식의 체계적 위험인 베타를 계산하는 방법을 보였다. 여러 주식으로 구성된 포트폴리오의 베타는 어떻게 구할 수 있을까? 개별주식의 체계적 위험을 식 10.7과 같이 정의하였듯이, 이들 개별주식의 일부 또는 전부가 결합된 포트폴리오의 체계적 위험도 같은 방법으로 정의한다.

$$\text{포트폴리오 } P\text{의 체계적 위험}(\beta_P) \equiv \frac{\sigma_{Pm}}{\sigma_m^2} = \frac{\rho_{Pm}\sigma_P}{\sigma_m} \qquad (10.8)$$

위에서 P는 n개의 주식들로 구성된 포트폴리오를 나타내며, 그 수익률은 $r_P = w_1r_1 + w_2r_2 + \cdots + w_nr_n$으로 표현된다. 이를 식 10.8 우변의 공분산 계산식에 대입하고 공분산의 연산법칙을 이용하면 다음과 같은 관계를 얻게 된다.[2]

$$\beta_P = w_1\beta_1 + w_2\beta_2 + \cdots + w_n\beta_n \tag{10.9}$$

즉, 포트폴리오의 베타 β_P는 포트폴리오를 구성하고 있는 개별주식의 베타를 가중평균한 것이며, 이때 가중치는 개별주식이 포트폴리오에서 차지하는 구성비율이다.

예제 10-3 주식 K와 주식 J는 수익률의 표준편차가 각각 20%와 30%이며, 시장포트폴리오와의 상관계수는 각각 0.6과 0.8이라고 한다. 시장포트폴리오 수익률의 표준편차는 15%이다. 주식 K에 60%, 주식 J에 40%를 투자하여 구성한 포트폴리오의 베타를 계산하라.

풀이 포트폴리오 베타를 구하기 위해서는 우선 포트폴리오를 구성하는 개별주식의 베타를 식 10.7에 따라 구해야 한다.

$$\beta_K = [(0.6)(20)]/15 = 0.8; \quad \beta_J = [(0.8)(30)]/15 = 1.6$$

포트폴리오의 베타는 두 주식의 베타를 다음과 같이 가중평균한 값이다.

$$\beta_P = (0.6)(0.8) + (0.4)(1.6) = 1.12$$

예제 10-4 투자자 민 씨는 베타가 1.2인 삼성전자 주식과 무위험자산인 정기예금에 투자하여 베타가 0.9인 포트폴리오를 보유하고 싶어한다. 각 자산에 대한 투자비율을 결정하라.

풀이 삼성전자 주식에 대한 투자비율을 w라 하고 정기예금에 대한 투자비율을 $(1-w)$라 하면, 베타가 0.9인 포트폴리오는 다음과 같이 구성할 수 있다.

$$0.9 = w \times 1.2 + (1-w) \times 0$$

위의 식에서 w를 구하면 0.75이다. 따라서 삼성전자 주식에 75%를 투자하고 나머지 25%를 정기예금에 투자하면 된다.

■ 시장모형과 베타의 추정

베타가 시장포트폴리오에 대한 개별주식의 민감도를 나타낸다는 사실은 시장모형(market model) 또는 단일지수모형(single index model)이라고 불리는 다음과 같은 회귀식을 통해서도 쉽게 확인될

---

2 $\beta_P = \frac{\text{Cov}(r_p, r_m)}{\text{Var}(r_m)} = \frac{\text{Cov}(w_1r_1 + w_2r_2 + \cdots + w_nr_n, r_m)}{\text{Var}(r_m)} = \frac{w_1\text{Cov}(r_1, r_m) + w_2\text{Cov}(r_2, r_m) + \cdots + w_n\text{Cov}(r_n, r_m)}{\text{Var}(r_m)}$

$= w_1\frac{\text{Cov}(r_1, r_m)}{\text{Var}(r_m)} + w_2\frac{\text{Cov}(r_2, r_m)}{\text{Var}(r_m)} + \cdots + w_n\frac{\text{Cov}(r_n, r_m)}{\text{Var}(r_m)}$

$= w_1\beta_1 + w_2\beta_2 + \cdots + w_n\beta_n$

수 있다.

$$r_i = a_i + \beta_i r_m + e_i \tag{10.10}$$

여기서 r_i는 주식 i의 수익률, r_m은 시장포트폴리오의 수익률, e_i는 잔차항을 나타내며, 다음과 같은 가정을 만족시킨다.

$$E(e_i) = 0, \qquad \text{Cov}(r_m,\ e_i) = 0, \qquad \text{Cov}(e_i,\ e_j) = 0\ (i \neq j) \tag{10.11}$$

식 10.10에 의하면, 주식 i의 가격은 두 가지 이유로 변동한다. 첫째, 시장포트폴리오의 변동(r_m) 때문이고, 둘째, 주식을 발행한 기업의 고유한 사건(잔차항 e_i) 때문이다. 그리고 주식마다 시장움직임에 반응하는 정도(β_i)가 다를 수 있으며, 주가변동은 두 가지 불확실성의 원천과 선형관계로 연계되어 있다는 것이다.

식 10.11에서, $E(e_i) = 0$의 가정은 특정 시점에서 잔차항은 0보다 크거나 작은 값을 가질 수 있으나 평균적으로는 0의 값을 갖는다는 것이다. $\text{Cov}(r_m,\ e_i) = 0$의 가정은 주식수익률의 잔차항은 시장수익률과는 관계가 없는 기업 고유의 특성에 따라 발생한다는 것이며, $\text{Cov}(e_i,\ e_j) = 0$의 가정은 개별주식 수익률의 잔차항은 해당 기업만의 고유한 특성에 따른 것으로 다른 기업의 고유한 요인과는 관련이 없다는 것을 나타낸다.

식 10.11의 내용을 이용하여 식 10.10의 기울기 β_i를 구하면, 그 결과는 σ_{im}/σ_m^2이 된다.[3] 이는 식 10.7의 베타와 일치한다. 따라서 식 10.10의 기울기 β_i는 체계적 위험의 측정치이며, 시장수익률 r_m의 변화에 대해 개별주식의 수익률 r_i가 얼마나 민감하게 변화하는가를 보여준다.

식 10.10 및 식 10.11의 시장모형은 기본적으로 미래에 나타날 수익률 간의 관계를 표시한 것이다. 따라서 어떤 주식의 베타를 추정하기 위해서는 그 주식과 시장포트폴리오의 미래수익률에 대한 확률분포를 알아야 한다. 시장포트폴리오는 앞서 설명한 것과 같이 시장에서 거래되는 모든 위험자산을 시장가치비율대로 포함하는 포트폴리오이다. 그러나 현실에서는 이러한 시장포트폴리오를 쉽게 구성할 수 없기 때문에, 대신 주식시장의 움직임을 잘 대변할 수 있는 포트폴리오를 그 대용치(proxy)로 이용하게 된다. 대표적으로 주가지수가 시장포트폴리오의 대용치로 자주 사용되는데 우리나라의 경우 한국종합주가지수(KOSPI)나 한국주가지수 200(KOSPI 200)이 그 예이다.

시장포트폴리오의 대용치가 결정되면, 이에 대한 수익률과 개별주식 수익률의 확률분포를 이용하여 분산(σ_m^2)과 공분산(σ_{im})을 계산하고 또 베타를 구할 수 있다. 그러나 미래수익률의 정확한 확률분포를 얻는다는 것은 현실적으로 거의 불가능한 일이다. 이런 어려움으로 인해 실무적으로 베

---

3 이는 다음과 같이 계산된다.

$$\begin{aligned}\text{Cov}(r_i,\ r_m) &= \text{Cov}(a_i + \beta_i r_m + e_i,\ r_m) = \text{Cov}(a_i,\ r_m) + \text{Cov}(\beta_i r_m,\ r_m) + \text{Cov}(e_i,\ r_m)\\ &= \beta_i \text{Cov}(r_m,\ r_m) = \beta_i \text{Var}(r_m)\end{aligned}$$

따라서 $\beta_i = \text{Cov}(r_i,\ r_m)/\text{Var}(r_m) = \sigma_{im}/\sigma_m^2$이다.

| 그림 10-3 | 시장모형과 베타

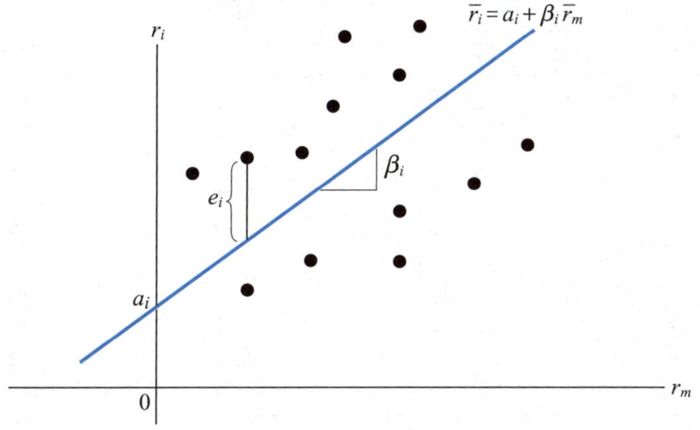

타의 추정은 과거 수익률자료를 이용한다. 개별주식과 시장포트폴리오의 대용치인 주가지수의 과거 수익률자료를 구한 후, 이를 입력자료로 하는 단순회귀분석에서 기울기를 구하면 이것이 곧 베타의 추정치가 된다.[4]

식 10.10의 시장모형을 그림으로 나타내면 [그림 10-3]과 같다. [그림 10-3]의 각 점들은 매기에 실현된 주식 i의 수익률을 해당 기의 주가지수의 수익률에 대응하여 나타낸 것이다. 이와 같은 산포도로부터 주식 i의 수익률 r_i와 시장포트폴리오의 수익률 r_m의 관계를 가장 잘 나타내 주는 평균적인 관계식을 다음과 같이 얻을 수 있다.

$$\overline{r_i} = a_i + \beta_i \overline{r_m} \tag{10.12}$$

식 10.12에서 추정한 절편 a_i는 주식 i가 주식시장의 움직임과 관계없이 얻을 수 있는 평균적인 수익률을 나타내며, 기울기인 β_i를 추정한 값이 바로 체계적 위험의 추정치이며 그 계산식은 앞서 살펴본 식 10.7과 같다.

예제 10-5 주식 1 및 주식 2와 시장포트폴리오의 대용치인 주가지수의 과거 수익률자료, 평균수익률, 그리고 분산이 다음의 표와 같이 주어졌다고 한다. 두 주식의 베타를 추정하라.

4 회귀분석을 이용하여 회귀식을 추정하는 방법에 대해서는 통계학 서적을 참조하기 바란다.

주식 1 및 주식 2와 주가지수의 과거 수익률자료

기간	수익률(%)		
	주식 1	주식 2	주가지수
1	10	−6	11
2	8	18	7
3	−4	4	−2
4	22	−5	8
5	8	32	9
6	−11	−7	−5
7	14	24	12
8	12	−17	11
9	−9	2	3
10	12	27	10
평균수익률(%)	6.20	7.20	6.40
분산(%^{2})	114.40	283.73	−
표준편차(%)	10.70	16.84	−

풀이 베타를 추정하려면 주가지수 수익률의 분산(σ_m^2)과 표준편차(σ_m), 주식 1 및 2와 주가지수 간의 공분산(σ_{1m}과 σ_{2m})을 추정해야 한다.

$$\sigma_m^2 = \frac{1}{10-1}[(11-6.4)^2 + (7-6.4)^2 + \cdots + (10-6.4)^2] = 34.27\%^2,\ \sigma_m = \sqrt{34.27\%^2} = 5.85\%$$

$$\sigma_{1m} = \frac{1}{10-1}[(10-6.2)(11-6.4) + (8-6.2)(7-6.4) + \cdots + (12-6.2)(10-6.4)] = 52.58\%^2$$

$$\sigma_{2m} = \frac{1}{10-1}[(-6-7.2)(11-6.4) + (18-7.2)(7-6.4) + \cdots + (27-7.2)(10-6.4)] = 27.91\%^2$$

그리고 각 주식과 주가지수 간의 상관계수 ρ_{1m}과 ρ_{2m}을 구하면 다음과 같다.

$$\rho_{1m} = \sigma_{1m}/\sigma_1\sigma_m = 52.58/(10.70)(5.85) = 0.84$$
$$\rho_{2m} = \sigma_{2m}/\sigma_2\sigma_m = 27.19/(16.84)(5.85) = 0.28$$

위의 계산결과를 이용하면 주식 1 및 주식 2에 대한 베타(β_1과 β_2)의 추정치는 다음과 같다.

$$\beta_1 = \sigma_{1m}/\sigma_m^2 = 52.58/34.27 = 1.53 \text{ 또는 } \beta_1 = \rho_{1m}\sigma_1/\sigma_m = (0.84)(10.70)/5.85 = 1.53$$
$$\beta_2 = \sigma_{2m}/\sigma_m^2 = 27.19/34.27 = 0.81 \text{ 또는 } \beta_2 = \rho_{2m}\sigma_2/\sigma_m = (0.28)(16.84)/5.85 = 0.81$$

[예제 10−5]에서 주식 1과 주식 2의 표준편차(또는 분산)와 베타를 비교해 보자. 표준편차는 주식 2가 주식 1보다 훨씬 크다(16.84 대 10.70). 즉 총위험은 주식 2가 주식 1보다 크다는 것이다. 그러나 체계적 위험인 베타는 주식 2가 주식 1보다 작다(0.81 대 1.53). 왜 이런 현상이 나타날까? 베타의 계산식을 보면 의문에 대한 답은 자명해진다. 주식 1과 주식 2의 베타는 각 주식의 총위험인 표준편차뿐 아니라 각 주식과 주가지수 간의 상관계수(또는 공분산)에 의해 결정된다. 주식 1과 주가지수와의 상관계수는 0.84이지만, 주식 2와 주가지수와의 상관계수는 0.28에 불과하다. 주식 2

는 이와 같이 주가지수와의 상관계수가 낮기 때문에 총위험이 커도 분산투자를 통해 총위험의 많은 부분을 없앨 수 있고, 결국 나머지 체계적 위험은 작은 값을 갖게 된다.

■ 수정베타

과거 수익률자료를 이용하여 계산한 주식의 베타를 과거베타(historical beta)라고 한다. 그러나 베타는 본질적으로 미래의 수익률움직임과 관련된 것이어야 한다. 즉 투자자는 과거가 아니라 미래에 주식의 체계적 위험이 얼마나 될지에 관심이 있다. 과거의 경험상 시장변동에 민감했던 주식이 미래에도 유사한 가격변동의 행태를 보인다면, 다시 말해 주식의 베타가 시간이 흘러도 안정적이라면, 과거자료로부터 추정한 과거베타를 미래베타 대신 사용할 수 있다. 그러나 현실에서는 과거베타가 미래베타를 대신할 수 있을 정도로 베타의 안정성이 높은 것은 아니다.

미래수익률의 정확한 확률분포를 구하는 것이 어려운 현실에서 미래베타를 구하기 위해서는, 먼저 과거베타를 측정하고 그 다음에 베타에 영향을 미치는 여러 가지 요소들을 고려하여 과거베타를 수정하는 방법을 이용할 수밖에 없다. 이러한 과정을 통하여 얻어지는 베타를 수정베타(adjusted beta)라고 한다.

수정베타를 구하기 위하여 흔히 이용되는 방법은, 과거베타를 시간이 경과함에 따라 증권시장에서 거래되는 모든 주식의 베타의 평균값에 가깝도록 조정하는 것이다. 블룸(Blume)은 특정 기간에 높은 베타값을 갖는 주식은 다음 기간에 그 값이 낮아지면서 시장평균인 1에 접근하는 경향이 있고, 반대로 낮은 베타값을 갖는 주식은 다음 기간에 1을 향하여 그 값이 높아지는 경향이 있다는 것을 발견하였다.[5] 예를 들어 어떤 주식의 2020~24년 동안의 과거베타가 1.6이었으면, 그 다음 5년(2025~29년) 동안에는 1.4 등과 같이 이전에 비해 낮은 값을 보인다는 것이다. 이와 같이 시간의 경과에 따라 베타가 시장의 평균베타(1.0)에 회귀하려는 경향(regression tendency) 때문에 과거베타 중에서 매우 낮은 베타들은 보다 높게, 매우 높은 베타들은 보다 낮게 그 값을 조정하여 사용하고 있다. 대표적인 조정방법이 미국의 대형증권회사인 메릴린치(Merrill Lynch)가 제시한 방법이다. 메릴린치는 다음과 같은 방법으로 수정베타를 계산한다.

$$\text{수정베타} = (2/3) \times \text{과거베타} + (1/3) \times 1.0 \qquad (10.13)$$

식 10.13에 의하면 수정베타는 과거자료를 이용하여 추정한 과거베타에 2/3의 가중치를 주고 시장의 평균베타에 1/3의 가중치를 주어 베타를 조정한다. 따라서 어떤 주식의 과거베타가 1.8로 추정되었다면 다음 기에 적용될 수정베타는 $[(2/3)1.8 + (1/3)1.0] = 1.53$이다.

미래베타를 보다 정확히 추정하기 위해서 메릴린치의 방법 외에도 여러 가지 다른 방법을 생각할 수 있다. 여기서는 다만 주식의 베타에 관한 자료를 제공하는 현실의 많은 기관들이 보다 정확

5 Blume, M.(1971), "On the Assessment of Risk," *Journal of Finance*.; Blume, M.(1975), "Betas and Their Regression Tendencies," *Journal of Finance*.; Blume, M.(1979), "Betas and Their Regression Tendencies: Some Further Evidence," *Journal of Finance*.

한 미래베타의 정보를 제공하기 위해 어떤 방식으로든 과거베타를 수정한다는 사실을 기억하자.

10.3 자본자산가격결정모형

■ 자본자산가격결정모형의 도출

이제 제10.1절과 제10.2절에서 설명한 시장포트폴리오와 체계적 위험에 대한 지식을 바탕으로 하여 자본자산가격결정모형(CAPM)을 설명하기로 하자. CAPM을 가장 먼저 소개한 샤프(Sharpe)는 모든 위험자산에 대한 초과수요가 0인 상태를 시장균형으로 정의하고, 균형에서의 기대수익률과 위험의 상충관계는 자본시장선의 기울기인 시장위험보상비율(시장의 샤프비율)과 같다는 사실을 이용하여 CAPM을 도출하였다. 다음에서는 샤프의 방법과 다소 차이는 있지만 유사한 방법에 의해 같은 결과를 얻어 보자.

식 10.5에서 보았듯이 시장포트폴리오의 위험 중 자산 i가 기여하는 부분은 다음과 같다.

$$\text{자산 } i\text{가 시장포트폴리오 위험에 기여하는 부분} = w_i \sigma_{im} \tag{10.14}$$

다음으로 자산 i가 시장포트폴리오의 위험프리미엄에 기여하는 부분을 살펴보자. 시장포트폴리오의 위험프리미엄 $[E(r_m) - r_f]$는 다음과 같이 나타낼 수 있다.

$$E(r_m) - r_f = \sum_{i=1}^{n} w_i E(r_i) - \sum_{i=1}^{n} w_i r_f = \sum_{i=1}^{n} w_i [E(r_i) - r_f] \tag{10.15}$$

식 10.15에서 첫 번째 등호는 개별자산의 구성비율의 합은 1이기 때문에 성립한다. 따라서 자산 i가 시장포트폴리오의 위험프리미엄에 기여하는 부분은 다음과 같다.

$$\text{자산 } i\text{가 시장위험프리미엄에 기여하는 부분} = w_i [E(r_i) - r_f] \tag{10.16}$$

다음으로 식 10.16을 식 10.14로 나누어 보자. 이 값은 자산 i가 시장포트폴리오에 포함될 때 얻을 수 있는 위험 한 단위에 대한 대가, 즉 위험보상비율을 나타낸다.

$$\text{자산 } i\text{의 위험보상비율} = \frac{E(r_i) - r_f}{\sigma_{im}} \tag{10.17}$$

한편, 시장포트폴리오를 보유함으로써 얻게 되는 시장위험보상비율은 위험의 시장가격(market price of risk)으로 다음의 식 10.18과 같다.[6]

$$\text{위험의 시장가격} = \frac{E(r_m) - r_f}{\sigma_m^2} \tag{10.18}$$

---

6 제10.1절에서 자본시장선의 기울기인 $[\{(E(r_m) - r_f\} / \sigma_m]$을 위험의 시장가격이라고 표현하였다. 이는 표준편차로 측정된 위험 한 단위당 얻을 수 있는 초과수익률을 나타내며, 식 10.19는 분산으로 측정된 위험 한 단위당 얻을 수 있는 초과수익률을 나타낸다.

식 10.17의 위험자산 i의 위험보상비율이 식 10.18의 시장위험보상비율보다 클 경우, 시장포트폴리오에서 차지하는 자산 i의 비중을 높이는 것이 유리하므로 자산 i에 대한 초과수요가 발생한다. 반대의 경우에는 자산 i의 비중을 낮추는 것이 유리하기 때문에 자산 i에 대한 초과공급이 발생한다. 따라서 자산 i에 대한 초과수요나 초과공급이 없는 균형상태에 도달하기 위해서는 식 10.17의 값과 식 10.18의 값이 서로 같아야 한다.

$$\frac{E(r_i)-r_f}{\sigma_{im}}=\frac{E(r_m)-r_f}{\sigma_m^2} \tag{10.19}$$

식 10.19를 자산 i의 기대수익률 $E(r_i)$에 대해 정리하면 다음과 같은 관계식을 얻게 되며, 이것이 바로 자본자산가격결정모형이다.

자본자산가격결정모형(capital asset pricing model: CAPM):

$$E(r_i)=\underbrace{r_f}_{\text{무위험이자율}}+\underbrace{[E(r_m)-r_f]}_{\text{시장위험프리미엄}}\times\underbrace{\beta_i}_{\text{체계적 위험}},\quad \beta_i\equiv\frac{\sigma_{im}}{\sigma_m^2}=\frac{\rho_{im}\sigma_i}{\sigma_m} \tag{10.20}$$

식 10.20의 CAPM은 결국 균형상태에서 자산 i의 체계적 위험인 베타와 기대수익률 사이의 관계를 나타내는데, 이 관계를 [그림 10-4]에서와 같이 그림으로 나타낸 것을 증권시장선(security market line: SML)이라고 한다. CAPM 또는 SML은 시장균형하에서 자산 i의 기대수익률은 무위험이자율에 자산 i에 대한 위험프리미엄을 더한 값으로 결정되며, 자산 i의 위험프리미엄은 시장위험프리미엄에 체계적 위험의 측정치인 베타를 곱하여 결정된다는 것을 나타낸다.

| 그림 10-4 | 증권시장선

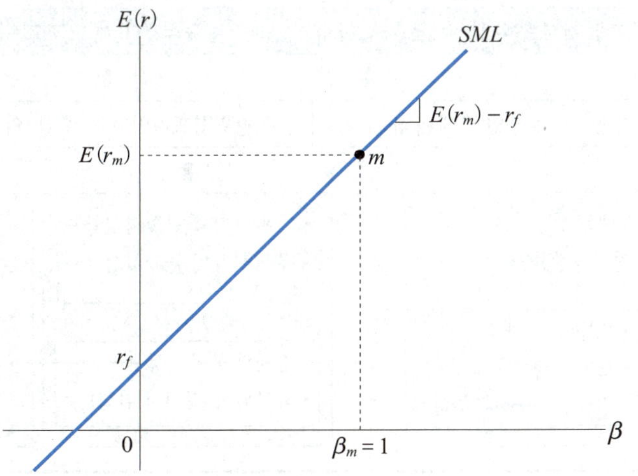

■ CAPM의 특성과 기대수익률의 결정요인

식 10.20과 [그림 10-4]의 증권시장선은 다음과 같은 특성을 갖는다.

- 위험자산의 위험프리미엄을 결정함에 있어 오직 체계적 위험인 베타만이 중요한 역할을 하며, 비체계적 위험은 위험프리미엄에 반영되지 않는다. 따라서 두 개의 증권(혹은 포트폴리오)의 베타 위험이 같다면 기대수익률도 같아야 한다. 그렇지 않을 경우 앞서 제9.4절에서 살펴본 것과 같은 차익거래가 가능하다.
- 증권의 기대수익률은 베타와 선형관계를 가진다. 이는 식 10.19에서 보는 것과 같이 모든 자산의 위험보상비율은 위험의 시장가격으로 일정하여 자산 i의 위험프리미엄은 공분산위험(σ_{im})에 비례하기 때문이다.
- 증권시장선의 기울기인 시장위험프리미엄 $[E(r_m)-r_f]$는 양(+)의 값을 갖는다. 이는 모든 투자자가 위험회피형이므로 위험부담에 대한 대가를 요구하기 때문이다. 따라서 시장위험(σ_m^2)이 클수록, 그리고 투자자들의 평균적인 위험회피성향이 강할수록 시장위험프리미엄이 커지며 따라서 증권시장선의 기울기가 가파르게 된다.
- 증권시장선의 절편은 명목무위험이자율을 나타내므로 이의 크기는 실질무위험이자율과 예상인플레이션율에 의해 결정된다. 제1장에서 보았듯이 명목이자율은 경제 전체의 생산성이나 정부의 화폐정책, 재정정책 등에 의해 결정되므로 이들 거시경제 변수들이 어떻게 변화하느냐에 따라 증권시장선이 상하로 평행하게 이동할 것이다.

이상의 내용을 반영하여, CAPM이 성립하는 세계에서 증권 기대수익률의 구성요소와 또 이들

표 10-3 CAPM과 기대수익률의 결정요인

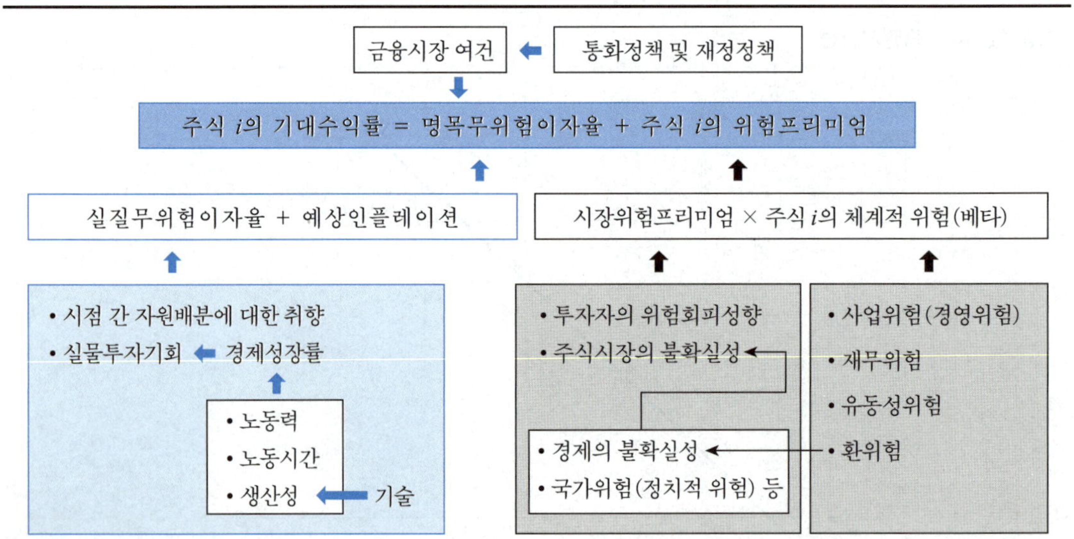

에 영향을 미치는 경제적 요인의 관계를 〈표 10-3〉에서 요약 · 정리하였다.

한편, 식 10.20에서 무위험이자율 r_f를 좌변으로 넘긴 후 양변을 β_i로 나누어 CAPM을 다음과 같이 변형시켜 보자.

$$\frac{E(r_i)-r_f}{\beta_i}=E(r_m)-r_f \tag{10.21}$$

식 10.21의 우변은 개별주식 i에 관계없이 결정되므로, 이 식은 베타 한 단위에 대한 위험보상이 모든 위험자산에 대하여 일정하며 이는 곧 시장위험프리미엄과 같게 된다는 것을 보여준다.

예제 10-6 CAPM이 성립하는 주식시장에서 주식 H와 주식 I의 베타는 각각 1.4와 0.8이고, 기대수익률은 각각 12%와 9%라고 한다. 이 경우 무위험이자율과 시장위험프리미엄을 계산하라.

풀이 식 10.21에 의해 다음의 관계가 성립된다: $(12-r_f)/1.4=(9-r_f)/0.8$.
이로부터 $r_f=5\%$가 되며, 이를 위 식에 다시 대입한 값이 시장위험프리미엄이 된다. 따라서 시장위험프리미엄은 다음과 같이 5%이다: $(12-5)/1.4=5$.

예제 10-7 어느 한 투자자가 베타가 2.0인 주식 D에 대한 투자 여부를 고민하고 있다. [예제 10-6]의 자료를 이용하여, 이 투자자가 주식 D에 투자하는 경우 얼마의 수익률을 기대할 수 있는지 구하라.

풀이 기대수익률은 CAPM을 이용하여 구할 수 있다. 무위험이자율과 시장위험프리미엄이 각기 5%이므로 주식 D에 투자하는 경우의 기대수익률은 다음과 같이 15%이다.

$$E(r_D)=r_f+[E(r_m)-r_f]\beta_D=5+5\cdot(2.0)=15(\%)$$

■ 증권시장선과 자본시장선의 관계

CAPM 또는 증권시장선은 자본시장선에 근거하여 도출되었으므로 양자가 밀접한 관계를 가지는 것은 당연한 일이다. 증권시장선은 효율적인 포트폴리오뿐 아니라 시장에서 거래되는 모든 자산에 대하여 위험과 기대수익률의 관계를 규명해 주는 반면, 자본시장선은 단지 효율적인 포트폴리오에 대해서만 성립하는 것이라고 하였다. 따라서 개념적으로 볼 때 자본시장선은 증권시장선을 효율적 포트폴리오의 경우에 적용한 특수한 경우라고 짐작할 수 있다. 이는 간단한 수식의 변형을 통해 확인할 수 있다.

식 10.20의 증권시장선에 효율적 포트폴리오 P의 체계적 위험 $\beta_P=\sigma_{Pm}/\sigma_m^2=\rho_{Pm}\sigma_P/\sigma_m$을 대입하면 다음의 식을 얻게 된다.

$$E(r_P)=r_f+\left[\frac{E(r_m)-r_f}{\sigma_m}\right]\cdot\rho_{Pm}\sigma_P \tag{10.22}$$

식 10.22에서 ρ_{Pm}은 자본시장선상에 있는 효율적 포트폴리오와 시장포트폴리오 간의 상관계수로서 그 값은 +1이 된다고 하였다. 이 값($\rho_{Pm}=1$)을 식 10.22에 대입하면 식 10.22로 표현되는 증권시장선과 식 10.2의 자본시장선은 정확히 일치한다. 이러한 의미에서 증권시장선은 자본시장선을 포괄한다고 할 수 있다.

■ CAPM의 이용

CAPM 혹은 증권시장선은 재무관리의 많은 분야에서 다양하게 이용된다. CAPM을 이용하여 주식투자로부터 기대할 수 있는 수익률을 계산할 수 있으며, 특정 자산의 가치를 결정할 때 필요한 적정할인율도 CAPM을 이용하여 계산할 수 있다. 또 CAPM을 이용하여 시장에서 비싸게 거래되거나 싸게 거래되고 있는 자산들을 식별할 수도 있다. 이에 대해 구체적으로 살펴보자.

주식의 평가를 위한 적정할인율의 결정

제5장에서 주식의 가치는 주식의 미래현금흐름과 적절한 할인율에 의해 결정되는 것을 보았다. 이때 미래현금흐름을 할인하는 데 이용되는 적정할인율은 바로 주식투자의 위험을 반영하는 기대수익률이며, 이는 CAPM을 이용하여 계산할 수 있다. 다음의 예제를 통해 살펴보자.

예제 10-8 [예제 10-7]에서 베타가 2.0인 주식 D에 1년간 투자하는 경우 기말에 지급되는 배당은 1,600원, 주식가격은 26,000원으로 예상된다고 한다. 현재 시점에서 평가되는 주식 *D*의 이론가격을 구하라.

풀이 [예제 10-7]에서 베타가 2.0인 주식 D에 대한 기대수익률은 15%로 계산되었다. 따라서 주식 D의 가치를 결정하기 위한 할인율은 15%이며, 주식 D의 이론가격은 다음과 같이 24,000원이다: $(1,600+26,000)/(1+0.15)=24,000$(원).

과대평가주식과 과소평가주식의 식별과 차익거래

주식투자에서 문제가 되는 것은 단순히 어떤 주식의 위험이나 수익률이 높은가 낮은가가 아니라, 그 주식이 위험에 상응하는 적절한 수익률을 제공하고 있느냐 하는 것이다. 여기서 적절하다는 의미는 CAPM이 성립하는 세계에서 주식의 기대수익률은 증권시장선상에서 결정된다는 의미이다. 따라서 증권시장선을 이용하여 주식의 가치를 평가할 수 있으며, 과소 또는 과대 평가 여부를 살펴볼 수 있다.

[그림 10-5]는 주식의 과대평가 또는 과소평가 여부를 결정하는 데 있어 증권시장선이 어떻게 이용될 수 있는지를 보여주고 있다. 그림에서 주식 X는 증권시장선 위쪽에 위치하고 있고, 주식 Z는 증권시장선 아래쪽에 위치하고 있다. 그리고 주식 Y는 증권시장선상에 위치하고 있다. 주식 X, Y, Z의 베타는 각각 0.8, 1.0, 그리고 1.2이다. CAPM에 의하면 균형상태에서 모든 주식들의 기대수익률은 증권시장선상에서 얻을 수 있다. 즉, 증권시장선상에 존재하는 주식은 적정하게 평

| 그림 10-5 | 증권시장선(SML)과 주식의 평가

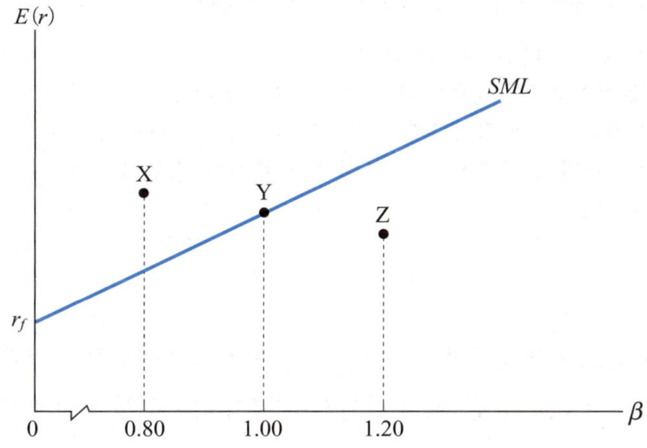

가된 것이다. 따라서 주식 Y는 현재 적정하게 평가된 주식이다. 한편, 이 직선 위쪽에 위치하는 주식 X는 과소평가된 상태이다. 시장참여자들의 예상수익률이 CAPM이 예측하는 기대수익률(또는 요구수익률)보다 더 높다는 것인데, 이는 시장가격이 균형가격보다 낮다는 것을 의미한다. 수익률과 가격은 항상 역의 관계를 가지기 때문이다. 반면에 증권시장선 아래쪽에 위치하는 주식 Z는 과대평가된 것이다. 시장의 예상수익률이 요구수익률보다 낮다는 것인데 이는 시장가격이 균형가격보다 높다는 것을 의미한다.

투자자가 과소평가된 주식을 사서 보유하면 주가가 정상적인 상태로 상승할 때 초과수익률을 얻을 수 있다. 반대로 과대평가된 주식을 공매하면 주가가 정상적인 상태로 하락할 때 초과수익률을 얻을 수 있다. 한편, 과대 혹은 과소 평가된 주식을 이용하여 차익거래를 할 수도 있다. 예를 들어 [그림 10-5]에서 과소평가된 주식 X를 매입하고 과대평가된 주식 Z를 공매하면 차익을 얻을 수 있다. 다음의 예를 통해 이를 살펴보자.

예제 10-9 무위험이자율과 시장위험프리미엄이 각각 5%인 자본시장을 가정하자. [그림 10-5]에서 주식 X에 대한 예상수익률이 11%이며, 주식 Z에 대한 예상수익률은 9%라고 한다. 이 경우 차익거래가 어떻게 가능한지를 보여라. 단, 투자자는 5% 이자율에 차입과 대출을 자유롭게 할 수 있다.

풀이 CAPM에 의하면 베타가 0.8인 주식 X에 대한 적정수익률은 $5+5\times0.8=9\%$이며, 베타가 1.2인 주식 Z의 적정수익률은 $5+5\times1.2=11\%$이다. 차익거래는 현재 과소평가된 주식 X를 매입하고 과대평가된 주식 Z를 공매함으로써 가능할 수 있다. 그러나 단순히 X와 Z를 한 단위씩 거래할 경우 베타위험이 서로 다르다는 문제가 있다. 이를 해결하기 위해 주식 Z와 무위험자산을 결합하여 주식 X와 베타위험이 같은 포트폴리오 P를 구성해보자. 투자비율을 주식 Z에 2/3, 무위험자산에 1/3로 하여 포트폴리오를 구성하면 이 포트폴리오의 베타는 0.8이 되며, 예상수익률은 7.67%이다.

포트폴리오 P의 베타 $\beta_P = (2/3)(1.2) + (1/3)(0) = 0.8$
포트폴리오 P의 예상수익률 $= (2/3)(9) + (1/3)(5) = 7.67(\%)$

포트폴리오 P는 주식 X와 베타위험은 같지만 이에 대한 예상수익률은 주식 X에 비해 3.33% 낮다. 따라서 투자자는 포트폴리오 P를 공매하여(주식 Z를 2/3의 비율로 공매하고, 1/3의 비율로 무위험이자율에 차입) 얻은 자금을 주식 X에 투자하면 3.33%만큼을 차익으로 얻을 수 있다. 예를 들어 포트폴리오 P를 100만원어치 공매하여 이를 주식 X에 투자한 경우에 투자자는 100만원×3.33% = 33,300원을 차익으로 얻는다.

자본예산

자본예산의 핵심은 현금흐름의 측정과 순현가를 계산하기 위해 필요한 적정할인율 또는 자본비용을 구하는 것인데, 자본비용을 결정하기 위하여 CAPM이 유용하게 쓰일 수 있다. 자본비용에 대하여는 제11장에서 설명할 것이나 여기에서 간단히 소개하여 보자. 주식의 β가 주어지면 증권시장선을 이용하여 그 주식의 기대수익률을 찾을 수 있는데 이것이 자기자본비용이다. 왜냐하면 투자자들이 주식투자에서 베타위험에 상응하는 적정수익률을 기대한다는 말은 그만큼의 수익률을 요구한다는 의미이며, 기업이 주식을 발행하여 자금을 조달하기 위해서는 투자자들이 요구하는 만큼의 대가를 지불해야 하기 때문이다. 이렇게 구해진 자기자본비용과 타인자본비용에 두 자본의 시장가치에 따라 결정된 가중치를 곱하여 가중평균자본비용을 계산할 수 있다. 가중평균자본비용을 간단히 자본비용이라고도 한다.

투자성과분석

이론적으로 증권시장선은 미래의 기대수익률과 체계적 위험의 관계를 나타내는 사전적(ex-ante) 모형이다. 이 사전적 모형을 이용하여 앞에서 설명한 것처럼 투자의 할인율을 결정하고, 과대 또는 과소 평가된 주식을 찾을 수 있다. 그러나 과거의 투자성과를 분석할 때는 과거자료를 이용하여 추정한 사후적(ex-post) 증권시장선을 이용할 수 있다. 사후적인 증권시장선을 이용하여 투자성과를 분석하면 투자성과에 대응하는 위험부담을 알 수 있다. 같은 수익률을 얻더라도 큰 위험을 부담하였다면 좋은 투자였다고 할 수 없다.

10.4 자본자산가격결정모형의 확장과 다요인모형

지금까지 살펴본 CAPM을 도출하기 위해서는 제10.1절에서 살펴본 것과 같은 많은 비현실적인 가정들이 전제되어야 한다. CAPM에 대한 비판론자들은 CAPM이 비록 복잡한 현실을 간결·명료하게 설명하고 있으나 비현실적인 가정들로 인하여 한계를 가질 수밖에 없다고 주장한다. 예를 들어 현실에서는 엄밀한 의미에서의 무위험자산이 존재하지 않을 수 있고, 투자자들의 투자기간은 단일기간에 국한되지 않을 수 있으며, 그리고 자산들의 수익률변동은 시장움직임뿐 아니라 여러 공통요인들에 의해 영향을 받을 수 있다는 것이다. 다음에서는 이런 문제들이 있는 경우에 CAPM이 어떻게 확장될 수 있는지를 간단하게 설명한다.

■ 제로베타 CAPM

CAPM이 성립하기 위해서는 시장의 모든 투자자가 무위험이자율로 자유로이 대출과 차입을 할 수 있어야 한다. 그러나 현실에서 미래인플레이션의 불확실성을 고려할 경우 엄밀한 의미에서의 무위험자산이 존재하지 않을 수 있다. 또한 차입이자율과 대출이자율이 서로 달라 이 또한 CAPM의 기본가정에 어긋난다. 이럴 경우 CAPM이 예측하는 기대수익률과 베타와의 균형관계는 더 이상 유효하지 않을 수 있다.

블랙(Black)은 무위험자산이 없는 경우에도 기대수익률과 베타의 선형관계식이 성립하는 것을 보였다.[7] 블랙이 제시한 모형을 제로-베타 CAPM(Zero-Beta CAPM) 또는 블랙 CAPM(Black CAPM)이라고 부르는데, 모형의 핵심적인 내용을 설명하면 다음과 같다. 동질적 기대의 가정하에서 위험자산으로만 구성된 포트폴리오를 투자대상으로 하는 모든 투자자의 효율적 투자선은 같다. 그리고 각 투자자는 이 효율적 투자선상에서 자신의 위험회피성향을 반영하여 특정 포트폴리오를 선택하는데 이것이 최적포트폴리오이다. 이러한 투자자의 최적포트폴리오를 모두 합한 것이 시장포트폴리오인데 이것 또한 효율적 포트폴리오가 된다. 이는 효율적 포트폴리오들을 선형 결합하면 또 하나의 효율적 포트폴리오가 생성된다는 성질 때문이다.

블랙은 시장포트폴리오에서 접선을 그어 y축과 만나는 점이 시장포트폴리오와의 공분산이 0인 포트폴리오의 기대수익률과 일치한다는 사실을 발견하고, 공분산이 0인 포트폴리오들 중 위험이 가장 작은 포트폴리오를 제로-베타 포트폴리오라고 하였다. 나아가서 시장균형하에서 개별자산의 기대수익률은 시장포트폴리오 m과 제로-베타 포트폴리오 Z의 기대수익률의 선형함수로 다음과 같이 나타낼 수 있다는 것을 보였다.

$$E(r_i) = E(r_Z) + [E(r_m) - E(r_Z)]\beta_i \tag{10.23}$$

식 10.23이 바로 제로-베타 CAPM 또는 블랙 CAPM이다. 이 식에서 보면 자산 i의 기대수익률은 베타와 선형함수의 관계를 가진다. 결국 식 10.23의 형태는 원래의 CAPM에서 무위험이자율을 제로-베타 포트폴리오의 기대수익률 $E(r_Z)$로 대체한 것과 동일하다. 이상의 내용을 그림으로 나타낸 것이 [그림 10-6]이다.

[그림 10-6(a)]에서 주의할 것은 포트폴리오 Z는 최소분산포트폴리오 $GMVP$보다 아래쪽에 위치한 비효율적 포트폴리오이며, 이것의 기대수익률인 $E(r_Z)$와 m을 연결한 선이 투자기회들을 나타내는 것이 아니라는 점이다. 제로-베타 포트폴리오는 위험자산이기 때문에 $E(r_Z)$로 표시된 곳에 위치하지 않기 때문이다. 투자자들은 제로-베타 포트폴리오(Z)와 시장포트폴리오(m)를 결합함

---

7 Black, F. (1972), "Capital Market Equilibrium with Restricted Borrowing," *Journal of Business* 45, 444-455.

| 그림 10-6 | 제로-베타 포트폴리오와 블랙 CAPM

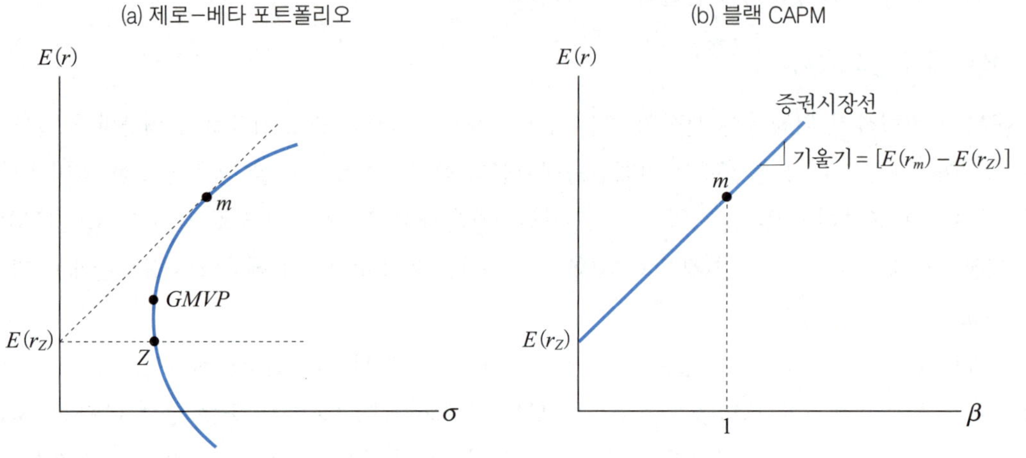

으로써 구성할 수 있는 효율적 투자선상의(*GMVP* 위쪽에 위치한) 투자기회들에 투자할 수 있을 따름이다.

■ 차익거래가격결정이론

CAPM이 성립하는 세계에서는 자산의 기대수익률을 결정하는 데 있어 오직 시장포트폴리오에 대한 베타만이 중요하다. 다시 말해 CAPM은 공통위험이 하나인 단일베타모형이다. 현실에서의 자산수익률이 과연 시장포트폴리오에 대한 베타에 의해서만 설명될 수 있을까?

로스(Ross)는 CAPM에 비해 보다 일반적인 가격결정모형인 차익거래가격결정이론(arbitrage pricing theory: APT)을 제시하였다.[8] 여기서 일반적이란 베타가 여럿이라는 것을 뜻한다. APT는 다음과 같은 세 가지 핵심적인 가정에 그 논리적 기반을 두고 있다. 첫째, 자산수익률은 여러 가지의 공통요인에 의해 영향을 받는다. 즉 자산수익률의 생성과정은 다요인모형(multi-factor model)을 따른다는 것이다. 둘째, 시장에는 충분히 많은 수의 자산이 거래되고 있어 분산투자를 통해 비체계적 위험을 제거할 수 있다. 즉 대수의 법칙(law of large numbers)이 작동될 수 있도록 많은 투자대상이 존재해야 한다는 것이다. 셋째, 시장이 매우 경쟁적이어서 차익거래의 기회가 있을 수 없다. 즉 균형에서 자산의 기대수익률은 단순히 무차익원리(no arbitrage principle)에 의해 결정된다는 것이다.

다음의 식 10.24는 공통요인이 K개인 경우에 자산의 기대수익률이 이들 공통요인과 관련된 K개의 베타위험의 함수로 결정되는 것을 보여주는 APT모형이다.

8 Ross, S. (1976), "The Arbitrage Theory of Capital Asset Pricing," *Journal of Economic Theory* 13, 341-360.

$$E(r_i) = \lambda_0 + \lambda_1 \beta_{i1} + \lambda_2 \beta_{i2} + \cdots + \lambda_K \beta_{iK} \tag{10.24}$$

λ_0 : 모든 공통요인에 대한 베타가 0인 포트폴리오의 기대수익률
λ_k : 요인포트폴리오 k의 위험프리미엄($= E(r_{Fk}) - \lambda_0$)
β_{ik}: 공통요인 k에 대한 자산 i의 베타
$E(r_{Fk})$: k번째 공통요인에 대해서만 1의 베타값을 갖고 다른 모든 공통요인에 대해서는 0의 베타값을 갖는 요인포트폴리오 k의 기대수익률

예제 10-10 주식수익률이 2요인모형에 의해 설명된다고 가정하자. 주식 A와 B 및 C의 각 요인에 대한 베타(β_{ik})와 기대수익률이 다음 표와 같다고 할 때 아래 물음에 답하라.

주식	β_{i1}	β_{i2}	기대수익률(%)
A	0.6	0.8	15
B	1.8	1.2	21
C	0.0	0.6	11

① 차익거래기회가 존재하는지 확인하고, 가능하다면 차익거래과정을 보여라.
② 현재 주식 A와 B는 2요인 차익거래가격결정이론에 의해 평가되는 균형가격으로 거래되고 있으며, 무위험이자율은 1%이다. 이때 각 요인의 요인위험프리미엄을 구하라.

풀이 ① 주어진 자료에서 주식 A에 150%를 투자하고 주식 B에 (−50%)를 투자하면(50%를 공매하면) 주식 C와 동일한 요인베타를 갖는 포트폴리오 P를 구성할 수 있다.

$$\beta_{P1} = \beta_{A1} \times (1.5) + \beta_{B1} \times (-0.5) = 0.6 \times (1.5) + 1.8 \times (-0.5) = 0.0$$
$$\beta_{P2} = \beta_{A2} \times (1.5) + \beta_{B2} \times (-0.5) = 0.8 \times (1.5) + 1.2 \times (-0.5) = 0.6$$

그러나 포트폴리오 P의 기대수익률은 $12[= 15 \times (1.5) + 21 \times (-0.5)]$%로 주식 C의 기대수익률 11%에 비해 1%포인트만큼 높다. 따라서 주식 C를 공매하고 이 자금으로 포트폴리오 P를 매입하면(주식 A를 150% 매입하고 주식 B를 50% 공매) 1%의 차익을 얻을 수 있다. 예를 들어 주식 C를 1억원어치 공매하여 이를 포트폴리오 P에 투자한 경우에 투자자는 1억원×1% = 1,000,000원을 차익으로 얻는다.
② 2요인 APT가 성립하는 경우 주식 A와 B의 기대수익률과 요인베타 사이에는 다음의 식이 성립하여야 한다: $E(r_i) = \lambda_0 + \lambda_1\beta_{i1} + \lambda_2\beta_{i2}$. 여기에 각 베타값과 기대수익률을 대입하면 다음의 관계식이 성립한다.

주식 A: $15 = \lambda_0 + \lambda_1(0.6) + \lambda_2(0.8)$; 주식 B: $21 = \lambda_0 + \lambda_1(1.8) + \lambda_2(1.2)$

두 식에 $\lambda_0 = 1$%를 대입하고 연립하여 풀면, $\lambda_1 = -1.11$%, $\lambda_2 = 18.33$%를 얻을 수 있다.

APT는 CAPM에 비해 여러 가지 장점을 가지고 있다. 첫째, APT는 투자자의 효용에 기반을 둔 모형이 아니기 때문에 투자자의 위험에 대한 태도와 무관하게 성립한다. CAPM에서와는 달리 자산의 수익률이 정규분포를 따른다는 가정이나, 투자자의 효용함수가 2차식 형태를 따라야 한다는 등의 제약을 필요로 하지 않는다. 자산수익률의 생성과정이 K−요인모형을 따르기만 하면 된다

는 것이다. 둘째, APT는 CAPM에서와 같은 시장포트폴리오의 특별한 역할을 필요로 하지 않는다. 따라서 현실에서 시장포트폴리오를 구성할 수 없더라도 APT는 성립할 수 있다. 셋째, APT는 여러 개의 공통요인을 허용하기 때문에 자산수익률을 설명할 수 있는 많은 경제변수들의 움직임을 위험의 원천으로 수용할 수 있다.

그러나 APT는 이용과정에서 다음과 같은 문제점을 안고 있다. 먼저, APT는 자산수익률에 영향을 미치는 공통요인이 K개라고만 하였지 구체적으로 몇 개인지에 대한 언급이 없다. 이 문제를 해결하기 위해 많은 경우 공통요인들은 요인분석(factor analysis)이라는 통계적 기법을 이용하여 파악된다. 그러나 요인분석에 의해 도출된 공통요인들의 경제적 내용이 무엇인지를 설명하기란 여전히 어렵고, 이럴 경우 요인위험프리미엄의 부호나 크기도 알 수 없다는 근본적인 문제점이 노출된다. 또한 자산의 수가 많을수록 공통요인의 수가 증가한다는 사실에 대해서도 그 이유를 설명하기 어렵다.

■ 생애소비와 다요인 CAPM 및 소비 CAPM

CAPM은 투자자의 투자기간이 1기간이며 투자목적은 1기간 후 자신의 부(wealth)에서 얻을 수 있는 기대효용을 극대화한다고 전제한다. 그러나 많은 투자자는 장기간에 걸친 투자계획을 세우며 실제로 생애소비(life time consumption)에 관심을 갖는다. 이 경우 투자자가 부담하는 위험은 자신의 소비가 변동하는 위험이며, 이러한 소비는 현재의 부와 여러 기간에 걸쳐 얻게 될 자산수익률 또 그에 따른 미래의 부에 의해 결정된다. 따라서 투자자가 부담하는 위험은 단순히 시장포트폴리오의 변동에 따른 위험만이 아니라 미래수익률에 영향을 미치는 여러 요소들의 불확실성에 의해 결정된다. 예를 들어 미래의 근로소득에 대한 불확실성, 이자율의 변동이나 포트폴리오를 구성하는 종목들의 위험의 변화에 따른 투자기회의 변동, 그리고 석유가격의 불확실성 같은 중요한 소비재가격의 변화 등은 모두 소비의 변동을 가져오는 위험요인들이다.

이러한 상황에서 투자자는 최적위험포트폴리오로 시장포트폴리오를 보유하는 것 외에도 소비변동의 위험을 줄이기 위해 추가로 투자를 고려한다. 예를 들어 투자자가 미래 석유가격의 상승위험을 추가적인 투자위험으로 인식하면, 이 위험을 없애기 위해 현재시장에서 거래되는 석유판매기업의 주식을 추가적으로 구입할 수 있다[이를 헤지수요(hedge demand)라고 한다]. 이 경우 추가적인 투자대상이 되는 석유판매기업의 주가는 단순한 CAPM에 의해 설명되는 것과는 달라지며, 따라서 CAPM은 시장에서 거래되는 자산들의 기대수익률-위험의 관계를 더 이상 설명하지 못하게 된다.

머튼(Merton)은 이와 같이 투자자의 소비수준의 변동을 가져오는 여러 위험요인들에 대한 헤지수요를 고려하는 경우 기대수익률과 위험의 균형관계는 전통적인 CAPM을 확장한 다기간-다요인 CAPM(Intertemporal CAPM: ICAPM)에 의해 설명될 수 있다는 것을 보였다.[9] 예를 들어 앞서

9 Merton, R.(1973), "An Intertemporal Capital Asset Pricing Model," *Econometrica* 41, 867-887.

의 석유가격의 변동위험을 반영하는 경우 전통적인 CAPM은 다음과 같은 2요인 CAPM으로 일반화될 수 있다.

$$E(r_i) = r_f + [E(r_m) - r_f] \cdot \beta_{im} + [E(r_S) - r_f] \cdot \beta_{iS} \quad (10.25)$$

식 10.25에서 $[E(r_S) - r_f]$는 석유가격위험에 따른 위험프리미엄이며 $E(r_S)$는 석유가격위험을 가장 잘 헤지할 수 있는 포트폴리오(요인포트폴리오)의 기대수익률, 그리고 β_{iS}는 주식 i의 석유가격위험에 대한 베타계수이다.

식 10.25의 ICAPM은 연속시간하에서 투자자의 생애소비로부터 얻게 될 기대효용의 극대화를 목적함수로 하여 전통적인 CAPM을 일반화한 모형으로서 모형의 도출과정은 K-요인모형에 기초하여 도출된 APT와 다르지만,여러 개의 공통위험을 수용할 수 있다는 점에서는 크게 다를 것이 없다. 즉, 식 10.25의 다기간-다요인 CAPM이나 식 10.24의 APT는 모두 자산의 위험프리미엄이 여러 요인에 의해 설명될 수 있음을 보여준다.

한편, 브리든(Breeden)은 ICAPM에서 K-요인의 역할을 총소비(aggregate consumption)가 대신할 수 있다는 것을 보이면서, 다베타(multi-beta)에서 다시 단일베타로 회귀하는 모형을 개발하였다.[10] 브리든의 모형을 Consumption CAPM(CCAPM)이라고 하는데 다음과 같은 식으로 표현된다.

$$E(r_i) = r_f + |E(r_C) - r_f| \cdot \beta_{iC} \quad (10.26)$$

식 10.26에서 r_C는 총소비성장률을 나타내며, β_{iC}는 증권수익률과 총소비의 공분산위험을 표준화한 소비베타(consumtion beta)를 나타낸다. 식에서 보면, CAPM에서 시장포트폴리오가 담당했던 역할을 CCAPM에서는 총소비가 대신하는 것을 알 수 있다.

CAPM을 포함하여 지금까지 소개된 모든 자산가격결정모형들은 부분균형분석의 틀을 벗어나지 못하는 한계가 있다. 이에 따라 루카스(Lucas)는 소비에 기반한 일반균형분석의 틀을 제시했는데 이를 대표소비자모형(representative consumer model)이라고 한다.[11] 루카스가 제시한 가격결정식은 이후 증권 가격결정에 관한 수많은 연구를 탄생시키는 데 결정적인 역할을 하였다, 자세한 내용은 이 책의 범위를 벗어나기 때문에 생략하기로 한다.

■ 파마-프렌치의 3-요인모형

파마(Fama)와 프렌치(French)는 주식수익률에 영향을 미치는 공통요인으로 인한 위험프리미엄을

10 Breeden, D.(1979), "An Intertemporal Asset Pricing Model with Stochastic Consumption and Investment Opportunities," *Journal of Financial Economics* 7, 265-296.

11 Lucas, R.(1978), "Asset Prices in an Exchange Economy," *Econometrica* 46, 1429-1445. 부분균형분석에서는 자산가격이 외생적으로 주어지는 반면, 일반균형분석에서는 자산가격이 경제상태변수의 함수로서 내생적으로 결정된다.

기업의 특성과 관련하여 규명하였다. 이들은 과거기간 동안에 높은 수익률을 보여준 기업들의 특성을 기초로 하여 위험프리미엄을 설명하는 공통요인으로 시장포트폴리오, 기업규모, 그리고 주식의 장부가-시가비율 등 세 요인을 선정하고 다음과 같은 가격결정모형을 제시하고 있다.[12]

$$E(r_i) = r_f + [E(r_m) - r_f] \cdot \beta_{im} + [E(SMB)] \cdot \beta_{iSMB} + [E(HML)] \cdot \beta_{iHML} \qquad (10.27)$$

식 10.27에서 *SMB*는 여러 주식들을 시장가치에 따라 분류하여 포트폴리오를 구성할 때 소기업 주식포트폴리오와 대기업 주식포트폴리오에 대한 수익률의 차이이며, *E*(*SMB*)는 대규모기업 대비 소규모기업에 대한 시장의 평균적인 위험프리미엄을 나타낸다. *HML*은 여러 주식들을 장부가-시가비율에 따라 분류하여 크기 순으로 포트폴리오를 구성할 때, 그 비율이 가장 높은 주식포트폴리오와 가장 낮은 주식포트폴리오의 수익률의 차이를 나타낸다. *E*(*HML*)은 장부가-시가비율이 높은 기업이 낮은 기업에 대해 갖는 시장의 평균적인 위험프리미엄을 나타낸다.

기업특성을 나타내는 이들 두 변수는 과거기간 동안에 높은 수익률을 보여준 기업들의 특성을 관찰한 결과 얻어진 것이다. 파마와 프렌치는 소규모기업이 대규모기업에 비해 경기변동에 더욱 민감하게 영향을 받고, 또 장부가-시가 비율이 높은 기업이 평균적으로 재무적 곤경(financial distress)에 빠질 가능성이 높다고 주장한다. 즉, 이들 두 변수는 시장포트폴리오의 수익률에 대한 체계적 위험인 베타가 측정하지 못하는 경기변동과 재무적 곤경에 대한 추가적인 위험을 나타낸다는 것이다.

중 요 용 어

동질적 기대(homogeneous expectations)
자본시장선(capital market line: *CML*)
위험의 시장가격(market price of risk)
공격적 주식(aggressive stock)
시장모형(market model)
수정베타(adjusted beta)
증권시장선(security market line: *SML*)
다기간-다요인 CAPM(Intertemporal CAPM: ICAPM)
차익거래가격결정이론(arbitrage pricing theory: APT)
파마-프렌치의 3요인모형(Fama-French 3-factor model)
자본자산가격결정모형(capital asset pricing model: CAPM)
시장포트폴리오(market portfolio)
베타(β)
위험보상비율(reward-to-risk ratio)
방어적 주식(defensive stock)
과거베타(historical beta)
무차익원리(no arbitrage principle)
제로-베타 CAPM(zero-beta CAPM)
소비 CAPM(consumption CAPM: CCAPM)
대표소비자모형(representative consumer model)

---

12 Fama, E. and K. French(1996), "Multi-factor Explanations of Asset Pricing Anomalies," *Journal of Finance* 51, 55-84.

연습문제

10-1 동질적 기대(homogeneous expectations) 가정이 자본자산가격결정모형을 도출하는 과정에서 어떠한 역할을 하는지 설명하라.

10-2 자본시장선을 이용하여 투자자들이 자신의 효용을 극대화하는 최적포트폴리오를 선택하는 과정을 설명하라.

10-3 수현 씨의 현재 포트폴리오는 M주식에 1,500만원을 100% 투자한 포트폴리오이다. 무위험이자율은 4%이고, M주식의 기대수익률은 15%, 표준편차는 40%라고 하며, 시장포트폴리오의 기대수익률은 11%이고 표준편차는 15%이다. CAPM이 성립한다는 가정하에 다음 물음에 답하여라.

① 같은 기대수익률을 유지하되 표준편차를 줄일 수 있는 투자전략을 세우고, 이 투자전략의 표준편차를 구하라.

② M주식과 같은 표준편차를 갖되 기대수익률을 극대화시키는 투자전략을 세우고 이 투자전략의 기대수익률을 구하라.

10-4 증권시장선(*SML*)과 자본시장선(*CML*)의 관계에 대해 설명하라.

10-5 ㈜e-디자인 주식의 수익률에 대한 자료가 다음과 같을 때 아래의 물음에 답하라. 단, 무위험이자율은 6%이다.

상태	확률	예상수익률(%)	
		e-디자인	시장포트폴리오
1	0.1	−30	−15
2	0.3	0	5
3	0.4	20	15
4	0.2	50	20

① e-디자인 주식의 기대수익률과 분산을 구하라.

② 시장포트폴리오의 기대수익률과 분산을 구하라.

③ e-디자인 주식과 시장포트폴리오의 수익률 간의 공분산과 e-디자인 주식의 베타를 구하라.

④ 증권시장선을 구하고, e-디자인 주식의 균형수익률을 증권시장선에서 구해 보라.

⑤ 위 ①에서 구한 e-디자인 주식의 기대수익률과 *SML*로부터의 균형수익률을 비교해 보고, e-디자인의 주가가 앞으로 어떻게 변화할지에 대해 설명하라.

10-6 ㈜서울은 두 가지 투자안 A와 B에 대한 투자결정을 내리려고 한다. 두 투자안 A와 B 및 자본시장에 관한 자료는 아래와 같다.

	㈜서울	투자안 A	투자안 B
기대수익률(%)	20.0	20.0	30.0
표준편차(%)	20.0	40.0	60.0
시장포트폴리오와의 상관계수	0.50	0.75	0.20

* 무위험이자율 = 12%
시장포트폴리오의 기대수익률 = 20%
시장포트폴리오의 수익률의 표준편차 = 20%

① 투자안의 표준편차가 같으면 기대수익률 역시 같아야 한다는 주장이 있다. 이러한 주장이 타당한지를 설명하라.

② 증권시장선(*SML*)을 구하라.

③ 투자안 A와 B의 베타와 증권시장선상에서 결정되는 균형수익률을 계산하고, 각 투자안의 채택 여부를 결정하라.

④ 투자안 A와 B에 균등투자하는 포트폴리오의 베타를 구하라.

10-7 주식 A와 B, 그리고 종합주가지수의 과거 5년간 수익률이 다음과 같다.

연도	수익률(%)		
	주식 A	주식 B	종합주가지수
2020	14	13	12
2021	19	7	10
2022	−16	−5	−12
2023	3	1	1
2024	20	11	15

① 주식 A와 B의 베타를 추정하라.

② 과거 5년간의 평균수치가 앞으로도 계속된다고 가정하고 증권시장선을 구하라. 무위험이자율은 4%이다.

③ 위 ①에서 구한 베타와 ②에서 구한 증권시장선을 이용하여 주식 A와 B의 기대수익률을 구하라.

10-8 다음은 과거 주가자료를 토대로 하여 주식 A와 B에 대한 시장모형을 추정한 결과이다. 이를 이용하여 아래 물음에 답하라.

$$r_A = 0.05 + 0.8r_m + e_A, \qquad r_B = 0.04 + 1.2r_m + e_B, \qquad \sigma_m = 0.2$$

$$\text{결정계수: } \frac{\beta_A^2 \cdot \sigma_m^2}{\sigma_A^2} = 0.15, \qquad \frac{\beta_B^2 \cdot \sigma_m^2}{\sigma_B^2} = 0.30$$

① A, B 주식수익률의 분산을 구하고 이를 시장수익률과 관련된 부분과 A와 B의 고유위험에 따른 부분으로 분해하라.

② A, B 주식수익률 간의 공분산과 상관계수를 구하라.

③ A, B 주식과 시장수익률과의 공분산을 구하라.

④ A, B에 6: 4의 비율로 투자한 포트폴리오를 구성하고 이의 베타와 수익률의 분산을 구해 보라.

10-9 ㈜관악은 세 개의 사업부를 운영하고 있다. 이들 세 사업부의 규모는 동일하다. ㈜관악의 재무담당 관리자는 이 세 사업부의 경제상황별 수익률 정도를 다음 표와 같이 예측하였다. 이 자료를 이용하여 다음 물음에 답하라.

경제상황	예측된 확률	시장수익률	사업부 1	사업부 2	사업부 3
대호경기	0.25	0.35	0.40	0.60	0.20
호경기	0.25	0.20	0.36	0.30	0.12
보통	0.25	0.13	0.24	0.16	0.08
불경기	0.25	−0.08	0.00	−0.26	−0.02

① 무위험이자율이 9%라면 각 사업부에 대한 요구수익률은 얼마인지 CAPM을 이용하여 평가하라.
② ㈜관악의 베타를 구하라.
③ 만일 ㈜관악이 그 회사 자본의 30%를 무위험이자율에 차입하고 있으며 70%는 주식을 발행하여 조달하고 있다면, 이 회사 주식의 베타는 얼마인지 계산하라.
④ 세 사업부 중 계속 유지해야 할 사업부와 처분해야 될 사업부를 구하라.

10-10 시장포트폴리오의 기대수익률 $E(r_m) = 15\%$, 무위험이자율 $r_f = 5\%$인 경우, 시장포트폴리오와 무위험자산을 이용하여 기대수익률 10%를 갖는 포트폴리오를 구성하려 한다. 이 포트폴리오의 베타를 계산하라. 만일 어떤 투자자가 8%의 수익률을 얻고자 한다면 시장포트폴리오에 얼마의 비율로 투자해야 할지 결정하라. 또 16%의 수익률을 얻으려면 어떤 투자방법을 사용해야 할지를 설명하라.

10-11 주식시장은 3개의 공통요인에 의해 지배되고 있고, 세 요인과 각 요인에 대한 위험프리미엄은 아래와 같다.

요인	위험프리미엄(%)
산업생산(I)	6
이자율(R)	2
소비성향(C)	4

현재 시장에서 ㈜백두의 수익률이 다음과 같은 3요인모형에 의해 생성되고 있다.

$$r = 15\% + 1.0I + 0.5R + 0.75C + e$$

㈜백두 주식의 균형수익률을 APT를 이용하여 계산하라. 무위험이자율은 6%이다. 또 이 주식의 과대 · 과소 평가 여부를 결정하라.

10-12 개별자산의 수익률은 다음의 2요인모형에 의해 설명된다. 두 요인 F_1과 F_2의 상관계수는 0이며, 증권거래에 비용이 없고, 공매에 제한이 없다.

$$r_i = E(r_i) + \beta_{i1}F_1 + \beta_{i2}F_2$$

세 주식 A, B, C의 요인베타와 기대수익률이 다음 표와 같을 때 아래 물음에 답하라.

주식	β_{i1}	β_{i2}	$E(r_i)$
A	1.0	1.0	10%
B	1.5	1.25	12%
C	2.0	1.5	15%

① A와 B 두 자산을 이용하여 그 수익률이 F_1에 의해 영향받지 않는($\beta_{i1}=0$이 되는) 포트폴리오를 구성하라.

② 위 ①의 포트폴리오를 B와 C 두 자산을 이용하여 구성하여 보라.

③ 위 ①과 ②의 결과에 의할 경우 차익거래의 기회가 존재하는지를 판단하고, 존재할 경우 어떠한 방법으로 차익을 얻을 수 있는지 보여라.

④ 세 주식은 2요인 APT에 의해 평가되는 균형가격으로 거래되고 있다고 하자. 이때 A, B, C 세 주식에 대한 기대수익률은 각각 얼마가 되어야 하는지를 계산하라.

제 11 장

위험을 고려한 자본예산과 자본비용

STUDY GUIDE

제Ⅱ편에서는 투자의 미래수익을 확실히 안다는 가정하에 위험이 없는 투자결정에 대하여 설명하였고, 제Ⅲ편의 제8장, 제9장, 제10장에서는 미래수익이 불확실한 상황에서 투자의 수익률과 위험을 어떻게 측정할 수 있는지 또 위험의 균형가격을 어떻게 계산할 수 있는지를 살펴보았다. 이 장에서는 앞에서 배운 내용들을 기초로 하여 미래의 투자수익이 불확실한 경우에 투자안을 평가하는 방법을 살펴본다. 우선 투자안평가를 위한 할인율(자본비용)을 어떻게 조정할 수 있는지와 투자에 필요한 자금의 일부를 부채로 조달하면 자본비용에 어떤 영향을 미치는지를 살펴본다. 다음으로, 할인율을 조정하는 방법의 대안으로 확실성등가법에 대해 살펴보고, 미래상황의 복잡성과 미래현금흐름의 불확실성을 고려하는 여러 보완적인 방법들에 대해서도 살펴본다.

11.1 현금흐름의 불확실성과 투자안의 평가

제Ⅱ편에서는 투자에서 실현되는 현금흐름을 확실히 알고 있다는 가정하에 투자안을 평가하는 방법을 살펴보았다. 그러나 현실에서는 투자로부터 발생하는 미래의 현금흐름을 확실히 알 수 있는 경우가 거의 없다. 예를 들어, 유전개발 사업으로부터 발생할 현금흐름은 석유의 부존량과 유가수준 등 여러 요인에 의해 영향을 받게 되므로 정확한 예측이 불가능하다. 현금흐름이 불확실한 경우, 투자안을 합리적으로 평가하기 위해서는 이러한 불확실성(즉 투자위험)을 적절하게 반영하여야 한다. 불확실성이 없는 경우 투자안의 평가를 위한 할인율은 무위험이자율이었으나, 위험이 있는 경우 무위험이자율은 적절한 할인율이 될 수 없다.

불확실성하에서 투자안을 분석할 때 선결해야 할 두 가지 과제가 있다. 첫째, 투자안의 위험을 어떻게 정의할 것인가의 문제이다. 개별투자안의 위험은 총위험 또는 체계적 위험으로 구분할 수 있다. 이들 중 어느 것을 투자안의 평가에 반영할 것인지를 결정해야 한다. 둘째, 투자안의 평가에 위험을 어떻게 반영할 것인가에 대한 문제이다. 투자안의 경제성분석에 있어 위험을 고려하는 기술적인 방법을 찾아야 한다.

■ 총위험과 체계적 위험

투자안의 위험은 투자에서 발생할 미래현금흐름의 불확실성을 의미하는 것으로 이를 측정하기 위해서 현금흐름의 분산 또는 표준편차를 이용하는 것이 보통이다. 그러나 제8장과 제9장에서 보았듯이, 개별투자안의 위험(총위험)은 분산투자로 없앨 수 있는 비체계적 위험과 분산투자로도 없앨 수 없는 체계적 위험으로 구성된다. 특정 투자안의 비체계적 위험을 분산투자를 통해 없앨 수 있다면 이 위험을 투자안의 평가에 고려할 필요가 없다. 따라서 분산투자가 가능한 경우 투자안의 평가에서 고려대상이 되는 위험은 체계적 위험이다.

■ 할인율(자본비용)을 조정하는 방법과 현금흐름을 조정하는 방법

제6장에서 본 것과 같이, T년의 내용연수를 갖는 투자안의 순현가(NPV)는 다음과 같이 구한다.

$$NPV = \frac{CF_1}{(1+r)} + \frac{CF_2}{(1+r)^2} + \cdots + \frac{CF_T}{(1+r)^T} - I_0 \quad (11.1)$$

여기서 CF_t는 t기의 현금흐름을, r은 할인율을, I_0는 초기의 투자비용을 나타내며 현금흐름을 확실히 아는 경우 r은 무위험이자율을 나타낸다.

식 11.1에서 현금흐름이 불확실한 경우 이를 NPV에 반영하는 두 가지 방법이 있다. 첫째는 식 11.1의 분모를 조정하는 방법으로 현금흐름의 불확실성을 고려하여 할인율을 무위험이자율보다 높게 잡는 방법이다. 이 방법에서는 투자자들이 위험회피형이란 전제하에 현금흐름의 불확실성이 클수록 높은 할인율을 사용한다. 불확실성이 커질수록 더 높은 수준의 위험프리미엄을 요구할 것이기 때문이다. 이와 같이 투자위험을 반영하여 조정된 할인율을 위험조정할인율(risk-adjusted discount rate)이라고 한다. 둘째는 식 11.1의 분자를 조정하는 방법으로 불확실한 현금흐름을 조정하여 가치가 같은 확실한 현금흐름(이를 확실성등가(certainty equivalent)라고 부른다)으로 환산하고 이를 무위험이자율로 할인하는 방법이다. 확실성등가보다 위험조정할인율을 이용하는 방법이 흔히 사용되므로 다음에서는 먼저 이 방법에 대해 설명하고, 확실성등가를 이용한 방법을 제11.5절에서 간단히 살펴본다.

■ 위험조정할인율과 자본비용

이제 투자위험을 반영한 위험조정할인율을 이용하여 순현가를 계산하면 다음과 같다.

$$NPV = \frac{E(CF_1)}{(1+k)} + \frac{E(CF_2)}{(1+k)^2} + \cdots + \frac{E(CF_T)}{(1+k)^T} - I_0 \qquad (11.2)$$

여기서 $E(CF_t)$는 t기의 기대현금흐름, k는 투자위험을 반영한 위험조정할인율을 나타낸다. 식 11.2에서 투자안의 위험을 반영하는 위험조정할인율 k는 무위험이자율에 위험프리미엄을 더해서 결정되며, 위험프리미엄은 앞서 공부한 CAPM이나 APT 등의 자산가격결정모형으로부터 계산될 수 있다.

식 11.2의 위험조정할인율은 투자위험을 부담한 대가로 기업이 요구하는 최소한의 수익률로서 기대수익률 또는 요구수익률이라고 한다. 기업은 투자에서 얻는 수익으로 자본제공자가 요구하는 자본사용에 대한 대가를 지급하여야 한다. 기업이 투자로부터 얻는 기대수익률은 최소한 자본비용에 대한 대가를 치를 수 있는 수준에서 결정될 것이기 때문에, 식 11.2의 위험조정할인율은 자본비용(cost of capital)의 의미를 갖는다. 예를 들어 어떤 기업이 새로운 투자에 필요한 자본을 전액 자기자본으로 조달한다면, 투자안평가를 위한 할인율은 투자위험을 반영한 기대수익률이 되어야 하고, 이는 다시 기업이 자본제공자인 주주에게 제공하여야 하는 자기자본비용과 같아야 한다. 또 자기자본비용은 주주들이 요구하는 수익률이기 때문에 주식의 기대수익률이라고도 부를 수 있다. 위험조정할인율을 구할 때 CAPM 등을 이용하는 이유는 바로 여기에 있다.

예제 11-1 식품업을 영위하는 ㈜진선 주식의 베타는 0.5이다. 이 회사는 부채를 전혀 사용하지 않고 있으며 앞으로도 그럴 예정이다. 이 회사는 최근 기존사업을 두 배로 증설할 것을 계획하고 있으며 필요한 자금 85억원은 자기자본으로 조달할 예정이다. 증설을 하는 경우 다음 해부터 매년 10억원의 추가적인 현금흐름이 영구히 발생할 것으로 예상된다. 현재 무위험이자율은 5%라고 하며, 시장포트폴리오의 수익률은 15%로 예상된다고 한다. ㈜진선의 증설투자안에 대한 채택 여부를 결정하라.

풀이 기존사업을 두 배로 증설하는 것이므로 새로운 투자안의 베타도 기존사업의 베타와 같다. 따라서 투자안의 평가에 적용될 할인율을 CAPM을 이용해서 구하면 다음과 같이 10%이다: $E(r_i) = 5\% + (15\% - 5\%) \times 0.5 = 10\%$. 이는 ㈜진선의 기대수익률일 뿐 아니라 새로운 투자에도 적용된다. 이 할인율을 이용하여 증설투자안의 순현가를 구하면 다음과 같이 15억원이다.

NPV = 10억/0.1 − 85억 = 15억원

따라서 ㈜진선은 이 투자안을 채택해야 한다.

■ 가중평균자본비용

기업은 새로운 투자에 필요한 자금을 타인자본이나 자기자본으로 조달할 수 있다. 자본을 제공하는 채권자와 주주는 각자 부담하는 위험이 다르기 때문에 이들이 요구하는 수익률인 부채비용(타인자본비용)과 자기자본비용 또한 서로 다르다. 따라서 기업이 여러 원천으로부터 자본을 조달하는 경우 기업의 자본비용은 원천별 자본비용의 가중평균값으로 구할 수 있는데, 이를 가중평균자본비용(weighted average cost of capital: *WACC*)이라고 한다.

기업이 투자에 필요한 자금을 부채와 자기자본으로 조달할 경우 가중평균자본비용을 어떻게 계산하는지를 보기 위해 다음과 같이 기호를 정의하자.

k_D: 부채비용, k_E: 자기자본비용, k_{WACC}: 기업의 자본비용(= 가중평균자본비용)
D : 부채의 가치, E: 자기자본의 가치

법인세가 없는 경우 가중평균자본비용(*WACC*)은 다음 식에 의해 구할 수 있다.

$$\text{가중평균자본비용: } k_{WACC} = \frac{D}{D+E} \cdot k_D + \frac{E}{D+E} \cdot k_E \tag{11.3}$$

식 11.3으로 측정되는 기업의 자본비용은 바로 원천별 자본비용을 총자본에서 각 원천별 자본이 차지하는 비율로 가중하여 계산된 값이다. 이 가중평균자본비용이 바로 투자안을 평가할 때 할인율로 사용된다. 다음에서는 각 원천별 자본비용을 구하는 방법과 가중평균자본비용을 이용하는 방법에 대하여 살펴보자.

11.2 자기자본비용

■ CAPM과 자기자본비용

자기자본비용(cost of equity)은 보통주를 발행하여 자금을 조달하는 대가로 지급하는 비용을 말하며, 보통주의 자본비용(cost of common stock)이라고도 한다. 자기자본비용은 다음에 살펴볼 부채비용에 비해 그 계산이 쉽지 않다. 기업이 주식을 발행하여 자금을 조달할 때 자본사용의 대가로 얼마를 지급할지는 명확하게 결정되지 않는데, 이는 주식투자의 대가인 배당과 자본이득이 미래의 경영성과에 따라 변동하기 때문이다. 따라서 자기자본비용은 이러한 불확실성에 대한 보상으로 위험프리미엄을 반영해야 하는데, 이것을 결정하는 것이 가장 핵심적인 과제이다. 자기자본비용

을 구하기 위해서 흔히 제10장에서 살펴본 CAPM이나 제5장에서 살펴본 배당평가모형을 이용한다.[1]

CAPM에 의하면 개별주식의 기대수익률 $E(r_i)$와 체계적 위험 β_i의 관계식은 다음과 같다(식 10.20 참조).

$$E(r_i) = r_f + [E(r_m) - r_f]\beta_i \tag{11.4}$$

식 11.4에서 개별주식의 기대수익률을 계산하기 위해서는 먼저 그 주식의 체계적 위험 β_i를 구해야 한다. 베타를 추정하는 방법에 대해서는 제10장에서 설명하였다. β_i가 구해지면 시장위험프리미엄을 구해야 하는데 미래기간에 적용될 값을 구하는 것은 어렵기 때문에 보통은 장기간에 걸친 과거평균으로 추정한다. 예컨대, 제8장에서 살펴본 우리나라의 시장위험프리미엄의 과거평균은 약 6%이다. 미국시장의 경우 장기평균은 기간에 따라 다소의 차이가 있으나 대략 6~8%인 것으로 파악된다. 베타와 시장위험프리미엄이 구해지면 둘을 곱하여 개별주식의 위험프리미엄을 얻게 되고, 여기에 무위험이자율을 더하여 기대수익률을 얻게 된다. 무위험이자율은 현재의 무이표채 가격을 이용하여 계산할 수 있다.

예제 11-2 증권시장에서 과거 30년 동안의 주가지수에 대한 초과수익률의 평균은 6%이다. 또 과거 5년 동안의 주식 i와 주가지수의 수익률자료에 의해 추정한 주식 i의 베타는 1.2이다. 현재의 무위험이자율이 2.5%일 때, CAPM을 이용하여 기업 i의 자기자본비용을 구하라.

풀이 식 11.4를 이용하여 주식 i의 기대수익률을 구하면 다음과 같다.

$E(r_i) = 2.5 + 6 \times 1.2 = 9.7\%$

따라서 이 주식을 발행한 기업의 자기자본비용도 9.7%이다.

■ 배당평가모형을 이용한 자기자본비용의 계산

CAPM이나 APT를 이용하여 자기자본비용을 계산하려면 CAPM 또는 APT의 여러 가정이 현실적으로 타당한지를 따져 보아야 한다. 모형의 가정이 현실과 동떨어진 것이라면 모형에 의해 결정된 위험프리미엄이 정확하지 않을 가능성이 높기 때문이다. 그러나 배당평가모형을 이용하면 이러한 가정의 성립 여부와 관계없이 자기자본비용을 구할 수 있다. 투자자가 주식으로부터 기대하는 현금흐름을 적절한 할인율로 할인한 것이 현재의 주가이므로 기대현금흐름과 주가의 관계를 이용하여 할인율을 추정하면 이것이 자기자본비용이 된다. 시장이 균형상태에 있다면 앞에서 설명한

1 관련 연구는 조사대상 기업 중 80% 이상이 CAPM을 이용하여 자기자본비용을 추정하며, 약 15%가 배당평가모형을 이용하는 것을 보여준다. Graham, J.(2022), "Presidential Address: Corporate Finance and Reality," *Journal of Finance* 77(4), 1975-2049; Graham, J. and C. Harvey(2001), "The Theory and Practice of Corporate Finance : Evidence from the Field," *Journal of Financial Economics* 60, 187-244.

CAPM을 이용하는 방법이나 여기에서 설명하는 방법은 동일한 결과를 얻게 된다.

배당평가모형(dividend discount model)에서 현재의 주가 P_0는 미래에 기대되는 배당 D_t를 할인율 k_E로 할인한 값의 합이다.

$$P_0 = \frac{D_1}{(1+k_E)} + \frac{D_2}{(1+k_E)^2} + \cdots + \frac{D_\infty}{(1+k_E)^\infty} \tag{11.5}$$

이 모형의 할인율 k_E가 바로 자기자본비용이다. 매년의 배당이 D로서 일정할 때와, 미래의 배당이 매년 g만큼의 비율로 성장을 하고 g가 자기자본비용 k_E보다 작을 때($k_E > g$), 각각의 주가는 다음과 같다.

$$P_0 = \frac{D}{k_E} \text{ (배당이 일정할 때)}; \qquad P_0 = \frac{D_1}{k_E - g} \text{ (배당이 항상 성장할 때)} \tag{11.6}$$

위의 각 식을 k_E에 대해서 정리하면 다음과 같은 결과를 얻는다.

$$k_E = \frac{D}{P_0} \text{ (배당이 일정할 때)}; \qquad k_E = \frac{D_1}{P_0} + g \text{ (배당이 항상 성장할 때)} \tag{11.7}$$

식 11.7에서 보면 배당이 매년 일정한 경우 자기자본비용은 배당수익률(dividend yield)과 일치한다. 또 배당이 매년 g만큼의 비율로 성장할 때 자기자본비용은 배당수익률에 성장률 g를 더한 것

예제 11-3 2014년부터 10년 동안 ㈜삼일의 주주들이 지급받은 주당배당금은 다음과 같다.

(단위: 원)

연도	배당액	연도	배당액
2014	1,500	2019	2,190
2015	1,680	2020	2,380
2016	1,780	2021	2,490
2017	1,920	2022	2,550
2018	2,070	2023	2,700

2024년 1월 현재 ㈜삼일의 주가는 40,000원이며, 2024년 말에는 2,800원의 배당이 예상된다고 한다. 과거 10년간의 자료로부터 배당의 평균성장률을 구한 후, 이를 이용하여 ㈜삼일의 자기자본비용을 구하라.

풀이 과거 10년간의 ㈜삼일의 배당의 평균성장률 g를 다음 식에서 구할 수 있다: $1{,}500(1+g)^9 = 2{,}700$. 여기서 g를 구하면 $g = 6.75\%$이다. 이 결과와 식 11.7을 이용하면 ㈜삼일의 자기자본비용은 다음과 같다: $k_E = D_1/P_0 + g = 2{,}800/40{,}000 + 0.0675 = 13.75(\%)$. (주)삼일의 주주들은 그들의 투자에 대해 최소한 13.75%의 수익률(현재 주식가격의 7%에 해당하는 배당과 6.75%의 성장률)을 기대하고 있다. 이러한 투자자의 기대가 충족되지 못하면 주가는 하락하게 된다.

과 같다.

■ 유보이익의 자본비용

순이익 중에서 배당을 지급하고 남은 유보이익도 기업이 투자에 필요한 자금을 조달하는 수단이다. 이 유보이익은 기업에서 볼 때 비용이 없는 자본조달로 생각하기 쉬우나, 유보이익의 이용에도 기회비용이 수반된다.

유보이익은 주주에게 배당으로 지급하는 대신 기업의 재투자를 위하여 유보시킨 것이므로, 주주들은 이로부터 최소한 기업의 기존사업과 같은 위험을 갖는 투자기회에 투자할 때 얻을 수 있는 수익률만큼을 요구하게 된다. 즉, 유보이익을 배당으로 지급하였더라면 주주들은그 배당으로 위험이 같은 다른 기업의 주식을 매입할 수 있었을 것이다. 그러므로 기업은 유보이익에 대하여도 주주들이 자신의 지분에 대하여 기대하고 있는 수익률만큼을 제공해야 한다. 만일 이러한 주주들의 기대가 충족되지 못하면 주가는 하락하게 된다. 따라서 유보이익의 자본비용은 주식의 자본비용과 동일하며, 유보이익을 따로 분리하여 자본비용을 계산할 필요가 없다. 기업의 현재가치를 결정할 때 자기자본의 가치는 [주가×발행주식수]로 나타내는데, 유보이익은 이미 주가에 반영되어 있으므로 유보이익을 분리하여 원천별 자본비용을 구하는 것은 의미가 없다.

■ 사업위험과 베타

앞서 [예제 11-1]에서 ㈜진선이 회사규모를 두 배로 증설하는 투자안에 대한 할인율을 10%로 구하였다. 이 10%의 할인율을 ㈜진선이 고려하는 다른 신규투자안의 평가에도 적용할 수 있을까? [예제 11-1]에서 구한 10%의 할인율을 새로운 투자안의 평가에 사용하는 것은 다음과 같은 전제 하에서 타당하다. 첫째, 신규투자안의 특성이 회사의 기존사업의 내용과 차이가 없어야 한다. 즉 새로운 사업의 위험은 기존사업의 위험과 동일해야 한다. 둘째, 새로운 투자를 위해 필요한 자금은 전액 자기자본으로만 조달해야 한다. 즉 새로운 투자를 위한 자금조달방법은 기존의 자금조달방법과 동일해야 한다. 기업이 투자를 할 때 부담하는 위험을 위험의 원천에 따라 분류하면 사업위험과 재무위험으로 나눌 수 있는데, 기존사업과 새로운 투자의 사업위험과 재무위험이 서로 다를 경우 이를 반영하여 할인율을 구해야 한다는 것이다.

〈표 11-1〉은 한국거래소에 상장된 주식 중 각 업종을 대표하는 10개 기업이 소속된 산업과 부채비율, 그리고 각 기업의 주식베타를 나타낸 것이다. 표에 나타난 기업들의 주식베타는 0.28에서 1.83의 범위에서 기업별로 큰 차이가 난다. 이러한 차이를 가져오는 중요한 원인은 바로 기업별로 영위하는 사업(산업구분)과 자금조달방법(부채비율)이 달라 주주가 부담하는 위험이 다르기 때문이다.

먼저, 사업위험(business risk)은 기업이 영위하는 사업(영업)의 특성과 보유자산의 성격에 따라 발생하는 위험을 말한다. 이는 부채의 사용 여부와 무관하게 결정되는 기업의 위험이다. 예컨대 〈표 11-1〉에서 에너지사업을 하는 SK이노베이션과 건설업을 영위하는 대우건설의 주식베타는 1

표 11-1 기업별 사업특성과 부채비율 그리고 주식베타

기업	산업구분	부채비율	주식베타
SK텔레콤	통신	158%	0.35
삼성전자	전기전자	26%	0.87
현대차	자동차	181%	0.79
SK이노베이션	에너지	189%	1.83
한국전력	유틸리티	459%	0.32
CJ제일제당	음식료 및 담배	160%	0.43
셀트리온	의료 및 바이오	38%	0.51
롯데쇼핑	유통	187%	0.28
HD현대중공업	조선	208%	0.42
대우건설	건설	199%	1.30

주: 주식베타는 2024년 1월 현재 과거 36개월의 월별자료를 기준으로 KOSPI를 시장포트폴리오의 대용치로 하여 시장모형으로 추정한 값이며, 부채비율은 2022년 말 현재의 값이다.

보다 훨씬 큰 값을 가지며, 통신사업을 하는 SK텔레콤과 도소매유통업을 하는 롯데쇼핑의 베타는 1보다 훨씬 작은데 이러한 차이의 중요한 원인은 에너지사업과 건설사업의 위험이 통신사업이나 도소매유통업에 비해 크기 때문이다. 이에 대한 구체적인 내용은 [예제 11-4]에서 살펴본다.

재무위험(financial risk)은 부채를 사용하기 때문에 발생하는 위험이다. 기업이 영업활동에서 벌어들인 이익은 우선적으로 부채에 대한 이자지급에 사용되므로, 주주의 관점에서 부채의 사용은 그만큼 자신이 가져갈 수 있는 몫의 불확실성을 크게 한다는 의미이다. 〈표 11-1〉에서 기업마다 부채비율이 다른데 이러한 차이는 주주가 부담하는 재무위험의 차이를 가져와 주식베타에 영향을 미치게 된다. 투자에 필요한 자금을 자기자본으로만 조달하는 기업의 주주들은 사업위험만을 부담하나, 부채를 사용하는 기업의 주주들은 사업위험과 재무위험을 동시에 부담하게 된다.

결국 기존기업의 주식베타를 이용하여 새로운 투자안의 자본비용을 구하는 방법은 ① 새로운 투자안의 사업위험이 기존회사의 사업위험과 같고 ② 재무위험에 차이가 나지 않는 경우의 할인율을 계산하는 것이라고 볼 수 있다. 사업위험과 재무위험은 체계적 위험인 베타(β)에 영향을 미치게 되므로, 만일 새로운 투자안의 내용이 이 두 전제조건과 부합되지 않는다면 할인율은 다른 방법으로 계산되어야 한다. 그 내용을 살펴보자.

기존사업과 새로운 투자안의 사업위험이 다른 경우

기업이 영위하는 기존사업의 위험은 새로운 투자안의 사업위험과는 차이가 날 수 있다. 식품업을 하는 ㈜진선에서 인쇄공장을 새로이 설립한다면, 기존사업과 새 투자의 사업위험은 같다고 볼 수 없다. 이에 따라 양자의 체계적 위험도 달라진다. 앞서의 [예제 11-1]에서 ㈜진선의 베타는 0.5였으며, CAPM을 이용하여 구한 주식의 기대수익률은 10%였다. 이를 인쇄업의 평가를 위한 할인율로 그대로 쓸 수 없는 이유는, 식품업의 위험과 인쇄업의 위험이 다르기 때문이다. 예컨대 인쇄업의 베타가 1.2라고 하자. 이제 새로운 사업의 기대수익률은 17%[$=5+(15-5)\times1.2$]이다. ㈜진선

| 그림 11-1 | ㈜진선의 기대수익률과 인쇄업의 할인율

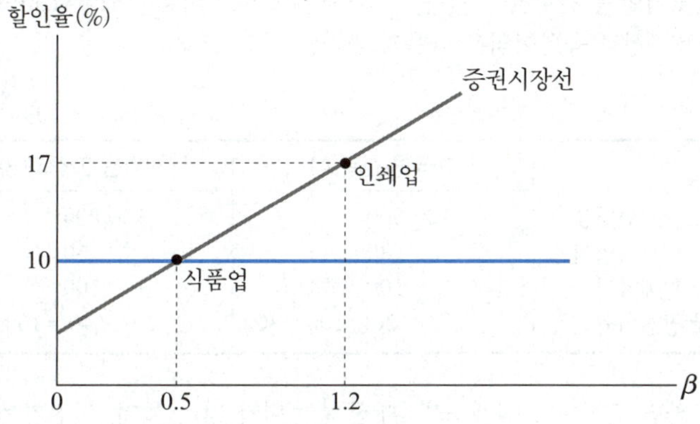

이 투자주체이지만, 인쇄업에 투자할 때의 할인율은 ㈜진선 주식의 기대수익률인 10%가 아니라 인쇄업의 기대수익률인 17%가 적용되어야 한다. 따라서 투자안을 평가할 때 사용하는 할인율은 투자결정을 하는 기업의 할인율이 아닌 투자대상의 위험을 적절하게 반영한 기대수익률이다. 이를 그림으로 나타내면 [그림 11-1]과 같다.

[그림 11-1]은 증권시장선상에서 인쇄업의 할인율은 17%, 그리고 식품업의 기대수익률은 10%임을 보여주고 있다. 즉, 투자로부터 예상되는 현금흐름을 할인할 때 그 투자의 사업위험을 반영하는 베타에 따라 할인율이 달라진다. 사업위험을 반영하는 베타를 자산베타(asset beta)라고 하며, 이를 결정하는 요인에는 다음과 같은 것들이 있다.

첫째, 미래수익의 패턴이다. 기업마다 영위하는 사업의 특성에 따라 경기변동에 따른 매출액(수익)의 변화가 다르게 나타난다. 〈표 11-1〉에서 자동차, 에너지, 건설업 등의 수익은 경기주기와 같은 방향으로 움직이는 반면, 음식료품, 의약품, 유틸리티 등의 사업의 매출액은 경기주기에 큰 영향을 받지 않고 안정적이다. 매출액의 변화가 경기상황의 변화와 밀접하게 관련되어 있는 기업의 베타는 크고, 그렇지 않은 기업의 베타는 작다.

둘째, 고정영업비용의 부담에 따른 영업레버리지효과(operating leverage effect)이다. 기업에서 발생하는 영업비용은 변동비와 고정비로 구분된다. 고정비는 매출액 변화와 관계없이 일정하게 지급되는 것으로 임대료, 감가상각비 등이 이에 속한다. 반면에 변동비는 매출액에 비례하는 것으로 재료비가 대표적이다. 예를 들어 〈표 11-1〉에서 조선이나 에너지, 철강소재 등의 사업은 설비투자의 규모가 커 고정비의 비중이 크다. 반면 음식료품이나 의료, 유통 등의 사업은 상대적으로 고정비 비중이 낮고 변동비 비중이 크다. 변동비에 비해 고정비의 비중이 클수록 매출액이 변화할 때 영업이익의 변화폭이 커진다. 이와 같이 고정비로 인해 매출액의 변화율에 대한 영업이익의 변화율이 확대되는 효과를 영업레버리지효과라고 한다. 다른 조건이 같다면 고정비의 비중이 큰 기업일수록 영업레버리지효과가 크고 또 베타가 크게 나타난다. 예를 통해 살펴보자.

예제 11-4 강남기업에서는 요즘 큰 인기를 끌고 있는 고급 방한복을 생산하는 투자안과 산악용 자전거를 생산하는 투자안을 검토하고 있다. 두 투자안의 초기비용은 모두 100억원이며, 각 투자안의 다음 1년간의 비용구성과 공헌이익은 다음과 같다.

(단위: 만원)

	고급 방한복(A)	산악용 자전거(B)
연간 고정영업비용	100,000	300,000
단위당 변동영업비용	80	60
단위당 판매가격	100	100
단위당 공헌이익	20(= 100 − 80)	40(= 100 − 60)

방한복 생산에 투자하면 고정비가 적게 드는 대신 변동비가 많이 들며, 자전거 생산에 투자하면 자동화시설 등 초기투자가 많은 관계로 고정비부담이 큰 대신 변동비가 적게 든다. 강남기업의 경영자는 두 투자안 모두 다음 1년간의 판매량이 평균 10,000단위가 될 것으로 추정하며, 경기상황에 따라 20% 증가하거나 감소할 것으로 추정하고 있다. 이와 같은 상황에서 각 투자안을 선택했을 경우 매출액의 변화에 따른 영업이익의 변화를 분석하라.

풀이 각 투자안에 대해 판매량(Q) 10,000단위를 기준으로 매출이 20% 증가 또는 감소할 경우 영업이익의 변동이 어떻게 나타나는지를 다음의 표에 정리하였다.

	고급 방한복(A)			산악용 자전거(B)		
	불황	보통	호황	불황	보통	호황
	$Q = 8,000$	$Q = 10,000$	$Q = 12,000$	$Q = 8,000$	$Q = 10,000$	$Q = 12,000$
매출액	80억	100억	120억	80억	100억	120억
변동비	64억	80억	96억	48억	60억	72억
고정비	10억	10억	10억	30억	30억	30억
영업이익	6억	10억	14억	2억	10억	18억
영업이익의 변화율	−40%	−	+40%	−80%	−	+80%

위 표를 보면 방한복의 경우 매출이 10,000단위에서 20% 증가하거나 감소하는 경우 영업이익은 10억원에서 40% 증가하거나 감소한다. 반면 자전거의 경우 매출이 10,000단위에서 20% 증가하거나 감소하는 경우 영업이익은 10억원에서 80% 증가하거나 감소한다. 즉 자전거 투자안은 방한복 투자안에 비해 매출액 변화율에 대한 영업이익의 변화율이 두 배로 영업레버리지효과가 두 배이다. 이는 자전거 투자안의 고정비부담이 커 매출이 변화할 때 영업이익이 영향을 받는 정도가 방한복 투자안을 선택한 경우보다 두 배가 되기 때문이다. 즉 방한복의 경우 매출수량이 2,000단위 증가(감소)할 때 방한복 한 벌당 20만원의 공헌이익이 발생하여 영업이익은 4억원 증가(감소)한다. 그러나 자전거의 경우 자전거 한 대당 40만원의 공헌이익이 발생하기 때문에 영업이익은 8억원이 증가(감소)하여 영업이익의 변동폭이 두 배가 된다.

기업의 매출이나 영업이익뿐 아니라 주가지수도 경기상황에 따라 변화한다. 따라서 방한복 사업을 선택하는 경우에 비해 자전거 사업을 선택하는 경우에 회사의 주가는 주가지수의 변화에 보다 민감하게 반응할 것이며, 그 결과 베타가 더 크게 나타나고 위험프리미엄도 더 크게 된다.

예제 11-5 [예제 11-4]에서 강남기업은 초기 투자비용인 100억원을 전액 자기자본으로 조달할 것이며, 투자 후 영업성과는 [예제 11-4]에서의 상황이 매년 지속될 것이라고 예상된다. 편의상 세금은 없다고 가정한다. 경기상황에 따른 주가지수의 수익률 분포가 다음과 같을 때 방한복과 자전거 투자안을 선택한 각각의 경우에 사업위험을 반영하는 강남기업 주식의 베타를 구하라.

	경기상황		
	불황	보통	호황
확 률	0.3	0.4	0.3
시장수익률	5%	10%	15%

풀이 경기상황에 따른 각 투자안의 수익률(영업이익률 = 영업이익/투자비용)은 다음과 같다.

	고급 방한복(r_A)			산악용 자전거(r_B)		
	불황	보통	호황	불황	보통	호황
확 률	0.3	0.4	0.3	0.3	0.4	0.3
영업이익	6	10	14	2	10	18
투자수익률	6%	10%	14%	2%	10%	18%

주가지수와 각 투자안의 수익률의 기댓값은 모두 10%이다. 베타계산을 위해 각 투자안의 수익률과 주가지수 수익률 간의 공분산 σ_{Am} 및 σ_{Bm}과 주가지수 수익률의 분산 σ_m^2을 구하면 다음과 같다.

$$\sigma_{Am} = 0.3(6-10)(5-10) + 0.4(10-10)(10-10) + 0.3(14-10)(15-10) = 12(\%^2)$$
$$\sigma_{Bm} = 0.3(2-10)(5-10) + 0.4(10-10)(10-10) + 0.3(18-10)(15-10) = 24(\%^2)$$
$$\sigma_m^2 = 0.3(5-10)^2 + 0.4(10-10)^2 + 0.3(15-10)^2 = 15(\%^2)$$

따라서 각 투자안을 선택한 경우의 강남기업 주식의 베타 β_A 및 β_B는 다음과 같다.

$$\beta_A = \sigma_{Am}/\sigma_m^2 = 12/15 = 0.8; \qquad \beta_B = \sigma_{Bm}/\sigma_m^2 = 24/15 = 1.6$$

이 결과에서 보듯이 영업레버리지효과가 두 배인 자전거 투자안의 베타가 방한복 투자안의 베타의 2배이다.

비상장기업의 할인율결정: 대용베타

앞에서 보았듯이, CAPM을 이용하여 할인율을 구하려면 투자안의 베타를 구해야 한다. 그러나 제10장에서 설명한 것과 같이 미래수익률의 정확한 확률분포를 얻기란 매우 어렵기 때문에 보통 과거자료를 이용하여 베타를 추정한다. 이때 상장기업의 주가는 증권시장에서 쉽게 구할 수 있어 베타를 추정하는 데 큰 어려움이 없으나, 비상장기업의 경우 거래가 빈번하지 않아 주가자료를 얻기가 쉽지 않고 따라서 베타를 계산할 수 없다. 또 기업이 기존에 영위하던 사업과는 내용이 전혀 다른 새로운 사업에 투자할 때에도 새 사업의 수익률자료가 존재하지 않아 베타를 계산하는 것이 불가능할 수 있다. 이럴 경우 비상장기업이나 새로운 투자안의 평가를 위한 할인율로서 유사한 업종에 속하는 상장기업의 베타를 대신 이용할 수 있다. 이 기업을 대용회사(proxy company)라 하고, 이 회사 주식의 베타를 대용베타(proxy beta)라고 한다.

예제 11-6 비상장기업인 천지건설이 사업다각화를 위해 라면공장을 설립하려고 한다. 이 계획의 타당성을 평가하기 위해 라면사업으로부터 예상되는 현금흐름을 할인하는 데 사용할 할인율이 필요하다. 천지건설은 새로운 투자안인 라면사업의 평가를 위한 대용회사로 ㈜농심을 선택했으며, 대용회사가 될 ㈜농심은 부채를 전혀 사용하고 있지 않고 천지건설도 모두 자기자본으로 라면사업에 진출하려고 한다. 증권시장에서 구한 ㈜농심 주식의 베타는 1.0이며, 증권시장선은 다음과 같다: $E(r_i) = 5 + (15 - 5)\beta_i$. 천지건설이 라면사업으로부터 예상되는 현금흐름을 평가할 할인율을 구하라.

풀이 천지건설은 비상장기업이므로 증권시장에서 베타를 구할 수 없다. 또 천지건설 주식의 기대수익률을 구한다고 하더라도 이를 라면사업의 평가를 위한 할인율로 사용할 수 없다. 왜냐하면 천지건설과 라면사업의 사업위험이 다르기 때문이다. 대용회사인 ㈜농심의 주식으로부터 기대되는 수익률은 15%[$= 5 + (15 - 5) \times 1.0$]이다. 따라서 천지건설이 라면사업을 평가할 때 사용할 할인율은 15%이다.

■ 재무위험과 베타

재무위험(financial risk)은 부채를 사용하기 때문에 발생하는 위험이라고 하였다. 투자에 필요한 자금을 자기자본으로만 조달하는 기업의 주주는 사업위험만을 부담하나, 부채를 사용하는 기업의 주주는 사업위험과 재무위험을 동시에 부담하게 되어, 결국 부채를 많이 사용할수록 주식의 베타는 더 커지게 된다. 이에 대해 살펴보자.

앞의 [예제 11-4]와 [예제 11-5]에서 고정영업비용의 비중이 클수록 사업위험이 커지고 주식의 베타가 커지는 것을 보았다. 이와 마찬가지 원리로 부채를 많이 사용할수록 고정비용이 증가하고 재무위험도 커진다. 즉 부채를 사용할 때 채권자에게 지급하는 이자비용은 주주의 입장에서 보면 일종의 고정비가 되어 자신에게 돌아올 이익의 불확실성을 증가시킨다. 이러한 효과를 재무레버리지효과(financial leverage effect)라고 부른다. 재무레버리지효과는 부채사용이 많아 이자비용이 커질수록 커지며, 결국 주식의 베타를 높여 준다.

예제 11-7 [예제 11-4]에서 강남기업이 고급 방한복을 생산하는 투자안을 선택하기로 결정하였다고 한다. 강남기업은 투자에 필요한 자본 100억원을 조달하는 방법으로 다음의 두 대안을 고려하고 있다. ① 대안 U는 전액을 자기자본으로 조달하는 것이고, ② 대안 L은 50억원은 자기자본으로, 나머지 50억원은 이자율 8%의 부채로 조달하는 것이다. 각 대안에 대해서 경기변동에 따라 영업이익이 40% 증가하거나 감소하는 경우에 주식수익률의 변동이 어떻게 나타나는지를 분석해 보라. 법인세는 없다고 가정하라.

풀이 두 대안하에서 영업이익의 변동에 따라 주식수익률의 변동이 어떻게 나타나는지를 다음의 표에 정리하였다. 대안 U에서 주주의 투자비용은 100억원이며, 대안 L에서 주주의 투자비용은 50억원이므로, 주식의 수익률(= 순이익/주주의 투자비용)은 두 대안에서의 주주의 투자비용의 차이를 반영하여 계산된다.

	전액 자기자본(대안 U)			자기자본과 타인자본(대안 L)		
	불황	보통	호황	불황	보통	호황
	$Q = 8,000$	$Q = 10,000$	$Q = 12,000$	$Q = 8,000$	$Q = 10,000$	$Q = 12,000$
영업이익	6	10	14	6	10	14
이자비용	0	0	0	4	4	4
순이익	6	10	14	2	6	10
주식수익률	6%	10%	14%	4%	12%	20%

위의 표를 보면 자기자본으로만 자금을 조달할 경우 영업이익이 10억원에서 40% 증가하거나 감소할 때, 순이익은 마찬가지로 40% 증가하거나 감소하여 주식수익률은 10%에서 4%포인트 증가하거나 감소한다. 즉 순이익의 변화율은 영업이익의 변화율과 동일하다. 따라서 주주는 사업위험만을 부담한다. 반면, 자본의 50%를 타인자본으로 조달한 경우 경기상황에 관계없이 4억원(= 50억원 × 0.08)의 이자비용을 부담하게 된다. 그 결과 영업이익이 10억원에서 40% 증가하거나 감소할 때, 주식수익률은 12%에서 8%포인트 증가하거나 감소한다. 대안 U와 비교할 때 대안 L의 경우 영업이익률의 변동에 따른 주식수익률의 변동은 두 배로 확대된다. 즉 대안 L의 재무레버리지효과는 대안 U의 두 배이다.[2] 결과로 대안 L에서 주식의 베타는 더욱 큰 값을 갖게 될 것이고 주주가 요구하는 위험프리미엄이 증가하여 자기자본비용 또한 증가할 것이다. 다음의 예제에서 이를 확인해 보자.

예제 11-8 경기상황에 따른 시장포트폴리오(주가지수)의 수익률 분포가 [예제 11-5]에서와 같다고 하자. 방한복 생산을 선택한 경우에 [예제 11-7]에서 제시된 두 자금조달방법의 재무위험을 반영하여 강남기업 주식의 베타를 구하라.

풀이 [예제 11-7]에서의 주식수익률과 [예제 11-5]에서 주가지수의 수익률 분포를 이용하여 대안 U와 대안 L에서의 주식수익률의 기댓값과 주가지수 수익률의 기댓값을 구하면 각각 10%, 12%, 10%이다. 또 각 대안하에서의 주식수익률과 주가지수 수익률 간의 공분산 σ_{Um}과 σ_{Lm}을 구하면 다음과 같다.

$$\sigma_{Um} = 0.3(6-10)(5-10) + 0.4(10-10)(10-10) + 0.3(14-10)(15-10) = 12(\%^2)$$
$$\sigma_{Lm} = 0.3(4-12)(5-10) + 0.4(12-12)(10-10) + 0.3(20-12)(15-10) = 24(\%^2)$$

2 대안 L에서 보통의 경기상황을 기준으로 영업이익이 40% 증가하거나 감소할 때 순이익은 6억원에서 67% 증가(10억원)하거나 감소(2억원)하여 영업이익률의 변화에 대해 순이익의 변화율은 1.67배로 확대된다. 즉 10억원의 영업이익 수준을 기준으로 할 때 대안 L의 재무레버리지효과는1.67배이다. 본문의 내용은 대안 U와 대안 L에서 주주가 부담하는 상대적인 위험을 비교한 것이다.

주가지수 수익률의 분산 σ_m^2은 [예제 11-5]에서 15(%²)으로 계산되었다. 따라서 각 대안하에서의 주식의 베타 β_U와 β_L은 다음과 같다.

$$\beta_U = \sigma_{Um}/\sigma_m^2 = 12/15 = 0.8; \qquad \beta_L = \sigma_{Lm}/\sigma_m^2 = 24/15 = 1.6$$

결과를 보면 전액 자기자본으로 자금을 조달할 경우 주식의 베타는 사업위험만을 반영한 자산베타로 0.8의 값을 갖는다. 그러나 50억원을 타인자본으로 조달하는 경우 주식의 베타는 사업위험과 재무위험을 반영하여 1.6으로 커진다.

[예제 11-8]에서 보았듯이 부채를 사용하는 경우 주식베타는 부채를 사용하지 않는 경우에 비해 큰 값을 갖게 된다. 따라서 기업이 부채를 사용하여 재무레버리지의 변화를 가져왔다면 이후의 투자안 평가에서는 더 이상 기존의 자본비용을 할인율로 사용할 수 없다. 부채의 사용에 따른 적절한 베타의 측정은 어떻게 할 수 있을까? 다음에서는 이를 살펴보자.

■ 자산베타, 부채베타, 부채비율과 주식베타의 관계

어떤 기업이 기존사업과 다른 새로운 투자안을 계획하면서 투자안의 베타로 대용회사의 베타를 이용한다고 하자. 이 대용베타는 새로운 투자안의 사업위험을 반영하는 것이다. 그러나 대용회사의 부채의존도가 50%인데 이 기업은 새로운 투자에 필요한 자금의 30%만을 부채로 조달한다면, 이때 대용베타는 새로운 투자의 베타로 사용될 수 없다. 재무위험이 달라서 주식의 베타도 달라지기 때문이다. 이처럼 기업이 부채를 이용하여 필요자본을 조달하거나 대용회사와 투자안의 부채의존도가 다를 경우 어떻게 자기자본(주식)의 베타가 결정되는지를 알아보자. 당분간 법인세는 없다고 가정한다.

부채의 사용에 따른 베타의 계산은 기본적으로 포트폴리오의 베타를 계산하는 방법과 같다. 기업의 자산은 부채와 자기자본을 합한 것과 같기 때문에 이들의 포트폴리오로 생각할 수 있다. 즉 어떤 투자자가 한 기업이 발행한 모든 부채와 주식을 보유하면 그 기업의 총자산을 보유하는 것과 같다. 따라서 자산베타 β_A는 부채베타 β_D와 주식베타 β_E의 가중평균으로 구할 수 있으며 이때 가중치는 부채와 자기자본의 상대적 가치에 의해 결정된다.

$$\beta_A = \frac{D}{D+E} \cdot \beta_D + \frac{E}{D+E} \cdot \beta_E \tag{11.8}$$

식 11.8에서 D는 부채의 가치를, E는 자기자본의 가치를 나타낸다. 여기서 β_E는 기업이 부채를 사용하는 경우의 주식베타 β_E(levered 베타라고 부른다)이기 때문에 재무위험이 반영된 베타이다. 이제 식 11.8을 β_E에 대해 정리하면 다음의 식을 얻을 수 있다.

$$\beta_E = \beta_A + (\beta_A - \beta_D) \cdot \frac{D}{E} \tag{11.9}$$

식 11.9에서 보면, 주식베타 β_E는 사업위험을 반영하는 자산베타 β_A와 재무위험을 반영하는 항목인 $(\beta_A - \beta_D) \cdot (D/E)$의 합으로 구성되며, 후자는 부채비율($D/E$)에 따라 선형으로 증가한다. 또 무부채기업($D = 0$)의 주식베타는 자산베타와 같다는 것을 쉽게 확인할 수 있다. 이때의 주식베타는 재무위험이 없는 베타(unlevered 베타), 즉 사업위험만을 반영한 베타이며 이를 β_U로 나타내기도 한다($\beta_U = \beta_A$).

기업이 무위험부채(채무불이행 가능성이 없는 부채)를 사용하는 경우라면 $\beta_D = 0$이 되고 식 11.9는 $\beta_E = \beta_A + \beta_A \cdot (D/E)$로 쓸 수 있다. 이 경우 부채와 자기자본을 같은 비율로 사용할 때($D/E = 1$) 부채사용기업의 주식베타는 $\beta_E = 2\beta_A$로 부채를 사용하지 않을 경우의 2배가 된다. 무위험부채의 경우 식 11.9에서 β_A를 β_U로 표기하고 β_E에 대해 정리하면 식 11.10을 얻는다.

$$\beta_E = \beta_U + \beta_U \cdot \frac{D}{E} = \beta_U \cdot \left(1 + \frac{D}{E}\right) \tag{11.10}$$

식 11.10과 이를 그림으로 나타낸 [그림 11-2]는 부채사용기업의 주식베타와 무부채기업의 주식베타의 관계를 나타낸 것으로, 부채비율이 증가할수록 부채사용기업의 주식베타가 비례하여 커지는 것을 보여준다.

| 그림 11-2 | 주식베타 β_E와 부채비율의 관계

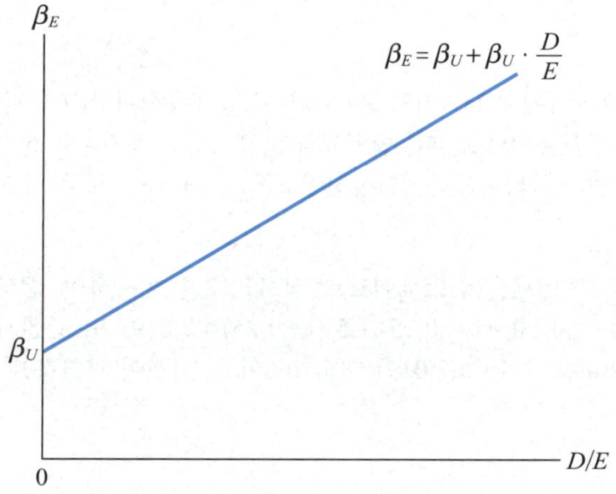

예제 11-9 ㈜GL의 주식베타 β_E는 1.4이며 부채비율 D/E는 1이다. 즉, 이 회사의 총자본에서 부채의 비중은 50%이다. ㈜GL이 사용하는 부채의 베타는 0.5라고 한다.

① 이 회사가 타인자본을 전혀 사용하지 않는 경우의 주식베타를 구하라.
② ㈜GL이 무위험부채를 사용할 경우 주식베타를 구하라.
③ 질문 ②에서 ㈜GL이 무위험부채의 사용을 늘려 총자본의 60%를 부채로 조달한다면, 이 경우 주식베타는 얼마가 될지 구하라.

풀이 ① 타인자본을 사용하지 않는 경우의 주식베타는 자산베타와 같다. $\beta_E = 1.4$, $\beta_D = 0.5$이므로 이를 식 11.9에 대입하면 $1.4 = \beta_A + (\beta_A - 0.5) \cdot 1$이 되며 여기서 $\beta_A(=\beta_U)$를 구하면 0.95이다.
② 부채의 위험이 0일 경우(무위험부채)의 주식베타는 식 11.10을 이용하여 구하면 된다. 식 11.10에서 $\beta_U = 0.95$, $D/E = 1$이므로 $\beta_E = 0.95(1+1) = 1.9$이다.
③ 총자본의 60%를 타인자본으로 구성하면 ㈜GL의 부채비율은 $D/E = 60/40 = 1.5$가 된다. $\beta_U = 0.95$이므로 이를 식 11.10에 대입하면 $\beta_E = 0.95(1+1.5) = 2.375$가 된다.

법인세를 고려하는 경우

앞에서는 법인세가 없는 경우를 설명하였으나, 법인세가 있는 현실을 고려하면 식 11.9는 다음과 같이 수정된다.[3]

$$\beta_E = \beta_U + (\beta_U - \beta_D) \cdot \frac{D}{E}(1-\tau_C) \tag{11.11}$$

여기서 τ_C는 법인세율을 나타낸다. 식 11.11은 법인세가 있는 상황에서 부채를 사용하는 경우에 부채비율과 주식베타의 관계를 나타내는 일반적인 식이다. 만일 부채가 무위험부채라면 식 11.11은 다음과 같이 정리된다.

$$\beta_E = \beta_U + \beta_U \cdot \frac{D}{E}(1-\tau_C) = \beta_U \cdot \left[1 + \frac{D}{E}(1-\tau_C)\right] \tag{11.12}$$

예제 11-10 앞서 살펴본 [예제 11-9]의 ㈜GL의 예를 계속해서 살펴보자. 자기자본만 이용하는 경우 이 회사의 주식베타 β_U는 0.95이다. 법인세율이 25%이고 총자본의 60%를 무위험부채로 조달할 경우의 주식베타 β_E를 구하라. 또 증권시장선이 $E(r_i) = 5 + 5 \cdot \beta_i$로 주어질 때 자기자본비용을 구하라.

풀이 부채비율이 1.5, 법인세율이 25%이므로 식 11.12를 이용하여 주식베타를 구할 수 있다: $\beta_E = \beta_U + \beta_U \cdot (D/E)(1-\tau_C) = 0.95 + (0.95)(1.5)(1-0.25) = 2.019$. 또 증권시장선을 이용하여 주식의 기대수익률을 구하면 $E(r_i) = 5 + 5(2.019) = 15.10\%$이고, 이것이 자기자본비용이 된다.

11.3 부채비용

■ 채권수익률

부채비용 또는 타인자본비용(cost of debt)은 기업이 부채사용에 대한 대가로 채권자에게 지급해야 하는 비용이다. 기업이 채권을 발행하거나 차입을 통해 부채를 조달할 때에는 약속한 날짜에 약속한 금액을 지급하여야 한다. 여기서 약속한 금액이란 이자나 액면가를 말한다. 계약조건에 따라 매

3 이 식을 도출하는 방법에 대해서는 제16.1절에서 설명한다.

년 지급하는 이자는 부채의 만기 동안 일정할 수도 있고 시장이자율의 변동에 따라 달라질 수도 있다. 즉 고정금리로 자본을 조달할 수도 있고, 변동금리로 자본을 조달할 수도 있다. 부채의 자본비용 즉, 채권자의 기대수익률은 어떻게 구할 수 있을까?

부채비용을 얻을 수 있는 하나의 방법은 제5장에서 공부한 채권수익률(debt yield)을 이용하는 것이다. 제5장의 채권분석에서 발행자가 원리금 지급약속을 지키는 경우 얻을 수 있는 연평균투자수익률을 만기수익률(yield to maturity)이라고 하였다. 따라서 채무불이행위험이 없다면 만기수익률은 채권투자의 기대수익률을 나타내며, 기업의 관점에서는 채권발행에 따른 부채비용을 나타낸다. 그러나 채무불이행위험이 존재하는 경우에 만기수익률을 부채비용으로 이용하는 것은 실제 부채비용을 과대계상하는 결과를 가져 온다.

만기수익률(약속수익률)이 y인 1년 만기의 채권을 가정해 보자. 채무불이행이 발생하지 않는 경우 이 채권에 1원을 투자한 채권자는 1년 후에 $(1+y)$원의 원리금을 상환받는다. 이 채권이 기말에 p의 확률로 채무불이행이 발생하고, 채무불이행 시 원금에 대한 손실률이 d라고 하자. 이 경우 채권자가 기말에 받게 되는 금액은 $(1+y-d)$원이 된다. 따라서 채권자가 이 채권에 투자하는 경우의 기대수익률은 다음과 같이 계산된다.[4]

$$\text{채권의 기대수익률: } k_D = (1-p)\cdot y + p\cdot(y-d) = y - p\cdot d \tag{11.13}$$

식 11.14에서 보면, 채무불이행위험을 고려하는 경우 채권의 기대수익률은 만기수익률에서 채무불이행확률과 채무불이행 시의 기대손실률의 곱을 차감한 값이며, 이것이 기업의 부채비용이 된다. 따라서 부채비용을 산정하기 위해서는 채무불이행확률과 기대손실률을 추정하는 것이 중요하며, 이에 대한 정보는 제5장에서 살펴본 채권의 등급평정 결과에서 얻을 수 있다. 다음의 〈표 11-2〉는 S&P가 1981~2022년 기간에 채권을 발행한 기업들에 대한 신용평가등급과 채권발행 이후의 채무불이행 자료를 분석하여 채권의 신용등급별 연간 채무불이행확률을 평가한 결과를 보여준다.

표 11-2 채권의 신용등급별 연간 채무불이행확률(1981~2022)

구분	AAA	AA	A	BBB	BB	B	CCC/C
평 균	0.00%	0.02%	0.05%	0.14%	0.59%	3.07%	25.70%
경기침체기	0.00%	0.19%	0.31%	0.52%	0.81%	7.52%	38.37%

자료: S&P Global Ratings(2023), Default, Transition, and Recovery; 2022 Annual Global Corporate Default And Rating Transition Study. 경기침체기 수치는 글로벌 금융위기 기간인 2008년과 2009년의 채무불이행확률의 평균을 나타낸다.

4 수익률곡선이 수평일 경우 식 11.13은 채권의 만기가 1년이 아닌 경우에도 동일하게 적용된다.

〈표 11-2〉에서 보는 것과 같이 채권등급이 떨어질수록 채무불이행확률이 높아진다. 예를 들어 A등급 채권의 경우 0.05%이나 B등급 채권의 경우에는 3.07%이다. 또 경기침체기에 채무불이행확률은 급격히 높아진다. 예를 들어 B등급 채권의 경우 채무불이행확률은 평균적으로 3.07%이나, 경기침체기에는 7.52%로 크게 증가한다.

〈표 11-2〉의 자료는 채권의 만기수익률을 그대로 부채비용으로 이용할 경우 실제 부채비용을 상당히 왜곡시킬 수 있다는 것을 잘 보여준다. 예를 들어 평균적으로 볼 때 AAA 또는 AA 등급의 채권을 발행한 기업의 경우 만기수익률을 부채비용으로 이용하는 데 큰 문제가 없다. 그러나 B등급의 채권을 발행하여 자금을 조달한 기업의 경우 채무불이행 시 기대손실률이 60%라면 채권자의 기대수익률은 만기수익률에 비해 1.84%(=3.07%×0.6) 낮다.

예제 11-11 2023년 말 현재 주택건설업체인 KB건설은 만기 5년에 신용등급 BB인 채권을 발행하여 자금을 조달하였다. 이 채권의 만기수익률은 9%로 평가되고 있으며, 채무불이행 시 기대손실률은 60%로 추정된다. 시장의 분석가들은 현재의 경기가 극심한 침체기에 들어섰다고 판단하고 있다. 채무불이행위험은 〈표 11-2〉에 제시된 자료와 같다고 할 때 이 채권의 기대수익률을 구하라.

풀이 〈표 11-2〉에서 경기침체기에 신용등급이 BB인 채권의 채무불이행위험은 0.81%이며, KB건설 채권의 채무불이행 시 기대손실률은 60%이므로 이 채권의 기대수익률은 식 11.13에 의하여 다음과 같다: $k_D = 0.09 - (0.0081)(0.6) = 8.51\%$

■ 부채베타(채권베타)와 CAPM

채권수익률을 이용하는 대신 CAPM을 이용하여 부채비용을 구할 수도 있다. 특히, 채무불이행위험이 커 신용등급이 낮은 채권의 경우 경기상황과 기업의 경영성과에 따라 수익률이 큰 영향을 받는데 이러한 위험을 베타로 측정할 수 있다. 채권베타는 주식에서와 마찬가지로 보통 과거자료를 이용하여 측정하거나, 채권의 등급에 따라 구분하여 측정한 평균적인 베타를 이용할 수 있다.[5] 다음의 〈표 11-3〉은 채권의 신용등급별로 그룹을 구분하여 그룹별 평균베타의 크기를 측정한 한 예이다.

표 11-3 신용등급과 만기에 따른 그룹별 채권베타

신용등급	AAA	AA	A	BBB	BB	B	CCC
평균베타	0.03	0.05	0.06	0.10	0.17	0.26	0.35

〈표 11-3〉에서 보는 것처럼 신용등급이 떨어질수록 채권베타는 커진다. A 이상의 등급을 받은

5 주식에 비해 채권은 거래가 활발하게 이루어지지 않는 경우가 대부분이다. 따라서 베타추정에 필요한 과거 수익률자료를 얻기가 어려울 수 있다. 이럴 경우 주가자료를 이용하여 채권베타를 추정할 수 있으나 이에 대한 설명은 생략한다.

채권들은 베타가 거의 0에 가깝다. 그러나 CCC 등급의 채권은 베타값이 평균 0.35이다.

예제 11-12 [예제 11-11]에서 살펴본 KB건설의 부채비용을 〈표 11-3〉의 자료를 이용하여 구하라. 무위험이자율은 3%이며, 시장위험프리미엄은 7%로 추정되고 있다.

풀이 〈표 11-3〉에서 BB 등급 채권의 평균베타는 0.17이다. 따라서 CAPM을 이용하여 KB건설 채권의 기대수익률을 구하면 다음과 같다: $k_D = 3 + 7 \cdot 0.17 = 4.19\%$

■ 이자의 감세효과와 부채비용

부채에 대한 이자비용은 법인세계산의 기준이 되는 과세소득을 줄여 주는 항목이므로 세금을 줄여준다. 이자율 k_D로 D의 부채를 사용하는 기업이 부담하는 매년의 이자비용은 $k_D \cdot D$이다. 기업은 이만큼 과세대상소득이 줄어들며, 법인세율이 τ_C일 때 $k_D \cdot D \cdot \tau_C$만큼의 세금을 덜 내게 되어 기업이 실제로 부담하는 이자비용은 $k_D \cdot D \cdot (1-\tau_C)$가 된다. 따라서 세금효과를 고려한 후의 이자율은 $k_D \cdot (1-\tau_C)$가 되며 이것이 부채비용이다.[6]

$$\text{세후부채비용} = \text{세전부채비용} - \text{이자의 감세효과} = k_D \cdot (1-\tau_C) \qquad (11.14)$$

그런데 이자의 감세효과는 실제 법인세를 부담하는 경우에만 얻을 수 있는 혜택이며, 법인세를 면제받거나 적자로 인하여 법인세 과세대상소득이 아예 없는 기업의 부채비용은 단순히 차입이자율 k_D와 같다.

11.4 가중평균자본비용과 투자안의 평가

■ 가중평균자본비용의 계산

가중평균자본비용의 계산

앞서 살펴보았듯이 가중평균자본비용($WACC$)은 기업의 자본을 구성하는 각 원천별 자본비용을 각 자본의 구성비율로 가중평균하여 구한 값으로 기업가치의 평가를 위한 할인율이다. 기업의 자본이 타인자본, 우선주, 보통주로 구성되어 있다면 가중평균자본비용은 다음과 같이 계산한다.

$$\text{가중평균자본비용 } k_{WACC} = k_D(1-\tau_C) \cdot \frac{D}{V} + k_P \cdot \frac{P}{V} + k_E \cdot \frac{E}{V} \qquad (11.15)$$

여기서 P는 우선주가치, k_P는 우선주비용, V는 기업가치($= D + P + E$)를 나타내며, 나머지 기호는 이미 정의하였다. 이와 같은 가중평균자본비용을 계산할 때 다음과 같은 몇 가지 사항을 염두에 두어야 한다.

6 이자의 감세효과에 대해서는 제13장에서 좀 더 상세히 다룬다.

가중방법의 문제점: 장부가치와 시장가치

가중평균자본비용의 계산에서 가중치는 자본의 구성비율이 되는데, 이는 장부가치에 의하여 계산하는 경우와 시장가치에 의하여 계산하는 경우에 따라 상당한 차이가 있다. 다음과 같은 예를 들어 보자. 부채와 보통주로 자본을 조달한 기업의 경우에 보통주의 발행가격과 시장가격이 1: 3의 차이가 있다면, 자본구성비율은 장부가치를 기준으로 했을 때와 시장가치를 기준으로 했을 때 커다란 차이가 있게 된다. 장부가치를 기준으로 했을 때 총부채비율[$D/(D+E)$]이 1/2일 때, 이를 시장가격을 적용하여 다시 계산하면 1/4이 된다. 결과로 어느 기준을 따르느냐에 따라 가중평균자본비용도 커다란 차이가 있게 된다. 주식의 시장가치가 장부가치보다 더 클 경우 시장가치 대신 장부가치를 적용하여 계산한 자본비용이 더 작게 마련이다. 왜냐하면 자기자본비용이 사채나 우선주의 자본비용보다 크기 때문이다.

이와 같이 두 가지 방법에 차이가 있다면, 시장가치 기준을 따라 자본비용을 계산하는 것이 올바른 방법이다. 각 원천별 자본비용이 현재의 수준을 나타내는 것이고, 의사결정도 현재시점에서 이루어지는 것이므로, 장부가치가 아닌 현재의 시장가치로 가중치를 결정하는 것은 당연한 것이다.

가중방법의 문제점: 보유현금과 순부채

기업의 자산은 현금과 현금등가물 등을 포함한다. 이들은 안전하기 때문에 자산의 위험을 줄여 주고 또 자산으로부터 요구되는 위험프리미엄을 줄여 준다. 이러한 이유로 부채를 초과하는 현금보유는 자기자본의 위험과 비용에 부채의 사용과는 반대의 영향을 미치게 된다. 따라서 자본의 구성비율을 계산할 때 부채는 총부채에서 보유현금을 차감한 순부채(net debt)를 사용하고, 기업가치는 현금을 포함한 총기업가치 대신 보유현금을 차감한 사업가치(enterprise value)를 사용하는 것이 타당하다. 제2장의 식 2.3에서 사업가치는 다음과 같이 정의하였다.

$$\text{사업가치} = \text{자기자본가치} + \text{부채가치} - \text{보유현금} = \text{자기자본가치} + \text{순부채가치}$$

예제 11-13 ㈜SOP의 주식가치는 120억원이다. 이 회사는 10억원의 부채를 사용하고 있으며, 30억원의 현금을 보유하고 있다. 주식과 부채의 베타는 각각 1.2와 0이다. ㈜SOP의 사업가치를 구하고, ㈜SOP가 영위하는 사업의 자본비용을 추정하라. 단, 무위험이자율은 4%이고 시장위험프리미엄은 6%라고 한다.

풀이 ㈜SOP의 순부채는 −20억원(= 10억 − 30억)이며 사업가치는 100억원(120억 − 20억)이다. 이 경우 ㈜SOP가 영위하는 사업의 베타는 다음과 같이 계산된다.

$$\beta_U = \frac{D}{D+E}\cdot\beta_D + \frac{E}{D+E}\cdot\beta_E = \frac{-20\text{억}}{100\text{억}}(0) + \frac{120\text{억}}{100\text{억}}(1.2) = 1.44$$

그리고 사업에 대한 요구수익률(자본비용)은 $k_U = 4\% + 6\% \times 1.44 = 12.64\%$가 된다. 초과현금 때문에 자기자본의 위험이 사업의 위험보다 오히려 작게 되며 자기자본비용도 11.2%(= 4 + 6 × 1.2)로서 12.64%보다 낮다.

가중평균자본비용과 목표부채비율

앞서 살펴보았듯이 가중평균자본비용은 각 구성자본의 시장가치를 기준으로 가중치를 구하여 계산하는 것이 마땅하다. 그러나 가중평균자본비용을 알아야 기업의 시장가치를 구할 수 있고 또 각 자본의 구성비율을 알 수 있으므로, 현실적으로 가중평균자본비용의 계산을 위한 가중치를 결정하는 일이 쉽지 않다.[7] 이때 재무관리자는 기업의 가치를 최대로 하는 각 자본의 구성비율, 즉 목표부채비율(target debt ratio)을 미리 정하고 이를 이용하여 가중평균자본비용을 구한 후 기업가치를 구할 수 있다. 현실의 많은 기업들은 각자의 가치를 극대화하는 최적자본구조가 존재한다고 믿고 있으며, 이에 기초하여 목표부채비율을 정하고 자금조달의 기준으로 이용하고 있다.

■ 가중평균자본비용과 기업가치

가중평균자본비용은 크게 두 가지로 이용된다. 첫째, 기업의 가치를 평가할 때 할인율로 사용된다. 둘째, 새로운 투자로부터 예상되는 현금흐름의 현가를 계산하기 위한 할인율로 이용된다. 먼저 가중평균자본비용과 기업가치와의 관계를 살펴보자.

기업의 연간 현금흐름과 가중평균자본비용을 알고 있다면, 그 기업의 가치는 쉽게 계산할 수 있다. 예를 들어 살펴보자. ㈜관악건설의 자본구조와 자본비용은 다음의 〈표 11-4〉와 같다. 표의 부채비용 8%는 이 회사의 세전부채비용 10%에 법인세율 20%를 고려하여 계산한 세후부채비용이다. ㈜관악건설이 영업활동에서 벌어들이는 매년의 현금흐름은 200억원으로 일정하며 이것이 영구적으로 계속된다고 하자.

표 11-4 ㈜관악건설의 자본비용

구분	가치(억원)	구성비율(%)	자본비용(%)
부 채	300	30	8
우선주	100	10	16
자기자본	600	60	20
합계	1,000	100	–

이 경우 회사의 가중평균자본비용 k_{WACC}는 식 11.15에 의하여 $k_{WACC} = 8(0.3) + 16(0.1) + 20(0.6) = 16(\%)$이다. 그리고 이 회사가 영업활동에서 벌어들이는 세후현금흐름은 160억원[= 200억 × (1 − 0.2)]이며, 이때 기업가치 V는 1,000억원(= 160억/0.16)이다.

위의 예는 가중평균자본비용이 미래에도 항상 일정하다는 가정을 바탕으로 한 것이지만, 현실적으로 시간이 흐름에 따라 그 기업의 자본구조나 원천별 자본비용이 변하기 때문에 가중평균자본비용도 변할 수 있다. ㈜관악건설의 예를 계속해 보자. 이 회사가 영업활동에서 벌어들이는 영업

---

7 원천별 자본비용을 계산할 수 있는 경우에는 각 자본원천별 시장가치를 평가한 후 이를 이용하여 가중치를 결정할 수 있다.

표 11-5 ㈜관악건설의 영업이익과 자본비용 (단위: 억원)

영업이익	200
이자비용	30
세전이익	170
법인세비용(20%)	34
세후순이익	136
우선주 배당금	16
보통주 배당금	120

이익 200억원은 〈표 11-5〉에서와 같이 자본제공자들에게 지급하는 대가와 법인세로 나누어진다. 현재 ㈜관악건설의 보통주 주주에게 돌아가는 현금흐름은 매년 120(= 600 × 0.2)억원이며, 채권자에게는 30(= 300 × 0.1)억원, 우선주 소유주에게는 16(= 100 × 0.16)억원이 돌아간다. 이러한 현금흐름은 영구적이다. 자기자본, 부채, 우선주의 가치는 각 현금흐름을 각각의 자본비용으로 할인하여 다음과 같이 구할 수 있다.

	자기자본(보통주)	부채	우선주	합계
가치(억원)	120/0.2 = 600	30/0.1 = 300	16/0.16 = 100	1,000

세 자본의 가치를 합하면 1,000억원으로, 이는 바로 기업가치이다. 위의 결과는 앞서 세후현금흐름 160억원을 가중평균자본비용 16%로 할인하여 구한 1,000억원과 일치한다.

이제 경제상황이 변해서 시장이자율이 하락하여 ㈜관악건설의 세전부채비용이 7.5%이고 세후부채비용은 6%가 되었다고 하자. 그리고 우선주와 보통주의 자본비용은 전과 같다고 하자. 이러한 상황에서 채권자들이 종전과 같이 매년 30억원의 이자를 영구히 지급받는다면, 상황이 변한 후의 부채가치 D는 다음과 같다: D = 30억/0.075 = 400(억원). 보통주와 우선주 주주에게 분배되는 현금흐름이 일정하고 각각의 자본비용이 전과 같기 때문에, 이때 기업의 가치는 1,100억원이 되며, 각 원천별 자본의 구성비율과 자본비용은 다음과 같다.

구분	가치(억원)	구성비율(%)	자본비용(%)
부 채	400	400/1,100	6
우선주	100	100/1,100	16
자기자본	600	600/1,100	20
합계	1,100	100	–

따라서 가중평균자본비용은 6 × (400/1,100) + 16 × (100/1,100) + 20 × (600/1,100) = 14.55%가 된다. 그리고 기업의 세후현금흐름 160억원을 14.55%로 할인하면 기업가치 V는 1,100억원(= 160억/0.1455)이 되어 위에서 계산한 것과 같다. 이와 같이 가중평균자본비용이 낮아지면 기업가치는

증가한다.

■ 가중평균자본비용과 새로운 투자안의 평가

㈜관악건설의 예

앞의 ㈜관악건설의 가중평균자본비용이 16%인 상황을 가정하자. 건설업을 운영하는 이 회사가 슈퍼마켓을 개점하려고 하는데, 다음 3년 동안에 기대되는 현금유입은 매년 5억원이며 3년 후에는 문을 닫게 되고 잔존가치는 없다고 가정하자. 이 사업에 대한 투자비용 10억원은 기존의 방법과 같게 조달하려고 한다.

기존사업의 가중평균자본비용 16%를 적용한 새로운 투자안의 NPV는 다음과 같다.

$$NPV = \frac{5\text{억원}}{(1.16)} + \frac{5\text{억원}}{(1.16)^2} + \frac{5\text{억원}}{(1.16)^3} - 10\text{억원} = 1.23\text{억원}$$

순현가가 1.23억원으로 양(+)의 값을 가지기 때문에 ㈜관악건설은 슈퍼마켓 사업에 투자할 가치가 있다고 판단할 것이다.

가중평균자본비용을 이용하기 위한 조건

앞의 예에서 새로운 사업의 현금흐름을 할인하는 할인율로 기존의 가중평균자본비용을 사용하였다. 그러나 이러한 방법은 앞서 제11.2절에서 살펴본 것처럼 다음의 두 가지 조건이 충족되어야 정당화될 수 있다.

① 새로운 투자안의 사업위험이 기존의 사업위험과 동일해야 한다.
② 새로운 투자의 자본조달방법이 기업의 기존자본구조(목표부채비율)와 같아야 한다.

위와 같은 두 조건이 모두 충족되지 않으면 기존의 가중평균자본비용을 새로운 투자안의 할인율로 사용할 수 없다. 만일 사업위험이 서로 다르다면 요구수익률도 달라져야 한다. 예를 들어 사업위험이 매우 큰 원양어업의 가중평균자본비용을 사업위험이 작은 식품업의 투자를 평가하는 할인율로 사용하는 것은 적절하지 않다.

또한 새로운 투자안의 자본조달방법이 기존의 목표부채비율과 달라지면 가중치뿐 아니라 각 원천별 자본비용도 달라져서 가중평균자본비용이 달라져야 한다. 예를 들어, 〈표 11-4〉에서 ㈜관악건설의 자기자본비용 $k_E = 20\%$는 자기자본, 우선주, 부채의 구성비율이 각각 60, 10, 30%일 때에만 나타나는 현상이며 자본구성비율이 변화하면 k_E의 값도 달라진다. 그 이유는 부채비율의 변화에 따른 재무위험의 변화로 주주가 부담하는 위험이 달라지기 때문이다. 부채의존도가 클수록 주주가 부담하는 위험이 커지고 결과적으로 k_E도 커지게 된다.

결론적으로 말해, 새로운 투자안의 위험이 기존기업의 사업위험과 다르거나 투자 후 기업의 자본구조에 큰 변화가 예상되면 기존사업의 가중평균자본비용으로 새로운 투자안을 평가할 수 없으며, 새로운 투자의 위험과 자본조달방법에 맞는 가중평균자본비용을 다시 계산해야 한다. 이에 대한 보다 자세한 내용은 제16장에서 다루기로 한다.

11.5 확실성등가법

위험조정할인율을 이용한 투자분석에서는 각 기간마다 투자안의 베타가 안정적이라고 가정하여 투자수명의 전 기간에 걸쳐 같은 위험조정할인율을 사용하게 된다. 그러나 내용연수가 긴 투자안의 경우 각 기간별 베타는 여러 가지 요인에 의해 변화할 수 있기 때문에 매 기간 동일한 위험조정할인율을 사용하여 투자안을 평가하는 것은 바람직하지 않을 수 있다. 즉 정확한 평가를 위해서는 매 기간별로 베타를 추정하고 이에 따른 할인율을 계산해야 하는데, 매우 번거로울 수 있다. 이럴 경우 투자안의 위험을 파악하여 이를 매 기간 예상되는 현금흐름에 반영한 후(이를 '위험조정'이라고 한다), 무위험이자율로 할인하는 확실성등가법(certainty equivalent method)이 유용할 수 있다.

■ 확실성등가

확실성등가(certainty equivalent: *CEQ*)의 개념은 효용이론으로 설명할 수 있다. 확실성등가란 불확실한 현금흐름으로부터 얻을 수 있는 기대효용과 같은 수준의 효용을 가져다주는 확실한 현금흐름을 의미한다. 예를 들어, 투자기간이 1년인 사업안으로부터 발생하는 현금흐름 C_1의 확률분포가 다음과 같다고 하자.

표 11-6 불확실한 투자안의 1년 후의 현금흐름

미래상태	확률	현금흐름(억원)
불황	0.5	1
호황	0.5	4

그리고 투자자의 효용함수가 다음과 같다고 하자: $u(x)=\sqrt{x}$. 이럴 경우 불확실한 현금흐름 C_1의 확실성등가 *CEQ*는 다음과 같은 식에서 구할 수 있다.

$$E[u(C_1)]=0.5\times\sqrt{1\text{억}}+0.5\times\sqrt{4\text{억}}=15{,}000=\sqrt{CEQ}$$

위 식에서 *CEQ*를 구하면 2.25억원이 된다. 즉 기댓값 $E(C_1)$이 2.5억원인 불확실한 현금흐름의 확실성등가는 2.25억원으로서 위험조정은 두 값의 차이인 0.25억원이 된다. 위험조정은 위험회피형 투자자가 위험(불확실성)을 피하기 위해 지불할 용의가 있는 일종의 위험프리미엄으로 해석하면 된다.

■ 확실성등가와 투자결정

불확실한 미래 현금흐름의 확실성등가가 결정되면 투자안의 현재가치 *PV*는 이를 무위험이자율 r_f로 할인해서 얻을 수 있다. 〈표 11-6〉의 예에서 무위험이자율이 $r_f=8\%$라고 하면 이 투자안의 현가는 다음과 같다: $PV=2.25$억$/1.08=2.08$억원. 그리고 이 값은 현금흐름의 기댓값을 위험조정할인율 k로 할인한 값과 같아야 하기 때문에 다음의 관계가 성립한다.

$$2.08\text{억}=\frac{E(C_1)}{1+k}=\frac{2.5\text{억}}{1+k}$$

이 식에서 k를 구하면 $k=20.19\%$이다.

요약하면, 투자안의 현가를 구하기 위한 위험조정할인율법과 확실성등가법 사이의 관계는 다음과 같이 나타낼 수 있다.

$$PV=\frac{E(C_1)}{1+k}=\frac{CEQ}{1+r_f}=\frac{E(C_1)-\text{위험조정}}{1+r_f} \tag{11.16}$$

■ CAPM과 위험조정

제10장에서 다룬 CAPM이 성립하는 세계에서 투자안을 평가하기 위해 사용할 위험조정할인율 k는 식 10.20을 이용하여 다음과 같이 구해진다.

$$k=r_f+[E(r_m)-r_f]\cdot\beta=r_f+[E(r_m)-r_f]\cdot\frac{\mathrm{Cov}(r,\ r_m)}{\sigma_m^2} \tag{11.17}$$

여기서 β는 투자안의 체계적 위험을 나타내며, r은 투자안의 수익률로서 $r=C_1/PV$가 된다. 식 11.16의 k 대신 식 11.17을 대입하여 정리하면 다음과 같은 관계를 얻게 된다.

$$CEQ=E(C_1)-\lambda\cdot\mathrm{Cov}(C_1,\ r_m),\ \text{여기서}\ \lambda\equiv\frac{E(r_m)-r_f}{\sigma_m^2} \tag{11.18}$$

식 11.18에서 λ는 위험의 시장가격(제10장의 식 10.18 참조)을 나타내며, $\lambda\cdot\mathrm{Cov}(C_1,\ r_m)$가 기대현금흐름의 확실성등가를 구하기 위해 필요한 '위험조정'을 나타낸다. 즉 위험조정은 '위험의 시장가격'에 '현금흐름과 시장수익률의 공분산'을 곱해 결정된다는 것이다.

예제 11-14 CAPM이 성립하는 세계에서 투자기간이 1년이고 현 시점에서 2.2억원의 투자비용이 소요되는 사업안 W의 기대현금흐름은 2.5억원, 현금흐름과 시장포트폴리오 수익률의 공분산은 0.16억원으로 추정된다. 그리고 시장포트폴리오의 기대수익률은 12%, 표준편차는 20%이며, 무위험이자율은 5%이다. 확실성등가법을 이용하여 사업안 W에 대한 수용 여부를 결정하라.

풀이 우선 위험의 시장가격 λ를 구하면 $\lambda = \frac{E(r_m) - r_f}{\sigma_m^2} = \frac{0.12 - 0.05}{(0.2)^2} = 1.75$이다. 따라서 위험 조정은 1.75×0.16=0.28(억원)이다. 식 11.16을 이용하면 사업안의 *NPV*는 다음과 같이 계산된다.

$$NPV = \frac{2.5\text{억} - 0.28\text{억}}{1.05} - 2.2\text{억} = -0.086\text{억}$$

*NPV*가 음(–)이므로 사업안 W는 기각돼야 한다.

11.6 미래상황의 복잡성을 고려하는 기타의 방법들

CAPM에 근거한 자본비용의 계산과 이를 이용한 투자안 평가는 CAPM이 성립하기 위한 여러 가정들이 충족되는 경우에 적용될 수 있다고 하였다. 그러나 어떤 가정들은 비현실적일 수 있고 또 투자로부터 실현되는 미래의 현금흐름이 예상과는 다르게 나타날 수 있다. 이렇게 투자계획이 당초의 예상대로 전개되지 않을 경우에 대비하여 기업의 경영자는 투자안의 불확실성을 평가하고 분석하는 것이 필요하다. 이를 위해 투자안을 구성하고 있는 중요변수들을 파악하고 이 변수들의 움직임이 경영자가 예상하는 정도 또는 방향과 다르게 변할 경우 궁극적으로 투자가치가 어떻게 달라질 것인가를 분석하는 방법들이 자주 이용된다. 대표적인 방법들로 민감도분석, 시뮬레이션, 의사결정수, 실물옵션을 이용한 분석방법 등을 들 수 있는데 이에 대해 간단히 살펴보자.

■ 민감도분석

투자안의 순현가는 투자안의 수명, 잔존가치, 매출액, 생산비용 등 여러 요인들에 대한 예측치에 의해 영향을 받는다. 민감도분석(sensitivity analysis)은 투자안의 *NPV*에 큰 영향을 미치는 중요변수를 찾아내기 위해 이들 예측치들이 변화할 때 투자안의 *NPV*가 어떻게 변화하는지를 분석하는 방법이다. 이런 이유에서 민감도분석은 "what-if"분석이라 불리기도 한다. 경영자는 *NPV*에 영향을 미치는 중요변수를 찾아낸 후 순현가에 미치는 영향력이 큰 변수일수록 보다 정확한 추정을 하게 하거나 해당 변수에 대한 집중적인 통제노력을 기울일 수 있다. 그러나 이 방법은 일반적으로 다른 변수들이 안정적이라고 가정하고 한 변수가 변화할 때 *NPV*의 변화를 분석하는 것으로 변수들 간의 상호작용을 충분히 고려하지 못한다는 문제를 갖는다. 이러한 문제점을 해결하기 위해 미래에 발생가능한 여러 시나리오를 설정하고 각각의 시나리오하에서 투자안의 순현가가 어떻게 될 것인지를 분석하는 시나리오분석(scenario analysis)을 이용할 수 있다.

■ 시뮬레이션

시뮬레이션(simulation)은 투자안에 영향을 미치는 주요 변수들의 확률분포를 바탕으로 하여 수많은 난수발생실험(random sampling)을 하고, 그 결과를 분석하여 투자안의 *NPV*에 대한 확률분포를 추정하는 방법이다. 대표적인 방법인 Monte Carlo 시뮬레이션은 다음의 절차에 따라 수행된다.

① 분석대상 투자안의 *NPV*(또는 수익흐름)에 영향을 미치는 주요 변수들을 파악하고 각 변수들이 *NPV*에 미치는 관계를 모형화한다.
② 각 변수들의 미래확률분포를 추정한다.
③ 추정된 확률분포에 맞추어 각 변수들이 가질 수 있는 값을 난수발생실험을 통하여 추출하고 이에 대응되는 현금흐름과 *NPV*를 계산한다.
④ 절차 ③을 계속 반복하여 투자안의 *NPV*의 확률분포를 추정한다.

이러한 시뮬레이션은 많은 불확실한 변수들을 효과적으로 분석하여 실현될 값에 가장 근사한 *NPV*를 구할 수 있게 해 준다는 장점이 있다. 그러나 시뮬레이션은 각 변수들의 움직임의 상호관련성을 충분히 반영하기 어려우며, 시간과 비용의 소모가 크다. 또 난수추출은 주어진 확률분포를 바탕으로 하는 것인데, 투자의 실행단계에서 의사결정자의 자유재량에 의해 나타나는 변화를 이 확률분포가 잘 반영할 수 없다는 한계가 있다.

■ 의사결정수를 이용한 분석

어떤 투자안들은 일련의 연속적이고 단계적인 분석과정을 거쳐 투자안의 평가가 이루어질 필요가 있다. 이럴 경우 현금흐름의 불확실성과 상황의 연속적인 상호관련성을 고려한 단계적 투자분석기법으로 의사결정수(decision tree)를 이용하는 방법을 생각할 수 있다. 의사결정수는 순차적으로 발생하는 여러 상황에 따라 의사결정을 달리할 필요가 있을 때 유용한 분석의 틀을 제공해 준다. 전통적인 *NPV* 분석방법이 단지 투자가 일어나는 최초시점에서 투자안의 채택 여부를 결정하고 그 이후의 상황은 처음의 의사결정에 완전히 종속된 것으로 취급하는 데 반해, 의사결정수 분석은 초기 의사결정과 앞으로 이어지는 의사결정들 간의 상호의존성을 인식하여 분석하게 된다. 이에 대한 좀 더 자세한 내용은 제19장에서 다룬다.

■ 실물옵션과 허들수익률

실물옵션의 기초개념

전통적인 순현가법은 투자안의 현금흐름과 관련된 변수들의 확률분포가 시간이 흘러도 처음 투자결정을 내릴 때 추정했던 것과 다르지 않다는 상황불변성을 전제로 한다. 즉, 처음 투자결정을 내릴 때의 상황이 미래에도 계속해서 유지된다고 가정한다. 따라서 경영자는 최초시점의 투자결정 이후 상황의 변화에 따른 투자전략의 변경을 고려할 필요가 없다.

그러나 미래의 상황은 초기 투자시점에서의 상황과 상당히 다르게 변화할 수 있다. 이럴 경우 경영자가 상황의 변화를 반영하여 초기의 의사결정을 수정하거나 번복할 수 있다면 기업가치를 제고하는 데 도움이 될 수 있다. 즉, 경영자가 새로운 정보의 유입이나 시간경과에 따른 불확실성의 감소 등에 대응하여 좀 더 나은 투자기회를 확보할 수 있는 유연성(flexibility)을 가진다면, 이익창출의 가능성을 보다 크게 하고(upside potential) 손실발생의 가능성을 제한하여(downside protection) 투자안의 가치를 증대시킬 수 있다.

이와 같이 미래의 상황변화를 반영하여 투자전략을 변경할 수 있는 경우 투자안의 가치는 전통적인 순현가법에 의해 계산된 가치와 투자전략을 수정할 수 있는 기회의 가치를 더한 값이 된다. 자본예산과정에서 경영자가 가지는 이러한 투자전략의 수정기회를 실물옵션(real options)이라 부른다. 실물옵션에 대해서는 옵션가격결정에 대해 공부한 후 제19장에서 자세히 다루기로 한다.

투자자원의 제약과 자본비용의 불완전성, 그리고 허들수익률

전통적인 순현가법에서는 투자에 필요한 여러 가지 자원에 제약이 없다고 가정한다. 이 경우 기업은 순현가가 0보다 큰 모든 투자안에 투자함으로써 기업가치를 극대화할 수 있다. 그러나 현실의 기업들이 이용할 수 있는 자원은 한정될 수밖에 없다. 예를 들어 투자자금에 제약을 받게 되며, 투자안의 분석과 평가를 담당할 인적자원도 제약을 받게 된다. 또 새로운 사업을 시작하기 위해서 이를 감당할 수 있는 경영자의 능력과 시간이 확보되어야 하나 현실적으로 이 또한 용이하지가 않다. 이에 따라 새로운 사업이 시작되는 경우 경영자는 기존사업에 소홀해질 가능성이 존재한다. 이럴 경우 기업은 제한된 자원의 사용효과를 극대화할 수 있도록 투자결정을 하게 되며, 이 경우 순현가가 0보다 큰 투자안이라고 하더라도 투자를 포기할 수 있다.

한편, 시장의 불완전성으로 인해 자본비용의 결정도 완전하지 못할 수 있다. 앞으로 제14장에서 살펴볼 것이나 주식발행이나 차입을 통한 새로운 자본조달은 파산비용, 대리비용, 그리고 정보비대칭에 따른 비용 등을 발생시킬 수 있다. 그러나 이러한 비용들을 명확하게 추정하여 자본비용에 반영시키기는 매우 어렵다. 결국 기업들이 추정한 자본비용은 실제 자본비용을 과소평가할 가능성이 높다. 이러한 문제들을 고려하여 많은 경영자는 "투자에서 최소한 벌어들여야 할 요구수익률"을 나름대로 정하고 이를 기준으로 투자결정을 내린다. 이를 허들수익률(hurdle rate)이라고 부르며, 지금까지 살펴보았던 기업의 자본비용(*WACC*)과 다음과 같은 관계를 갖는다.

$$\text{허들수익률} = \text{자본비용} + \alpha \qquad (\alpha > 0) \tag{11.19}$$

식 11.19에서 α의 크기는 경영자의 경험과 주관적인 판단에 의해 결정되며 기업마다 또 사업마다 다를 수 있다. 대개의 경우 자원제약의 정도가 심한 중소기업이 대기업에 비해 보다 큰 α값을 갖는다.

참고사항 **경제적 부가가치와 시장부가가치**

기업의 경영활동을 책임지는 경영자의 성과를 평가하는 지표로 그동안 주로 이용되어 온 것이 손익계산서상의 순이익과 주가이다. 그러나 최근 들어 이들 지표가 성과를 평가하는 기준으로 바람직하지 못하다는 의견이 계속 제시되어 왔다. 여기서는 순이익과 주가를 이용한 경영자의 성과평가가 어떤 문제점을 갖는지 알아보고 성과평가의 대안으로 제시되고 있는 경제적 부가가치와 시장부가가치에 대해서 살펴본다.

경제적 부가가치

손익계산서상의 순이익(당기순이익)은 영업이익에서 이자비용과 세금을 공제한 후의 값이다. 여기서 이자비용은 자본제공자 중 하나인 외부채권자에게 지급되는 자본사용의 대가이다. 그러나 순이익의 계산과정에서 보듯이 또 다른 자본제공자인 주주에 대한 자본사용의 대가는 고려되지 않고 있다. 따라서 손익계산서상의 순이익이 0보다 크다고 해서 그 기업의 경영자가 기업경영을 잘했다고 평가할 수는 없다. 이러한 문제를 극복하기 위해 도입된 개념이 경제적 부가가치 개념이다.

경제적 부가가치(economic value added: *EVA*) 또는 경제적 이익(economic profit: *EP*)은 기업이 벌어들인 영업이익에서 기업이 사용한 총자본(= 부채 + 자기자본)에 대한 자본비용과 세금을 공제한 후에 남는 이익으로, 그 계산식은 다음과 같다.

$$\begin{aligned} EVA &= \text{세후영업이익} - \text{세후총자본비용} \\ &= \text{영업이익} - \text{법인세비용} - \text{총자본} \times \text{가중평균자본비용} \end{aligned} \tag{11.20}$$

총자본에는 기업이 그 해에 사용한 부채와 자기자본이 모두 포함된다. *EVA*는 타인자본에 대한 이자비용만을 고려하는 회계적 이익과는 달리 자기자본을 포함한 총자본의 비용을 공제한 후에 남은 이익을 나타낸다. 이와 같이 평가된 *EVA*는 바로 기업이 그 해에 실현한 진정한 경제적 이익을 나타낸다. 따라서 *EVA*가 0보다 큰 기업은 자본비용 이상을 벌어들인 기업으로 평가된다. 예를 들어 어떤 기업이 세후투자수익률이 10%인 사업에 100억원을 투자하고 있다고 하자. 이 기업은 매년 10억원의 이익을 내는 것처럼 보이나 이 기업의 가중평균자본비용이 15%라면 자본비용을 고려하고 난 후의 경제적 이익은 −5억원으로 큰 손실을 입고 있는 것이다.

시장부가가치

순이익과 더불어 경영자의 성과를 평가하는 기준으로 많이 이용되어 온 것이 주가이다. 기업가치의 극대화는 일정한 조건하에서 주가의 상승으로 이어질 수 있으므로 주가를 높게 올린 경영자는 우수한 경영자로 평가받아야 한다는 것이다. 그러나 단순한 주가의 상승은 투자원금을 고려하지 못한다는 문제가 있다. 즉, 주식의 시가총액이 크다는 것이 주주의 부를 증가시키는 것과 반드시 일치하지 않는다는 것이다. 이를 보완하는 개념으로 나타난 것이 시장부가가치(market value added: *MVA*)이다. 시장부가가치는 총자본의 시장가치에서 장부가치를 뺀 값으로 측정되며, 이는 기업이 필요한 자금을 주주와 채권자들로부터 조달하여 경영활동에 투자한 결과 얼마만큼의 새로운 가치를 창출했는지를 나타낸다. 부채의 시장가치와 장부가치가 동일하다고 보면 *MVA*는 자기자본(주식)의 시장가치에서 장부가치를 뺀 값으로도 계산될 수 있다.

$$\begin{aligned} MVA &= \text{총자본의 시장가치} - \text{총자본의 장부가치}, \quad \text{또는} \\ &= \text{주식의 시장가치} - \text{주식의 장부가치} = \text{주식수} \times \text{주가} - \text{자기자본의 장부가치} \end{aligned} \tag{11.21}$$

식 11.21의 두 번째 정의에 의하면 *MVA*는 주식의 시가총액에서 주주들이 주식구입 시에 투자한 원금인 장부가치를 빼 준 값이다. 이는 결국 투자원금을 초과하여 증가한 주주의 부를 가리킨다.

다음의 예를 살펴보자. 두 기업 A와 B에 대한 자기자본의 장부가치와 시장가치에 대한 자료가 아래의 표와 같다고 하자.

A기업과 B기업의 자기자본자료 (단위: 억원)

	주식의 장부가치	주식의 시장가치	시장부가가치
A기업	100	120	20
B기업	50	100	50

위의 표에서 단순히 장부가치나 주식의 시가총액을 놓고 보면 A기업의 자기자본가치가 더 크기 때문에 A기업의 경영성과가 더 우수하다고 말할지 모른다. 그러나 시장부가가치를 비교해 보면 이러한 판단이 잘못된 것임을 분명히 알 수 있다. A기업의 경우 주주의 부는 투자원금에 비해 20억원이 증가하였으나 B기업의 경우 50억원이 증가하였다. 따라서 B기업의 경영성과가 보다 우수하다고 할 수 있다. *MVA*를 극대화하는 것은 바로 주주가치를 극대화하는 것이 되며 제1장에서 제시한 재무관리의 목표에도 부합된다.

기업가치 또는 주주가치의 증가는 기업이 투자를 통해 벌어들이는 이익이 자본비용보다 커야 발생한다. 다시 말해 *MVA*는 기업이 투자활동에서 벌어들이는 이익에서 자본비용을 공제한 후의 초과이익 즉 *EVA*에 의해서 좌우되며, 미래 *EVA*의 현재가치의 합으로 계산할 수 있다. 예를 들어 어떤 기업이 신규투자의 결과로 매년 10억원의 *EVA*를 영구히 창출하고 또 이 기업의 자본비용이 10%라면, 이 기업의 신규투자에 따른 기업가치의 증가분, 즉 *MVA*는 100억원(= 10억/0.1)이다.

중요용어

위험조정할인율(risk adjusted discount rate)
부채비용(cost of debt)
자기자본비용(cost of equity)
배당평가모형(dividend discount model)
영업레버리지효과(operating leverage effect)
민감도분석(sensitivity analysis)
자산베타(asset beta)
부채베타(beta of risky debt)
재무레버리지효과(financial leverage effect)
목표부채비율(target debt ratio)
가중평균자본비용(weighted average cost of capital: *WACC*)
경제적 부가가치(economic value added: *EVA*)
시장부가가치(market value added: *MVA*)
자본비용(cost of capital)
사업위험(business risk)
주식베타(equity beta)
의사결정수(decision tree)
대용베타(proxy beta)
실물옵션(real options)
허들수익률(hurdle rate)
재무위험(financial risk)
시뮬레이션(simulation)
확실성등가(certainty equivalent)

연습문제

11-1 미래의 현금흐름이 불확실한 경우 이를 투자안분석에 반영하는 방법에는 어떤 것들이 있는지 말해 보라.

11-2 새로운 투자안을 분석할 때 대용기업의 베타를 사용하기 위한 조건을 말해 보라.

11-3 ㈜섬나라는 타인자본을 사용하지 않는 기업으로, 새로운 설비 구입에 필요한 자금을 신주를 발행하여 조달하려고 한다. 다음 자료를 기초로 새로운 설비의 도입 여부를 결정하라.

무위험이자율: 5%
㈜섬나라의 주식베타: 0.8
시장포트폴리오의 기대수익률: 15%
설비의 가격: 5,000만원
내용연수: 5년
잔존가치: 1,000만원
감가상각방법: 정액법
설비의 도입에 따른 영업이익의 증가분: 매년 1,000만원
법인세율: 20%

11-4 관악회사는 현재 총자본의 50%를 타인자본으로 이용하고 있다. 이 회사 주식의 베타는 1.6이다. 이 회사가 부채를 전혀 사용하지 않을 때 주식의 베타를 계산하라.

① 법인세를 고려하지 않는 경우
② 법인세가 20%라고 가정하는 경우

11-5 삼영산업에서는 5억원을 들여서 전자업종에 진출하려고 한다. 전자업종에 이미 진출하고 있는 맥슨전자를 대용회사로 결정하고, 이 회사에 대해 조사하여 본 결과 주식의 베타는 2.0이며, 부채비율(D/E)은 400%이다. 삼영산업은 맥슨전자의 사업과 유사한 사업을 계획하고 있으나, 다만 목표부채비율을 67%로 하기로 하였다. 주식시장에서 추정되는 증권시장선이 $E(r_i) = 0.12 + 0.03\beta_i$라 하고 다음 물음에 답하라.

① 법인세가 없는 경우 맥슨전자의 사업위험을 반영하는 자산베타를 구하라.
② 법인세가 없고 부채비용이 12%일 때, 삼영산업이 전자업종에서 기대되는 현금흐름을 할인하기 위한 할인율을 구하라.

11-6 위 문제 11-5의 삼영산업의 예에서 모든 조건은 같으나 법인세율이 40%라고 하자. 새로운 투자로부터 기대되는 현금흐름이 아래와 같다고 할 때, 다음 물음에 답하라.

(단위: 억원)

연도	현금흐름
1	−5
2	4
3	7

① 삼영산업의 새로운 투자에서 주식의 베타를 구하라.
② 삼영산업의 투자로부터 기대되는 현금흐름을 얼마로 할인해야 할 것인지 결정하라.
③ 이 투자안의 순현가를 구하라.

11-7 기업의 자본비용(가중평균자본비용)으로 새로운 투자의 기대현금흐름을 할인할 수 있는 전제조건은 무엇인지 말해 보라.

11-8 지금 주식시장에서 추정되는 증권시장선은 $E(r_i) = 5 + (10 - 5)\beta_i$이다. 백두산업의 주식의 베타는 1.5이다. 현재 이 회사가 타인자본을 사용하지 않는다면, 이 회사의 자기자본비용은 얼마인지 계산하라.

11-9 현재의 주가가 5,000원이고 배당의 성장률이 6%인 기업이 있다. 다음 해의 배당이 400원이 될 것으로 예측할 경우, 이 기업의 자기자본비용을 추정하라.

11-10 서래산업은 8%의 수익률로 채권을 5,000만원어치를 발행하고 있다. 회사의 자기자본은 2억원이며, 주주들의 기대수익률은 15%이다.

① 법인세가 없다고 가정할 경우, 기업가치를 하락시키지 않으려면 서래산업은 매년 최소한 얼마의 수익을 내야 하는지 계산하라.

② 서래산업의 법인세율이 25%라고 가정하고, 질문 ①에 대해 다시 대답하라.

③ 세금이 존재할 때 차이가 나는 이유에 대하여 설명하라.

11-11 서울주식회사의 자본구조와 원천별 자본비용이 아래와 같다.

구분	시장가치(억원)	자본비용(%)
타인자본	500	10
우선주	100	12
보통주	300	25

① 법인세율이 25%일 때의 가중평균자본비용을 구하라.

② 위의 자료 중에서 보통주는 액면가 5,000원으로 600만주를 발행한 장부가치이다. 서울주식회사의 보통주가격이 현재 1주당 10,000원일 때 가중평균자본비용을 구하라.

11-12 휴대용 전화기를 생산하는 ㈜천지의 총자산은 20억원, 장기부채는 8억원, 자본금은 8억원, 유보이익은 4억원이다. 이 회사의 부채는 위험이 없으며 법인세율은 40%이다. 무위험이자율은 6%이다. 다음의 자료를 이용하여 물음에 답하라.

	㈜천지 주식	종합주가지수
기대수익률(%)	5	10
분산($\%^2$)	4	15

㈜천지 주식과 종합주가지수 수익률의 공분산은 $10\%^2$이다.

① ㈜천지의 자기자본비용을 CAPM을 이용하여 구하라.

② 타인자본비용을 구하라.

③ 가중평균자본비용을 구하라.

11-13 2024년 초 A사는 CCC등급의 5년만기 만기수익률 22%의 채권을 보유하고 있다. 또한 비슷한 만기를 가진 국채의 만기수익률은 3.5%이다. 시장위험프리미엄은 5%이며 A사 채권의 베타값은 0.4이다. A사 채권이 채무불이행될 경우 손실률이 55%라고 할 때, 이 채권의 만기수익률이 일정하게 유지되기 위해서 채무불이행의 확률이 얼마가 되어야 하는지 계산하라.

11-14 D전자는 새로운 메모리 칩을 개발하는 투자안을 검토하고 있다. 이 프로젝트는 주식으로 자금을 조달할 예정이고 이 투자안을 평가하기 위하여 자본비용을 추정하고자 한다. 다음의 자료는 동종업계에 속한 상장기업에 대한 자료이다.

부채금액(장부가치, A등급 채권)	3,000억원
보통주 발행주식수	5,000만주
주당주식가격	12,000원
주당순자산가치	5,000원
주식베타(β_E)	1.15

이때 D전자가 추진하는 새로운 프로젝트의 베타는 얼마인지, 또 이를 도출하기 위해 필요한 가정은 무엇인지 대답하라.

11-15 2024년 7월 A사의 시장가치는 10조 5,600억원이다. A사는 AA등급의 채권을 9,800억원 보유하고 있으며 보유 현금과 현금등가물은 3조 7,700억원이다. A사의 주식베타는 1.32라고 추정된다.

① A사의 사업가치를 구하라.
② A사의 부채베타가 0일때, A사의 사업위험을 나타내는 자산베타를 구하라.

11-16 CAPM이 성립하는 세계에서 투자기간이 1년이고 현 시점에서 200억원의 투자비용이 소요되는 사업안의 기대현금흐름은 250억원, 현금흐름과 시장포트폴리오 수익률 간의 공분산은 12억원으로 추정된다. 시장포트폴리오의 기대수익률은 12%, 표준편차는 20%이며, 무위험이자율은 6%이다. 다음 물음에 답하라.

① 위험의 시장가격$\left(\lambda = \dfrac{E(r_m) - r_f}{\sigma_m^2}\right)$과 위험조정을 구하라.
② 확실성등가법을 이용하여 위 사업안에 대한 투자 여부를 결정하라.
③ 위험조정할인율을 구하고 위험조정할인율법을 이용하여 사업안에 대한 투자 여부를 결정하라.

제Ⅳ편

자본조달결정

제 12 장

효율적 자본시장과 행동재무학

STUDY GUIDE

지금까지 이 책의 제Ⅱ편과 제Ⅲ편에서는 주로 기업의 투자결정(investment decision), 즉 자금을 어디에 투자할 것인지에 대한 문제를 다루었다. 이는 재무상태표의 좌변항목인 자산의 구성과 관련된 주제이다. 이제 제Ⅳ편에서는 투자결정이 내려진 상태에서 투자비용을 어떻게 마련할 것인지의 문제, 즉 자금조달결정(financing decision)에 대한 문제를 다룬다. 이는 재무상태표의 우변항목인 부채 · 자본의 구성과 관련된 주제이다. 투자결정의 목표가 *NPV*를 극대화하는 것이듯이, 자금조달결정의 목표도 마찬가지로 *NPV*를 극대화하는 것이 될 것이다. 그러나 *NPV*가 양(+)인 자금조달안을 찾는 것이 *NPV*가 양(+)인 (실물)투자안을 찾는 것보다 훨씬 어렵다고 한다. 그 이유는 자금의 주요 공급원인 자본시장이 효율적이기 때문이다. 이 장에서는 자본시장에 관한 연구에서 핵심적인 주제라고 할 수 있는 자본시장의 효율성에 대하여 알아본다. 효율성의 의미와 효율적 시장이 되기 위한 조건, 효율성의 유형과 실증결과, 그리고 기업의 재무활동과 관련하여 시장효율성이 던지는 시사점들에 대해 살펴본 후, 시장이상현상을 소개한다. 또 최근 많은 연구가 이루어지고 있는 행동재무학에 대해 살펴본다. 자금을 조달하는 구체적인 방법 등을 다루기 전에 이 주제를 먼저 다루는 이유는 자본시장이 작동되는 원리를 명확히 이해하지 않고서는 자본조달에 관한 문제가 매우 복잡하게 느껴 질 수 있고 또 그릇된 의사결정을 내릴 수 있기 때문이다.

12.1 자본시장의 효율성과 합리적 기대

■ 증권가격과 자본시장의 효율성

자본시장이 효율적이라고 할 때 '효율'이란 말은 여러 가지 의미로 사용될 수 있다. 시장에서 거래되는 증권의 가격이 적정하게 형성되어 경제적 관점에서 자금의 배분이 최적으로 이루어질 때 시장이 효율적이라고 말하는데, 이때 효율이란 용어는 배분효율성(allocational efficiency)을 의미한다. 또 증권거래에서 거래비용이나 규제 등 거래를 제약하는 요인들이 적어 증권거래가 순조롭게 일어날 때 사용하는 효율이란 말은 운영효율성(operational efficiency)을 의미한다. 그리고 증권가격이 시장에 유입되는 새로운 정보를 완전하고 신속하게 반영할 때 시장이 효율적이라고 하는데, 이 때 효율이란 용어는 정보효율성(informational efficiency)을 의미한다. 이 장에서 다루고자 하는 시장효율성이란 주제는 배분효율성이나 운영효율성이 아닌 바로 정보효율성에 관한 것이다.

정보효율적인 시장에서의 증권가격은 새로운 정보를 완전하게(fully) 그리고 신속하게(immediately) 반영하기 때문에 이 정보를 이용한 거래를 통하여 비정상적인 수익률(abnormal return)을 얻는 것이 불가능하다. 여기서 '완전하게'란 말은 가격에 반영되는 정보의 범위(extent)에 관한 것이며, '신속하게'란 말은 정보가 반영되는 속도(speed)에 관한 것이다. 예를 들어 살펴보자.

삼성전자 주식의 1년 후의 주당 가치가 11만원으로 예상되고 할인율이 10%로 추정되어, 현재의 주가가 10만원(=11만/1.1)이라고 하자. 이 상황에서 삼성전자가 보다 저렴하고 효율적인 반도체 제조기술을 개발했다는 뉴스가 공시되어 1년 후의 예상 주당 가치가 11만원에서 13.2만원으로 상향되었다고 한다. 주식의 위험에는 변화가 없어 할인율은 그대로 10%이다. 이럴 경우 투자자는 이 정보를 이용하여 정상적인 수익률인 10% 이상의 투자성과를 얻을 수 있을까? 시장이 효율적이어서 주가가 이 정보를 완전하게 그리고 즉시에 반영한다면, 주가는 투자자가 주식을 매입하기 전에 이미 12만원(=13.2만/1.1)으로 상승할 것이다. 따라서 투자자가 12만원에 주식을 매입하면 정상적인 수익률인 10%(=13.2만/12만−1)밖에 기대할 수 없다. 만일 시장이 비효율적이어서 삼성전자의 주가가 새로운 정보에 시차를 두고 반응하거나 적정한 가치 이상으로 과잉반응하는 현상이 발생하면, 이를 이용하여 비정상수익을 얻을 수 있는 기회가 존재하게 된다. 예를 들어, 정보가 유입되는 시점에서 주식이 11.5만원에 거래된다면, 투자자는 삼성전자 주식을 매입하여 14.78%(=13.2만/11.5만−1)의 수익률을 기대할 수 있다. 이는 투자자가 4.78%의 비정상수익률을 얻을 수 있다는 것을 의미한다. [그림 12-1]은 주가가 새로운 정보에 지연반응을 보이거나 과잉반응을 보이는 모습을 나타낸다.

증권가격이 모든 관련정보를 완전하고 신속하게 반영한다면 증권의 시장가격은 항상 그 증권의 내재가치(intrinsic value)와 같아야 한다. 여기서 내재가치란 전문성을 갖춘 증권분석가들이 가장 적절한 모형을 이용하여 계산해 낸 증권의 이론적 가치를 말한다. 현가모형(present value model)을 이용할 경우, 증권의 내재가치는 해당 증권에 대한 투자에서 얻는 미래현금흐름의 현재가치가 된

| 그림 12-1 | 새로운 정보에 대한 시장가격의 반응

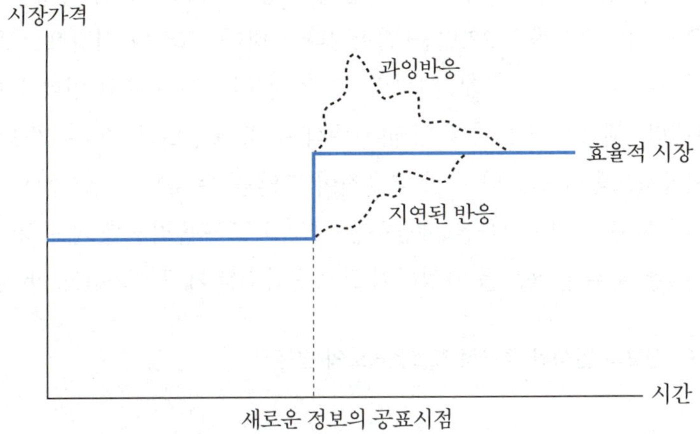

다. 시장이 효율적이어서 시장가격이 내재가치와 항상 같을 경우, 증권을 거래하여 얻을 수 있는 투자의 순현가(*NPV*)는 0이다. 앞의 삼성전자 주식의 예에서, 시장이 효율적이면 정보유입 전의 *NPV*도 0[=(11만/1.1)−10만]이며 정보유입 후의 *NPV*도 0[=(13.2만/1.1)−12만]이 되는 것을 볼 수 있다. 이는 효율적인 시장에서 증권의 기대수익률은 바로 해당 증권의 위험을 반영하여 결정되는 기회비용과 같으며, 기업은 증권발행을 통하여 해당 증권의 내재가치만큼을 조달할 수 있다는 것을 의미한다.

새로운 정보가 증권가격에 완전하고 신속하게 반영되는 가장 큰 이유는, 많은 투자자들이 투자수익을 극대화하기 위해 경쟁적으로 정보를 분석하여 투자활동을 하기 때문이다. 경쟁적인 시장에서는 새로운 정보의 효과가 빠른 시간 내에 증권가격에 반영될 수밖에 없고 따라서 그 정보를 이용하여 비정상적인 수익을 얻는 것이 불가능하도록 가격이 조정된다. 그러나 현실시장에서는 새로운 정보에 대한 가격조정이 언제나 완전한 것은 아닐 수 있다. 시장가격은 내재가치보다 높을 수도 있고 낮을 수도 있다. 그리고 그 정보를 반영한 가격이 적정한지 그렇지 않은지는 누구도 알 수 없다. 다만 현재의 증권가격은 지금까지 이용가능한 정보의 범위 내에서 모든 투자자들이 합의하여 결정한 가격으로 볼 수 있기 때문에 이를 적정한 가격으로 볼 수밖에 없다.

■ 경쟁과 시장효율성

자본시장이 효율적인 이유는 투자수익의 극대화를 추구하는 시장참여자들이 치열하게 경쟁하기 때문이다. 경쟁이 시장의 효율성과 관련하여 어떤 역할을 수행하는지를 보기 위해 제10장에서 공부한 CAPM이 성립하는 시장을 가정하고, 새로운 정보가 시장에 유입될 때 이에 대한 투자자의 반응이 어떻게 새로운 균형가격과 기대수익률을 형성하는지를 살펴보자.

CAPM이 성립하는 시장에서 시장포트폴리오는 시장에서 거래되는 모든 종목들을 그 시장가치비율에 따라 결합한 효율적 포트폴리오이다.[1] 이제 시장에 새로운 정보가 유입되어 증권가격이 현재 상태를 유지하는 경우, 포트폴리오를 구성하는 종목 중 주식 A와 B의 기대수익률이 2%만큼 오르고, 주식 C와 D의 기대수익률은 2%만큼 떨어진다고 하자. 그러나 시장포트폴리오의 기대수익률은 변화가 없을 것이라고 하자. 아래의 [그림 12-2]는 새로운 정보의 영향에 따른 효율적 투자선의 변화를 나타낸다. 새로운 정보가 유입되어 주식 A, B, C, D의 기대수익률이 변하는 상황에서 이제 기존의 시장포트폴리오는 더 이상 효율적이지 않을 수 있다. 그림에서 보는 것과 같이 동일한 위험하에서 더 높은 기대수익률을 제공하는 새로운 포트폴리오를 재구성할 수 있기 때문이다. 따라서 투자자들은 새로운 정보를 반영하여 포트폴리오를 재구성하려고 할 것이다.

| 그림 12-2 | 새로운 정보의 발생과 효율적 포트폴리오의 변동

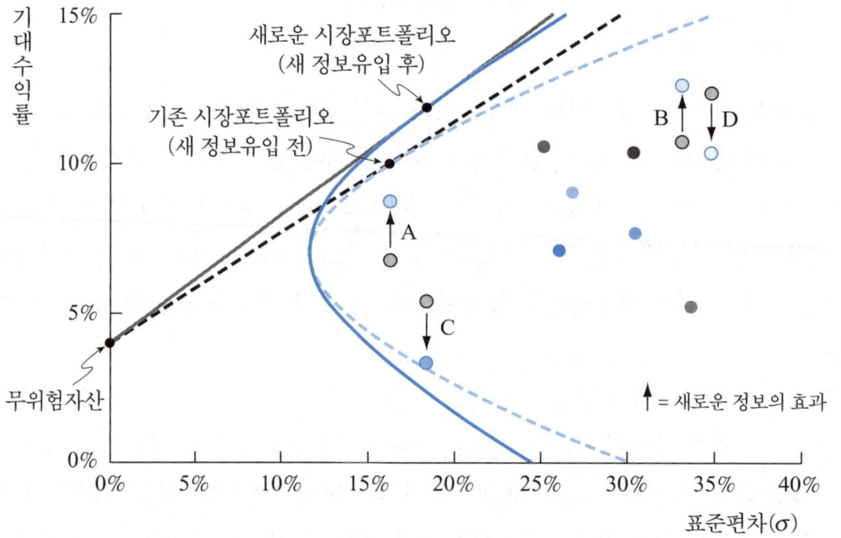

자료: Berk, J. and P. DeMarzo(2022), *Corporate Finance*, Figure 13-1 수정인용.

투자자들은 각 주식의 베타위험에 상응하는 요구수익률을 CAPM을 이용해서 구하고, 이 요구수익률과 각 주식으로부터 기대되는 수익률을 비교하여 포트폴리오를 수정한다. 즉, 다음의 식 12.1로 계산되는 알파(alpha: α)를 계산하여 알파가 0보다 큰 주식에 대한 매입을 늘리고 알파가 0보다 작은 주식에 대한 매도를 늘려 포트폴리오를 재구성한다.

$$\alpha_i = E(r_i) - [r_f + (E(r_m) - r_f) \times \beta_i] \tag{12.1}$$

[그림 12-3]은 이러한 비교를 잘 보여준다. 시장포트폴리오가 효율적인 경우 모든 주식들은 증

1 제9장에서 보았듯이 효율적 포트폴리오에서 '효율적'이란 지배원리를 만족시킨다는 의미로서, 이 장에서 다루는 '정보효율적'이란 의미와는 분명히 구별되어야 한다.

권시장선상에 위치하며 또 0의 알파값을 갖는다. 그러나 새로운 정보의 영향으로 알파값이 0이 아닌 종목들이 생겨나면, 투자자는 알파가 0보다 큰 주식 A와 B를 매입하고 알파가 0보다 작은 주식 C와 D를 매도함으로써 포트폴리오의 성과를 높일 수 있다. 이러한 거래는 포트폴리오를 구성하는 모든 종목의 알파가 0이 될 때까지 지속된다.

양(+)의 알파를 갖는 주식 A와 B에 대한 수요의 증가는 A와 B의 가격을 상승시키며, 음(−)의 알파를 갖는 주식 C와 D에 대한 공급의 증가는 C와 D의 가격을 하락시킨다. A와 B의 가격상승은 두 종목의 기대수익률을 다시 떨어뜨리며, C와 D의 가격하락은 두 종목의 기대수익률을 다시 높여 준다. 포트폴리오를 재구성하기 위한 투자자들의 거래는 모든 종목의 알파가 0이 될 때까지 지속될 것이므로 결국 포트폴리오를 구성하는 모든 종목의 기대수익률은 [그림 12-3]에서 보는 것과 같이 증권시장선상에서 결정되며, 시장포트폴리오는 다시 효율적인 포트폴리오가 된다.

주목해야 할 점은 알파가 양(+)인 종목들을 매입하고 음(-)인 종목들을 매도함으로써 포트폴리오의 성과를 높이려는 투자자들 간의 치열한 경쟁이 효율적인 시장을 만들고, 또 효율적인 시장포트폴리오를 가능케 하여 CAPM을 성립하게 만든다는 것이다. 물론 현실에서는 모든 종목의 알파가 언제나 0은 아니며, 알파가 0이 아닌 종목들을 찾아내어 시장평균보다 나은 성과를 얻을 수 있는 투자전략이 존재할 수 있다.

| 그림 12-3 | 증권시장선, 알파, 그리고 포트폴리오의 재구성

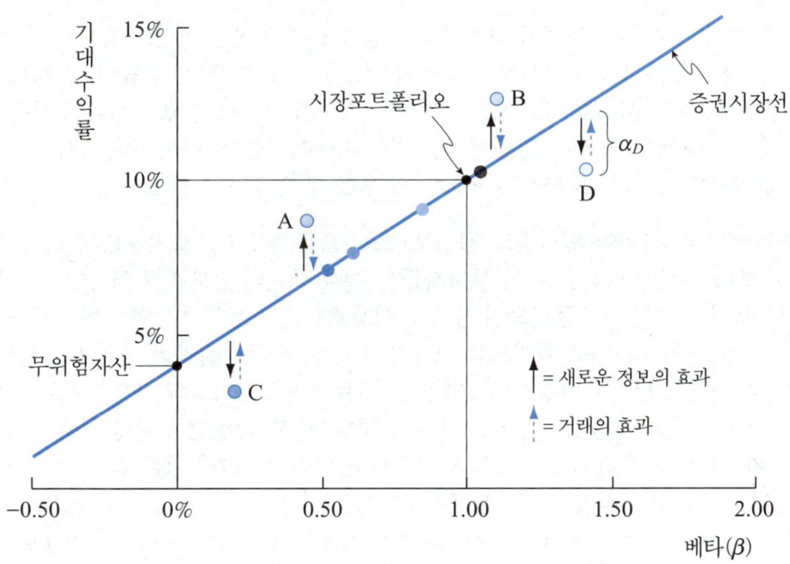

자료: Berk, J. and P. DeMarzo(2022), *Corporate Finance*, Figure 13-2 수정인용.

■ 정보와 합리적 기대

어떤 투자자가 알파가 양(+)인 종목을 매입하여 이익을 얻기 위해서는 누군가 그 종목을 팔아야 한다. "시장 참여자는 모두 동일한 정보를 갖는다."는 가정하에서는 어떤 종목이 양(+)의 알파를 갖는지 모든 투자자가 동일하게 알고 있으며 따라서 어느 누구도 그 종목을 팔지 않을 것이므로 거래가 발생하지 않는다. 그렇다면 어떤 상황에서 알파가 0이 아닌 종목을 거래하여 이익을 얻을 수 있을까?

현실에서는 투자자들이 갖는 정보가 서로 다를 수 있으며 또 증권분석에 투입하는 시간과 노력도 서로 다르기 때문에 정보가 동일하다는 가정이 반드시 성립한다고 보기는 어렵다. 즉, 시장에는 다른 투자자에 비해 보다 우월한 정보를 가진 정보투자자(informed investors)가 있는 반면, 그렇지 못한 비정보투자자(uninformed investors)가 있을 수 있다. 정보투자자는 각 종목의 알파에 대한 우월한 정보를 가지고 있기 때문에 비정보투자자와의 거래를 통해 양(+)의 알파를 얻을 수 있다.

그러나 반드시 우월한 정보를 가져야만 양(+)의 알파를 얻을 수 있는 것은 아니다. CAPM의 중요한 의미 중의 하나는 모든 투자자가 시장포트폴리오를 보유한다는 것이며, 이는 투자자 간의 정보의 차이나 거래기법의 차이에 관계없이 성립해야 한다. 이는 정보가 열세인 비정보투자자도 단순히 시장포트폴리오를 보유함으로써 정보투자자들이 가지고 있는 우월한 정보에 따른 이익을 얻을 수 있다는 의미이다. 다음의 예제를 통해 살펴보자.

예제 12-1 투자자 손 씨는 시장에서 거래되는 주식들에 대해 어떤 우월한 정보도 갖고 있지 않다. 그러나 손 씨는 다른 투자자들이 자신보다 우월한 정보를 갖고 있으며, 그들이 이 정보를 이용하여 포트폴리오를 구성한다는 사실을 알고 있다. 손 씨는 정보의 차이로 인해 자신이 구성한 포트폴리오의 성과가 시장의 평균적인 성과에 비해 떨어질 것이라고 생각한다. 이런 상황에서 손 씨가 어떤 방법으로 정보의 열세를 극복하고 시장평균의 성과를 얻을 수 있을지 설명하라.

풀이 손 씨는 정보가 열위에 있더라도 시장포트폴리오를 보유함으로써 시장평균의 성과를 얻을 수 있다. 손 씨보다 우월한 정보를 가진 투자자들은 각자 자신의 정보를 반영하여 포트폴리오를 구성한다. 투자자들이 구성한 포트폴리오의 총합은 시장포트폴리오와 같기 때문에(즉 증권에 대한 총수요 = 총공급), 손 씨가 시장포트폴리오를 보유하면 손 씨의 투자성과는 다른 투자자들이 얻는 투자성과의 평균과 같게 된다. 즉 비정보투자자인 손 씨는 정보투자자들의 포트폴리오 구성을 확인하고 그들과 동일한 포트폴리오를 구성함으로써 다른 투자자들과 동일한 성과를 얻을 수 있다.

만일, 손 씨가 시장포트폴리오를 보유하지 않는다면 어떻게 될까? 예를 들어 손 씨가 알파가 양(+)인 주식 A에 대한 투자비중을 시장포트폴리오에서의 비중보다 줄이고 알파가 음(−)인 주식 C에 대한 투자비중을 상대적으로 늘렸다고 하자. 이 경우 정보투자자들은 손 씨와의 거래를 통해 주식 A의 비중을 늘리고 주식 C의 비중을 줄임으로써 손 씨보다 우월한 성과를 얻을 수 있다. 즉, 손 씨의 투자성과는 시장평균보다 낮아지게 된다.

[예제 12-1]은 비정보투자자라고 할지라도 단순히 시장포트폴리오를 보유함으로써 시장평균(즉 알파=0)의 성과를 얻을 수 있다는 것을 말해 준다. 이럴 경우 누구도 음(-)의 알파를 갖는 포트폴리오를 보유하지 않는다. 또 모든 투자자들이 보유한 평균포트폴리오는 바로 시장포트폴리오이므로 투자자들이 얻는 알파의 평균값은 0이다. 이는 (-)의 알파를 부담하는 투자자들이 없다면 어떤 투자자도 (+)의 알파를 얻을 수 없으며, 결국 시장포트폴리오가 효율적이어야 한다는 것을 의미한다. 결과적으로 모든 시장참여자가 자신이 보유한 정보와 그리고 시장가격 또는 다른 사람들의 거래로부터 유추한 정보의 의미를 정확하게 파악하고, 이를 자신의 포트폴리오 구성에 이용하는 경우 CAPM은 성립한다. 이러한 내용을 투자자의 합리적 기대(rational expectations)라고 한다.

어떤 투자자가 양(+)의 알파를 얻으려면, 다른 누군가는 음(-)의 알파를 얻어야 한다. 모든 투자자가 시장포트폴리오를 보유하면 알파가 0인 성과를 얻게 되므로, 다음의 두 경우 중 적어도 하나가 만족되는 경우 시장평균보다 나은 성과를 얻는 투자가 가능할 수 있다. 즉 (i) 투자자 중 상당수가 합리적 기대와는 달리 정보를 잘못 해석해 실제로는 알파가 음(-)인 종목들을 양(+)의 알파를 갖는 종목들로 해석해 보유하거나 (ii) 투자자 중 상당수가 기대수익과 위험 외의 다른 기준에 의해 포트폴리오를 구성하고 그 결과 비효율적인 포트폴리오를 보유하는 경우이다.[2]

12.2 효율적시장가설

■ 시장효율성의 유형

자본시장이론 분야의 많은 학자들은 현실에서의 증권가격이 이용 가능한 모든 중요한 정보를 완전하고 신속하게 반영한다고 주장하는데, 이를 효율적시장가설(efficient market hypothesis: EMH)이라고 한다. 과연 이 가설은 항상 성립하는 것일까? 그렇지는 않다. 정보의 내용이나 성격에 따라서 가격에 반영되는 정도에 차이가 있을 수 있다. 작년에 발표된 어느 기업의 급격한 이익의 증가나 감소는 이미 그 기업의 현재주가에 반영되어 있을 가능성이 높다. 그러나 은밀하게 추진되고 있는 해외진출 계획은 아직 주가에 반영되지 않았을 수 있다. 현재의 증권가격이 어떤 범위의 정보를 반영하느냐에 따라 자본시장의 효율성은 다음과 같이 세 가지 유형으로 구분된다.[3]

약형 효율성

약형 효율성(weak-form efficiency)이란 과거의 증권가격에서 추출할 수 있는 모든 정보(과거정보)를

---

2 슐라이퍼(Shleifer)는 시장이 효율적이기 위한 세 가지 조건을 제시한다. 첫째, 모든 투자자들이 합리적(rational)이거나 둘째, 비합리적 투자자가 존재하더라도 서로의 행위를 상쇄하거나(independent deviations from rationality) 셋째, 그렇지도 못할 경우 합리적인 투자전문가들이 차익거래를 통해 비합리적 투자의 영향을 상쇄할 경우 시장의 효율성이 유지될 수 있다고 주장한다. 둘째와 셋째 조건이 만족되면 (i)의 경우에 시장평균 알파는 여전히 0이 될 수 있다. Shleifer, A.(2000), *Inefficient Market: An Introduction to Behavioral Finance*, Oxford University Press.

3 Fama, E.(1970), "Efficient Capital Market: A Review of Theory and Empirical Work," *Journal of Finance* 25(2), 383-417.

현재가격이 반영하는 것을 말한다. 여기서 과거정보는 거래량 등을 포함하기도 하지만, 주로 과거의 가격 또는 수익률 패턴(pattern)에 초점을 맞추고 있다. 따라서 약형 효율적 시장에서는 과거의 가격 패턴이 이미 현재가격에 반영되어 있기 때문에 이를 이용하여 미래의 가격을 예측할 수 없고 또 비정상적인 수익을 얻을 수 없다.

미래주가의 패턴이 과거주가의 패턴을 반복한다든지 또는 현재주가는 과거주가의 움직임을 기억하고 있다는 말 등은 모두 과거의 주가를 분석하여 미래주가를 예측하려는 시도인데 이러한 방법을 기술적 분석(technical analysis)이라고 한다. 약형 효율성이 성립하는 자본시장에서는 이러한 분석은 무의미하다.

준강형 효율성

준강형 효율성(semi-strong-form efficiency)이란 대중에게 공개된 모든 공적 정보(public information)가 신속하고 완전하게 증권가격에 반영되는 것을 말한다. 즉 준강형 효율적 시장에서 현재가격은 과거의 가격, 거래량 등에 관한 정보뿐 아니라, 이미 공개된 재무제표, 경제신문의 새로운 기사, 정책보고서의 새로운 연구결과 등도 반영하게 된다. 따라서 투자자들이 공개된 정보를 분석하여 투자결정을 하는 것은 별 의미가 없다.

기술적 분석 외에 증권분석의 또 다른 방법으로 기본적 분석(fundamental analysis)이 있다. 이는 회계자료와 공개된 경제활동 자료 등을 이용하여 증권의 내재가치를 계산하고 그 결과를 이용하여 비정상수익률을 얻으려고 시도하는 것이다. 증권분석가들이 이용하는 정보가 대중에게 공개된 것이라면 준강형 효율적 시장에서는 기본적 분석도 아무런 소용이 없다.

강형 효율성

강형 효율성(strong-form efficiency)은 현재의 증권가격이 과거정보와 현재의 공적 정보뿐 아니라 대중에게 미공개된 사적 정보(private information)까지도 완전히 반영하고 있는 시장을 말한다. 따라서 강형 효율성은 앞에서 설명한 약형 그리고 준강형 효율성을 모두 포괄하는 가장 강력한 개념이다. 강형 효율적 시장에서는 대표적인 사적 정보인 회사의 내부정보(inside information)를 이용하더라도 이미 그 정보가 주가에 반영되어 있으므로 비정상 수익률을 얻을 수 없다. 즉 내부자거래(insider trading)도 별 효과를 거두지 못한다는 것이다. 세 가지 유형의 효율성과 주가가 반영하는 정보와의 관계를 나타내면 [그림 12-4]와 같다.

| 그림 12-4 | 주식가격이 반영하는 정보와 자본시장의 효율성

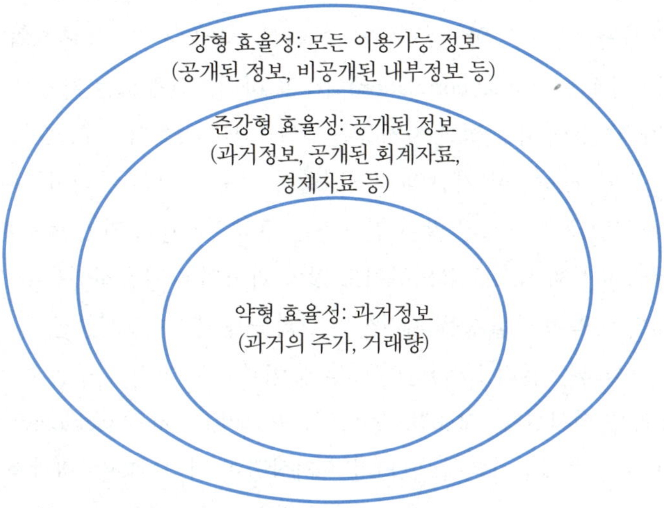

■ 시장효율성에 관한 실증연구

약형 효율성에 대한 실증연구

과거주가를 분석하여 미래주가의 움직임을 예측할 수 있을까? 이러한 물음은 약형 효율성과 관련한 대표적인 연구주제이다. 약형 효율적 시장에서 현재주가는 과거주가에 함유된 모든 정보를 이미 반영하고 있다고 하였다. 그렇다면 주가는 언제 변동하는 것일까? 주가는 새로운 정보가 유입될 때 변화한다. 새로운 정보란 정의상 예측할 수 없는 것이다. 따라서 주가의 변동도 예측할 수 없다는 대답을 할 수 있다.

이러한 주가의 움직임은 다음과 같은 확률과정에 의해 표현될 수 있다.

$$P_{t+1} = P_t + \text{기대수익} + \text{무작위오차항}_{t+1} \tag{12.2}$$

식 12.2에 의하면 내일의 주가는 오늘의 주가에 기대수익을 더한 후 무작위로 발생하는 오차항을 더한 것이다. 오늘의 주가 P_t는 이미 알려진 값이며, 기대수익은 증권의 위험에 따라 결정되는 값으로 앞서 배운 CAMP이나 APT 등에 의해 예측된 값이다. 따라서 주가는 무작위오차항에 의해 변동하게 되는데, 이는 무작위로 또 시계열상 독립적으로 유입되는 새로운 정보에 기인하는 것이다. 따라서 주가도 무작위로 또 시계열상 독립적으로 움직이게 된다. 식 12.2와 같이 움직일 때 주가는 랜덤워크(random walk)를 따른다고 말한다. 따라서 주가가 과연 랜덤워크를 따르는지의 여부를 규명하는 일은 주가 또는 주식수익률의 예측가능성을 검증하는 방법이라고 할 수 있다.[4,5]

---

4 1953년에 켄달(Kendall)은 주식을 포함한 22개 상품의 주별 가격변동의 시계열자료를 분석하고, 매주의 가격변동은 전주의 가격변동과 관련이 없이 무작위로 움직인다는 연구결과를 발표하였다. 즉, 이번 주 가격은 전주의 가격에 이

시계열상 주가변동의 독립성은 연속된 두 기간의 가격변화가 서로 상관관계가 있는지 관찰함으로써 검증할 수 있다. 오늘의 주가가 상승했는데 내일의 주가도 평균적으로 상승한다면 두 기간의 가격변화는 상관관계가 있다고 할 수 있다. 이러한 시점 간 가격변화의 관계를 자기상관(autocorrelation) 또는 계열상관(serial correlation)이라고 하며, 그 정도는 자기상관계수에 의해 측정된다. 어떤 주식의 가격변동에서 측정한 자기상관계수가 0에 가깝다면 이 주식의 가격움직임은 시계열독립이라고 할 수 있다. 즉, 한 기간의 가격변화와 다음 기간의 가격변화는 서로 관계가 없다는 것이다. 1960~1970년대에 발표된 많은 연구들은 주식수익률의 자기상관계수가 대부분 0에서 큰 차이를 보이지 않으며 통계적으로 유의하지도 않아 과거의 주가움직임을 분석하여 미래의 주가변화를 예측할 수 없다는 약형 효율성을 지지하는 결과들을 제시하고 있다.[6]

그러나 초기의 연구들과는 달리 1980년대 이후에 이루어진 여러 연구는 주가의 예측 가능성을 부인하지 못하는 결과를 제시한다. 대표적으로 로와 맥킨리(Lo and Mackinlay)는 뉴욕증시에 상장된 소규모 주식들의 주별 주식수익률에 양(+)의 자기상관이 나타난다는 결과를 보여준다.[7] 제가디쉬와 티트만(Jegadeesh and Titman)은 주식포트폴리오의 중기수익률(3~12개월)에 강한 양(+)의 자기상관이 존재한다는 것을 발견했는데 이를 모멘텀현상(momentum effect)이라고 부른다.[8] 이는 중기적으로 과거에 성과가 좋았던 주식을 매입하고 나빴던 주식을 공매하는 투자전략(이를 모멘텀전략이라고 한다)을 통해 차익(arbitrage profit)을 얻을 수 있다는 것을 의미한다.[9]

한편, 파마와 프렌치(Fama and French)[10] 그리고 포터바와 서머즈(Poterba and Summers)[11]는 주가지수의 장기수익률(3~5년)에서 음(−)의 자기상관관계를 발견하였다. 즉, 장기적으로 주가는 내재가치를 나타내는 장기추세선을 상회하고 하회하는 패턴을 반복한다는 것인데, 이를 평균회귀

번 주에 무작위적으로 발생한 요소가 더해져 결정된다는 것이다. 이는 상품가격이 식 12.2로 표현되는 랜덤워크를 따른다는 것을 의미한다. Kendall, M.(1953), "The Analysis of Economic Time Series, Part I. Prices," *Journal of the Royal Statistical Society* 96, 1-25.

5 랜덤워크는 마팅게일(martingale)이라고 하는 확률과정의 한 예이다. 주가가 다음과 같이 움직일 때 마팅게일을 따른다고 말한다: $E(P_{t+\tau} \mid P_t) = P_t$, $\tau = 1, 2, \cdots$. 그런데 현가모형에 의하면 $P_t = \frac{E(P_{t+\tau} \mid P_t)}{(1+k)^{\tau}}$이다. 이럴 경우 "효율적 시장에서는 할인된 주가가 마팅게일을 따른다."라고 흔히 말한다. 이는 한편으로 주식거래의 *NPV*가 0라는 것을 의미하기도 한다.

6 대표적으로 파마의 논문을 참조하라. Fama, E.(1965), "The Behavior of Stock Market Prices," *Journal of Business* 38(1), 34-105.

7 Lo, A. and A. Mackinlay(1988), "Stock Market Prices Do Not Follow Random Walks : Evidence from a Simple Specification," *Review of Financial Studies* 1(1), 41-46.

8 Jegadeesh, N. and S. Titman(1993), "Returns to Buying Winners and Selling Losers: Implications for Stock Market Efficiency," *Journal of Finance* 48, 65-91.

9 제가디쉬와 티트만은 1965~1989년 기간 동안 미국시장에서 모멘텀전략을 통해 연평균 12%의 차익을 얻을 수 있었다고 하였다.

10 Fama, E. and K. French(1988), "Permanent and Temporary Components of Stock Prices," *Journal of Political Economy* 96, 24-73.

11 Poterba, J. and L. Summers(1988), "Mean Reversion in Stock Prices: Evidence and Implications," *Journal of Financial Economics* 22, 27-59.

(mean reversion)현상이라고 한다. 포터바와 서머즈는 평균회귀현상을 주식시장의 비효율성을 보여주는 증거라고 주장하는 데 비해, 파마와 프렌치는 시장위험프리미엄과 주식의 요구수익률이 시간에 따라 변화하면 효율적인 시장에서도 이 현상이 나타날 수 있다고 주장한다.

드봉과 탈러(DeBondt and Thaler)는 장기적(3~5년)으로 과거에 성과가 좋았던 주식들은 미래에 가격이 하락하고, 과거에 성과가 나빴던 주식들은 미래에 가격이 상승하는 현상을 발견했는데, 이를 반전효과(reversal effect)라고 한다.[12] 앞에서 소개한 평균회귀현상이 시계열 분석의 결과인 반면, 반전효과는 횡단면(cross-section) 분석의 결과라고 할 수 있다. 이러한 반전효과는 일정기간 동안 가격이 하락한 종목을 매입하고 상승한 종목을 매도하는 반대매매전략(contrarian strategy)이 유효하다는 것을 의미한다.[13]

준강형 효율성에 대한 실증연구

앞서 [그림 12-1]에서 증권의 시장가격이 새로운 정보에 대하여 과잉반응을 보이거나 지연반응을 보이는 경우 투자자는 그러한 현상을 이용하여 비정상적인 수익을 얻는 투자를 할 수 있다고 하였다. 비정상수익률(abnormal return : *AR*)에 기초하여 준강형 효율성의 여부를 검증하는 대표적인 방법으로 사건연구(event study)를 들 수 있다.

사건연구는 시장에 새로운 사건 또는 정보가 발생하거나 유입되었을 때 이로 인해 나타나는 주식의 비정상수익률(*AR*)과 누적비정상수익률(cumulative abnormal return: *CAR*)을 계산하여 사건발생 전후 일정기간 동안 비교해 봄으로써 해당 정보가 완전히 그리고 신속하게 증권가격에 반영되는지의 여부를 검증하는 방법이다.[14]

비정상수익률은 실제수익률에서 정상수익률을 뺀 나머지 부분(잔차)을 말하며, 정상수익률을 측정하기 위해 흔히 제10.2절에서 소개한 시장모형(market model)을 이용한다.[15]

$$r = \underbrace{a + b \cdot r_m}_{(*)} + \underbrace{e}_{(**)} \qquad (12.3)$$

여기서 r은 주식의 수익률, r_m은 시장수익률, e는 잔차항을 나타낸다. 식 12.3에 의하면 개별주식의 수익률은 두 가지 원인 때문에 변동한다. 첫째는 시장(r_m)의 변동 때문이고 둘째는 주식발행

---

12 DeBondt, W. and R. Thaler(1985), "Does the Stock Market Overreact?" *Journal of Finance* 40, 793-805.

13 드봉과 탈러는 미국자료를 이용하여 과거 5년 간 성과가 좋았던 주식들로 승자포트폴리오(winner portfolio)들을 구성하고 성과가 저조했던 주식들로 패자포트폴리오(loser portfolio)를 구성한 후 패자포트폴리오를 매입하고 승자포트폴리오를 공매함으로써 향후 3년간 25%의 차익을 얻을 수 있었다는 결과를 보였다.

14 사건연구를 이용하여 시장효율성을 검증하는 최초의 연구는 주식분할의 발표가 주가에 미치는 영향을 분석한 Fama, Fisher, Jensen, and Roll의 연구이다. 이 방법을 잔차분석(residual analysis)이라고도 부른다. Fama, E., I. Fisher, M. Jensen, and R. Roll(1969), "The Adjustment of Stock Prices to New Information," *International Economic Review* 10, 1-21.

15 개념적으로는 자본자산가격결정모형(CAPM)이나 3-요인 모형(3-Factor Model) 등이 나은 선택일 수 있으나, 사건연구에서 사용되는 일별 수익률이 매우 작은 숫자이기 때문에 편의상 시장모형이 보편적으로 사용된다.

기업의 고유한 사건의 발생(e) 때문이다. 식 12.3에서 (*)로 표시한 부분은 주식의 정상수익률을 나타내며, 이 중 계수 b는 주식의 체계적 위험 측정치인 베타이다. (**)로 표시된 부분이 바로 기업의 고유한 사건에 기인한 비정상수익률이 된다. 따라서 비정상수익률은 다음과 같이 측정된다.

$$\text{비정상수익률}(AR) = \text{실제수익률} - \text{정상수익률} = r - (a + b \cdot r_m) \tag{12.4}$$

한편 누적비정상수익률(CAR)은 매 기간별로 계산한 비정상수익률을 차례로 더한 결과로서 다음과 같이 나타낼 수 있다.

$$CAR_{t+n} = AR_t + AR_{t+1} + \cdots + AR_{t+n} \tag{12.5}$$

사건이 호재성으로 주가에 긍정적인 영향을 미칠 경우 식 12.5에서 구한 CAR는 사건발생 이후 계속 양(+)의 값을 유지할 것이며, 반대로 사건이 악재성으로 주가에 부정적인 영향을 미칠 경우 CAR는 사건발생 이후 계속 음(−)의 값을 유지하게 될 것이다.

준강형 효율적 시장에서 호재성 사건이나 정보가 공시될 경우 공시시점 전후의 CAR는 [그림

| 그림 12-5 | 준강형 효율적 시장에서 호재성 정보와 악재성 정보가 공시되었을 때의 누적비정상수익률(CAR)

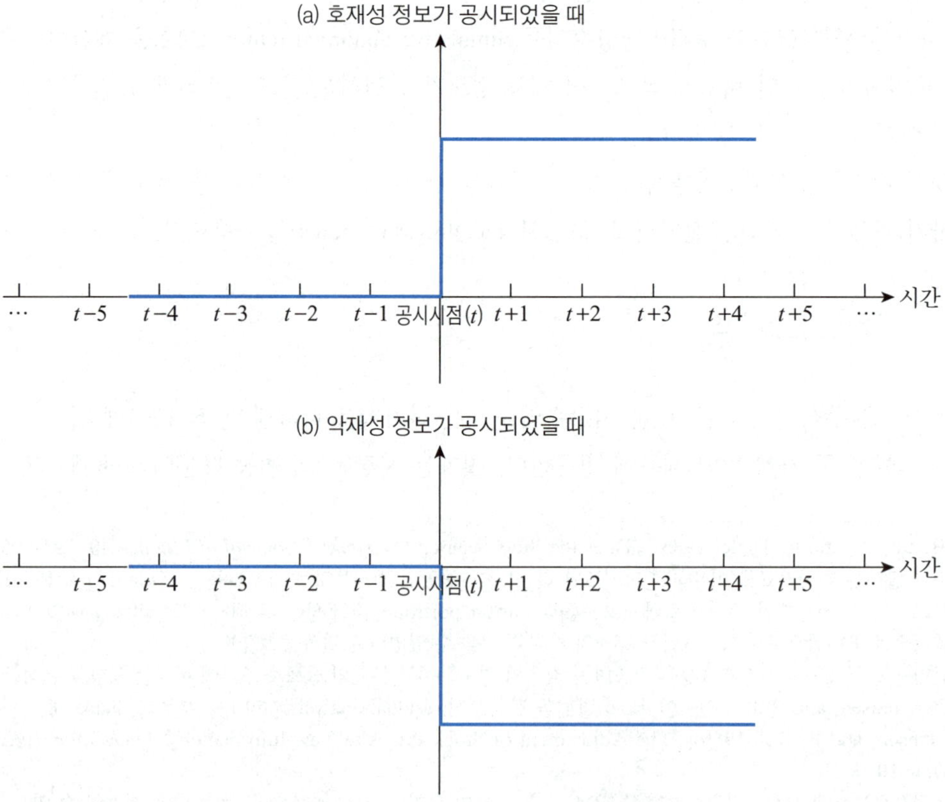

12-5]의 (a)와 같은 형태를 보이게 된다. 또 악재성 사건이나 정보의 경우 *CAR*는 [그림 12-5]의 (b)와 같은 형태를 보일 것이다. [그림 12-5]의 (a)와 (b)에서 공시시점에 *CAR*가 급격히 증가하거나 감소하는 것은 시장이 준강형 효율적이어서 공개된 정보를 완전하고 신속하게 증권가격에 반영하기 때문이다.

증권시장에서는 매일 수많은 사건이 발생하고 또 엄청난 양의 정보가 유입되기 때문에 이를 이용하여 준강형 효율성의 성립 여부를 검증하는 수많은 연구가 이루어져 왔다. 이들은 이익이나 배당의 공시, 기업의 인수 · 합병, 그리고 거시경제에 관한 뉴스 등이 주가에 미치는 영향을 분석한다. 예외적인 결과도 있지만, 대부분의 사건연구는 대체로 준강형 효율성을 지지하는 결과를 보이고 있다. 대표적인 예를 들면, 기업의 인수 · 합병이 인수대상기업에게는 호재성 사건이기 때문에 이 정보가 공시되는 시점을 전후로 한 대상기업의 비정상누적수익률(*CAR*)은 대략 [그림 12-5]의 (a)와 같은 패턴을 보인다.[16] 보다 구체적으로는, *CAR*가 공시시점 전부터 빠른 속도로 상승하기 시작한다. 이는 일부 투자자들이 인수합병이 임박했다는 사실을 미리 감지했기 때문에 발생하는 현상으로 해석된다. 그러나 공시시점 이후에는 *CAR*의 상승이 멈춰져서 위나 아래로 횡보하는 현상을 보이지 않는다. 반면 기업의 배당중단 공시는 악재성 뉴스이기 때문에 공시시점을 전후로 한 비정상누적수익률은 대략 [그림 12-5]의 (b)와 유사한 패턴을 보인다.[17]

준강형 효율성을 검증하는 또 하나의 방법은 펀드매니저가 운영하는 펀드의 투자성과를 평가하는 것이다. 전문성을 갖춘 증권분석가나 펀드매니저가 모든 공적 정보를 이용하여 기본적 분석을 수행한다는 전제하에, 그 분석결과를 이용하는 펀드매니저가 과연 시장평균에 비해 비정상수익을 얻을 수 있는지를 검증하는 것이다.[18]

카하트(Carhart)는 1962년에서 1992년 사이의 기간 동안 미국시장에서 운용된 약 1,500개의 뮤추얼펀드의 투자성과를 분석한 후, 뮤추얼펀드의 성과가 시장평균 수준이며 펀드수수료와 관리비용 등을 감안할 경우 오히려 시장평균에 비해 수익률이 떨어진다는 결과를 보여주는데,[19] 이는 분명히 준강형 효율성을 지지하는 결과이다.

강형 효율성에 대한 실증연구

강형 효율성이 성립하는 시장은 공개정보와 미공개정보(사적 정보)를 포함한 모든 정보가 증권가격에 완전히 그리고 신속하게 반영되는 시장을 말한다. 강형 효율성이 성립하는 경우 정보는 어느 한

16 Keown, A. and J. Pinkerton(1981), "Merger Announcements and Insider Trading Activity," *Journal of Finance* 36, 855-869.

17 Szewczyk, S., G. Tsetsecos, and Z. Zantout(1997), "Do Dividend Omissions Signal Future Earnings or Past Earning?," *Journal of Investing* 6(1), 40-53.

18 파마는 1991년 논문에서 이러한 연구를 강형 효율성을 검증하는 내부자거래의 성과분석과 같은 범주에서 다루고 있다. 그 이유는 증권분석가나 펀드매니저는 공적 정보뿐 아니라 내부정보와 같은 사적 정보에도 접근할 가능성이 높다고 보기 때문이다. Fama, E.(1991), "Efficient Capital Markets Ⅱ," *Journal of Finance* 46, 1575-1617.

19 Carhart, M.(1997), "On Persistence in Mutual Fund Performance," *Journal of Finance* 52, 57-82.

집단 또는 개인에 의해 독점될 수 없으며, 따라서 어느 누구도 독점적 정보 또는 내부정보를 이용하여 계속적으로 비정상수익을 얻을 수 없다. 강형 효율성의 검증에는 어려운 점이 따른다. 대중들이 모르는 독점적 정보 또는 내부정보를 과연 누가 가지고 있는지를 파악하기 어렵기 때문이다. 독점적 정보는 기업내부자(insider: 경영자, 임원, 대주주 등)나 정부의 정책입안자들이 보유할 가능성이 높다. 그러나 이들이 어떤 정보를 이용하여 어떤 종목에 투자하여 얼마의 수익을 얻는지를 정확하게 파악하는 것은 현실적으로 불가능하다. 즉 내부자거래(insider trading)를 통해 높은 수익률을 얻는다고 하더라도 실제로 그 실상을 정확히 파악하기란 쉽지 않다. 따라서 내부자거래의 투자성과에 대한 검증을 정확하게 수행할 수 없는 상황에서 강형 효율성이 성립하는지에 대해 명확한 결론을 내리기는 어렵다.[20]

■ 효율적 자본시장과 기업의 재무의사결정

자본시장이 효율적이라고 한다면 재무의사결정을 담당하고 있는 경영자는 어떤 영향을 받을까? 이에 대해 간단히 살펴보자.

회계처리방법의 변경

기업은 동일한 거래에 대해서도 회계처리방법을 여러 가지로 다르게 할 수 있다. 예를 들어 재고자산 평가에 있어 선입선출법(FIFO)이나 후입선출법(LIFO) 등 여러 방법 중 하나를 택할 수 있으며, 감가상각방법은 정액법이나 정률법 등에서 하나를 택할 수 있다. 어떤 방법을 선택하여 재고자산을 평가하고 감가상각비를 계산하느냐에 따라 재무제표에 나타나는 순이익은 달라진다. 회계처리방법이 달라지면 그 회사의 주가도 변화할까? 시장이 효율적이고 또 회계처리에 대한 정보가 일반에게 공개되는 한 회계처리방법의 변경이 주가에 영향을 줄 수 없다. 대부분의 회계방식 변경이 기업의 현금흐름에 영향을 미치지 않고 또 이에 대한 공시정보는 이미 주가에 반영되어 있기 때문이다. 따라서 회계자료의 조작이나 회계처리방법의 변경은 시장이 효율적이라면 별 소용이 없다.

자본조달의 시기결정

기업이 자본시장에서 자금을 조달할 때, 채권가격이나 주가가 매일 변화하기 때문에 증권의 발행시점을 잘 선택하면 좋은 조건으로 자금을 조달할 수 있을 것이라는 생각을 하기 쉽다. 주가가 오르는 추세라면 자금조달시점을 늦추는 것이 유리하다고 믿을 수 있다. 그러나 효율적 시장에서 주가의 관성적인 상승추세는 있을 수 없다. 증권가격의 예측이 불가능한 효율적 시장에서 주가가 내재가치보다 오르고 내리는 것을 기대하면서 자본조달시점을 결정하는 것은 별 효과가 없다. 자본을 조달하려는 기업의 미래전망과 경기 전체의 전망이 이미 증권가격에 반영되어 있기 때문이다.

---

20 일부 연구는 기업의 내부자가 독점정보를 이용하여 비정상수익을 얻을 수 있음을 보여준다. 이러한 결과는 강형 효율성이 성립하지 않음을 보여주는 것이다. Jaffe, J.(1974), "Special Information and Insider Trading," *Journal of Business* 47(3), 410-428.; Seyhun, H.(1986), "Insiders, Profits, Costs of Trading and Market Efficiency," *Journal of Financial Econiomics* 16(2), 189-212.

자본조달의 규모결정

기업이 많은 수의 주식을 발행하면 기업의 내재가치와 무관하게 가격이 하락할까? 시장이 효율적이라면 주가는 내재가치를 반영하여 결정될 것이므로 기업이 대량의 주식을 발행하더라도 주가가 내재가치를 벗어나 하락하지는 않는다. 따라서 효율적 자본시장에서 자금조달의 규모를 어느 정도로 할지에 대한 결정은 별 의미가 없다.

퇴직연금 등 기금의 운용결정

기업은 근로자들의 미래 퇴직에 대비하여 퇴직연금(예를 들어, 확정급여형 퇴직연금)을 설정하고 그 기금을 금융자산에 투자하여 운용한다. 또 일부 기업은 여유자금을 금융자산에 투자한다. 이때 경영자는 특정한 투자전략을 이용하거나 전문적인 펀드매니저를 고용함으로써 기금의 운용성과를 높일 수 있을까? 준강형 효율성이 성립하는 시장에서는 공개정보를 이용하는 어떤 특별한 투자전략이나 전문적인 펀드매니저도 지속적으로 비정상수익률을 얻을 수 없다. 따라서 이 경우 기금운용에 대한 경영자의 최선의 결정은 잘 분산된 포트폴리오를 구성하여 시장평균적인 기대수익과 위험을 얻는 것이다.

12.3 시장이상현상

앞에서 보았듯이 효율적시장가설에 대한 많은 연구들이 이를 지지하는 결과를 보여주는 반면, 또 다른 여러 연구들은 이에 반하는 결과를 제시하며 시장효율성에 대해 의문을 제기한다. 이 연구들은 특정 투자전략이 계속해서 정상수익률보다 더 높은 수익률을 가져다준다는 현상을 발견하였는데, 이러한 현상을 흔히 시장이상현상(market anomaly)이라고 한다. 그러나 시장이상현상이 효율성을 부정하는 결과라고 쉽게 단정할 수 없는 이유는 많은 경우 효율성의 검증이 정상수익률을 계산하는 데 이용되는 이론적 모형(예로서 CAPM)과 효율성 여부를 동시에 다루는 결합검증(joint test)이기 때문이다. 이로 인해, 효율성에 반하는 연구결과를 얻었다고 하더라도 이것이 이론적 모형의 오류 때문인지 또는 시장의 비효율성에 기인하는 것인지를 명확히 설명할 수 있어야 한다. 시장이상현상의 대표적인 몇 가지 예를 열거하면 다음과 같다.

■ 규모효과

대규모 기업의 주식에 비해 소규모 기업의 주식에서 지속적으로 높은 수익률이 나타나는 현상을 규모효과(size effect 또는 small-firm effect)라고 한다. 여기서 기업규모는 시가총액에 의해 측정된다. CAPM이 성립하는 효율적 시장에서 주식의 기대수익률은 해당 주식의 베타에 의해 결정될 따름이지 기업규모가 수익률에 영향을 미칠 수 없다. 그럼에도 불구하고 소규모 기업의 주식이 베타가 같은 대규모 기업의 주식보다 일관되게 높은 수익률을 가져다준다는 것이다.

[그림 12-6]은 뉴욕증권거래소(NYSE), 아메리카증권거래소(AMEX), 나스닥거래소(NASDAQ)

| 그림 12-6 | 기업규모별 포트폴리오의 연간수익률: 미국 주식시장(1927~2021년)

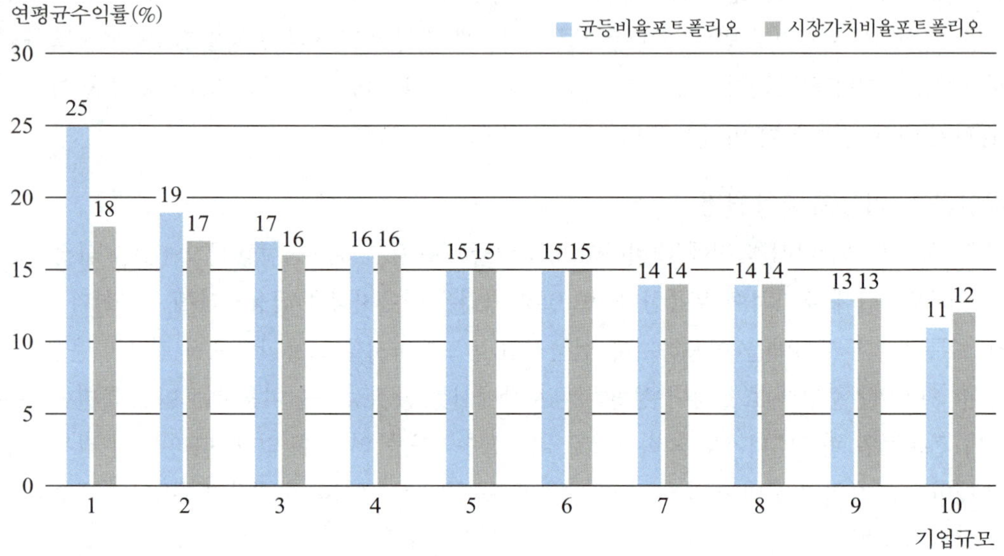

자료: K. French의 웹사이트(https://mba.tuck.dartmouth.edu/pages/faculty/ken.french/datalibrary.html)에서 제공하는 자료를 이용하여 주식의 시장가치 기준으로 구성한 10분위 포트폴리오의 연평균수익률을 그림으로 나타낸 것이다.

에서 거래되는 주식들을 기업의 시장가치에 따라 매년 10개의 포트폴리오로 구성한 후, 각 포트폴리오들에 대해 균등비율과 시장가치비율을 적용하여 1927년에서 2021년까지의 연평균수익률을 구하고 이를 그림으로 나타낸 것이다. 그림에서 보듯이 기업의 규모가 작을수록 연평균수익률은 일관되게 증가하는데, 규모가 가장 작은 주식으로 구성된 포트폴리오와 가장 큰 주식으로 구성된 포트폴리오의 연평균수익률은 균등비율의 경우 약 14%, 시장가치비율의 경우 약 6% 포인트의 차이가 난다. 이는 규모가 가장 작은 주식포트폴리오를 사고 규모가 가장 큰 주식포트폴리오를 파는 전략을 통해 초과성과를 얻을 수 있음을 의미한다.

반즈(Banz)는 최초로 기업규모가 주식의 비정상수익률과 높은 상관관계를 가지고 있다는 사실을 발견하였으며,[21] 반즈의 연구로 인해 CAPM에 기업규모와 같은 요인들이 추가되어야 한다는 주장이 대두되었다. 한편, 이후의 연구들은 규모효과가 주로 1월에 집중되어 나타난다는 결과를 보여준다.[22]

21 Banz, R.(1981), "The Relationship between Return and Market Value of Common Stocks," *Journal of Financial Economics* 9, 3-18.

22 카임(Keim)은 미국 주식시장(NYSE와 AMEX 상장주식)의 자료를 이용한 실증검증에서 1월효과와 규모효과가 밀접하게 상관되어 있다는 사실을 발견하였다. 즉, 규모효과에 따른 비정상수익률의 대부분이 1월에 나타나 규모효과와 1월효과가 사실상 하나의 현상이라는 것이다. Keim, D.(1983), "Size-related Anomalies and Stock Returns Seasonality : Further Empirical Evidence," *Journal of Financial Economics* 12, 13-32.

■ 장부가-시가비율효과

파마와 프렌치(Fama and French)는 주식의 장부가치를 시장가치로 나눈 비율(book value to market value ratio: B-M ratio)이 클수록 주식수익률이 높다는 사실을 보여주었다.[23] [그림 12-7]은 미국 시장에서 1927년부터 2021년까지의 기간 동안 B-M비율에 따라 구성한 10개의 포트폴리오에 대한 연평균수익률을 비교한 것이다. 그림에서 보면 B-M비율이 가장 높은 포트폴리오가 가장 낮은 포트폴리오에 비해 연평균수익률이 5%포인트 높다. 그러나 이러한 수익률 차이는 B-M비율이 높은 포트폴리오 9와 10의 수익률에 기인하며 그 외의 포트폴리오들에서는 B-M비율의 크기에 따라 수익률에 체계적인 차이가 발생하지 않는 모습이다.

| 그림 12-7 | 장부가-시가비율의 차이에 따른 주식수익률 차이: 미국 주식시장(1927~2021년)

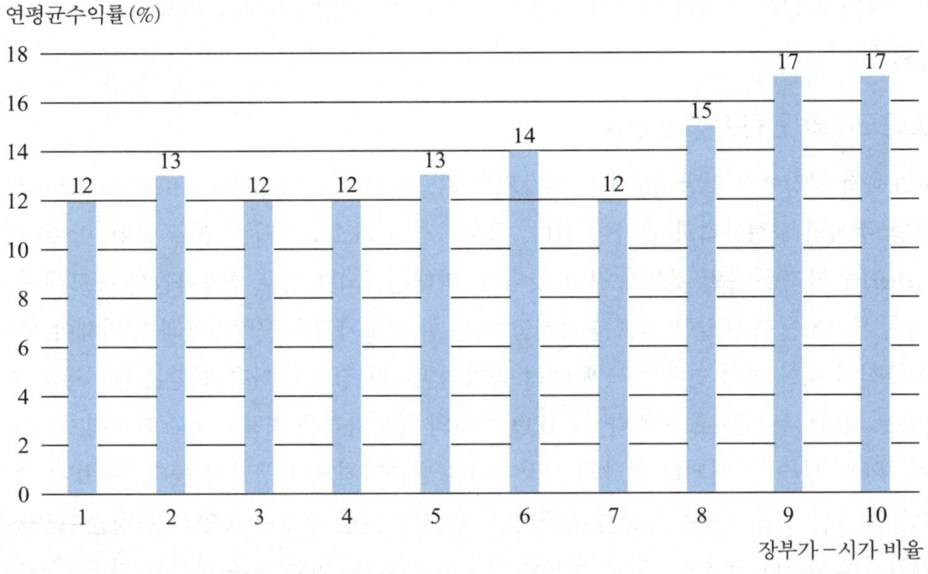

자료: K. French의 웹사이트(https://mba.tuck.dartmouth.edu/pages/faculty/ken.french/datalibrary.html)에서 제공하는 장부가-시가비율(B-M비율) 자료를 이용하여 비율의 크기 순으로 구성한 10분위 포트폴리오의 연평균수익률을 그림으로 나타낸 것이다.

연구방법과 연구기간에 따라 장부가-시가비율과 주식수익률의 관련성에 대해 다양한 결과가 제시되고 있지만, 앞서 살펴본 규모효과와 더불어 장부가-시가비율효과 역시 CAPM의 타당성이나 주식시장의 효율성에 대한 도전적인 결과로 받아들여지고 있다.

23 Fama, E. and K. French(1992), "The Cross Section of Expected Stock Returns," *Journal of Finance* 47, 427-465.

■ 이익공시와 관련한 의문현상

기업실적이 시장 예상치를 크게 웃돌거나 밑돌 때 흔히 어닝서프라이즈(earnings surprise)와 어닝쇼크(earnings shock)란 용어를 사용한다. 렌들만(Rendleman) 등은 어닝서프라이즈를 발표한 주식은 이익공시일에 양(+)의 비정상수익률을 보이고 어닝쇼크를 발표한 주식은 음(−)의 비정상수익률을 보인다고 하였다. 이는 효율적 시장에서 당연한 결과로 여겨진다.

그런데 흥미로운 사실은 어닝서프라이즈의 경우 공시일 이후에도 주가가 계속 올라가며, 어닝쇼크의 경우에는 주가가 계속 내려간다는 것이다. 즉 공시일 이후의 주가가 모멘텀현상을 보인다는 것인데, 이는 주가가 공시된 정보에 대해 상당히 느리게 반응하기 때문인 것으로 설명된다. 결과로, 미국시장에서 1972~2001년 기간 동안 공시일 이후 어닝서프라이즈 주식의 수익률이 어닝쇼크 주식의 수익률보다 월 1% 정도 높은 것으로 나타났다. 분명히 이러한 결과는 시장이 효율적이라면 가능하지 않은 것이기 때문에 이를 이익공시 의문현상(earnings announcement puzzle)이라고 부른다.[24]

■ 최초공모주와 관련한 의문현상

준강형 효율적 시장에서 일반대중에게 매각되는 최초공모주(initial public offerings: IPO)의 공모가격은 해당 주식의 균형가격과 같아야 한다. 공모가격이 과소평가되는 경우 발행기업은 인수기관(underwriter)에 가격을 올릴 것을 요구할 것이며, 과대평가되는 경우 투자자들은 공모에 응하지 않을 것이다. 투자자들이 동일한 정보를 가지고 있는 한 공모가격은 균형가격과 일치해야 한다. 그러나 IPO 주식에 대한 여러 연구는 세계 여러 국가의 주식시장에서 다음과 같은 흥미로운 현상들이 공통적으로 나타나는 것을 보여준다. ① IPO 주식의 공모가격은 평균적으로 과소평가되는 경향이 있다. 즉 IPO 주식이 거래되는 첫날의 시장가격은 발행가격보다 상당히 높다. ② IPO 주식의 장기(3~5년) 성과는 평균적으로 상당히 저조하다. 공모주 상장 후 5년 동안의 연평균수익률은 유사한 주식의 수익률보다 약 3.4% 낮은 것으로 보고되고 있다. 이와 같은 현상을 최초공모주 의문현상(IPO puzzle) 또는 신주 의문현상(new issues puzzle)이라고 한다.[25] 이에 대해서는 제20.4절에서 좀 더 자세히 살펴본다.

■ 주식변동성에 관한 의문현상

지금까지 소개한 시장이상현상이 주식의 비정상수익률에 초점을 두는 데 비해, 저명 경제학자인 쉴러(Shiller)는 1981년 주가변동성에 관해 주목할 만한 연구결과를 발표하였다.[26] 그는 완벽예측

---

24 Rendleman, R., C. Jones, and H. Latane(1982), "Empirical Anomalies on Unexpected Earnings and Importance of the Risk Adjustment," *Journal of Financial Economics* 10, 269-287.

25 Roughran, R. and J. Ritter(1995), "The New Issues Puzzle," *Journal of Finance* 50, 23-51.

26 Shiller, R.(1981), "Do Stock Prices Move Too Much to Be Justified by Subsequent Changes in Dividends?," *American Economics Review* 71, 421-436.

주가(perfect foresight price)와 효율적 시장에서의 실제 주가의 변동성을 비교하였다.[27] 시장이 효율적이라면 실제 주가의 변동성은 완벽예측주가의 변동성보다 클 수가 없다. 그러나 주가지수를 이용하여 계산한 결과 실제 주가의 변동성은 완벽예측주가의 변동성에 비해 다우지수는 13.28배, S&P지수의 경우는 5.59배로 나타나, 효율적인 시장에서 정당화될 수 있는 한계를 큰 폭으로 넘어선다. 쉴러는 이 결과를 근거로 시장이 효율적이라고 하기에는 주식의 변동성이 과도하다고 주장하며 주식시장의 효율성에 강한 의문을 제기하였다. 문헌에서는 이를 변동성 의문현상(volatility puzzle)이라고 부르는데, 효율적시장가설에 대한 가장 도전적인 결과 중 하나로 꼽힌다.

■ 시장이상현상에 대한 실증분석의 해석

많은 연구들이 자본시장의 효율성에 대해 실증적으로 검증하였으나, 연구결과는 시장이 과연 효율적인지에 대해 명확한 결론을 내리지는 못하고 있다. 주식수익률의 자기상관관계를 분석한 초기의 연구들은 미래의 주식수익률을 예측할 수 없다는 결론을 내리고 있으나, 모멘텀효과나 반전효과는 부분적으로나마 이에 반하는 결과이다. 사건연구의 방법론을 이용하여 준강형 효율성을 검증한 대부분의 연구들은 시장의 효율성을 지지하는 결과를 얻지만, 규모효과나 깜짝 실적의 공시효과 등 시장이상현상과 변동성에 관한 의문현상은 시장효율성을 확고하게 믿는 학자들에게는 큰 부담이 될 수 있다. 또 많은 연구결과들이 정보가 우월한 투자전문가의 성과가 일반투자자와 큰 차이가 없다는 결과를 보여주나, 내부자거래를 분석한 일부 연구들은 반대되는 결과를 제시하고 있다. 이와 같이 시장이 과연 효율적인지 또 효율적이라면 어떤 범위에서 그러한지에 대해서는 끝없는 논란이 계속되고 있는 실정이다. 논란의 대상이 무엇인지에 관계없이 시장효율성에 대한 연구의 결과를 해석할 때 다음과 같은 두 가지 점에 주의해야 할 필요가 있다.

첫째, 앞에서도 언급했듯이 시장효율성에 관한 대부분의 실증연구는 두 개의 가설을 동시에 검증하는 결합검증(joint test)이다. 하나는 효율적시장가설에 관한 검증이며, 다른 하나는 정상수익률을 구하기 위해 선택한 자산가격결정모형의 타당성에 관한 검증이다. 따라서 시장효율가설이 기각되는 결과가 나왔다고 하더라도 이 결과가 시장의 비효율성에 기인한 것인지 아니면 자산가격결정모형의 부정확성에 기인한 것인지를 명확하게 말할 수 없으며, 이를 분명히 하기 위해서는 추가적인 분석이 필요하다.

둘째, 정상수익률을 계산하기 위한 자산가격결정모형이 정확할 경우, 지속적인 양(+)의 비정상수익률을 얻는 투자전략이 존재한다는 것은 시장의 비효율성을 뜻한다. 이러한 비효율성은 자유로운 매매를 제약하는 거래제도나 거래비용 등에서 원인을 찾을 수도 있으며 또는 투자자의 비합리

---

27 쉴러는 실제로 얻게 될 미래배당을 완전하게 알고 있는 경우를 가정하여 계산한 주가를 완벽예측주가(p^*)라고 정의하였다. 현가모형을 이용할 경우 효율적 시장에서 실제 주가(p)는 미래배당의 기대치를 할인한 현재가치이다. 그는 효율적인 시장에서 실제 주가 변동성은 완벽예측주가의 변동성보다 클 수 없음을(즉, $\sigma_p/\sigma_{p^*} \leq 1$) 보였는데, 이를 분산한계부등식(variance bound inequality)이라고 한다.

적인 의사결정에서 그 원인을 찾을 수도 있다. 전통적인 재무이론은 시장참여자의 합리성에 기초한 기대효용가설과 경쟁적인 이익추구의 결과인 무차익원리(no arbitrage principle)에 기반을 두고 있다. 그러나 전통적인 이론에 의해서만 시장참여자의 행태를 충분히 설명할 수 없어, 1980년대 이후 투자자의 비합리성과 현실시장의 제약에 의해 이를 설명하려는 새로운 시도가 나타났다. 이러한 연구를 행동재무학(behavioral finance)이라고 부르는데, 다음 절에서는 이에 대해 살펴본다.

12.4 투자자 행태와 행동재무학

전통적인 재무이론에서는 인간은 합리적(rational)이며 시장은 효율적(efficient)이라고 전제한다. 그러나 인지심리학(cognitive psychology) 분야의 여러 연구는 인간이 언제나 합리적인 의사결정을 하는 것은 아니며 감정과 심리적 편의가 의사결정에 중요한 영향을 미친다고 주장한다. 행동재무학(behavioral finance)은 인간의 제한된 합리성(limited rationality)을 전제로 사람의 심리가 재무의사결정과 금융시장에 미치는 영향을 연구하는 분야이다. 일부 투자자가 비합리적이라고 해서 시장이 반드시 비효율적이 되는 것은 아니다. 비합리적인 투자자가 여럿 존재하더라도 합리성을 갖춘 전문적 투자자가 차익거래를 통해 이들을 지배하면 시장은 여전히 효율성을 유지할 수 있기 때문이다. 그러나 전문적 투자자가 자유롭게 차익거래를 할 수 없다면 시장은 비효율적일 수밖에 없다. 따라서 행동재무학이 시장의 비효율성을 주장하는 데 있어 근간이 되는 것은 인간의 비합리성과 차익거래의 제약이다.

인간의 비합리성은 두 가지 범주로 분류될 수 있다. 첫째는 투자자들이 정보처리과정에서 범하는 오류 때문에 발생하는 것이며, 둘째는 정보처리과정에서 오류가 없더라도 투자자 개인이나 투자자의 집합체인 시장의 모순된 심리현상으로 인한 것이다. 그리고 전문적인 투자자의 차익거래를 가로막는 요인들로는 기본적 위험, 실행비용위험, 모형위험 등을 들 수 있다. 다음에서는 이들 각각에 대해 좀 더 구체적인 예를 소개하고 이를 설명한다.

■ 정보처리의 오류로 인한 비합리성

정보처리과정에서 범하게 되는 오류로 인한 비합리성의 대표적인 예로 친숙성 편향, 과신, 보수주의, 대표성 오류 등이 있다. 이에 대해 간단하게 살펴보자.

친숙성 편향

앞서 제9장에서 살펴본 포트폴리오이론에 따르면 투자자는 여러 종목으로 포트폴리오를 구성하여 분산투자효과를 극대화해야 한다. 그러나 현실에서 대부분의 투자자들은 10개 미만의 종목에 투자한다.[28] 나아가 이들이 투자하는 종목은 특정 산업이나 지역(또는 국가)에 집중되어 있다.[29] 이러

28 한국시장에서 10종목 이상에 분산투자하는 투자자는 전체의 15%에 불과하며, 투자자의 60%는 3종목 이하로 포트폴리오를 구성한다. 한국예탁결제원(2023), 2022년 12월 결산 상장법인 주식소유자 현황. 미국시장에서도 투자자의

한 현상은 투자자가 자신이 잘 알지 못하거나 새로운 자산에 비해 자신에게 친숙하거나 잘 알려진 자산에 대해 높은 평가를 하는 경향 때문에 나타날 수 있는데, 이러한 경향을 친숙성 편향(familiarity bias) 또는 현상태 유지 편향(status quo bias)이라고 한다.[30]

과신

투자자들은 자신이 갖고 있는 정보와 능력에 대해 과신(overconfidence)하는 경향이 있다. 예를 들어 한 유명한 조사결과에 의하면 스웨덴 운전자의 90%가 자신들이 평균 이상의 운전실력을 갖고 있다고 생각하는 것으로 나타났다.[31] 바버와 오딘(Barber and Odean)은 남자와 여자의 투자행태를 비교한 연구에서 남자가 여자에 비해 매우 빈번하게 거래를 하는데, 거래빈도가 많을수록 투자성과는 더욱 나빠진다는 결과를 보여준다.[32] 이는 남자가 여자보다 자신의 능력을 과신한다는 심리학계의 연구결과와 일관성을 갖는 것이다. 또 초과성과를 얻기 위해서 적극적인 투자전략을 이용하는 펀드의 투자성과가 시장평균 이하임에도 불구하고 많은 펀드가 적극적 투자전략을 추구한다는 사실은 펀드매니저들이 자신의 능력을 과신한다는 주장과 일관성을 갖는다.

보수주의

보수주의(conservatism)란 투자자가 새로운 지식이나 정보를 접하더라도 자신의 기존 신념이나 판단을 쉽게 바꾸려고 하지 않는 현상을 말한다. 이러한 현상은 앞서 살펴본 모멘텀현상을 설명하는데 도움이 될 수 있다. 예를 들어 보수적 투자자는 어떤 기업의 수익성이 크게 향상될 것이라는 새로운 정보를 접해도 그 정보의 의미를 축소시키고 기존에 갖고 있던 예상치에서 크게 벗어나려 하지 않는다. 따라서 해당 기업의 주가를 부분적으로만 상향조정하는 과소반응(underreaction)을 유발하고, 이후 주가는 점진적으로 적정수준으로 상승함에 따라 모멘텀현상이 나타나게 된다는 것이다.[33]

90% 이상이 10종목 미만으로 포트폴리오를 구성한다. Polkovnichenko, V.(2005), "Household Portfolio Diversification: A Case for Rank Dependent Preferences," *Review of Financial Studies* 18, 1467-1502.

29 미국의 퇴직연금기금인 401(k) 기금의 투자를 분석한 연구는 이들 기금이 연금자산의 3/4 이상을 자신의 회사에 투자하고 있다는 결과를 제시한다. Benartzi, S.(2001), "Excessive Extrapolation and the Allocation of 401(k) Accounts to Company Stock," *Journal of Finance* 56, 1747-1764. 관련된 투자자 편향으로 홈 편향(home bias)이 있다. 이는 많은 기관투자자들이 전 세계적으로 분산된 포트폴리오를 구성하기보다는 투자자금의 상당부분을 국내자산에 할당하는 경향을 보인다는 것이다. Anderson, C., M. Fedenia, M. Hirschey, and H. Skiba(2011), "Cultural Influences on Home Bias and International Diversification by Institutional Investors," *Journal of Banking & Finance* 35, 916-934.

30 Huberman, G.(2001), "Familiarity Breeds Investment," *Review of Financial Studies* 14, 659-690.; Kahneman, D., J. Knetsch, and R. Thaler(1991), Anomalies: The Endowment Effect, Loss Aversion, and Status Quo Bias, *Journal of Economic Perspectives* 5, 193-206.

31 Svenson, O.(1981), "Are We All Less Risky and More Skillful than Our Fellow Drivers," *Acta Psychologica* 94, 143-148.

32 Barber, B. and T. Odean(2001), "Boys Will Be Boys: Gender, Overconfidence, and Common Stock Investment," *Quarterly Journal of Economics* 16, 262-292.; Barber, B. and T. Odean(2000), "Trading Is Hazardous to Your Wealth," *Journal of Finance* 55, 773-806.

대표성 오류

대표성(representativeness) 오류는 사람들이 사건이나 사물을 판단할 때 객관적인 기준보다는 자신에게 인상적이었던 점에 치중하는 현상을 말한다. 즉 일부 표본에서 얻은 정보를 전체 모집단의 특성으로 간주함으로써 나타나는 오류이다. 예를 들어 어떤 종목의 주가움직임을 예측할 때 일부 기간에 나타난 추세를 보고 이 추세가 미래기간에도 계속될 것이라고 판단하는 오류이다. 대표성 오류는 주식시장에서 과잉반응(overreaction)현상을 설명할 수 있다. 즉, 단기간의 실적 개선이나 높은 수익률을 예상하는 보고서가 기업의 장기성과에 대한 투자자들의 평가에 영향을 미쳐 주가상승을 초래하는 매수압력을 발생시킨다. 결국 시장가격과 내재가치의 차이가 일시적으로 커지게 되고, 이러한 괴리는 시차를 두고 서서히 수정됨으로써 주식가격의 장기반전이 나타난다는 것이다.

■ 투자자의 심리와 관련된 비합리성

투자자의 특정한 신념(beliefs)이나 취향(preferences)이 의사결정에 미치는 영향을 설명하는 대표적인 현상으로 액자 편향, 심리회계, 후회회피 등이 있는데, 이에 대해 간단하게 살펴본다.

액자 편향

액자(framing) 편향은 동일한 사안이라도 설명하는 방법(정보를 제시하는 방법)에 따라 그 효과가 달라지는 현상을 말한다. 즉 의사전달을 할 때 어떤 틀(frame) 안에서 하느냐에 따라 전달받은 사람의 태도나 행동이 달라지는 효과를 말하며, 이 틀을 설계하는 것을 'framing' 이라고 한다. 예를 들어 동일한 투자안에 대해서 이익을 얻을 가능성을 강조한 경우와 반대로 손실을 볼 가능성을 강조한 경우에 투자자의 의사결정이 달라지는 현상을 볼 수 있다. 액자 편향의 한 형태로 심리회계라 불리는 현상이 있다.

심리회계

심리회계(mental accounting)는 의사결정을 내릴 때 관련된 것을 통합하여 처리하지 않고 건별로 분리하여 처리하는 현상을 말한다. 예를 들어 동일 투자자가 한 투자계좌에는 높은 위험을 감수하며 운용하고 다른 계좌는 매우 보수적으로 운용하는 현상을 쉽게 볼 수 있다. 심리회계는 투자자들이 현금배당을 많이 하는 주식을 선호하고(투자자들은 배당소득을 사용할 때는 거부감이 없으나 주식을 배당금액만큼 팔아서 사용하는 것은 꺼린다), 손실이 난 주식을 오랫동안 보유하는 현상(투자자가 손실을 실현하는 것을 꺼리기 때문에)을 설명하는 근거가 될 수 있다. 심리회계는 또 주가의 모멘텀을 설명

---

33 Barberis, N., A. Shleifer, and R. Vishny(1998), "A Model of Investor Sentiment," *Journal of Financial Economics* 49, 307-343. 한편, 모멘텀현상은 투자자의 과잉반응에 따른 현상으로 설명되기도 한다. 즉, 투자자는 공개된 정보에 비해 자신이 가진 사적 정보를 과신하는 경향이 있으며, 이러한 사적 정보에 대한 과신은 중단기적으로 주가의 과잉반응(overreaction)을 유발한다. 이후 적정가격에 관한 공개된 정보를 접하면서 과잉반응한 주가를 조정하게 되지만 공개정보에 대해서는 소극적으로 반응하기 때문에 적정주가로의 반전은 장기에 걸쳐 나타나게 된다는 것이다. Daniel, K., D. Hirshleifer, and A. Subrahmanyam(1998), "Investor Psychology and Security Market Under- and Overreaction," *Journal of Finance* 53, 1839-1886 참조.

하는 데도 도움을 준다. 즉, 투자자들은 주가가 상승하여 이득을 보았을 때 이 이익을 자기 주머니가 아닌 '자본이득계정' 의 자금으로 간주한다. 따라서 위험을 감수하는 데 관대해지고 미래현금흐름을 낮은 할인율로 할인하기 때문에 추가적인 가격상승을 발생시킨다는 것이다.

후회회피

후회회피(regret avoidance)는 사람들이 의사결정을 잘못했다고 후회하는 상황을 두려워하기 때문에 그러한 후회를 회피하는 방향으로 행동하는 현상을 말한다. 심리학자들은 투자자가 자신이 잘 안다고 생각하는 종목으로부터 손실을 입었을 때보다 잘 알지 못하는 종목으로부터 손실을 입었을 때 심리적 충격이 더 크다는 것을 지적한다. 예를 들어 같은 손실이라도 우량주보다는 벤처기업에 대한 투자에서 손실을 입었을 때 실망감이 더욱 클 수 있다. 우량주에서 발생한 손실은 자신의 잘못된 투자결정보다는 불운에 기인한다고 탓하면서 책임을 회피할 수 있기 때문이다. 정상적인 위험프리미엄이 기대되는 경우에도 투자자들이 자신에게 익숙하지 않은 종목에 투자하는 것을 기피하는 현상도 이러한 심리현상 때문일 수 있다. 또 후회회피 성향은 규모효과와 장부가-시가비율효과를 설명하는 근거가 될 수 있다. 규모가 작은 기업이나 높은 장부가-시가비율을 가지는 회사는 투자자들에게 잘 알려지지 않은 회사들로 투자자가 이들 기업에 투자하기 위해서는 보다 큰 용기가 필요하며 그로 인한 보상으로 요구수익률이 높아지게 된다는 것이다.

■ 전망이론

행동재무학에서 중요한 위치를 차지하는 전망이론(prospect theory)은 카네만과 트버스키(Kahneman and Tversky)에 의해서 창안된 인간의 선호체계에 관한 이론이다.[34] 인간의 합리성을 가정하는 전통적인 기대효용가설과는 달리, 전망이론은 제한된 합리성으로 인해 투자자의 의사결정에 개인의 주관적인 전망이 반영된다고 주장한다. 따라서 동일한 투자안에 대해서 투자자의 상이한 전망과 심리적 편의로 인해 의사결정이 달라질 수 있다.

전망이론에서 투자자가 갖는 상이한 전망은 투자결정 이전과 이후를 비교하기 위한 준거점(reference point)을 설정하는 것으로 나타난다. 예를 들어 현재의 부를 준거점으로 잡고 새로운 투자에서 발생하는 부의 변화가 이득인지 손실인지에 따라 투자에 대한 평가가 내려진다. 이는 부의 크기가 0인 점을 기준으로 절대적인 평가를 하는 전통적인 이론과는 달리 상대적인 준거점에 따라 투자의 가치를 다르게 평가한다는 것을 의미한다. 전망이론의 또 하나의 핵심은 위험회피 성향을 갖는 투자자를 가정하는 전통적인 재무이론과는 달리 손실회피(loss aversion) 성향을 갖는 투자자를 가정하는 것이다. 예를 들어 투자자가 다음과 같은 두 대안 중 하나를 선택해야 한다고 하자. "대안 1은 1,000원의 손실이 지금 확실하게 실현되는 안이며, 대안 2는 동전을 던져 앞면이 나오

34 Kahneman, D. and A. Tversky(1979), "Prospect Theory: An Anakysis of decision under Risk," *Econometrica* 47, 263-291.

면 2,000원의 손실을 보고, 뒷면이 나오면 손실이 0인 안이다." 사람들은 어떤 대안을 선택할까? 두 대안에서 예상되는 기대손실의 크기는 1,000원으로 동일하나, 대부분의 사람들은 두 번째 안을 선택한다는 것이다. 이는 사람들이 손실이 확정되는 것을 회피하려고 하기 때문이다. 사람들이 갖는 이러한 성향을 손실회피라고 한다.

[그림 12-8]은 일반적인 재무이론에서 가정하는 투자자의 효용함수와 전망이론에서 가정하는 효용함수를 보여준다. 그림 (a)는 위험회피형 투자자의 효용함수로 부(wealth)가 커질수록 총효용은 커지지만 한계효용은 점차 감소하는 모습을 보인다. 그림 (b)는 손실회피형 투자자의 효용함수로 투자자의 효용은 그림 (a)에서와 같이 부의 수준(level)에 의해 결정되지 않고 준거점(현재의 부)으로부터의 부의 변화(change)에 의해 결정된다. 또 그림 (b)에서 효용함수는 현재 부(0)의 오른쪽에서는 오목하고(concave), 왼쪽에서는 볼록(convex)하다. 이는 투자자가 준거점을 중심으로 이득을 얻는 영역에서는 위험회피형이고 손실영역에서는 위험선호형이라는 것을 의미한다.

| 그림 12-8 | 전통적인 효용함수와 전망이론에서의 효용함수

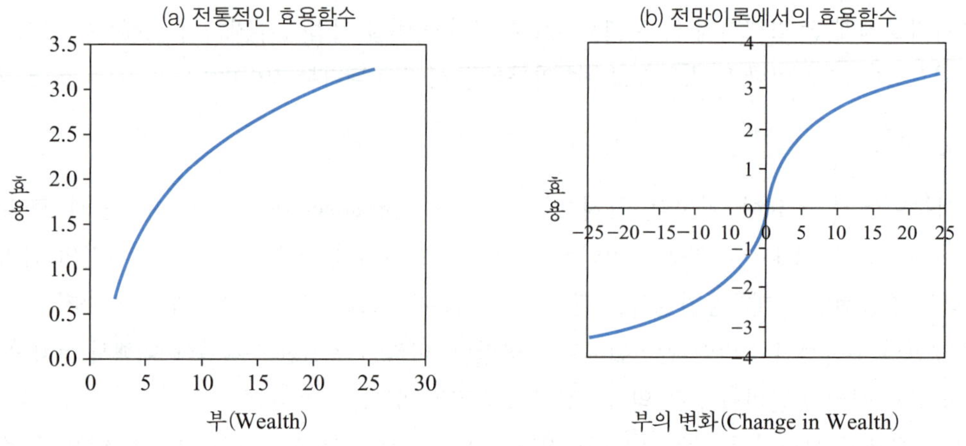

현실의 사례를 보면 손실을 본 투자자들의 경우 이를 만회하기 위해 더 큰 위험을 부담하는 경우를 종종 볼 수 있는데 이는 그림 (b)의 효용함수에 의해 설명될 수 있다. 또 현금이 필요해 투자한 종목(또는 펀드)을 처분해야 할 때, 특별한 이유 없이 이익이 난 종목을 처분하고 손실이 난 종목은 계속 보유하는 투자자들을 쉽게 발견할 수 있다. 이러한 현상을 처분효과(disposition effect)라고 하는데 이는 투자자들의 손실회피 성향으로 설명할 수 있다. 손실회피 성향 때문에 손실을 확정짓지 못하고 계속 보유하는 것은 새로운 투자기회를 놓칠 수 있다는 것을 의미한다.

■ 시장심리와 관련된 비합리성

개인의 투자심리뿐만 아니라 시장심리(market psychology)에 기인한 비합리성도 투자결정에 중대한 영향을 미칠 수 있다. 여기서는 시장심리의 두 가지 예와 이로 인해 나타나는 주가의 과열현상을 살펴본다.

군중심리와 주가버블

군중심리 또는 집단행동(herd behavior)은 주식시장에서 가장 흔하게 발견되는 심리적 오류로 양떼의 움직임에서 딴 용어이다. 즉, 다수의 의견이 틀리지는 않을 것이라는 믿음하에 개별적으로 수집한 정보는 무시한 채 대중화된 정보를 신뢰하고 대중이 움직이는 대로 따라가는 행동을 의미한다. 경제현상 가운데 이러한 집단행동이 언급되는 대표적인 분야가 주식시장이다. 군중심리로 인해 많은 투자자들이 주식거래에 한꺼번에 참여하는 경우 아무런 이유 없이 주가의 폭등으로 이어져 거품(bubble)현상을 낳기도 하고, 반대로 특별히 나쁜 뉴스가 없음에도 불구하고 가격이 폭락하는 현상을 초래하기도 한다.

1987년 10월 19일(Black Monday) 하루 동안 미국의 주식시장은 사상 유례가 없는 20% 이상의 대폭락을 경험하였다. 시장이 효율적이라면 이러한 대폭락을 설명할 만한 합리적인 이유가 있어야 한다. 그러나 이러한 사태를 유발시킬 합리적인 증거가 뚜렷이 제시되지 못하였으며, 이를 근거로 여러 학자들은 이날의 사건이 군중심리에 의해 주가가 크게 변동한 사례로 시장의 비효율성을 입증하는 증거라고 주장하고 있다.[35]

군중심리에 따른 주가변동을 설명하는 한 시도로 정보의 폭포효과(information cascade effect)가 있다. 누군가가 대량으로 특정 기업의 주식을 사면(팔면) 이 투자자가 해당 기업에 대한 우월한 정보를 가지고 있을 것이라고 판단하여 또 다른 누군가가 해당 종목을 사고(팔고), 똑같은 이유로 대기하고 있던 또 다른 투자자들도 덩달아 주식을 사게(팔게) 됨으로써 주가가 이유 없이 폭등(폭락)하는 현상이 발생한다는 것이다.[36]

군중심리에 따른 주가의 폭등과 폭락은 거품이론에 의해 설명되기도 한다. 거품이론(bubble theory)에 의하면 주가는 가끔 기업의 내재가치를 넘어서 관성적으로 상승하며, 어느 시점에 이르러 상승폭이 과도하다고 인식될 때 급격하게 진정한 가치로 환원된다는 이론이다. 이 거품의 대표적인 예로 17세기 네덜란드의 튤립가격을 들 수 있다. 튤립이 투기대상이 되면서 가격이 지속적으로 급속히 상승하여 'Viceroy' 라는 튤립 한 뿌리가 다음과 같은 물건 모두를 합한 것과 교환되었다. 보리 16부셸, 호밀 34부셸, 황소 4마리, 돼지 8마리, 양 1마리, 포도주 2말, 맥주 4톤, 버터 2톤, 치즈 1,000파운드, 침대세트, 옷 한벌, 은술잔. 그러나 가격이 정점을 찍은 후 튤립의 가치가 재인식되고, 또 튤립가격이 거품으로 형성되었다는 인식이 확산됨에 따라 급속도로 가격이 하락하여 단 몇 전에 팔리는 현상이 나타났다.

---

35 이에 대해, 포트폴리오보험전략과 지수차익거래를 작동시키기 위한 프로그램 거래가 이 사건의 주범이라는 견해가 상당한 설득력을 얻고 있다.

36 Bikhchandani, S., D. Hershleifer, and I. Welch(1992), "A Theory of Fads, Fashion, Custom and Cultural Change as Informational Cascades," *Journal of Political Economy* 100, 992-1026.

이와 같은 거품현상을 전통적인 재무이론을 이용하여 설명하기는 어렵다. 그러나 기본적인 요인들에 큰 변화가 없는데도 주식이나 부동산의 가격이 급격하게 상승하거나 하락하는 현상을 설명하는 데 거품이론이 설득력을 갖는다. 예를 들어 1990년대에 들어 일본에서 발생한 주가 및 부동산가격의 급락, 2000년대 초에 전 세계적으로 발생한 인터넷기업과 벤처기업의 주가 폭등과 폭락 등은 거품이론을 이용하여 곧잘 설명될 수 있다.

가격추종거래와 주가변동

금융시장에서 주가움직임을 설명하는 오래된 이론 중의 하나로 피드백이론(feedback theory) 또는 가격추종거래이론(positive feedback trading theory)이 있다. 이는 전기에 주가가 상승하는 경우 매입수요가 늘어나 주가를 더욱 상승시키고, 전기에 주가가 하락하는 경우 매도압력이 커져 주가하락을 가속화시킨다는 것이다. 피드백이론에 따르면 어떤 종목의 가격이 상승하면 이는 투자자들의 이목을 끌고 구전효과를 촉진시켜 더욱 가격이 상승할 것이라는 기대감을 갖게 한다. 이런 과정으로 결국 투자자의 수요는 증가하고 주가는 추가로 상승한다는 것이다.

피드백이론은 앞서 살펴본 주가버블이 어떻게 형성되는지를 설명해 줄 수 있다. 즉, 가격추종거래가 지속되는 경우 가격상승의 순환이 일어나서 앞으로 가격이 더 오를 것이라는 기대감이 현재의 높은 가격을 지지하는 투기적인 '거품'을 발생시킨다. 그러나 현재의 높은 가격은 단지 가격이 앞으로 더 오를 것이라는 기대에 의해서 형성된 것이기 때문에 오래 지속되지 못하며 결국에는 거품은 폭발하고 가격은 폭락하게 된다. 동일한 논리에 의해 가격추종거래는 음(−)의 거품을 만들 수도 있다. 주가의 하락은 투자자들로 하여금 비관적인 예측을 하게 하고 이는 추가적인 가격하락을 유발하는데, 이러한 순환은 시장이 감당할 수 없는 정도로 주가가 낮아질 때까지 지속되는 음(−)의 거품을 발생시킨다는 것이다.

■ 차익거래의 제약

앞서 살펴본 것과 같은 비합리적인 투자자의 행태는 효율적시장가설에 대한 반증이 될 수 있다. 물론 이러한 비합리적인 투자행태가 존재한다고 해서 시장이 비효율적이라고 단정지을 수는 없다. 만일 합리적인 투자전문가들에 의해 비합리적인 투자의 영향을 상쇄하는 차익거래가 충분하게 일어난다면, 시장은 빠르게 균형상태로 돌아갈 것이기 때문이다. 그러나 충분한 차익거래가 일어나지 못하는 경우 불균형 상태는 상당기간 지속될 수 있다. 다음의 예를 살펴보자.

2000년 3월 2일 3Com은 100% 지분을 소유하고 있던 자회사 Palm Computing의 지분 5%를 매각하여 Palm의 기업공개를 단행하고, 연말까지 Palm의 나머지 주식을 3Com의 기존주주들에게 3Com 주식 1주당 Palm주식 1.5주의 비율로 배분하겠다는 계획을 발표하였다.[37] 기업공개 첫날 Palm 주식은 주당 $95에 거래되었다. 따라서 3Com의 주식은 최소한 주당 $142(=95×1.5)의

37 실제 7월 27일에 나머지 95% 지분을 3Com의 기존주주들에게 배분하여 기업공개를 완료하였다.

이상의 가치로 평가되어야 한다. 그러나 당시 3Com의 주가는 주당 $80로 형성되었다. 이때 투자자들은 Palm 주식을 공매하고 3Com 주식을 매입함으로써 차익을 얻을 수 있다. 정상적인 경우라면 이러한 차익거래가 활발하게 발생할 것이고 두 기업의 주가는 차익이 발생하지 않는 수준으로 조정될 것이다. 그러나 당시 시장상황은 30%가 넘는 공매비용과 물량부족으로 Palm 주식에 대한 공매가 거의 불가능한 상황이었으며, 그 결과 차익거래가 발생하지 못하고 비정상적인 가격이 상당기간 지속되었다.

현실에서 차익거래는 많은 위험요인들을 내포하고 있으며 그로 인해 차익거래의 실행에는 여러 가지 어려움이 따른다. 다음에서는 차익거래를 제약하는 대표적인 위험요인들에 대해 살펴본다.

기본적 위험

어떤 기업의 주식이 저평가되었다고 하자. 이론적으로 저평가된 주식을 매입하고 이 주식을 대체할 수 있는 다른 주식을 공매하는 차익거래를 통해 차익을 얻을 수 있다. 그러나 실제로는 대체주식의 기본적 요인(예를 들어 현금흐름이나 현금흐름의 불확실성)이 매입하는 주식과 상당히 다를 위험이 존재한다. 이럴 경우 무위험차익거래가 불가능하며 투자자는 추가적인 위험을 부담해야 하는데 이를 기본적 위험(fundamental risk)이라고 한다. 기본적 위험이 매우 커 차익거래가 충분히 일어나지 못할 경우 적어도 단기적으로는 저평가가 해소되지 않을 수 있다. 시장가격이 결국은 내재가치로 수렴해야 하는데 자신의 투자기간 내에 가격조정이 일어나지 않을 경우 투자자는 큰 손실을 입을 수 있다.

실행비용위험

실행비용위험(implementation costs risk)은 차익거래과정에서 발생하는 매매수수료, 공매, 매매스프레드(bid-ask spread) 등 여러 거래비용이 위험으로 작용하는 것을 말한다. 예를 들어 현실적으로는 고평가된 주식을 이용해 차익거래를 하기란 쉽지 않다. 주식을 공매하는 데 큰 비용이 수반되며, 소유주의 요청이 있을 경우 공매자는 언제든지 주식을 반환해야 하는 등 공매의 이용기간도 불확실하기 때문이다. 또한 연기금이나 뮤추얼펀드 매니저들은 자신의 재량으로 주식을 공매하는 데 엄격한 제한이 있으며, 공매가 허용된 경우에도 공급물량과 수요물량이 일치하지 않는 경우 여전히 어려움을 겪게 된다.

모형위험

주식을 평가할 때 잘못된 모형을 사용할 수 있으며 특정 모형을 이용하여 예측한 주가가 실제로 정확한 것인가에 대해서도 확신하기 어려울 수 있다. 이와 같은 위험을 모형위험(model risk)이라고 하는데 차익거래를 어렵게 하는 요인으로 작용한다. 시장가격과 모형이 제공하는 정확한 가치를 비교하여 증권의 과소 또는 과대 평가 여부를 결정해야 하는데, 정확한 가치에 대한 확신이 없다면 이러한 결정이 불가능하기 때문이다.

중 요 용 어

효율적시장가설(efficient market hypothesis)
합리적 기대(rational expectations)
정보(information)
약형 효율성(weak-form efficiency)
랜덤워크(random walk)
사건연구(event study)
강형 효율성(strong-form efficiency)
내부자거래(insider trading)
규모효과(size effect)
모멘텀현상(momentum effect)
반전효과(reversal effect)
거품이론(bubble theory)
제한된 합리성(limited rationality)
친숙성 편향(familiarity bias)
액자 편향(framing bias)
심리회계(mental accounting)
전망이론(prospect theory)
후회회피(regret avoidance)
거품(bubble)
가격추종거래(positive feedback trading)
실행비용위험(implementation costs risk)
누적비정상수익률(cumulative abnormal return: *CAR*)
장부가-시가비율 효과(book value-to-market value ratio: B-M ratio)
알파(alpha, α)
자기상관(autocorrelation)
과잉반응(overreaction)
준강형 효율성(semi-strong-form efficiency)
비정상수익률(abnormal returns: AR)
사적 정보(private information)
시장이상현상(market anomaly)
평균회귀현상(mean reversion)
행동재무학(behavioral finance)
과신(overconfidence)
보수주의(conservatism)
대표성(representativeness)
준거점(reference point)
손실회피(loss aversion)
처분효과(disposition effect)
군중심리(herd behavior)
피드백이론(feedback theory)
기본적 위험(fundamental risk)
모형위험(model risk)
차익거래(arbitrage)

연 습 문 제

12-1 배분효율성과 운영효율성, 그리고 정보효율성을 비교 · 설명하라.

12-2 세 가지 유형의 시장효율성을 설명하라.

12-3 CAPM이 성립한다고 가정할 때, 다른 조건은 일정하고 무위험이자율만 상승했다고 하자. 이 경우 시장포트폴리오는 여전히 효율적 포트폴리오인가? 효율적이라면 그 이유를 설명하고, 효율적이지 않다면 어떠한 주식들을 사고 어떠한 주식을 팔아야 할 것인가?

12-4 주식시장에는 정보를 더 많이 가진 투자자들도 있고 덜 가진 투자자들도 존재하는데 당신은 그중에서 후자에 속한다고 하자. 이때, 정보를 더 많이 가진 투자자들보다 낮은 수익률을 얻지 않을 투자 전략을 생각해 보고 이러한 전략이 효과적인 이유를 설명하라.

12-5 다음의 주장을 논평하라.

"시장이 효율적이라 하더라도 자본조달의 시기를 잘 결정함으로써 기업은 자본비용을 낮출 수 있다."

12-6 금융감독원 조사과의 박해동 씨는 (주)양성전자의 주가움직임에 부당 내부자거래의 소지가 있다고 보아 실사에 착수했다. 내부자거래의 증거로 (주)양성전자의 주가움직임이 시장의 강형 효율성을 부정한다는 결과물을 제시하고자 한다. 박해동 씨는 이제부터 어떻게 이를 증명할 수 있을까? 이와 같이 강형 효율성을 검증하는 것이 어려운 이유는 무엇인가?

12-7 대표적인 시장이상현상에 대해 설명하라.

12-8 주식시장의 모멘텀현상과 반전효과에 대해 설명하라.

12-9 투자자의 후회회피가 투자성과에 미칠 수 있는 영향에 대해 설명하라.

12-10 친숙성 편향이 분산투자에 어떤 영향을 미칠 수 있는지 설명하라.

12-11 전망이론에서 가정하는 효용함수를 전통적인 재무이론에서의 효용함수와 비교하여 설명하라.

12-12 현실시장에서 차익거래를 어렵게 하는 위험요인들에 대해 설명하라.

12-13 가격추종거래가 주식시장에서 주가의 버블 형성에 어떻게 기여할 수 있는지 설명하라.

12-14 대표성 오류에 대해 설명하라.

12-15 동희는 의사이고, 자신이 가진 정보를 과신(overconfidence)하는 성향을 가지고 있다. 그는 주식거래를 매우 활발하게 하며, 그의 예측에 대해 100% 확신한다. 하지만 그는 보통의 투자자들과 마찬가지로 많은 정보를 갖고 있지 못하다. 최근 의료기기 납품업체인 D사가 주당 25,000원의 가격으로 인수 제의를 받았다는 소문이 의료업계에서 돌고 있다고 한다. 인수 제의가 있기 전에 D사의 주가는 20,000원이었으며, 이러한 소문의 진위 여부는 오늘 중으로 밝혀진다고 알려져 있다. 동희는 D사가 인수될 것이라고 100% 확신하고 있으며 자신이 거래하는 증권회사에 25,000원보다 낮은 가격이라면 무조건 D사의 주식을 매수하라고 주문을 한 상태이다. 하지만 실제로 D사가 인수될 확률은 50%이고 이 정보는 몇몇 사람들에게 알려져 있는 상태이다. 시장에서는 정보를 가진 투자자도 역시 주문을 내놓으며 이들을 제외한 나머지 사람들은 D사 주식 거래에 참여하지 않는다고 한다.

① 앞서 설명한 모든 주문들이 제출되고 난 후 몇 시간이 지나서 인수가 사실로 밝혀진다면 D사 주식의 가격은 어떻게 변화할 것인가? 이때 동희의 수익은 어떻게 될 것인가?

② 앞서 제시된 투자자들의 모든 주문이 제출되었고, 몇 시간이 지난 후 인수가 사실이 아닌 것으로 밝혀진다면 동희의 수익은 어떻게 될 것인가?

③ 동희의 기대수익률은 어떻게 되는가?

12-16 B자산운용에 근무하는 재민이는 6,000억원 규모의 자산에 대해 연 2%의 초과수익률(alpha, 알파)을 만들어 낼 수 있다. 하지만 이 금액을 초과하는 자산에 대해서는 알파는 0의 값을 갖는다. 한편, B자산운용은 매년 초 보유한 자산총액의 1%를 수수료로 요구한다. 양(+)의 값을 갖는 알파에 대한

수요는 항상 존재하고, 음(−)의 알파값을 갖는 펀드에 대한 수요는 전혀 없다고 한다. 어떤 투자자도 재민이의 펀드에서 돈을 인출하거나 추가적인 투자를 하지 않는 균형상황을 가정하고 다음 물음에 답하라.

① 재민이의 펀드에 투자한 투자자들이 얻게 되는 알파값을 구하라.
② 재민이가 운용하는 자산의 총액을 구하라.
③ B자산운용의 수수료 수입을 구하라.

12-17 애널리스트 김 씨는 "채무불이행이 주가에 미치는 영향"에 대한 보고서를 작성하기 위해 최근 채무불이행 사실이 공표된 두 기업의 주식에 대한 사건연구를 하기로 하였다. n개의 표본주식들에 대해 3년간의 월별 자료를 시계열분석하여 n개의 베타를 구하였는데, 이때 두 기업의 베타는 다음과 같다: $\beta_A = 1.5$, $\beta_B = 0.8$. 한편, 과거의 평균수익률자료와 CAPM을 이용하여 구한 월별 정상수익률의 추정식은 다음과 같다.

정상수익률: $N(r_i) = 0.01 + 0.02\beta_i$

한편 채무불이행 공표시점을 전후한 두 기업 주식의 월별 수익률은 다음과 같다.

(단위: %)

월	−2	−1	공표시점	1	2	3	4
주식 A	4.1	3.0	1.5	4.2	4.0	5.0	4.1
주식 B	2.4	1.0	0.8	3.0	3.0	2.5	2.8

위의 자료를 이용하여 다음 물음에 답하라.

① 주식 A, B의 기간별 비정상수익률(AR)을 계산하라.
② 위의 ①에서 AR을 구하는 데 필요한 가정은 무엇인가?
③ 누적비정상수익률(CAR)의 평균을 구하고, 이를 그래프로 나타내라.
④ 위의 분석을 기초로 채무불이행의 공시가 주가에 미치는 영향에 대하여 어떠한 결론을 내릴 수 있는가?

12-18 처분효과(disposition effect)가 투자자들의 세금 부담에 어떤 영향을 미치는지 설명하라.

제 13 장

자본구조정책(I)

STUDY GUIDE

기업이 사업에 필요한 자금을 어떻게 조달해야 할지를 결정하는 일은 투자결정(자본예산)과 함께 기업재무에서 가장 중요한 주제이다. 자본구조이론은 기업가치를 극대화하는 자기자본과 타인자본의 최적조합을 찾고자 하는 이론이다. 이 장에서는 자본구조이론의 기본개념을 설명하고 자본구조이론의 선구자 역할을 한 모디글리아니와 밀러의 이론을 살펴본다. 모디글리아니와 밀러는 1958년의 연구에서 법인세가 없는 완전자본시장에서는 최적자본구조가 있을 수 없다는, 자본구조와 기업가치의 무관련성을 주장하였다. 또한 1963년에는, 법인세를 고려하면 타인자본을 많이 사용할수록 기업에 유리하다고 주장하였다. 이 장에서는 이러한 두 주장을 살펴본 후, 법인세와 더불어 개인소득세를 고려하는 경우 자본구조이론이 어떻게 수정되는지를 분석한다. 그리고 세금만을 고려할 때 최적자본구조가 과연 현실을 잘 설명하는지에 대해 논의한다.

13.1 자본구조의 중요성

■ 자본구조의 의미

일상생활에서 재무구조(financial structure) 또는 자본구조(capital structure)라는 말이 자주 쓰이는데, 이 두 용어는 흔히 구분 없이 사용된다. 엄밀히 말하면 재무구조는 기업의 자금을 어떻게 조달하느냐에 관한 것으로 재무상태표의 대변에 있는 모든 항목의 구성을 말한다. 반면 자본구조는 기업이 조달한 자금 중에서 장기적인 항목들의 구성을 말하는 것으로서 재무상태표의 대변에 나타나는 구성항목들 중에서 단기적인 성격을 띠는 유동부채를 제외한 항목들의 구성이다. 따라서 자본구조라고 할 때는 장기차입금, 사채, 우선주, 보통주의 구성을 의미한다.

장기적인 자금의 구성은 크게 채권자로부터 차입한 타인자본(debt 또는 liability, 장기차입금, 사채)과 주주의 지분을 나타내는 자기자본(equity, 보통주 자본금, 우선주 자본금, 자본잉여금, 이익잉여금)으로 구분된다. 그러므로 보통 자본구조라고 할 때는 간단히 타인자본과 자기자본의 구성비율을 말한다.[1]

사실 재무구조와 자본구조라는 말은 위에서 설명한 대로 엄밀하게 구분하여 쓰는 경우는 드물며, 두 용어 모두 타인자본과 자기자본의 구성을 뜻하는 말로 사용되는 것이 보통이다. 학계에서도 대부분의 경우 이 두 용어를 같은 의미로 쓰고 있다. 이 장에서는 자본구조나 재무구조를 타인자본과 자기자본의 구성비율이란 의미로 사용한다. 그리고 타인자본 대신 '부채'란 용어를 함께 사용할 것이다.

■ 자본구조와 기업가치

재무관리의 목표는 기업가치, 즉 기업의 자산가치를 극대화하는 것이다. 부채가치가 일정하다는 전제하에 자산가치가 극대화될 때 주주의 가치도 극대화되기 때문이다. 자본구조와 관련한 주된 관심사는 자본구조가 기업가치에 어떠한 영향을 미치는가 하는 것이다. [그림 13-1]의 U기업과 L기업의 예를 가지고 설명하여 보자. U기업은 100% 자기자본에 의존하는, 즉 부채를 사용하지 않는(unlevered) 기업이다. 그리고 L기업은 부채를 사용하는(levered) 기업이다. U기업과 L기업은 자본구조를 제외한 다른 모든 측면, 특히 사업의 구조와 규모 면에서 동일하다고 가정하자. U기업의 자산가치를 V_U, 자기자본의 가치를 E_U라고 하면 $V_U = E_U$가 된다. 그리고 L기업의 자산가치를 V_L, 부채와 자기자본의 가치를 각각 D와 E로 나타내면, $V_L = D + E$가 된다.[2]

---

1 타인자본은 비유동부채와 유동부채를 포함하여 외부채권자에게서 조달한 모든 자금을 나타내는 것으로 사용하기도 하나, 이 장에서는 타인자본을 외부채권자로부터 조달한 장기부채를 나타내는 것으로 사용한다. 우선주와 보통주를 구분하는 경우 자기자본은 보통주를 이용해서 조달한 자금과 이익잉여금을 포함하는 것이 되나 넓은 의미에서의 자기자본은 우선주와 보통주를 모두 포함하는 의미로 사용된다.

2 정확히 말하자면 기업의 자산가치는 기업이 조달한 장기자금인 자기자본과 장기부채에 단기자금인 유동부채를 합한 것이다. 그러나 여기서는 유동부채의 크기와 유동자산의 크기가 같다고 보고 이들 유동항목을 제외한 장기부채와 자기자본의 합으로 기업가치를 파악하기로 한다.

| 그림 13-1 | 무부채기업(U기업)과 부채기업(L기업)의 자본구조와 기업가치

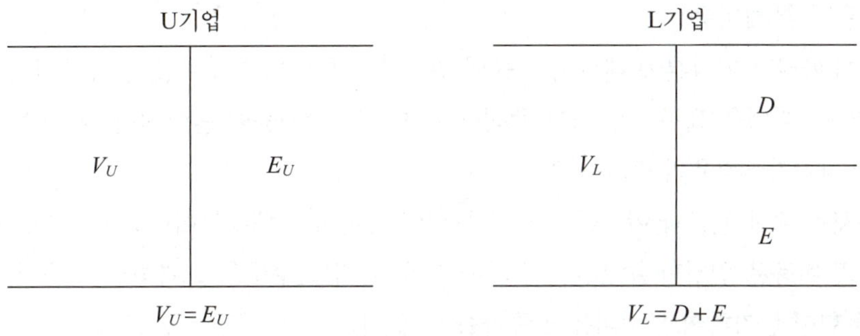

자본구조이론의 주요 관심사는 다음과 같이 압축된다. 첫째, 다른 조건은 모두 같고 자본구조만이 다른 두 기업의 가치가 서로 다를까 하는 문제이다. 즉 V_U와 V_L 중 어느 쪽이 큰지를 비교하는 문제이다. 둘째 만일 자본구조가 기업가치에 영향을 미친다면 기업의 가장 바람직한 자본구조, 즉 기업가치를 극대화하는 최적자본구조(optimal capital structure)는 어떤 것인가 하는 문제이다. 다시 말해, 만일 ① $V_U > V_L$이라면 부채를 사용하지 않는 것이 최적이고 ② $V_U = V_L$이라면 최적자본구조는 존재하지 않기 때문에 부채를 무제한 사용해도 상관없다는 결론이며 ③ $V_U < V_L$이라면 V_L을 극대화하는 부채와 자기자본의 비율, 즉 최적의 부채비율(debt-equity ratio: D/E)을 찾아야 한다는 것이다.

자본구조가 기업가치에 미치는 영향을 분석하는 데 있어 쟁점이 되는 사항을 요약하면 다음과 같다.

사업위험과 재무위험

제11.2절에서 설명하였듯이 기업의 주주들은 영업현금흐름(또는 영업이익)이 불확실하기 때문에 발생하는 사업위험(business risk)과 부채를 사용하기 때문에 발생하는 재무위험(financial risk)을 부담한다. 사업위험은 기업이 영위하는 사업에서 발생하는 미래영업현금흐름의 불확실성으로 인해 발생하는 것이다. 이 위험은 어떤 사업에 투자하는가에 따라 달라지는, 즉 투자결정에 의해 영향을 받는 위험이다. IT산업에 투자할 때와 식품업에 투자할 때의 위험이 다르다는 것은 바로 사업위험을 가리키는 것이다. 사업위험은 미래의 경기전망과 기업이 속해 있는 산업의 전망 등에 달려 있으며, 기본적으로 기업의 자산구성이 어떠한가에 달려 있다. 그러나 자본구조정책이 자산구성에 영향을 미친다면 사업위험은 자본구조에 의해서도 달라질 수 있다.

재무위험은 부채의 사용으로 인해 나타난다. 부채를 사용하면 원금과 이자를 상환해야 하기 때문에 주주에게 돌아가는 미래수익의 불확실성이 증가한다. 이것이 바로 재무위험이다. 일반적으로 부채의존도가 클수록 주주에게 돌아갈 수익률의 변동폭이 크게 증가하는데 이러한 현상을 재무레버리지효과(financial leverage effect)라고 한다. 이 효과로 인해 자기자본보다 부채를 많이 사용할수록 기업의 주주에게 돌아가는 수익의 분산은 확대된다.

자기자본비용과 부채비용

부채의 증가에 따라 자기자본에 대한 수익률의 변동폭이 확대되면 주주들은 이에 대한 보상으로서 더 높은 위험프리미엄을 요구하게 되어 주식에 대한 기대수익률이 높아진다. 기업의 관점에서 보면 이는 결국 자기자본비용의 증가를 의미한다.

기업이 부채에 대한 원금과 이자를 지불할 능력이 충분하여 채무불이행위험(default risk)이 없는 한 부채의 조달비용은 일정할 수 있다. 그러나 부채가 어느 수준을 초과하면 부채의 증가와 함께 채무불이행위험이 증가하여 부채비용이 증가할 수 있다.

가중평균자본비용

제11.4절에서 설명하였듯이, 기업의 자산가치는 기업이 영위하는 사업으로부터 발생하는 미래현금흐름의 현재가치, 즉 미래현금흐름의 기대치를 가중평균자본비용(weighted average cost of capital: *WACC*)으로 할인한 값이다. 따라서 미래현금흐름이 동일한데 자본구조가 서로 다른 기업들의 가치는 각 기업의 가중평균자본비용에 따라 결정된다. 왜냐하면, 부채비용과 자기자본비용뿐 아니라 자본구조가 가중평균자본비용을 결정하는 주요 요인이기 때문이다. 결국, 사업내용이 똑같은 상황에서 기업의 가치를 극대화하는 최적자본구조란 가중평균자본비용을 가장 작게 하는 부채비율을 의미한다. 자본구조의 변화에 따라 부채비용과 자기자본비용 및 각각에 대한 가중치가 어떻게 변화하며 그 결과 가중평균자본비용이 어떻게 되는지를 분석하는 것이 자본구조이론의 주된 내용이다. 다음 절에서는 이상의 내용을 구체적인 예를 통해 살펴본다.

13.2 부채의 사용과 기업가치

기업인 박 씨는 곧 ㈜SQ라는 회사를 설립하고 새로운 IT사업을 계획하고 있다. 현재 박 씨가 고려하고 있는 사업은 현 시점(시점 0)에서 900억원을 투자하면 1년 후(시점 1)에 1,240억원 또는 1,000억원의 현금흐름을 가져다준다고 한다. 시점 1의 현금흐름은 그때의 경제상황이 호황 또는 불황이냐에 따라 결정되며, 두 상황이 발생할 확률은 각각 0.5라고 한다. 사업에서 발생하는 미래수익이 경제 전반의 움직임에 좌우되기 때문에 ㈜SQ의 주식에 투자하는 주주들은 시장위험에 대해서만 보상을 요구한다. 현재 무위험이자율은 4%이며 사업안에 대한 위험프리미엄은 8%로 추정된다고 한다.

위와 같은 정보하에서 우선 사업의 타당성을 분석해 보자. 미래현금흐름의 기댓값이 (0.5)(1,240억) + (0.5)(1,000억) = 1,120억원이고 적정할인율은 4% + 8% = 12%이므로 사업안의 순현가(*NPV*)는 다음과 같다.

$$NPV = -900\text{억} + 1{,}120\text{억}/1.12 = 100\text{억원}$$

*NPV*가 양(+)이므로 박 씨는 이 사업을 추진하기로 결정하였다.

다음으로 박 씨가 고려해야 할 사항은 이 사업에 필요한 자금을 어떻게 조달할 것인가의 문제이다. 자기자본인 주식을 발행하여 조달하거나 타인자본인 부채를 사용하여 조달하는 두 가지 방법이 있다고 가정하고, 부채를 사용하지 않는 경우와 사용하는 경우로 나누어 문제를 분석해 보자.

부채를 사용하지 않는 경우

㈜SQ가 필요로 하는 사업자금을 전적으로 주식발행을 통해 조달한다고 하면 사업으로부터 발생하는 미래의 현금흐름은 모두 주주에게 귀속된다. 따라서 발행할 주식의 적정가격은 기대현금흐름의 현가가 된다.

$$PV(\text{사업안}) = 1{,}120\text{억}/1.12 = 1{,}000\text{억원}$$

따라서 박 씨는 주식을 공모하여 1,000억원을 조달할 수 있고 이 중 900억원은 사업에 투자하고 100억원은 이익으로 챙길 수 있다. 따라서 ㈜SQ의 주주들이 투자한 주식의 수익률은 경제가 호황일 때 (1,240억 − 1000억)/1,000억 = 24%가 되고, 경제가 불황이면 (1,000억 − 1,000억)/1,000억 = 0%가 된다. 〈표 13-1〉은 이상의 내용을 정리한 것이다.

표 13-1 부채를 사용하지 않는 경우 주식의 현금흐름과 수익률

시점 0: 투자	시점 1: 수익					
초기가치(억원)	상태	확률	채권		주식	
			현금흐름(억원)	수익률	현금흐름(억원)	수익률
채권 = 0 주식(E_U) = 1,000	호황	0.5	0	0	1,240	24%
	불황	0.5	0	0	1,000	0%

부채를 사용하는 경우

이번에는 사업에 필요한 자금의 일부인 500억원을 부채로 조달하고 나머지를 주식발행을 통해 조달하는 경우를 고려해 보자. 시점 1에서 경제가 불황이더라도 현금흐름이 부채를 상환하기에 충분하므로 무위험이자율인 4%에 500억원을 차입할 수 있다고 하면 ㈜SQ가 1년 후에 상환해야 할 원금과 이자는 경제상황과 관계없이 총 500억 × 1.04 = 520억원이 된다. 이때 주주에게 발생할 현금흐름은 경제가 호황이면 1,240억 − 520억 = 720억원이 되고 경제가 불황이면 1,000억 − 520억 = 480억원이 된다. 그렇다면 이러한 현금흐름을 가져다주는 주식의 가치 *E*는 얼마나 될까?

주주에게 발생하는 기대현금흐름의 현가를 앞에서 사용한 할인율인 12%를 적용하여 계산하면 $E = [(0.5)(720\text{억}) + (0.5)(480\text{억})]/1.12 = 536$억원이란 결과를 얻을 수 있다. 그러나 모디글리아니와 밀러(Modigliani and Miller: 이하 MM)에 의하면 이러한 논리는 옳지 않다는 것이다. 완전자본시장하에서는 기업이 부채를 사용하더라도 채권자와 주주에게 돌아갈 총현금흐름은 결국 사업에서 발생하는 현금흐름과 같기 때문에, 부채가치와 주식가치의 합은 '무차익원리' 에 의하여 부채를 사용하지 않았을 때의 기업가치인 1,000억원과 같아야 한다는 것이다. 따라서 자기자본의 가치 E는 기업가치에서 부채가치 500억원을 뺀 500억원(= 1,000억 − 500억)이 되어야 한다. 이러한 MM의 이론에 대해서는 제13.3절에서 좀 더 자세히 다룰 것이다. 〈표 13−2〉는 MM의 주장대로 주식의 가치가 결정되었을 경우 채권자와 주주에게 발생하는 현금흐름과 수익률을 정리한 것이다.

표 13-2 부채를 사용할 경우 채권과 주식의 현금흐름과 수익률

시점 0: 투자	시점 1: 수익					
초기가치(억원)	상태	확률	채권		주식	
			현금흐름(억원)	수익률	현금흐름(억원)	수익률
채권(D) = 500 주식(E) = 500	호황	0.5	520	4%	720	44%
	불황	0.5	520	4%	480	−4%

부채사용이 위험과 수익률에 미치는 영향

㈜SQ가 부채를 사용할 경우 주식의 가치를 구하기 위하여 12%의 할인율을 적용하면 왜 잘못된 것일까? 이는 부채를 사용하면 ㈜SQ가 발행한 주식의 위험이 증가한다는 사실을 간과했기 때문이다. 주식의 위험이 증가하는 데 부채를 사용하지 않았을 때의 할인율을 그대로 적용하는 것은 적절치 않다. 제11.2절에서 살펴본 것과 같이 부채사용에 따른 재무위험의 증가에 따라 위험회피형 투자자들은 더 높은 위험프리미엄을 요구하게 될 것이고 따라서 할인율 즉 자기자본비용(cost of equity)도 그만큼 더 높아져야 한다.

호황과 불황일 때의 수익률의 차이로 위험을 정의하고 ㈜SQ 주식의 위험을 측정하여 보자. 〈표 13−1〉에서 보면 부채를 사용하지 않았을 경우의 주식(unlevered equity)에 대한 위험은 24 − 0 = 24%이다. 〈표 13−2〉에서 보면 (500억원의) 부채를 사용할 경우의 주식(levered equity)에 대한 위험은 44 − (−4) = 48%가 되어 무부채인 경우보다 위험이 두 배에 달하는 것을 볼 수 있다.

위험이 두 배가 되면 위험프리미엄도 두 배가 되어 8 × 2 = 16%가 되고 주식의 가치를 평가하기 위한 할인율은 4 + 16 = 20%가 된다. 이 할인율을 적용하여 주식의 가치를 계산하면 E = [(0.5)(720억) + (0.5)(480)]/1.2 = 500억원의 결과를 얻게 된다. 이 경우 주식에 대한 기대수익률은 (0.5)(44) + (0.5)(−4) = 20%가 되어 할인율과 일치하는 것을 알 수 있다. 〈표 13−3〉은 부채가 없을 때와 있을 때의 주식에 대한 위험과 위험프리미엄, 그리고 기대수익률을 보여준다.

결국, 기업이 부채를 사용하면 채무불이행의 위험이 없더라도 자기자본의 위험을 증가시켜 자기자본비용을 높이기 때문에 낮은 부채비용의 이점을 상쇄시킨다. ㈜SQ가 500억원의 부채를 사용할 경우 가중평균자본비용은 (500억/1,000억)(4%) + (500억/1,000억)(20%) = 12%가 되어 부채를 사용하지 않았을 때와 다르지 않다는 것을 확인할 수 있다.

표 13-3 부채사용에 따른 주식의 위험과 기대수익률

	위험(= 호황수익률 – 불황수익률)	위험프리미엄	기대수익률
무부채기업의 주식	24 – 0 = 24%	8%*	12%
부채기업의 주식	44 – (–4) = 48%	16%**	20%

* (0.5)(24 – 4) + (0.5)(0 – 4) = 8% **(0.5)(44 – 4) + (0.5)(–4 – 4) = 16%

예제 13-1 ㈜SQ가 500억원의 부채 대신 300억원의 부채를 사용할 경우 자기자본의 가치와 기대수익률 그리고 위험과 위험프리미엄을 분석하라.

풀이 사업으로부터 발생하는 총현금흐름의 가치는 여전히 1,000억원이므로 자기자본의 가치는 700억원(= 1,000억 – 300억)이다. 300억원의 부채에 대한 원금과 이자는 312억원(= 300억 × 1.04)이므로 주주에게 돌아갈 몫은 호황일 때 1,240억 – 312억 = 928억원, 불황일 때 1,000억 – 312억 = 688억원이 된다. 따라서 수익률은 각각 (928억/700억) – 1 = 32.57%와 (688억/700억) – 1 = –1.71%이며, 기대수익률은 (0.5)(32.57) + (0.5)(–1.71) = 15.43%이다.

따라서 수익률의 차이로 측정한 위험은 32.57 – (–1.71) = 34.28%가 되며 부채를 사용하지 않았을 때와 비교하면 34.28%/24% = 1.43배에 해당한다. 위험프리미엄도 15.43 – 4 = 11.43%로서 무부채인 경우와 비교하면 11.43%/8% = 1.43배가 된다.

13.3 MM의 자본구조이론: 법인세가 없을 때

모디글리아니와 밀러(Modigliani and Miller: MM)는 완전자본시장(perfect capital market)의 가정하에서 기업의 자본구조는 기업가치와 무관하다는 이른바 자본구조의 무관련이론(irrelevancy of the capital structure)을 제시하였다.[3] 여기서 완전자본시장이란 다음과 같은 조건이 만족되는 시장을 의미한다.

- 자본시장에 참여하는 투자자가 많아 소수의 집단이 시장가격에 영향을 줄 수 없으며, 자본조달에 제약이 없다. 그리고 증권의 시장가격은 미래현금흐름의 현가와 같기 때문에 차익거래의 기회가 없다.
- 법인세, 개인소득세 등의 세금이 없고, 어떤 형태의 거래비용도 없다.
- 기업의 자금조달결정이 투자로부터 발생하는 현금흐름에 영향을 미치지 않으며, 투자안에 관한 어떤 정보도 전달하지 않는다. 모든 정보가 모든 투자자에게 동시에 그리고 정확히 전달된다.

이러한 조건하에서 MM이 제시한 명제 Ⅰ의 내용을 살펴보자.

3 Modigliani, F. and M. Miller(1958), "The Cost of Capital, Corporation Finance and the Theory of Investment," *American Economic Review* 48(3), 261-297.

■ MM명제 I

홈메이드 레버리지와 디레버리지

MM이론은 완전자본시장하에서 부채기업의 주식과 무부채기업의 주식은 투자자 개인의 직접 차입 또는 대출과 결합하여 서로가 서로의 현금흐름을 복제해 낼 수 있는 대체적인 투자안이 될 수 있다는 사실에 바탕을 두고 있다. [그림 13-1]에서와 같이 매년 영업이익(earnings before interest: *EBI*)이 같으면서 자본구조가 다른 두 기업 U기업과 L기업을 대상으로 이를 살펴보자.

어떤 투자자가 L기업의 주식 100%를 매입한다고 하면 이 투자자에게 매년 발생하는 현금흐름은 U기업의 주식 100%를 매입하고 L기업이 조달한 부채의 100%만큼을 L기업과 같은 조건에 개인적으로 차입할 때의 현금흐름과 같다는 것이다. 기업의 부채조달비용을 k_D라고 하면 각각의 경우 투자자에게 매년 발생하는 수익(현금흐름)과 투자비용은 〈표 13-4〉와 같다.

표 13-4 부채기업 주식의 복제

투자전략	투자비용	미래수익
• L기업주식 매입	$E = V_L - D$	$EBI - k_D \cdot D$
• U기업주식 매입 + D원 차입	$E_U - D = V_U - D$	$EBI - k_D \cdot D$

〈표 13-4〉에서 두 투자전략의 수익이 같다는 것은 결국 투자자가 개인적으로 자금을 차입하여 무부채기업의 주식을 매입함으로써 기업이 부채를 사용하는 것과 같은 효과를 거둘 수 있다는 의미이다. 이와 같이 기업의 부채를 대체한 개인의 레버리지를 '홈메이드 레버리지(homemade leverage)' 라고 부른다. 요약하면, 완전자본시장에서는 다음과 같은 복제관계가 성립한다.

$$\text{부채기업의 주식 매입} \equiv \text{무부채기업의 주식 매입} + \text{홈메이드 레버리지} \tag{13.1}$$

이번에는 투자자가 U기업의 주식 100%를 매입한다고 하자. 이 투자자에게 매년 발생하는 현금흐름은 L기업의 주식 100%를 매입하고 L기업이 조달한 부채의 100%만큼을 같은 이자율(k_D)로 개인적으로 대출할 때의 현금흐름과 같다는 것이다. 각각의 경우 투자자에게 매년 발생하는 수익(현금흐름)은 다음의 〈표 13-5〉에서 보는 바와 같다.

표 13-5 무부채기업 주식의 복제

투자전략	투자비용	미래수익
• U기업주식 매입	$E_U = V_U$	EBI
• L기업주식 매입 + D원 대출	$E + D = V_L$	$EBI - k_D \cdot D + k_D \cdot D = EBI$

〈표 13-5〉에서 두 투자전략의 수익이 같다는 것은 기업 L이 부채를 사용함으로써 주주에게 어떤 이득이나 손실을 끼칠 수 없음을 말해 주며, 투자자는 개인적인 대출을 통해 기업 L의 부채사용에

따른 효과를 상쇄시킬 수 있다는 것을 의미한다. 이와 같이 기업의 부채사용을 개인의 대출을 통해 무효화하는 것을 '홈메이드 디레버리지(homemade deleverage)' 라고 부른다. 식 13.1에서와 마찬가지로, 완전자본시장에서는 다음의 복제관계가 성립한다.

$$\text{무부채기업의 주식 매입} \equiv \text{부채기업의 주식 매입} + \text{홈메이드 디레버리지} \tag{13.2}$$

예제 13-2 제13.2절의 ㈜SQ가 새로운 사업에 필요한 자금 중 400억원을 부채로 조달한다고 하자. 투자자 김 씨는 ㈜SQ가 추진하는 사업에 150억원을 투자하고 싶어 하는데, 문제는 부채기업을 선호하지 않는다고 한다. ㈜SQ의 부채사용을 상쇄시키려면 어떤 거래가 필요한지 분석하라.

풀이 150억원은 ㈜SQ의 총기업가치 1,000억원의 15%에 해당한다. ㈜SQ가 400억원의 부채로 자금을 조달하면 주식가치는 600억원(= 1,000억 − 400억)이므로 김 씨는 이 금액의 15%인 90억원을 주식에 투자하고 나머지 60억원을 개인적으로 대출하면 된다. 이럴 경우 김 씨에게 돌아오는 현금흐름은 ㈜SQ가 부채를 사용하지 않을 경우 150억원을 ㈜SQ 주식에 투자하였을 때 얻게 되는 현금흐름과 같게 된다.

거 래	투자금액(억원)	미래수익(억원)	
		불황	호황
• ㈜SQ가 부채를 사용하지 않을 경우 주식투자	150	150	186
• ㈜SQ 주식의 15% 매입 • ㈜SQ 부채금액의 15% 개인적으로 대출	90 60	87.6* 62.4	123.6** 62.4
합 계	150	150	186

*(1,000억 − 400억 × 1.04) × 0.15 = 87.6억원 **(1,240억 − 400억 × 1.04) × 0.15 = 123.6억원

무차익원리와 MM명제 Ⅰ

MM이론의 핵심은 완전경쟁하에서 서로를 복제하는 두 투자전략의 투자비용은 같아야 한다는 무차익원리(no arbitrage principle)를 적용하는 것이다. 〈표 13–4〉에서 두 투자전략의 미래수익이 같기 때문에 투자비용도 같아야 한다. 즉 $V_L - D = V_U - D$가 성립해야 하고 따라서 다음과 같은 결론을 얻는다.

$$V_L = V_U \tag{13.3}$$

〈표 13–5〉에서도 두 투자전략의 미래수익이 같기 때문에 투자비용도 같아야 한다. 결국 식 13.3과 같은 결론을 얻게 된다. 만일 식 13.3의 관계가 성립하지 않는다면 자기자금과 위험을 전혀 부담하지 않고 양(+)의 이익을 얻는 차익거래가 가능하다.

예제 13-3 제13.2절의 ㈜SQ가 400억원의 부채를 사용하기로 결정하였는데, 이 회사가 발행한 주식의 시가총액은 620억원이라고 한다. ㈜GQ는 사업에서 발생하는 현금흐름이 ㈜SQ와 같은데 부채를 사용하지 않는 기업이다. 그리고 이 회사 주식의 시가총액은 980억원이라고 한다. MM명제 I이 성립하는지를 따져보고, 그렇지 않은 경우 홈메이드 레버리지를 이용한 차익거래의 예를 보여라.

풀이 MM명제 I에 의하면 두 기업의 가치가 같아야 한다. 그러나 현재 ㈜SQ의 시장가치 1,020억원은 ㈜GQ의 가치 980억원보다 커서 MM명제 I에 위배된다. 상대적으로 ㈜SQ는 과대평가, ㈜GQ는 과소평가된 것이므로, ㈜GQ가 발행한 증권의 x%를 매입하고 ㈜SQ가 발행한 증권의 x%를 공매도하면 자기자금과 위험을 전혀 부담하지 않고 두 기업가치 차이의 x%만큼을 차익으로 얻게 된다. 많은 투자자들이 이러한 차익거래를 하게 되면, ㈜GQ주식에 대한 수요가 증가하여 가격이 상승하고 ㈜SQ주식의 공급이 증가하여 가격이 하락한다. 효율적 시장에서는 이러한 과정을 통해 차익거래기회는 없어지고 결국 식 13.3이 성립되어 시장은 균형을 되찾게 된다. ㈜GQ 주식 1%를 기준으로 홈메이드 레버리지를 이용한 차익거래의 과정을 살펴보면 다음과 같다.

거 래	현금흐름(억원)		
	시점 0	시점 1	
		불황	호황
• ㈜SQ 부채의 1%를 개인적으로 차입	+4	−4.16	−4.16
• ㈜SQ 주식의 1% 공매도	+6.2	−5.84*	−8.24**
• ㈜GQ 주식의 1% 매입	−9.8	+10	+12.4
합 계	+0.4	0	0

*(1,000억 − 400억 × 1.04) × 0.01 = 5.84억원 **(1,240억 − 400억 × 1.04) × 0.01 = 8.24억원

식 13.3은 결국 투자자가 기업과 같은 조건으로 자기책임하에서 자금을 차입하거나 대출할 수 있다면 부채기업(기업 L)의 가치는 무부채기업(기업 U)의 가치와 동일하다는 것을 보여준다. 이 결과가 다음과 같은 MM명제 I의 근거가 된다.

> MM명제 I:
>
> 완전자본시장하에서 기업의 가치는 그 기업의 자본구조와 무관하다($V_L = V_U$).

이 명제는 기업이 주식(자기자본)이나 채권(타인자본)뿐 아니라 어떤 종류의 증권을 발행하여 자금을 조달하더라도 기업가치에 영향을 미치지 않는다는 것을 의미한다. 이 결과는 주어진 크기의 파이를 어떤 방식으로 자르더라도 파이 전체의 크기는 변하지 않는다는 사실과 비유되어, MM명제 I을 파이이론(pie theory)이라고도 부른다.

예제 13-4 제13.2절의 ㈜SQ가 세 가지 증권을 발행하여 자금을 조달하기로 하였다. 즉 500억원어치의 채권과 7.7억원어치의 신주인수권증권(warrants)을 발행하고, 나머지는 주식을 발행하여 조달하였다. 신주인수권증권의 미래수익은 불황이면 0, 호황이면 48억원이라고 한다. 이 경우 주식의 가치는 얼마인지 구하고, 주식의 위험과 위험프리미엄을 분석하라.

풀이 MM명제 I 에 의하여 주식의 가치는 492.3억원(= 1,000억 - 500억 - 7.7억)이다. 주식의 미래수익, 수익률, 위험, 위험프리미엄은 다음과 같다.

	상태	미래수익(억원)	수익률	기대수익률	위험	위험프리미엄
주식의 가치 = 492.3억원	불황	480*	-2.50%	17%	39% [= 36.50 - (-2.50)]	13% (= 17 - 4)
	호황	672**	+36.50%			

* 1,000억 - 500억 × 1.04 - 0 = 480억원 ** 1,240억 - 500억 × 1.04 - 48억 = 672억원

이때 위험(39%)과 위험프리미엄(13%)은 주식으로만 자금을 조달했을 경우(24% 및 8%)와 비교하면 1.625배 증가한 수치이다.

■ MM명제 Ⅱ

기업의 자금조달방법이 기업가치에 영향을 미치지 않는다는 MM명제 Ⅰ은 처음엔 매우 의외이고 받아들이기 힘든 이론일 수 있다. 왜냐하면 주식(자기자본)과 채권(부채) 또는 여타 증권들의 자본비용이 모두 다르기 때문이다. 제13.2절의 ㈜SQ의 예에서도 보면 부채를 사용하지 않을 때 자기자본비용이 12%인 데 비해 타인자본비용(부채비용)은 4%이다. 따라서 자본비용이 더 낮은 부채로 자금을 조달하는 것이 더 유리하다고 판단할 수 있다.

떼어서 놓고 보면 부채가 자기자본보다 자본비용이 낮은 것은 사실이다. 그러나 부채의 증가는 또 한편으로 자기자본의 위험을 증가시키고 따라서 자기자본비용도 증가시킨다. 따라서 부채의 증가는 자본비용을 낮추기도 하고 또 끌어올리기도 하는 상충작용을 일으킨다. 아래에서는 부채의 사용에 따라 자기자본비용이 어떻게 변화하고, 또 이것이 가중평균자본비용에는 어떤 영향을 미치는지 살펴보자.

부채의 사용과 자기자본비용

부채사용의 효과를 분석하기 위해 우선 [그림 13-1]에서 사용한 기호와 함께 다음과 같은 기호를 정의하자.

k_U: 무부채기업(U기업)의 자기자본비용(= k_A: 자산의 자본비용)

k_D: 부채기업(L기업)의 부채비용

k_E: 부채기업(L기업)의 자기자본비용

k_{WACC}: 부채기업(L기업)의 가중평균자본비용

부채의 사용과 자기자본비용의 관계는 부채기업의 부채(D)와 자기자본(E)의 합은 부채기업의 가치(V_L)가 되고 이는 부채를 사용하지 않을 때의 기업가치(V_U)와 같다는 MM명제 Ⅰ의 결과, 즉 식 13.3으로부터 도출된다. 식 13.3을 다시 쓰면 다음과 같다.

$$D + E = V_L = V_U \tag{13.4}$$

식 13.4는 어떤 투자자가 부채기업이 발행한 채권과 주식을 모두 보유하여 포트폴리오를 구성하면 그 기업과 사업내용이 동일하지만 부채를 사용하지 않은 무부채기업의 현금흐름을 복제해 낼 수 있다는 의미이다. 따라서 이 투자자의 포트폴리오 수익률은 채권과 주식에 대한 수익률의 가중평균이 될 것이며 이는 또한 무부채기업의 주식수익률과 같아야 한다. 즉,

$$\frac{D}{D+E} \cdot r_D + \frac{E}{D+E} \cdot r_E = r_U \tag{13.5}$$

여기서 r은 수익률을 나타내며, $D/(D+E)$ 즉 부채-가치비율(debt-to-value: DTV)이 채권에 대한 가중치 그리고 $(1-DTV)$가 주식에 대한 가중치가 된다. 식 13.5를 주식수익률 r_E에 대해 정리하면 다음과 같다.

$$r_E = r_U + (r_U - r_D) \cdot \frac{D}{E} \tag{13.6}$$

실현수익률에 대해서 식 13.6의 관계가 성립하면 기대수익률(expected rate of return)에 대해서도 마찬가지의 관계가 성립해야 한다. 또 어떤 증권에 대해 투자자가 기대하는 수익률은 그 증권을 발행하는 기업의 관점에서 보면 자본비용이 되기 때문에 식 13.6은 자본비용에 대해서도 성립하여야 한다.

MM명제 Ⅱ:

완전자본시장에서 부채를 사용하는 기업의 자기자본비용은 시장가치로 계산한 부채비율(D/E)의 증가함수이다.

$$k_E = k_U + (k_U - k_D) \cdot \frac{D}{E} \tag{13.7}$$

예제 13-5 제13.2절의 ㈜SQ가 사업자금을 조달하기 위해 300억원을 차입할 경우 자기자본비용이 얼마인지 계산하라.

풀이 MM명제 Ⅰ에 의해 총기업가치는 1,000억원이므로 자기자본의 가치는 1,000억 - 300억 = 700억원이다. 이 값과 $k_U = 12\%$ 그리고 $k_D = 4\%$를 식 13.7에 대입하면 다음을 얻는다.

$$k_E = 12 + (12 - 4) \cdot \frac{300}{700} = 15.43\%$$

이 결과는 [예제 13-1]에서의 결과와 일치한다.

부채의 사용과 가중평균자본비용

기업이 필요한 사업자금을 자기자본과 부채로 조달한다면 자산의 위험은 자기자본과 부채로 구성된 포트폴리오의 위험과 같다. 따라서 기업의 자산에 대한 요구수익률, 즉 사업안을 평가할 때 사용할 할인율은 자기자본비용과 부채비용의 가중평균이 된다. 여기서 자기자본비용 대신 식 13.7의 관계를 대입하면 다음과 같은 관계를 얻게 된다.

$$k_{WACC} = \frac{D}{D+E} \cdot k_D + \frac{E}{D+E} \cdot k_E = k_U = k_A \qquad (13.8)$$

식 13.8은 완전자본시장하에서 기업의 가중평균자본비용은 자본구조와 무관하며, 부채를 사용하지 않았을 때의 자기자본비용과 같게 되어 이는 결국 자산의 자본비용이 된다는 것을 의미한다. 기업이 부채에 대한 원금과 이자를 확실히 지급할 수 있는 한 부채비용은 일정하다. 타인자본의 이용은 저렴한 부채비용의 효과로 인해 한편으로는 기업의 가중평균자본비용을 낮추는 효과를 가져온다. 그러나 다른 한편으로 재무위험을 크게 하여 자기자본비용을 올리기 때문에 저렴한 부채비용의 이점을 완전히 상쇄한다는 것이다. 결과로 가중평균자본비용도 일정하게 된다.

이러한 결과는 높은 수준의 부채로 인한 채무불이행의 가능성 때문에 부채비율이 증가하면 부채비용도 증가하는 위험부채(risky debt)의 경우에도 그대로 성립하며, 또 기업이 주식과 채권 외에

| 그림 13-2 | 부채의 사용과 자본비용

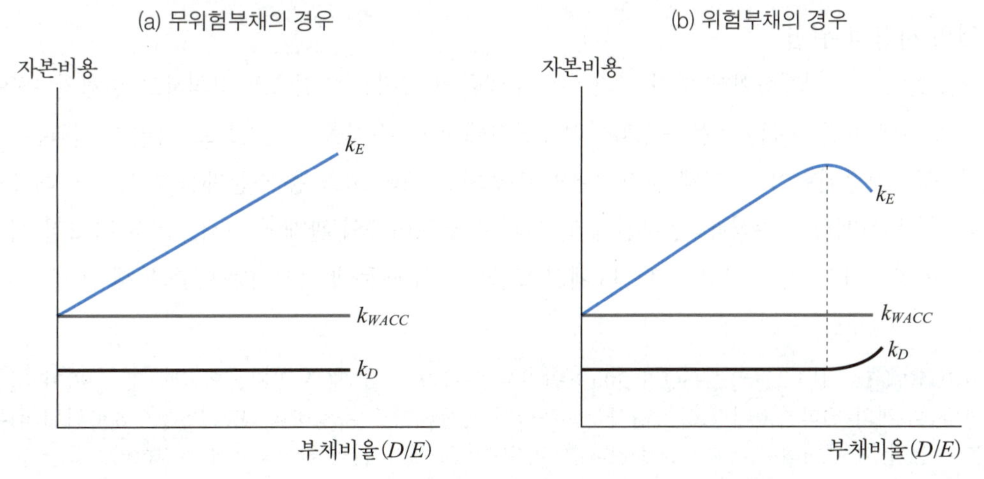

어떤 다른 증권을 발행하더라도 마찬가지로 성립한다. [그림 13-2]는 식 13.7과 식 13.8의 내용을 그림으로 보여준 것으로 (a)는 무위험부채의 경우를, (b)는 위험부채의 경우를 나타낸다.

예제 13-6 제13.2절의 ㈜SQ가 새로운 사업에 필요한 자금 중 800억원을 부채로 조달할 것을 결정하였다. 부채사용이 많아 채무불이행의 가능성이 높아지고 따라서 부채의 위험이 커짐에 따라 조달비용이 4%에서 7%로 증가하였다. 이 경우 자기자본비용과 가중평균자본비용은 얼마인지 계산하라.

풀이 $k_E = 12 + (12-7)\cdot\frac{800}{200} = 32\%$; $k_{WACC} = \frac{800}{200+800}(7) + \frac{200}{200+800}(32) = 12\%$

[예제 13-6]은 부채의 사용으로 인하여 자기자본과 부채의 위험이 모두 증가하는 경우이다. 무위험부채의 경우와 비교하면, 증가된 자기자본의 위험을 주주가 전적으로 부담하는 것이 아니라 채권자도 함께 분담한다. 그러나 위험의 합은 같기 때문에 가중평균자본비용은 불변이며 따라서 기업가치도 변하지 않게 된다.

예제 13-7 제13.2절의 ㈜SQ가 [예제 13-4]에서와 같이 자금을 조달한다고 하자. 즉, 채권(D) = 500억원, 신주인수권증권(W) = 7.7억원, 주식(E) = 492.3억원어치의 증권을 발행할 예정이다. 이 경우 가중평균자본비용을 구하라. 부채는 위험이 없다고 가정하라.

풀이 $k_W = (0.5)(48/7.7) + (0.5)(0) - 1 = 211.7\%$이며, 자기자본비용($k_E$)은 [예제 13-4]에서 계산한 바와 같이 17%이고 부채비용(k_D)은 4%이다. 이들의 가중평균은 다음과 같다.

$$k_{WACC} = \frac{D}{D+E+W}\cdot k_D + \frac{E}{D+E+W}\cdot k_E + \frac{W}{D+E+W}\cdot k_W$$

$$= (500억/1{,}000억)(4\%) + (492.3억/1{,}000억)(17\%) + (7.7억/1{,}000억)(211.7\%) = 12\%$$

부채의 사용과 위험

제13.2절에서는 경제상황에 따라 달라지는 수익률의 차이를 위험으로 정의하고 부채의 사용에 따라 재무위험이 증가하는 것을 보았다. 경제상황에 따라 수익률이 변하므로 이러한 위험은 체계적 위험 또는 시장위험이다. 이제 시장위험의 측정치인 베타(β)를 통해 문제를 다시 분석해 볼 필요가 있다. 부채베타와 주식베타, 자산베타, 그리고 부채비율의 관계에 대해서는 제11.2절 식 11.8, 식 11.9 및 식 11.10, 그리고 식 11.11에서 도출하였기 때문에 여기서는 예를 통해 살펴보자.

예제 13-8 제13.2절의 ㈜SQ가 300억원의 부채를 사용할 때 자기자본의 베타가 1.90이 된다고 한다. 부채의 베타가 0이라고 가정하고 ㈜SQ의 자산베타를 추정하라. 또 ㈜SQ가 800억원의 부채를 사용할 때 부채의 베타가 0.3이 된다면 자기자본의 베타가 얼마가 되는지 추정하라.

풀이 식 11.8에 의하여 자산베타를 구하면 다음과 같다.

$$\beta_A = \beta_U = \frac{D}{D+E} \cdot \beta_D + \frac{E}{D+E} \cdot \beta_E = \frac{300}{300+700}(0) + \frac{700}{300+700}(1.9) = 1.33$$

300억원의 부채를 사용할 경우 주식의 베타는 부채를 사용하지 않을 경우보다 1.43배(= 1.9/1.33) 증가하는 것을 볼 수 있는데 이는 위험을 수익률의 차이로 정의하고 문제를 분석한 [예제 13-1]의 결과와 일치한다. 800억원의 부채를 사용할 경우 주식의 베타는 식 11.9에 의하여 다음과 같이 계산된다.

$$\beta_E = \beta_U + (\beta_U - \beta_D) \cdot \frac{D}{E} = 1.33 + (1.33 - 0.3) \cdot \frac{800}{200} = 5.45$$

만일 $\beta_D = 0$, 즉 무위험부채인 경우라면 자기자본의 베타가 6.65가 되어 위험이 5배 증가할 것이나, 위험부채의 경우 채권자가 시장위험의 일부를 분담하여 주주가 부담하는 위험이 다소 작아지게 된다.

■ 자본구조와 관련한 두 가지 오류

완전자본시장하에서 부채의 사용이 기업가치 또는 자본비용에 아무런 영향을 미치지 않는다는 MM의 이론과는 달리, 부채의 사용을 옹호하는 두 가지 잘못된 주장이 있다. 이들에 대해 살펴보도록 하자.

부채사용과 주당순이익

기업이 부채를 사용하면 기대 주당순이익(earnings per share: *EPS*)을 증가시켜 주가를 올릴 수 있다는 주장이 있다. 예를 통해 이 주장의 타당성을 분석해 보자. ㈜남양은 현재 무부채기업으로서 매년 10억원의 영업이익(*EBI*)이 영구히 지속될 것으로 예상하고 있다. 이 회사가 발행한 주식의 수는 100만주이며 현재 주당 10,000원의 가격에 거래되고 있다. 이러한 상황에서 ㈜남양은 20억원을 연 5%에 차입하여 20만주의 자사주를 매입함으로써 자본구조를 변경할 것을 고려하고 있다.

세금이 없는 완전시장에서 이러한 거래의 결과를 살펴보자. 우선 부채를 사용하지 않았을 때 기대되는 매년의 *EPS*는 1,000원(= 10억/100만)이다. 20억원의 부채를 사용하면 매년 지급해야 할 이자가 20억×0.05 = 1억원이고, 주식수는 80만주이므로 *EPS*는 1,125원[= (10억 - 1억)/80만]이 된다. 부채사용에 따라 *EPS*가 증가한 것이다.[4] 이러한 *EPS*의 증가는 얼핏 보기에 주주에게 이득을 안겨 주어 주가를 상승시킨다고 생각할 수 있다. 그러나 여기서 간과한 점은 부채사용에 따라 *EPS*의 변동성, 즉 위험도 증가한다는 사실이다. 영업이익이 10억원이 아니고 4억원일 경우를 살펴보자. 부채를 사용하지 않았을 때의 *EPS*는 400원(= 4억/100만)이다. 20억원의 부채를 사용하면 *EPS*는 375원[= (4억 - 1억)/80만]이 된다. 영업이익 수준이 낮을 경우 부채사용이 *EPS*를 떨어뜨리는 것을 볼 수 있다. 이상의 내용을 요약하면 〈표 13-6〉과 같다.

4 일반적으로 세후차입비용이 *E/P*(주당순이익/가격)비율의 기대치보다 작을 경우 부채를 많이 사용할수록 기대 주당순이익이 증가하게 된다.

표 13-6 부채사용에 따른 주당순이익의 변동성

영업이익 (EBI)	주당순이익(원)	
	부채를 사용하지 않을 경우	20억원의 부채를 사용할 경우
10억원	1,000	1,125
4억원	400	375
변동성	600(= 1,000 − 400)	750(= 1,125 − 375)

〈표 13-6〉에서 보면 부채사용에 따라 주당순이익의 위험이 증가하는 것을 볼 수 있다. 결국 부채의 사용은 주당순이익의 기댓값을 높이지만, 한편으론 위험도 증가시켜 자기자본비용(주식할인율)을 크게 하며 결과로 주가는 아무런 영향을 받지 않게 된다. 이는 완전시장에서 기업가치는 부채사용에 관계없이 결정된다는 MM명제 I 의 내용과 일치하는 것이다.

위의 예를 통하여 이를 구체적으로 확인하자. 무부채의 경우 매년의 기대 EPS가 1,000원이며, ㈜남양 주식의 주당가격 P는 10,000원이므로 다음의 관계가 성립한다.

$$P = 10{,}000 = 1{,}000/k_U$$

따라서 현재의 주가에 내재된 자산의 자본비용은 $k_U = 1{,}000/10{,}000 = 10\%$이고 무부채의 경우 자기자본비용은 자산의 자본비용과 같기 때문에 $k_E = k_U = 10\%$이다. 20억원의 부채를 사용할 경우 기대 EPS는 1,125원으로 증가하지만, 부채비율(D/E)이 20/80이 되어 식 13.7에 의해 자기자본비용은 다음과 같이 11.25%로 증가하고, 결과로 주가는 변하지 않아 10,000원을 유지한다.

$$k_E = 10 + (10 - 5) \cdot \frac{20}{80} = 11.25\%; \qquad P = \frac{1{,}125}{0.1125} = 10{,}000\text{원}$$

이상에서 보듯이 EPS 또는 PER는 부채사용에 의해 영향을 받기 때문에 이러한 측정치에 의해 자본구조가 서로 다른 기업들을 비교하는 것은 적절하지 않을 수 있다. 증권가의 많은 애널리스트들이 PER 대신 영업이익에 바탕을 둔 기업가치−$EBITDA$비율 등을 흔히 사용하는 이유도 여기에 있다.

주식발행과 희석효과

부채의 사용과 관련한 또 하나의 잘못된 주장이 있다. 기업이 필요한 자금을 신주를 발행하여 조달할 경우 사업에서 발생하는 현금흐름을 더 많은 수의 주주들이 나눠 가져야 하기 때문에 기존주주들의 소유권이 희석(dilution)되고 이는 주당가치를 떨어뜨린다는 것이다. 따라서 주식보다는 채권을 발행하는 것이 유리하다는 것이다.

이 주장의 오류는 신주를 발행할 때 회사에 유입되는 현금흐름이 회사의 자산가치를 증가시킨다는 사실을 간과한 것이다. 예를 들어보자. ㈜UL은 무부채기업으로서 500만주의 주식을 발행하고 있다. 현재 이 회사 주식은 주당 20,000원에 거래되어 시가총액은 1,000억원이다. 최근 이 회사는 영업이 매우 순조로워 200억원을 들여 기존사업을 확장하기로 하고 신주 100만주를 발행하여 자금을 조달하기로 하였다. 이럴 경우 신주발행 후 ㈜UL 주식의 주당가격은 어떻게 될지를 분석하면 다음의 표와 같다.

자산	신주발행 전	신주발행 후
현금(신주대금) 기존자산	0 1,000억원	200억원 1,000억원
합계	1,000억원	1,200억원
주식수	500만주	600만주
주당가격	20,000원	20,000원

㈜UL이 신주를 발행하면, 우선 주식수가 늘어나며 또한 현금이 유입되어 자산의 시장가치가 증가한다. 회사가 신주를 공정가격에 팔 수 있는 한 현금유입이 주식수의 증가에 따른 희석효과를 상쇄하여 기존주주에게 발생하는 손익은 0이 되는 것을 알 수 있다.

■ MM명제의 의미

기업가치와 자본구조는 서로 무관하다는 MM의 주장은 재무관리의 학문적 발전에 커다란 공헌을 하였다. 당시 기업의 자본구조에 대한 연구의 주된 경향은 최적자본구조가 존재한다는 막연한 기대 속에 기업의 최적자본구조를 찾기 위한 것이었는데, MM은 이러한 노력이 무의미하다는 것을 논리적으로 증명해 보인 것이다.

그러나 MM의 이론이 현실적으로 타당성을 갖는다고 보기는 어렵다. 예를 들어 은행들은 높은 부채비율을 유지하며, 반대로 제약회사들은 낮은 부채비율을 추구하는 경향이 있다. 사실 현실의 기업들은 타인자본에 의존하는 정도를 무작위로 선택하지는 않는다. MM의 두 명제가 현실적으로 타당하다기보다는 이 주제를 다루는 데 있어 '무차익원리'를 처음으로 적용함으로써 자본구조 이론의 출발점을 제시하였다는 데 중요한 의미를 가진다. 또한 두 명제의 결과는 자기자본과 부채의 문제에 국한하지 않고 좀 더 폭넓게 적용되어, 완전자본시장에서 모든 금융거래는 위험과 수익률의 구조를 바꿔 줄 뿐 가치를 증가 또는 감소시키지 않는다는 가치불변의 원리(conservation of value principle)로 일반화될 수 있다는 점에서도 그 중요성이 강조된다.

이러한 완전자본시장하에서의 MM이론은 자본구조의 변경이나 금융거래가 새로운 가치를 창출해 낼 수 있는 원천은 시장의 불완전성(market imperfection)에서 찾아야 한다는 것을 제시하기도 한다. 특히, MM이론의 여러 가지 가정과 관련하여 ① 법인세와 개인소득세 ② 파산비용 ③ 대리비용 ④ 정보의 비대칭 등이 기업가치에 영향을 미치는 주요 요인으로 대두될 수 있다. 법인세와 개인소득세를 고려하는 자본구조이론은 이 장의 나머지 부분에서 설명하고, 파산비용과 대리비용 그리고 정보의 비대칭에 관련된 문제는 제14장 '자본구조정책(Ⅱ)' 에서 다루기로 한다.

13.4 MM의 자본구조이론: 법인세가 있을 때

■ 이자의 감세효과

앞에서 설명한 MM의 이론에서는 기업이 벌어들이는 소득에 대한 세금인 법인세가 없다고 가정하였다. 이 절에서는 MM이 1963년에 발표한 논문에서 다룬 법인세를 고려한 경우의 자본구조이론을 다룬다.[5]

기업이 납부해야 할 법인세액을 계산할 때 부채를 사용하는 대가로 채권자에게 지급하는 이자비용은 비용(손금)으로 공제되어 과세대상에서 제외된다. 그러나 자기자본을 사용하는 대가로 주주에게 지급하는 배당은 법인세 납부 후의 순이익에서 지출된다. 따라서 법인세가 존재하는 경우, 영업이익 1원에 대해 부채를 사용하는 기업이 부담하는 법인세는 자기자본에만 의존하는 기업의 법인세보다 더 적다. 결국 기업에 자본을 제공한 주주와 채권자에게 돌아가는 현금흐름의 합은 부채를 사용하지 않는 경우보다 부채를 사용하는 경우에 더 커지게 된다. [그림 13-3]이 이를 보여주고 있다.

[그림 13-3]에서 두 원은 영업이익을 나타내며 그 크기가 같다. 기업이 자본제공에 대한 대가로 지급하는 현금흐름은 주주의 몫과 채권자의 몫을 합한 것이다. 그림에서 보면 주주와 채권자에게 돌아가는 현금흐름이 많은 쪽은 법인세를 덜 내는 부채사용 기업이다. 즉 부채사용이 많을수록 법인세의 부담은 적어지고 주주와 채권자에게 돌아가는 액수는 많아진다. 예를 들어보자.

㈜U기업과 ㈜L기업은 자본구조 이외에는 모든 면에서 동일한 회사로서 ㈜U기업은 부채를 사용하지 않으며 ㈜L기업은 500억원의 부채(D)를 연 6%의 이자율(k_D)로 사용하고 있다. 2024년도

| 그림 13-3 | 법인세가 있는 경우의 무부채기업과 부채기업의 주주와 채권자의 몫

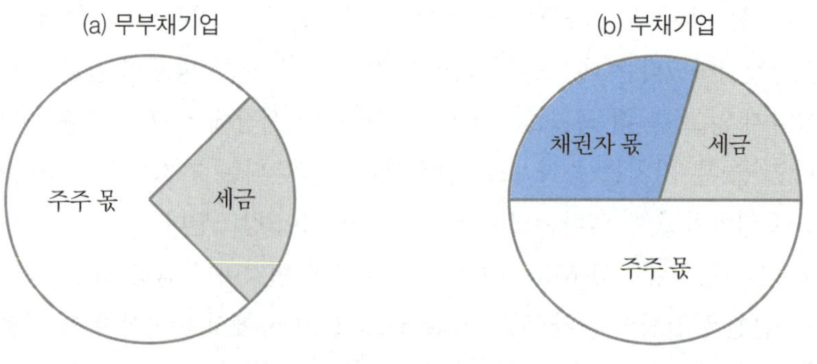

5 Modigliani, F. and M. Miller(1963), "Corporate Income Tax and the Cost of Capital: A Correction," *American Economic Review* 53, 433-442.

표 13-7 ㈜U기업과 ㈜L기업의 영업이익과 주주 및 채권자에게 발생하는 현금흐름 (단위: 억원)

	㈜U기업	㈜L기업
영업이익($EBIT$)	200	200
이자비용($k_D \cdot D$)	0	30
세전순이익(EBT)	200	170
법인세($\tau_C = 24\%$)	48	40.8
세후순이익(EAT)	152	129.2
채권자의 몫	0	30
주주의 몫	152	129.2
채권자의 몫+주주의 몫	152	159.2

두 기업의 영업이익(earnings before interest and taxes: $EBIT$)은 200억원이고 법인세율(τ_C)은 24%라고 한다. 2024년도에 채권자가 받을 이자와 주주의 몫인 세후순이익을 계산하면 〈표 13-7〉과 같다.

〈표 13-7〉에서 보면 부채를 사용하는 ㈜L기업의 세후순이익은 129.2억원으로서 무부채기업인 ㈜U기업의 세후순이익 152억원보다 적다. 그러나 채권자에게 돌아갈 이자와 주주의 몫인 세후순이익의 합을 보면 ㈜L기업이 159.2억원으로 ㈜U기업의 152억원보다 7.2억원 더 많게 나타난다. 그 이유는 채권자에게 지급되는 이자비용 30억원은 법인세를 계산하기 전에 지출되며 주주에게 돌아갈 몫은 법인세를 차감한 후의 순이익이기 때문이다. 다시 말해, ㈜L기업이 사용하는 부채에 대한 이자는 법인세 과세대상 소득에서 차감되기 때문이다. 이와 같이 부채에 대한 이자비용이 법인세 계산에서 비용으로 인정됨으로써 입게 되는 세금혜택을 '이자의 감세효과(interest tax shield)'라고 일컫는다. 이는 부채를 사용하지 않음으로써 추가적으로 납부해야 할 세액과 같게 되며, 부채를 많이 사용할수록 이 금액은 늘어난다. ㈜L기업이 ㈜U기업과 비교하여 얻게 되는 세금혜택 7.2억원은 이자비용 30억원에 법인세율 24%를 곱한 값이다. D원의 부채를 사용하는 기업이 매년 얻는 이자의 감세효과는 다음과 같이 결정된다.

$$
\begin{aligned}
\text{이자의 감세효과} &= \text{법인세율} \times \text{이자비용} \\
&= \text{법인세율}(\tau_C) \times \text{이자율}(k_D) \times \text{부채}(D) \qquad (13.9)
\end{aligned}
$$

■ 이자의 감세효과와 기업가치

수정된 MM명제 Ⅰ

기업이 부채를 사용하면 이자의 감세효과로 인하여 매년 세금혜택이 발생한다. 기업이 이자를 지급할 때마다 투자자에게 돌아가는 현금흐름은 부채를 사용하지 않을 경우에 비해 이자의 감세효과만큼 증가한다. 즉, 다음의 관계가 성립한다.

$$\begin{pmatrix}\text{부채를 사용할 경우} \\ \text{투자자에게 돌아갈 현금흐름}\end{pmatrix} = \begin{pmatrix}\text{부채를 사용하지 않을 경우} \\ \text{투자자에게 돌아갈 현금흐름}\end{pmatrix} + (\text{이자의 감세효과}) \quad (13.10)$$

따라서 부채의 사용으로 인해 기업가치가 얼마나 증가하는지를 측정하려면, 매년 발생하는 감세효과의 현재가치(PV)를 구하면 된다. 기업이 D원의 부채를 사용하는 한 매년 발생하는 이자의 감세효과는 식 13.9와 같기 때문에 부채의 사용기간(n) 동안에 발생하는 이 현금흐름의 현재가치는 다음과 같이 구해진다.

$$PV(\text{이자의 감세효과}) = \sum_{t=1}^{n} \frac{\tau_C \cdot k_D \cdot D}{(1+k_D)^t} \quad (13.11)$$

식 13.11에서 할인율로 k_D를 사용한 근거는 감세효과와 관련한 위험이 감세효과를 가져오는 이자비용의 위험과 같다는 것을 전제로 한 것이다. 위험이 없는 경우라면 부채의 자본비용 k_D는 무위험이자율이 될 것이다.

만일 기업이 현재 사용하고 있는 D원의 부채를 영구히 사용할 경우 식 13.11은 다음과 같이 계산된다.

$$PV(\text{이자의 감세효과: 영구부채}) = \sum_{t=1}^{\infty} \frac{\tau_C \cdot k_D \cdot D}{(1+k_D)^t} = \frac{\tau_C \cdot k_D \cdot D}{k_D} = \tau_C \cdot D \quad (13.12)$$

영구부채인 경우 부채사용으로 인한 감세효과의 가치는 이자율의 크기와 관계없이 부채가치 D에 법인세율 τ_C를 곱한 금액이 되는 것을 볼 수 있다. 식 13.11과 13.12에서 보면 부채(D)가 많을수록, 법인세율(τ_C)이 높을수록, 그리고 부채의 사용기간(n)이 길수록 감세효과의 현가는 커지는 것을 알 수 있다.

예제 13-9 ㈜L기업은 〈표 13-7〉에서와 같이 앞으로 10년 동안 500억원의 부채를 사용하면서 매년 30억원의 이자를 지불할 계획이며, 10년 후 모든 부채를 상환하려고 한다. 이 기간 중 이자의 감세효과가 ㈜L기업의 가치증대에 얼마나 기여하는지를 계산하라. 또 ㈜L기업이 부채를 같은 조건으로 영구히 사용한다면 어떠한지 계산하라.

풀이 감세효과의 위험과 이자비용의 위험이 같다는 전제하에 매년 발생하는 이자의 감세효과 7.2억원(= 0.24 × 30억)을 부채의 자본비용인 6%로 할인하면 된다. 부채의 사용기간이 10년이면 다음과 같이 계산된다.

$$PV(\text{이자의 감세효과}) = \sum_{t=1}^{10} \frac{7.2\text{억}}{(1+0.06)^t} = 7.2\text{억} \times PVFA(6\%,\ 10\text{년}) \approx 53\text{억원}$$

또 영구부채인 경우에는 식 13.12에 의하여 다음과 같이 구해진다.

$$PV(\text{이자의 감세효과: 영구부채}) = 0.24 \times 500\text{억} = 120\text{억원}$$

식 13.10과 같이 부채사용기업의 현금흐름이 무부채기업의 현금흐름에 이자의 감세효과를 더한 것이라면, 무차익원리에 의하여 현금흐름의 현가에 대해서도 같은 관계가 성립하여야 한다. 현금흐름의 현가가 바로 기업가치이므로 부채사용기업의 가치 V_L은 무부채기업의 가치 V_U에다 이자의 감세효과의 현재가치(PV)를 더한 것이 된다. 따라서 법인세가 존재하는 경우 'MM명제 Ⅰ'은 다음과 같이 수정되어야 한다.

> 수정된 MM명제 Ⅰ:
>
> 법인세가 존재할 때 부채기업의 가치는 무부채기업의 가치보다 부채사용에 따른 이자의 감세효과의 현가만큼 크다 [$V_L = V_U + PV$(이자의 감세효과)].

'수정된 MM명제 Ⅰ'의 내용을 그림으로 나타내면 [그림 13-4]와 같다. 그림에서 보면 부채기업의 가치는 부채사용에 비례하여 증가하는 것을 알 수 있다.

| 그림 13-4 | 법인세가 존재할 때 부채사용과 기업가치

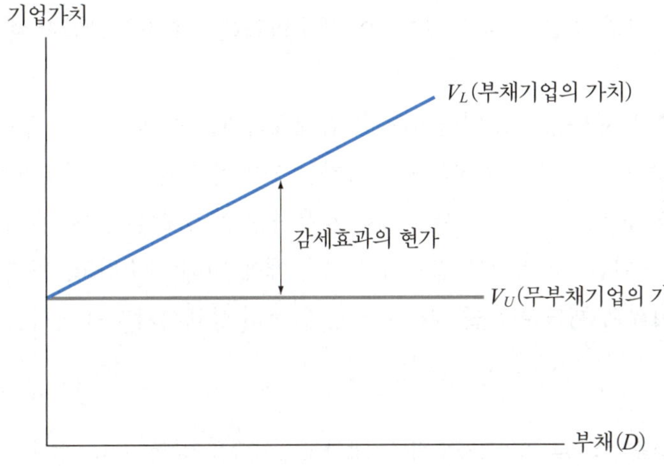

■ 이자의 감세효과와 가중평균자본비용

법인세가 존재할 때 이자의 감세효과는 가중평균자본비용에 의해서도 나타낼 수 있다.

세후부채비용

기업이 부채를 사용할 때 부담하는 실질이자비용은 명목상의 이자지급액에서 이자의 감세효과를 차감한 것이다. 예를 들어, 〈표 13-7〉의 ㈜L기업은 30억원의 이자를 지급하지만 7.2억원의 감세효과가 있기 때문에 실제로는 22.8억원을 지불한 것이 된다. 따라서 법인세가 있는 경우의 부채의 실효자본비용(effective cost of debt)은 6%가 아니라 이자의 감세효과를 반영하고 난 후의 세후부채비용인 4.56%(=22.8/500)이다. 이를 일반화하면 다음과 같다.

$$세후부채비용 = 이자율(k_D) \times [1 - 법인세율(\tau_C)] \tag{13.13}$$

자기자본비용과 수정된 MM명제 Ⅱ

법인세를 고려하지 않았을 때 MM명제 Ⅱ에서는 자기자본비용이 부채비율 D/E에 비례해서 증가한다는 것을 보았다. 이는 부채사용의 증가에 따른 재무레버리지효과가 확대되어 주주의 위험이 증가하기 때문이다. 법인세가 존재할 때도 그 개념은 동일하나 이자의 감세효과로 인해 자기자본비용의 증가율이 낮아진다. 법인세가 존재할 때 MM명제 Ⅱ는 다음과 같이 수정된다.

> 수정된 MM명제 Ⅱ:
>
> 법인세가 존재하는 경우 부채를 사용하는 기업의 자기자본비용은 다음과 같이 결정된다.[6]
>
> $$k_E = k_U + (k_U - k_D) \cdot \frac{D}{E} \cdot (1 - \tau_C) \tag{13.14}$$

식 13.14의 k_U는 법인세가 있을 때 무부채기업이 세후영업현금흐름을 할인할 때 사용하는 할인율이다.

법인세가 존재하면 부채사용으로 인한 이자의 감세효과 때문에 법인세가 없을 때보다 실제 부담하는 부채비용이 낮아진다. 그리고 부채를 사용하는 기업이 얻게 되는 감세혜택의 현가는 그 기업의 자기자본가치를 증가시킨다. 따라서 부채를 사용하는 기업에 투자하는 주주들이 재무위험의 보상을 위해 요구하는 위험프리미엄은 법인세가 없을 때에 비해 감소하고, 또 자기자본비용 k_E의 증가율이 낮아짐에 따라 부채를 이용할 때의 이점을 완전히 상쇄시키지 못한다.

---

6 무부채기업(U)과 부채사용기업(L)의 가치평가를 위해 다음과 같은 내용을 전제한다. U기업과 L기업은 동일한 사업을 영위하며 투자규모 역시 동일하다. 두 기업은 매년 감가상각비만큼의 단순재투자를 통해 투자규모를 일정하게 유지하며, 매년 일정한 영업이익($EBIT$)이 영구히 실현될 것으로 기대한다. 이 경우 순운전자본 등 현금흐름에 영향을 미치는 다른 사항이 없다고 가정하면, 제7장에서 살펴본 세후잉여현금흐름은 세후영업이익과 같게 된다. 따라서 MM이론하에서 무부채기업의 가치와 부채기업의 주주가치는 다음과 같이 도출된다.
$V_U = \frac{E(EBIT)(1-\tau_C)}{k_U}$이고 $E = \frac{[E(EBIT) - k_D \cdot D](1-\tau_C)}{k_E} = \frac{E(EAT)}{k_E}$이다. $E(EBIT)(1-\tau_C) = k_U \cdot V_U$이므로, $E(EAT) = k_U \cdot V_U - k_D \cdot D(1-\tau_C)$이다. 이 식의 양변을 자기자본가치 E로 나누어 주고 $V_U = V_L - \tau_C \cdot D$의 관계를 이용하면 $\frac{E(EAT)}{E} = \frac{k_U \cdot V_U}{E} - \frac{k_D \cdot D(1-\tau_C)}{E} = \frac{k_U \cdot (E + D - \tau_C \cdot D)}{E} - \frac{k_D \cdot D(1-\tau_C)}{E} = \frac{k_U \cdot E}{E} + \frac{k_U \cdot D(1-\tau_C)}{E} - \frac{k_D \cdot D(1-\tau_C)}{E}$를 얻는다. 따라서 $k_E = k_U + (k_U - k_D)\frac{D}{E}(1-\tau_C)$가 도출된다. 여기서 $E(\cdot)$는 괄호안 내용의 기댓값을 나타낸다.

감세효과를 고려한 가중평균자본비용

세후부채비용과 자기자본비용 k_E가 주어지면 부채를 사용하는 기업의 세후가중평균자본비용 k_{WACC}은 다음과 같이 구해진다.

$$k_{WACC} = \frac{D}{D+E} \cdot k_D \cdot (1-\tau_C) + \frac{E}{D+E} \cdot k_E \qquad (13.15)$$

식 13.15는 다음과 같이 다시 쓰여질 수 있다.

$$k_{WACC} = \underbrace{\frac{D}{D+E} \cdot k_D + \frac{E}{D+E} \cdot k_E}_{\text{부채가 없는 경우의 가중평균자본비용}} - \underbrace{\frac{D}{D+E} \cdot k_D \cdot \tau_C}_{\text{감세효과로 인한 감소분}} \qquad (13.16)$$

식 13.16을 보면 부채를 사용하는 기업의 가중평균자본비용은 이자의 감세효과로 인해 부채를 사용하지 않았을 때보다 줄어드는데, 부채비율이 높을수록 또 법인세율과 이자율이 높을수록 그 감소폭이 크다는 것을 알 수 있다. 식 13.14의 관계를 식 13.15에 대입하면 다음의 결과를 얻는다.

$$\begin{aligned} k_{WACC} &= \frac{D}{D+E} \cdot k_D \cdot (1-\tau_C) + \frac{E}{D+E} \cdot [k_U + (k_U - k_D) \cdot \frac{D}{E} \cdot (1-\tau_C)] \\ &= k_U \cdot \left(1 - \tau_C \cdot \frac{D}{D+E}\right) \end{aligned} \qquad (13.17)$$

식 13.17에서는, 법인세가 없는 경우 가중평균자본비용은 자산의 자본비용과 같다는 식 13.8에서의 결과와는 달리, 법인세가 있는 경우 부채기업의 가중평균자본비용은 자산의 자본비용과 같지 않다는 것을 알 수 있다.

| 그림 13-5 | 법인세가 없는 경우와 있는 경우의 부채비율과 자본비용의 관계

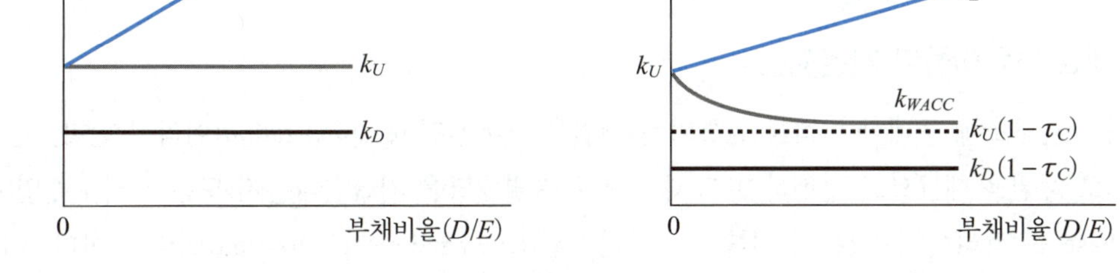

[그림 13-5]의 (a)와 (b)는 각각 법인세가 없는 경우와 법인세가 있는 경우에 대하여 자기자본비용과 가중평균자본비용의 변화를 보여주고 있다. 법인세가 있는 경우 부채를 사용하면 이자의 감세효과로 인해 k_E의 증가율이 둔화되므로 k_E의 기울기가 법인세가 없는 경우보다 작게 나타난다. 이에 따라 $k_D \cdot (1-\tau_C)$와 k_E의 가중평균인 k_{WACC}는 법인세가 없는 경우 항상 k_U로 일정하던 것이 [그림 13-5(b)]에서처럼 우하향하며, 부채비율(D/E)이 커질수록 $k_U \cdot (1-\tau_C)$에 점근한다. 기업의 가치를 극대화하려면 할인율 k_{WACC}가 작을수록 좋기 때문에 법인세가 존재할 때 최적자본구조는 부채를 최대한으로 많이 사용하는 경우이다.

예제 13-10 ㈜U기업과 ㈜L기업의 손익계산서가 〈표 13-7〉에서 보는 것과 같고 이러한 실적과 현금흐름이 매년 영원히 반복된다고 하자. 그리고 ㈜L기업은 500억원의 부채를 6%의 이자율로 영구히 사용할 것이다. ㈜U기업의 주주들이 요구하는 수익률이 10%일 경우 두 기업의 기업가치를 구하고 세후 자기자본비용, 부채비용, 가중평균자본비용을 구하라.

풀이 ㈜U기업의 주주에게 돌아갈 현금흐름은 세후영업이익과 같은 152억원[=200억×(1−0.24)]이다. 따라서 ㈜U기업의 가치는 152억/0.1=1,520억원이다. 수정된 MM명제 I에 의하여 ㈜L기업의 가치는 여기에 이자의 감세효과의 현가 120억원(=0.24×500억)을 더한 1,640억원이 되며, 이 중 부채가치는 500억원이고 주식가치는 1,140억원이다. 따라서 ㈜L기업의 부채비율(D/E)과 부채-가치비율($D/(D+E)$)은 다음과 같다.

$$D/E = 500억/1,140억 = 43.86\%; \qquad D/(D+E) = 500억/1,640억 = 30.49\%$$

㈜U기업의 자기자본비용과 가중평균자본비용은 모두 10%이다. ㈜L기업의 세후부채비용과 자기자본비용, 그리고 세후가중평균자본비용은 각각 식 13.13, 13.14, 13.15(또는 식 13.17)에 의해 다음과 같이 구해진다.

$$\begin{aligned}
\text{세후부채비용} &= (1-0.24)\times 6\% = 4.56\% \\
\text{자기자본비용} &= 10 + (10-6)(0.4386)(1-0.24) = 11.33\% \\
\text{세후가중평균자본비용} &= (0.3049)(4.56) + (1-0.3049)(11.33) \quad (\text{식 } 13.15) \\
&= 10\times[1-0.24(0.3049)] \quad (\text{식 } 13.17) \\
&= 9.27\%
\end{aligned}$$

㈜L기업의 주식가치 1,140억원은 주주에게 돌아갈 현금흐름 129.2억원을 자기자본비용 11.33%로 할인한 값과 일치한다: 129.2억/0.1133=1,140억원. 또 ㈜L기업의 총기업가치 1,640억원은 세후영업현금흐름 152억원을 세후가중평균자본비용 9.27%로 할인한 값과 일치하는 것을 확인할 수 있다(152억/0.0927=1,640억원).

■ 감세효과를 이용한 자본재편

기업의 자본구조에 중대한 변화를 일으키는 작업을 자본재편(recapitalization)이라고 한다. 한 가지 방법으로 채권을 대규모로 발행하여 그 대금으로 특별배당을 지급한다든지 또는 자사주매입(share repurchase)을 고려할 수 있는데 이를 차입자본재편(leveraged recapitalization)이라고 한다. 이러한 차입자본재편은 이자의 감세효과 때문에 기업의 가치를 증가시킨다고 한다. 기업가치는 채권자가치와 주주가치의 합이다. 그렇다면 기업가치의 증가로 발생하는 혜택은 과연 누구에게로 돌아갈까? 예를 들어 이에 대한 대답을 찾아보자.

㈜신일은 현재 100만주의 보통주를 발행하고 있으며 부채를 사용하고 있지 않다. 주식은 현재 주당 4만원에 거래되고 있다. 이 회사는 매년 안정적인 순이익을 실현하며 25%의 법인세율을 부담하고 있다. 최근 ㈜신일의 경영진은 200억원을 영구적으로 차입하여 자사주를 매입할 것을 계획하고 있다. 이러한 거래로 인하여 세금을 줄이게 되면 주가가 올라가서 기존의 주주들이 혜택을 볼 수 있다는 계산 때문이다. 이러한 계획이 과연 기대했던 대로 실현될 수 있는지를 살펴보자.

부채를 사용하지 않는 경우 ㈜신일이 발행한 주식의 현재 시가총액은 400억원(=4만원×100만주)이며 기업가치도 400억원이다. 그런데 200억원의 부채를 사용하면 이자의 감세효과 때문에 기업가치가 증가한다. 영구부채의 경우 감세효과의 현재가치는 25%×200=50억원이다. 따라서 차입 후 ㈜신일의 기업가치는 다음과 같이 450억원이다.

$$V_L = V_U + \tau_C \cdot D = 400\text{억} + 50\text{억} = 450\text{억원}$$

이 중 부채의 가치가 200억원이므로 자기자본인 주식의 가치는 250억원이다.

$$E = V_L - D = 450\text{억} - 200\text{억} = 250\text{억원}$$

총기업가치는 450억원으로 증가하였으나 주식의 시가총액은 250억원으로 감소한다. 그러나 자사주매입의 결과로 총 200억원의 현금이 주주에게 유입되면 주주의 몫은 결국 450억원이 되어 50억원의 이득이 발생한다. 자사주매입과정을 좀 더 자세히 살펴보자.

㈜신일이 차입자본재편 계획을 공시하는 순간 주식은 더 이상 4만원에 거래될 수 없다. 기존의 주주들이 세금혜택으로 인하여 기업가치가 증가할 것이라는 것을 인지하는 즉시 자기자본의 가치는 400억원에서 450억원으로 올라가며 주식의 주당가격은 다음과 같이 4.5만원으로 상승할 것이다.

$$\text{주식의 주당가격} = 450\text{억}/100\text{만주} = 4.5\text{만원}$$

따라서 회사가 매입할 수 있는 자사주의 수는 200억/4.5만=444,444주이며 자사주매입 후 총주식수는 555,556주(=100만−444,444)가 된다. 이 경우 자사주매입에 응한 주주들은 주당 5,000원의 이득을 얻게 된다. 한편 자사주매입에 응하지 않은 주주들의 지분가치는 다음과 같다.

$$\text{자사주매입 후 자기자본의 가치/잔여 주식수} = 250\text{억}/555{,}556 = 4.5\text{만원}$$

이에 따라 잔여 주주들도 주당 5,000원의 이득을 얻게 된다. 결국 감세효과로 인한 기업가치의 증가분 50억원은 주식을 매도한 주주에게 22.22억원(=444,444주×0.5만), 그리고 잔여 주주에게

표 13-8 ㈜신일의 차입을 통한 자사주매입의 효과

재무상태	거래			
	차입 전	자본재편 공시	차입(채권발행)	자사주매입
자산(억원)				
현금	0	0	200	0
기존자산	400	400	400	400
감세효과	0	50	50	50
기업가치(억원)	400	450	650	450
부채(억원)	0	0	200	200
자기자본(억원)	400	450	450	250
주식수(만주)	100	100	100	55.5556
주당가격(만원)	4.0	4.5	4.5	4.5

27.78억원(=555,556주×0.5만)이 배분되는 셈이다. 이상의 내용을 거래가 일어나는 순서에 따라 시간별로 정리하면 〈표 13-8〉과 같다.

결론적으로 말해, 시장이 효율적이어서 ㈜신일이 발행하는 증권이 내재가치와 같은 가격에 거래되는 한 부채의 증가로 인한 감세효과의 혜택은 전적으로 기존의 주주에게 돌아가게 된다.

13.5 개인소득세와 자본구조이론

■ 개인소득세와 감세효과

법인세를 고려한 MM의 이론에서는 이자의 감세효과로 인해 부채를 많이 사용할수록 기업가치가 증가한다는 것을 보았다. 현실에서는 법인세뿐 아니라 기업에 투자한 주주와 채권자들이 받는 배당소득과 이자소득에 대해서도 개인소득세가 부과된다. 주주는 배당소득과 자본이득에 대해서 자신의 한계세율만큼, 그리고 채권자는 이자소득에 대해 자신의 한계세율만큼의 개인소득세를 내게 된다. 이러한 개인소득세는 주주와 채권자가 선택하는 투자수단(즉, 주식과 채권)에 영향을 미칠 수 있으며 결국 기업의 자금조달에 영향을 미칠 수 있다. 그렇다면 법인세와 개인소득세를 모두 고려할 경우에 기업가치와 자본구조와의 관계는 어떻게 될까?[7] 이를 설명하기 위하여 먼저 다음과 같이 기호를 정의하자.

τ_C : 법인세율

τ_I : 이자에 대한 개인소득세율(채권자의 개인소득세율)

τ_E : 배당과 자본이득에 대한 개인소득세율(주주의 개인소득세율)

7 이 주제에 대해서는 밀러(Miller)를 참조하라. Miller, M.(1977), "Debt and Taxes," *Journal of Finance*, 32, 261-276.

그리고 어떤 기업의 영업이익($EBIT$)이 1원이라고 하자. 회사가 부채로 자금을 조달하였다면 이 1원을 이자의 형태로 채권자에 지급할 것이고, 또 자기자본으로 조달하였다면 배당이나 자본이득의 형태로 주주에게 지급할 것이다. 이자는 법인세를 계산할 때 비용으로 공제되므로 채권자는 1원 전액을 받게 된다. 그 후 τ_I의 개인소득세를 납부하고 나면 세후소득은 $(1-\tau_I)$가 된다. 배당이나 자본이득의 경우, 1원의 영업이익은 법인세 후 순이익이 $(1-\tau_C)$가 되고, 여기에 개인소득세율을 적용하고 나면 세후소득은 $(1-\tau_C)(1-\tau_E)$가 된다.

제13.4절에서 보았듯이 법인세만 고려하면 당연히 자기자본보다 부채가 유리하다. 그러나 개인소득세까지 고려하면 반드시 그렇지만은 않다. 만일 $\tau_I < \tau_E$라면 개인소득세 측면에서도 부채가 유리하여 부채의 감세효과를 더욱 확대시킨다. 그러나 $\tau_I > \tau_E$라면 개인소득세 측면에서는 자기자본이 보다 유리하여 각각의 이점의 크기를 비교하여야 한다. 현재 어떤 기업이 부담하는 법인세율이 $\tau_C = 24\%$라고 하자. 그리고 이 기업에 투자하는 채권자의 개인소득세율이 $\tau_I = 35\%$, 주주의 개인소득세율이 $\tau_E = 20\%$라고 하자. 이 경우 1원의 영업이익이 채권자와 주주에게 가져다주는 최종 세후소득을 〈표 13-9〉에서 비교하였다.

표 13-9 영업이익 1원으로부터 발생하는 최종소득

	세후소득	예: $\tau_C = 24\%$; $\tau_I = 35\%$; $\tau_E = 20\%$
• 채권자에게 지급될 때	$(1-\tau_I)$	$(1-0.35) = 0.65$
• 주주에게 지급될 때	$(1-\tau_C)(1-\tau_E)$	$(1-0.24)(1-0.20) = 0.61$

〈표 13-9〉에서 사용한 예를 근거로 하면 개인소득세를 고려하더라도 기업이 부채를 사용하는 것이 여전히 유리하다는 것을 볼 수 있다. 영업이익 1원에 대해 최종적으로 투자자에게 돌아가는 금액은 부채사용의 경우 0.65원인 데 비해, 자기자본사용의 경우 0.61원이기 때문이다. 최종소득의 상대적인 차이를 $\hat{\tau}$으로 표시하고 이를 계산하면 다음과 같다.

$$\hat{\tau} = \frac{0.65 - 0.61}{0.65} \approx 6.15\%$$

주주의 최종소득이 채권자의 소득보다 6.15% 적다는 것이며, 이는 개인소득세가 있는 경우 여전히 부채를 사용하는 것이 유리하지만 부채사용의 감세효과가 24%에서 6.15%로 줄어드는 것을 의미한다.

이를 일반화하면, 세금효과를 모두 반영한 후에 채권자가 1원의 소득을 얻게 될 때 주주는 최종적으로 $(1-\hat{\tau})$원의 소득을 얻는다는 것이므로 부채사용의 실질감세효과는 $\hat{\tau}[=1-(1-\hat{\tau})]$이며 이는 다음과 같이 계산된다.

$$\hat{\tau} = \frac{(1-\tau_I)-(1-\tau_C)(1-\tau_E)}{1-\tau_I} = 1 - \frac{(1-\tau_C)(1-\tau_E)}{1-\tau_I} \tag{13.18}$$

예제 13-11 최근 미국의 연방소득세법상의 평균소득세율이 다음과 같다고 한다: $\tau_C = 35\%$; $\tau_I = 35\%$; $\tau_E = 15\%$. 미국기업들이 자기자본 대신 부채로 자금을 조달할 때 얻을 수 있는 평균적인 세금혜택을 계산하라.

풀이 식 13.18의 실질감세효과를 계산하면 된다.

$$\hat{\tau} = 1 - \frac{(1-\tau_C)(1-\tau_E)}{1-\tau_I} = 1 - \frac{(1-0.35)(1-0.15)}{(1-0.35)} = 15\%$$

식 13.18에서 보면 개인소득세가 없거나($\tau_I = \tau_E = 0$) 또는 채권자의 개인소득세와 주주의 개인소득세가 같을 경우($\tau_I = \tau_E$), 부채사용의 감세효과는 법인세율만큼이 된다($\hat{\tau} = \tau_C$). 그러나 채권자의 개인소득세가 높은 이상($\tau_I > \tau_E$), 감세효과는 법인세율보다 작다($\hat{\tau} < \tau_C$).

■ 개인소득세를 고려한 감세효과의 가치

개인소득세가 존재할 때 부채사용의 감세효과를 반영하여 기업가치를 구해 보자. 기업이 D원의 영구부채를 사용할 때 감세효과의 현재가치는 다음과 같다.

$$PV(\text{감세효과}) = \hat{\tau} \cdot D = \left(1 - \frac{(1-\tau_C)(1-\tau_E)}{1-\tau_I}\right) \cdot D$$

따라서 '수정된 MM명제 Ⅰ'은 개인소득세를 고려할 경우 다음과 같이 다시 수정되어야 한다.

$$V_L = V_U + \hat{\tau} \cdot D \tag{13.19}$$

개인소득세 측면에서 기업의 부채사용이 결코 유리하지 않은 한 $\hat{\tau} < \tau_C$가 되므로, 개인소득세를 고려한 부채사용의 감세효과는 법인세만 고려하는 경우보다 줄어드는 것을 알 수 있다.

예제 13-12 ㈜신일이 부담하는 법인세율과 ㈜신일에 투자하는 채권자와 주주의 평균소득세율이 다음과 같다고 가정하라: $\tau_C = 24\%$; $\tau_I = 35\%$: $\tau_E = 20\%$. 제13.4절의 ㈜신일이 계획대로 차입자본재편(leveraged recapitalization)을 단행했을 경우 ㈜신일의 주가를 계산하라.

풀이 주어진 세율하에서 부채사용의 상대적 혜택이 $\hat{\tau} = (0.65 - 0.61)/0.65 \approx 6.15\%$가 되는 것을 보였다. 따라서 ㈜신일이 차입자본재편 계획을 공시하는 즉시 기업가치는 $V_L = 400$억 + $(0.0615) \cdot 200$억 = 412.3억원이 되고, 발행주식수가 100만주이므로 주가는 4.123만원(= 412.3억/100만)이 된다.

13.6 세금을 고려한 최적자본구조

세금이 없는 완전자본시장의 세계에서는 어떤 자본구조(또는 부채비율)를 선택하더라도 기업가치에 영향을 끼치지 않기 때문에 최적자본구조는 존재하지 않는다. 그러나 법인세가 있는 경우 이러한 결론은 성립할 수 없다. 부채에 대한 이자비용의 감세효과 때문에 부채를 가능한 한 많이 사용하는 것이 최적이다. 법인세뿐 아니라 개인소득세를 함께 고려하더라도, 현실적인 소득세율을 감안할 때 부채의 감세효과는 여전히 존재하며 따라서 부채사용이 유리하다는 결론이 성립한다.

부채사용의 현실

그렇다면 현실에서는 어떠할까? 많은 기업들이 외부로부터 자금을 조달할 때 부채사용을 선호하는 것은 사실이다. 미국에서 1980년 이후의 경향을 보면 외부로부터의 자금조달 중 차입의 순증가는 양(+)인 반면, 주식발행의 순증은 대체로 음(−)의 값을 보이고 있다. 이는 기업들이 부채로 자금을 마련하여 이 중 일부를 주식매입에 사용한다는 것을 의미한다.

그러나 부채가 증가했다고 해서 반드시 부채비율도 증가하는 것은 아니다. 기업의 자본적 지출(capital expenditure)은 외부자금과 내부자금에 의존하게 되는데, 내부자금의 비중이 높고 또 내부자금으로 조달한 투자가 성공하여 기업가치가 증가하면 부채가 증가하더라도 부채비율은 그대로이거나 또는 떨어질 수 있다. 2008년 글로벌 금융위기 이후 미국 상장기업(제조기업)은 대체로 평균 70% 내외의 부채비율(=부채/자기자본)을 유지하는 것으로 나타났으며, 차입금과 채권발행을 통한 자금조달이 총자산에서 차지하는 비율인 차입금의존도(=(차입금+회사채)/총자산)는 약 23%이다.[8] 2023년 9월 말 현재 금융업을 제외한 우리나라 제조기업들의 평균 부채비율은 약 70%이며, 차입금의존도(=(차입금+회사채)/총자산)는 21% 수준이다.[9] 그렇지만 이러한 부채비율은 산업별로 큰 차이를 보이면서 많은 기업들이 낮은 부채비율을 고수하고 있고, 심지어 어떤 기업들은 많은 현금을 보유하며 음(−)의 순부채를 유지하기도 한다.

이와 같이 세금상의 이점에도 불구하고 기업들이 낮은 부채비율을 유지하는 이유는 무엇일까? 또 왜 부채비율이 산업별로 큰 차이를 보이는 것일까? 이러한 질문에 대한 대답을 다음에서 찾아보자.

이자의 감세효과의 한계

기업이 부채를 사용함으로써 입는 세금혜택은 기업이 법인세를 부담하는 경우에만 가능하다. 영업이익(*EBIT*)이 0이거나 음(−)인 경우 이자비용에 관계없이 어차피 세금은 0이므로 이자의 감세효과는 0이 된다. 또 영업이익이 양(+)이더라도 이자비용이 이를 초과하면 이 초과분(= 이자비용 − *EBIT*)에 대한 감세효과도 0이 된다. 예로서, 영업이익이 100억원이고 이자비용이 120억원이며 법인세율이 20%인 기업을 고려하자. 이 기업이 절약할 수 있는 세금은 20억원(= *EBIT* × 20%)이지 24억원(= 이자 × 20%)이 아니다.

---

8 이에 대해서는 Federal Reserve가 발간하는 *Flow of Funds Account of the United States*를 참조하라(https://fred.stlouisfed.org/categories/32251).

9 한국은행(2023), 2023년 3/4분기 기업경영분석 결과.

개인소득세까지 고려할 경우, 영업이익을 초과하는 이자의 감세효과는 음(−)이 될 수 있다. 식 13.18의 실질감세효과 $\hat{\tau}$을 결정하는 식에서, 영업이익을 초과하는 이자에 대해서는 $\tau_C = 0$이라고 할 수 있고 또 이자에 대한 세율이 자기자본소득에 대한 세율보다 높을 경우($\tau_I > \tau_E$), $\hat{\tau} < 0$가 되는 것을 쉽게 확인할 수 있다. 이럴 경우, 기업이 부채를 과대하게 사용하면 오히려 기업가치의 감소를 초래할 수 있다.

종합하면, 기업이 거둘 수 있는 이자의 감세효과는 이자와 영업이익이 같을 때 최대가 되고 따라서 세금의 관점에서 볼 때 부채사용은 이 수준(이자 = *EBIT*)에서 결정되어야 한다는 결론을 내릴 수 있다. 더구나 미래의 영업이익은 정확히 예측할 수 없기 때문에 이러한 불확실성을 반영하면 이자가 영업이익보다 더 적게 발생하도록 부채를 사용하는 것이 최적일 수 있다.

기업은 이자비용 외에도 감가상각(depreciation), 투자세액공제(investment tax credit), 과거로부터 이월된 순손실 등을 세금목적상 비용으로 처리할 수 있어 감세혜택을 볼 수 있다. 이럴 경우 이자비용에 의존하는 감세효과의 크기는 더욱 줄어들 수 있어 부채사용의 이점도 감소될 수 있다.

성장과 부채비율

생명공학 분야나 새로운 IT기술 분야의 많은 신생기업들은 부채비율을 낮게 유지하려는 경향이 있다. 이 기업들은 잠재적 성장률이 높은 반면 현재 창출되는 영업이익은 많지 않다. 따라서 부채를 웬만큼 사용하더라도 이자비용이 영업이익을 쉽게 초과하여 세금혜택의 여지가 크지 않으며 따라서 부채를 많이 사용할 이유가 없다. 반면 성장률은 낮지만 영업이익이 많은 성숙기업의 경우, 부채사용으로 인한 이자의 감세효과가 크기 때문에 부채를 많이 사용하는 것이 유리하다. 이러한 이유 때문에 성장률이 높은 기업일수록 주식의 가치가 높아 *PER*(주가이익비율)은 높지만 부채비율이 낮고, 또 산업에 따라 부채비율이 큰 차이를 보이는 현상이 나타날 수 있다.

낮은 부채비율에 대한 의문현상

세금의 관점에서 볼 때 기업은 이자비용이 영업이익과 같은 수준이 될 때까지 부채를 사용하는 것이 최적이라고 하였다. 이자비용이 영업이익과 같다는 것은 이자비용을 영업이익으로 나눈 비율(= 이자비용/영업이익)이 100%라는 걸 의미한다. 그렇다면 현실에서는 과연 어떠할까? 라잔과 징갈레스는 1995년의 한 논문에서 미국을 비롯한 선진 7개국의 자료를 분석한 결과를 보고하였다.[10] 이들의 결과를 보면, 우선 식 13.18의 실질감세효과를 나타내는 $\hat{\tau}$은 최하 3.3%에서 최고 34%에 이르고 있다. 그럼에도 불구하고 이자−영업이익비율의 경우 두 나라를 제외하면 모두 50%보다 낮은 수준을 보였고, 부채비율$\left(=\dfrac{D}{D+E}\right)$은 모두 50% 이하를 기록하였다. 특히 순부채(= 부채 − 현금 · 예금)를 이용한 부채비율의 경우 최고 36%, 최하 11%인 것으로 나타났다.

결과를 종합하면, 기업들이 부채의 감세효과를 최대한 이용하지 않고 최적의 수준보다 낮은 부

---

10 Rajan, R. and L. Zingales(1995), "What Do We Know About Capital Structure? Some Evidence from International Data," *Journal of Finance* 50, 1421-1460.

채비율을 유지한다는 것이다. 다시 말해 기업들이 주주의 가치를 극대화하기 위하여 부담해야 할 세금보다 더 많은 세금을 납부하고 있다는 것이다. 이와 같이 낮은 수준의 부채비율을 선택하는 이유는 세금혜택에도 불구하고 부채사용이 다른 비용을 수반하기 때문이라는 것이 많은 사람들의 견해이다. 예를 들어 부채의 증가는 기업이 파산할 확률을 높이고, 또 파산할 경우 파산비용을 수반하여 기업가치를 떨어뜨릴 수 있다는 것이다. 파산비용을 비롯한 다른 비용과 관련된 주제에 대해서는 제14장에서 다룬다.

중 요 용 어

자본구조(capital structure)
재무구조(financial structure)
최적자본구조(optimal capital structure)
자기자본(equity)
타인자본(debt)
부채(debt)
사업위험(business risk)
재무위험(financial risk)
부채비용(cost of debt)
자기자본비용(cost of equity)
MM명제 Ⅰ, Ⅱ(MM proposition Ⅰ, Ⅱ)
홈메이드 디레버리지(homemade deleverage)
홈메이드 레버리지(homemade leverage)
사업가치(enterprise value)
이자의 감세효과(interest tax shield)
법인세(corporate taxes)
차입자본재편(leveraged recapitalization)
개인소득세(individual income taxes)
가중평균자본비용(weighted average cost of capital: *WACC*)
자본구조 무관련이론(irrelevancy of capital structure)

연 습 문 제

13-1 자본구조이론에 대한 MM명제 Ⅰ을 법인세가 있는 경우와 없는 경우로 구분하여 비교 · 설명하라.

13-2 MM이론은 여러 가지 가정을 그 바탕으로 하고 있다. MM이론의 가정에 대해 설명하고, 이들 가정이 MM이론의 결론에 미치는 영향을 현실에 비추어 설명하라.

13-3 다음 문장이 옳은지의 여부를 판단하고 그 이유를 설명하라.

"만약 어떤 기업이 무위험부채를 사용하면, 채무불이행위험이 없기 때문에 그 기업의 자기자본의 위험은 변하지 않는다. 따라서 무위험부채는 자기자본비용을 증가시키지 않으면서 가중평균자본비용을 낮출 수 있는 방법이다."

13-4 1년 후에 동일한 확률로 1억 2천만원 또는 1억 8천만원의 현금흐름을 가져오는 프로젝트가 있다고 한다. 초기투자비용은 9천만원이고 이 프로젝트의 자본비용은 22%이며 무위험이자율은 10%이다.

① 이 프로젝트의 *NPV*를 구하라.

② 이 기업은 초기투자비용을 마련하기 위해 투자자들에게 주식을 발행하고자 한다. 따라서 1년 후에 프로젝트에서 발생하는 현금흐름은 주주들에게 귀속된다. 이때 얼마만큼의 자금을 조달할 수

있을지를 보여라.

③ 만약 초기투자비용을 은행에서 무위험이자율로 차입한다면, 타인자본의 현금흐름은 어떻게 될 것이고, 또 MM이론에 따르면 자기자본의 가치는 얼마인지 결정하라.

13-5 자본구조만 다르고 다른 모든 조건이 동일한 기업 A, B가 있다. 두 회사 모두 총자산은 100억원이며, A회사는 모두 자기자본으로만 구성되어 있고 B회사는 50억원의 자기자본과 50억원의 부채로 구성되어 있다. 부채에 대한 이자율은 15%이다. 미래의 경제상태가 다음과 같을 때, 두 회사의 자기자본순이익률의 평균과 분산을 구하고, 이것이 의미하는 바를 설명하라. 단, 법인세는 없다고 가정하라.

상태	확률	영업이익률(= 영업이익/총자산)
호황	1/4	30%
보통	2/4	20%
불황	1/4	10%

13-6 ㈜진선의 매년 영업이익은 1억 2천만원으로 영구히 일정할 것으로 예상된다. 이 기업은 10만주의 보통주로만 자본을 조달하고 있으며, 현재주가는 주당 6,000원이다. 최근 ㈜진선은 이자율 10%로 사채 3억원을 발행하여 자기자본의 일부를 회수하려고 한다. 법인세가 존재하지 않는다고 할 때 다음 물음에 답하라.

① 사채발행 전 ㈜진선의 자기자본비용과 가중평균자본비용을 구하라.

② 사채발행 후 ㈜진선의 자기자본비용과 가중평균자본비용을 구하라.

③ 사채발행 후 ㈜진선의 기업가치가 7억원이라고 할 때, 차익거래가 가능한지의 여부와 또 가능할 경우 차익거래의 예를 보여라.

13-7 ㈜관악은 자기자본으로만 자금을 조달하고 있는 회사로서, 기업가치는 200억원이고 매년의 기대영업이익은 영구히 50억원으로 예상된다. 법인세율은 40%이다. 최근 ㈜관악은 100억원의 자기자본을 타인자본으로 대체하려고 한다. 타인자본에 대해서는 10%의 이자율이 적용된다.

① 자기자본으로만 운영되는 ㈜관악기업의 자기자본비용과 가중평균자본비용을 구하라.

② 자본구조를 변경할 경우 자기자본비용과 가중평균자본비용을 구하라.

③ 자기자본비용과 가중평균자본비용이 차이가 나는 원인을 설명하라.

13-8 A는 무부채기업이고 B는 매년 8%의 이자율로 3,000만원의 타인자본을 사용하는 부채기업이다. 두 회사는 매년 450만원 또는 600만원의 잉여현금흐름을 가져오는 프로젝트에 투자하고 있다. 또한 두 기업은 부채에 대한 이자를 지급한 후의 잉여현금은 모두 당해 연도에 배당금으로 지급하고 있다. 세금은 없다고 할 때 다음 물음에 답하여라.

① 아래의 표를 채워 넣어라.

	A		B	
잉여현금흐름	이자지급액	배당금	이자지급액	배당금
450만원				
600만원				

② A기업 주식의 10%를 보유했을 때의 현금흐름과 같은 현금흐름을 가져다주는 또 다른 포트폴리오를 구성해 보라.

③ 10%의 이자율로 차입을 할 수 있다면, B기업의 주식 10%를 보유하고 있을 때의 현금흐름과 같은 현금흐름을 가져다주는 또 다른 포트폴리오를 구성해 보라.

13-9 ㈜가나와 ㈜다라는 동일한 자산을 보유하고 동일한 현금흐름을 창출한다. ㈜가나는 무부채기업이며 이 기업의 총발행주식수는 500만주이고 주당현재가격은 2만원이다. ㈜다라의 총발행주식수는 1,000만주이며, 300억원의 부채도 가지고 있다.

① MM명제 Ⅰ에 따르면 ㈜다라의 주가는 얼마가 되어야 하는지 계산하라.

② ㈜다라 주식이 현재 10,000원에 거래되고 있다고 할 때, 차익거래의 기회가 존재하는지의 여부를 밝혀라. 또 차익거래로부터 이익을 얻기 위해 필요한 가정은 무엇인지 말해 보라.

13-10 세금이 없는 완전자본시장을 가정하자. 2,000만원의 기대영업이익을 창출하고 있는 두 기업 U와 L이 있다. U는 자기자본으로만 구성되어 있고, L은 매년 10%의 이자를 지급하는 1,000만원의 부채를 가지고 있다는 점 이외에는 두 회사가 동일하다. 투자자 갑은 U기업의 지분 10%를 매입했다고 한다.

① 투자자 갑이 얻을 수 있는 수익을 결정하라.

② 투자자 갑이 위 ①과 같은 결과를 얻기 위한 대안을 말해 보라.

③ L기업의 지분 10%를 보유하고 있는 투자자 을의 수익을 계산하라.

④ 투자자 을이 위 ③과 같은 결과를 얻기 위한 대안을 말해 보라.

13-11 사업위험이 동일한 두 기업 ㈜백두와 ㈜한라가 있다. ㈜백두는 장기차입금 4,000만원을 쓰고 있으며, ㈜한라는 8,000만원의 장기차입금을 사용하고 있다. 이자율은 10%이고, ㈜백두와 ㈜한라의 자기자본비용은 각각 20%와 25%이며, 법인세는 없다고 한다.

① 두 기업의 기대영업이익이 2,000만원일 때 두 회사의 기업가치를 구하라.

② ㈜한라 주식을 96,000원어치 소유한 투자자는 기업레버리지를 대체하는 홈메이드 레버리지(homemade leverage)를 통하여 얼마의 이익을 얻을 수 있는지 계산하라.

③ ㈜설악은 위의 두 기업과 사업위험은 동일하지만, 부채를 사용하지 않고 있다. 설악기업의 가치는 12,500만원이다. MM이론의 관점에서 차익거래의 기회가 존재하지 않기 위한 ㈜백두와 ㈜한라의 새로운 자기자본비용을 구하라.

13-12 ㈜흥부와 ㈜놀부의 영업이익은 매년 500만원으로 동일하며, 두 기업은 자본구조만이 다를 뿐 다른 모든 조건은 같다고 하자.

(단위: 만원)

	타인자본	자기자본
㈜흥부	0	?
㈜놀부	1,000	?

㈜흥부의 자기자본비용은 12%이고, 두 회사의 법인세율은 공히 40%이다. 투자자의 입장에서 개인소득세율은 주식투자 시 10%, 채권투자 시 15%라고 한다. 이상의 자료를 토대로 ㈜흥부와 ㈜놀부의 기업가치를 각각 구하라. 또 각 기업의 자기자본가치는 얼마인지 구하라.

13-13 ㈜원일전자는 액면가 10,000원의 보통주를 1만주 발행하여 영업을 시작하였다. 향후 기대되는 매년도의 세전영업이익은 3천만원으로 사업의 확장이 없는 한 영구히 실현될 것으로 기대된다. ㈜원일이 부담하게 될 법인세율은 30%이며 차입이자율은 10%이다. ㈜원일 주식은 현재 주당 15,000원에 평가되고 있다.

① 현재 ㈜원일의 기업가치와 자본비용을 구하라.
② 만일 ㈜원일이 부채 1억원을 조달하여 주식을 매입한다면 기업가치와 자본비용은 어떻게 될지, MM이론에 의해 평가해 보라.
③ 채권자들이 이자소득에 대하여 20%의 개인소득세를 부담하게 된다면 ②에서의 결과는 어떻게 달라질지 분석하라. 그리고 이때 적정주가는 얼마일지 계산하라. 단, 주주들이 부담하는 개인소득세는 0이라고 가정하라. 법인세와 개인소득세를 동시에 고려할 경우 부채를 사용함으로써 기업의 가치를 증대시킬 수 있는 조건에 대해 논해 보라.

13-14 ㈜한영은 무부채기업으로서 자기자본의 시가총액은 34조원이며, 주식의 베타는 1.5이다. ㈜한영의 자산 중에서 6조 3,500억원은 현금과 무위험자산으로 구성되어 있다고 한다. 무위험이자율이 4.5%이고 시장위험프리미엄은 5%일 때 다음 물음에 답하여라.

① ㈜한영의 사업가치를 구하라.
② ㈜한영의 자산베타를 구하라.
③ ㈜한영의 가중평균자본비용을 구하라.

13-15 ㈜노랑은 무부채기업이다. 이 회사 주식에 대한 기대수익률은 11.4%이고 베타는 1.3이다. ㈜노랑은 이자율 5%의 무위험채권을 새로이 발행하여 이들 주식의 35%를 자사주로 매입하고자 한다. 이러한 거래 이전에 ㈜노랑의 올해 주당순이익(*EPS*)은 2,000원일 것으로 예상하고 있었으며, 예상주가이익비율(*PER*)은 12이다. 완전자본시장을 가정할 때 다음 물음에 답하여라.

① 거래 이후 ㈜노랑 주식의 베타를 구하라.
② 거래 이후 ㈜노랑 주식의 기대수익률을 구하라.
③ 거래 이후 ㈜노랑의 주당순이익(*EPS*)을 구하고, 이러한 거래가 주주들에게 이익인지 손해인지를 따져 보라.
④ 거래 이후 ㈜노랑의 예상 주가이익비율(*PER*)을 구하고, 주가이익비율의 변화가 합리적인지 따져 보라.

13-16 ㈜소백은 현재 무부채기업으로서 2,500만주의 주식을 발행하고 있고 현재 주당 8,500원에 거래되고 있다. ㈜소백은 새로이 700억원의 부채를 조달하여 자사주매입을 계획하고 있다. 부채에 대한 이자를 지급할 것이며 부채규모는 앞으로 변하지 않을 것으로 예상된다. ㈜소백에 적용되는 법인세율은 35%일 때 다음 물음에 답하여라.

① ㈜소백의 부채조달계획 발표 이전의 자산가치를 구하라.
② 부채조달 직후, 자사주매입 이전의 ㈜소백의 자산가치를 구하라(단, 이자비용 감세효과를 고려하라).
③ ㈜소백의 자사주매입 이전의 주가는 얼마이고, 몇 주의 주식을 매입할 수 있는지 계산하라.
④ ㈜소백의 자산, 부채, 자본의 시장가치를 구하고, 자사주매입 이후 주가를 구하라.

13-17 ㈜유신은 2014년 기준으로 부채가 없고 법인세 1조 2,000억원을 납부하였다. ㈜유신은 부채를 늘림으로써 앞으로 법인세를 연간 6,000억원으로 줄이려고 한다. ㈜유신의 법인세율은 40%이고 부채비용은 7%라고 할 때 다음 물음에 답하라.

① 만약 ㈜유신의 주식에 투자했을 때 투자자들에게 부과되는 개인소득세가 없다면, 부채의 증가로 인해 창출되는 가치는 얼마인지 계산하라.
② 만약 주식투자로 인한 소득에 15%의 세금이 부과되고, 이자소득에 대한 세율은 30%라면 질문 ①의 답안은 어떻게 될 것인지 다시 계산하라.

13-18 ㈜밝은세상은 무위험채권과 무위험우선주를 발행하고자 한다. 이자소득에 대한 세율은 40%이고 우선주의 배당이나 자본이득에 대한 세율은 15%이다. 하지만 우선주 배당금은 법인세 공제의 대상이 아니며, 법인세율은 40%라고 한다.

① 만약 무위험채권의 이자율이 5%라면 무위험우선주의 조달비용은 얼마인지 계산하라.
② ㈜밝은세상의 세후부채비용을 구하라. 어떤 증권이 회사입장에서 더 저렴한 자금조달방법인지 말해 보라.
③ 우선주의 조달비용에 $(1-\hat{\tau})$을 곱한 값이 세후부채비용과 같게 되는 것을 보여라.

13-19 PS산업은 올해의 영업이익이 각기 1/3의 확률로 50억원, 75억원, 100억원이 될 것으로 예상하고 있다. PS산업에 적용되는 법인세율은 35%, 배당소득에 대한 세율은 15%이며 이자소득에 대한 세율은 40%라고 한다.

① PS산업의 올해 이자비용이 25억원으로 예상될 때 부채의 감세효과를 구하라.
② 100억원을 초과하는 부채의 감세효과를 구하라.
③ 이자비용이 50억원과 75억원 사이의 값을 가질 때 부채의 감세효과를 구하라.
④ 이자비용이 얼마가 될 때 세금혜택이 가장 클 것인지 결정하라.

제 14 장

자본구조정책(Ⅱ)

STUDY GUIDE

앞 장에서 모디글리아니와 밀러의 이론(MM이론)을 중심으로 자본구조와 기업가치의 관계를 설명하였다. MM은 세금이 없는 완전자본시장하에서 기업가치는 부채사용과 무관하게 결정된다는 자본구조의 무관련이론을 제시하였다. MM에 의하면 부채사용은 자기자본(주식)의 위험을 증가시켜 자기자본비용을 높이기 때문에 저렴한 부채비용의 이점을 완전히 상쇄한다는 것이다. 그러나 현실적으로 자본시장은 불완전하다. 시장을 불완전하게 만드는 요인으로는 법인세, 개인소득세, 파산비용, 대리문제, 그리고 정보의 비대칭 등이 대표적이다. 법인세와 개인소득세를 고려할 경우의 자본구조이론에 관해서는 앞 장에서 이미 설명하였다. 이 장에서는 파산비용, 대리문제, 그리고 정보의 비대칭이 존재할 때 자본구조와 기업가치의 관계를 살펴본다. 그리고 자본구조정책에 관한 지금까지의 이론을 요약하고 결론을 맺는다.

14.1 완전자본시장에서의 채무불이행과 파산

■ 부채사용과 채무불이행위험

기업이 부채를 사용하면 이자를 지급하고 원금을 상환해야 하는 법적 책임을 부담하게 된다. 그러나 기업의 경영상황이 악화되는 경우 이자지급이나 원금상환을 못하는 상황이 발생할 수 있다. 이러한 상태를 채무불이행(default) 또는 지급불능(insolvency)이라고 한다.[1] 일시적인 지급불능상태는 기업의 유동성 부족 때문에 발생하며, 자금의 뒷받침이 있으면 이러한 상태에서 벗어나 정상적인 기업활동을 계속할 수 있다. 이러한 지급불능을 기술적 지급불능(technical insolvency)이라고 한다. 반면에 실질적 지급불능(real insolvency)은 그 원인이 일시적 유동성의 부족에 있는 것이 아니라, 기업의 자산가치가 부채가치보다 작아서 기업이 더 이상 존속할 수 없는 경우를 말한다. 기업의 자산가치가 부채가치보다 작고 기업이 실제로 이러한 상태를 벗어나기 어렵다고 판단되는 경우에 채권자는 파산(bankruptcy)이라는 법적 절차를 거쳐 채무기업의 자산에 대한 소유권을 주장할 수 있다. 기업이 이러한 처지에 놓이게 될 위험을 파산위험(bankruptcy risk)이라고 하는데, 이는 결국 부채사용의 결과라고 할 수 있다. 기업이 부채를 많이 사용하면 채무불이행의 위험이 커져서 파산을 야기할 수 있기 때문이다. 무부채기업의 경우 파산위험은 없다.

■ 파산과 MM이론

그렇다면 파산위험 때문에 자기자본 대신 부채를 사용하는 것이 해로운 것일까? 완전시장에서는 위험부채를 사용하더라도 MM이론이 성립하는 것을 제13장에서 보였다. 같은 원리에 의해 완전시장에서는 회사가 파산상태에 있더라도 'MM명제 I'은 여전히 성립한다. 즉 부채사용으로 인해 파산상태에 처할 때 회사의 자산가치가 부채가치 이하로 떨어지는 것은 파산 자체 때문이 아니라 사업의 성과가 악화되었기 때문이라는 것이다. 예를 통해 설명해 보자.

㈜대경은 자동차 회사에 부품을 공급하는 중소기업이다. 이 회사는 최근 상당액의 연구기술비를 투자하여 기존의 제품을 대체할 수 있는 새로운 부품을 개발하였다. 그러나 이 부품에 대한 수요는 아직 불투명한 단계이다. 이 부품에 대한 수요가 호조를 보여 사업안이 성공적으로 끝날 경우 1년 후 회사의 자산가치는 500억원이 될 것이며, 그렇지 못해 실패로 끝날 경우 자산가치는 280억원이 될 거라고 한다. 한편, ㈜대경은 현재 회사의 자본구조를 어떻게 가져갈 것인지를 고민하고 있다. 두 가지 대안을 고려 중인데 하나는 부채를 전혀 사용하지 않는 안이며, 다른 하나는 300억원의 부채를 사용하는 안이다.

〈표 14-1〉은 세금이 없는 완전자본시장에서 ㈜대경이 부채를 사용하지 않을 때와 사용할 때의 결과를 나타낸 것이다. 표에서 보면 신부품 사업안이 성공하지 못하고 실패할 경우 회사는 파산상

1 이와 연관된 재무적 곤경 또는 기업부실(financial distress)이란 용어는 그 정의가 명확하지 않지만, 채무불이행이나 다음에서 언급할 파산 등을 포함하는 좀 더 포괄적인 의미로 사용된다.

태에 있게 되고 자본제공자 모두의 가치가 훼손된다. 무부채의 경우 주주가치는 220억원의 차이가 나고, 부채사용의 경우 주주가치는 200억, 부채가치는 20억원의 차이가 나서 합으로는 역시 220억원의 차이가 난다. 결국, 부채사용 여부에 관계없이 주주와 채권자의 가치를 합한 총자본의 가치는 변하지 않고 따라서 기업가치도 변하지 않는다. 이 결과는 세금이 없는 완전시장에서 부채사용과 기업가치가 무관하다는 'MM명제 I'이 여전히 유효하며, 파산상태에서 투자자들에게 돌아가는 현금흐름이 줄어드는 것은 파산 자체가 그 원인이 아니라 사업으로부터 발생하는 현금흐름이 악화되었기 때문이라는 것을 말해 준다. 따라서 최적자본구조를 선택하는 데 있어 부채를 많이 사용하는 것이 결코 불리하지 않다고 말할 수 있다.

표 14-1 부채를 사용할 때와 사용하지 않을 때 1년 후 ㈜대경의 부채와 자기자본의 가치 (단위: 억원)

	부채비사용		부채사용	
	성공	실패	성공	실패
부채가치	0	0	300	280
자기자본가치	500	280	200	0
총자본가치	500	280	500	280

예제 14-1 위의 ㈜대경의 예에서 신부품 사업이 성공할 확률과 실패할 확률은 똑같이 0.5이다. 무위험이자율은 4%이며, 회사의 사업위험은 전부가 분산가능한 비체계적 위험이어서 사업베타는 0이고, 또 부채베타와 주식베타도 0이라고 한다. 따라서 자본비용은 모두 4%이다. 부채를 사용하지 않을 때와 사용할 때 ㈜대경이 발행한 채권과 주식의 현재가치를 구하고 MM명제 I이 성립하는 것을 보여라.

풀이 부채를 사용하지 않을 경우 1년 후 주식(자기자본)의 가치는 500억원이거나 280억원이다. 주식의 현재가치 V_U는 1년 후 가치의 기댓값을 4%의 할인율로 할인하면 다음과 같다.

$$V_U = [(0.5)(500\text{억}) + (0.5)(280\text{억})]/1.04 = 375(\text{억원})$$

부채를 사용할 경우 1년 후 주식가치는 200억원이거나 0이며, 부채가치는 300억원이거나 280억원이다. 따라서 각 증권의 현재가치 E와 D는 각각 다음과 같이 계산된다.

$$E = [(0.5)(200\text{억}) + (0.5)(0)]/1.04 = 96.15(\text{억원})$$
$$D = [(0.5)(300\text{억}) + (0.5)(280\text{억})]/1.04 = 278.85(\text{억원})$$

따라서 부채사용의 경우 기업가치 V_L은 다음과 같이 375억원이다.

$$V_L = D + E = 96.15\text{억} + 278.85\text{억} = 375(\text{억원})$$

결국 두 경우의 기업가치가 같게 되어($V_L = V_U$), MM명제 I이 성립한다.

14.2 파산비용과 상충이론

앞에서 세금이 없는 완전시장에서 기업의 파산은 자산의 소유권을 주주로부터 채권자에게로 이전시킬 뿐 기업가치에 영향을 미치지 않는다고 하였다. 이러한 결과가 과연 현실에서도 적용되는 것일까? 아마도 대부분의 사람들은 그렇지 않다고 대답할 것이다. 기업이 부채에 대한 원리금 지급을 이행하지 못하여 파산상태에 접어들면 문제를 해결하는 과정이 그리 단순하고 간단하지 않기 때문이다. 대부분의 경우 파산과정은 매우 복잡하고 오랫동안 계속되기 때문에 필연적으로 많은 비용을 수반하게 되는데 이를 파산비용(bankruptcy cost)이라고 한다. 현실에서 파산기업이 파산과정에서 기업가치를 크게 훼손하게 되는 것은 바로 이 비용 때문이다. MM의 완전시장에서는 파산비용이 없다고 가정했기 때문에 무관련이론이 성립한 것이다.

■ 파산관련 법규

기업이 지급불능상태에 있게 되면 채권자들은 회사자산에 대한 권리를 확보하기 위하여 법적인 조치를 취하게 된다. 대부분의 경우 채권자는 다수이기 때문에 각 채권자가 자산을 공평하게 나눠 가지는 것이 결코 쉽지 않다. 또 공평하게 나눈다고 해서 자산을 임의로 분할하면 시너지 효과가 상실되어 기업가치는 더욱 훼손될 수 있다. 이에 따라 각국에서는 파산기업의 채권자를 공평하게 취급하고 또 그 기업의 가치가 더 이상 훼손되지 않도록 기업정리과정을 조직화하는 체계를 법률로 규정하고 있다.

우리나라에서는 2001년에 기업구조조정촉진법이 제정되었고, 2006년에는 기존의 회사정리법, 화의법, 파산법, 그리고 개인채무자회생법을 하나로 통합하여 채무자 회생 및 파산에 관한 법률을 제정하여 시행해 오고 있다. 그 외에도 상법의 회사 편에서도 파산과 관련된 규정을 두고 있다. 우리나라의 부실기업정리제도에 대해서는 제25장에서 좀 더 상세히 다루도록 한다.[2]

■ 직접파산비용

앞에서 보았듯이 부실기업이 질서 있게 정리되도록 법률이 여러 가지 절차를 마련하고 있지만, 그 과정은 여전히 복잡하고 오랜 시간이 걸린다. 기업이 파산에 이르게 되면 법적 또는 회계적 처리나 자문, 또는 자산의 평가를 위하여 변호사, 공인회계사, 컨설턴트, 금융기관, 변리사, 감정평가사 등 여러 전문가의 도움이 필요하다. 이들에게 지급되는 비용은 결코 만만치 않다. 이외에도 기업이 정리절차에 들어가 잔여재산을 처분하는 경우에 유형자산이나 재고자산의 처분가격이 영업활동이

2 미국에서는 1978년에 제정된 파산개혁법(Bankruptcy Reform Act)이 유명하다. 이 법의 제7장(Chapter 7: liquidation)에서는 파산기업을 청산할 때, 또 청산대금을 분배할 때, 그리고 청산 후 기업을 해산할 때 따라야 할 과정을 규정하고 있다. 제11장(Chapter 11: reorganization)에서는 모든 채무관계를 일시적으로 중단시키고 경영자로 하여금 회사의 자산 및 자본의 구조조정을 통해 기업이 재건할 수 있도록 계획을 세우게 한다. 그리고 채권자와 법원이 이를 승인하면 그 계획은 실행에 옮겨진다. 그러나 경영자의 계획이 승인을 얻지 못하면 기업은 Chapter 7의 규정에 따라 청산된다.

정상적으로 이루어지는 경우에 비해 낮게 평가되므로 처분손실이 발생한다. 한편으론, 채권자에게도 별도의 비용이 발생할 수 있다. 채권자가 채무기업의 자산에 대한 권리를 확보하기 위하여 개인적으로 변호사를 고용하는 경우가 그 예이다. 이렇게 부실기업의 정리절차와 직접적으로 관련하여 발생하는 비용을 직접파산비용(direct costs of bankruptcy)이라고 한다. 직접파산비용은 부실기업 또는 채권자 중 누가 이를 지급하느냐에 관계없이 회사의 정리 시 투자자가 받게 될 현금흐름을 감소시킨다. 여러 실증연구의 결과를 보면, 많게는 잔여재산가치의 10%에 이르기도 한다.

■ 간접파산비용

파산선고를 받은 기업이 정해진 파산절차를 밟거나 파산 후 재정비를 하는 과정에서 기업이미지가 실추되어 고객과 공급처를 잃게 된다. 그 결과 판매량이 감소하고 영업활동이 위축되어 손해를 보게 된다. 매출채권을 회수하지 못하여 손실을 볼 수 있으며, 회사의 자산을 정상적인 가격보다 훨씬 싼 값에 팔아야 될 수도 있다.[3] 또 유능한 종업원을 잃게 되는 것도 타격이 될 수 있다. 또한 새로운 자본조달도 어렵게 되며, 자본조달이 가능하더라도 높은 자본비용을 지불하게 된다.[4] 이러한 모든 비용을 간접파산비용(indirect costs of bankruptcy)이라고 한다. 파산으로 인한 간접비용은 직접비용에 비해 측정하기는 어려우나 그 규모가 직접비용보다 훨씬 큰 것으로 알려져 있다.

〈표 14-1〉에서 ㈜대경이 사업의 실패로 파산에 처했을 때 30억원의 파산비용이 발생한다고 하자. 이를 반영하여 〈표 14-1〉의 내용을 수정하면 다음의 〈표 14-2〉와 같다.

표 14-2 파산비용이 발생하는 경우 부채를 사용할 때와 사용하지 않을 때 1년 후 ㈜대경의 부채와 자기자본의 가치 (단위: 억원)

	부채비사용		부채사용	
	성공	실패	성공	실패
부채가치	0	0	300	250
자기자본가치	500	280	200	0
총자본가치	500	280	500	250

■ 파산비용과 기업가치

파산에 따라 발생하는 직접비용과 간접비용은 회사를 정리하는 시점에서의 기업가치를 상당폭으로 감소시킨다. 알트만(Altman)은 기업의 파산시점에서 직접비용은 잔여재산가치의 약 6.2%, 간접비용은 약 10.5%에 달하는 것으로 측정하고 있다.[5] 앞 절에서 언급하였듯이 MM이론에서는 이

3 이런 경우를 파이어세일(fire sale)이라고 한다.

4 이러한 문제를 완화하기 위해 파산기업이 새로운 채권을 발행하도록 허용할 수 있는데 이를 debtor-in-possession (DIP) financing이라고 한다. 이렇게 조달되는 부채는 기존의 모든 부채보다 선순위(senior)인 것이 보통이다.

5 Altman, E.(1984), "A Further Empirical Investigation of the Bankruptcy Cost Question," *Journal of Finance* 39, 1067-1089.

러한 파산비용이 없다고 가정하기 때문에 부채사용이 해롭지 않다는 결론을 내린다. 그러나 현실적으로는 부채비율이 높아지면 채무불이행의 가능성이 커지고 또 파산위험이 커지게 된다. 파산으로 인해 발생하는 비용이 알트만의 주장처럼 기업가치의 상당한 부분을 차지한다면, 부채비율의 증가는 파산확률을 높이고 결국은 기대파산비용(expected bankruptcy cost)을 증가시킨다. 따라서 현재시점에서 부채사용기업의 가치는 기대파산비용의 현가만큼 감소한다. 부채사용이 증가할수록 반드시 파산비용이 증가한다고 할 수는 없으나, 파산가능성이 높아져 기대파산비용이 커지게 되는 것이다. 부채를 사용하지 않는 기업의 경우 파산할 가능성이 없으므로 기대파산비용은 0이다.

알트만의 주장과 같이 파산의 직접비용이 기업가치의 6.2%, 간접비용이 기업가치의 10.5%를 차지한다고 하면 총파산비용은 기업가치의 16.7%를 차지한다. 부채비율이 100%인 어떤 기업이 앞으로 5년 후에 파산에 처할 가능성이 20%라고 하면, 이 기업의 기대파산비용은 다음과 같다.

$$\text{기대파산비용} = 0.2 \times 0.167 \times V_{L,5}$$

$V_{L,5}$는 부채를 사용한 기업의 5년 후 시점의 가치를 나타낸다. 기대파산비용을 할인하는 할인율이 10%라면, 현재시점에서 평가되는 기대파산비용의 현가는 다음과 같다.

$$\text{기대파산비용의 현가} = 0.2 \times 0.167 \times V_{L,5} \times PVF(10\%, 5\text{년}) = 0.02 \times V_{L,5}$$

즉, 부채비율이 100%인 이 기업의 기대파산비용의 현가는 기업가치의 2%에 해당한다. 만일 부채비율이 200%로 올라가서 파산확률이 35%로 증가한다고 하면 이때 기대파산비용의 현가는 같은 방식의 계산에 의해 기업가치의 3.5%에 해당한다.

예제 14-2 〈표 14-2〉의 자료를 이용하여 부채를 사용하지 않을 때와 사용할 때의 ㈜대경의 현재 기업가치를 비교하라. 신사업이 성공하고 실패할 확률은 여전히 같고, 할인율은 4%로 가정하라.

풀이 부채를 사용하지 않을 때의 기업가치는 파산비용이 없기 때문에 [예제 14-1]에서와 같이 여전히 375억원이다($V_U = 375$억원). 부채를 사용할 때 자기자본의 가치도 $E = 96.15$억원으로 변함이 없다. 그러나 부채의 가치 D는 파산비용으로 인해 다음과 같이 264.42억원이다.

$$D = [(0.5)(300\text{억}) + (0.5)(250\text{억})]/1.04 = 264.42(\text{억원})$$

이때 기업가치는 360.57억원이다: $V_L = D + E = 264.42\text{억} + 96.15\text{억} = 360.57(\text{억원})$. 파산비용이 없을 때의 기업가치 375억원과는 14.43억원(= 375억 − 360.57억)의 차이가 나는데, 이는 기대파산비용의 현가와 같다: $PV(\text{기대파산비용}) = [(0.5)(0) + (0.5)(30\text{억})]/1.04 = 14.43(\text{억원})$.

그렇다면 이러한 파산비용에 따른 기업가치의 감소분은 누가 부담하게 될 것인가? 효율적인 시장에서 채권자들은 기업의 파산위험을 평가할 수 있으며, 파산이 발생하는 경우 파산비용의 지출에 따라 자신들의 몫이 줄어든다는 것을 알게 된다. 따라서 채권자들은 파산위험이 있는 기업에 자본을 제공할 때 이러한 위험에 대한 보상을 요구하게 되고 이에 따라 부채의 자본비용은 상승하게 된다. 결국 파산비용에 따른 기업가치의 감소분은 주주들이 부담하게 되며 결과로 주가는 하락한다.

■ 상충이론과 최적부채비율

제13장에서는 세금이 없는 완전시장에서 기업가치는 자본구조와 무관하다고 하였고, 또 법인세가 존재하는 경우 기업은 부채를 많이 사용할수록 이자의 감세효과를 크게 누릴 수 있다고 하였다. 그리고 개인소득세를 고려하더라도 여전히 감세효과의 혜택이 존재할 수 있다고 하였다. 여기서는 이러한 결과에 파산비용이 존재하는 상황을 추가로 반영해 보자. 부채의 사용은 한편으로 감세효과를 가져오지만, 다른 한편으로는 기대파산비용이 커지는 효과를 가져온다. 기대파산비용이 커지면 이 기대파산비용의 현재가치도 커진다. 따라서 기업가치는 감세효과의 현가만큼 증가하고, 기대파산비용의 현가만큼 감소하게 된다. 결국 기업가치를 나타내는 식 13.19는 파산비용을 고려할 경우 다음과 같이 다시 수정되어야 한다.

$$V_L = V_U + PV(\text{부채의 감세효과}) - PV(\text{기대파산비용}) \tag{14.1}$$

식 14.1에서 보면, PV(부채의 감세효과)와 PV(기대파산비용) 사이의 상충관계(trade-off)에서 기업가치 V_L을 극대화하는 부채의 규모를 결정할 수 있으며, 이로부터 최적자본구조를 계산해 낼 수 있다. 이러한 논리를 자본구조의 상충이론(trade-off theory)이라고 하며, 이를 그림으로 나타낸 것이 [그림 14-1]이다.

[그림 14-1]에서 보면, 법인세와 개인소득세를 고려할 때 부채기업 L의 가치는 [무부채기업 U

| 그림 14-1 | 세금과 파산비용을 고려할 경우의 부채사용과 기업가치

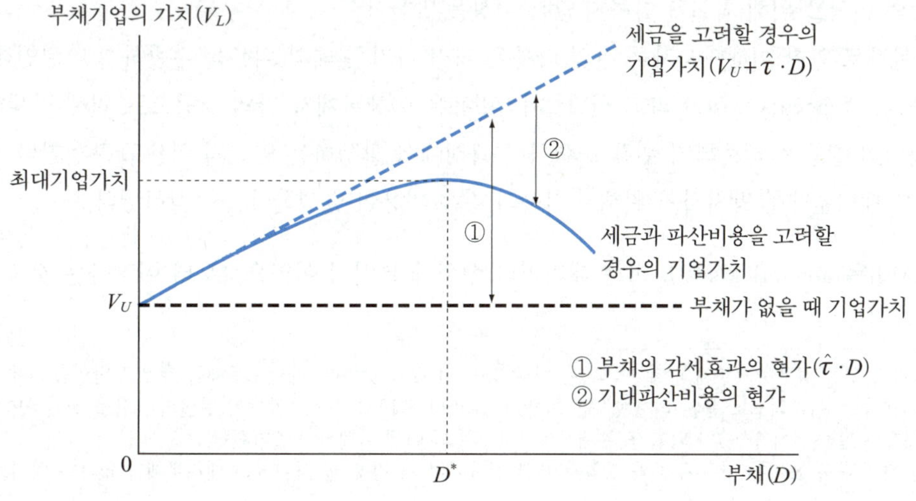

의 가치 + PV(부채의 감세효과)]로서 부채를 많이 사용할수록 기업가치는 커진다.[6] 그러나 부채사용의 증가에 따라 기대파산비용의 현가도 증가하게 되면 부채사용의 이점이 상쇄되어 기업가치 V_L은 D^*에서 최대가 되고, 이에 따라 기업은 부채가 D^*일 때 최적자본구조를 갖게 된다.

14.3 부채사용과 대리비용

■ 대리비용

기업과 관련된 이해관계자는 매우 다양하다. 경영자, 주주, 채권자, 종업원, 소비자는 물론 정부도 포함될 수 있다. 이러한 여러 이해관계자들은 서로의 이익을 극대화하려고 노력하게 되는데, 이 과정에서 나타나는 이해다툼으로 인해 발생하는 비용을 대리비용이라고 한다. 대리비용을 구체적으로 설명하기 전에 먼저 대리관계(agency relationship)를 설명해 보자.

재무관리에 본격적으로 대리문제를 도입하는 데 공헌한 젠센과 맥클링(Jensen and Meckling)은 대리관계를 "1인 이상의 사람(본인: principal)이 다른 사람(대리인: agent)에게 자신을 대신하여 의사결정을 할 수 있도록 권한을 위임한 계약관계"라고 정의하고 있다. 대리관계에서 대리인은 본인의 이익을 위해서 최선을 다해야 한다. 그러나 때로는 본인의 이익에 반해 자신의 이익을 먼저 추구하는 현상이 발생하여 둘 간의 이해관계가 충돌하는 갈등상황이 발생하는데, 이러한 문제를 대리문제(agency problem)라고 한다. 대리문제는 경제활동 전반에 걸쳐 광범위하게 나타난다. 그 예로서, 채권자와 채무자, 지주와 소작인, 보험회사와 보험가입자 등을 들 수 있다. 기업경영에 있어 대리문제는 여러 이해집단 사이에서 다양한 형태로 나타날 수 있다. 그중에서도 가장 대표적인 것 두 가지는 ① 채권자와 [주주 + 경영자][7] 사이에서 발생하는 대리문제와 ② 주주와 경영자 사이에서 발생하는 대리문제라고 할 수 있다. ①의 문제는 대리인인 [주주 + 경영자]가 본인인 채권자의 이익 대신 자신의 이익을 우선적으로 고려하는 현상을 말하며, ②의 문제는 대리인인 경영자가 본인인 주주의 이익을 위해 최선을 다하지 않는 현상을 말한다.

대리문제로 인한 이해당사자들 간의 다툼은 여러 가지 형태의 비용을 수반하기 마련인데 이 비용을 대리비용(agency cost)이라고 한다. 대리비용은 이해관계자 간의 갈등으로 인해 발생하는 비용뿐 아니라 갈등을 해소하기 위해 노력하는 과정에서 발생하는 일련의 비용도 포함한다. 젠센과 맥클링은 대리문제를 방지하기 위해서 다음과 같은 비용이 발생한다고 주장하였다.

- **감시비용**(monitoring cost): 이는 대리인의 행위가 본인의 이익으로부터 이탈하는 것을 감시하

---

6 법인세만 반영할 경우 PV(부채의 감세효과)는 항상 양(+)의 값을 갖는다. 개인소득세를 추가로 반영할 경우 PV(부채의 감세효과)는 이론적으로 음(−)의 값이 될 수 있다. 그러나 제13장에서 보았듯이 현실의 세율을 감안하면 PV(부채의 감세효과)는 여전히 양(+)이 되고 또 부채사용이 많을수록 이에 비례하여 증가한다.

7 [주주 + 경영자]로 표기한 것은 주주와 경영자가 한 집단이며 이 경우 둘 사이에는 대리문제가 없다는 의미로 사용하였다.

는 데 드는 비용을 말한다. 기업경영에서 나타나는 대리관계에서 주주는 경영자가 자신들의 이익에 반하는 행동을 못하도록 유인하는 동시에 또 감시하는 활동을 하게 된다. 여기에 따르는 비용을 감시비용이라 하는데 감사활동, 내부통제시스템의 수립, 예산제약설정, 적절한 보상정책 등이 감시활동의 예가 된다. 회사의 운영을 감시 · 통제하기 위해 이사회와 감사 제도를 운영하는 데 드는 비용도 감시비용에 포함된다.

- 확증비용(bonding cost): 이는 대리인이 본인에게 해가 되는 행위를 하고 있지 않다는 것을 확인시키는 과정에서 발생하는 비용을 말한다. 기업에서 경영자는 주주이익에 부합하는 행동을 한다는 것을 주주에게 보이기 위해 자발적으로 자기행동을 구속하거나, 주주가 원하지 않는 행동을 할 경우 배상을 약속하는 등의 활동을 하게 된다. 스스로 회계감사를 받는다든지, 부정행위 시의 벌칙규정을 둔다든지, 의사결정에 대한 제약조항을 두는 등이 이런 활동의 예가 된다. 회계감사를 받아서 재무제표를 공시하는 데 드는 비용이 확증비용의 대표적인 예이다.
- 잔여손실(residual loss): 이는 대리인과 본인이 바라보는 최적의사결정이 달라서 나타나는 부의 감소를 의미한다. 경영자와 주주에 의해 확증활동과 감시활동이 최적으로 이루어진다 하더라도 주주의 부를 최대화하는 의사결정과 경영자의 의사결정 사이에는 차이가 생길 수 있다. 이러한 차이로 인해 주주의 부가 감소하는데, 이 역시 대리관계로부터 발생하는 비용의 일종이다.

한편으로 기업에서의 대리비용은 대리문제의 발생원인에 따라 구분하기도 한다. 앞에서 언급한 기업에서의 대표적인 두 가지 대리문제 중 ①의 경우는 부채를 많이 사용할 때 발생하기 때문에 이를 부채의 대리비용(agency cost of debt)이라 한다. 부채의 대리비용에는 위험이 큰 투자안에 투자할 유인과 경제성 있는 투자안을 포기할 유인 때문에 발생하는 손실 등이 있다. 또 ②의 경우는 자기자본을 많이 이용할 때 발생하기 때문에 이를 자기자본의 대리비용(agency cost of equity)이라고 부른다. 이는 주식을 발행하여 외부로부터 자금을 조달하는 과정에서 발생한다. 자기자본의 대리비용은 경영자의 과도한 특권적 소비와 경영자의 나태에 따른 손실이 있는데, 이 대리비용은 소유권의 분산과 밀접한 관계가 있다. 이러한 대리비용을 구체적으로 살펴보자.

■ 위험유인의 문제: 과대투자문제

주식회사의 주주는 자기가 투자한 금액에 대해서만 책임을 진다. 이를 주주의 유한책임(limited liability)이라고 한다. 부채를 많이 사용하는 기업의 주주는 이러한 유한책임의 제도를 이용하여 위험이 크고 순현가가 음(−)인 투자안을 수용할 유인을 가질 수 있다. 예를 통해 살펴보자.

㈜NK는 1년 후에 12억원의 부채를 갚아야 하는데 현재 회사가 보유한 자산은 현금 10억원이고 1년 후에도 그 상태가 유지될 것으로 추정되어 파산이 예상되고 있다. 이러한 상황에서 ㈜NK는 현 시점에서 10억원이 소요되는 신사업에 대한 투자를 검토하고 있다. 신사업이 성공하면 1년

후의 현금흐름은 100억원이며, 실패하면 0원이라고 추정된다. 그리고 성공할 확률은 5%밖에 되지 않아 위험이 매우 큰 투자안이다. 편의상 투자안의 할인율을 0이라고 하면 이 사업의 순현가(NPV)는 다음과 같이 음(−)이 된다.

$$NPV = [100\text{억} \times 0.05 + 0 \times 0.95] - 10\text{억} = -5(\text{억원})$$

정상적인 상황이라면 이 사업안은 마땅히 기각되어야 한다. 그러나 파산이 예상되는 상황에서 ㈜NK의 주주들은 다른 결정을 내릴 수 있다. 다시 말해 이 회사의 주주들은 신사업을 선택하는 것이 자신들에게 유리하기 때문에 이 사업안을 수용하는 결정을 내린다는 것이다. 〈표 14-3〉은 신사업을 포기하는 경우와 추진할 경우 1년 후 ㈜NK의 자산가치, 부채가치 및 주주가치를 보여준다.

표 14-3 신사업 포기와 추진의 경우 ㈜NK의 자산가치, 부채가치 및 주주가치 (단위: 억원)

	신사업 포기	신사업 추진		
		성공	실패	기대치
자산가치	10	100	0	5
부채가치	10	12	0	0.6
주주가치	0	88	0	4.4

㈜NK가 신사업을 포기하면 회사는 1년 후 파산할 것이고 이때 주주의 몫은 0이 될 것이 확실하다. 한편 회사가 위험이 큰 신사업을 추진하여 실패하더라도 여전히 주주가치는 0이 되어 주주들에게는 밑져야 본전이 되는 셈이다. 신사업이 성공하면 12억원의 부채를 상환한 후 주주가치는 88억원이 되고, 성공확률이 5%이므로 주주가치의 기댓값은 4.4억원이 된다. 결국 신사업은 주주의 부를 0에서 4.4억원으로 증가시켜 주주에게 이득을 가져다준다.

채권자의 몫은 어떻게 될까? 신사업을 포기할 경우 회사의 잔여재산은 모두 채권자에게 귀속되어 부채가치는 10억원이 된다. 신사업을 추진하여 실패할 경우 사업에 투자된 회사자산 10억원마저 잃게 되고 채권자의 몫은 0이다. 성공할 경우 채권자는 12억원을 회수할 수 있지만 성공확률이 5%이므로 채권자 몫의 기댓값은 0.6억원에 불과하다. 결국 신사업은 채권자의 부를 10억원에서 0.6억원으로 감소시켜 채권자에게 큰 손실을 입히게 된다.

이러한 결과가 발생하는 이유는, 상황이 좋지 않아 기업이 파산하게 될 때 주주는 유한책임의 규정에 따라 자신이 출자한 몫 이상의 손실을 부담하지 않으나, 상황이 좋으면 채권자에게 원리금을 지급한 후의 잔여분이 모두 주주의 몫이 되기 때문이다. 따라서 부채비율이 높은 기업의 주주들은 비록 순현가가 음(−)인 투자안이라 하더라도 위험이 큰 사업에 투자하려는 유인을 갖게 되는데, 이는 주주가 채권자의 부를 이용하여 도박을 하려는 것과 마찬가지인 셈이다. 이러한 현상을 위험유인(risk incentive)의 문제라고 하는데 기업이 적정수준 이상의 투자를 한다는 의미에서 이를 과대투자(over-investment)의 문제라고도 한다. 또 주주들이 위험이 낮은 자산을 위험이 높은 자산으로 대체하려는 유인이 있다는 의미에서 자산대체(asset substitution)의 문제라고도 한다.

순현가가 음(−)인 사업을 수용하는 결과로, 회사의 자산가치 또한 감소하게 되는데 이러한 바람직하지 않은 행위를 예상하는 투자자들은 이 회사가 발행하는 주식이나 채권에 대해 더 적은 금액을 지불하려고 할 것이다. 이것이 바로 대리비용이고, 부채비율이 높아 위험이 높은 사업에 쉽게 투자할 유인이 큰 기업일수록 대리비용은 더 커지게 된다.

■ 과소투자문제

기업이 부채를 과다하게 사용하지 않는 정상적인 상황에서 주주는 순현가가 0보다 큰 모든 투자안에 투자하기를 원한다. 순현가가 0보다 큰 투자대상에 투자하는 것은 기업의 가치와 주주의 부를 증가시키기 때문이다. 그러나 부채를 많이 사용하는 기업의 주주들은 비록 순현가가 0보다 큰 투자안이라고 할지라도 그것이 충분히 크지 않을 경우 그 투자안을 포기하려는 유인을 갖게 된다. 다음의 예를 통해 살펴보자.

㈜BM은 1년 후에 60억원의 부채를 갚아야 하는데 현재 회사의 자산가치는 50억원이고 1년 후에도 그 상태가 유지될 것으로 추정되어 파산이 예상되고 있다. 이러한 상황에서 ㈜BM은 현 시점에서 10억원이 소요되는 신사업에 대한 투자를 고려하고 있다. 신사업은 1년 후에 17억원의 확실한 현금흐름을 가져다줄 안전한 투자이다. 할인율을 0이라고 가정하면 $NPV = 17억 - 10억 = 7억$원이다. 문제는 ㈜BM이 이 사업에 투자할 현금이 없어 주주들로부터 10억원을 새로이 조달해야 한다는 것이다. ㈜BM의 주주들은 이 사업의 투자에 대해 어떤 결정을 내리게 될까?

자기자본만으로 자금을 조달하고 있는 기업의 주주들은 당연히 이 투자안에 투자할 것이다. 순현가가 7억원이므로 이 사업에 투자하면 주주의 부가 7억원만큼 증가하기 때문이다. 그러나 부채를 사용하고 있는 기업의 주주들은 이러한 투자안에 투자하지 않을 수 있다. 〈표 14-4〉는 ㈜BM이 투자를 포기할 경우와 수용할 경우의 총자산가치와 부채가치 및 주식가치를 보여주고 있다.

㈜BM이 신사업을 포기한다면 회사는 1년 후 파산하게 될 것이고 이때 채권자의 몫은 잔여재산의 가치인 50억원이 된다. 한편으로 회사가 신사업을 추진하면 기업가치는 [투자금액 + 순현가]만

표 14-4 ㈜BM이 투자를 포기할 경우와 수용할 경우의 총자산가치와 부채가치 및 주식가치

	신사업 포기	신사업 수용
기존의 자산	50	50
신사업	0	17
총자산가치	50	67
부채가치	50	60
주식가치	0	7

큼인 17억원이 증가하여 총자산가치는 67억원이 된다. 이 중 60억원이 채권자에게 상환되고 나머지 7억원이 주주의 몫이 된다. 결국 주주는 새로이 10억원을 투자했으나 7억원밖에 되찾지 못해 3억원의 손실을 보게 된다. 결국 투자안의 수용은 부채가치를 50억원에서 60억원으로 증가시키나 주주가치는 0에서 −3억원으로 감소시킨다. 따라서 ㈜BM의 주주들은 순현가가 양(+)인 이 사업을 결코 받아들이지 않을 것이다.

이와 같이 부채를 과다하게 사용하여 파산가능성이 있는 기업의 경우, 주주들은 투자안의 순현가가 충분히 크지 않은 경우 비록 투자안의 순현가가 0보다 크다고 하더라도 추가적인 출자에 의한 투자를 회피하게 된다. 신규사업에 대한 투자가 주주의 부를 감소시키고 채권자의 부만을 증가시킬 수 있기 때문이다. 이와 같이 적정수준 이하의 투자가 일어나는 현상을 흔히 과소투자(under-investment)의 문제라고 한다. 또 이 문제는 부채가 과다함으로 해서 발생한다는 의미에서 부채과잉(debt overhang)의 문제라고도 한다.

이러한 과소투자의 결과 부채의 상환가능성이 낮아지는 등 과소투자에 따른 기회비용이 발생하는 데 이것이 곧 대리비용이 된다. 그리고 이 대리비용은 기업의 부채비율이 높을수록 커지게 된다.

재산도피

부채를 많이 사용하면 그 대가로 채권자에게 많은 이자를 지급해야 하므로 주주에게 돌아갈 몫이 그만큼 작아질 가능성이 높다. 따라서 주주들은 정상적인 영업활동에 필요한 회사의 자산을 싼 값에 매각하여 배당을 지급한다든지 또는 다른 방편으로 기업의 자금을 빼돌려서 채권자에게 돌아가는 몫을 줄이려는 경향이 있다. 이를 재산도피(milking the property)라고 한다. 이러한 현상은 부채의존도가 높은 기업일수록 현저하게 나타날 수 있다.

앞의 ㈜BM의 예에서 회사가 현재 5억원에 팔 수 있는 기계가 있다고 하자. 이 기계는 정상적인 영업활동에 필요한 것인데, 이것이 없으면 일부 생산라인의 가동이 중단되어 1년 후 회사의 자산가치가 40억원으로 떨어진다고 하자. 이럴 경우 주주들은 회사의 가치가 10억원이나 더 떨어지는 것이 분명한데도 기계를 매도하고 그 대금으로 배당을 지급해 주길 원할 수 있다. 이때 자산가치의 하락은 채권자의 손실로 돌아간다. 즉 1년 후 ㈜BM 채권자의 몫은 50억원에서 40억원으로 내려간다. 반면 주주의 몫은 0에서 5억원으로 증가한다. 이와 같이 회사의 자산을 공정가치보다 낮은 가격에 팔려고 하는 행위는 부채과잉에서 비롯된 과소투자문제의 극단적인 형태이다.

부채과잉의 측정

앞에서 부채를 많이 사용하는 기업의 주주들은 *NPV*가 양(+)이더라도 그것이 충분히 크지 않을 경우 투자안을 포기하려는 유인을 갖게 된다고 하였다. 그렇다면 주주가 이러한 유인을 갖지 않기 위해서는 투자안의 *NPV*가 얼마나 커야 할지를 분석해 보자. 주주들은 신사업이 자신들에게 이득을 가져다준다면 *NPV*가 양(+)인 투자안을 거부할 이유가 없다. 신사업이 주주에게 이득을 가져다주려면 신사업으로 인한 자기자본가치의 증가가 주주들이 투자한 금액보다 커야 하는데, 이를 만족

시키는 조건을 다음의 식 14.2와 같이 도출할 수 있다.[8]

$$\frac{NPV}{I} > \frac{\beta_D}{\beta_E} \cdot \frac{D}{E} \tag{14.2}$$

여기서 I는 주주가 신사업에 투자한 금액을 나타낸다. 식 14.2에서 보면, 신사업의 수익성지수(profitability index: NPV/I)가 [부채와 자기자본의 베타비율×부채비율]보다 큰 수준에서 NPV가 결정되어야 주주들이 이 투자안을 받아들인다는 것이다. 부채가 없거나($D=0$) 무위험부채의 경우($\beta_D=0$) 식 14.2의 조건은 $NPV>0$의 조건과 일치한다. 그러나 위험부채($\beta_D>0$)의 경우 수익성지수는 양(+)이어야 하고, 부채가 많을수록 커져야 한다. 주주들은 수익성지수가 부등호의 우변 아래로 내려가면 이 사업안을 포기하게 된다. 식 14.2를 이용하는 예는 [예제 19-4]에서 다루도록 한다.

■ 대리비용의 부담

효율적인 시장에서는 부채의 대리비용도 파산비용과 마찬가지로 부채를 조달하는 기업의 소유주가 부담하게 된다. 채권자가 합리적이라면 기업이 자금을 차입한 후 과대투자유인과 과소투자유인, 그리고 재산도피의 가능성이 있다는 것을 알게 되고, 그 결과 자신에게 피해를 줄 것이라는 것을 인식하게 된다. 따라서 채권자들은 더 높은 이자율을 요구하게 될 것이고 주가는 하락한다. 이는 결국 주주의 부를 감소시키는 것이므로 부채의 대리비용은 궁극적으로 기업의 소유주인 주주가 부담한다.

부채의 대리비용은 회사가 파산하여 채권자가 피해를 입을 가능성이 있을 때에만 발생한다. 그리고 부채사용액과 부채의 위험이 클수록 그 가능성은 커진다. 따라서 이 비용은 최적자본구조의 선택에 있어 부채를 늘리는 것이 불리하게 되는 또 하나의 이유가 된다.

예제 14-3 앞의 ㈜NK의 예에서 회사의 채무액이 12억원 대신 4억원이고, 또 ㈜BM의 예에서 채무액이 60억원 대신 30억원이라면 각 회사의 주주들이 위험투자안에 대해 어떤 결정을 내릴지 분석하라.

풀이 우선 ㈜NK의 경우를 분석하자. 신사업을 포기하면 주주의 몫은 6억원(= 10억 − 4억)이다. 사업을 추진하여 성공할 때와 실패할 때의 주주의 몫은 각각 96억원(= 100억 − 4억)과 0이다. 성공할 확률이 5%이므로 이 몫의 기댓값은 4.8억원(= 96억 × 0.05)이다. 따라서 ㈜NK는 NPV가 음(−)인 신사업안을 수용하지 않을 것이다.

㈜BM의 경우, 신사업을 포기하면 주주의 몫은 20억원(= 50억 − 30억)이다. 그러나 신사업을 추진할 경우 주주의 몫은 37억원(= 50억 + 17억 − 30억)이 된다. 따라서 ㈜BM은 NPV가 양(+)인 신사업안을 수용할 것이다.

8 이 식의 도출과정은 옵션이론에 대해서 공부한 후 제19장에서 다룬다.

만일 회사의 기계 일부를 5억원에 팔아 배당을 받을 수 있는 기회가 있더라도 이 거래가 회사가치를 40억원으로 떨어뜨린다면 이와 같은 재산도피현상은 나타나지 않을 것이다. 자산가치가 40억원이 되면 주주의 몫은 15억원(= 40억 - 30억 + 5억)이 되는 반면, 이런 거래를 하지 않을 경우 주주의 몫은 20억원(= 50억 - 30억)이 되기 때문이다.

■ 부채의 만기와 제약조항

부채사용기업은 부채의 대리비용을 줄이기 위한 여러 가지 방안을 생각할 수 있다. 우선 대리비용은 부채의 만기와 관련될 가능성이 높다. 즉, 단기채권보다 장기채권을 발행한 경우에 주주들이 채권자의 이익을 희생하여 자신들의 이익을 추구할 기회가 많다. 단기채권을 발행하면 대리문제가 발생할 가능성을 채권자가 사전에 차단할 수 있기 때문이다. 그러나 단기채권을 너무 자주 발행하면 회사가 재무적 곤경에 처할 위험이 높아지고 또 발행비용도 많이 들어 기업가치를 감소시킬 수 있다.

한편 채권자는 자금을 빌려주는 조건으로 회사의 경영활동에 제약을 가할 수 있다. 채권계약서상의 이러한 제약을 제약조항(debt covenants)이라고 하는데, 배당을 제한한다든지 또 어떤 유형의 투자를 금지하는 등이 그 예이다. 제약조항은 본질적으로 경영자가 채권자를 이용하지 못하도록 하는 것이어서 대리비용을 줄이는 데 도움이 될 수 있지만, 때로는 경영의 유연성을 훼손시켜 *NPV*가 양(+)인 투자안을 실행하는 데 있어 방해요소가 될 수도 있다.

14.4 자기자본의 대리비용

앞 절에서 기업이 부채를 많이 사용할 때 채권자와 [주주 + 경영자] 사이의 이해상충으로 인해 발생할 수 있는 대리문제를 분석하였다. 이 절에서는 기업이 부채 대신 자기자본을 많이 사용할 때 주주와 경영자 사이의 이해상충으로부터 발생하는 대리문제를 다룬다.

만일 경영자가 기업의 소유지분을 100% 소유한다면 주주와 경영자 간의 대리관계는 발생하지 않는다. 그러나 많은 경우(특히 대기업의 경우), 경영자가 소유하는 지분율은 회사를 지배할 수 있는 만큼 높지 않다. 그럼에도 불구하고 경영자는 자신의 아성을 구축하고 주주의 이익보다 자신의 이익을 우선적으로 고려하는 의사결정을 할 수 있다. 주주가 이사회를 통해 경영자를 해고할 수 있는 권한을 가지지만 아주 예외적인 경우를 제외하곤 좀처럼 이 권한을 행사하지 않기 때문이고, 또 이런 사실을 경영자가 잘 알고 있기 때문이다. 이와 같은 논리를 경영권방호가설(management entrenchment hypothesis)이라고 한다. 다음에서는 부채의 사용이 이러한 경영권방호의 유인을 감소시키기 때문에 기업이 자기자본보다 부채로 자금을 조달할 유인을 가질 수 있다는 것을 설명한다.

■ 부채사용과 소유의 집중

신규투자에 필요한 자금을 조달할 때 부채사용의 이점 중 하나는 회사를 소유하고 지배해 오던 개인 또는 집단의 지분을 유지하게 할 수 있어 신주발행으로 자금을 조달할 때 문제가 되는 자기자본의 대리비용이 발생하지 않는다는 것이다. 소유주(들)는 회사를 위한 최선의 길이 무엇인지에 항상 관심을 기울이며 대주주로서 지위를 이용하여 기업가치를 극대화하는 방향으로 행동한다는 것이다. 기업가치가 올라가면 그 혜택은 결국 자신(들)에게 돌아오기 때문이다.

만일 자기자본으로 자금을 조달하여 기존소유주의 지분이 줄어들면 기업가치가 증가하더라도 자신에게 돌아오는 몫이 줄게 된다. 예를 들어, 기존소유주의 지분이 100%에서 50%로 줄어들면 기업가치 1원의 증가에 대해 자신의 지분가치의 증가도 1원에서 0.5원으로 줄게 된다. 기업가치의 증가가 기존소유주의 개인적인 노력에 의한 것이라면, 이는 소유주가 부채 대신 자기자본으로 자금을 조달할 때 열심히 일할 유인이 약해진다는 것을 의미한다.

부채 대신 자기자본으로 자금을 조달할 때 발생하는 또 다른 문제는 기존소유자가 경영자로서 누릴 수 있는 온갖 호화로움에 유혹당할 가능성이 커진다는 것이다. 거액의 연봉 외에도 호화로운 사무실과 자동차, 전용비행기, 값비싼 예술작품, 자선기부 등에 과도한 비용을 지출할 유인이 생긴다는 것이다. 경영자가 100%의 지분을 소유할 때는 이 같은 모든 비용이 자신의 몫으로부터 지출되나, 지분의 일부만 소유할 때에는 비용의 일부만 자신의 부담이기 때문이다. 이 같이 지분율이 낮은 경영자가 무책임하게 회사의 재산을 소비하는 현상을 특권적 소비(perquisite consumption: perks)라고 한다.

이와 같이 투자에 필요한 자금을 자기자본으로 조달함으로써 경영자의 소유지분이 희석되면, 경영자가 직무를 등한시하고 여가와 특권적 소비를 즐기려는 경향이 커지며 결과적으로 많은 비용을 발생시킨다. 이러한 비용을 자기자본의 대리비용(agency cost of equity)이라고 한다. 이러한 대리비용은 부채의 사용을 통해 소유를 집중시키면 줄일 수 있다. 다시 말해, 부채의 사용은 기업으로 하여금 자기자본의 대리비용을 피할 수 있게 하여 기업가치를 높일 수 있다. 다음의 예를 통해 이를 확인하자.

현재 ㈜천하를 100% 소유하고 있는 경영자 최병수 씨는 사업확장을 위해 신규로 1,000억원의 자금조달을 계획하고 있다. 이자율 10%로 차입을 하거나 또는 신주를 발행하여 조달하는 두 가지 방법이 있다고 한다. 신주발행으로 자금을 조달하는 경우 최병수 씨의 지분율은 40%로 떨어진다. 사업확장 후 얻게 되는 미래의 성과는 최병수 씨가 얼마나 열심히 일을 하느냐에 따라 달라진다. 최병수 씨가 하루에 7시간 일하는 경우와 10시간 일하는 경우에 얻을 수 있는 현금흐름에 대한 자료가 〈표 14-5〉에 제시되어 있다.

〈표 14-5〉에서 보는 것처럼 부채로 자본을 조달하는 경우에 하루 3시간의 추가적인 노력은 50억원의 추가적 보상을 가져다주나, 신주발행으로 자금을 조달한 경우에는 20억원의 보상밖에 증

표 14-5 소유경영자의 업무량과 자금조달방법에 따른 현금흐름

(단위: 억원)

	부채로 조달하는 경우(이자율 10%)				신주발행으로 조달하는 경우			
	기업의 현금흐름	이자비용	주주 현금흐름	최병수 씨의 몫 (지분율 100%)	기업의 현금흐름	이자비용	주주 현금흐름	최병수 씨의 몫 (지분율 40%)
7시간 일할 경우	150	100	50	50	150	0	150	60
10시간 일할 경우	200	100	100	100	200	0	200	80

가하지 않는다. 따라서 신주발행으로 자금을 조달한 경우 최병수 씨는 일을 등한시하려는 유인을 갖게 되고, 이 경우 회사의 성과는 150억원으로 줄어 외부주주들의 부는 줄어들게 된다.

이처럼 경영자가 여가나 특권적 소비 등의 방법으로 자기 자신의 효용을 추구함으로써 발생하는 주주의 부의 감소가 자기자본의 대리비용이다. 자기자본의 대리비용은 경영자의 지분율이 낮아질수록 크게 나타난다. 반면, 경영자가 외부자금을 부채로만 조달하여 자신의 소유지분을 100%로 유지할 경우 자기자본의 대리비용은 발생하지 않는다.

■ 부채사용과 낭비적 투자의 감소

앞서 설명에서 경영자의 태만이나 특권적 소비는 결국 기업가치를 감소시킨다고 하였다. 이러한 현상은 비교적 소유가 집중된 소기업보다 경영자의 지분율이 낮은 대기업에서 많이 나타날 가능성이 높다. 그러나 대기업의 경우 경영자의 태만과 특권적 소비가 총기업가치에서 차지하는 비중이 낮기 때문에 기업가치가 감소하는 폭은 크지 않을 수 있다. 이보다 더 심각한 문제는 경영자가 순현가가 음(−)인 투자안에 대규모로 투자하는 등 바람직하지 못한 의사결정에 의해 무분별하게 사업을 확장하여 기업가치를 훼손시키는 일이다.

경영자는 왜 이런 유인을 가지게 되는 것일까? 이에 대한 대답으로 두 가지 설명이 있다. 우선, 경영자는 기업가치를 극대화하는 것보다 자신의 왕국을 건설하는 데 더 큰 관심을 가질 수 있다는 것이다. 즉 작은 회사보다 큰 회사를 지배하고 싶어하기 때문에 수익성보다 규모를 키우는 데 더 관심이 많다는 것이다. 그 결과, 수익성이 없는 사업을 확장하거나 또는 부실사업을 과감히 정리하지 못하며 또 불필요한 자본적 지출을 늘리고 타기업의 인수와 합병에 과다한 가격을 지불하게 된다. 한편, 경영자가 과도하게 투자를 하는 것은 행동재무학에서 말하는 비합리적인 인간심리현상인 과신(overconfidence) 때문이라는 주장도 있다. 자신이 주주의 이익을 위해 행동한다고 생각할지 모르지만, 과신에 의한 잘못된 판단으로 사실은 주주의 이익에 해로운 투자결정을 내린다는 것이다.

경영자의 이러한 낭비적인 투자(wasteful investments)는 기업 내에 충분한 현금이 있는 경우에만 가능하다. 현금흐름이 많게 되면 경영자 재량으로 사용할 수 있는 잉여현금흐름의 규모도 커지기 때문이다. 기업이 많은 현금을 보유할 때 낭비적인 투자가 일어날 가능성이 높기 때문에 현금보유를 적정한 수준에서 억제하는 것이 경영자로 하여금 효율적으로 회사를 경영하도록 하는 방법이라는 주장이 있는데, 이를 잉여현금흐름가설(free cash flow hypothesis)이라고 한다. 이 가설에 의하면 일정범위 내에서 부채를 늘리면 기업가치가 증가한다는 것인데, 이는 부채로 인한 원리금지급이 과다한 현금보유를 줄여서 낭비적인 투자를 줄일 수 있기 때문이다. 부채의 사용이 경영자의 경영권방호 가능성을 낮게 하는 또 하나의 이유는 회사가 재무적 곤경에 처할 위험이 높아지기 때문이다. 회사가 재무적 곤경으로 인해 파산할 경우 자신이 해고당할 가능성이 높다는 사실을 아는 경영자는 낭비적 투자를 감행할 유인을 억제할 수밖에 없다. 또 파산위험이 높아지면 채권자들도 방관하지 않고 감시활동을 강화할 것이기 때문에 낭비적 투자의 가능성은 더욱 낮아진다.

■ 대리비용의 부담

앞에서 시장이 효율적이고 외부투자자가 합리적이라면 파산비용과 부채의 대리비용을 기업의 소유주인 주주가 부담한다고 하였는데, 자기자본의 대리비용도 결국 기존주주가 부담하게 된다. 자기자본의 대리비용은 신주를 발행하여 외부주주로부터 자금을 조달할 때 발생한다. 경영자의 소유지분이 희석되어 적어질수록 태만, 특권적 소비, 그리고 낭비적 투자가 증가한다. 그러나 합리적인 외부투자자들은 새로운 주식이 발행된 후에 이러한 현상이 발생할 것을 알고, 주당가치를 할인하여 대금을 지불하려고 한다. 예를 들어 소유경영자가 발행주식을 100% 소유하며 이때 1주당 시장가치가 만원이라고 하자. 이 소유주가 신주발행으로 지분의 40%를 외부에 매각하려고 한다. 이때 기존소유주가 여전히 대주주로서 회사를 지배하여 대리비용이 발생할거라는 사실을 아는 외부투자자는 주당 만원에 이 주식을 매입하지 않는다. 결과로 기존소유주가 보유한 주식의 가치도 하락하게 된다. 신주발행 전의 주식가치는 주당 만원이었으나, 신주발행 후 주가는 이보다 낮게 형성되어 기존주주의 부를 감소시킨다.

14.5 대리비용과 상충이론

제14.3절과 제14.4절에서 공부한 대리비용을 반영하면 부채기업의 가치를 나타내는 식 14.1은 다음과 같이 보완 · 수정된다.

$$V_L = V_U + PV(\text{부채의 감세효과}) - PV(\text{기대파산비용}) - PV(\text{부채의 대리비용}) + PV(\text{자기자본의 대리비용}) \quad (14.3)$$

식 14.3에서 자기자본의 대리비용은 자기자본을 많이 사용할 때 발생하는 비용이라고 하였다. 이를 바꿔 말하면 부채사용을 늘리면 줄어드는 비용이라고 할 수 있으며 이는 곧 부채사용의 혜택이라고 할 수 있다. 식 14.3을 그림으로 나타낸 것이 [그림 14-2]이다.

[그림 14-2]에서 보면 기업이 부채를 많이 사용할수록 세금효과와 경영권방호 유인의 감소로 기업가치가 증가한다. 그러나 과도한 부채의 사용은 세금효과의 상실, 파산비용의 증가, 대리비용의 증가 등으로 기업가치를 훼손한다. 이러한 이득과 손실은 D^*에서 균형을 이루게 되어 이 수준

| 그림 14-2 | 세금, 파산비용, 그리고 대리비용을 고려할 때의 부채사용과 기업가치

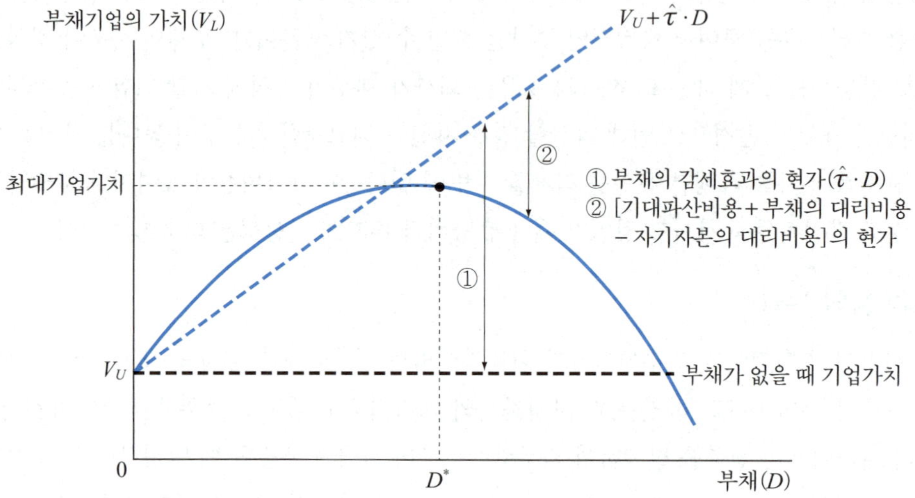

에서 기업가치가 극대화되고, 따라서 기업은 부채가 D^*일 때 최적자본구조를 갖게 된다.

■ 최적부채사용

부채사용으로 인한 이득과 손실은 기업의 특성에 따라 그 크기가 달라질 수 있기 때문에 최적부채비율도 기업마다 다를 수 있다. 예를 들어, 연구 · 개발(R&D)에 대한 투자가 많고 성장잠재력이 높은 기업은 대체로 낮은 부채비율을 유지한다. 많은 경우 이러한 기업은 영업이익과 현금보유량이 적어 이자의 감세효과를 제공해 주거나 또 경영자의 낭비적 투자를 막아 줄 부채사용의 필요성이 없기 때문이다. 또한, 이들 기업이 추구하는 첨단기술 사업은 대체로 위험이 크기 때문에 부채의 사용으로 인한 대리비용의 문제가 심각할 수 있어 채권자들이 투자를 꺼릴 수 있기 때문이다.

반대로 성장률이 낮은 성숙기업의 경우에는 높은 부채비율을 유지하는 경향이 있다. 이러한 기업의 특성은 대체로 현금은 풍부하고 투자기회는 많지 않으며, 또 유형자산을 많이 보유하고 있다는 것이다. 따라서 부채사용으로 인해 법인세 감세효과의 혜택이 크고, 낭비적 투자의 유인은 크지 않다. 그리고 유형자산이 많게 되면 파산비용이 크지 않을 수 있다. 기업이 파산하더라도 이들 자산을 시장가치와 비슷한 가격에 처분할 수 있기 때문이다. 부동산을 많이 보유한 부동산회사나 전기나 가스를 공급하는 유틸리티회사, 그리고 항공사 등이 이러한 기업의 범주에 속한다고 할 수 있다.

■ 부채사용의 현실

부채기업의 가치가 식 14.1과 식 14.3에서와 같이 결정된다는 상충이론(trade-off theory)은 앞에서 본 것처럼 산업별로 부채비율이 차이가 나는 현상을 비교적 잘 설명한다. 그러나 현실에서는 이 이론이 설명할 수 없는 여러 현상들이 나타난다. 그중 하나가 산업 내에서 가장 수익성이 높고 성공적인 회사가 가장 보수적인 자본구조, 즉 가장 낮은 부채비율을 유지한다는 사실이다. 상당한 부채수용능력(debt capacity)에도 불구하고 이런 회사가 목표부채비율을 높이지 않고 고액의 법인세를 납부한다는 사실은 이해하기 힘든 의문현상이다. 또 많은 상장기업이 부채의 감세효과란 이유만으로 부채비율을 잘 바꾸지 않는다는 사실, 그리고 시대별 또는 국가별 법인세율의 차이에 비례하여 부채비율이 결정되지 않는다는 사실 등도 상충이론이 설명할 수 없는 현상이다.

14.6 정보비대칭과 자본구조

■ 자금조달수단의 정보효과

완전자본시장에서는 비용을 들이지 않고 정보를 쉽게 얻을 수 있기 때문에 모든 시장참여자가 보유하는 정보는 같다고 가정한다. 그러나 불완전한 자본시장에서는 정보를 얻는 데 드는 시간과 비용으로 인해 시장참여자들 사이에 양적 또는 질적으로 정보의 차이가 존재하는데 이러한 현상을 정보비대칭(information asymmetry)이라고 한다. 따라서 불완전시장하에서 기업이 영위하는 사업에 대해서도 경영자와 주주, 그리고 채권자 사이에 정보비대칭이 존재하게 된다. 앞서 살펴본 대리비용도 경영자와 주주 그리고 채권자가 기업의 투자안에 대해 서로 다른 정보를 가지고 있기 때문에 발생하는 것이라고 할 수 있다.

정보비대칭이 있는 경우 기업내용에 대해 우월한 정보를 가진 기업의 경영자는 자신이 알고 있는 정보를 일반투자자에게 전달해 주는 수단으로 자본구조정책이나 배당정책 등을 이용할 수 있다. 자본구조정책이나 배당정책이 기업에 대한 정보를 투자자에게 전달해 주는 역할을 하는 것을 신호효과(signaling effect) 또는 정보효과(information effect)라고 한다. 이에 대해 좀 더 구체적으로 살펴보자.

경영자는 기업에 긍정적인 사건이 발생했을 때 이를 시장에 알림으로써 기업가치가 올라가기를 원한다. 이러한 사건을 시장에 알리는 직접적인 방법으로 IR활동이나 언론매체를 생각할 수 있다. 그러나 이 경우 알리려는 정보가 확증할 수 없는 것이라면 투자자들은 이 정보를 신뢰하지 않을 것이고, 주가상승과 같은 기업가치의 변화가 바로 실현되지 않는다. 정보가 확증할 수 없는 것이라면 실제로 긍정적인 변화가 없는 기업이라 할지라도 허위공시를 통해서 기업가치를 증가시키려는 유인이 발생하기 때문이다. 경영자가 투자자에게 신뢰감을 주기 위한 하나의 방법은, 기업이 고의적으로 투자자를 기만하면 그로 인해 입게 되는 불이익이 너무 커서 기업이 거짓행위를 할 이유가 없다는 것을 투자자에게 행동으로 보여주는 것이다. 이를 흔히 신뢰성의 원리(credibility principle)라고 한다.

이러한 신뢰성의 원리에 따라 기업의 경영자가 자신이 가진 정보를 투자자가 믿고 받아들이도록 하는 방법이 자본구조나 배당의 변화 등을 통하여 간접적으로 정보를 시장에 전달하는 것이다. 예를 들어, 어떤 기업이 매우 양호한 현금흐름이 예상되는 사업에 투자를 계획하고 있다고 하자.

사업의 미래에 대해 확실한 자신감이 있는 이 기업의 경영자는 부채로 자금을 조달하려고 할 것이다. 부채비율이 다소 증가하더라도 양호한 현금흐름이 부채의 원리금을 부담해 줄 것이기 때문이다. 이 경우에 부채의 증가는 기업이 좋은 투자안을 가지고 있다는 사실을 시장에 전달하는 신호(signal)가 된다. 그러나 실제로 좋은 투자안이 없는 기업이 시장의 긍정적인 반응을 기대하고 부채를 적정수준 이상으로 사용할 수는 없다. 왜냐하면 그럴 경우 부채의 증가는 원리금의 상환부담으로 이어지고 기업의 파산가능성을 높이며 결과적으로 기업가치를 하락시키기 때문이다. 이는 거짓 정보를 전달한 데 대한 불이익이라고 할 수 있다. 이와 같이 기업이 필요한 자금을 부채로 조달하는 것이 기업에 대한 긍정적인 정보를 전달해 주는 신호가 되는 경우, 부채비율이 높은 기업일수록 그 가치가 높게 평가될 수 있다.

자본구조의 신호효과는 경영을 맡고 있는 내부주주의 소유지분과도 관계가 있다. 수익성은 높으나 위험이 큰 투자안의 경우 채권자들은 투자를 꺼린다. 새로운 투자안의 수익성에 대해서 일반투자자가 얻기 어려운 내부정보에 쉽게 접근할 수 있는 내부주주는 자신의 지분율을 통하여 신뢰를 받으면서 이를 전달할 수 있다. 새로운 투자를 위한 자금조달의 경우, 내부주주의 참여비율이 높으면 일반투자자들은 이를 새 투자안의 수익성이 좋다는 신호로 인식하며, 반대로 내부주주의 지분이 낮아지면 이를 수익성이 좋지 않은 신호로 받아들일 수 있다. 따라서 이러한 신호효과를 고려하면 내부주주로부터 자금을 조달하는 비중이 커질수록 기업가치는 높게 평가된다.

이와 같은 신호효과는 MM이론과는 달리 세금이 없는 경우에도 최적자본구조가 존재할 수 있다는 것을 의미한다. 경영자가 선택한 자금조달방법이 기업내용에 대한 긍정적인 정보를 전달하는 경우, 정보비대칭은 해소되고 이에 따라 기업가치는 상승한다. 한편 추가적 자금조달에 따라 추가적인 비용 또한 발생한다. 차입을 늘릴 경우 파산위험의 증가로 부채비용이 상승하게 되며, 내부주주의 추가출자로 수익성은 높으나 위험이 큰 투자안에 투자를 늘리는 경우 기업 전체의 위험증가로 자본비용이 높아진다. 최적자본구조는 정보비대칭의 해소에 따른 기업가치의 증가분과 자본비용의 상승에 따른 기업가치의 감소분이 같아지는 수준에서 결정될 것이다.

예제 14-4 ㈜DS는 현재 무부채기업이다. 그리고 1년 후 이 회사의 가치는 현재 고려 중인 투자안의 성공 여부에 따라 5,000억원이 되거나 2,500억원이 될 것으로 추정된다. 시장의 투자자들은 투자의 성공과 실패 확률을 각각 0.5로 보고 있다. 그러나 ㈜DS의 CFO인 황 씨는 성공을 확신하고 있다. ㈜DS가 1,500억원의 부채를 사용하여 이러한 그의 확신을 투자자에게 전달할 수 있을지를 설명하라. 또 3,000억원의 부채를 사용하는 경우에는 어떨지를 설명하라.

풀이 ㈜DS가 2,500억원보다 훨씬 낮은 수준의 부채를 사용하면 투자의 결과에 상관없이 파산의 위험이 없다. 결과로, 황 씨가 부정적인 정보를 가지고 있더라도 파산비용은 0이 된다. 이렇게 투자가 실패해도 불이익이 없다는 사실을 아는 투자자는 1,500억원의 부채를 신뢰할 수 있는 신호로 받아들이지 않는다.

그러나 3,000억원의 부채사용은 신뢰할 수 있는 신호가 될 수 있다. 만일 ㈜DS가 부정적인 정보를 가지고 있으면서 이만큼의 부채를 사용하면, 회사는 파산할 것이 확실하고 결국 ㈜DS는 거짓에 대한 대가로 파산비용이란 벌금을 지불해야 한다. 이러한 사실을 아는 투자자는 ㈜DS가 성공에 대한 확신 없이는 3,000억원의 부채를 사용할 수 없다고 판단하기 때문에 그의 신호를 신뢰하게 된다.

■ 주식발행과 역선택

불완전시장에서 시장참여자들 사이의 정보비대칭으로 인하여 발생하는 문제 중 하나가 소위 역선택(adverse selection)의 문제이다. 역선택이 일어나는 전형적인 예가 중고차 시장이다. 중고차 시장에서 매물로 나온 자동차의 품질에 대해서 매입자보다 매도자가 더 우월한 정보를 가지는 것은 당연하다. 이런 사실을 아는 매입자는 양질의 자동차가 매물로 나올 이유가 없다고 믿기 때문에 아주 싼 가격이 아니면 이를 매입하지 않는다. 또 양질의 자동차를 소유한 잠재적 매도자도 매입자의 이러한 의도를 알고 자동차의 매각을 꺼린다. 결국 중고차 시장에서는 값싸고 질이 낮은 자동차만 거래된다는 것이다. 이와 같이 정보비대칭으로 인해 물건의 품질과 가격이 모두 낮아져 평균보다 못한 저질의 물건만 시장에서 거래되는 현상을 역선택이라고 한다. 또 이러한 시장을 '레몬시장(market for lemons)'이라고 부른다.[9]

역선택의 문제는 주식거래에서도 적용될 수 있다. ㈜BT의 소유주인 박 씨가 보유지분의 60%를 일반투자자 김 씨에게 매도하길 원한다고 하자. 박 씨가 ㈜BT 주식이 상당히 매력적인 투자기회라고 생각하고 또 실제로 그렇다고 하더라도, 투자자 김 씨는 그 말을 믿지 않을 수 있다. 즉 박 씨가 회사의 미래에 대해 비관적이어서 사정이 나빠지기 전에 대량의 지분을 처분하여 현금화하는 것이라고 생각할 수 있다. 이는 김 씨가 ㈜BT 주식이 얼마나 좋은지를 잘 알지 못하기 때문에 발생하는 현상이다. 레몬시장의 원리에 따라 김 씨는 그가 지불할 가격을 제값보다 낮추려고 할 것이고, 또 회사의 미래에 대해 낙관적인 박 씨는 주식처분을 철회할 수 있다.

예제 14-5 ㈜IAS 주식의 내재가치는 5만원과 4만원, 그리고 3만원 중 하나이다. 투자자들은 각 경우의 확률이 1/3이라고 믿고 있으며, 현재가격은 이들 가격의 평균인 4만원이다. 이 회사의 CEO인 구 씨는 분산투자의 목적으로 자신의 지분 대부분을 매각하려고 한다. 분산투자의 이점을 고려하면 구 씨가 내재가치보다 10% 낮은 가격에 주식을 처분하더라도 잃는 것이 없다고 한다. 구 씨가 매각을 시도할 때 그가 주식의 내재가치를 확실히 알고 있다고 투자자들이 믿는다면, 주가가 어떻게 변화할지 분석하라. 또 CEO 구 씨가 그의 의도대로 주식을 처분할 수 있을지도 분석하라.

풀이 만약 주식의 내재가치가 5만원이라면 구 씨는 결코 현재의 시가 4만원에 매각하지 않는다. 그가 의도하는 가격은 5만원보다 10% 낮은 4만 5000원이기 때문이다. 따라서 구 씨가 매각을 시도하면 투자자는 내재가치가 4만원과 3만원 중 하나라고 확신한다. 이 경우 주가는 두 가격의 평균인

9 Akerlof, G.(1970), "The Market for Lemons: Quality, Uncertainty, and the Market Mechanism," *Quarterly Journal of Economics* 84, 488-500.

35,000원(= 0.5 × 4만 + 0.5 × 3만)으로 떨어져야 한다. 이때 내재가치가 4만원이라면 구 씨는 이 가격에 매각하지 않는다. 그가 의도하는 가격은 3만 6천원이기 때문이다. 구 씨가 3만 5천원에 매각을 시도한다면, 투자자는 내재가치가 3만원이라는 걸 확신한다. 따라서 구 씨는 내재가치가 가장 낮은 3만원일 경우 27,000~30,000원 사이의 가격에 그의 지분을 처분할 수 있다. 만일 구 씨가 알고 있는 내재가치가 5만원 또는 4만원이라면, 그는 주식을 처분할 수 없게 된다.

역선택의 현상은 주식의 유통시장뿐 아니라 발행시장(new issues market)에서도 마찬가지로 나타난다. 기업이 신주를 발행하여 자금을 조달할 경우, 역선택의 문제로 인해 기업은 내재가치보다 낮은 가격에 신주를 매도할 수밖에 없고, 이는 다시 구주의 가격을 떨어뜨려 기존주주에게 손실을 입힌다. 따라서 주주의 이익을 위하는 경영자는 주식이 과대평가된 경우가 아니면 신주발행을 꺼리게 된다.

예를 들어, ㈜소백은 현재 1,000,000주의 보통주를 발행하고 있으며 1주당 가격은 19,000원이라고 하자. 따라서 주식의 시가총액은 190억원이다. 그러나 ㈜소백의 사업에 대해 보다 정확한 정보를 보유한 최고경영자 최 씨는 주당적정가치가 21,000원이라고 믿고 있으며 따라서 그가 평가하는 ㈜소백 주식의 시가총액은 210억원이다. 최근에 최 씨는 *NPV*가 5억원인 신규투자안에 대한 검토를 끝내고 이에 필요한 100억원의 자금을 조달하려고 한다. 시장의 투자자들은 아직 이 투자안의 내용에 대해 알지 못하며, 이에 대한 정보는 투자 후에 시장에 알려질 전망이다.

우선 정보대칭하에서 신주를 발행하여 자금을 조달하는 경우를 살펴보자. 경영자 최 씨가 자신이 알고 있는 모든 정보를 시장에 공시하여 정보비대칭이 없는 경우, 신규투자 전의 주가는 21,000원으로 상승할 것이며, 신규투자에 소요되는 자금 100억원은 476,190주(= 100억/21,000)를 발행하여 조달할 수 있다. 신규투자를 집행한 후의 ㈜소백의 새로운 주가는 다음과 같다.

$$\text{정보대칭하에서 새로운 주가} = \frac{210\text{억} + 100\text{억} + 5\text{억}}{1,000,000 + 476,190} = 21,339\text{원}$$

이제 정보비대칭하에서 문제를 분석해 보자. 먼저 신주발행을 통하여 자금을 조달하는 경우를 살펴보자.

정보비대칭하에서 주식이 과소평가되었을 때 신주를 발행하는 경우

경영자 최 씨가 자신이 알고 있는 정보를 시장에 알리지 않았다고 하자. 이 경우 신규투자 이전의 주가는 19,000원이므로 100억원의 자금을 조달하기 위해서는 526,315주(= 100억/19,000)를 발행하게 된다. 신주발행으로 조달된 자금 100억원으로 신규투자가 집행된 후, 이에 관한 모든 정보가 시장에 공시되어 정보비대칭이 해소되면 새로운 주가는 다음과 같이 계산된다.

$$\text{정보비대칭하에서 새로운 주가} = \frac{210\text{억} + 100\text{억} + 5\text{억}}{1,000,000 + 526,315} = 20,637\text{원}$$

이럴 경우 기존주주는 신규투자를 포기하려고 할 것이다. 왜냐하면 신규투자를 포기하고 ㈜소백의 기존사업에 관한 정보비대칭이 해소되면 주가가 21,000원이 되기 때문이다. 즉, 신주발행을 하는 경우에 비해 하지 않는 경우에 주가가 363원(= 21,000 − 20,637)만큼 더 높기 때문이다. 정보비대칭이 해소되지 않은 상황에서 기존주주가 신주발행을 통한 자금조달을 받아들이기 위해서는 신규투자안의 순현가가 다음의 조건을 만족시켜야 한다.

$$\frac{210\text{억} + 100\text{억} + \text{순현가}}{1{,}000{,}000 + 526{,}315} > 21{,}000\text{원}$$

위 식을 만족시키기 위해서 순현가는 10.5262억원보다 커야 한다. 이는 정보비대칭하에서 신주발행을 통한 자금조달에 대해 기존주주의 동의를 얻기 위해서는 신규투자안의 수익성이 상당히 높아야 한다는 것을 의미한다.

정보비대칭하에서 주식이 과대평가되었을 때 신주를 발행하는 경우

이번에는 ㈜소백의 주식이 과대평가된 경우를 생각해 보자. 시장의 투자자들은 ㈜소백 주식의 적정가치가 19,000원이라고 믿고 있으나 현실적으로는 특허와 공해에 관련된 소송에 따른 비용지출 가능성 때문에 주가하락이 필연적이다. 회사의 현실을 잘 알고 있는 최고경영자 최 씨는 향후 주가가 17,000원으로 떨어질 것을 알고 있다. 이럴 경우라면 경영자는 신주를 주당 19,000원에 발행하여 신규사업에 투자할 것이며 투자 후 모든 정보가 시장에 알려지면 새로운 주가는 다음과 같다.

$$\text{정보비대칭하에서 새로운 주가} = \frac{170\text{억} + 100\text{억} + 5\text{억}}{1{,}000{,}000 + 526{,}315} = 18{,}017\text{원}$$

결과로, 기존주주는 신규주주들의 희생을 통해 주당 1,017원(= 18,017 − 17,000)의 이득을 얻게 될 것이므로 신주발행을 통한 자금조달을 찬성하게 된다. 그러나 효율적인 시장에서 주가가 과대평가되는 상황이 오래 지속될 수는 없다. 합리적인 외부투자자들은 ㈜소백 주식이 과대평가된 것을 곧 알게 되고 주가는 하락할 것이다. 결과적으로 기업은 신주발행을 통해 이득을 얻을 수 없게 된다. 만일 신주발행을 통한 자금조달을 시도하더라도 시장은 이를 기업내용이 나쁘다는 신호로 받아들여 매우 낮은 가격으로 거래가 일어날 뿐이다.

이상과 같은 역선택의 문제는 기업의 주식발행과 관련하여 다음과 같은 몇 가지 시사점을 제시한다. 첫째, 기업이 신주발행을 공시하면 투자자는 이를 주식이 과대평가되었다는 신호로 받아들여 보다 낮은 가격을 요구하게 되고 이는 결국 주가를 하락시킨다.[10] 둘째, 이에 따라 경영자는 긍정적인 사적 정보일 경우 이것이 공개될 때까지 주식발행을 연기하지만, 부정적인 경우에는 그럴

10 미국시장의 경우 주식발행 공시일에 평균적으로 약 3%의 주가하락을 보인 것으로 나타났다. 다음의 연구를 참조하라. Asquith, P. and D. Mullins(1986), "Equity Issues and Offering Dilution," *Journal of Financial Economics* 15, 91-118.

유인이 없다. 결과로, 긍정적인 정보를 가진 기업의 주가는 주식발행 공시일 이전에 많이 올라가는 경향이 있다.[11] 셋째, 역선택은 근본적으로 정보비대칭에 기인하기 때문에 기업들은 실적발표 직후 등 정보비대칭이 최소화되는 시점에서 주식을 발행하는 경향이 있다.[12]

■ 정보비대칭과 자본조달순서

기업이 자금을 조달하기 위하여 주식을 발행할 때 정보비대칭으로 인해 발생하는 역선택의 문제는 기업이 선택하는 자금조달방법에 영향을 미칠 수 있다. 즉 새로이 발행되는 주식이 시장에서 저평가될 것이라는 것을 아는 경영자는 주식발행보다는 내부에 유보된 자금이나 또는 부채에 우선적으로 의존하려고 한다. 채권을 발행할 때에도 역선택의 문제가 발생할 수 있으나, 위험이 낮은 부채의 가치는 주로 이자율에 의해 결정될 뿐 경영자의 사적 정보에 그리 민감하지 않다. 따라서 저평가현상은 주식발행의 경우에 비해 경미할 것으로 예상할 수 있다. 또 내부유보자금을 사용할 경우 저평가현상은 있을 수 없다. 앞의 ㈜소백의 예를 통해 부채발행과 유보자금사용의 결과를 살펴보자.

부채로 자금을 조달하는 경우

㈜소백이 투자에 필요한 자금 100억원을 부채로 조달할 경우 새로운 주가는 다음과 같다.

$$\text{정보비대칭하에서 새로운 주가} = \frac{210\text{억} + 5\text{억}}{1{,}000{,}000} = 21{,}500\text{원}$$

주당가격은 투자 전에 비해 500원 증가하며 기존주주의 부는 5억원(= 100만주×500원) 증가한다. 즉, 신규투자안의 순현가인 5억원이 모두 기존주주의 몫이 되는데, 신주발행의 경우와 비교하면 주식수의 증가로 인한 희석효과(dilution effect)가 없기 때문이다. 만일 부채증가에 따라 발행비용의 부담이나 파산비용 등이 발생한다면 기존주주의 부는 신규투자안의 순현가에서 이 추가비용을 뺀 것만큼 증가할 것이다.

내부유보이익을 사용하는 경우

내부유보이익으로 자금을 조달하는 경우 신규투자안의 순현가 5억원은 전액 기존주주에게 귀속되며 이 경우 추가적인 비용지출도 없다. 따라서 정보비대칭이 해소된 경우 새로운 주가는 21,500원이 된다.

지금까지의 분석결과를 보면 정보비대칭이 존재하는 경우 기존주주는 내부유보이익에 의한 자

11 신주발행 공시일 이전 1년 반 기간 동안 발행기업의 주가가 시장보다 약 50% 더 높아진 것을 보인 다음의 연구를 참조하라. Lucas, D. and R. McDonald(1990), "Equity Issues and Stock Price Dynamics," *Journal of Finance* 45, 1019-1043.

12 여러 공시일 중 실적발표일 직후에 주가낙폭이 가장 작다는 것을 보인 다음의 연구를 참조하라. Korajczyk, R., D. Lucas, and R. McDonald(1991), "The Effect of Information Releases on the Pricing and Timing of Equity Issues," *Review of Financial Studies* 4, 685-708.

금조달을 가장 선호하며, 외부로부터 자금을 조달할 경우 주식발행보다 부채사용을 선호한다. 정보비대칭하에서 주식발행은 투자자들에게 기업내용에 대한 나쁜 신호를 전달한다. 정보대칭에 비해 정보비대칭인 경우에 기존주주의 부는 줄어들기 때문에, 기존주주는 새로운 주주의 희생을 바탕으로 자신의 부를 증가시킬 수 있는 경우 외에는 주식발행을 통한 자금조달을 꺼리게 된다.

결국 정보비대칭하에서 기업의 자본조달은 부채와 자기자본의 적절한 균형비율에 의해 결정되는 것이 아니라 경영자(또는 기존주주)가 외부투자자보다 얼마나 우월한 정보를 가지고 있느냐에 따라 결정된다. 그리고 이 경우 기존주주의 부의 극대화라는 측면을 고려하면 내부유보자금 → 부채 → 신주발행의 자금조달순서가 형성된다. 그리고 실제로도 기업이 자금을 조달하는 사례를 분석해 보면, 많은 경우에 이러한 순서를 따르는 것을 볼 수 있다.[13] 마이어즈(Myers)는 이러한 현상이 "모든 정보가 모든 투자자에게 동시에, 그리고 정확히 전달된다."는 MM이론의 가정과는 달리 현실 시장에서는 시장참여자 간에 정보비대칭이 존재하기 때문에 나타나는 현상이며, 이 경우 기업은 내부유보자금 → 부채 → 신주의 순으로 자본을 조달한다고 주장하였는데, 이를 자본조달순서이론(pecking order theory)이라고 한다.[14]

■ 자본조달순서이론의 의미

자본조달순서이론은 상충이론의 내용과는 다른 다음과 같은 몇 가지 의미를 전달한다. 첫째, 상충이론에서는 부채사용에 따라 나타나는 감세효과와 기대파산비용, 그리고 대리비용의 상충관계에 의해 최적자본구조가 결정되는 반면, 자본조달순서이론에 의하면 기업의 자본조달방법은 정보비대칭의 특성에 따라 결정될 뿐 특정한 목표부채비율이 존재하지 않는다. 왜냐하면, 자기자본으로 자금을 조달하는 두 가지 방법 중 유보이익에 의한 조달은 선호되는 반면 신주발행에 의한 조달은 기피된다는 점을 고려하면, 부채비율이 낮다고 해서 그것이 곧 바람직한 자본구조를 의미하는 것이 아니기 때문이다. 즉, 주로 신주발행으로 자금을 조달함으로써 부채비율이 낮아진 기업이 반드시 건전한 자본구조를 가지고 있다고 평가할 수 없다. 현재의 부채비율은 단순히 기업의 영업활동 과정에서 발생한 투자지출과 내부유보이익의 크기가 어떠했느냐에 따라 나타난 결과로 부채를 통한 외부자금조달이 누적된 결과를 반영할 뿐이다.[15]

둘째, 수익성이 매우 좋은 기업이 왜 낮은 부채비율을 유지하는지를 설명하지 못했던 상충이론과는 달리, 자본조달순서이론은 이 현상을 잘 설명할 수 있다. 수익성이 높은 기업은 내부에 축적된 유보이익이 많아 신규투자 시 외부자금을 필요로 하지 않기 때문이다. 이에 반해 수익성이 낮은 기업들은 내부자금이 충분하지 않기 때문에 차입에 많이 의존하게 되는데, 이는 부채비율을 높게

13 Donaldson, G.(1961), *Corporate Debt Policy: A Study of Corporate Debt Policy and Determination of Corporate Debt Capacity*, Boston: Harvard Graduate School of Business Administration.

14 Myers, S.(1984), "The Capital Structure Puzzle," *Journal of Finance* 39, 575-592.

15 자본조달순서이론에서는 부채사용에 따른 법인세 감세효과는 기업의 부채비율을 결정하는 주된 요인이 아니라고 본다.

한다. 신주발행으로 필요자금을 조달하는 경우는 기업규모가 작아 은행으로부터의 차입이 어렵거나, 신규투자안의 수익성이 충분히 높아 기존주주의 부가 증가할 때이다.

셋째, 자본조달순서이론은 또한 기업들이 여유자금(financial slack)을 보유하려는 동기를 설명한다. 여유자금이란 기업이 현금이나 시장성 있는 유가증권, 그리고 매각이 용이한 비유동자산의 보유 등 여러 방법으로 확보하고 있는 자금조달원을 말한다. 투자기회가 풍부한 기업의 경우 여유자금을 보유하는 것은 매우 중요하다. 정보비대칭이 존재하는 상황에서 경영자가 신주를 발행하여 자금을 조달하려고 하면 투자자들은 그 회사의 주가가 과대평가되었다고 생각한다. 또 부채를 통하여 자금조달을 하는 경우 발행비용이나 파산위험의 증가 등에 따른 추가비용을 부담하여야 한다. 이러한 경우 기업은 신규투자에 필요한 자금을 외부자본시장에서 조달하는 것보다 내부에 유보된 여유자금을 이용하여 조달하는 것이 바람직할 수 있다. 상충이론에서는 여유자금의 보유가 낭비적 투자 등을 유발하여 자기자본의 대리비용을 증가시키고 기업가치를 떨어뜨릴 수 있다고 한다.

예제 14-6 ㈜H&C는 기존시설을 확장하기 위한 사업에 200억원을 투자할 계획이다. 경영진은 이 자금을 1년만기 부채로 조달할 경우 4%의 이자가 적정하다고 생각하는데 은행에서는 5%를 요구하고 있다. 그리고 신주를 발행하여 자금을 조달할 경우 주가는 3%정도 저평가될 것으로 예상한다. 이 같은 상황에서 유보이익, 부채, 신주발행을 통해 자금을 조달하는 각 경우의 조달비용을 비교하라.

풀이 유보이익을 사용할 경우 비용은 200억원이다. 또 부채를 통해 조달할 경우, 1년 후 210억원(=200억×1.05)을 지급해야 하는데 이를 4%로 할인한 값 201.92억원(=210억/1.04)이 비용이다. 신주발행을 통해 조달할 경우 3% 낮은 가격에 주식을 매출할 수 있으므로, 200억원을 확보하려면 206.19억원(=200억/0.97)의 비용이 발생한다. 따라서 유보이익, 부채, 신주발행의 순서로 비용이 적게 든다.

■ 자본조달의 실제와 상충이론, 그리고 자본조달순서이론

라잔과 징갈레스(Rajan and Zingales)는 미국과 영국, 일본, 캐나다, 프랑스, 독일, 그리고 이탈리아의 기업들을 대상으로 이들 기업이 어떤 방법으로 자금조달을 하는지를 분석하고, 부채비율을 결정하는 요인으로 다음과 같은 네 가지를 제시하였다.[16]

① **기업규모**: 규모가 큰 기업일수록 부채비율이 높다.
② **유형자산**: 유형자산의 비중이 높은 기업일수록 부채비율이 높다.
③ **수익성**: 수익성이 높은 기업일수록 부채비율이 낮다.
④ **성장성**: 성장성이 높은 기업일수록 부채비율이 낮다.

16 Rajan, R. and L. Zingales(1995), "What Do We Know About Capital Structure? Some Evidence from International Data," *Journal of Finance* 50, 1421-1460.

이들의 연구결과는 상충이론과 자본조달순서이론 모두가 기업의 자금조달행태를 설명하는 데 유용할 수 있다는 것을 보여준다. 상충이론에서는 유형자산의 비중이 높고 이익의 규모가 큰 기업일수록 법인세 감세효과의 향유를 위해 목표부채비율이 높을 것이며, 반대로 무형자산의 비중이 크고 성장성이 높은 기업들은 파산비용 등의 부담이 커 낮은 부채비율을 가질 것으로 예측하였다. 위에서 제시된 연구결과 ①, ②, ④는 이러한 상충이론의 논리와 부합한다. 자본조달순서이론에서는 수익성이 높은 기업일수록 축적된 유보이익이 많아 필요자금을 내부자금으로 조달하게 되므로 낮은 부채비율을 유지할 것이며, 신주발행을 통해 필요자금을 조달하는 기업은 신규투자안의 수익성이 매우 높거나 기업규모가 작아 차입이 어려운 기업일 것이라고 예측하였다. 라잔과 징갈레스의 연구결과 ①, ③, ④는 이러한 자본조달순서이론의 논리와 일관성을 갖는다.

14.7 자본구조정책의 요약 및 결론

지금까지 살펴본 자본구조이론은 세금이 없는 완전시장에서 자본구조와 기업가치의 무관련성을 도출한 MM명제 I로부터 시작되었다. 여기에 법인세를 고려할 경우, 이자의 감세효과로 인해 부채사용이 많은 기업일수록 기업가치가 높다는 결과를 도출하였다. 개인소득세까지 고려하면, 법인세 감세효과가 다소 줄긴 하지만 여전히 부채사용이 유리할 수 있다는 결과를 얻는다. 즉 부채의 감세효과가 여전히 양(+)이라는 것이다. 파산비용을 추가로 고려할 경우, 과다한 부채사용은 파산가능성을 높여 기업가치를 떨어뜨리게 되며 그 결과로 부채의 감세효과와 파산비용 사이에 상충관계가 나타난다. 한편, 부채를 많이 사용하면 위험유인, 과소투자, 또 재산도피와 같은 대리문제가 발생하여 부채의 대리비용을 발생시킨다. 그러나 다른 한편으론 부채의 사용이 경영자의 태만, 특권적 소비, 낭비적 투자 등으로 발생하는 자기자본의 대리비용을 감소시킨다. 이와 같이 부채의 감세효과와 파산비용, 그리고 부채의 대리비용과 자기자본의 대리비용 사이의 상충관계에 의해 최적자본구조가 결정된다는 이론이 상충이론이다.

자본조달순서이론에서는 기업의 자본조달방법의 선택에 있어 정보비대칭 때문에 나타나는 신호효과와 역선택의 결과를 강조한다. 역선택의 문제 때문에 같은 자기자본이라고 하더라도 유보이익과 신주를 발행하여 자금을 조달할 때의 기업가치는 달라질 수 있다. 이 이론에서는 내부자금-부채-신주발행의 순서에 따라 자금을 조달하는 것이 최선의 방법이라고 주장한다. 이는 상충이론에서와는 달리 최적자본구조가 존재하지 않는다는 것을 의미한다. 상충이론과 자본조달순서이론 중 어느 이론이 더 타당한지는 실증연구의 결과에 의해 판가름될 것이다. 지금까지의 연구결과를 보면, 완벽하진 않지만 두 이론 모두 현실의 여러 현상을 설명하는 데 도움이 되고 있다.

자본구조에 대한 다양한 이론과는 별개로 현실의 많은 경영자는 최적자본구조가 존재한다고 믿고 있으며, 자본조달에 있어 다음과 같은 요인들을 고려하여 의사결정을 하고 있는 것으로 알려져 있다.

- **매출액증가율**: 매출액증가율이 높으면 주가가 크게 상승하여 신주발행을 통한 자금조달이 쉬워진다. 보통 성장이 빠르며 매출액증가가 큰 기업은 자금부족의 어려움을 겪게 되는데, 이 경우에는 주식을 발행하여 조달하는 것이 부채로 자본을 조달하는 것보다 유리하다.
- **현금흐름의 안정성**: 현금흐름의 안정성과 부채비율은 직접적인 관계가 있다. 현금흐름이 안정적이면 지급불능위험이 감소되기 때문이다. 이러한 이유로 안정적인 현금흐름을 갖는 기업은 부채비율이 높은 것이 보통이다.
- **산업의 특성**: 부채를 부담할 수 있는 기업의 능력은 그 기업의 수익성과 매출액의 안정성에 크게 관련된다. 수익성이나 매출액의 안정성은 그 기업이 투자하고 있는 사업내용과 그 기업이 속한 산업의 경쟁수준 등에 밀접하게 관련되어 있으며, 이러한 성격은 각 기업이 속해 있는 산업의 특성에 따라 다르다. 따라서 부채수준은 산업의 특성에 따라 결정되는 경향이 있다.
- **자산구성**: 수명이 긴 유형자산에 많이 투자하고 있는 기업(철강, 정유업체 등)은 자금을 장기부채로 조달하며, 단기적인 자산을 갖는 기업(도매업, 소매업)들은 단기부채로 자본을 조달하는 경향이 있다. 따라서 유형자산이 많은 기업들은 부채비율이 높은 것이 일반적이다.
- **경영진의 태도**: 주식의 소유가 분산된 대기업에서는 주식발행을 선호하는 경향이 강하다. 이는 주식수의 증가가 기업의 지배권에 큰 영향을 주지 않기 때문이다. 반면에 소유가 집중되어 있는 중소기업에서는 부채로 자본을 조달하여 기업의 지배권을 지키려는 경향이 일반적이다.
- **채권자의 영향력**: 부채를 많이 제공해 준 채권자는 채무자인 기업의 자본구조에 대하여 조언을 하거나 영향력을 행사할 수 있으며 대체로 기업은 이를 따르게 된다. 이들의 의견을 따르지 않을 때는 기업의 신용도에 영향을 미치기 때문이다.
- **거래비용**: 기업이 자주 자본구조를 변경하면 필수적으로 많은 거래비용을 수반하기 마련이다. 따라서 현재의 부채비율이 목표부채비율과 크게 차이가 없는 한 이를 변경하지 않는 것이 보통이다. 그 결과 자본구조의 변경은 주가변동이 심해서 자기자본의 가치가 크게 변화할 때 수동적으로 일어날 가능성이 높다.

중 요 용 어

채무불이행(default)	재무적 곤경(financial distress)
파산(bankruptcy)	파산비용(bankruptcy cost)
목표부채비율(target debt ratio)	상충이론(trade-off theory)
대리문제(agency problem)	대리비용(agency cost)
부채의 대리비용(agency cost of debt)	위험유인(risk incentive)
과대투자(over-investment)	자산대체(asset substitution)
과소투자(under-investment)	부채과잉(debt overhang)

재산도피(milking the property)
경영권방호(management entrenchment)
정보비대칭(information asymmetry)
신뢰성의 원리(credibility principle)
잉여현금흐름가설(free cash flow hypothesis)
자기자본의 대리비용(agency cost of equity)
역선택(adverse selection)
특권적 소비(perquisite consumption)
낭비적 투자(wasteful investments)
신호효과(signaling effect)
레몬시장(market for lemons)
자본조달순서이론(pecking order theory)

연 습 문 제

14-1 파산에 따른 직접비용과 간접비용을 설명하라.

14-2 다음의 각 경우 파산기업이 시장가치에 보다 가까운 값에 청산할 수 있는 자산을 말해 보라.

① 건물 vs 브랜드명 ② 상품 재고 vs 원재료 ③ 특허권 vs 기술적 노하우

14-3 기업에서 발생하는 대표적인 대리문제의 유형을 말해 보라.

14-4 기업에서 발생하는 대리비용을 아는 대로 소개하라.

14-5 위험유인과 과대투자의 문제를 설명하라.

14-6 경영권방호가설의 내용을 설명하라.

14-7 과소투자 또는 부채과잉의 문제를 설명하라.

14-8 잉여현금흐름가설이 기업의 자본구조에 대해 갖는 의미에 대해 설명하라.

14-9 역선택의 문제란 무엇인지 설명하라.

14-10 자본구조의 상충이론과 자본조달순서이론에 대해 설명하고 이들 이론이 실제기업의 자본조달행태를 어떻게 설명할 수 있는지 말해 보라.

14-11 상충이론에 따르면 다음 중 어떤 회사가 낮은 부채비율을 유지하고 어떤 회사가 높은 부채비율을 유지할지를 말해 보라.

① 회계법인 ② 고무회사 ③ 스마트폰 제조업체 ④ 유명 체인 음식점 ⑤ 담배 회사

14-12 Y군은 최근 두 회사로부터 스카우트 제의를 받았다. A기업은 2년 동안 연 8,000만원을, B기업은 2년 동안 연 9,000만원을 지급하는 제안을 하였다. 두 기업에서의 업무는 동일하다. A기업과의 계약은 100% 확실한 계약이다. 그러나 B기업은 1년 후 50%의 확률로 도산할 가능성이 있어 이럴 경우 기존의 고용계약은 파기되며, Y군이 그만두지 않을 만큼의 연봉을 지불한다고 한다. Y군이 직장을 그만두게 되면 연 8,000만원을 지급하는 기업에 재취업할 수 있지만 직장 탐색기간이 3개월 정도 소요된다.

① 만약 Y군이 B기업에 취직을 하고 1년 후 회사가 도산할 경우, B기업이 Y군을 붙잡기 위해서 지불할 연봉은 얼마인지 계산하라.
② 무위험이자율이 5%일 때 어느 기업이 더 큰 기대임금의 현재가치를 제시하는지 판단하라.

③ 이 문제를 토대로 파산위험이 큰 기업들이 직원들에게 높은 임금을 주는 이유를 설명하라.

14-13 ㈜유리해운의 현재주가는 5,000원이고 발행주식수는 1,200만주이다. ㈜유리해운은 법인세를 경감시키기 위하여 새로이 30억원의 채권을 발행하여 자사주매입을 하기로 결정했다.

① 법인세가 없는 완전자본시장에서 이러한 결정이 공시되면 주가는 어떻게 움직일지 분석하라.
② 부채가 영구적이고 ㈜유리해운의 법인세율이 30%일 때, 이러한 결정 후 주가는 어떻게 될지 분석하라.
③ 법인세가 존재하는 상황에서 파산위험이 있어, ㈜유리해운의 발표 이후 주가가 5,030원이 되었다고 할 때, 새로운 채권발행으로 인해 발생한 기대파산비용의 현가를 구하라.

14-14 AK기업은 1년만기 채권을 발행할 것을 계획 중이다. 다음의 표는 각각의 부채 수준에 따라 예상되는 부채의 감세효과와 재무적 곤경의 확률을 나타낸 것이다.

(단위: 억원)

	부채 수준						
	0	30	40	50	60	70	80
PV(부채의 감세효과: 억원)	0.00	0.75	0.96	1.12	1.35	1.54	1.77
파산가능성	0%	0%	1.5%	2%	8%	15%	32%

만약 기업의 베타가 0이라면 재무적 곤경비용의 적정 할인율은 무위험이자율인 5%일 것이다. 파산상태에 처했을 때 다음에 주어진 각각의 파산비용에 대해 최적의 부채 수준을 결정하라.

① 파산비용이 2억원일 경우
② 파산비용이 6억원일 경우
③ 파산비용이 30억원일 경우

14-15 ㈜관악은 다음과 같은 현금흐름이 예상되는 두 투자안을 고려하고 있다. 두 투자안의 투자기간은 1년이고 투자비용은 동일하다.

(단위: 만원)

상태	확률	투자안	
		A	B
1	0.5	6,000	2,000
2	0.5	8,000	12,000

① 투자비용 3,000만원을 전액 채권자로부터 10%로 차입하여 투자하는 경우 주주 관점에서 어느 투자안이 유리한지, 또 채권자 관점에서는 어떠한지를 분석하라.
② 주주와 채권자의 선택이 다를 경우 채권자가 주주의 행동을 통제할 수 있는 방안을 설명하라.

14-16 ㈜로이가 효율적 경영을 달성했을 경우 1년 후 자산의 시장가치는 동일한 확률로 500억원, 1,000억원, 1,500억원이 된다. 그러나 경영진이 건물을 호화스럽게 수리함으로써 회사의 자산을 낭비한다면 자산가치는 각각 50억원이 떨어져 450억원, 950억원, 1,450억원이 된다. 또한 경영진은 각각

의 자산가치가 발생할 확률을 45%, 15%, 40%로 만들어서 위험을 증가시킬 수도 있다.

① ㈜로이가 효율적인 경영을 했을 경우의 자산의 기대가치를 구하여라.

② 만약 ㈜로이의 1년만기 부채가 다음과 같다면, 각각의 경우 경영진은 건물을 수리할 것인지와 또 이것이 위험을 증가시키는지의 여부를 따져 보라. 또한 이때 ㈜로이의 자산의 기대가치는 얼마인지 계산하라: (a) 440억원 (b) 490억원 (c) 900억원 (d) 990억원.

③ 부채의 감세효과(개인소득세 포함)가 부채가치의 10%라고 하자. 이때 감세효과 전부가 주주에게 배당금 형태로 돌아간다면, ②의 네 가지 경우 중에서 어느 경우가 최적의 부채수준인지를 결정하라.

14-17 ㈜선택은 100% 부채로 자금을 조달하는 회사이다. 그리고 다음 자료는 ㈜선택이 고려 중인 두 개의 서로 다른 투자대안이다. ㈜선택은 이 대안 중 한 가지만 선택할 수 있다고 한다. 그리고 이 회사가 상환해야 하는 부채는 이자포함 1,100만원이다. ㈜선택의 주주들은 어떠한 대안을 선호할지를 판단하고, 또 그 이유와 그것이 시사하는 바는 무엇인지 설명하라.

(단위: 만원)

상황	확률	투자수익	
		대안 1(low-risk)	대안 2(high-risk)
불황	0.5	1,100	900
호황	0.5	1,400	1,600

14-18 다른 조건은 문제 14-17과 동일한데, 파산비용을 고려하지 않은 부채비용이 10%라고 한다. 효율적 자본시장에서 파산비용에 따른 기업가치의 하락을 모두 주주가 부담한다면 주주들은 어떠한 대안을 선호할 것인지 분석하라. 기대파산비용의 현가는 100만원이라고 한다.

14-19 갑돌 씨는 ㈜피자헛의 최고경영자이다. 갑돌 씨의 현재 지분율은 100%이다. 사업확장을 위해 갑돌 씨는 1억원의 새로운 자금이 필요하다. 자금조달을 위해 갑돌 씨는 친구인 갑순 씨에게 대출을 신청했다. 갑돌 씨의 설명에 따르면 ㈜피자헛의 다음 연도 수익은 영업이 호조일 경우 2.5억원이 예상되며, 저조할 경우 1.5억원이 예상된다. 각 상황이 발생할 확률은 반반이다. 편의상 사업은 1년 동안만 계속되고, 기업가치는 영업활동에서의 수익에 의해서만 결정된다고 가정하자. 다음 물음에 답하라.

① 갑순 씨가 20%의 이자율로 대출을 해 줄 경우, 갑돌 씨와 갑순 씨의 투자성과를 분석하라.

② 갑돌 씨가 갑순 씨에게 대출 대신 지분참여를 제의했다고 하자. 갑순 씨가 1억원을 투자하는 대가로 요구하는 지분율은 최소 몇 %가 될 것인지 계산하라.

③ 갑돌 씨는 ㈜피자헛의 미래성과에 대해 갑순 씨에게 설명한 것보다 더 구체적인 정보를 가지고 있다. 즉, 갑돌 씨는 미래의 영업상황이 좋을 것인지 아니면 나쁠 것인지에 대해 정확한 정보를 가지고 있다. 이 경우 갑돌 씨가 갑순 씨에게 대출 대신 지분참여를 권유했다면, 이는 갑순 씨에게 어떤 정보를 전달하는 것인지, 그리고 이때 갑순 씨가 요구하는 새로운 지분율은 어떻게 결정될 것인지를 설명하라.

④ 위 ①, ②, ③의 결과와 관련하여 정보비대칭이 기업의 자금조달방법의 선택에 어떤 영향을 미치는지를 설명하라.

14-20 ㈜반도는 반도체 제조업체이다. ㈜반도의 부채는 없으며 발행주식수는 5,000만주이다. 현재 적정 주가는 14,000원 또는 12,000원이며 투자자들은 이 두 가지 경우의 확률을 같게 본다. 따라서 현재 주식은 13,000원에 거래되고 있다. 한편, ㈜반도는 새로운 생산시설을 건설하기 위하여 2,500억원의 비용을 조달하고자 한다. 이 기업은 재무적 곤경에 처했을 경우 고객과 기술자들을 잃을 가능성이 높기 때문에 경영진은 기업이 2,500억원을 차입했을 때 재무적 곤경비용의 현재가치가 감세효과보다 100억원가량 더 클 것이라고 예상한다. 동시에, 투자자들은 경영진이 적정 주가를 알고 있다고 믿고 있기 때문에 ㈜반도가 주식발행을 통해 2,500억원을 조달할 경우 레몬문제를 겪게 된다.

① ㈜반도가 주식을 발행하면 주가는 13,000원에 머무를 것이라고 한다. 그리고 경영진들은 주식의 적정 가치를 알고 있다고 할 때 다음의 각 경우에 주가를 극대화하기 위해 주식발행과 차입 중 어떤 방법을 선택할지 분석하라: (a) 적정주가가 12,000원일 때 (b) 적정 주가가 14,000원일 때.

② 질문 ①의 대답에 기초하여, 투자자들은 ㈜반도가 주식을 발행하는 것에 대해 어떠한 결론을 내릴지, 또 주가는 어떻게 반응할지를 분석하라.

③ 질문 ①의 답안에 기초하여, 투자자들은 ㈜반도가 채권을 발행하는 것에 대해 어떠한 결론을 내릴지, 또 주가는 어떻게 반응할지를 분석하라.

④ 만약 파산비용이 없다면 어떠할지 분석하라.

제 15 장

주주환원정책

STUDY GUIDE

투자로부터 잉여현금흐름이 발생하면 기업은 이를 어떻게 사용할지를 결정해야 한다. 새로운 사업에 현금을 재투자할 수 있고, 또 사업에 필요한 자금보다 더 많은 여유자금이 생길 경우 잉여금(유보이익)의 형태로 보유하거나 또는 주주에게 환원할 수 있다. 후자를 선택할 경우 기업은 두 가지 방법을 고려할 수 있다. 하나는 현금배당을 지급하는 것이며, 다른 하나는 자사주를 매입하는 것이다. 기업의 이러한 일련의 의사결정과정을 주주환원정책이라고 한다. 자본구조이론이 자본구조정책과 기업가치와의 관계를 살펴보는 것이라면, 주주환원정책에 관한 이론은 투자결과로 얻은 이익의 처리과정이 기업가치에 미치는 영향을 살펴보는 것이다. 이 장에서는 자본구조정책에서와 마찬가지로 세금, 거래비용, 대리비용, 경영자와 투자자 간의 정보불균형 등이 주주환원정책을 결정하는 데 중요한 역할을 한다는 것을 보여준다. 어떤 기업은 주주환원 수단으로서 현금배당을 선호하는 데 반해 다른 기업은 전적으로 자사주매입에 의존하는데, 그 이유가 무엇인지를 분석할 것이다. 또 어떤 기업은 배당을 지급하지 않고 대규모의 유보이익을 보유하는 데 비해 다른 기업은 대규모 배당을 지급하는 것을 볼 수 있는데, 왜 이러한 현상이 발생하는지를 살펴볼 것이다.

15.1 주주환원정책과 수단
15.2 MM의 배당이론: 세금이 없을 때
15.3 세금과 현금배당
15.4 세금과 고객효과
15.5 주주환원과 현금의 유보
15.6 주주환원의 정보전달효과
15.7 주식배당과 주식분할 및 주식병합

15.1 주주환원정책과 수단

■ 주주환원정책의 의의

영업활동에서 잉여현금흐름(free cash flow)이 발생하면 기업은 이를 어떻게 사용할지를 결정해야 한다. 투자기회가 많은 성장기업의 경우 새로운 사업에 현금을 재투자하여 기업가치를 높일 수 있다. 그러나 수익성은 높지만 새로운 투자기회가 적은 성숙기업의 경우 사업에 필요한 자금보다 더 많은 여유자금을 가질 수 있다. 이러한 기업들은 여유현금을 유보이익의 형태로 보유하거나 또는 주주에게 환원할 수 있다. 후자를 선택할 경우 기업은 두 가지 방법을 고려할 수 있다. 하나는 현금배당을 지급하는 것이며, 다른 하나는 자사주를 매입하는 것이다. 기업의 이러한 일련의 의사결정 과정을 주주환원정책(payout policy)이라고 한다.

주주환원정책은 흔히 자본구조결정 및 투자결정과 혼합되어 결정된다. 일반적으로 영업활동에서 실현되는 현금흐름과 외부자본조달(새로운 부채조달 및 신주발행)을 통하여 유입된 자본은 다음과 같이 주주환원(또는 유보금)과 투자로 사용되어진다.

$$\text{주주환원(또는 유보)} + \text{투자} \equiv \text{영업현금흐름} + \text{새로운 부채} + \text{신주발행} \tag{15.1}$$

식 15.1은 기업의 주주환원정책이 투자결정 및 자본구조결정과 밀접하게 연관되어 있음을 보여준다. 특히 주주환원정책은 자본구조결정과 밀접하게 관련되어 있으므로, 이를 자본구조정책과 분리하여 생각하는 것이 중요하다. 식 15.1에서 투자와 새로운 부채의 규모가 결정되었다고 하자. 그리고 기존투자로부터 유입되는 영업현금흐름도 결정되었다고 하자. 이 경우 현금배당이나 자사주매입을 늘리려는 기업은 신주를 발행하여 자본을 조달하는 것이 유일한 방법이다. 따라서 주주환원정책은 주주환원을 하지 않는 대신 신주를 발행하지 않거나, 주주환원을 늘리기 위해 신주를 발행해야 하는 상충관계(trade-off)로 정의될 수 있다. 주주환원정책이 중요한 이유는 기업의 (실물) 투자와 부채사용이 일정할 때 주주환원정책의 변경이 기업가치에 영향을 미칠 수 있기 때문이다.

[그림 15-1]에 기업이 선택할 수 있는 잉여현금흐름의 처분을 나타내었다. 그림에서 잉여현금흐름을 내부에 유보하느냐 또는 주주에게 환원하느냐의 결정을 주주환원정책으로 정의한다. 그리

| 그림 15-1 | 잉여현금흐름의 처분

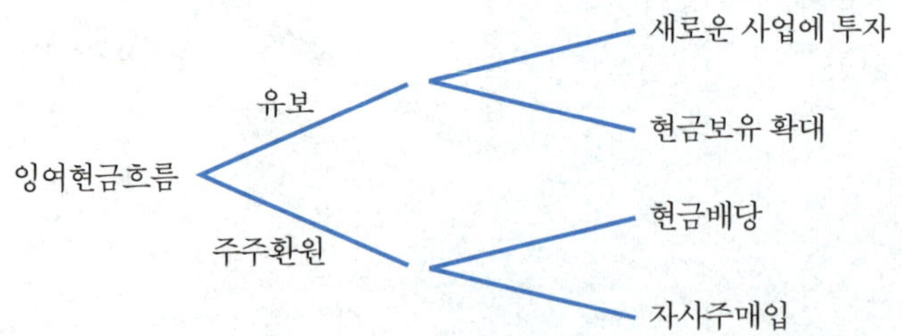

고 주주환원의 방법으로 현금배당을 지급할 것이냐 또는 자사주를 매입할 것이냐의 결정을 배당정책(dividend policy)으로 정의한다.

■ 현금배당

배당의 유형

기업이 영업활동에서 벌어들인 이익을 주주에게 돌려주는 배당의 일반적인 형태는 현금배당이다. 현금배당(cash dividend)은 현금으로 배당을 지급하는 것으로, 매기 정규적으로 지급하는 정규현금배당(regular cash dividend)과 특별현금배당(extra cash dividend)이 있다. 특별현금배당은 일시적으로 이익이 증가하였거나 사내유보이익이 필요 이상으로 많을 때 특정 기간에 한해 지급된다는 점에서 정규현금배당과는 차이가 있다.[1]

현금배당 외에 배당의 특수한 형태로서 주식배당과 청산배당이 있다. 주식배당(stock dividend)은 배당을 현금으로 지급하는 것이 아니라 그 회사의 주식으로 지급하는 것을 말한다. 예를 들어 주식배당이 10%라고 할 때, 주식을 10주 소유한 주주들은 1주를 배당으로 받는 형태이다. 주식배당의 경우 실질적인 현금의 지출은 발생하지 않는다. 엄밀히 말해 주식배당은 이익의 배분과는 관계없는 것으로서 현금배당과는 성격을 달리한다.

청산배당(liquidating dividend)은 기업의 청산과정에서 채권자지분을 지급하고 남은 지분을 주주에게 나누어 주는 것을 말한다. 청산배당은 기업의 정상적인 영업성과를 배분하는 것은 아니므로 일반적인 배당과는 성격이 다르다.

이 장에서 중점적으로 다루는 과제는 현금배당이며, 주식배당에 대하여는 제15.7절에서 살펴볼 것이다.

배당지급절차

우리나라의 경우에 배당은 매 사업연도의 결산 후 주주총회의 의결을 거쳐 지급되는 결산배당이 보통이며, 정관의 규정과 이사회의 의결이 있는 경우 사업연도 중에 중간배당(상장기업의 경우 분기배당)을 지급할 수 있다. 배당금의 지급은 주주총회의 의결이나 이사회의 의결이 있은 후 1개월(분기배당의 경우 20일 이내) 이내에 지급하도록 상법에서 규정하고 있다. 주주총회는 사업연도 결산일로부터 90일 이내에 개최하도록 되어 있어 보통 결산일 후 2개월에서 3개월 사이에 개최된다. 기업은 배당을 받을 수 있는 주주의 자격을 결정하는 배당기준일을 주주총회일 이후로 정할 수 있다.[2] 주주총회에서 배당기준일을 주주총회일 이후로 확정한 경우 배당 획득을 목적으로 하는 투자

1 2012년 개정상법에서는 정관에 규정이 있는 경우 배당을 금전이 아닌 경제적 가치가 있는 재산인 현물로도 할 수 있도록 허용하고 있다.

2 과거에는 관행적으로 결산기 말일을 의결권기준일 및 배당기준일로 정하여 운영하였다. 이 경우 배당기준일이 지난 후에 주당배당액을 확정하는 주주총회가 열리게 되어, 배당을 받을 주주가 배당기준일에 미래 배당액이 얼마인지를 모르는 문제가 발생하였다. 이러한 모순을 해결하기 위해 금융위원회는 의결권기준일(정관에 규정, 보통 결산일)과 배당기준일을 분리하여 기업이 정기주주총회에서 배당기준일을 주주총회일 이후로 정할 수 있도록 관련 절차를 개선하

자는 주당 배당금액이 얼마인지를 아는 상태에서 주식을 매입하게 된다. 결산배당을 중심으로 배당이 지급되는 절차를 정리하면 다음과 같다.

① 배당기준일(record date)은 배당을 받을 권리를 갖는 주주를 확정하는 기준일이다. 따라서 배당기준일은 권리주주 확정을 위해 주주명부를 폐쇄하는 날로 주식의 명의개서가 가능한 마지막 일이다. 배당기준일은 이사회에서 주주총회 의결권행사기준일과 다른 날로 정해 이를 배당기준일 2주 전에 공고하거나 정관에서 특정일을 명시해 규정해야 한다.

② 배당락일(ex-dividend date)은 배당을 받을 권리가 상실되는 첫 거래일이다. 주식거래일과 결제일 사이에 며칠의 차이가 있기 때문에 배당기준일에 주주로 등재되어 배당을 받을 권리를 갖기 위해서는 배당기준일 이전에 결제가 이루어져야 한다. 이와 같이 거래일과 결제일의 차이로 인하여 배당을 받을 권리가 상실되는 첫 거래일을 배당락일이라고 한다. 우리나라의 경우에는 거래체결일을 포함하여 거래체결일로부터 3일째 되는 영업일에 결제가 이루어지므로 배당락일은 배당기준일 1일 전이다. 6월 30일이 배당기준일인 기업의 경우 6월 28일 이전에 거래가 되어야 실질적인 배당을 받을 수 있으며, 그 다음 날인 6월 29일이 배당을 받을 수 없게 된 첫날, 즉 배당락일이 된다. 또한 12월 말이 배당기준일인 기업의 경우는 증권시장이 12월 마지막 영업일에는 폐장하므로 배당락일은 폐장일 2영업일 전이다.

③ 배당발표일(announcement date)은 기업이 정한 배당에 관한 구체적인 내용이 증권시장에 공표되는 날이다. 배당에 관한 사항은 이사회에서 결정하며 이에 대한 승인을 주주총회에서 받는다. 따라서 배당공시는 회사에 따라 이사회의 결의일에 이루어질 수도 있고, 주주총회의 승인이 이루어진 주주총회일에 이루어질 수도 있다. 상장법인의 경우에는 주주총회는 매 사업연도 말일로부터 90일 이내에 개최하도록 규정되어 있기 때문에 배당발표일은 일정하게 정해진 날은 없으나 사업연도 말일로부터 90일 이내로 볼 수 있다.

④ 배당지급일(payment date)은 주주에게 실제로 배당금을 지급하기 시작하는 날이다. 배당의 지급은 주주총회에서 배당지급과 재무제표에 대한 승인결의가 있은 후 1개월 내에 하여야 하므로 배당지급일은 배당공시일로부터 1개월 이내이다.

이와 같은 배당금지급절차를 시기에 따라 요약하면 다음의 〈표 15-1〉과 같다. 우리나라의 기존 배당지급절차에 따르면, 배당액과 배당의 종류 등 배당에 관한 정보가 주어지지 않은 상태에서 배당을 받을 수 있는 권리가 있는지의 여부가 결정되며, 배당락일과 배당공시일 사이에 2개월에 가까운 시간차이가 발생하기 때문에 배당락에 따른 주가의 조정과 투자자보호가 이루어지지 않는 문

였다. 따라서 2023년 주주총회에서 배당기준일을 주총일 이후로 정관에 규정한 기업들은 2024년부터 개선된 절차에 따라 주당배당액이 확정된 이후에 배당기준일을 맞게 된다. 반면, 중간배당(또는 분기배당)이 가능한 상장기업의 경우 자본시장법에서 3, 6, 9월 말일을 배당기준일로 하고, 이로부터 45일 이내에 배당 액수를 결정하도록 규정하고 있다. 따라서 중간배당과 분기배당의 경우 선 배당액 확정, 후 배당기준일 확정을 위해서는 자본시장법의 개정이 필요한 상황이다.

표 15-1 우리나라의 결산배당지급 절차와 시기

	기존 절차를 이용하는 경우 (12월 말 결산법인)	개선된 절차의 경우 (12월 말 결산법인)	미국의 경우
배당락일	거래소 폐장일 2영업일 전	배당기준일 1영업일 전	배당기준일 1영업일 전
배당기준일	12월 31일	정관에 규정된 배당기준일	분기말일
배당발표일	이사회 결의일 또는 주주총회일[3]	이사회 결의일 또는 주주총회일	이사회 결의일
배당지급일	발표일 이후 1개월 이내	발표일 이후 1개월 이내	배당기준일 후 2~3주

제가 있다. 이와 함께 배당락일로부터 배당지급일까지는 100일 이상의 차이가 있어서 배당지급이 너무 늦게 이루어지는 문제가 있었다.

미국의 경우에는 대부분의 기업이 배당을 분기별로 1년에 4번 지급하며, 배당에 대한 이사회의 결의가 일반적으로 배당기준일 이전에 이루어져 우리나라의 개선된 절차에서와 같이 배당공시일이 배당락일에 선행하므로, 배당에 대한 구체적인 정보를 가진 상태에서 배당락에 따른 주가조정이 이루어진다.

■ 자사주매입

자사주매입(share repurchase)은 기업이 보유한 현금으로 배당을 지급하는 대신 자사주식을 매입하는 것을 말한다. 자사주매입을 통해 기업이 보유하고 있는 주식을 금고주(treasury stock)라고 부르기도 한다. 자사주매입은 현금배당과 마찬가지로 주주에게 현금을 지급하는 효과를 거두는 주주환원정책의 한 수단이다. 또 발행된 주식수를 줄임으로써 이후에 주주들에게 더욱 많은 주당순이익과 배당을 가져다줄 수 있다. 자사주매입은 최근 들어 그 이용이 크게 증가하고 있다. 그룰론(Grullon) 등의 연구에 의하면 미국 시장의 경우 1980년대 중반 이전까지만 해도 자사주매입의 비중은 매우 작았으나 이후 크게 증가하기 시작하여 2000년대 이후에는 오히려 현금배당보다 더 큰 비중을 차지하고 있다.[4] 우리나라 시장에서도 2000년대 이후 들어 자사주매입이 기업의 배당정책의 한 방법으로 자주 이용되고 있다.[5]

3 2012년 상법개정 전에는 주주총회가 재무제표를 승인하는 하나의 결의로 이익배당까지 결정하였으나, 개정상법에서는 재무제표의 승인과 이익배당의 결의를 구분하여 주주총회의 별개의 안건으로 다루도록 하고 있다(상법 제449조 1항 및 제462조 2항). 그러나 재무제표가 승인되어야 배당가능이익이 산출되므로 재무제표의 승인 없이 이익배당만을 결의할 수는 없다. 또 개정상법에서는 일정한 요건을 구비할 경우 주주총회에 갈음하여 이사회가 재무제표를 승인할 수 있도록 하였다(상법 제449조 2). 따라서 이사회가 재무제표를 승인하는 경우 이사회가 이익배당을 결정할 수 있다(상법 제462조 2항 단서). 그러나 이사회가 주식배당까지 결정할 수는 없으므로 주식배당을 하는 경우에는 주주총회의 결의가 필요하다(상법 제462조의 2 1항).

4 Grullon, G. and R. Michaely(2002), "Dividends, Share Repurchases, and the Substitution Hypotheses," *Journal of Finance* 57, 1649-1684.

5 우리나라의 상법에서는 주주총회 또는 이사회의 결의를 거쳐 배당가능이익의 범위 내에서 자기주식을 취득할 수 있도록 하고 있다(상법 제341조 1항 및 2항). 단, 기존에 예외적으로 자기주식 취득이 인정되었던 사유, 1)회사의 합병 또는 다른 회사의 영업전부의 양수의 경우, 2)회사의 권리를 실행함에 있어서 그 목적을 달성하기 위하여 필요한 경우,

기업이 자사주를 매입하는 방법은 크게 세 가지로 나누어 볼 수 있다. 하나는 자사주매입 사실을 투자자에게 알리지 않고 자기회사의 주식을 시장에서 매입하는 것(open-market repurchase)이다. 이 경우 주식을 파는 주주들은 거래상대방이 기업인지 아니면 다른 투자자인지를 알지 못한다. 또 하나의 방법은 공개매수(tender offer)를 통해 자사주를 매입하는 것이다. 이 경우 매입기간과 매입가격, 그리고 매입수량 등을 시장에 공시하고 주식을 매입하게 된다. 마지막으로 특정 주주로부터 보유주식을 매입하는 방법이다(targeted repurchase). 이 경우 매입가격은 매도자와의 직접적인 협상을 통해 결정된다. 대주주 등으로부터 기업인수의 위협이 있을 때 이용되는 그린메일(green mail) 거래는 이 방법의 한 예가 될 수 있다. 많은 경우 기업은 자사주매입을 시장에 공시하고 주식을 매입하는 공개매수방법을 이용한다.

15.2 MM의 배당이론: 세금이 없을 때

앞에서 보았듯이 기업은 신주발행을 통하여 조달된 자금으로 주주에게 지급하는 현금을 늘릴 수 있다(반대로 현금지급을 늘리지 않는 대신 신주발행을 하지 않을 수 있다). 또 주주에게 현금을 지급하는 방법으로 현금배당과 자사주매입을 고려할 수 있다. 그렇다면 기업은 이러한 방법 중 어느 방법을 어떤 이유로 선택하게 될까? 모디글리아니와 밀러(Modigliani and Miller: MM)는 완전시장하에서 기업이 주주에게의 현금지급을 달리하는 방법 간에, 또 현금배당과 자사주매입 간에 차이가 없다는 결론을 내렸는데, 다음에서는 예를 통해 이 이론을 살펴보기로 한다.

㈜DK는 무부채기업으로서 현재 30억원의 잉여현금을 보유하고 있으며, 앞으로도 계속하여 매년 47억원의 잉여현금이 유입될 것으로 예상하고 있다. 현재 100만주의 주식을 발행하고 있으며, 자기자본비용은 10%라고 한다. 이 경우 ㈜DK의 기업가치는 현재의 잉여현금에다 미래잉여현금의 현재가치인 사업가치를 더한 값으로 다음과 같이 계산된다.

$$\text{기업가치} = 30\text{억} + \frac{47\text{억}}{0.1} = 500\text{억원}$$

이러한 상황에서 ㈜DK의 이사회는 현재의 잉여현금 30억원을 주주에게 지급할 것을 결정하고 그 지급방법을 검토하고 있는데, ① 주당 3,000원(= 30억/100만주)의 현금배당, ② 자사주매입, ③ 신주발행을 통해 조달한 추가현금으로 주당 3,000원 이상의 현금배당 등을 대안으로 고려하고 있다. 특히 이러한 대안들이 주가에 어떠한 영향을 미치는지, 또 주주들은 어떠한 방법을 가장 선호하는지를 알고 싶어한다. 완전시장을 가정하고 이에 대한 대답을 구해 보자.

---

3)단주의 처리를 위하여 필요한 경우, 4)주주가 주식매수청구권을 행사한 경우에는 배당가능이익의 존재 여부와 관계없이 자기주식을 취득할 수 있도록 하고 있다(상법 제341조의 2).

■ 잉여현금으로 현금배당

㈜DK가 지금 주당 3,000원, 그리고 내년부터 매년 4,700원(= 47억/100만주)의 현금배당을 지급하면, 배당락일(ex-dividend date) 직전의 주당배당부가격(cum-dividend price) P_{cum}은 다음과 같이 결정된다.

$$P_{cum} = 3,000 + \frac{4,700}{0.1} = 5\text{만원}$$

그리고 배당락 당일의 주가인 배당락가격(ex-dividend price) P_{ex}는 향후의 배당만 반영하여 다음과 같이 결정된다.

$$P_{ex} = \frac{4,700}{0.1} = 4.7\text{만원}$$

배당락으로 인한 주가하락폭은 현금배당액 3,000원과 일치하는 것을 볼 수 있다. 이상의 내용을 요약하면 다음과 같다.

	배당부(cum-dividend)	배당락(ex-dividend)
현금(억원)	30	0
사업가치(억원)	470	470
기업가치(억원)	500	470
주식수(만주)	100	100
주가(만원)	5	4.7

위의 표에서 보면, 배당이 지급되면 주가가 떨어지는데 이는 현금이 빠져나가 회사의 자산가치가 줄어들기 때문이다. 그러나 주가가 떨어졌다고 해서 주주가 손실을 보는 것은 아니다. 배당지급 후 주가가 4.7만원이지만 여기에 현금배당 3천원을 더하면 5만원이 되어 배당 전의 주가 5만원과 같기 때문이다.

배당락이 3천원이 되는 것은 무차익원리에 따른 것이다. 만약 3천원 이하로 떨어진다면, 배당락 직전에 주식을 매입하여 배당락 직후에 매도하면 차익(arbitrage profit)을 얻을 수 있다. 배당이 자본손실보다 크기 때문이다. 또 3천원 이상으로 떨어진다면, 배당락 직전에 주식을 매도하고 배당락 직후에 매입하면 역시 차익을 얻을 수 있다. 이번에는 자본이득이 배당손실보다 크기 때문이다. 요약하면, 완전시장에서 기업이 현금배당을 지급하면 주가는 배당금만큼의 배당락이 발생한다. 그러나 주주의 부는 영향을 받지 않는다.

■ 잉여현금으로 자사주매입

㈜DK가 잉여현금흐름으로 배당을 지급하는 대신 자사주매입을 결정했다고 하자. 현재의 주가가

5만원이므로 30억원을 투입하면 6만주(= 30억/5만)의 주식을 매입할 수 있어, 이후 총주식수는 94만주로 줄어든다. 자사주매입 전후의 기업가치와 주식수 및 주가를 요약하면 다음과 같다.

	자사주매입 전	자사주매입 후
현금(억원)	30	0
사업가치(억원)	470	470
기업가치(억원)	500	470
주식수(만주)	100	94
주가(만원)	5	5

위의 표에서 보듯이, 자사주매입으로 인하여 현금이 유출되기 때문에 기업가치는 내려가고 주식수도 감소한다. 그러나 두 가지 변화가 서로를 정확히 상쇄하여 주가는 변화하지 않는다. 그 이유는 현재 배당은 없지만 주식수의 감소로 인하여 미래의 주당배당금이 4,700원에서 5,000원으로 증가하여, 주가가 다음과 같이 결정되기 때문이다.

$$자사주매입\ 후\ 주가 = 5,000/0.1 = 5만원$$

요약하면, 완전시장에서 기업의 자사주매입은 주가에 영향을 미치지 않으며, 주가는 현금배당이 지급될 경우의 배당부가격과 같다.

현금배당과 자사주매입의 결과, 주주의 부는 영향을 받지 않지만 그 구성에는 차이가 있다. 예를 들어, 투자자 박 씨가 ㈜DK 주식 1,000주를 보유하였을 때 각각의 경우 그의 보유자산은 다음과 같다.

현금배당	자사주매입
현금 300만원(= 3,000원 × 1,000주) 주식 4,700만원(= 4.7만원 × 1,000주)	주식 5,000만원(= 5만 × 1,000주)

자산의 구성이 다르면 투자자는 어느 한쪽을 선호하여 기업가치에 영향을 미칠 수 있다고 생각할 수 있다. 그러나 현금배당과 자사주매입은 서로를 복제할 수 있기 때문에 그러한 생각은 옳지 않다.

㈜DK가 자사주매입을 결정했는데 투자자 박 씨는 현금을 원한다고 하자. 이 경우 박 씨는 현금 300만원을 확보하기 위하여 60주(= 300만/5만)를 매도하고, 나머지 940주를 보유하면 현금배당의 경우와 같은 자산구성을 만들어 낼 수 있다. 또 ㈜DK가 현금배당을 결정했는데 투자자 박 씨는 주식보유를 원한다고 하자. 이 경우 박 씨는 배당으로 받은 300만원으로 주식 63.83주(= 300만/4.7만)를 매입하여 주식 1,063.83주를 보유하면 자사주매입의 경우와 같은 효과를 만들어 낼 수 있다. 전자의 경우를 '홈메이드 배당(homemade dividend)', 또 후자의 경우를 '홈메이드 주식(homemade stock)' 이라고 부른다.

요약하면, 완전시장하에서 투자자는 주식을 팔거나 현금을 재투자하여 현금배당과 자사주매입을 복제해 낼 수 있기 때문에 두 가지 주주환원수단에 대해 무관하게 된다.

■ 주식발행으로 현금배당

㈜DK가 앞으로 매년 47억원의 잉여현금이 유입될 것으로 예상함에 따라 올해의 배당을 늘려 금년부터 47억원의 배당을 지급하되, 금년의 현금 부족분인 17억원을 신주발행을 통해 마련한다고 하자. 이 경우 새로이 발행해야 할 주식수는 34,000주(= 17억/5만)이며, 발행 후 총주식수는 1,034,000주(= 100만 + 3.4만)가 된다. 따라서 매년 지급될 주당배당금은 4,545.45원(= 47억/1,034,000주)이 되어, 주당배당부가격 P_{cum}은 다음과 같이 계산된다.

$$P_{cum} = 4{,}545.45 + \frac{4{,}545.45}{0.1} = 5\text{만원}$$

자사주매입의 경우와 마찬가지로, 주식을 발행하여 배당을 지급하더라도 배당부가격은 5만원으로 주주의 부에 영향을 미치지 않는 것을 볼 수 있다.

신주를 발행하여 현금배당을 늘리는 정책도 홈메이드 배당으로 복제해 내는 것이 가능하다. 즉 ㈜DK가 주당 3,000원의 배당을 결정하였는데 투자자는 이 이상의 배당을 원할 경우, 보유주식의 일부를 처분하여 현금을 늘릴 수 있다. 이럴 경우, 보유주식수가 감소하기 때문에 이 투자자에게 돌아가는 미래의 현금배당 총액은 당연히 줄어든다.

예제 15-1 ㈜DK가 주당 3,000원의 현금배당을 결정하였다. ㈜DK의 주식 3,000주를 보유한 투자자 강 씨는 더 많은 현금이 필요하여 주당 4,545.45원의 배당을 원한다고 한다. 강 씨가 어떻게 홈메이드 배당을 만들어 낼 수 있는지를 보여라.

풀이 강 씨가 원하는 주당 1,545.45원(= 4,545.45 − 3,000)의 추가배당은 총액으로는 4,636,350원(= 1,545.45 × 3,000)이 된다. 주당 3,000원의 현금배당이 결정되고 난 후의 주가는 4.7만원이므로 4,636,350원을 확보하려면 98.65주(= 4,636,350/4.7만)를 매도해야 한다. 매도 후 강 씨의 보유주식수는 2,901.35주로 줄게 되며, 이때 ㈜DK 주식과 관련한 강 씨의 부를 계산하면 다음과 같다.

$$900\text{만(현금배당)} + 463.64\text{만(주식처분)} + 2{,}901.35\text{주} \times 4{,}700\text{원}/0.1 = 1.5\text{억원}$$

이는 강 씨가 추가배당을 원하지 않을 때의 지분가치 1.5억원(= 900만 + 4.7만 × 3,000주)과 일치한다.

■ MM의 무관련이론

앞에서 ㈜DK가 배당정책으로 고려한 세 가지 대안을 분석한 결과를 요약하면 〈표 15-2〉와 같다. 표에서 보면 각 대안별로 매년 현금흐름이 달라지지만, 주주의 부를 나타내는 배당부주가는 모두

표 15-2 ㈜DK의 주주환원정책에 따른 주당배당금 (단위: 원)

정책	배당부주가	주당배당금			
		현재	1년 후	2년 후	그 이후
대안 ①	50,000	3,000	4,700	4,700	4,700
대안 ②	50,000	0	5,000	5,000	5,000
대안 ③	50,000	4,545.45	4,545.45	4,545.45	4,545.45

5만원이 되어 세 가지 대안 간에 차이가 없음을 알 수 있다.

이와 같은 결과를 바탕으로 MM은 다음과 같은 배당무관련명제(irrelevance proposition)를 제시하였다.[6]

> 배당에 관한 MM명제:
>
> 완전시장에서 투자와 자본구조가 결정되면 기업의 배당정책은 중요하지 않으며, 배당정책의 차이는 주주의 부에 영향을 미치지 않는다.

이러한 MM명제는 언뜻 미래의 배당을 할인하여 현재의 주가를 결정하는 배당평가모형(dividend discount model)과 상치되는 것처럼 보일 수 있다. 배당평가모형에 따르면 배당의 절대액수가 주가에 영향을 미치는 것은 사실이다. 그러나 앞의 예에서 보듯이, 배당정책은 배당의 절대액수를 결정하는 것이 아니라 현재와 미래의 배당흐름에 관한 선택으로서 기업가치에 영향을 미치지 않는다는 것이다. 또 현금배당과 자사주매입의 효과는 같다는 것이다.

완전시장에서 배당정책이 중요하지 않다고 해서 불완전시장인 현실에서도 이 결과가 그대로 통한다는 것을 의미하지는 않는다. 자본구조이론의 전개에서와 마찬가지로, 배당정책의 현실적 중요성을 찾기 위해서는 여러 가지 시장의 불완전요인을 고려해야 할 것이다.

15.3 세금과 현금배당

최적자본구조의 결정에 있어 세금이 중요한 역할을 하듯이 주주환원의 방법을 선택하는 데 있어서도 세금의 영향은 중요한 고려사항이다.

■ 현금배당과 자본이득에 대한 세금

주주가 현금배당을 받게 되면 이에 대한 개인소득세를 납부해야 한다. 또 일반적으로는 주식을 매

6 Modigliani, F. and M. Miller(1961), "Dividend Policy, Growth, and the Valuation of Shares," *Journal of Business* 34 , 411-433.

도할 때 발생하는 자본이득(capital gain)에 대해서도 마찬가지이다. 우리나라의 경우 배당소득은 일반소득과 같이 취급되어 최고 45%의 소득세율이 적용된다(상장기업 소액주주의 경우 연 2,000만원 이내의 배당소득에 대해서는 15.4%의 세율로 분리과세가 이루어진다). 대주주인 경우를 제외하면 상장기업 주식에서 발생하는 자본이득에 대해 부과되는 세금(주식양도소득세)은 없으나 비상장회사 주식의 자본이득에 대해서는 약 20%의 개인소득세율이 적용된다. 미국의 경우 과거 평균을 보면 자본이득보다 배당소득에 대해 높은 세율이 적용되었으나 2023년 현재에는 배당소득에 대해서는 약 15%, 자본이득에 대해서는 소득규모에 따라 0%, 15%, 20%의 세율이 적용된다. 세율이 다르면 현금배당과 자사주매입에 대해 투자자는 더 이상 무차별하지 않고 어느 한쪽을 선호하게 된다.

예제 15-2 어느 기업이 주식발행을 통해 10억원의 현금을 마련하여 배당을 지급한다고 하자. 배당소득세율이 15%이고 자본이득에 대한 소득세율이 20%일 때 주주들이 받게 될 실효소득은 얼마인지 계산하라.

풀이 10억원의 배당에 대한 세금은 1.5억원(= 10억 × 0.15)이다. 배당이 지급되면 회사의 가치가 줄기 때문에 주주가 주식을 팔 때 발생하는 자본이득도 줄어든다. 따라서 자본이득에 대한 세금은 2억원(= 10억 × 0.2) 줄어든다. 결과로, 주주는 총 −0.5억원(= 1.5억 − 2억)의 세금을 내야 하는(세금을 절약하는) 셈이다. 따라서 주주가 받게 될 실효소득은 10.5억원(= 10억 − (−0.5억))이다.

■ 세금을 고려한 최적배당정책

배당에 대한 세율이 자본이득에 대한 세율보다 높을 때, 회사가 주주환원수단으로 현금배당 대신 자사주매입을 이용하면 주주들은 세금을 절약할 수 있다. 이러한 절세효과는 기업의 가치를 높일 수 있다. 왜냐하면 주주에게 제공할 세후수익률이 정해지면 회사는 현금배당보다 자사주매입을 선택하여 더 낮은 세전수익률을 지급할 수 있기 때문이다. 다시 말해, 자사주매입의 경우 자기자본비용이 더 낮아지기 때문이다. 따라서 자본이득보다 배당에 대한 세율이 높을 때, 최적배당정책은 현금배당을 전혀 지급하지 않는 것이다.

그렇다면 현실에서는 어떠할까? 미국의 예를 보면, 세금불이익에도 불구하고 회사들이 여전히 현금배당을 지급하고 있으나 경향은 바뀌어 가고 있다. 1980년 이전엔 많은 기업들이 전적으로 현금배당을 이용하였으나, 그 이후 2000년경까지 자사주매입을 이용하는 기업이 상당히 증가하였다. 그러나 2003년 배당과 자본이득에 대한 세율이 낮아지고 또 같아지면서 그러한 경향은 다소 역전되는 것으로 보인다. 금액기준으로 보면, 1980년대 초반까지만 해도 주주환원에서 차지하는 현금배당의 비중이 80% 이상이었으나, 이후 자사주매입 비중이 꾸준히 증가하여 2000년 이후에는 50% 이상을 차지하는 것으로 나타났다.[7] 우리나라 증권시장에서는 1994년 5월 상장기업의 자사주취득이 부분적으로 허용되었으며, 1999년 이후 취득한도가 폐지되었다. 이후 현금배당이 대

7 Berk, J. and P. DeMarzo(2022), *Corporate Finance*, 5th ed.(Pearson), 제17장 참조.

부분이었던 주주환원수단에서 자사주매입이 지속적으로 증가하여 2015년 이후에는 자사주매입이 주주환원에서 차지하는 비중이 30% 이상을 유지하고 있다.[8]

두 나라의 예에서 보듯이, 주주환원정책에서 자사주매입의 비중이 점점 커지고 있는 것이 사실이나, 현금배당도 여전히 중요한 주주환원수단이다. 세제상의 불이익에도 불구하고 회사가 여전히 현금배당을 지급하는 현상을 '배당에 대한 의문현상(dividend puzzle)'이라고 하는데,[9] 다음 절에서는 현금배당의 세금불이익을 상쇄할 수 있는 몇 가지 요인들을 살펴볼 것이다.

15.4 세금과 고객효과

■ 실효배당소득세율

현금배당과 자사주매입에 대한 투자자의 선호도를 비교하려면 배당소득세와 자본이득세(양도소득세)를 동시에 고려한 실효배당소득세율(effective dividend tax rate)을 결정할 필요가 있다. 우선 다음과 같이 기호를 정의하자.

τ_D: 배당소득세율 ; τ_{CG}: 자본이득소득세율(주식양도소득세율)

그리고 어떤 투자자가 주당현금배당 Div원을 지급하기로 한 주식의 배당을 얻기 위해 그 주식을 배당락 직전에 매입하여 배당락 직후에 매도하였다고 하자. 이 경우 투자자에게 유입되는 세후현금흐름은 $Div \cdot (1-\tau_D)$가 된다. 한편 배당락주가 P_{ex}가 배당부주가 P_{cum}보다 낮기 때문에 자본손실이 발생하며 이를 세후로 환산하면 $(P_{cum}-P_{ex})(1-\tau_{CG})$가 된다. 세후배당이 세후자본손실보다 크면 위 거래에서는 차익이 발생한다. 또 세후배당이 세후자본손실보다 작으면 배당락 직전에 주식을 매도하고 배당락 직후에 매입함으로써 역시 차익을 얻을 수 있다. 따라서 무차익원리에 의해 세후배당과 세후자본손실 간에는 다음의 관계가 성립해야 한다.

$$(P_{cum}-P_{ex})(1-\tau_{CG}) = Div \cdot (1-\tau_D) \qquad (15.2)$$

식 15.2를 배당락폭을 나타내는 $(P_{cum}-P_{ex})$에 대해 정리하면 다음과 같이 쓸 수 있다.

$$P_{cum}-P_{ex} = Div \cdot \left(\frac{1-\tau_D}{1-\tau_{CG}}\right) = Div \cdot \left(1-\frac{\tau_D-\tau_{CG}}{1-\tau_{CG}}\right) = Div \cdot (1-\hat{\tau}_D) \qquad (15.3)$$

식 15.3에서 $\hat{\tau}_D$를 실효배당소득세율이라고 한다. 즉 실효배당소득세율은 다음과 같이 정의된다.

8 서정원 · 박진 · 김현석(2020), "한국 상장기업 자사주매입 활동의 특징," 「한국증권학회지」, 49(5), 643-679.
9 Black, F.(1976), "The Dividend Puzzle," *Journal of Portfolio Management* 2, 5-8.

$$\hat{\tau}_D = \frac{\tau_D - \tau_{CG}}{1 - \tau_{CG}} \tag{15.4}$$

실효배당소득세율은 자본이득 대신 배당을 받을 경우 소득 1원에 대해 추가로 부담해야 할 세금을 나타내는 것으로, 배당소득세율이 자본이득세율보다 높을 경우 현금배당으로 인해 입게 되는 세금 불이익(tax disadvantage)으로 해석할 수 있다.

예제 15-3 한국의 소득세법상 투자자 강 씨가 보유한 주식에 대하여 배당소득세율은 35%이고 자본이득에 대한 세율은 20%라고 한다. 강 씨가 이 주식을 발행한 회사로부터 현금배당을 지급받을 때 실효배당소득세율은 얼마인지 계산하라.

풀이 실효배당소득세율 $(\hat{\tau}_D) = (0.35 - 0.20)/(1 - 0.20) = 18.75\%$이다. 이는 현금배당 1원이 실질적으로는 자본이득 0.8125원과 같다는 것을 나타내며, 주주가 현금배당을 받게 될 때 자사주매입을 통해 얻게 되는 자본이득에 비해 18.75%에 해당하는 세금을 추가로 부담해야 한다는 의미이다.

■ 세율의 차이

배당이나 자본이득에 대해 부과되는 세금은 투자자의 소득수준, 투자기간, 관할지역,[10] 투자계정 등에 따라 다를 수 있다. 특히, 투자자유형별로 배당세율과 자본이득세율이 다를 수 있으며 이는 결국 각 투자자 사이에 실효배당세율의 차이를 만들어 낸다. 우리나라의 예를 들면, 최고세율을 기준으로 할 때 각 투자자별 세율은 다음과 같은 차이를 보일 수 있다.[11]

	세율(%)		
	배당소득세율(τ_D)	자본이득소득세율(τ_{CG})*	실효배당소득세율($\hat{\tau}_D$)
개인투자자	45	0**	45
연금, 기금 등	0	0	0
기업	25	25	0
지주회사	0	25	−33.33

* 우리나라에서는 주식양도소득세율이라고 한다.
** 대주주가 아닌 경우

10 미국의 경우 주(state)별로 세율이 서로 다를 수 있다.

11 우리나라에서 개인투자자의 경우 자본이득세율은 상장기업 또는 중소기업 또는 대주주 여부에 따라 다른 세율이 적용된다. 2024년 초 현재 대주주가 아닌 개인투자자의 경우 상장기업 주식의 자본이득에 대해서는 0%의 자본이득세율이 적용되며, 비상장 중소기업 주식에 대해서는 10%, 비상장 대기업 주식에 대해서는 20%의 세율이 적용된다. 대주주의 경우 모든 주식의 자본이득에 대해 과세되며 1년 미만 보유주식의 자본이득에 대해서는 30%, 1년 이상 보유 중소기업 주식에 대해서는 10%, 1년 이상 보유 대기업 주식에 대해서는 양도소득이 3억원 이하인 경우에 20%, 3억원 초과분에 대해서는 25%의 자본이득세율이 적용된다. 지주회사의 경우 배당소득에 대한 세율은 자회사에 대한 지분비율과 상장 여부에 따라 차이가 있으나 대략 0%로 볼 수 있다. 또 주식의 양도소득에 대해서는 양도차익의 규모가 3억원 이하이면 20%, 3억원 초과분은 25%의 세율이 적용된다.

투자자유형에 따라 세율이 다르다는 사실은 각 투자자의 현금배당에 대한 선호도가 서로 다르다는 것을 의미한다. 위의 예에서 보면, 개인투자자는 현금배당보다 자사주매입을 선호할 것이며 지주회사는 그 반대일 것이다. 또 연금, 기금, 기업 등은 두 가지 대안에 대해 기본적으로 무차별하되, 각자의 현금수요에 따라 현금배당 또는 자사주매입을 선호할 수 있다.

■ 배당의 고객효과

위와 같이 투자자들의 현금배당에 대한 선호가 서로 다르다면, 각 투자자는 자신의 선호를 만족시킬 수 있는 배당성향을 가진 주식에 투자할 것이다. 소득이 많아 높은 한계세율이 적용되는 주주들은 배당성향이 낮은 주식에 투자하며, 한계세율이 낮은 주주들은 배당성향이 높은 주식에 투자할 것이다. 이와 같은 현상을 배당의 고객효과(clientele effect)라고 한다. 또 이러한 고객효과가 존재할 때 기업이 주주의 배당에 대한 선호를 고려하여 최적배당정책을 결정하는 전략을 고객효과전략이라고 한다. 고객효과전략의 결과, 주식시장에서는 배당성향이 높은 주식도 거래되지만 배당성향이 낮거나 배당을 지급하지 않는 회사의 주식도 거래된다.

배당의 고객효과는 다음과 같은 점에서 중요한 의미를 갖는다. 첫째, 주주들은 자신의 배당선호에 맞는 기업의 주식을 보유할 것이기 때문에 특정 기업의 가치는 유사한 배당정책을 제시하는 주식의 수요와 공급에 따라 결정된다. 즉 어느 기업이 배당을 많이 지급한다고 해서 그 기업의 가치가 높게 평가되지도 않으며, 또 다른 기업이 배당을 적게 지급하거나 지급하지 않는다고 해서 그 가치가 낮게 평가되지도 않는다는 것이다. 둘째, 고객효과는 기업으로 하여금 배당정책의 변경을 어렵게 만든다. 즉 특정 기업의 주식을 보유한 주주들은 기업의 현재의 배당정책을 선호해서 이 주식에 투자한 것이다. 따라서 기업이 배당정책을 변경하면 주주들이 주식을 매각할 수 있고, 이 경우 기업이 안정적인 경영을 위해 필요한 안정주주를 확보하는 데 실패할 수도 있다.

배당의 고객효과가 동적으로(dynamically) 일어날 수 있다는 주장이 배당포획이론(dividend-capture theory)이다. 이 이론에 의하면, 연기금과 같은 소득세가 면제되는 투자자들은 배당이 지급되는 시기에 고배당을 지급하는 주식들을 보유하여 배당을 확보하고 나머지 기간 동안에는 그 주식을 계속하여 보유할 필요가 없다는 것이다. 이 주장이 옳다면, 고배당 주식의 경우 배당락일을 전후하여 평소보다 많은 거래가 일어날 수 있다. 왜냐하면 배당락일 전에 배당세율이 낮은 투자자들은 주식을 사고 배당세율이 높은 투자자들은 팔려고 할 것이며, 배당락일 후에는 그 반대의 거래가 일어날 것이기 때문이다.

여러 실증연구들은 배당의 고객효과가 분명히 존재하고 또 배당포획이론의 예측대로 대규모 배당을 지급하는 주식의 경우 배당락을 전후하여 대량거래가 일어난다는 것을 보여준다. 그러나 고객효과가 완벽하지 않아 높은 세율을 부담하는 투자자도 여전히 배당을 받고 있으며, 또 배당이 지급되는 시기에 주식을 거래하지 않고 여전히 보유하고 있는 것도 사실이다. 이러한 현상은 고객효과나 배당포획이론이 배당의 세제상 불이익을 다소 완화시켜 주지만 완전히 상쇄하지는 못한다는 걸 의미한다.

15.5 주주환원과 현금의 유보

■ 완전시장에서의 현금유보

[그림 15-1]을 보면, 지금까지 다룬 현금배당과 자사주매입의 선택에 관한 문제는 주주환원정책의 일부분이지 전부가 아니라는 것을 알 수 있다. 사실 주주환원수단의 선택 이전에 주주환원 자체에 대한 선택이 선행되어야 한다. 식 15.1에서 보듯이 영업현금흐름과 새로운 부채가 유입되어 투자가 결정된 후 여전히 잉여현금이 발생하면 이를 주주에게 환원할 것인지 또는 회사에 유보할 것인지를 결정하여야 한다. 여기서 투자결정은 순현가가 양(+)인 모든 투자안을 수용하는 것을 의미한다.

순현가가 음(−)인 투자안만 남은 상태에서 기업이 잉여현금을 보유하는 방법은 은행에 예금하거나 금융자산에 투자하는 것이다. 아니면 잉여현금을 주주에게 환원해야 할 것이다. 잉여현금을 회사에 유보하여 금융자산에 투자할 때의 이점은 무엇일까? 효율적인 시장에서 금융자산을 거래하여 얻게 되는 순현가는 0이라고 하였다. 그렇다면 금융자산의 거래는 기업가치에 영향을 미치지 않는다는 결론이 따르고, 또 기업이 할 수 있는 거래는 주주들이 개인적으로 할 수 있기 때문에 기업이 잉여현금을 유보하는 데 아무런 이점이 없다. 결국 완전시장에서는 기업이 잉여현금을 유보하느냐 또는 주주에게 환원하느냐의 선택은 기업가치에 영향을 미치지 않는다. 이와 같은 논리를 바탕으로 자본구조선택에 대한 MM의 무관련이론을 다음과 같이 주주환원정책에도 적용할 수 있다.

> 주주환원에 관한 MM명제:
>
> 세금이 없는 완전자본시장에서 기업이 잉여현금을 단기금융자산에 투자할 것이라면 현금을 유보하느냐 또는 주주에게 환원하느냐의 선택은 기업가치에 영향을 미치지 않는다.

예제 15-4 ㈜DS는 2,000억원의 잉여현금을 보유하고 있다. 이 회사 경영진은 이 현금을 이자율 3%로 안전하게 예금해 두었다가 1년 후에 배당을 지급하거나, 또는 지금 즉시 현금배당을 지급하는 안을 고려하고 있다. 주주들이 지금 현금배당을 받게 되면 자신들이 직접 무위험자산에 투자할 수 있다. 세금이 없는 완전시장에서 어느 대안이 주주에게 유리할지를 결정하라.

풀이 ㈜DS가 2,000억원을 3%에 예금하면 1년 후에 2,060억원(= 2,000억 × 1.03)이 되고, 이를 배당으로 지급하면 주주들은 2,060억원을 받게 된다.

㈜DS가 지금 현금배당을 지급하면 주주들은 2,000억원을 받게 되며, 주주들 자신이 이를 은행에 예금하면 1년 후에 2,060억원을 받게 된다. 결국 두 대안의 결과는 같게 되어 주주들은 ㈜DS가 둘 중 어느 안을 선택하더라도 개의치 않는다.

MM의 명제와 [예제 15-4]의 결과를 볼 때, 현실에서 잉여현금을 사내에 유보하느냐 또는 주주에게 환원하느냐의 문제에 대한 대답은 시장의 불완전요인에서 찾을 수밖에 없다.

■ 세금과 현금유보

현실에서는 기업이 보유한 잉여현금을 금융상품에 투자할 경우 그로부터 발생하는 수익은 법인세 과세대상이다. 그리고 주주들이 얻는 투자수익에 대해서는 개인소득세가 부과된다. 이럴 경우 앞의 MM명제는 어떻게 수정되어야 할까? 예를 통해 살펴보자.

예제 15-5 앞의 [예제 15-4]에서 ㈜DS는 이자소득에 대해 24%의 법인세를 납부해야 한다. 그리고 이 회사 주주들은 대부분이 연금(pension fund)과 같은 기관투자자로서 면세대상이라고 한다. 이럴 경우 ㈜DS가 고려하는 두 대안 중 어느 쪽이 주주에게 유리한지를 판단하라.

풀이 ㈜DS가 이자율 3%에 예금하더라도 세후실효이자율은 2.28%[= 3% × (1 − 0.24)]이며, 따라서 1년 후에 2,045.6억원(= 2,000억 × 1.0228)을 받게 된다. 이를 배당으로 지급하면 주주들은 2,045.6억원을 받게 된다.

㈜DS가 2,000억원을 지금 현금배당으로 지급하고, 주주들 자신이 이를 은행에 예금하면 1년 후에 여전히 2,060억원을 받게 된다. 따라서 주주들은 지금 배당을 지급하는 안을 선호할 것이다.

[예제 15-5]에서 보듯이 기업이 현금을 보유하면 그에 따른 비용이 발생한다. 이는 부채사용으로 인한 이자의 감세효과와 정반대의 경우로 보면 된다. 즉, 부채사용에 따른 이자지급은 세금혜택을 가져다주는 반면, 현금보유로 인한 이자수입은 세금상 불이익을 가져다준다는 것이다.

■ 현금유보의 실효세율

주주환원과 현금유보에 대한 의사결정은 기업이 납부하는 법인세뿐 아니라 주주가 납부해야 할 개인소득세도 고려해야 한다. [예제 15-5]에서 연금과 같은 기관투자자의 금융소득은 면세대상이지만, 개인투자자의 이자, 배당, 자본이득 등의 소득은 개인소득세 과세대상이다. 이러한 개인소득세가 기업이 현금을 보유함으로써 입게 되는 세금상의 불이익에 어떠한 영향을 미치는지 살펴보자.

무부채기업인 ㈜OC의 유일한 자산은 현금 1억원이라고 가정하자. 그리고 이 회사의 모든 주주들의 개인소득세율은 같다. ㈜OC는 ① 현금 1억원 전액을 지금 주주에게 환원하는 안과 ② 현금 1억원을 영원히 보유하면서 그로부터 발생하는 매기의 이자를 배당으로 지급하는 안을 고려하고 있다.

대안 ①의 경우, 식 15.3과 배당락주가는 0이라는 사실을 이용하여 배당부주가를 구하면 다음과 같다.

$$P_{cum} = P_{ex} + Div_0 \cdot \left(\frac{1-\tau_D}{1-\tau_{CG}}\right) = 0 + 1억 \times \left(\frac{1-\tau_D}{1-\tau_{CG}}\right) \tag{15.5}$$

이 가격은 주주가 배당소득에 대해 τ_D의 세율로 세금을 내야 하고, 회사의 청산에 따른 자본손실로 인해 자본이득세율 τ_{CG}만큼의 세금혜택을 본다는 사실을 동시에 반영하고 있다.

대안 ②의 경우, ㈜OC가 r_f의 이자율로 예금한다고 하면 회사가 매년 지급하는 배당금은 다음과 같다.

$$Div = 1억 \times r_f \times (1-\tau_C) \tag{15.6}$$

이러한 배당소득에 대해 투자자가 기꺼이 지불할 가격 P_{retain}을 구해 보자. 투자자 자신이 매년의 배당수령액을 r_f의 이자율로 투자할 수 있다면, 이 금액에 대한 세후할인율은 $r_f \times (1-\tau_I)$가 되어야 한다. 여기서 τ_I는 이자소득에 대한 세율을 나타낸다. 따라서 영구히 발생하는 식 15.6의 금액을 할인하면 다음과 같은 결과를 얻는다.

$$P_{retain} = \frac{Div \times (1-\tau_D)}{r_f \times (1-\tau_I)} = \frac{1억 \times r_f \times (1-\tau_C) \times (1-\tau_D)}{r_f \times (1-\tau_I)} = 1억 \times \frac{(1-\tau_C) \times (1-\tau_D)}{(1-\tau_I)} \tag{15.7}$$

식 15.5와 식 15.7을 비교하여 정리하면 다음과 같은 관계를 얻는다.

$$P_{retain} = P_{cum} \times \frac{(1-\tau_C) \times (1-\tau_{CG})}{(1-\tau_I)} = P_{cum} \times (1-\hat{\tau}_{retain}) \tag{15.8}$$

식 15.8에서 $\hat{\tau}_{retain}$을 현금유보의 실효세율이라고 하는데 이는 기업이 배당을 지급하는 대신 현금을 유보함으로 인해 주주가 입게 되는 불이익을 나타내며, 그 크기는 기업의 법인세율뿐 아니라 투자자(주주)의 개인소득세율도 반영하여 결정된다.

$$\hat{\tau}_{retain} = 1 - \frac{(1-\tau_C) \times (1-\tau_{CG})}{(1-\tau_I)} \tag{15.9}$$

식 15.9에서 보면 대안 ①과 대안 ②의 경우 모두 주주는 배당소득에 대해 세금을 내야 하기 때문에 현금유보로 인한 불이익은 배당소득세율과는 관계가 없다. 직관적으로 식 15.9를 설명하면 다음과 같다. 기업이 배당 대신 잉여현금을 유보하면 그 수익에 대해 법인세를 부담하고 또 투자자는 기업가치 증가에 대해 자본이득세를 부담해야 한다. 결국 보유현금에 대한 이자는 두 번 과세되는 셈이다. 반면, 잉여현금을 주주에게 환원하면 그 이자에 대해 이자소득세를 부담해야 한다. 주주에게 환원된 현금의 이자에 대해서는 한 번 과세되는 셈이다.

우리나라의 경우 2024년 초 현재 법인세의 최고세율은 24%이고, 상장주식에 대한 자본이득세는 없으며 개인소득세의 최고 한계세율은 45%이다. 식 15.9에 $\tau_C = 24\%$, $\tau_{CG} = 0$, $\tau_I = 45\%$를 대입하면 $\hat{\tau}_{retain} = -0.38$을 얻게 된다. 이 결과는 2024년 초 현재 세율체계상 우리나라 상장기업들은 잉여현금을 주주에게 환원하는 것보다 현금으로 유보하는 것이 주주에게 유리하다는 걸 의미한다.

미국의 경우 2023년 말 현재 법인세율 $\tau_C = 21\%$, 자본이득세율 $\tau_{CG} = 20\%$, 이자소득세율 $\tau_I = 15\%$를 대입하면 $\hat{\tau}_{retain} = 0.26$을 얻게 된다. 이는 미국의 세율체계상 기업의 잉여현금을 사내에 유보하는 것보다 주주에게 환원하는 것이 주주에게 유리하다는 걸 의미한다. 이와 같이 각국의 세율체계에 따라 기업의 잉여현금을 주주에게 환원하는 것이 불리할 수도 있고, 또 유리할 수도 있다.

■ 발행비용과 재무적 곤경비용

미국의 경우와 같이 세금목적상 잉여현금을 주주에게 환원하는 것이 유리한데도 불구하고 상당수의 기업이 많은 현금을 보유하는 이유는 무엇일까? 일반적으로 이는 미래의 현금부족사태에 대비하기 위한 것이라고 할 수 있다. 앞으로 발생할 영업으로부터의 현금흐름이 좋은 투자기회에 필요한 자금수요를 충족하기에 모자란다고 예상하면, 기업은 그 부족분을 메우기 위해 현금보유를 확대할 수 있다. 물론 부족한 자금을 채권이나 주식을 발행하여 조달할 수 있다. 그러나 유보현금을 사용할 경우 새로이 증권을 발행할 때 소요되는 발행비용을 절약할 수 있다.[12] 발행비용과 같은 직접비용 외에도 증권발행으로 인한 대리비용 및 역선택비용과 같은 간접비용도 절약할 수 있다.[13] 특히 이익변동성이 큰 기업이 현금을 충분히 보유하면 영업이익이 적자가 되더라도 재무적 곤경과 관련한 비용을 피할 수 있다는 이점이 있다.

■ 현금유보의 대리비용

적정수준 이상의 현금유보는 다른 한편에선 경영자와 주주 사이에 대리문제를 야기할 수 있다. 이러한 갈등은 필연적으로 비용을 수반하게 되는데, 그중 대표적인 것이 제14장에서 설명한 특권적 소비와 경영자의 태업이다.

특권적 소비는 경영자가 주주의 부를 희생시키면서 향유하는 여러 가지 특권적인 지출이라고 하였다. 호화로운 사무실, 좋은 차, 필요 이상의 비서진 등 자신의 지위와 이익을 높이고자 지출하는 것들이 그 예이다. 이러한 특권적 소비는 자기지분이 적은 경영자일수록 소비금액 가운데 자신이 부담하는 비용이 작기 때문에 더욱 심하게 나타난다. 배당을 이와 결부시켜 생각해 보자. 특권적 소비를 가능하게 하는 경영자의 재량권은 잉여현금흐름으로부터 나온다고 할 수 있다. 왜냐하면 기업에 유보된 현금은 경영자의 뜻대로 사용할 수 있기 때문이다. 따라서 주주는 경영자의 특권적 소비가 심할 경우 주주환원을 늘려서 경영자의 재량으로 사용할 수 있는 잉여현금흐름을 줄이는 것이 유리하다.

또한 경영자가 주주의 부에 우선하여 자신의 이익을 추구한다거나 기업경영의 의무를 게을리하

12 증권발행비용에 관해서는 제20장에서 다룬다.

13 부채 및 자기자본의 대리비용과 주식발행과 관련한 역선택비용에 관해서는 제14장에서 설명하였다.

고 있는지의 여부를 파악하고 이를 억제하기 위해서는 많은 감시비용이 들게 된다. 이러한 비용을 줄이기 위해서도 가급적 주주환원을 늘리는 것이 주주에게 유리하다. 주주환원을 많이 하면 그만큼 외부로부터의 자금조달이 많아지며, 이에 따라 채권자나 금융기관이 요구하는 신용평가나 재정보증 등에 대해 철저한 준비를 해야만 한다. 주주의 관점에서 이는 자신들이 부담하여야 할 감시비용을 그만큼 줄여주는 것이 된다.

위에서와 같은 대리비용 외에도, 기업이 현금을 많이 보유하면 순현가가 음(−)인 사업안에 투자를 하거나 기업인수에 과다하게 지급하는 등 낭비적 투자가 늘어날 수 있다. 또 보조금 등 정부로부터의 혜택을 입게 될 기회를 놓칠 수 있고, 처우조건의 개선 등 노동조합으로부터의 요구수준이 높아질 수 있다. 주주환원은 잉여현금을 줄여서 이러한 비용을 피하기 위한 방법이 될 수 있다.

15.6 주주환원의 정보전달효과

주주환원에 관한 의사결정을 내릴 때 고려할 또 하나의 시장불완전 요인은 경영자와 투자자(주주) 사이에 존재하는 정보비대칭이다. 일반적으로 경영자가 투자자보다 기업의 미래에 관하여 더 나은 정보를 가지기 때문에, 경영자는 이 정보를 전달하기 위한 수단으로 주주환원정책을 이용하게 된다. 배당이나 자사주매입이 어떻게 정보를 전달할 수 있는지를 살펴보자.

■ 배당의 안정성

기업은 벌어들이는 순이익의 규모에 따라 배당지급액을 변경할 수 있다. 그러나 현실에서 보면 대부분의 기업들은 이익이 급격히 변동할지라도 매년 지급하는 배당규모를 자주 바꾸지 않는다. 즉, 많은 기업들이 목표배당(target dividend)을 설정하고 기업의 이익 수준과는 독립적으로 이 목표를 달성하려고 한다. 이익의 일시적인 증가(또는 감소)만으로 배당을 변경하지 않고 이익의 증가(또는 감소)가 미래에도 지속될 것이라고 판단할 때 비로소 배당금을 증가(또는 감소)시킨다는 것이다. 결과로 주당배당금의 변동성은 주당순이익의 변동성보다 훨씬 작다. 시간의 흐름에 따라 순이익이 변동하더라도 배당을 비교적 일정하게 유지하려는 정책을 배당안정화(dividend smoothing)정책이라고 한다.

린트너(Lintner)는 미국기업들의 배당정책에 관한 실증연구를 통해 다음과 같은 사실들을 발견하였다.[14] 첫째, 기업들은 장기목표배당성향(long-term target dividend payout ratio)을 설정하여 이익의 일정비율을 배당으로 지급한다. 일반적으로 성숙기업은 높은 배당성향을, 성장기업은 낮은 배당성향을 보인다. 시점 t에서 주식 1주를 가진 주주에게 지급되는 배당금을 식으로 나타내면 다음과 같다.

14 Lintner, J.(1956), "Distribution of Incomes of Corporations among Dividends, Retained Earnings, and Taxes," *American Economic Review* 46, 97-113.

$$D_t = \alpha \cdot EPS_t \tag{15.10}$$

여기서 D_t는 t기의 주당배당금을, EPS_t는 t기의 주당순이익을, α는 장기목표배당성향을 나타낸다.

둘째, 경영자들은 배당의 절대액수보다 전년도에 비해 얼마나 늘거나 줄었는지를 보여주는 배당금의 변화를 더 중요시한다. t기와 전기 사이의 배당금의 변화는 다음과 같다.

$$D_t - D_{t-1} = \alpha \cdot EPS_t - D_{t-1} \tag{15.11}$$

셋째, 기업들은 배당금을 갑자기 늘리거나 줄이려고 하지 않고 그 변화를 완만하게 하려고 한다. 이번 기의 성과가 좋다고 해서 배당금을 크게 늘리면 다음 기의 배당금을 지급할 때 부담이 되며, 이번 기의 성과가 나쁘다고 해서 배당금을 크게 줄이면 기업가치에 나쁜 영향을 주기 때문이다. 따라서 기업은 식 15.11의 우변에 조정계수(adjustment coefficient: κ)를 곱하여 배당금의 변화를 결정한다.

$$D_t - D_{t-1} = \kappa(\alpha \cdot EPS_t - D_{t-1}) \tag{15.12}$$

식 15.12를 린트너모형(Lintner model)이라고 하는데, 안정적 배당정책을 추구하는 기업이 배당을 결정할 때 매우 유용하게 쓰일 수 있다. 식 15.12는 결국 t기의 배당금은 과거이익의 가중평균이 된다는 것을 의미한다.[15, 16]

기업은 식 15.12에서와 같은 배당의 안정성을 매우 중요시하는데, 그 이유는 배당을 안정시킴으로써 그 기업의 주가를 높일 수 있다고 믿기 때문이다. 그렇다면 배당의 안정성이 과연 주가를 높일 수 있는 것일까? 주주들이 안정적인 배당을 선호한다는 사실을 명확히 밝혀낸 실증연구도 없을 뿐더러 또 지금까지 배운 이론도 그럴듯한 이유를 제시하지 못하고 있다. 다음에서 설명할 정보

15 식 15.12를 다시 정리하면 다음과 같이 쓸 수 있다.

$$D_t = \kappa \cdot \alpha \cdot EPS_t + (1-\kappa) \cdot D_{t-1}$$

또 식 15.12를 $(t-1)$기의 배당에 적용하면 다음과 같다.

$$D_{t-1} = \kappa \cdot \alpha \cdot EPS_{t-1} + (1-\kappa) \cdot D_{t-2}$$

이를 위의 식에 대입하면 다음과 같이 쓸 수 있고,

$$\begin{aligned} D_t &= \kappa \cdot \alpha \cdot EPS_t + (1-\kappa) \cdot \{\kappa \cdot \alpha \cdot EPS_{t-1} + (1-\kappa) \cdot D_{t-2}\} \\ &= \kappa \cdot \alpha \cdot EPS_t + \kappa \cdot \alpha \cdot (1-\kappa) \cdot EPS_{t-1} + (1-\kappa)^2 \cdot D_{t-2} \end{aligned}$$

이러한 과정을 계속 반복하면 다음과 같은 결과를 얻는다(식에서 n은 이용가능한 과거기간이다).

$$D_t = \kappa \cdot \alpha \cdot EPS_t + \kappa \cdot (1-\kappa) \cdot \alpha \cdot EPS_{t-1} + \kappa \cdot (1-\kappa)^2 \cdot \alpha \cdot EPS_{t-2} + \cdots + \kappa \cdot (1-\kappa)^n \cdot \alpha \cdot EPS_{t-n}$$

16 한편, 브래브 등은 2005년에 발표한 기업의 배당정책에 대한 연구에서 린트너가 보인 안정배당정책이 여전히 유효하게 나타난다는 결과를 보여준다. 이들은 조사대상 기업들이 주당배당금의 수준을 일정하게 유지하려 하며 배당수준의 변화는 매우 보수적으로 결정한다는 결과를 보여준다. 그러나 린트너와는 달리 경영자들은 목표배당성향을 유연하게 관리하며, 현금배당보다는 자사주매입이 보다 중요하게 사용된다는 결과를, 또 현금배당과 자사주매입을 기업내용에 대한 정보를 전달하는 수단으로 사용한다는 결과를 보여준다. Brav, A., J. Graham, C. Harvey, and R. Michaely(2005), "Payout Policy in 21st Century," *Journal of Financial Economics* 77, 483-527.

전달수단으로서의 배당의 역할에서 그럴 만한 이유를 찾아보자.

■ 현금배당의 정보전달효과

배당지급 그 자체가 중요한 것이 아니라, 배당을 지급하거나 증가시킬 때 그 사실이 전달하는 정보 때문에 주가를 변화시킨다는 것이 배당의 정보효과 또는 신호효과 가설(dividend signaling hypothesis)이다.

기업이 배당금을 지급한다는 것은 그 기업이 재무적으로 건전하다는 정보를 투자자들에게 전달하는 것으로 해석될 수 있다. 더구나 기업이 배당을 안정적으로 지급함으로써 기업의 미래수익성이 안정적임을 투자자에게 알려 그 기업의 주가를 올릴 수 있다. 한편 기업이 배당성향 또는 배당금을 갑자기 변경할 경우에, 투자자들은 이를 기업의 수익성에 중대한 변화가 있을 것이라는 정보로 받아들일 수 있다. 이때 배당금을 늘리는 것은 미래의 수익성과 현금동원능력에 대한 경영자의 낙관적인 전망을 반영하여 결국은 주가를 올리고 주주의 부(기업가치)를 증가시키며, 반대로 배당을 줄이면 이는 회사사업에 대한 부정적인 시각을 반영하여 주가하락을 초래한다는 것이다.

위와 같은 배당의 정보효과가설을 지지하는 실증연구를 보면, 배당을 처음으로 지급하기 시작한 기업과 배당을 중단한 기업의 주가변화는 각각 평균 +3.4%, −7%이다.[17] 또 배당을 10% 이상 증가시킨 기업의 경우 공시 후 주가가 평균 1.34% 상승하였고, 10% 이상 감소시킨 경우에는 약 3.71% 하락하였다.[18] 또 배당변경의 폭이 클수록 주가가 크게 반응하였으며, 배당축소의 경우에 반응의 정도가 더 큰 것으로 나타났다.

배당의 정보효과는 제14장에서 설명한 부채의 정보효과와 유사하다. 부채의 증가가 이자나 원금상환에 대한 경영자의 자신감을 나타내듯이, 배당의 증가도 앞으로 같은 수준의 배당을 유지할 수 있다는 경영자의 자신감을 전달한다. 그러나 배당의 축소가 기업가치에 미치는 영향은 채무불이행이 기업가치에 미치는 영향보단 훨씬 적다. 따라서 배당의 정보전달효과는 부채의 정보전달효과에 비하면 약하게 나타난다. 부채비율의 변화에 대한 주가반응보다 배당의 변경에 대한 주가반응의 정도가 훨씬 작다는 연구가 이를 뒷받침한다.

배당의 정보효과가설은 앞서 설명한 안정적인 배당정책을 추구하는 기업의 성향을 설명할 수 있다. 기업이 선택하는 배당수준은 미래이익에 대한 경영자의 예상치를 반영하는 것이기 때문에, 지속가능한 성장이 예상되는 경우를 제외하면 배당을 크게 확대하지 않는다는 것이며 또 매우 비관적일 경우가 아니라면 배당을 크게 축소하지도 않는다는 것이다. 또 배당수준을 변경하더라도 증가보다 감소의 경우가 훨씬 작은 비중을 차지하는 것은[19] 미래이익에 대한 경영자의 예상이 낙

---

17 Michaely, R., R. Thaler, and K. Womack(1995), "Price Reactions to Dividend Initiations and Omissions: Overreaction or drift?" *Journal of Finance* 50, 573-608.

18 Gullion, G., R. Michaely, and B. Swaninathan(2002), "Are Dividend Changes a Sign of Firm Maturity?" *Journal of Business* 75, 387-424.

19 1971년부터 2001년까지의 기간 동안 배당을 변경한 미국기업들 중 약 5.4%가 배당을 축소한 것으로 나타났다.

관적인 경우가 지배적이고 또 비관적이더라도 이 정보를 시장에 전달할 유인이 상대적으로 약하기 때문이다.

배당의 증가가 경영자의 낙관적 전망을 반영한다는 앞의 가설과는 반대되는 주장도 존재한다. 즉 배당의 증가는 투자기회가 없다는 것을 전달하며, 배당의 감소가 순현가가 양(+)인 새로운 투자기회가 있다는 것을 전달할 수 있다는 것이다. 이 주장하에서는 물론 배당의 증가가 기업가치를 감소시킨다. 따라서 배당이 긍정적 신호인지 또는 부정적 신호인지는 경영자가 보유한 정보의 내용에 달려 있다.

■ 자사주매입의 정보전달효과

자사주매입도 배당과 마찬가지로 경영자가 가지고 있는 정보를 투자자에게 전달하는 역할을 할 수 있다. 그러나 정보전달수단으로서의 자사주매입과 현금배당 사이에는 몇 가지 차이점이 있다. 첫째, 자사주매입 시 경영자의 약속은 현금배당의 경우보다 명확하지 않다. 공시되는 매입금액은 최대한의 매입계획을 나타내는 것으로 실제로는 이보다 훨씬 적은 금액이 지출될 수 있으며, 또 공시된 내용을 실행하는 데 몇 년의 기간이 걸릴 수 있다. 둘째, 자사주매입은 대부분 일회성 사건이기 때문에 장기간에 걸친 약속을 전제로 하는 배당과는 전달하는 정보의 내용이 다를 수 있다. 셋째, 자사주매입에 소요되는 비용은 주식의 시가에 달려 있기 때문에 경영자는 주식이 저평가되었다고 판단할 때 자사주를 매입할 가능성이 높다. 왜냐하면 과소평가된 주식을 매입하는 것은 장기투자자인 잔여주주의 관점에서 볼 때 순현가가 양(+)인 투자를 의미하며 이는 곧 미래의 주가를 상승하게 하는 거래이기 때문이다.

실제로도 자사주매입은 자사 주식이 저평가되었다는 경영자의 믿음을 투자자에게 전달하는 신뢰할 수 있는 신호의 역할을 한다. 미국에서 시장매입의 경우 자사주매입 공시 후 주가는 약 2~3% 상승하는 것으로 나타났다. 공개매수의 경우 주가반응은 더욱 커서 약 12% 상승한 것으로 나타났다.[20, 21] 우리나라에서도 자사주매입 공시 이후 주가가 크게 오르는 현상을 자주 볼 수 있다. 2004~05년 5월까지 자사주를 매입한 10개 기업의 공시 이후 20일간의 주가상승률을 보면 최저 19.61%에서 최고 57.69%를 나타내고 있다.[22]

다음의 [예제 15-6]에서 보듯이, 주식이 저평가되었을 때의 자사주매입은 주가를 올려주며 주식이 고평가되었을 때의 자사주매입은 주가를 내리게 한다. 따라서 기업의 경영자는 시장상황에 따라 자사주매입을 결정한다. 한편, 경영자의 이러한 전략을 예상하는 투자자는 자사주매입을 주

Allen, F. and R. Michaely(2003), "Payout Policy," in *Handbook of the Economics of Finance: Corporate Finance*, edited by Constantinides, G., Harris, M., and Stulz, R.(Elsevier).

20 Comment, R. and G. Jarrell(1991), "The Relative Signalling Power of Dutch-Auction and Fixed Price Self-Tender Offers and Open-Market Repurchases," *Journal of Finance* 46, 1243-1271.

21 Ikenberry, D., J. Lakonishok, and T. Vermaelen(1995), "Market Underreaction to Open Market Share Repurchases," *Journal of Financial Economics* 39, 181-208.

22 www.joins.com, 2006년 5월 29일.

예제 15-6 무부채기업인 ㈜RP는 5,000만주의 주식을 발행하고 있으며, 이 주식은 현재 주당 4만원에 거래되고 있다. ㈜RP 경영진은 이 주식의 공정가치를 5만원으로 보고 있으며, 따라서 현재 주식이 상당히 저평가되었다고 믿고 있다. 이에 따라 경영진은 현재의 시장가격으로 자사주를 매입하여 2,000억원에 상당하는 현금을 주주들에게 지급할 계획이다. 자사주매입이 완료된 직후 경영진이 보유한 회사정보가 공시되어 투자자들도 ㈜RP 주식의 내재가치가 5만원이라는 의견의 일치를 보게 되었다. 회사정보가 공시된 직후 주가는 얼마가 되어야 할지 계산하라. 만일 ㈜RP 경영진이 회사정보가 공시될 때까지 자사주매입을 하지 않고 기다렸다면 주가가 얼마가 될지 계산하고 앞의 결과와 비교하라.

풀이 자사주매입 전 ㈜RP 주식의 시가총액은 2조원(= 4만×5,000만주)이며, 이 중 적어도 2,000억원은 현금이며 나머지 1.8조원은 다른 자산의 가치이다. 현재가격 4만원으로 매입할 수 있는 자사주의 수는 500만주(= 2,000억/4만)이다. 따라서 자사주매입 후 총주식수는 4,500만주이며, 기업가치는 1.8조원(= 2조 − 2,000억)이다. 그러나 경영진이 믿고 있는 자사주매입 후 기업가치는 2.3조원(= 5만×5,000만주 − 2,000억)이다. 투자자들이 이에 동의하면 주가는 5.11만원(= 2.3조원/4,500만주)으로 올라야 한다. 이상의 내용을 아래의 표에 정리하였다.

	자사주매입 전	자사주매입 후	정보공시 후
현금(억원)	2,000	0	0
기타자산(억원)	18,000	18,000	23,000
총 기업가치(억원)	20,000	18,000	23,000
주식수(만주)	5,000	4,500	4,500
주가(만원)	4	4	5.11

만일 ㈜RP 경영진이 정보가 공시된 후 자사주를 매입하였다면, 이때 가격은 5만원이므로 매입할 수 있는 주식수는 400만주이다. 따라서 매입완료 후 주가는 5만원(= 2.3조원/4,600만주)이다.
주가가 저평가되었을 때 매입함으로써 최종주가는 0.11만원(= 5.11만 − 5만) 더 높게 형성되며 따라서 잔여주주들이 500억원(= 0.11만×4,500만주)의 이득을 얻게 된다. 이는 내재가치보다 낮은 가격에 주식을 판 주주들이 입게 되는 손실 500억원[= (5만 − 4만)×500만주]과 일치한다.

식이 저평가되었다는 신호로 받아들인다.

15.7 주식배당과 주식분할 및 주식병합

■ 주식배당

주식배당의 의의

주식배당(stock dividend)이란 보통주를 소유한 주주에게 현금 대신 주식으로 배당을 지급하는 것을 말한다. 주식배당은 신주를 발행하여 지급되는데, 이는 형식적인 배당에 불과하며 이론적으로는 현금배당과 달리 기업가치에 아무런 영향이 없다. 즉, 기업의 자기자본 총액은 변하지 않고 발행주식수만 늘어나며, 기존주주가 가지고 있는 소유비율에 변화가 없기 때문에 주주의 부에는 전혀 변화가 없다. 예를 들어 살펴보자.

㈜아리랑의 자기자본은 다음과 같이 구성되어 있다.

㈜아리랑의 자기자본구조 (단위: 백만원)

보통주 자본금(액면 5,000원, 발행주식수 60만주)	3,000
자본잉여금	1,000
이익잉여금	2,000
총자기자본	6,000

㈜아리랑이 25%의 주식배당을 결정했다면, 60만주의 25%인 150,000주를 새로 발행하게 된다. 25%의 주식배당은 100주를 소유한 주주에게 25주, 1,000주를 소유한 주주에게는 250주가 새로이 배정되는 것을 말한다.

주식배당 후 ㈜아리랑의 자기자본구조는 다음과 같다.

㈜아리랑의 25% 주식배당 후 자기자본구조 (단위: 백만원)

보통주 자본금(액면 5,000원, 발행주식수 75만주)	3,750
자본잉여금	1,000
이익잉여금	1,250
총자기자본	6,000

주식배당에 해당하는 7억 5,000만원이 유보이익 항목인 이익잉여금에서 보통주자본금으로 옮겨갔을 뿐이지 총자기자본에는 변화가 없다. 재무상태표상에서 자기자본의 구조가 변하고 발행주식수가 늘었을 뿐이다. 발행주식의 증가는 있으나 다른 변화가 없으므로 주당순이익(*EPS*)은 자연적으로 주식수에 반비례하여 감소한다. 순이익이 일정하고 주식배당 이전의 주당순이익이 1,000원이었다면 25% 주식배당 이후에는 주당순이익이 800원(= 100/1.25)이 된다. 주식배당은 주주의 부에 영향을 미치지 못한다. 전체주식수의 10%를 소유한 주주는 주식배당 후에도 전체주식수의 10%를 소유하게 되는데, 총자기자본은 주식배당의 전후에 일정하므로 그가 소유한 주식의 총가치는 변함이 없다.

기업관점에서의 주식배당

이론상으로 주식배당은 기업의 자기자본가치에 아무런 영향을 미치지 않기 때문에 그 자체로는 의미가 없다고 하였다. 그러나 현실에서 주식배당이 지급되는 것을 흔히 볼 수 있는데, 그 이유는 다음과 같다. 첫째, 기업의 현금유출을 막고 사내에 유보하기 위해서다. 기업이 급격히 성장하여 많은 자금이 필요할 때 현금배당은 기업의 유동성을 악화시키므로, 현금으로 배당하는 대신 주식으로 배당하는 것이다. 또한 기업의 현금상태가 악화되어 지금까지 계속되어 오던 현금배당이 불가능해지면 주식으로 배당하는 경우도 있다. 둘째, 자본을 영구화하기 위해서이다. 이익잉여금은 엄밀히 말해 완전히 자본화된 것은 아니다. 이익잉여금은 단순히 축적된 이익으로서 그 사용에 있어 어느 정도 법적 제약을 받게 되며, 기업의 배당정책 또는 경영정책에 따라 유동적일 수 있다. 그러나 주식배당으로 인하여 이익잉여금에서 배당액만큼이 자본금으로 전입되면 이는 자기자본으로 영구화된다. 셋째, 거래가 용이하도록 주가를 조정하기 위해서다. 계속하여 높은 수익성과 성장성을 유지하는 기업의 경우 주가가 매우 높게 형성될 때가 있다. 높은 주가는 일반투자자들이 거래하는 데 불편을 느낄 수 있다. 주가가 100,000원일 때보다 10,000원일 때 주식이 활발하게 거래될 수 있다.[23] 실제로 주가를 기업이 원하는 적절한 범위에 두기 위하여 주식배당을 하는 경우가 있다. 1주당 10,000원인 가격을 5,000원으로 떨어뜨리기 위해서는 100%의 주식배당을 통해 간단히 목적을 달성할 수 있다.

기업관점에서 이와 같은 주식배당의 이점이 있으나, 단점 또한 무시할 수 없다. 주식배당은 신주를 발행하여 지급되는데, 신주발행에는 발행비용(flotation cost)이 따르게 되어 동일한 금액의 현금배당보다 비용이 많이 든다. 또 기업의 배당정책은 안정성이 가장 중요하므로 대체로 주식배당 이후에도 종전과 같은 수준으로 현금배당을 유지하는 것이 보통이다. 이를 위해서는 기업의 총배당액이 발행주식수에 비례하여 늘어나게 된다. 따라서 현금유출을 방지하기 위한 의도로 지급된 주식배당이 미래에 더 많은 현금유출을 가져올 가능성이 있다. 투자자의 심리적인 영향도 주식배당에 고려되어야 한다. 투자자들은 기업의 성장성과 수익성에 민감한 반응을 보인다. 과도한 주식배당을 한 기업에서는 주식배당 이후 주당순이익과 주가가 하락하게 되는데, 이것은 기업의 사정을 잘 알지 못하는 일반투자자들의 불신을 초래하여 주가를 더욱 하락시키고 또 기업가치를 떨어뜨릴 위험이 있다. 주식배당이 일어난 사실을 모르고 단순히 주당이익이 작년의 1,000원에서 금년에 800원으로 감소되었다는 보도에 투자자들은 기업의 영업성과가 악화되었다고 오해할 수 있다는 것이다.

주주관점에서의 주식배당

주식배당은 세금이 부과되지 않아 이론적으로 주주의 부에 어떤 영향도 미치지 않는다. 그러나 불완전한 현실시장에서 주식배당은 주주에게 여러 이점을 제공할 수 있다. 예를 들면, 어느 기업의 주식 100주를 가지고 있는 사람은 소유주식의 일부를 매각하는 것을 꺼릴지 모르나, 25%의 주식배당으로 25주를 갖게 된 사람은 5~10주를 매각하는 데 심리적인 부담을 느끼지 않을 수 있다. 즉 원금을 없앤다는 생각이 들지 않을 수 있다. 또한 주식배당 후에도 주당현금배당을 종전과 같이 유지하는 것이 보통이므로 결과적으로 현금배당이 증가하게 된다. 예를 들어 어느 투자자가 ㈜아리랑 주식 100주를 소유하고 있는데, 1주당 1,000원을 연간배당으로 받고 있었으나, 25%의 주식배당 후에도 전과 같은 현금배당을 받는다면 총현금유입은 100,000원에서 125,000원으로 늘어나게 되는 것이다.

---

23 주가가 너무 높을 경우 소액의 자금을 갖고 있는 투자자들은 주식거래에 참여하기 어려울 수 있다.

주식배당의 정보효과

완전시장하에서 주식배당은 주주의 부를 증가시키지 못한다. 그러나 정보비대칭하의 불완전한 시장에서는 주식배당 역시 경영자가 보유한 정보를 투자자에게 알리는 정보전달수단으로 사용될 수 있다. 대부분의 기업은 주식배당 이후에도 종전과 같은 수준의 주당현금배당을 지급한다. 따라서 주식배당은 이로 인해 늘어날 미래의 현금지출액을 기업이 충분히 확보할 수 있다는 신호로 해석될 수 있다. 또한 성장이 빠른 기업이 현금유출을 막고 수익률이 높은 곳에 재투자하기 위하여 주식배당을 하는 경우가 많은데, 이러한 기업의 주식배당은 이 기업이 급속도로 성장하고 있음을 알려주게 되어 주가를 높이고 주주의 부를 증가시킬 수 있다.

■ 주식분할과 주식병합

주식분할(stock split)과 주식병합(reverse split)은 엄밀한 의미에서 주주환원이라고 할 수는 없으나 그 성격이 주식배당과 유사하고, 또 미래의 배당에 영향을 미칠 수 있기 때문에 이를 특수한 형태의 주주환원이라고 할 수 있다.

주식분할

주식분할은 기존의 주식 1주를 분할하여 그 이상의 주식수로 만드는 것이다. 결과로 발행주식수는 늘게 되고 액면가는 줄어든다. 앞의 ㈜아리랑이 2 : 1로 주식을 분할하면, 기존의 주식 1주를 소유하고 있던 주주는 새로이 분할된 주식 2주를 갖게 된다. 주식배당에서와 마찬가지로 주식분할의 경우도 기업과 주주 간에 어떤 현금의 유입이나 유출이 발생하지 않는다.[24] 따라서 주주의 부는 주식분할 여부와 관계없이 일정하다.

그러나 회계처리에 있어서는 주식배당과 주식분할이 다르다. ㈜아리랑의 예에서 주식배당의 경우 액면가 5,000원에는 변동이 없고, 이익잉여금 중 배당액만큼이 보통주 자본금으로 전입되었다. 그러나 주식분할의 경우 액면가와 발행주식수에만 변화가 있고 그 외에는 아무런 변화가 없다. 즉 보통주 자본금, 자본잉여금, 이익잉여금, 그리고 총자기자본의 금액이 분할 이전과 동일하다. 주식분할 후 ㈜아리랑의 자기자본구조는 다음과 같다.

㈜아리랑의 2:1 주식분할 후 자기자본구조 (단위: 백만원)

보통주 자본금(액면 2,500원, 발행주식수 120만주)	3,000
자본잉여금	1,000
이익잉여금	2,000
총자기자본	6,000

기업이 주식을 분할하는 이유는 간단하다. 기업의 성장과 함께 주당이익이 증가하면 주가가 올라가서 주식거래가 원활하지 않을 수 있다. 이때 주식분할을 통하여 주가를 적절한 수준으로 조정

24 미국에서는 50% 이상의 주식배당은 주식분할로 간주된다.

할 수 있다. 즉 주식분할은 주식의 거래를 원활히 하고, 주가의 안정을 얻을 목적으로 행해진다.

이론적으로 주식분할 자체는 아무런 효과가 없지만, 현실적으로는 주식분할이 기업의 총가치를 높일 수 있다는 주장도 나오고 있다. 즉 시가 10,000원의 주식을 2 : 1로 분할할 때 주가는 이론적으로 주당 5,000원이 되어야 하지만, 실제로는 그 이상의 값이 된다는 것이다. 주식마다 그 거래가 원활하게 일어나는 가격범위가 있기 때문에 주식분할로 인한 주가의 조정은 주식의 거래를 활발하게 하여 주가를 높일 수 있다는 논리이다. 그러나 이 주장은 논란의 대상이 되기도 한다.[25] 투자자가 합리적이라면 단순히 1주를 2주로 분할하는 것이 기업가치를 높일 수 없으며 따라서 주가에 영향을 줄 수 없다는 것이다. 이에 대해 또 다른 견해는 주식분할이 무의미한 것은 사실이지만, 주식분할을 불가피하게 하는 기업의 성장 등 여러 요인이 정보제공의 역할을 하기 때문에 주가에 영향을 준다는 것이다. 즉 주식분할 자체보다 그것이 전달하는 기업성장이라는 정보 때문에 주가를 올린다는 것이다.[26] 미국에서는 주식분할이 2% 정도의 주가상승을 이끌었다는 연구결과와 함께, 대부분의 기업들이 주가가 $100을 넘지 않도록 하기 위해 주식분할을 이용한 것으로 나타났다.

또 주식분할은 기업이 과다한 이익을 은폐하려는 방법으로 이용되기도 한다. 기업의 사회적 책임을 강조하는 경영환경에서 기업이 과다한 이익을 실현한다는 것은 비판의 대상이 될 수 있다. 그러므로 주당 200원의 이익보다 2 : 1로 주식분할하여 주당 100원의 이익이라고 발표하는 것이 그 기업의 이익을 적게 인식시킬 수 있다는 것이다.

주식분할의 결과로 총배당이 증가하는 경우가 많다. 주당 1,000원을 배당하던 기업이 2 : 1로 분할하는 경우에 주당 500원을 배당하는 것이 아니라 600원을 배당하는 것 등이 예이다. 이 경우, 기존주식 100주를 소유하여 100,000원의 배당을 받던 기존의 주주는 주식분할 후에 120,000원의 배당을 받게 되어 주식분할로부터 이득이 발생할 수 있다.

주식병합

주식분할이 발행주식수를 늘리는 것이라면, 주식병합은 발행주식수를 줄이는 것이다. 예를 들어 4 : 1의 주식병합일 때는 기존의 주식 4주를 가지고 있던 주주가 새로이 발행된 주식 1주를 갖게 되는 것이며, 총발행주식수가 1/4로 줄어드는 것이다. 대체로 기업들은 기업의 주가가 지나치게 낮게 되는 것을 기피하는데, 이는 주가가 너무 낮으면 그 기업의 주식을 소유한 주주들의 긍지를 손상시킬 뿐 아니라 거래비용이 증가할 수 있기 때문이다. 재정난이나 기타 다른 이유로 주가가 하락하였을 때 주식병합을 통하여 주가를 적절한 수준에 올려놓으려는 것이 주식병합의 이유이다. 예를 들어 4 : 1로 주식병합을 하게 되면 재무상태표상에서 주식의 액면가가 4배가 되는 한편, 발행주식수가 1/4로 줄어든다. 앞에서 예로 든 ㈜아리랑의 주식 4주를 1주로 병합한 결과는 다음과 같다.

25 Johnson, K.(1966), "Stock Splits and Price Change," *Journal of Finance* 21, 675-686.

26 Fama, E., I. Fisher, M. Jensen, and R. Roll(1969), "The Adjustment of Stock Prices to New Information," *International Economic Review* 10, 1-21.

㈜아리랑의 4:1 주식병합 후 자기자본구조 (단위: 백만원)

보통주 자본금(액면 20,000원, 발행주식수 15만주)	3,000
자본잉여금	1,000
이익잉여금	2,000
총자기자본	6,000

중요용어

주주환원정책(payout policy)
배당정책(dividend policy)
자사주매입(share repurchase)
현금배당(cash dividend)
배당락일(ex-dividend date)
홈메이드 배당(homemade dividend)
배당기준일(record date)
홈메이드 주식(homemade stock)
금고주(treasury stock)
주식분할(stock split)
배당락가격(ex-dividend price)
MM의 배당이론
배당포획이론(dividend capture theory)
배당부가격(cum-dividend price)
배당안정화(dividend smoothing)
고객효과(clientele effect)
배당신호가설(dividend signaling hypothesis)
주식배당(stock dividend)
실효배당소득세율(effective dividend tax rate)
주식병합(reverse split)
현금유보의 실효세율(effective tax disadvantage of retaining cash)

연습문제

15-1 기업이 잉여현금흐름을 활용하는 방법에는 무엇이 있는지 설명하라.

15-2 주주환원정책은 무엇이며 또 이것의 목표는 무엇인지 설명하라.

15-3 완전시장하에서 배당에 관한 MM의 무관련이론을 설명하라.

15-4 시장이 불완전한 경우 배당에 관한 MM의 무관련이론은 어떻게 달라지는지를 설명하라.

15-5 현금배당과 자사주매입이 주주의 부에 미치는 영향을 비교 · 설명하라.

15-6 배당안정화(dividend smoothing)정책이 기업가치에 미치는 영향을 설명하라.

15-7 어떠한 조건하에서 배당금액의 증가가 다음의 신호를 보내는지 설명하라.

① 좋은 소식
② 나쁜 소식

15-8 기업들이 주식배당을 하는 이유는 무엇인지 설명하라.

15-9 주식분할과 주식병합이 유리할 때는 언제인지 설명하라.

15-10 배당정책이 기업가치에 무관하다는 이론적인 주장이 있음에도 불구하고 많은 투자자들이 고배당을 선호하는 경향이 있다. 이러한 경향에 근거하여 기업의 경영자는 주가를 올리기 위한 목적으로 배당성향을 높일 것을 고려할 수 있다. 이러한 배당정책의 오류는 무엇인지 설명하라.

15-11 초원기업은 2015년 6월 30일자로 주주명부에 기록된 모든 주주에게 배당금을 지급한다고 공시하였다. 주식거래는 거래체결일을 포함하여 이로부터 3일째 되는 영업일에 결제가 일어난다. 투자자가 초원기업 주식을 새로이 매입하여 배당금을 받을 수 있는 날짜는 언제이며, 배당락일은 언제인지 답하라.

15-12 ㈜월악은 다음 해의 순이익을 1억 5,000만원으로 예상하고 있다. 이 기업의 부채비율은 40%이다. ㈜월악은 현재 1억 2,000만원의 가치가 있는 투자안에 투자할 것을 계획하고 있고 목표부채비율은 그대로 유지하고자 한다. 투자하고 남은 돈을 배당으로 지급한다고 할 때 ㈜월악의 다음 해의 배당은 얼마인지 계산하라.

15-13 어떤 투자자가 현재 ㈜미성 주식 500주를 보유하고 있으며 1년 후에 주당 2,000원의 배당을 받는다고 한다. 그런데 만약 2년 후에 ㈜미성이 사업을 정리하게 되면 주주들이 청산배당으로 주당 17,500원을 받는다고 한다. 다음 물음에 답하라. 단, ㈜미성 주식에 대한 요구수익률은 15%이다.

① ㈜미성의 현재주가는 얼마가 되는지 계산하라.

② 위의 투자자가 다음 2년 동안 매년 동일한 금액을 지급받기를 원한다면 얼마를 받아야 하는지 계산하라.

15-14 두리기업은 1,600억원의 잉여현금을 보유하고 있다.이 기업은 현재 부채가 없으며, 2억 4천만주의 주식을 발행하고 있고, 현재 주가는 2만원이다. 두리기업의 이사회에서는 한 차례 배당을 통해 잉여현금을 배분하고자 한다.

① 완전시장에서 주식의 배당락주가를 구하라.

② 만약 이사회가 현금배당 대신 자사주를 매입하기로 결정했다면 완전시장하에서 자사주매입 이후 주가는 어떻게 될 것인지 결정하라.

③ 완전시장하에서 ①과 ② 중 어떠한 정책이 투자자들에게 더 큰 이익을 가져다주는지 판단하라.

15-15 [문제 15-14]에서 두리기업의 이사회는 자사주를 매입하기로 최종 결정했다고 한다. 그러나 어떤 투자자가 배당금지급을 더 선호한다면 이 투자자가 현 상황에서 배당금지급과 동일한 효과를 거두기 위해 어떠한 조치를 취할 수 있는지 설명하라.

15-16 ㈜신성은 연말에 1,000만원의 잉여현금을 보유하게 되었다. ㈜신성의 경영자는 이 잉여현금을 연이율 8%의 국채에 투자할 것인가 아니면 회사의 주주들에게 현금배당을 지급할 것인가를 결정해야 한다. 그리고 만약 주주들에게 현금배당을 지급할 경우, 주주들은 배당금을 동일한 국채에 투자한다고 가정하라. 주주의 관점에서 두 경우 모두 동일한 수익을 가져다줄 개인소득세율은 얼마인지 계산하라. 단, 법인세율은 40%이다.

15-17 대진산업은 매년 3,000원의 배당을 영구연금의 형태로 지급한다. 모든 투자자들은 배당소득에 대해 15%의 세금을 납부한다고 한다. 대진산업의 주식과 같은 위험을 갖는 다른 투자의 세후수익률이 12%일 때 다음 물음에 답하여라.

① 대진산업 주가를 구하라.
② 대진산업이 앞으로 배당금지급 대신 자사주매입을 한다고 발표하였다. 발표 직후의 주가를 구하라.

15-18 6월 30일 결산법인인 MD사는 2024년 6월 30일에 500원의 반기 배당과 2,000원의 특별 배당이 지급될 것임을 6월 28일에 공시하였다. 6월 28일에 주식을 보유하는 투자자들에 한해 배당을 받을 수 있으며, 6월 29일 배당락주가는 전날 종가보다 2,250원 떨어진 31,450원이었다.

① 주가하락이 배당금지급 때문이라고 할 때 주가하락으로부터 실효배당세율을 도출하라.
② 주어진 정보를 바탕으로 하여 MD사 주식에 대한 한계투자자가 될 가능성이 높은 것은 다음 중 누구일지 판단하라: (a) 장기 개인투자자 (b) 단기 개인투자자 (c) 연금펀드 (d) 기업.

15-19 ㈜다다는 매년 주당 1,500원의 배당금을 지급하고, 배당금지급 후 주가는 1,300원만큼 떨어진다. 자본이득세율은 공통적으로 20%이고, 배당소득세율은 투자자마다 차이가 있다고 한다. 기타 거래비용을 배제할 때 배당금을 받음으로써 이득을 얻는 투자자 중 가장 높은 배당소득세율을 적용받는 투자자의 배당소득세율을 구하라.

15-20 완전자본시장하에서, 경리산업은 현재 이자율 6%를 지급하는 단기국채에 1억원을 투자했으며 이 채권에 대한 이자를 매년 배당으로 지급하고 있다. 이사회는 이 국채를 팔아서 그 금액을 1회 배당으로 지급할 것을 고민하고 있다.

① 이사회가 이 계획의 시행 여부에 대해 미리 알고 있었다면,이 계획의 시행 여부가 시장에 알려졌을 때 경리산업 주가는 어떻게 변할지 설명하라.
② 1회 배당에 대한 배당락일의 주가반응은 어떠할지 설명하라.
③ 이러한 가격반응에 기초하여 투자자들이 어떤 결정이 내려졌을 때 더 이익인지를 판단하라.

15-21 다음의 가정하에 [문제 15-20]번 문항에 대해 다시 대답해 보라.

① 투자자들의 배당에 대해서는 15%의 세금이 부과되며 자본이득세, 이자소득세, 법인세는 모두 0이다.
② 투자자들의 배당소득과 자본이득에 대해 15%의 세금이 부과되며, 이자소득세는 40%, 법인세는 40%이다.

15-22 AM기업은 현재 사업가치가 3,000억원이고 800억원의 잉여현금을 보유하고 있다. 이 기업의 발행주식수는 750만주이고 부채는 없다고 한다. 만약 AM기업이 잉여현금으로 자사주를 매입하고자 한다면, 자사주매입 이후 AM기업의 사업가치가 1,500억원이 되거나 4,500억원이 된다고 할 때 다음 물음에 답하여라.

① 자사주매입 이전의 주가는 얼마인지 계산하라.
② 자사주매입 이후 사업가치가 상승할 경우의 AM기업의 주가는 어떻게 되고, 하락할 경우의 주가는 어떻게 될지 설명하라.
③ 만약 AM기업의 경영진이 사업가치의 변동이 알려질 때까지 기다린 후에 자사주매입을 한다고 하자. 사업가치가 상승한 후와 하락한 후에 자사주를 매입한다면 각각의 경우 주가는 어떻게 변할지 계산하라.

④ AM기업의 경영진은 사업가치가 상승할 것이라고 예측한다. 질문 ②와 ③의 대답에 기초하여 경영진이 최종 주가를 최대한 높이기 위해 사업가치가 알려지기 전과 후 어느 시점에서 자사주 매입을 해야 할 것인지 결정하라. 만약 사업가치의 하락을 예상하고 있다면 어떠한 결정을 내릴지도 결정하라.

⑤ 자사주매입의 공시가 주가에 어떠한 영향을 미치는지 ④의 답안에 기초하여 설명하라.

제 V 편

자본조달결정과 자본예산

제16장 부채사용과 투자안의 평가

제 16 장

부채사용과 투자안의 평가

STUDY GUIDE

이 장에서는 제Ⅲ편에서 다룬 투자결정과 제Ⅳ편에서 다룬 자본조달결정에 관한 문제를 종합적으로 고려하여 부채사용투자안(또는 기업)을 어떻게 평가할 수 있는지에 대해 살펴본다. 제11장과 제13장에서 보았듯이 기업이 부채를 사용하는 경우 자기자본으로만 자금을 조달하는 경우보다 주주가 부담하는 위험이 더 커질 뿐 아니라 이자의 감세효과를 비롯한 여러 가지 부수효과들이 나타날 수 있다. 이에 따라 투자안의 가치(또는 기업가치)는 부채를 얼마나 사용하느냐에 따라 달라질 수 있다. 이 장에서 살펴볼 평가방법은 가중평균자본비용법, 조정현가법, 그리고 주주가치법이다. 이 세 방법은 외견상 서로 다른 방법들처럼 보이나 기본적으로 서로 밀접히 관련되어 있으며 일정한 조건하에서는 같은 결과를 가져온다. 그러나 불완전한 현실시장에서는 세 방법의 결과가 다를 수 있으며, 어떤 방법은 그 적용이 불가능할 수도 있다.

16.1 부채사용과 투자안의 평가: 기초개념과 방법

■ 재무위험과 베타

부채를 많이 사용할수록 재무위험이 커짐에 따라 주주가 부담하는 위험이 커지는 것을 제11장에서 살펴보았다. 이를 다시 돌이켜 보면, 부채를 사용하는 기업의 주식베타(사업위험과 재무위험을 반영한) β_E는 자기자본만을 사용하는 기업의 주식베타(사업위험을 반영하는 자산베타) β_U에 부채사용에 따른 재무위험을 반영하여 다음 식과 같이 결정되었다.

$$\beta_E = \beta_U + (\beta_U - \beta_D) \cdot \frac{D}{E}(1 - \tau_C) \tag{16.1}$$

식 16.1은 제11장에서 살펴본 식 11.11을 다시 적은 것이며, 부채비율(D/E)에 따라 주식의 베타가 어떻게 변화하는지를 보여준다. 즉, 부채비율 D/E가 증가함에 따라 주식베타는 β_U에서 출발하여 $(\beta_U - \beta_D)(1 - \tau_C)$의 비율로 증가한다. 여기서 τ_C는 법인세율을 나타낸다. 식 16.1은 법인세가 존재하는 MM의 세계에서 자기자본비용을 나타내는 제13장의 식 13.14에 근거하여 도출할 수 있다. 식 13.14를 다시 쓰면 다음과 같다.

$$k_E = k_U + (k_U - k_D) \cdot \frac{D}{E}(1 - \tau_C) \tag{16.2}$$

여기서 k_E와 k_U는 각각 부채기업과 무부채기업의 자기자본비용을, 그리고 k_D는 부채비용을 나타낸다. 이러한 자본비용은 각 자본의 체계적 위험인 베타를 알면 CAPM을 이용하여 구할 수 있다고 하였다. 즉 $k_j = r_f + [E(r_m) - r_f] \cdot \beta_j$, $(j = E, U, D)$로 계산된다. 이 결과를 식 16.2에 대입하여 정리하면 식 16.1의 결과를 쉽게 얻을 수 있다.

식 16.1에서 부채의 위험이 없는 경우(무위험부채, $\beta_D = 0$) β_E와 β_U의 관계는 다음과 같다.

$$\beta_E = \beta_U + \beta_U \cdot \frac{D}{E}(1 - \tau_C) = \beta_U \cdot [1 + \frac{D}{E}(1 - \tau_C)] \tag{16.3}$$

식 16.3은 제11장에서 살펴본 식 11.12이며 재무관리에서 자주 이용되는 식이다.

예제 16-1 한라기업이 사용하는 부채의 베타가 0.5이고 법인세율은 20%, 그리고 이 기업의 사업위험을 반영한 자산베타는 1.0이다. 한라기업의 부채비율(D/E)이 100%라고 할 때 이 회사의 주식베타를 구하라. 한라기업의 부채가 위험이 없다면 주식베타는 어떻게 변하는지 계산하라.

풀이 부채비율이 100%인 한라기업 주식의 베타는 다음과 같다.

$$\beta_E = \beta_U + (\beta_U - \beta_D)(D/E)(1 - \tau_C) = 1.0 + (1.0 - 0.5)(1)(1 - 0.2) = 1.4$$

부채사용에 따른 재무위험으로 자기자본만을 사용하는 경우에 비해 베타가 0.4만큼 증가하는 것을 볼 수 있다. 또 무위험부채인 경우의 베타는 식 16.3에 의해 $\beta_E = 1.0[1 + (1)(1 - 0.2)] = 1.8$이다. 무위험부채의 경우 채권자가 시장위험을 분담하지 않기 때문에 주주가 부담하는 위험이 더 커지게 된다.

■ 부채기업의 가치평가: MM의 자본구조이론

부채사용투자안의 가치를 어떻게 평가할 수 있는지를 살펴보기 위해 앞서 제13장에서 공부한 자본구조에 대한 MM이론을 되새겨 보자. 법인세가 존재하는 MM의 세계에서 부채기업의 가치는 대체로 다음과 같은 세 방법으로 구해질 수 있었다.

첫째, 부채사용에 따른 세금효과를 반영한 부채기업의 가중평균자본비용을 구하고, 세후기대잉여현금흐름을 가중평균자본비용으로 할인하여 부채기업의 가치(V_L)를 구하는 방법이다. 기대잉여현금흐름이 영구히 지속될 경우 이를 식으로 나타내면 다음과 같다.[1]

$$V_L = \frac{\text{세후기대잉여현금흐름}}{\text{가중평균자본비용}(k_{WACC})} \tag{16.4}$$

둘째, 부채사용에 따른 법인세 감세효과를 독립적인 현금흐름으로 파악하여 이것의 현가를 구한 뒤, 이 현가와 무부채기업의 가치(V_U)를 더하여 부채기업의 가치를 구하는 방법이다. 이를 식으로 나타내면 다음과 같다(제13.4절의 '수정된 MM명제 I' 참조).

$$V_L = V_U + PV(\text{이자의 감세효과}) \tag{16.5}$$

셋째, 주주에게 돌아가는 미래배당금의 기댓값을 자기자본비용으로 할인하여 주주의 가치를 구한 뒤 이것과 타인자본의 가치를 더해 부채기업의 가치를 구하는 방법이다. 일정한 이자비용과 기대배당금이 영구히 지속될 때 이를 식으로 나타내면 다음과 같다.

$$V_L = \text{부채의 가치}\left(D = \frac{\text{이자비용}}{\text{세전부채비용}(k_D)}\right) + \text{자기자본의 가치}\left(E = \frac{\text{기대배당금}}{\text{자기자본비용}(k_E)}\right) \tag{16.6}$$

부채기업의 가치를 산정할 때 적용되는 이 세 방법은 부채사용투자안의 가치를 평가할 때에도 유사하게 적용될 수 있다. 첫째 및 둘째, 그리고 셋째 방법은 다음에서 각각 가중평균자본비용법, 조정현가법, 그리고 주주가치법으로 불리며 그 논리가 구체화될 것이다. 각각에 대해서 자세한 내용을 살펴보자.

---

1 여기에서의 평가는 기업의 투자규모와 부채사용액, 영업활동의 성과 및 법인세율, 순운전자본의 규모가 일정하게 영원히 지속되는 것을 전제로 한 것이다. 이 경우 투자규모 유지를 위해 매년 감가상각비만큼의 단순재투자가 발생한다. 따라서 매년 발생하는 세후잉여현금흐름은 세후영업이익과 같은 값을 가지며 영구히 지속된다. 또 이자비용 및 이자의 감세효과와 주주에게 귀속되는 현금흐름 역시 매년 동일하며 영구히 지속된다(제13장의 [예제 13-10] 참조).

■ 가중평균자본비용법

부채를 사용하는 투자안의 가중평균자본비용을 구한 후 투자안의 세후기대잉여현금흐름을 이 가중평균자본비용으로 할인하여 투자안의 순현가를 구하는 방법을 가중평균자본비용법(weighted average cost of capital method: *WACC*법)이라고 하며, 순현가는 다음의 식에 의해 계산된다.

$$\text{부채사용투자안의 순현가} = FCF_0^i + \frac{E(FCF_1^i)}{(1+k_{WACC}^i)} + \frac{E(FCF_2^i)}{(1+k_{WACC}^i)^2} + \cdots + \frac{E(FCF_\infty^i)}{(1+k_{WACC}^i)^\infty} \quad (16.7)$$

식 16.7에서 FCF_0^i는 투자안 i의 초기투자비용을 나타내며, $E(FCF_t^i)$는 t기에 기대되는 투자안 i의 세후잉여현금흐름(free cash flow: *FCF*), 그리고 k_{WACC}^i는 투자안 i의 가중평균자본비용이다. 가중평균자본비용을 이용한 평가방법에 대해서는 제11장에서 대략적인 과정을 설명하였으나, 뒤에 설명할 다른 방법들과의 비교를 위해 그 내용을 다시 한번 되풀이하자.

투자안의 가중평균자본비용

제11장과 제13장에서 보았듯이 가중평균자본비용 k_{WACC}는 기업의 원천별 자본비용을 각 자본의 구성비율로 가중평균하여 구한 값으로 다음의 식 16.8과 같이 계산하였다(제13.4절의 식 13.15와 식 13.17 참조).

$$k_{WACC} = \frac{D}{D+E} \cdot k_D(1-\tau_C) + \frac{E}{D+E} \cdot k_E = k_U \cdot \left(1 - \tau_C \cdot \frac{D}{D+E}\right) \quad (16.8)$$

식 16.8에서 $k_D(1-\tau_C)$는 세후부채비용이며 k_E는 자기자본비용이다. 식 16.1 또는 식 16.3을 이용하여 부채를 사용하는 기업의 주식베타를 구하고 나면 자기자본비용은 CAPM을 이용하여 구할 수 있다.

예제 16-2 [예제 16-1]에서 한라기업의 부채비율은 100%이며 부채의 위험은 0이라고 하자. 시장포트폴리오의 기대수익률이 15%이며 무위험이자율이 7%일 때 한라기업의 자기자본비용과 가중평균자본비용을 구하라.

풀이 부채비율이 100%이며 무위험부채를 사용하는 경우 한라기업의 주식베타는 1.8로 계산되었다. 따라서 자기자본비용은 $k_E = r_f + [E(r_m) - r_f] \cdot \beta_E = 7 + (15-7)(1.8) = 21.4(\%)$이다. 부채비용이 7%, 법인세율이 20%이므로 가중평균자본비용은 다음과 같다.

$$k_{WACC} = \frac{D}{D+E} \cdot k_D(1-\tau_C) + \frac{E}{D+E} \cdot k_E = \frac{1}{2} \cdot (7)(1-0.2) + \frac{1}{2} \cdot (21.4) = 13.5(\%)$$

투자안의 평가에 사용할 할인율인 투자안의 가중평균자본비용 역시 식 16.8과 유사하게 구한다. 즉, 투자안의 자금조달방법(목표부채비율)에 따라 가중치를 결정하고 각 원천별 자본비용을 가중평균하면 된다. 투자안의 가중평균자본비용을 구하는 식이 식 16.9이다. 식 16.9에서 k_D^i는 신규투자안의 투자비용 중 차입금에 대한 부채비용이며, k_E^i는 신규투자안에 투자하는 주주의 기대수익률 즉 자기자본비용이다. 여기서 위첨자 i는 투자안 i, 즉 신규투자안을 나타낸다. D_i와 E_i는 각각 투자안 i의 목표부채조달액과 목표자기자본조달액을 나타낸다.

$$k_{WACC}^i = \frac{D_i}{D_i + E_i} \cdot k_D^i(1 - \tau_C) + \frac{E_i}{D_i + E_i} \cdot k_E^i \qquad (16.9)$$

식 16.9를 이용하는 과정에서 한 가지 강조할 것은 투자안의 가중평균자본비용 k_{WACC}^i는 신규투자안의 사업위험과 자본조달방법에 따라 기업(기존사업)의 자본비용 k_{WACC}와 다를 수 있다는 것이다. 즉 신규투자안과 기존사업의 사업위험이 다르며, 새 투자안의 목표부채비율이 기업의 기존 부채비율과 다를 경우, 기존의 자본비용을 새 투자안에 적용할 수 없다는 것이다. 이 경우 새로운 투자안과 유사한 사업위험을 갖는 대용회사(proxy company)의 주식베타(대용베타)를 이용하여 사업위험을 추정하고, 자금조달방법의 차이를 반영하여 신규투자안에 투자하는 주주의 위험, 즉 새 투자안의 주식베타를 구한 후, CAPM을 이용하여 자기자본비용을 계산한다. 그리고 신규투자안에 적용될 목표부채비율을 이용하여 가중평균자본비용을 구하면 된다(제11장 참조). 예제를 통해 이를 구체적으로 계산해 보자.

예제 16-3 성진그룹에서는 앞으로 국내 철강산업의 독점규제가 완화되어 제철산업이 크게 발전하리라고 예상하고 있다. 이에 따라 성진그룹에서는 6,500억원을 들여 제철소를 건설하려고 한다. 이 투자안에 투자하는 경우 매기 감가상각비만큼의 단순재투자가 이루어져 투자규모는 일정하게 유지되며 순운전자본의 변동은 없고, 영업활동에서 기대되는 매년의 세후영업이익은 500억원으로 영구히 지속된다고 한다. 이 경우 매년의 세후잉여현금흐름은 세후영업이익과 같으므로 초기 투자비용과 투자안에서 예상되는 매년의 세후잉여현금흐름을 나타내면 아래의 표와 같다.

제철소건설 시 예상되는 투자비용과 매년의 세후잉여현금흐름 (단위: 억원)

시점	0	1	2	3	4	…	∞
현금흐름	−6,500	500	500	500	500	…	500

주식시장의 과거자료를 이용하여 이미 상장된 철강업체인 포스코 주식의 베타를 추정한 결과 β = 0.79였으며, 증권시장선은 $E(r_i) = 5 + 7\beta_i$이다. 포스코의 부채위험은 0이고 부채비율은 $D/E = 1$이다. 성진그룹과 포스코의 법인세율은 24%이다. 성진그룹에서는 이 제철소의 목표부채비율(D/E)을 200%로 설정해 놓고 있으며, 이 그룹의 부채비용은 무위험이자율인 5%이다. 제철소건설안의 순현가를 구하라.

풀이 먼저 제철소의 사업위험을 반영하는 자산베타를 대용회사인 포스코의 주식베타를 이용하여 구해 보자. 부채비율이 100%인 포스코 주식의 베타(β_E^P)가 0.79이며 법인세율이 24%이므로 식 16.3에 의해 부채를 사용하지 않는 경우의 주식베타를 구할 수 있다. 식 16.3을 β_U에 대해 정리하면 포스코가 자기자본으로만 자금을 조달할 경우의 주식베타를 다음과 같이 구할 수 있다. 식에서 위첨자 P는 대용회사인 포스코를 나타낸다.

$$\beta_U^P = \frac{\beta_E^P}{1 + (D^P/E^P)(1 - \tau_C)} = \frac{0.79}{1 + (1)(1 - 0.24)} = 0.45$$

성진그룹이 제철소사업에 대해 목표부채비율 200%의 자본구성을 계획하고 있으므로 이러한 재무위험을 반영한 주식의 베타 β_E^i는 식 16.3에 의해 다음과 같다.

$$\beta_E^i = \beta_U^P \cdot [1 + (D_i/E_i)(1 - \tau_C)] = (0.45)[1 + (2)(1 - 0.24)] = 1.134$$

성진그룹이 투자하는 제철소의 사업위험이 포스코의 사업위험과 같고, 부채비율은 200%가 되도록 한다면, 사업위험과 재무위험이 반영된 주식의 베타는 1.134이다. 이제 자기자본비용을 증권시장선을 이용하여 구하면 다음과 같다.

$$k_E^i = E(r_i) = 5 + 7\beta_i = 5 + 7(1.134) = 12.94(\%)$$

성진그룹의 세후부채비용은 $k_D^i(1 - \tau_C) = 5(1 - 0.24) = 3.8(\%)$이다. 목표부채비율과 세후부채비용, 그리고 앞서 구한 자기자본비용을 이용하여 가중평균자본비용을 계산하면 6.85%를 얻는다.

$$k_{WACC}^i = \frac{D_i}{D_i + E_i} \cdot k_D^i(1 - \tau_C) + \frac{E_i}{D_i + E_i} \cdot k_E^i = \left(\frac{2}{3}\right)(3.8) + \left(\frac{1}{3}\right)(12.94) = 6.85(\%)$$

이 할인율로 제철소투자안에서 기대되는 세후잉여현금흐름을 할인하면 순현가를 얻는다.

$$NPV = -6{,}500 + \frac{500}{1.0685} + \frac{500}{1.0685^2} + \cdots + \frac{500}{1.0685^\infty} = -6{,}500 + \frac{500}{0.0685} = 804(\text{억원})$$

순현가가 +804억원이므로 제철소를 건설하는 새 투자안은 채택되어야 하며, 투자안의 가치는 순현가와 투자비용의 합인 7,304억원이다.

한편, [예제 16-3]에서 성진그룹의 자기자본비용은 법인세가 있는 경우의 MM이론의 결과인 식 16.2를 이용하여 계산할 수도 있다. 식 16.2에서 자기자본으로만 자금을 조달할 경우의 자본비용 k_U는 CAPM으로부터 구할 수 있다. 이 경우의 주식베타 β_U는 앞에서 계산한 0.45이다. 따라서 $k_U = 5 + 7\beta_U = 5 + 7 \cdot 0.45 = 8.15(\%)$이며, 부채비율 200%일 때 자기자본비용 k_E는 다음과 같이 12.94%이다: $k_E = 8.15 + (8.15 - 5)(2.0)(1 - 0.24) = 12.94(\%)$.

■ 조정현가법

조정현가법(adjusted present value method: APV법)은 투자에서 발생하는 현금흐름을 자본원천별로 분리한 후 각 현금흐름의 가치를 계산하고, 이를 모두 더하여 투자안의 순현가를 구하는 방법이다. 이 방법에서는 먼저 자기자본으로만 자금을 조달할 경우의 NPV를 계산하고 또 부채사용으로 인한 여러 효과에 대한 NPV를 각각 계산하여, 그 결과를 모두 더하는 과정을 거친다.

$$APV = \text{자기자본으로만 조달한 경우의 } NPV + \text{부채사용에 따른 부수효과의 } NPV \qquad (16.10)$$

부채사용에 따라 발생하는 부수효과는 이자의 감세효과뿐만 아니라 채권발행에 따른 기채비용, 파산비용 등 재무적 곤경비용, 특혜금융에 의한 유리한 차입조건 등을 포함하게 되는데, 여기서는 MM이론에서 다루고 있는 이자비용의 법인세 감세효과만 고려하고 그 외의 다른 효과에 대해서는 제16.2절에서 살펴보기로 한다.

*APV*의 계산은 자금조달이 전액 자기자본으로만 조달되었을 경우를 가정하여 투자안의 *NPV*를 계산하는 것으로부터 시작된다. 실제로 타인자본을 사용하고 있지만 자기자본에만 의존하는 경우를 상정하여 이때 사용할 할인율을 결정하고, 이 할인율을 이용하여 투자안의 *NPV*를 구한다. 이를 식으로 나타내면 다음과 같다.

$$\text{자기자본으로만 조달한 경우의 순현가} = FCF_0^i + \frac{E(FCF_1^i)}{(1+k_U^i)} + \frac{E(FCF_2^i)}{(1+k_U^i)^2} + \cdots + \frac{E(FCF_\infty^i)}{(1+k_U^i)^\infty} \quad (16.11)$$

식 16.11에서 k_U^i는 투자비용 전액을 자기자본으로 조달한 경우 투자안 i의 사업위험을 반영한 자본비용이다. 이는 식 16.1 또는 식 16.3을 β_U에 대해서 정리하여 사업위험을 구한 후 CAPM을 이용하면 구할 수 있다. 이렇게 결정된 할인율로 미래 세후잉여현금흐름의 기댓값을 할인하면 식 16.10의 우변 첫째 항의 순현가를 얻을 수 있다.

식 16.11에서 구한 *NPV*에 부채사용으로 인한 이자의 감세효과의 현가를 더하여 얻은 값이 바로 조정현가(*APV*)가 된다. 이자의 감세효과와 그 현가를 계산하는 방법에 대해서는 제13.4절에서 이미 설명하였다. [예제 16-3]에서의 투자안의 순현가를 *APV*법을 적용하여 구해 보자.

예제 16-4 [예제 16-3]에서 성진그룹이 고려하고 있는 제철소투자안의 투자비용을 전액 자기자본으로만 조달할 경우 투자안의 순현가를 구하라. 또 성진그룹이 목표부채비율 200%를 달성하기 위한 차입금의 규모를 결정한 후 이러한 차입으로 인한 법인세 감세효과의 현가를 계산하라. 그리고 투자안의 조정현가 *APV*를 구하라.

풀이 대용베타인 포스코의 주식베타가 0.79였으며 포항제철의 부채비율은 100%였다. 이를 이용하여 포스코의 자산베타를 구하면 0.45이고, 이 베타값과 CAPM을 이용해 전액 자기자본으로 자금을 조달할 경우 제철소사업의 자기자본비용을 구하면 8.15%로 이미 계산되었다: $k_U^i = 5 + 7\beta_U = 5 + 7(0.45) = 8.15(\%)$. 따라서 성진그룹이 자기자본으로만 제철소를 건설한다면 투자로부터 기대되는 현금흐름을 8.15%로 할인하여야 한다. 이를 계산하면 다음과 같다.

$$NPV = -6{,}500 + \frac{500}{1.0815} + \frac{500}{1.0815^2} + \cdots + \frac{500}{1.0815^\infty} = -6{,}500 + \frac{500}{0.0815} = -365(\text{억원})$$

즉, 자기자본으로만 자금을 조달하는 경우 *NPV*가 (−)365억원이므로 이 투자안은 경제성이 없다.

한편, 성진그룹이 목표부채비율 200%를 실현하기 위한 부채조달액은 투자안 가치의 2/3이다. 투자안의 가치는 앞서의 가중평균자본비용법의 결과를 참조하면 7,304억원이다.[2] 따라서 부채조달액은 7,304억원×(2/3) = 4,869억원이다.

2 현실적으로는 조정현가법을 적용할 때 투자안의 가치를 알고 있는 경우는 없다. 이 예에서는 가중평균자본비용법과 조정현가법이 같은 결과를 가져다주는 것을 보이기 위해 투자안의 가치를 알고 있다고 가정한다.

차입금 4,869억원에 대해 매년 발생하는 이자는 243.45억원(= 4,869억 × 0.05)이며, 법인세율이 24%일 때 이로 인한 감세효과는 매년 58.43억원(= 243.45억 × 0.24)이다. 따라서 이자의 감세효과의 현가(PV)는 다음과 같다.

$$PV(\text{이자의 감세효과}) = \frac{58.43}{1.05} + \frac{58.43}{1.05^2} + \cdots + \frac{58.43}{1.05^\infty} = \frac{58.43}{0.05} = 1,169(\text{억원})$$

결과적으로 조정현가법에 의한 제철소사업안의 순현가는 다음과 같다.

$$\begin{aligned} APV &= \text{자기자본으로만 조달한 경우 } NPV + PV(\text{이자의 감세효과}) \\ &= -365\text{억} + 1,169\text{억} = 804(\text{억원}) \end{aligned}$$

이 결과는 앞서의 가중평균자본비용법을 이용해서 계산한 결과와 일치한다.

■ 주주가치법

주주가치법(flow to equity method: FTE법)에서는 새로운 투자로부터 발생하는 현금흐름 중 주주에게 귀속되는 잉여현금흐름의 기댓값을 구하고 이를 자기자본비용으로 할인하여 주주지분의 가치를 구한 뒤 주주가 제공하는 투자비용을 차감하여 투자의 순현가를 구한다.

$$\text{부채사용투자안의 순현가} = FCFE_0^i + \frac{E(FCFE_1^i)}{(1+k_E^i)} + \frac{E(FCFE_2^i)}{(1+k_E^i)^2} + \cdots + \frac{E(FCFE_\infty^i)}{(1+k_E^i)^\infty} \quad (16.12)$$

식 16.12에서 $FCFE_0^i$는 주주가 부담하는 초기투자비용으로 총투자비용에서 부채조달액을 차감한 값이며, $E(FCFE_t^i)$는 투자안 i에서 기대되는 세후주주잉여현금흐름(free cash flow to equity: $FCFE$)이며, k_E^i는 투자안 i의 사업위험과 재무위험을 반영한 자기자본비용이다. 자기자본비용 k_E^i는 두 위험을 반영한 β_E^i를 계산한 후 CAPM을 이용하여 구할 수 있다. β_E^i는 식 16.1 또는 식 16.3에 의해 구할 수 있다.

예제 16-5 [예제 16-3]의 성진그룹 투자안의 순현가를 주주가치법을 이용하여 구하라.

풀이 성진그룹이 부채비율 200%를 달성하기 위해 필요한 자기자본조달액(주주의 투자원금)은 투자비용 6,500억원에서 부채조달액 4,869억원을 뺀 1,631억원이다.[3] 이 투자를 통해 매년의 영업활동에서 주주에게 귀속되는 잉여현금흐름인 기대배당금을 구하면 다음 표와 같다.

3 주주가치법 적용 시에도 투자안의 가치를 현실적으로는 알지 못한다. 그러나 세 방법이 같은 결과를 가져다주는 것을 보이기 위해 가중평균자본비용법과 조정현가법의 결과를 이용한다.

주주에게 귀속되는 매년의 세후잉여현금흐름 (단위: 억원)

구분 \ 시점	1	2	3	4	…	∞
세후영업이익*	500	500	500	500	…	500
세전영업이익	657.89	657.89	657.89	657.89	…	657.89
이자비용	243.45	243.45	243.45	243.45	…	243.45
세전순이익	414.44	414.44	414.44	414.44	…	414.44
법인세비용	99.47	99.47	99.47	99.47	…	99.47
세후순이익	314.97	314.97	314.97	314.97	…	314.97

*매기 감가상각비만큼의 단순재투자가 이루어지는 경우 투자안의 세후잉여현금흐름과 세후영업이익은 같다.

단순재투자만 이루어지는 경우 세후순이익은 내부에 유보되는 자금 없이 전액 주주에게 배당으로 지급된다. 따라서 매년 314.97억원의 현금이 주주에게 배당으로 지급된다. 주주가치법에 의한 투자의 *NPV*는 주주에게 귀속되는 매년의 세후잉여현금흐름의 현재가치를 구하면 된다. 이때 적용할 할인율, 즉 사업위험과 재무위험을 반영한 자기자본비용은 앞서의 가중평균자본비용을 계산하는 과정에서 얻은 12.94%이다. 주주가 부담하는 초기 투자비용이 −1,631억원이며, 이후 매년 주주에게 귀속되는 세후잉여현금흐름은 314.97억원이므로 식 16.12를 이용하여 투자안의 *NPV*를 평가하면 다음과 같다.

$$NPV = -1{,}631 + \frac{314.97}{1.1294} + \frac{314.97}{1.1294^2} + \cdots + \frac{314.97}{1.1294^\infty} = -1{,}631 + \frac{314.97}{0.1294} = 804(\text{억원})$$

위의 값은 앞서의 가중평균자본비용법이나 조정현가법에 의해 얻은 결과와 일치하는 것이다.

16.2 부채사용의 부수효과와 조정현가법

지금까지 가중평균자본비용법(*WACC*법), 조정현가법(*APV*법), 그리고 주주가치법(*FTE*법)의 개념과 적용과정에 대해서 예를 통해 설명하였다. 부채사용으로 인해 추가적으로 발생하는 현금흐름을 정확하게 분리할 수 있고, 그 효과를 자본비용에 반영할 수 있다는 조건하에서는 세 방법이 같은 결과를 가져온다는 것을 보였다.

경영자가 자신이 경영하는 기업의 최적자본구조를 정확히 알고 있고, 이 최적자본구조를 일관되게 유지할 수 있는 자본조달정책을 펴 나간다면, 투자안을 평가하는 방법으로 *WACC*법이나 *FTE*법을 이용하는 것이 유리할 수 있다. 그러나 현실에서는 부채사용에 따른 여러 부수효과가 나타나며 이러한 모든 효과를 반영하여 가중평균자본비용이나 자기자본비용을 계산하기가 쉽지 않다. 앞서 언급한 기채비용, 파산비용이나 대리비용, 또 특혜금융의 혜택 등은 가중평균자본비용이나 자기자본비용의 계산에 반영하기가 쉽지 않으며 설사 반영한다고 하더라도 매우 복잡한 계산과정을 거쳐야 한다. 이럴 경우 *APV*법은 다른 방법들에 비해 상대적으로 쉽게 이용될 수 있다. 부채사용의 효과를 각 원천별로 분해하여 독립적으로 평가하고 이를 모두 더해 투자안의 현가를 구할

| 그림 16-1 | 가중평균자본비용법(*WACC*법)을 이용한 투자안의 평가

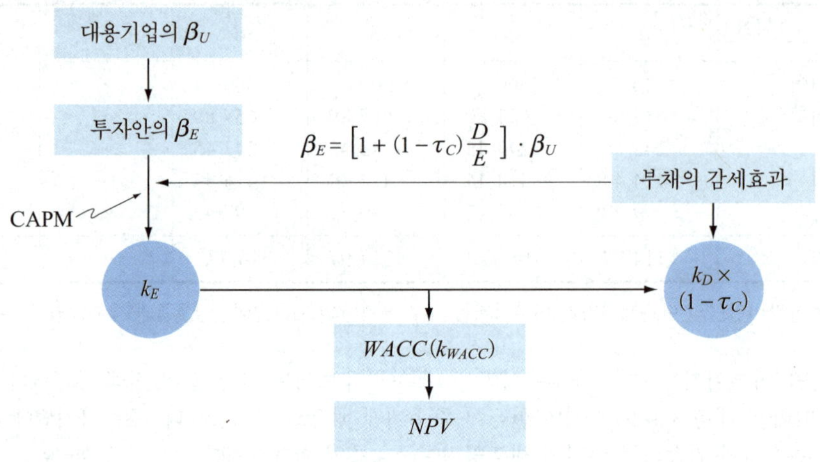

수 있어 자본비용계산에 따른 어려움을 피할 수 있기 때문이다.

다음에서는 *WACC*법의 적용에 따른 문제점을 살펴보고 *APV*법이 이러한 문제를 어떻게 해결해 줄 수 있는지, 그리고 부채사용에 따른 여러 형태의 부수효과를 구체적으로 반영하는 과정을 살펴본다.

■ 가중평균자본비용법 적용상의 문제와 조정현가법

[그림 16-1]은 *WACC*법을 이용하는 과정을 도표화한 것이다. 가중평균자본비용을 이용한 평가방법은 그림에 나타나 있듯이 다음과 같은 특성을 지니고 있다.

- 투자안으로부터 예상되는 현금흐름을 할인하기 위한 할인율은 *WACC* 하나이다.
- 부채사용으로 인한 효과가 *WACC*의 계산과정에 이미 반영되어 있다.
- 부채사용으로 인한 효과로는 이자의 법인세 감세효과만을 고려하고 있다.

*WACC*법의 이러한 특성 가운데 특히 문제가 되는 것은 세 번째 내용으로서, *WACC*법이 고려하고 있는 부채사용의 효과는 오직 MM이론에서 계산되는 이자의 감세효과뿐이라는 점이다. 그러나 부채의 사용은 이자의 감세효과 외에도 여러 가지 다른 부수효과를 가져올 수 있다. *WACC*법에서는 이러한 추가적 효과들을 적절히 반영시키기가 매우 어렵다.

부채사용으로 인한 여러 가지 효과를 반영하는 적절한 방법에 대한 실마리는 제6장에서 설명한 가치의 가산원칙(value additivity)이 제공해 준다. 가치의 가산원칙을 다시 쓰면 다음과 같다.

$$NPV(A_1 + A_2 + \cdots + A_n) = NPV(A_1) + NPV(A_2) + \cdots + NPV(A_n) \quad (16.13)$$

*WACC*법을 이용하여 이자의 감세효과 외에 여러 가지의 부수효과를 한꺼번에 반영하기 어려운 이유는 위와 같은 가치의 가산원칙을 *WACC*법에 적용할 수 없기 때문이다. 그러나 *APV*법에서는 식 16.10에서 보는 것처럼 가치의 가산원칙이 적용될 수 있다. 즉 부채사용에 따른 여러 효과들을 독립적으로 평가하여 각각의 순현가를 구한 후 이를 모두 더하면 투자안의 순현가를 얻게 된다. 이러한 방법은 *WACC*법에 비해 부채사용의 효과를 상대적으로 쉽고 편리하게 반영할 수 있는 장점이 있다는 것이다.

■ 부채사용에 따른 부수효과

기업이 부채를 사용하면 이자의 감세효과 외에도 여러 가지 다른 효과들이 발생한다고 하였다. 우선 채권발행수수료 등의 기채비용, 은행에 담보를 제공해야 할 경우의 기회비용, 보증사채의 경우 보증에 따른 비용 등이 발생할 수 있다. 또한, 정부가 제공하는 특혜금융으로부터 기업이 입는 혜택도 있을 수 있다. 또 부채를 많이 사용하면 파산비용과 대리비용 등의 추가적 비용이 발생할 수 있다. 이자의 감세효과에 대해서는 이미 많이 다루었기 때문에 설명을 생략하고, 다음에서는 기채와 관련하여 발생하는 비용과 특혜금융의 효과, 그리고 재무적 곤경비용(financial distress costs)을 투자안의 평가에 반영하는 과정에 대해 간단히 설명한다.

기채비용

기업이 부채를 차입하거나 사채를 발행하여 자금을 조달할 때 여러 금융회사들이 참여한다. 이때 금융회사들의 서비스에 대한 보상인 각종 수수료와 증권인쇄비 등의 비용이 지출된다. 이러한 기채비용(flotation costs)은 투자안의 가치를 감소시키며 또 지출된 비용의 상각은 세금효과를 가져온다. 기채에 필요한 비용의 지출은 자금조달시점에서 일어나지만, 회계처리상 상환기한까지 매년 일정금액이 상각됨에 따라 법인세 감세효과는 그때그때 나타난다. 그러므로 기채비용의 *NPV*는 기채 시 지출되는 현금유출과 기채비용의 상각으로 인한 매년의 감세효과를 할인한 현가의 차이로 계산된다.

특혜금융의 효과

정부에서 기업에 보조금을 지급하거나 시장이자율보다 낮은 이자율로 대출을 제공하는 등의 특혜금융(non-market rate financing)으로 기업이 혜택을 입을 수 있다. 이러한 특혜금융의 효과는 다음과 같이 처리한다. 기업이 시장이자율보다 낮은 이자율로 차입할 수 있는 경우 정상적인 부채보다 적은 이자를 지급하게 되며, 이러한 이자비용의 절약분은 기업가치를 증가시키는 요인이 된다. 이자비용 절약분의 현가를 계산하기 위한 할인율은 시장이자율(정상적인 부채차입비용)이 된다. 왜냐하면 그 현금흐름의 기회비용이 할인율로 사용되어야 하기 때문이다. 그러나 주의할 점은 특혜금융을 받는 경우 이자비용의 지급이 줄어듦에 따라 이자의 감세효과도 줄어든다는 것이다. 따라서 특혜금융의 *NPV*는 이자절약분의 현가에서 이자의 감세효과 상실분의 현가를 뺀 값이 된다.

재무적 곤경비용

제14장에서 기업이 부채를 많이 사용하면 파산위험이 증가하며 또 대리비용도 발생한다는 것을 보았다. 이럴 경우 부채비율의 증가에 따라 차입이자율이 상승할 수 있다. 부채사용에 따라 기업이 재무적 어려움에 처하게 되어 발생하는 비용을 재무적 곤경비용이라고 하는데 이는 투자안의 가치를 감소시킨다.

■ 조정현가계산의 예

㈜건민은 총 100억원이 소요되는 투자안에 대한 사업의 타당성을 검토하고 있다. 투자의 내용연수는 5년이고 투자비용은 잔존가치 없이 정액법으로 감가상각되며, 투자로 인한 연간증분영업이익은 15억원으로 예상된다. 순운전자본의 변동은 없다고 가정한다. ㈜건민은 총투자비용 중 75억원을 12%의 이자율로 사채를 발행하여 조달할 계획이며 이때 기채비용은 사채발행액의 1%이다. 기채비용은 사채발행으로 조달한 금액 중에서 기채시점에서 지출되고 이후 5년간 정액상각된다. 한편 투자비용을 자기자본으로만 조달할 경우의 자기자본비용은 20%이고, 법인세율은 34%이다. 조정현가법에 의해 이 투자의 타당성을 분석해 보자.

자기자본으로만 조달할 경우의 *NPV*

위 예에서 증분잉여현금흐름을 구해 보자. 초기투자비용이 100억원이므로 시점 0의 증분세후잉여현금흐름은 −100억원이며, 영업활동이 지속되는 5년간의 증분세후잉여현금흐름은 증분세후영업현금흐름과 같다. 따라서 자기자본으로만 조달할 경우의 증분세후영업현금흐름과 순현가는 다음과 같이 구할 수 있다.

$$\begin{aligned}\text{연간증분세후영업현금흐름} &= \text{증분세후영업이익} + \text{증분감가상각비} \\ &= 15\times(1-0.34)+20 = 29.9(\text{억원})\end{aligned}$$

$$NPV = 29.9\times PVFA(20\%,\ 5\text{년}) - 100 = -10.5811(\text{억원})$$

이 결과로만 보면 *NPV*가 음(−)이므로 투자의 경제성이 없다는 결론을 내릴 수 있다. 그러나 부채를 사용하면 이자의 감세효과와 기채비용 등으로 인해 추가적 *NPV*를 발생시키기 때문에 자기자본으로만 자금을 조달한 경우의 *NPV*와는 다른 값을 가질 수 있다. 다음에서 살펴보자.

이자의 감세효과

부채에 대한 이자의 지급으로 인한 법인세의 감세액을 계산하기 위해 먼저 결정되어야 하는 것은 사채발행액이다. 사채발행액 중 1%가 기채비용으로 지급되므로 75억원의 투자자금을 사채로 조달하기 위해서는 75.76억원[=75억/(1−0.01)]이 조달되어야 한다. 12%의 이자율과 34%의 법인세율을 적용하면 매년의 이자비용은 9.0912억원이며 3.0910억원(=9.0912억×0.34)의 법인세 감세효과가 발생한다. 이자비용의 감세효과는 이자비용 이상의 영업이익을 벌어들일 때 발생하는 것이며, 기업이 부채로 자금을 조달했기 때문에 발생한다. 따라서 감세효과의 위험은 이를 발생시키는 이자비용의 위험과 같으며 적절한 할인율은 바로 부채비용이다. 그러므로 이자의 감세효과의 현가는 할인율 12%를 적용하여 다음과 같이 구한다.

$$PV(\text{이자의 감세효과}) = 3.0910 \times PVFA(12\%, 5\text{년}) = 11.1425(\text{억원})$$

기채비용의 *NPV*

사채발행 시 지출되는 기채비용은 사채발행액의 1%이므로 75.76억×0.01 = 7,576만원이다. 이 기채비용은 사채발행시점에서 지출되고 이후 매년 균등액이 상각되어 비용으로 처리되므로, 매년의 상각액 1,515만원(= 7,576만/5)에 대해서 감세효과 515만원(= 1,515만×0.34)이 발생한다. 기채비용은 부채로 자금을 조달하는 과정에서 발생한 것으로 5년간 부채를 사용하기 위해 지출된 것이다. 따라서 기채비용으로 인한 감세효과의 적절한 할인율은 부채비용이며, 기채비용의 *NPV*는 다음과 같다.

$$\text{기채비용의 } NPV = -7{,}576 + 515 \times PVFA(12\%, 5) = -5{,}720(\text{만원})$$

지금까지의 계산결과를 토대로 이 투자안의 *APV*를 계산해 보면 다음과 같다.

$$\begin{aligned} APV &= \text{자기자본으로만 조달할 경우의 } NPV + \text{부채사용에 따른 부수효과의 } NPV \\ &= -10.5811 + (11.1425 - 0.5720) = -0.0105(\text{억원}) \end{aligned}$$

따라서 이 투자안은 총투자액 100억원 중 75억원을 부채로 조달하는 경우에도 투자의 경제성이 없다.

특혜금융의 효과와 *NPV*

㈜건민이 고려하는 투자안은 정부가 정책적으로 육성하려는 사업으로서 이를 추진하는 기업에 대해 금융지원을 약속했다고 하자. 즉, ㈜건민이 부채를 사용할 경우 시장이자율인 12% 대신 8% 이자율에 특별대출을 받을 수 있다고 하자. 이러한 특혜금융의 효과는 다음과 같다. 우선 정부지원에 따라 12% 대신 8%로 이자를 지급하면 매년 4%의 절약을 가져온다. 즉 75.76억×0.04 = 3.0303억원의 이자비용이 절약된다. 그러나 이자비용이 줄어들면 이자의 감세효과도 줄어든다. 즉 매년 [이자비용절약분×법인세율 = 3.0303×0.34]만큼의 감세효과를 상실하게 된다. 결과적으로 특혜금융에 따른 *NPV*는 이 두 효과를 반영하여 다음과 같이 계산된다.

$$\text{특혜금융의 } NPV = 3.0303 \times (1 - 0.34) \times PVFA(12\%, 5\text{년}) = 7.2096(\text{억원})$$

할인율을 12%를 적용하는 이유는 이 기업이 시장에서 차입할 수 있는 정상적인 이자율이 12%이므로 이것이 곧 기회비용이 되기 때문이다. 결국 8% 이자율에 특혜금융이 가능할 경우의 *APV*는 다음과 같다.

$$APV = -10.5811 + (11.1425 - 0.5720 + 7.2096) = 7.1990(\text{억원})$$

따라서 8%의 특혜금융을 받을 수 있다는 전제하에 ㈜건민의 투자안은 경제성이 있다는 결론을 내릴 수 있다.

16.3 가중평균자본비용법, 조정현가법, 주주가치법의 비교

지금까지 소개한 부채를 사용하는 투자안을 평가하는 세 가지 방법들을 요약하고 그 차이점을 살펴보자.

■ 세 방법의 차이점

앞에서 살펴보았듯이 투자안을 평가하는 세 방법은 법인세를 고려한 MM이론이 성립하는 상황에서는 같은 결과를 가져다준다. 그러나 세 방법은 서로 다른 관점에서 투자안을 평가하게 되므로 다음과 같은 서로 간의 차이점을 기억할 필요가 있다.

첫째, *APV*법과 *WACC*법은 부채사용에 따른 효과가 반영되지 않은 현금흐름에 기초하여 분석한다. *APV*법이 투자안에서 실현되는 세후잉여현금흐름을 자기자본으로만 자금을 조달할 때의 자기자본비용으로 할인하여 투자안의 가치를 구하고 여기에 부채사용에 따른 부수효과의 순현가를 계산하여 더하는 데 반해, *WACC*법은 부채사용에 따른 효과를 할인율에서 조정하여 가중평균자본비용을 구하고 투자안에서 실현되는 세후잉여현금흐름을 이것으로 할인하여 투자안의 가치를 계산한다. 따라서 두 방법의 공통점은 투자안에서 실현되는 모든 현금흐름에 기초하여 가치를 구한다는 것이다.

둘째, *APV*법과 *WACC*법과는 달리 *FTE*법에서는 주주에게 귀속되는 현금흐름을 기초로 한다. 이에 따라 *APV*법과 *WACC*법에서는 *NPV*를 계산할 때 초기 투자자금 전액이 비용으로 계상되는 반면 주주가치평가법에서는 초기 투자자금 중 주주가 투자한 부분만이 비용으로 처리된다.

■ 평가방법의 선택 시 고려사항

앞서 성진그룹 제철소투자안의 예에서는 부채사용의 효과가 자본비용에 정확하게 반영되어 세 방법에 의한 투자안의 순현가는 모두 같다. 이론적으로 이는 당연한 결과이다. 그러나 부채사용의 부수효과가 복잡한 현실에서는 어느 한 가지 방법이 다른 방법보다 그 적용이 편리할 수 있으며, 어떤 방법은 현실적으로 적용이 거의 불가능할 수도 있다.

우선 *WACC*법과 *FTE*법을 사용하는 것이 편리한 경우를 살펴보자. 만일 투자안의 사업위험이 투자안의 내용연수 동안 일정하다면 자기자본비용 k_U 또한 일정할 것이다. 또 그 기간 동안 부채비율도 일정 수준에서 유지된다면 자기자본비용 k_E와 가중평균자본비용 k_{WACC}도 시간흐름에 관계 없

표 16-1 가중평균자본비용법, 조정현가법, 주주가치법

1. 가중평균자본비용법(*WACC*법)

$$\text{부채사용투자안의 순현가} = FCF_0^i + \sum_{t=1}^{\infty} \frac{E(FCF_t^i)}{(1+k_{WACC}^i)^t}$$

FCF_0^i: 투자안 i에 대한 초기(0 시점)의 투자비용에 따른 현금흐름
$E(FCF_t^i)$: 투자안 i에서 기대되는 t기의 세후잉여현금흐름
k_{WACC}^i: 투자안 i의 가중평균자본비용

2. 조정현가법(*APV*법)

$$\text{부채사용투자안의 순현가} = FCF_0^i + \sum_{t=1}^{\infty} \frac{E(FCF_t^i)}{(1+k_U^i)^t} + \text{부채사용효과의 } NPV$$

k_U^i: 100% 자기자본조달일 경우 투자안 i의 자본비용
(사업위험만을 반영한 할인율)

3. 주주가치법(*FTE*법)

$$\text{부채사용투자안의 순현가} = FCFE_0^i + \sum_{t=1}^{\infty} \frac{E(FCFE_t^i)}{(1+k_E^i)^t}$$

$FCFE_0^i$: 주주가 부담하는 투자안 i의 초기의 투자비용에 따른 현금흐름
$E(FCFE_t^i)$: 투자안 i에서 기대되는 t기의 세후주주잉여현금흐름
k_E^i: 부채를 사용하는 투자안 i의 자기자본비용
(사업위험과 재무위험을 반영한 자기자본비용)

4. 평가방법 선택의 지침
(1) 투자의 내용연수 동안 부채비율이 일정하게 유지되는 경우 *WACC*법과 *FTE*법이 보다 적합하다.
(2) 투자의 내용연수 동안 부채사용금액이 일정하게 유지되고, 부채사용효과를 독립적으로 파악하는 것이 쉬울 경우 *APV*법이 적합하다.

이 일정하게 된다. 이럴 경우 *WACC*법과 *FTE*법의 적용에 문제가 없고 또 이들을 적용하는 것이 쉽고 편리하다. 그러나 부채비율이 해마다 달라지면 자기자본비용과 가중평균자본비용 또한 해마다 달라진다. 할인율이 매년 다를 경우 *WACC*법과 *FTE*법을 적용하는 것은 매우 복잡한 계산과정을 필요로 하며 오류가 발생할 가능성이 커진다.

*APV*법의 적용을 위해서는 부채사용금액과 부채사용에 따른 모든 부수효과를 정확하게 알 수 있어야 한다. 부채사용에 따른 여러 효과는 현금흐름에서 조정되므로 *APV*법은 매기의 부채금액이 일정할 경우 쉽게 적용될 수 있다. 그러나 부채금액이 불확실한 경우 *APV*법을 적용하는 과정에서 큰 어려움을 겪을 수 있다. 또 *APV*법은 부채사용에 따른 부수효과를 독립적으로 파악하는 것이 용이할 경우 그 적용이 다른 두 방법에 비해 보다 손쉽고 또 적합하다. 즉, *APV*법은 현금흐름을 그 특성에 따라 원천별로 파악하고 원천별 특성에 적합한 자본비용을 적용할 수 있다는 장점이 있다.

결국 투자안의 평가에서 어느 방법이 더 적합한지를 판단하기 위해서는 경영자가 앞으로 부채

사용액 또는 부채비율을 일정하게 유지할 것인지를 먼저 알아야 한다. 이 문제는 현실적으로 경영자가 선택해야 할 문제이며 상황에 따라 바뀔 수 있다. 경영자가 기업가치를 극대화시키기 위해 최적자본구조를 유지하려고 노력하며, 따라서 목표부채비율에 맞춰 자본을 조달하는 상황에서는 *APV*법보다 *WACC*법 또는 *FTE*법을 선택하는 것이 낫다고 할 수 있다. 지금까지 살펴본 세 가지 방법을 간단히 정리하면 〈표 16-1〉과 같다.

중요용어

조정현가(adjusted present value: *APV*)
잉여현금흐름(free cash flow)
이자의 감세효과(interest tax shield)
대용회사(proxy company)
주주가치법(flow to equity method)
재무적 곤경비용(financial distress costs)
가중평균자본비용(weighted average cost of capital: *WACC*)
재무위험(financial risk)
특혜금융(non-market rate financing)
기채비용(flotation costs)
대용베타(proxy beta)
사업위험(business risk)
가치의 가산원칙(value additivity)

연습문제

16-1 기업 A, B는 모두 자기자본만으로 이루어졌다고 가정했을 때의 주식의 베타(β_U)가 1.2이다. 이들 두 기업의 자본구조와 기타 자료는 아래와 같다.

(단위: 억원)

	A	B
타인자본	1,000	1,500
자기자본	1,500	1,000
$E(r_m) = 12\%$, $r_f = 5\%$, 법인세율 = 40%		

① 이들 두 기업의 재무위험을 반영한 주식의 베타 β_E를 각각 구하라.
② 이들 두 기업의 자기자본비용을 계산하라.
③ 위 ①과 ②에서 구한 값들이 기업 A, B에 따라 차이가 나는 이유를 설명해 보라.

16-2 A회사 주식의 베타 β_E는 0.9이고, 부채비율은 50%이다. 시장수익률은 16%로 기대되며, 무위험이자율은 현재 8%이다. 이 회사의 1년만기 사채는 표면이자율 7%, 액면가 1,000,000원이며, 시장가격은 972,720원이다. 법인세는 30%라고 한다. A회사의 자기자본비용, 타인자본비용, 그리고 가중평균자본비용을 계산하라.

16-3 A회사는 자기자본만으로 이루어진 회사로 B회사로부터 기계장치(감가상각방법: 정액법, 내용연수: 5년, 잔존가치: 0원)를 구입하고자 한다. 이 기계장치의 도입으로 연간 1억원의 현금지출 영업비용을 줄일 수 있을 것으로 기대된다. 법인세율은 40%이며, A회사의 가중평균자본비용은 10%이다.

이 기계의 도입으로 인한 추가적인 재무위험은 없다고 가정하며, 무위험채권의 수익률은 6%이다.

① A회사가 B회사에게 기계장치의 구입가격으로 최대 얼마를 지불할 수 있는지 계산하라.

② 기계도입을 위해 3억원의 가격을 지불하여야 한다고 하자. A회사는 이에 필요한 자금을 조달하기 위해서 2억원의 부채를 8%의 이자율로 조달할 계획이다. 그리고 이자의 감세효과 외의 부채사용의 부수효과는 없다고 한다. 이 기계의 도입 및 부채의 조달로 인한 *APV*를 계산하라.

③ 만일 정부에서 이 기계의 도입을 장려하기 위해 2억원의 자금을 5%의 이자율로 대출해 준다면, A회사는 이 기계를 위해 최대 얼마까지 지급할 수 있는지 대답하라.

16-4 ㈜우주는 로켓엔진을 생산하는 회사이다. 이 회사는 현재 새로운 엔진을 개발하려고 한다. 이 개발에 소요되는 비용은 앞으로 5년간 매년 1억원씩이 될 것으로 보여지며, 이 개발이 완료되면 5년간 매년 1.3억원의 추가적인 현금유입이 있을 것으로 예상된다. 이 연구개발비는 기초에 발생하며 매년 비용처리된다. ㈜우주가 자기자본만으로 이 개발을 할 경우 자본비용은 18%이며, 현재 법인세율은 30%, 무위험이자율은 6%이다. 다음은 이 연구개발을 위한 소요자금의 조달방안이다. *APV*법을 사용하여 ㈜우주가 이 개발을 해야 하는지를 검토해 보라.

연도	자금조달방법
0차연도	특혜금융(1억원, 5%, 5차연도 상환)
1차연도	은행대출(1억원, 12%, 6차연도 상환)
2차연도	은행대출(1억원, 12%, 7차연도 상환)
3차연도	은행대출(1억원, 12%, 8차연도 상환)
4차연도	은행대출(1억원, 12%, 9차연도 상환)

16-5 한라기업은 현재 부채비율(D/E)이 25%이며 부채는 10%의 이자율로 조달하고 있다. 법인세율은 40%이고 주주의 자본비용은 18%이다. 이 회사는 새로운 장비를 구입하려고 한다. 이 장비가 가져다줄 매년의 세후잉여현금흐름은 아래와 같다.

(단위: 억원)

연도	0	1	2	3
현금흐름	−15	5	8	10

이 회사는 이 장비를 구입하기 위해 10%의 이자율로 6억원의 부채를 조달하려 하고 있다. 이 부채는 매년 말 일정액을 3년에 걸쳐 상환하게 된다. 재무적 곤경비용 및 기채비용을 고려하지 않는다면 이 회사가 장비를 구입해야 하는지를 결정하라.

16-6 ㈜청춘은 1,000억원을 들여 반도체장비산업에 진출하려 한다. 투자액의 절반은 부채로 나머지 절반은 자기자본으로 조달하려 하며, 이 투자안으로부터 영구히 매년 100억원의 세후영업이익이 기대된다고 한다. ㈜청춘은 영업위험이 같고 부채비율만 다른($D/E=2$) ㈜YOUNG을 대용기업으로 채택하고 있는데, 이 기업 주식의 베타는 1.5이다. 시장의 위험프리미엄은 8%이며 법인세율은 30%이다. 투자안의 경제성을 *WACC*법과 조정현가법에 의해 평가하라(단, 두 기업이 사용하는 부채는 위험이 없으며 이자율은 연 7%이다).

16-7 ㈜반도는 메모리분야 반도체를 생산하는 기업이다. ㈜반도와 관련된 기본자료는 다음과 같다.

$$부채비율(D/E) = 1, \quad k_E = 15\%, \quad k_D = 10\%, \quad \tau_C = 40\%$$

이 회사는 현재 비메모리분야로 사업을 확장하려 하고 있다. 이 분야에서는 기술력과 설비가 가장 중요하다고 한다. 어느 정도의 기술력을 가지기 위해서는 3년간 매년 300억원의 투자가 필요하다. 그리고 새 설비에 대한 정보는 아래와 같다.

기계	가격	내용연수	잔존가치	3차연도 이후의 매년의 세후잉여현금흐름
A	1,000억원	10년	100억원	400억원
B	2,000억원	12년	200억원	700억원

㈜반도가 추진하는 비메모리사업을 영위하고 있는 기존회사로 ㈜통일이 있는데, 이 회사의 부채비용은 10%이고 부채비율은 200%이며 주식의 베타는 1.5로 평가되고 있다. 다음 기의 시장포트폴리오의 수익률은 15%로 예측되며 무위험이자율은 10%이다.

㈜반도는 자본구조를 동일하게 유지하면서 이 투자안을 실행에 옮길 계획이다. 현재 자금의 조달은 부채 중 500억원은 정부의 특혜금융으로 5%의 이자율로 조달할 예정이며, 이를 위한 기채비용은 5억원이 소요될 것으로 보인다. 원금은 3년 후부터 5년간 분할상환한다. 그리고 나머지 부분은 10%의 이자율로 은행에서 차입한다. 은행으로부터 차입한 원금은 3년 후부터 10년간 분할상환한다.

처음 3년간 지출되는 기술력확보를 위한 비용은 연구개발비용으로 매기 말에 지출되며 모두 지출연도에 비용처리된다. 또 부채조달액은 기계구입가격의 50%이며, 기채비용은 보유자금으로 지출하며 지출연도에 비용처리한다.

① 기계 A를 취득할 경우 이 투자안의 *APV*를 계산하라.

② 기계 B를 취득할 경우 이 투자안의 *APV*를 계산하라. 이 기업은 어떤 기계를 선택해야 할지 판단하라.

16-8 로빈테크의 자기자본비용은 8%이고 주식의 시가총액은 24조 3,000억원이며 기업가치는 현재 36조 6,000억원이다. 로빈테크의 타인자본비용이 6.6%이고 법인세율이 35%일 때 다음 물음에 답하여라.

① 로빈테크의 가중평균자본비용(*WACC*)을 구하여라.

② 기존기업과 동일한 위험을 갖는 새 투자안의 세후잉여현금흐름은 다음과 같다. 이 투자안의 가치는 얼마인가?

(단위: 조원)

연도	0	1	2	3
세후잉여현금흐름	−150	80	120	100

③ 만약 로빈테크가 현재의 부채비율을 유지하고자 할 때 ②의 투자안에서 매년 로빈테크가 사용할 수 있는 부채금액을 구하라.

16-9 첫 번째 사업연도에 영원기업의 영업이익(*EBIT*)은 250만원이었다. 시장에서는 영원기업의 이익이 연 4%의 속도로 증가할 것이라고 예상하고 있다. 영원기업의 순투자와 순운전자본은 변화가 없을 것이며 영원기업이 적용받는 법인세율은 35%이다. 한편 영원기업이 이용하는 무위험부채는 현재 600만원이며 이기업은 부채비율을 매년 일정수준으로 유지할 것이므로 부채금액을 연 4%씩 증가시킬 것이다. 무위험이자율은 5%이고,시장의 기대수익률은 12%이며, 동종산업의 자산베타는 1.13일 때 다음 물음에 답하라.

① 영원기업이 무부채기업일 경우 기업가치를 구하라.
② 영원기업이 내년에 지불할 이자비용은 얼마인지 계산하라. 만약 영원기업의 부채가 연 4%씩 증가한다면 이자비용의 증가율은 어떻게 될 것인지 계산하라.
③ 영원기업의 부채가 무위험부채일지라도 영원기업의 미래부채증가율은 평균적으로는 4%이지만 매년의 증가율은 불확실하다 하자. 따라서 미래이자비용은 얼마가 될지 불확실하다. 만약 미래이자비용의 위험이 영원기업의 자산베타와 같은 베타값을 가진다면 이자비용 감세효과의 현재가치는 얼마인지 계산하라.
④ 조정현가법을 이용하여 영원기업의 기업가치와 주식의 시장가치를 구하라.
⑤ 가중평균자본비용을 구하라.
⑥ 가중평균자본비용법을 이용하여 영원기업의 자기자본비용을 구하라.
⑦ 영원기업의 자산베타, 주식베타, 부채베타 간에 다음 식을 만족하는 것을 보여라.

$$\beta_A = \frac{E}{D+E}\beta_E + \frac{E}{D+E}\beta_D$$

⑧ 만약 부채의 증가로 생기는 금액이 주주들에게 지급된다고 하면 주주들은 1년에 얼마의 배당을 예상할 수 있는가? 또한 이러한 금액의 증가율은 어떻게 될 것인가? ⑥의 답안을 이용하여 주주가치법을 사용하여 주식의 시장가치를 도출하고 이 값을 ④의 결과와 비교하라.

16-10 ㈜수현은 오늘 100억원이 소요되고 1년 후 135억원의 영업이익이 발생하는 프로젝트를 평가하고자 한다. 투자규모와 영업이익은 영구히 지속된다. ㈜수현은 100% 무위험차입을 통해 이 프로젝트에 투자할 것이며 무위험이자율은 5%, 법인세율은 35%이다. 다음 물음에 답하라.

① 조정현가법을 이용하여 이 프로젝트의 *NPV*를 구하라.
② ①의 답안을 이용하여 이 프로젝트의 가중평균자본비용을 구하라.
③ 가중평균자본비용법을 사용하여 *NPV*를 구하여도 같은 결과가 나오는지 살펴보라.
④ 주주가치법을 이용하여 *NPV*를 구하라.

제 VI 편

옵션과 기업재무

제 17 장

옵션의 개요

STUDY GUIDE

옵션(option)은 주식이나 채권 등의 기초자산을 사거나 팔 수 있는 권리를 나타내는 것으로 증권의 한 종류이다. 옵션거래가 본격화된 것은 1973년에 시카고옵션거래소(Chicago Board of Options Exchange: CBOE)가 개설되어 개별주식에 대한 옵션을 거래하기 시작하면서부터이다. 같은 해인 1973년에는 블랙과 숄즈(Black and Scholes)가 옵션가격결정모형을 처음으로 제시하면서 옵션에 대한 학문적 연구도 본격화되었다.[1] 이 두 사건을 기점으로 개별주식에 대한 옵션뿐 아니라 통화옵션, 금리옵션, 주가지수옵션, 상품옵션 등 다양한 상품이 개발되어 전 세계적으로 활발하게 거래되고 있다. 현재 우리나라에는 KOSPI 200 등의 주가지수와 개별주식, 그리고 외국통화인 달러 등 금융자산을 기초자산으로 하는 금융옵션이 거래되고 있다. 금융옵션은 그 자체가 투자대상이 될 뿐 아니라 다른 상품과 결합하여 다양한 형태의 현금흐름을 제공함으로써 투자자에게 보다 폭넓은 투자기회를 만들어 주고 있다. 한편, 기업의 투자결정이나 자금조달수단인 주식이나 채권을 옵션의 관점에서 해석하고 이해할 수 있다. 또, 특정 사업에 관한 의사결정을 할 수 있는 권리를 실물옵션이라고 하는데, 기초자산이 쉽게 거래되지 않는다는 점이 금융옵션과의 차이점이다. 그러나 가격결정원리를 포함한 대부분의 금융옵션의 내용은 실물옵션에서도 응용된다. 이 장에서는 금융옵션을 중심으로 옵션의 기초개념과 수익 및 손익, 전략, 조기행사, 그리고 가격결정요인 등에 대해 살펴본다.

1 Black, F. and M. Scholes(1973), "The Pricing of Options and Corporate Liabilities," *Journal of Political Economy* 81, 637-659.

17.1 옵션의 기초

■ 옵션이란?

옵션(option)이란 미리 정해진 가격으로 정해진 시점 또는 기간 동안에 특정 자산을 사거나 팔 수 있는 권리가 부여된 증권이다. 예를 들어 앞으로 6개월 이내에 ㈜KT 주식을 40,000원에 살 수 있는 옵션이 있다고 하자. 이 옵션에는 거래할 수 있는 주식(KT 주식), 거래가 가능한 기간(6개월), 거래할 수 있는 가격(40,000원)이 포함되어 있다. 옵션은 거래해야 할 의무가 아니라 거래할 수 있는 권리이기 때문에 옵션보유자(option holder) 또는 옵션매입자(option buyer)는 언제든지 그 권리를 포기할 수 있다. 옵션발행자(option writer) 또는 옵션매도자(option seller)는 옵션보유자의 거래상대방으로서 권리행사에 응해야 할 의무가 있다. 즉, 옵션보유자가 KT 주식의 매입을 원할 경우 주식을 매도해야 되고, 매도를 원할 경우 매입해야 한다. 이러한 옵션의 정의를 토대로 옵션과 관련된 기초개념들을 알아보자.

첫째, 옵션은 이미 존재하는 증권의 가격에 따라 수익이 결정되는 조건부청구권이다. 이때 옵션의 근간이 되는 증권을 기초자산(underlying asset)이라고 부른다. 앞의 예에서 기초자산은 KT 주식이다.

둘째, 기초자산의 거래를 사는 것과 파는 것으로 구분함에 따라 옵션도 기초자산을 살 수 있는 권리와 팔 수 있는 권리로 구분할 수 있다. 기초자산을 살 수 있는 권리가 부여된 증권을 콜옵션(call option), 팔 수 있는 권리가 부여된 증권을 풋옵션(put option)이라고 한다. 앞의 예에서 옵션보유자는 KT 주식을 살 권리가 있으며, 옵션보유자가 권리를 행사할 경우 옵션발행자(또는 옵션매도자)는 KT 주식을 팔아야 할 의무가 있다.

셋째, 옵션에서 기초자산을 거래할 수 있도록 미리 정해진 시점 또는 기간을 옵션의 만기(maturity 또는 expiration date)라고 한다. 옵션은 만기(행사시점)와 관련하여 유럽식(European)과 미국식(American) 옵션으로 분류할 수 있다. 유럽식 옵션은 미리 정해진 만기일에서만 권리를 행사할 수 있는 옵션을 말한다. 미국식 옵션은 미리 정해진 기간 내에는 언제라도 권리를 행사할 수 있는 옵션을 말한다. 앞의 예에서 KT 주식에 대한 옵션은 앞으로 6개월 이내에 언제나 주식을 매입할 수 있는 권리이므로 미국식 옵션이다.

넷째, 옵션거래에서는 기초자산을 사거나 파는 가격이 미리 정해져 있으며 이 가격을 옵션의 행사가격(exercise price 또는 strike price)이라고 한다. KT의 예에서 행사가격은 40,000원이다. 만기일에서 발생하는 옵션의 수익(payoff)은 그날의 기초자산가격과 행사가격에 의해 결정된다. 앞의 예에서 만기시점의 KT 주가가 4만원보다 높을 경우 옵션매입자는 이 주식을 행사가격인 4만원에 매입함으로써 이득을 얻게 된다. 그러나 KT 주가가 4만원보다 낮을 경우 이보다 높은 가격인 4만원에 주식을 매입할 필요가 없다. 대신 권리행사를 포기하면 된다. 한편 옵션의 매도자는 매입자가 권리를 행사할 경우 4만원보다 비싼 주식을 4만원에 팔아야 하며, 매입자가 권리를 포기하면 아무

| 그림 17-1 | 유럽식 옵션의 거래구조

<table>
<tr><th rowspan="2">옵션유형</th><th rowspan="2">계약일($\tau=0$)</th><th colspan="2">만기일($\tau=T$)</th></tr>
<tr><th>만기일의 주가≤행사가격</th><th>만기일의 주가>행사가격</th></tr>
<tr><td>콜옵션</td><td>살 권리
매입자 ← 매도자
매입자 → 매도자
콜옵션가격</td><td>행사포기</td><td>기초자산
매입자 ← 매도자
매입자 → 매도자
행사가격</td></tr>
<tr><td>풋옵션</td><td>팔 권리
매입자 ← 매도자
매입자 → 매도자
풋옵션가격</td><td>행사가격
매입자 ← 매도자
매입자 → 매도자
기초자산</td><td>행사포기</td></tr>
</table>

런 거래도 일어나지 않는다.

다섯째, 옵션거래는 옵션매입자가 옵션매도자로부터 기초자산을 사거나 팔 권리를 부여받는 것이기 때문에 옵션계약시점에서 권리에 대한 대가를 치러야 한다. 즉, 계약비용이 0인 선물(futures)과는 달리 옵션의 계약비용은 양(+)이어야 한다. 이러한 계약비용을 옵션가격(option price) 또는 옵션프리미엄(option premium)이라고 부른다.

만기일에서만 권리행사가 가능한 유럽식 옵션의 경우 이상의 내용을 그림으로 나타낸 것이 [그림 17-1]이다.

■ 옵션의 종류

금융자산에 대한 옵션 중 대표적인 상품은 개별주식을 기초자산으로 하는 주식옵션(stock option 또는 equity option)이다. 개별주식 대신 특정 주가지수를 기초자산으로 하는 주가지수옵션(stock index option) 역시 널리 거래된다. 미국시장의 경우 S&P 500 지수, 다우존스산업평균지수 등에 대한 옵션이 있으며, 우리나라에도 KOSPI 200 지수에 대한 옵션이 활발히 거래되고 있다. 주가지수옵션은 주가지수선물과 마찬가지로 만기일에서 주가지수와 행사가격의 차이만큼을 현금으로 결제함으로써 거래가 청산된다. 주식옵션과 주가지수옵션 외에도 통화옵션, 금리옵션, 선물옵션, 스왑션 등이 거래되고 있다. 통화옵션(currency option)은 특정 외국통화를 미리 약속한 조건에 따라 자국통화로 사거나 팔 수 있는 권리가 부여된 옵션이다. 금리옵션(interest rate option)은 이자율에 연계된 금리상품을 기초자산으로 하는 옵션이다. 흔히 만기가 짧은 금리상품(예를 들어 단기예금)에 대한 옵션을 금리옵션이라 부르며 금리를 기초로 하여 수익이 결정된다. 만기가 긴 금리상품에 대한 옵션을 채권옵션(bond option)이라고 부르며 채권가격을 기초로 하여 수익이 결정된다. 선물옵션(option on futures)은 제26장에서 다루게 될 여러 종류의 선물을 매입하거나 매도할 수 있는 권리가 부여된 옵션이다. 또 스왑션(swaption)은 스왑계약을 매입하거나 매도할 수 있는 권리를 나타낸다. 선물옵션이나 스왑션은 파생상품을 기초자산으로 하는 파생상품이란 특성을 지닌다.

옵션은 거래되는 장소에 따라 장외옵션(over-the-counter option)과 장내옵션(exchange-traded option)으로 구분될 수 있다. 장외옵션은 매입자와 매도자가 직접 거래하는 옵션을 말한다. 장내옵션은 거래소에서 거래되는 옵션을 말한다. 장내옵션은 조직화된 거래소에서 여러 사람이 거래하는 상품이므로 계약조건이 표준화되어 있는 반면에 장외옵션은 계약당사자 간의 거래이므로 다양한 계약조건의 협상이 가능하다.

■ 옵션용어

내가격, 등가격, 외가격

옵션은 행사가격과 기초자산가격의 상대적 크기에 따라 세 가지 유형으로 분류된다. 콜옵션의 경우를 예로 들어보자. 콜옵션은 기초자산을 살 수 있는 권리인데 행사가격은 고정되어 있다. 따라서 기초자산가격이 높을수록 매입자에게 유리하다. 이와 같이 기초자산가격이 행사가격보다 높아 매입자가 당장 옵션을 행사할 경우 양(+)의 수익을 얻을 수 있는 상태를 내가격(in-the-money: ITM)이라고 한다. 또 기초자산가격이 행사가격보다 낮아서 옵션을 행사하는 것이 오히려 불리한 상태를 외가격(out-of-the-money: OTM)이라고 한다. 기초자산가격과 행사가격이 같을 때는 등가격(at-the-money: ATM)이라고 한다. 또 두 가격의 차이가 매우 클 경우, 심내가격(deep in-the-money) 또는 심외가격(deep out-of-the-money)이란 용어를 사용하기도 한다. 이러한 용어들은 옵션거래가 시작되는 시점부터 만기일까지 어느 시점에서도 사용된다.

한편, 콜옵션이 내가격 상태이면 행사가격과 만기가 같은 풋옵션은 외가격 상태가 되고, 콜옵션이 외가격 상태이면 행사가격과 만기가 같은 풋옵션은 내가격 상태가 된다. 기초자산의 가격을 S, 행사가격을 K로 표시하고 이상의 내용을 요약하면 다음과 같다.

	콜옵션	풋옵션
내가격(ITM)	$S > K$	$S < K$
등가격(ATM)	$S = K$	$S = K$
외가격(OTM)	$S < K$	$S > K$

내재가치, 시간가치

옵션가치는 내재가치(intrinsic value)와 시간가치(time value)로 분해될 수 있다. 내재가치는 행사가치(exercise value)라고도 하며, 옵션을 당장 행사하면 얻을 수 있는 수익을 의미한다. 예를 들면, 콜옵션의 경우 기초자산가격이 행사가격보다 클 경우 내재가치는 그 차이가 되며, 기초자산가격이 행사가격보다 작을 경우 옵션을 행사하지 않을 것이므로 내재가치는 0이다. 반대로 풋옵션의 경우는 행사가격이 기초자산가격보다 큰 경우 내재가치는 그 차이이며, 행사가격이 기초자산가격보다 작은 경우 내재가치는 0이다. 이를 정리하면 다음과 같다.

$$\text{콜옵션의 내재가치} = \text{Max}[0, S - K] \qquad (17.1a)$$
$$\text{풋옵션의 내재가치} = \text{Max}[0, K - S] \qquad (17.1b)$$

식 17.1에서 보면 내가격옵션의 경우 내재가치는 양(+)의 값을 가지며, 등가격옵션이나 외가격옵션일 경우 내재가치는 0이 된다.

옵션의 시간가치는 옵션가격과 내재가치의 차이를 말한다. 등가격이나 외가격 옵션의 경우 내재가치가 0이므로 옵션가격은 시간가치와 같게 된다. 이때 시간가치는 당장 옵션을 행사하면 얻는 게 없더라도 향후 기초자산가격이 변화하여 내재가치가 양(+)으로 될 가능성을 반영하는 값이라고 할 수 있다. 옵션의 만기일에서 시간가치는 0이다. 즉 만기일에서의 옵션가치는 모두 내재가치가 된다.

예제 17-1 현재의 주가는 254이다. 행사가격이 250인 이 주식에 대한 콜옵션가격은 6이며 풋옵션가격은 1이다. 콜옵션가격과 풋옵션가격 각각을 내재가치와 시간가치로 분해하라.

풀이 식 17.1에 의하여 내재가치를 계산하면 다음과 같다.

$$\text{콜옵션의 내재가치} = \text{Max}[0, 254 - 250] = 4$$
$$\text{풋옵션의 내재가치} = \text{Max}[0, 250 - 254] = 0$$

이때 콜옵션과 풋옵션의 시간가치는 각각 2(= 6 − 4)와 1(= 1 − 0)이다. 따라서 콜옵션은 내가격, 풋옵션은 외가격 상태이다. 풋옵션의 시간가치 1은 내재가치가 현재는 0이지만 앞으로 주가가 250 이하로 떨어지면 0보다 커질 수 있는 가능성을 반영한 값이라고 할 수 있다.

옵션거래제도

옵션거래와 결제소

옵션은 장외시장에서도 거래되지만 거래비용이 높고 원활한 매매가 보장되지 않아 대부분은 조직화된 옵션거래소를 통하여 거래가 일어난다. 1973년 4월 시카고옵션거래소가 개설되어 콜옵션이 거래되기 시작한 이후로 뉴욕증권거래소, 시카고상품거래소 등의 조직화된 옵션거래소에서 옵션이 거래되어 왔다. 이들 조직화된 옵션거래소는 옵션거래대상이 되는 상품의 내용과 만기일, 행사가격 등을 표준화시켜 거래를 용이하게 하며, 신속하고 저렴한 거래가 이루어지도록 하여 시장의 유동성을 높여주고 있다. 일단 발행된 옵션의 구체적 내용은 만기일까지 변경될 수 없지만, 주식분할(또는 액면분할)이나 주식배당 등이 발생하면 계약조건이 조정된다. 예를 들어 옵션의 거래대상인 기초주식이 10 : 1로 분할되었으면 행사가격은 1/10로 줄며 매입 또는 매도해야 할 주식수는 10배로 증가한다.

옵션거래의 결제는 옵션결제소(Option Clearing Corporation: OCC)를 통해 이루어진다. 옵션은 매입자 관점에서는 권리를 행사할 수 있는 계약이지만 매도자는 의무를 이행하여야 하는 계약이다. 옵션의 종류에 관계없이 기초자산가격이 매입자에게 유리하면 매입자는 권리를 행사하고자 할 텐데, 이때 매도자는 자신에게 불리한 가격으로 기초자산을 인도해야 할 의무를 지게 된다. 이럴 경우 매도자가 계약을 이행하지 않을 유인이 생길 수 있다. 따라서 매도자의 의무가 계약대로 이행되도록 하기 위해서는 중립적이고 신뢰성 있는 기관이 결제를 대행하는 것이 바람직하다. 옵션결제소는 옵션의 매입자에 대해서는 실질적인 매도자로서, 매도자에 대해서는 실질적인 매입자로서의 역할을 수행하여 옵션거래의 이행을 보장해 준다. 한마디로 옵션결제소는 옵션거래의 신뢰성과 안정성을 높이는 기능을 담당하고 있다.

옵션결제소는 옵션거래의 이행이 보장되도록 하는 방편으로 옵션의 매도자에게 최소한의 증거금을 예치하도록 요구하고 있다. 옵션매도자가 해당 기초자산을 보유하고 있으면 이를 증거금 대신으로 활용할 수 있다. 반면에 옵션의 매입자에게는 증거금을 요구하지 않는다. 계약불이행이란 행위가 발생할 여지가 없기 때문이다.

옵션거래의 청산과 미결제약정수량

만기와 행사가격이 주어진 특정 옵션에 대해 포지션이 청산되지 않은 잔여계약수를 미결제약정수량(open interest)이라고 한다. 미결제약정수량을 계산할 때 매입과 매도 포지션을 분리하여 하나의 계약으로 계상하지 않고, 두 포지션을 합하여 하나의 계약으로 정의한다.

옵션포지션을 만기 전에 청산하려면 반대거래를 하면 된다. 매입자는 보유하고 있던 옵션을 매도하면 되고, 또 매도자는 발행하고 있던 옵션을 매입하면 된다. 반대거래가 일어나면 해당 옵션의 수만큼 미결제약정수량이 감소한다. 옵션을 만기까지 보유할 경우, 내가격 상태이면 옵션이 행사된 후 포지션이 청산되며 등가격이나 외가격 상태이면 자동적으로 포지션이 종결된다. 다음에 소개될 KOSPI 200 옵션과 같은 주가지수옵션의 행사는 현금결제를 통해 일어난다.

주가지수옵션

1980년대 이후 개별주식에 대한 옵션뿐 아니라 주가지수옵션이 활발히 거래되고 있다. 주가지수옵션은 주가지수를 기초자산으로 하는 옵션이다. 미국 시장의 경우 S&P 500 지수, 다우존스산업평균지수 등에 대한 지수옵션이 있으며, 일본에는 Nikkei 225 지수에 대한 옵션이 있다. 우리나라의 경우에도 코스피 200(KOSPI 200)을 기초자산으로 하는 주가지수옵션이 거래되고 있다.

주가지수옵션은 개별주식옵션과는 달리 현물을 인도하는 것이 거의 불가능하다. 예로서 KOSPI 200 콜옵션의 매도자가 만기일에 200종목의 주식을 동시에 매입자에게 인도하는 것이 가능한 일인지를 생각해 보라. 만일 그러한 상황이 발생한다면 아무도 이 콜옵션을 매도하지 않을 것이다. 따라서 주가지수옵션은 주가지수의 시장가격과 행사가격의 차이만큼을 현금으로 결제함으로써 거래가 청산된다.

KOSPI 200 옵션 거래제도

한국거래소(KRX)에서 거래되고 있는 대표적인 주가지수옵션은 KOSPI 200을 기초자산으로 하는 상품이다. 옵션 1계약의 거래단위는 KOSPI 200 옵션의 가격에 25만원을 곱한 금액이다. 예를 들어 KOSPI 200 옵션의 현재가격이 6포인트라면 거래금액은 6×25만원=150만원이다. 거래되는 옵션의 유형은 유럽식 콜옵션과 유럽식 풋옵션이며, 결제월은 비분기월 4개와 3, 6, 9, 12월의 분기월이다. 상장상품은 3년 이내의 만기를 갖는 11개 결제월 상품이며, 만기일은 각 결제월의 두 번째 목요일이다.[2] 행사가격은 상품의 만기에 따라 옵션의 거래가 시작되는 날의 KOSPI 200 지수를 중심으로 상하 2.5포인트나 5포인트 또는 10포인트의 간격으로 다양하게 설정되므로 같은 결제월을 갖는 상품이라도 행사가격에 따라 많은 수의 상품이 상장되어 거래되게 된다.[3]

KOSPI 200 옵션의 시세표

다음의 〈표 17-1〉은 KOSPI 200 옵션의 2024년 1월 16일자 거래내용의 일부이다. 이 표는 2024년 2월이 만기인 최근월물 콜옵션과 풋옵션의 거래내용을 보여준다. 표의 첫 열에서 C와 P는 각기 콜옵션과 풋옵션을 나타내며, 352.5, 350.0, 347.5 등은 옵션의 행사가격을 나타낸다. '전일 대비'는 전일가격 대비 현재가격의 변동분을, '미결제약정수량'은 특정 옵션에 대해 계약 체결 이후 현재까지 청산되지 않은 잔여계약수를 나타낸다. 2월물의 경우 행사가격이 340인 콜옵션의 1월 16일자 현재가격은 3.34로 전일 대비 2.26포인트 하락했다. 거래량은 17,859계약이고, 1월 16일 현재 행사가격이 340인 KOSPI 200 콜옵션의 계약수량 중 청산이 완료되지 않은 미결제약정수량은 6,977계약이다. 한편 행사가격이 340인 2월물 풋옵션의 가격은 7.99이며 거래량은 3,667계약, 미결제약정수량은 7,342계약이다.

투자자가 2024년 2월이 만기이고 행사가격이 340인 콜옵션 1계약을 3.34에 매입했다고 하자. 이때 투자자가 콜옵션의 매입가격으로 지불하게 되는 금액은 3.34×25만원=83.5만원이며, 만기일의 KOSPI 200이 352라면 (352−340)×25만−83.5만=216.5만원을 이익으로 얻게 된다.

표에서 보면, 만기가 같은 경우 행사가격이 커짐에 따라 콜옵션 가격은 낮아지고 풋옵션 가격은 높아지는 것을 확인할 수 있다. 즉 콜옵션과 풋옵션 모두 외가격에서 내가격으로 갈수록 가격이 비싸진다.[4] 또 외가격 옵션의 거래가 많은 것을 볼 수 있는데, 이는 세계 어느 시장에서도 공통적으

---

2 즉 현재시점이 2024년 1월 16일이라면 시장에서 거래되는 KOSPI 200 옵션은 2024년 2월, 3월, 4월, 5월, 7월, 9월을 만기월로 하는 상품 각 1개와 2024년 6월과 2025년 6월을 만기월로 하는 상품 각 1개, 그리고 2024, 2025년, 2026년 12월을 만기월로 하는 상품 각 1개의 11종류이다. 한편, KOSPI 200을 기초자산으로 하며 거래승수가 5만원인 미니 KOSPI 200 옵션과 만기가 일주일인 KOSPI 200 위클리옵션도 거래되고 있다.

3 2024년 1월 현재 옵션거래 시점의 KOSPI 200 지수를 중심으로 최근 6개월 이내에 만기가 되는 상품에 대해서는 2.5포인트, 제7 및 제8 근월물에 대해서는 5.0포인트, 그리고 결제월이 가장 나중에 도래하는 3개 상품에 대해서는 10포인트의 간격으로 행사가격을 설정하고 있다. 이 외에도 거래소는 행사가격을 다양하게 설정할 수 있다. 이렇듯 만기와 행사가격에 따라 많은 종목이 상장되지만 실제 거래가 활발하게 이루어지는 종목은 최근월물 상품이다. 자세한 것은 한국거래소 홈페이지를 참조하라(https://open.krx.co.kr/contents/OPN/01/01040202/OPN01040202.jsp).

4 2024년 1월 16일자 KOSPI 200 현물지수는 334.73이다. 따라서 등가격에 가장 가까운 옵션은 행사가격이 335인 옵

로 나타나는 현상으로서 싼 값의 옵션에 투자하여 큰 이익을 노려보는 투기심리에 기인한 것으로 보여진다. 옵션은 어느 시장에서나 만기가 가장 가까운 최근원물 상품의 거래가 가장 활발하며 만기가 길어질수록 거래량이 크게 줄어드는 특징을 보인다.

표 17-1 KOSPI 200 옵션의 시세표(2024년 1월 16일)

종목명	시가	고가	저가	종가	전일 대비	거래량	미결약정수량
C202402 352.5	1.18	1.32	0.67	0.68	−0.84	71,283	14,063
C202402 350.0	1.62	1.79	0.95	0.96	−1.06	66,105	16,225
C202402 347.5	2.16	2.39	1.33	1.38	−1.29	44,036	9,264
C202402 345.0	2.86	3.15	1.83	1.86	−1.64	45,030	13,114
C202402 342.5	3.73	4.09	2.47	2.54	−1.94	33,911	4,918
C202402 340.0	4.79	5.21	3.28	3.34	−2.26	17,859	6,977
C202402 337.5	6.04	6.50	4.26	4.33	−2.69	9,721	1,979
C202402 335.0	7.33	7.78	5.44	5.60	−2.95	3,716	5,460
C202402 332.5	8.81	9.37	6.79	6.93	−3.37	643	266
C202402 330.0	10.65	11.25	8.40	8.43	−3.57	429	985
C202402 327.5	12.45	13.20	10.15	10.30	−3.75	172	218
P202402 352.5	15.40	18.00	14.70	18.00	4.05	17	484
P202402 350.0	12.85	16.00	12.60	15.80	4.10	286	2,489
P202402 347.5	11.05	13.80	10.90	13.35	3.40	328	2,126
P202402 345.0	9.40	11.85	8.92	11.55	3.13	358	6,458
P202402 342.5	7.80	10.10	7.27	9.77	3.19	659	3,543
P202402 340.0	6.20	8.37	5.88	7.99	2.71	3,667	7,342
P202402 337.5	4.99	6.86	4.70	6.53	2.32	8,598	4,392
P202402 335.0	3.91	5.55	3.70	5.24	1.98	15,128	11,043
P202402 332.5	3.04	4.42	2.85	4.13	1.60	28,101	6,911
P202402 330.0	2.28	3.48	2.21	3.25	1.34	54,245	13,426
P202402 327.5	1.73	2.71	1.68	2.45	1.03	44,003	6,593

자료: 매일경제(2024년 1월 17일자).

17.2 옵션의 수익과 손익

옵션의 수익(payoff)이란 만기일에서의 옵션가치 또는 만기일에서 발생하는 현금흐름을 의미한다. 그리고 옵션의 손익이란 옵션의 거래시점에서 주고받은 가격까지 고려한, 즉 옵션거래의 전 과정

션이다. 콜옵션의 경우 이보다 행사가격이 작으면 내가격이 되며, 크면 외가격이 된다. 풋옵션의 경우는 반대이다.

에서 발생한 손실(loss)이나 이익(profit)을 말한다. 기초자산이 주식이고, 행사가격이 K, 만기가 T인 옵션에 대해 앞으로 사용할 기호를 다음과 같이 정의하고, 주식을 기초자산으로 하는 유럽식 옵션으로부터 발생하는 수익과 손익이 어떠한지 살펴보자.

시점(τ): 0(계약시점) —————————— T(만기)

S: 현재의 주가
C: 콜옵션의 현재가격
P: 풋옵션의 현재가격
K: 옵션의 행사가격

S_T: 만기일의 주가
C_T: 콜옵션의 수익(만기가치)
P_T: 풋옵션의 수익(만기가치)

■ 콜옵션의 수익과 손익

매입자의 수익과 손익

콜옵션은 주식을 살 수 있는 권리이므로 만기일의 주가가 행사가격보다 높을수록 매입자에게 유리하다. 왜냐하면 주식시장에서 형성된 가격보다 낮은 가격인 행사가격에 주식을 살 수 있기 때문이다. 반면 주가가 행사가격보다 낮을 경우 매입자는 권리행사를 포기하며 옵션의 가치는 0이 된다. 왜냐하면 주식을 행사가격보다 더 싼 값으로 살 수 있어 옵션을 행사하는 것보다 권리를 포기하는 것이 낫기 때문이다. 만기일에서 콜옵션의 매입자에게 발생하는 수익은 다음 식으로 나타낼 수 있다.

$$\text{콜옵션 매입자의 수익} = \text{Max}[S_T - K, 0] \tag{17.2}$$

즉, 만기일의 주가가 행사가격보다 높으면 콜옵션의 수익은 두 가격의 차이 ($S_T - K$)가 되고, 만기일의 주가가 행사가격보다 낮으면 콜옵션의 수익은 0이 된다. 식 17.2를 그림으로 나타낸 것이 [그림 17-2(a)]의 검은 선이다.

예를 들어 KT 주식에 대한 콜옵션이 있고, 이 옵션의 행사가격이 4만원이라고 하자. 〈표 17-2〉는 만기일에서의 KT 주가에 따라 달라지는 콜옵션의 수익을 보여주고 있다. 만기일에서 KT의 주가가 4만원 이하이면 (주식가격 – 행사가격)이 음(–)의 값을 갖게 된다. 이 경우 매입자는 권리를 포기하기 때문에 옵션의 가치는 0이 된다. 반면 KT의 주가가 4만원 이상이면 옵션을 행사하는

표 17-2 만기일의 주가에 따른 콜옵션의 수익 (단위: 원)

만기일의 KT 주가	콜옵션의 수익
20,000	0
30,000	0
40,000	0
50,000	10,000
60,000	20,000

것이 유리하며 (주식가격 − 행사가격)이 옵션매입자의 수익이 된다. 주가가 5만원인 경우 5만원짜리 주식을 4만원에 살 수 있어 만원의 수익을 얻게 된다.

옵션거래에서 매도자가 매입자에게 제공하는 권리에 대한 대가 또는 보상을 옵션프리미엄 또는 옵션가격이라고 하였다. 콜옵션의 계약시점($\tau = 0$)에서 매입자가 매도자에게 지급하는 콜옵션가격이 C이므로 거래의 전 과정에서 매입자에게 발생하는 손익은 다음과 같이 표현된다.

$$\text{콜옵션 매입자의 손익} = \text{콜옵션 매입자의 수익} - \text{콜옵션가격} = \text{Max}[S_T - K,\ 0] - C \quad (17.3)$$

식 17.3을 그림으로 나타낸 것이 [그림 17−2(a)]의 파란 선이다.

| 그림 17-2 | 콜옵션의 수익과 손익

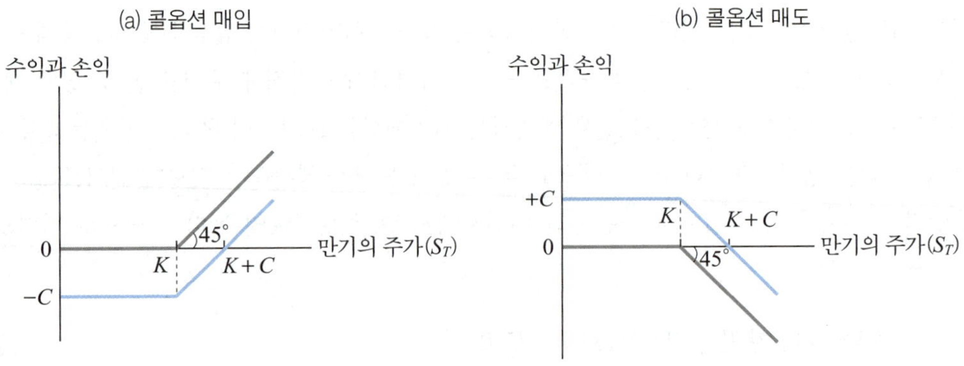

매도자의 수익과 손익

옵션시장에서 옵션의 거래는 사고파는 당사자들 간의 거래이다. 앞에서 예로 든 KT 주식의 콜옵션은 ㈜KT가 발행하는 것이 아니라 옵션시장에 참여하고 있는 투자자들이 발행하는 것이다. 따라서 콜옵션을 매입하는 사람이 있으면 반드시 동일한 수의 옵션을 매도하는 사람이 있게 된다.

콜옵션 매도자는 만기일에서 매입자가 옵션을 행사할 경우 행사가격을 받고 주식을 양도해야 한다. 만기일에 KT의 주가가 40,000원 이하이면 매입자가 권리를 행사하지 않을 것이므로 매도자의 수익은 0이다. 반면에 주가가 40,000원 이상이면 매입자가 옵션을 행사하기 때문에 매도자는 (주식가격 − 행사가격)만큼 손해를 보게 된다. 주가가 5만원인 경우 5만원짜리 주식을 4만원에 팔아야 하기 때문에 만원을 잃게 된다는 의미이다. 따라서 매도자의 수익은 매입자의 수익과 반대의 부호를 가진다. 이를 식으로 표현하면 다음과 같다.

$$\text{콜옵션 매도자의 수익} = -\text{Max}[S_T - K,\ 0] = \text{Min}[K - S_T,\ 0] \quad (17.4)$$

식 17.4를 그림으로 나타낸 것이 [그림 17−2(b)]의 검은 선이다.

콜옵션의 계약시점에서 매도자는 매입자로부터 콜옵션가격을 지불받게 되므로 매도자에게 발생하는 손익은 다음과 같이 표현된다.

$$\begin{aligned}\text{콜옵션 매도자의 손익} &= \text{콜옵션 매도자의 수익} + \text{콜옵션가격}\\ &= \mathrm{Min}[K - S_T,\ 0] + C \qquad (17.5)\end{aligned}$$

식 17.5를 그림으로 나타낸 것이 [그림 17-2(b)]의 파란 선이다.

■ 풋옵션의 수익과 손익

매입자의 수익과 손익

풋옵션은 주식을 팔 수 있는 권리이므로 만기일의 주가가 행사가격보다 낮을수록 매입자에게 유리하다. 왜냐하면 시장가격보다 높은 가격인 행사가격에 주식을 팔 수 있기 때문이다. 반면 주가가 행사가격보다 높을 경우 매입자는 권리행사를 포기하며 옵션의 가치는 0이 된다. 왜냐하면 주식을 행사가격보다 더 비싼 값에 팔 수 있어 권리를 행사하는 것보다 포기하는 것이 낫기 때문이다. 만기일에서 풋옵션의 매입자에게 발생하는 수익은 다음 식으로 나타낼 수 있다.

$$\text{풋옵션 매입자의 수익} = \mathrm{Max}[K - S_T,\ 0] \qquad (17.6)$$

즉, 만기일에서 주가가 행사가격보다 낮으면 풋옵션의 수익은 두 가격의 차이 $(K - S_T)$가 되고, 주가가 행사가격보다 높으면 이 풋옵션의 수익은 0이 된다. 식 17.6을 그림으로 나타낸 것이 [그림 17-3(a)]의 검은 선이다.

| 그림 17-3 | 풋옵션의 수익과 손익

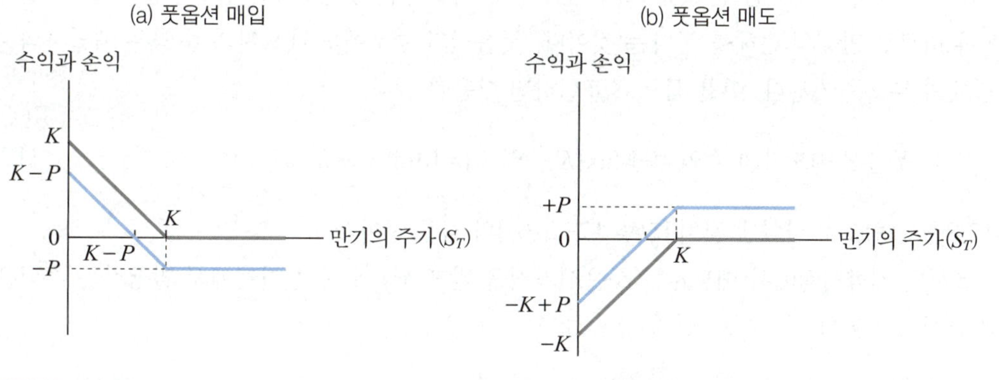

예를 들어 KT 주식에 대한 풋옵션이 있고, 이 옵션의 행사가격이 4만원이라고 하자. 〈표 17-3〉은 만기일에서의 KT 주가에 따라 달라지는 풋옵션의 수익을 보여준다. 만기일에서 KT의 주가가 4만원 이상이면 (행사가격 − 주식가격)이 음(−)의 값을 갖게 된다. 이 경우 매입자는 옵션을 행

표 17-3 만기일의 주가에 따른 풋옵션의 수익 (단위: 원)

만기일의 KT 주가	풋옵션의 수익
20,000	20,000
30,000	10,000
40,000	0
50,000	0
60,000	0

사하지 않을 것이므로 옵션의 가치는 0이 된다. 반면에 KT의 주가가 4만원 이하이면 옵션을 행사하는 것이 유리하며 (행사가격 − 주식가격)이 매입자의 수익이 된다. 주가가 3만원인 경우 3만원짜리 주식을 4만원에 팔 수 있으므로 만원의 수익을 얻을 수 있다는 것이다.

풋옵션의 계약시점에서 매입자로부터 매도자에게 지급되는 풋옵션가격이 P이므로 거래의 전 과정에서 매입자에게 발생하는 손익은 다음과 같이 표현된다.

$$\text{풋옵션 매입자의 손익} = \text{풋옵션 매입자의 수익} - \text{풋옵션가격} = \text{Max}[K - S_T, 0] - P \tag{17.7}$$

식 17.7을 그림으로 나타낸 것이 [그림 17−3(a)]의 파란 선이다.

매도자의 수익과 손익

풋옵션의 매도자는 만기일에서 매입자가 옵션을 행사할 경우 행사가격을 지불하고 주식을 매입해야 한다. 만기에 KT의 주가가 40,000원 이상이면 매입자가 권리를 행사하지 않을 것이므로 매도자의 수익은 0이다. 반면에 주가가 40,000원 이하이면 매입자는 옵션을 행사할 것이며 매도자는 (행사가격 − 주식가격)만큼 손해를 보게 된다. 주가가 3만원인 경우 3만원짜리 물건을 4만원에 사주어야 하므로 만원의 손해를 본다는 것이다. 풋옵션의 경우에도 매도자의 수익은 매입자의 수익과 반대의 부호를 가진다. 이를 식으로 표현하면 다음과 같다.

$$\text{풋옵션 매도자의 수익} = -\text{Max}[K - S_T, 0] = \text{Min}[S_T - K, 0] \tag{17.8}$$

식 17.8을 그림으로 나타낸 것이 [그림 17−3(b)]의 검은 선이다.

풋옵션의 계약시점에서 매도자는 풋옵션가격을 받게 되므로 옵션거래에서 발생하는 손익은 다음과 같이 표현된다.

$$\text{풋옵션 매도자의 손익} = \text{풋옵션 매도자의 수익} + \text{풋옵션가격} = \text{Min}[S_T - K, 0] + P \tag{17.9}$$

식 17.9를 그림으로 나타낸 것이 [그림 17−3(b)]의 파란 선이다.

■ 수익 및 손익의 특성

[그림 17-2]와 [그림 17-3]에 나타난 옵션의 수익과 손익의 형태를 보면 다음과 같은 사실들을 확인할 수 있다.

- 콜옵션과 풋옵션 모두 매입자와 매도자의 수익은 절댓값이 같고 서로 반대의 부호를 가진다. 손익에 대해서도 마찬가지이다. 따라서 옵션거래는 영합게임(zero-sum game)이다.
- 콜옵션 매입자와 풋옵션 매도자는 만기일의 주가가 높을수록 유리하고 낮을수록 불리하며, 콜옵션 매도자와 풋옵션 매입자는 만기일의 주가가 낮을수록 유리하고 높을수록 불리하다. 따라서 콜옵션 매입자와 풋옵션 매도자의 처지가 같고, 콜옵션 매도자와 풋옵션 매입자의 처지가 같다.
- 옵션매입자가 입을 수 있는 최대손실은 옵션가격만큼으로 제한되나 이익은 훨씬 클 수 있다. 특히 콜옵션을 매입할 경우 이익의 가능성은 무한하다. 그러나 옵션매도자가 얻을 수 있는 최대이익은 옵션가격만큼으로 제한되는 반면 손실은 매우 클 수 있다. 콜옵션을 매도할 경우 손실은 무한히 클 수 있다. 따라서 옵션의 매도거래는 매입거래보다 훨씬 큰 위험을 수반한다. 풋옵션의 경우, 매도자의 최대손실이 무한대는 아니지만 역시 매도포지션의 위험이 매입포지션의 위험보다 훨씬 크다.
- 기초자산을 보유하는 것보다 옵션을 보유하는 위험이 더 크다.

예제 17-2 ㈜설악 주식에 대해 만기까지의 기간이 3개월이고 행사가격이 5,000원인 콜옵션과 풋옵션이 거래되고 있다. 현재주가는 5,000원이며, 콜옵션과 풋옵션은 각각 1,100원 및 200원에 거래되고 있다. 다음 물음에 답하라.

① 만기일에 주가가 8,000원으로 상승할 경우와 4,000원으로 하락할 경우에 콜옵션의 매입자와 매도자가 얻는 수익과 손익을 계산하라.
② ①에서의 각 경우에 풋옵션의 매입자와 매도자가 얻는 수익과 손익을 계산하라.
③ ①에서 주가가 상승할 확률과 하락할 확률이 각각 0.5일 경우 주식과 콜옵션에 투자했을 때의 기대수익률과 분산을 계산하라.

풀이 ① 콜옵션 매입자:

주가	수 익	손 익
8,000원	Max[8,000 − 5,000, 0] = 3,000	3,000 − 1,100 = 1,900
4,000원	Max[4,000 − 5,000, 0] = 0	0 − 1,100 = −1,100

콜옵션 매도자:

주가	수 익	손 익
8,000원	Min[5,000 − 8,000, 0] = −3,000	−3,000 + 1,100 = −1,900
4,000원	Min[5,000 − 4,000, 0] = 0	0 + 1,100 = + 1,100

② 풋옵션 매입자:

주가	수 익	손 익
8,000원	Max[5,000 − 8,000, 0] = 0	0 − 200 = −200
4,000원	Max[5,000 − 4,000, 0] = 1,000	1,000 − 200 = 800

풋옵션 매도자:

주가	수 익	손 익
8,000원	Min[8,000 − 5,000, 0] = 0	0 + 200 = 200
4,000원	Min[4,000 − 5,000, 0] = −1,000	−1,000 + 200 = −800

③ 주식과 콜옵션의 기대수익률과 분산

• 주 식

수익률(%): 주가가 8,000원일 때: $(8,000-5,000)/5,000=60$

주가가 4,000원일 때: $(4,000-5,000)/5,000=-20$

기대수익률(%): $0.5\times60+0.5\times(-20)=20$

분산(%²): $0.5\times(60-20)^2+0.5\times(-20-20)^2=1,600$

• 콜옵션

수익률(%): 주가가 8,000원일 때: $(3,000-1,100)/1,100=172.73$

주가가 4,000원일 때: $(0-1,100)/1,100=-100$

기대수익률(%): $0.5\times172.73+0.5\times(-100)=36.37$

분산(%²): $0.5\times(172.73-36.37)^2+0.5\times(-100-36.37)^2=18,595.41$

콜옵션이 주식보다 분산도 크고 기대수익률도 크기 때문에 주식에 비해 고위험-고수익 구조를 가진다는 것을 알 수 있다.

17.3 옵션전략

옵션전략(option strategy)이란 옵션, 주식, 채권 등을 적절히 결합하여 투자자의 취향과 시장상황에 따라 다양한 수익 또는 손익의 형태를 만들어 내는 방법을 말한다. 무수히 많은 전략이 존재할 수 있으나 이들을 크게는 스프레드(spread) 전략, 콤비네이션(combination) 전략, 옵션과 주식/채권을 결합하는 전략으로 구분할 수 있다. 스프레드는 같은 종류의 옵션(콜옵션 또는 풋옵션) 중에서 행사가격 또는 만기가 다른 옵션을 이용하며, 콤비네이션은 다른 종류의 옵션 즉 콜옵션과 풋옵션을 결합하는 형태이다. 아래에서는 옵션시장에서 잘 알려진 전략 몇 가지만 소개한다.

■ 강세 수직스프레드

행사가격이 다른 옵션을 이용하는 전략을 수직스프레드(vertical spread)라고 하는데,[5] 강세 수직스

5 미국의 옵션호가표를 보면 행사가격은 수직으로 배열되어 있고, 만기는 수평으로 배열되어 있다. 이에 따라 수직스프

| 그림 17-4 | 강세 수직스프레드의 손익: 콜옵션(K_1) 1단위 매입 + 콜옵션(K_2) 1단위 매도(단, $K_2 > K_1$)

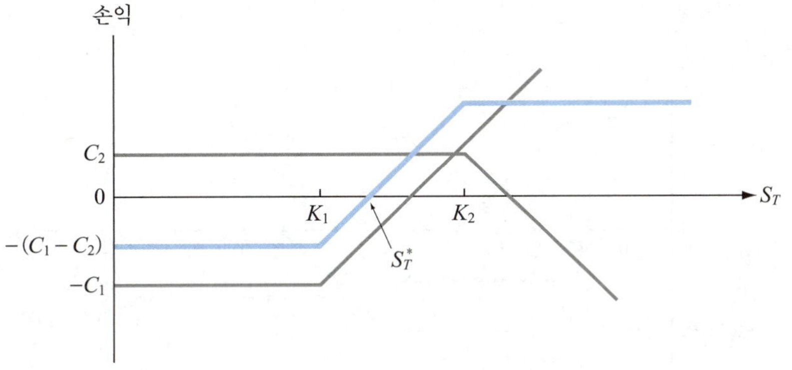

프레드(bull spread)는 주가가 강세일 때 이익이 발생하는 전략이다. 전형적인 예로서, 행사가격이 낮은 콜옵션(K_1) 1단위를 매입하는 동시에 행사가격이 높은 콜옵션(K_2) 1단위를 매도하는 전략을 들 수 있다. [그림 17-4]는 이 전략의 손익을 그림으로 나타낸 것이다.

[그림 17-4]에서 보면 강세 수직스프레드 전략은 주가가 하락할 때 입는 손실과 주가가 상승할 때 얻는 이익 모두가 어느 수준에서 제한된다. 주가가 높을 때 이익을 볼 수 있어 주가가 상승하리라고 예상할 때 이용하는 전략이다. 미래의 주가가 K_2보다 클 때 최대이익이 발생하며, 또 미래의 주가가 K_1보다 작을 때 최대손실이 발생한다. 그림에서 S_T^*는 손익이 0이 되는 손익분기주가(breakeven stock price)를 나타낸다.

■ 스트래들

스트래들(straddle)은 행사가격과 만기가 같은 콜옵션과 풋옵션 각각을 1단위씩 매입하는 전략이다. 많은 경우 행사가격이 현재의 주가와 같은 수준인($K = S$) 등가격옵션을 이용한다. 이 전략의 기본 아이디어는 주가가 올라갈 때는 콜옵션 매입포지션으로부터, 주가가 내려갈 때는 풋옵션 매입포지션으로부터 이익을 얻는다는 것이다. 따라서 주가가 어떤 방향으로 움직여도 이익을 볼 수 있다는 장점이 있다. 그러나 등가격 콜옵션과 풋옵션을 모두 매입해야 하므로 비용이 많이 든다는 단점이 있다. [그림 17-5]는 스트래들의 손익구조를 그림으로 나타낸 것이다.

[그림 17-5]에서 보면 만기에서의 주가가 행사가격에 가까우면 손실을 보게 되고 양 방향으로 크게 움직이면 이익을 보게 된다. 즉 미래주가의 변동성이 클 때 이익을 얻고 작을 때 손실을 입게 된다. 미래의 주가가 행사가격(K)보다 작을 때 이익은 주가의 감소함수가 되어 주가가 0일 때 최대이익이 발생한다. 주가가 행사가격(K)보다 클 때 이익은 주가의 증가함수가 되어 최대이익은 무한대이다. 또 주가가 행사가격과 같을 때 최대손실이 발생하며 그 크기는 $(C+P)$이다. 스트래들은

레드는 행사가격이 다른 옵션을, 수평스프레드는 만기가 다른 옵션을 이용하는 전략을 일컫는다.

| 그림 17-5 | 스트래들 전략의 손익: 콜옵션(K) 1단위 매입 + 풋옵션(K) 1단위 매입

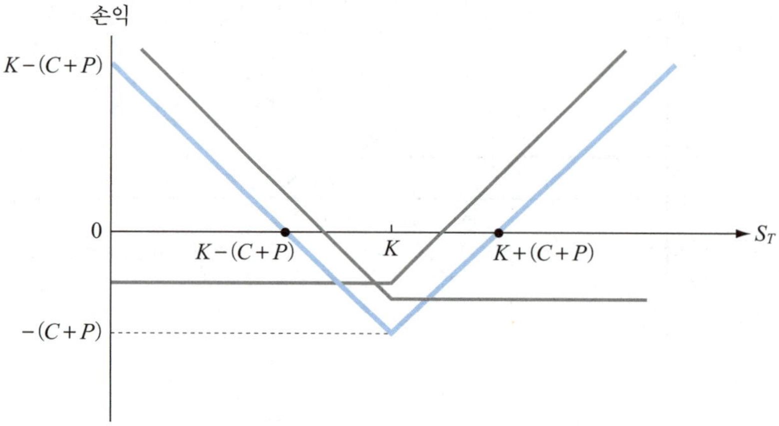

변동성을 이용하는 대표적인 전략으로 옵션시장에서 투자자들이 즐겨 이용하는 전략이지만, 미래 주가에 대한 예측이 빗나갈 경우 적지 않은 손실을 볼 수 있다.

예제 17-3 행사가격이 100인 콜옵션의 가격은 8이며, 행사가격과 만기가 같은 풋옵션의 가격은 10이다. 이 옵션들로 구성된 스트래들 전략의 최대이익과 최대손실, 그리고 손익분기가 되는 만기 시점에서의 주가는 얼마인지 구하라.

풀이 [그림 17-5]에서 보면, 최대이익은 주가가 내려갈 때 $K-(C+P)=100-(8+10)=82$이며 주가가 올라갈 때는 무한대이다. 최대손실은 만기에서의 주가가 행사가격과 같을 때 발생하며 $C+P=8+10=18$이다. 손익분기주가는 주가가 내려갈 때 $K-(C+P)=100-(8+10)=82$이며, 주가가 올라갈 때는 $K+(C+P)=100+(8+10)=118$이다.

■ 방어풋

방어풋(protective put)은 기초자산인 주식을 보유하고 있을 때 이 주식에 대한 풋옵션을 매입하는 전략을 말한다. [그림 17-6(a)]는 방어풋 전략의 수익을 나타내며, [그림 17-6(b)]는 풋옵션의 행사가격이 주식의 매입가격과 같을 때($K=S$) 방어풋 전략의 손익구조를 나타낸다. 주식을 보유한 상황에서 주가가 내려가면 주가 하락에 비례하여 손실을 볼 수 있다. 그러나 보유하고 있던 풋옵션을 행사할 경우 전체 포지션의 가치는 풋옵션의 행사가격 아래로 떨어지지 않는다. 따라서 손실은 풋옵션 프리미엄보다 커지지 않는 것을 볼 수 있다. 주가가 행사가격보다 높아지면 풋옵션은 쓸모가 없어지나 주식의 가치가 올라서 수익과 이익이 주가에 비례하여 증가한다. 따라서 방어풋 전략은 손실을 막아주는(downside protection) 동시에 이익의 기회(upside potential)도 엿볼 수 있는 대표적인 보험(insurance) 전략이다. 이 전략이 개별자산이 아닌 포트폴리오에 적용될 때 이를 포트폴

| 그림 17-6 | 방어풋 전략의 수익 및 손익: 주식 1주 매입 + 풋옵션 1단위 매입

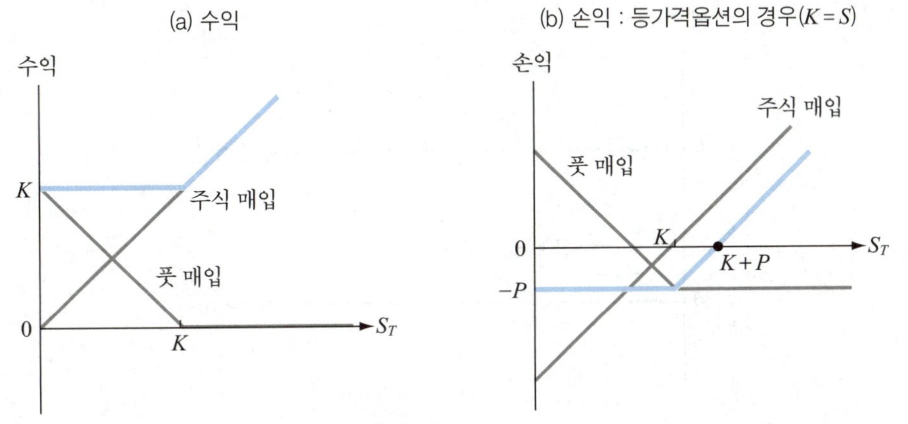

리오 보험(portfolio insurance)이라고 부른다.

방어풋 전략에서 풋옵션의 행사가격을 달리하면 보험과 이익기회의 범위도 달라진다. [그림 17-7]은 행사가격이 낮은 풋옵션(K_1) 대신 행사가격이 높은 풋옵션(K_2)을 이용할 때 방어풋 전략의 손익구조가 어떻게 변화하는지를 보여준다. 풋옵션의 행사가격이 높을수록 주가가 낮을 때 발생하는 손실이 적어져서 보험기능이 강화되는 반면, 주가가 높아질 때 발생하는 이익의 크기는 축소되는 것을 볼 수 있다. 행사가격을 높여 보험의 범위를 확대하는 것은 마치 건강보험 등에서 공제조항(deductible)을 낮추어 더 많은 보험혜택을 받고자 하는 것과 유사하다.

| 그림 17-7 | 풋옵션의 행사가격 변화에 따른 방어풋 전략의 손익의 변화

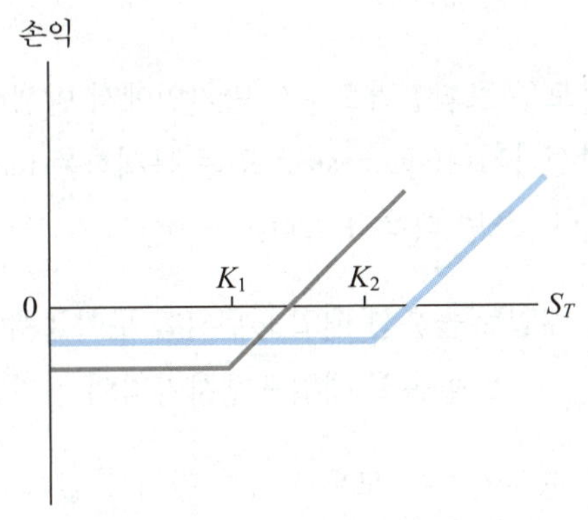

■ 수탁콜

풋옵션을 이용하는 방어풋이 유일한 보험전략은 아니다. 수탁콜(fiduciary call)은 콜옵션을 매입하

| 그림 17-8 | 수탁콜 전략의 수익: 콜옵션(K) 1단위 매입 + 무이표채(액면 = K) 1단위 매입

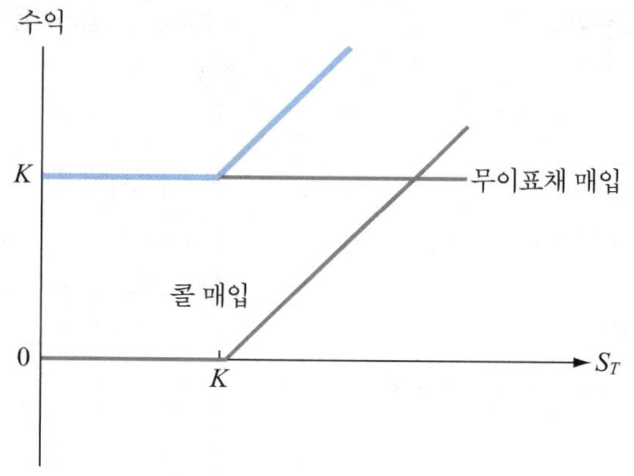

고 액면가가 콜옵션의 행사가격과 같은 무위험 무이표채를 매입하는 전략으로서 방어풋과 함께 보험전략으로 잘 알려져 있다. [그림 17−8]은 수탁콜의 수익구조를 보여준다. 수익의 형태를 보면 [그림 17−6(a)]에서 보여준 방어풋 전략의 수익과 정확히 일치하는 것을 알 수 있다. 이 전략은 방어풋 전략과 더불어 주가연계증권(equity linked securities: ELS) 상품의 기본구조로 많이 이용된다.

방어풋 전략에서 풋옵션의 행사가격을 달리하면 이익의 크기와 보험의 범위가 달라지듯이, 수탁콜 전략에서도 콜옵션의 행사가격을 달리하면 이익의 크기와 보험의 범위가 달라진다. [그림 17−7]에서 보는 바와 마찬가지로 콜옵션의 행사가격을 높게 하면 주가가 높을 때 발생하는 이익의 폭은 줄지만, 주가가 낮을 경우 발생하는 손실에 대한 보험의 범위는 확대된다.

17.4 풋−콜 등가식

앞 절에서 방어풋과 수탁콜은 모두 보험전략으로서 만기일에서 발생하는 수익이 같다는 것을 보았다. 이는 두 전략이 서로를 합성하거나(synthesize) 또는 복제하는(replicate) 투자대안이 된다는 의미이며, 둘 사이의 관계를 식으로 쓰면 다음과 같다.

$$\begin{aligned}\text{풋옵션 매입} + \text{주식 매입} &\equiv \text{콜옵션 매입} + \text{무위험 무이표채(액면} = K\text{) 매입} \\ &\equiv \text{콜옵션 매입} + \text{행사가격의 현가}[PV(K)]\ \text{대출} \qquad (17.10)\end{aligned}$$

위 식에서 풋옵션과 콜옵션의 행사가격은 모두 K이며 만기도 같다. 무이표채의 매입가격은 행사가격(K)의 현재가치 $PV(K)$가 될 것이므로, 이를 매입하는 것은 곧 행사가격의 현가를 대출하는 것과 같다. 행사가격의 현가는 K를 이자율로 할인한 값이다: $PV(K) = K/(1+r)^T$(연속복리의 경우 $K \cdot e^{-rT}$). 식 17.10을 옵션전환식(option conversion)이라고 부르며, 풋옵션, 콜옵션, 주식, 채권의 관계를 나타내는 기본식이 된다.

식 17.10의 두 투자전략이 주가변화와 관계없이 만기에 항상 같은 수익을 가져다준다면, 두 전략의 투자비용도 같아야 한다(제3장의 무차익원리(no arbitrage principle) 참조). 그렇지 않은 경우 차익거래가 가능하기 때문이다. 따라서 옵션전환식을 투자비용 측면에서 나타내면 풋-콜 등가식(put-call parity)이라고 불리는 다음의 관계식을 얻게 된다.

풋-콜 등가식(put-call parity):

$$\text{풋옵션가격} + \text{현재의 주가} = \text{콜옵션가격} + \text{행사가격의 현가}$$
$$P + S = C + PV(K) \quad (17.11)$$

식 17.11은 시장이 균형상태에 있을 때 콜옵션, 풋옵션, 채권, 주식의 가격관계를 나타내는 식으로서 옵션을 연구하거나 거래할 때 자주 이용된다.

식 17.10의 옵션전환식을 이용하면 주식, 채권, 콜옵션, 그리고 풋옵션의 상호결합을 통해 다양한 수익형태를 갖는 포트폴리오를 구성할 수 있다. 예를 들어, 식 17.10을 풋옵션에 대해 다시 정리하면 다음과 같다.

$$\text{풋옵션 매입} \equiv \text{콜옵션 매입} + \text{주식 공매} + \text{행사가격의 현가 대출} \quad (17.12)$$

식 17.12의 우변은 콜옵션, 주식, 채권의 거래를 결합하여 구성한 포트폴리오이다. 이는 실제 풋옵션은 아니지만 풋옵션을 매입하는 것과 동일한 효과를 가져다준다. 이와 같이 다른 증권들의 결합을 통하여 특정한 증권(real security) 또는 투자전략을 복제 또는 합성할 수 있는데 이를 합성증권(synthetic security) 또는 합성포지션(synthetic position)이라고 부른다. 이에 따라 식 17.12의 우변을 '합성풋옵션' 또는 '합성풋매입' 이라고 부른다. 또 '합성풋매도' 는 이와는 반대의 포지션이므로 다음 식의 오른쪽 거래들을 결합한 것이다.

$$\text{풋옵션 매도} \equiv \text{콜옵션 매도} + \text{주식 매입} + \text{행사가격의 현가 차입} \quad (17.12)'$$

그리고 풋옵션과 합성풋옵션의 수익은 같기 때문에 비용도 같아야 한다. 이러한 무차익원리를 식 17.12에 적용할 경우 식 17.11의 풋-콜 등가식은 다음과 같이 쓰여질 수 있다.[6]

$$\text{풋옵션가격} = \text{콜옵션가격} - \text{현재의 주가} + \text{행사가격의 현가}$$
$$P = C - S + PV(K) \quad (17.11)'$$

차익거래의 기회를 노리는 투자자들은 이러한 복제 또는 합성관계와 가격관계식에 익숙해야 한

6 식 17.12′을 비용 측면에서 표현하더라도 마찬가지로 식 17.11′을 얻게 된다. 좌변과 우변에 같이 음(−)의 부호를 취하면 원래의 관계로 되돌아오기 때문이다.

다. 풋-콜 등가식과 같은 관계를 이용하여 균형가격을 계산할 수 있으며, 이 균형가격을 시장가격과 비교함으로써 거래되는 증권이 과대 또는 과소 평가된 것인지 판단할 수 있기 때문이다. 또 시장가격이 균형가격과 다를 경우 옵션전환식과 같은 복제관계에 근거하여 어떠한 차익거래를 할 수 있는지 결정할 수 있다.

예제 17-4 행사가격이 30이고 만기까지의 기간이 100일인 유럽식 콜옵션과 풋옵션이 있다. 기초자산인 주식의 현재가격은 32이고 옵션만기까지 현금배당을 지급하지 않는다. 무위험이자율은 연 5%이며, 콜옵션과 풋옵션은 각각 5.3과 2.5에 거래되고 있다. 실제 콜옵션과 합성콜옵션의 가격을 비교한 후 차익거래의 기회가 있다면 어떠한 거래가 필요한지 또 현금흐름은 어떠한지를 보여라.

풀이 식 17.10을 응용하면 콜옵션 매입 ≡ [풋옵션 매입 + 주식매입 + $PV(K)$ 차입]의 관계가 성립하고, 이 식의 우변이 합성콜옵션이다. 합성콜옵션의 가치는 $P + S - PV(K) = 2.5 + 32 - 30/(1.05)^{100/365} = 4.90$이다. 그러나 실제 콜옵션의 가격은 5.3이어서 과대평가된 것이다. 따라서 콜옵션을 매도하고 합성콜옵션을 매입하는 거래를 통하여 차익을 얻을 수 있는데, 이 거래들로부터 발생하는 현금흐름은 다음의 표에서 보는 것과 같다.

거 래	현금흐름		
	현재시점 ($\tau = 0$)	만기시점($\tau = 100/365 = 0.2740$년)	
		$S_T \leq 30$	$S_T > 30$
• 콜옵션 매도	+5.3	0	$-(S_T - 30)$
• 풋옵션 매입	−2.5	$30 - S_T$	0
• 주식 매입	−32	S_T	S_T
• $PV(30)$ 차입	$+30/(1.05)^{0.2740}$	−30	−30
합계	+0.4	0	0

표에서 보면, 위와 같은 거래를 할 경우 0.4의 차익을 얻을 수 있으며, 거래단위를 10배, 100배 등으로 늘리면 차익도 이에 비례하여 증가한다.

17.5 미국식 옵션과 조기행사

지금까지의 내용은 주로 만기일에서만 권리행사가 가능한 유럽식 옵션에 관한 것이었다. 미국식 옵션은 만기일뿐 아니라 만기 전 어느 시점에서도 권리행사가 가능한 옵션이다. 만기가 도래하기 전에 옵션을 행사하는 것을 조기행사(early exercise)라고 한다. 미국식 옵션을 보유한 투자자에게 중요한 이슈는 조기행사를 하는 것이 유리한지의 여부와 또 한다면 언제 하는 것이 최적인지에 대한 판단을 내리는 일이다. 경우에 따라서 조기행사를 하는 것이 유리할 수도 있으며, 또 유리하지 않을 수도 있다. 그러나 분명한 점은, 유럽식에 비해 미국식은 조기행사를 할 수 있는 옵션이 추가로 주어지기 때문에 그 가격은 적어도 다른 조건이 동일한 유럽식의 가격과 같거나 또는 그보다 높아야 한다는 것이다.

■ 배당이 없는 경우

미국식 콜옵션

식 17.11에 의하면 배당이 없는 경우 유럽식 콜옵션의 가격은 다음과 같이 쓸 수 있다.

$$C = P + S - PV(K) \tag{17.13}$$

여기서 액면이 K인 무이표채의 가격을 나타내는 $PV(K)$는 행사가격(K)과 무이표채로부터 발생하는 이자의 차이로 나타낼 수 있다. 즉, 무이표채에 대한 이자를 I로 나타내면 $[PV(K) = K - I]$가 된다. 이 관계를 식 17.13에 대입하여 정리하면 다음의 관계를 얻게 된다.

$$C = \underbrace{S - K}_{\text{내재가치}} + \underbrace{I + P}_{\text{시간가치}} \tag{17.14}$$

식 17.14의 우변에서 보면 유럽식 콜옵션의 시간가치를 구성하는 두 항목이 모두 양(+)이 되는 것을 알 수 있다. 이자율이 0보다 큰 이상 I는 양(+)이고, 풋옵션의 가치인 P 또한 음(−)이 될 수 없다. 미국식 콜옵션의 가치는 최소한 유럽식 콜옵션의 가치보다 같거나 커야 되기 때문에 만기 전 미국식 콜옵션의 시간가치 또한 양(+)이어야 한다.

이는 미국식 콜옵션을 조기에 행사하는 것이 결코 유리하지 않으며, 행사할 바에는 매도하는 게 낫다는 걸 의미한다. 조기에 행사하면 내재가치(또는 행사가치)를 얻는 반면, 매도를 하게 되면 (내재가치 + 시간가치)를 얻게 되기 때문이다. 옵션의 행사를 연기해서 얻는 이점은 행사가격을 지불하는 시점을 뒤로 미루어 이자(I)를 벌 수 있고, 또 주식 대신 콜옵션을 만기일까지 보유하면 주가 하락 시 주식의 가치가 행사가격 아래로 떨어지는 것을 막아 주는 효과(P로 측정)가 있기 때문이다.

미국식 콜옵션을 조기에 행사하는 것이 최적이 아니라면 이는 옵션을 만기일까지 보유해야 한다는 것이며, 미국식 콜옵션에 부여되는 행사시점의 선택권이 가치가 없다는 것을 의미한다. 결국 배당이 없는 경우 미국식 콜옵션의 가치는 유럽식 콜옵션의 가치와 같다는 결론에 도달한다.

미국식 풋옵션

배당이 없는 주식에 대한 미국식 풋옵션의 경우를 살펴보자. 식 17.11′에 $[PV(K) = K - I]$의 관계를 대입하면 배당이 없는 경우 유럽식 풋옵션의 가격은 다음과 같이 쓸 수 있다.

$$P = \underbrace{K - S}_{\text{내재가치}} + \underbrace{C - I}_{\text{시간가치}} \tag{17.15}$$

식 17.15에서 우변의 시간가치는 음(−)의 항목을 포함한다. 여기서 이자 I는 행사가격 K를 나중에 받게 되는 데 따른 기회비용을 나타낸다. 풋옵션이 심내가격 상태일 때, 이 기회비용 I는 콜옵션의 가치보다 커질 수 있다. 이럴 경우 시간가치는 음(−)이 되어 유럽식 풋옵션은 내재가치 아래의 값으로 거래될 수 있다. 그러나 미국식 풋옵션은 내재가치보다 낮은 값에 거래될 수 없다. 그럴 경우 옵션을 매도하는 것보다 행사를 하게 되면 옵션가격보다 높은 내재가치를 얻을 수 있기 때문이다.

이는 때로는 조기행사가 유리할 수 있으며 행사시점을 선택할 수 있는 권리가 양(+)의 가치를 가진다는 것을 의미한다. 극단적인 예로서 회사가 파산하여 주가가 0인 주식에 대한 미국식 풋옵션을 고려해 보자. 파산한 회사의 주가는 더 내려갈 여지가 없다. 풋옵션을 즉시에 행사하여 행사가격을 받고 또 이를 은행에 예치해 두면 행사가격에 대한 이자를 벌게 되어, 나중에 행사하여 행사가격만 받는 것보다 유리하다. 따라서 배당이 없는 경우 미국식 풋옵션의 가치는 유럽식 풋옵션의 가치보다 커야 한다.

■ 배당이 있는 경우

미국식 콜옵션

미래에 현금배당을 지급할 것이 확실한 주식의 현재가격을 배당이 없는 경우와 비교하면 배당의 현가만큼 낮아야 한다. 왜냐하면 미래에 배당이 지급되면 배당금만큼 주가가 떨어지는 배당락(ex-dividend)이 발생하기 때문이다. 배당의 현가를 $PV(div)$로 나타내고, 식 17.14에서 S 대신 $[S - PV(div)]$를 대입하여 정리하면 현금배당이 있는 경우 유럽식 콜옵션의 가격은 다음과 같이 쓸 수 있다.

$$C = \underbrace{S - K}_{\text{내재가치}} + \underbrace{I + P - PV(div)}_{\text{시간가치}} \tag{17.16}$$

식 17.16에서 우변의 시간가치는 현금배당의 현가 $PV(div)$가 충분히 클 경우 음(−)의 값을 가질 수 있으며, 이때 유럽식 콜옵션은 내재가치보다 낮은 가격에 거래될 수 있다. 그러나 미국식 콜옵션은 내재가치 아래에서 거래될 수 없다. 그럴 경우 차익거래가 가능하기 때문이다. 따라서 현금배당이 존재할 때 미국식 콜옵션은 조기에 행사하는 것이 유리할 수 있고, 따라서 그 가치는 유럽식 콜옵션의 가치보다 높아야 한다.

식 (17.16)의 시간가치를 구성하는 세 항목 중 처음의 두 항목$(I + P)$은 앞에서 언급하였듯이 콜옵션의 행사를 연기함으로써 얻게 되는 이점을 나타낸다. 이러한 이점은 배당이 많이 지급될 경우 배당락으로 인한 주가하락에 의해 상쇄될 수 있다. 주식보유자와는 달리 옵션보유자는 배당을 받지 못하기 때문이다. 그러나 배당락이 발생하기 전에 옵션을 조기에 행사하면 배당으로 인한 손실을 피할 수 있다. 따라서 미국식 콜옵션의 조기행사는 배당락일(ex-dividend date) 바로 직전에 고려하는 것이 최적이다.

미국식 풋옵션

현금배당이 풋옵션의 시간가치에 미치는 영향은 콜옵션의 경우와는 반대이다. 배당락으로 인한 주가하락은 풋옵션의 가치를 높여줄 수 있기 때문이다. 식 17.15의 우변에서 S 대신 $[S - PV(div)]$를 대입하여 정리하면 현금배당이 있을 때 유럽식 풋옵션의 가격은 다음과 같이 쓸 수 있다.

$$P = \underbrace{K - S}_{\text{내재가치}} + \underbrace{C - I + PV(div)}_{\text{시간가치}} \quad (17.17)$$

식 17.17에서 보면, 풋옵션 보유자는 다른 조건이 같을 경우 배당규모가 클수록 배당락 시점까지 옵션을 행사하지 않고 기다리는 것이 유리하다는 것을 알 수 있다. 그러나 주가가 충분히 낮고 이자율이 높다면 조기에 옵션을 행사하여 행사가격을 받고 이를 은행에 예치해서 이자를 버는 것이 오히려 유리할 수 있어 어느 시점에서나 조기행사를 고려할 수 있다. 결국, 배당이 없는 경우와 마찬가지로, 배당이 있더라도 미국식 풋옵션의 가치는 유럽식 풋옵션의 가치보다 커야 한다.

이상에서 분석한 미국식 옵션의 조기행사에 대한 결과를 요약 · 정리하면 다음과 같다.

- 배당이 없는 주식의 미국식 콜옵션을 조기에 행사하는 것은 결코 최적이 아니다. 즉 최적행사 시점은 옵션 만기일이다.
- 배당이 있는 주식의 미국식 콜옵션을 조기에 행사하는 것은 가끔 최적일 수 있다. 조기에 행사해야 할 경우라면 배당락일 직전에 하는 것이 가장 유리하다.
- 배당이 없는 주식의 미국식 풋옵션을 조기에 행사하는 것이 최적일 수 있다. 단, 주가가 충분히 낮아 옵션이 심내가격 상태여야 한다.
- 배당이 있는 주식의 미국식 풋옵션을 조기에 행사하는 것이 최적일 수 있다. 단, 주가가 충분히 낮아야 하며 배당락일 직전이 아닌 어느 시점에서도 조기행사를 고려할 수 있다.

17.6 옵션가격의 특성

■ 옵션가격의 범위

현재의 옵션가격이 정확히 얼마가 되어야 할 것인가에 대해서는 제18장에서 소개될 옵션가격결정모형이 답해 줄 것이다. 가격결정모형을 공부하기 전에 옵션가격이 만족시켜야 할 값의 범위(option boundary)에 대해 유럽식 콜옵션의 예를 통해 살펴보자. 기초자산인 주식에 대한 현금배당은 없다고 가정하자.

유럽식 콜옵션의 가치는 기초자산인 주식가격보다 클 수 없다. 직관적으로 말해, 주식을 살 수 있는 권리의 가치가 주식 자체의 가치보다 크다면 누구도 콜옵션을 사려고 하지 않을 것이기 때문이다.

$$\text{배당이 없는 경우 콜옵션가격의 상한: } C \le S \quad (17.18)$$

이를 논리적으로 증명해 보자. 만약 콜옵션의 가치가 주가보다 크다고 하면($C > S$) 콜옵션을 매도하고 주식을 매입하여 다음과 같은 차익거래를 할 수 있다.

<table>
<tr><td rowspan="3">거 래</td><td colspan="3">현금흐름</td></tr>
<tr><td rowspan="2">현재시점
($\tau = 0$)</td><td colspan="2">만기시점($\tau = T$)</td></tr>
<tr><td>$S_T \leq K$</td><td>$S_T > K$</td></tr>
<tr><td>• 콜옵션 매도
• 주식 매입</td><td>$+C$
$-S$</td><td>0
$+S_T$</td><td>$-(S_T - K)$
$+S_T$</td></tr>
<tr><td>합계</td><td>$C - S > 0$</td><td>$+S_T$</td><td>$+K$</td></tr>
</table>

위의 표에서 보면, 시점 0에서 투자비용이 음(−)[현금흐름은 양(+)]인데 미래의 투자수익도 양(+)이어서 이는 제3장에서 소개한 유형 ①의 차익거래에 속한다. 따라서 차익거래가 가능하지 않으려면 식 17.18의 관계가 만족되어야 한다.

한편, 콜옵션가격은 다음과 같은 하한값보다 작을 수 없다.

배당이 없는 경우 콜옵션가격의 하한: $C \geq \text{Max}[S - PV(K), 0]$ (17.19)

<table>
<tr><td rowspan="3">거래</td><td colspan="3">현금흐름</td></tr>
<tr><td rowspan="2">현재시점
($\tau = 0$)</td><td colspan="2">만기시점($\tau = T$)</td></tr>
<tr><td>$S_T \leq K$</td><td>$S_T > K$</td></tr>
<tr><td>• 콜옵션 매입
• 주식 공매
• $PV(K)$ 대출</td><td>$-C$
$+S$
$-PV(K)$</td><td>0
$-S_T$
$+K$</td><td>$S_T - K$
$-S_T$
$+K$</td></tr>
<tr><td>합계</td><td>$S - PV(K) - C > 0$</td><td>$K - S_T \geq 0$</td><td>0</td></tr>
</table>

이를 증명하기 위하여 $C < S - PV(K)$라고 가정하자. 이 경우 위와 같은 차익거래가 가능하다. 이 경우 역시 유형 ①의 차익거래가 성립하는 것을 볼 수 있다. 따라서 차익거래의 기회가 존재하지 않으려면 $C > S - PV(K)$의 관계가 성립하여야 하며, 또 옵션의 가치는 0보다 작을 수 없으므로 두 조건을 결합하면 식 17.19의 결과가 따른다.

식 17.18과 식 17.19를 결합하여 그림으로 나타낸 것이 [그림 17−9]이다. 그림에서 음영 부분이 배당이 없는 경우 콜옵션가격이 취할 수 있는 값의 범위를 나타내며, 파란색 곡선은 제18장에서 다룰 블랙−숄즈 모형이 제시하는 콜옵션의 가치를 나타낸다.

| 그림 17-9 | 배당이 없는 경우 콜옵션가격의 상한과 하한

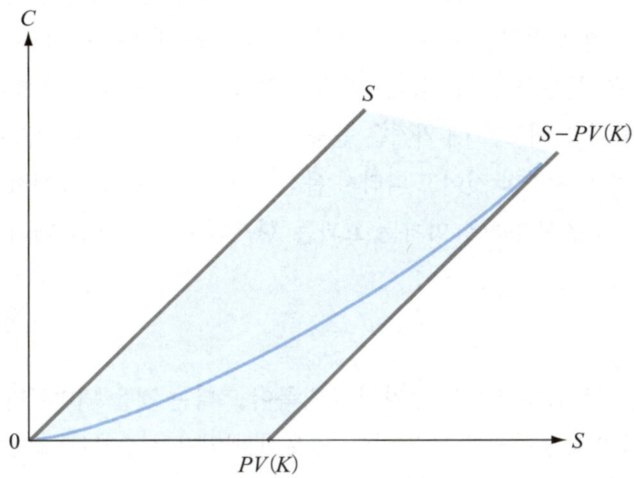

■ 옵션가격결정요인

이 절에서는 옵션가격에 영향을 미치는 경제적 요인들을 살펴본다. 이러한 요인들은 제18장에서 다뤄질 옵션가격결정모형에서 옵션가격을 결정하는 주요 변수로 등장하게 될 것이다. 옵션의 가치는 다음과 같은 여섯 가지 요인에 의하여 영향을 받는다. ① 현재주가(S) ② 행사가격(K) ③ 주가변동성(σ^2) ④ 만기까지의 기간(T) ⑤ 무위험이자율(r)이 그것이며, 주식의 경우 ⑥ 현금배당 또한 영향을 미친다. 위 요인들 중 행사가격과 만기까지의 기간은 옵션계약에 명시되며, 현재의 주가와 무위험이자율은 시장에서 결정된다. 그리고 주가변동성은 미래주가에 대한 투자자들의 예상에 의해 결정된다. 여기서는 위에 열거한 각 요인들이 나머지 요인들의 값이 일정할 때 옵션가격에 어떤 영향을 미치는지를 직관적으로 분석해 보자.

현재주가

현재의 주가가 높을수록 콜옵션의 가격은 높다. 다른 조건이 같다면, 현재의 주가가 높을수록 만기일에서의 주가도 그만큼 높아져 콜옵션의 권리행사(행사가격을 지불하고 주식을 수령)로 인한 수익이 증가하게 되며, 따라서 콜옵션의 현재가치도 높아진다.

현재의 주가가 높을수록 풋옵션의 가격은 낮다. 현재의 주가가 높을수록 만기일에서의 주가도 높아져 풋옵션의 권리행사(주식을 인도하고 행사가격을 수령)를 위한 주식의 구입비용이 증가한다. 이에 따라 풋옵션 매입자는 더 낮은 가격을 요구하고 따라서 옵션가격은 낮아진다.

행사가격

행사가격이 높을수록 콜옵션가격은 낮다. 콜옵션의 행사가격은 만기일에 옵션을 행사할 때 주식을 매입하는 가격이다. 물건을 매입할 때 가격은 높을수록 불리하다. 따라서 콜옵션의 매입자는 행사가격이 높을수록 더 낮은 대가를 지불하려 할 것이고 따라서 옵션가격은 낮아진다. 행사가격이 1원 올라가서 콜옵션가격에 미치는 효과는 현재의 주가가 1원 내려가서 미치는 효과와 같다.

행사가격이 높을수록 풋옵션가격은 높다. 이때 행사가격은 만기일에 옵션을 행사할 때 주식을 매도하는 가격이다. 물건을 매도할 때 가격은 높을수록 좋다. 풋옵션 매입자는 행사가격이 높을수록 더 높은 대가를 기꺼이 지불할 것이고 따라서 옵션가격은 높아진다. 앞에서와 마찬가지로, 행사가격이 1원 올라가서 풋옵션가격에 미치는 효과는 현재의 주가가 1원 내려가서 미치는 효과와 같다.

주가변동성

주가변동성이 크다는 것은 평균적으로 주가의 등락폭이 크다는 것을 의미한다. 즉 주가가 크게 상승하거나 크게 하락할 가능성이 높다는 것이다. 콜옵션 매입자는 주가가 크게 상승하면 이득을 본다. 그러나 크게 하락할 경우 영향을 받지 않는다. 왜냐하면 옵션이 외가격 상태로 끝나서 그 가치는 어차피 0이 되기 때문이다. 즉 만기에서 외가격의 정도는 중요하지 않다. 따라서 주가변동성이 커지면 콜옵션가격도 높아진다.

풋옵션 매입자의 경우 주가가 크게 하락하면 이득을 본다. 그러나 크게 상승할 경우 영향을 받

표 17-4a 옵션만기에서의 주가의 확률분포

현재의 주가(원)	미래상태	확률	옵션만기에서의 주가(원)	
			주식 H	주식 L
주식 H: 10,000	양호	0.5	12,000	10,000
주식 L: 10,000	불량	0.5	8,000	10,000

표 17-4b 옵션만기에서의 콜옵션(행사가격: 10,000원)의 수익

미래상태	확률	옵션만기에서의 주가(원)	
		주식 H의 콜옵션	주식 L의 콜옵션
양호	0.5	2,000	0
불량	0.5	0	0

표 17-4c 옵션만기에서의 풋옵션(행사가격: 10,000원)의 수익

미래상태	확률	옵션만기에서의 주가(원)	
		주식 H의 풋옵션	주식 L의 풋옵션
양호	0.5	0	0
불량	0.5	2,000	0

지 않는데, 옵션이 외가격 상태로 끝나서 그 가치가 어차피 0이 되기 때문이다. 콜옵션에서와 마찬가지로 만기에서 외가격의 정도는 중요하지 않다. 따라서 주가변동성이 커지면 풋옵션가격 역시 높아진다.

단순한 예를 들어보자. 현재의 주가는 10,000원으로 같고 분산은 서로 다른 두 주식 H와 L이 있다고 가정하자. 두 주식에 대한 옵션의 행사가격이 10,000원으로 같고, 만기까지의 기간도 같다. 옵션만기에서의 주가는 〈표 17-4a〉에서와 같은 확률분포를 가진다고 가정하자. 〈표 17-4a〉에서 보면 다른 조건은 모두 동일하며 주식 H는 변동성이 양(+)이고 주식 L은 변동성이 영(0)인 것을 쉽게 확인할 수 있다. 이럴 경우 주식 H와 L에 대한 콜옵션과 풋옵션으로부터 발생하는 수익은 각각 〈표 17-4b〉와 〈표 17-4c〉에서 보는 바와 같다. 표에서 보면 옵션의 종류에 관계없이 변동성이 0인 주식 L에 대한 옵션의 가치는 0이다. 왜냐하면 내가격으로 끝날 확률이 0이기 때문이다. 반면 변동성이 양(+)인 주식 H에 대한 옵션은 내가격으로 끝날 확률이 50%이기 때문에 그 가치는 양(+)이 되어야 한다. 이 결과는 일반적으로 성립하여, 변동성이 높은 주식일수록 이에 대한 옵션의 가격도 더 높아야 한다.

만기까지의 기간

만기까지 기간이 길수록 주가가 변화할 수 있는 시간여유가 많기 때문에 주가변동성이 커진다고 볼 수 있다. 예로서, 하루보다는 일주일, 일주일보다는 한 달에 움직이는 가격변동폭이 크다. 따라서 주가변동성이 옵션가격에 미치는 영향과 마찬가지로, 만기가 길수록 콜옵션과 풋옵션 가격 모두가 높아져야 한다는 논리가 따른다.

이와 같은 논리는 미국식 옵션의 경우 문제가 없다. 1년만기 미국식 옵션은 앞으로 1년 동안 권리를 행사할 수 있지만, 2년만기 미국식 옵션은 앞으로 1년 동안은 물론, 1년 후 2년 사이의 시점에서도 권리를 행사할 수 있다. 따라서 2년만기 옵션의 가치는 1년만기 옵션의 가치보다 커야 한다.

유럽식 옵션의 경우 만기가 길다고 반드시 가격이 높은 것은 아니다. 배당이 없는 경우 유럽식 콜옵션은 미국식 콜옵션과 차이가 없다(제17.5절 참조). 따라서 만기가 긴 옵션의 가격이 더 커야 한다. 그러나 배당이 있는 경우 만기가 긴 것보다 만기가 짧은 콜옵션의 가치가 클 수 있다. 예를 들어 어떤 주식이 2개월 후에 청산배당을 지급한다고 하자. 만기가 1개월 후인 콜옵션의 매입자는 1개월 후에 옵션을 행사하여 주식을 확보할 수 있으므로 이 배당을 받을 수 있다. 그러나 만기가 3개월 후인 콜옵션의 매입자는 배당을 받을 수 없고, 따라서 콜옵션의 만기가치가 0이다. 따라서 이 경우에는 만기가 1개월 후인 옵션의 가격이 만기가 3개월 후인 옵션의 가격보다 높아야 한다.

유럽식 풋옵션의 가치도 만기가 짧을수록 클 수 있다. 회사가 파산하여 주가가 0인 주식에 대한 풋옵션이 좋은 예이다. 파산한 회사의 주가는 더 내려갈 여지가 없어, 풋옵션을 가능한 한 빨리 행사하여 행사가격을 은행에 예치해 두는 것이 나중에 행사하는 것보다 유리하다. 따라서 이런 경우에는 만기가 짧은 풋옵션의 가치가 더 커야 한다.

무위험이자율

무위험이자율이 높을수록 콜옵션의 가격은 높다. 콜옵션은 미래에 행사가격을 지불하고 주식을 매입할 권리이다. 그런데 권리행사에 대비하여 미래에 지출할 행사가격의 현가를 지금 은행에 예치해 둔다고 하자. 은행에 자금을 예치한다면 (무위험)이자율이 높을수록 유리하다. 다시 말해 이자율이 높을수록 옵션매입자가 예치해야 할 금액이 작아진다. 따라서 옵션매입자는 높은 이자율을 선호하며, 결과로 옵션가격은 높아져야 한다.

무위험이자율이 높을수록 풋옵션의 가격은 낮다. 풋옵션은 미래에 물건을 인도하고 행사가격을 받을 수 있는 권리이다. 미래에 받을 행사가격의 현가를 지금 은행에서 대출받아 미리 사용한다고 하자. 은행에서 자금을 차입한다면 (무위험)이자율이 낮을수록 유리하다. 다시 말해 이자율이 낮을수록 옵션매입자가 차입할 수 있는 금액이 커진다. 따라서 풋옵션 매입자는 낮은 이자율을 선호하여, 옵션가격은 높아져야 한다.

현금배당

거래소에 상장된 옵션의 기초자산(주식)에 대해 주식배당이나 주식분할이 일어나면 행사가격이나 거래할 주식의 수가 자동적으로 조정되는 보호장치가 있다. 예를 들어, 주식에 대해 100%의 주식배당이 지급되면, 주식옵션의 행사가격은 1/2로 줄어들고 매입 또는 매도할 수 있는 주식의 수는 2배로 늘어난다. 따라서 주식배당이나 주식분할은 옵션가격에 영향을 미치지 않는다.

그러나 현금배당에 대해서는 이러한 보호장치가 없다. 즉 현금배당이 지급되면 배당락이 일어나서 주가는 떨어지나 행사가격은 그대로이다. 따라서 현금배당이 옵션가격에 미치는 영향은 주가하락이 미치는 영향과 같다. 현금배당이 많을수록 콜옵션가격은 내려가고, 풋옵션가격은 올라간다.

이상의 내용을 종합하여 옵션가격결정요인과 옵션가격과의 관계를 요약 · 정리한 것이 〈표 17-5〉

표 17-5 옵션가격결정요인과 옵션가격의 관계

가격결정요인	콜옵션		풋옵션	
	유럽식	미국식	유럽식	미국식
현재주가(S)	+	+	−	−
행사가격(K)	−	−	+	+
주가변동성(σ^2)	+	+	+	+
만기까지의 기간(T)	?	+	?	+
무위험이자율(r)	+	+	−	−
현금배당(div)	−	−	+	+

이다. 표에서 (+)는 가격결정요인과 옵션가격이 같은 방향으로 움직인다는 것을 의미하며 (−)는 반대 방향으로 움직인다는 것을 나타낸다.

중요용어

옵션(option)
기초자산(underlying asset)
만기(maturity 또는 expiration date)
옵션발행자(option writer)
행사가격(exercise price 또는 strike price)
풋옵션(put option)
옵션가격(option price 또는 option premium)
미국식 옵션(American option)
옵션보유자(option holder)
콜옵션(call option)
유럽식 옵션(European option)
장외옵션(over-the-counter option)
장내옵션(exchange-traded option)
내가격(in-the-money: ITM)
등가격(at-the-money: ATM)
옵션수익(payoffs)
외가격(out-of-the-money: OTM)
KOSPI 200 옵션(KOSPI 200 option)
내재가치(intrinsic value)
시간가치(time value)
옵션손익(profit/loss)
옵션전략(option strategy)
강세 수직스프레드(스프레드, bull spread)
손익분기주가(breakeven stock price)
방어풋(protective put)
스트래들(straddle)
옵션전환식(option conversion)
수탁콜(fiduciary call)
복제옵션(replicating option)
합성옵션(synthetic option)
최적행사시점(optimal timing of exercise)
풋-콜 등가식(put-call parity)
옵션가격의 범위(option boundary)
조기행사(early exercise)

연습문제

17-1 행사가격이 20,000원인 콜옵션과 풋옵션의 주가변화에 따른 만기에서의 수익형태를 매입자와 매도자의 경우로 구분하여 그림으로 나타내라.

17-2 K씨는 같은 주식을 기초자산으로 하고 만기가 동일한 유럽식 콜옵션과 풋옵션을 매입하였다. 콜옵션의 행사가격은 30,000원이고, 풋옵션의 행사가격은 35,000원이다. 옵션행사 시 이러한 옵션포트폴리오의 가치가 행사시점의 주가에 따라 어떻게 달라지는지를 그림으로 나타내라.

17-3 콜옵션매도와 풋옵션매도 중 어떠한 포지션이 더 큰 위험에 노출되는지를 설명하라.

17-4 다음과 같은 경제적 사건이 주식에 대한 콜옵션 및 풋옵션의 가격에 어떤 영향을 미치게 될 것인지 설명하라.

① 미래인플레이션율의 상승에 따른 무위험이자율의 상승
② 기업의 현금배당 결정
③ 기업의 투자위험의 증가
④ 투자자들의 위험회피성향의 증가

17-5 무배당주식에 대한 미국식 콜옵션이 유럽식 콜옵션과 같은 가격인 이유를 설명하라.

17-6 콜옵션가격이 기초자산의 가격보다 높을 수 없는 이유를 설명하라.

17-7 ㈜ 새한의 현재주가는 25,000원이다. 이 회사 주식에 대한 콜옵션의 행사가격은 28,000원이고 이 옵션의 가격은 2,500원이다. 또한, 무위험이자율은 10%이고 만기는 2년이다. 이 콜옵션과 만기와 행사가격이 같은 풋옵션의 가격은 얼마가 되어야 하는지 계산하라.

17-8 KOSPI 200 지수가 275일 때 행사가격 237.5인 1년만기 유럽식 콜옵션의 시간가치가 음수이다. 무위험이자율이 6%일 때, KOSPI 200 지수의 배당수익률은 얼마일지 추정하라(모든 배당금은 연말에 지급된다).

17-9 한국항공 주식에 대한 1년만기 미국식 풋옵션의 행사가격은 45,000원이다. 한국항공은 지금까지도 그래왔고 앞으로도 배당을 지급하지 않을 예정이며 현재주가가 10,000원이다. 무위험이자율은 10%이다. 지금 옵션을 조기에 행사하는 것이 최적의사결정이라는 가정하에 다음 물음에 답하여라.

① 한국항공 주식에 대한 미국식 풋옵션의 가격은 얼마일지 결정하라.
② 한국항공 주식에 대한 미국식 콜옵션의 최대 가격을 결정하라. 단 콜옵션의 만기와 행사가격은 풋옵션과 같다.

17-10 홍 씨는 신문을 읽으면서 차익거래의 기회를 발견하려고 한다. 현재 ㈜세종의 주가는 한 주당 15,000원이며 무위험이자율은 연 7%이다. 또한 행사가격은 12,500원이고 만기가 1년인 ㈜세종의 주식에 대한 풋옵션은 현재 3,400원에 거래되고 있으며, 같은 조건의 콜옵션은 6,500원에 거래된다고 한다. 이때 차익거래가 가능한지의 여부를 결정하고, 가능하다면 어떤 거래를 해야 하는지를 구체적으로 보여라.

17-11 전 씨는 동일한 만기의 콜옵션 2개를 매입하였다. 첫 번째 콜옵션의 행사가격은 40,000원이고 두 번째 콜옵션의 행사가격은 60,000원이다. 동시에 전 씨는 만기가 같고 행사가격이 50,000원인 콜옵션 2개를 매도하였다. 옵션만기일에 이러한 전략의 가치를 주가의 함수로 그려보라[이러한 전략을 나비스프레드(butterfly spread)라고 부른다].

제 18 장

옵션의 가격결정

STUDY GUIDE

이 장에서는 옵션가격이 어떻게 결정되는지를 보여주는 옵션가격결정모형(option pricing model)에 대해 공부한다. 1973년 블랙과 숄즈(Black and Scholes)가 옵션가격결정에 관한 이론을 처음으로 제시한 이후 이와 관련한 수많은 모형들이 개발되었다. 이들을 크게는 이산시간모형(discrete time model)과 연속시간모형(continuous time model)으로 구분할 수 있다. 이산시간모형에서는 기초자산이나 옵션의 거래가 일정한 시간간격을 두고 일어난다고 가정하며, 연속시간모형에서는 이들 자산들의 거래가 매 순간 연속적으로 일어난다고 가정한다. 이산시간모형을 대표하는 것이 이항모형이다. 이항모형은 주가가 변화할 때마다 새로운 주가는 두 가지 값을 가진다고 가정한다. 이 중 가장 간단한 것이 일단계 이항모형이다. 연속시간모형을 대표하는 것이 블랙-숄즈 모형이며 주가는 연속적으로 변하며 수없이 많은 값을 가질 수 있다고 가정한다. 이 장에서는 우선 일단계 이항모형을 두 가지 방법으로 도출한다. 하나는 무차익원리에 의한 평가법이며, 다른 하나는 자산가격결정이론에서 중요한 위치를 차지하고 있는 위험중립평가법(risk neutral valuation)이다. 다음으로, 블랙-숄즈 모형을 소개하고 설명한다. 블랙-숄즈 모형의 도출과정은 수준 높은 수학적 지식을 요구하므로 여기서는 생략한다. 마지막으로, 옵션의 위험과 수익률의 관계에 대해 분석한다.

18.1 일단계 이항모형

이항모형(binomial model)은 칵스, 로스, 그리고 루빈스틴(Cox, Ross, and Rubinstein)[1]에 의해 처음으로 도출되었으며 기초자산의 가격이 이항분포를 따른다고 가정한다. 이 모형은 단순하면서도 옵션가격이 결정되는 원리를 잘 설명해 준다. 이 절에서는 이항모형의 가장 단순한 경우로 주가가 옵션만기까지 단 한 번 변화하는 일단계 이항모형(one-stage binomial model)을 상세히 살펴본다. 우선 예를 통하여 모형을 쉽게 이해한 다음, 이를 일반화한 공식을 도출해 보자. 주가가 옵션만기까지 두 번 변화하는 이단계 이항모형은 이 장의 참고사항에서 다룬다.

■ 예 시

현재주가가 100인 주식의 1년 후 가격이 다음과 같은 확률분포를 따른다고 하자.

상태	확률	미래주가
U	0.6	110
D	0.4	90

그리고 행사가격이 100이고 만기가 1년인 이 주식에 대한 콜옵션이 존재한다고 하자. 무위험이자율이 연 5%일 때 차익거래가 없는 완전시장에서 이 콜옵션의 적정가격은 얼마나 될까?

우선 위의 정보로부터 만기시점에서 발생하는 콜옵션의 수익은 다음과 같이 쉽게 구할 수 있다.

상태	만기에서 콜옵션의 가치
U	$C_U = \text{Max}(110 - 100,\ 0) = 10$
D	$C_D = \text{Max}(90 - 100,\ 0) = 0$

다음으로 중요한 사실은 기초자산인 주식과 콜옵션을 결합하여 위험이 없는 포트폴리오를 구성할 수 있다는 것이다. 위의 상황에서 주식 0.5주를 매입하고 콜옵션 1단위를 매도하여 보자. 콜옵션의 현재가격을 C라고 하면, 이 포트폴리오를 구성하는 데 필요한 투자비용과 옵션의 만기시점에서 발생하는 포트폴리오의 수익은 다음과 같다.

투자비용	포트폴리오의 수익
$100 \times 0.5 - C$	상태 U: $110 \times 0.5 - 10 = 45$
$= 50 - C$	상태 D: $90 \times 0.5 - 0 = 45$

포트폴리오의 수익을 보면 미래의 주가에 관계없이 일정한 값을 가진다. 즉 이 포트폴리오는 위험

1 Cox, J., S. Ross, and M. Rubinstein(1979), "Option Pricing, A Simplified Approach," *Journal of Financial Economics* 7, 229-263.

이 없는 투자이다. 제3장에서 설명한 무차익원리에 의하면, 위험이 없는 투자에 대한 수익률은 무위험이자율과 같아야 한다. 따라서 다음의 관계가 성립한다.

$$45/(50-C)=1.05$$

이 식을 C에 대해 풀면, 현재의 콜옵션가격 $C=7.14$의 결과를 얻게 된다.

이상의 예에서 보면, 콜옵션의 가격을 결정하는 과정은 두 단계로 나누어진다. 첫 단계에서는 무위험포트폴리오를 구성하고, 다음 단계에서는 무차익원리를 적용한다. 그런데 무위험포트폴리오를 구성할 때 왜 주식은 매입하고 콜옵션은 매도해야 하며, 또 콜옵션을 1단위 매도하는 데 대하여 왜 주식은 0.5단위를 매입해야 할까? 이제 모형을 일반화하여 이에 대한 대답을 찾아보자.

■ 이항모형의 가정

일단계 이항모형은 다음과 같은 단순한 가정에서부터 출발한다. 첫째, 자본시장이 완전하고 효율적이어서 차익거래의 기회가 존재하지 않으며, 투자자는 일정한 무위험이자율로 대출과 차입을 얼마든지 할 수 있다. 둘째, 기초주식의 가격은 옵션의 만기일($\tau=1$기간 후)에서 단 한번 변동하며 가격변동은 이항분포(binomial distribution)를 따른다. 즉 만기의 주가는 두 가지 값 중 하나를 취하는데, 큰 값을 U, 작은 값을 D라고 가정하자.[2] 각각이 발생할 확률은 π와 $(1-\pi)$이다. 현재주가를 S라 하고 이 내용을 그림으로 나타내면 [그림 18-1(a)]와 같다.

■ 이항모형의 도출

이제 만기가 1년이고 행사가격이 K인 유럽식 콜옵션의 가격움직임을 생각해 보자. 1기간 후 주가가 U로 상승할 때 콜옵션의 가치를 C_U, D로 하락할 때 콜옵션의 가치를 C_D라고 표시하자. 옵션만기(1기간 후)의 주가와 옵션의 행사가격을 알고 있으므로 C_U와 C_D는 다음과 같이 쉽게 계산할 수 있다.

$$C_U=\text{Max}(U-K,\ 0); \qquad C_D=\text{Max}(D-K,\ 0) \tag{18.1}$$

따라서 현재의 옵션가치를 C라 하면 옵션가격의 움직임은 [그림 18-1(b)]와 같으며, 앞으로 남은 일은 [그림 18-1(a), (b)]에서 주어진 모든 정보를 이용하여 콜옵션가격 C의 적정수준을 결정하는 일이다.

■ 헤지포트폴리오의 구성

옵션가격을 구하기 위한 첫 단계로서 주식과 콜옵션을 결합하여 미래의 주가변동과 관계없이 확실한 수익을 얻을 수 있는 포트폴리오를 구성하여 보자. 제17.6절에서 보았듯이 주가와 콜옵션가격

---

2 옵션가격이 음(−)의 값을 가지지 않으려면 다음의 조건이 필요하다: $D<$ 현재주가 $\times$ (1 + 무위험이자율) $<U$.

| 그림 18-1 | 일단계 이항모형에서의 주가 및 콜옵션가격과 헤지포트폴리오

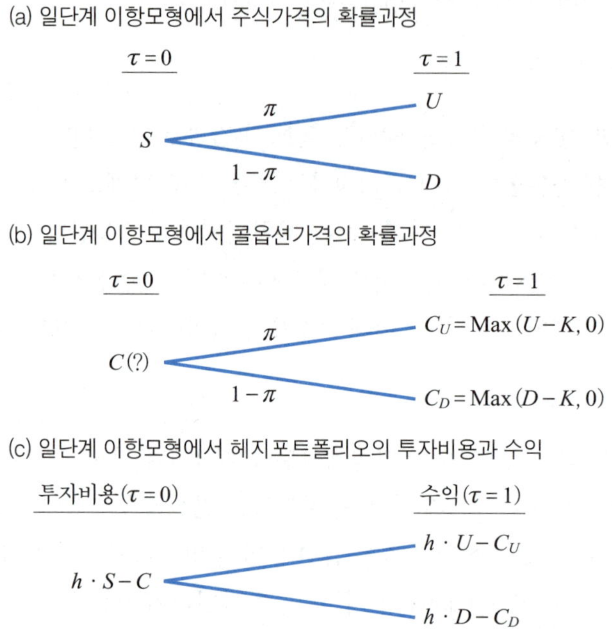

은 같은 방향으로 움직이기 때문에 확실한 수익을 얻으려면 두 증권에 반대 포지션을 취하여야 한다. 기초자산인 주식 h주를 매입하고 이에 대한 (유럽식)콜옵션 1단위를 매도하여 포트폴리오를 구성하여 보자. 이 포트폴리오를 구성하는 데 필요한 투자비용과 옵션만기에서 포트폴리오로부터 발생하는 수익은 [그림 18−1(c)]와 같다.

미래의 주가변동과 관계없이 확실한 수익을 얻으려면 주가가 오를 때와 내릴 때의 포트폴리오 수익이 같아야 한다. 즉 $h \cdot U - C_U = h \cdot D - C_D$의 관계가 성립해야 하며, 이를 만족시키기 위하여 콜옵션 1단위 매도에 대해 매입해야 할 주식수 h는 다음과 같다.

$$h = \frac{C_U - C_D}{U - D} \tag{18.2}$$

식 18.2에 따라 구성한 포트폴리오 [주식 h주 매입 + 콜옵션 1단위 매도]의 수익은 주가변동과 관계없이 확실하다는 의미에서 이 포트폴리오를 헤지포트폴리오(hedge portfolio) 또는 무위험포트폴리오라고 한다. 또 옵션시장에서는 식 18.2에서 계산한 h를 콜옵션의 헤지비율(hedge ratio)이라고 부르며, 일반적으로는 헤지비율을 다음과 같이 정의한다.[3]

3 콜옵션의 경우 식 18.3의 분자는 양(+), 분모는 음(−)이 되어 헤지비율은 양(+)이 된다. 뒤에서 보겠지만, 풋옵션의 경우 헤지포트폴리오를 구성하려면 주식과 풋옵션 모두를 매입해야 한다. 따라서 식 18.3의 분자, 분모 모두가 양(+)이 되며 헤지비율은 음(−)이 된다.

$$\text{헤지비율} = -\frac{\text{헤지포트폴리오 구성을 위해 거래해야 할 주식수}}{\text{헤지포트폴리오 구성을 위해 거래해야 할 옵션의 수}} \tag{18.3}$$

따라서 주식 $n \cdot h$주를 매입하고 콜옵션 n단위$(n > 0)$를 매도해도 그 비율은 여전히 h가 되어 헤지포트폴리오를 구성할 수 있다.

무차익원리의 적용

제3장에서 다룬 무차익원리에 의하면 위험이 없는 투자에 대한 수익률은 무위험이자율과 같아야 한다. 이 원리에 의하면 위에서 구성한 헤지포트폴리오는 위험이 없는 자산이므로 이에 대한 수익률은 무위험이자율과 같아야 한다. 헤지포트폴리오의 (조)수익률은 미래수익을 투자비용으로 나눈 값이므로 다음과 같은 관계가 성립한다.

$$\frac{h \cdot U - C_U}{h \cdot S - C} = 1 + r \tag{18.4}$$

식 18.4의 좌변에서 분자항 $(h \cdot U - C_U)$는 헤지비율 h가 식 18.2에서와 같은 값을 가지는 한 $(h \cdot D - C_D)$로 바꿔 넣을 수 있다. 왜냐하면 식 18.2의 h는 $h \cdot U - C_U = h \cdot D - C_D$의 관계를 만족시키기 때문이다. 식 18.4에서 콜옵션의 현재가격(C)을 제외한 다른 모든 변수들의 값은 주어져 있기 때문에, 이 식을 C에 대해 정리하면 다음과 같은 일단계 이항모형의 공식을 얻는다.

일단계 이항모형 I:

$$C = h \cdot S - \frac{h \cdot U - C_U}{1 + r}, \qquad \text{여기서 } h = \frac{C_U - C_D}{U - D} \tag{18.5}$$

일단계 이항모형을 도출하는 과정은 결국 두 단계로 요약된다. 첫째, 헤지비율을 결정한 후 주식과 옵션을 결합하여 헤지포트폴리오를 구성한다. 둘째, 헤지포트폴리오에 대한 수익률은 무위험이자율과 같다는 무차익원리를 적용한다. 이러한 과정은 '이항모형' 에서뿐 아니라 '블랙-숄즈모형' 에서도 그대로 적용되는 가격결정원리이기 때문에 반드시 기억해 둬야 할 핵심적인 사항이다.

풋옵션의 가격도 이와 같은 두 단계 과정을 거쳐 결정할 수 있다. 다만 주가와 풋옵션가격은 반대 방향으로 움직이기 때문에 풋옵션으로 헤지포트폴리오를 구성하려면 두 증권에 동일한 포지션을 취해야 한다. 즉, 풋옵션의 헤지비율의 절댓값에 해당하는 주식을 매입하고 풋옵션을 1단위 매입하여 헤지포트폴리오를 구성할 수 있다. 풋옵션의 헤지비율에 절댓값을 취하는 이유는 콜옵션의 헤지비율을 양(+)으로 정의하면 풋옵션의 헤지비율은 음(−)이 되기 때문이다.

콜옵션과 기초자산, 만기 및 행사가격이 같은 풋옵션의 가치는 콜옵션가격을 결정한 후 제17.4절에서 배운 '풋-콜 등가식' 을 이용하면 더욱 쉽게 구할 수 있다.

예제 18-1 제18.1절의 예시에서 살펴본 콜옵션과 기초자산, 그리고 만기 및 행사가격이 같은 풋옵션의 적정가치를 구하되, 다음의 두 가지 방법을 이용하라.
① 주식과 풋옵션을 적절하게 결합하여 헤지포트폴리오를 구성한 후 무차익원리를 적용하라.
② 예시에서의 결과와 풋-콜 등가식을 이용하라.

풀이 ① $P_U = \text{Max}[K-U,\ 0] = \text{Max}[100-110,\ 0] = 0$이고 $P_D = \text{Max}[K-D,\ 0] = \text{Max}[100-90,\ 0] = 10$이다. 풋옵션 1단위를 매입하는 데 대하여 주식 m단위를 매입하여 구성한 헤지포트폴리오의 투자비용과 수익은 다음과 같다.

투자비용	수 익
$m \cdot 100 + P$	상태 U: $m \cdot 110 + 0$
	상태 D: $m \cdot 90 + 10$

미래의 상태에 관계없이 수익이 같아야 하므로 $m \cdot 110 + 0 = m \cdot 90 + 10$이다. 따라서 $m = 0.5$이며, 식 18.3에 의한 풋옵션의 헤지비율은 −0.5가 된다. 헤지포트폴리오에 대한 수익률은 무위험이자율과 같아야 하므로 다음의 관계가 성립한다: $[(0.5)(110)+0]/[(0.5)(100)+P] = 1.05$. 이 식을 P에 대하여 풀면 $P = 2.38$을 얻는다.
② 예시에서 콜옵션의 가치 $C = 7.14$의 결과를 얻었다. 풋-콜 등가식 $P = C - S + PV(K)$에 이 값과 주어진 정보를 대입하면 $P = 7.14 - 100 + 100/(1.05) = 2.38$을 얻는다.

■ 이항모형의 분석

앞에서 도출한 일단계 이항모형을 좀 더 상세히 분석하여 옵션가격의 여러 가지 성질을 파악해 보자.

확률과 옵션가격

식 18.5에 따라 결정된 콜옵션가격은 주가상승 또는 주가하락에 대한 투자자들의 주관적 확률(subjective probability) π와 무관하게 결정된다. 그 이유는 헤지포트폴리오가 확률과 관계없이 구성되기 때문이다. 이 결과는 투자자들이 미래주가에 대한 예측을 달리하더라도 모형이 계산해 낸 옵션가치에 동의할 수 있다는 것을 의미한다. 즉 이질적 기대(heterogeneous expectations) 가정하에서도 모형이 성립한다는 것이다.

위험에 대한 태도와 옵션가격

옵션가격은 투자자들의 위험에 대한 태도와도 무관하게 결정된다. 투자자가 위험회피형(또는 위험중립형 또는 위험선호형)이라는 등의 가정이 필요 없기 때문이다. 투자자의 취향에 관한 한 '많으면 많을수록 좋다' 는 가정만을 필요로 할 따름이다.[4] 이 결과는 자산가격을 결정하는 중요한 방법 중의 하나인 '위험중립평가법' 을 정당화하는 근거가 된다. '위험중립평가법' 에 대해서는 제18.2절에서 다룬다.

---

4 '많으면 많을수록 좋다' 는 가정은 '무차익원리' 에 반영되어 있기 때문이다.

헤지비율과 옵션델타

식 18.5에서 보면 현재의 주가 S가 1원 올라가면 콜옵션의 가치는 h원 올라가는 것을 알 수 있다. 따라서 헤지비율 h는 식 18.3의 의미 외에도, 주가가 1원 변화할 때 그에 따른 콜옵션가격의 변화를 의미하기도 한다. 옵션시장에서 주가변화에 따른 옵션가격의 변화를 나타내기 위하여 자주 사용하는 용어가 옵션델타(option delta: Δ)이다. 결국 h는 콜옵션의 헤지비율과 콜옵션델타(Δ_C)의 두 가지 의미를 가진다.

콜옵션델타 Δ_C(또는 헤지비율 h)는 0과 1 사이의 값을 가진다. 이는 주가가 1원 올라갈 때 콜옵션 가격이 1원 이상으로 올라갈 수 없다는 의미이다. 수학적인 증명도 가능하지만 직관적으로 이유를 설명한다면, 기초자산을 살 수 있는 권리의 가치가 기초자산의 가치 자체보다 더 클 수는 없기 때문이다. 또 콜옵션델타가 h이면 기초자산과 만기, 그리고 행사가격이 같은 풋옵션델타는 $h-1$이 되며 -1과 0 사이의 값을 갖게 된다.[5] 이상을 요약하면 다음과 같다.

$$\text{옵션델타}(\Delta) \equiv \frac{\text{옵션가격변화(원)}}{\text{주가변화(원)}} = \text{헤지비율}$$

$$\Delta_C \equiv \frac{\Delta C}{\Delta S} = h \quad (0 < \Delta_C < 1), \qquad \Delta_P \equiv \frac{\Delta P}{\Delta S} = h - 1 \quad (-1 < \Delta_P = \Delta_C - 1 < 0) \tag{18.6}$$

예제 18-2 ㈜BC 주식의 가격이 50,000원에서 55,000원으로 올랐을 때 이 주식의 콜옵션가격은 2,000원에서 6,000원이 되었다고 한다. 이 가격변화가 의미하는 옵션델타를 구하라. 또 이 콜옵션과 행사가격 및 만기가 같은 풋옵션의 주가변동 전 가격이 1,500원이었다면 주가변동 후 가격은 어떻게 변화할지를 추정하라.

풀이 콜옵션델타 $\Delta C/\Delta S = (6{,}000-2{,}000)/(55{,}000-50{,}000) = 0.8$이다. 이때 행사가격 및 만기가 같은 풋옵션의 델타는 $0.8-1=-0.2$이다. 따라서 풋옵션가격의 변화는 $(55{,}000-50{,}000)\times(-0.2)=-1{,}000$이 되어 1,500원에서 500원으로 떨어질 것이다.

합성옵션과 옵션가격

앞에서 옵션가격결정을 위한 첫 단계로서 주식을 매입하고 콜옵션을 매도하여 헤지포트폴리오를 구성하였다. 헤지포트폴리오를 구성한다는 것은 무위험자산을 매입하거나 투자자금을 은행에 안전하게 예치한다는 것과 마찬가지의 의미이다. 즉 무위험자산의 합성포지션을 만든다는 의미이다. 이를 합성관계식으로 표현하면 다음과 같다.

$$\text{주식 } h\text{주 매입} + \text{콜옵션 1계약 매도} \equiv (h \cdot U - C_U)\text{의 현가 대출}^{6} \tag{18.7}$$

5 [예제 18-1]에서 보았듯이, 주가와 풋옵션가격은 반대 방향으로 움직이기 때문에 풋옵션으로 헤지포트폴리오를 구성하려면 두 증권에 동일한 포지션을 취해야 한다. 주식을 $|\Delta_P|$주 매입하고 풋옵션을 1단위 매입하여 헤지포트폴리오를 구성할 수 있다.

6 헤지포트폴리오의 미래수익이 $h \cdot U - C_U$(또는 $h \cdot D - C_D$)이므로 이 금액의 현가(PV)를 은행에 예치하는 것이다.

식 18.7을 다시 정리하면 다음과 같은 관계를 얻을 수 있다.

$$\text{콜옵션 1계약 매입} \equiv \text{주식 } h\text{주 매입} + (h \cdot U - C_U)\text{의 현가 차입} \quad (18.8)$$

식 18.8의 우변은 '합성콜옵션' 포지션을 나타낸다. 앞서 제17장에서 살펴본 식 17.11에 의해 풋옵션, 주식, 채권발행으로 콜옵션을 합성(또는 복제)할 수 있다면, 식 18.8은 주식의 매입과 차입(채권발행)만으로 콜옵션의 매입포지션을 합성할 수 있다는 것을 보여준다. 결국 식 18.5의 가격결정모형은 식 18.8의 합성관계식을 비용측면에서 나타낸 것이라고 할 수 있다. 즉 콜옵션을 매입하는 비용(콜옵션가격)은 주식을 h주 매입하고 $(h \cdot U - C_U)$의 현가를 차입하는 데 드는 비용과 같다는 것이다. 식 18.5의 관계가 성립하지 않을 경우 식 18.8을 이용한 차익거래가 가능하다.

같은 방법으로, 기초자산과 만기 및 행사가격이 같은 풋옵션을 이용하여 무위험자산의 합성포지션을 만들고 이를 다시 정리하면 다음과 같은 '합성풋옵션'을 만들 수 있다.

$$\text{풋옵션 1계약 매입} \equiv \text{주식 } (1-h)\text{주 공매} + [(1-h) \cdot U + P_U]\text{의 현가 대출} \quad (18.9)$$

[7]

식 18.9의 우변은 '합성풋옵션' 포지션을 나타내며, 식 17.12가 콜옵션, 주식, 대출(채권투자)로 풋옵션을 합성(또는 복제)하는 내용이라면, 이 식은 주식의 공매와 대출(채권투자)만으로 풋옵션의 매입포지션을 합성하는 내용이다. 식 17.12의 우변에서 콜매입 대신 식 18.8의 관계를 대입하면 식 18.9를 얻게 되어, 두 식 사이에 일관성이 유지되고 있음을 확인할 수 있다.

예제 18-3 ① 제18.1절의 예시에서 콜옵션이 5에 거래된다면 어떠한 거래를 할 것인지 거래내용과 현금흐름을 보여라. ② 또 콜옵션이 9에 거래된다면 어떠한 거래를 할 것인지 거래내용과 현금흐름을 보여라.

풀이 ① 균형가격이 7.14인데 시장가격이 5라면 콜옵션이 과소평가된 것이다. 따라서 식 18.8에서 콜옵션을 매입하고 합성콜옵션을 매도하는 차익거래를 할 수 있다. 필요한 거래와 거래에 따른 현금흐름을 정리하면 다음 표와 같다.

거 래	현금흐름		
	현재시점 ($\tau = 0$)	만기시점($\tau = 1$년)	
		$S_1 = 90$	$S_1 = 110$
• 콜옵션 매입	−5	0	110 − 100
• 주식 0.5주 공매	+50	−45	−55
• 대출(은행예치)	−42.86	+45	+45
합계	+2.14	0	0

7 헤지포트폴리오의 미래수익이 $(1-h) \cdot U + P_U$(또는 $(1-h) \cdot D + P_D$)이므로 이 금액의 현가(PV)를 은행에 예치하는 것이다.

② 시장가격이 9라면 콜옵션이 과대평가된 것이다. 따라서 식 18.8에서 콜옵션을 매도하고 합성콜옵션을 매입하는 차익거래를 할 수 있다.

거 래	현금흐름		
	현재시점 ($\tau = 0$)	만기시점($\tau = 1$년)	
		$S_T = 90$	$S_T = 110$
• 콜옵션 매도	+9	0	−(110 − 100)
• 주식 0.5주 매입	−50	+45	+55
• 차입	+42.86	−45	−45
합계	+1.86	0	0

■ 이항모형의 유용성

지금까지 소개한 일단계 이항모형은 비교적 단순하고 쉽게 옵션가격이 결정되는 원리를 잘 설명해준다. 그렇다면 이 모형이 현실세계에서 옵션가치를 산정할 때에도 유용하게 쓰일 수 있을까? 이 질문에 대한 대답은 모형의 명칭 또는 가정에서 찾을 수 있다. 일단계 이항모형은 주가가 옵션만기까지 단 한 번 변화한다고 가정한다. 그러나 실제로 그럴 가능성은 거의 없다. 만기까지의 기간이 짧더라도 주가는 수없이 많이 변화한다. 또 만기시점에서 주가가 취할 수 있는 값의 가능성이 두 가지라고 가정하는 것 또한 매우 비현실적이다. 주가는 미래상황에 따라 무수히 많은 값을 취할 수 있다. 따라서 일단계 이항모형은 그 가정이 현실과 동떨어져 있을 뿐 아니라, 모형의 설명력을 입증한 실증연구도 찾아보기 힘들어 모형의 현실적 유용성에는 한계가 있다. 그러나 옵션에 관한 핵심적인 사항들을 비교적 쉽게 이해할 수 있도록 해 준다는 점에서 모형의 교육적 가치는 매우 크다고 할 수 있다.

18.2 위험중립평가법

앞에서 언급하였듯이 옵션가격은 투자자들의 위험에 대한 태도와 관계없이 결정된다. 따라서 위험회피형 투자자가 산정한 옵션가치나 위험중립형 투자자가 산정한 옵션가치는 같은 값을 가져야 한다. 앞 절의 예시에서 주식과 콜옵션, 그리고 무위험채권이 위험중립형 투자자들의 세계에서 거래되는 증권이라고 가정해 보자. 위험중립형 투자자들은 위험부담에 대한 보상, 즉 위험프리미엄을 요구하지 않으므로, 위험중립의 세계에서 위험자산인 주식에 대한 기대수익률은 무위험이자율과 같아야 한다. 따라서 다음의 관계가 성립해야 한다.

$$\frac{q \cdot 110 + (1-q) \cdot 90}{100} = 1.05 \qquad (18.10)$$

여기서 q를 '위험중립확률(risk neutral probability)' 또는 '마팅게일확률(equivalent martingale measure)' 이라고 부르는데, 위험중립형 투자자들의 세계에서 증권을 평가할 때 미래에 발생하는 수익의 기댓값을 구하기 위하여 사용하는 확률이라고 이해하면 된다. 위험중립확률은 미래상태가 실현될 가능성을 측정하는 실제확률 π(제18.1절의 예시에서 0.6과 0.4)와는 무관한 것으로서 하나의 가상적 개념이다. 그러나 확률이 가지는 기본적인 성질을 만족시켜야 하기 때문에 0보다 작을 수는 없고 그 합은 1이 되어야 한다.

위험중립의 세계에서는 어떤 증권이라도 위험중립확률을 이용하여 미래수익의 기대치를 구한 다음 이를 무위험이자율로 할인하여 현재가치를 구할 수 있다. 모든 증권의 요구수익률이 무위험이자율과 같기 때문이다. 식 18.10에서 위험중립확률을 계산하면 $q = 0.75$를 얻는다. 콜옵션의 만기가치는 C_U 또는 C_D이므로, 이 확률을 이용하여 만기에서 콜옵션가치의 기댓값을 구하면 다음과 같다.

$$\hat{E}(C_T) \equiv q \times C_U + (1-q) \times C_D = 0.75 \times 10 + 0.25 \times 0 = 7.5$$

여기서 $\hat{E}$은 위험중립확률 q와 $(1-q)$를 이용하여 계산한 기댓값을 의미한다. 이 값을 무위험이자율로 할인하면 $C = 7.5/1.05 = 7.14$가 되어, 식 18.5를 이용하여 구한 것과 같은 결과를 얻게 된다. 이러한 방식으로 증권의 가치를 결정하는 원리를 '위험중립평가법(risk neutral valuation)' 이라고 하는데, 자산가격결정이론에서 매우 중요한 위치를 차지하는 평가방법 중 하나이다.

지금까지의 내용을 일반화하기 위하여, [그림 18-1(a)]에서 만기일의 주가를 다음과 같이 표현해 보자.

$$U = u \cdot S; \qquad D = d \cdot S \tag{18.11}$$

여기서 u와 d는 (1 + 주식수익률)을 나타낸다. 수익률이 양(+)이면 상승하는 경우이고 음(−)이면 하락하는 경우이다. 따라서 주가가 올라갈 때와 내려갈 때의 주식수익률은 각각 $(u-1)$과 $(d-1)$이 된다. 그리고 무위험이자율이 주가상승률보다 낮고 주가하락률보다 높다고 가정하자. 즉 $R = 1 + r$이라고 정의하면 $d < R < u$의 관계를 가진다는 것이다. 이 가정이 타당한 이유는, $R > u$이면 아무도 주식에 투자하지 않을 것이며 $R < d$이면 아무도 무위험채권에 투자하지 않을 것이기 때문이다.

식 18.11을 이용하여 식 18.10을 일반화하여 보자.

$$\frac{q \cdot u \cdot S + (1-q) \cdot d \cdot S}{S} = q \cdot u + (1-q) \cdot d = R \tag{18.10$'$}$$

식 18.10′의 좌변은 위험중립의 세계에서 얻을 수 있는 주식의 기대수익률을, 우변은 (1 + 무위험이자율)을 나타낸다. 이 식을 q에 대해 정리하면 다음과 같은 결과를 얻는다.

$$q = \frac{R-d}{u-d}, \qquad 1-q = \frac{u-R}{u-d} \qquad (d < R < u,\ R = 1+r) \tag{18.12}$$

식 18.12에서 $d < R < u$이므로 위험중립확률이 0보다 크고($q > 0$, $1-q > 0$), 두 확률의 합이 1이 되는 것을 쉽게 확인할 수 있다. 또한 위험중립확률 q는 주가가 올라갈 때의 수익률과 내려갈 때의 수익률의 차이, 즉 전체 변동폭($u-d$)에서 내려가는 부분($R-d$)이 차지하는 비중으로 측정된다. 식 18.10에서 구한 $q = 0.75$는 식 18.12의 공식에 따라 구한 값과 일치하는 것을 확인할 수 있다.

다음으로 위험중립확률을 적용하여 콜옵션으로부터 발생하는 미래수익의 기댓값을 무위험이자율로 할인하는 과정을 다음과 같이 일반화할 수 있다.

일단계 이항모형 Ⅱ:

$$C = \frac{\hat{E}(C_T)}{1+r} = \frac{q \cdot C_U + (1-q) \cdot C_D}{R}, \tag{18.13}$$

$$q = \frac{R-d}{u-d}, \qquad 1-q = \frac{u-R}{u-d} \qquad (d < R < u,\ R = 1+r)$$

식 18.13이 바로 위험중립평가법에 의하여 콜옵션가격을 결정하는 공식이다. 식 18.5에서 얻은 공식과 다른 형태를 취하고 있지만, 그 내용과 결과는 다르지 않다. 두 공식이 같다는 것을 증명하기 위하여 식 18.11을 적용하여 식 18.2를 다음과 같이 표현하자.

$$h = \frac{C_U - C_D}{(u-d) \cdot S} \tag{18.2$'$}$$

식 18.2′를 식 18.5에 대입하여 정리하면 식 18.13의 결과를 얻을 수 있다.

18.3 블랙-숄즈 모형

1973년 블랙과 숄즈(Black and Scholes)는 배당이 없는 경우 유럽식 콜옵션의 가격을 계산하는 방법을 소개하였다.[8] 이 논문은 배당이 있는 경우를 다룬 머튼(Merton)의 1973년 논문과[9] 더불어 재무이론과 금융시장의 발전에 커다란 공헌을 하게 된다. 우연의 일치인지 모르지만, 같은 해에 CBOE에서 개별주식에 대한 콜옵션의 거래가 시작되었다. 그리고 1980년대와 1990년대에 걸쳐 파생상품시장이 전 세계적으로 빠르게 성장하기 시작한다. 이는 블랙-숄즈-머튼의 이론이 파생

---

8 Black, F. and M. Scholes(1973), "The Pricing of Options and Corporate Liabilities," *Journal of Political Economy* 81, 637-659.

9 Merton, R.(1973), "Theory of Rational Options Pricing," *Bell Journal of Economics and Management Science* 4, 141-183.

상품의 가격을 결정하는 원리와, 또 이를 이용하여 위험을 관리하는 방법에 미친 막대한 영향력 때문이라고 말해진다. 이러한 공로로 머튼과 숄즈는 1997년에 경제학 분야의 노벨상(Nobel Prize)을 공동으로 수상하게 된다. 안타깝게도 블랙은 1995년에 세상을 떠나 수상에서 제외되었지만, 만약 생존하였다면 틀림없이 수상자에 포함되었을 것이라는 게 중론이다.

이 절에서는 배당이 없는 경우 유럽식 콜옵션과 풋옵션의 가격을 결정하는 블랙-숄즈 모형을 소개한다. 모형의 도출과정은 이 책의 수준을 벗어나는 수학적 지식을 요구하기 때문에 여기서는 생략하고, 대신 모형의 가정과 결과를 중심으로 그 내용을 설명한다. 그리고 옵션가격의 계산에 필요한 주식수익률 변동성(volatility)을 추정하는 방법으로 내재변동성(implied volatility)이란 개념을 소개한다. 마지막으로 모형의 유용성을 평가한다.

■ 블랙-숄즈 모형의 가정

블랙-숄즈 모형은 다음과 같은 가정하에서 도출된다.

- 증권이 거래되는 시장은 완전시장(perfect market)이다. 따라서 세금과 거래비용이 없으며 공매(short sale)를 자유롭게 할 수 있다. 또한 무위험이자율이 만기까지 일정하고, 이 이자율로 대출과 차입이 자유롭다. 증권의 가격은 완전경쟁하에서 무차익원리에 의해 결정된다.
- 증권거래는 매 순간 연속적으로 일어나서 옵션 만기일까지의 거래횟수는 무한대이다. 이 가정은 블랙-숄즈 모형이 연속시간모형이라는 것을 의미한다.
- 옵션의 기초자산인 주식의 가격은 연속성을 유지하며 변화하고, 변동성을 나타내는 주식수익률의 분산은 시간의 경과에 관계없이 일정하다. 그리고 모든 투자자가 이 변동성에 대해서 의견이 일치한다. 여기서 주가가 연속성을 유지한다는 것은 주가가 갑자기 폭등하거나 폭락하는 점프(jump)현상이 없는 확률과정을 따른다는 것을 의미한다.
- 옵션은 유럽식이며, 만기일까지의 기간 동안 기초자산인 주식으로부터 현금배당이 없다.

■ 블랙-숄즈 모형

블랙-숄즈 모형의 도출과정은 높은 수준의 수학적 지식을 요구하지만 가격결정의 기본원리는 식 18.5의 일단계 이항모형을 도출하는 원리와 다를 바 없다. 주가의 확률과정이 주어지면 먼저 콜옵션의 확률과정을 구해낸 후 주식과 옵션을 결합하여 헤지포트폴리오를 구성하고, 다음으로 헤지포트폴리오에 대한 수익률은 무위험이자율과 같다는 무차익원리를 적용하면 된다. 일단계 이항모형에서와 다른 점은 매 순간 주가가 변화할 때마다 헤지포트폴리오를 수정해야 하는데 이는 주가가 변화하면 헤지비율도 변화하기 때문이다. 주가변화에 따라 헤지포트폴리오를 수정하는 과정을 동적 헤지(dynamic hedge)라고 한다.

앞 절에서 소개한 여러 가정하에서 블랙과 숄즈가 도출한 콜옵션가격의 공식은 다음의 식 18.14와 같다.

블랙–숄즈 모형(Black-Scholes Option Pricing Model):

$$C = S \cdot N(d_1) - K \cdot e^{-r \cdot T} \cdot N(d_2) \qquad (18.14)$$

$$d_1 \equiv [\ln(S/K) + \{r + (\sigma^2/2)\} \cdot T] / \sigma\sqrt{T}$$

$$d_2 \equiv [\ln(S/K) + \{r - (\sigma^2/2)\} \cdot T] / \sigma\sqrt{T} = d_1 - \sigma\sqrt{T}$$

C: 콜옵션의 현재가격	S: 현재주가	K: 행사가격
σ: 연 주식수익률의 표준편차	T: 만기까지의 기간 (단위: 년)	r: 연 무위험이자율
ln: 자연로그	e: 자연로그의 밑수	$N(\cdot)$: 누적표준정규분포함수

식 18.14에서 콜옵션가격은 다섯 가지 요인의 함수로 결정되는 것을 볼 수 있다. 현재의 주가(S), 행사가격(K), 주식수익률의 변동성(σ), 만기까지의 기간(T), 그리고 무위험이자율(r)이 그것이다. 현금배당을 제외하면 제 17.6절에서 언급한 옵션가격의 결정요인과 일치하는 것을 확인할 수 있다.

가격결정요인 이외에도 공식에서 ln, e, $N(\cdot)$ 등의 부호가 나타나는데, 이 중 자연로그 ln은 연간복리수익률에 상응하는 연속복리수익률을 계산하기 위한 것이며, 자연로그의 밑수 e는 연속복리이자를 계산하는 연산자이다. 그리고 $N(\cdot)$는 표준정규분포의 누적확률(cumulative normal probabilities)을 나타내는 것으로, [그림 18-2(a)]에서 음영 부분의 면적과 같다. 표준정규분포를 따르는 확률변수의 평균값은 0이고 표준편차는 1이다. 또 표준정규분포는 평균값 0을 기준으로 좌우가 대칭이며 다음과 같은 성질을 갖는다.

$$N(-\infty) = 0; \quad N(+\infty) = 1; \quad N(0) = 0.5; \quad N(d) = 1 - N(-d)$$

| 그림 18-2 | 표준정규분포와 누적표준정규분포함수

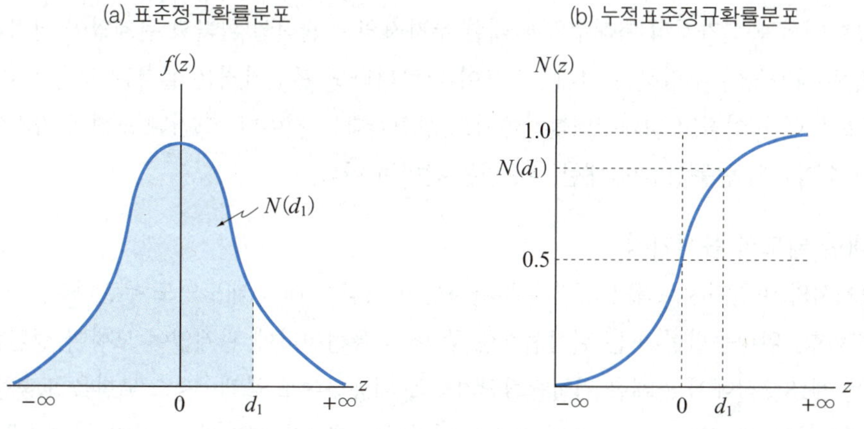

표 18-1 누적표준정규분포함수표

d	$N(d)$	d	$N(d)$	d	$N(d)$	d	$N(d)$	d	$N(d)$	d	$N(d)$
		−2.00	.0228	−.1.00	.1587	.00	.5000	1.00	.8413	2.00	.9773
−2.95	.0016	−1.95	.0256	−.95	.1711	.05	.5199	1.05	.8531	2.05	.9798
−2.90	.0019	−1.90	.0287	−.90	.1841	.10	.5398	1.10	.8643	2.10	.9821
−2.85	.0022	−1.85	.0322	−.85	.1977	.15	.5596	1.15	.8749	2.15	.9842
−2.80	.0026	−1.80	.0359	−.80	.2119	.20	.5793	1.20	.8849	2.20	.9861
−2.75	.0030	−1.75	.0401	−.75	.2266	.25	.5987	1.25	.8944	2.25	.9878
−2.70	.0035	−1.70	.0446	−.70	.2420	.30	.6179	1.30	.9032	2.30	.9893
−2.65	.0040	−1.65	.0495	−.65	.2578	.35	.6368	1.35	.9115	2.35	.9906
−2.60	.0047	−1.60	.0548	−.60	.2743	.40	.6554	1.40	.9192	2.40	.9918
−2.55	.0054	−1.55	.0606	−.55	.2912	.45	.6736	1.45	.9265	2.45	.9929
−2.50	.0062	−1.50	.0668	−.50	.3085	.50	.6915	1.50	.9332	2.50	.9938
−2.45	.0071	−1.45	.0735	−.45	.3264	.55	.7088	1.55	.9394	2.55	.9946
−2.40	.0082	−1.40	.0808	−.40	.3446	.60	.7257	1.60	.9452	2.60	.9953
−2.35	.0094	−1.35	.0885	−.35	.3632	.65	.7422	1.65	.9505	2.65	.9960
−2.30	.0107	−1.30	.0968	−.30	.3821	.70	.7580	1.70	.9554	2.70	.9965
−2.25	.0122	−1.25	.1057	−.25	.4013	.75	.7734	1.75	.9599	2.75	.9970
−2.20	.0139	−1.20	.1151	−.20	.4207	.80	.7881	1.80	.9641	2.80	.9974
−2.15	.0158	−1.15	.1251	−.15	.4404	.85	.8023	1.85	.9678	2.85	.9978
−2.10	.0179	−1.10	.1357	−.10	.4602	.90	.8159	1.90	.9713	2.90	.9981
−2.05	.0202	−1.05	.1469	−.05	.4801	.95	.8289	1.95	.9744	2.95	.9984

흔히 누적확률 $N(d)$의 계산은 미리 만들어진 표를 이용한다. 〈표 18−1〉은 d값에 따른 $N(d)$의 값을 보여주고 있다.

■ 블랙−숄즈 모형의 분석

주식의 기대수익률과 옵션가격

식 18.14를 보면 옵션가격은 주식의 기대수익률과는 무관하게 결정되는 것을 알 수 있다. 이 결과는 이항모형에서 옵션가격이 미래수익에 대한 투자자의 주관적인 확률과 관계없이 결정되는 것과 유사하게, 투자자들이 추정하는 기대수익률이 다르더라도 옵션가격은 같다는 것을 의미한다. 즉 블랙−숄즈 모형은 이질적 기대수익률하에서도 성립한다는 것이다. 그러나 모형의 가정에서 언급한 것처럼 수익률의 변동성 σ에 대한 추정치는 같아야 한다.

위험에 대한 태도와 옵션가격

이항모형에서와 마찬가지로 옵션가격은 투자자들의 위험에 대한 태도와도 무관하다. 즉 투자자들이 위험회피형, 위험중립형 또는 위험선호형 중 어떤 유형이냐에 관계없이 모형이 성립한다는 것이다. 이는 제18.2절에서 소개한 위험중립평가법을 이용하여도 블랙−숄즈 모형을 도출할 수 있다는 것을 의미한다. 도출과정은 이 책의 수준을 벗어나기 때문에 여기서는 생략한다.

현재주가와 콜옵션가격

식 18.14에서 주가가 한 단위 변화할 때 콜옵션가격의 변화를 나타내는 $\partial C/\partial S$는 $N(d_1)$이 되기 때문에 $N(d_1)$은 콜옵션의 헤지비율 또는 델타가 된다. 따라서 제18.1절에서 다룬 일단계 이항모형의 해석과 마찬가지로, 블랙–숄즈 모형에서의 콜옵션가격도 옵션델타인 $N(d_1)$만큼의 주식을 매입하고 $K \cdot N(d_2)$의 현가를 차입하는 데 드는 비용으로 해석할 수 있다. 즉 블랙–숄즈의 세계에서 식 18.8은 다음과 같이 다시 쓰여질 수 있다.

$$\text{콜옵션 1계약 매입} \equiv \text{주식 } N(d_1)\text{주 매입} + [K \cdot N(d_2)]\text{의 현가 차입} \tag{18.15}$$

식 18.14에서 콜옵션의 가치는 옵션을 행사할 경우 미래에 받을 수 있는 기초자산의 가격과 현금유출의 차이를 현가로 계산한 것이라고도 해석할 수 있다. 첫 번째 항목인 $S \cdot N(d_1)$은 콜옵션을 행사할 경우$(S_T > K)$ 옵션매입자가 받게 될 주식의 현재가치를 나타내며, 두 번째 항목인 $K \cdot e^{-rT} \cdot N(d_2)$는 콜옵션을 행사할 경우 지급하게 될 행사가격의 현재가치를 나타낸다.

콜옵션의 헤지비율(또는 델타) $N(d_1)$은 누적확률이므로 당연히 0과 1 사이의 값을 갖게 된다 $(0 < N(d_1) < 1)$. 또한 현재의 주가 S가 올라가면 콜옵션델타 $N(d_1)$도 커진다는 사실을 확인할 수 있다. 이러한 사실을 반영하여, 블랙–숄즈 모형에서 현재의 주가와 콜옵션가격과의 관계를 나타낸 것이 [그림 18–3]이다. 그림에서 보면, 심외가격 콜옵션의 델타는 0에 가깝고, 심내가격 콜옵션의 델타는 1에 가까운 것을 알 수 있다.

| 그림 18-3 | 블랙–숄즈 모형에서 현재의 주가(S)와 콜옵션가격(C)의 관계

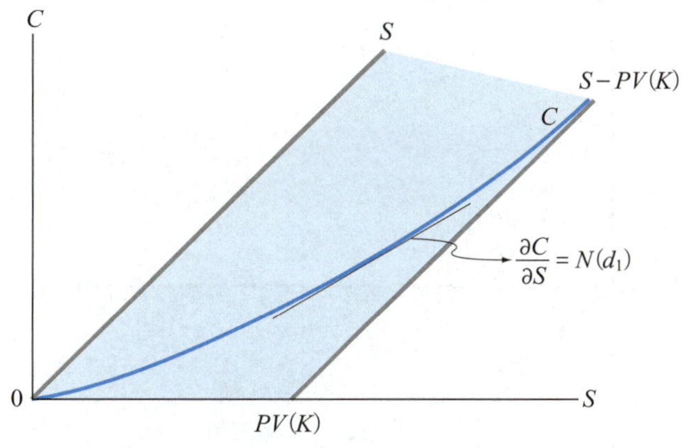

풋옵션가격 공식

식 18.14에 의해 콜옵션가격이 구해지면, 기초자산 및 행사가격과 만기가 같은 풋옵션의 가격 P는 제17.4절에서 배운 풋–콜 등가식 $[P = C - S + PV(K)]$을 이용하여 계산할 수 있다. 풋–콜 등가식의 콜옵션가격 대신 식 18.14의 공식을 대입하면 그 결과는 다음과 같다.[10]

$$\text{풋옵션 가격결정모형: } P = K \cdot e^{-r \cdot T} \cdot N(-d_2) - S \cdot N(-d_1) \tag{18.16}$$

여기서 P는 풋옵션의 현재가격이며 나머지 기호의 정의는 식 18.14에서와 같다.

식 18.16에서 주가가 한 단위 변화할 때 풋옵션가격의 변화를 나타내는 $\partial P/\partial S$는 $-N(-d_1)$이 되기 때문에, $-N(-d_1)$은 풋옵션의 헤지비율 또는 델타가 된다. 정규분포함수의 대칭성을 이용하면 $-N(-d_1) = N(d_1) - 1$이므로 풋옵션의 델타는 (콜옵션델타 − 1)과 같다는 사실을 확인할 수 있다. 또 콜옵션가격의 해석과 유사하게, 풋옵션가격은 $K \cdot N(-d_2)$의 현가를 은행에 예치하고 주식 $N(-d_1)$주를 공매하는 데 드는 비용으로 해석할 수 있다.

$$\text{풋옵션 1계약 매입} \equiv \text{주식 } N(-d_1)\text{주 공매} + [K \cdot N(-d_2)]\text{의 현가 대출} \tag{18.17}$$

식 18.16의 첫 번째 항목인 $K \cdot e^{-r \cdot T} \cdot N(-d_2)$는 풋옵션을 행사할 경우($S_T < K$) 옵션매입자가 받게 될 매각대금의 현재가치를 나타내며, 두 번째 항목인 $S \cdot N(-d_1)$은 풋옵션을 행사할 경우 인도하게 될 주식의 현재가치를 나타낸다. 따라서 풋옵션의 가치는 옵션을 행사할 경우 미래에 받게 될 현금유입과 지급하여야 할 기초자산가격의 차이를 현가로 계산한 것이라고도 해석할 수도 있다.

풋옵션의 델타 $-N(-d_1)$은 −1과 0 사이의 값을 갖게 되며$(-1 < -N(-d_1) < 0)$, 현재의 주가 S가 올라가면 $-N(-d_1)$의 값도 커진다는 사실을 확인할 수 있다. 이러한 사실을 반영하여, 블랙-숄즈 모형이 예측하는 현재의 주가와 풋옵션가격과의 관계를 나타낸 것이 [그림 18-4]이다. 그림에서 보면, 심외가격 풋옵션의 델타는 0에 가깝고, 심내가격 풋옵션의 델타는 −1에 가까운 것을 알 수 있다.

| 그림 18-4 | 블랙-숄즈 모형에서 현재의 주가(S)와 풋옵션가격(P)의 관계

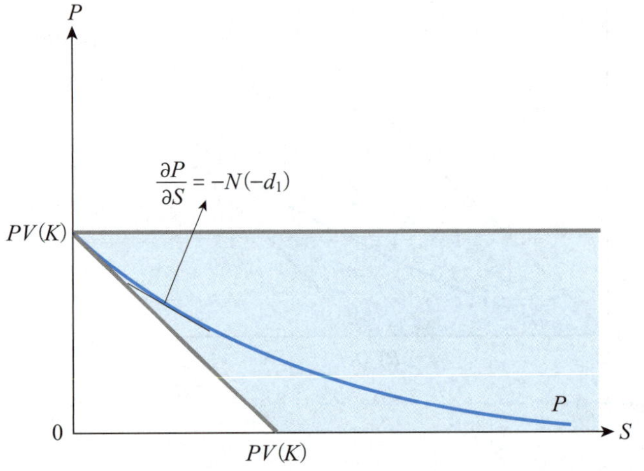

10 $P = C - S + PV(K) = S \cdot N(d_1) - K \cdot e^{-r \cdot T} \cdot N(d_2) - S + K \cdot e^{-r \cdot T} = S \cdot [N(d_1) - 1] - K \cdot e^{-r \cdot T}[N(d_2) - 1] = K \cdot e^{-r \cdot T} \cdot N(-d_2) - S \cdot N(-d_1)$

옵션가격과 결정요인과의 관계

제17.6절에서 옵션가격을 결정하는 여러 요인들이 옵션가격에 어떠한 영향을 미치는지를 직관적으로 설명하였다. 유럽식 옵션의 경우 이러한 직관적인 결과들은 (〈표 17-5〉 참조) 블랙-숄즈 모형을 다섯 가지 결정요인 각각에 대해 미분함으로써 수학적으로 확인될 수 있다.

이와 관련하여 옵션시장에서 자주 사용되는 몇 가지 용어를 익혀 둘 필요가 있다. 우선 주가변화에 대한 옵션가치의 변화를 옵션델타(delta: Δ)라고 하였다. 주가 1단위의 변화에 대해 델타가 얼마나 변화하는지를 나타낸 것을 옵션감마(gamma: Γ)라고 한다. 또 표준편차(변동성) 1% 변화에 대한 옵션가치의 변화를 옵션베가(vega: Λ)라고 하며, 1년이란 시간이 흘러갈 때 옵션가격이 변화하는 정도를 나타내는 것이 옵션세타(theta: θ)이다. 마지막으로 이자율 1% 변화에 대한 옵션가치의 변화를 옵션로(rho: ρ)라고 한다. 그리스 문자로 명명된 이들 각 측정치는 옵션가격결정요인에 대한 옵션가격의 변동성을 나타내는 것으로서 옵션포트폴리오의 위험을 관리할 때 관리대상이 된다. 자세한 내용은 이 책의 범위를 벗어나므로 생략한다.

■ 내재변동성

블랙-숄즈 모형이 가지는 장점 중의 하나는 옵션가격을 계산하기 위하여 필요한 가격결정요인들의 값을 쉽게 관찰할 수 있다는 점이다. 현재의 주가는 주식시장에서 구할 수 있으며, 무위험이자율은 무이표채의 가격을 관찰하여 이로부터 계산해 낼 수 있다. 행사가격과 만기는 옵션계약에 포함되는 내용이므로 쉽게 얻어질 수 있다.

그러나 주식수익률의 표준편차로 측정되는 변동성의 경우는 예외이다. 이는 현재부터 옵션만기일까지의 주식수익률의 표준편차로서 투자자가 예측해야 하며 시장에서 관찰할 수 없다. 따라서 이용가능한 정보로부터 이 값을 추정할 수밖에 없다. 주식수익률의 표준편차를 추정하기 위해 흔히 두 가지 방법이 사용된다. 하나는 주식수익률의 과거자료를 이용하여 표본 표준편차를 계산한 과거변동성(historical volatility)을 사용하는 것이다. 다른 하나는 행사가격이 다른 옵션의 현재가격에 함유된 표준편차를 추론해 내서 사용하는 것인데, 이를 내재변동성(implied volatility)이라고 한다.

내재변동성은 다섯 가지의 옵션가격 결정변수 중 현재주가(S), 행사가격(K), 만기까지의 기간(T), 이자율(r)과 옵션의 시장가격이 주어지면 시행착오에 의해 블랙-숄즈 공식의 등호를 충족시키는 표준편차의 값을 역으로 구한 것이다. 어떤 한 옵션의 내재변동성은 행사가격이 다른 옵션의 이론적인 가격을 계산할 때 변동성의 추정치로 사용될 수 있다. 내재변동성은 과거변동성에 비해 시장참여자들이 주식수익률에 대해 가지고 있는 현재의 정보(또는 의견)를 반영한다는 장점이 있다.

■ 블랙-숄즈 모형의 평가

블랙-숄즈 모형의 가정은 앞에서 본 바와 같이 상당히 비현실적이어서 모형이 실용성을 갖기에는 너무 이론적이고 수학적인 것처럼 보일 수 있다. 그러나 모형의 가정이 제한적인 데 비해 모형의 현실설명력은 뛰어나다는 사실이 실증연구에 의해 입증되었다. 예로서, 훼일리(Whaley)[11]의 연구는 분석대상 옵션의 시장가격이 평균 $4.1388인 데 비해 블랙-숄즈 모형이 예측하는 평균가격은 $4.1071로서 가격오차는 불과 2% 내외라는 사실을 발견하였다. 결론적으로 블랙-숄즈 모형은 지금까지 소개된 어떤 경제모형에 비교해도 현실설명력이 매우 높아 그 유용성이 매우 크다고 할 수 있다. 바로 이러한 사실이 학계에서뿐 아니라 현실에서도 블랙-숄즈 모형이 광범하게 이용되고 결국은 노벨상을 받게 한 이유일 것이다.

예제 18-4 ㈜KP 주식의 현재가격은 250이며, 이 주식에 대한 연 수익률(연속복리)의 표준편차는 20%로 추정된다. 무위험이자율은 5%이다. 행사가격이 250이고 만기까지 기간이 90일인 이 주식에 대한 콜옵션 및 풋옵션의 델타와 이론적인 가격을 계산하라. 또 콜옵션과 풋옵션을 합성(또는 복제)하는 포트폴리오를 구성하라. 단 옵션의 만기까지 배당은 없다고 가정하라.

풀이 식 18.14에서 콜옵션의 델타와 가격을 구하기 위하여 먼저 d_1과 d_2를 계산하자.

$$d_1 \equiv [\ln(S/K) + (r + (\sigma^2/2)) \cdot T] / \sigma\sqrt{T}$$
$$= [\ln(250/250) + (0.05 + (1/2)\cdot(0.2)^2)(90/365)]/[(0.2)\times\sqrt{90/365}] = 0.1738$$
$$d_2 = d_1 - \sigma\sqrt{T} = 0.1738 - (0.2)\times\sqrt{90/365} = 0.0745$$

다음으로 $N(0.1738)$과 $N(0.0745)$의 값을 〈표 18-1〉에서 찾아야 한다. 그러나 표에서는 위와 같은 d값에 대해서 누적확률을 찾을 수 없다. 이럴 경우, 좀 더 정확성을 기하기 위하여 다음과 같은 보간법을 이용하면 된다.

$$N(0.1738) = N(0.15) + (238/500)[N(0.20) - N(0.15)] = 0.5596 + (238/500)(0.5793 - 0.5596)$$
$$= 0.5690$$
$$N(0.0745) = N(0.05) + (245/500)[N(0.10) - N(0.05)] = 0.5199 + (245/500)(0.5398 - 0.5199)$$
$$= 0.5297$$

따라서 콜옵션의 델타는 $N(d_1) = 0.5690$이며, 콜옵션의 가격은 다음과 같이 계산된다.

$$C = S\cdot N(d_1) - K\cdot e^{-r\cdot T}\cdot N(d_2) = (250)(0.5690) - (250)\cdot e^{-(0.05)(90/365)}\cdot(0.5297)$$
$$= 142.25 - 130.80 = 11.45$$

풋옵션의 델타는 $-N(-d_1) = [N(d_1) - 1] = 0.5690 - 1 = -0.4310$이 된다. 또 $N(-d_2) = [1 - N(d_2)] = 1 - 0.5297 = 0.4703$이 된다. 그리고 풋옵션가격은 식 18.16을 이용하여 다시 계산할 수도 있고, 콜옵션의 가격이 결정된 이상 풋-콜 등가식을 이용해도 된다.

$$P = K\cdot e^{-r\cdot T}\cdot N(-d_2) - S\cdot N(-d_1) = (250)\cdot e^{-(0.05)(90/365)}(0.4703) - (250)(0.4310)$$
$$= 116.13 - 107.75 = 8.38$$

또는 $P = C - S + PV(K) = 11.45 - 250 + (250)\cdot e^{-(0.05)(90/365)} = 8.38$

콜옵션을 합성하는 포트폴리오는 주식 0.5690주를 보유하고 130.80을 차입하는 것이며, 풋옵션을 합성하는 포트폴리오는 주식 0.4310주를 공매하고 116.13을 대출하는 것이다.

11 Whaley, R.(1982), "Valuation of American Call Options on Dividend Paying Stocks: Empirical Tests," *Journal of Financial Economics* 10, 29-58.

18.4 옵션의 위험과 기대수익률

옵션의 위험

주식의 위험을 베타로 측정하였듯이 옵션의 위험도 베타로 측정할 수 있다. 옵션의 베타는 옵션을 합성(또는 복제)하는 포트폴리오의 베타와 같다는 사실을 이용하여 구할 수 있다. 옵션을 합성하는 포트폴리오는 식 18.8과 식 18.9, 그리고 식 18.15와 식 18.17을 일반화하여 다음과 같이 쓸 수 있다.

$$\text{옵션매입} = \text{주식에 [옵션델타} \times \text{주가] 투자} + \text{무위험채권에 } B \text{ 투자} \tag{18.18}$$

그리고 주가가 S, 옵션델타가 Δ일 때 이 합성포트폴리오의 가치는 $(S \cdot \Delta + B)$이며 이것이 바로 옵션가치가 된다.

$$\text{옵션가치} = S \cdot \Delta + B \tag{18.19}$$

식 18.19에서, 콜옵션의 경우 델타(Δ_C)는 양(+)이고 차입금액을 나타내는 B는 음(−)이다. 또 풋옵션의 경우 델타(Δ_P)는 음(−)이고 대출금액을 나타내는 B는 양(+)이다.

따라서 옵션의 베타를 구하려면 합성포트폴리오의 베타를 계산하면 되는데, 이는 주식의 베타(β_S)와 무위험채권의 베타(β_B)를 가중평균한 값이다. 콜옵션의 경우 옵션베타(β_C)는 다음과 같이 쓸 수 있다.

$$\beta_C = \frac{S \cdot \Delta_C}{S \cdot \Delta_C + B} \cdot \beta_S + \frac{B}{S \cdot \Delta_C + B} \cdot \beta_B \tag{18.20}$$

여기서 복제포트폴리오의 가치($S \cdot \Delta_C + B$)는 옵션가격(C)과 같다고 하였고, $\beta_B = 0$이다. 이를 반영하여 식 18.20을 다시 쓰면 다음과 같다.

$$\beta_C = \frac{S \cdot \Delta_C}{C} \cdot \beta_S \tag{18.21}$$

식 18.21에서 ($S \cdot \Delta_C / C$)를 옵션탄력성(option elasticity: η) 또는 옵션의 레버리지비율(leverage ratio)이라고 한다.

식 18.21의 관계는 풋옵션에 대해서도 마찬가지로 성립하여, 옵션의 베타는 일반적으로 다음과 같이 쓸 수 있다.

$$\text{옵션베타}(\beta_{\text{option}}) = \text{옵션탄력성}(\eta) \times \text{주식의 베타}(\beta_S) \tag{18.22}$$

옵션탄력성은 현재주가가 1% 변화할 때 그에 따른 옵션가격의 변화율(%)을 나타낸다. 즉 옵션델타가 가격변화(원)에 대한 가격변화(원)를 나타낸다면, 옵션탄력성은 수익률(%)변화에 대한 수익률(%)변화를 나타낸다. 식을 통해 이를 확인해 보자. 식 18.21에서 주가변화에 대한 콜옵션가격의 변화를 의미하는 Δ_C는 연속시간하에서 $\partial C/\partial S$로 나타낼 수 있으므로 옵션탄력성은 다음과 같이 쓸 수 있다.

$$\text{콜옵션탄력성}(\eta_C) = \frac{S \cdot \Delta_C}{C} = \frac{S}{C} \cdot \frac{\partial C}{\partial S} = \frac{\partial C/C}{\partial S/S} = \frac{\text{콜옵션 수익률변화(\%)}}{\text{주식 수익률변화(\%)}} \qquad (18.23)$$

콜옵션의 델타는 0과 1 사이의 값을 가지는 반면 옵션탄력성은 1보다 훨씬 큰 값을 가질 수 있다. 예를 들어, 주가가 100에서 105로 상승할 때 콜옵션가격은 5에서 6으로 상승한다고 하자. 이러한 가격변화가 의미하는 옵션델타는 (6－5)/(105－100)＝0.2이며, 옵션탄력성은 [(6－5)/5]/[(105－100)/100]＝4가 된다. 옵션탄력성이 1보다 훨씬 크다는 사실은 옵션의 레버리지 기능을 잘 보여주는 것으로서, 옵션이 기초자산보다 훨씬 위험이 크다는 것을 의미한다. 앞의 예에서 기초자산인 주식의 베타(β)가 1.2라면 이 주식에 대한 옵션의 베타는 4×1.2＝4.8이 되는데, 이는 주식의 베타가 높아야 2 정도인 점을 감안하면 매우 높은 수준의 위험이다.

예제 18-5 [예제 18-4]에서 ㈜KP 주식의 베타가 0.8이라면 이 주식에 대한 콜옵션과 풋옵션의 베타는 얼마인지 계산하라.

풀이 콜옵션의 탄력성 $(S/C)\cdot\Delta_C$는 (250/11.45)×(0.5690)＝12.42이다. 따라서 콜옵션베타는 12.42×0.8＝9.94이다. 풋옵션의 탄력성 $(S/P)\cdot\Delta_P$는 (250/8.38)×(－0.4310)＝－12.85이다. 따라서 풋옵션베타는 －12.85×0.8＝－10.28이다.

[예제 18-5]에서 옵션의 행사가격이 220, 235, 250, 265, 280인 경우에 옵션탄력성을 계산하면 〈표 18-2〉와 같고, 이를 그래프로 나타낸 것이 [그림 18-5]이다. 〈표 18-2〉와 [그림 18-5]에서 보면, 콜옵션의 경우 내가격에서 외가격으로 갈수록 탄력성이 커져 주식의 베타가 양(+)일 때 옵션베타가 커진다는 것을 알 수 있다. 풋옵션의 경우, 내가격에서 외가격으로 갈수록 탄력성의 절댓값이 커지지만 탄력성이 음(－)이므로 주식의 베타가 양(+)일 때 옵션베타는 작아진다고 할 수 있다. 한편, 주가가 변화하면 옵션탄력성이 변화하기 때문에 옵션베타도 변화하며 외가격으로 갈

표 18-2 행사가격과 옵션의 탄력성

행사가격	콜옵션		풋옵션	
	상태	탄력성	상태	탄력성
220	내가격	6.92	외가격	－21.76
235	내가격	9.35	외가격	－16.88
250	등가격	12.42	등가격	－12.85
265	외가격	15.95	내가격	－9.67
280	외가격	19.79	내가격	－7.27

| 그림 18-5 | 행사가격과 옵션의 탄력성

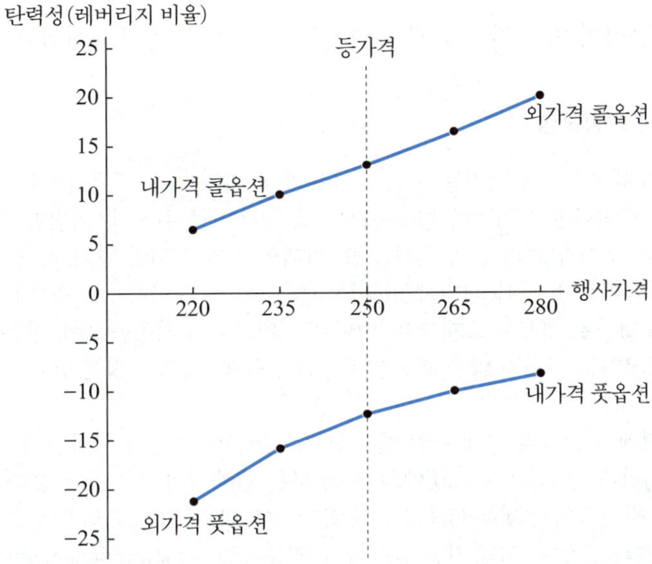

수록 옵션베타의 절댓값이 커진다.

옵션의 기대수익률

제10장에서 다룬 자본산가격결정모형(CAPM)에 의하면 증권의 기대수익률은 베타가 클수록 증가하며, 또 선형(linear)관계를 가진다. 따라서 CAPM이 성립하는 세계에서는 옵션의 기대수익률도

| 그림 18-6 | 여러 종류의 자산의 위험과 기대수익률

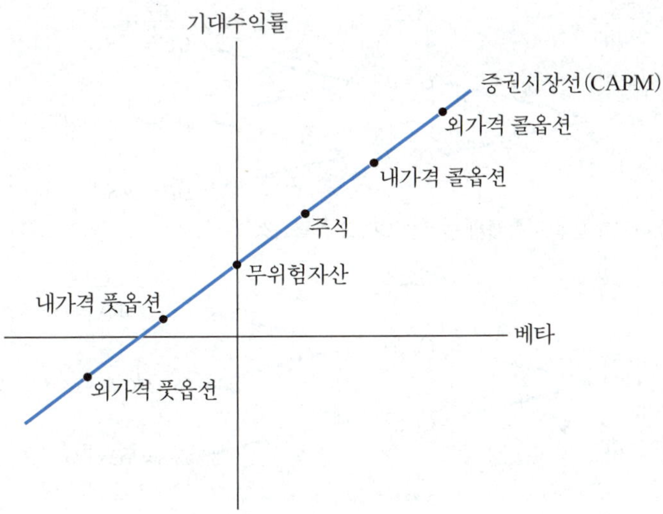

옵션베타와 선형관계를 가지며 옵션베타에 따라 그 크기가 결정될 것이다. 앞에서 본 바와 같이 옵션은 종류와 상태에 따라 베타가 달라지기 때문에 기대수익률도 달라진다. 앞의 [그림 18-6]에서는 증권시장선을 이용하여 여러 가지 증권의 베타와 기대수익률을 비교하였다.

참고사항 이단계 이항모형

일단계 이항모형의 유용성이 떨어지는 이유는 다음의 두 가지 가정 때문이라고 하였다. (i) 옵션만기까지 주가가 한 번 변화한다. (ii) 미래의 주가는 두 가지 값을 취한다. 이러한 취약점을 극복하기 위해, 옵션만기까지 주가가 여러 번 변화하고 또 미래의 주가가 취할 값이 여럿이라는 가정하에서 일단계 이항모형을 확장한 것이 다단계(multi-stage) 이항모형이다. 이 중 가장 간단한 이단계(two-stage) 이항모형을 아래에서 소개한다. 이단계 이항모형의 기법을 계속 반복하여 적용하면 일반적인 n단계 이항모형도 어렵지 않게 도출할 수 있다. 블랙-숄즈 모형은 n단계 이항모형에서 n이 무한대인 경우라고 생각하면 된다.

이단계 이항모형에서 주식과 이에 대한 콜옵션 가격의 확률과정을 나타낸 것이 [그림 18-7(a)]와 [그림 18-7(b)]이다. [그림 18-7(a)]에서 보면 모든 단계에서 주가가 상승하는 경우 (1 + 수익률)은 u이고, 주가가 하락하는 경우 (1 + 수익률)은 d이다. 또 주가가 올라갔다 내려오는 결과와 내려갔다 올라오는 결과는 같다. 이와 같은 움직임을 '경로독립적(path independent)'인 확률과정이라고 한다.

이단계 이항모형은 [그림 18-7(b)]에서 현재의 콜옵션가격 C를 구해내는 방법을 말하며, 문제를 해결하는 기본원리는 후방귀납법(backward induction)이다. 즉 만기시점($\tau = 2$)에서 옵션의 가치는 쉽게 계산될 수 있으므로, 이를 일단계 이항모형에 적용하여 C_U와 C_D를 구해낸 후, 그 결과를 다시 일단계 이항모형에 적용하여 C를 구하면 된다.

C_U를 구하려면 시점 1의 주가가 U인 상태에서 [그림 18-8]에 주어진 주식과 콜옵션의 가격움직

| 그림 18-7 | 이단계 이항모형

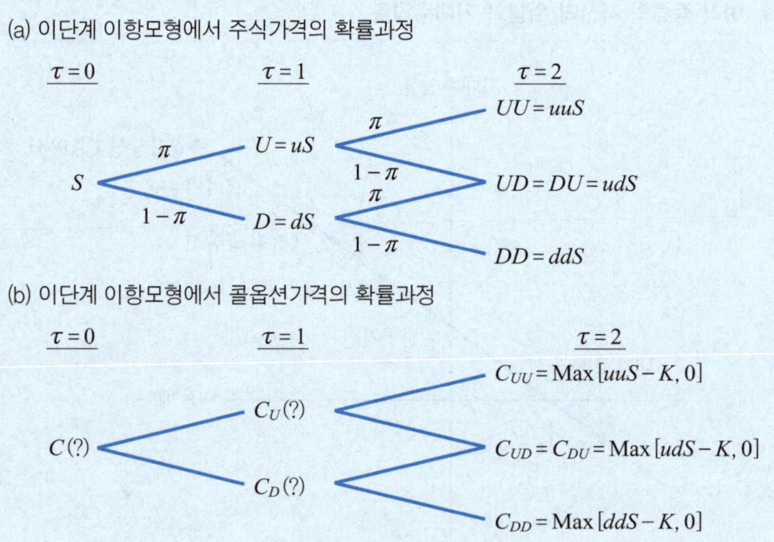

임에 대해 일단계 이항모형을 적용하면 된다. 즉 상태 U에서의 정보를 식 18.5의 공식에 적용하여 다음과 같이 C_U를 구해낸다.

$$C_U = h_U \cdot U - \frac{h_U \cdot UU - C_{UU}}{1+r}, \qquad \text{여기서 } h_U = \frac{C_{UU} - C_{UD}}{UU - UD} \tag{18.24}$$

같은 방식으로, C_D를 구하려면 시점 1의 주가가 D인 상태에서 주식과 콜옵션의 움직임에 일단계 이항모형을 적용하면 된다.

$$C_D = h_D \cdot D - \frac{h_D \cdot DU - C_{DU}}{1+r}, \qquad \text{여기서 } h_D = \frac{C_{DU} - C_{DD}}{DU - DD} \tag{18.25}$$

C_U와 C_D가 결정되면, 그 결과를 식 18.5에 대입하여 시점 0에서의 옵션가치 C를 구해내면 된다.

결국 이단계 이항모형에서 현재의 옵션가치는 세 개의 일단계 이항모형을 풀어냄으로써 얻어 질 수 있다. 일단계 이항모형에서 찾아볼 수 없는 새로운 사실은 (i) 주가가 변화하면 헤지비율이 변화한다는 점과 (ii) 이 때문에 옵션의 만기까지 헤지포트폴리오를 한 번 구성하는 것이 아니고 주가가 변화하면 헤지포트폴리오를 다시 구성해야 한다는 점이다.[12] 이렇게 포트폴리오를 수정하는 과정을 동적 헤지(dynamic hedge)라고 하는데, 다단계 이항모형이나 블랙-숄즈 모형의 핵심적인 내용이 된다.

| 그림 18-8 | 시점 1의 주가가 오른 상태에서 일단계 이항모형

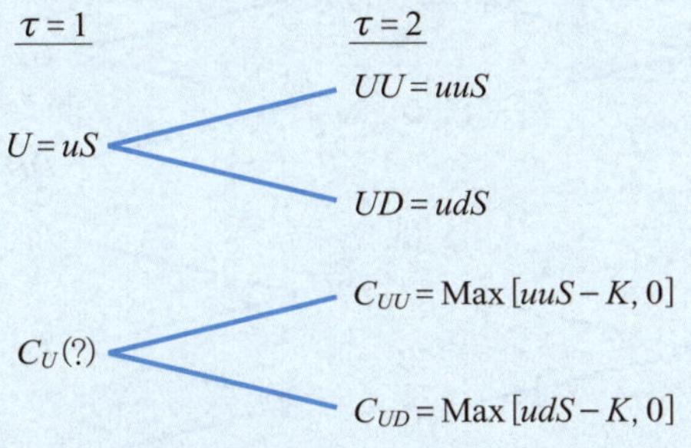

이단계 이항모형에서 현재의 옵션가격은 식 18.13의 위험중립평가법에 의한 공식을 적용하여 계산해 낼 수도 있다. 이 경우에도 후방귀납법의 원리가 적용되는 점은 마찬가지이다. 즉 상태 U와 상태 D에서의 정보를 식 18.13에 적용하여 다음과 같이 C_U와 C_D를 구해낸다.

$$C_U = \frac{q \cdot C_{UU} + (1-q) \cdot C_{UD}}{R}; \qquad C_D = \frac{q \cdot C_{DU} + (1-q) \cdot C_{DD}}{R} \tag{18.26}$$

여기서 q는 위험중립확률로서 식 18.13에서와 같이 결정된다. 이렇게 얻어진 C_U와 C_D를 식 18.13에 다시 대입하면 현재의 옵션가치 C를 구할 수 있다. C_U와 C_D를 식 18.13에 대입한 결과는 다음과 같은 하나의 공식으로 압축된다.

12 블랙-숄즈 모형에 의하면 콜옵션과 풋옵션 모두에 대해서 주가가 올라가면 헤지비율이 증가하고 주가가 내려가면 헤지비율이 감소한다.

$$C = \frac{q^2 \cdot C_{UU} + 2q \cdot (1-q) \cdot C_{UD} + (1-q)^2 \cdot C_{DD}}{R^2}$$

$$= \frac{q^2 \cdot \text{Max}\,[uuS - K,\ 0] + 2q \cdot (1-q) \cdot \text{Max}\,[udS - K,\ 0] + (1-q)^2 \cdot \text{Max}\,[ddS - K,\ 0]}{R^2} \quad (18.27)$$

식 18.27은 무차익원리에 의해 일단계 이항모형을 순차적으로 적용하는 방법보다 계산이 비교적 간단하다는 장점이 있다. 그러나 주가의 움직임이 경로독립적이 아니라면 이 공식을 사용할 수 없고, 또 주가변화에 따른 헤지비율 또는 옵션델타의 변화를 얻을 수 없다는 단점이 있다. 또 미국식 옵션의 경우 매 시점의 각 상태에서 옵션을 조기에 행사하는 것이 바람직한지를 판단해야 하는데, 식 18.27을 그대로 사용하면 그런 판단이 불가능하다.

예제 18-6 ㈜KX의 현재주가는 100이며, 앞으로의 주가는 매년 20% 올라가거나 또는 20% 내려간다고 한다. 올라가거나 내려갈 확률은 같다. 배당은 없고 무위험이자율은 6%이다. 행사가격이 90이고 만기가 2년인 ㈜KX 주식에 대한 유럽식 풋옵션의 가치를 계산하되, ① 헤지포트폴리오를 구성하여 무차익원리를 적용하는 방법과 ② 위험중립평가법을 이용하라.

풀이 주가와 풋옵션가격의 확률과정은 다음과 같다.

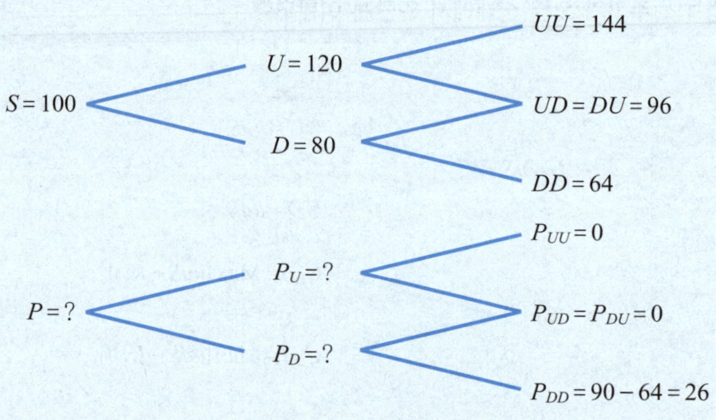

① 무차익원리를 이용한 평가법

(i) 상태 U에서의 옵션가격(P_U): $P_{UU} = P_{DU} = 0$이므로 $P_U = 0$이다.

(ii) 상태 D에서의 옵션가격(P_D):

헤지포트폴리오: 주식 m_D주 매입 + 풋옵션 1단위 매입

수익: 상태 DU: $96m_D$

상태 DD: $64m_D + 26$

수익이 미래상태에 관계없이 같아야 하므로 $96m_D = 64m_D + 26$의 관계가 성립해야 하며, 따라서 $m_D = 0.8125$이다. 여기서 m_D는 상태 D에서 풋옵션의 헤지비율의 절댓값을 나타낸다. 무차익원리에 의하여 $(96 \times 0.8125)/(80 \times 0.8125 + P_D) = 1.06$이 성립하여야 하며, 이 식을 풀면 $P_D = 8.58$을 얻는다.

(iii) 현재의 옵션가격(P):

헤지포트폴리오: 주식 m주 매입 + 풋옵션 1단위 매입

미래수익: 상태 U: $120m$
상태 D: $80m + 8.58$

미래수익이 어느 상태에서도 같아야 하므로 $120m = 80m + 8.58$의 관계가 성립해야 하며, 따라서 $m = 0.2145$이다. 여기서 m은 현재시점에서 풋옵션의 헤지비율의 절댓값을 나타낸다. 무차익원리에 의하여 $(120 \times 0.2145)/(100 \times 0.2145 + P) = 1.06$이 성립하여야 하며, 이 식을 풀면 $P = 2.83$을 얻는다.

② 위험중립평가법
위험중립확률 q는 다음과 같다: $q = (1.06 - 0.8)/(1.2 - 0.8) = 0.65$. 이를 식 18.27에 대입하면 현재의 풋옵션가치를 한 번에 계산할 수 있다.

$$P = \frac{(0.65)^2 \cdot (0) + 2\,(0.65) \cdot (0.35) \cdot (0) + (0.35)^2 \cdot (26)}{(1.06)^2} = 2.83$$

중 요 용 어

이항모형(binomial model)
헤지비율(hedge ratio)
헤지포트폴리오(hedge portfolio)
옵션델타(option delta)
블랙–숄즈 모형(Black-Scholes model)
옵션감마(option gamma)
옵션베가(option vega)
옵션세타(option theta)
옵션로(option rho)
과거변동성(historical volatility)
내재변동성(implied volatility)
옵션베타(option beta)
옵션탄력성(option elasticity)
합성옵션(synthetic option)
후방귀납법(backward induction)
동적 헤지(dynamic hedge)
위험중립평가법(risk neutral valuation)
위험중립확률(risk neutral probability 또는 equivalent martingale measure)
옵션의 레버리지비율(option leverage ratio)

연 습 문 제

18-1 ㈜한서의 현재주가는 20,000원이다. 1년 후에 이 주식의 가격은 20% 오르거나 20% 떨어질 것으로 예상되며, 각각의 확률은 1/2이다. 이 기업은 배당을 지급하지 않는다. 무위험이자율은 연 5%이고 이 주식에 대한 1년만기 콜옵션의 행사가격은 20,000원이다.

① 1년 후 주가가 오르거나 내릴 각각의 경우에 콜옵션의 수익을 계산하라.
② 주식과 콜옵션으로 구성된 헤지포트폴리오의 헤지비율을 구하라.
③ 콜옵션의 가격을 계산하라.
④ 만기와 행사가격이 같은 풋옵션의 가격을 계산하라.
⑤ 1년 후 주식가격이 변할 확률이 각각 1/3, 2/3로 바뀐다면 옵션가격은 어떻게 변화할 것인지 설명하라.

18-2 ㈜새한 주식의 현재가격은 25,000원이며, 주식수익률의 표준편차는 34.8%이다. 이 주식에 대해 행사가격이 23,000원이고 180일 후에 만기가 도래하는 콜옵션이 거래되고 있다. 그리고 이산복리 무위험이자율은 연 10.51%이다.

① 블랙-숄즈 모형에서 $N(d_1)$과 $N(d_2)$를 계산하라.
② 블랙-숄즈 모형을 이용하여 콜옵션의 가격을 계산하라.
③ 콜옵션과 만기와 행사가격이 같은 풋옵션의 가격을 계산하라.
④ 어떤 투자자가 ㈜새한 주식 100주를 보유하고 있는 상황에서 이 주식에 대한 콜옵션을 이용하여 헤지포트폴리오를 구성하려면 어떤 거래가 필요한지 결정하라.

18-3 (주)창조의 현재주가는 80,000원이다. 1년 후 주가가 92,000원이 될 확률이 0.7, 64,000원이 될 확률이 0.3이다. 무위험이자율은 10%이고, 만기가 1년인 콜옵션의 행사가격은 70,000원이다.

① 어떤 투자자가 콜옵션과 주식을 이용하여 헤지포트폴리오를 구성하려고 할 때 헤지비율을 구하라(계산과정을 논리적으로 보여라).
② 위의 헤지포트폴리오를 구성하는 데 필요한 투자비용은 얼마인지 계산하라.
③ ㈜창조 주식과 무위험자산을 이용하여 위의 콜옵션을 합성하는 포지션을 구성하라.
④ 콜옵션의 가치를 구하라.
⑤ 다른 조건이 같은 풋옵션에 대해서도 질문 ③과 ④를 대답하라.
⑥ 위 주식의 상승확률이 0.3에서 0.7로, 하락확률이 0.7에서 0.3으로 변화한다면 콜옵션과 풋옵션의 가치는 어떻게 변할지 대답하라.
⑦ 투자자의 위험회피 성향이 커지면 더 높은 위험프리미엄을 요구하여 옵션의 가치가 변화한다는 주장이 있다. 이에 대한 의견과 이유를 밝혀라.

18-4 ㈜순수의 현재주가는 5,000원이고 다음 2년 동안 주가는 연간 2,000원이 상승하거나 1,500원이 하락할 것으로 예상된다. ㈜순수는 배당금을 지급하지 않으며 연간무위험이자율은 3%이다. 이항모형을 이용하여 ㈜순수의 주식에 대한 2년만기 유럽식 풋옵션의 가격을 구하라. 이 옵션의 행사가격은 6,000원이다.

18-5 ㈜상록은 보통주 500만주를 발행하고 있으며 현재주가는 15,000원이다. 1년 후 주가는 동일한 확률로 22,000원이 되거나 13,000원이 된다고 한다. 무위험이자율은 5%이다.

① ㈜상록 주식의 기대수익률을 구하라.
② ㈜상록의 주가가 상승할 위험중립확률을 구하라.

18-6 문제 18-5에 주어진 정보에 기초하여 다음 물음에 답하라.

① 위험중립확률을 이용하여 만기가 1년이고 행사가격이 20,000원인 ㈜상록 주식에 대한 콜옵션의 적정가치를 구하라.
② 콜옵션의 기대수익률을 계산하라.
③ 위험중립확률을 이용하여 만기가 1년이고 행사가격이 20,000원인 ㈜상록 주식에 대한 풋옵션의 적정가치를 구하라.
④ 풋옵션의 기대수익률을 계산하라.

18-7 만기까지 기간이 9개월이고 행사가격이 30,000원인 ㈜다행에 대한 풋옵션이 3,625원에 거래되고 있다. ㈜다행의 주식은 현재 35,000원에 거래되고 있으며, 연 수익률의 변동성은 55%이고 베타는 0.78이다. 무위험이자율이 연 3%일 때 ㈜다행 주식의 풋옵션에 대한 다음 물음에 답하라.

① 풋옵션의 탄력성(레버리지비율)을 구하라.
② 풋옵션의 베타를 구하라.
③ 시장위험프리미엄이 5%일 것으로 예상될 때 CAPM에 따르면 이 풋옵션의 기대수익률은 얼마일지 계산하라.
④ 위에서 구한 기대수익률하에서 투자자들이 풋옵션을 매입하는 이유를 설명하라.

18-8 AD기업의 현재주가는 55,000원이고 주식수익률의 변동성은 30%라고 한다. AD기업은 배당을 지급하지 않으며 무위험이자율은 5%이다. 블랙-숄즈 옵션가격모형을 이용하여 1년만기 등가격 콜옵션의 가격을 구하라.

18-9 문제 18-8의 AD기업 주식에 대한 등가격 콜옵션이 현재 시장에서 거래되지 않는다고 하자. 이 콜옵션 1,000개에 대한 매도포지션을 합성하는 포트폴리오를 구성하고자 할 때 다음 물음에 답하라.

① 합성포트폴리오를 구성하기 위해 필요한 거래는 무엇인지 결정하라.
② 질문 ①의 포트폴리오를 구성한 직후, AD기업 주가가 60,000원으로 상승하였다면 포트폴리오의 가치가 얼마가 되는지 계산하라. 만약 콜옵션이 존재한다면 콜옵션과 합성포트폴리오의 가치는 얼마나 차이가 나는지 콜옵션에 대한 비율로 나타내라.
③ 질문 ②의 주가 변화 이후에도 계속 합성콜옵션 포지션을 유지하려면 포트폴리오를 어떻게 수정해야 하는지 대답하라.

제 19 장

옵션의 응용과 실물옵션

STUDY GUIDE

앞의 두 장에서는 옵션에 관한 기초지식과 가격결정모형에 대하여 설명하였다. 옵션이론은 당초에 시장에서 거래되는 금융옵션의 가격을 계산하기 위하여 개발되었으나, 그 후 기업의 재무활동을 설명하는 데 있어서도 다양하게 적용되었다. 옵션이론은 기업재무에 대한 새로운 시각을 제공함으로써 기업활동을 이해하는 데 많은 도움을 주고 있으며, 옵션이 내재된 여러 증권의 가격을 계산하는 데에도 응용되고 있다. 이 장에서는 먼저 기업이 발행하는 선택권부증권의 가격을 옵션모형으로 계산하는 방법을 설명한다. 다음으로 기업의 자본구조를 옵션개념으로 해석한 후, 제14장에서 설명한 부채의 대리문제를 옵션이론으로 설명하고 대리비용을 계량적으로 분석한다. 마지막으로 실물투자안에 내재되어 있는 특성을 옵션이론으로 설명하는 실물옵션에 대해 살펴본다. 특히 실물옵션을 반영한 투자결정이 전통적인 순현가법에 의한 자본예산과 어떻게 달라지는지를 구체적으로 분석한다.

19.1 옵션이론과 선택권부증권의 평가

19.2 기업재무와 옵션

19.3 실물옵션

19.1 옵션이론과 선택권부증권의 평가

기업은 투자에 필요한 자금을 조달하기 위해 전통적인 증권인 채권과 주식뿐 아니라 이들과 옵션을 결합한 형태의 증권들도 많이 발행한다. 이들 증권은 투자자들로 하여금 상황에 따라 서로 다른 성격의 증권을 선택할 수 있게 해 준다는 의미에서 선택권부증권이라고 불린다. 이 절에서는 앞에서 배운 옵션이론을 이용하여 몇 가지 선택권부증권을 평가한다.

■ 신주인수권

신주인수권

기업은 이자 및 원금을 지급할 뿐만 아니라 일정기간 내에 정해진 수량의 보통주를 미리 정해진 가격에 매입할 수 있는 권리를 부여하는 사채를 발행할 수 있다. 이러한 사채를 신주인수권부사채(bond with warrants: BW)라고 하며 부여된 권리를 신주인수권(warrants)이라고 한다. 또한 기업이 신주를 발행하여 자금을 조달하는 유상증자의 경우에, 기존주주들의 권리를 보호하기 위하여 새로 발행되는 주식의 일정 수량을 미리 정한 가격으로 매입할 수 있는 권리를 기존주주들에게 부여하기도 한다. 이러한 권리 역시 신주인수권(pre-emptive rights) 또는 주식인수권(stock rights)이라고 부르며 신주인수권부사채에 부가되어 있는 권리와 동일한 개념으로 파악할 수 있다. 이러한 신주인수권은 일정한 가격에 주식을 매입할 수 있는 권리이므로 주식에 대한 콜옵션으로 이해하면 된다.

신주인수권은 콜옵션과 매우 유사하지만, 두 가지 점에서 차이가 있다. 첫째, 일반적으로 신주인수권의 만기는 콜옵션의 만기보다 길다. 가끔은 권리가 영구히 지속되는 신주인수권도 존재한다. 둘째, 콜옵션은 투자자들이 발행하는 반면 신주인수권은 기업이 발행한다. 따라서 콜옵션의 행사는 총발행주식수에 영향을 미치지 않는 반면, 신주인수권이 행사되면 기업은 신주를 발행해야 하며 결과로 총발행주식수는 증가하게 된다.

신주인수권의 가치

신주인수권은 본질적으로 콜옵션이기 때문에 신주인수권의 가치는 옵션가격결정모형을 이용하여 구할 수 있다. 단, 신주인수권이 행사되면 발행주식수가 늘어나서 주가가 하락하는 희석효과(dilution effect)가 발생하기 때문에 신주인수권을 평가할 때 이를 반영시켜야 한다. 다음과 같이 기호를 정의하고 신주인수권의 가치를 구해 보자.

시점: 0 ———————————— T(신주인수권 행사시점)

S: 현재의 주가	E_T: 신주인수권 행사 전 자기자본 가치
K: 신주인수권 행사가격(신주 1주당 인수가격)	S_T: 신주인수권 행사 전 주가
q: 구주 1주에 배정되는 신주인수권의 수	Q: 신주인수권 행사 전 발행주식수
W: 신주인수권의 현재가치	W_T: 행사시점에서의 신주인수권의 가치

신주인수권을 행사하게 되면 기업에는 인수가격만큼의 현금흐름이 추가로 들어오게 되고 행사된 신주인수권의 수만큼 신주가 발행되므로, 신주인수권의 행사후 주가 S_T^*는 다음과 같다.

$$S_T^* = \frac{E_T + K \cdot Q \cdot q}{Q(1+q)} \tag{19.1}$$

행사시점에서 주가 S_T^*가 인수가격 K보다 클 경우 신주인수권은 행사되어 그 가치는 $(S_T^* - K)$가 될 것이고, 그렇지 않을 경우 신주인수권은 쓸모가 없어 그 가치는 0이 된다. 따라서 신주 1주를 인수할 수 있는 신주인수권의 수익, 즉 행사시점에서의 신주인수권의 가치는 다음과 같이 쓸 수 있다.

$$\begin{aligned} W_T &= \text{Max}(S_T^* - K,\ 0) \\ &= \text{Max}\left(\frac{E_T + K \cdot Q \cdot q}{Q(1+q)} - K,\ 0\right) = \text{Max}\left(\frac{E_T + K \cdot Q \cdot q - K \cdot Q \cdot (1+q)}{Q(1+q)},\ 0\right) \\ &= \frac{1}{1+q} \cdot \text{Max}\left(\frac{E_T}{Q} - K,\ 0\right) \\ &= \frac{1}{1+q} \cdot \text{Max}(S_T - K,\ 0) \end{aligned} \tag{19.2}$$

행사시점에서의 신주인수권의 가치는 희석효과를 고려하기 전의 신주인수권가치에 발행주식수의 증가에 따른 희석효과를 조정한 값이 된다. 위 식의 마지막 항목 중 $\text{Max}(S_T - K,\ 0)$는 행사가격이 K인 콜옵션의 만기일에서의 수익을 나타낸다. 따라서 현 시점에서의 신주인수권의 가치 W는 식 18.14의 블랙-숄즈 모형을 이용하여 다음과 같이 계산된다.

$$\begin{aligned} W &= \frac{1}{1+q} \times \text{콜옵션의 현재가치} \\ &= \frac{1}{1+q} \times [S \cdot N(d_1) - K \cdot e^{-r \cdot T} \cdot N(d_2)] \end{aligned} \tag{19.3}$$

단, $d_1 \equiv [\ln(S/K) + (r + (\sigma^2/2)) \cdot T]/\sigma\sqrt{T}$, $d_2 \equiv d_1 - \sigma\sqrt{T}$

예제 19-1 현재 ㈜태백 주식의 시가총액은 1,000억원이며 발행주식수는 500만주이다. 이 회사는 최근 2년 후에 행사가 가능한 신주인수권을 50만단위 발행하였다. 신주인수권의 행사가격은 1주당 10,000원이며, 주식수익률의 분산은 0.16, 그리고 현재시장의 무위험이자율은 10%이다. 주어진 정보와 블랙-숄즈 모형을 이용하여 ㈜태백이 발행한 신주인수권의 가치를 계산하라.

풀이 구주 1주당 신주인수권의 배정비율 q는 0.1이며, 현재의 주가는 1,000억/500만주 = 20,000원, 신주인수권의 행사가격은 10,000원, 그리고 만기는 2년이다. 우선 d_1과 d_2를 계산해 보자.

$d_1 = [\ln(20{,}000/10{,}000) + \{0.1 + (1/2) \cdot 0.16\}]/0.4\sqrt{2} = 1.86$
$d_1 = 1.86 - 0.4\sqrt{2} = 1.29$

표준정규분포표에서 누적확률을 구하면 $N(1.86) = 0.9686$이고, $N(1.29) = 0.9015$이다. 이를 식 19.3에 대입하면 신주인수권의 가치는 다음과 같다.

$$W = (1/1.1)[20{,}000 \times N(1.86) - 10{,}000 \times e^{-0.1\times 2} \times N(1.29)$$
$$= (1/1.1)[20{,}000 \times 0.9686 - 10{,}000 \times e^{-0.1\times 2} \times 0.9015] = 10{,}901(\text{원})$$

■ 전환사채

전환사채와 전환권

전환사채(convertible bond: CB)는 채권투자자가 만기일 이내에 자유로운 의사에 의하여 채권을 미리 정해진 수량의 주식으로 전환할 수 있는 권리가 내재된 회사채이다. 즉 전환사채는 다른 조건은 같으나 전환권(conversion right)이 없는 일반사채(straight bond)와 채권을 주식으로 전환할 수 있는 권리를 결합한 증권으로 볼 수 있다. 전환사채는 그 보유자가 만기일 이내에 전환권을 행사하면 주식이 되고, 행사하지 않으면 일반사채가 되는 혼합증권이다. 이는 신주인수권부사채와 유사하지만, 차이점은 신주인수권부사채의 경우 사채와 신주인수권이 분리되어 거래될 수 있는 반면 전환사채의 경우는 그렇지 못하다는 것이다.

전환사채의 예를 들어 보자. ㈜관악은 새로운 시설투자와 기술개발에 필요한 자금을 조달하기 위해, 만기가 10년이고 액면이 100만원이며 표면이자가 10%인 전환사채를 100억원어치 발행하였다. 이 전환사채는 만기전 언제든지 전환사채 한 단위당 32주의 주식으로 전환할 수 있는 권리가 부여되어 있다. 사채 한 단위를 포기하는 대신 받게 되는 주식의 수를 전환비율(conversion ratio)이라고 한다. 즉 위 전환사채의 전환비율은 32이다. 또 채권의 액면가를 전환비율로 나눈 값을 전환가격(conversion price)이라고 부른다. 전환가격은 주식으로 전환할 때 주식 한 주를 구입하기 위하여 포기하는 채권의 액면가를 의미한다. 위의 예에서 채권의 액면이 100만원이고 전환비율이 32이므로 전환가격은 100만/32 = 31,250원이다.

전환사채를 발행할 당시에 ㈜관악의 주가가 25,000원이었다면 전환가격 31,250원은 주가보다 25%[= (31,250 − 25,000)/25,000] 비싼 가격이다. 이 경우 전환프리미엄(conversion premium)이 25%라고 한다. 일반적으로 전환프리미엄은 양(+)의 값을 갖는다. 채권을 주식으로 전환하였을 경우에 채권자가 갖게 되는 주식의 가치를 전환가치(conversion value)라고 한다. ㈜관악의 경우 발행시점의 전환사채 1단위당 전환가치는 25,000 × 32 = 800,000원이다. 전환가격과 전환프리미엄은 채권가격이 액면가와 같다는 전제하에 계산되는 것이므로 채권가격이 액면가와 다르다면 큰 의미가 없다. 그러나 전환비율은 채권가격의 변화에 관계없이 항상 일정하다.

전환사채의 수익

전환사채에서 발생하는 수익은 전환사채를 구성하는 일반사채와 내재된 옵션으로부터 발생하는 수익의 합으로 나타낼 수 있다. 간단한 예를 통해 살펴보자. 현재 발행된 주식수가 모두 1,000주인

㈜태주는 만기가 1년이고 액면가가 100만원이며 이자지급이 없는 전환사채 20단위를 발행하였다. 따라서 사채의 총액면가는 2,000만원이다. 그리고 이 전환사채의 전환비율은 50으로서, 만기에 가서 투자자는 전환사채 한 단위당 신주 50주로 전환할 수 있다. 전환사채 이외의 다른 부채는 없다고 한다.

만기에 투자자가 전환사채를 주식으로 전환하는 것이 유리한 경우는 어느 때일까? 사채를 주식으로 전환하는 경우 투자자는 $20 \times 50 = 1,000$주의 주식을 받게 된다. 기존의 주식수가 1,000주이므로 전환사채가 주식으로 전환되는 경우 총주식수는 2,000주가 되며 전환사채의 투자자는 기업

표 19-1 만기에서 전환사채와 주식으로부터 발생하는 수익 (단위: 만원)

만기일에서의 수익	$V_T \leq 2,000$	$2,000 < V_T \leq 4,000$	$V_T > 4,000$
전환사채	V_T	2,000	$0.5V_T$
주식	0	$V_T - 2,000$	$0.5V_T$

V_T: 만기에서의 기업가치

그림 19-1 만기일에서 발생하는 전환사채와 주식의 수익

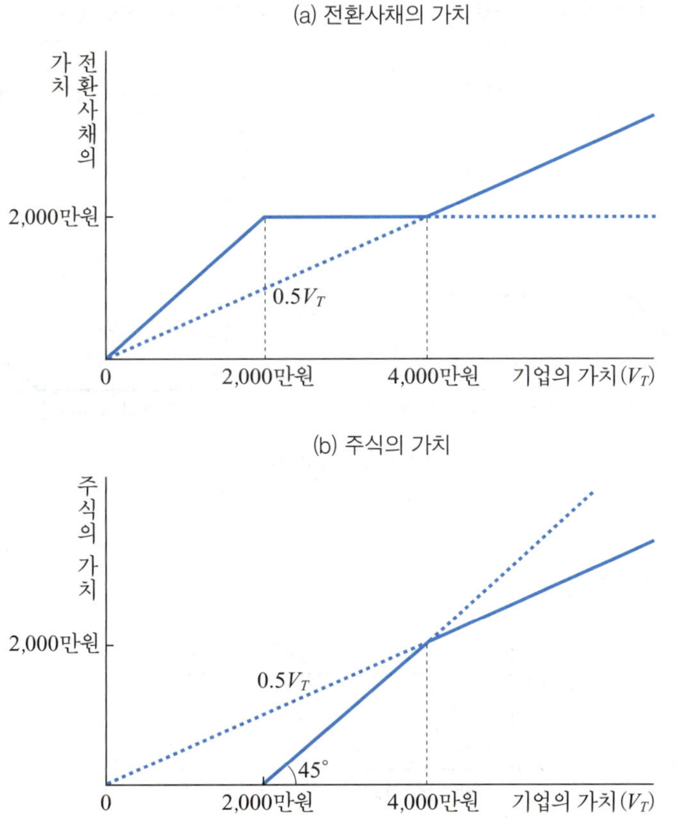

가치 V_T의 50%를 갖게 된다. 투자자가 전환을 하지 않을 때 받게 되는 금액은 V_T가 2,000만원보다 클 경우 2,000만원이고, 2,000만원보다 작을 경우 V_T가 된다. 따라서 투자자는 기업가치 V_T의 50%가 2,000만원보다 커야 전환권을 행사한다. 즉, 기업가치가 4,000만원 이상이 되어야 전환권을 행사하는 것이 유리하며 이때 투자자는 $0.5V_T$를 갖게 된다. 이상의 내용을 〈표 19-1〉에서 요약하였으며, 표의 내용을 그림으로 나타낸 것이 [그림 19-1]이다.

전환사채를 주식으로 전환하였을 때 얻게 되는 가치를 전환가치라고 하였다. 〈표 19-1〉에서 보면 전환사채 투자자는 전환가치가 4,000만원을 초과할 때 내재된 옵션을 행사하여 주식으로 전환한다. 따라서 이 경우 옵션은 행사가격이 4,000만원인 주식의 콜옵션을 의미하며, 전환사채에 내재된 이 콜옵션의 수익은 $0.5(V_T-4{,}000)$만원이 된다. 이에 따라 〈표 19-1〉의 전환사채의 수익은

표 19-2 전환사채의 수익: 일반사채의 수익 + 콜옵션의 수익 (단위: 만원)

만기일에서의 수익	$V_T \le 2{,}000$	$2{,}000 < V_T \le 4{,}000$	$V_T > 4{,}000$
일반사채	V_T	2,000	2,000
콜옵션	0	0	$0.5(V_T-4{,}000)$
전환사채	V_T	2,000	$0.5V_T$

그림 19-2 만기에서 발생하는 전환사채의 수익: 일반사채의 수익 + 콜옵션의 수익

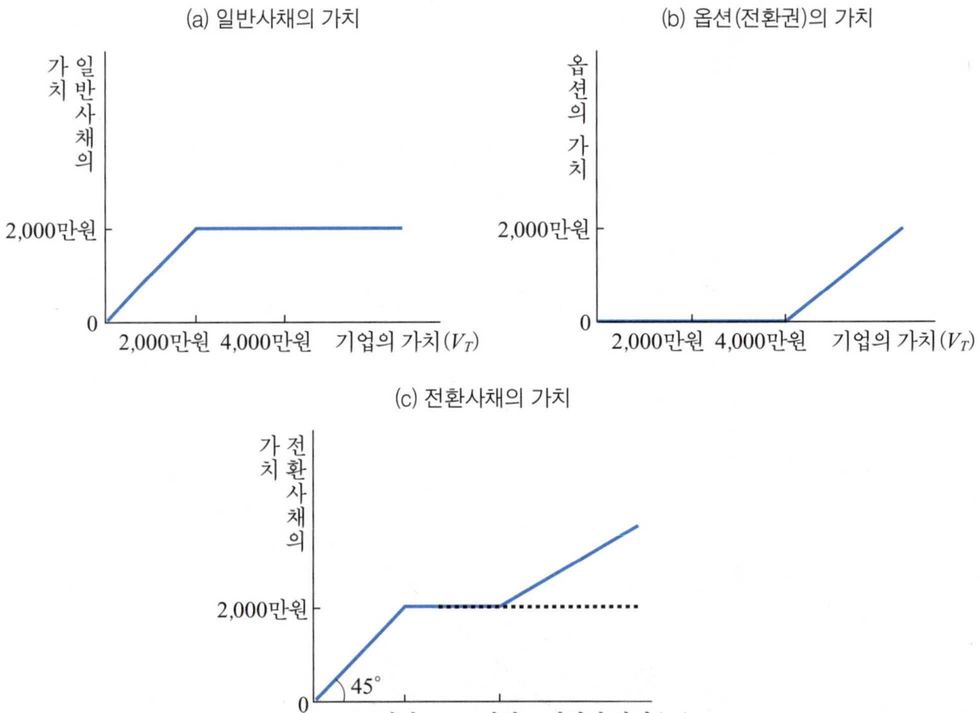

〈표 19-2〉에서 보는 것처럼 일반사채에서 발생하는 수익과 콜옵션에서 발생하는 수익의 합으로 나타낼 수 있다. 〈표 19-2〉의 내용을 그림으로 나타낸 것이 앞의 [그림 19-2]이다.

〈표 19-2〉에서 보면, 만기일에서의 전환가치가 일반사채에서 발생하는 수익보다 작으면 콜옵션(전환권)을 행사할 필요가 없어 전환사채의 수익은 일반사채의 수익과 같다. 그러나 만기일에서의 전환가치가 일반사채에서 발생하는 수익보다 크면 당연히 콜옵션이 행사되어 전환사채의 수익은 전환가치와 같다. 따라서 만기일에서 발생하는 전환사채의 수익은 다음과 같이 나타낼 수 있다.

$$
\begin{aligned}
\text{전환사채의 수익} &= \text{일반사채의 수익} + \text{콜옵션의 수익} \\
&= \text{일반사채의 수익} + \text{Max}(\text{만기일의 전환가치} - \text{일반사채의 수익},\ 0) \\
&= \text{Max}(\text{일반사채의 수익},\ \text{만기일의 전환가치}) \qquad (19.4)
\end{aligned}
$$

전환사채의 가치

전환사채의 현재가치는 만기일에서 전환사채의 수익을 나타내는 식 19.4의 관계를 이용하여 다음과 같이 쓸 수 있다.

$$
\begin{aligned}
\text{전환사채의 가치} &= \text{일반사채의 가치} + \text{콜옵션의 가치} \\
&= \text{일반사채의 가치} + \text{콜옵션의 행사가치} + \text{콜옵션의 시간가치} \\
&= \text{일반사채의 가치} + \text{Max}(\text{전환가치} - \text{일반사채의 가치},\ 0) + \text{콜옵션의 시간가치} \\
&= \text{Max}(\text{일반사채의 가치},\ \text{전환가치}) + \text{콜옵션의 시간가치} \qquad (19.5)
\end{aligned}
$$

식 19.5의 첫 등호는 수익이 같으면 가격도 같아야 한다는 무차익원리에 의해 성립한다. 두 번째 등호는 일반적으로 옵션의 가치는 행사가치(내재가치)와 시간가치로 분해된다는 사실(제17.1절 참조)에 따른 것이며, 세 번째 등호가 성립하는 것은 콜옵션을 행사할 경우 일반사채를 포기하고 전환가치를 받기 때문이다. 네 번째 등호는 바로 위 식을 간단히 한 것이다.

네 번째 등호의 우변 첫 항은 전환사채 가격의 하한(floor)을 나타낸다. 전환사채의 가치는 일반사채나 전환사채의 가치 중 큰 것보다 커야 한다는 것인데, 다시 말하면 둘 중 어느 것보다 작을 수 없다는 것이다. 전환사채의 가격이 일반사채의 가격보다 작을 수 없는 것은 콜옵션의 가치가 0보다 작을 수 없기 때문이다. 또 전환사채의 가격이 전환가치보다 작다면 (i) 전환사채를 매입하고 (ii) 전환권을 행사하여 사채를 주식으로 전환한 후 (iii) 주식을 매도하면, 차익이 발생하는 차익거래가 가능하기 때문이다.

㈜태주의 예를 통해 식 19.5를 그림으로 옮겨 보자. 우선 일반사채의 가치와 기업가치와의 관계를 [그림 19-3(a)]에 나타내었다. 아무리 건실한 기업도 미래에 파산할 가능성이 있으므로 기업의 현재가치가 2,000만원이더라도 사채의 현재가치는 이러한 파산가능성을 반영하여 현재가치가 2,000만원 이하가 되는 것을 보여준다. [그림 19-3(b)]는 기업가치에 따른 전환가치를 나타낸다. [그림 19-3(c)]는 전환사채가치의 두 하한값을 보여준다. 현 시점에서 전환권을 행사하지 않고 미

| 그림 19-3 | 전환사채의 현재가치: Max(일반사채의 가치, 전환가치) + 콜옵션의 시간가치

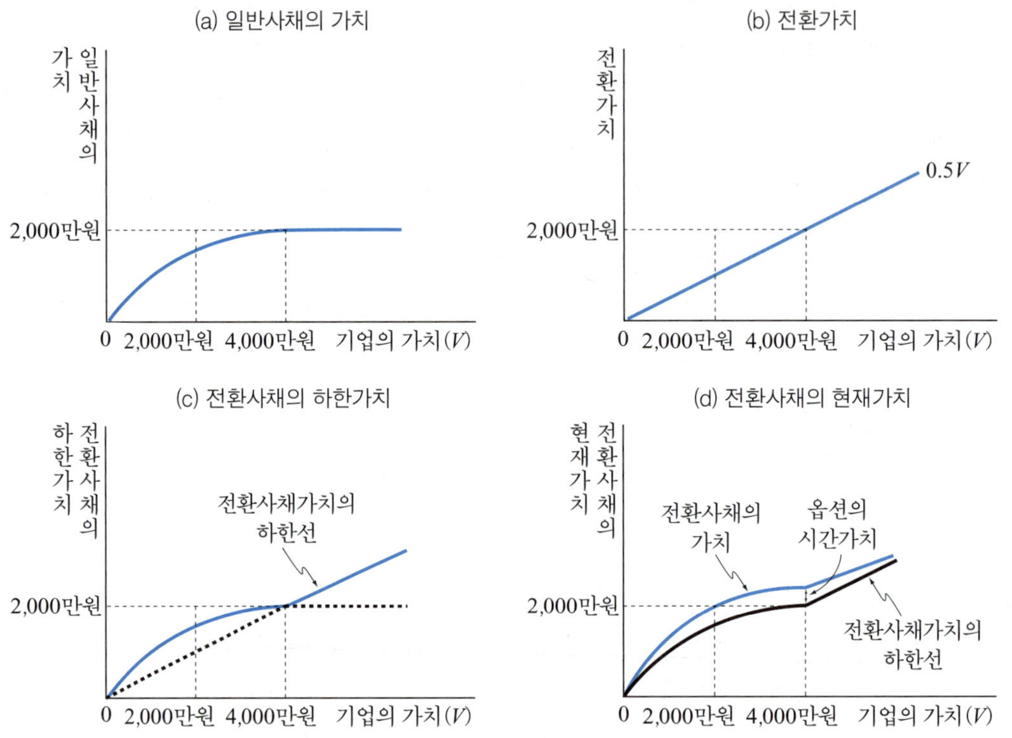

래에 더욱 유리한 상황이 전개되기를 기다릴 수 있는 선택권이 있는 상황에서는, 실제 전환사채의 가치는 두 개의 하한값보다 커야 한다. 전환사채의 가치와 이들 하한과의 차이는 바로 콜옵션의 시간가치를 나타내는데, 이 옵션의 행사가격은 일반사채의 가치가 된다. [그림 19-3(d)]는 이러한 관계를 보여준다.

■ 수의상환사채

수의상환사채(callable bond)란 회사채를 발행한 기업이 채권의 만기일 전에 특정 가격으로 사채를 상환할 수 있는 권리(call provision)가 내재된 증권이다. 이러한 수의상환권리는 바로 사채발행자에게 부여된 콜옵션이다. 이 옵션의 행사가격을 수의상환가격(call price)이라고 하고, 수의상환가능일이 옵션의 만기가 된다. 이자율이 하락하여 채권가격이 미리 정해진 수의상환가격 위로 올라가면 이 사채를 발행한 기업은 콜옵션을 행사하여 수의상환가격에 기초자산인 채권을 매입할 수 있다. 따라서 수의상환사채는 일반사채와 콜옵션의 결합으로서 다음과 같이 나타낼 수 있다.

발행자: 수의상환사채의 발행 ≡ 일반사채의 발행 + 콜옵션 매입 (19.6a)

투자자: 수의상환사채의 매입 ≡ 일반사채의 매입 + 콜옵션 매도 (19.6b)

식 19.6b는 좌변과 우변 전략으로부터 발생하는 수익이 같다는 의미이므로, 무차익원리에 의하면 수의상환사채의 가치는 일반사채의 가치에서 콜옵션(수의상환권리)의 가치를 빼 준 것과 같다.

$$\text{수의상환사채의 가치} = \text{일반사채의 가치} - \text{콜옵션의 가치} \tag{19.7}$$

[그림 19-4]는 일반사채의 가치, 수의상환사채의 가치, 그리고 수의상환권의 가치를 나타내었다. [그림 19-4(a)]를 보면 이자율이 하락함에 따라 일반사채의 가격은 계속 상승하나 수의상환사채의 가격은 수의상환가격 이상으로 올라가지 못한다. 이 차이가 바로 콜옵션인 수의상환권의 가치로 [그림 19-4(b)]에 이를 구분하여 다시 나타내었다.

| 그림 19-4 | 수의상환사채의 가치와 콜옵션

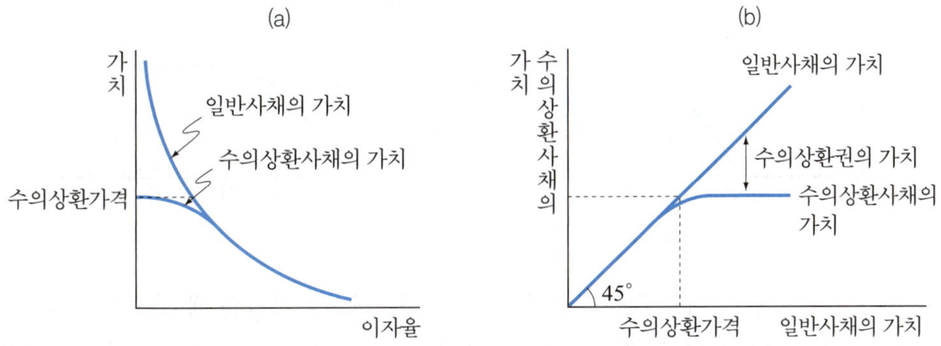

19.2 기업재무와 옵션

■ 콜옵션을 이용한 자본구조의 해석

블랙과 숄즈는 1973년 처음으로 옵션이론을 발표하면서 동시에 기업의 자본구조를 옵션으로 해석할 수 있다고 하였다. 간단한 예를 통해 이 내용을 살펴보자. ㈜TX는 무역박람회에서 구내매점 운영권을 획득하여 사업을 하는 회사인데 1년 후 무역박람회가 끝남과 동시에 회사를 정리할 계획이다. 이 회사는 사업자금을 조달하기 위해 무이표채를 발행하였는데 액면가는 10억원이다. 박람회가 끝나면 10억원을 채권자에게 상환해야 한다. 1년 후 사업의 성패에 따른 회사의 자산가치, 그리고 자기자본 및 부채로부터 발생하는 현금흐름(또는 수익)은 〈표 19-3〉과 같다.

〈표 19-3〉을 보면, 이 회사의 자산이 10억원 이상이면 10억원이 채권자에게 지급되고 그 나머지를 주주가 갖게 된다. 또 자산이 10억원 이하이면 이를 모두 채권자에게 지불해야 되기 때문에 주주의 몫은 0이 된다. 박람회가 끝난 후 이 회사의 주주와 채권자가 받게 되는 수익을 그림으로 나타내면 [그림 19-5]와 같다.

[그림 19-5(a)]를 보면 자기자본(주식)에 대해 발생하는 수익은 자산에 대해 행사가격이 10억

표 19-3 1년 후 ㈜TX의 자산, 부채 및 자기자본으로부터 발생하는 수익 (단위: 억원)

사업의 성패	큰 성공	성공	보통	실패
자산의 가치	20	15	10	5
부채의 가치	10	10	10	5
자기자본의 가치	10	5	0	0

그림 19-5 ㈜TX를 청산할 때 자기자본(주식)과 위험채권의 수익

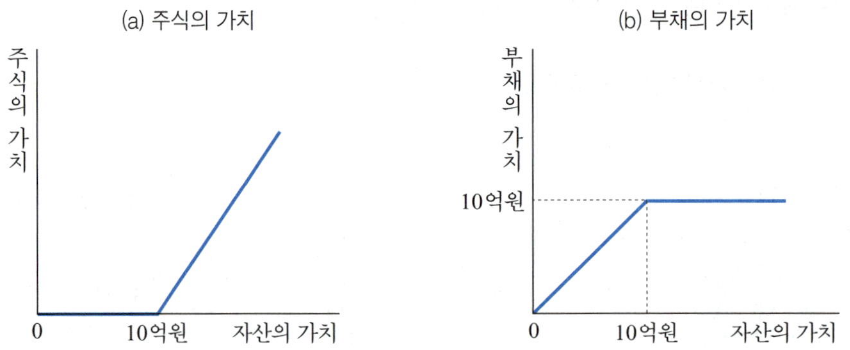

원인 콜옵션을 가지고 있을 때의 수익과 같다. 주식을 콜옵션으로 보았을 때 이 콜옵션의 기초자산이 되는 것은 기업의 총자산이며, 주주는 채권자에게 행사가격(채무)을 지불하고 기업을 매입할 수 있는 권리를 보유한 것으로 해석할 수 있다. 왜냐하면 주주는 미래의 자산가치가 10억원 이상이면 콜옵션을 행사하여 자산가치와 10억원과의 차액만큼을 확보할 것이고, 10억원 미만이면 주주의 유한책임에 따라 0의 현금흐름을 갖게 되는데 이는 주주가 가지고 있는 콜옵션을 행사하지 않은 것으로 해석할 수 있기 때문이다. 따라서 자기자본의 현재가치는 기업의 자산을 기초자산으로 하고 부채의 액면을 행사가격으로 하는 콜옵션의 가치와 같아야 하며, 이는 제18장에서 다룬 블랙-숄즈 모형과 같은 옵션가격결정모형을 이용하여 구할 수 있다. 이상의 내용을 다음의 두 식에서 요약하였다.[1]

자기자본(주식) 보유 = 자산에 대한 콜옵션(행사가격 = 채권의 액면) 매입 (19.8a)

자기자본의 가치 = 자산에 대한 콜옵션의 가치 (19.8b)

주주가 콜옵션 보유자라면 채권자는 콜옵션의 매도자이다. [그림 19-5(b)]에서 채권자에게 발생하는 수익은 [그림 19-6]에서처럼 자산으로부터 발생하는 수익과 콜옵션 매도자에게 발생하는 수익의 결합으로 나타낼 수 있다. 따라서 다음의 식 19.9a의 관계가 성립하고, 이를 비용 측면에서

1 식 19.8a에서 좌변과 우변의 수익이 같다면 그 비용(가격)도 같아야 하기 때문에 식 19.8b의 관계도 성립한다.

| 그림 19-6 | 위험채권의 수익(c) = 자산의 수익(a) + 콜옵션 매도자의 수익(b)

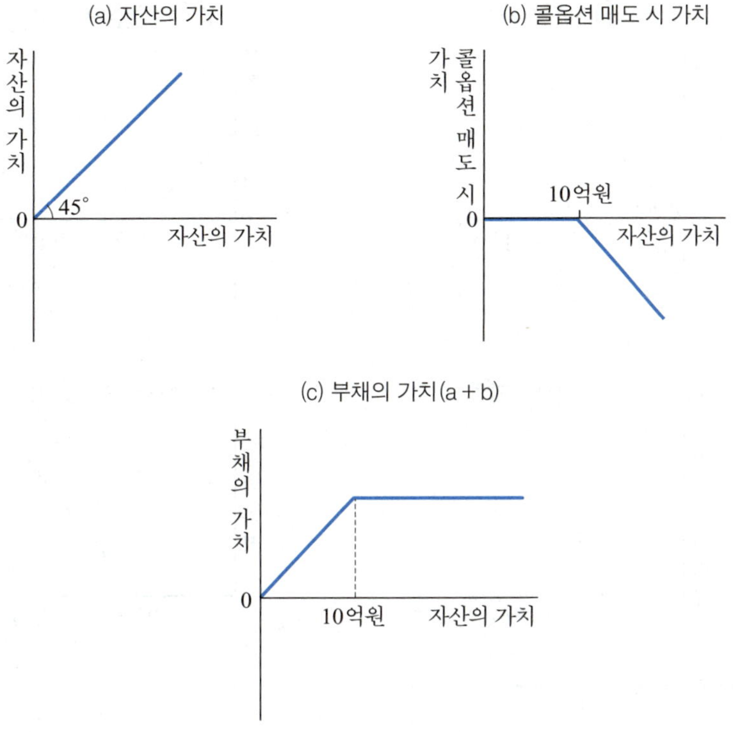

나타낸 식이 식 19.9b이다.

부채(위험채권) 보유 = 자산 소유 + 자산에 대한 콜옵션(자기자본) 매도 (19.9a)

부채(위험채권)의 가치 = 자산의 가치 − 자산에 대한 콜옵션의 가치 (19.9b)

■ 풋옵션을 이용한 자본구조의 해석

제17.3절의 식 17.10에서 나타낸 옵션전환식에 의하면 콜옵션은 풋옵션과 주식 및 무위험채권의 거래를 통하여 합성해 낼 수 있다. 따라서 기업의 자기자본을 콜옵션으로 해석할 수 있다면 이는 또한 풋옵션으로도 해석할 수 있다는 것을 의미한다. 식 17.10을 변형하면, 콜옵션 매입은 [기초자산 매입+풋옵션 매입+무위험채권 발행(차입)]과 같다. 이 관계를 기업의 재무구조에 적용하면, 콜옵션은 자기자본이 되고, 기초자산은 이 회사의 자산이 되며, 풋옵션은 자산에 대한 풋옵션이 된다. 따라서 이 회사의 자기자본(주식)을 보유하는 것은 식 19.10a와 같이 복제될 수 있으며, 이들 각각의 포지션에서 발생하는 수익을 그림으로 나타낸 것이 [그림 19-7]이다. 그리고 이를 비용 측면에서 나타낸 것이 식 19.10b이다.

| 그림 19-7 | 자기자본(주식)의 수익(d) = 자산으로부터의 수익(a) + 풋옵션 매입자의 수익(b) − 무위험채권의 수익(c)

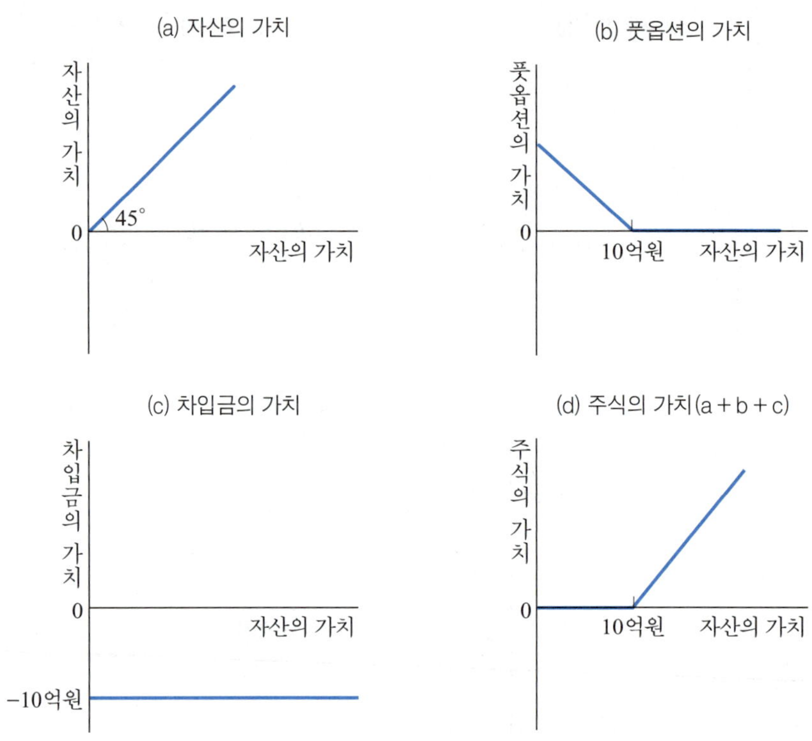

자기자본 보유 = 자산에 대한 콜옵션 매입

= 자산 소유 + 자산에 대한 풋옵션 보유 + 무위험채권 발행(차입) **(19.10a)**

자기자본의 가치 = 자산의 가치 + 자산에 대한 풋옵션의 가치 − 무위험채권의 가치 **(19.10b)**

한편, 위험채권을 보유하는 것은 회사의 자산을 보유하고 콜옵션을 매도하는 것과 같다고 하였다(식 19.9a 참조). 그런데 식 19.10a를 이용하면 콜옵션 매도는 다음과 같이 복제될 수 있다.

콜옵션 매도 = 자산 공매 + 풋옵션 매도 + 무위험채권 매입(대출) **(19.10a)′**

식 19.10a′의 관계를 식 19.9a에 대입하면 식 19.11a의 관계를 얻게 되고, 이들 포지션으로부터 발생하는 수익을 그림으로 나타낸 것이 [그림 19-8]이다. 그리고 이를 비용 측면에서 나타낸 식이 식 19.11b이다.

위험채권(부채) 매입 = 무위험채권 매입 + 풋옵션 매도 **(19.11a)**

위험채권의 가치 = 무위험채권의 가치 − 풋옵션의 가치 **(19.11b)**

식 19.11에서 보면 무위험채권의 가치는 위험채권의 가치에 풋옵션의 가치를 더한 것과 같다.

| 그림 19-8 | 위험채권의 수익(c) = 무위험채권의 수익(a) + 풋옵션 매도자의 수익(b)

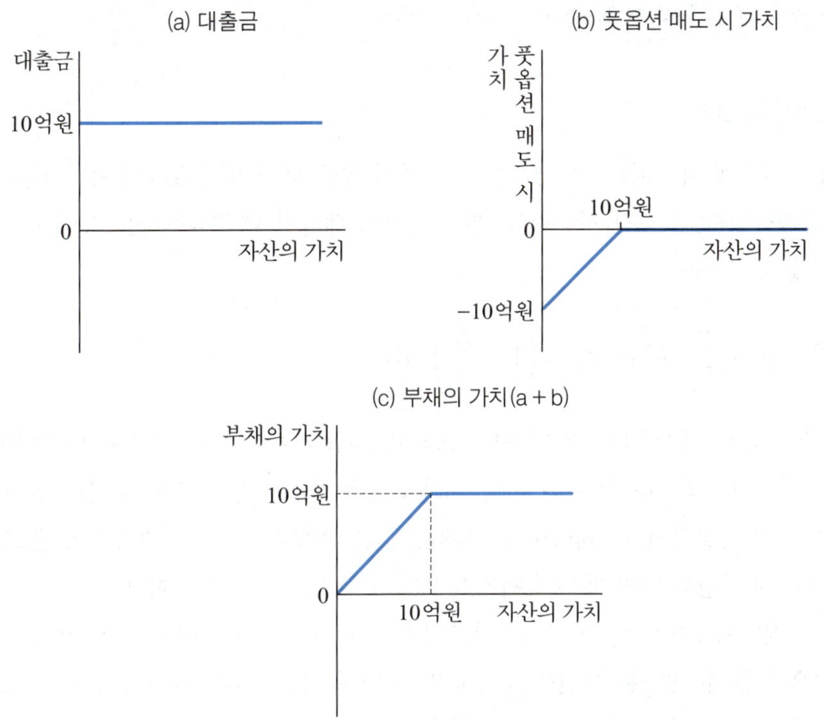

어떤 기업이 발행한 회사채에 대하여 은행이나 정부가 지급보증을 하게 되면, 이 회사채가 지급불능(insolvency)의 상태가 될 때 은행이나 정부는 회사 대신 부채를 상환해 준다. 이는 은행이나 정부의 지급보증이 위험채권을 무위험채권으로 전환시켜 주는 것을 의미하며, 이때 지급보증의 가치는 그 기업에 대한 풋옵션의 가치가 되는 것을 식 19.11에서 볼 수 있다.

예제 19-2 ㈜C&T는 현재 무부채기업으로서 1억주의 보통주를 발행하고 있으며, 주식시장에서의 주당가격은 10만원으로서 시가총액은 10조원이다. 이 회사 이사회는 최근 회사의 자본구조정책을 바꾸어 부채를 사용하기로 결정하였다. 그 내용은 액면 6조원의 2년만기 무이표채를 발행하여 특별배당을 지급한다는 것이다. 앞으로 2년 동안의 연간무위험이자율은 3%이다. 현재 행사가격이 60,000원인 이 회사 주식에 대한 2년만기 콜옵션은 장외시장에서 4.6만원에 거래되고 있다. 금융시장이 완전하다는 가정하에 ㈜C&T가 발행한 채권에 대한 신용스프레드를 추정하라.

풀이 완전시장에서는 기업의 자본구조가 변하더라도 자기자본과 부채의 합은 같아야 하기 때문에 자산가치는 여전히 10조원이 된다. 그리고 6조원의 부채를 주당부채로 환산하면 60,000원(= 6조/1억주)이 된다. 따라서 자본구조조정 이후 ㈜C&T 주식은 행사가격이 60,000원인 2년만기 콜옵션과 같다. 콜옵션의 가치가 4.6만원이므로 자본구조조정 이후의 주식의 주당가치는 4.6만원이 되며, 총가치는 4.6조원이 될 것이다. 따라서 부채의 현재가치는 5.4조원(= 10조 − 4.6조)으로 추정된다. 따라서 ㈜C&T가 발행한 채권의 만기수익률은 5.4조$(1+y)^2=6$조에서, $y=5.41\%$이며, 지급불능위험에 따른 신용스프레드는 2.41%[= 5.41 − 3]로 추정된다.

■ 위험부채의 베타

제13.3절에서 기업의 자산베타, 즉 부채를 사용하지 않을 때의 베타로부터 자기자본의 베타를 구하는 식을 도출하였다. 회사가 사용하는 (위험)부채의 베타가 대략 0이라는 가정하에 식 13.10은 다음과 같이 쓸 수 있다.

$$\beta_E=\beta_A+\frac{D}{E}\cdot(\beta_A-\beta_D)\approx\left(1+\frac{D}{E}\right)\cdot\beta_A \tag{19.12}$$

여기서 β_A, β_E, β_D는 각각 자산, 자기자본, 그리고 (위험)부채에 대한 베타를 나타내며, D와 E는 각각 부채와 자기자본의 가치를 나타낸다. 그러나 부채비율이 높은 기업의 경우 부채의 베타가 0이라는 가정은 비현실적이다. 왜냐하면 부채가 많은 기업은 파산의 가능성이 있고 이는 경기(business cycle)에 영향을 받기 때문에 체계적 위험의 성격을 띠기 때문이다.

위험부채의 베타가 0이 아닐 경우 자기자본의 베타를 도출하기 위해서, 우선 자기자본은 자산에 대한 콜옵션으로 볼 수 있다는 사실을 상기하자. 또 콜옵션은 헤지비율만큼의 기초자산 매입과 차입을 통하여 합성할 수 있기 때문에, 자기자본은 자산과 무위험자산의 차입으로 합성할 수 있으며, 그 가치는 다음과 같이 자산가치(A)와 무위험채권의 가치(B)에 의해 나타낼 수 있다.

$$E=A\cdot\Delta_E+B \tag{19.13}$$

식 19.13에서 Δ_E는 자기자본을 콜옵션으로 해석할 때 자기자본의 델타로서, 자산가치의 변화에 따른 자기자본가치의 변화를 나타낸다. 따라서 합성포트폴리오인 자기자본의 베타는 자산과 무위험자산에 대한 베타의 가중평균이 되며, 무위험부채의 베타는 0이므로 다음과 같이 쓸 수 있다.

$$\beta_E=\frac{A\cdot\Delta_E}{E}\cdot\beta_A=\frac{(E+D)\cdot\Delta_E}{E}\cdot\beta_A=\Delta_E\cdot\left(1+\frac{D}{E}\right)\cdot\beta_A \tag{19.14}$$

식 19.14에서 무위험부채의 경우 $\Delta_E=1$이 되어 식 19.14는 식 19.12와 같게 된다. $\Delta_E=1$이라는 사실은 자산가치가 증가하면 그 증가분은 모두 주주의 몫이 된다는 의미이다.

위험부채는 자산을 매입하고 자기자본을 공매하여 구성한 포트폴리오로 생각할 수 있으므로 $(D=A-E)$이므로 위험부채의 베타는 이 포트폴리오를 구성하는 자산과 자기자본 베타의 가중평균과 같다.

$$\beta_D=\frac{A}{D}\cdot\beta_A-\frac{E}{D}\cdot\beta_E \tag{19.15}$$

식 19.14와 $A=D+E$의 관계를 식 19.15에 대입하여 정리하면 다음과 같은 결과를 얻는다.

위험부채의 베타:

$$\beta_D=(1-\Delta_E)\cdot\left(1+\frac{E}{D}\right)\cdot\beta_A \qquad (19.16)$$

많은 경우 자산베타보다 자기자본의 베타, 즉 주식의 베타를 쉽게 구하거나 추정할 수 있기 때문에, 식 19.16의 자산베타를 구하려면 우선 자기자본의 베타를 구하고 다음으로 식 19.14를 정리하여 얻은 다음의 관계를 이용하여 추정할 수 있다.

$$\beta_A=\frac{\beta_E}{\Delta_E\cdot\left(1+\dfrac{D}{E}\right)} \qquad (19.17)$$

예제 19-3 ㈜SS가 발행한 주식의 가치는 총 45억원이고, 이 주식의 베타는 1.4로 추정된다. 이 회사가 발행한 3년만기 무이표채의 액면은 90억원이고 현재 75억원에 거래된다. ㈜SS는 배당을 지급하지 않으며 벌어들이는 순이익은 전액 재투자한다. 향후 3년 동안 연간무위험이자율은 4%이다. 블랙-숄즈 모형을 이용하여 이 회사가 발행한 위험채권의 베타를 추정하라.

풀이 ㈜SS 주식을 이 회사의 자산에 대한 콜옵션으로 해석할 때 그 행사가격은 90억원이다. 그리고 기초자산인 ㈜SS 자산의 현재가치는 45억+75억=120억원이다. 따라서 ㈜SS 자산의 내재변동성은 주가가 120일 때 가격이 45인 콜옵션에서 구한 주식의 내재변동성과 같다. 시행착오법에 의해 구한 내재변동성은 약 27%이다. 이를 이용하여 자기자본의 델타를 구하면 다음과 같다.

$$\begin{aligned}\Delta_E&=N(d_1)=N([\ln(A/K)+(r+0.5\sigma^2)T]/\sigma\sqrt{T})\\&=N([\ln(120/90)+\{0.04+0.5(0.27)^2\}(3)]/0.27\sqrt{3})=0.8655\end{aligned}$$

다음으로 식 19.17을 이용하여 자산의 베타를 구할 수 있다.

$$\beta_A=\frac{\beta_E}{\Delta_E\cdot\left(1+\dfrac{D}{E}\right)}=\frac{1.4}{0.8655\cdot\left(1+\dfrac{75}{45}\right)}=0.6066$$

이를 식 19.16에 대입하면 위험부채의 베타를 얻는다.

$$\beta_D=(1-\Delta_E)\cdot\left(1+\frac{E}{D}\right)\cdot\beta_A=(1-0.8655)\cdot\left(1+\frac{75}{45}\right)\cdot(0.6066)=0.1305$$

■ 재무의사결정과 옵션

자기자본(주식)과 부채를 기업의 자산에 대한 옵션으로 해석할 수 있다면 기업의 자본구조에 영향을 미치는 의사결정 역시 옵션이론으로 설명할 수 있다. 투자에 관한 의사결정권한을 주주들이 가지고 있기 때문에 주주는 자신에게 유리한 의사결정을 할 가능성이 항상 존재한다. 이러한 내용을 옵션이론으로 분석해 보자.

대리문제와 옵션

기업의 자기자본을 자산에 대한 콜옵션으로 본다면, 식 19.8에 따라 자기자본의 가치는 그 콜옵션의 가치와 같다. 옵션이론에 의하면 기업이 파산할 가능성이 있는 경우 기초자산인 자산의 위험이 클수록 콜옵션인 자기자본의 가치는 증가한다. 그러므로 주주는 기대수익이 같은 두 투자안 중에서 하나를 선택해야 한다면 위험이 큰 투자안, 즉 미래현금흐름의 분산이 큰 투자안을 선택하게 된다.

간단한 예를 들어 살펴보자. L기업이 상호배타적인 두 투자안 중에서 하나를 선택해야 하는데, 투자안 HV는 위험이 크고 투자안 LV는 위험이 작다. 이 기업이 발행한 회사채는 모두 20억원이며, 경제상태에 따라 투자안 HV와 LV로부터 발생하는 현금흐름은 〈표 19-4〉와 같다.

표 19-4 불황과 호황(확률 각 50%)에서의 투자안 HV와 LV의 현금흐름 (단위: 억원)

	투자안 HV			투자안 LV		
	불황	호황	기댓값	불황	호황	기댓값
현금흐름	10	50	30	20	40	30
채권자 몫	10	20	15	20	20	20
주주 몫	0	30	15	0	20	10

〈표 19-4〉를 보면, 투자안 HV는 불황일 경우 현금흐름(10억원)이 채무액(20억원)보다 작아 파산가능성이 있는 투자안이다. 그러나 투자안 LV는 어느 상황에서도 현금흐름이 채무액보다 작지 않다. 투자안 HV와 LV로부터 발생하는 현금흐름의 기댓값은 30억원으로 서로 같으나, 분산은 투자안 HV가 더 크다. 채권자 몫(현금흐름)의 기댓값은 투자안 HV의 경우 15억원이고, LV의 경우 20억원이다. 또 주주 몫의 기댓값은 투자안 HV의 경우 15억원인 반면, LV의 경우 10억원이다. 따라서 기업의 투자결정권한을 가지고 있는 주주는 위의 두 투자안 중에서 투자안 A를 선택하는 것이 유리하다. 왜냐하면 투자안 HV를 선택하면 현금흐름의 기댓값이 5억원 증가하기 때문이다. 파산가능성이 있는 기업에서 자산의 위험이 증가할수록 콜옵션인 자기자본의 가치가 증가하기 때문에 주주는 순현가(*NPV*)가 음(−)일지라도 위험이 큰 투자안을 선택하려는 유인을 갖는다. 이때 채권자는 자산에 대한 콜옵션을 매도한 것이므로 콜옵션의 가치가 올라가면 채권의 가치는 떨어진다(식 19.9 참조). 이러한 현상은 제15.4절에서 부채의 대리비용을 다룰 때 과대투자의 문제에 대한 논의에서 이미 살펴보았으나, 여기서는 옵션의 관점에서 이를 다시 설명한 것이다.

부채의 대리문제 중 과대투자의 문제뿐 아니라 과소투자의 문제도 옵션을 이용하여 설명할 수 있다. 기업이 *NPV*가 양(+)인 사업에 투자하여 자산가치가 증가하면, 이 자산에 대한 풋옵션의 가치는 감소한다. 식 19.11에 의해, 풋옵션의 가치가 감소하면 채권의 가치가 증가한다. 이는 투자로 인한 자산가치 증가분의 일부 또는 전부가 채권자에게 돌아간다는 것을 의미한다. 따라서 부채가 많은 기업의 경우, 주주들은 *NPV*가 양(+)인 투자안일지라도 이에 투자하는 것을 꺼리는 유인이 발생한다는 것이다.

대리문제의 계량적 분석

앞에서 언급한 과대투자의 문제와 과소투자의 문제로부터 발생하는 부채의 대리비용(agency costs of debt)을 계량적인 분석을 통해 살펴보자. 부채를 많이 사용하는 경우 기업(주주)이 *NPV*가 음(−)이더라도 위험이 큰 사업에 투자하는 이유는 그 사업안이 자산의 가치를 감소시킴에도 불구하고 자기자본의 가치를 증가시키기 때문이다. 이는 기초자산가격의 변동성(위험)의 증가로 인한 콜옵션 가치의 증가분이 기초자산가격의 하락으로 인한 콜옵션 가치의 감소분보다 큰 경우라고 할 수 있다. 따라서 기업이 *NPV*가 음(−)인 투자안을 수용하지 않으려면 자산변동성의 증가로 인한 자기자본의 증가분이 자산가치 하락으로 인한 자기자본가치의 하락분보다 크지 않아야 한다.

또 부채를 많이 사용하는 기업의 주주들이 *NPV*가 양(+)인 사업에 투자하지 않는 이유는 투자로 인해 자산가치가 증가하더라도 *NPV*가 충분히 크지 않은 한 주주에게 돌아오는 몫이 없기 때문이다. 따라서 주주들은 자신들의 투자를 정당화하기 위해서 일정수준 이상의 *NPV*를 요구하게 된다. 자산가치의 증가분은 투자비용 *I*와 순현가 *NPV*를 더한 값이다. 그리고 자기자본가치의 증가분은 여기에 자기자본의 델타를 곱하면 된다. 따라서 주주들은 자기자본가치의 증가분이 투자비용보다 큰 경우에만 투자를 고려할 것이다. 이 조건을 식으로 나타내면 다음과 같다: $(I+NPV)\cdot\Delta_E > I$. 이 식의 양변을 Δ_E로 나누고, 식 19.14와 19.15의 관계를 대입하여 정리하면 다음의 조건을 얻게 된다.

$$NPV > I\cdot\left(\frac{1-\Delta_E}{\Delta_E}\right) = I\cdot\left(\frac{D}{E}\right)\left(\frac{\beta_D}{\beta_E}\right) \tag{19.18}$$

즉 주주들은 *NPV*가 양(+)일지라도 식 19.18의 우변의 값 이하이면 투자를 꺼리게 되는데, 이는 양(+)의 *NPV*가 자산가치를 증가시키더라도 모두 채권자의 몫으로 돌아가기 때문이다.

예제 19-4 [예제 19-3]에서 ㈜SS가 자산의 일부를 정리하여 다른 사업에 투자하려고 한다. 이 사업은 매우 위험이 커서 이를 추진할 경우 자산의 변동성은 27%에서 35%로 증가한다고 한다. 이 사업안의 순현가가 −3억원이라고 하는데, 그럼에도 불구하고 회사의 주주들이 이 사업에 투자하려는 이유를 계량적으로 분석하라. 또 이 사업의 대안으로서 회사는 기존주주들로부터 10억원을 조달하여 새로운 사업에 투자할 것을 고려하고 있다. 주주들로부터 필요자금을 확보하려면 이 사업안의 순현가가 최소한 얼마가 되어야 하는지를 결정하라.

풀이 첫 번째 투자안을 채택할 경우 순현가가 −3억원이므로 자산의 가치는 120억원에서 117억원으로 감소한다. 한편 자산의 변동성이 27%에서 35%로 증가할 때, 자산에 대한 콜옵션인 자기자본의 가치를 블랙-숄즈 모형을 이용하여 계산하면 약 48.83억원이 된다. 즉 주주의 가치는 45억원에서 3.83억원 증가한다. 이때 채권자의 가치는 75억원에서 68.17억원으로 6.83억원 감소한다. 이는 결국 채권자로부터 주주들에게 가치가 이전되는 것이므로 주주들은 이 사업계획에 동의할 유인을 가지게 된다.

㈜SS가 고려하는 두 번째 사업안의 경우 식 19.18의 우변에, $I=10$억원, $D=75$억원, $E=45$억원, $\beta_D=0.1305$, $\beta_E=1.4$를 대입하면 NPV가 대략 1.55억원보다 커야 된다는 결론이 따른다. 즉 주주들은 NPV가 양(+)일지라도 1.55억원 이하이면 투자를 꺼리게 되는데, 이는 자산가치가 채권의 액면 이하로 떨어질 경우 양(+)의 NPV가 모두 채권자의 몫으로 돌아가기 때문이다.

배당결정과 옵션

기업이 현금배당을 지급하면 주주는 일정 배당금을 현금으로 받게 된다. 이와 같이 배당을 지급하는 경우 주주는 확실한 현금을 갖게 되는 반면 채권자는 손해를 보게 된다. 그 이유를 살펴보자. 앞서의 식 19.11에서 위험채권의 가치는 무위험채권의 가치에서 회사의 자산에 대한 풋옵션의 가치를 뺀 것과 같다. 배당을 지급하는 경우 현금지출만큼 자산가치가 감소하는 반면, 자산가치의 감소에 따라 풋옵션의 가치는 증가한다. 즉 풋옵션은 행사가격을 받고 기초자산인 기업을 팔 수 있는 권리이므로 기업가치가 하락할수록 그 가치가 증가한다. 따라서 자산에 대한 풋옵션을 보유하고 있는 주주는 가능한 한 현금배당을 증가시키려 할 것이고 또 채권자는 이를 막으려고 한다. 부도의 위험이 있을 때 주주에게 많은 배당을 지급하거나 이와 비슷한 형태의 현금을 지급하게 되면 기업가치가 감소하게 되고 채권자는 큰 손해를 보게 된다. 예를 들어 기업의 모든 자산을 배당으로 지급하게 되면 이는 채권자에게 귀속되어야 할 현금을 전액 주주에게 이전시키는 셈이 된다. 이와 같은 경우를 방지하기 위하여 채권자는 채권계약 시 배당지급을 제한하는 규정을 원한다.

19.3 실물옵션

■ 자본예산과 실물옵션

기업이 고려하는 많은 투자안은 내용연수가 장기이고 필요한 자금의 규모도 매우 크다. 또 생산기술이 전문화되어 한 용도로 마련한 시설을 다른 용도로 바꾸기가 쉽지 않다. 따라서 잘못된 투자결정은 기업의 장래에 치명적인 영향을 미칠 수 있다. 전통적인 자본예산은 미래현금흐름의 기댓값과 위험조정할인율을 사용하여 투자안의 순현가를 계산하고 이를 바탕으로 투자를 결정하는 순현가법에 크게 의존한다.

그러나 전통적인 순현가법은 미래의 상황이 불확실하고 안정적이지 못한 경우에 투자안을 평가하는 방법으로서 적지 않은 문제점을 가지고 있다. 순현가법을 사용하기 위해서는 어떤 방법으로든지 미래의 현금흐름과 할인율에 대한 추정이 필요하다. 대부분의 경우 현금흐름과 할인율은 투자시점의 상황과 정보에 기초하여 추정되고, 이 상황과 정보는 투자가 끝나는 시점까지 유지된다는 것을 전제로 한다. 즉, 전통적인 순현가법은 투자결정 이후 시간의 흐름에 따라 나타나는 상황변화와 이에 대한 대처가능성을 고려하지 않는다. 그러나 현실에서는 투자결정이 내려진 후 상황이 변화하면 경영자는 이를 반영하여 기업가치를 증가시키는 방향으로 투자전략을 수정할 수 있다. 전통적인 순현가법은 이러한 문제에 대하여 아무런 언급이 없기 때문에 실제로 경영자들은 상황변화에 대한 대응전략의 부재와 피드백의 어려움 등을 지적하고 있다.

전통적인 순현가법이 고려하지 못하는 구체적인 예로 다음과 같은 것을 들 수 있다. 우선, 경영활동의 유연성(flexibility)이다. 시간이 흐름에 따라 경영활동에서 발생하는 정보의 양과 질은 변화하며 경제환경도 변화한다. 이에 따라 경영자들은 수집된 정보와 변화된 상황에 대한 인식을 바탕으로 사업을 연기하거나, 확장하거나, 아니면 사업안을 폐지하는 등의 전략을 구사할 수 있어야 하는데 순현가법은 이에 대한 기준을 제시하지 못한다. 다음으로, 투자안이 가지는 전략적 가치이다. 어떤 투자안이 완성되면 이는 그 자체로 끝나는 것이 아니라 상호관련된 또 다른 사업을 개발할 수 있는 새로운 옵션가치를 창출한다는 것이다. 예를 들어 어떤 기술을 확보하기 위한 연구개발투자는 그 자체로서의 의미를 가질 뿐만 아니라, 그 기술을 바탕으로 하여 보다 높은 차원의 고급기술을 개발하는 출발점이 될 수 있다. 전통적 순현가법은 이러한 전략적 가치를 파악할 수 있는 경로를 제시하지 못한다.

투자전략을 수정할 수 있는 기회와 투자안에 내재되어 있는 전략적 가치는 옵션개념으로 이해될 수 있다. 상황변화에 대응하여 처음에 내린 투자결정을 수정하는 것은 이익창출의 가능성을 보다 크게 하고 손실발생의 가능성을 제한하여 투자안의 가치를 증가시키는 역할을 한다. 실물투자안에 내재되어 있는 이러한 옵션적 특성을 실물옵션(real option)이라고 한다. 즉 실물옵션은 실물투자와 관련하여 특정 의사결정을 내릴 수 있는 옵션을 말하며, 제17장과 제18장에서 다룬 금융옵션(financial option)과는 구별된다. 실물옵션은 금융옵션과 달리 옵션의 기초자산이 시장에서 경쟁적으로 거래되지 않는다는 특징이 있다. 예를 들면, 사업을 연기하거나 확장할 수 있는 선택권은 시장에서 거래될 수 없다. 실물옵션을 반영한 투자안의 가치는 다음과 같이 쓸 수 있다.

$$\text{투자안의 가치} = \text{전통적 순현가법에 의한 가치} + \text{실물옵션의 가치} \tag{19.19}$$

■ 의사결정수를 이용한 분석

불확실성의 해소와 의사결정

어떤 투자안은 연속적이고 단계적인 일련의 분석과정을 거쳐 투자안의 평가가 이루어질 필요가 있다. 현금흐름의 불확실성과 상황의 연속적인 상호관련성을 고려하여 단계적으로 투자결정을 내릴 때 의사결정수(decision tree)가 자주 이용된다. 의사결정수는 불확실성의 해소과정과 이에 따른 의사결정을 그림으로 나타낸 것이다. 제19장에서 옵션가격의 이항모형을 다룰 때 이용한 이항수(binomial tree)의 가지(branch)는 투자자가 통제할 수 없는 불확실성을 나타내는 데 비해, 의사결정수는 투자자에게 주어지는 몇 가지 선택안(choices)을 나타내는 가지도 포함한다는 차이점이 있다.

예를 통해 이를 살펴보자. 대학생인 Y군은 곧 다가올 학교축제 기간 동안 캠퍼스에 스낵코너를 개장하여 학비의 일부를 조달할 계획이다. 스낵코너를 설치하는 데 드는 비용은 100만원이고, 음료와 음식을 팔아서 남게 될 현금은 약 400만원으로 예상된다고 한다. 이 경우 Y군이 계획을 추진할 것인지 또는 포기할 것인지를 나타낸 것이 [그림 19-9]이다. 그림에서 네모로 표시된 박스(■)는 Y군이 어느 가지를 선택할지를 결정해야 하는 의사결정 분기점(decision node)을 나타내며, 파란 선은 최적의사결정을 나타낸다.

| 그림 19-9 | Y군의 의사결정

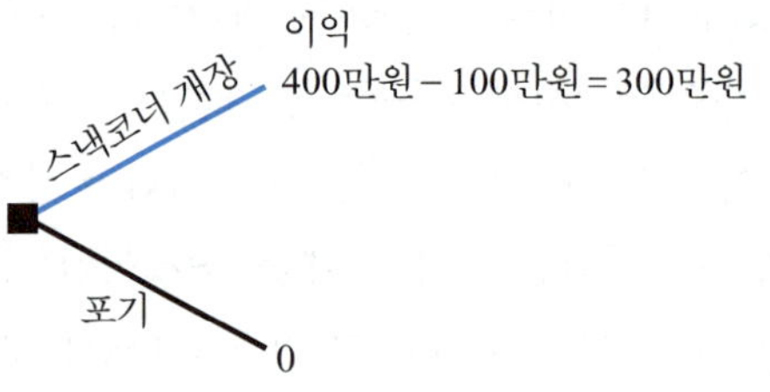

[그림 19-9]에서 보면 Y군은 당연히 스낵코너를 개장하는 것이 낫다는 결론이 따른다. 그러나 이 계획의 성공 여부는 행사기간 동안의 날씨에 달려 있다는 사실은 쉽게 짐작할 수 있다. 날씨가 맑을 경우 매출은 호조세를 보여 약 550만원의 수입을 올릴 수 있으나, 비가 올 경우 매출이 저조할 뿐 아니라 식재료도 반납할 수 없어 시설비를 제외하고도 약 200만원의 추가적인 지출이 예상된다고 한다. 일기예보에 의하면 날씨가 맑을 확률과 비가 올 확률은 각각 80%와 20%이다. [그림 19-10]은 이러한 불확실성을 [그림 19-9]의 의사결정수에 반영하여 나타낸 것이다. 그림에서 둥근 원(●)은 의사결정자가 통제할 수 없는 정보의 불확실성이 해소되는 분기점을 나타낸다. 이를 정보분기점(information node)이라고 부른다. 그림에서 보면 날씨에 대한 불확실성이 해소되기 전에 시설비가 지출되는 것을 알 수 있다.

[그림 19-10]이 Y군이 선택할 수 있는 모든 대안을 반영하였다고 할 수는 없다. Y군이 날씨가 어떤지를 아는 시점에서 시설비는 이미 지출되었기 때문에 이는 매몰비용이 되지만, 그렇다고 비

| 그림 19-10 | 날씨와 Y군의 의사결정

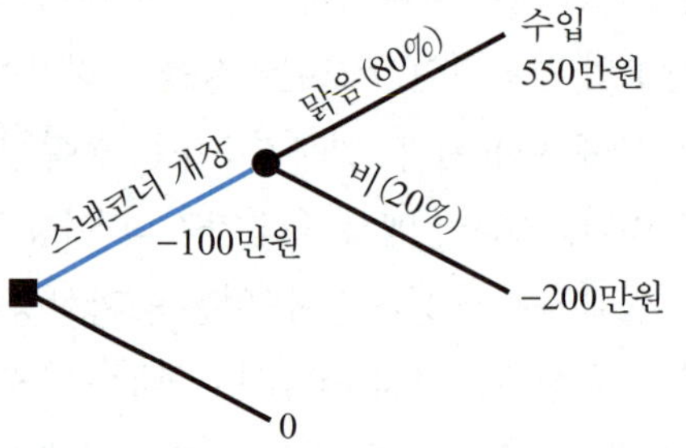

| 그림 19-11 | Y군이 날씨를 알 때까지 의사결정을 미룰 수 있는 경우

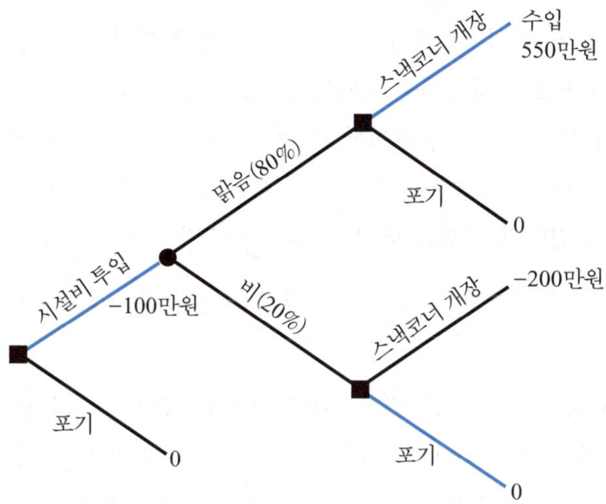

가 온다는 걸 아는 이상 스낵사업을 추진하는 것은 바람직하지 않다. 그럴 경우 추가로 200만원의 손실이 발생하기 때문이다. 따라서 Y군은 기후상태를 확인한 후에 스낵사업의 이행 여부를 결정하는 것이 합리적이다. 이를 그림으로 나타낸 것이 [그림 19-11]이다.

실물옵션

[그림 19-10]과 [그림 19-11]의 차이가 바로 실물옵션의 예가 될 수 있다. [그림 19-11]에서 Y군은 날씨에 대한 불확실성이 해소될 때까지 의사결정을 연기할 수 있는 선택권이 있는 반면, [그림 19-10]에서는 그러한 선택권이 없어 날씨 상태를 알기 전에 의사결정을 내려야 한다. 이러한 선택권이 바로 실물옵션이며 이 실물옵션의 가치는 양(+)의 값을 가진다.

화폐의 시간가치를 무시하고 위의 두 경우의 *NPV*를 비교함으로써 실물옵션의 가치를 구해 보자. 실물옵션이 없는 경우 *NPV*는 300만원[$= 0.8 \times 550$만$+ 0.2 \times (-200$만$) - 100$만]이다. 그러나 실물옵션이 있는 경우의 *NPV*는 340만원($= 0.8 \times 550$만$+ 0.2 \times 0 - 100$만)이다. 따라서 실물옵션의 가치는 두 값의 차이인 40만원이 된다.

기업의 투자결정과정은 많은 경우 Y군의 스낵사업에서와 유사한 실물옵션을 내포한다. 이러한 실물옵션에 대한 이론은 금융옵션에서처럼 표준화되거나 정형화되어 있지 않고 투자안에 따라 다양하게 개발되어 왔다. 다음에서는 현실에서 가장 널리 알려진 세 가지 형태의 실물옵션, 즉 연기옵션, 성장옵션, 그리고 포기옵션을 예를 통해 소개한다.

■ 연기옵션

투자안의 순현가는 투자시점에서 추정된 기대현금흐름과 할인율을 이용하여 계산된다. 그러나 현금흐름이나 할인율은 시간이 경과함에 따라 또는 불확실성이 해소됨에 따라 변할 수 있다. 이때 지금 투자하지 않으면 다음에 기회가 없는 사업과 지금 투자하지 않고 다음 기회를 노릴 수 있는 사업은 분석이 달라져야 한다. 현재시점에서 추정되는 두 사업의 기대현금흐름과 할인율이 동일하다고 하자. 순현가가 음(−)으로 나타나면 두 사업안은 모두 기각되어야 한다. 그러나 둘 중 한 사업의 경우, 지금 시작하지 않더라도 다음 기회에 투자할 기회가 주어지고 또 현금흐름이나 할인율이 긍정적인 방향으로 변한다면 의사결정이 바뀔 수 있다. 이렇게 지금 즉시 투자를 결정하지 않고 장래의 어느 시기까지 기다렸다가 결정을 내릴 수 있는 권리를 투자안의 연기옵션(option to wait 또는 option to delay)이라고 한다.

연기옵션의 가치

㈜서울은 220억원이 소요되는 신제품개발을 계획하고 있다. 1년 후부터 창출될 이 사업의 현금흐름은 소비자의 수요에 따라 결정되는데, 현 시점에서는 소비자의 취향에 대한 정보가 부족하여 수요를 정확히 파악할 수 없다. 수요가 많고 적은 데 따라 매년 발생하는 현금흐름의 확률분포는 다음과 같다.

수요	확률	현금흐름
많은 상황	0.5	32억원
적은 상황	0.5	18억원

1년 후 충분한 정보수집으로 수요에 대한 불확실성이 해소되면 매년 발생할 현금흐름이 결정되고, 이는 영원히 지속된다고 한다. 한편, ㈜서울은 신제품개발사업에의 투자를 올해 시작할 수도 있고, 대신 1년 연기하여 내년에 시작할 수도 있다. 투자를 연기하더라도 투자비용은 여전히 220억원으로 변화가 없다. 즉, ㈜서울은 투자를 연기할 수 있는 옵션을 가지고 있다. 이 사업에 대한 적정할인율이 10%이고 무위험이자율이 5%일 때, ㈜서울이 현재와 1년 후 중 언제 투자를 집행하는 것이 유리한지를 분석해 보자.

우선 투자를 연기할 수 없는 경우를 고려해 보자. 새로운 사업은 앞으로 1년 후부터 매년 25억원(= 0.5 × 32 + 0.5 × 18)의 현금흐름을 창출해 낼 것으로 기대되기 때문에 적정할인율인 10%를 적용하여 계산하면 이 사업의 현재가치는 250억원으로 추정된다. 따라서 이 사업안의 순현가는 30억원(= 250억 − 220억)이 되어 경제성이 있는 것으로 평가되며, ㈜서울은 이 사업을 추진함으로써 기업가치를 30억원 증가시킬 수 있다.

다음으로 ㈜서울이 사업을 연기할 수 있는 경우를 살펴보자. 우선 [그림 19−12]에서는 사업을 연기할 수 있는 유연성을 반영하여 의사결정수를 나타내었다.
그림에서 보듯이 1년 후 수요가 많다고 확인되면 투자안의 가치가 320억원(= 32억/0.1)이 되고 *NPV*는 100억원(= 320억 − 220억)이 되어 사업을 추진한다. 그러나 수요가 적다고 확인되면 투자안

| 그림 19-12 | ㈜서울의 투자기회

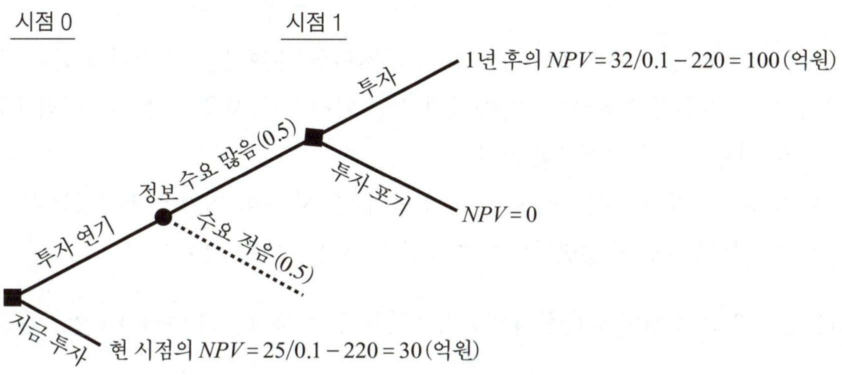

의 가치는 180억원(= 18억/0.1)이 되고 *NPV*는 −40억원(= 180억 − 220억)이 되어 사업을 포기해야 한다. 따라서 연기옵션이 주어진 사업안의 순현가는 다음과 같이 요약된다.

시점 1에서의 순현가: 수요가 많은 상황: Max[320억 − 220억, 0] = 100억원
수요가 적은 상황: Max[180억 − 220억, 0] = 0

위에서 시점 1에서의 순현가는 투자안의 가치를 기초자산으로 하고 행사가격이 220억원인 1년 만기 콜옵션의 수익과 형태가 같다. 따라서 연기옵션이 있는 투자안의 현재시점에서의 순현가는 투자비용 220억원을 행사가격으로 하는 1년만기 콜옵션의 시점 0에서의 가치와 같아야 한다. 이러한 콜옵션의 가치는 제18장에서 배운 1단계 이항모형을 이용할 수 있다. 제18.2절에서 다룬 위험중립평가법을 이용하여 이 콜옵션의 가치를 구해 보자. 우선 평가해야 할 콜옵션의 시점 1에서의 수익은 위에서 구한 바와 같이 수요가 많으면 100억원이 되고, 수요가 적으면 0이다.

다음으로 위험중립확률을 구하기 위하여 미래의 각 상황별로 투자안 가치의 증가율(또는 성장률)을 계산하자.

수요가 많은 상황에서의 성장률(u) = (32억 + 320억)/250억 = 1.408
수요가 적은 상황에서의 성장률(d) = (18억 + 180억)/250억 = 0.792

수요가 많은 상황이 발생할 위험중립확률 q는 식 18.12를 이용하여 다음과 같이 계산된다.

$$\text{위험중립확률 } q = \frac{(1+\text{무위험이자율})-d}{u-d} = \frac{1.05-0.792}{1.408-0.792} = 0.4188$$

위험중립확률을 이용하여 미래수익의 기댓값을 계산하고 이를 무위험이자율로 할인하면 콜옵션의 현재가치가 되고 이것이 곧 연기옵션이 있는 투자안의 순현가가 된다.

$$\text{연기옵션이 주어진 투자안의 순현가} = \frac{0.4188 \times 100\text{억} + (1 - 0.4188) \times 0}{1.05} = 39.89\text{억원}$$

연기옵션이 없는 경우(오늘 투자를 해야 하는 경우) 투자안의 순현가는 30억원인 반면, 투자를 1년 뒤로 연기할 수 있는 경우의 순현가는 39.89억원이다. 따라서 ㈜서울은 새로운 사업에의 투자를 1년 연기하는 것이 바람직하다는 결론이 따른다.

그렇다면 연기옵션의 가치는 어떻게 구할 수 있을까? 앞서 구한 연기옵션이 있는 투자안의 순현가는 연기옵션이 없는 투자안의 순현가에 연기옵션의 가치를 더한 것이다.

연기옵션이 있는 투자안의 순현가 = 연기옵션이 없는 투자안의 순현가 + 연기옵션의 가치

따라서 연기옵션의 가치는 연기옵션이 있는 투자안의 순현가와 연기옵션이 없는 투자안의 순현가의 차이로 구할 수 있다.

연기옵션의 가치 = 39.89억 − 30억 = 9.89억원

연기옵션이 있는 사업안은 전통적인 순현가법에 의한 가치가 음(−)이더라도 옵션가치가 충분히 크다면 추진해 볼 가치가 있는 사업이 될 수 있다. 음(−)의 순현가를 연기옵션의 가치가 상쇄하고도 남기 때문이다. 또 순현가가 양(+)인 매력적인 사업일지라도 연기옵션의 가치가 양(+)인 이상, 곧바로 이 사업에 착수할 것이 아니라 더 큰 가치를 확보할 수 있는 최적시점을 찾아 그때까지 기다리는 것이 현명한 의사결정이다.

최적투자시점의 결정요인

연기옵션이 있다고 해서 무조건 기다리는 것이 유리한 것일까? 반드시 그렇지는 않다. 투자를 연기함으로써 얻는 이점은 좋지 않은 상황이 확인되면 투자를 포기하는 것이다. 그러나 한편으론 투자수익이 발생하는 시점도 연기되어 그 기간 동안에 발생한 수익을 얻을 수 없는 불이익을 감수해야 한다. ㈜서울의 경우 기다림으로 인해 1년 동안의 기대수익인 25억원(0.5 × 32억 + 0.5 × 18억)을 잃게 된다. 이는 주식보유를 연기함으로써 배당을 받지 못하는 것과 같다. 따라서 투자를 연기하면 이익과 불이익 사이에 상충관계(trade-off)가 발생하기 때문에, 기다릴 것인지 말 것인지는 둘 간의 상대적 크기에 달려 있다. 예를 들어 ㈜서울의 경우, 현금흐름의 분포가 (32억, 18억) 대신 (37억, 23억)이라고 하자. 이 경우 연 기대수익은 30억원이 되며, 연기옵션이 없을 때의 순현가는 80억원(= 300억 − 220억)이다. 또 연기옵션이 있는 경우 순현가를 앞에서와 같은 방법으로 계산하면 57.52억원이다. 따라서 투자를 연기하는 것보다 지금 집행하는 것이 낫다는 결론이 따르는데 그 이유는 기다려서 얻는 것보다 투자를 조기에 집행함으로써 얻는 혜택이 크기 때문이다. 이와 같은 혜택이 클수록 기다림으로 인한 비용이 크다는 것을 의미하는 것이므로 연기옵션의 매력은 떨어진다. 만일 투자안을 연기하더라도 불이익이 없는 경우라면 항상 투자를 연기하는 것이 낫다. 이는 배당이

없는 주식의 콜옵션을 조기에 행사하는 것이 결코 최적이 아니라는 결과와 마찬가지이다.

현금흐름뿐 아니라 현금흐름의 변동성도 연기옵션의 가치에 영향을 미친다. 투자를 연기해서 얻는 가장 큰 이점은 미래현금흐름에 대한 불확실성이 해소되어 추가적인 정보를 얻는 것이라고 하였다. 따라서 연기옵션은 불확실성(변동성)이 클수록 그 가치가 올라간다. 불확실성이 작을수록 기다려서 얻는 이점은 점점 사라진다. ㈜서울의 예에서 현금흐름의 분포가 (32억, 18억) 대신 (30억, 20억)으로 추정되었다면, 앞에서와 같은 방식으로 계산한 투자안의 순현가는 29.44억원이 된다. 이럴 경우라면 기다림으로 해서 얻는 혜택이 작아 투자를 지금 시작하는 것이 낫다는 결론이 따른다.

■ 성장옵션

성장옵션(growth option) 또는 확장옵션(expansion option)이란 최초 투자 후 사업의 성과가 처음에 기대했던 것보다 더 좋을 경우 사업규모를 확장할 수 있는 옵션을 말한다. 많은 경우에 경영자는 처음의 투자는 수익성이 떨어지더라도 초기투자와 관련되어 이어지는 후속투자의 가능성을 보고 투자결정을 할 수 있다. 대표적으로 규모가 큰 후속공사의 수주를 위해 경제성이 떨어지는 초기공사를 담당하는 건설회사의 경우나, 가맹점 하나만으로는 수익성이 없으나 넓은 지역의 가맹점운영권을 기대하고 초기투자를 하는 프랜차이즈 사업의 예를 생각할 수 있다. 이러한 확장옵션이 있는 투자의 경우 확장옵션의 가치를 투자안 평가에 적정하게 반영하는 것이 필요하다.

예를 통해 살펴보자. 홍 씨는 새로이 조성되는 아파트 단지 내에 커피점을 운영하기 위해 프랜차이즈 계약을 고려하고 있다. 이 사업은 약 10억원의 투자비용이 소요되며, 사업의 성공 여부는 점포의 매출과 직결되는데 이는 아파트가 얼마나 많이 분양되느냐에 달려 있다고 한다. 분양이 호조를 보일 경우 매년 0.8억원, 분양이 저조할 경우 매년 0.1억원의 현금흐름이 영구히 발생할 것으로 예상되며 각각의 위험중립확률은 0.5라고 한다. 무위험이자율은 5%이다. 분양률이 높고 낮을지를 알 수 있는 시점은 1년 후인데, 입점은 올해만 가능하고 1년 후에 새로이 입점하는 것은 불가능하다. 다만, 분양률이 높을 경우 홍 씨는 점포를 두 배로 확장할 수 있는 옵션이 주어진다고 한다. 이러한 상황에서 홍 씨가 내려야 할 의사결정과정을 나타낸 것이 [그림 19-13]의 의사결정수이다. 이를 이용하여 홍 씨가 어떤 결정을 내려야 할지를 살펴보자.

우선 점포를 확장할 수 있는 옵션이 없는 경우의 순현가를 구해 보자.

$$\text{순현가(확장옵션이 없는 경우)} = (0.5 \times 0.8\text{억} + 0.5 \times 0.1\text{억})/0.05 - 10\text{억} = -1\text{억원}$$

순현가가 음(−)이므로 이 사업을 추진하는 것은 바람직하지 않아 보일 수 있다. 그러나 이 사업을 금년도에 시작하고, 1년 후에 아파트 분양률이 높아 사업을 두 배로 확장할 경우를 고려해 보자. 두배로 확장하는 옵션의 1년 후 시점에서의 순현가는 다음과 같다.

| 그림 19-13 | 홍 씨의 프랜차이즈 계약에 대한 의사결정

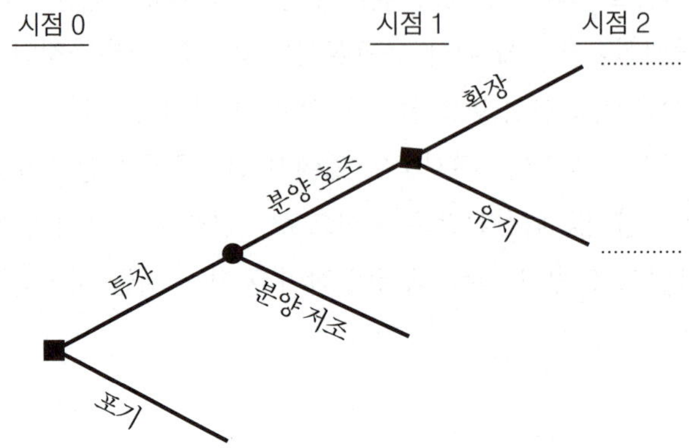

사업을 확장하는 옵션의 순현가 = 0.8억/0.05 − 10억 = 6억원

이러한 상황이 발생할 위험중립확률은 0.5이므로 이렇게 사업을 확장할 수 있는 옵션의 기대가치는 0.5 × 6억 = 3억원이 되며 이를 현재가치로 환산하면 다음과 같다.

확장옵션의 현재가치 = 3억/1.05 = 2.86억원

이러한 확장옵션은 올해 사업을 시작하는 조건으로 주어지는 것이기 때문에, 홍 씨가 고려하고 있는 사업의 순현가는 앞에서 구한 확장옵션이 없는 경우의 순현가와 확장옵션의 현가를 더한 값이 된다.

사업안의 순현가 = 순현가(확장옵션이 없는 경우) + 확장옵션의 현가
= −1억 + 2.86억 = 1.86억원

사업안의 순현가가 양(+)이므로 홍 씨는 이 사업안을 수용해야 한다는 결론이 따른다.

■ 포기옵션

기업이 투자결정을 한 이후에 경영환경이 악화되어 수익이 음(−)의 값을 가지는 경우가 생길 수 있다. 이런 경우 기업은 중도에 사업을 포기할 수 있다. 기업이 중도에 사업을 포기할 수 있는 선택권을 포기옵션(option to abandon)이라고 한다. 기업이 중도에 사업을 포기할 때 시장에서 일정금액을 받고 이 사업을 팔 수도 있다. 기업이 사업의 현금흐름을 포기하는 대가로 매각대금을 받는다면 이는 매각대금을 행사가격으로 하는 풋옵션을 보유하는 것과 같다.

포기옵션이 있는 투자안을 수용하면 투자와 동시에 사업을 포기할 수 있는 풋옵션을 가지게 된다. 즉, 기업의 투자결정은 현금흐름의 현재가치와 이것을 기초자산으로 하는 풋옵션을 동시에 가지고 있는 것이다. 인수합병시장이 잘 발달되어 있을수록 기업이 부실한 사업을 매각하는 것이 쉬

워지며 적정한 매각대금을 받을 가능성도 높다. 매각가치가 높을수록 풋옵션을 포함하는 투자안의 가치도 증가하고 그 결과 기업이 투자할 유인도 커진다.

예를 들어 살펴보자. 투자자 J 씨는 강남 번화가에 새로이 들어설 건물 내에 도시락점을 운영할 것을 고려하고 있다. 이 사업은 초기에 약 7억원의 시설비용이 소요되며, 사업의 성공 여부는 빌딩의 공실률과 관련이 있다. 사무실 분양이 순조로워 공실률이 낮을 경우 매출은 매년 3.2억원 정도로 예상되나, 공실률이 높을 경우에는 매년 1.6억원으로 예상된다. 월세를 포함한 운영비는 매년 2억원으로 추정된다. 이러한 매출과 비용은 영구히 지속될 것으로 예상되며, 공실률이 낮고 높을 각각의 위험중립확률은 0.5라고 한다. 무위험이자율은 6%이다. 공실률이 낮고 높을지를 알 수 있는 시점은 1년 후인데, 건물주와의 계약은 올해만 가능하다고 한다. 다만, 계약체결 후 2년이 지나서 사업이 부진할 경우 J 씨는 추가적인 비용을 지불하지 않고 건물주와의 월세계약을 끝내고 사업을 포기할 수 있는 옵션이 주어진다고 한다. 이러한 상황에서 J 씨가 내려야 할 의사결정과정을 나타낸 것이 [그림 19-14]의 의사결정수이다. 이를 이용하여 J 씨가 어떤 결정을 내려야 할지를 살펴보자.

우선 점포를 포기할 수 있는 옵션이 없는 경우의 순현가를 구해 보자.

$$\begin{aligned}\text{순현가(포기옵션이 없는 경우)} &= [0.5\times(3.2\text{억}-2\text{억})+0.5\times(1.6\text{억}-2\text{억})]/0.06-7\text{억}\\ &= -0.33\text{억원}\end{aligned}$$

순현가가 음(−)이므로 도시락점 사업을 하지 않는 것이 낫다는 결론에 이른다.

그러나 1년 후면 건물의 입주자가 모두 결정되고 가게의 매출도 확실히 알 뿐 아니라, 매출이 부진할 경우 사업을 포기할 수 있다. 만일 공실률이 낮아 매출이 호조를 보인다면 J 씨는 이 사업을 계속할 것이고 이때 순현가는 다음과 같다.

| 그림 19-14 | J 씨의 도시락점 사업에 대한 의사결정

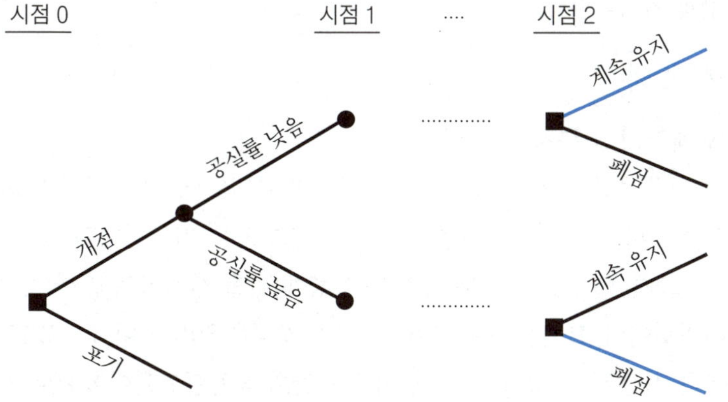

$$\text{순현가(매출호조 시)} = (3.2\text{억} - 2\text{억})/0.06 - 7\text{억} = 13\text{억원}$$

또 1년 후 입주자가 적어 매출이 저조하다면 J 씨는 이 사업을 계속할 이유가 없다. 그러나 가게를 접을 수 있는 시점은 2년 후이다. 가게를 2년 동안 운영할 때의 순현가는 다음과 같다.

$$\text{순현가(매출저조 시)} = (1.6\text{억} - 2\text{억}) \times \underbrace{\frac{1}{0.06}\left(1 - \frac{1}{1.06^2}\right)}_{\text{연금의 현가요소}} - 7\text{억} = -7.73\text{억원}$$

각각의 상황이 발생할 위험중립확률이 0.5이므로 포기옵션이 있는 경우의 순현가는 다음과 같다.

$$\text{순현가(포기옵션이 있는 경우)} = 0.5 \times 13\text{억} + 0.5 \times (-7.73\text{억}) = 2.63\text{억원}$$

포기옵션이 있는 경우, 사업이 부진하면 중도에 중단함으로써 손실을 막을 수 있기 때문에 순현가가 양(+)의 값으로 바뀌는 것을 볼 수 있다. 따라서 이 사업을 추진할 가치가 있다는 결론에 도달한다. 이때 포기옵션의 가치는 옵션이 있을 때와 없을 때의 가치의 차이이다. J 씨가 고려하는 사업안의 경우 이를 계산하면 2.96억원(= 2.63억 - (−0.33억))이다.

이러한 포기옵션을 풋옵션의 관점에서 해석하고 이 풋옵션의 가치를 계산해 보자. 2년 후 J 씨가 사업을 그만두면 사업의 가치는 0이다. 그러나 2년이 지난 이후의 손실(매년 −0.4억)을 피할 수 있기 때문에 이 금액의 현가 6.67억원(= −0.4억)/0.06)을 받는 것과 마찬가지이다. 따라서 J 씨의 포기옵션은 기초자산이 사업안의 가치이고 행사가격이 6.67억원인 2년만기 유럽식 풋옵션과 같다. 이 풋옵션의 만기에서의 수익은 다음과 같다.

2년 후 수익: 매출이 호조인 상황: Max[6.67억 − 20억, 0] = 0
매출이 저조한 상황: Max[6.67억 − 0, 0] = 6.67억원

위험중립평가법에 의해 풋옵션의 현재가치를 구하면 2.96억원(= 0.5 × 0 + 0.5 × 6.67]/(1.06)^2)으로서 앞에서 구한 값과 일치한다.

■ 기타 실물옵션의 예

수명이 다른 상호배타적인 투자의 선택

앞의 제7.4절에서 다루었던 수명이 다른 상호배타적인 투자안에 대한 투자결정은 실물옵션의 관점에서 재검토될 수 있다. 예를 통해 이를 살펴보자. ㈜창조는 기존설비의 효율성을 높일 수 있는 기계장치의 구입을 고려하고 있는데, 두 가지 제품 중 하나를 선택하려고 한다. A제품은 수명이 3년이고 가격이 45억원이며, B제품은 수명이 6년이며 가격은 80억원이다. 그리고 두 제품 모두 연간 20억원의 비용을 절감할 수 있다고 한다. 이 투자안의 적정할인율이 8%일 때, 두 기계 중 어떤 것을 선택해야 할지를 살펴보자.

우선 각 제품을 구입했을 때의 순현가를 구해 보면 다음과 같다.

$$순현가(A: 3년\ 수명) = 20억 \times PVFA(3년, 8\%) - 45억 = 20억 \times 2.5771 - 45억 = 6.54억원$$
$$순현가(B: 6년\ 수명) = 20억 \times PVFA(6년, 8\%) - 80억 = 20억 \times 4.6229 - 80억 = 12.46억원$$

여기서 PVFA는 연금의 현가요소를 나타낸다. 위 결과에서 제품의 수명을 무시하고 단순히 순현가를 비교하면 제품 B를 선택할지 모른다. 그러나 두 선택안을 제대로 비교하려면 제품수명이 무시될 수 없다. 즉, 3년 후 A제품의 수명이 끝나면 그 후 3년 동안에는 어떤 대안이 있는지를 고려하여 B제품과의 투자기간을 맞추어야 한다.

만일 3년 후 절품 등으로 인해 A제품을 같은 제품으로 교체하는 것이 불가능하다면 그대로 B제품을 선택할 수밖에 없다. 그러나 A제품을 같은 새 제품으로 교체할 수 있다면 세 가지 가능성이 있다: (i) 같은 가격, 또는 (ii) 더 싼 가격, 아니면 (iii) 더 비싼 가격조건이 그것이다. 지금 A제품을 선택하고 3년 후 같은 가격조건에 같은 제품으로 교체할 경우, A제품을 한 번 구입할 때마다 순현가가 6.54억원이므로 6년 동안의 순현가는 다음과 같다.

$$순현가(A\ 구입 + 3년\ 후\ 교체) = 6.54억 + 6.54억/(1.08)^3 = 11.73억원$$

A제품을 6년간 사용하면 3년간 사용하는 경우보다 순현가가 증가하지만, B제품의 순현가보다는 작다. 따라서 3년 후 A제품의 가격이 지금보다 비싸지면 여전히 B제품의 순현가보다 작을 것이고, 이 두 경우에는 B제품을 선택해야 한다는 결론에 도달한다. 한편, 3년 후 A제품 가격이 충분히 내려가 6년간 사용으로부터 얻는 순현가가 B제품의 순현가를 능가할 수 있다. 이럴 경우라면 A제품을 선택해야 될 것이다.

현 시점에서 3년 후의 A제품의 가격은 불확실할 수 있다. 그러나 3년 후 ㈜창조가 A제품을 교체할 수 있는 옵션이 주어지는 한, 회사는 이러한 불확실성, 즉 앞의 세 가지 가능성의 영향을 고려하여 투자결정에 반영하여야 한다. 즉 A제품의 경우 투자가치는 단순히 3년간의 순현가가 아니라 여기에다 교체옵션의 가치를 더한 값이 된다.

예제 19-5 위의 ㈜창조의 예에서 회사가 3년 후 A제품을 같은 새 제품으로 교체할 수 있는 옵션을 받는다고 하자. 3년 후 A제품의 가격은 0.7의 확률로 42억원으로 떨어지고, 0.2의 확률로 45억원 그대로이며, 0.1의 확률로 48억원이 된다고 한다. 이때 ㈜창조가 가지는 교체옵션의 가치를 산정하고, 투자결정을 내려보라.

풀이 가격이 42억원, 45억원, 48억원이 될 때, 3년 후의 순현가는 각각 9.54억원, 6.54억원, 3.54억원이다. 따라서 교체옵션의 가치는 다음과 같이 구해진다.

$$교체옵션의\ 가치 = (0.7 \times 9.54억 + 0.2 \times 6.54억 + 0.1 \times 3.54억)/(1.08)^3 = 6.62억원$$

따라서 A제품을 6년간 사용할 때의 순현가는 3년간 사용할 때의 순현가 6.54억원에다 교체옵션의 가치 6.62억원을 더해 13.61억원이 되어 B제품의 순현가 12.46억원을 능가한다. 이 경우 A제품을 선택하는 것이 옳은 결정이다.

상호의존적인 투자의 순서

기업이 영위하는 사업들 중에는 여러 개의 상호의존적인 하위사업들로 구성되어 있어 이들 하위사업들이 완료될 때 비로소 전체투자가 완성되는 경우가 적지 않다. 이들 중 상당수는 대규모 투자가 요구되는 사업들로서 자동차나 선박 제조업 등이 대표적인 예이다. 이러한 사업의 경우 하위사업들을 집행하는 데 있어 투자의 순서가 매우 중요할 수 있다. 왜냐하면 어떤 하위사업에 어떤 순서로 투자하느냐에 따라 전체사업의 가치가 달라질 수 있기 때문이다. 따라서 기업이 투자순서를 조정할 수 있는 옵션을 가지는지의 여부는 투자결정에 중요한 역할을 한다. 예를 통해 살펴보자.

㈜KCI는 대규모의 태양광발전시스템을 구축하는 사업을 계획하고 있다. 태양광발전시스템을 완성하려면 태양전지, 축전기, 전력변환기 등의 세 가지 시설을 모두 갖추어야 한다. 이 시설들은 모두 상당한 수준의 기술을 요구하며, 한 가지라도 기술개발에 실패하면 다른 사업을 진행할 필요가 없다. 따라서 단계별로 한 가지 사업씩 완성해 나아가야 한다. 각 시설별로 요구되는 공사기간과 공사비용, 그리고 성공확률은 다음과 같다고 한다.

	공사비용	공사기간	성공확률
태양전지	2,000억	1년	60%
축전기	3,000억	1년	60%
전력변환기	2,000억	3년	30%

적정할인율을 5%로 가정하고, 위의 세 가지 사업을 어떤 순서로 진행하는 것이 투자비용을 최소화할 수 있는지를 살펴보자. 공사비용은 착공시점에서 모두 지출된다고 가정하자.

우선 태양전지와 축전기에 대한 시설공사를 고려하자. 둘 중 어느 것을 먼저 집행하느냐에 따라 기대비용의 현가는 다음과 같이 구해진다.

비용의 현가(① 태양전지 + ② 축전기) = 2,000억 + 0.6 × 3,000억/1.05 = 3,714.29억원

비용의 현가(① 축전기 + ② 태양전지) = 3,000억 + 0.6 × 2,000억/1.05 = 4,142.86억원

여기서 확률을 곱하는 이유는 첫 공사가 성공한다는 조건하에 다음 공사가 시작될 수 있기 때문이다. 결과를 보면 첫 번째 대안의 기대비용이 작기 때문에 태양전지 공사를 먼저 집행해야 된다는 결론이 따른다. 이유는 다른 조건이 같다면 비용이 적게 드는 공사를 먼저하고 성공을 확인한 후에 비용이 큰 공사를 진행하는 것이 그 반대의 경우보다 유리하기 때문이다.

다음으로 태양전지와 전력변환기에 대한 공사를 고려하자. 두 공사의 순서에 따라 기대비용의

현가는 다음과 같이 달라진다.

$$\text{비용의 현가(① 태양전지 + ② 전력변환기)} = 2,000 + 0.6 \times 2,000/1.05 = 3,142.86\text{억원}$$
$$\text{비용의 현가(① 전력변환기 + ② 태양전지)} = 2,000 + 0.3 \times 2,000/(1.05)^3 = 2,518.30\text{억원}$$

이 결과로부터 전력변환기에 대한 공사가 선행되어야 한다는 결론이 따른다. 그 이유는 비용이 같다면 성공확률이 낮은 공사 또는 기간이 긴 공사를 먼저 하는 것이 유리하기 때문이다. 성공확률이 낮다는 것은 위험이 크다는 것을 의미하므로 위험이 큰 사업의 성공 여부를 미리 아는 것이 중요하다. 또 어떤 공사의 기간이 길수록 다음 공사에서 발생할 비용을 나중에 지불하는 이점이 있다.

이상의 결과를 종합하여 하위사업의 투자순서를 결정하는 일반적인 규칙을 만들 수 있다. 즉, 각 하위사업에 대하여 다음과 같은 비율을 계산하고 이 비율이 큰 것부터 차례로 투자를 진행하면 된다는 것이다.

$$\text{투자순서를 결정하기 위한 비율: } \frac{1 - \text{성공확률} \times \text{할인요소}}{\text{투자비용}} \qquad (19.20)$$

식 19.20은 다른 조건이 같다면 하위사업의 성공확률이 낮을수록, 또 공사기간이 길어서 할인요소가 작을수록, 그리고 투자비용이 작을수록 투자를 먼저 집행하는 것이 바람직하다는 것을 말해준다.

예제 19-6 앞의 ㈜KCI의 예에서 식 19.20을 이용하여 사업비를 최소화하는 세 가지 시설공사의 투자순서를 결정하라. 또 투자가 성공리에 완료될 때 약 4조 1천억원의 수익이 발생한다면 이 태양광발전시스템 사업에 대한 투자를 수용할지 또는 기각할지를 결정하라.

풀이 각 시설공사에 대하여 식 19.20의 비율을 구하면 다음과 같다.

$$\text{태양전지: } [1 - (0.6)(1/1.05)]/2,000 = 0.0002143$$
$$\text{축전기: } [1 - (0.6)(1/1.05)]/3,000 = 0.0001429$$
$$\text{전력변환기: } [1 - (0.3)(1/1.05)^3]/2000 = 0.0003704$$

따라서 전력변환기, 태양전지, 축전기의 차례에 따라 투자를 집행하는 것이 가장 바람직하다. 이때, 태양광발전시스템 전체사업의 순현가는 다음과 같다.

$$\begin{aligned}\text{순현가} &= -2,000\text{억} - 0.3 \times 3,000\text{억}/(1.05)^3 - 0.3 \times 0.6 \times 2,000\text{억}/(1.05)^4 \\ &\quad + 0.3 \times 0.6 \times 0.6 \times 41,000\text{억}/(1.05)^5 = -2,962.56 + 3,469.45 = 506.89\text{억원}\end{aligned}$$

순현가가 양(+)이므로 이 사업을 추진해야 한다는 결정을 내릴 수 있다. 단 이 결정은 전력변환기, 태양전지, 축전기의 순서에 따라 투자를 진행한다는 조건이 붙어야 한다. 이러한 순서가 무시되면 순현가가 더 작거나 또는 음(−)이 될 수도 있다.

■ 옵션이론 응용 시 주의할 점

이상에서 본 바와 같이 옵션의 성격을 가지고 있는 실물자산은 옵션가격결정모형을 이용하여 그 가치를 계산할 수 있다. 그러나 금융자산에 대한 옵션의 가치평가에서와는 달리 실물자산에 옵션이론을 응용하는 데에는 다음과 같은 몇 가지 주의할 사항이 있다.

- 이항모형이나 블랙-숄즈 모형에서는 기초자산과 무위험자산을 이용하여 옵션의 수익을 복제하는 합성포트폴리오를 만들 수 있다는 것을 전제로 하여 옵션의 가치를 계산한다. 그러나 기초자산이 활발하게 거래되지 않아 차익거래가 이루어질 수 없게 되면 옵션모형의 성립 여부가 불확실하다. 주식이나 채권 같은 금융자산과는 달리 실물자산은 유동성이 매우 낮다. 따라서 옵션모형을 적용하여 구해 낸 실물자산의 가치는 조심스럽게 해석해야 한다.
- 옵션모형에서는 투자자가 기초자산의 변동성(분산)을 알고 있고 옵션의 만기일까지 일정하다고 가정한다. 이 가정은 금융시장에서 거래되고 있는 금융자산의 경우 상당히 타당할 수 있다. 그러나 실물자산의 경우 거래가 활발하지 않기 때문에 공정가격을 발견하기 어려우며 따라서 변동성을 정확히 추정하는 것은 쉽지 않다. 또 실물옵션 대부분의 만기는 장기이기 때문에 분산의 추정과 안정성에 대한 가정에 문제가 생길 수 있다.
- 금융옵션을 행사하면 행사의 효과는 즉각적으로 일어나는 것으로 되어 있다. 그러나 이러한 전제는 실물옵션의 경우 타당하지 않다. 예를 들어 공장을 건설하는 데에는 상당한 시간이 필요하다. 또한 실물옵션의 행사가격은 금융옵션에 비하여 구조가 복잡하다. 금융옵션의 대부분은 행사가격이 정해져 있는 반면, 실물옵션의 행사가격(공장의 건설비용 등)은 미리 정해져 있지 않을 수도 있고 때로는 시장에서 결정되기 때문에 불확실한 경우가 많다. 그리고 금융옵션은 한 번 행사되면 옵션으로서의 가치가 소멸되지만, 실물옵션은 행사된 후에도 또 다른 새로운 옵션이 창출되는 등 복합옵션인 경우가 많다.

이와 같이 실물옵션은 금융옵션에 비하여 복잡한 요소를 많이 가지고 있으며 투자안의 성격이나 투자자가 선택할 수 있는 전략적인 대안 여부에 따라 다분히 상황가변적일 수밖에 없다. 따라서 옵션모형을 이용한 실물옵션의 평가결과를 해석하는 데 있어서는 신중을 기해야 한다.

중요용어

신주인수권(warrants)	전환권(conversion right)
신주인수권부사채(bond with warrants)	희석효과(dilution effect)
일반사채(straight bond)	전환사채(convertible bond)
전환비율(conversion ratio)	전환가격(conversion price)
전환가치(conversion value)	수의상환권(call provision)
수의상환사채(callable bond)	위험채권(risky bond)

부채의 대리비용(agency cost of debt)
의사결정수(decision tree)
의사결정분기점(decision node)
확장옵션(option to expand)
포기옵션(option to abandon)
상호배타적 투자(mutually exclusive investments)
상호의존적 투자(mutually dependent investments)
실물옵션(real option)
정보분기점(information node)
연기옵션(option to wait)
성장옵션(option to grow)

연 습 문 제

19-1 주식과 (위험)채권의 가치를 각각 콜옵션과 풋옵션을 이용하여 설명하라.

19-2 전환사채의 수익은 일반사채의 수익과 콜옵션의 수익을 합한 것과 같다는 사실을 그림으로 보이고 설명하라.

19-3 기업이 전환사채를 발행하는 경우 위험한 투자안을 선택할 유인이 감소할 수 있다는 논리를 설명하라.

19-4 미래의 현금흐름이나 이자율이 불확실한 경우 투자를 당장 집행하는 것보다 미래로 연기하는 것이 유리할 수 있는데, 이를 옵션가치로 설명하라.

19-5 액면가 1,000,000원, 표면이자율 15%의 10년만기 전환사채가 시장에서 거래되고 있다. 채권자는 사채액면 20,000원당 보통주식 1주로의 전환을 즉시 청구할 수 있다. 현재 이 회사 보통주의 시가는 30,000원이고 무위험이자율이 10%라고 한다. 채권자의 입장에서 다음 물음에 답하라.

① 지금 즉시 전환권을 행사한다면 전환권의 가치는 얼마나 될지 결정하라. 이를 콜옵션의 가격결정요소들과 연계시켜 설명해 보라.
② 만일 전환권을 행사하지 않고 장래의 전환가능성을 위하여 전환사채를 계속 보유하고 있다면 전환사채가격의 하한선은 어떻게 되는지 설명하라.

19-6 ㈜ 천지는 전환사채를 발행하여 신규투자안에 소요되는 자금을 조달하려고 한다. 이 채권의 액면금액은 10만원, 만기는 5년이며, 전환비율은 6, 그리고 표면이자율은 12%이다. 이 회사가 발행한 다른 조건이 동일한 일반사채는 14%의 만기수익률에 거래되고 있고, 이 만기수익률은 앞으로도 지속될 것으로 예상된다. 현재 ㈜천지의 주식은 15,000원에 거래되고 있으며, 주식수익률의 표준편차는 0.4로 추정된다. 전환권은 앞으로 3년 후에만 행사할 수 있으며 그동안 배당은 없다고 한다. 또한 전환권의 행사 시 신주발행으로 인한 주식가격의 희석효과도 없다고 한다. 무위험이자율이 10%라고 할 때 아래의 물음에 답하라.

① 발행된 채권이 일반채권이라면 적정가격은 얼마인지 계산하라.
② 전환권의 가치를 블랙-숄즈 모형을 이용하여 계산하라.
③ 전환사채의 적정가격을 구하라.

19-7 ㈜통일은 신주인수권부사채의 발행을 통하여 100억원의 자금을 조달하였다. 채권발행 이전의 ㈜통일 보통주의 발행주식수는 200만주이며, 주당가격은 25,000원, 장부상 부채는 400억원이었다. 채권계약서에 의하면 신주인수권의 총수는 20만주, 행사가격은 20,000원, 만기는 5년이며, 만기 이전에는 현금배당을 하지 않기로 하였다. ㈜통일 주식의 수익률의 표준편차가 0.5이고 무위험이자율이 10%라고 할 때 블랙-숄즈 모형을 이용하여 신주인수권의 가치를 계산하라. 단, 신주인수권의 행사로 인한 주식가치의 희석효과를 고려하라.

19-8 강 씨는 초기투자비용이 1,180만원이고, 1년 후의 현금흐름이 다음과 같은 사업에 대해 투자를 고려하고 있다.

다음 물음에 답하라.

상태	확률	투자안의 현금흐름
호황	0.5	2,000만원
불황	0.5	800만원

① 강 씨는 투자안의 평가에 필요한 할인율을 CAPM을 이용하여 구하고 있다. 현재 무위험이자율은 10%, 시장의 기대수익률은 15%, 그리고 이 투자안과 위험이 유사한 투자안의 베타는 1이라고 한다. 이 투자안에 대한 투자 여부를 결정하라. 그리고 이러한 방법이 실물투자안에 적용되는 경우 나타나는 문제점을 말해 보라.

② 강 씨는 이 투자안을 평가하기 위하여 주식시장의 자료를 이용하기로 하였다. 한국의 주식시장은 매우 효율적인 시장이라고 한다. 강 씨는 현재주가가 28,000원이고 미래수익이 다음과 같은 A주식을 찾아내었다. 이를 이용하여 강 씨가 고려하고 있는 투자안의 가치를 구해 보라.

상태	확률	A주식의 수익
호황	0.5	50,000원
불황	0.5	20,000원

③ 이 투자안을 검토하고 있는 강 씨에게 투자결정을 1년 뒤로 미룰 수 있는 연기옵션이 주어졌다고 하자. 즉, 강 씨는 1년을 기다려 좋은 상황이 발생하면 투자를 추진하여 2,000만원을 얻고 나쁜 상황이 발생하면 투자를 포기할 수 있다. 이 경우 투자안을 평가하고 연기옵션의 가치를 구하라. 단, 1년을 연기하여 투자하는 경우 투자비용은 시간가치를 반영하여 10% 증가한다고 한다.

19-9 ㈜창조는 미래수익이 다음과 같은 사업을 평가하려고 한다.

상태	확률	1년 후의 수익
호경기	0.5	180억원
불경기	0.5	60억원

정부는 ㈜창조가 이 사업에 투자할 것을 적극 권유하고 있다. 정부는 시점 1에 불경기가 올 경우 이 사업을 180억원에 인수할 것을 보증하고 있다. 만일 정부의 보증이 없다면, 이 사업에 적용될 할인율은 20%이고, 무위험이자율은 8%이다. 이 투자안의 현재가치를 구해 보라. 그리고 정부보증의 가치는 얼마인지 추정하라.

19-10 ㈜혜영은 신도시에서 백화점 사업을 시작하려고 한다. 시장조사 결과 다음의 두 곳이 최종 후보지로 결정되었는데, 각 장소에서 백화점을 개업했을 경우 1년 후 ㈜혜영의 기업가치는 다음과 같다고 한다.

(단위: 억원)

상황	확률	일산	분당
성공	0.6	1,300	1,600
실패	0.4	800	200

㈜혜영의 현재가치는 800억원이며, 현재 액면가 600억원의 무이표채를 발행하고 있는데, 이는 모두 내년에 만기가 도래한다고 한다. 무위험이자율은 7%이다.

① 각 투자안이 채택될 경우, ㈜혜영의 자기자본과 타인자본의 가치는 얼마가 될지 옵션이론을 이용하여 추정하라.

② ㈜혜영의 주주와 채권자는 각기 어느 투자안을 선호할지를 판단하고, 만일 차이가 난다면 그 이유가 무엇인지를 설명하라.

19-11 ㈜기린은 무부채기업이고 현재 기업가치는 2조원이며, 1년 후 기업가치는 1조 8천억원 또는 2조 5천억원이 될 것이라고 한다. ㈜기린은 1년만기 액면가 2조 2천억원의 무이표채를 발행하고자 한다. 채권발행을 통해 유입된 자금은 주주들에게 배당으로 지급된다. 자본시장이 완전하고, 무위험이자율이 5%라고 할 때 이항모형을 이용하여 다음 물음에 답하여라.

① 1년 후 채권의 가치가 얼마가 될지를 설명하라.

② 부채의 현재가치를 구하라.

③ 부채의 수익률을 계산하라.

④ MM이론을 이용하여 ㈜기린의 배당지급 전, 후의 자기자본가치를 구하라.

⑤ 배당지급 후 ㈜기린의 자기자본가치를 이항모형을 이용하여 구해 보라. 즉, 자기자본을 자산에 대한 콜옵션으로 보고 델타값을 구해 보라.

19-12 HI산업의 자기자본가치는 2,500억원이고 주식베타는 1.3으로 추정된다. HI산업은 4년만기 액면가 600억원의 무이표채를 발행한 상태이며 이는 현재 시장에서 450억원에 거래되고 있다. HI산업은 배당을 지급하지 않고 모든 이익을 재투자한다고 한다. 4년 동안의 연간무위험이자율이 4.55%라고 할 때, 블랙-숄즈 공식을 이용하여 이 기업의 자산베타(unlevered beta)를 구하라.

19-13 AA기업의 발행주식수는 1,500만주이고 현재주가는 20,000원이다. AA기업은 또한 5년만기 액면가 6,000억원의 무이표채를 발행한 상태이며 이 채권의 만기수익률은 10%이고 5년 동안의 연간 무위험이자율은 5%이다.

① AA기업 자산의 내재변동성을 구하라.

② AA기업 주주들이 새로운 프로젝트를 위해 자금을 조달할 때, AA기업 자산의 변동성을 그대로 유지한다는 조건을 만족시키는 프로젝트의 수익성 지수(profitability index)의 최솟값을 구하라.

③ 만약 AA기업이 현재 보유하고 있는 현금으로 새로운 프로젝트에 투자할 경우 자산의 변동성이 8% 상승한다고 하자. 이때 이 프로젝트가 AA기업 주식의 가치를 증가시키기 위해서 *NPV*가 최소한 얼마가 되어야 하는지 계산하라.

19-14 컴퓨터공학부의 신 교수님은 새로운 검색엔진을 개발하고 이에 대한 특허를 받았다. J 씨는 벤처투자가로서 이 특허를 살 것을 고려하고 있다. 특허의 유효기간은 15년이며, 특허를 이용한 검색엔진 사업의 초기비용은 1,000억원이다. 이 사업으로부터의 현금흐름은 2년 후부터 창출되며, 시장의 분석가들은 이 검색엔진의 시장점유율이 1.5%가 될 것으로 예상한다. 현재 검색엔진 시장에서 나오는 이익은 연간 1조 2,000억원이다. 앞으로 5년 동안 수익이 연간 10%와 5%씩 증가할 위험중립확률은 각각 20%와 80%라고 한다. 수익의 성장률은 1년 뒤에 확실하게 알 수 있으며, 5년이 지난 후에는 수익은 매년 2%씩 감소한다고 한다. 특허기간이 끝난 후에는 아무런 이익이 창출되지 않으며 연간무위험이자율이 10%일 때 다음 물음에 답하여라.

① 오늘 투자를 할 경우 *NPV*를 구하라.

② 1년이 지난 후 투자결정을 할 때의 *NPV*를 구하라.

③ 최적의 투자전략은 무엇인지 답하라.

19-15 애널리스트로 재직 중인 현수는 ㈜중산의 성장가능성을 평가하고 있다. 중산의 R&D부서는 매우 왕성한 활동을 벌이고 있으며 여러 차례 성공적인 신제품을 출시하였다. 현수는 R&D부서가 평균적으로 4년마다 3개의 신제품 제안서를 올린다고 추정하였다. 신제품 개발의 초기 투자비용은 10억원이다. 수익률은 첫 해에 1%를 시작으로 영구연금의 형태를 보인다고 하는데, 같은 확률로 2.5%, 0%, −2.5% 중 하나의 성장률을 갖는다. 신제품 개발의 기회는 그 당시에 착수하지 않으면 투자기회가 사라져 버린다. 자본조달비용은 10%로 매년 일정할 때 ㈜중산의 성장기회의 현재가치를 구하라.

19-16 M 씨는 스마트폰 애플리케이션을 개발하는 스타트업 기업을 운영하고 있다. 최근 M 씨는 업계 1위의 대형기업 ABC사에서 기업인수 제의를 받았다. ABC사는 인수 대가로 ABC사의 주식 100만주를 지급할 것을 제안했는데, 현재 ABC사 주식의 가격은 28,000원이다. ABC사의 주식은 시장에서 활발하게 거래되고 있으므로 M 씨는 언제든 그 주식을 팔 수 있다. 추가적으로 ABC사는 1년 후 M 씨가 원할 경우 28,000원의 가격으로 다시 주식을 팔 수 있는 옵션까지 부여했다. ABC사 주식의 변동성은 35%이며 현재 무위험이자율이 연 5.22%이다. ABC사는 배당금을 지급하지 않는다고 한다.

① 이러한 제안이 280억원보다 더 큰 가치를 갖는지 설명하라.

② 이 제안의 가치를 구하라.

19-17 P 씨가 운영하고 있는 잡화점은 연 매출액이 20억원이다. 내년에는 매출액이 같은 확률로 8% 증가하거나 10% 감소할 것으로 예상하고 있으며 이후에는 그 매출액 수준이 계속 유지된다고 한다. 잡화점을 운영하는 데 드는 비용은 연간 18억원이며 청산 시 따로 드는 비용은 없고 10억원에 매각할 수 있다. 만약 P 씨의 자본조달비용이 12%라면 이 사업의 현재가치는 얼마인지 계산하라.

19-18 N 씨는 버스회사를 운영하고 있는데 버스교체와 관련하여 두 가지 옵션을 고려하고 있다. 버스 한 대당 매달 150만원씩 납부하는 5년짜리 리스계약을 할 수도 있고 일시에 1억원을 지불하고 버스를 구입할 수도 있다. 구입의 경우 버스의 수명은 8년이다. 리스회사는 모든 유지보수비용을 부담하지만 만약 버스를 직접 구입할 경우 버스 한 대당 매월 30만원의 보험료를 납입해야 한다. 각 버스의 매출액은 매월 300만원이며, 자본조달비용은 10%라고 한다.

① 각각의 경우의 버스 한 대당 *NPV*를 구하라.
② 두 선택안의 월간균등이익(equivalent monthly benefit)을 구하라.
③ N 씨가 리스계약을 체결하면 5년이 지난 후 버스를 구입할 수 있는 기회가 생긴다고 한다. 5년을 사용한 버스의 가격은 같은 확률로 5,000만원이나 3,000만원이 되며, 유지보수비용은 월 150만원이 들고 3년을 더 사용할 수 있다고 한다. N 씨가 이 옵션을 수용할지를 판단하라.

19-19 하나제약은 노화를 늦추는 약을 개발 중에 있다. 성공적인 신약 출시를 위해서는 현 상태에서 효능을 높이고 부작용을 줄여야 한다. 약의 효능을 높이기 위해서는 초기 투자비용 100억원이 필요하고 2년의 연구기간이 소요되지만 이 약이 성공할 확률은 6%정도이다. 약의 부작용을 줄이기 위한 연구의 초기 투자비용은 350억원이며 이는 5년이 소요되고 성공 확률은 20%이다. 만약 두 가지 시도 모두 성공적이라면 하나제약은 이 약의 특허를 대형제약회사에 2조원에 팔 수 있다. 모든 위험은 분산가능하며 무위험이자율은 5%이다.

① 두 가지 연구를 동시에 진행하는 프로제트의 *NPV*를 구하라.
② 최적의 연구 진행 순서를 구하라.
③ 최적의 진행 순서에 따라 연구를 할 경우의 *NPV*를 구하라.

제Ⅶ편

장기자본조달

제20장 부채 및 자기자본의 조달

제21장 리스금융, 프로젝트금융, 벤처캐피탈

제 20 장

부채 및 자기자본의 조달

STUDY GUIDE

기업이 사업에 필요한 자금을 조달하는 수단은 매우 다양하다. 우선 기업 내부에 유보된 잉여금을 이용할 수 있고, 또 외부로부터 자금을 유치할 수 있다. 외부조달의 경우, 은행과 같은 금융기관(또는 금융중개기관)으로부터 대출을 받을 수도 있으며 금융시장에서 주식이나 회사채를 발행하여 자금을 조달할 수도 있다. 그중에서도 주식이나 회사채 등의 증권을 발행하여 장기간 사용할 자금을 조달하는 것은 기업에 있어서 매우 중요하다. 이 장에서는 그동안 자세한 설명을 미루어 왔던 회사채와 주식 등에 대해 좀 더 자세히 살펴본 후, 증권의 발행과 관련한 여러 이슈들을 검토하고 분석한다. 기업공개(IPO) 및 그와 관련한 의문현상을 소개하고, 또 증권의 판매방법으로서 일반공모(general cash offer)와 주주배정(rights offering), 그리고 증권의 발행비용 등에 대해 설명할 것이다.

20.1 장기자본조달의 개요

■ 장기자본조달의 의의

기업에서 재무의사결정의 중요한 두 축은 투자결정과 자본조달결정이다. 경영자는 가능한 최소의 자본비용으로 자본을 조달하고 조달된 자본을 최대의 수익을 올릴 수 있는 곳에 투자함으로써 기업가치를 극대화할 수 있다. 투자에 필요한 자본의 조달은 내부자본에 의한 조달(internal financing)과 외부자본에 의한 조달(external financing)로 나눌 수 있다. 내부자본이란 기업 내부에 유보된 잉여금을 말하며, 외부자본이란 은행과 같은 금융기관으로부터 차입한 자금이나 또는 금융시장에서 증권의 발행을 통하여 확보한 자금을 말한다. 과거 통계를 보면 총자본조달에서 내부자본이 차지하는 비중이 외부자본의 비중보다 크게 높지만 외부자본도 여전히 중요한 자금조달 원천이다.

외부로부터의 자본조달은 만기에 따라 단기자본조달과 장기자본조달로 구분한다. 이렇게 구분하는 이유는 편리 때문이기도 하나, 근본적으로는 자본조달을 투자대상의 특성과 잘 연계시킬 수 있기 때문이다. 예를 들어 유동자산에 필요한 자금은 단기자본으로 조달하고 비유동자산에 필요한 자금은 장기자본으로 조달한다는 것이다. 자본조달을 장·단기로 나누어 살펴보는 또 하나의 큰 이유는, 장기자본조달과 관련하여 나타나는 기업지배권(경영권)의 문제 때문이다. 기업지배권은 필연적으로 장기자본, 그중에서도 주식발행을 통한 자기자본조달과 직접적인 관련을 갖는다. 결국 장기자본조달은 조달비용의 문제뿐만 아니라 기업지배권과 관계되는 문제로 인해, 단기자본조달에 비해 복잡하면서도 체계화된 기능과 구조를 가지게 된다. 앞으로 살펴볼 주식이나 선택권부증권의 발행을 통한 자금조달은 많은 경우 기업의 지배구조와 관련될 수 있다. 장기자본이 조달되는 시장을 자본시장(capital market)이라고 부르는데, 이 용어에 대해서는 제1장에서 이미 설명하였다. 이 장에서 다룰 자본조달의 범위는 외부로부터의 자본조달 또 그중에서도 자본시장을 통한 조달에 국한하도록 한다.

■ 조달방법의 선택

기업은 장기자본조달을 위해서 다양한 형태의 증권(securities)을 발행할 수 있다. 또 은행을 비롯한 금융기관으로부터 자금을 차입할 수도 있다. 구체적인 내용을 설명하기 전에 증권발행을 통한 자본조달방법의 선택에 있어 기본적으로 고려해야 할 중요한 사항들에 대해서 먼저 살펴본다.

자본비용

자본을 조달하는 여러 가지의 방법 중에서 어느 방법을 택할 것인가를 결정할 때에 가장 먼저 고려해야 할 요인은 자본비용(cost of capital)이다. 자본비용의 개념이나 측정방법에 대해서는 제11장에서 이미 설명하였다. 기업이 장기자본조달을 위해 발행하는 증권은 미래현금흐름과 위험의 차이에 따라 서로 자본비용을 달리한다. 경영자는 각 증권을 발행할 때 기업이 부담해야 하는 자본비용을 정확하게 계산하고 가능한 한 자본비용이 낮은 방법을 선택해야 할 것이다. 이 과정에서 세금효과나 증권의 인쇄비, 발행주선회사에 대한 수수료 등의 제반 경비도 빠짐없이 고려해야 하며, 해외시장으로부터 자본을 조달하는 경우에는 환율의 변동에 따른 환위험과 같은 추가적인 위험요인도 반드시 고려되어야 한다.

기업지배권

일반적으로 회사채의 발행은 이자와 원금(액면가)이 약속대로 지급되는 한 기업지배권에 영향을 미치지 않는다. 그러나 보통주를 새로 발행하여 자본을 조달하는 경우, 기존주주들의 지분비율이 감소하여 이들의 기업경영에 대한 영향력이 줄어들 수 있다. 전환사채나 신주인수권부사채, 전환우선주와 같은 선택권부증권을 발행하는 경우에도 지배권 문제가 대두된다. 이들 선택권부증권은 발행 당시에는 의결권이 없는 회사채나 우선주로 발행되지만 일정기간이 지나면 미리 정해진 절차에 의하여 보통주로 전환되는 증권이다. 따라서 선택권부증권을 발행할 당시에는 지배권의 문제가 없지만, 이들 증권이 보통주로 전환이 되면 지배권에 변화가 생길 수 있다.

자본의 조달기간

자본조달방법의 선택에 있어서 자본비용이 가장 결정적인 요인이 되겠지만, 때로는 자본의 조달기간이 중요할 수 있다. 은행의 장기대출이나 주식 또는 회사채의 발행을 통한 자본조달은 그 준비에서부터 실제 자금유입 때까지 여러 달이 소요된다. 그러나 기업어음이나 단기차입금에 의한 자본조달은 비교적 짧은 기간 내에 이루어진다. 기업이 급박한 상황을 맞이해서 빠른 시일 내에 자본을 필요로 한다면, 자본비용이 높더라도 조달기간이 짧은 방법을 택할 수 있다.

자본의 용도

기업이 조달한 자금을 단기적인 용도에 사용할 목적이라면 장기자본으로 자금을 조달할 필요가 없다. 단기적인 사업에 장기자본을 투입할 경우, 사업이 종료되면 불필요한 여유자금이 생기기 때문이다. 반대로 장기적 투자에 필요한 자금을 단기자본으로 조달한다면, 자본시장의 상황이 변함에 따라 초기의 투자계획이 크게 영향을 받을 수 있다. 일반적으로 사업기간과 자본의 만기를 가능한 한 일치시키는 것이 바람직한 것으로 알려져 있다.

20.2 부채증권

매입자와 매도자 사이에 채권 · 채무관계가 발생하는 증권을 부채증권(debt securities)이라고 하는데, 기업이 발행하는 부채증권에는 회사채, 자산유동화증권, 그리고 선택권부사채가 있다. 한 증권과 또 다른 성격의 증권을 결합한 것을 혼합증권이라고 하였다(제1장 참조). 기업이 발행하는 혼합증권의 대표적인 예가 선택권부사채이다. 부채증권에 대해 살펴보자.

■ 회사채

회사채(會社債, corporate bond)는 단순히 사채(社債)라고도 하며 주식회사가 투자자로부터 장기간에 걸쳐 사용할 비교적 거액의 자금을 조달하기 위해서 발행한 채권(債券)이다. 계약에 따라 정해진 기일(이자지급일 또는 만기일)에 정해진 금액(이자 또는 액면가)을 지급할 것을 약속한 증권으로서 투자자는 채권자가 되고 발행기업은 채무자가 된다. 그러나 이 채무는 확정적이라고 할 수는 없다. 제14장과 제19장에서 보았듯이 기업(주주)이 파산하게 되면 이 채무를 이행하지 않을 옵션이 행사될 수 있기 때문이다. 즉 회사채를 발행한 기업은 채권자에게 채무액을 갚는 대신 기업의 자산을 양도할 수 있다.

사채를 발행하여 조달하는 장기부채는 타인자본이기 때문에 기업의 소유구조나 지배권에 영향을 주지 않으면서 장기의 자금을 일시에 조달할 수 있다는 이점이 있다. 또 사채를 발행하여 조달한 자금에 대해서는 우선주나 보통주와는 달리 이자비용의 법인세 감세효과를 얻을 수 있다는 이점이 있다. 현재 우리나라에서 발행되고 있는 회사채의 만기는 대부분 3~5년이며 상황에 따라서는 만기를 이보다 더 길게 가져갈 수도 있어, 기업은 자금을 안정적으로 오랫동안 활용할 수 있다. 또한 기업이 약속대로 채무를 상환하여 유통시장에서 회사채의 거래가 원활히 일어나면, 투자자에게 좋은 이미지를 전달하며 기업의 명성을 높일 수 있다. 이는 회사채의 만기가 도래할 때, 새로운 회사채를 발행하여 대체하거나 보통주를 발행하여 계속적으로 자금을 조달하는 것을 용이하게 한다.

그러나 과도한 회사채의 발행은 기업의 파산위험을 증가시킨다. 회사가 약속한 이자나 액면가를 지급하지 못하는 경우 일시적인 지급불능에 빠지거나 부도를 내게 되므로, 사채발행으로 조달한 부채가 많아지면 채무불이행의 위험을 반영하여 자본비용이 상승할 수밖에 없다.

회사채의 종류

국채 등 다른 종류의 채권과 마찬가지로, 회사채도 이자지급방법에 따라 이표채(coupon bond)와 무이표채(zero coupon bond) 그리고 영구채(perpetual bond)로 분류된다. 이표채는 정해진 날짜에 약속된 이자를 지급하고 만기일에 액면가(par value)를 지급하는 채권이다. 무이표채 또는 순수할인채(pure discount bond)는 채권을 발행할 때 액면가에서 이자에 해당하는 금액을 차감한 가격으로 발행한 후, 만기 동안 이자를 지급하지 않고 만기일에 액면가를 지급하는 채권이다. 영구채는 만기가 없이 정해진 이자를 영구히 지급하는 채권이다.[1]

---

1 영구채는 원금을 상환하지 않고 일정한 이자만을 영구히 지급하는 채권이다. 일정한 이자를 매기 지급하나 상환만기가 정해져 있지 않고 발행회사의 해산이나 중요한 채무불이행 등의 특수한 경우 이외에는 상환되지 않으므로 불상환사채라고도 한다. 우리나라의 경우 2002년 이후 은행 등 금융회사의 자본확충을 위해 발행이 허용되었고, 2012년 4월 15일 개정상법의 발효 이후 일반기업도 주식과 채권의 중간 성격을 띠는 만기가 정해져 있지 않은 신종자본증권을 우선주나 채권의 형태로 발행할 수 있도록 허용되었다. 영구채는 상법상 채권으로 분류되지만 발행자의 명시적 상환의무가 없으며, 상환 우선순위가 다른 채권보다 낮고, 미리 약정된 시점에 조기상환이 가능하다는 점 등에서 국제회계기준상 자기자본으로 분류되고 있다.

회사채를 상환방법에 따라 분류하면 수의상환사채(callable bond), 감채기금사채(sinking fund bond), 그리고 정시분할상환사채로 구분된다. 수의상환사채는 발행기업이 만기 이전에 약속된 가격(상환가격)으로 채권을 상환할 수 있는 권리가 내재된 회사채이다. 상환가격(call price)은 대개 사채의 액면가보다 높게 책정되며, 만기보다 일찍 상환할수록 더 높아진다. 감채기금사채는 사채를 상환하는 데 필요한 금액을 정기적으로 적립하는 사채이다. 이러한 사채는 사채상환 시 일시에 막대한 금액을 지급하여야 하는 자금압박을 감소시켜 준다. 정시분할상환사채는 사채발행 후 일정한 거치기간이 지난 후부터는 추첨 등의 방법에 의하여 사채를 분할상환하는 사채이다. 전액을 일시에 상환할 때 오는 기업의 자금압박을 덜어준다는 이점이 있다.

회사채는 발행회사에게 담보를 요구하는 경우와 그렇지 않은 경우가 있는데 전자를 담보사채(secured bond), 후자를 무담보사채(debenture 또는 unsecured bond)라고 한다. 또한 원리금의 지급을 금융기관과 같은 제3자가 보증하느냐, 하지 않느냐에 따라 보증사채(guaranteed bond)와 무보증사채(non-guaranteed bond)로 구분된다.

기업이 파산하면 채권자가 주주보다 우선하여 자신의 몫을 변제받을 수 있는 권리를 갖듯이, 채권자들 사이에서도 원리금을 변제받는 순서가 있다. 보증사채의 경우 기업이 파산하더라도 채권자가 보증기관에 청구하여 자신의 몫을 상환받을 수 있으나 무보증사채의 경우 그렇지 않다. 특히 무보증/무담보사채의 경우 기업이 부실화되면 채무불이행의 위험을 채권자가 부담하게 된다. 따라서 기업이 무담보/무보증사채를 발행하는 많은 경우 기존채권의 원리금에 대한 변제순위가 새로운 채권에 앞선다는 규정을 넣게 된다. 이와 같이 기업이 부실화되었을 때 상대적으로 먼저 원리금을 변제받는 채권을 선순위채(senior debenture)라 하고 선순위채보다 변제순위가 낮은 채권을 후순위채(subordinated debenture)라고 한다. 후순위채에 투자하면 주식보다 먼저 원리금을 찾을 권리가 있지만 선순위채에 비해서는 상대적으로 손실을 입을 가능성이 클 수밖에 없다.

채권자의 의사에 따라 회사채를 발행기업의 주식으로 전환할 수 있는 권리가 부여된 사채를 전환사채(convertible bonds: CB)라고 하였다(제19장 참조). 전환사채에서와 같이 옵션이 부여된 회사채를 선택권부사채라고 하는 반면, 이와 구별하기 위하여 옵션이 없는 회사채를 일반사채(straight bond)라고 부른다. 전환사채를 비롯한 선택권부사채에 대한 자세한 설명은 뒤에서 다루도록 한다.

■ 자산유동화증권

자산유동화와 자산유동화증권

자산유동화(asset securitization)란 보유하고 있는 자산을 결합하여 포트폴리오를 구성하고 이로부터 발생하는 현금흐름을 기초로 새로운 증권을 발행하는 것을 말한다. 자산유동화는 보통 '증권화'와 같은 의미로 사용된다. 자산유동화는 유동성이 낮은 부동산이나 주택저당대출, 그리고 외상매출채권 등을 유동성이 높은 증권으로 전환시키는 과정에서 일어난다. 유동화과정에서 다양한 형태의 증권을 생각할 수 있으나 대개는 채권의 형태로 발행된다. 새로이 발행되는 증권을 자산유동화증권(asset backed securities: ABS)이라고 부르는데 ABS는 대체로 다음과 같은 특징을 가지고 있다.

첫째, ABS는 기업이 보유하고 있던 유동화대상 자산을 특별목적기구(special purpose vehicle: SPV)에 양도하고 이 양도된 자산으로부터 발생하는 현금흐름을 기초로 SPV가 주체가 되어 발행한다. 둘째, ABS의 기초자산이 자산보유자로부터 분리·독립됨으로써 자산보유자가 파산하더라도 이에 영향을 받지 않고 SPV가 보유한 기초자산으로부터 발생하는 현금흐름으로 ABS의 원리금을 상환한다. 셋째, 유동화과정에서 신용평가회사와 신용보강기관 등을 참여시켜 자산유동화증권의 기초자산에 대해 다양한 방법으로 신용보강(credit enhancement)을 할 수 있다. 이에 따라 자산유동화증권은 위험수준이 다른 여러 증권으로 구성될 수 있으며 결국 다양한 투자자들의 위험-수익에 대한 선호도를 보다 잘 만족시킬 수 있다. 자산유동화의 구조를 그림으로 나타내면 다음의 [그림 20-1]과 같다.

[그림 20-1]에서 자산보유자는 유동화대상 자산을 보유한 자로서 보유자산의 유동화를 통하여 자금을 조달하기를 원하는 기업이나 금융회사가 이에 해당한다. 자산보유자는 보유자산에 대해 가장 잘 알고 있기 때문에 자산으로부터 발생하는 현금흐름을 관리하는 자산관리자의 역할을 하기도 한다. 특별목적기구는 ABS의 기초가 되는 자산이 자산보유자의 위험과 완전히 분리되도록, 즉 자산보유자의 파산이나 신용위험에 영향을 받지 않도록 하기 위해 설립되는 법적 실체이며 유동화가 설립목적이다. 신용평가기관은 특별목적기구가 발행하는 ABS에 대한 신용평가를 담당하며 신용보강기관은 ABS의 신용등급을 높이고 시장에서의 유동성을 높이기 위하여 보증이나 담보 같은 신용보강수단을 제공하는 은행이나 보험회사 등을 말한다. 인수자는 발행되는 ABS의 가격결정과 투자자들에 대한 판매를 책임지는 전문지식을 지닌 금융회사를 말하며 수탁자는 특별목적기구로

| 그림 20-1 | 자산유동화의 구조

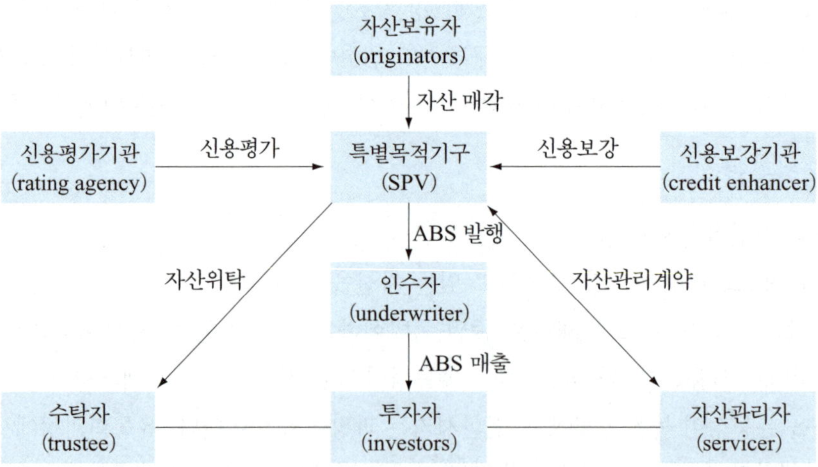

부터 위탁을 받아 기초자산을 안전하게 보관하고 ABS의 원리금 상환 등 실무업무를 총괄하는 은행 등을 말한다.

자산유동화증권의 종류

자산유동화증권이 오늘날과 같은 형태로 발행되기 시작한 것은 1969년 미국의 GNMA(government national mortgage association)가 주택저당대출에 대한 유동화증권(mortgage backed securities: MBS)을 발행하면서부터이다. 이후 1980년대 초 저축대부조합(savings & loans association)의 부실채권이 ABS를 통해 성공적으로 정리되었고, 이를 계기로 세계 각국에서 리스채권, 소비자매출채권, 자동차대출채권, 신용카드매출채권 등 다양한 자산을 대상으로 자산유동화증권이 발행되었다. 현재는 거의 모든 자산을 대상으로 증권화가 추진되고 있으며 스마트폰의 할부금 등 지금은 발생하지 않았으나 발생할 것이 확실시되는 장래의 현금흐름을 기초로 한 ABS까지도 발행되고 있다.

■ 선택권부사채

기업이 자금을 조달할 때 필요자금을 최소의 자본비용으로 조달하는 방법을 택해야 한다고 하였다. 그러나 기업의 지배권이라는 중요한 요인이 자금조달과 맞물리면 가장 적합한 조달방법을 선택하는 것이 그리 쉬운 일은 아니다. 또 자금의 공급자인 투자자의 입장에서도 안정적인 투자수익을 보장하는 사채와 기업지배권을 확보할 수 있는 주식 가운데서 어떤 투자안을 선택할 것인가는 투자자 나름대로의 취향에 따른 문제이다.

따라서 기업과 투자자 모두의 이해관계를 충족시키기 위해서는 회사채와 주식뿐만 아니라, 이들의 서로 다른 특성이 적절히 조화된 새로운 자본조달수단을 개발하는 것이 필요하였다. 이러한 취지에서 발행된 증권이 선택권부사채로서, 대부분의 경우 회사채와 옵션이 결합된 형태의 증권이다. 여기서 옵션은 투자자에게 부여되기도 하고 회사채의 발행기업에 부여되기도 한다. 전자의 경우 옵션은 주로 기업지배권을 나타내는 보통주를 확보할 수 있는 권리를 의미하며, 이러한 옵션이 부여된 회사채의 예로서 신주인수권부사채(bond with warrants: BW), 전환사채(convertible bond: CB), 교환사채(exchangeable bond: EB) 등을 들 수 있다. 후자의 예로서 회사채를 발행한 기업이 만기가 되기 전에 채무를 상환할 수 있는 옵션을 들 수 있으며, 이러한 옵션이 내재된 회사채가 수의상환사채(callable bond)이다. 교환사채를 제외한 이들 증권의 기본적 성격과 평가에 대해서는 제19.1절에서 이미 상세히 다루었기 때문에, 여기서는 이러한 증권들이 발행되는 동기에 초점을 맞추어 설명한다.

신주인수권부사채

신주인수권부사채를 매입한 채권자는 회사채의 이자와 액면가를 받게 될 뿐 아니라, 일정기간 내에 주어진 가격으로 주어진 수량만큼의 보통주를 매입할 수 있는 권리, 즉 신주인수권(warrants)을 갖게 된다. 이 신주인수권은 콜옵션과 마찬가지로 선택권이기 때문에 주식의 인수 여부는 전적으로 투자자의 판단에 달려 있다. 또 신주인수권은 신주인수권부사채와 분리되어 별도로 거래될 수 있으며, 이것이 행사될 경우 발행회사는 새로이 주식을 발행해야 되기 때문에 총발행주식수가 증가하게 된다. 우리 시장에서는 별도로 거래되는 신주인수권을 신주인수권증권이라고 부르고 있다.

신주인수권부사채는 일반적으로 현 시점에서 많은 자금을 필요로 하면서, 향후의 성장기회를 충분히 확보하고 있는 기업이 성장으로 인한 주가상승을 기대하는 투자자들을 대상으로 발행하는 것이 보통이다. 발행기업의 주가가 인수가격 이상으로 오를 것이라고 예상하는 투자자들은 신주인수권부사채에 투자함으로써 회사채에서 약속된 이자와 액면가를 받는 것과 동시에 미래주가가 상승하는 경우 신주인수권을 행사하여 시장가격과 인수가격의 차이만큼을 이익으로 얻을 수 있다.

예를 들어 보자. 캐나다 현지 법인인 아트라스사를 인수한 ㈜삼미종합특수강은 필요자금을 조달하기 위해 1988년 11월에 5천만달러 규모의 신주인수권부사채(BW)를 발행하여 국내 최초로 해외증권거래소인 룩셈부르크 증권거래소에 상장한 바 있다. 이 채권은 발행 시에 채권 1단위당 5,000달러의 액면가에 인수되었다. 당시 BW의 발행조건은 다음과 같다.

표 20-1 ㈜삼미종합특수강의 신주인수권부사채 발행조건

표면금리: 연 1.25%(연 $62.5)
액면가: $5,000
만기: 발행일 후 5년
주식인수조건: 행사프리미엄률: 85%
행사가격(인수가격): 45,713원(기준환율: 671.5원)
주식인수비율: 사채 한 단위당 보통주 73주

1988년 당시 ㈜삼미종합특수강과 동일한 신용등급을 갖는 일반사채의 수익률이 10% 수준이었음을 고려하면, ㈜삼미종합특수강이 발행한 BW의 표면금리 1.25%는 매우 낮은 수준이다. 이는 향후 ㈜삼미종합특수강의 주가상승에 대한 기대가 그만큼 크다는 것을 의미한다. 실제로 할인율을 10%로 가정할 때 동일한 조건의 일반사채의 가치는 다음과 같이 3,341달러에 지나지 않는다.

$$\frac{62.5}{1.1}+\frac{62.5}{(1.1)^2}+\cdots+\frac{62.5}{(1.1)^5}+\frac{5{,}000}{(1.1)^5}=3{,}341\text{(달러)}$$

따라서 액면가와의 차액인 1,659(= 5,000 − 3,341)달러만큼은 향후 주가상승 및 의결권 확보에 대한 기대가 반영된 것이라고 할 수 있으며, 이 금액은 곧 사채 한 단위에 내재되어 있는 신주인수권 가치의 하한선이라고 할 수 있다.

㈜삼미종합특수강의 BW를 인수한 채권자는 BW 한 단위당 73주의 보통주를 인수할 수 있는 권리를 가지며, 향후 5년 이내에 주가가 행사가격인 45,713원보다 오를 경우 신주인수권을 행사하여 이익을 얻을 수 있다. 여기서 행사프리미엄률이 85%라는 것은 발행 당시의 기준주가에 비해

85%만큼 높은 가격으로 행사가격 45,713원을 결정하였음을 의미한다. 즉 발행 당시의 기준주가는 45,713원/1.85 = 24,710원이다. 이는 투자자가 향후 5년 이내에 주가가 85% 이상 상승할 것이라고 기대하고 있다는 의미이다. 투자자는 향후 5년 이내에 주가가 45,713원 이상으로 상승하여 신주인수권을 행사하게 될 때, 사채 1단위에 주어진 신주인수권(보통주 73주)의 행사에서 얻는 이익의 현재가치가 1,659달러보다 클 것이라고 예상하는 경우 BW를 구입하게 될 것이다.

㈜삼미종합특수강의 사례에서도 보듯이 신주인수권부사채는 일반사채에 비해 낮은 이자율로 발행된다. 그러나 표면이자율이 낮다는 것만으로 BW가 일반사채에 비해 자본비용이 저렴하다고 말할 수 없다. 단지 BW는 발행시점에서 볼 때 보다 낮은 표면이자율로 자금을 확보하는 대신, 그 차액만큼을 신주인수권이라고 하는 양(+)의 가치를 갖는 새로운 금융자산으로 보상하는 것이라고 해석함이 옳다. 신주인수권이 양(+)의 가치를 가지려면 미래의 주가가 행사가격보다 더 높게 오를 수 있어야 한다. 그러나 만일 행사가격을 너무 낮게 책정하여 BW 매입자에게 비정상적인 이익이 돌아간다면, 기존주주와 기업 입장에서는 그만큼의 손실을 입는 셈이 된다. 향후 기대되는 주가상승에 따른 이익을 새로운 투자자와 기존주주 사이에 적정하게 배분되도록 하며, 동시에 필요한 자금을 무난히 조달할 수 있도록 적절히 주식인수조건을 결정하는 것이 BW의 발행에 있어서 매우 중요하다.

전환사채

전환사채는 앞서 설명한 신주인수권부사채와 마찬가지로 일반사채에 투자자가 주식을 매입할 수 있는 콜옵션이 부여되어 있다는 점에서는 유사하다. 그러나 다음과 같은 몇 가지 차이점이 있다. (i) 신주인수권은 신주인수권부사채로부터 분리되어 거래될 수 있는 반면, 전환사채에 내재된 전환권, 즉 채권을 주식으로 전환할 수 있는 권리는 따로 떼어낼 수 없다. 신주인수권은 채권과 연계하지 않고 그 자체만으로도 발행될 수 있다. (ii) 신주인수권이 행사되는 대부분의 경우 신주인수권부사채는 일반사채로 남게 되고 채권자로부터 기업으로 약정된 인수가격만큼의 추가자금이 유입된다.[2] 반면, 전환권이 행사되는 경우에는 기업에 추가자금이 유입되는 것은 없고 전환사채가 보통주로 바뀔 따름이다. (iii) 신주인수권부사채는 주로 특정 투자자에게 발행되고, 전환사채는 대부분 일반투자자를 대상으로 발행된다.

전환사채 투자자는 보통주의 가치상승에서 오는 전환가치의 증가로 자본이득을 얻을 수 있을 뿐만 아니라 일정한 이자나 배당도 받게 된다. 주식가격이 전환가격보다 매우 높은 상황에서 전환이 이루어지면 보통주를 소유하고 있는 기존주주에게 큰 타격을 줄 수 있으므로 일반적으로 기업에서는 전환증권에 수의상환의 규정을 두고 있다. 전환가치가 상환가격보다 훨씬 높다면 발행기업은 미리 정해진 상환가격으로 채권을 매입할 수 있다. 예를 들어, 현재 보통주의 가격이 20,000원, 전환사채의 액면가는 100,000원이며, 전환가격이 10,000원, 상환가격이 2024년에서 2029년까

2 가끔은 채권이 발행기업에 의해 또는 투자자의 요구에 의해 상환되는 경우도 있다.

지는 180,000원이라고 하자. 현재의 전환가치는 200,000원이지만 기업은 상환가격인 180,000원으로 전환사채를 상환할 수 있다. 한편 전환사채 보유자들은 기업이 수의상환을 시도할 경우 전환가치와 상환가격을 비교하여 전환가치가 클 경우 전환권을 행사할 수 있다. 만약 보통주의 가치가 높지 않아 현재의 주가가 전환가격 10,000원보다 낮은 8,000원이라면, 전환권을 행사할 이유가 없을 뿐 아니라 수의상환도 기대할 수 없다. 이때 전환사채는 그 특성을 완전히 상실하여 일반사채와 다를 바 없다.

전환사채를 발행하는 이유

전환사채는 장차 보통주로 전환될 것이라는 예상하에 발행된 것이기 때문에 겉보기엔 회사채이지만, 실제로는 보통주의 발행을 연기한 것과 같은 성격을 띤다고 할 수 있다. 기업이 일반사채나 주식을 발행하지 않고 전환사채를 발행하는 이유는 무엇일까? 전환사채의 발행을 통하여 자본비용을 낮출 수 있어서일까?

전환사채는 채권자에게 전환권을 부여하는 대신 그 표면이자율은 일반사채에 비해 낮다. 또 전환가격은 현재주가에 비해 높지만 투자자의 참여를 유도하기 위해서 미래주가의 예상치보다는 낮게 책정된다. 이에 따라 일부에서는 낮은 이자율의 전환사채가 일반사채보다 유리한 자금조달수단이라고 주장한다. 또 미래에 전환권이 행사될 경우 현재주가에 비해 높은 전환가격으로 주식을 발행할 수 있어 현재가격으로 주식을 발행하는 것보다 유리하다고 주장한다. 이러한 주장이 타당할까?

효율적인 시장에서 위의 주장은 타당하지 않다. 전환사채가 일반사채와 전환권이라는 콜옵션이 결합된 증권이라는 점을 기억하고, 먼저 일반사채와 전환사채를 발행하는 경우를 비교해 보자. 둘 중 어느 대안이 기업에게 유리한 자금조달수단이 될지는 증권 발행 이후의 주가가 어떠할지에 달려 있다. 만일 주가가 상승하여 전환권이 행사되는 상황이 발생하면(이 경우 기존주주의 지분비율이 희석되며, 채권자는 콜옵션 행사에 따른 이득을 얻는다), 전환사채를 발행한 기업은 일반사채를 이용한 기업에 비해 불리한 결과를 얻게 될 것이다. 반대로 주가가 하락하거나 충분히 상승하지 않아 전환권이 행사되지 않는 상황이 발생하면(이 경우 기업은 낮은 이자율에 자금을 사용한 효과를 얻는다), 전환사채를 이용한 기업이 유리한 결과를 얻는다.

다음으로 주식과 전환사채 발행을 비교해 보자. 미래에 주가가 상승하여 전환권이 행사되면 기업은 전환사채 발행으로 이득을 얻게 된다. 왜냐하면 낮은 현재가격으로 주식을 발행하는 것에 비해 높은 전환가격에 주식을 발행하기 때문이다. 반대로 미래주가가 하락하는 경우 전환사채 발행은 기업에게 불리한 결과를 가져다준 것이다. 애초에 주식발행으로 자금을 조달했을 경우 주가하락 전의 가격으로 자금을 조달할 수 있었기 때문이다.

다음의 〈표 20-2〉에 지금까지 살펴본 미래상황에 따른 전환사채 발행의 효과를 일반사채와 주식 발행의 경우와 비교하여 정리하였다.

표 20-2 미래의 주가와 전환사채 발행의 효과

	주가가 상승하는 경우	주가가 하락하는 경우
전환권 행사 여부	전환권 행사	전환권 포기
전환사채 대 일반사채	전환사채가 일반사채에 비해 불리(소유지분의 희석화, 채권자에 유리한 전환조건)	전환사채가 일반사채에 비해 유리(낮은 표면이자)
전환사채 대 주식	전환사채가 주식에 비해 유리(최초시점에 비해 높은 가격에 주식발행)	전환사채가 주식에 비해 불리(최초시점의 높은 가격으로 주식발행 가능)

〈표 20-2〉에서 보는 것과 같이 미래주가의 방향에 따라 전환사채가 일반사채보다 유리할 수도 있고 불리할 수도 있다. 또 주식발행과 비교해도 유리하거나 불리할 수 있다. 효율적 시장에서는 미래주가를 예측할 수 없기 때문에, 발행시점에서 전환사채와 일반사채 또는 주식 중 어느 대안이 보다 낫다고 단정지을 수는 없다. 즉 자본시장이 효율적이어서 주식과 일반사채 및 전환사채의 발행조건이 합리적으로 평가되는 한 단순히 일반사채나 주식 대신 전환사채를 발행함으로써 자본비용을 줄일 수 있다고 말할 수 없다.

그렇다면 기업이 전환사채를 발행하는 현실적인 이유는 무엇일까? 여러 연구는 규모가 작고 성장성은 높으나 위험이 큰 사업을 영위하는 신생기업들이 자금조달수단으로 전환사채를 주로 이용한다는 결과를 보여준다. 이러한 특징을 갖는 기업이 왜 전환사채를 주요 자금조달수단으로 이용하는지를 설명해 주는 이유로 다음의 몇 가지를 생각할 수 있다. 이를 간단하게 살펴보자.

첫째, 현금흐름의 매칭(matching)이다. 사업위험이 크고 성장성이 높은 신생기업은 지금 당장은 아니지만 미래에는 많은 현금흐름을 창출하리라고 기대할 수 있다. 이런 기업의 경우 위험이 커 주식발행이 쉽지 않고, 일반사채도 이자부담이 커 적절하지 않다. 이때 기업의 성장에 따른 투자수익을 얻기를 원하는 투자자를 유인하는 좋은 자금조달수단으로 전환사채나 신주인수권부사채가 고려될 수 있다는 것이다.

둘째, 위험의 결합효과(risk synergy)이다. 기업이 처한 상황과 평가시점에 따라서 같은 사업위험이 때로는 높게 또는 낮게 평가될 수 있다. 만일 투자자가 어떤 기업의 위험이 실제보다 훨씬 낮다고 평가하여 높은 가격에 그 기업이 발행하는 사채를 매입하면 큰 손실을 볼 수 있다. 이 경우 전환사채(또는 신주인수권부사채)는 위험평가의 오류로 인해 발생하는 손실을 줄이거나 막아주는 투자수단이 될 수 있다. 전환사채는 일반사채와 기업의 주식에 대한 콜옵션으로 구성된다고 하였다. 만일 어떤 기업의 위험이 과소평가되면 일반사채는 높게 평가되고, 콜옵션은 낮게 평가될 것이다. 기업의 위험이 과대평가되면 그 반대가 될 것이다. 따라서 일반사채와 콜옵션이 결합된 전환사채에 투자하는 경우 일반사채(또는 주식)에만 투자하는 경우에 비해 수익률의 변동 위험을 줄일 수 있다.

셋째, 전환사채를 이용하여 주주와 채권자 사이에 발생하는 대리비용을 줄일 수 있다. 제19장에서 일반사채는 무위험채권에서 기업의 자산에 대한 풋옵션을 뺀 것과 같다고 해석하였다. 이러한 특성으로 인해 채권자는 옵션가치를 낮추는 것이 유리하고 기업이 위험이 작은 투자를 하기를 원한다. 반면 주주는 옵션가치를 높이는 것이 유리하고 위험이 큰 투자를 하기를 원하며 때로는 음(−)의 *NPV*를 갖는 투자안을 선택하기도 한다. 주주의 이러한 투자결정은 채권자로부터 주주에게로 부의 이전을 발생시킨다. 그러나 일반사채 대신에 전환사채를 발행하여 자금을 조달하는 경우 이러한 부의 이전효과는 상쇄될 수 있다. 전환사채권자는 채권자인 동시에 주주의 특성을 가지기 때문이다.

넷째, 전환사채는 정보비대칭하에서 역선택에 따른 문제를 줄이고 우회적으로 주식을 발행하는(backdoor equity financing) 효과를 갖는다. 정보비대칭이 큰 상황에서 유상증자는 기업가치에 대한 부정적인 신호로 작용하는 것을 제14장에서 살펴보았다. 따라서 성장잠재력은 높지만 부채조달이 어려운 기업의 경우 유상증자 대신 전환사채를 발행함으로써 역선택에 따른 비용부담을 피하고 간접적으로 주식을 발행하는 효과를 얻을 수 있다는 것이다. 또 이러한 상황에서 전환사채 발행은 기업의 성장성에 대한 신호의 역할을 할 수도 있다.

교환사채

교환사채(exchangeable bond: EB)란 채권자의 요구가 있는 경우 사채를 발행기업이 보유하고 있는 자회사 또는 다른 회사의 주식으로 교환해 주기로 하는 회사채를 말한다. 자기주식도 교환의 대상이 될 수 있으며, 교환대상 유가증권은 상장유가증권으로 제한된다. 교환사채가 발행회사의 보유주식과 교환되면, 발행회사의 자산이 불가피하게 감소하지만 교환사채도 회수되어 부채도 동시에 감소한다.

수의상환사채

수의상환사채(callable bond)는 발행회사가 미리 약정한 상환가격에 사채를 조기상환할 수 있는 권리가 내재된 증권이다. 기업은 현재 시장이자율이 높아서 높은 표면금리로 사채를 발행할 수밖에 없을 때 수의상환사채의 발행을 고려할 수 있다. 사채발행 후 시장이자율이 하락하게 되면 낮은 표면금리의 사채를 신규로 발행하여 기존의 사채를 상환함으로써 이자부담을 줄일 수 있다. 예를 들어 LG전자가 1년 전에 이자율 8%로 3년만기 수의상환사채를 발행하였는데 현재 시장이자율이 6%로 하락하였다고 하자. LG전자는 1년 전에 발행한 사채를 미리 정한 상환가격에 매입하여 상환하고, 싼 이자로 새로운 사채를 발행하여 자금을 조달할 수 있다. 수의상환조항이 없는 경우 발행자는 기존의 사채를 높은 시장가격으로 재매입해야 하나, 수의상환조항이 있는 경우에는 미리 정해진 상환가격으로 매입할 수 있다.

그러나 이러한 수의상환조항은 투자자에게는 불리하다. 이자율이 떨어져서 발행자가 채권을 조기에 상환하면, 투자자에게 발생하는 현금흐름은 애초의 기대와는 크게 달라질 수 있기 때문이다. 이자율이 하락하여 채권가격이 크게 상승하면 채권발행자가 시가보다 낮은 상환가격으로 채권을 매입할 것이기 때문에, 채권가격은 상환가격을 초과할 수 없다. 이러한 투자위험으로 인하여 수의상환사채는 상환조항이 없는 일반사채에 비하여 낮은 가격(높은 수익률)에 거래된다.

20.3 주 식

■ 보통주

보통주(common stock)는 회사채와 함께 기업의 장기자금조달의 가장 중요한 원천이다. 회사채는 타인자본, 즉 부채인 데 반해, 주식은 자기자본을 나타낸다. 명목상으로는 우선주와 보통주가 자기자본을 구성하나 실질적으로는 보통주 소유주인 주주가 기업의 소유주이며, 이들이 투자한 자본과 축적된 유보이익이 기업의 소유주지분(owners' equity)을 구성하고 있다. 흔히 우리가 주식이라 함은 보통주를 뜻한다.

보통주의 주주는 기업의 소유주이므로 경영과 이익배분에 참여할 권리를 갖는 반면, 기업의 경영성과에 대한 위험을 부담한다. 보통주의 주주는 기업경영을 책임질 임원을 선출하는 의결권을 가짐으로써 기업경영에 간접적으로 참여하게 된다. 그러나 오늘날 대기업에서는 주주의 수가 매우 많고, 또한 지리적으로도 분산되어 있어 주주의 권리는 대체로 명목적인 경우가 많다. 실제로 소액주주들은 이러한 권리를 행사하는 기회가 거의 없으며 배당과 자본이득에만 관심을 가지는 실정이다. 주주가 자신의 소유지분비율에 비례해서 기업이 실현한 순이익 중 자신의 몫을 청구할 수 있는 권리를 이익청구권이라고 한다.

유한책임과 잔여재산청구권

주식회사의 주주는 자신이 투자한 금액을 초과하는 회사의 채무나 손실에 대하여 아무런 책임도 지지 않는다. 이를 주주의 유한책임(limited liability)이라고 한다.[3] 주식회사가 파산할 경우 주주들은 채무를 변제하기 위하여 추가출자를 할 필요가 없으며 자신이 투자한 금액에 대해서만 손해를 보면 된다. 대신, 기업이 청산되는 경우 주주는 기업재산에 대해 청구권을 갖고 있는 모든 이해관계자(예를 들어, 원재료 공급업자, 종업원, 채권자, 정부 등)에게 재산을 분배한 후 남는 잔여재산에 대해서만 권리를 청구할 수 있다. 이를 잔여재산청구권(residual claims)이라고 한다.

보통주의 종류

액면주식(par value stock)은 주권에 액면가가 표시되어 있는 주식을 말하며, 액면가 표시가 없는 주식을 무액면주식(no-par value stock)이라 한다. 우리나라의 경우 회사의 정관에서 규정하는 바에 따라 액면주식이나 무액면주식을 선택할 수 있으며, 액면주식의 경우에는 1주의 액면가를 100원 이상으로 균일하게 모든 주식에 표시해야 한다. 단, 액면주식과 무액면주식을 동시에 발행할 수는 없도록 규정하고 있다.

액면주식의 경우 발행되는 주식의 액면가를 자본금으로 계상한다. 액면가의 표시가 없는 무액면주식의 경우에는 발행할 때마다 발행가격을 정하게 되며, 발행기준가가 없으므로 발행가를 자본

---

3 엄밀하게는 주주의 유한책임은 주식인수인으로서의 책임이다. 즉, 주주는 회사에 대하여 주식의 인수가액을 한도로 출자의무를 부담할 뿐 그 이상의 회사채무에 대해서는 어떤 책임도 지지 않는다는 것이다.

금으로 처리하는 것이 원칙이다. 우리나라의 경우 이사회에서 결정한 무액면주식 발행가액의 1/2 이상의 금액을 자본금으로 계상하며 발행가액 중 자본금으로 계상하지 않은 금액은 자본준비금으로 계상하도록 규정하고 있다. 액면주식에서 액면가는 ① 주식의 시장가격도 아니고, ② 발행가격 즉 주주의 납입금액도 아니며, ③ 주주지분의 장부가격도 아니기 때문에 그 의미가 거의 없다.

기명주식은 주권에 주주의 이름이 명시되어 있는 주식이며, 무기명주식은 주권에 주주의 이름이 명시되어 있지 않고 그 주식을 소유하는 사람이 주주가 되는 주식이다. 주식회사가 기명주식을 발행할 때에는 주주권을 행사할 사람을 명확히 파악할 수 있는 장점이 있으나, 주식을 신속히 유통시키지 못하며 주식거래를 뒷받침하기 위한 사무비용이 많이 든다는 단점이 있다. 우리나라에서는 상법상 기명주식의 발행을 원칙으로 하고, 무기명주식은 정관에서 그 발행을 규정하고 있는 경우에 한하여 발행할 수 있도록 하고 있다. 무기명주식을 발행하는 경우에는 회사가 의외의 주주에 의하여 지배당할 우려가 있고, 주주총회에서 정족수의 확보가 곤란한 경우도 있다.

보통주의 일반적 형태는 의결권을 갖는 의결권주이다. 그러나 기업은 의결권이 없는 무의결권주나 일정사항에만 의결권이 주어지는 의결권제한주식을 발행할 수도 있다. 우리나라 상법에서는 회사의 정관에 의결권을 행사할 수 없는 사항과 의결권 행사 또는 부활의 조건을 정하도록 규정하고 있다.[4]

의결권의 행사방법

의결권(voting right)은 주주가 주주총회에 출석하여 결의에 참여할 수 있는 권리를 말한다. 우리나라의 경우 주주평등의 원칙에 따라 주식 1주마다 하나의 의결권이 주어지는 것이 원칙이다.[5] 주주는 의결권을 행사하기 위해 주주총회에 직접 출석하여 찬성 또는 반대의 의사를 표시하거나, 서면을 통해서 또는 대리인에게 의결권 행사를 위임할 수 있다. 둘 이상의 의결권을 가지고 있는 주주라면 찬반을 통일하지 아니하고 분리하여 행사할 수도 있다.

주주의 의결권 행사에서 가장 중요하고 기본적인 것은 주주를 대리하는 이사회의 구성원, 즉 이사를 선임하는 것이다. 이사선임에 사용되는 의결권 행사방법으로 과반수투표제, 집중투표제, 초다수결의제가 있다. 이에 대해 살펴보자.

과반수투표제(majority voting)는 선임될 이사 1인에 대하여 1주 1의결권의 원칙이 적용되는 제도이다. 여러 명의 이사를 선임하는 경우 각각의 이사선임에 대해 독립적으로 투표가 이루어진다. 예를 들어 주주총회에서 선출할 이사의 수가 5인인 경우 100주를 소유한 주주는 5인의 후보 각각에게 각 100표를 투표하며, 자신이 보유한 의결권을 후보 1인에게 모두 몰아서 투표할 수 없다. 상법상 이사의 선임을 위한 주주총회의 결의는 이사 한 사람에 대해 한 번씩 이루어지므로 과반수투

4 과거에는 이익배당우선주에 한해 무의결권주식을 발행하도록 하고 있었으나, 2012년 4월 15일부터 발효된 개정상법에서는 이익배당우선주 이외의 주식에 대하여도 의결권제한주식을 발행할 수 있도록 개정되었다. 또 정관에 규정하는 경우 '이익배당' 또는 '잔여재산분배'에 관하여 내용이 다른 종류주식을 발행할 수 있도록 하고 있다.

5 상법 제369조 제1항.

표제하에서는 몇 명의 이사를 선임하든 과반수의 결의를 지배할 수 있는 대주주(51% 이상의 지분을 가진 주주 또는 주주의 그룹)가 이사 전원을 자신이 추천하는 후보로 선임할 수 있다. 따라서 이 제도하에서는 대주주가 자신의 의도대로 이사진을 구성하기 유리하고 소액주주는 자신들의 이익을 대변할 수 있는 이사를 선임하기 어렵다.

집중투표제(cumulative voting)는 이사선임에서 선임하고자 하는 이사의 수만큼의 의결권을 주식 1주에 부여하는 제도이다.[6] 이 제도하에서는 2명 이상의 이사 선임을 목적으로 열리는 주주총회에서 주주는 1주마다 선임예정 이사 수와 같은 수의 의결권을 가지며(의결권 = 보유주식수 × 이사후보수) 이 의결권을 후보자 한 사람 또는 몇 명에게 집중적으로 행사할 수 있다. 이사는 득표수에 따라 차례로 선임된다. 집중투표제는 1주 1의결권의 원칙에 대한 예외이며, 대주주가 이사 전원을 독점 선임할 수 있는 과반수투표제의 문제를 방지하고 소액주주도 자신이 원하는 후보를 이사회에 진출시킬 수 있도록 한 제도이다.[7]

초다수결의제(supermajority vote)는 주주총회에서의 결의요건으로서 보편적인 다수결 요건을 가중하여 과반수투표제를 강화시킨 형태의 결의방식이다. 일반적으로 초다수결의제는 기업의 경영권 방어수단의 하나로 지분구조가 취약한 회사가 적대적 M&A를 방어하거나 불공정한 M&A로부터 소수 주주를 보호하기 위한 경우, 또 이사회교체나 회사해산 등과 같은 결정을 내려야 하는 경우에 아주 까다로운 결의요건(예를 들어 발행주식 총수의 75% 이상이 참석하고 그중 90% 이상의 찬성)을 규정함으로써 사실상 결의가 불가능하도록 하는 방법이다.[8]

신주인수권증서

기업이 새로이 발행하는 주식(보통주)을 미리 정한 가격에 인수할 수 있는 권리 역시 신주인수권(pre-emptive right)이라고 하며 이를 나타낸 증서를 신주인수권증서(rights)라고 부른다. 이는 앞서 설명한 신주인수권증권과 유사하며 주식에 대한 콜옵션이라고 할 수 있다. 신주인수권증서에 관해

---

6 우리나라 상법의 경우 정관에서 집중투표제를 배제하고 있지 않은 회사의 경우, 주주총회 소집통지서에 선임할 이사의 수가 명시되고, 발행주식총수의 3/100 이상의 주식을 소유한 주주가 집중투표의 방식으로 이사를 선임할 것을 주주총회 7일 전까지 서면(또는 전자문서)으로 청구할 때 이를 수용하도록 규정하고 있다(상법 제382조의 2).

7 예를 들어 발행주식이 100주이고 그중 주주 A가 30주, 주주 B가 70주를 가지고 있는 회사에서 집중투표의 방법으로 이사 3인을 선임하는 경우를 보자. 이 경우 주주 A의 의결권은 90개가 되고, 주주 B의 의결권은 210개가 된다. 그러므로 주주 B가 이사 3인을 전부 자신이 원하는 후보 갑, 을, 병 세 사람으로 선임하려면 의결권을 갑, 을, 병 각 1인에 대해 70개씩 분산해서 행사하여야 한다. 그러나 A는 후보 "정"만을 이사로 선임하기를 원하고 자기의 의결권 90개를 전부 정에게 집중행사하면 정이 이사로 선임되고, 나머지 2인만이 B가 원하는 후보로 선임될 수 있다.

8 미국을 비롯하여 영국, 독일, 프랑스, 일본 등은 초다수결의제의 채택을 법에서 허용하고 있다. 이들 국가의 경우 주주총회의 보통결의는 물론 특별결의요건을 회사의 정관규정으로 가중할 수 있다는 일반규정이 있다. 반면에 우리나라의 상법은 주주총회의 보통결의요건의 경우에는 정관에 의한 가중을 허용하는 규정이 있지만, 특별결의요건의 가중을 허용하는 명시적인 규정은 두고 있지 않다. 그러나 최근 들어 정관 변경을 통해 초다수결의제를 도입하여 적대적 M&A에 대비하는 상장기업의 사례가 늘어나고 있다. 2023년 초 현재 유가증권시장과 코스닥시장 상장기업 2,203곳 중 405곳(18.4%)이 정관에 1개 이상의 경영권방어수단을 도입한 것으로 조사되었다. 이 중 267곳(중견, 중소기업 257곳, 대기업 10곳)이 초다수결의제를 도입하고 있다(매일경제신문, 2023년 2월 16일).

서는 제20.5절에서 상세히 다루고 있다.

■ 우선주 등 종류주식

기업은 우선주를 포함한 다양한 종류주식을 발행하여 자금을 조달할 수도 있다. 종류주식(種類株式)은 보통주와는 달리 소유주가 주주로서 갖는 권한의 일부가 제한되는 주식이다. 보통주보다 이익배당에 대한 우선권을 갖되 의결권이 제한되는 우선주가 대표적인 예이다. 우리나라의 상법에서 정하고 있는 종류주식은 ① 이익의 배당 또는 잔여재산의 분배에 관하여 보통주와 내용이 다른 주식, ② 의결권 행사와 관련하여 보통주와 내용이 다른 주식, ③ 회사 또는 주주의 청구에 따라 이익으로 소각이 가능한 상환주식, ④ 회사 또는 주주의 청구에 따라 다른 주식으로 전환할 수 있는 전환주식의 네 종류로 구분할 수 있다. 회사가 종류주식을 발행하려면 정관에 그 수와 내용을 명시하여야 한다. 다음에서는 이들 종류주식의 내용과 특징에 대해 살펴본다.

우선주

이익배당 및 잔여재산 분배와 관련하여 보통주와 다른 내용을 갖는 주식으로 우선주와 후배주가 있다. 우선주(preferred stock)는 기업이 청산될 때 잔여재산과 이익에 대한 청구권의 우선순위가 사채보다 낮지만 보통주보다는 높은 증권이다. 반면, 후배주(deferred stock)는 그 순위가 보통주보다 낮은 증권이다. 기업이 자금조달을 위해 후배주를 발행하는 예는 거의 없으므로 우선주를 중심으로 설명한다.

우선주는 사채의 성격과 보통주의 성격이 복합된 증권이라고 할 수 있다. 우선주의 잔여재산청구권의 한도는 발행가액과 미지급배당금을 합한 금액이다. 우선주의 배당은 보통주에 우선하나, 우선주를 발행한 기업에 강제적인 부담을 주는 것은 아니다. 배당금을 지급하지 않는 것이 기업을 파산선고까지 끌고 갈 법적 이유가 되지는 않는다. 우선주는 법률상이나 회계장부상에서는 자기자본으로 처리되지만, 확정배당금은 고정적인 재무비용이므로 그 성격은 채권과 유사하다. 이런 이유로 우선주와 채권을 함께 묶어서 말할 때 고정수익증권(fixed income securities)이란 용어를 사용한다.

우선주에는 누적적 우선주(cumulative preferred stock)와 비누적적 우선주(non-cumulative preferred stock)가 있는데, 대부분의 우선주는 누적적 특징을 지닌다. 우선주 발행기업이 예정된 배당을 지급하지 못할 때는 그 부족된 배당분에 대하여 장래에 보상을 약속하는 것이 누적적 우선주이다. 이러한 누적적 우선주를 발행한 기업은 보통주에 대해 배당을 지불하기 전에 미지급된 우선주의 배당을 먼저 지급해야 한다. 비누적적 우선주의 경우에는 해당 연도에 지불하지 않은 배당금은 그해로서 끝나는 것이지 다음 회기로 넘어가는 것이 아니다. 우리나라의 상법에서는 우선주 발행회사가 배당재산의 종류와 배당재산의 가액 결정방법, 그리고 이익을 배당하는 조건 등을 정관에 기재하도록 규정하고 있다. 따라서 회사는 일정액을 우선 배당하거나, 보통주에 대한 배당보다

1%를 더 배당하거나 또는 배당률을 시중금리와 연동시키는(변동배당률의) 우선주 등을 발행할 수 있다.[9]

우선주의 이익분배란 우선주 주주를 사전에 정한 발행조건에 따라서 이익의 잉여부분을 분배하는 데에 참여시키는 것을 말한다. 우선주에 대한 확정배당금은 가능한 배당의 최대액을 나타내는 것이지만, 기업의 이익이 많아서 우선주 배당 후 보통주에 대한 배당을 하고도 이익이 많이 남을 때에 우선주에 대해서 추가적으로 이익분배에 참여토록 하는 경우가 있는데 이러한 우선주를 참가적 우선주(participating preferred stock)라 한다. 예를 들어 액면가 5,000원의 우선주 주주에게 1주당 500원의 배당금을 지급한 후 5,000원 가치의 보통주 주주에게 1주당 600원을 배당하고도 이익이 남는 경우에는, 우선주 주주들도 100원 더 배당을 요구할 수 있다. 반면에 추가적 이익분배에 참가하지 못하는 우선주를 비참가적 우선주(non-participating preferred stock)라고 한다.

우선주 주주들은 재산 및 이익의 청구에서 보통주 주주에 우선하는 등 경제적 이익에 더 관심이 있으므로, 이들을 기업경영에 참가시키지 않는 것이 보통이다. 즉, 대개의 경우 주주총회에서 우선주 주주에게는 의결권이 주어지지 않는다.[10] 그러나 우선주에 대하여 약속한 배당금을 지급하지 못한 경우에는 회사의 정관에 명시된 조건에 따라 의결권이 부활될 수 있다. 우선주 주주들이 경영에 참가할 때는 기업이 이미 곤경에 빠져 있을 경우가 대부분이므로 이들의 경영참여는 별로 의미가 없다.

우선주는 자금조달방법으로 많이 쓰이지 않는다. 그 이유는 기업의 세후순이익에서 배당금이 지급되므로 이 배당금은 회사채의 이자와 달리 법인세 감세효과가 없기 때문이다. 따라서 세후기준으로 볼 때 자본조달비용이 사채보다 높고 또 보통주에 우선해서 배당을 지급해야 하는 불리한 점이 있다. 그러나 우선주에 의한 자금조달은 사채발행에 비해서 유연성이 있다는 장점이 있다. 즉, 배당금을 지급하지 않아도 법적으로 채무불이행이 되지 않으며, 수익성이 악화되거나 기업의 재무상태가 좋지 않으면 배당을 연기 또는 취소할 수 있다. 우선주의 또 다른 장점은 만기가 없어 영구적인 자금조달이 가능하다는 것이다. 또한 기업의 입장에서 보면 우선주는 자기자본이기 때문에 자본구조를 건전하게 한다. 즉, 자기자본의 비중을 높여 기업의 부채수용능력을 확대하고 대외신용도를 제고한다. 우선주의 비용이 회사채의 비용보다 높은 데도 불구하고 우선주를 발행하는 것은 이러한 이점들 때문이다.

---

9 과거에는 이익배당우선주에 대해 정관에 최저이익배당률을 정하도록 하고 있었으나, 2012년 개정상법에서는 이러한 내용이 삭제되었다. 또 개정상법에서는 현물배당을 허용하게 되면서 정관에 배당재산의 종류와 배당재산의 가액 결정방법 등을 기재하도록 규정하고 있다.

10 우선주가 반드시 의결권이 없는 형태로 발행되어야 하는 것은 아니다. 상법상 이익배당 우선주에 관하여 의결권이 없는 것으로 할 수 있다고 규정하고 있으므로 당연히 의결권 있는 이익배당 우선주도 발행할 수 있다(상법 제344조의 2, 제344조의 3).

무의결권주 및 의결권제한주식과 복수의결권주식

기업은 의결권이 모두 제한되는 무의결권주식(non-voting share)이나 특정 사항에 대해서만 의결권을 가지는 의결권제한주식도 발행할 수 있다. 회사가 의결권을 제한하는 종류주식을 발행하려면 사전에 의결권 제한 사유를 정관에 명시해야 한다. 예를 들어 임원 선임 또는 인수합병 등 경영권 변동과 관련한 사항에 대해서 의결권을 부여하지 않는 의결권제한주식을 발행할 수 있다. 이럴 경우 경영권에 대한 위협을 배제한 상태에서 우선배당에 대한 부담 없이 자본을 조달할 수 있으므로, 대주주 지분이 적어 유상증자를 하기가 부담스러운 회사라면 보통주 대신 의결권제한주식을 발행하여 필요자본을 조달할 수 있다. 그렇지만 주주총회의 특정 안건에 거부권 행사가 가능한 주식은 허용되지 않는다. 무의결권주나 의결권제한주식의 발행을 무제한으로 허용하면 의결권주를 가진 소수의 주주에 의한 경영지배가 나타날 우려가 있으므로, 우리나라의 상법은 무의결권주와 의결권제한 주식의 수가 총발행주식수의 4분의 1을 초과하지 못하도록 제한하고 있다.

복수의결권주(dual class share)는 1주당 1의결권을 초과하는 주식을 말한다. 보통주의 의결권은 1주당 1의결권이 기본원칙이나 기업은 주식 1주당 의결권의 수를 달리하는 여러 종류의 주식을 발행할 수도 있다. 특히 창업주의 지분비율이 낮아 경영권방어에 어려움을 겪는 스타트업이나 벤처기업의 경우 복수의결권주식을 이용하여 기업의 경영권을 안정적으로 유지할 수 있다. 우리나라의 경우 "벤처기업의 육성에 관한 특별조치법"에서 2023년 11월 17일 이후 상법에서 규정하는 1주 1의결권에 대한 특례로 비상장벤처기업을 경영하는 최대주주인 창업주에게 1주당 2~10개의 의결권이 부여되는 복수의결권주식을 발행할 수 있도록 허용하고 있다. 복수의결권주식을 발행하기 위해서는 발행주식 총수의 4분의 3 이상의 동의가 필요하다. 복수의결권주식의 존속기한은 10년이며, 기업이 상장하는 경우에는 3년으로 기한이 제한된다. 존속기한이 지난 복수의결권주식은 즉시 보통주로 전환된다.

의결권제한주식과 다른 종류주식과의 결합

의결권제한주식은 의결권 행사가 제한되는 만큼 투자자 입장에서 이들 주식은 보통주에 비해 매력이 없으며, 배당에 대한 우선권도 없어 우선주보다도 매력이 떨어진다고 할 수 있다. 따라서 주식의 가치는 보통주, 우선주, 의결권제한주, 무의결권주의 순으로 결정될 것이다.

무의결권주나 의결권제한주식은 다른 종류주식과 결합하여 다양한 형태의 상품을 만들어 낼 수 있다. 예를 들어 의결권제한 전환주식, 의결권제한 상환주식, 의결권부 배당우선 전환주식, 의결권부 배당우선 상환주식, 무의결권 전환주식, 무의결권 상환주식, 의결권부 전환주식 등이 이에 해당된다.

상환주식과 전환주식

주식회사는 회사 또는 주주의 청구에 따라 이익으로 소각이 가능한 상환주식과 다른 종류의 주식으로 전환할 수 있는 권리가 부여된 전환주식을 발행할 수 있다. 상환주식을 발행하려는 회사는 정관에 상환가액, 상환기간, 상환의 방법과 상환할 주식의 수를 정해야 한다. 상환주식의 경우에는 현금이 아니라 유가증권이나 다른 자산으로도 상환이 가능하다. 따라서, 상환 시에 회사가 사채 등으로 상환주식을 상환할 수도 있다, 그러나 보통주를 상환주식으로 하여 발행하는 것은 금지되며,[11] 현금 이외의 자산으로 상환하는 주식의 장부가액은 배당가능이익을 초과하지 못하도록 규정하고 있다. 전환주식을 발행하기 위해서는 정관에 주주가 인수한 주식을 다른 종류의 주식으로 전환을 청구할 수 있다는 뜻과 전환조건, 전환의 청구기간, 전환으로 인하여 발행할 주식의 수와 내용을 명시하여야 한다. 전환청구를 하면 전환주식은 소멸되고 새로운 주식이 발행되는 효과가 있다.

상환주식과 전환주식의 대표적인 예로 상환우선주(redeemable preferred stock)와 전환우선주를 들 수 있다. 우선주는 보통주와 마찬가지로 만기가 없다. 그러나 기업들은 우선주를 영구적인 자본조달의 원천으로 보지 않기 때문에 상환이나 전환의 규정을 두는 것이 보통이다. 전자는 우선주로 발행된 후 만기가 되면 사채와 마찬가지로 상환되며, 회사는 정관의 규정에 따라 매년 이익의 일부를 상환기금으로 적립하기도 한다. 발행회사와의 계약에 따라 이의 관리를 맡은 수탁회사는 이 적립금을 사용하여 증권시장에서 우선주를 사들이거나 발행한 우선주의 일부분을 상환함으로써 우선주를 회수하게 된다. 상환우선주 중 발행기업이 만기 전에 상환할 수 있는 권리를 갖는 경우를 수의상환우선주라 한다. 수의상환우선주는 명문화된 수의상환가격(call price)이 있는데, 이 가격은 보통 발행가보다 높게 책정되어 있고, 상환시기가 빠를수록 상환가격이 높아진다. 상환방법에는 강제상환과 임의상환의 두 가지 방법이 있는데, 이 중 하나를 택할 수 있다. 또한 상환은 배당가능한 이익이 있을 때만 할 수 있다.

우선주 주주의 의사에 의하여 보통주로 전환될 수 있는 우선주를 전환우선주(convertible preferred stock)라고 한다. 우선주는 보통주로 전환함으로써 상환된다. 기업은 상환과 전환의 특성이 결합된 상환전환우선주를 발행할 수도 있다. 상환전환우선주는 이익배당과 잔여재산 분배에 있어 보통주에 대해 우선권이 있으며, 전환과 상환에 대해서는 정관에서 규정한다. 의결권은 부여될 수도 또는 제한될 수도 있다. 상환전환우선주는 대개 수의상환조항이 첨부된 수의상환전환우선주의 형태로 발행된다. 이 경우 우선주의 시가가 상환가격보다 높으면 기업은 수의상환을 원할 것이고, 이때 우선주 주주는 보통주로 전환하는 것이 수의상환되는 것에 비해 유리하다고 판단하면 보통주로 전환할 것이다.

20.4 증권의 발행

기업이 새로이 증권을 발행하여 자금을 조달하는 방법에는 공적모집(공모, public placement)과 사적모집(사모, private placement)이 있다. 공모는 일반투자자를 대상으로 증권을 발행하는 것이고,

---

11 이는 보통주식을 회사가 일방적으로 상환하여 독소조항(poison pill)과 유사한 경영권 방어의 효과를 내는 것을 방지하기 위함이다. 독소조항에 관해서는 제24장을 참조하라.

사모는 소수의 특정 투자자를 대상으로 하는 것이다. 회사채의 경우 상대적으로 사모의 비중이 크고, 주식의 경우는 공모가 지배적이다. 증권거래소에 상장되지 않은 기업이 처음으로 공모를 통해 주식을 발행하는 것을 기업공개(going public) 또는 최초주식공모(initial public offerings: IPO)라고 하고, 또 공개기업이 자금이 필요하여 새로이 주식을 발행하는 것을 증자라고 한다.[12]

한편, 공모는 다시 일반대중을 대상으로 증권을 판매하는 일반공모(general cash offer)와 기존의 주주에게 주식을 판매하는 주주배정(rights offering)으로 분류할 수 있다.[13] 일반공모는 회사채와 주식 모두에 적용될 수 있으나, 주주배정은 주식의 경우에만 적용된다. 또 기업공개는 일반공모의 형태를 취하지만, 증자는 두 가지 형태(일반공모와 주주배정)를 모두 취할 수 있다.

■ 증권의 발행절차와 발행가격의 결정

발행절차

공모를 통하여 자금을 조달할 경우 발행회사가 직접 증권을 발행하기보다 증권회사와 같은 발행기관 역할을 수행하는 전문적인 금융기관의 도움을 받는 간접발행의 방법이 이용된다. 간접발행의 경우 증권발행절차는 [그림 20-2]에서와 같고 크게 다음과 같은 4단계를 거치게 된다.

| 그림 20-2 | 증권의 발행절차

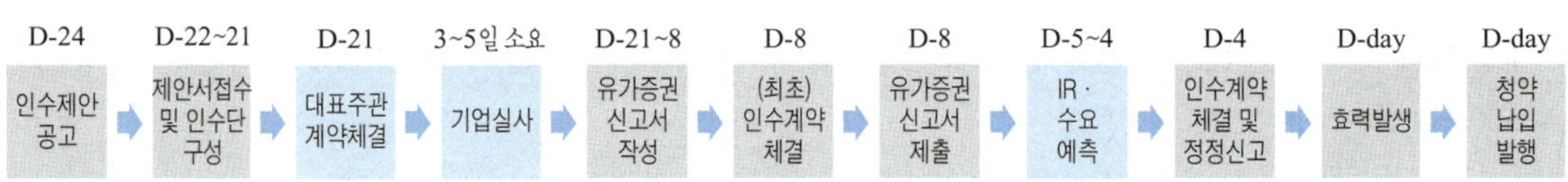

자료: 금융투자협회, 우리투자증권 리서치센터.

① 증권을 발행하고자 하는 기업은 이사회에서 발행규모, 자금의 용도, 증권의 종류 등을 결정하여 인수제안공고를 내고, 증권을 인수할 의향을 가진 증권회사 등으로부터 인수제안서를 받는다.

② 발행회사는 증권의 발행을 총괄하는 대표주관회사(managing underwriter 또는 bookrunner)와 원리금 지급업무를 대행할 원리금지급 대행기관을 선정한다. 대표주관회사는 발행회사에 대한 기업실사를 실시한 후 발행회사와의 협의를 거쳐 세부적인 발행조건을 결정하고 증권에 대한 인수계약을 체결한다.[14] 보증사채의 경우에는 원리금 지급을 보증할 금융기관과 보증계약을 체결해야 한다.

---

12 IPO와 증자에서 발행되는 신주를 각각 unseasoned new issues와 seasoned new issues라고 하였다(제1장 참조).

13 우리나라의 경우 증권발행과 관련하여 모집과 매출이라는 용어가 사용된다. 모집은 신규로 발행되는 증권의 취득을 대중에게 권유하는 행위를 말하며, 매출은 이미 발행되어 기존주주가 소유하고 있던 증권을 대중에게 판매하는 행위를 말한다.

14 증권인수방법에 대해서는 제20.5절에서 설명한다.

③ 이사회가 증권발행을 의결하면 금융위원회에 유가증권신고서(registration statement)를 작성 · 제출해야 한다. 발행회사는 유가증권신고서가 수리된 후 그 효력이 발생되기 전에 예비사업설명서(red herring prospectus)를 작성하여 발행증권의 청약을 권유하는 데 사용할 수 있다.[15] 이후 투자자를 대상으로 기업설명회(IR)와 수요예측(book building)을 실시하여 발행가격(공모가격)을 결정한 후 최종인수계약을 체결하고 금융위원회에 유가증권신고서에 대한 정정신고를 하여 효력발생을 통보받는다.[16]

④ 이후 증권발행 안내공고를 내고 주관회사는 투자자들에게 증권의 청약을 권유하기 위해 발행회사의 사업설명서(prospectus)와 함께 증권청약서를 작성 · 배포하고 일정한 청약기간을 정하여 청약을 받는다. 만약 청약미달로 미소화분이 생기면 발행회사와 주관회사와의 계약내용에 따라 주관회사가 이를 인수하거나 발행회사에 돌려주게 된다. 증권의 판매가 완료되어 대금이 전부 납입되면 발행회사는 금융위원회에 유가증권발행 실적보고서를 작성 · 제출하고 청약한 투자자들에게 증권을 발행하여 교부한다.

인수를 맡은 주관회사가 하나일 경우 인수에 따른 위험을 단독으로 부담해야 하므로 대개는 몇 개 금융기관이 모여 인수단(underwriting syndicate)을 구성하여 자금부담 등 인수에 수반되는 위험을 분산시킨다. 인수단을 조직하는 이유는 위험을 분산시킨다는 목적 외에도 발행증권을 독자적으로 인수할 능력이 없기 때문이거나 보다 많은 투자자들을 유치하려는 의도 때문이다. 대표주관회사와 공동주관회사 등 인수단은 증권의 발행가격(공모가격, offering price)과 발행회사에 지불하는 매입가격의 차이(underwriting spread)를 수익으로 얻거나 발행회사로부터 증권발행액의 일정비율을 인수수수료(underwriting fee)로 받는다. 이는 인수단이 발행위험을 부담하는 데 대한 대가로 보면 된다. 여기서 발행위험이란 예정된 발행가격에 증권을 판매하지 못하거나, 발행물량이 전부 소화되지 못할 경우 미소화분의 증권을 인수단이 매입해야 할 위험을 말한다. 그리고 보증사채의 경우 원리금지급을 보증한 기관도 보증에 따른 위험을 감수하게 되므로 발행회사로부터 일정비율의 보증수수료를 받는다.

한편, 기업은 향후 일정기간 동안 발행이 예상되는 증권의 종류와 금액을 포괄적으로 기재한 유가증권신고서를 등록하여 효력 발생을 통보받은 후 등록한 금액의 범위 내에서 분할하여 증권을 발행할 수 있다. 이를 일괄신고(shelf registration)제도라고 한다. 일괄신고 후 실제 발행 시에는 발행 금액과 가격 등 모집의 조건에 관한 추가서류만을 제출하고 즉시 증권을 발행하면 된다. 일괄신

---

15 사업설명서(prospectus)는 증권의 청약을 권유할 때 일반투자자에게 제공하는 '투자권유문서'로서 유가증권신고서의 내용을 보다 알기 쉽고 이해하기 쉽게 작성하여 일반투자자에게 제시해 줌으로써 올바른 투자판단을 하게 할 수 있도록 하는 문서이다.

16 발행가격을 결정하기 위하여 인수단이 당해 기업의 본질가치, 상대가치 및 사업성 등을 감안하여 결정한 공모희망가액을 제시하고 그에 대한 수요상황(가액 및 수량)을 파악하는 것을 수요예측(book building)이라고 한다. 이에 대해서는 뒤에서 보다 자세히 설명한다.

고제도를 이용하는 경우 증권발행에 필요한 이사회 의결은 사전에 한 번만 받으면 되며, 수요예측을 하지 않아도 되고 기업실사도 약식으로 받을 수 있어 자금조달에 소요되는 일정을 크게 줄일 수 있다. 우리나라의 경우 회사채(주식관련 옵션이 부가된 사채는 제외), 주가연계증권, 주식워런트증권 등을 발행할 때 이 제도를 이용할 수 있다. 효력발생기간은 2개월~1년이며 향후 발행할 증권을 포괄적으로 등록하고 이후 3회 이상에 걸쳐 분할발행할 수 있다.

발행가격의 결정

공모에 있어 가장 어렵고도 중요한 문제는 모집 또는 매출할 주식의 가격을 얼마로 결정하느냐 하는 것이다. 왜냐하면 기업, 기존주주, 그리고 새로운 투자자의 이해관계가 바로 이것과 직결되어 있기 때문이다. 즉 신주공모의 경우 발행가격이 높게 책정되면, 발행기업은 많은 자금을 조달할 수 있고 기존주주들은 주가가 올라가서 혜택을 입는 반면, 신규투자자들은 투자수익률이 상대적으로 낮아져 불이익을 입을 수 있다. 한편 구주매출의 경우 주식대금이 신규투자자로부터 기존주주에게로 흘러가는 것이므로, 매출가격이 높게 결정되면 신규투자자에게 불리한 반면 기존주주에게 유리하다. 발행기업에게는 당장 큰 이득은 없으나 주식이 높게 평가되어 향후 주식을 발행할 때 상대적으로 유리하다. 또 인수단의 입장에서는 증권이 시장에서 쉽게 판매되도록 하는 것이 자신의 위험부담을 줄이는 것이므로 가급적이면 발행가격을 낮추려 할 유인이 존재한다.

우리나라에서는 금융위원회가 제정한 "증권의 발행 및 공시 등에 관한 규정"에 따라 인수를 맡은 주관회사와 분석기관, 그리고 발행기업의 협의를 거쳐 발행가격이 결정된다. 각국은 공정한 발행가격을 결정하고 주관회사의 책임을 강화하기 위하여 수요예측과 시장조성의무, 초과배정제도 등을 도입하고 있다.

수요예측(book building)이란 대표주관회사가 증권의 발행가격을 결정하기 위해 사전에 인수에 관심 있는 기관투자자들로부터 해당 증권에 대한 희망 가격과 수량 등을 제시받는 등 탐색과정을 거친 뒤, 시장상황과 발행회사의 사업성 및 발행규모 등을 고려하고 발행회사와 협의하여 발행가격을 결정하는 방식이다. 시장조성의무는 주관회사가 증권발행 후 일정기간 동안 증권의 시장가격이 발행가격의 일정수준 이상을 유지하도록 해야 한다는 것이다.[17] 시장조성의무가 있는 경우 투자자는 증권의 가격하락에 따른 손실을 입게 될 위험을 줄일 수 있다. 초과배정제도(over-allotment allocation 또는 green shoe option)는 공모주식에 대해 초과청약이 있는 경우 주관회사가 발행회사로부터 추가로 공모주식을 취득할 수 있는 권리를 부여받아 이를 토대로 해당 물량만큼 공모주식을 청약자들에게 추가로 배정하는 것을 말한다. 공모 후 증권의 시가가 발행가격보다 높을 경우 주관회사는 이 권리를 행사하고, 또 시가가 발행가격보다 낮을 경우 이 옵션을 포기하고 시가에 증권을 매입하여 배분함으로써 결과적으로 시장조성기능을 수행하게 된다. 초과배정옵션이 있는 경우 인수자는 가급적 발행가격을 낮게 책정하려고 할 것이기 때문에, 투자자들은 증권의 발행가격이

17 우리나라에서는 주관회사에 시장조성의무를 부과하지 않고 있다.

비싸게 책정될 가능성에 대한 우려를 없앨 수 있고 인수자와 발행회사는 증권의 일부 또는 전부가 판매되지 못할 위험을 줄일 수 있다.

■ 주식회사의 설립과 주식발행

주식회사가 설립되기 위해서는 발기인이 필요하며, 발기인은 정관(articles of incorporation)을 작성하고 설립등기를 해야 한다. 정관에는 상법에 규정된 여러 가지 사항을 규정하고, 회사의 주식발행에 관한 사항을 규정해야 한다. 주식회사의 설립은 주식의 인수와 모집 방법에 따라서 발기설립과 모집설립으로 나누어진다. 발기설립은 회사창업을 주관한 발기인이 창업 시에 발행된 모든 주식을 인수함으로써 회사를 설립하는 방법으로 소수의 발기인이 주식을 인수함과 동시에 주식회사의 설립이 이루어지는 간단한 방법이다. 그러나 기업의 규모가 큰 경우 발기인들이 발행된 주식을 모두 인수할 수 없다. 이때는 발행주식의 일부를 발기인들이 인수하고 나머지를 일반에게 공모하여 충당하게 되는데, 이러한 설립을 모집설립이라고 한다.

회사를 창업할 때 발행하는 주식의 규모는 회사에서 발행할 수 있는 주식총수(수권주식수)의 4분의 1 이상이어야 하며, 나머지 미발행주식은 회사의 설립 이후 필요하다고 생각될 때 이사회의 의결에 의하여 수시로 발행할 수 있다. 이와 같이 회사를 설립할 때 주식의 일부를 발행하여 납입하고, 잔여분의 주식발행을 이사회에 일임하는 주식발행제도를 수권자본제도(authorized capital stock system)라고 한다. 이 제도는 기업의 필요에 따라 자본조달을 신속하게 할 수 있다는 장점이 있다.

모집설립의 경우에는 주식발행에 따른 위험을 누가 부담하느냐에 따라 직접발행과 간접발행이 있다. 직접발행은 회사의 발기인이 스스로 위험을 부담하여 일반투자자로부터 주식을 직접 모집하는 방법인데, 청약액수가 자본조달 목표에 미달하면 발기인이 책임지고 인수하게 되는 것이다. 간접발행은 증권회사, 은행 등의 전문적인 발행기관으로 하여금 주식모집을 대행하게 하는 방법이다. 발행기관은 주식발행에 따른 위험을 부담하게 되는데, 발행기관은 이러한 위험을 분산시키기 위하여 인수단을 조직하는 경우가 보통이다.

■ 기업공개에 의한 주식발행

기업공개란?

기업공개(IPO) 또는 최초주식공모란 일정한 요건을 갖춘 기업이 새로운 주식을 발행하여 일반투자자들에게 균일한 조건으로 공모하거나, 기업의 소유권을 널리 분산시키기 위하여 개인이나 소수의 주주에게 집중되어 있는 주식을 일반투자자에게 매출하는 것을 말한다. 회사는 기업공개를 통하여 많은 주주들로부터 대규모의 장기자본을 직접 조달할 수 있고, 공개 후 주식이 거래소에 상장되면 경영활동의 결과를 이해관계자에게 공시하고 이에 대한 평가를 받아야 하기 때문에 경영합리화를 도모할 수 있다. 기업공개는 또한 기업의 대외신용도를 높이고 소유와 경영의 분리를 촉진할 수 있을 뿐 아니라 주식의 대중화를 통해 모든 국민이 기업성장의 혜택을 직접적으로 향유할 수 있게 하여 거시경제적으로는 소득분배의 기능을 수행하게 된다.

기업공개의 요건

과거에는 기업공개와 상장(listing)이 동시에 이루어져 상장요건이 기업공개의 요건과 거의 동일하게 엄격하였으나, 1999년 이후 공개와 상장이 분리됨에 따라 기업공개요건은 크게 간소화되었다. "자본시장과 금융투자업에 관한 법률(자본시장법)"과 금융위원회가 제정한 "증권의 발행 및 공시 등에 관한 규정"에서는 공개기업의 주식발행과 관련한 제반 요건들을 규정하고 있다.

기업공개의 방법

기업공개를 위하여 주식을 널리 분산시키는 방법에는 ① 신주공모에 의한 방법 ② 구주매출에 의한 방법 ③ 신주공모와 구주매출을 병행하는 방법 ④ 회사설립 시에 모집설립하는 방법 ⑤ 전환사채의 발행을 통하여 이것이 나중에 주식으로 전환되면서 공개하는 방법 등이 있는데, 일반적인 방법은 ①, ②, ③의 경우이다.

신주공모의 방법은 일반대중에게 청약을 권유하여 기업이 새로이 발행한 모든 신주를 인수하게 함으로써, 주식의 보유를 널리 분산시키는 한편 대주주를 비롯한 기존주주들의 지분율을 하락시킨다. 원칙적으로 신주를 인수할 권리는 우선적으로 기존주주에게 있으나, 기업을 공개할 때는 주식분산을 위하여 예외로 하고 있다. 구주매출에 의한 방법은 기업의 신규 자금수요가 없거나 현재 자본금이 과다할 경우 기존주주들이 보유하고 있는 이미 발행된 주식을 일반투자자에게 매출하여 주식을 분산시킨다. 이 경우 신주공모에서와는 달리 기업으로의 자금유입은 없으며, 주식매각대금은 주식을 매각한 기존주주들에게 귀속된다.

■ IPO 주식에 대한 의문현상

IPO 주식은 많은 투자자들이 관심을 보이는 투자대상이다. IPO 주식에 대한 여러 연구는 세계 여러 국가의 주식시장에서 다음과 같은 흥미로운 현상들이 공통적으로 나타나는 것을 보여준다.[18]

① IPO 주식의 공모가격은 평균적으로 과소평가되는 경향이 있다. 즉, IPO 주식이 거래되는 첫날의 시장가격은 발행가격보다 상당히 높다.
② IPO 주식의 발행비용이 비상식적으로 높은 경향이 있다.
③ IPO 주식의 장기(3년~5년) 성과는 평균적으로 저조하다.

이러한 결과들은 투자자들이 합리적이고 시장이 효율적이어서 IPO 주식이 적정하게 평가되는 상

---

18 Ritter, Jay R. and I. Welch(2002), "A Review of IPO Activity, Pricing, and Allocations," *Journal of Finance* 57(4), 1795-1828; Ritter, Jay R.(1987), "The Costs of Going Public," *Journal of Financial Economics* 19(2), 269-281; Ritter, Jay R.(1991), "The Long Run Performance of Initial Public Offerings," *Journal of Finance* 46(1), 3-27; Rock, K.(1986), "Why New Issues Are Underpriced," *Journal of Financial Economics* 15(1), 187-212.

황에서는 발생하지 않아야 한다. 이런 이유에서 IPO 주식에 대해 나타나는 위와 같은 현상을 IPO 의문현상(IPO puzzle) 또는 최초공모주 의문현상이라고 부른다. 이에 대해 간략하게 살펴보자.

발행가격의 저평가현상

거래 첫날 IPO 주식의 시장가격이 발행가격에 비해 높게 형성되는, 즉 발행가격이 저평가되는 현상이 나타난다는 것은 IPO 주식에 투자한 투자자가 거래 첫날 높은 양(+)의 초과수익률을 얻는다는 것을 의미한다. 다음의 [그림 20-3]은 세계 25개 국가의 주식시장에서 과거에 발행된 IPO 주식의 거래 첫날의 평균수익률을 보여준다.

[그림 20-3]에서 보면, 평균수익률이 가장 낮은 오스트리아와 가장 높은 중국의 IPO 주식들은 각각 첫날 평균 약 6.2%와 162.2%의 수익률을 얻었다. 우리나라의 경우도 평균 52.7%의 수익률을 보여준다. 이는 IPO 주식의 발행가격이 상당히 큰 폭으로 저평가되는 현상이 세계 각국에서 나타난다는 사실을 보여주는 것이다. 그림에서 발견할 수 있는 또 하나의 사실은 평균적으로 선진시장에 비해 신흥시장에서 저평가현상이 더욱 뚜렷하다는 것이다. 우리나라를 비롯하여 인도, 중국,

그림 20-3 세계 여러 국가의 IPO 주식의 거래 첫날의 평균수익률 (단위: %)

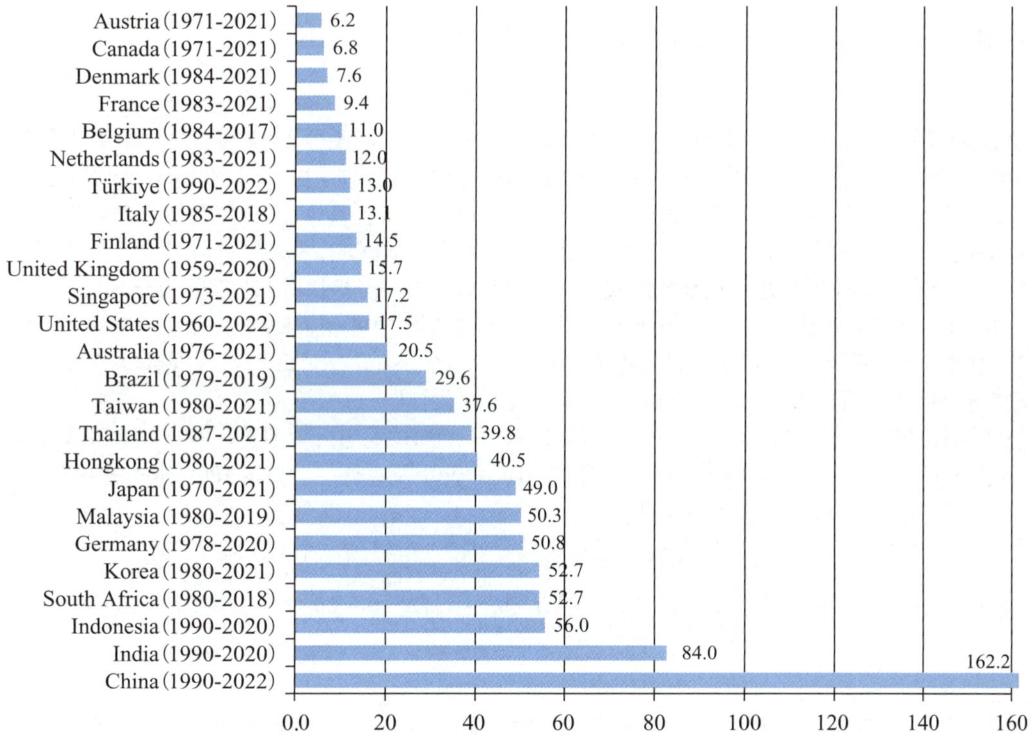

자료: Jay R. Ritter의 웹사이트에서 제공하는 IPO 주식 자료 중 25개 국가를 임의로 선택하여 거래 첫날의 평균수익률을 그림으로 나타낸 것임(http://bear.warrington.ufl.edu/ritter/).

말레이시아 등에서의 평균수익률이 영국, 미국, 캐나다 등에서의 평균수익률보다 월등히 높은 것을 쉽게 확인할 수 있다.

왜 이런 현상이 발생할까? 여러 연구는 거래 첫날의 높은 양(+)의 수익률이 주관회사가 발행가격을 주식의 정상가격보다 낮게 책정했기 때문이라고 주장한다. 발행가격이 저평가되는 경우 그로 인한 손실은 고스란히 발행기업의 기존주주들이 부담하게 된다. 저평가로 인한 손실에도 불구하고 기업이 IPO를 계속하는 이유를 설명하는 대표적인 이론으로 정보비대칭가설이 있다.[19] 정보비대칭가설은 투자자와 발행회사, 그리고 투자자 간에 존재하는 정보비대칭으로 인해 역선택(adverse selection)의 문제가 발생하고, 이를 해결하기 위해서 발행가격이 낮게 책정된다고 주장한다. 즉 정보비대칭이 존재하는 경우 우월한 정보를 가진 정보투자자들은 저평가된 주식만 골라 청약하지만, 비정보투자자는 저평가된 주식뿐 아니라 고평가된 주식도 청약하게 된다. 따라서 청약률에 따라 주식을 배분하면 비정보투자자는 저평가된 주식보다 고평가된 주식을 상대적으로 많이 배분받아 손실을 입게 될 가능성이 높다는 것이다. 이런 상황이 지속되면 고평가된 주식에 투자해 오던 비정보투자자들이 IPO 주식에 등을 돌리게 되고, 결국 시장에는 정상가격에 비해 저평가된 주식만을 선호하는 정보투자자들만 남게 되는 이른바 승자의 저주(winner's curse)가 발생하여 IPO 시장의 실패를 가져온다는 것이다. 따라서 이러한 역선택의 문제를 사전적으로 해소하기 위해서 IPO 주식의 발행가격을 정상가격보다 낮게 책정한다는 것이다.

예제 20-1 ㈜ABC증권은 회사가 인수자로 참여하는 모든 IPO 건에 대해 발행주식의 일부를 자사의 고객들에게 배정하고 있다. ㈜ABC증권의 고객인 팽돌이는 매 건마다 2,000주를 청약하는 투자전략을 세워놓고 있다. 증권분석가들은 ㈜ABC증권이 인수하는 IPO 건 중 20%는 청약물량이 발행물량을 초과하지 않아 팽돌이가 청약한 전량을 배정받을 수 있으나, 80%는 청약이 초과하여 팽돌이가 청약한 수량의 일부만을 배정받을 것으로 추정하고 있다. 청약이 초과할 경우 평균 청약경쟁률은 16 : 1로 예상되며, IPO 주식은 거래 첫날 주가가 발행가격 대비 평균 20% 상승할 것으로 예측된다. 청약이 초과하지 않는 IPO 건의 경우 ㈜ABC증권의 시장조성 노력으로 거래 첫날의 주가는 평균 5% 하락하는 데 그칠 것으로 분석된다. 다음 물음에 답하라.

① ㈜ABC증권이 한 달에 1회 IPO를 주관한다고 할 때 ㈜ABC증권이 주관하는 IPO 주식의 첫날의 평균수익률을 구하라. 첫달의 투자수익을 ㈜ABC증권이 주관하는 매달의 IPO 건에 연속적으로 투자할 때 1년간의 수익률을 구하라.

② 팽돌이가 IPO 주식 투자를 통해 얻을 것으로 예상되는 첫날의 평균수익률을 구하라.

풀이 ① ABC증권회사가 주관하는 IPO의 건당 평균수익률은 0.8(20%) + 0.2(−5%) = 15%이다. 첫

19 IPO 주식 발행가격의 저평가현상을 설명하는 가설로 정보비대칭가설, 시장조성가설 등 여러 가설이 존재한다. 또 정보비대칭가설은 다시 승자의 저주가설, 정보취득가설 그리고 신호가설 등으로 구분할 수 있다. 이에 대한 구체적인 논의는 이 책의 범위를 벗어나므로 생략하고 정보비대칭가설 중 승자의 저주가설에 대해서만 간략하게 설명한다. 이에 대해선 다음의 논문을 참조하라. Rock, K.(1986), "Why New Issues Are Underpriced," *Journal of Financial Economics* 15(2), 197-212.

달의 투자수익을 매달 발생하는 IPO 주식에 계속하여 투자하는 경우 얻을 수 있는 연평균수익률은 다음과 같다: $(1.15)^{12} - 1 = 435\%$.
② 팽돌이는 ①에서 구한 높은 수익률을 얻을 수 없다. 초과청약의 경우 20%의 수익률을 얻게 되나, 청약경쟁률이 16 : 1이다. 따라서 2,000주를 청약하는 경우 배정받게 되는 주식은 125주(= 2,000주/16)이다. IPO 주식의 평균발행가격이 1원이라고 가정하면 투자이익은 다음과 같다: 1원×125주×(0.2) = 25원. 청약이 발행물량을 초과하지 않을 경우 2,000주를 모두 배정받게 되며 이 경우 투자수익률은 −5%이므로 투자손실은 다음과 같다: 1원×2,000주×(−0.05) = −100원. 청약이 초과할 가능성과 그렇지 않을 가능성이 각각 80%와 20%이므로 팽돌이가 얻을 수 있는 평균이익은 다음과 같다: 25×(0.8) + (−100원)×(0.2) = 0. 결국 팽돌이가 성공적인(청약 초과) IPO 주식은 일부밖에 배정받지 못하고, 성공적이지 못한(청약 미초과) IPO 주식은 많이 배정받게 됨으로써, 투자수익률은 IPO 주식의 평균수익률보다 훨씬 낮다.

IPO 수수료

미국시장의 IPO에 대한 연구를 보면 기업이 부담하는 평균 IPO 수수료(예를 들어 발행가격과 인수자의 매입가격의 차이)는 약 7%이다.[20] 공모금액이 1억달러라면 기업이 부담하는 비용(인수자가 얻는 이익)이 700만달러라는 것이다. 이러한 수치는 시장이자율 등 다른 자금조달수단의 비용을 생각할 때 매우 높은 수준이다. 또 앞서 설명한 발행가격의 저평가현상을 고려하면 기업이 부담하는 비용은 더욱 커진다. 더욱 의문스러운 것은 이러한 비용이 공모금액의 규모와 별 관계없이 안정적이라는 것이다. 인수자의 노력과 위험부담이 공모금액과 관계없이 동일하지 않는 한 7%의 비용이 안정적으로 유지된다는 것은 이해하기 어려운 현상이다. 일부 연구는 이러한 현상의 원인으로 인수에 참여하는 투자은행들의 담합을 든다. 다른 연구는 인수자들의 능력에 대한 평판이 중요한 IPO 시장에서 비용을 낮추는 것이 인수자에게 도움이 되지 않는다고 주장한다. 즉, 높은 비용을 제시하는 것이 인수자의 능력에 대한 평가와 시장에서의 지위확보에 도움이 된다는 것이다.

한편, 우리나라의 경우 IPO 수수료 부과방식은 정액형, 정률형, 그리고 혼합형의 세 가지로 분류할 수 있다. 정액형은 IPO 공모금액과 관계없이 고정액의 수수료를 받는 방식이고, 정률형은 공모금액의 일정비율을 수수료로 받는 형태, 그리고 혼합형은 정액형과 정률형이 결합된 형태를 말한다. 예전에는 정액형도 많이 이용되었으나 최근에는 정률형과 혼합형이 대부분을 차지하고 있다. 우리 시장의 경우 수수료는 미국시장과 달리 발행규모에 따라 큰 차이를 보인다. 전체적으로 보면 수수료는 공모금액의 1~6%이며, 정률형의 경우 1,000억원 미만의 IPO 건에 대해서는 3~5%의 수수료가, 1,000억원 이상의 건에 대해서는 1~2%의 수수료가 적용되어 미국시장에 비해서는 현저히 낮은 수수료 수준을 보이고 있다.[21]

---

20 Ritter, Jay R.(2000), "The Seven Percent Solution," *Journal of Finance* 55(3), 1105-1131.; Busaba, W. Y. and F. Restrepo(2022), "The "7% Solution" and IPO (under) Pricing," *Journal of Financial Economics* 144(3), 953-971. 뒤에서 다룰 유상증자의 경우 평균 수수료는 약 5% 수준으로 IPO에 비해서 낮지만 여전히 높은 수준이며, 발행금액의 차이에 따른 변동 역시 크지 않다.

IPO 주식의 장기성과

거래 첫날에 보이는 높은 양(+)의 수익률과는 달리 IPO 주식의 장기성과는 매우 저조하다는 결과가 제시되고 있다.[22] 예를 들어 미국시장에서 1980~2011년의 기간 동안 7,700건의 IPO 기업 주식에 대한 3년간의 보유수익률과 시장평균수익률의 차이는 평균 −18.7%이다. 또 이런 저조한 성과는 IPO가 일어난 기간이나 IPO 규모에 관계없이 일관되게 나타난다.[23] 이렇게 장기성과가 저조한 현상은 IPO에서만 나타나는 현상은 아니며 공개기업이 새로이 주식을 발행하여 자금을 조달하는 유상증자의 경우에도 동일하게 관찰된다. 이에 대해서는 유상증자의 장기성과를 설명할 때 다시 다루도록 한다.

■ 증자에 의한 주식발행

무상증자와 유상증자

기업의 증자는 무상증자와 유상증자로 구분된다. 무상증자란 형식적으로는 자본금을 증가시켜 발행주식수가 늘어나지만 실질적으로는 기업의 자본과 자산이 증가되지 않는 증자방식이다. 예를 들어, 자본잉여금을 자본금으로 전입하게 되면 재무상태표상에는 자본잉여금이 줄어들고 자본금이 늘어나지만, 전체적으로는 자기자본총액이나 기업에서 사용할 자금의 총액에는 변화가 없고, 단지 무상신주 발행비용이 발생할 뿐이다. 무상증자를 하게 되면 기업에 유입되는 현금은 없고 주식수만 늘어나기 때문에 주가가 하락하게 된다. 그러나 무상증자는 자본잉여금 및 이익잉여금을 주주에게 명확하게 귀속시키는 장점이 있다.

유상증자(seasoned new issues)란 수권자본금의 범위 내에서 이사회의 결의에 따라 신주를 발행하여 추가적으로 자금을 조달하는 것을 말한다. 유상증자를 할 때 신주의 발행가격을 결정하는 것은 매우 어려운 일이다. 신주발행의 일차적 목적이 기업에서 필요한 자금을 조달하는 데 있다면 가급적 발행가격을 낮추는 것이 자금을 확보하는 데 유리하다. 그러나 기존주주의 부를 극대화한다는 측면에서 보면 가능한 한 높은 가격으로 신주를 발행해야 한다. 시장가격에 못 미치는 가격으로 신주를 발행할 경우, 발행가격과 시장가격의 차액만큼이 기존주주 입장에서는 기회손실이 되기 때문이다. 이처럼 유상증자를 둘러싼 경영자, 기존주주 및 투자자의 이해관계가 복잡하게 얽혀 있으므로 이를 적절히 고려하여 발행가격을 결정한다는 것은 그리 쉬운 일이 아니다. 현실에서 신주의 발행가격은 일반투자자의 손실을 방지하고 투자를 유도하기 위해 기존주식의 시장가격보다 낮은 수준으로 정하는 것이 보통이다.

---

21 이석훈 · 박신애(2010), "국내 IPO 시장의 경쟁도 분석," 자본시장연구원.

22 다음의 논문을 참조하라. Ritter, Jay R.(1991), "The Long-Run Performance of Initial Public Offerings," *Journal of Finance* 46(1), 3-27.

23 이에 대해서는 Jay R. Ritter의 웹사이트(http://bear.warrington.ufl.edu/ritter/)를 참조하라.

유상증자에 대한 주가반응과 장기성과

여러 연구는 기업이 유상증자를 공시하면 주가가 하락한다는 결과를 보여준다. 예를 들어 미국시장의 경우 유상증자기업들의 주가는 공시 직후 평균 3% 하락하는 것으로 알려져 있다. 이러한 현상은 개별주식에 대한 완전한 대체재가 없는 불완전한 주식시장에서 특정 기업이 신주를 발행하면 해당 기업 주식의 공급물량이 증가하고 이에 따라 주가하락이 발생한다는 수요-공급가설에 의해 설명되기도 한다. 그러나 제14장에서 살펴본 정보비대칭하에서의 신호가설이 보다 설득력 있게 이 현상을 설명한다.

불완전한 시장에서 외부투자자는 기업내용에 대해 충분한 정보를 가지지 못하는 반면, 경영자는 보다 정확하고 많은 정보를 소유한다. 이런 상황에서 기존주주의 부의 극대화를 추구하는 경영자는 현재의 주가가 과소평가된 것이라고 판단하면 유상증자를 하지 않고 과대평가된 경우에만 유상증자를 추진할 유인을 갖는다.[24] 따라서 유상증자의 공시는 현재의 주가가 과대평가되었다는 신호로 작용하며 합리적인 투자자로 하여금 유상증자기업의 주식을 할인하여 평가하도록 하여, 주가

| 그림 20-4 | 유상증자기업 주식의 장기성과

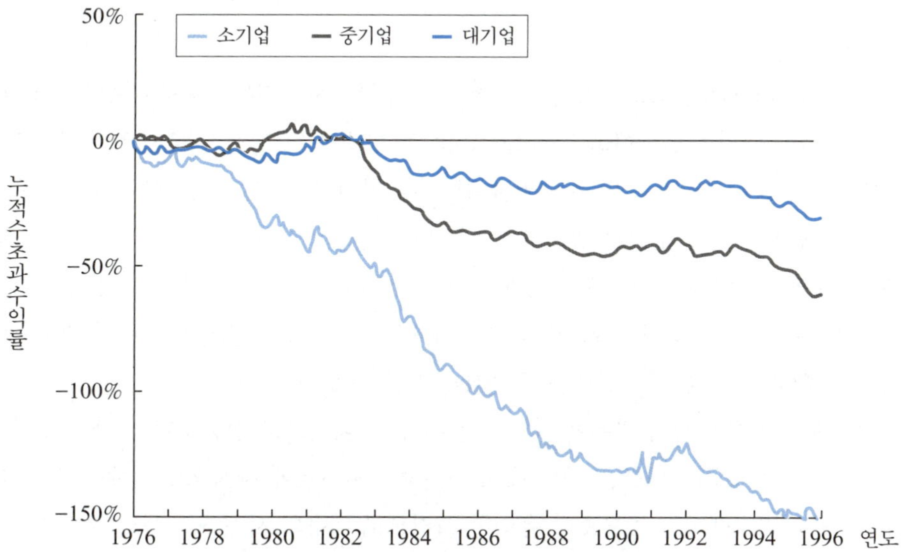

주: 이 그림은 1976~1996년의 기간에 이루어진 유상증자기업 주식의 초과수익률을 Fama-French-Cahart 4요인모형을 이용하여 추정하고 이를 누적한 누적초과수익률을 유상증자기업의 규모(시가총액)에 따라 소기업, 중기업, 대기업으로 구분하여 나타낸 것이다.

자료: Brav, A., C. Geczy, and P. Gompers(2000), "Is the Abnormal Return Following Equity Issuances Anomalous," *Journal of Financial Economics* 56, Figure 3.

24 Myers, S.C., and N.C. Majluf(1984), "Corporate Financing Investment Decision When Firms Have Information that Investors Do Not Have," *Journal of Financial Economics* 13(2), 187-221.

가 하락한다는 것이다.[25]

유상증자와 관련하여 대두되는 또 다른 의문현상은 유상증자기업 주식의 장기성과가 IPO 주식에서와 같이 매우 저조하다는 것이다. 앞의 [그림 20-4]는 미국시장에서 발행된 유상증자 주식의 장기성과를 누적초과수익률로 측정하여 기업규모별로 구분하여 나타낸 것이다. 그림에서 0%는 투자수익률이 시장평균과 같다는 것을 나타낸다. 그림에서 보듯이 유상증자 주식의 장기성과는 기업규모에 관계없이 시장평균에 비해 저조하며 시간이 갈수록 차이는 더욱 확대된다. 특히 소규모 기업의 경우 이러한 현상이 두드러지게 나타난다.

[그림 20-4]에 나타난 저조한 장기성과에 대해 일부 연구는 유상증자가 주가가 과대평가된 경우에 행해지기 때문에 그 후의 저조한 수익률은 주가조정의 결과라고 주장한다. 또 경영자가 기업의 내부정보를 이용한 결과라는 주장도 있다. 또 다른 주장은 유상증자나 IPO 이후 기업의 사업위험이 변화하기 때문에 이러한 현상이 나타난다는 것이다. 기업이 유상증자로 자금을 조달하여 투자하는 것은 옵션의 관점에서 보면 성장옵션(growth option)을 행사하는 것이다. 성장옵션은 투자안보다 위험이 크기 때문에, 옵션이 행사되면 기업의 위험은 감소하고 이에 따라 주식수익률은 낮아진다는 것이다.[26]

■ 사적모집

사적모집 또는 사모(private placement)는 기업이 소수의 투자자(기관투자자 또는 특정 개인)와의 개별적인 접촉을 통하여 증권을 발행하고 자금을 조달하는 방법을 말한다. 공모의 경우 발행기업은 감독당국과 관련법규에서 규정하고 있는 증권발행절차를 따라야 하며 이 과정에서 인수수수료 등 상당한 비용이 발생한다. 사모의 경우 공모에서와는 달리 금융위원회에 유가증권신고서를 제출하지 않는 등 여러 절차가 생략되어 상대적으로 신속하고 간편하게 자금을 조달할 수 있다. 또 인수자를 선정하거나 통일된 규격의 주권이나 사채권을 발행할 필요도 없어 공모의 경우에 비해 저렴한 비용으로 자금을 조달할 수 있고, 기업내용의 공개를 피할 수 있다.

사모는 주식보다 사채발행의 경우에 많이 이용된다. 상대적으로 신용도가 낮아 공모를 통한 장기자금조달이 어려운 기업은 대출을 받는 대신 소수의 투자자에게 사적으로 사채를 발행하는 것이 유리할 수 있다. 매입자에게는 공모보다 유리한 조건으로 대량의 사채를 취득할 수 있다는 이점이 있다. 그러나 사모사채를 발행할 때 담보에 대해 엄격한 조건이 요구되고 발행규모에 제한이 가해지는 경우가 많다. 또 유동성이 떨어져 투자자가 나중에 채권을 유통시장에서 매매하기가 어렵다

25 좋은 투자기회를 보유한 기업의 경영자는 이런 역선택에 따른 문제를 피하기 위하여 일반공모를 이용하기보다는 주주배정을 통해 자금을 조달할 수 있다.

26 Carlson, M., A. Fisher, and R. Giammarino(2004), "Corporate Investment and Asset Dynamics Implications for the Cross-section of Returns," *Journal of Finance* 59(6), 2577-2603; Lyandres, E., L. Sun, and L. Zhang(2008), "The New Issues Puzzle: Testing the Investment-Based Explanations," *Review of Financial Studies* 21(6), 2825-2855.

는 단점도 있다. 공모사채는 기업의 사정에 따라 만기를 신축성 있게 정하는 데 비해, 국내에서 발행되는 사모사채는 대부분 만기가 1년이다.

20.5 공모증권의 판매

앞 절에서는 공모를 통한 증권의 발행을 그 절차와 기업공개를 중심으로 살펴보았다. 전문적인 발행기관의 도움을 받아 일반대중을 대상으로 증권을 판매하는 방법을 일반공모(general cash offer)라고 하며, 발행주식을 기존주주에게 매출하는 형태의 공모를 주주배정(rights offering)이라고 하였다. 기업공개는 그 특성상 일반공모의 과정을 거친다. 유상증자의 경우에는 상황에 따라 일반공모나 주주배정 또는 두 방법 모두가 이용된다. 공모사채발행의 경우에는 일반공모의 방법이 이용된다. 일반공모와 주주배정의 구체적인 내용에 대해 살펴보자.

■ 일반공모

일반공모는 앞서 설명한 것과 같이 전문적인 발행기관(대표주관회사)의 도움을 받아 일반대중을 대상으로 증권을 판매하는 방법이다. 대표주관회사는 [그림 20-2]에서 살펴본 것과 같이 발행회사와 인수계약을 맺고 증권발행의 전 과정을 관리하고 필요한 조언을 하며, 증권의 발행가격을 산정하고 투자자에게 증권을 판매함으로써 자금을 조달하는 데 핵심적인 역할을 수행한다. 이때 발행회사와 대표주관회사 간에 이루어지는 인수계약에는 다음과 같은 방식이 있다.

첫째, 총액인수(firm commitment underwriting)이다. 이는 먼저 인수단이 발행회사가 발행한 증권을 모두 매입하고 그 매입한 증권을 인수단의 책임하에서 일반대중에게 판매하는 방식으로 가장 흔하게 이용된다. 이때 인수단은 발행증권의 매입가격과 발행가격의 차이(underwriting spread)를 수익으로 얻게 되며 별도의 수수료를 받지 않는다. 발행회사가 조달하는 자금의 규모는 결국 인수단이 지불하는 증권의 매입대금이며, 증권의 판매와 관련된 모든 위험은 인수단이 부담하게 된다. 발행가격에 전 물량이 소화되지 않을 경우 인수단은 더 낮은 가격에 증권을 판매해야 하는 위험을 부담할 수 있다.

둘째, 잔액인수(stand-by underwriting)이다. 이는 발행증권을 일반투자자들에게 판매하고 판매가 안 된 증권만을 인수단이 매입하는 방식이다. 이 경우 인수단은 발행증권 전액에 대하여 일정한 인수수수료와 판매수수료를 받는다.

셋째, 위탁모집(best efforts offering)이다. 이는 주관회사가 총액인수나 잔액인수에서처럼 발행위험을 부담하는 인수자가 아니라 단지 발행회사의 대리인으로서의 역할을 수행하는 방식이다. 즉, 주관회사는 최선을 다해 일반대중에게 증권을 판매하고, 판매가 안 된 부분은 발행회사에 되돌려 준다. 주관회사는 판매된 증권에 대해 일정한 수수료를 받게 되며, 발행회사는 판매가 이루어진 부분에 해당하는 금액을 조달하게 된다.

넷째, 화란식 경매(Dutch auction)이다. 이는 발행가격이 정해져 있는 기존의 방식과는 달리, 발행물량이 모두 소화될 때까지 경매에 의해 발행가격을 점점 낮추어 가는 방식이다. 최종경매가격이 결정되면 모든 증권은 이 가격에 판매된다. 구글(Google)과 모닝스타(Mornigstar) 등이 이러한 방법을 이용하여 IPO를 하였으며, 최근 경매방식에 의한 증권판매가 증가하고 있다.

■ 주주배정과 신주인수권

공개기업이 유상증자를 통해 자금을 조달할 때, 새로운 주식을 일반대중에게 판매하면 기존주주의 지분비율과 기업지배권이 희석되는 중대한 문제가 발생한다. 이런 문제를 피하기 위해 기업은 새로 발행되는 주식을 기존주주에게 우선적으로 판매할 수 있다. 이때 주주는 자신의 지분율에 비례하여 새로 발행되는 주식을 특정한 인수가격에 매입할 수 있는 권리를 가지게 되는데 이 권리를 신주인수권(pre-emptive right)이라고 하고 이를 나타낸 증서를 신주인수권증서(rights)라고 부른다.[27] 그리고 신주인수권을 통하여 신주를 기존주주에게 우선적으로 할당하여 주식을 매출하는 방법을 주주배정(rights offering)이라고 한다.

이처럼 기존주주에게 신주인수권을 우선적으로 부여하는 것은 그들의 의결권과 재산권을 보호하는 데 그 목적이 있다. 만일 신주인수권이 제3자에게 주어지면, 저평가된 주식을 대량 발행함으로써 기존주주의 의결권을 약화시킬 뿐 아니라 시가에 비해 저평가된 만큼의 기회손실로 인하여 기존주주의 재산권이 침해될 수 있기 때문이다. 그러나 기존주주에게만 의존하여 자금을 조달할 경우 필요한 규모의 자금을 적기에 조달하지 못할 수 있으므로, 우리나라에서는 정관의 예외규정을 통해 제3자에게 신주인수권을 부여할 수 있는 길을 터놓고 있다.[28]

신주인수권의 평가

유상증자에서 신주의 발행가격이 시장가격보다 낮다면, 신주를 우선적으로 인수할 수 있는 권리인

표 20-3 ㈜신림의 재무자료

(단위: 백만원)

재무상태표				손익계산서	
자산	10,000	부채	0	법인세전순이익	2,667
		보통주자본금	5,000	법인세비용(25%)	667
		유보이익	5,000	세후순이익	2,000
				발행주식수(주)	1,000,000
				주당순이익(원)	2,000
				주당시장가격(원)	10,000

27 신주인수권증서와 유사한 것으로 신주인수권부사채(BW)에 내재된 신주인수권증권(warrants)이 있다. 이에 대해서는 제20.2절에서 설명하고 있다. 한국거래소 내에 신주인수권증서와 신주인수권증권이 거래되는 신주인수권시장이 개설되어 있다.

28 우리나라에서는 신주인수권이 기존주주에게 우선적으로 주어지나, 미국에서는 기존주주를 포함한 일반투자자에게 주어진다.

신주인수권은 분명히 가치가 있는 것이다. 현재의 주가보다 낮은 가격으로 신주를 발행하는 경우, 기존주주에게 부여된 신주인수권의 가치가 어떻게 결정되는지를 예를 통해 살펴보자.

㈜신림은 액면가 5,000원인 보통주 총 100만주를 발행하고 있다. ㈜신림이 실현한 올해의 세후순이익은 20억원이며, 따라서 주당순이익(*EPS*)은 2,000원(= 20억원/100만)이다. ㈜신림 주식의 현재가격은 10,000원으로, 시가총액은 100억원(= 100만주 × 10,000원)이다. ㈜신림은 신규투자에 필요한 20억원의 자금을 신주를 발행하여 조달하기로 결정하였다. 다음의 〈표 20-3〉에 제시된 재무자료를 참조하여 ㈜신림이 어떤 조건으로 얼마만큼의 신주를 발행해야 하며, 그때의 신주인수권의 가치는 얼마나 될지를 평가해 보자.

(1) 신주의 인수가격

신주의 인수가격이란 기존주주가 신주를 1주 구입할 경우 지불해야 하는 가격을 말한다. 기존주주의 입장에서 인수가격이 시장가격보다 높게 설정되면 신주인수권을 행사하지 않을 수 있다. 따라서 발행회사는 신주물량을 원활하게 소화시키기 위해 현재의 시장가격보다 낮은 인수가격을 주주들에게 제시하는 것이 보통이다. 또한, 신주를 제3자에게도 발행할 의사가 있다면 앞서 설명하였듯이 기존주주에게 돌아갈 기회손실, 자금의 조달가능성 등을 고려하여 신주의 인수가격을 결정해야 한다.

(2) 신주인수권과 신주의 비율

㈜신림의 경우 신주의 인수가격이 현재시가 10,000원보다 낮은 주당 8,000원으로 결정되었다고 하자. 이 경우 ㈜신림이 20억원의 자금을 조달하기 위해서 필요한 신주발행수는 다음과 같다.

$$\text{신주발행수} = \text{필요자금조달액} / \text{인수가격} = 20\text{억} / 8{,}000 = 250{,}000(\text{주})$$

그리고 250,000주 전액을 기존주주들에게만 발행하기로 하였다면, 신주 1주를 구입하는 데 필요한 신주인수권의 수는 다음과 같이 계산된다.

$$\text{신주 1주 구입에 필요한 신주인수권수} = \text{구주발행수} / \text{신주발행수} = 100\text{만} / 25\text{만} = 4$$

일반적으로 신주인수권은 구주 1주당 하나씩 주어지므로, 기존주주는 구주 1주당 신주 0.25주를 살 수 있는 권리 또는 구주 4주당 신주 1주를 살 권리가 주어지는 셈이다. 따라서 1,000주를 가진 주주는 1,000/4 = 250주의 신주를 구입할 수 있다.

(3) 신주인수권의 가치

㈜신림 주식의 시가는 10,000원인 데 비해 신주인수가격은 8,000원으로 결정되었다. 그러면 위 예의 경우 구주 1주당 갖는 신주인수권의 가치를 단순히 주식의 시가와 인수가격의 차이의 1/4인 500원[= (10,000 − 8,000)/4]이라고 볼 수 있을까? 그렇지는 않다. 왜냐하면 신주가 발행됨으로써

표 20-4 신주발행에 따른 주가변화

	주당가격(원)	주식수(주)	시장가치(억원)
신주발행 전	10,000	1,000,000	100
신주의 발행	8,000	250,000	20
신주발행 후	9,600*	1,250,000	120

*신주발행 후 주당가격 = 120억원/125만주 = 9,600원

구주의 시장가치가 변화하기 때문이다. 〈표 20-4〉에 계산과정이 정리되어 있다. 신주발행 전의 주당시가는 10,000원이었으나, 주당 8,000원인 신주가 발행됨으로써 신주발행 후의 주당시가는 총주식수 125만주로 시가총액 120억원을 나눈 9,600원이 된다.

신주인수권의 가치는 위의 결과로부터 쉽게 계산할 수 있다. 그리고 개념적으로 다음과 같은 세 가지 설명이 가능하다.

① 주주의 입장에서 보면 신주인수권의 가치는 새로이 형성된 시가인 9,600원과 자신이 신주를 구입하기 위해 지불한 인수가격 8,000원과의 차이가 된다. 이때 신주 1주 구입을 위해 4개의 신주인수권을 사용하였으므로 신주인수권의 단위당 가치는 다음과 같다.

$$\text{신주인수권의 가치}(v) = \frac{\text{신주발행 후의 시가}(P_N) - \text{인수가격}(S)}{\text{신주 1주 구입을 위한 신주인수권의 수}(N)}$$

$$= (9{,}600 - 8{,}000)/4 = 400(\text{원}) \tag{20.1}$$

② 일반적으로 신주발행 이전의 시장가치를 신주발행과 관련하여 생각하면 다음과 같은 관계가 성립한다.

$$\text{신주발행 전의 시가}(P_0) = \text{신주발행 후의 시가}(P_N) + \text{신주인수권의 가치}(v)$$

즉, 신주발행 전의 시장가치 10,000원은 신주인수권 행사 후의 주가에 대한 기대치와 신주인수권의 가치라는 두 가지 요소가 결합된 것이므로 신주인수권의 가치는 [신주발행 전의 시가 − 신주발행 후의 시가]로 생각할 수 있다. 이처럼 신주인수권을 행사함으로써 시장가격이 신주인수권의 가치만큼 떨어지는 것을 권리락(ex-rights)이라고 부른다. 위의 예에서 신주인수권의 가치는 10,000 − 9,600 = 400원으로 ①에서의 계산결과와 동일함을 알 수 있다.

$$\text{신주인수권의 가치}(v) = \text{신주발행 전의 시가}(P_0) - \text{신주발행 후의 시가}(P_N) \tag{20.2}$$

③ 식 20.1 및 식 20.2를 이용하면 신주발행 후의 시가 P_N을 계산하지 않고도 신주인수권의 가치 v를 계산하는 공식을 얻을 수 있다. 즉 식 20.2로부터 얻어지는 $P_N(= P_0 - v)$을 식 20.1에 대입하여 정리하면 다음과 같은 식을 얻을 수 있으며, 이에 따라 신주인수권의 가치는 400원으로

계산된다.

$$\text{신주인수권의 가치}(v) = \frac{P_0 - S}{N+1} = \frac{10,000 - 8,000}{4+1} = 400 \quad (20.3)$$

신주인수권의 행사와 주주의 부

신주인수권의 행사는 주주의 부에 어떤 영향을 미칠까? 신주인수권을 가지고 있는 기존주주의 입장에서 보면 신주가 발행될 경우 다음과 같은 두 가지 전략이 가능하다. (i) 신주인수권을 행사하여 신주를 인수한다. (ii) 신주인수권을 시장에서 판매하고 신주를 인수하지 않는다. 그런데 신주인수권이 공정하게 평가된다면, 위의 두 가지 전략 가운데서 어느 것을 선택하더라도 주주의 부(富, wealth)에 영향을 미치지 않아야 한다.

㈜신림의 경우를 예로 들어 보자. 만일 40주를 보유하고 있는 기존주주가 신주인수권을 행사한다면 신주를 인수한 후의 부는 다음과 같다.

$$\begin{aligned}\text{신주인수 후 주주의 부} &= \text{신주인수 후 주가} \times \text{신주인수 후 주식수} \\ &= 9,600 \times (40\text{주} + 40\text{주}/4) = 480,000\text{원}\end{aligned}$$

또는

$$\begin{aligned}\text{신주인수 후 주주의 부} &= \text{기존의 부} + \text{신주인수를 위한 투자액} \\ &= (10,000\text{원} \times 40\text{주}) + (8,000\text{원} \times 40\text{주}/4) = 480,000\text{원}\end{aligned}$$

이번에는 신주인수권을 분리하여 판매한 경우의 주주의 부를 계산해 보자. 신주인수권의 가치가 분리된 주가는 9,600원이고 보유주식수는 40주이다. 한편, 신주인수권을 판매한 대금은 400원×40주이며 신주인수대금 80,000원을 지불할 필요가 없으므로 주주의 부는 다음과 같다.

$$\text{주주의 부} = 9,600 \times 40 + 400 \times 40 + 80,000 = 480,000(\text{원})$$

결국, 어느 전략을 택하더라도 주주의 부는 같다는 것을 알 수 있다. 이 결과는 신주를 발행하는 기업이 인수가격을 어떻게 결정하더라도 신주인수권을 가진 기존주주의 부는 영향을 받지 않는다는 것을 의미한다. ㈜신림의 예에서 회사가 인수가격을 주당 10,000원 또는 7,500원으로 결정하더라도 신주인수 후 주주의 부는 변함없이 480,000원이 되는 것을 보일 수 있다. 다만 회사가 인수가격을 시가보다 낮게 책정하는 것은 물량이 소화되지 않을 가능성에 대비하는 것이라고 할 수 있다.

■ 희석효과

신주를 발행할 때 자주 거론되는 주제 중의 하나가 희석효과이다. 희석효과(dilution effect)는 새로운 주식의 발행으로 기존주주의 가치가 감소하는 현상을 말하는 것으로 지분비율, 주식의 장부가치, 주당순이익, 그리고 주식의 시장가치 등에 미치는 효과로 나누어 볼 수 있다. 다음에서는 이에 대해 살펴본다.

지분비율의 희석효과

기업이 일반공모를 통해 신주를 발행하여 새로운 주주를 맞이하게 되면 기존주주의 지분비율이 줄어들게 된다. 예를 들어 영숙 씨가 총 50,000주의 보통주를 발행하고 있는 ㈜백두의 주식 5,000주를 보유하고 있다고 하자. 이때 영숙 씨는 10%의 지분비율과, 10%의 의결권, 그리고 순이익의 10%를 청구할 수 있는 권리를 갖는다. 이제 ㈜백두가 50,000주의 신주를 일반공모의 방법으로 발행하기로 하였다고 하자. 이 경우 영숙 씨가 공모에 참여하지 않는다면 신주발행 후에 영숙 씨의 지분비율은 5%로 줄어든다. 반면 ㈜백두가 기존주주의 지분비율에 비례하는 주주배정의 방법으로 신주를 매출하기로 하였다면 영숙 씨는 새로 발행되는 주식의 10%를 배정받게 될 것이고 신주발행 후에도 여전히 10%의 지분비율을 유지하게 될 것이다.

주주가치의 희석효과: 장부가치와 시장가치

신주를 발행하면 주주가치가 감소할까? 신주발행 후 주당순이익과 주당장부가치 등이 감소한다는 사실을 근거로 신주발행이 주주가치를 희석시킨다는 주장을 흔히 접할 수 있다. 그러나 이는 잘못된 주장이다. 예를 들어 살펴보자.

㈜한라는 앞으로 전력수요가 증가할 것에 대비하여 새로운 태양광 발전설비에 투자하려고 한다. ㈜한라는 자기자본으로만 구성되어 있고 현재의 발행주식수는 100만주이다. (주)한라 주식의 장부가치는 1,000억원이나, 현재주가는 주당 5만원으로 기업가치는 500억원이다. ㈜한라의 주주는 200명으로 각기 5,000주를 보유하고 있다. 이 회사의 올해 순이익은 100억원으로 주당순이익은 10,000원이다. ㈜한라가 계획하고 있는 태양광 발전설비는 200억원의 투자비용이 소요되며, 이 자금을 조달하기 위해서 40만주의 신주를 발행하여야 한다. 신규투자안의 *ROE*는 10%로 기존사업과 동일할 것으로 예상되며, 신규투자 시 20억원의 순이익 증가가 예상된다. ㈜한라가 신규투자를 추진하는 경우 주주가치가 어떻게 변화되는지를 살펴보자.

① 먼저 발행주식수가 40만주 증가하였으므로 총발행주식수는 140만주이다. 따라서 주당장부가치는 85,714(=1,200억/140만주)원으로 투자 전에 비해 14,286원 감소한다.

② 5,000주를 소유하고 있던 기존주주의 지분비율은 0.5%에서 0.36%(=5,000주/140만주)로 감소한다.

③ 투자 후의 순이익은 120억원이므로 주당순이익은 8,571원(=120억원/140만주)으로 평가되어 투자 전에 비해 1,429원 감소한다.

④ 신규투자 이후에도 주가이익배수(*PER*)가 5배로 유지된다면, 주당시장가치는 42,855원(=5×8,571)이 되며, 투자 전에 비해 7,145원 감소한다.

위의 계산에 의하면 신주발행 이후에 ㈜한라의 기존주주의 지분율, 주당장부가치, 주당순이익,

주당시장가치 모두가 희석되었다. 이러한 결과에 근거하여 신주발행이 주주가치를 감소시킨다고 단정할 수 있을까?

주주가치를 변화시키는 것은 단순히 신주발행으로 나타나는 것이 아니다. 신규투자안의 순현가가 0보다 크지 않은 한 신주발행은 발행주식수의 증가를 가져와 주당순이익과 주당장부가치의 하락을 가져온다. 이는 신규투자로 기업가치의 순증가가 발생하지 않는 상황에서 발행주식수 증가에 따라 발생하는 당연한 현상이다. 따라서 주당순이익이나 주당장부가치와 같은 재무비율의 값이 희석된다고 해서 주주가치가 감소한다고 말할 수 없다. 주주가치의 희석 여부는 시장가치를 기준으로 판단해야 하며 이는 신주발행이 아니라 신규투자안의 순현가가 어떠하냐에 달려 있다.

주가이익배수가 5배로 유지되도록 주가가 결정되는 상황에서 ㈜한라의 시장가치는 600억원(=42,855×140만주)이며, 결국 신규투자안의 순현가는 −100억원이다. 이는 신규투자안에 투자하는 순간 주주의 부가 100억원 감소한다는 것을 의미한다. 따라서 주가 역시 7,145원(=100억원/140만주) 감소한다.

반대로 신규투자안의 순현가가 +100억원인 경우를 생각해 보자. 이 경우 새로 발행하는 주식수와 기업의 장부가치는 앞서의 경우와 변화가 없으므로 기존주주의 지분비율은 0.5%에서 0.36%로 하락하며, 주당장부가치는 85,714원으로 투자 전에 비하여 14,286원 감소한다. 지분비율과 주당장부가치가 감소했으므로 주주가치도 감소했다고 할 수 있을까? 신규투자안의 순현가가 +100억원이므로 투자 후에 ㈜한라의 시장가치는 800억원으로 증가한다. 주당시장가치는 57,145원(=800억원/140만주)으로 투자 전에 비하여 7,145원 상승한다. 즉 +100억원의 순현가가 발생하므로 주당가치가 100억원/140만주=7,145원만큼 증가한 것이다. 주가이익배수가 여전히 5로 평가된다면 주당순이익은 11,429원이 되며, *ROE*는 13.33%(=11,429/85,714)이다. 지금까지 살펴본 ㈜한라의 내용을 〈표 20-5〉에 정리하여 나타내었다.

표 20-5 ㈜한라의 신규투자 전과 후의 재무자료

	투자 전	신규사업 투자 후	
		주주가치가 희석된 경우	주주가치가 희석되지 않은 경우
발행주식수(주)	1,000,000	1,400,000	1,400,000
장부가치(원)	100,000,000,000	120,000,000,000	120,000,000,000
주당장부가치(원)	100,000	85,714	85,714
시장가치(원)	50,000,000,000	60,000,000,000	80,000,000,000
주가(원)	50,000	42,855	57,145
ROE	0.10	0.10	0.133
순이익(원)	10,000,000,000	12,000,000,000	16,000,000,000
주당순이익(원)	10,000	8,571	11,429
PER(배)	5	5	5
PBR(배)	0.5	0.5	0.67
신규투자안	투자비용: 200억원	순현가: −100억원	순현가: +100억원

■ 증권발행비용

공모를 통해 증권을 발행하는 데 수반되는 여러 종류의 비용 중 대표적인 항목들을 살펴보면 다음과 같다.

- **인수수수료**: 이는 인수단에게 지급하는 보수로서 앞서 설명한 것과 같이 인수계약의 형태에 따라 발행가격과 인수단의 매입가격과의 차이인 인수스프레드나 발행금액의 일정비율을 지급하는 인수수수료의 형태로 나타난다.
- **인수수수료 외의 직접비용**: 인수수수료 외에도 증권발행을 위해서는 각종 서류비용, 법률비용, 세금, 증권 인쇄비용 등이 발생한다. 이러한 직접비용은 사업설명서에 모두 기재된다.
- **간접비용**: 사업설명서에 명시되지는 않지만 증권발행을 위하여 경영자와 임직원은 많은 시간과 노력을 투입하여야 한다.
- **증권발행 공시에 따른 주가하락**: 앞서 설명한 것과 같이 유상증자의 공시는 주가하락을 가져와 주주의 부를 감소시킨다.
- **낮은 발행가격**: IPO에서 설명한 것과 같이 증권발행 후 시장가격은 발행가격보다 높게 형성되는 모습을 보여준다. 이는 IPO 기업의 주주들이 그만큼 손실을 부담한다는 것을 의미한다.
- **초과배정옵션**: 앞서 설명한 것과 같이 공모가 이루어진 후 증권의 시장가격이 발행가격보다 높은 경우에 주관회사는 초과배정옵션을 행사하여 청약자들에게 초과배정분을 배분한다. 이는 기업이 부담하여야 하는 추가적인 비용이다.

미국시장을 대상으로 한 증권발행비용에 대한 연구는 몇 가지 특징적인 결과들을 보여준다. 먼저, 주식이나 사채의 공모규모가 증가함에 따라 공모금액 대비 발행비용의 비율이 감소하는 모습을 보인다. 또 사채발행의 경우에 비해 주식을 발행하는 경우에 인수수수료와 기타의 직접비용 등이 크게 발생한다. 마지막으로 증권발행과 관련한 비용은 매우 높은 수준이다.[29] 예를 들어 IPO의 경우 인수스프레드는 발행금액의 7.11%, 기타 직접비용은 3.69%로 직접비용이 약 11%에 달한다. 유상증자의 경우 IPO보다는 낮은 수준이지만 인수스프레드가 5.44%, 기타의 직접비용이 1.67%로 직접비용이 약 7.11%를 차지한다. 또 IPO의 경우에 발행가격의 저평가로 인한 비용이 평균 12.05%를 차지한다. 이러한 결과는 IPO(또는 유상증자)가 매우 비용이 비싼 자금조달수단임을 말해 준다. IPO를 고려하는 기업은 의사결정에 앞서 IPO의 여러 이점 외에도 이러한 높은 비용을 충분히 고려해야 한다.

---

29 Lee, I., S. Lochhead, J. Ritter, and Q. Zhao(1996), "The Costs of Raising Capital," *Journal of Financial Research* 19, 59-74.

중 요 용 어

액면주식(par value stock)
보통주(common stock)
우선주(preferred stock)
사채(corporate bond)
무의결권주(non-voting share)
수의상환사채(callable bond)
종류주식
부채증권(debt securities)
전환우선주(convertible preferred stock)
기업지배권(corporate control)
유상증자(seasoned new issues)
의결권(voting right)
신주인수권부사채(bond with warrants: BW)
복수의결권주(dual class share)
신주인수권(pre-emptive right or warrants)
인수(underwriting)
교환사채(exchangeable bond)
전환권(conversion right)
전환사채(convertible bond: CB)
초다수결의제(supermajority vote)
과반수투표제(majority voting)
집중투표제(cumulative voting)
공모(public placement)
사모(private placement)
일반공모(general cash offer)
주주배정(rights offering)
대표주관회사(managing underwriter)
수요예측(book building)
유가증권신고서(registration statement)
사업설명서(prospectus)
인수수수료(underwriting fee)
IPO 의문현상(IPO puzzle)
총액인수(firm-commitment underwriting)
잔액인수(stand-by underwriting)
위탁모집(best efforts underwriting)
증권발행비용(costs of new issues)
화란식 경매(Dutch auction)
희석효과(dilution effect)
자산유동화증권(asset-backed securities: ABS)
수권자본제도(authorized capital stock system)
기업공개(going public 또는 initial public offering: IPO)
초과배정제도(over-allotment allocation 또는 green shoe option)

연 습 문 제

20-1 장기자본조달방법의 결정에 영향을 미치는 요인들을 설명하라.

20-2 기업공개(IPO)를 하여 소유권을 분산시키는 방법에는 어떠한 것들이 있는지 설명하라.

20-3 기업이 전환사채를 발행하는 이유에 대해 설명하라.

20-4 수의상환전환사채에 있어서 기업과 투자자가 수의상환권이나 전환권을 행사하게 되는 상황은 언제인지 또 이에 따라 이 사채의 가격변동의 범위는 어떻게 결정되는지 설명하라.

20-5 전환사채와 신주인수권부사채의 공통점과 차이점을 설명하라.

20-6 사채와 보통주, 그리고 우선주를 투자위험과 기업경영에 대한 참가권의 관점에서 비교 · 설명하라.

20-7 우리 시장에서 기업이 이용가능한 종류주식의 내용과 특성에 대해 설명하라.

20-8 ㈜한투의 주식은 현재 주당 2,000원(발행주식수 1,000,000주)에 거래되고 있다. ㈜한투는 신주 1주를 1,600원에 인수할 수 있는 신주인수권을 발행하려고 한다. 신주 100,000주가 추가로 발행될 때 다음 물음에 답하라.

① 신주인수권의 이론적 가치를 구하라.
② 권리락 후 신주의 이론적 가치를 구하라.
③ ㈜한투의 새로운 기업가치를 계산하라.

20-9 ㈜신한종금은 인터넷뱅킹사업에 뛰어들기 위해 1천억원 규모의 신주인수권부사채(BW)를 발행하려고 한다. 이 사채는 1좌당 5,200,000원에 발행되었는데 그 조건은 다음과 같다.

채권의 발행조건:	표면금리: 연 5%	신주의 인수조건:	행사프리미엄률: 85%
	액면가액: 5,000,000원		주식인수비율: 사채 1좌당 보통주 50주
	보통만기: 발행일로부터 5년		
	수익률: 10%		행사가격: 45,000원

① 신주인수권의 가치를 계산하라.
② 이 사채의 발행당시 기준주가는 얼마인지 추정하라.
③ 투자자가 이 사채를 구매하는 이유는 무엇인지 설명하라.

20-10 천하기업은 액면가 1,000,000원, 표면이자율 10%, 만기 5년의 수의상환사채를 발행하였다. 수의상환조건은 2년 후에 천하기업이 1,100,000원의 가격으로 채권을 매입할 수 있는 권리를 가지는 것이다. 현재의 시장이자율이 12%라 할 때 다음 물음에 답하라.

① 시장이자율 12%가 계속 유지된다고 가정하자. 수의상환조항이 없는 일반사채라면 현재가격은 얼마일지 계산하라.
② 2년 후에 이자율이 8%로 하락할 것이 확실하다고 한다. 이때 수의상환사채의 가격을 결정하라. 일반사채의 가격은 얼마일지 계산하라.
③ 2년 후에 당초 예상과는 달리 시장이자율이 6%로 하락할 것이 확실시된다고 하자. 이때 천하기업은 이 사채를 수의상환할 것인지 또 수의상환사채의 가격은 얼마가 될지를 결정하라.

20-11 백수기업은 현재 액면가 600억원에 해당하는 전환사채 10만좌를 가지고 있다. 이 전환사채의 좌당 발행조건은 다음과 같다.

액면금액: 600,000원	전환가격: 15,000원
표면이자율: 10%	만기: 발행 후 10년

이 사채는 현재 좌당 900,000원에 거래되고 있으며, 백수기업의 현재주가는 주당 20,000원이다.

① 전환비율(conversion ratio)을 구하라.
② 전환가치(conversion value)를 구하라.
③ 이 사채가 전환가치보다 높게 거래되는 이유는 무엇인지 말해 보라.
④ 만일 이 사채에 회사가 좌당 700,000원에 사채를 수의상환하는 조건이 붙어 있다면, 백수기업은 조기상환권을 행사할 것인지를 말해 보고, 행사할 경우 일어나는 현상을 설명하라.

20-12 현수는 3년 전에 K기업을 설립하였다. 설립 시점에 현수는 2억원을 투자하였고 처음으로 발행된 500만주의 우선주를 받았다. 그 후 K기업은 3차례 더 우선주발행을 통해 자금조달을 하였고 그 내역은 다음과 같다. 다음 물음에 답하라.

자금조달 횟수	주식발행가격	발행주식수
2회	700원	800,000
3회	2,400원	700,000
4회	3,300원	500,000

① 네 번째 우선주를 발행하기 전의 기업가치를 구하라.
② 네 번째 우선주발행 후의 기업가치를 구하라.
③ 만일 현수가 첫 번째 발행된 우선주만을 보유하고 있으며 각각은 보통주 1주와 교환될 수 있다고 할 때, 마지막 우선주발행 이후 K기업에 대한 현수의 지분비율은 얼마인지 구하라.

20-13 영숙이는 4년 전에 운동용품 유통업체를 설립하였다. 이 회사는 지금까지 세 차례 주식발행을 통해 자본조달을 하였으며 그 내역은 다음과 같다.

주식발행 횟수	날짜	투자자	주식수(주)	주가(원)
1회	2017년 3월	영숙이	1,000,000	1,000
2회	2018년 7월	엔젤투자자	500,000	2,000
3회	2019년 10월	벤처자본가	2,000,000	2,500
4회	2020년 11월	벤처자본가	500,000	3,500

2024년 초 현재 영숙이는 사업을 확장하기 위하여 새로운 자본조달을 계획하고 있다. 영숙이는 기업공개(IPO)를 계획하고 있는데, 이 과정에서 7백만주의 새로운 주식을 발행하려고 한다. 성공적으로 기업공개를 마쳤을 때 2024년의 예상 당기순이익은 92억원이다.

① 다른 기업들의 최근 기업공개 주식가격을 보면 당해 연도 당기순이익 예상치에 대한 주가이익배수(*PER*)가 20이 되도록 가격을 설정했다고 한다. 이때 이 기업의 기업공개를 위한 주식발행가격은 얼마가 되어야 하는지 계산하라.
② 기업공개 이후 영숙이의 지분비율을 구하라.

20-14 IPO 주식 발행가격의 저평가현상에 대해 설명하라. 기업공개 때마다 주식을 매입할 경우 이러한 저평가현상으로 인해 수익을 얻을 수 있는지를 분석하라.

20-15 P 씨는 거래 증권회사에 기업공개를 하는 기업의 주식 1,500주를 매입할 것을 요청하였다. 기업공개가 '매우 성공적' 이어서 주식 거래 첫날에 주가가 발행가의 100%만큼 상승할 확률은 10%이고, '성공적' 이어서 발행가의 15%만큼 주가가 상승할 확률은 75%이며, 기업공개가 실패하여 주가가 15%만큼 하락할 확률은 15%라고 한다.

① 기업공개일의 평균주식수익률을 구하라.
② P 씨는 기업공개가 '매우 성공적' 일 때 100주를 받을 수 있고, '성공적' 일 때 400주를 받을 수 있으며 실패 시 1,500주를 모두 받을 수 있다고 한다. 평균적인 주식발행가격은 12,000원일 때 P 씨의 기업공개일의 평균수익률을 구하라.

20-16 희송기업은 현재 발행주식수가 1,000만 주이고 주가는 34,000원이다. 이 기업은 주주배정 유상증자를 통해 새로 자본조달을 하고자 한다. 기존주주는 보유주식 1주당 1개의 권리를 갖고, 5개의 권리가 있을 때 34,000원에 주식 1주를 더 살 수 있도록 할 예정이다.

① 유상증자가 성공적으로 끝나면 얼마의 자금을 조달할 수 있는지를 보여라.
② 완전자본시장을 가정할 때 유상증자 직후의 주가를 구하라.

희송기업은 위의 계획 대신에 1개의 권리마다 1주의 주식을 6,800원에 살 수 있도록 하는 방법의 주주배정 유상증자를 하고자 한다.

③ 새로운 계획하에서 얼마의 자금을 조달할 수 있는지 계산하라.
④ 완전자본시장을 가정할 때 유상증자 직후의 주가는 얼마가 될지 계산하라.
⑤ 주주 입장에서는 위의 두 계획 중 어떠한 것이 더 큰 이익을 가져다주는지 따져 보라. 또한 어떠한 계획이 성공할 가능성이 더 높은지 말해 보라.

20-17 증권의 발행절차에 대해 설명하고 그 과정에서 대표주관회사가 어떤 역할을 하는지 설명하라.

20-18 공모를 통한 증권발행에서 발행회사와 대표주관회사 간에 맺는 인수계약의 종류에 대해 설명하라.

20-19 일반공모와 주주배정의 장단점과 차이점에 대해 설명하라.

20-20 신주발행은 발행주식의 증가를 가져와 주주가치를 희석시킨다는 주장이 있다. 이에 대해 논평하라.

20-21 증권의 발행비용을 구성하는 요소에 대해 설명하라.

제 21 장

리스금융, 프로젝트금융, 벤처캐피탈

STUDY GUIDE

기업이 사업을 영위하려면 시설물, 기계, 비품 등 여러 종류의 자산을 필요로 한다. 그러나 이를 필요하다고 해서 반드시 소유해야 하는 것은 아니다. 자산을 소유하지 않고도 '리스'라는 금융거래를 통해 자산의 사용권을 얻을 수 있기 때문이다. 리스계약에 있어서 자산을 빌려서 사용하는 사람을 임차인(lessee)이라 하며, 자산을 빌려주는 자산의 소유자를 임대인(leesor)이라고 한다. 임차인은 임대인에게 자산을 사용하는 대가를 지급해야 하는데 이를 리스료(lease payment)라고 한다. 이 장에서는 리스의 종류와 효과를 살펴본 후, 리스를 어떻게 평가할 것인지를 설명한다. 그리고 최근 들어 그 이용이 크게 늘고 있는 프로젝트금융의 특성에 대해 살펴보고, 스타트업 기업의 자금조달과 벤처캐피탈에 대해서도 소개한다.

21.1 리스의 의의와 유형

■ 리스의 의의

리스(lease)란 임차인(lessee)이 임대인(lessor)으로부터 특정 자산에 대한 사용권을 얻어 일정기간 동안 사용하고 그 대가로 일정한 리스료(lease payment)를 지급할 것을 약정하는 계약이다. 임차인은 자산을 직접 구입하지 않는 대신 리스료만 지급하고 필요한 자산을 이용함으로써 그 자산을 구입한 것과 같은 효과를 얻는다. 반면 임대인은 자산의 소유권을 유지하면서 리스자산(leased asset)의 구입대금과 이에 대한 이자, 대여에 따른 비용 등을 리스료에 포함시켜 회수한다.

사업에 필요한 자산을 확보하려는 기업의 처지에서는 자산의 소유권보다 자산의 사용권이 보다 중요하다. 자산의 사용권은 자산의 구입 또는 리스계약을 통해 얻을 수 있다. 따라서 리스계약은 자산구입 대신 자산사용권을 얻을 수 있는 대안이 될 수 있으며, 리스계약을 통해 자산구입에 필요한 자금을 조달하는 효과를 얻는다.

리스계약에서 임대인은 리스자산의 제조업자일 수 있고 전업리스회사와 같이 독립된 금융회사일 수도 있다. 리스회사는 제조업자로부터 자산을 구입해 소유권을 획득한 뒤 일정한 리스료를 받고 이의 사용권을 임차인에게 넘겨준다. 이 내용을 그림으로 나타내면 [그림 21-1]과 같다.

| 그림 21-1 | 자산의 사용권 이전경로

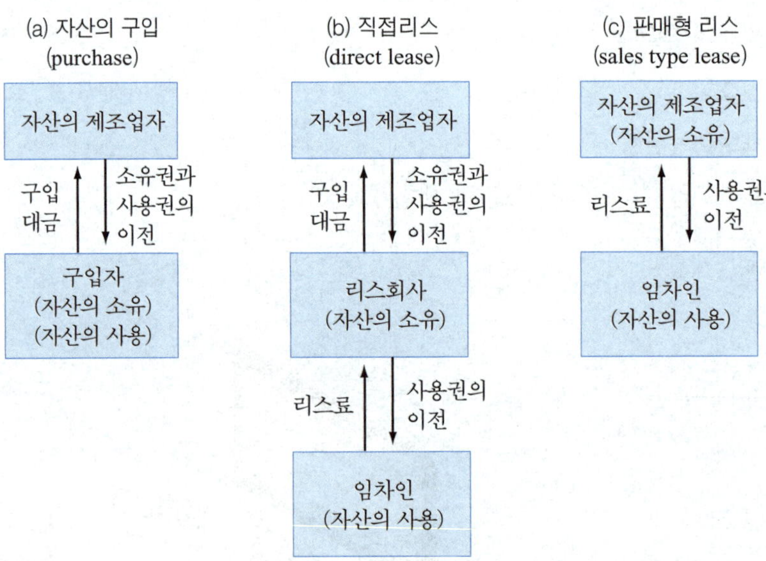

[그림 21-1]의 (a)는 일반적인 자산의 구입형태를 나타낸다. [그림 21-1]의 (b)에서와 같이 제조업자와는 독립된 리스회사가 임대인이 되는 형태의 리스를 직접리스(direct lease)라 하는데 할부금융(캐피탈)회사나 전업리스회사를 통한 리스가 바로 이 형태이다. 한편 [그림 21-1]의 (c)는 제조

업자가 자산을 판매하는 것이 아니라 리스료를 받고 임대해 줌으로써 수익을 얻는 형태를 보여주는데 이를 판매형 리스(sales type lease)라고 한다. 예를 들어, IBM과 같은 회사는 매출의 많은 부분을 자사제품의 리스로부터 얻고 있으며, 복사기로 유명한 제록스(Xerox) 역시 IBM과 유사한 형태의 판매형 리스방법을 사용하고 있다.[1]

리스산업은 초기에는 토지, 건물, 선박, 항공기 등을 중심으로 성장하였으나 최근 들어 이들 전통적인 리스자산뿐만 아니라 자동차 등 운송수단과 각종 전자제품, 사무용품 및 생활용품 등에 이르기까지 그 종류가 매우 다양하게 확대되어 빠르게 성장하고 있다. 전 세계 리스시장의 규모는 2023년 기준 약 1.7조달러에 달하는 것으로 평가되며, 2027년에는 2.4조달러 규모로 성장할 것으로 예상되고 있다.[2] 우리나라에서는 1972년 한국산업은행이 출자한 한국산업리스㈜가 설립되면서 리스산업이 도입되었다. 1973년에 "시설대여산업육성법"을 제정하여 리스산업의 기틀이 마련되었고, 1998년에 "여신전문금융업법"으로의 통합에 따라 리스시장 진입요건이 크게 완화되었다. 우리나라의 경우 리스를 전업으로 하는 전업리스회사를 포함하여 할부금융사나 신기술금융사 등에서 리스업무를 취급하고 있으며, 그 수는 2023년 말 현재 50여 개사에 달하며 2022년 기준 리스계약 규모는 약 20조원에 이르고 있다.

■ 리스의 유형

리스는 분류기준에 따라 여러 가지 형태로 나누어 볼 수 있지만 일반적으로 그 기능에 따라 운용리스와 금융리스로 분류한다.

운용리스

운용리스(operating lease)란 임차인이 필요로 하는 자산을 1~5년 이내의 비교적 단기간 동안 임차하는 형태의 리스로서 서비스 리스(service lease)라고도 한다. 운용리스는 자산확보를 위한 자금조달의 측면보다는 자산의 효율적인 이용이라는 성격이 강한 형태이다. 운용리스는 컴퓨터 · 복사기 등 자산의 성격상 모형이나 기술의 발전속도가 아주 빨라서 진부화될 가능성이 매우 높은 자산이나 항공기와 선박같이 구입가격이 비싼 자산이 그 대상이 된다. 운용리스의 중요한 특징을 살펴보면 다음과 같다.

- 리스자산에 대한 감가상각이 리스기간 동안에 완전하게 일어나지 않는다. 운용리스의 경우 리스자산의 경제적 내용연수보다 리스기간이 짧기 때문에 리스료의 현재가치가 자산의 구입

1 리스와 유사한 형태로 렌탈이 있다. 렌탈(rental)은 리스(운용리스)와 비슷하게 정해진 기간 동안 사용료를 내고 물건을 빌려서 사용하는 제도이다. 우리나라의 경우 리스와 렌탈은 금융업과 비금융업의 차이라고 볼 수 있다. 리스는 여신전문업으로 분류되어 "여신전문금융업법"이라는 특별법의 규제 아래 사업자만 이용할 수 있으며 계약기간도 장기이다. 반면 렌탈은 임대업(또는 대여업)으로 "민법"과 "상법"의 적용을 받으며 계약기간이 단기이고 기업은 물론이고 개인도 이용할 수 있다. 그러나 물건을 빌려주고 사용요금을 받는다는 점에서 둘 사이에 경제적인 차이는 없다. 렌탈의 회계처리 역시 리스와 동일하다.

2 https://www.thebusinessresearchcompany.com/report/leasing-global-market-report.

비용보다 작다. 따라서 임대인은 리스계약을 갱신하거나 리스자산을 매각함으로써 구입비용의 나머지 부분을 회수해야 한다.

- 운용리스는 일반적으로 리스자산에 대한 유지관리 및 서비스에 대한 책임을 임대인이 지며, 또한 리스자산의 재산세 · 보험료 등도 임대인이 책임진다.
- 운용리스의 가장 특징적인 것으로 계약의 중도해지옵션이 있다. 중도해지옵션은 임차인에게 계약만료 전에 계약을 해지할 수 있는 권리를 부여하는 것을 말한다. 그러므로 임차인에게는 경제적 · 기술적으로 진부화될 가능성이 높은 자산을 계속 보유할 때 발생할 수 있는 손실을 피할 수 있다는 이점이 있다.

금융리스

금융리스(financial lease)는 임차인이 필요로 하는 자산을 장기적으로 확보하기 위해 임대인과 장기계약을 맺는 형태의 리스이다. 금융리스는 그 성격상 자산구입을 위한 자금을 조달하는 대체적인 수단으로 이용되는 리스로서 자본리스(capital lease)라고도 한다. 금융리스의 계약기간은 보통 리스자산의 경제적 내용연수와 일치하거나 내용연수의 60~80%가 된다. 금융리스의 중요한 특징을 살펴보면 다음과 같다.

- 금융리스는 임대인이 리스자산의 유지와 보수를 위한 서비스를 제공하지 않는다. 또한 리스자산에 대한 보험료와 재산세 등을 임차인이 부담한다.
- 금융리스는 리스자산의 구입비용이 리스계약에서 요구되는 리스료로 완전히 상각된다.
- 임차인은 계약종료 후 해당 자산을 계속 사용하거나 반납하는 선택권을 갖는 것이 보통이며, 원칙적으로 중도에 해약을 할 수 없다.

임대인인 리스회사가 임차인으로부터 받는 리스료에는 리스자산의 구입대금, 이에 대한 이자 등이 모두 포함된다. 금융리스의 특별한 형태로 판매후 재리스(sales and lease back)라는 것이 있다. 판매후 재리스는 이미 소유하고 있는 자산을 리스회사에 매각한 후, 그 자산을 다시 리스회사로부터 리스하여 사용하는 형태이다. 판매후 재리스는 임차인이 자산의 매각을 통해 일시에 자금을 조달하는 동시에 매달 리스료를 지급하면서 그 자산을 계속 사용할 수 있다는 이점이 있다. 특히 자금이 부족한 기업에게 이 방법이 유용할 수 있다.

또 임대인과 임차인 2인만이 리스계약에 참여하는 일반적인 리스계약과 달리 두 거래당사자 외에 자금대여자(lender)가 개입되는 리스를 레버리지 리스(leveraged lease)라고 한다. 임차인은 일반적인 리스와 마찬가지로 자산을 이용하고 일정한 리스료를 정기적으로 지불한다. 임대인은 리스자산의 구입 시 리스자산 가격의 약 40~50% 정도만 자기자본으로 지불하고, 나머지는 자금대여자로부터의 차입으로 충당한다. 대규모의 구입비용이 필요한 리스자산을 확보하기 위해서 레버리지 리스를 활용할 수 있다. 리스회사는 레버리지 리스를 이용하여 리스료 수익을 얻는 동시에 자산의 소유자로서 부채사용에 따른 감세효과를 누릴 수 있다. 그리고 경쟁적인 시장에서 감세효과를 얻는 임대인은 임차인에게 더 낮은 리스료를 제시할 수 있기 때문에 임차인 입장에서도 레버리지 리스는 유리할 수 있다.

■ 리스의 회계처리와 리스료의 감세효과

리스는 자산의 구입자금을 임대인이 임차인에게 빌려준 금융거래로 간주하여 회계처리를 하게 된다. 따라서 임차인은 리스자산의 취득가액 상당액을 임대인으로부터 차입한 것으로 보아 재무상태표에 자산과 부채로 각각 계상한다.[3] 자산은 "사용권자산(리스자산)"으로 부채는 "리스부채"로 기록하며, 임대인에게 지급해야 할 리스료는 주석으로 기재한다. 재무상태표에 계상되는 사용권자산과 리스부채의 금액은 리스 개시일 현재 미지급된 리스료의 현재가치로 측정된 금액이며, 현재가치 평가에 적용되는 할인율은 리스료의 현재가치와 리스자산의 공정가치를 같게 만드는 내재이자율이다(내재이자율 확인이 어려운 경우 리스이용자가 리스자산을 직접 취득하기 위하여 차입해야 할 경우 적용되는 이자율(증분차입이자율)을 적용한다). 이후 매기 사용권자산의 상각비와 리스부채에 대한 이자비용을 평가하여 손익계산서에 인식한다. 매기의 이자비용은 리스부채에 대하여 유효이자율법을 적용하여 평가하며, 매기의 리스료 지급액은 이자비용과 리스부채상환액으로 나뉘어 계상된다. 다만, 리스기간이 12개월 이하인 단기리스와 소액리스(예, 기초자산 5,000달러 이하)는 기존의 운용리스처럼 리스료를 지급할 때 비용만 인식할 수 있다.

한편, 법인세계산을 위한 세무조정에서는 비용처리된 사용권자산상각비는 과세대상소득에 다시 더해 주고(익금산입), 리스료지급액(=이자비용+리스부채상환액)은 과세대상소득에서 빼 주는(손금산입) 조정을 하게 된다. 따라서 리스를 이용하는 기업은 매년 지급하는 리스료에 대하여 법인세의 감세효과를 얻을 수 있다.

21.2 리스의 평가: 리스와 차입

■ 리스의 현금흐름

기업이 새로운 투자를 고려할 때 투자대상의 경제성을 분석하듯이, 리스를 통해 대상자산을 이용하고자 할 때에도 리스의 경제성을 평가한다. 리스의 경제성분석은 대상자산을 리스를 통해 이용하는 것과 직접 구입하는 것 중 어느 방법이 유리한지를 판단하기 위해 두 가지 대안의 미래현금흐

3 K-IFRS 제1116호(신리스 회계처리기준)의 시행에 따라 상장기업은 2019년 1월부터는 과거와 달리 운용리스도 금융리스와 동일하게 재무제표에 리스자산과 리스부채를 인식하여 회계처리한다. 과거에는 운용리스의 경우 재무상태표에 리스자산과 리스부채를 계상하지 않아 재무상태표의 부채에 영향을 미치지 않으면서 자산구입에 따른 자금을 조달하는 효과를 얻는, 이른바 리스의 부외금융(off-balance-sheet financing) 효과가 발생하였다. 또 이로 인해 운용리스를 이용하는 기업의 재무상태표상의 부채금액이나 부채비율이 기업의 실질적인 부채사용과 재무위험을 반영하지 못하는 문제가 있어 왔다. 그러나 신기준의 적용에 따라 상장기업의 경우 이러한 문제가 사라지게 되었다. 그러나 일반기업회계기준을 적용받는 비상장기업의 경우 과거와 마찬가지로 운용리스에 따른 부외금융효과가 발생한다.

름을 비교 · 평가하는 것이라고 할 수 있다. 리스평가를 위한 현금흐름은 계약형태나 리스자산의 특성에 따라 달라진다. 다음에서는 리스의 경제성 평가에서 일반적으로 고려되어야 할 중요한 사항들을 예를 들어 설명한다.

㈜창민철강은 새로운 철판절삭기가 필요하다. 새 기계를 구입하려면 50,000,000원이 소요되는데, 이 기계를 도입하면 생산성이 향상되고 기타 원가가 절감되어 매년 30,000,000원의 영업비용을 절약할 수 있다. 이 기계의 내용연수는 5년이고 잔존가치는 없는 것으로 추정된다. 이 회사의 유형자산에 대한 감각상각비는 정액법에 의해 산정된다. 한편 ㈜민국리스가 ㈜창민철강이 구입하려는 것과 같은 기계를 내용연수 5년 동안 매년 12,500,000원의 리스료로 임대해 주겠다는 제의를 해 왔다. ㈜창민철강의 법인세율(τ_C)이 34%일 때, 이 기계를 구입할 경우와 리스할 경우 각각의 현금흐름을 비교하면 〈표 21-1〉과 같다.

표 21-1 기계의 구입과 리스의 현금흐름

(단위: 천원)

	0년	1년	2년	3년	4년	5년
구입하는 경우						
기계의 구입가격	−50,000					
세후영업비용 절약		19,800[1)]	19,800	19,800	19,800	19,800
감가상각비의 감세효과		3,400[2)]	3,400	3,400	3,400	3,400
계	−50,000	23,200	23,200	23,200	23,200	23,200
리스하는 경우						
리 스 료		−12,500	−12,500	−12,500	−12,500	−12,500
리스료의 감세효과		4,250[3)]	4,250	4,250	4,250	4,250
세후영업비용 절약		19,800	19,800	19,800	19,800	19,800
계	0	11,550	11,550	11,550	11,550	11,550

1) 30,000 × (1 − 0.34) = 19,800 2) 50,000 ÷ 5 = 10,000, 10,000 × 0.34 = 3,400 3) 12,500 × 0.34 = 4,250

〈표 21-1〉에 나타나 있는 구입과 리스의 현금흐름을 리스를 중심으로 한 증분기준으로 단순화해 보자.

- 리스와 구입의 경우 모두 동일한 기계를 사용하므로 영업비용절약효과는 같고, 또 두 효과가 서로를 상쇄하기 때문에 증분기준 현금흐름에는 표시되지 않는다.
- 리스를 선택하면 기초에 기계구입비용 50,000,000원을 지불하지 않으므로 현금유입으로 표시된다.
- 리스의 경우 직접 구입할 경우에 누릴 수 있는 감가상각비의 감세효과를 포기해야 한다. 이는 증분기준에서 현금유출로 표시된다.
- 리스료는 리스의 경우에만 발생하며 매기마다 지출되므로 현금유출로 표시된다.
- 리스료는 고정비용으로서 법인세 감세효과를 얻는다. 리스료에 따른 감세효과는 기계를 구입

할 경우에는 발생하지 않기 때문에 현금유입으로 표시된다.

이상의 증분기준에 따라 ㈜창민철강이 작성한 리스의 증분현금흐름표는 〈표 21-2〉와 같다.

표 21-2 증분기준에 따른 매년의 현금흐름

(단위: 천원)

리스-구입	0년	1년	2년	3년	4년	5년
기계의 구입가격(I_0)	50,000					
감가상각비의 감세효과($\tau_C \cdot Dep$) 상실		−3,400	−3,400	−3,400	−3,400	−3,400
리스료(L)		−12,500	−12,500	−12,500	−12,500	−12,500
리스료의 감세효과($L \cdot \tau_C$)		4,250	4,250	4,250	4,250	4,250
리스의 증분현금흐름	50,000	−11,650	−11,650	−11,650	−11,650	−11,650

위의 표는 기계를 구입하는 대신 리스를 선택할 때의 증분현금흐름을 나타낸 것이므로, 리스 대신 기계를 구입할 때의 증분현금흐름을 구할 때에는 현금흐름의 부호가 정반대로 표시된다.

■ 리스의 평가를 위한 할인율

〈표 21-2〉와 같이 리스의 증분현금흐름을 추정하고 나면 이를 적절한 할인율로 할인하여 리스의 순현가를 구할 수 있다. 리스의 현금흐름을 할인하는 적정할인율은 어떻게 구할 수 있을까? 앞서 K-IFRS에서 미래에 지급될 리스료의 현재가치 평가에 적용되는 할인율은 리스료의 현재가치와 리스자산의 공정가치를 같게 만드는 내재이자율을 적용한다고 하였다. 이는 시장이 효율적이라면 자산의 직접구입이나 리스 또는 차입을 통한 자산구입이 무차별함을 뜻한다. 그러나 현실시장에서는 각 대안 간에 차이가 발생할 수 있다.

리스를 대체적인 자금조달수단으로 인식하는 경우 리스 평가를 위한 적절한 할인율은 리스이용자가 리스자산을 직접 취득하기 위하여 차입해야 할 경우 적용되는 이자율(증분차입이자율)이라고 할 수 있다. 즉, 리스료의 지급은 매년 고정적으로 발생하는 현금지출로 기업의 재무위험을 증가시킨다. 따라서 이는 기업이 회사채를 발행하여 자금을 조달하고 원리금을 매년 일정하게 상환하는 경우와 같은 것으로 간주할 수 있다. 즉, 리스의 위험은 기업이 사용하는 부채의 위험과 같다고 할 수 있다. 따라서 〈표 21-2〉의 현금흐름에 대한 적정할인율은 세후부채비용이다.

〈표 21-2〉에서 감가상각비의 감세효과는 과세대상이 되는 소득이 충분할 경우에 얻을 수 있는 것이고, 또 법인세율의 변동에 따라 그 크기가 달라질 수 있다는 점에서 고정적인 리스료에 비해 위험이 큰 것으로 평가해야 한다는 주장이 있다. 이러한 주장은 부분적으로 타당성이 있으나 정상적인 영업활동을 수행하는 기업의 경우 과세대상이 되는 소득은 대체로 충분하며 법인세율의 변동도 그리 심하지 않기 때문에 이로 인한 위험의 차이는 무시될 수 있다. 또 실무적으로도 감가상각비의 감세효과와 리스료에 대한 위험을 같은 것으로 보아 세후부채비용을 할인율로 적용하는 것이 일반적인 관행이다.

한편, 리스평가를 위한 할인율결정에서 왜 가중평균자본비용을 사용하지 않는지에 대한 의문이 가끔 제기된다. 앞서 살펴본 것과 같이 리스에 따른 증분현금흐름은 부채를 차입한 후 원리금을 지급하는 것과 그 위험이 같다. 따라서 리스를 부채를 통한 자본조달의 대안으로 보고 부채의 위험을 반영한 세후부채비용을 적절한 할인율로 사용한다.

■ 리스의 평가

부채의 이자율이 k_D, 법인세율이 τ_C일 때 세후부채비용은 $k_D \cdot (1-\tau_C)$이다. 따라서 리스의 현금흐름을 세후이자율인 $k_D \cdot (1-\tau_C)$로 할인하면 리스의 순현가를 계산할 수 있다. 앞의 ㈜창민철강이 현재 10.6%의 이자율로 차입할 수 있다고 하자. 이 회사의 법인세율은 34%이므로 리스의 할인율은 7%[= 10.6%×(1 − 0.34)]이다. 〈표 21−2〉의 증분현금흐름을 7%로 할인하여 구한 리스의 순현가는 다음과 같이 223만 3천원이다.

$$NPV = 50{,}000 - \sum_{n=1}^{5} \frac{11{,}650}{(1.07)^n} = 50{,}000 - 11{,}650 \times 4.1002 = 2{,}233(\text{천원})$$

자산을 직접 구입할 경우와 비교할 때 리스의 순현가가 223만 3천원으로 양(+)의 값을 가지므로 ㈜창민철강은 새 기계를 직접 구입하는 대신 리스를 선택해야 한다.

지금까지의 평가과정을 일반화하면 리스의 순현가는 다음의 식과 같이 나타낼 수 있다.

$$\text{리스의 } NPV = I_0 - \sum_{n=1}^{N} \frac{L_t - L_t \cdot \tau_C + \tau_C \cdot Dep_t}{[1 + k_D(1-\tau_C)]^n} \tag{21.1}$$

여기서 I_0는 리스자산의 가격, L_t는 시점 t에서의 리스료, τ_C는 법인세율, Dep_t는 시점 t에서의 리스자산의 감가상각비, k_D는 임차기업이 사용하는 부채의 이자율, N은 리스기간을 나타낸다.

■ 리스의 부채대체효과

리스는 기업의 부채를 대체하는 자금조달원이다. 기업이 자산을 리스하면 기업은 리스시점에서 미래에 지출될 리스료의 현재가치만큼 채무를 지는 것이 되며 이는 리스부채로 재무상태표에 계상된다. 기업이 부채수준을 어느 정도로 유지할 것인가를 결정하는 문제가 중요하듯이, 리스를 이용하는 것도 기업의 최적자본구조에 변화를 가져오는 중요한 재무의사결정이다. 만약 현재 최적부채수준을 유지하고 있는 기업이 영업활동에 필요한 새 기계를 사용하기 위해 리스를 이용하기로 결정한다면 이 기업은 최적수준 이상의 부채를 사용하는 것이 된다. 그러므로 다시 최적부채수준을 회복하기 위해서는 기존에 사용하고 있던 다른 부채를 상환해야 한다. 이것은 리스로 인해 발생하는 잠재적인 비용이다. 또한 부채수준이 최적에 미달하는 기업이 새로이 리스계약을 체결하면 다른 투자안에 대해 부채로 자금을 조달할 기회를 그만큼 잃어버린다. 이와 같이 리스로 인해 기존부채를 상환한다거나 부채사용의 기회를 상실하게 되는 것을 리스의 부채대체효과(debt displacement effect)라고 한다. 다음의 예를 통해 살펴보자.

㈜건민건설의 총자산규모는 1,000억원으로 이 중 60%는 타인자본이며 40%는 자기자본으로 구성되어 있다. 이 비율은 ㈜건민건설의 최적자본구조이다. ㈜건민건설은 서울시가 발주한 새로운 교량공사에 사용할 트럭 10대가 총공사기간인 5년 동안 필요하다고 한다. ㈜건민건설은 트럭 10대를 구입하거나 또는 리스를 통해 확보할 수 있는데, 비용은 모두 현가로 10억원이다. 만약 직접 트럭을 구입한다면 최적자본구조를 유지하기 위해서 자기자본 4억원과 타인자본 6억원을 조달해야 한다. 이럴 경우 최적자본구조인 부채비율 150%가 유지된다. 그러나 만약 리스를 선택한다면 리스료의 현가 10억원은 새로운 채무로 인식된다. 그러므로 최적자본구조를 회복하기 위해서 회사는 자기자본 4억원을 조달해서 기존부채 4억원을 상환해야 한다. 이 과정에서 발생하는 여러 종류의 비용이 리스의 부채대체로 인한 비용이다.

앞서의 ㈜창민철강의 예에서 리스자산의 가격은 50,000,000원이며, 리스의 *NPV*는 2,233,000원이었다. 이는 리스를 통한 자금조달효과(부채대체효과)가 47,767,000원(=50,000,000−2,233,000)임을 의미한다. 이를 자세히 살펴보자. 〈표 21−2〉로부터 리스 대신 자산을 직접구입할 때의 증분현금흐름을 〈표 21−3〉과 같이 구할 수 있다.

표 21-3 (구입−리스)의 증분현금흐름 (단위: 천원)

연도	0	1	2	3	4	5
현금흐름	−50,000	11,650	11,650	11,650	11,650	11,650

〈표 21−3〉에서 보듯이 자산을 구입하면 리스를 하는 경우에 비해 현 시점에서 50,000천원이 지출되나 향후 5년간 매년 +11,650천원의 세후현금유입이 추가로 발생한다. 다시 말해 리스를 이용하면 자산을 직접 구입하는 경우에 비해 현 시점에서는 50,000천원의 현금유입이 발생하지만 향후 5년간 매년 11,650천원의 세후현금지출이 추가로 발생한다.

리스의 부채대체효과는 얼마일까? 이를 쉽게 설명하기 위해 자산을 직접 구입하려는 회사 A와 리스를 하려는 회사 B가 있다고 하자. 그리고 현 시점에서 C은행이 A회사에 일정금액을 대출해주고 A회사가 이 자금으로 자산을 구입한다고 하자. A회사가 B회사에 비해 추가로 차입할 수 있는 대출금의 규모는 향후 5년간 A회사가 B회사에 비해 추가로 벌어들이는 현금흐름으로 대출금을 상환할 수 있는 수준에서 결정된다. 이는 〈표 21−3〉에 나타낸 향후 5년 동안 실현되는 증분현금흐름의 현재가치로 계산된다.

$$\text{(구입−리스)의 최적부채금액 증가분} = \frac{11{,}650}{1.07} + \frac{11{,}650}{(1.07)^2} + \cdots + \frac{11{,}650}{(1.07)^5} = 47{,}767\text{(천원)}$$

㈜창민철강이 리스를 하지 않고 자산을 구입하는 경우 사용할 수 있는 최적부채규모는 47,767천원이며, 이는 1~5년 사이에 실현되는 증분현금흐름으로 상환될 것이다. 이 과정을 〈표 21−4〉

표 21-4 리스 대신 구입을 선택할 때의 부채금액의 증분과 상환과정 (단위: 천원)

	1년	2년	3년	4년	5년
① 기초부채	47,767	39,458	30,569	21,057	10,880
② 이자비용(10.6%)	5,063	4,183	3,240	2,232	1,153
③ 이자비용의 감세효과(②×0.34)	1,722	1,422	1,102	759	392
④ 세후이자비용	3,341	2,761	2,138	1,473	761
⑤ (구입-리스)의 증분현금흐름	11,650	11,650	11,650	11,650	11,650
⑥ 부채상환액	8,309	8,889	9,512	10,177	10,889
⑦ 기말부채(①-⑥)	39,458	30,569	21,057	10,880	-9*

* 천원 미만의 절사과정에서의 차이임.

에 나타내었다.

〈표 21-4〉에서 보면 첫해 초의 부채잔액은 47,767천원이다. 이에 대한 첫해의 이자비용은 5,063천원(=47,767천×0.106)이며 감세효과 후 실제 현금지출이 일어나는 이자비용은 3,341천원이다. 첫해의 증분현금유입은 11,650천원이므로 세후이자비용으로 지출되고 남은 잔액 8,309천원으로는 부채의 원금을 상환한다. 이러한 과정이 반복되어 5차연도 말에는 부채를 완전히 청산하게 된다.

이상에서 살펴본 것과 같이 리스 대신 자산을 직접 구입하는 경우에 사용할 수 있는 부채의 증분은 47,767천원이다. 이는 ㈜창민철강이 자산을 구입하는 대신 리스를 하는 경우 47,767천원만큼의 부채사용을 확대하는 효과를 가져오며 최적자본구조를 유지하려면 같은 액수만큼의 부채를 줄여야 한다는 것을 의미한다. 즉, ㈜창민철강의 경우 리스의 부채대체효과는 47,767천원이다.[4]

■ 조정현가법에 의한 리스의 평가

지금까지 살펴본 리스의 평가는 제16장에서 살펴본 조정현가법(*APV*법)을 이용하여 평가할 수도 있다. 부채를 사용할 경우의 조정현가는 다음과 같이 정의되었다.

$$APV = \text{자기자본만으로 조달한 경우의 } NPV + \text{부채사용효과의 } NPV$$

앞서 〈표 21-2〉의 ㈜창민철강의 예에서 자기자본만으로 자금을 조달한 경우의 *NPV*는 부채사용에 따른 법인세 감세효과를 못 얻는 경우로 세전이자율을 할인율로 사용하여 평가할 수 있다.

4 리스의 부채대체효과를 이용하여 리스의 경제성을 평가할 수 있다. 자산을 직접 구입하려는 경우 현 시점에서 50,000천원의 현금지출이 필요하나, 리스를 하는 경우 이러한 지출을 할 필요가 없다. 따라서 현 시점에서 (리스-구입)의 현금유입은 50,000천원이다. 그러나 자산을 구입하는 대신 리스를 함으로써 ㈜창민철강은 현 시점에서 47,767천원만큼의 부채사용을 줄여야 한다. 이는 현금지출이다. 따라서 ㈜창민철강이 고려하는 리스의 순현가는 다음과 같이 223만 3천원이다. : (리스-구입)의 순현가 = 구입가격의 절약 - 부채대체효과 = 50,000 - 47,767 = 2,233(천원)

$$\text{자기자본만으로 조달한 경우의 } NPV = 50{,}000 - 11{,}650 \times PVFA(10.6\%, 5)$$
$$= 50{,}000 - 11{,}650 \times 3.7333 = 6{,}507(\text{천원})$$

리스를 이용하면 부채사용효과의 *NPV*를 잃는다. 따라서 리스에 따른 부채사용효과의 *NPV*는 차입을 통해 자산을 구입했을 경우에 얻을 수 있었던 이자비용의 감세효과의 상실분이다. 〈표 21-4〉에서 계산된 이자비용의 감세효과의 현가를 구하면 다음과 같다. 이때의 할인율은 역시 세전이자율이다.

$$\text{부채사용효과의 } NPV = \left[\frac{1{,}722}{1.106} + \frac{1{,}422}{(1.106)^2} + \frac{1{,}102}{(1.106)^3} + \frac{759}{(1.106)^4} + \frac{392}{(1.106)^5}\right] = 4{,}274(\text{천원})$$

따라서 *APV*는 다음과 같이 2,233천원이다.

$$APV = 6{,}507 - 4{,}274 = 2{,}233(\text{천원})$$

이 금액은 앞서 계산한 것과 일치한다.

■ 리스의 이유

리스를 이용함으로써 임차인과 임대인이 얻을 수 있는 장단점에 대해 살펴보자. 먼저 리스를 통해 얻을 수 있는 장점으로 다음을 들 수 있다.

자금조달상의 이점

리스는 은행차입의 경우와는 달리, 임차하는 기업에게 자산의 매입대금과 일체의 구입부대비용을 포함한 소요자금의 100%를 조달하는 효과를 가져다준다.

세제상의 이점

임차인의 관점에서 매년 지급하는 리스료는 세법상 손금으로 인정되므로 법인세 감세효과를 얻을 수 있다. 또한 임차인인 기업이 자산의 직접구입에 대해 투자세액공제(investment tax credit)나 가속상각(accelerated depreciation) 등의 혜택을 얻을 수 없는 경우에는 리스회사가 해당 자산을 구입하여 이러한 세제상의 혜택을 얻고, 이 효과가 임차인으로 이전됨으로써 기업은 저렴한 리스료를 부담하고 자산을 이용할 수 있다.

유동성유지

비록 계약기간 동안 매년 고정적인 리스료가 지급된다고 하더라도, 리스는 자산구입에 소요되는 자금 전액을 조달하는 효과를 가져다주기 때문에 자산을 직접 구입하는 경우에 비해 기업의 유동성을 저해하지 않는다.

불확실성의 감소

기술혁신에 따른 자산의 진부화를 피할 수 있고 기업경영을 유연하게 할 수 있다는 점이다. 기업이 필요로 하는 기계설비 · 사무기기 등은 끊임없는 기술혁신이 이루어지고 있기 때문에, 이러한 자산을 중도해약이 가능한 운용리스를 통해 필요한 기간 동안만 이용함으로써 자산을 직접 소유하는 데 따른 진부화의 위험을 피할 수 있다. 그러나 금융리스의 경우에는 임차인이 진부화의 위험을 부담하게 된다.

거래비용의 절감

리스는 자산을 직접 구입하는 경우에 비해 거래비용이 크게 절약된다. 예를 들어 어떤 기업이 상품수출을 위해 향후 3개월 동안 선박이 필요하다고 하자. 선박을 구입하여 3개월간 사용한 후 이를 다시 판매할 때 드는 거래비용에 비하면 리스의 비용부담이 훨씬 저렴하다. 그러나 리스(특히 운용리스)의 경우에는 대리비용이 발생하게 된다. 즉, 임차인은 임대인과는 달리 리스자산의 잔존가치에 관심이 없으므로 수선 · 유지에 신경을 덜 쓰게 되고 자산을 과도하게 또는 함부로 사용할 수 있다. 또 임대인은 이러한 임차인의 행동을 감시하는 데 비용이 발생한다. 따라서 리스는 자산의 구입과 재판매에 따른 비용이 리스에 따른 대리비용에 비해 클 경우에 그 가치가 있다.

한편, 리스의 단점으로는 다음과 같은 것들이 있다.

높은 리스료

임대인에게 지급하는 리스료가 은행차입 시 지급하는 비용보다 비싸다. 임차인이 부담하는 리스료에는 임대인이 은행차입을 통해 자산을 구입했을 때 발생하는 차입금에 대한 이자, 리스자산의 감가상각비, 보험료를 비롯한 일반관리비가 포함된다. 이외에도 리스회사의 노력과 위험부담에 대한 보상으로서 리스회사의 이익이 포함돼야 하므로 리스에 대한 비용은 은행차입비용보다 높게 나타나는 것이 보통이다.

잔존가치 권리포기

리스계약기간 종료 시 잔존가치의 상실에 따른 불이익이 발생한다. 리스자산의 소유자는 임대인이므로 계약기간 종료 시 리스자산의 잔존가치가 크거나 앞으로의 사용가능연수가 길수록 임대인에게 유리하다. 상대적으로 임차인은 불이익을 감수하게 된다. 운용리스의 경우 임차인이 계약기간 동안 지불한 리스료의 총액이 리스자산의 구입가격을 초과하더라도, 계약기간 종료 시 자산의 소유권은 임대인에게 있어서 임차인의 불이익은 더욱 크다고 할 수 있다. 그러나 금융리스에서는 계약종료 시 리스자산을 시장가치보다 낮은 가격으로 구입할 수 있는 선택권인 할인매입약정(bargain purchase option)을 통해 이와 같은 불이익을 회피할 수 있다. 나아가서 계약기간 중 리스자산의 가치가 크게 상승할 때에는 계약종료 시 이 권리를 행사하여 이득을 얻을 수도 있다.

자산관리상의 문제점

리스를 이용할 때 자산관리는 직접 자산을 소유하고 있는 경우보다 불편하다. 임대인의 승낙 없이는 임차인 임의로 리스자산을 변경 · 이전 또는 개량할 수 없으며, 외부로부터 개량에 필요한 자금을 조달하기 어렵다.

21.3 프로젝트금융

■ 프로젝트금융의 의의

프로젝트금융(project financing 또는 project finance: PF)은 특정 사업(또는 프로젝트)으로부터 발생하는 미래의 현금흐름과 자산을 담보로 하여 해당 사업을 수행하는 데 필요한 자금을 조달하는 금융기법을 말한다. 프로젝트금융은 1970년대 영국에서 북해유전개발자금을 조달하기 위한 방법으로 처음 이용되었으며, 그 이후 거래가 급증하여 현재는 전 세계 각국의 사회기반시설사업과 건설, 조선, 자원개발 등의 대규모 민간개발사업에 광범위하게 이용되고 있다. 우리나라에서도 프로젝트금융은 사회기반시설의 건설과 부동산 개발 등의 영역에서 그 이용이 증가하고 있으나 상대적으로 그 규모가 작고 역사 또한 짧은 편이다.

프로젝트금융을 이용하여 특정 프로젝트의 수행에 필요한 자금을 조달하기 위해서는 첫째, 프로젝트에서 발생하는 미래현금흐름이 안정적이고 대출금 상환에 충분해야 하며, 장기적으로 높은 수익성을 가져야 한다. 둘째, 프로젝트에서 발생하는 미래현금흐름과 자산이 대출금의 일차적인 상환재원이 되므로, 해당 프로젝트가 다른 사업과 독립적으로 분리될 수 있어야 하고 프로젝트에서 산출되는 가치가 명확하게 파악될 수 있어야 한다. 셋째, 프로젝트 완성까지에 장기간이 소요되고, 필요자본이 대규모이며, 복합적인 위험이 있어 전통적인 자금조달 방식으로 자금을 조달하기 어려운 사업이어야 한다. 이러한 특성을 갖는 대표적인 사업으로 유료 터널이나 교량, 철도 등의 사회기반시설사업, 발전, 가스 등의 자원개발사업 등을 들 수 있다.

■ 프로젝트금융과 기업금융의 차이

프로젝트금융과 전통적인 기업금융의 차이를 살펴보면 다음과 같다.

- 기업금융은 차입자가 제공하는 담보자산이나 신용을 바탕으로 그 거래가 일어나지만 프로젝트금융은 해당 프로젝트에서 발생하는 현금흐름과 자산을 담보로 하여 그 거래가 일어난다. 따라서 기업금융의 자금제공자는 해당 프로젝트 이외에 채무기업 전체의 수익성과 안전성 등을 고려해야 하지만 프로젝트금융의 경우 해당 프로젝트만 분석하면 된다. 즉, 프로젝트금융에서 자금을 차입 · 상환하는 주체는 프로젝트의 사업주(기업)나 주주가 아니라 새로이 수행되는 프로젝트 자체이며, 프로젝트에서 발생하는 미래현금흐름에 대한 평가가 프로젝트금융의 성공 여부를 결정하는 가장 중요한 요인이 된다.

- 프로젝트금융에서 자금제공자는 프로젝트가 실패하는 경우 프로젝트 자산과 현금흐름에 한해서 대출금의 상환을 요구해야 하는데 이러한 특성을 비소구금융(non-recourse financing)이라 한다. 그러나 현실적으로 100% 비소구금융은 없으며 사업주(기업)가 프로젝트금융과 관련된 제반 위험에 대해 일정한 보증과 담보를 제공하는 제한적 소구금융이 대부분이다.
- 프로젝트금융을 위해서 특수목적회사(SPC)인 프로젝트 회사가 설립된다. 프로젝트 회사는 사업주의 기존 사업과 법적 · 경제적으로 분리된 별개의 법인으로서 해당 프로젝트를 수행한다. 따라서 프로젝트의 현금흐름이 기존사업의 재무상태에 전혀 영향을 미치지 않는다. 따라서 사업주에게 프로젝트금융은 부외금융의 특성을 갖는다.
- 기업금융에서는 대개의 경우 한 금융기관이 대출을 담당한다. 프로젝트금융에서는 필요자금의 규모가 크고 위험도 복합적이고 다양하기 때문에 여러 금융기관이 공동으로 참여하는 대주단(syndication)이 구성되며 여러 이해관계자가 참여하게 된다. 즉, 프로젝트금융은 다양한 이해관계자 사이에 맺어진 복잡한 계약의 집합체로, 위험을 분산(감소)시키기 위해 해당 프로젝트와 관련된 여러 기관의 보증과 금융참여가 이뤄진다.
- 위험관리의 측면에서 보면 프로젝트금융은 대출기관과 사업주(기업)가 서로 만족할 수 있도록 프로젝트의 위험요소를 적절히 분산시키면서 소요자금을 조달하는 금융방식이다. 채무기업이 사업과 관련된 위험을 100% 부담하는 전통적인 기업금융과 달리 프로젝트금융에서는 여러 이해당사자 간의 계약을 통해 위험이 배분되고 이에 따라 수익도 배분된다. 사업주는 프로젝트 회사에 지분을 출자하는 데 따른 위험을 줄이기 위해 가능한 한 많은 채무를 발생시키고자 하는 반면 채권자는 가급적 사업주의 담보 또는 보증을 바탕으로 신용을 제공하고자 한다. 따라서 사업주와 채권자 간의 타협을 통해 적절한 위험배분과 수익배분이 이루어져야 한다.
- 프로젝트금융은 프로젝트와 관련된 분석 및 프로젝트 패키지(project package)의 구성을 위해 많은 시간과 비용이 소요되므로 전통적인 기업금융에 비해 금리 및 수수료가 높은 것이 일반

표 21-5 프로젝트금융과 기업금융의 비교

구 분	프로젝트금융	기업금융
차입자	프로젝트 회사	모기업(사업주) 또는 프로젝트 회사
담보	프로젝트의 현금흐름과 자산	사업주의 전체 자산 및 신용
차입금상환재원	프로젝트의 현금흐름	사업주의 전체 재원
자금관리	대주단의 위탁계좌에 의한 관리	차입자가 임의로 관리
소구권행사	모기업에 대한 소구권행사 제한	모기업에 대한 소구권행사 가능
채무수용능력	부외금융으로 채무수용능력 제고	부채비율 등 기존차입에 의한 제약
사업성검토	외부전문기관에 의한 객관성 검증/ 각종 관련 계약서의 검증 등	미래현금흐름 분석 금융기관 내부 검토
위험배분	이해당사자 간의 위험배분	차입자가 100% 책임

적이다.

- 프로젝트금융은 해당 프로젝트의 현금흐름에 기초한 자금조달방법이므로 프로젝트에 참여하는 이해당사자의 제재로 추가적인 사업추진이 제한된다. 특히 채권자들은 불확실성을 줄이고 프로젝트의 성공을 위해 프로젝트 회사가 해당 프로젝트에만 전념할 것을 요구한다.

프로젝트금융과 일반적인 기업금융 간의 차이를 비교하여 표로 정리하면 〈표 21-5〉와 같다.

■ 프로젝트금융의 참여자와 구조

프로젝트금융에서는 여러 참여자 간에 체결되는 다양한 계약을 통해서 전체적인 이해관계가 조정되고 각종 금융계약을 통해 자금의 조달과 부채의 상환이 이루어지며 프로젝트 수행과 운영활동이 일어난다. 주요 참여자는 다음과 같다. ① 사업주(sponsor)는 단일기업이거나 건설업자, 토지소유자, 자재공급자, 산출물의 구매자와 이용자 등 이해관계자들의 컨소시엄(consortium)일 수 있다. ② 사업주들의 출자로 형성된 프로젝트 회사는 전 과정에 걸쳐 프로젝트를 추진하는 독립적인 실체이다. ③ 차입자는 대개의 경우 프로젝트 회사이나, 특수한 경우 여러 이해관계자가 각기 합작에 참여하기 위해 개별적으로 차입할 수 있으며 특정 목적을 위해 설립된 자회사일 수 있다. ④ 일반 상업은행은 자금제공자로 대규모 자금조달의 경우에는 여러 은행들이 참여하는 대주단을 형성하여 위험을 분산한다. 상업은행은 보증기관으로서 참여하기도 한다. ⑤ 기타 참여자로는 대주단을 주도하는 은행과 정부, 보험회사, 리스회사, 신용평가기관 등이 있다.

한편 프로젝트금융에서 발생하는 주요 위험으로는 프로젝트 건설이 기한 내에 완성되지 못할 공사미완공위험, 프로젝트 완공 후 운영과정에서 나타나는 미래수익의 불확실성 등 운영위험, 프로젝트의 가치에 영향을 미치는 환율이나 이자율 등 시장요인의 변동에 따른 시장위험 등을 들 수

| 그림 21-2 | 프로젝트금융의 참여자와 구조

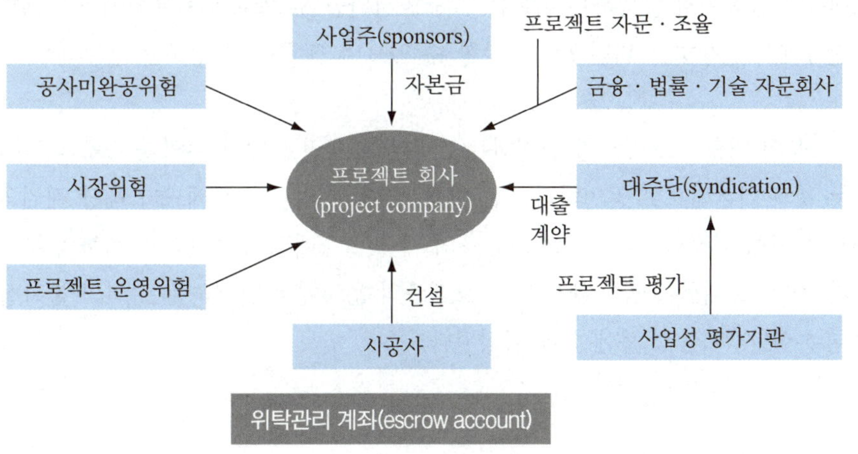

있다.

■ 프로젝트금융의 장단점

프로젝트금융에는 여러 가지 장점이 있다. 첫째, 회계처리상의 이점이다. 프로젝트금융을 통해 자금을 조달하는 주체는 프로젝트 회사이므로, 프로젝트의 수혜자 혹은 사업주는 자신의 신용상태 또는 재무상태표에 아무런 영향을 끼치지 않으면서 소구권이 없는 조건의 자금을 조달할 수 있다. 또한, 프로젝트 가동 후 수익이 실현되는 시점까지 소요되는 건설비용도 사업주의 재무제표에 표시되지 않는다. 둘째, 여러 이해관계자의 참여와 이들 간의 위험분담을 통해 위험을 줄일 수 있다. 이에 따라 프로젝트가 실패할 경우에도 각 이해관계자가 부담하는 비용은 제한적일 수 있다. 셋째, 사업주를 구속하는 각종의 제약을 회피하는 수단으로 이용될 수 있다. 예를 들어, 사업주가 자금제공자가 요구하는 법적 요건을 충족하지 못하는 경우에도 프로젝트를 독립시킴으로써 필요자본을 조달할 수 있다. 또 다양한 이해관계자들이 참여함으로써 사업주 혼자서는 이용하기 어려운 자금조달 수단이나 각종 보증을 유치할 수 있다. 결과적으로 사업주의 신용이 취약할 경우에도 프로젝트금융을 통해 장기적인 자금조달이 가능하고 높은 레버리지효과를 얻을 수 있다.

반면, 단점은 다음과 같다. 첫째, 기업금융에 비해 상대적으로 금융비용이 높다는 점이다. 이는 많은 이해관계자의 참여와 복잡한 계약으로 인해 시간이 많이 소요되고, 다양한 위험에 대비한 보험비용 등을 부담해야 하기 때문이다. 둘째, 참여자가 다수인 경우 각 당사자가 다양한 이해관계와 목적을 가지고 있기 때문에 프로젝트금융 계약과 운영계약을 작성하는 데 많은 인내가 필요하고 어려움이 많다는 점이다.

■ 프로젝트금융의 위험과 스프레드

프로젝트금융의 성공을 위해서 일차적으로는 프로젝트의 양호한 사업성이 중요하지만, 프로젝트 수행과정에서 발생가능한 여러 위험요인을 찾아내어 분석하고 이를 적절하게 분산하는 일도 필수적이다. 프로젝트금융에서 발생하는 위험은 크게 공사완공 후 프로젝트 운영에서 발생하는 위험과 공사시행 단계에서 발생하는 위험으로 구분할 수 있으며 그 종류와 정도는 프로젝트 특성에 따라 달라진다.

프로젝트금융의 대출 스프레드를 결정하는 것은 위험채권에 대한 수익률 스프레드(yield spread)를 결정하는 것과 기본적으로 동일하다. 즉, 위험채권의 수익률 스프레드가 해당 채권의 부도위험(default risk)에 의해 결정되듯이 프로젝트금융의 대출 스프레드도 프로젝트 회사의 부도위험에 의해 결정된다. 이 부도위험은 공사완공 후 프로젝트의 운영에서 발생하는 수익의 불확실성과 공사지연에 따른 손실발생가능성 등에 의해 결정된다.

21.4 스타트업 기업의 자금조달과 벤처캐피탈

■ 스타트업 기업

스타트업 기업(startup company) 또는 단순히 스타트업(startup)은 새로운 아이디어에 기반한 사업모델(business model)을 가지고 있는 소규모 인적 그룹이나 신생기업을 말한다. 스타트업은 소자본으로 사업을 시작하는 경우가 많아 독자적으로 성장하는 데에는 한계가 있으며 대부분 외부투자자들의 참여나 다른 회사와의 합병이나 인수를 통해 성장하게 된다.

스타트업에 투자하는 투자자들은 신생기업이 겪게 되는 여러 위험을 감수해야 한다. 소규모 자본금과 큰 사업위험, 그리고 높은 기대수익률이 스타트업 기업 투자의 특징이라고 할 수 있다. 성공적인 스타트업은 관련 업계의 시장을 확장시키는 특징이 있기 때문에 매우 빠른 성장도 기대할 수 있다.

■ 스타트업의 자본조달

스타트업 기업들은 소규모이고, 미래에 대한 불확실성이 크기 때문에 일반기업처럼 금융시장에서 증권을 발행하거나 금융기관으로부터 대출을 받는 방법으로 자금을 조달하기 어렵다. 많은 스타트업들은 창업 초기에 필요한 종자돈(seed capital)은 창업자의 출자를 통해 조달하고 이후 필요한 추가자금은 외부투자자들로부터 조달한다.

창업 초기단계에서 스타트업이 투자를 유치할 대상으로 에인절(angel) 투자자로 불리는 개인투자자나 벤처캐피탈 회사를 생각할 수 있으나 대부분은 에인절 투자자에 의존한다. 에인절 투자자

| 그림 21-3 | 스타트업의 성장과 자금조달

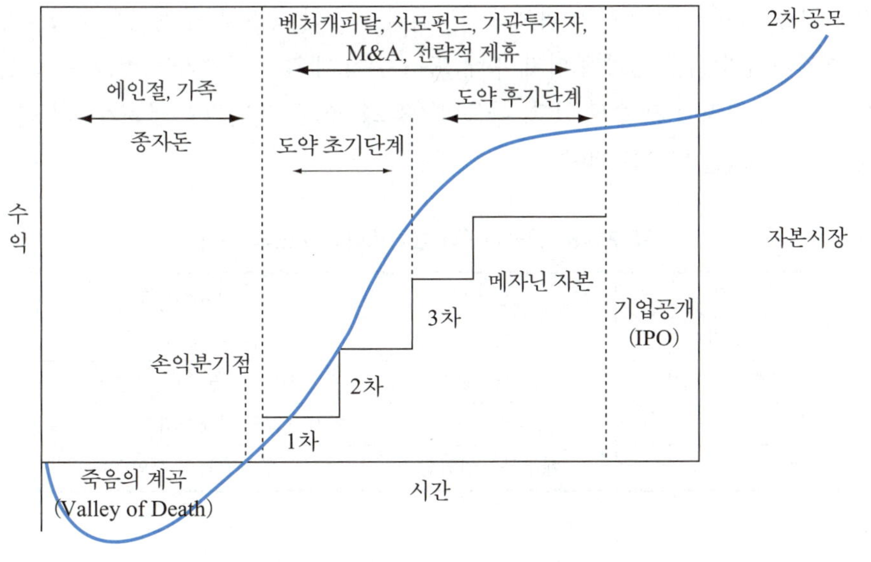

들은 보통 개인으로서 그 투자액수는 일인당 1천만원부터 1억원 수준이다. 우리나라의 경우 중소기업청에서 운영하는 에인절투자지원센터와 한국에인절투자협회 등이 에인절 투자자에 관한 정보를 제공하고 있다. 최근에는 일반 개인들이 크라우드 펀딩(crowd funding) 방식을 통하여 스타트업에 투자하는 사례도 증가하고 있다.

이후 기업의 도약단계에서 벤처캐피탈 회사나 메자닌 자본의 투자, 사모펀드나 기관투자자의 투자 또는 다른 회사와의 M&A를 통해 자본조달이 이루어지며, 지속적으로 성장하여 향후 안정적인 현금흐름의 창출이 예상되는 경우 기업공개(IPO)를 통해 자본시장에서 자본을 조달하고 초기 투자자들은 투자금을 회수하게 된다. [그림 21-3]은 스타트업의 성장단계에 따른 자금조달방법을 나타내고 있다.

■ 벤처캐피탈과 메자닌 금융

벤처캐피탈

벤처캐피탈(venture capital: VC)은 성장가능성은 높으나 위험이 큰 신생기업에 투자하는 금융자본을 말한다. 벤처캐피탈은 자본의 제공뿐만 아니라 경영관리와 기술지도 등 종합적인 지원을 함께 제공하여 투자기업을 성장시킨다. [그림 21-3]에서 보는 것과 같이 스타트업의 창업 초기단계에서는 창업자 및 그 가족의 출자와 에인절 투자를 통해 자본이 조달되며, 이후의 도약단계에서 벤처캐피탈을 통한 자본조달이 이루어지는 것이 보통이다.

에인절 투자자본과 더불어 벤처캐피탈은 신용이 부족하여 자본시장이나 금융기관을 통해 자본을 조달하는 것이 어려운 신생기업들에게 중요한 자본조달원천이다. 이들은 담보를 바탕으로 대출을 제공하는 은행 등과는 달리, 투자할 기업의 기술력과 성장성, 수익성 등을 평가하여 지분투자의 형태로 자본을 제공한다. 이후 투자기업이 성장하면 기업공개(IPO)를 통해 보유지분을 매각하거나 다른 기업에 보유지분을 매각하는 방법으로 투자금을 회수한다. 따라서 에인절 투자자와 벤처캐피탈 회사는 투자기업의 미래 성과에 따라 수배 또는 수십 배의 투자수익을 얻을 수도 있고 반대로 투자금을 전혀 회수하지 못할 수도 있다. 다음의 〈표 21-6〉은 일반적인 금융기관과 벤처캐피탈에 의한 자금지원의 특성을 비교한 것이다.

표 21-6 금융기관과 벤처캐피탈 자금의 특성

구분	금융기관	벤처캐피탈
자금조달의 형태	대출	지분투자(자기자본)
투자금 회수방법	원리금 회수	IPO 등을 통한 지분매각
투자수익률	약속된 이자율	투자기업의 미래성과에 따라 좌우됨
위험	채무불이행위험	투자기업의 사업위험

메자닌

스타트업 기업은 도약기의 후기 단계에서 메자닌 금융을 이용하여 자금을 조달할 수 있다. 메자닌 금융(Mezzanine finance)이란 위험이 큰 사업에 대한 원활한 자금조달을 위해 채권에서 약속하는 일정금리 외에 사업이 성공하는 경우 투자자에게 보통주와 관련된 권리(신주인수권, 전환권 등)와 같은 '성공보수'를 제공하기로 하고 무담보로 자금을 조달하는 방식을 말한다. 메자닌 금융에 대표적으로 이용되는 증권으로는 신주인수권부사채(BW), 전환사채(CB), 전환우선주, 후순위채권 등이 있다.

메자닌 금융을 위해 발행되는 증권은 필요에 따라 부채의 특성과 자기자본의 특성을 다양하게 결합할 수 있어 기업의 관점에서는 위험과 수익구조가 다양한 증권발행을 통해 융통성 있는 자본조달이 가능하다는 장점이 있다. 한편, 자본제공자의 관점에서는 기업이 청산되는 경우 재산청구권이 후순위이기 때문에 일반회사채보다 위험이 큰 반면 그에 따른 높은 수익률도 기대할 수 있다. 즉, 메자닌 증권은 전통적인 사채나 주식과 비교해 볼 때 중위험 · 중수익의 특성을 갖는 금융상품이다. 또 원금과 금리가 보장되는 채권의 특성을 가지면서도 향후 주가가 오를 땐 주식으로 전환해 추가 수익을 올릴 수 있다는 장점이 있다. 반면, 메자닌 증권의 만기가 보통 2~3년 이상이므로 상대적으로 장기간 투자를 해야 수익을 얻을 수 있으며, 일반적인 사채나 주식에 비해 유동성이 떨어져 투자금 회수가 자유롭지 못하다는 단점이 있다. 다음의 〈표 21-7〉은 일반적인 선순위회사채, 메자닌 증권, 그리고 보통주식의 특성을 비교하고 있다.

표 21-7 선순위회사채, 메자닌 증권, 그리고 주식의 특성 비교

구분	선순위회사채	메자닌 증권	주식
수익구조	약속된 이자	약속된 이자 + 주가에 연계된 성과	배당 주가상승
증권의 형태	채권	BW, CB 등 전환증권	주식
자본의 성격	부채	부채와 자기자본의 중간적 성격	자기자본
기업지배권에 미치는 영향	없음	신주인수권 또는 전환권 등의 성격에 따라 결정됨	높음
담보제공	보통 제공 (담보사채)	없음	없음
자본비용	낮음	중간	높음

■ 사모펀드와 기관투자자

최근 들어 사모펀드의 성장과 함께 스타트업에 대한 사모펀드의 투자가 증가하고 있다. 사모펀드

(private equity fund) 또는 사모투자회사(private equity firms)는 소수의 투자자들로부터 사모방식으로 자금을 모집하여 비상장기업의 지분 등에 사적인 방법으로 투자하는 펀드이다. 넓은 의미에서 사모펀드는 벤처캐피탈을 포괄한다.

사모펀드와 벤처캐피탈은 스타트업을 포함한 다양한 비상장기업에 지분투자를 한다는 점에서는 유사하지만 투자대상과 전략에는 차이가 존재한다. 벤처캐피탈은 주로 스타트업이나 사업의 초기단계에 있는 기업에 대한 투자를 주로 하며, 미래 전망이 불확실하므로 작은 규모로 다양한 기업에 투자하는 특징을 갖는다. 반면에 사모펀드는 주로 사업의 초기단계를 벗어나 어느 정도 성장을 이룬 기업에 투자하며, 경영권에 영향을 미칠 수 있을 정도로 큰 규모의 투자를 하기도 한다. 또 사모펀드는 대출형태의 투자도 자주 이용한다.

스타트업에 대한 투자에는 연기금이나 보험회사와 같은 기관투자자와 기업형벤처캐피탈(CVC) 등도 활발하게 참여하고 있다. CVC는 금융회사가 아닌 대기업이나 중소기업 등이 대주주인 벤처캐피탈로 미국의 인텔벤처스와 구글벤처스 등이 대표적이다. CVC는 대주주인 모기업을 통해 스타트업의 기술 검증과 시장 개척 등을 도와 성장을 지원할 수 있다는 장점이 있다. 국내에서도 포스코기술투자, 효성벤처스 등 다양한 CVC가 활동하고 있다.

중요용어

리스(lease)
임차인(lessee)
운용리스(operating lease)
판매후 재리스(sales and lease back)
부채대체효과(debt displacement effect)
프로젝트금융(project financing)
스타트업(startup)
사모펀드(private equity fund)
임대인(lessor)
벤처캐피탈(venture capital)
금융리스(financial lease 또는 capital lease)
부외금융(off-balance-sheet financing)
메자닌 금융(Mezzanine finance)
프로젝트 회사(project company)
에인절 자본(angel capital)
기업형벤처캐피탈(CVC)

연습문제

21-1 리스를 평가하는 데 고려해야 할 요인에 대해 설명하라.

21-2 리스의 평가에 사용될 적정할인율에 대해 설명하라.

21-3 리스의 장단점을 설명하라.

21-4 구입가격이 6,000만원이고 내용연수가 5년이며 잔존가치가 1,000만원으로 추정되는 자산이 있다. 이 자산의 감가상각은 정액법으로 이루어진다. 현재의 시장이자율은 10%, 법인세율은 20%라고 한다. 이 자산에 대한 리스계약을 맺고자 할 때 임대인과 임차인 모두에게 동일한 효익을 제공하는 리

스료는 얼마인지 계산하라. 단, 리스료는 매년 말에 지불된다.

21-5 도서출판 창조는 신형의 전자출판장비를 도입하려 한다. 다음의 자료는 창조의 재무팀에서 보고한 예측치이다. 이를 토대로 설비의 직접구입 혹은 리스 여부를 결정하라.

- 장비의 구입가격: 4.5억원, 내용연수: 5년, 잔존가치: 0.5억원
- 감가상각: 정액법
- 리스료: 매년 말 1.5억원
- 새 설비 도입에 따른 영업이익의 증가액: 매년 2억원
- 적용되는 할인율: 연 10%
- 법인세율: 30%

21-6 위의 문제 21-5에서 리스를 할 경우 임대인이 연간 세후 2,000만원에 해당하는 장비의 유지 · 보수비를 지원하고, 리스기간 종료 시 해당 장비를 임차인에게 무상인도하겠다는 제안을 추가로 해 왔다. 앞의 결과를 이용하여 조정현가법에 의해 리스 여부를 결정하라.

21-7 관악기업은 시가 5억원(잔존가치 1억원)의 통신장비를 도입하려 한다. 이 통신장비는 내용연수가 5년이며, 정액법으로 상각된다. 얼마 전 관악기업은 신림리스로부터 매년 1.2억원의 리스료를 지불할 경우 동종의 장비를 리스해 주겠다는 제안을 받았다. 관악기업의 자기자본비용은 연 20%이며, 타인자본비용은 15%, 그리고 가중평균자본비용은 17%라고 한다. 법인세율이 40%일 때 리스의 경제성을 분석하라.

21-8 HS복합기의 현재가격은 320만원이며, 5년이 지난 후 이 기계의 시장가격은 100만원이 될 것으로 예측된다. 무위험이자율은 연표시이자율(*APR*)로 5%이며 월복리로 계산된다.

① 완전자본시장을 가정할 때 이 복합기에 대한 5년 리스계약의 무위험 월 리스료를 구하라.
② 즉시 320만원을 지불하고 HS복합기를 구매하기 위하여 5년만기의 대출을 받는다면 매월 얼마를 상환해야 하는지 계산하라.

21-9 CT(Computer Tomography)기기의 현재 가격은 17억원이며 8년 동안 월 1,600만원으로 리스가 가능하다. 위험이 없는 완전자본시장을 가정할 때 임대인이 손익분기점을 넘길 수 있는 CT기기의 최소 잔여가치를 구하라. 월 복리 연표시이자율(*APR*)로 표현된 무위험이자율은 5%라고 한다.

21-10 라임건설은 6,500만원 상당의 굴삭기를 구입하거나 리스계약을 하고자 한다. 구입을 할 경우 굴삭기는 앞으로 5년간 정액법으로 감가상각을 하며 5년이 지난 후에 잔존가치는 0으로 추정된다. 리스계약을 할 경우, 연간리스료는 1,630만원이며 계약기간은 5년이다. 라임건설의 차입이자율은 7%이며 법인세율은 40%이다. 또한 이 리스는 과세 대상 운용리스이다.

① 리스를 하는 경우, 리스의 부채대체효과는 얼마인지 계산하라.
② 라임건설이 리스계약을 하거나 ①에서 구한 값만큼 차입을 하여 굴삭기를 구입하는 두 가지 대안 중 어느 것을 더 선호할지 결정하라.

21-11 프로젝트금융의 구조에 대해 설명하라.

21-12 프로젝트금융과 전통적인 기업금융의 차이에 대해 설명하라.

21-13 프로젝트금융의 대출 스프레드를 결정하는 요인에 대해 설명하라.

21-14 스타트업 기업의 자금조달에 대해 설명하라

21-15 에인절 투자자나 벤처캐피탈 회사가 투자금을 회수하는 방법에 대해 설명하라.

21-16 일반사채와 메자닌 증권, 그리고 보통주식의 특성에 대해 비교, 설명하라.

제Ⅷ편

단기자본조달

제22장 운전자본관리

제23장 단기자금조달과 재무계획

제 22 장

운전자본관리

STUDY GUIDE

지난 1997년의 아시아 외환위기와 2008년의 전 세계적 금융위기과정에서 건전하다고 평가받던 많은 기업들이 유동성부족으로 도산하였다. 이는 기업경영에서 유동성관리가 왜 중요한지를 다시금 일깨워주는 계기가 되었다. 유동성관리 또는 운전자본관리란 기업의 영업활동에서 일상적으로 발생하는 유동자산과 유동부채의 관리를 말한다. 실제로 재무관리자의 업무 중 절반 이상이 운전자본관리와 관련된 것이라고 해도 과언이 아니다. 기업은 적정수준의 운전자본을 확보하여야 지급불능위험을 줄이고 유동성을 유지할 수 있으므로 운전자본관리는 재무관리에서 중요한 위치를 차지한다. 이 장에서는 운전자본관리에 대한 기본적인 개념을 설명하고 운전자본관리의 방향을 제시한다. 그리고 매출채권, 현금, 유가증권을 위시하여 매입채무에 이르기까지 운전자본을 구성하는 구체적인 각 항목의 관리방법에 대하여 살펴본다.

22.1 운전자본관리의 개요

■ 운전자본관리의 의미와 목표

운전자본관리의 의미

운전자본(working capital)은 두 가지 의미로 사용된다. 하나는 재무상태표상에 나타나는 모든 유동자산을 말하는 것이며, 다른 하나는 순운전자본(net working capital)으로서 유동자산에서 유동부채를 뺀 금액을 뜻한다. 일반적으로 운전자본이라 할 때는 후자인 순운전자본을 가리키는 것이 보통이다. 따라서 운전자본관리는 현금, 유가증권, 매출채권, 재고자산 등 유동자산의 관리는 물론 매입채무, 단기부채, 미지급비용 등 유동부채의 관리도 포함한다.

기업의 총자산에서 유동자산이 차지하는 비중은 상당히 높으며, 실제 기업경영에 관계되는 많은 활동이 운전자본의 관리와 직결된다. 매출액을 증가시키기 위한 영업부서의 활동, 적절한 현금을 유지하기 위한 활동, 원자재구입과 적정 재고의 유지 등은 모두 운전자본의 수준을 결정한다. 이러한 활동은 비유동자산에 대한 투자결정이나 장기자본을 조달하는 결정처럼 간헐적으로 나타나는 것이 아니라 기업의 경영활동에서 일상적으로 나타난다.

〈표 22-1〉은 우리나라와 미국, 그리고 일본의 제조업체의 평균적인 자산구성과 재무구성을 보여주고 있다. 외국의 경우 총자산에서 유동자산이 차지하는 비율은 미국은 약 26.67%, 일본은 45.76%로 나타났다. 우리나라 기업의 경우 2022년 말 현재 총자산에서 유동자산이 차지하는 비율은 41.24%를 기록하고 있다.

유동자산이 기업의 총자산에서 큰 비중을 차지하는 것과 마찬가지로 유동부채도 기업의 총자본에서 커다란 비중을 차지한다. 외상매입금이나 지급어음 등의 매입채무항목은 기업의 영업활동과정에서 일상적으로 발생하며, 단기차입금을 이용한 필요자금의 조달 역시 빈번히 일어난다. 이러

표 22-1 제조업체의 자산구성과 재무구성

(단위: %)

	한 국		일 본 (2023년 3월 말)	미 국 (2022년 말)
	2021년 말	2022년 말		
유동비율[1]	144.18	141.51	150.14	129.89
비유동비율[2]	104.52	103.98	127.83	163.08
유동자산/총자산	41.46	41.24	45.76	26.67
자기자본비율[3]	56.01	56.51	42.34	45.46
유동부채/총자본	28.76	29.14	30.47	20.58
부채비율[4]	78.55	76.95	136.18	122.46

주: 1) (유동자산/유동부채)×100, 2) (비유동자산/자기자본)×100
3) (자기자본/총자본)×100, 4) (부채/자기자본)×100

자료: 한국은행(2023), 「기업경영분석」; US Department of Commerce(2023), *Quarterly Financial Report*(Quarter 2), 총자산 규모 $50million 이상 기업; 일본 재무성(2023), *Financial Statements Statistics of Corporations by Industry*.

한 유동부채는 비유동부채와는 달리 빨리 상환되어야 하므로 경영자는 상환해야 할 유동부채의 금액과 시기를 적절하게 관리하여 기업이 지급불능상태에 빠지지 않도록 하는 것이 중요하다. 〈표 22-1〉의 제조업체의 재무구성을 보면 유동부채가 부채 · 자본 총계에서 차지하는 비율이 우리나라의 경우 2021년에 28.76%, 2022년에는 29.14%를 차지하고 있으며, 일본은 30.47%, 미국은 20.58%를 차지하고 있다.

운전자본관리의 목표

운전자본관리가 큰 주목을 받는 이유는, 기업이 도산을 막고 정상적인 경영활동을 계속하기 위해서는 적정수준의 유동성을 유지하는 것이 무엇보다 중요하기 때문이다. 또 운전자본관리는 기업의 수익성에도 큰 영향을 미친다. 유동성(liquidity)은 자산이 적정한 가격으로 얼마나 빨리 현금화될 수 있는가를 의미하는데, 흔히 기업의 단기채무 지급능력을 나타낸다. 이 유동성의 근원은 현금을 비롯한 유동자산에 있다.

현금을 비롯한 유동자산을 많이 보유하면 풍부한 유동성을 유지할 수 있어 갑작스럽게 현금지출이 필요한 경우에도 잘 대응할 수 있으나, 많은 자금이 수익성이 높은 곳에 투자되지 못하므로 기업 전체의 수익성은 낮아진다. 반면에 유동자산을 적게 보유하면 수익성을 높일 수 있으나 유동성이 낮아져서 지급불능상태에 빠질 위험이 커진다. 따라서 운전자본관리의 목표는 적절한 유동성을 유지하여 지급불능위험(default risk)을 감소시키며 동시에 수익성을 증대시키는 것이라고 할 수 있다.

■ 운전자본과 현금흐름

현금순환과정과 운전자본

기업의 영업활동과정에서 발생하는 현금순환의 첫 단계는 설립 시에 조달한 자본을 이용하여 설비투자와 원재료 등 영업활동에 필요한 자산을 구입하는 단계이다. 이후 원재료와 설비를 이용하고 인건비 등의 추가적인 지출을 통하여 제품생산이 이루어진다. 생산된 제품은 현금으로 판매되거나 외상으로 판매되어 매출채권을 발생시키며, 기업은 매출채권을 회수함으로써 영업활동으로부터 현금을 얻게 된다. 영업활동에서 유입된 현금은 새로운 투자와 부채의 상환 등에 사용된다. 기업이 영업활동을 계속하는 한 이러한 현금순환과정은 끊임없이 반복되어 기업의 유동자산과 유동부채에 영향을 미치게 되며, 이러한 현금순환과정에서 운전자본관리는 필수적이다.

현금전환사이클과 운전자본관리

현금순환과정을 파악하고 현금 유·출입의 주기를 계산하는 효과적인 방법의 하나로 현금전환사이클을 이용할 수 있다. 현금전환사이클(cash conversion cycle)이란 원재료의 구입에 따른 실제 현금의 지출시점과 제품의 판매에 따른 매출채권의 회수시점과의 시간차이를 뜻한다. 이를 그림으로 나타내면 [그림 22-1]과 같다.

| 그림 22-1 | **현금전환사이클**

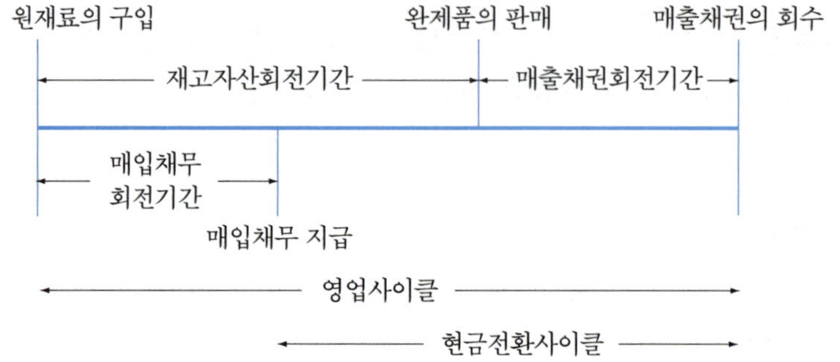

그림에서 보는 것과 같이 현금전환사이클은 다음의 식으로 나타낼 수 있다.

현금전환사이클 = 영업사이클 − 매입채무회전기간 (22.1)

영업사이클 = 재고자산회전기간 + 매출채권회전기간 (22.2)

식 22.1과 식 22.2에서 영업사이클(operating cycle)은 재고자산회전기간에 매출채권회전기간을 더한 것이다. 재고자산회전기간은 원재료를 구입하여 제품을 생산한 뒤 이 제품이 판매되기까지 소요되는 평균기간이며 매출채권회전기간은 외상매출 후 매출채권을 회수하여 현금화되기까지 소요되는 평균기간이다. 매입채무회전기간은 원재료를 외상으로 매입한 후 매입대금을 지급하기까지 소요되는 평균기간이다. 실제로 기업에서 현금전환사이클이 어떻게 계산되는지 다음의 예를 통해 알아보자.

예제 22-1 관악기업의 재고자산, 매출채권, 매입채무, 그리고 매출액과 매출원가는 다음과 같다. 이 자료를 이용하여 관악기업의 2023년도 영업사이클과 현금전환사이클을 구하라.

(단위: 억원)

	2022년	2023년
재고자산	2,000	3,000
매출채권	1,600	2,000
매입채무	750	1,000
매 출 액	10,700	11,500
매출원가	7,684	8,200

풀이 우선 재고자산회전기간을 구하기 위해서 평균재고자산을 구해야 한다.

평균재고자산 = (3,000 + 2,000)/2 = 2,500(억원)

여기서 분자는 2022년과 2023년의 기말재고액의 합이다. 재고자산회전율은 다음과 같다.

재고자산회전율 = 매출원가/평균재고자산 = 8,200/2,500 = 3.3

재고자산회전율이 3.3이라는 것은 재고자산이 1년에 3.3번 당좌자산(현금 또는 매출채권)으로 전환된다는 것이다. 따라서 재고자산이 1회 당좌자산으로 전환되는 데 소요되는 기간인 재고자산회전기간은 아래와 같다.

재고자산회전기간 = 365/3.3 = 110.6(일)

이와 유사한 방법으로 매출채권회전기간과 매입채무회전기간을 계산할 수 있다.

평균매출채권 = (2,000 + 1,600)/2 = 1,800(억원)
매출채권회전율 = 매출액/평균매출채권 = 11,500/1,800 = 6.4
매출채권회전기간 = 365/6.4 = 57(일)
평균매입채무 = (1,000 + 750)/2 = 875(억원)
매입채무회전율 = 매출원가/평균매입채무 = 8,200/875 = 9.4
매입채무회전기간 = 365/9.4 = 38.8(일)

위에서 계산된 값들을 이용하여 영업사이클과 현금전환사이클을 계산하면 다음과 같다.

영업사이클 = 재고자산회전기간 + 매출채권회전기간 = 110.6 + 57 = 167.6(일)
현금전환사이클 = 영업사이클 − 매입채무회전기간 = 167.6 − 38.8 = 128.8(일)

[예제 22-1]에서 관악기업의 경우 현금전환사이클은 128.8일이다. 원재료구입에 따른 현금유출과 매출채권의 회수에 따른 현금유입 사이에는 약 128.8일의 시간간격이 생긴다. 기업의 유동성은 이러한 시간간격에 큰 영향을 받는다. 현금유출과 현금유입 사이의 간격을 어떻게 효과적으로 단축시키느냐가 바로 운전자본관리 또는 유동성관리의 핵심과제라고 할 수 있다. 즉, 운전자본관리의 목표는 영업활동에 지장을 주지 않는 한도에서 현금전환사이클을 단축시키는 것이다. 현금전환사이클의 단축은 재고자산회전기간과 매출채권회전기간을 줄이고 매입채무회전기간을 늘림으로써 가능하다. 현금전환사이클이 단축되면 기업은 추가적인 운전자본을 조달하지 않고도 유동성을 증가시킬 수 있다.

■ 운전자본관리정책

유동자산의 규모는 매출액과 밀접한 관련을 갖는다. 유동자산에 대한 투자정책은 매출액과 유동자산 보유수준의 관계에 따라 보수적, 공격적, 중간적 정책으로 구분된다. 보수적 정책은 유동자산을 많이 보유하여 안정성에 보다 중점을 두며, 공격적 정책은 유동자산을 상대적으로 적게 보유하여 수익성에 보다 중점을 둔다. 중간적 정책은 위 두 정책의 중간 형태라고 할 수 있다.

각 정책에 있어 매출액과 유동자산의 관계는 [그림 22-2]와 같다. 그림에서 보듯이 매출액이 증가할수록 유동자산의 규모는 증가한다. 그러나 매출액이 낮은 수준일 때에 비해 매출액이 높은 수준일 때 유동자산을 좀 더 효율적으로 사용할 수 있기 때문에 매출액이 증가할수록 유동자산의 증

| 그림 22-2 | 유동자산 투자정책

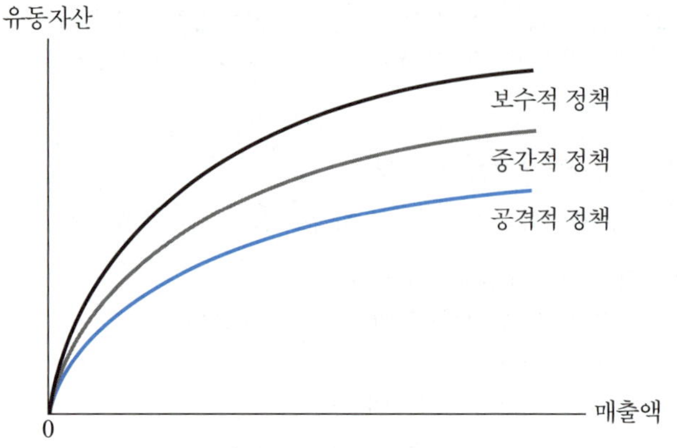

가분은 작아져서 매출액과 유동자산의 관계는 직선의 형태가 아니라 곡선의 형태를 갖는다.

기업이 보수적 정책을 선택할 경우 유동자산은 상대적으로 많아진다. 유동자산이 많을수록 유동성은 높아지고 일시적인 지급불능(기술적 지급불능)에 빠질 위험은 작아지지만 비수익성자산을 많이 보유하게 되므로 수익성이 낮아진다. 반대로 공격적 정책을 선택할 경우 유동자산은 상대적으로 적어진다. 비수익성자산인 유동자산을 적게 보유하므로 수익성은 높아지지만 순현금유입이 예상보다 적을 경우 기술적 지급불능위험에 빠질 염려가 있다. 중간적 정책을 취할 경우 중간 정도의 수익성과 위험을 갖게 된다. 따라서 기업은 미래에 예상되는 현금의 유입과 유출,수익성, 그리고 지급불능위험을 고려하여 어떤 정책을 선택할 것인가를 결정해야 한다.

22.2 매출채권관리와 신용정책

■ 매출채권관리의 의의와 중요성

매출채권(accounts receivable)은 일반적인 상거래에서 발생하는 것으로, 매출액 중에서 아직 회수되지 않은 부분을 말한다. 매출채권은 영업활동과정에서 발생하는 것이며, 영업외활동에서 발생한 금액 중에서 미회수된 것은 여기에 포함되지 않는다. 한국은행이 발간한 기업경영분석자료에 의하면 우리나라 제조기업에서 매출채권이 총자산에서 차지하는 비중은 2022년도에 약 13%를 점하고 있어서 큰 비중을 차지하고 있다. 매출채권이 기업의 자금수요에 어떤 영향을 미치는지를 파악하기 위해 다음의 예를 들어 보자.

예제 22-2 도매업을 영위하는 ㈜서울의 총자산은 100억원, 자기자본은 20억원, 연간매출액이 500억원이라고 한다. 매출은 모두 외상이며, 1개월 후에 회수된다. 매출채권회수기간이 1개월인 경우와 상황의 변화로 3개월로 길어질 경우 이 회사의 자금수요가 어떻게 변하는지를 분석하라.

풀이 매출채권회수기간이 1개월인 경우 ㈜서울은 평균 42억원(= 500억원/12개월)의 매출채권을 유지한다. 따라서 현재는 총자산의 42%, 자기자본의 약 두 배가 매출채권으로 남게 된다. 현 시점에서 ㈜서울의 유동자산은 현금이 1억원, 매출채권은 42억원이며, 나머지는 모두 비유동자산이라고 가정하면, 이 회사의 재무상태표는 아래 표와 같다.

회수기간이 1개월일 때의 재무상태표

(단위: 백만원)

자 산		부채 · 자본	
현금	100	타인자본	8,000
매출채권	4,200	자기자본	2,000
비유동자산	5,700		
자산합계	10,000	부채 · 자본합계	10,000

이제, 경기침체에 따라 기업들의 자금순환이 어려워져 매출채권의 평균회수기간이 1개월에서 3개월로 늘어날 경우를 분석해 보자. 회수기간이 3개월인 경우 매출채권은 42억원에서 126억원(=500억/4)으로 늘어난다. 이와 같은 매출채권의 증가분은 결국 추가적인 투자이며 이에 따라 추가적 자금조달이 필요하다는 것을 의미한다. 매출채권의 변화를 고려하여 재무상태표를 다시 작성하면 다음과 같다.

회수기간이 3개월일 때의 재무상태표

(단위: 백만원)

자 산		부채 · 자본	
현금	100	타인자본	8,000
매출채권	12,600	자기자본	2,000
비유동자산	5,700	필요한 자본	8,400
자산합계	18,400	부채 · 자본합계	18,400

〈표 22-3〉에서 보는 것과 같이 매출채권의 회수가 3개월로 늦어짐에 따라 추가로 84억원의 자금이 필요하다. ㈜서울이 정상적으로 운영되려면 84억원의 새로운 자본을 조달해야 한다는 의미이다. 이는 자기자본의 약 4배, 총자본 100억원의 84%에 해당하는 것이다. 경기가 불황으로 접어들면 고객들의 매출채권상환이 늦어지고, 이에 따라 자금사정이 악화되는데, 이때 필요한 자금을 적기에 조달하지 못하면 기업은 부도를 내게 된다.

■ 신용거래와 신용정책

기업활동에서 거래의 많은 부분은 외상이 차지한다. 즉 기업은 제품을 외상으로 판매하고 일정기간 후에 매출대금을 받거나, 반대로 원재료를 외상으로 구입하고 일정기간 후에 매입대금을 지급한다. 이러한 거래를 신용거래(trade credit) 또는 거래신용이라고 한다. 신용거래는 판매자에게는 매출대금을 받을 권리, 즉 매출채권(accounts receivable)을 발생시키고, 구매자에게는 매입대금을 지급하여야 할 의무, 즉 매입채무(accounts payable)를 발생시킨다.

자금조달의 측면에서 신용거래는 영업활동과정에서 자연스럽게 발생하는 단기자금조달수단의 하나이다. 판매자는 신용기간 동안 구매자에게 매출대금을 대출해 주는 셈이다. 따라서 신용거래로 인해 판매자는 운전자본에 대해 투자를 하게 되고, 구매자는 해당 금액만큼을 조달하게 된다. MM이론이 성립하는 완전시장에서 이러한 신용거래는 기업가치에 아무런 영향을 미치지 않는다. 그러나 제품의 생산과 판매가 이루어지는 현실의 시장에는 여러 불완전한 요소들이 존재하며, 신용거래 조건을 어떻게 정하느냐에 따라 기업가치가 영향을 받을 수 있다. 따라서 경영자는 신용거래를 이용하는 과정에서 기업가치가 극대화되도록 거래조건을 결정할 필요가 있다.

기업마다 처한 상황과 특성이 다르므로 신용거래 조건과 이에 영향을 미치는 변수들도 다를 수 있으나, 크게 보면 신용거래 조건은 신용정책이라고 불리는 다음과 같은 네 가지 정책변수에 의해 결정된다.

- 신용기간(credit period)
- 신용기준(credit standard)
- 현금할인정책(discount policy)
- 매출채권회수정책(collection policy)

신용정책을 세우는 데 있어 기본목표는 판매를 촉진시키며 기업의 수익성을 높이는 것이다. 신용기간, 신용기준, 할인정책, 회수정책 등의 변경은 편익과 비용의 변화를 가져온다. 판매자의 처지에서 신용거래는 현금판매에 비해 대금회수가 지연되며 대손이 발생하는 등 추가적인 비용이 발생한다. 반면 고객의 증가로 인한 매출증가와 이에 따른 영업이익의 증가 등 추가적인 이익을 얻을 수 있다. 따라서 경영자는 신용정책을 수립하거나 변경할 때 비용–편익 분석(cost-benefit analysis)을 통해 그 순효과를 파악하는 것이 중요하며, 신용거래에 영향을 미치는 여러 요인을 고려하여 신용거래의 조건을 결정해야 한다.

■ 신용정책의 변경과 비용–편익 분석

신용기간을 중심으로 신용정책의 변경이 기업에 미치는 효과를 분석해 보자. 판매자가 볼 때 신용기간은 고객에게 허용한 매출채권의 상환기간이다. 기업은 물품을 외상으로 판매한 후 일정기간 후에 대금을 회수하게 되는데, 물품판매부터 대금회수까지의 소요기간을 신용기간 또는 회수기간이라고 한다.

예를 들어 「net 30」이란 신용거래 조건은 고객이 물품대금을 구입시점으로부터 30일 이내에 지급해야 한다는 뜻이다. 이 경우 판매기업은 고객에게 30일의 신용기간을 부여하고 있는 것이다. 기업은 때로 대금의 회수를 촉진하기 위하여 고객이 대금을 빨리 상환하는 경우 일정비율을 할인해 주는 정책을 사용한다. 예를 들어 「2/10, net 30」의 신용거래 조건은 「2 percent 10 days, net 30 days」라는 것을 줄인 것으로, 그 의미는 10일 이내에 현금으로 지급할 때에는 구입대금의 2%를 할인해 주고, 10일 이후 30일 이내에는 매입금액을 전부 지급해야 한다는 뜻이다. 이 경우 고객은 구입 후 10일째 되는 날 대금을 상환하여 현금할인을 받거나 아니면 현금할인을 포기하고 구입 후 30일째 되는 날 대금을 상환할 것이다. 따라서 이 경우 실제 신용기간은 20일이 된다. 신용기간은 기업의 특성과 기업이 처해 있는 상황에 따라 크게 차이가 나며 기업의 자금사정, 제품의 수익성, 고객의 성격, 경쟁상태 등 여러 요인을 고려하여 결정된다.

신용거래의 비용

다음의 예를 통하여 신용거래에서 발생하는 비용을 계산해 보자.

예제 22-3 ㈜서울은 「2/10, net 30」의 조건으로 100만원어치의 제품을 ㈜평양에 외상으로 판매하였다. ㈜서울이 기회비용으로 부담하는 이자율을 계산하라. 또 이러한 조건으로 제품을 매입한 ㈜평양이 현금할인을 이용하려면 얼마의 이자율로 자금조달을 할 수 있어야 하는지를 계산하라.

풀이 ㈜평양이 현금할인을 이용하는 경우 ㈜서울은 10일째에 98만원을 받으며, ㈜평양이 현금할인을 포기하는 경우 30일째에 100만원을 받는다. 따라서 ㈜서울은 할인기간 종료 후 외상매입금 지급기한까지의 기간인 20일 동안 98만원의 자금을 이용하기 위한 대가로 2만원을 할인해 주는 것이다. 반대로, ㈜평양은 현금할인을 받지 않을 경우에 대금지급을 30일째까지 미룸으로써 98만원을 20일 동안 이용할 수 있고 이 대가로 2만원의 비용을 부담하는 것이다. 이 경우 기회비용을 계산해 보자. 98만원을 20일 동안 이용하는 대가로 2만원의 비용을 부담하는 것이 되므로 20일간의 이자율은 2.04%(= 20,000/980,000)가 된다. 이를 연평균유효이자율(effective annual rate)로 환산하면 ㈜서울이 부담하는 이자율은 다음과 같이 44.6%가 된다.

$$\text{㈜서울이 부담하는 연평균유효이자율} = (1+0.0204)^{365/20} - 1 = 44.6\%$$

㈜서울이 44.6%보다 높은 수익률을 얻는 투자기회를 확보할 수 있다면 위 조건의 신용판매정책을 계속 유지하게 될 것이다. 반대로 ㈜평양은 연평균이자율 44.6%보다 낮은 이자율로 자금을 조달할 수 있다면 현금할인을 받는 것이 유리하며, 그렇지 못할 경우에는 위 조건의 신용거래를 이용하는 것이 유리하다.

신용기간을 길게 할수록 매입자에게 유리하며 신용거래의 기회비용은 점점 작아지게 된다. 예를 들어 [예제 22-3]에서 「2/10, net 60」의 신용조건으로 거래되는 경우 98만원을 50일간 이용하는 대가로 2만원의 비용을 부담하는 것이다. 따라서 50일간의 이자율은 2.04%가 되고, 이때의 기회비용 즉 연평균유효이자율은 다음과 같이 15.88%이다.

$$(1+0.0204)^{(365/50)} - 1 = 15.88\%$$

신용기간 변경의 효과분석

신용기간이 길어지면 고객의 수도 늘어나서 매출액과 영업이익이 증가한다. 그러나 신용기간이 길어지면 이에 따라 매출채권이 증가하고 이로 인한 기회비용과 대손가능성의 증가로 인하여 여러 가지 비용도 함께 증가한다. 그러므로 기업에서 신용기간을 변경하고자 할 때에는 기간변경에 따르는 이점과 이에 따른 비용을 비교 · 분석하여야 한다. 신용기간이 연장되면 다음과 같은 비용이 추가적으로 발생하게 된다.

- 신용기간연장으로 인한 새로운 자금의 필요와 이 자금에 대한 비용
- 매출채권의 증가로 인한 회수비용의 증가
- 대손(bad debt)발생의 증가

이에 대해 하나씩 살펴보자.

먼저 신용기간연장에 따른 편익을 분석해 보자. 매출액의 증가에 따르는 영업이익의 증가분은 식 22.3과 같다.

$$\Delta E = \Delta S\left(1 - \frac{V}{P}\right) \tag{22.3}$$

여기서 ΔE는 영업이익증가분, ΔS는 매출액증가분, V는 제품단위당 변동비, P는 제품가격, $\left(1 - \frac{V}{P}\right)$는 공헌이익률을 나타낸다. 식 22.3에서 보는 것과 같이 신용기간연장에 따른 영업이익의 증가분은 매출액증가분에 공헌이익률을 곱한 것이다. 공헌이익률이란 매출액이 1원 증가할 때 영업이익이 증가하는 정도를 의미한다.

신용기간연장의 비용을 살펴보자. 먼저 매출채권의 회수기간이 연장됨에 따라 추가적으로 필요한 투자자금은 다음의 식 22.4와 같다.[1]

$$\Delta I = (CP_2 - CP_1)\cdot S_1 + (S_2 - S_1)\cdot CP_2 \cdot \frac{V}{P} \tag{22.4}$$

여기서 ΔI는 추가로 필요한 자금, S_1은 신용기간연장 이전의 1일매출액, S_2는 신용기간연장 이후의 1일매출액, CP_1은 신용기간연장 이전의 회수기간, CP_2는 신용기간연장 이후의 회수기간을 나타낸다. 예를 들어 어느 회사에서 1일매출액이 500만원이고 공헌이익률은 40%이며, 기존의 신용기간은 10일이었다고 하자. 그런데 앞으로 신용기간을 20일로 연장하여 1일매출액을 700만원으로 늘리려고 할 때, 매출채권 증가로 인한 필요자금은 다음과 같이 7,400만원이 된다.

$$\text{필요자금}(\Delta I) = (20-10)\times 500 + (700-500)\times 20\times 0.6 = 7{,}400(\text{만원})$$

한편, 추가적으로 자금을 조달하려면 이 자금에 대한 비용이 발생한다. 필요자금 ΔI를 이자율 r의 은행차입으로 조달한다면, 이에 따른 이자비용은 식 22.5와 같다.

---

1 식 22.4에서 매출채권의 증가에 따라 발생하는 추가적인 투자자금 소요액을 $(S_2 - S_1)\cdot CP_2 \cdot (V/P)$로 구하는 이유는, 매출채권증가분은 공헌이익과 변동비로 나누어지기 때문에 매출채권증가에 따라 발생하는 실제 투자자금의 증가분은 매출채권증가분 중 변동비의 증가분만큼이기 때문이다. 여기서는 매출액증가에 따른 고정비의 증가는 없다고 가정한다.

$$이자비용의\ 증가분 = r \cdot \Delta I \qquad (22.5)$$

추가자금에 대한 이자비용 이외에도 신용기간의 연장에 따른 매출채권의 증가로 회수비용이 증가하게 되며, 고객증가에 따라 대손이 증가한다. 그러므로 신용기간을 연장할 경우 영업이익의 증가라는 편익과, 대손과 이자비용 및 회수비용 등의 비용증가분을 함께 비교하여 순이익에 미치는 영향을 고려해야 한다. 신용기간이 연장됨에 따른 편익과 비용이 순이익에 미치는 효과는 다음 식 22.6으로 나타낼 수 있다.

$$순이익의\ 증가분 = \Delta E - r \cdot \Delta I - \Delta BD - \Delta CE \qquad (22.6)$$

여기서 ΔBD는 대손의 증가분, ΔCE는 회수비용의 증가분을 나타낸다.

예제 22-4 삼미상사는 고급의류 도매상이다. 현재 일평균매출액은 1억원이며 신용기간은 평균 20일이다. 신용기간을 30일로 한다면 일평균매출액은 2억원으로 증가할 것으로 예상된다. 외상매출금의 증가로 인한 필요자금은 월 1%의 이자율로 조달할 수 있다. 제품단위당 변동비는 판매가의 60%이다. 외상매출금을 회수하는 데 소요되는 회수비용은 외상매출금의 5%이며, 외상매출금 증가분 총액의 10%는 회수가 불가능하다고 한다. 삼미상사가 신용기간을 연장하는 것이 바람직한지를 결정하라.

풀이 신용정책의 변경결과 1개월 동안에 기대되는 편익과 비용을 계산한 내용을 다음의 표에 나타내었다.

삼미상사의 신용기간연장의 효과분석

영업이익의 증가분: $\Delta E = \Delta S(1 - V/P) \times 30(일) = 1억원 \times 0.4 \times 30 = 12억원$
필요자금의 증가분: $\Delta I = (CP_2 - CP_1) \cdot S_1 + (S_2 - S_1) \cdot CP_2 \cdot \dfrac{V}{P}$
$= (30 - 20) \times 1억원 + (2억원 - 1억원) \times 30 \times 0.6 = 28억원$
필요자금에 대한 이자비용의 증분 $= \Delta I \times r = 28억원 \times 0.01 = 2{,}800만원$
대손의 증가분: $\Delta BD = \Delta S \times 30(일) \times 0.10 = 3억원$
회수비용의 증가분: $\Delta CE = \Delta S \times 30(일) \times 0.05 = 1.5억원$
순이익의 증가분: $= 12억원 - 0.28억원 - 3억원 - 1.5억원 = 7.22억원$

신용기간 연장에 따라 월 7.22억원의 순이익증가가 발생한다. 따라서 삼미상사는 신용기간을 연장해야 한다.

신용기준

신용기준(credit standard)은 외상매출을 허용할 고객을 선별하는 기준을 말한다. 신용기준을 엄격하게 하면 고객이 감소하여 매출액이 감소되며, 신용기준을 완화하면 고객이 증가하여 매출액이 증대되나 이에 따르는 비용도 증가한다. 신용기준의 완화로 고객이 증가함에 따라 발생하는 추가적인 비용은 신용기간을 연장할 때 소요되는 비용과 같이 분석될 수 있다. 따라서 신용기준의 변경에 따른 이점과 비용을 비교 · 분석하는 방법은 신용기간에서 설명한 것과 동일하게 식 22.6을 분석하는 것이다.[2]

신용기준을 설정하기 위해서는 고객의 어떤 요인들이 대손 또는 회수지연 등에 영향을 미치는지를 분석하여 그 요인을 중점적으로 관리하는 것이 중요하다. 고객에 대한 신용을 평가할 때 전통적으로 고려되는 5C가 있는데 다음과 같다.

- 고객의 성격(character): 자신이 약속한 금액을 지급하려고 노력하는 태도
- 고객의 능력(capacity): 대금을 지급할 능력
- 고객의 재무상태(capital): 부채비율, 유동비율 등
- 고객의 담보능력(collateral): 약속이행을 보증할 수 있는 능력
- 기업외적 조건(condition): 국가 전체적인 경제상황이나 고객의 채무상환 능력에 영향을 주는 지역경제의 특별한 상황변화 등

위의 5C 외에도 기업이 판매하는 제품의 특성이나 고객의 특수사정에 따라 신용을 결정하는 다른 중요한 요인이 있을 수 있다. 고객의 신용을 평가하기 위해서는 우선 이들 요인들에 관한 정보를 수집해야 할 것이다. 이러한 신용평가를 위한 정보를 얻는 원천은 다양하며, 정보의 원천에 따라서 그 수집비용도 다르다. 어떤 정보는 거의 비용이 들지 않는 반면에, 다른 정보는 수집하는 데 큰 비용이 들 수 있다. 그러므로 정보로 인하여 예상되는 편익이 정보수집의 비용보다 클 경우 되도록 많은 정보를 수집해야 할 것이다. 손쉽게 이용할 수 있는 정보의 원천으로는 재무제표, 금융기관, 기업 간의 정보교류, 신용평가회사의 자료 등이 있다.

현금할인정책

현금할인정책(discount policy)은 앞서 살펴본 것과 같이 고객들이 현금으로 대금을 지불할 때, 그 대금에 대해 일정 부분을 할인해 주는 제도이다. 현금할인정책을 택하는 이유는 ① 새로운 고객을 확보하고, ② 매출채권의 회수기간을 단축시키려는 것이다. 현금할인으로 고객을 추가적으로 유치하고 판매를 증가시킬 수 있다. 또한 현금할인 때문에 대금을 현금으로 지급하는 고객이 많아져서 평균적으로 회수기간이 짧아진다. 일반적으로 현금할인율은 시중의 이자율보다 높게 책정되어야 그 실효를 거둘 수 있다. 할인율이 높으면 자금회수가 촉진되고 비용이 절약되지만 매출이익은 감소한다. 따라서 적정할인율은 회수비용의 절약과 매출이익의 감소가 같게 되는 점에서 결정된다.

---

2 식 22.6에서 대손의 증가분 ΔBD와 회수비용의 증가분 ΔCE는 주어진 것으로 간단히 표시하였다. 또 앞에서 예로 든 삼미상사의 경우 회수비용이나 대손을 매출액의 일정비율로 가정하여 신용기간의 연장에 대한 효과를 분석하였으나 이는 현실적이지 않을 수 있다. 사실 신용기준의 강화 또는 완화에 따라 이익의 변화율이 다르며, 대손의 변화율, 회수비용의 변화율 등이 다를 뿐만 아니라 매출채권의 회수기간도 달라진다. 예를 들어 신용기준이 강화되어 신용이 높은 고객을 대상으로 외상매출을 할 때에는 대손율도 작고 회수기간도 짧아지나, 신용기준이 완화되어 고객수가 많아질 때에는 대손율도 높아지며 회수기간도 길어지게 된다. 따라서 어떤 신용기준을 설정할 것인가는 이익과 신용기준 강화의 상충관계에서 이익이 최대가 되는 신용기준을 찾아내는 문제가 될 것이다.

매출채권의 회수정책

매출채권의 회수는 여러 가지 방법으로 이루어질 수 있다. 우편이나 전화 등을 이용할 수 있으며, 법률적인 절차를 밟을 수도 있다. 어떠한 방법을 이용하더라도 다음의 두 가지 사항을 염두에 두어야 한다. ① 기업의 이미지에 손상을 입히지 않아야 하며 ② 회수비용을 고려해야 한다. 기업의 이미지문제는 쉽게 측정할 수 있는 것이 아니므로 여기서는 회수비용에 대해 살펴보자.

수금을 촉진하게 되면 이에 따라 회수비용이 증가한다. 다른 조건이 같다면, 회수비용을 증가시킴으로써 매출채권의 회수기간을 단축시킬 수 있으며 대손도 낮출 수 있다. 그러나 회수비용의 증가에 따라 대손이 비례적으로 감소하지는 않는다. 회수비용지출의 초기에는 대손의 감소가 크지만, 차차 대손의 감소율은 작아진다. [그림 22-3]은 이러한 관계를 보여주고 있다.

| 그림 22-3 | 회수비용과 대손의 관계

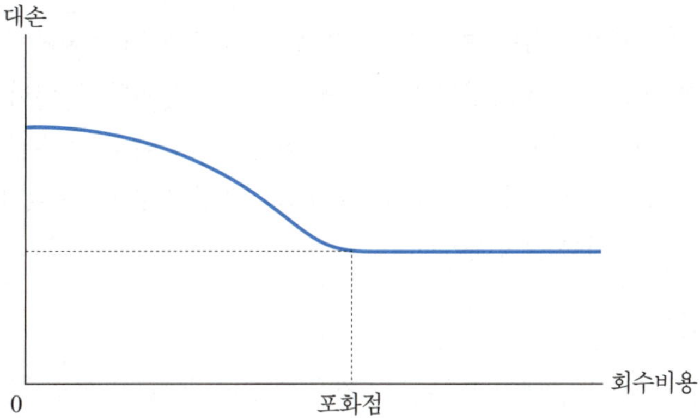

[그림 22-3]을 보면, 대손율이 어느 수준에 이르면 회수비용이 증가하더라도 더 이상 대손은 감소하지 않는다. 이 점을 포화점(saturation point)이라고 한다. 포화점을 넘어서면 회수비용의 투입이 대손을 줄이는 효과가 없기 때문에 회수비용을 증가시킬 필요가 없다. 한편, 매출채권의 회수와 관련하여 기업은 팩토링제도나 신용보험을 이용할 수 있다. 이에 대해서는 제23장에서 설명한다.

22.3 매입채무관리

■ 매입채무의 의의

매입채무(account payables)는 상품이나 원재료를 외상으로 구입할 때 발생하는 것으로 아직 지급하지 않은 매입대금이다. 이는 기업의 일상적인 거래관계에서 발생하는 자생적인 것으로 기업이 손쉽게 이용할 수 있는 단기자금 조달수단이다. 기업에서 매입채무는 양면성을 가지는데, 외상매입자에게는 구매자금의 지급연기에 의한 단기자금조달의 원천이 되며 외상매출자에게는 신용판매에 의해 일어나는 운전자본에 대한 투자가 되는 것이다.

매입채무의 대표적 형태로 외상매입금(accounts payable)과 지급어음(notes payable)이 있다. 외상매입금은 제품이나 원료 등의 상품을 구매하고 특정한 계약 없이 어느 기간 내에 대금의 지급을 약속하는 것이고, 지급어음은 상거래에서 발생하는 대금을 지급하는 수단으로서, 미래의 일정한 날짜에 일정한 금액을 일정한 장소에서 지급하도록 명시한 증서이다. 그러나 자금조달측면에서 이 두 형태의 구별이 별 의미가 없으며 모두 기업의 단기자본조달의 원천으로서의 역할을 수행한다. 한국은행이 발간한 기업경영분석자료에 의하면 우리나라 제조기업의 2022년도 평균매입채무는 총자본의 약 8%를 점하고 있어서 중요한 자금원천이 되고 있다. 특히 담보부족 등으로 은행을 통해 자금을 조달하기 어려운 중소기업의 경우 매입채무의 비중이 대기업보다 훨씬 높다.

■ 매입채무의 비용

앞서 살펴본 것과 같이 신용거래의 조건에 따라 매입채무의 기회비용은 달라진다. 「2/10, net 30」의 조건과 같은 거래에서 매입기업이 현금할인을 이용한다면 할인기간 종료 후 외상매입금 지급기한까지 공급자에 의해 제공되는 20일간의 신용을 포기하는 것이 된다. 그러나 현금할인을 받지 않을 경우 지급한도일에 대금을 지급함으로써 20일의 신용기간 동안 그 자금을 이용할 수 있다. 따라서 기업은 매입채무의 기회비용과 시장에서의 자금조달비용을 비교, 분석하여 현금할인을 받을 것인지 아니면 포기할 것인지를 결정해야 한다.

■ 매입채무회전기간

앞서 22.1절에서 살펴보았듯이 매입채무회전기간은 외상매입 후 이 매입대금을 지급하기까지에 소요되는 평균기간이다. 앞의 [예제 22-1]에서 관악기업의 경우 매입채무회전기간은 38.8일로 계산되었다. 이는 관악기업의 경우 원재료 등을 외상으로 매입한 후 매입대금을 지급할 때까지의 평균기간이 38.8일이라는 것을 의미한다. 기업은 매입채무회전기간을 늘림으로써 대금지급을 늦추고 그 기간만큼 해당 대금을 다른 용도에 이용할 수 있다.

22.4 현금관리

■ 현금관리의 의의

기업활동에 있어 현금의 중요성을 부정하는 사람은 아무도 없다. 그러나 현금이 중요하다고 해서 현금을 과다하게 보유하는 것은 현명하지 않다.[3] 총자산 중에서 현금 및 현금성자산이 차지하는 비율은 보통 10% 내외지만, 현금(cash)만 보면 이보다 훨씬 적으며 예금과 시장성이 높은 단기금

3 이 절에서 말하는 현금은 현금 및 현금성자산(cash and cash equivalents)을 의미하며, 이에는 통화와 타인발행수표와 같은 통화대용증권, 요구불예금(demand deposit)과 단기적으로 인출가능한 예금, 만기 3개월 이내의 시장성이 높은 단기금융상품(양도성정기예금증서, 기업어음, 환매채, MMF, MMDA 등) 등이 포함된다.

융상품을 비롯한 현금성자산이 대부분을 차지한다.

기업은 효율적인 현금관리를 위해 여러 가지 기법과 모델을 개발하여 왔으며, 자본시장의 발달과 더불어 현금을 가능한 한 최소로 보유하려는 추세를 보이고 있다. 즉, 가장 유동성이 높지만 비수익성자산인 현금을 최소한으로 보유하며 여분의 자금을 수익성자산에 투자하려고 한다. 자본시장의 발달로 과거보다 유가증권의 거래가 활발해져, 유동성을 유지하면서도 수익성을 높일 수 있기 때문에 이러한 추세는 더욱 가속화되고 있다. 제22.1절에서 살펴본 것과 같이 현금관리의 목적은 유동성을 유지하여 지급불능의 위험을 감소시키면서 기업의 수익성을 높이고자 하는 것이다. 이러한 목적을 달성하기 위해서는 현금과 관련된 경영활동을 효율적으로 수행해야 하는데, 먼저 기업의 현금보유동기를 간략히 살펴본 후에 구체적인 현금관리방법을 소개한다.

현금보유동기

개인의 현금보유동기에 대하여 케인즈(Keynes)는 거래동기, 예비동기, 투기동기의 세 가지를 들고 있다.[4] 이러한 현금보유동기는 기업에도 적용될 수 있다. 거래동기(transaction motive)란 영업활동을 원활히 하기 위해 거래에 필요한 현금을 보유하는 것을 말한다. 거의 현금으로 거래가 이루어지고 매출액이나 총자산에서 현금이 차지하는 비중이 높은 소매업을 영위하는 기업들은 다른 기업에 비해 높은 수준의 현금을 보유할 것이며, 계절적인 경기변동에 크게 영향을 받는 기업들은 원활한 거래를 하기 위하여 현금보유량을 신축성 있게 관리할 필요가 있다. 예비동기(precautionary motive)는 비상사태나 우발적인 사태에 대비하기 위하여 현금을 보유하는 것을 말하는데, 미래의 현금 유입과 유출을 정확하게 예측할 수 있거나 현금을 급히 구할 수 있는 능력이 있다면 예비동기에 의한 현금보유량은 줄어든다. 현금 대신 유동성이 높은 국채나 다른 유가증권을 보유하더라도 예비동기를 충족시킬 수 있다. 투기동기(speculative motive)는 장래에 큰 이익을 얻을 수 있는 투자기회에 투자할 목적으로 현금을 보유하려는 것이다.

위의 세 가지 동기 외에 거래은행에서 대출의 조건으로 요구하는 보상예금(compensating balance)에 의한 것도 현실적으로는 큰 비중을 차지한다. 즉, 은행은 기업이 자금을 빌릴 때 일정금액을 예금 또는 적금 형식으로 예치하도록 하는 경우가 많은데, 이때 기업은 대출의 일부를 현금(예금)으로 보유하게 되는 것이다.

정상적인 기업활동에서 문제가 되는 것은 거래동기와 예비동기에 의해 현금을 보유하는 경우이다. 이 두 가지 동기를 충족시키기 위한 기업의 현금보유량에 영향을 미치는 많은 요인들이 있겠지만, 그중에서도 중요한 것으로 미래의 부채상환일정, 미래현금흐름의 불확실성, 기업이 생산하는 제품의 성격, 그리고 기업이 거래하는 고객의 특성 등을 들 수 있다.[5]

---

4 Keynes, John Maynard(1936), *The General Theory of Employment, Investment, and Money*, New York: Harcourt Brace & Jovanovich, 170-174.

5 한편, 대리비용과 정보비대칭도 기업의 현금보유 결정에 영향을 미친다. 대리이론의 관점에서는 과다한 현금보유는 경영자의 특권적 소비와 낭비적 투자를 늘려 대리비용을 증가시킬 수 있다. 반면, 정보비대칭이 크고 외부자금조달에

■ 현금관리정책

현금관리에서 가장 중요한 원칙은 현금의 유입은 되도록 빠르게 하고 현금의 유출은 가능한 한 늦추는 것이다. 화폐의 시간가치 때문에 현금을 받을 때는 되도록 빨리 받는 것이 유리하며, 현금을 지급할 때는 지급을 지연시킴으로써 지급되는 가치를 감소시킬 수 있다. 이러한 원칙을 전제로 한 현금관리정책은 ① 현금유입의 촉진, ② 현금유출의 통제, ③ 적절한 현금보유량의 결정으로 집약된다.

현금유입의 촉진

현금유입의 관리에 있어 중요한 점은 첫째, 고객이 지급한 현금이 회사에 도착하는 과정에서의 현금누출을 예방하는 것이고 둘째, 현금회수를 신속하게 하는 것이다.

현금누출을 방지하기 위해서는 수금사원에 대한 철저한 관리가 필요하며, 입금되는 현금을 취급하는 업무를 몇 개의 단계로 구분하여 각기 다른 부서의 직원들이 현금수금을 확인할 수 있는 내부통제제도를 확립하여야 한다.

현금회수를 신속하게 하는 이유는 고객이 지불한 시점과 기업에서 그 현금을 이용할 수 있는 시점을 단축하여 화폐의 시간가치가 훼손되는 것을 막기 위한 것이다. 대부분의 기업은 이러한 현금회수의 신속성을 위하여 사서함제도(lock-box system)와 집중은행제도(concentration banking system)를 이용하고 있다. 사서함제도는 거래처가 있는 곳에 사서함을 두어, 그곳에 있는 거래처가 수표를 사서함으로 우송시키면, 기업의 거래은행이 이를 수집하여 그 기업의 계좌에 입금시키는 방법이다. 이렇게 함으로써 고객으로부터의 대금이 해당 기업을 거치지 않고 직접 은행으로 입금되기 때문에 거래처에서 해당 기업으로, 기업에서 거래은행으로 통하는 자금흐름의 시간을 단축시킬 수 있다. 집중은행제도는 판매 및 수금 지역이 널리 퍼져 있을 경우, 각 지역별로 전략적 수금센터인 집중은행을 두어 각 지역의 지점이나 지사를 통해 수금된 것을 집중은행에 예입하도록 하는 제도를 말한다. 각 지점의 은행망은 온라인제도(on-line system)에 의해 동시에 연결되어 운영되고 있으므로, 이 제도를 이용하면 고객이 직접 본사로 대금을 송금할 때 소요되는 우송시간을 단축시켜 현금회수를 촉진할 수 있다.

현금유출의 통제

현금유출의 관리에서 핵심은 첫째, 고객에게 지급한 현금이 정확하게 도착하여 중간에 현금누출이 없도록 해야 하며 둘째, 가급적 현금지출을 늦추도록 하는 것이다.

현금의 누출을 방지하는 방법에는 현금지급에 대한 내부통제제도를 이용하는 것과 소액현금을 제외한 모든 지출을 수표나 어음으로 결제하는 방법이 있다.

제약이 많은 기업의 경우 충분한 현금보유는 새로운 투자기회를 놓치지 않도록 하며, 정보비대칭과 외부자금조달제약으로 인한 문제를 완화시킬 수 있다. 이에 대해서는 제14장을 참조하기 바란다.

현금지출을 관리하는 효과적인 방법으로 드래프트제도(draft system)와 ZBA(zero-balance account)가 있다. 지불청구가 있을 때마다 즉시 지불되어야 하는 수표와는 달리 드래프트제도는 은행이 고객으로부터 지불청구서(드래프트)를 접수하면 기업에 지급의사를 문의한다. 이때 기업이 지급을 수락하고 필요한 금액을 은행에 예치하면 은행은 그것으로 고객에게 지불하게 된다. 기업은 드래프트가 제시되기까지 은행에 자금을 예치할 필요가 없으므로 은행당좌계정의 현금잔액을 적게 유지할 수 있다. ZBA는 평상시에는 잔액이 0으로 유지되는 당좌계좌를 말한다. 기업이 대금지급을 위해 수표를 발행하는 시점에서는 계좌의 잔액이 0이나, 고객이 은행에 수표를 제시하면 동일 은행에 개설되어 있는 기업의 모 계좌(master account)에서 자동적으로 대금이 ZBA로 이체되어 결제가 이루어진다. 이때 자금의 이체는 자동적으로 이루어지며 은행 내에서 장부정리가 이루어지므로 기업은 따로 정산할 필요가 없다. ZBA는 평상시에 수익성이 낮은 당좌계좌의 잔액을 0으로 유지하고 수익성이 상대적으로 높은 모 계좌에서 자금을 운용할 수 있으므로 기업에 유리하다. 그러나 드래프트제도와 ZBA를 이용하려면 은행에 추가적인 비용을 지불해야 되므로 적은 현금잔액이 주는 이익과 추가비용에 따른 손실을 고려해야 한다.

플로트

기업이 현금유입을 촉진시키기 위해서는 고객이 수표로 대금을 지불한 시점과 그 수표가 은행에 입금되어 그 현금을 이용할 수 있는 시점과의 시간적인 차이를 단축해야 한다. 현금유출을 통제하기 위해서는 거래처에 수표로 대금을 지불한 시점과 그 수표가 결제되어 기업의 은행계정의 잔액을 감소시키는 시점과의 차이를 늘려야 한다. 이때 시간차이에 따른 기업의 장부잔액과 은행계정 잔액의 차이를 플로트(float)라고 한다. 즉, 플로트란 기업이 거래처에 대해 수표를 발행하거나 또는 거래처로부터 수표를 받아 그 수표가 교환 · 결제되어 은행계정의 잔액에 변동이 생기기까지의 기간 때문에 발생하는 금액의 차이를 말한다. 이때 전자를 지급플로트, 후자를 회수플로트라고 하며, 지급플로트와 회수플로트와의 차이를 순플로트(net float)라 한다. 순플로트가 0보다 크면 그 기업은 추가적인 현금의 투자 없이도 순플로트만큼의 유동성을 확보하게 되어 자금을 다른 투자에 이용할 수 있게 된다. 그러므로 현금관리의 목표는 회수플로트를 작게 하여 현금유입을 촉진시키고 지급플로트를 크게 하여 현금유출을 가급적 지연시키는 데 있다고 할 수 있다. 다음의 예를 통해 살펴보자.

예제 22-5 한라상사는 지난 토요일 서울에 있는 거래처로부터 1억원의 외상매출대금을 우편환으로 받았다. 이 우편환이 한라상사의 거래은행에 입금되어 현금인출이 가능한 날은 다음 주 수요일이라고 한다. 한편 한라상사는 월요일에 물품구입대금 8천만원을 당좌수표를 발행하여 결제하였다. 이 수표가 한라상사의 은행잔액에서 결제되기까지는 3일이 소요된다. 이럴 경우 한라상사의 플로트를 계산하라.

풀이 지급플로트 = 8천만원 × 3일 = 2.4억원
회수플로트 = 1억원 × 5일 = 5억원
순플로트 = 지급플로트 − 회수플로트 = 2.4억원 − 5억원 = −2.6억원

한라상사는 −2.6억원의 순플로트를 갖게 됨으로써 이만큼에 해당하는 유동성을 상실하게 되고 기회비용(이자비용)을 부담하게 된다.

현금보유량의 결정

현금은 기업의 유동성을 높이고 새로운 투자에 대비하기 위하여 중요하지만, 너무 많은 현금의 보유는 기업의 수익성을 떨어뜨린다. 그러므로 기업은 당면하고 있는 여러 요인들을 분석하여 적절한 수준으로 현금을 보유해야 한다. 적정현금수준을 결정하기 위하여 여러 모형을 이용하기도 하지만, 현실적으로 최적현금수준을 결정하기는 어렵다. 실무적으로는 기업이 유지해야 할 최저현금보유량과 최대현금보유량을 미리 결정하여 둠으로써 운영의 묘를 살릴 수 있다.

최저현금보유량은 기업이 영업활동을 하는 데 필요한 최소한의 현금을 말하는 것으로, 대체로 은행이 정한 보상예금과 기업의 일상적인 거래활동에 필요한 최소의 자금 및 미래에 기대되는 순현금흐름의 불확실성 정도에 의해서 결정된다.

최대현금보유량은 기업이 과다한 현금을 보유함으로써 기업운영의 효율성을 떨어뜨리는 것을 막기 위해 설정한 최대의 현금으로서, 이 수준을 초과하는 현금은 다른 곳에 투자하여 수익성을 증가시킬 수 있다. 최대현금보유량을 결정할 때에도 최저현금보유량을 결정할 때와 마찬가지로 기업 내외의 상황을 고려해야 한다. 기업의 미래상황을 확실하게 예측할 수 없는 상황에서 현금보유량의 상한선과 하한선을 미리 결정해 두면 상황변화에 대처할 수 있을 뿐 아니라 융통성 있는 현금보유정책을 수립할 수 있다. 이를 위해서는 최고경영자의 위험에 대한 태도, 기업의 전망, 그리고 정부의 재정 · 금융정책의 변화가능성 등을 고려해야 한다.

■ 현금성자산

기업은 필요자금을 현금(cash)의 형태로 금고에 보관하는 대신에 대개의 경우 현금성자산(cash equivalents), 즉 시장성이 높은 단기금융상품의 형태로 보유한다. 이때 주로 이용되는 금융상품은 이자율의 변화에 따른 가치변동위험이 작으며, 언제든지 쉽게 현금화할 수 있는 상품들이다. 대표적인 상품들로 단기금융시장(money market)에서 거래되는 잔여만기가 3개월 이내인 양도성정기예금증서(CD), 기업어음(CP), 환매채(RP), 그리고 이들 단기금융상품에 분산투자하는 펀드인 MMF(money market fund)나 은행의 수시입출식저축성예금(money market deposit account: MMDA) 등이 있다.

22.5 유가증권관리

■ 유가증권관리의 의의

기업이 필요 이상의 현금을 보유하게 되면 그 현금이 필요한 시점까지 어떤 형태로든 다른 곳에 투자하는 것이 바람직하다. 그러나 기업의 투자기회가 기업이 필요로 하는 유동성을 언제나 충족시키는 것이 아니므로 현금이 긴급히 필요할 때 바로 현금화할 수 있는 투자대상을 찾아야만 한다. 이러한 과제를 해결해 주는 방법 중의 하나가 쉽게 현금화가 가능한 유가증권에 투자하는 것이다. 유가증권의 투자는 다음과 같은 두 가지 의미가 있다. ① 유가증권을 현금 대신 소유한다. ② 유가증권은 단기투자대상이다.

현금유입이 현금유출보다 적으면 언제든지 유가증권을 처분함으로써 기업 내의 유동성을 조정할 수 있기 때문에 유가증권을 보유하는 것은 현금부족으로 인한 문제를 해결해 준다. 또, 유가증권은 비록 수익률이 낮더라도 어느 정도의 투자수익을 제공한다.

계절적인 변화가 심한 기업에 있어서 1년 중 어느 기간에는 현금이 적게 유입되고 다른 기간에는 현금이 많이 유입되는데, 이런 기업은 여유현금을 시장성 있는 유가증권에 투자함으로써 단기간의 투자수익을 올릴 수 있다. 반대로 현금이 부족할 때에는 유가증권을 매각하여 현금을 확보할 수 있다. 증권시장의 발달로 인해 유가증권의 시장성이 높아짐에 따라, 유가증권을 보유하더라도 현금보유의 목적인 유동성을 쉽게 유지할 수 있다.

■ 유가증권의 선택기준

기업이 단기투자대상으로 이용할 수 있는 유가증권의 종류는 여러 가지이다. 기업이 유가증권에 투자할 때 수익성도 중요한 고려요소가 되나 필요한 시기에 적정한 가격으로 유가증권을 매각할 수 있는 유동성을 확보할 수 있어야 한다. 이러한 요건을 만족시키는 대표적인 단기투자자산으로 정부나 지방자치단체가 발행한 잔여만기 1년 이내의 국공채, 신용도가 높은 기업이 발행한 잔여만기 1년 이내의 기업어음과 회사채, 양도성예금증서, 증권회사가 운용하는 MMF 등이 있다. 이미 설명하였지만 유가증권을 보유하는 가장 큰 목적이 현금대용 및 현금이 필요한 시점까지의 단기투자에 있기 때문에 기업은 이러한 목적을 충분히 반영할 수 있는 유가증권을 선택해야 하며 다음과 같은 점을 고려해야 한다.

채무불이행위험(지급불능위험)

유가증권을 선택할 때 채무불이행위험(default risk)이 가장 작은 것을 선택하는 것이 원칙이다. 위험이 작으면 수익성이 낮은 것이 보통이지만 유가증권을 관리하는 데 있어서 안정성이 수익성보다 더욱 중요하기 때문이다. 예를 들어 국가가 발행한 국채는 채무불이행위험이 거의 없으나, 기업이 발행한 회사채나 기업어음 등은 채무불이행 가능성이 있으므로 발행기업을 면밀히 분석하여 위험이 작은 것을 선택해야 한다.

시장성

기업에서 유가증권을 보유하는 이유는 특정 시점에 유가증권을 매각하여 현금화하려는 것이므로 그 유가증권의 시장성(marketability)을 염두에 두어야 한다. 시장성이란 어떤 자산이 얼마나 쉽게 현금으로 전환될 수 있느냐 하는 것으로 다음의 두 가지 의미를 갖는다. 첫째는 시장가격의 변화를 가져오지 않고 많은 양을 거래할 수 있다는 것이며, 둘째로 유가증권을 짧은 시간 내에 현금화할 수 있다는 것이다. 즉, 기대한 가격과 판매가격의 차이 없이 많은 양의 증권을 신속하게 매각할 수 있을 경우, 유가증권의 시장성이 높다고 한다. 일반적으로 시장성이 낮을수록 높은 수익률이 요구된다.

유가증권의 만기

유가증권은 시장성이 높으면 언제나 현금화할 수 있으므로 유가증권의 만기가 크게 문제되지 않는 것으로 생각할 수 있다. 그러나 유가증권의 만기를 필수적으로 고려해야 하는 이유는 현금화의 속도 때문이 아니라, 유가증권의 가격변동과 밀접하게 관련되기 때문이다. 이자율이 변동할 때 잔여만기가 길수록 유가증권의 가격변동이 커져 위험이 커진다. 만기가 1~2개월 내인 채권은 이자율이 변동하더라도 가격변동이 작은 데 반해, 만기가 5년 후인 채권은 이자율변동에 따라 가격이 크게 변동할 수 있다. 그러므로 기업이 유동성 외에도 안정성을 유가증권관리의 목적으로 둔다면, 가능한 한 만기가 짧은 유가증권을 선택해야 한다.

포트폴리오관리

유가증권에 투자할 때 한 종목의 증권만을 보유하지 않고 여러 종목의 유가증권, 즉 포트폴리오를 소유하게 된다. 포트폴리오 구성이 필요한 이유는 다음과 같다. 첫째, 한 종목만 보유하면 위험이 크다는 것이다. 어떤 회사의 신용이 높다고 판단하여 그 회사가 발행한 회사채를 매입했을 때, 그 예측이 잘못되어 부도가 난다면 그 회사채를 보유한 기업의 수익성과 유동성에 커다란 영향을 줄 수 있다. 둘째, 한 종목을 보유하는 경우, 계속적으로 발생하는 현금수요를 충족시킬 수 없다. 그 유가증권의 가격이 급격히 하락할 경우 매각이 곤란할 수 있고 또 현금화하더라도그 액수가 필요에 못 미칠 수 있기 때문이다. 그러나 여러 종목으로 구성된 포트폴리오를 보유하면 위험을 줄이는 동시에 기업의 유동성관리에 탄력성을 부여할 수 있다.

22.6 재고자산관리

■ 재고자산관리의 의의와 적정재고의 결정요인

재고자산은 상품의 수요와 공급 사이에 존재하는 시간적 간격을 메워 줌으로써 생산수준을 평활화시키고 연속생산을 가능하게 하며, 미래의 불확실성에 대처하는 완충역할을 한다. 따라서 재고자산의 보유가 부족하면 생산과 판매 활동을 원활히 수행할 수 없게 되어 판매기회를 잃게 되는 등

재고고갈비용이 발생하는 위험을 부담한다. 반면, 재고자산을 과다하게 보유하는 경우 보관비 · 보험료 등 재고유지비용이 과다하게 발생하며 재고자산의 진부화 등으로 인해 수익성이 악화될 위험에 처할 수 있다. 그러므로 재고관리의 초점은 이러한 두 가지 위험을 조화시켜 적정수준의 재고를 유지하는 것이다.

적정재고수준을 결정하기 위해서는 같은 산업에 속하는 다른 기업들의 재고자산회전율(매출원가/재고자산)이나 재고자산과 총자산의 구성비율을 비교하는 방법이 있을 수 있다. 그러나 기업마다 경영정책이 서로 다르기 때문에 이러한 방법이 반드시 최선이 될 수 없으며, 각 기업이 처한 상황에 적합한 재고관리를 하는 것이 바람직하다. 재고자산의 적정수준을 결정하는 요인은 다음과 같은 다섯 가지로 집약될 수 있다: ① 기대되는 판매량, ② 생산공정기간, ③ 완제품의 내구성, ④ 원재료공급의 계절적 변동과 공급자의 신용, ⑤ 재고관리상의 비용.

이와 같은 요인을 고려하여 결정한 적정재고량은 ① 기업이 정상적인 영업활동을 하는 데 필요한 기본적인 재고, ② 미래에 예측하지 못한 돌발적인 일이 발생하였을 때 기업의 활동을 지속적으로 수행하기 위한 안전재고(safety stock), ③ 급격히 기업을 성장시키기 위한 전략적인 재고를 포함하여야 한다.

■ 재고관리의 비용

재고수준을 결정하는 요인 중에서 가장 중요한 것은 재고관리에 소요되는 비용이다. 미래에 기대되는 판매량, 생산공정기간, 완제품의 내구성, 원료공급자의 신용 등도 중요요인이나 비용을 분석하지 않고서는 적정재고수준을 결정할 수 없다. 재고관리와 관계되는 비용을 〈표 22-2〉에 나타내었다. 기업의 재고관리에 수반되는 비용은 재고유지비용(carrying cost), 주문비용(ordering cost), 기회비용(opportunity cost) 등의 세 가지로 분류될 수 있다.

표 22-2 재고관리비용

재고유지비용(carrying cost)
- 동결되어 있는 자본의 비용
- 보관비
- 보험료
- 재산세
- 진부화에 따른 손실

주문비용(ordering cost)
- 발주비용
- 선적 및 취급 비용
- 대량구입불능으로 인한 할인기회의 상실

재고고갈로 인한 기회비용(opportunity cost of running short)
- 판매기회의 상실
- 고객의 불신감
- 생산계획의 차질

재고유지비용은 매입한 재고를 유지하고 보관하는 데 드는 비용으로, 이에는 재고자산에 투입되어 동결되어 있는 자본의 비용과, 도난 · 부패 등으로 인한 재고자산의 가치하락에 따른 손실 그리고 보험료, 보관시설비, 재산세, 진부화에 따른 손실 등이 포함된다. 대체로 재고유지비용은 평균재고량에 정비례한다고 보는 것이 보통이다.

주문비용은 필요한 물품을 주문해서 이것이 입수될 때까지의 구매 및 조달에 수반되는 모든 비용을 말한다. 이에는 통신료와 같은 발주비용, 재료의 운송 등에 관계되는 취급비용, 대량구입불능에 따르는 할인기회의 상실 등이 포함된다.

재고의 고갈로 인한 기회비용은 재고의 고갈로 인한 모든 비용을 말한다. 즉, 재고가 불충분하여 발생하는 판매기회의 상실, 이로 인한 고객으로부터의 불신, 재고부족으로 인한 생산계획의 차질에 따른 손실 등도 재고비용의 중요한 요인이다.

■ 재고자산금융

기업은 보유하고 있는 재고자산을 담보로 하여 대출기업이나 금융회사로부터 단기자본을 차입할 수 있다. 이에 대해서는 제23장에서 설명한다.

중 요 용 어

운전자본(working capital)
현금전환사이클(cash conversion cycle)
유동성(liquidity)
플로트(float)
보상예금(compensating balance)
유가증권(securities)
매출채권(accounts receivable)
신용기간(credit period)
연간유효이자율(effective annual rate)
집중은행제도(concentration banking system)
영업사이클(operating cycle)
현금성자산(cash equivalents)
지급불능위험(default risk)
ZBA(zero-balance account)
신용거래(trade credit)
신용정책(credit policy)
재고유지비용(carrying cost)
매입채무(accounts payable)
현금성자산(cash equivalents)

연 습 문 제

22-1 운전자본에 대한 투자정책에 대하여 설명하라.

22-2 현금관리에서 현금유입을 촉진하는 방법과 현금유출을 통제하는 방법을 설명하라.

22-3 신용평가를 하는 데 전통적으로 고려되는 5C를 설명하라.

22-4 관악기업은 내년에 10억원의 매출액과 12%의 매출액영업이익률을 예상하고 있다. 이 회사의 비유동자산은 5억원이고 부채비율은 60%이며 부채의 이자율은 10%라고 한다. 법인세율은 25%이다.

다음 각 정책에 따른 자기자본의 기대이익률을 구하라.

① 공격적 정책: 매출액의 20%가 유동자산이 되도록 한다.
② 중간적 정책: 매출액의 40%가 유동자산이 되도록 한다.
③ 보수적 정책: 매출액의 60%가 유동자산이 되도록 한다.

22-5 로만가구는 납품업체로부터 가구를 외상으로 구입하고 「1/10, net 25」의 조건에 의한 신용거래를 하였다. 로만가구는 이 신용거래의 현금할인을 받기 위해서 은행으로부터의 단기차입을 통해 매입채무를 우선적으로 갚을 수 있다. 은행이 로만가구에게 12%의 이자율로 대출을 해 준다고 할 때 로만가구가 은행대출을 통해 할인가격을 지불해야 할지를 결정하라.

22-6 천지상사는 의류를 생산하는 기업이다. 현재 하루평균 매출액은 2,000만원이다. 이 회사가 신용기간을 20일에서 30일로 연장하면 하루평균 매출액은 4,000만원이 될 것이다. 외상매출금 증가로 인한 소요자금은 연 20%에 빌려올 수 있고, 제품단위당 변동비는 판매가격의 80%이다. 외상매출금에 대한 회수비용은 전체 외상매출금의 2%가 소요되며, 대손은 외상매출금의 3%가 발생한다. 이 회사가 신용기간을 연장하는 것이 바람직한지를 결정하라.

22-7 ㈜하루는 전국의 음식점에 메뉴판을 납품하는 업체이다. 이 회사는 메뉴판 판매대금을 청구하고 회수하는 업체를 따로 고용할 것을 고민하고 있다. 이러한 업무를 전문적으로 하는 업체를 고용할 경우 회수기간이 15일 정도 단축이 된다. 일평균 회수금액은 150만원이다. ㈜하루는 월 복리로 계산되는 연표시이자율 8%로 투자를 할 수 있다. 대금 회수업체가 요구한 금액이 월 32만원이라면 ㈜하루가 어떤 결정을 내려야 할지를 판단하라.

22-8 성미주식회사의 2023년과 2024년의 요약 재무자료가 다음과 같다. 다음 물음에 답하라.

(단위: 만원)

	2023년	2024년
재고자산	3,000	4,000
외상매출금	2,500	3,100
외상매입금	1,000	1,500
매출액	10,500	12,500
매출원가	8,500	9,000

① 성미주식회사의 영업사이클을 구하라.
② 성미주식회사의 현금전환사이클을 구하라.

22-9 성미전자는 9월 13일에 제품 A를 수취하고 3일 후에 대금 5,000,000만원을 지급하였다. 그리고 당월 20일에 제품 B를 지급하고 25일에 대금 3,000,000만원을 받았다. 성미전자의 9월 한 달간의 플로트(float)를 구하라.

22-10 신성전자는 반도체 인쇄회로기판을 제조 · 판매하는 회사이다. 이 회사의 일일 평균매출액은 200만원이며 평균신용기간은 30일이다. 이 회사가 거래처를 상대로 신용기간을 20일 늘릴 경우 기대되는 일일매출액은 400만원이다. 그리고 은행으로부터 외상매출금으로 인해 필요한 자금을 월 3% 이자로 빌릴 수 있다고 한다. 이 회사의 공헌이익률은 40%이다. 또한, 외상매출금의 회수비용은 5%

이며 총외상매출금 대비 15%는 회수 불가능하다고 한다. 신성전자의 신용기간연장에 따른 손익계산을 통해서 이 회사가 신용기간을 연장하는 것이 유리한지 불리한지를 결정하라.

22-11 ㈜DJ패션의 2024년 매출액은 550억원이고 매출원가는 190억원이며 연평균 재고자산은 50억원이다. 다음 물음에 답하라.

① ㈜DJ패션의 평균 재고자산 보유기간을 구하라.

② 의류산업 평균 재고자산 보유기간은 73일이라고 한다. ㈜DJ패션이 재고자산 보유기간을 산업 평균 수준으로 개선하려면 재고자산 잔액을 얼마만큼 줄여야 하는지 결정하라.

제 23 장

단기자금조달과 재무계획

STUDY GUIDE

지급불능위험을 줄이고 적절한 유동성을 유지하기 위해서는 미래의 현금 수입과 지출을 정확하게 파악하여 기업에 자금부족사태가 발생하지 않도록 대비하는 것이 중요하다. 특히 영업활동과정에서 일상적으로 발생하는 운전자본을 확보하기 위해 필요한 단기자금을 어떻게 조달하고 관리할 것인지는 재무관리자에게 있어 중요한 과제이다. 이 장에서는 기업이 운전자본투자와 관련하여 필요한 단기자금을 어떻게 파악하고 어떤 수단을 이용하여 조달할 수 있는지를 살펴본다.

23.1 운전자본투자와 단기자금조달

제22장에서 운전자본관리에 대해 살펴보았다. 이 장에서는 운전자본을 확보하기 위해 필요한 자금을 어떻게 조달할 것인가를 살펴보도록 한다. 단기자금조달정책은 기업의 특성에 따라 다를 수 있다. 예를 들어 금융시장이나 금융회사로부터의 자금조달이 상대적으로 어려운 기업은 가능하면 장기부채를 사용하여 미래 기업운영에 소요되는 자금에 대처하려고 할 것이다. 반면, 자금조달이 상대적으로 용이한 기업은 필요할 때 단기부채로 자금을 조달하여 가능한 한 금융비용의 부담을 줄이려고 할 것이다. 자금을 어떻게 조달할 것인지의 문제에서는 기업이 처해 있는 상황을 고려하여 수익성과 위험이 조화를 이루도록 하는 것이 가장 중요하다. 단기자금조달정책은 공격적, 보수적, 그리고 중간적 정책의 세 가지 유형으로 설명할 수 있다.

공격적 정책은 단기자금은 단기부채로, 장기자금은 장기자본 즉 장기부채나 자기자본으로 조달한다는 것이며 이를 헤징방법(hedging approach) 또는 만기일치방법(maturity matching)이라고도 한다. 이 방식에 의하면 유동자산은 모두 단기부채에 의존하게 된다. 보통 헤지(hedge)는 '위험으로부터의 보호'라는 뜻으로 사용되나, 이 경우에는 자금이 필요한 기간과 부채의 기간을 일치시킨다는 의미로 사용되고 있다. 이 방법을 의류업체인 ㈜서울의 예를 통해 설명하여 보자.

2024년 1월~12월 **표 23-1 ㈜서울의 필요자금** (단위: 천원)

월 \ 자금	총필요자금	영구적 필요자금	계절적 필요자금
1월	17,000	13,800	3,200
2월	16,000	13,800	2,200
3월	15,000	13,800	1,200
4월	14,000	13,800	200
5월	13,800	13,800	0
6월	14,500	13,800	700
7월	16,000	13,800	2,200
8월	16,500	13,800	2,700
9월	17,000	13,800	3,200
10월	18,000	13,800	4,200
11월	16,000	13,800	2,200
12월	15,000	13,800	1,200

〈표 23-1〉은 ㈜서울이 2024년에 필요한 자금을 추정한 표이다. 이 회사는 의복을 제조·생산하는 업체이므로, 계절에 따라 필요자금의 변동이 심하다. 영구적 필요자금은 계절적 필요자금이 0인 5월을 기준으로 한 것이다. ㈜서울의 예에서 공격적인 정책에 의한 자금조달을 그림으로 나타내면 [그림 23-1]과 같다.

| 그림 23-1 | 공격적 자금조달정책

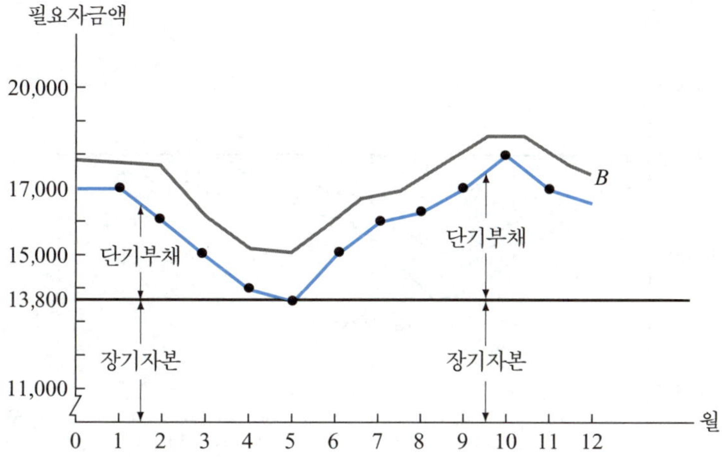

공격적 정책하에서는 장기자본 또는 단기부채를 필요 이상으로 사용하지 않기 때문에 유휴자금이 거의 없으며, 또한 계절적으로 필요한 자금을 해당 기간 동안만 단기부채로 조달하기 때문에 금융비용이 절약되는 이점이 있다. 이 정책은 유휴자금을 최소화하고 수익성을 높일 수 있지만 단기부채에 대한 의존도가 높기 때문에 예상하지 못한 사태가 발생하면 기업의 운영이 어렵게 될 위험이 있다. 예를 들어 미래의 불확실성으로 인해 필요자금의 예측이 잘못되어 [그림 23-1]에서의 B와 같이 자금이 요구되는 상황에 처하게 되면 이 회사는 단기부채에 대한 지급능력을 상실할 위험이 있다. 이 정책의 또 다른 단점은 필요자금을 그때그때 단기부채에 의존하기 때문에 자금관리가 매우 복잡하며, 항상 기업의 자금사정을 주시해야 한다는 것이다.

공격적 정책이 단기운영자금을 단기부채로 조달하는 데 반해, 보수적 정책은 모든 필요자금을 장기자본으로 조달함으로써 언제나 풍부한 유동성을 유지하여 기업이 단기부채를 갚지 못할 위험을 차단하는 방법이다. 가장 보수적인 방법은 예측되는 연중 최고수준의 필요자금을 모두 장기자본으로 조달하여 계속 보유함으로써 언제나 유휴자금을 보유하는 것이다. ㈜서울의 예에서 이를 그림으로 나타내면 [그림 23-2]와 같다. 보수적 정책은 단기지급능력을 상실할 위험을 최소화하는 반면, 기업의 수익성에는 역효과를 가져온다. 수익성이 낮게 되는 이유는 일반적으로 비유동자산보다 유동자산에 대한 기대수익률이 낮으며, 필요 이상의 유휴자금을 지속적으로 보유함에 따라 이자비용이 발생하기 때문이다.

기업에서는 대체로 극단적으로 공격적이거나 보수적인 정책보다 두 정책의 중간 형태인 중간적 정책을 택한다. ㈜서울의 예에서 이를 그림으로 나타낸 것이 [그림 23-3]이다. 그림에서 장기자본으로 조달되는 자금의 수준은 기업에 따라서 더 높고 더 낮아질 수도 있는데, 이는 기업의 성격에 따라 결정될 것이다.

| 그림 23-2 | 보수적인 자금조달정책

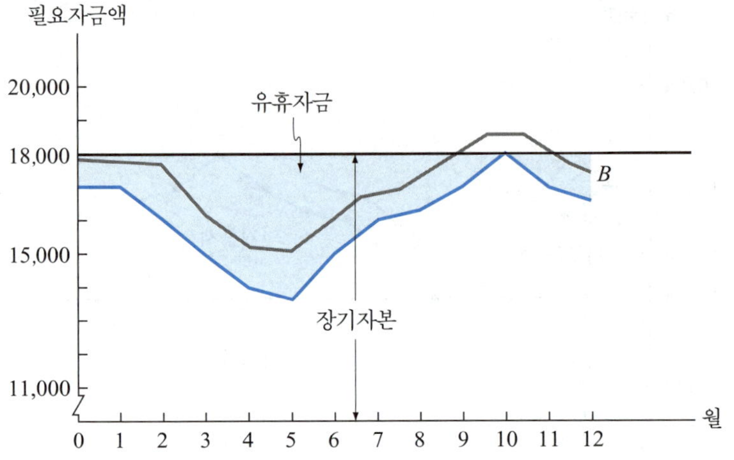

| 그림 23-3 | 중간적 자금조달정책

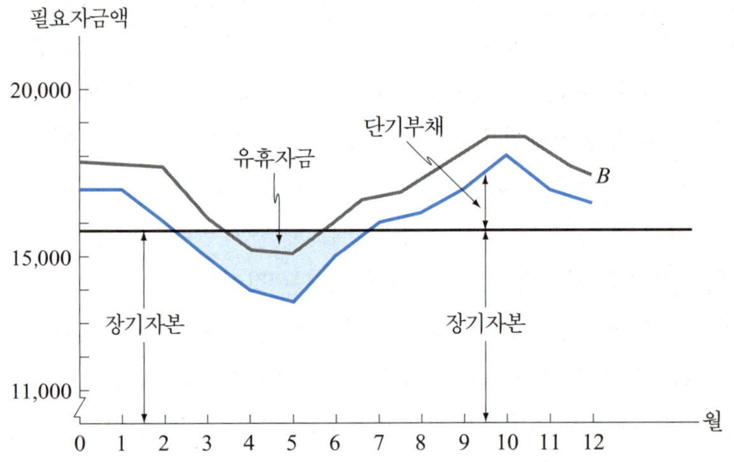

앞의 세 가지 중 어떤 방식으로 운전자본에 필요한 자금을 조달하느냐 하는 것은 각 정책이 가져다주는 수익성과 위험에 대한 재무관리자의 판단에 달려 있다. 재무관리자는 각 정책하에서의 기대수익률과 위험을 분석하고 양자 간의 상충관계를 파악하여 자금조달정책을 결정해야 한다.

23.2 현금예산

기업의 경영활동에서 미래 현금상태를 예측하고 계획하는 것을 현금예산(cash budget)이라고 한다. 현금예산은 주별, 월별 또는 연도별로 작성할 수 있는데, 이러한 시간간격은 기업이 처한 내적 · 외적 환경에 따라 다르게 책정할 수 있으며 예산제도의 기간단위와도 관계가 있다. 현금흐름이 불규칙하거나 변동이 심한 기업은 짧은 기간을 단위로 하여 현금흐름을 파악하고 예산을 세우는 반면, 현금흐름이 안정적인 기업은 3개월 또는 6개월 단위로 현금예산을 세울 수 있다. 일반예산의 단위기간이 길수록 현금예산을 위한 예측의 정확도는 낮아지지만, 현금흐름이 안정된 기업에 있어서는 기간이 길어도 어느 정도 정확성을 가질 수 있기 때문이다. 현금예산의 유용성은 미래의 현금흐름을 얼마나 정확하게 예측하느냐에 달려 있기 때문에 재무관리자는 정확한 예측을 위한 체계적인 방법을 고안하여야 한다.

■ 현금의 수입과 지출의 추정

현금예산은 미래 기업활동에서 발생하는 현금의 수입과 지출을 예측하고 이를 상호 비교하여 순현금흐름을 계산하는 단계와 순현금흐름과 기업의 기타 상황을 고려하여 현금의 사용과 조달에 대한 계획을 작성하는 단계로 나누어질 수 있다.

현금수입

현금예산을 정확하게 편성하기 위한 필수적인 요소는 미래의 매출액을 예측하는 것인데, 매출액의 예측은 영업부서의 판매량 예측에 의존하게 된다. 매출액 예측을 위해 산업별로 경기를 예측하고, 이를 기초로 자사의 시장점유율을 추정하여 매출액을 계산한다. 모든 판매가 즉시 현금화되는 것이 아니기 때문에 매출액을 예측한 후에는 매출로 인한 현금수입이 어떻게 회수될 것인가를 분석해야 한다. 현금판매의 경우 판매와 동시에 현금을 회수할 수 있지만 신용거래에서는 현금회수가 그 이후에 이루어진다. 현금회수시기는 그 기업의 회수정책이나 신용거래 조건, 그리고 상대하는 고객의 성격에 따라 달라진다.

예를 들어, ㈜서울에서 신용거래조건으로 「net 30」을 쓰고 있다면 매출 후 30일 이내에 대금을 지급받게 된다. 회사의 경험으로 외상매출의 90%가 1개월 이내에, 10%가 2개월 이내에 회수될 수 있으며, 회수불능 외상매출 즉 대손(bad debt)은 없다고 가정하자. 또 평균적으로 판매액의 10%가 현금거래라고 하며, 예상되는 매출액은 다음의 〈표 23-2〉의 첫째 줄에 표시된 것과 같다고 하자. 이때 현금수입을 계산하면 〈표 23-2〉와 같다.

표에서 2024년 1월의 회수예상액 5,670(백만원)은 2023년 12월의 신용판매액 6,300(백만원)의 90%이며, 60일 내의 회수예상액 540(백만원)은 2개월 전인 2023년 11월의 신용판매액 5,400(백만원)의 10%이다. 이와 유사하게 2024년 1월부터 6월까지의 예상되는 현금회수액과 현금판매액, 그리고 총현금수입이 나타나 있다.

현금수입은 정상적인 기업활동인 매출에서만 아니라 자산의 매각 또는 이자수입 등의 영업외수익에서도 발생한다. 예를 들어, ㈜서울이 2월에 800(백만원)원의 비유동자산을 매각하기로 한다면 2월의 총현금수입은 5,880(백만원)원이 된다. 또한 유가증권의 매각에 따른 현금수입이 있다면 이

㈜서울 **표 23-2 ㈜서울의 현금수입 예측** (단위: 백만원)

	2023년 11월	2023년 12월	2024년 1월	2월	3월	4월	5월	6월
매출액(예측)	6,000	7,000	5,000	4,000	5,000	6,000	7,000	7,600
신용판매	5,400	6,300	4,500	3,600	4,500	5,400	6,300	6,840
30일 내 회수		4,860	5,670	4,050	3,240	4,050	4,860	5,670
60일 내 회수			540	630	450	360	450	540
총회수액			6,210	4,680	3,690	4,410	5,310	6,210
현금판매			500	400	500	600	700	760
총현금수입			6,710	5,080	4,190	5,010	6,010	6,970

금액도 총현금수입에 포함되어야 한다. 이렇게 영업외활동에 따른 현금수입도 현금예산에 반영해야 미래의 정확한 현금상태를 파악할 수 있고, 이에 대한 계획을 수립할 수 있다.

현금지출

필요한 자금의 계획이나 잉여현금에 대한 계획을 세우려면 현금수입뿐 아니라 현금지출도 예측해야 한다. 즉 매출액 예측을 기초로 생산계획을 세워서 재료비, 노무비, 일반관리비 등의 지출을 추정해야 한다. 현금지출을 산정하는 경우에도 현금수입에서와 같이 신용거래로 인한 매입시기와 현금지급시기와의 시간간격을 고려해야 한다. 만일 외상으로 물건을 매입하고 30일 후에 그 대금을 지급하는 것이라면 매입과 현금지급 사이에 한 달의 시차가 생긴다.

㈜서울의 경우 이를 반영한 현금지출의 예측이 〈표 23-3〉과 같다고 하자. 〈표 23-3〉에서 현금지출은 재료를 매입한 후 한 달 만에 일어나고 있음을 알 수 있다. 노무비는 비교적 안정적이라고 볼 수 있으나 생산이 증가함에 따라 다소 변화가 있음을 나타내고 있다. 기타 비용에는 경영진과 임직원에 대한 급여, 세금, 이자비용, 전기료, 유지비, 간접비(간접노무비, 간접재료비) 등이 포함된다. 이러한 비용들은 단기계획에서는 어느 정도 정확하게 예측할 수 있다.

정상적인 영업활동으로 인한 현금지출 외에도 기업의 현금상태에 영향을 미치는 새로운 설비의 구입이나 기존시설의 개량 등의 투자비용과 배당금의 지급, 또 세금과 기타 현금지출도 고려해야 한다. 장기계획이 이미 수립되어 있다면 시설확장 등에 필요한 현금을 쉽게 구할 수 있다. 대부분

㈜서울 **표 23-3 ㈜서울의 현금지출 예측(1)** (단위: 백만원)

	2023년 12월	2024년 1월	2월	3월	4월	5월	6월
매입액(예측)	2,000	1,600	2,000	2,400	2,800	3,000	3,000
현금지급		2,000	1,600	2,000	2,400	2,800	3,000
노무비		1,600	1,600	1,800	1,800	1,900	2,000
기타 비용		1,000	1,000	1,000	1,000	1,000	1,000
현금지출		4,600	4,200	4,800	5,200	5,700	6,000

의 기업에 있어 배당금은 안정적이고, 지급시기도 대체로 결정되어 있기 때문에 이로 인한 현금지출도 쉽게 계산할 수 있다. 또한 기업이 납부해야 할 법인세 등은 기대되는 이익을 산정하여 이에 법인세율을 곱하여 구할 수 있다. 그리고 자사주의 매입이나 부채상환 등에 따른 현금지출도 고려해야 한다.

㈜서울의 경우 2024년 2월, 3월, 그리고 6월에 각각 3,000(백만원), 1,000(백만원), 그리고 400(백만원)의 시설투자를 계획하고 있다 하자. 배당은 3월에 400(백만원)을 지급하며, 1월과 4월에 각각 600(백만원)의 법인세를 납부할 것으로 예측되고 있다. 이와 같은 항목을 추가하여 ㈜서울의 총현금지출을 추정해 보면 〈표 23-4〉와 같다.

표 23-4 ㈜서울의 현금지출 예측(2)

㈜서울 (단위: 백만원)

	2024년 1월	2월	3월	4월	5월	6월
현금지출(〈표 23-3〉)	4,600	4,200	4,800	5,200	5,700	6,000
자본적 지출		3,000	1,000			400
배당금			400			
법인세비용	600			600		
총현금지출	5,200	7,200	4,800	5,200	5,700	6,400

■ 현금예산의 작성

현금의 수입과 지출을 추정하면 이를 비교하여 순현금흐름을 계산할 수 있다. 순현금흐름을 계산한 후, 기초의 현금잔액을 2,000(백만원)이라 가정하고 작성한 ㈜서울의 현금예산은 〈표 23-5〉와 같다. 표에서 보면 ㈜서울은 3월과 4월에 절대적인 현금부족현상이 나타날 것이 예상된다. 기업의 정책상 유지해야 할 최저현금보유량이 1,500(백만원)이기 때문에 3월에 은행차입을 통해 1,320(백

표 23-5 ㈜서울의 현금예산

㈜서울 (단위: 백만원)

	2024년 1월	2월	3월	4월	5월	6월
총현금수입	6,710	5,880*	4,190	5,010	6,010	6,970
총현금지출	5,200	7,200	6,200	5,800	5,700	6,400
순현금흐름	1,510	(1,320)	(2,010)	(790)	310	570
월초현금잔액	2,000	3,510	2,190	1,500	1,500	1,500
월말현금잔액	3,510	2,190	180	710	1,810	2,070
최저현금보유량	1,500	1,500	1,500	1,500	1,500	1,500
부채상환	0	0	0	0	310	570
차입	0	0	1,320	790	0	0
총차입	0	0	1,320	2,110	1,810	1,240
잉여현금	2,010	690	0	0	0	0

* 총판매수입 5,080(백만원)과 자산매각 800(백만원)의 합계임.

만원)을 조달한 후, 4월에도 월말 잔액이 최저보유량에 미치지 못해 790(백만원)의 부족한 현금을 차입할 계획이다. 결과로 4월 말에는 총차입금이 2,110(백만원)에 이른다. 이러한 현금부족은 2월과 3월의 현금회수부진과 2월과 3월에 걸친 시설확장으로 인한 4,000(백만원)의 자본적 지출, 그리고 3월에 있을 400(백만원)의 배당지급 때문이다. 그러나 5월과 6월에는 외상매출금의 회수가 증가하여 6월 말에는 추가로 자금조달을 하지 않아도 차입금 상환 전 2,070(백만원)의 현금을 보유하게 된다.

3월과 4월에 걸쳐 최저현금보유량을 유지하기 위해 자금을 조달할 때, 자금조달이 여의치 않을 경우 시설투자에 따른 지출을 연기하거나 또는 배당지급을 보류할 수 있다. 장기자금으로 시설확장을 계획할 경우에는 자금의 조달과 상환에 대한 계획을 수립하여 현금보유에 차질이 없도록 해야 한다. 이상에서 살펴본 현금의 수입과 지출, 그리고 최저현금보유량의 결정요소를 나타내면 〈표 23-6〉과 같다.

표 23-6 현금수입, 현금지출 및 최저현금보유량의 결정요소

현금수입의 결정요소	현금지출의 결정요소
• 판 매 량 • 판매조건 • 회수정책 • 고객의 성격 • 자산의 매각 • 영업외수익	• 생산계획에 의한 재료비와 노무비 • 구매조건 • 판 매 비 • 일반관리비 • 영업외비용 • 자산취득(시설투자) • 배당금 및 법인세비용 • 사채 및 장기부채의 상환
최저현금보유량의 결정요소	
• 대은행관계 • 부채상환계획 • 설비투자계획	

■ 현금예산의 이용

현금예산은 어디까지나 미래의 현금흐름에 대한 예측일 뿐이며 반드시 실현된다는 보장은 없다. 경기전망에 대한 예측, 재무관리자의 예측능력, 다른 개별예산의 정확도 등에 따라서 현금예산의 질적인 차이가 발생할 수 있다. 미래의 불확실성을 감안하면 언제 어떤 일이 일어날지 모르기 때문에 예측오차가 발생할 가능성을 고려하여 추가적인 현금예산을 미리 작성해서 미래에 대비하는 것이 중요하다. 즉 가장 비관적인 사태나 가장 낙관적인 사태가 발생할 경우의 예산을 미리 작성해 두면 현금예산을 보다 효율적으로 이용할 수 있다. 기업에서 내부계획을 수립할 때 예측된 수치 하나만을 이용하는 것보다 여러 가지 결과에 대한 계획을 준비하는 것은 중요하다. 예측치만 믿고 있다가 예측과 다른 결과가 나타날 때 비로소 이에 대한 대책을 세우게 되면 시간과 경비가 많이 드는 것은 물론 부정확한 예측에서 오는 많은 기회비용이 따르게 되기 때문이다.

23.3 은행대출

단기부채는 자금관리 측면에서 볼 때 장기부채에 비해 융통성이 있다. 즉, 갑자기 자금수요가 발생할 때 단기부채를 사용하면 단기간에 필요자금을 조달할 수 있으나, 장기부채를 사용하려면 많은 시간과 비용이 뒤따른다. 또 대체로 단기부채의 자본비용은 장기부채의 자본비용보다 저렴하다. 항상 그렇지는 않지만, 대체로 부채의 만기가 길수록 미래이자율의 불확실성과 낮은 유동성으로 인하여 자본비용이 높아지는 것이 보통이다. 즉 단기이자율이 장기이자율보다 낮은 경향이 있다. 이처럼 자금조달의 융통성과 비용 측면에서 단기부채가 장기부채에 비해 이점이 있으나, 다른 한편으로는 위험이 따른다. 단기부채에 의존하면 자주 차입과 상환을 되풀이 해야 하며, 예상하지 못한 상황이 발생하여 급하게 자금이 필요할 때는 높은 이자율을 지급해야 한다. 또한 단기부채는 단시일 내에 상환돼야 하므로 기업이 지급불능상태에 빠질 위험이 있다.

■ 은행대출의 의의

기업의 단기자금조달원천 중에서 가장 널리 이용되고 있는 것이 은행으로부터의 대출이다. 은행대출(bank loan)은 매입채무와 같이 일상의 영업활동에서 자생적으로 발생하는 것은 아니다. 은행으로부터 돈을 차입하려면 공식적인 절차에 의해 대출을 신청해야 하며, 다른 자금조달방법보다 절차와 조건이 매우 까다롭다고 할 수 있다.

현재 우리나라의 은행대출에는 일반대출, 적금대출 및 적금담보대출, 당좌차월, 어음할인, 수출지원금융 등이 있으며, 대출기간도 1년 이내의 단기대출에서 5년 이상에 이르는 장기대출까지 다양하다. 우리나라의 시중은행들은 대부분 장·단기대출을 함께 취급하고 있으며, 대출이자율은 신청 기업의 신용도를 평가하여 기업별 · 대출형태별로 달리 적용하는 것이 원칙이다.

■ 은행대출의 비용

은행대출의 주된 비용은 이자율이다. 이자율은 차입자의 신용도에 따라 다르며 대출기간에 따라서도 달라진다. 위험이 높은 기업이나 소액의 대출을 받는 경우에는 높은 이자율이 적용된다. 또 이자율은 경제상황과 국가 정책에 의해서도 영향을 받는다. 경제가 침체되어 대출수요가 많지 않은 상황에서는, 정부가 경기부양을 위해 통화량의 공급을 늘리기 때문에 전반적으로 이자율이 낮아진다. 반대로 경제가 호황이어서 자금에 대한 수요가 많아지면, 정부가 인플레이션을 우려하여 통화공급을 억제하기 때문에 이자율이 높아진다.

은행대출의 실제 비용은 단순한 대출계약서상의 명목이자율과 다를 수 있다. 왜냐하면 대출조건에 따라 여러 가지 부대비용이 발생할 수 있기 때문이다. 또 기업이 부담하는 이자율도 대출형태에 따라서 복리효과를 반영하지 않는 연간명목이자율 또는 연표시이자율(annual percentage rate:

APR), 복리효과를 반영한 연간유효이자율(effective annual interest rate: EAR), 부가이자율(add-on interest rate) 등 여러 가지 방법에 의하여 계산된다.

연표시이자율

은행이 만기일에 원금과 이자를 함께 수취하는 조건으로 대출할 때의 이자율은 복리효과를 반영하지 않고 단순히 이자비용을 대출금액으로 나눈 값이며, 이를 연간명목이자율 또는 연표시이자율이라고 한다.

$$\text{명목이자율} = \text{이자비용}/\text{대출금액} \tag{23.1}$$

예제 23-1 서울기업은 A은행으로부터 1년간 900만원의 이자를 지급하는 조건으로 1억원을 차입하였다. 단, 이자는 1년 후에 지급한다. 이 경우 서울기업이 부담하는 연표시이자율을 구하라.

풀이 1년 간의 이자가 900만원이므로 연표시이자율은 900만원/1억원 = 9%이다.

할인이자율

만일 은행이 이자를 미리 공제하고 자금을 대출하면 기업은 대출금보다 적은 금액을 받게 되므로 실질적인 차입이자율이 높아지는데, 이때 기업이 실제로 부담하는 연간유효이자율이 할인이자율이다. 이는 이자금액을 실제 조달액(= 대출금액 − 이자비용)으로 나눈 값이다.

$$\text{할인이자율} = \text{이자비용}/(\text{대출금액} - \text{이자비용}) \tag{23.2}$$

예제 23-2 서울기업이 A은행으로부터 1년간 900만원의 이자를 선지급하는 조건으로 1억원을 차입할 경우 회사가 부담하는 연간유효이자율(할인이자율)을 구하라.

풀이 서울기업이 실제 이용가능한 금액은 9,100만원(= 1억 − 900만)이다. 따라서 할인이자율은 9.9%[= 900만/(1억 − 900만)]이다.

부가이자율

은행이 원금과 이자를 만기까지 할부로 균등하게 회수하는 조건으로 대출할 때 은행이 실제로 얻는 또는 차입자가 실제 부담하는 연간유효이자율을 부가이자율이라고 한다.

예제 23-3 서울기업이 A은행으로부터 연 9%의 명목이자율로 1억원을 1년간 차입하되 원리금 1.09억원은 12개월간 균등하게 분할상환하기로 하였다. 이 경우 서울기업이 부담하는 연간유효이자율(부가이자율)을 구하라.

풀이 서울기업은 원리금인 1.09억원을 1개월 후부터 12회에 걸쳐 매월 908만원(= 1.09억원/12)씩 상환해야 한다. 12개월간의 전체상환액은 1.09억원으로 단순이자율에서와 같지만 화폐의 시간가치를 고려할 때 만기일에 1.09억원을 한꺼번에 상환하는 것보다 12개월 동안 매월 908만원을 상환하는 것이 더 큰 가치를 가진다. 따라서 차입자가 실제 부담하는 이자율은 [예제 23-1]에서 계산한 명목이자율보다 높다. 이때 부가이자율은 다음과 같이 구할 수 있다.

① 매월 908만원씩 지출되는 현금의 현가를 1억원으로 만드는 월간이자율을 계산한다.

$$1\text{억원} = \sum_{t=1}^{12} \frac{908\text{만원}}{(1+r)^t}$$

위 식을 풀면 월간이자율 r은 1.3513%이다.

② 월간이자율을 연간유효이자율로 전환한다.

월 단위의 복리계산으로 연간유효이자율을 구한 값이 부가이자율이다.

$$(1+0.013513)^{12} - 1 = 17.5\%$$

이 예에서 보는 것처럼 원리금 합계 1.09억원을 12개월간 할부로 나누어 갚는 경우에는 명목이자율의 약 2배에 가까운 실제 이자율을 부담하게 된다.

보상예금이 있는 경우의 이자율

많은 경우 은행은 기업에 대출을 제공하는 조건으로 대출금의 일정비율에 해당하는 금액을 예금으로 예치할 것을 요구한다. 이러한 예금을 보상예금(compensating balance)이라고 하는데, 이 경우에도 실질적인 이자율이 상승하게 된다. 보상예금에 대해서는 이자를 지급하지 않거나 낮은 금리를 적용하는 것이 보통이기 때문이다.

예제 23-4 서울기업이 원자재를 구입하는 비용으로 1억원이 필요하여 A은행으로부터 대출을 받으려고 한다. A은행이 제시하는 명목이자율은 9%이나 보상예금으로 대출금액의 20%를 요구하고 있다. 이때 실질적인 차입이자율을 계산하라.

풀이 우선 서울기업이 필요로 하는 자금은 1억원이므로 보상예금을 고려하면 1.25억원을 차입해야 한다.

$$\text{대출금액} = \text{필요한 자금}/(1-\text{보상예금비율}) = 1\text{억원}/(1-0.2) = 1.25(\text{억원})$$

지급해야 할 이자는 1.25억원×0.09 = 1,125만원인데 실제로 이용하는 자금은 1억원이므로 기업이 부담하는 실제 이자율은 다음과 같이 11.25%이다.

$$\text{이자율} = \text{이자비용}/\text{이용가능한 대출금액} = 1{,}125\text{만원}/1\text{억원} = 11.25\%$$

보상예금이 요구되는 경우의 실질적인 이자율을 계산하는 일반적인 공식은 다음과 같다.

$$\text{이자율} = \text{명목이자율}/(1-\text{보상예금비율}) \qquad (23.3)$$

[예제 23-4]에서의 내용을 이 식에 대입하면 0.09/(1 − 0.2) = 11.25%를 얻게 되어 앞서의 결과와 일치하는 것을 확인할 수 있다.

■ 특수형태의 은행대출

은행대출의 형태는 매우 다양하며, 각 대출유형에 따라 이자율도 차이가 있다. 따라서 은행에서 대출을 받고자 할 때에는 여러 대출형태의 이점과 비용을 비교하여 자금을 조달해야 한다. 다음에서는 우리나라 기업들이 자주 이용하는 은행대출의 특수형태에 대해 살펴본다.

당좌차월

당좌예금의 인출은 예금잔액의 한도 내에서만 가능하며 이를 초과하여 수표를 발행하면 부도수표(dishonored check)가 되어 은행에서 이에 대한 지급을 거절한다. 그러나 미리 은행과 당좌차월(overdraft)계약을 맺어 차월한도와 기간을 설정하여 두면, 예금잔액을 초과하여 수표를 발행하더라도 일정한 한도까지는 은행이 지급에 응해 준다. 당좌차월은 다른 은행대출과 비교할 때 필요에 따라 언제나 일정한 금액 내에서 자금을 차입하고, 여유가 생기면 이것을 변제할 수가 있으므로 불필요한 자금을 항상 보유할 필요가 없어 기업에게 유용하다.

무역금융

우리나라 은행은 수출과 수입 등의 무역거래에 대해 여러 형태로 지원금융을 제공한다. 무역금융은 수출입금융이라고도 하며 수출금융과 수입금융으로 구분할 수 있다. 무역금융은 그 기간이 1년 이하인 단기금융인 것이 일반적이다. 예를 들어 수출업체가 외국의 수입업체와 수출계약을 맺은 다음 수입업체의 거래은행에서 신용장(letter of credit: L/C)을 받으면 이를 근거로 수출업체의 거래은행은 수출품 생산에 필요한 원자재 조달자금을 대출해 준다. 이러한 대출 때문에 은행으로서는 자금부족을 겪을 수 있는데 이때 한국은행은 유동성 회복차원에서 해당 은행에 저리의 자금을 제공해 준다. 원래 수출금융은 신용장이 도착한 후 그 신용장에 대한 수출상품의 생산을 지원하기 위해 시작되었으나 최근에는 지급인도조건(documents against payment: D/P)과 인수인도조건(documents against acceptance: D/A) 등과 같은 신용장 외의 다른 조건에서도 자금을 지원하고 있다.

23.4 기업어음의 발행

기업어음(commercial paper: CP)은 자금이 필요한 기업이 일정한 날짜에 지급을 약속하는 어음을 발행함으로써 단기자금을 조달하는 수단이다. 발행된 기업어음은 최종적으로 개인투자자나 다른 기업, 은행, 증권회사, 자산운용회사 등에게 매출되는데, 이 과정에서 자금수요자인 발행기업과 자금공급자인 투자자들 간의 거래가 원활하도록 중개기관(dealer)이 개입하는 것이 일반적이다.

| 그림 23-4 | 기업어음을 이용한 자금조달

[그림 23-4]에서 보는 것과 같이 기업이 기업어음을 발행하면 중개기관이 이를 모두 매입한 후 다시 최종투자자에게 매출하는데, 중개기관은 매입이자율과 매도이자율의 차이를 수익으로 얻는다. 기업이 원금과 이자의 합계를 기업어음의 액면가로 하고, 이자에 해당하는 금액을 액면에서 차감한 금액으로 발행하면, 중개기관은 이를 매입하고 만기에 액면가를 발행기업으로부터 회수하게 된다. 이와 같이 중개기관이 액면가에 대한 할인방식으로 발행기업의 어음을 매입하여 자금조달을 가능하게 해 주는 기능을 어음할인이라고 한다. 중개기관은 할인해 준 기업어음을 다시 최종투자자에게 할인방식으로 매출하는데, 이 과정에서 이자율차이(spread)를 얻게 되며, 만약 미소화분이 생기면 중개기관이 만기까지 보유한다.

예제 23-5 서울기업은 액면 10억원의 3개월 만기 기업어음을 발행하여 9.8억원을 조달하였다. 이 경우 서울기업이 부담하는 연간유효이자율을 계산하라.

풀이 서울기업은 3개월간 9.8억원을 사용하는 대가로 2,000만원을 이자비용으로 부담한다. 따라서 3개월간의 이자율은 2,000만원/9.8억원 = 2.04%이다. 이를 연간유효이자율로 환산하면 8.42%($= 1.0204^4 - 1$)이다.

중개기관은 어음발행을 신청하는 기업들 중 신용평가를 통해 재무구조와 신용도가 양호한 기업을 적격업체로 선정하고, 이들에 대해서는 원칙적으로 무담보로 어음할인을 제공한다. 은행, 증권회사, 자산운용회사, 종합금융회사 등이 중개기관의 역할을 담당한다. 중개기관이 투자자에게 판매하는 기업어음에는 담보배서어음과 무담보배서어음이 있는데, 전자는 중개기관이 그 원금과 이자에 대해 지급을 보증한 것이며, 후자는 중개기관이 단지 중간매개 역할을 해 줄 뿐 전적으로 발행기업의 신용에 의해 판매되는 어음이다. 따라서 무담보배서어음은 담보배서어음보다 이자율이 높다. 기업어음 발행을 통한 단기자금조달이 크게 증가함에 따라 CP시장의 규모가 계속 커지고 있는 추세이다.

23.5 담보금융

담보금융(secured financing)은 기업이 보유하고 있는 자산을 담보로 자금을 조달하는 것을 말한다. 담보로 제공되는 대표적인 자산으로 매출채권과 재고자산을 들 수 있다. 이에 대해 간단히 살펴보자.

■ 팩토링과 신용보험

매출채권의 회수와 관련하여 기업은 팩토링제도나 신용보험을 이용할 수 있다. 팩토링(factoring)은 채권매각을 뜻하는 것으로, 매출채권에 따르는 대금변제를 받을 권리를 일정한 대가를 받고 제3자에게 매각하는 것이다. 매출채권을 매입 · 소유하여 대금을 회수하는 자를 팩터(factor)라고 한다. 팩토링제도는 ① 매출채권을 매각하여 필요한 자금을 조달할 수 있기 때문에 기업의 자금순환을 원활히 하며, ② 수금을 전문으로 하는 팩터에게 채권회수를 맡김으로써 대손의 위험을 전가시킬 수 있다는 장점이 있다. 그러나 팩토링제도를 이용하려면 비용을 치러야 한다. 매출채권을 장부가격보다 낮은 가격으로 팩터에게 매각해야 하기 때문이다. 매출채권의 매각대금은 매출채권에서 대손가능액과 금리부담액 그리고 팩터의 적정이익을 차감한 금액이 된다.

대손의 위험을 줄이는 다른 방법으로 신용보험(credit insurance)이 있다. 대손의 우려가 있는 매출채권에 대해 보험을 들면 매출채권이 회수 불가능하거나 지정된 회수날짜를 지났을 때 손실을 보상해 주는 제도이다. 이를 이용하려면 높은 보험료를 지불해야 한다.

■ 재고자산금융

재고자산금융(inventory financing)이란 기업이 보유하고 있는 재고자산을 담보로 하여 타기업이나 금융기관으로부터 단기자본을 차입하는 것을 말한다. 대출가능액은 재고자산의 가치 및 특성, 그리고 금융기관의 대출정책에 의해 결정된다. 금융기관은 담보대상인 재고자산의 보관비 및 관리비, 시장성, 담보물의 가치하락가능성 등을 고려하여 재고자산에 대한 대출비율을 결정한다. 자주 이용되는 재고자산금융의 형태로는 총괄적 담보, 신탁금융, 창고금융 등의 방법이 있다.

총괄적 담보(blanket inventory lien)는 기업에서 보유 중인 재고자산 전부를 담보로 하여 단기자본을 조달하는 방법이다. 이 경우 재고자산의 담보가치는 실제가치보다 낮게 평가되지만 차입기업은 재고자산의 사용이나 판매에 어떤 제약도 받지 않는다는 이점이 있다. 반면 금융기관의 처지에서는 담보로 보관 중인 재고자산에 대한 감독을 철저히 할 수 없다는 단점이 있다.

신탁금융(trust receipt financing)은 차입기업이 판매할 재고자산을 일정한 장소에 보관하고 있다는 증서(trust receipt)를 근거로 금융기관으로부터 자금을 차입하는 방법이다. 신탁하에 있는 재고자산은 그 외의 다른 재고자산과는 분리된 장소에서 보관 · 관리되며, 증서에는 담보대상인 재고자산의 각 항목과 수량을 명시해야 하는데, 담보자산이 판매되면 그에 따른 매출대금은 당일로 금융기관에 송부된다. 그러나 차입기업이 매출대금을 금융기관에 송부하지 않을 위험이 있어 금융기관은 담보물에 대해 수시로 감사할 필요가 있다. 따라서 담보의 보관장소가 지역적으로 원거리에 있거나 분산되어 있는 경우 적지 않은 감사비용이 발생하고 이것이 결국 차입기업에게 이전되어 자금조달비용이 증가하기 때문에 이 방식은 널리 이용되지 않는다.

창고금융(warehouse financing)은 공설창고금융과 현지창고금융으로 나뉜다. 공설창고금융(public warehouse financing)은 차입기업과는 독립적인 제3자가 관리하는 창고에 재고자산을 맡기고 창고에 보관되어 있는 재고자산을 담보로 금융기관으로부터 단기자금을 차입하는 방법이다. 따라서 담보로 제공된 재고자산은 금융기관의 완전한 통제하에 있게 된다. 차입기업은 차입금리, 공설창고의 사용료, 수송비 등의 비용을 부담해야 하며, 특히 재고자산의 부피가 크거나 창고가 원거리에 있는 경우에는 수송 자체가 매우 불편하거나 수송비부담이 커지게 되는 단점이 있다. 현지창고금융(field warehouse financing)은 담보자산의 보관장소가 공설창고가 아닌 현재 차입기업이 사용 중인 창고라는 점만 다를 뿐, 그 외의 내용은 모두 공설창고금융과 동일하다. 이 경우 담보자산은 창고회사와 같은 제3자의 통제 · 감시하에 놓이게 되는데 차입기업의 처지에서는 수송비가 절약되고 담보자산을 자신의 지역 내에 보관하므로 관리 및 인출이 편리하다는 이점이 있으며, 금융기관의 처지에서도 담보의 통제 및 감시가 용이하다는 이점이 있다.

예제 23-6 서울기업은 보유 중인 재고자산을 담보로 제공하고 100억원의 자금을 1개월간 융통할 예정이다. 대출상대방은 12%의 APR을 제시하고 있으며, 서울기업은 창고금융과 관련하여 5,000만원의 수수료를 부담해야 한다. 수수료는 1개월 후에 지급할 예정이다. 이 경우 서울기업이 부담하는 연간유효이자율을 구하라.

풀이 12%의 APR이 적용되면 월 금리는 1%이며 월 이자비용은 1억원(= 100억원 × 0.01)이다. 수수료를 포함할 경우 총이자비용은 1억 5,000만원이며 월 금리 1.5%에 해당한다. 이를 연간유효이자율로 환산하면 19.6%(= $1.015^{12} - 1$)이다.

중요용어

운전자본(working capital)
헤징방법(hedging approach)
은행대출(bank loan)
기업어음(commercial paper)
할인이자율(discounted interest rate)
담보금융(secured financing)
재고자산금융(inventory financing)
창고금융(warehouse financing)
연간유효이자율(effective annual interest rate: EAR)
현금예산(cash budget)
보상예금(compensating balance)
팩토링(factoring)
당좌차월(overdraft)
무역금융(foreign trade finance)
부가이자율(add-on interest rate)
연표시이자율(annual percentage rate: APR)

연 습 문 제

23-1 다음의 각 거래들이 (a)현금과 (b)순운전자본에 어떠한 영향을 미치는지 설명하라.

① 거래처로부터 외상으로 1억원어치의 원재료를 구입하였다.
② 시장성유가증권 3억원어치를 시장에서 매각하였다.
③ 은행으로부터 5억원을 장기대출받아 반제품을 구입하였다.
④ 신주인수권부사채가 행사되어 시가 20억원에 해당하는 신주가 교부되었다. 이 사채는 행사가격이 15억원이며 사채의 만기는 6개월 후 도래할 예정이었다.
⑤ 거래처로부터 3억원의 외상매출금이 회수되었다.
⑥ 공급처에 3억원의 외상매입금을 현금으로 상환하였다.

23-2 담보금융(secured financing)의 종류와 주요 특성에 대해 설명하라.

23-3 다음의 자료를 이용하여 2024년 1월부터 6월까지 6개월간의 현금예산을 작성하라.

① 매출액의 70%가 외상매출이다.
② 외상매출의 60%가 판매 후 한 달, 40%가 판매 후 두 달 만에 회수된다.
③ 2024년 11월, 12월의 실제매출액과 2025년 1월부터 7월까지의 예상매출액은 다음과 같다.

월	매출액(백만원)
2024년 11월	5,250
2024년 12월	6,000
2025년 1월	2,250
2월	3,000
3월	3,000
4월	4,500
5월	3,750
6월	3,000
7월	4,500

④ 현금의 지급은 한 달 후에 하며, 매출액이익률은 20%이다.
⑤ 2025년 1월부터 6월까지의 직원들의 임금은 다음과 같다.(단위: 백만원)

2025년 1월	450
2월	600
3월	750
4월	750
5월	525
6월	600

⑥ 임차료는 매월 10,000,000원이며, 세금 750백만원은 4월에 지급한다.
⑦ 6월에는 사무실확장을 위하여 450백만원의 현금을 지출한다.

23-4 서울기업은 A은행으로부터 1년간 1억원의 이자를 선지급하는 조건으로 10억원을 빌렸다. 이 경우

서울기업이 부담하는 연간차입이자율을 구하라.

23-5 문제 23-4의 서울기업은 이자를 선지급하는 대신 A은행으로부터 연 10%의 명목이자율로 10억원을 1년간 차입하되 원리금 11억원은 12개월간 균등하게 분할상환하기로 하였다. 이 경우 서울기업이 부담하는 실제 차입이자율을 구하라.

23-6 한라기업은 B은행으로부터 대출을 받으려고 한다. B은행에 제시하는 명목이자율은 10%이나 보상예금으로 대출금액의 25%를 요구하고 있다. 이때 실질적으로 적용되는 이자율을 계산하라.

23-7 한라기업은 액면 100억원의 3개월 만기 기업어음을 발행하여 99억원을 조달하였다. 이 경우 한라기업이 CP발행을 통하여 조달하는 자금의 이자율은 얼마인지 계산하라.

23-8 GE사는 운동용품 판매업체이다. 다음의 표는 현재의 운전자본과 향후 운전자본의 예측치를 나타낸 것이다. 다음 기간 중 어느 달의 운전자본수요가 가장 클 것인지, 또 잉여현금이 있는 달은 언제인지 대답하라.

(단위: 백만원)

	월						
	0	1	2	3	4	5	6
세후영업이익		15	18	22.5	37.5	45	27
감가상각비		3	4.5	4.5	6	7.5	6
이자비용		1.5	0	0	1.5	0	0
운전자본							
매출채권	3	4.5	6	7.5	10.5	15	9
재고자산	4.5	3	6	7.5	7.5	6	3
매입채무	3	3	3	3	3	3	3

23-9 형제산업은 40일동안 2,000만원의 자금이 필요하다. 형제산업이 선택할 수 있는 자금조달방법은 다음과 같다. 어떠한 방법이 가장 저렴한 자금조달 수단인지 결정하라.

대안 1: 「3/10, net40」 조건의 신용거래에서 현금할인을 받는다.

대안 2: DD은행으로부터 2,000만원을 40일 동안 연표시이자율 12%로 차입한다. DD은행은 차입금액 액면가의 5%를 보증금으로 요구하며 대출수수료로 고정금액 20만원을 부과한다.

대안 3: JJ은행으로부터 2,000만원을 40일 동안 연표시이자율 15%로 차입한다. JJ은행은 차입금액의 1%를 대출수수료로 부과한다.

23-10 한라기업은 보유 중인 재고자산을 담보로 제공하고 100억원의 자금을 1개월간 융통할 예정이다. 대출상대방은 10%의 APR을 제시하고 있으며, 한라기업은 창고금융과 관련하여 2,000만원의 수수료를 부담하여야 한다. 수수료는 1개월 후에 지급할 예정이다. 한라기업이 창고금융을 이용하는 경우 부담하는 연간유효이자율을 구하라.

제 IX 편

재무관리의 특수주제

제 24 장

합병과 취득

STUDY GUIDE

기업이 고려하는 투자의 특수한 형태로 합병과 취득이 있다. 기업의 합병과 취득(M&A)은 한 기업이 다른 기업을 투자대상으로 하는 투자행위라고 할 수 있다. 우리나라의 경우 과거에는 M&A가 부실기업의 정리와 구조조정을 위한 정부의 정책 수단 정도로 인식되어 왔지만, 근래에는 자본시장의 성장에 따라 투자기회로서의 M&A에 대한 관심이 높아지고 있다. 이 장에서는 M&A에 대한 기본개념부터 설명한 후, 기업의 투자결정이라는 관점에서 M&A의 평가와 비용, 그리고 M&A의 성과를 주주가치의 변화를 중심으로 살펴본다.

24.1 M&A의 의의와 동향
24.2 M&A의 평가와 시너지
24.3 M&A의 비용과 인수가격
24.4 적대적 M&A의 방어
24.5 M&A의 성과
24.6 M&A의 회계와 세금

24.1 M&A의 의의와 동향

21세기에 들어 경영환경의 불확실성은 더욱 커지고 변화의 속도는 점점 빨라지고 있다. 이러한 상황에서 기업이 살아남기 위해서는 부단히 성장해야 한다. 기업의 성장은 내적 성장과 외적 성장으로 나누어 볼 수 있다. 내적 성장은 신기술이나 신제품 개발에 필요한 투자결정과 자금조달결정 등을 보다 효율적으로 수행함으로써 기업규모가 커지는 것을 말한다. 외적 성장은 다른 기업을 인수하거나 합작하는 등의 방법으로 이미 잘 구축되어 있는 시장에 진입함으로써 기업규모를 키우는 것을 말한다. 성장전략의 측면에서 볼 때 이 장에서 다루는 합병과 취득(mergers and acquisitions: M&A)은 외적 성장의 중요한 수단이다. 한편, M&A는 한 기업의 다른 기업에 대한 투자행위로 파악할 수 있다. 경영자(또는 주주)는 기업가치를 높이기 위한 투자결정의 일환으로 다른 기업과의 M&A를 시도하며, 이 경우 M&A는 가치극대화를 목표로 하는 자본예산의 한 범주로 볼 수 있다는 것이다. 글로벌 시장에서 M&A는 1980년대 이후 그 거래 건수와 규모가 크게 증가해 왔으며 세계 각국의 기업과 투자자들이 큰 관심을 갖는 투자대상이다.

■ M&A의 형태

합 병

합병(merger)이란 두 개 이상의 회사가 청산절차를 거치지 않고 한 개 이상의 회사가 소멸됨과 동시에 소멸되는 회사의 모든 권리 · 의무가 존속회사에 모두 이전되는 회사 간의 계약을 말한다. 합병이 이루어지기 위해서는 주주들의 결의가 필요하다.

법률적인 관점에서 합병은 흡수합병과 신설합병의 두 가지로 나눌 수 있다. 흡수합병(merger)은 몇 개의 기업이 결합할 때 그중의 한 기업이 법률적으로 존속하며 인수되는 기업은 소멸하는 경우를 말한다. 신설합병(consolidation)은 결합하려고 하는 기업이 모두 소멸되고 하나의 새로운 기업이 설립되어 이 기업으로 기존기업의 모든 권리 · 의무가 이전되는 방법이다.

경제적 관점에서 합병은 수평적, 수직적, 그리고 다각적 합병으로 구분된다. 수평적 합병(horizontal merger)은 같은 업종에서 비슷한 생산과정이나 판매경로상에 있는 기업들 간에 일어난다. 예를 들어 서울과 충청도를 각각의 주된 영업지역으로 하는 두 주류업체의 합병이 이에 해당한다. 수직적 합병(vertical merger)은 한 기업의 생산과정이나 판매경로상의 이전 또는 이후 단계에 있는 기업을 합병하는 것으로 자동차제조회사가 부품회사를 합병한다든지 또는 판매회사를 합병하는 것 등이 이에 해당한다. 이와는 달리 다각화 또는 다각적 합병(conglomerate merger)은 생산이나 판매 면에서 상호관련성이 없거나, 업종이 서로 다른 기업 간에 일어난다. 업종의 유사성에 따라 다각화는 관련 다각화와 비관련 다각화로 구분된다.

기업의 합병에서는 소멸되는 회사가 나타나며, 이해당사자 간의 협상과 법률적 절차를 거쳐 우호적으로 이루어진다는 점에서 다음에 설명하는 취득과 차이가 있다.

취 득

취득(acquisition)은 한 기업이 다른 기업의 주식이나 자산을 매수하는 행위를 말한다. 취득과 단순한 재산의 부분적 매수와의 차이점은 취득의 목적이 다른 기업의 경영권을 획득하는 데 있다는 것이다. 합병과 다른 점은 취득 후에도 취득되는 기업이 개별기업으로 계속 존재한다는 점이다.[1] 취득은 크게 자산취득과 주식취득으로 구분된다.

자산취득(asset acquisition)은 두 기업 간에 체결된 계약에 따라 한 기업이 다른 기업의 자산의 전부 또는 일부를 매수하는 것을 말한다. 자산취득은 자산의 법적 소유권이 취득한 기업으로 이전되므로 대상기업의 경영권을 흡수하는 효과를 가져온다. 자산취득은 경영진과의 합의를 통해서 이루어지므로 다음에 설명할 주식취득의 경우에서 나타나는 문제점이 발생하지 않는다.

주식취득(stock acquisition)은 한 기업이 다른 기업 주식의 전부 또는 일부를 주주들로부터 인수하는 것으로, M&A의 방법 중 가장 큰 관심의 대상이 되는 형태이다. 형식적으로는 주식의 50% 이상을 취득할 때 기업지배가 가능하겠지만, 주식의 소유가 잘 분산되어 있는 상황에서는 그보다 낮은 수준의 지분을 확보하여도 기업지배가 가능하기 때문이다.

주식취득의 방법에는 이미 발행된 주식을 사는 경우와 새로 발행되는 주식을 인수하는 경우의 두 가지 방법이 있다. 또한 이미 발행된 주식의 매입에는 현금으로 매입대금을 지급하는 경우와 자사주식과 교환하는 경우가 있는데, 과거에는 주식과 교환하는 비중이 높았으나 최근에는 현금을 지급하는 비중이 높아졌다.

| 그림 24-1 | M&A의 분류

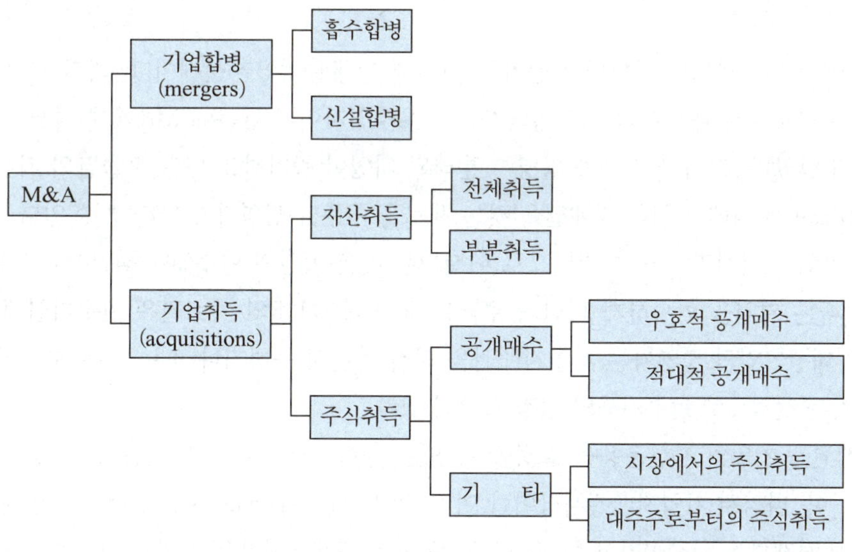

1 대상기업의 자산이나 주식을 100% 취득하게 되면 합병의 절차를 거쳐야 한다.

이미 발행된 주식을 사모으는 방법에는 ① 대주주로부터 주식을 사는 방법, ② 시장에서 주식을 사모으는 방법, ③ 주식공개매수(tender offer 또는 takeover bid: TOB) 등 세 가지가 있다. 시장에서 주식을 사모으는 경우는 주가가 급격히 오르는 것을 막기 위해 은밀하게 조금씩 사모아야 하지만 주식공개매수의 경우는 주주들로부터 공개적으로 한꺼번에 많은 양의 주식을 매입할 수 있다. 자본시장에서 가장 빈번하게 일어나는 것은 주식공개매수에 의한 방법이다. 이 방법에는 M&A의 대상이 되는 회사의 경영진과 협상하여 이루어지는 우호적 공개매수(friendly takeover)도 있으나, 대상회사 경영진의 의사와 관계없이 주주들을 상대로 하여 시장에서 주식을 매입하는 적대적 공개매수(hostile takeover)가 다수이다.

지금까지 살펴본 M&A의 방법을 그림으로 나타내면 앞의 [그림 24-1]과 같다.

인 수

M&A와 관련하여 인수(takeover)란 용어가 자주 사용되고 있는데, 이는 합병이나 취득뿐만 아니라 백지위임장투쟁(proxy contest), 사기업화(going private), 합작투자, 임원파견 등 기업의 경영권을 확보하는 데 사용되는 모든 방법을 포함하는 광의의 개념으로 사용된다. 백지위임장투쟁은 주주들로부터 보유주식에 대한 투표권을 위임받아 기업의 경영권을 확보하는 방법을 말하며, 사기업화는 주식시장에 상장되어 있는 공개기업을 소수의 투자자가 발행주식 전부를 인수하여 상장을 폐지시키고 사기업으로 전환하는 것을 말한다. 다음에서는 모든 형태의 인수에서 타기업을 인수하려는 회사를 인수기업(acquiring firm), 또 인수의 대상이 되는 회사를 대상기업(target firm)으로 부르기로 한다.

■ 기업지배권시장

M&A과정에서 필연적으로 나타나는 문제는 기업의 지배권(경영권)문제이다. 과거 자본주의가 성숙하지 않은 단계에서 대부분의 기업경영자는 소유경영자이기 때문에 M&A에 따른 지배권문제가 중요하지 않았다. 그러나 소유와 경영이 분리된 기업이 증가하고 있는 오늘날의 자본주의체제 하에서는 M&A에 의해 기업의 지배권을 갖는 새로운 주주나 경영자가 나타날 수 있다. 앞서 말한 것과 같이 기업의 지배권이 다른 기업으로 이전되는 것을 기업의 인수(takeover)라고 부른다. 어떤 한 기업이 다른 기업을 인수하게 되면 인수되는 회사(대상기업)의 지배권은 인수기업에 넘어가게 된다. 이때 대상기업의 경영자는 기업지배권을 전혀 가지지 못하거나 또는 일부 보유할 수 있다. 그러나 이것은 전적으로 인수회사의 결정에 달려 있다.

기업지배권을 기업의 자산운용을 결정할 수 있는 권한이라고 본다면 이는 결국 경영자에게 귀속되는 것이며, 따라서 기업지배권시장이란 여러 경영진(managerial team)이 서로 기업지배권을 확보하기 위해 경쟁하는 시장이라고 할 수 있다. 즉, 기업지배권시장은 경영자들이 주주들로부터 기업의 지배권을 위임받기 위하여 서로 경쟁하는 일종의 노동시장(managerial labor market)이다. 기업의 지배권을 확보하기 위해 이용되는 대표적 방법이 주식공개매수와 백지위임장투쟁 그리고 차입매수이다.

주식공개매수

기업의 인수방법 가운데 합병이나 자산취득은 대상기업과 인수기업의 경영자가 직접 협상함으로써 이루어진다. 그런데 주식취득의 경우에는 주식을 소유하고 있으나 기업경영에 직접 참여하지 않고 있는 많은 주주들로부터 주식을 매입하여 기업을 인수한다. 대상기업의 주식을 주주들로부터 공개적으로 취득하는 주식공개매수(tender offer)는 기업의 지배권을 확보하는 방법으로 가장 많이 이용된다. 주식공개매수를 추진하는 인수기업은 대상기업의 주식수(지분율), 매수가격(tender price), 매수기간, 매수 장소 및 방법 등을 공개하고, 이에 응하는 주주가 있으면 어느 주주에게서나 그 회사의 주식을 사들이게 된다. 경영권에 관심이 없는 주주는 매수가격이 만족스러운 수준이라고 판단하면 기존 경영진의 뜻과는 관계없이 자신의 소유주식을 팔게 될 것이다. 이렇게 거래된 주식수가 기업지배권을 확보할 정도에 이르면 대상기업은 인수기업에 인수된다. 이때 인수에 반대했던 경영자는 자신이 설 땅을 잃을 수 있다. 공개매수에서 제시되는 매수가격은 대상기업의 주주들이 주식을 팔도록 유인하기 위한 것이므로 현재의 시장가격보다 상당히 높게 책정되는 것이 보통이다.

앞서 언급하였듯이 주식공개매수는 우호적일 수 있고 또 적대적일 수도 있다. 일반적으로 경영진의 기업지배권이 강하고 수익성이 좋아 주가가 높은 대상기업의 경우 적대적 M&A가 쉽지 않다. 따라서 인수기업은 주식공개매수를 시도하더라도 미리 대상기업 경영진과의 협상을 통해 우호적인 방식으로 추진한다. 그러나 경영진의 기업지배권이 약하고 비효율적인 경영으로 주식이 저평가된 대상기업의 경우, 인수기업은 경영진을 통하지 않고 대상기업의 주주들로부터 직접 주식을 매수하는 적대적인 방식을 취할 수 있다.

백지위임장투쟁

백지위임장투쟁(proxy contest)은 취득과는 관계없는 대상기업의 기업지배권 다툼이다. 주식회사의 주주들은 보유주식 1주당 1표의 투표권을 갖는다. 그러나 대부분의 주주들은 주주총회에 참석하지 않고 그 투표권을 다른 사람에게 위임함으로써 투표권을 행사하게 되는데 이 투표권을 위임하는 형태가 백지위임장(proxy)이다. 주주총회가 가까워지면 경영자들은 주주들을 상대로 투표권의 위임을 권유하게 된다. 기업지배권을 유지하기 위해서는 의결정족수에 해당하는 투표권을 확보할 필요가 있기 때문이다. 물론 기업의 경영정책에 불만이 없는 주주는 현 경영자가 권유하는 백지위임장에 쉽게 서명한다. 그러나 기업의 현 경영자에게 불만을 가진 주주는 외부인의 권유에 더 귀를 기울일 수 있다. 외부인이 제시하는 이사진이나 미래 경영계획 등이 주주 자신의 이익에 더 부합한다는 판단이 서면, 주주는 백지위임장을 외부인에게 넘겨줄 수 있다. 만약 외부인이 많은 백지위임장을 확보하여 이사회의 다수 의석을 차지하면, 기업지배권은 외부인에게로 넘어가게 된다. 이때 외부인으로서 백지위임장투쟁에 참가하는 사람은 현재의 경영진에 대해 불만을 갖고 있으나 경영권이 없는 대주주이거나 기업지배권을 노리는 잠재적인 경영진 등이다. 최근 들어 기업지배권시장에서는 이러한 백지위임장투쟁이 줄고 주식공개매수가 자주 이용되고 있다.

차입매수

차입매수(leveraged buyout: LBO)란 자금여력이 부족한 인수기업이 대상기업의 자산이나 미래수익을 담보로 은행차입이나 채권발행 등을 통해 자금을 조달하고, 이 외부차입금으로 대상기업의 주식을 매입하여 지배권을 확보하는 방법이다. LBO는 기업의 소유권이 이전되는 동시에 대상기업의 부채가 증가하여 자본구조가 일시에 크게 변한다는 특징이 있다.

경영자매수

차입매수가 외부의 제3자에 의해 이루어지는 방법이라면, 경영자매수(management buyout: MBO)는 대상기업에 종사하는 경영자나 임직원이 중심이 되어 대상기업의 전부 또는 일부를 인수하는 방법이다. 경영자매수는 LBO방식으로 이루어지기도 한다.

■ M&A시장의 동향: M&A 물결

그동안 세계 M&A 시장에서 이루어진 거래들을 살펴보면 특정 시기 및 산업을 중심으로 M&A가 집중적으로 발생하는 특성을 보인다. 즉 역사적으로 볼 때 M&A 시장은 주기적으로 과열과 침체를 거듭하며 오늘날에 이르고 있는데, 세계 M&A 시장을 주도하는 미국 시장을 예로 들면, [그림 24-2]에서 보는 것과 같이 1890년대부터 현재까지 총 7번에 걸친 거대한 M&A 흐름을 확인할 수 있다. 이를 M&A 물결(M&A Waves)이라고 한다.

M&A 물결은 그 시대의 경제, 기술, 규제 등 환경 변화에 따라 각 시기별로 기업 성장 전략의 특징을 잘 보여준다. 이를 간략히 살펴보자. 1차 물결(1896~1904년)이 시작된 19세기 말에는 미국 대륙을 하나의 시장으로 연결할 수 있는 교통수단이 구축되었고, 이로 인해 각 산업 분야에서 수평적 합병을 통한 산업생산설비의 통합과 시장지배력을 추구하는 M&A의 성행으로 과도한 독점시장이 형성되었다. 2차 물결(1922~1934년)에서는 미국 정부의 반독점 규제를 피하고 유통채널의 효율적 관리와 범위의 경제를 목표로 하는 수직적 합병이 크게 성행하였다. 이에 따라 미국 경제에 재벌기업들이 등장하기 시작하였으며 과점상태가 형성되었다. 세계대공황과 2차 세계대전 이후 나타난 3차 물결(1963~1974년)은 정부의 과점시장 규제를 피하기 위한 기업들의 다각화 추진으로 시작되었으며, 거대 복합기업의 출현을 가져왔다. 이 시기의 M&A는 과다한 다각화로 인해 기업들이 핵심 사업을 소홀히 하면서 기업가치를 하락시켰다는 평가를 받고 있다. 4차 물결(1985~1991년)은 3차 물결에서 나타난 무분별한 다각화에 따른 반작용으로 시작되었으며 대리비용을 줄이고 기업지배구조의 강화를 목표로 하는 M&A가 성행하였다. 특히 자본시장의 발달과 함께 차입매수(LBO)와 경영자매수(MBO) 등 적대적 M&A를 위한 다양한 금융기법들이 성행하였다. 5차 물결

| 그림 24-2 | 미국 시장의 M&A 물결

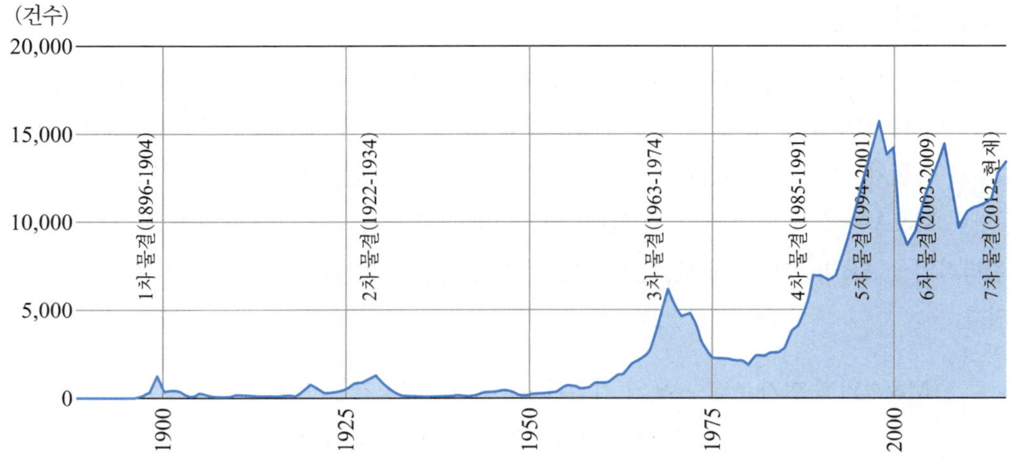

자료: Cho, S. and C. Y. Chung (2022), "Review of the Literature on Merger Waves," *Journal of Risk Financial Management* 15(10), Figure 1 수정인용.

(1994~2001년)은 20세기 말 각국의 금융, 통신, 유틸리티 산업의 규제 완화와 민영화로 인해 글로벌 시장에서의 주도권 확보를 위한 해외기업에 대한 M&A(cross-border M&A)가 급증하고 그 규모가 크게 대형화되었으며, 미국뿐 아니라 유럽과 아시아의 M&A 시장이 크게 성장한 시기이다. 세계화와 이에 따른 산업통합의 추세가 지속된 시기를 반영하는 6차 물결(2003~2009년)에서는 사모펀드(private equity)의 역할이 강화되어 M&A 시장의 큰 손으로 부상하였으며, 주주행동주의가 강화되고, 유럽과 아시아 M&A 시장이 지속적으로 성장한 시기이다. 금융위기의 여파로 인해 2009년 이후 M&A가 크게 감소하였으나, 2012년 이후 M&A 시장은 다시금 활성화되고 있는 추세이다. 7차 물결(2012~현재)에서는 국가 간 M&A와 업종을 달리하는 기업 간의 통합이 활발하게 이루어지고 있으며 브라질, 인도, 중국 등 신흥시장에서의 M&A가 활발하게 이루어지고 있다.

M&A 물결이 발생하는 원인을 설명하는 신고전주의 이론(neoclassical theory)은 규제완화, 경제적 · 기술적 요인의 변화 등이 다수 기업들에 대한 동시적인 구조조정을 유인하고 이로 인해 M&A 물결이 발생한다고 주장한다. 반면 행태주의 이론(behavioral theory)은 경영자의 비합리적인 M&A 결정, 주주–경영자 간의 대리인 문제가 M&A 물결을 가져온다고 주장한다. 한편, 마켓타이밍이론(market timing theory)은 경기확장기에 금융시장에서 주가가 과대평가될 수 있고 이 경우 주가가 고평가된 기업들이 다른 기업을 인수할 유인을 갖게 되어 M&A가 확산할 수 있다고 주장한다.

24.2 M&A의 평가와 시너지

■ M&A의 평가법

M&A는 기업이 고려하는 투자안의 특수형태라고 할 수 있고, 이에 대한 투자결정도 자본예산의 특수한 경우로 생각할 수 있다. 따라서 M&A를 분석하고 평가할 때에도 다른 투자안의 분석과 마찬가지로 순현가(*NPV*)법을 사용하는 것이 바람직하다. 대상기업의 인수가 양(+)의 순현가를 가져다준다면 M&A는 실행에 옮겨질 수 있다. 인수기업과 대상기업을 각각 A와 B로 나타내고 인수 후 합병기업을 AB라고 나타낼 때, 인수기업 주주의 관점에서 M&A의 순현가는 다음과 같이 구해 진다.

$$\begin{aligned} \text{M\&A의 순현가} &= \text{인수 후의 기업가치} - \text{인수 전의 기업가치} \\ &= (\text{AB회사의 가치} - \text{인수비용}) - \text{A회사의 가치} \end{aligned} \tag{24.1}$$

식 24.1을 투자안의 증분현금흐름의 관점에서 분석해 보자. 순현가는 투자 이후에 실현되는 증분현금흐름의 현재가치로부터 투자비용을 뺀 것이다. M&A의 경우 증분현금흐름의 현재가치에 해당되는 개념을 시너지(synergy)라고 하는데, 이는 인수기업이 대상기업을 인수한 후에 갖게 되는 가치와 인수 이전의 개별적인 두 회사의 가치를 합한 것과의 차이이다.

$$\text{시너지} = \text{인수 후 기업(AB)의 가치} - \text{인수 전 두 기업(A+B)의 가치} \tag{24.2}$$

M&A의 주된 동기(또는 이점)는 이러한 시너지가 발생하기 때문이라고 할 수 있다. 시너지가 없거나 음(−)이라면 두 기업이 결합할 이유가 없다. 한편 대상기업인 B회사가 요구하는 인수가격(= 인수비용)과 B회사 가치와는 차이가 날 수 있는데, 이를 M&A 프리미엄(M&A premium)이라고 한다.

$$\text{M\&A 프리미엄} = \text{인수가격} - \text{대상기업(B)의 가치} \tag{24.3}$$

식 24.2와 24.3을 식 24.1에 대입하여 정리하면 M&A의 순현가는 시너지와 M&A 프리미엄의 차이로 계산할 수 있다.

$$\text{M\&A의 순현가} = \text{시너지} - \text{M\&A 프리미엄} \tag{24.4}$$

예제 24-1 100% 자기자본으로 자산이 구성된 A, B 두 회사의 기업가치가 각각 50억원, 10억원이다. A회사가 B회사를 합병하여 AB회사가 탄생하면, 합병 후 기업가치는 70억원이 된다. B회사의 주주가 15억원의 인수가격을 요구한다면 A회사가 B회사를 합병할 것인지를 분석하라. 또 합병의 시너지와 M&A 프리미엄을 계산하고, 합병의 순현가를 시너지와 M&A 프리미엄의 차이로 구해보라.

풀이 식 24.1을 이용하여 M&A의 순현가를 구하면 5억원[= (70억 − 15억) − 50억]이다. 합병의 순현가가 양(+)이므로 A회사는 B회사를 합병하고자 할 것이다.
식 24.2에 의해 합병의 시너지는 다음과 같다.

시너지 = AB의 가치 − (A + B)의 가치 = 70 − (50 + 10) = 10(억원)

또 M&A 프리미엄은 식 24.3에 의해 다음과 같다.

M&A 프리미엄 = 인수비용 − B의 가치 = 15억 − 10억 = 5(억원)

합병의 순현가 5억원은 시너지 10억원과 M&A 프리미엄 5억원의 차이가 된다.

지금까지의 설명은 M&A를 평가하는 방법의 기본골격을 보여주었을 뿐, 실제 M&A의 평가는 이렇듯 단순하지만은 않다. 인수 전과 후의 기업가치를 결정하기 위해서는 방대한 자료를 수집하여야 한다. 또 의사결정에 있어서 위험이 따르게 마련이다. 더욱이 M&A는 복잡한 법적 절차, 세금효과, 회계처리 등의 문제로 높은 전문성이 요구되는 작업이며, 기업의 지배권이나 대리문제와 같은 고려사항이 많고 또 이들의 계량적 측정이 어렵기 때문에 정확한 순현가를 계산하는 일이 결코 쉽지 않다. 이러한 구체적인 문제들의 자세한 분석은 이 책의 수준을 넘어서기 때문에 여기서는 생략하고, 다음에서는 시너지의 원천을 분석하고 M&A의 동기를 설명하는 이론들에 대해 살펴본다.

■ 시너지의 원천

앞서 식 24.2에서 시너지는 다음과 같이 계산된다고 하였다.

시너지 = 인수 후 기업(AB)의 가치 − (인수기업 A의 가치 + 대상기업 B의 가치)

기업의 가치는 미래현금흐름을 할인한 현재가치이므로 각 현금흐름에 대한 할인율이 단순하게 같다고 가정하면, 위 식의 시너지는 다음과 같이 나타낼 수 있다.

$$\text{시너지} = \sum_{t=0}^{\infty} \frac{1}{(1+k)^t}[CF_t^{AB} - (CF_t^A + CF_t^B)] = \sum_{t=0}^{\infty} \frac{1}{(1+k)^t} \Delta CF_t \qquad (24.5)$$

식 24.5에서 CF^{AB}는 인수 후 기업의 현금흐름을, CF^A와 CF^B는 각각 인수 전 기업 A와 B의 현금흐름을 나타낸다. 따라서 ΔCF_t는 인수 후 기업 AB의 t기의 현금흐름과 인수 전의 기업 A와 B의 t기의 현금흐름의 합과의 차이, 즉 M&A에 의한 t기의 증분현금흐름을 나타낸다. k는 M&A 후의 증분현금흐름을 할인하기 위한 위험조정할인율이다. 자본예산의 현금흐름측정에서 설명한 것과 같이 증분현금흐름 ΔCF_t는 다음과 같은 증분요소의 결합으로 구해진다.

$$\Delta CF_t = \Delta\text{수익} - \Delta\text{비용} - \Delta\text{세금} \qquad (24.6)$$

따라서 M&A로 발생하는 시너지의 원천은 식 24.5와 식 24.6에 따라 M&A에 따른 수익의 증가,

비용의 감소, 그리고 세금의 절약 등으로 분류할 수 있다. 이러한 항목은 기업의 영업활동과정에서 나타나는 것이기 때문에 이를 영업시너지(operating synergy)라고 한다. 한편, 식 24.5에서 할인율 k의 변화를 포함한 재무적 측면에서의 시너지도 발생할 수 있는데 이를 재무시너지(financial synergy)라고 한다. 이를 하나씩 살펴보자.

수익의 증가

M&A는 다음과 같은 효과 때문에 인수 후의 수익이 인수 전 수익의 합보다 늘어날 수 있다.

- **마케팅의 효율화**: 한 기업이 다른 기업을 인수하면 마케팅 측면에서 큰 이득을 올릴 수 있다. 유통채널을 강화시킬 수 있고, 광고에 있어서도 큰 효과를 볼 수 있으며, 제품구성의 균형을 갖출 수 있게 되어 범위의 경제(economy of scope)를 실현할 수 있다.
- **전략적 우위**: 두 회사가 결합됨으로써 경쟁적인 기업환경에서 전략적 우위를 차지할 수 있다. 예를 들어 스마트폰제조회사가 운영체제를 개발하는 회사를 인수한다면, 다양한 운영체제를 탑재한 스마트폰을 생산하는 데 다른 회사보다 전략적 우위를 점할 수 있다.
- **시장지배력**(market power) **및 독점지배력**(monopoly power): 한 기업이 동종산업에 속하는 다른 기업을 인수함으로써 시장점유율을 높일 수 있으며 극단적으로는 독점적 지위를 차지할 수 있다. 이럴 경우 시장에서 영향력이 커지며, 독점적 이윤을 얻을 수도 있다.

비용의 감소

M&A는 다음과 같은 효과 때문에 인수 후의 비용이 인수 전 비용의 합보다 줄어들 수 있다.

- **규모의 경제**(economies of scale): 적정량을 생산할 수 있는 규모의 기업이 되어야 생산단위당 비용을 감소시킬 수 있다. 이러한 효과는 대체로 수평적 인수에서 나타난다.
- **수직적 결합의 경제성**(economies of vertical integration): 기업운영의 경제성은 수평적 결합에서도 나타나지만 수직적 결합에서도 나타난다. 수직적 결합의 목적은 서로 영업활동이나 생산기술 등에서 수직적으로 관련되어 있는 기업활동을 서로 조화시키기 위한 것이다.
- **자원의 상호보완**(complementary resources): M&A를 통해 기존기업들의 자원을 더욱 효과적으로 활용하거나, 새로운 요소를 취득할 때 비용의 절약을 가져올 수 있다. 예를 들어 테니스용품 가게에서 스키용품 가게를 흡수한다면, 여름이나 겨울 모두 안정된 매출이 발생할 것이며 가게공간의 활용도도 높아질 것이다.
- **비효율적인 경영진의 교체**: 두 기업이 결합됨으로써 무능한 경영진을 교체할 수 있으며, 중복되는 경영진의 수를 감소시킴으로써 기업은 운영비를 절감할 수 있다.

세금의 절약효과

M&A는 정상적인 소득세율과 자본이득세율의 차이, 그리고 이월결손금의 승계가능성 등으로 인

해 세금을 절약할 수 있는 수단이 될 수 있다. 예를 들어, 자본이득세율이 낮을 경우 배당을 적게 하거나 전혀 하지 않는 성장기업을 인수하여 그 기업이 성장한 후 매각하면 그 차액에 대해 소득세율이 아닌 자본이득세율로 세금을 납부함으로써 법인세를 절약할 수 있다. 이월결손금을 승계하는 것이 가능하다면 수익성 있는 기업이 이월결손금이 누적된 기업을 인수함으로써 법인세를 절약할 수 있다. 세금과 관련된 또 하나의 유인은 인플레이션이 높을 때 오래된 자산의 역사적 원가에 근거한 감가상각의 불이익을 해소할 수 있다는 것이다. 기업의 유형자산은 M&A를 통해 시가로 새로이 평가되므로 이에 따라 증가된 감가상각비를 세금절약수단으로 활용할 수 있다.

재무시너지

M&A를 통해 기업의 규모가 커지게 되면 기업의 공신력이 올라가고 위험분산효과를 얻을 수 있으며, 또 대규모 증권발행이 가능해짐에 따라 발행비용을 절약할 수 있다. 결과로 외부에서 자금을 조달할 때 드는 자본비용, 즉 할인율을 낮출 수 있다. 또 좋은 투자기회를 가지고 있지만 여유자금이 없는 기업이 여유현금은 많지만 좋은 투자기회가 없는 기업을 인수할 경우, 주식이나 사채를 새로이 발행하지 않고도 자금을 조달할 수 있어 자본비용의 상승 없이 기업가치를 증가시킬 수 있다. 또한, M&A로 인해 미래현금흐름의 위험이 분산되고 기업규모가 증가하게 되면 부채의 수용능력도 그만큼 확대되는데, 이는 곧 파산위험을 줄이면서 부채사용을 늘릴 수 있음을 의미한다. 이럴 경우 기업가치는 이자의 법인세 감세효과가 커지는 만큼 증가하게 된다.[2] 이와 같이 M&A에 따르는 자본비용의 감소와 부채수용능력의 확대에 따른 기업가치의 증가를 재무시너지라 부른다.

■ M&A의 동기를 설명하는 기타 가설

저평가가설

저평가가설(under-valuation hypothesis)은 자본시장의 불완전성을 염두에 두고 M&A의 동기를 설명하는 전통적인 이론이다. 사업을 확장하려는 어느 기업이 새로운 회사를 설립하는 방안과 기존의 기업을 인수하는 방안을 고려하고 있다고 하자. 만일 대상기업의 주가수준이 적정한 가치에 비해 낮게 평가되고 있다면 후자의 방법이 전자의 방법보다 유리하다. 즉 저평가 대상기업을 취득하는 것이 비용이 적게 들고, 인수 후에는 자산의 재평가로 인한 평가차익이 발생하여 그만큼 순현가가 커질 수 있다는 것이다.

저평가 여부를 판단하는 지표로 자주 사용되는 것이 토빈의 q비율(Tobin's q-ratio)이다. 토빈의 q비율은 기업의 시장가치를 기업이 보유한 자산의 대체원가(replacement cost)로 나눈 값이다.

$$q\text{비율} = \text{기업의 시장가치}/\text{기업자산의 대체원가} \tag{24.7}$$

2 미래현금흐름의 위험분산으로 인해 부채수용능력이 커지는 것이 궁극적으로 기업가치를 증가시키는가에 대해서는 이의가 있을 수 있다. 즉 M&A로 채권자들의 부는 증가하지만 주주의 부는 감소할 수 있다는 것이다. 이에 대해서는 뒤에서 살펴본다.

식 24.7에서 분자는 주식과 부채의 시장가치를 합한 것이다. 분모는 기업이 보유하고 있는 자산을 현 시점에서 대체할 때 소요되는 비용을 나타낸다.

자산의 시장가치가 대체원가보다 커서 q비율이 1보다 크면 그 기업은 투자금액에 비해 많은 현금흐름을 창출하는 기업이다. 반대로 q비율이 1보다 작으면, 그 기업은 투자금액에 비해 현금흐름이 적은 기업이다. 만일 q비율이 1보다 낮은 이유가 비효율적인 경영으로 인해 주식이 저평가되어 나타나는 현상이라면 이런 기업은 적대적 M&A의 표적이 될 수 있다.

예제 24-2 삼성산업의 발행주식수는 100만주이며, 주당시장가격은 10만원이다. 삼성산업은 현재 액면가 500억원의 부채를 사용하고 있으며 부채의 시장가치는 액면가와 같다. 한편, 증권분석가들은 삼성산업이 현재 보유하고 있는 자산과 생산능력이 동일한 자산들을 구입하는 경우 총 2,000억원의 비용이 들 것으로 추정하고 있다. 삼성산업의 q비율을 구하라.

풀이 삼성산업의 q비율 = (100만주 × 10만원 + 500억원)/2,000억원 = 0.75

경영자주의

M&A는 경영자가 주주의 이익을 위해서가 아니고 자신의 사적 이익을 위해서 기업규모를 확대하려는 동기에서 발생한다는 주장이 경영자주의(managerialism) 이론이다. 이는 제14장에서 소개한 경영권방호가설과 맥을 같이 한다. 많은 경우 경영자는 기업규모를 확대시키는 것이 자신의 경영능력을 과시하고 또 자신의 위치를 확고히 해 주는 수단이 된다고 생각한다. 또한 큰 기업의 경영자는 작은 기업의 경영자에 비해 특권적 소비 등에서 보다 큰 대리비용을 향유할 수 있다. 따라서 인수기업의 경영자는 회사가 고려 중인 M&A안이 기업가치를 증가시키지 않더라도, 자신의 요구를 만족시킨다면 이를 추진할 수 있다는 것이다.

대리이론

경영자주의가 경영자의 관점에서 M&A의 이점을 설명하는 데 비해, 대리이론은 주주의 관점에서 M&A의 이점을 설명하는 것이라고 할 수 있다. 소유와 경영의 분리는 경영자의 특권적 소비나 주주의 감시비용 등의 대리비용을 발생시킨다. 특히 많은 잉여현금(free cash flow)을 가지고 있으면서 적절한 투자대상을 찾지 못할 때는 대리비용이 증가한다. 이러한 대리비용을 발생시키는 기업은 합병의 대상이 되기 쉽다. 효율적 경영으로 대리비용을 감소시킬 수 있기 때문이다. 이때 적대적 M&A는 경영자의 지위를 위협하는 수단이 된다. 즉 대리비용을 발생시키는 경영진의 비효율적 경영활동으로 말미암아 기업가치가 하락하게 되면 그만큼 인수대상이 될 확률이 커지고, 이는 경영자의 지위를 위협하는 수단이 된다는 것이다. 따라서 적대적 M&A는 경영진의 활동을 효율화함으로써 주주가 지불하게 될 대리비용을 그만큼 낮춰 주는 역할을 한다.

24.3 M&A의 비용과 인수가격

앞에서는 시너지를 비롯해 M&A의 이점과 동기에 대해 살펴보았다. M&A가 주주의 부를 언제나 증가시킬 수 있는 것은 아니다. M&A에서 큰 시너지가 예상되는 경우 대상기업의 주주들은 현재의 가격보다 훨씬 더 높은 가격에 주식을 팔려고 할 것이며, 이 경우 M&A를 시도하는 기업은 추가적인 비용을 부담해야 한다. 또 M&A는 기업의 미래현금흐름에 대한 위험분산효과를 가져와 주주와 채권자 간에 부의 이전문제를 발생시킬 수 있다. 이렇게 M&A가 인수기업의 주주에게 가져다주는 불이익을 'M&A의 비용'이라고 정의하고, 이에 대해 구체적으로 살펴보자. 또 인수기업이 대상기업에 최종적으로 지불하는 인수가격이 어떻게 결정되는지도 살펴보자.

■ M&A의 비용

신호효과를 고려한 M&A 프리미엄

인수기업이 대상기업의 주주로부터 주식을 인수하기 위해서는 대상기업 주식의 시장가격보다 높은 인수가격을 제시하는 것이 일반적이다. 즉 대상기업을 인수할 때 프리미엄을 지급하여야 한다. 이를 M&A 프리미엄이라고 하였는데 이는 인수가격 중에서 대상기업의 실제가치를 초과하는 부분이다.

주식공개매수의 방법으로 대상기업을 인수하는 경우 M&A 프리미엄을 계산할 때 반드시 고려해야 할 사항이 정보비대칭에 따른 신호효과(signaling effect)이다. 대상기업에 대해 시장가격을 웃도는 가격으로 인수제의가 있을 것이라는 소문은 곧 대상회사 주식이 저평가되었다는 사실을 전달하는 신호가 되며, 주식은 시장에서 재평가과정을 거치게 된다. 그 결과 대상기업의 주가는 상승하고 이로 인해 대상기업의 인수가격은 더욱 높아지게 마련이다. 따라서 식 24.3의 M&A 프리미엄은 신호효과를 고려할 경우 다음과 같이 수정된다.

$$\text{신호효과를 고려한 M\&A 프리미엄} = \text{종전대상기업의 인수가격} - \text{대상기업의 가치} + \text{신호효과에 따른 주가상승분} \quad (24.8)$$

예제 24-3 M&A 대상기업인 B회사의 현재주가는 10,000원이고 발행주식수는 10만주이다. A기업은 B회사를 주당 12,000원의 가격에 주식공개매수의 방법으로 인수를 추진하고 있다. 공개매수 발표가 있은 후 시장에서는 B회사의 주가가 주당 14,000원의 가격으로 상승하였다. 신호효과가 반영되기 전의 M&A 프리미엄과 신호효과가 반영된 후의 M&A 프리미엄을 구하라.

풀이 신호효과가 반영되기 전의 M&A 프리미엄은 (12,000 − 10,000) × 10만 = 2억원이다. 그러나 공개매수 소식에 B회사 주식이 다시 주당 2,000원만큼 추가로 상승하였으므로 A기업은 B회사를 최종적으로 14,000원에 인수할 수밖에 없다. 신호효과가 반영된 후의 M&A 프리미엄 = [(12,000 − 10,000) + 2,000] × 10만 = 4억원이다. 이처럼 신호효과는 대상기업의 주주들이 적정하다고 느끼는 프리미엄에 더하여 주식재평가로 인한 가격증가분을 인수기업에 추가로 부담시키는 결과를 초래한다.

위험분산효과에 의한 부의 이전문제

M&A를 통해 미래현금흐름의 확률분포가 서로 다른 두 기업이 결합을 하게 되면 분산효과에 의해 현금흐름의 위험이 그만큼 줄어든다. 이는 다른 조건이 같다면 M&A 후의 기업이 이전의 기업보다 사업위험이 작아진다는 것이다. 이러한 효과는 주주로부터 채권자에게로 부가 이전되는 결과를 가져오며, 주주는 이만큼의 보이지 않는 비용을 부담하는 셈이 된다. 즉 M&A 전에 위험이 큰 기업으로부터 높은 이자율을 요구한 채권자들이 M&A 후 위험이 낮아졌음에도 불구하고 종전과 같은 이자를 받게 되면 부채가치는 증가하고 주주가치는 감소한다.

부의 이전효과를 〈표 24-1〉에 제시한 A, B 두 기업의 합병 예를 통해 살펴보기로 하자. 〈표 24-1〉에서는 미래 경제상황이 호황, 보통, 불황일 때 A와 B 두 기업의 합병 전과 합병 후의 기업가치와 부채가치 및 주주가치(자기자본가치), 그리고 그 기댓값을 정리하였다. 그리고 ①의 경우는 합병 전 A와 B 두 기업 모두가 100% 자기자본을 사용할 때이며, ②의 경우는 합병 전 A기업은 4억원의 타인자본을 사용하고 B기업은 전액 자기자본을 사용할 때이다. 분석의 편의상 합병의 시너지는 없다고 가정하고, ①과 ② 두 경우에 A와 B기업의 합병으로 인해 부채가치와 주주가치가 어떻게 변화하는지를 분석해 보자.

표 24-1 M&A와 부의 이전 효과

(단위: 억원)

	상태(확률)			기댓값
	호황(0.5)	보통(0.3)	불황(0.2)	
① 100% 자기자본 사용				
합병 전:				
A의 기업가치(= 주주가치)	8	5	2.5	6
B의 기업가치(= 주주가치)	5	4	1.5	4
합병 후:				
AB의 기업가치	13	9	4	10
② A는 4억원의 부채 사용, B는전액 자기자본 사용				
합병 전:				
A의 기업가치	8	5	2.5	6
부채가치	4	4	2.5	3.7
주주가치	4	1	0	2.3
B의 기업가치(= 주주가치)	5	4	1.5	4
합병 후:				
AB의 기업가치	13	9	4	10
부채가치	4	4	4	4
주주가치	9	5	0	6

먼저 A와 B 두 기업의 자산이 100% 자기자본으로 구성되어 있는 ①의 경우, 합병의 시너지가 없기 때문에 합병기업의 가치는 개별기업 A와 B의 시장가치를 합한 10억원과 같다. 즉, A와 B

두 기업의 주주가치는 합병 전과 후에 변화가 없다.

합병 전 A기업이 4억원의 부채를 사용하며 B기업은 전액 자기자본만을 사용하는 ②의 경우를 분석해 보자. 〈표 24-1〉의 ②에서 보면 A기업은 경제상황이 호황이나 보통일 경우 4억원의 부채를 상환할 수 있다. 그러나 불황일 경우 기업가치는 2.5억원이므로 A기업은 부채의 일부밖에 상환할 수 없는 파산상태에 놓이게 된다. 따라서 A기업의 부채가치는 3.7억원(= 4억 × 0.5 + 4억 × 0.3 + 2.5억 × 0.2)이다. 그런데 A기업이 B기업과 합병하면 불황인 상황에서도 합병 후 기업가치는 4억원이 되고, 부채상환이 가능해져서 파산상태는 발생하지 않는다. 이 경우 부채가치는 4억원[= 4억 × (0.5 + 0.3 + 0.2)]이다.

한편, 합병 전 A기업의 주주가치는 2.3억원이며 B기업의 주주가치는 4억원이므로, 합병 전 두 기업의 주주가치는 6.3억원이다. 그러나 합병 후 기업의 주주가치는 6억원이다. 즉, 채권자는 합병을 통해 0.3억원(= 4억 − 3.7억)만큼의 이익을 얻는 반면, 주주의 부는 합병 전의 6.3억원에서 합병 후에는 6억원으로 0.3억원만큼의 손실이 발생한다. 결국 합병으로 인해 A기업의 파산위험이 사라짐에 따라 AB기업의 주주로부터 채권자에게로 0.3억원의 부가 이전된 것이다.

A기업의 주주 관점에서 이와 같은 손실을 입지 않기 위해 생각할 수 있는 한 가지 방법은 합병 이전에 A기업의 모든 채무를 변제하고, 필요자금을 합병 후에 다시 부채로 조달하는 것이다. 그러나 합병 이전에 모든 채무를 변제한다는 것은 현실적으로 어려울 수 있다. 또 하나의 방법은 합병 후에 부채사용을 늘리는 것이다. 일반적으로 합병은 파산위험과 같은 재무적 곤경을 줄여주기 때문에 그만큼 부채의 수용능력을 확대시킨다. 이를 이용하여 부채비율을 높이는 것만으로도 합병으로 인한 부의 이전문제를 완화시킬 수 있다. 왜냐하면 합병 후의 부채비용은 위험의 감소로 인해 합병 전에 비해 상대적으로 낮은 수준이나, 부채사용을 늘리면 파산위험이 높아져 다시 부채비용이 증가하기 때문이다.

■ 인수가격의 결정

제24.3절에서 기본적인 M&A 평가법을 설명하였다. 기업의 합병과 취득의 결정 여부는 여타 자본예산에서와 마찬가지로 순현가가 어떠하냐에 달려 있다. 이때 인수가격을 얼마로 할 것인지가 순현가를 결정하는 중요한 요인이 된다. 인수가격이 낮으면 대상기업 주주들이 M&A에 응하지 않을 것이며, 너무 높으면 인수기업의 주주가 손해를 보게 된다. 이론적으로는 대상기업이 M&A의 순현가가 0이 될 때까지 인수가격을 높일 수 있다. M&A가 기업의 주가와 이익에 미치는 영향을 고려하여 인수가격과 주식교환비율 등의 M&A조건을 어떻게 결정할 수 있는지 살펴보자.

M&A가 주가와 이익에 미치는 영향과 M&A조건

M&A는 기업의 미래 이익이나 기업의 가치에 영향을 주며 이는 다시 M&A조건에 영향을 미친다. 우선 M&A가 ① 주가에 미치는 영향과 ② 주당순이익에 미치는 영향을 분석해 보자.

A기업이 인수기업이고 B기업이 대상기업이라고 하자. 이 기업들에 대한 정보는 〈표 24-2〉와 같다. A기업이 B기업을 인수하면 시너지의 발생으로 인해 3억원의 가치가 증가할 것으로 예상된다. 이 경우 M&A조건이 어떻게 결정될 수 있는지를 살펴보자. M&A조건은 A기업이 B기업의 인수대가를 어떤 방법으로 지불하느냐에 따라 현금으로 인수하는 경우와 주식발행을 통해 인수하는 경우로 나누어 볼 수 있다.

표 24-2 A기업과 B기업의 재무정보

	A기업	B기업
순이익	50,000,000원	20,000,000원
발행주식수	10,000주	5,000주
주당순이익	5,000원	4,000원
주가이익배수(*PER*)	12배	15배
주 가	60,000원	60,000원

현금으로 인수하는 경우

A기업이 현금을 주고 B기업을 인수할 경우 A기업이 지불할 수 있는 인수가격의 최댓값은 M&A의 순현가를 0으로 만드는 금액이다. B기업의 현재 시장가치는 3억원(= 60,000원 × 5,000주)이다. M&A의 순현가는 식 24.4에서 살펴본 것과 같이 시너지와 M&A 프리미엄의 차이이므로 A기업이 B기업의 인수를 위해 얼마만큼의 프리미엄을 주느냐에 따라 결정된다. 다음의 예제를 통해 살펴보자.

예제 24-4 〈표 24-2〉의 A기업이 B기업 주주들에게 총 4억원을 인수대가로 지급하기로 했다면, 이 경우 M&A의 순현가와 A기업의 주가를 구하라. 또 A기업이 B기업 인수를 위해 지불할 수 있는 최대금액과, 이 경우에 인수 후 A기업의 주가를 구하라.

풀이 시장가치가 3억원인 B기업의 인수를 위해 4억원을 지급하는 경우 M&A 프리미엄은 1억원이며 M&A의 *NPV*는 식 24.4를 이용하면 다음과 같이 2억원이다.

M&A의 *NPV* = 시너지 − M&A 프리미엄 = 3억원 − 1억원 = 2억원

인수 후 A기업의 가치는 기존기업의 가치 6억원(= 60,000원 × 10,000주)에 M&A의 *NPV* 2억원을 더한 8억원이며, 발행주식수는 인수 전과 변동이 없으므로 여전히 10,000주이다. 따라서 주가는 80,000원(= 8억원/10,000주)이다.

B기업 인수를 위해 지불할 수 있는 최대 인수가격은 M&A의 *NPV*를 0으로 만드는 금액이므로 B기업 주주에게 3억원의 프리미엄을 지급하는 경우이다. 즉, B기업의 현재 시장가치 3억원에 M&A 프리미엄 3억원을 더한 6억원이 A기업이 지불할 수 있는 최대금액이다. 이때 인수 후 A기업의 주가는 기업가치와 발행주식수에 변화가 없으므로 인수 전과 같은 60,000원이다.

주식발행으로 인수하는 경우

A기업이 신주를 발행하여 B기업을 인수하려고 할 때 새로 발행되는 주식수는 주식교환비율을 무엇에 의해 결정하느냐에 따라 달라진다. 주식교환비율은 보통 주가와 주당순이익을 기준으로 하여 결정된다.

- **주가를 기준으로 결정하는 경우:** 〈표 24-2〉에서 A기업과 B기업의 주식은 현재 시장에서 모두 60,000원에 거래되고 있다. 따라서 주가를 기준으로 하면 주식교환비율이 1 : 1로 결정되며 이 경우 A기업은 신주 5,000주를 발행하여 B기업 주식 5,000주를 인수하게 된다. 인수 후 AB기업의 총발행주식수는 15,000주이며 기업가치는 기존의 A와 B 기업의 가치와 시너지를 더한 12억원(= 3억원 + 6억원 + 3억원)이다. 따라서 인수 후 기업의 주당가격은 80,000원(= 12억원/15,000주)이며, 기존 B기업의 주주가치는 총 4억원(= 80,000원 × 5,000주)이 된다. 이 경우에는 결국 M&A에 따른 시너지가 기존 A기업 주주들에게 2억원 그리고 기존 B기업 주주들에게 1억원씩 분배된 것이다.

  주식교환의 방법으로 인수를 하는 경우 A기업의 주주들이 B기업 인수를 위해 발행할 수 있는 최대한의 신주는 역시 M&A의 NPV가 0이 되는 점에서 결정된다. 이를 구해 보자. 기존 B기업의 주주들이 인수 후 기업에서 차지하는 지분비율을 α라고 하면, 인수 후에 기존 B기업 주주들의 가치는 12α억원이다. M&A의 NPV가 0이 되는 인수가격은 기존 B기업의 가치에 시너지를 더한 값이므로 6억원이다. 따라서 A기업 주주들이 B기업을 인수하기 위해 B기업 주주에게 허용할 수 있는 인수 후 기업에 대한 최대지분율은 [12α억원 = 6억원]의 관계를 만족시켜야 되므로 $\alpha = 50\%$이다. 이제 인수 후 기업의 지분율 50%를 얻기 위해서 B기업 주주들이 받아야 되는 신주의 수는 다음의 식에서 $\alpha = 0.5$를 만족하는 신주발행수이다.

  $$\alpha = \frac{\text{신주발행수}}{\text{기존 A기업의 발행주식수} + \text{신주발행수}} = 0.5 \qquad (24.9)$$

  기존 A기업의 발행주식수는 10,000주이므로 위 식에서 신주발행수를 계산하면 10,000주이다. A기업이 신주 10,000주를 발행하면 A기업은 B기업 주식 1주당 A기업의 신주 2주를 발행하여 교환하는 것이다. 인수 후의 총발행주식수는 20,000주가 되므로 인수 후 기업의 주가는 60,000원(= 12억원/20,000주)이다. 이때 기존 B기업의 주주들은 인수 후의 기업가치 12억원의 50%를 차지하게 되므로 M&A에 따른 시너지효과 3억원이 모두 B기업의 주주들에게 귀속하게 된다.
- **주당순이익을 기준으로 결정하는 경우:** M&A의 시너지를 확실하게 계산할 수 있고 인수기업의 주주와 대상기업의 주주 사이에 시너지의 배분에 관한 합의가 순조롭게 이루어진다면 인수가격이나 주식교환비율 같은 M&A조건은 쉽게 결정된다. 그러나 시너지를 정확하게 계산하는 것은 매우 어려운 문제이기 때문에 M&A가 주가나 기업가치에 미치는 영향은 불확실하다.

M&A조건이 주당순이익에 미치는 영향은 보다 쉽게 계산될 수 있다. 따라서 M&A조건이 주가에 미치는 영향이 더 중요할 수 있지만, 때로는 주당순이익에 미치는 영향이 자주 분석된다. 〈표 24-2〉의 예에서 주식교환비율이 주당순이익을 기준으로 결정되는 경우, A기업과 B기업의 주당순이익의 비율은 5 : 4이므로 A기업과 B기업의 주식교환비율은 4 : 5(= 0.8 : 1)로 결정된다. 즉 B기업의 주식 1주당 A기업의 주식 0.8주가 교환되어 B기업의 5,000주는 M&A 후 A기업의 4,000주가 된다. 이 결과를 〈표 24-3〉에 나타내었다.

표 24-3 주당순이익기준으로 M&A조건이 결정될 때

	M&A 후 A기업 주식수	주당순이익	
		M&A 전	M&A 후
A기업 주주	10,000주	5,000원	5,000원[1)]
B기업 주주	4,000주	4,000원	4,000원[2)]
	14,000주		

1) (20,000,000 + 50,000,000)/14,000, 2) (20,000,000 + 50,000,000)/14,000 × (4/5)

〈표 24-3〉에서와 같이 주당순이익을 기준으로 M&A가 이루어지면 M&A 후의 주당순이익에는 변화가 없다.

M&A조건에 영향을 주는 재무요인

M&A가 주가와 주당순이익에 미치는 영향 외에도 M&A조건에는 다음과 같은 요인들에 미치는 영향도 고려된다: ① 이익과 이익성장률 ② 배당금 ③ 현재주가 ④ 주당장부가치 ⑤ 주당순운전자본.

- 이익과 이익성장률: 앞의 〈표 24-2〉에서 시너지가 0이며, A기업과 B기업의 주식교환비율은 주가에 의해 1 : 1의 비율로 결정되었다고 하자. 이때 M&A 후 기업의 주당순이익은 〈표 24-4〉에서와 같이 4,670원이다.

표 24-4 A기업과 B기업의 M&A 후 주당순이익

	M&A 후 A기업 주식수	주당순이익	
		M&A 전	M&A 후
A기업 주주	10,000주	5,000원	4,670원[1)]
B기업 주주	5,000주	4,000원	4,670원[1)]
	15,000주		

1) (20,000,000 + 50,000,000)/15,000

B기업 주주의 M&A 후 주당순이익은 670원 증가했으며 A기업 주주의 주당순이익은 330원 감소하였다. 이 경우 A기업 주주는 손해를 보는 것일까? 〈표 24-2〉에서 B기업의 *PER*가 15이며 A기업의 *PER*는 12였다. 대체로 이익성장률이 높은 기업은 *PER*가 높으며, 낮은 기업은 *PER*가 낮다. B기업의 성장률은 10%이며, A기업 성장률은 5%라고 하자.

〈표 24-4〉에서와 같이 A기업 주주의 주당순이익이 5,000원에서 4,670원으로 하락하는 것은 단기적 현상이다. B기업의 이익성장률이 A기업보다 높기 때문에 M&A 후 기업의 이익성장률이 종전보다 증가할 것이기 때문이다. M&A 후 미래이익의 성장은 재투자를 얼마나 하느냐에 달려 있으며, 재투자할 수 있는 금액의 일반적인 척도는 기업이 실현할 순이익이다. 따라서 M&A 후 기업의 성장률은 M&A 전 두 기업의 성장률을 순이익의 비율에 따라 가중평균한 값이라고 가정하면, 앞으로 예상되는 성장률은 6.43%(= 2/7 × 10% + 5/7 × 5%)가 된다. 새로운 성장률을 고려하면 [그림 24-3]에서 보는 것과 같이 5년 후부터는 A기업의 주당순이익이 M&A 전보다 커진다.

| 그림 24-3 | 미래이익에 대한 M&A의 영향

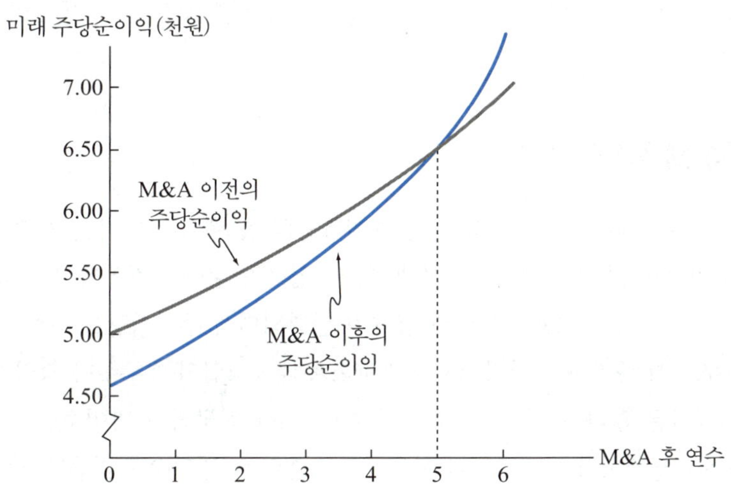

- **배당금**: 주주에게 돌아가는 소득을 나타내는 배당금도 M&A조건에 영향을 미칠 수 있다. 성장률이 높은 주식의 경우에는 그렇지 않지만, 안정적인 주식이나 성장성이 낮은 기업의 주식 평가에 있어서 배당금이 주가에 미치는 영향은 크다. 따라서 대상기업의 업종에 따라 배당금이 M&A조건의 결정에 중요변수가 될 수 있다.
- **현재주가**: 현재주가는 미래이익이나 성장 그리고 배당을 반영하기 때문에 M&A조건에 커다란 영향을 미친다. 대부분의 경우 인수대상이 되는 주식의 가치를 현재의 주가보다 높게 평가하는데, 그 이유는 다음과 같다.

① 특정 기업을 인수하려는 기업은 대상기업이 인수 후 시너지를 비롯한 새로운 가치창출에 큰 공헌을 할 것이라고 생각하기 때문이다.

② 대상기업의 주주들에게 주식을 매도할 유인을 제공하기 위해서는 인수가격이 주가보다 높아야 하기 때문이다.

③ 인수기업이 인수 후 얻게 되는 기업지배권과 세제상의 이점도 새로운 가치를 창출할 수 있다고 믿기 때문이다.

- **주당장부가치**: 장부가치는 단순히 역사적인 원가만을 표시하는 것이며[3] 기업의 가치를 결정하는 데 중요한 재무요인은 될 수 없다. 그러나 대상기업 자산의 장부가치가 시장가치보다 월등히 높을 때는 장부가치가 M&A조건에 영향을 줄 수 있다. 장부가치가 시장가치보다 높다는 것은 비효율적인 경영으로 인해 자산의 수익력이 그만큼 낮게 평가되고 있다는 것을 의미하기 때문이다. 그러므로 이 자산을 인수하여 새로운 경영진이 효율적인 경영을 통해 이익을 증대시킬 가능성이 있을 때는 장부가치가 M&A조건에 영향을 미치게 된다.
- **주당순운전자본**: 주당순운전자본(= 유동자산 − 유동부채)이 M&A조건에 영향을 주는 이유는 M&A를 통해 인수기업이 유동성을 확보할 수 있는 근거를 주기 때문이다. 유동성이 높은 기업을 인수함으로써 인수기업은 낮은 부채비용으로 부채를 사용할 수 있으며, 파산위험 등에서 벗어날 수 있다.

24.4 적대적 M&A의 방어

얼마 전까지만 해도 우리나라에서의 M&A는 재벌그룹의 한 계열사가 다른 계열사를 합병하거나 대기업이 기존에 영업관계를 맺고 있던 비공개 중소기업을 인수하는 경우가 일반적이었다. 그러나 최근에 자본시장이 발전하고 M&A에 대한 규제가 완화되면서 주식시장을 통한 공개적인 주식매수와 적대적인 M&A가 증가하고 있다. 이 경우 M&A 대상기업의 대주주나 경영진은 M&A가 자신들에게 유리하지만은 않다는 걸 알기 때문에 이에 대한 적극적인 방어수단을 강구하게 된다. M&A에 반대하는 경영진이나 대주주들이 사용할 수 있는 방어전략으로 다음과 같은 것들이 있다.

초다수의결규정

M&A를 방어하는 방법의 하나는 회사정관에 주주총회에서 합병을 승인하는 데 필요한 의결권을 일반적인 과반수 다수결보다 훨씬 많은 초다수의결(super majority)로 정하는 것이다. 이러한 경우에 인수를 시도하는 투자자나 기업은 초다수의결을 확보하기 위해서 보다 높은 매수가격을 제시하여야 하며 시간도 많이 걸리게 되어 M&A의 성공가능성이 떨어지게 된다.

---

3 공정가치로 자산의 장부가치를 기록하는 경우는 예외이다.

시차임기제

정관에 규정하는 또 다른 방법으로 이사들의 임기만료를 서로 다른 시점으로 분산시키는 시차임기제(staggered board)를 들 수 있다. 이 제도하에서는 인수기업이 대상기업을 인수한 후 곧바로 경영진을 대폭 교체하는 것이 불가능하여, 자신이 원하는 경영진을 구성할 수 없게 되고 따라서 경영에 어려움을 겪게 된다. 이러한 규정이 있다는 것을 알면 M&A를 포기할 가능성이 높아진다.

독소조항(또는 독약조항)

대상기업이 적대적 M&A를 시도하는 인수기업에 인수될 경우 인수기업에 매우 불리한 결과를 초래하는 규정을 미리 마련해 둔 것을 독소조항(poison pill)또는 주주권리계획(shareholder rights plan)이라고 한다. 이 조항은 경영권 방어가 필요한 대상회사와 이 회사의 증권발행에 관련된 업무를 대행하는 회사 간에 체결되는 문서에 삽입되거나 회사의 정관에 규정될 수 있다. 예를 들어, 적대적 M&A가 일어날 때 기존주주에게 새로운 기업 주식의 상당량을 할인된 가격으로 살 수 있는 신주인수권 또는 콜옵션을 부여하거나, 새 기업의 보통주로 전환할 수 있는 권리를 가진 전환사채를 제3자에게 발행할 수 있도록 회사의 정관에 미리 규정할 수 있다.

인수기업의 관점에서 독소조항은 M&A의 효과를 떨어뜨려 인수시도를 좌절시키는 치명적인 독약이 될 수 있으며, 대상기업의 관점에서는 경영권 방어에 필요한 지분을 보다 수월하게 확보할 수 있다는 이점이 있다. 그러나 이는 단기적으로 적대적 M&A를 방어할 수 있게 하지만, 대상기업의 경영자에게 사적 이익을 추구하는 수단이 되는 등 장기적으로는 M&A 시장의 발전을 저해하고 기업의 가치를 떨어뜨리는 결과를 초래할 수 있다는 비판을 받는다.[4]

황금낙하산

황금낙하산(golden parachute)은 대상기업이 인수기업에 인수되어 경영진이 교체될 경우 거액의 퇴직보상금을 기존 경영진에게 지급하도록 하는 내용을 고용계약에 규정하는 방법이다. 이 경우 M&A가 성사되더라도 거액의 보상금 지급으로 인해 기업가치가 크게 하락함으로써 M&A의 매력이 떨어진다. 기업이 인수될 경우에 회사가치가 하락하여 일반주주는 손해를 보지만 경영진은 큰 보상금을 받고 회사를 빠져 나가는 것을 표현한 말이다.

핵심자산매각

인수기업이 인수를 시도할 때 대상기업이 회사자산 중 가장 중요한 핵심자산(crown jewel)을 처분하여 인수기도를 와해시키는 것을 말한다. 이 경우 대상기업은 스스로 제3의 회사를 설립하여 이 회사에 주요 재산을 매각하고 사용계약을 맺는 방법을 사용하기도 한다.

---

4 미국, 일본, 프랑스 등에서는 적대적 M&A의 방어수단으로 독소조항을 도입하고 있으나, 우리나라는 이를 인정하지 않고 있다.

황금주와 복수의결권주

황금주(golden share)는 단 1주만으로도 주주총회의 결의사항에 거부권을 행사할 수 있는 권리를 갖는 주식을 말한다. 과거 유럽의 여러 국가에서 국영기업을 민영화하는 과정에서 정부가 민간기업을 통제하기 위한 수단으로 이용되었다.[5] 복수의결권주(dual class share)는 '1주 1표의 원칙'에서 벗어나 1주당 여러 표의 의결권을 갖는 주식을 말한다.[6] 황금주나 복수의결권주를 보유하는 경우 적대적 M&A 시도를 손쉽게 무산시킬 수 있다.

백기사

어느 기업이 적대적인 M&A의 대상이 될 때, 이 기업의 현 경영진은 자신들에게 우호적인 제 3자에게 우호적인 M&A를 제의할 수 있다. 이러한 협상을 통하여 경영진은 적대적인 M&A의 시도를 방어하고 자신들의 경영권을 계속 유지할 수 있다. 적대적인 인수기업으로부터 현재의 경영진을 구한다는 의미에서 우호적인 제3자를 백기사(white knight)라 부른다.

재매입 불가침계약

대상기업의 경영진이 인수기업 또는 인수를 시도하는 투자자와 불가침계약을 맺는 방법도 있다. 재매입 불가침계약(repurchase standstill agreement)은 대상기업의 인수를 위해 인수기업(또는 투자자)이 확보한 자사주식을 대상기업이 높은 가격에 재매입해 주는 조건으로 M&A를 포기하도록 하는 것이다. 상장기업의 주식을 대량 매입한 뒤 경영진을 위협해 적대적 M&A를 포기하는 대가로 자신들이 확보한 주식을 시가보다 훨씬 높은 값에 되팔아 차익을 남기려는 투자자를 기업사냥꾼(corporate raider 또는 green mailer)이라 부르며, 이들이 기존경영진에게 주식을 되팔기 위해 보낸 편지를 녹색편지(green mail)라고 부른다. 재매입을 하지 않을 경우 기업인수를 시도한 투자자가 더 이상 지분을 증가시키지 않는 대신에 일정한 경영참여를 요구하는 계약을 맺기도 한다.

자사주매입

자신이 경영하는 회사가 인수대상기업이 될 가능성이 있는 경우에 경영진은 자사주식을 매입하거나 종업원들에게 자사주식을 매각하여 내부적으로 소유하고 있는 지분을 높임으로써 외부인의 기업인수를 어렵게 만들 수도 있다. 우리나라에서도 적대적 M&A의 방어수단으로 자사주매입이 허용되고 있으며, 우리사주라고 불리는 종업원주주의 지분을 인정하고 있다.

5 황금주는 1984년 영국 브리티시텔레콤(BT)을 민영화하는 과정에서 민영화 이후에도 공공성을 유지하고 외국자본의 지배를 방지하기 위한 목적으로 도입하였다. 외국 자본이 브리티시텔레콤을 장악하지 못하도록 방어막을 둔 것이다. 그 이후 네덜란드와 스페인, 이탈리아 등 유럽연합의 여러 국가들이 황금주를 도입하였다. 그러나 유럽연합재판소가 2002년 이후 일관되게 황금주 제도를 폐지할 것을 권고한 이래 유럽연합에서는 황금주 제도가 자취를 감추고 있다. 황금주가 주주의 평등한 권리를 저해하고, 자유로운 자본 이동을 어렵게 한다는 이유에서다. 영국도 브리티시텔레콤과 공항공사 몫으로 가지고 있던 황금주를 소각했다. 우리나라는 황금주를 도입하지 않고 있다.

6 우리나라의 경우 "벤처기업의 육성에 관한 특별조치법"에서 2023년 11월 17일 이후 상법에서 규정하는 1주 1의결권에 대한 특례로 비상장벤처기업을 경영하는 최대주주인 창업주에게 1주당 2~10개의 의결권이 부여되는 복수의결권주식을 발행할 수 있도록 허용하고 있다.

사기업화와 차입매수

외부인에 의한 M&A의 위협이 있을 경우에 기존의 경영진이 기업을 사기업화하여 이러한 시도를 좌절시키는 방법도 미국 등에서는 자주 이용된다. 사기업화(going private)란 주식시장에 상장되어 있는 공개기업(public firm)을 소수의 투자자가 발행주식 전부를 인수하여 상장을 폐지시키고 사기업(private firm)으로 전환하는 것을 말한다. 사기업화는 기존의 경영진에 의해서 이루어지는 경우가 일반적이다. 사기업으로 전환하기 위해서는 발행주식 대부분을 현금으로 매입해야 하기 때문에 대규모 자본이 필요한데, 이 경우 부채를 차입하여 주식을 매입하는 차입매수(LBO)가 주로 이용된다.

24.5 M&A의 성과

M&A는 인수기업의 주주와 대상기업의 주주 모두에게 득이 될까? 그동안의 M&A 사례를 대상으로 M&A가 주가에 미치는 영향을 분석한 많은 연구들은 인수기업의 주주들은 M&A를 통해 의미 있는 부의 증가를 얻지 못한다는 결과를 보여준다. 반면, 대상기업의 주가는 M&A를 전후하여 큰 폭의 상승을 보여 M&A에서 발생하는 가치증가의 대부분이 대상기업의 주주들에게 귀속된다는 결과를 보여준다.[7] 이는 M&A에서 발생하는 순현가의 대부분이 M&A 프리미엄으로 대상기업의 주주들에게 지불된다는 것을 의미한다. 왜 이런 현상이 발생하는지 그 원인을 살펴보자.

무임승차자 문제

앞서 정보비대칭하에서의 M&A는 신호효과를 가져오고 이에 따라 M&A 프리미엄은 신호효과에 따른 주가의 재평가분만큼 상승할 수 있다고 하였다. 이를 좀 더 자세히 살펴보자.

자산이 전액 자기자본으로 조달된 ㈜세원은 현재 100만주의 주식을 발행하고 있으며 모든 주주는 각기 100주씩의 주식을 소유하고 있다. 증권분석가들은 ㈜세원의 경영진이 매우 비효율적인 경영을 하고 있어 회사의 가치가 상당히 저평가되었다고 분석하고 있다. 즉, ㈜세원의 현재 기업가치는 500억원이나 경영이 정상화될 경우 기업가치가 800억원으로 상승할 것으로 분석하고 있다. 이런 상황에서 ㈜명성의 경영진은 ㈜세원의 지분 50%(50만주)를 인수하기로 결정하고 주식공개매수를 제의하였다. ㈜명성이 제시하는 공개매수가격은 주당 60,000원이다.

㈜명성이 인수에 성공하기 위해서는 ㈜세원의 주식 50만주를 인수해야 하므로 총인수비용은 300억원(= 60,000원 × 50만주)이다. 공개매수에 성공한 후 ㈜세원의 경영을 정상화시키면 ㈜세원의 주가는 주당 80,000원(= 800억원/100만주)으로 상승할 것이므로, ㈜명성의 주주들은 M&A를 통해 100억원[= (80,000 − 60,000) × 50만주]의 가치를 창출할 수 있다. 그러나 ㈜세원의 주주들이 60,000원의 가격에 주식을 매도할까?

---

7 M&A의 성과에 대한 구체적인 내용은 Bruner, R. F.(2002), "Does M&A Pay? A Survey of Evidence for the Decision-Maker," *Journal of Applied Finance*(Spring/Summer), 48-68 참조.

㈜명성이 ㈜세원 주식을 60,000원에 공개적으로 매수하겠다는 제의는 주식의 가치가 60,000원 이상이라는 신호가 되어 ㈜세원 주주들이 공개매수에 응하지 않을 유인을 제공할 수 있다. 즉 ㈜세원의 주주 중 일부는 다른 주주들이 공개매수에 응하기를 바라며 주식을 계속 보유하는 전략을 택할 수 있다. ㈜명성이 공개매수에 성공하여 경영을 정상화시키는 경우 주당 80,000원으로 주가가 상승할 것이므로 공개매수에 응하는 것보다 더 큰 이득을 기대할 수 있기 때문이다. 이러한 주주들이 많을수록 ㈜명성의 공개매수는 실패할 가능성이 높아진다. 결국 ㈜명성의 공개매수가 성공하기 위해서는 공개매수가격을 80,000원에 가깝게 올려야 한다. 이 경우 ㈜명성의 주주들은 M&A에 성공하더라도 이득을 얻을 수 없으며 M&A로 인해 창출되는 가치는 모두 ㈜세원의 주주들에게 돌아가는 결과가 발생한다. 즉, 공개매수에 응하지 않는 ㈜세원의 주주들은 아무런 투자와 노력을 들이지 않고 M&A에서 발생하는 새로운 가치를 향유하게 되는 전형적인 무임승차자 문제(free rider problem)가 나타난다.

발판매수

인수기업의 주주들이 앞서 설명한 무임승차자 문제를 해소하고 M&A로부터 이득을 얻기 위해 사용하는 대표적인 전략으로 발판매수(toehold acquisitions)가 있다. 발판매수는 대상기업의 주식 일부를 시장에서 비공개적으로 매입하는 전략이다. 이는 비밀리에 진행될 수 있고, 주식시세에 따라 탄력적인 매수가 가능하다는 이점이 있으나 오랜 시간이 소요되며 법규에 위배될 가능성이 있다는 문제가 있다. 대부분의 감독당국에서 특정 기업의 지분을 일정 비율 이상 취득하게 되는 경우 그 내역을 보고하고 승인을 받도록 규정하고 있기 때문에 발판매수를 통하여 취득할 수 있는 지분비율은 제한적이다.[8]

예를 들어 ㈜명성이 ㈜세원의 지분 5%(5만주)를 현재 시장가격인 50,000원에 은밀하게 매집하였다고 하자. M&A에 성공하는 경우 ㈜명성의 주주들이 최소한 확보하게 되는 이득은 15억원 [= (80,000 − 50,000) × 5만주]이다.

차입매수

무임승차자 문제에 따른 비용을 줄이는 다른 방법으로 앞서 살펴본 차입매수(LBO)를 이용할 수 있다. 앞에서와 같이 ㈜명성이 ㈜세원 주식 50만주에 대해 주당 60,000원으로 공개매수를 제의하였다고 하자. ㈜명성은 총인수비용 300억원을 조달하기 위해 차입매수 전략을 이용하기로 하였다. 즉, M&A를 목적으로 하는 특별목적회사를 설립하고 공개매수할 ㈜세원의 주식 50만주를 은행에 담보로 제공하고 300억원을 차입하였다. 공개매수에 성공하면 특별목적회사는 ㈜세원과 합병

---

8 우리나라의 경우 주권상장법인의 주식 등을 대량보유(본인과 그 특별관계자가 보유하게 되는 주식 등의 수의 합계가 그 주식 등의 총수의 100분의 5이상인 경우)하게 된 자는 그 보유상황과 보유목적 및 보유주식 등에 관한 주요 계약내용을, 그 보유주식 등의 수의 합계가 1%이상 변동된 경우 또는 보유목적, 보유주식의 주요 계약내용 등이 변경되는 경우에는 그 변경상황을 5일 이내에 금융위원회와 한국거래소에 보고하여야 한다.

하게 되고 차입금 300억원은 ㈜세원의 차입금으로 계상된다. ㈜명성은 M&A 후에 ㈜세원에 대한 지분 50%를 소유하여 경영권을 확보하며, 경영정상화를 통해 ㈜세원의 기업가치는 800억원으로 재평가된다.

이 경우 공개매수에 응하지 않는 ㈜세원의 주주들은 무임승차를 통해 이득을 얻을 수 있을까? M&A 후에 ㈜세원의 기업가치는 800억원이며, 차입금은 300억원이다. 따라서 ㈜세원의 자기자본가치는 500억원(= 800억원 − 300억원)이며, 주가는 주당 50,000원(500억원/100만주)이다. 따라서 공개매수에 응하지 않는 경우 주주들이 확보할 수 있는 주당가치는 50,000원이나 응하는 경우에는 주당 60,000원을 확보한다. 한편 ㈜명성의 주주들은 M&A를 통해 ㈜세원의 주식 50만주를 확보하였으므로 이들이 M&A에서 얻는 이득은 250억원[= (500억/100만주) × 50만주]이다.

예제 24-5 ㈜ABC의 총발행주식수는 100만주이고 현재주가는 40,000원이다. 회사의 부채는 없다. 김우람 씨는 ㈜ABC의 주가가 현재 매우 저평가되어 있으며 경영진을 교체하여 효율적인 경영을 하는 경우 기업가치는 50%만큼 상승할 것으로 분석하고 있다. 김우람 씨는 ㈜ABC의 주식 50만주를 주당 50,000원에 공개매수하기로 하고, LBO 목적의 자금을 대출해 주는 갑은행에 인수대상주식을 담보로 제공하고 250억원의 인수대금을 차입하였다. 이 차입금은 M&A 성공 후 즉시 상환되며 갑은행이 요구하는 이자율은 20%이다. 주식공개매수에 성공하는 경우 김우람 씨가 얻게 되는 이득을 분석하라.

풀이 공개매수에 성공하여 경영을 정상화시키는 경우 ㈜ABC의 기업가치는 600억원(= 40,000원 × 100만주 × 1.5)으로 재평가된다. 갑은행에 먼저 상환해야 할 자금이 300억원(= 250 × 1.2)이므로 ㈜ABC의 자기자본가치는 300억원이다. 이 중 김우람 씨가 확보한 지분율은 50%이므로 김우람 씨가 M&A를 통해 얻게 되는 이득은 150억원이다.

소수주식 강제매수제도

대상기업의 주주가 무임승차의 이득을 노리고 공개매수에 응하지 않을 경우 인수기업의 주주들은 그에 따른 비용을 부담해야 하고 M&A가 정상적으로 진행되지 않을 수 있다. 이를 방지하기 위해 각국에서는 인수기업이 공개매수에 응하지 않는 대상기업의 주주들이 소유한 주식을 공개매수가격에 강제적으로 매수할 수 있도록 하는 소수주식 강제매수(freeze out 또는 squeeze out)제도를 두고 있다. 인수기업의 관점에서는 무임승차로부터 발생하는 M&A의 비용을 줄일 수 있고 또 이들 주주의 경영참여로 인해 나타날 수 있는 문제를 방지할 수 있다는 이점이 있다. 한편 소수주식 강제매수는 현금이 아니라 인수기업의 주식을 교환하는 방법으로 이루어질 수도 있다.

우리나라에서도 2012년 이후 발행주식의 95% 이상을 보유하고 있는 지배주주는 소수주주의 주식을 강제로 매입하여 소수주주를 회사의 경영에서 축출할 수 있도록 하는 소수주식 강제매수제도를 도입하고 있다.이 제도를 통해 다수의 소수주주로 인하여 과다한 비용이 발생하거나, 소수주주의 방해나 주주권 남용으로 회사의 정상적인 운영이 어려워지는 사태를 방지할 수 있다.[9] 한편,

9 다만, 지배주주가 소수주주를 축출하기 위해서는 다음의 요건이 충족되어야 한다.

흡수합병 시 대상기업의 주주에게 합병대가의 전부를 현금으로 지불할 수 있는 교부금합병(cash-out merger)제도도 도입되어, 지배주주는 배타적 경영권 확보를 위해 교부금합병제도와 소수주식 강제매수제도를 선택적으로 활용할 수 있다. 또 소수주주에게도 언제든지 자신의 보유주식을 지배주주에게 강제로 매각할 수 있는 권리(sell-out right)를 보장하고 있어, 소수주주는 이 권리를 통해 가능한 한 높은 가격에 자신의 지분을 지배주주에게 매각하고 투자금을 회수할 수 있도록 하고 있다.

24.6 M&A의 회계와 세금

■ M&A의 회계

M&A가 성공하면 인수기업의 경영자는 인수내용을 반영하여 재무제표를 다시 작성하게 된다. 이때 인수한 대상기업의 자산과 부채를 재무제표에 어떻게 반영시킬 것인지를 결정해야 한다. 우리나라를 비롯한 대부분의 국가에서는 인수기업이 취득법(purchase method)을 사용하여 대상기업의 자산과 부채를 반영하는 것을 원칙으로 하고 있다. 취득법에서는 대상기업의 인수를 위하여 지불한 인수가격을 재무제표에 반영하게 된다.[10] 다음의 예를 통해 이 내용을 살펴보자.

㈜천지가 ㈜창조를 인수하여 ㈜천지창조가 탄생했다고 하자. 인수 전 두 회사의 재무상태표는 각기 〈표 24-5a〉, 〈표 24-5b〉와 같으며, ㈜창조의 인수가격은 150억원이라 하자.

표 24-5a M&A 전 ㈜천지의 재무상태표 (단위: 억원)

자산		부채와 자본	
유동자산	200	부채	300
비유동자산	800	자기자본	700
총자산	1,000	부채 · 자본	1,000

표 24-5b M&A 전 ㈜창조의 재무상태표 (단위: 억원)

자산		부채와 자본	
유동자산	10	부채	0
비유동자산	90	자기자본	100
총자산	100	부채 · 자본	100

---

1. 회사의 경영상 목적달성에 필요할 것
2. 주주총회의 사전 승인
3. 소수주식의 공정가액에 대한 공인감정인의 평가 및 그 감정결과에 대한 공개

10 한국회계기준원 회계기준위원회가 제정한 기업회계기준서 K-IFRS 제1103호(사업결합)에서는 사업의 취득자는 취득법을 적용하여 취득 자산과 인수 부채를 취득일의 공정가치로 인식하고 재무제표이용자가 사업결합의 내용과 재무효과를 평가하는 데 필요한 정보를 공시하도록 하고 있다.

㈜창조 자산의 장부가치는 100억원이나 ㈜천지가 지불한 인수가격은 150억원이다. 이와 같이 ㈜천지가 ㈜창조의 인수를 위하여 지불한 인수가격이 자산의 장부가치와 차이가 나게 되는 데에는 크게 두 가지의 이유가 있다. 첫째는 ㈜창조의 진정한 자산가치가 장부가치와 다를 수 있다는 것이다. 특히 ㈜창조가 자산과 부채의 가치를 공정가치가 아닌 역사적 원가에 기초하여 기록하고 있었다면 현재 재무상태표에 나타나는 장부가치 100억원은 ㈜창조의 실제 자산가치를 제대로 반영하지 못한다. 둘째, ㈜창조의 재무상태표에 계상되어 있지 않은 무형자산의 가치이다. ㈜창조가 가지고 있는 우월한 기술력이나 제품의 브랜드이미지에 대한 가치, 또 앞서 설명한 M&A에서 기대되는 시너지 등은 자산의 장부가치와 인수가격의 차이를 가져오는 주요한 원인이다.

장부가치를 초과하여 지불한 금액은 영업권(goodwill)으로 계상되어 M&A 이후의 재무상태표에 표시된다.[11] 즉, M&A 후에 ㈜천지창조의 재무상태표는 영업권 50억원을 반영하여 다음의 〈표 24-6〉과 같이 작성된다.

표 24-6 M&A 후의 ㈜천지창조의 재무상태표

자산		부채와 자본	
유동자산	210	부채	300
비유동자산	890	자기자본	850
영업권	50		
총자산	1,150	부채 · 자본	1,150

㈜천지창조의 재무상태표에 계상된 영업권은 매기 가치를 재평가하여 그 가치가 최소한 처음에 평가된 50억원 이상인 한 그대로 유지된다. 만일 재평가된 가치가 50억원보다 작은 경우에는 차액을 상각하여 비용으로 처리하게 된다.

■ M&A와 세금

M&A는 인수가격의 지불방법에 따라 과세대상이 되거나 그렇지 않을 수 있다. 인수가격이 현금으로 지불되는 경우 대상기업의 주주들은 주식을 매도한 셈이 되어 주식매매차익은 자본이득세의 대상이 된다.[12] 인수기업은 대상기업의 자산을 재평가하여 평가이익(또는 평가손실)을 인식하게 되며 이는 법인세 과세대상이 된다. 반면 주식교환의 방법으로 인수가 이루어지는 경우 주주들은 단지 구주를 신주로 교환한 것으로 처리되어 자본 이득이나 손실을 인식하지 않는다. 기업 입장에서도 두 기업이 원래 하나의 기업이었던 것처럼 처리되며, 자산의 재평가가 발생하지 않는다. 다음의 예를 통해 위 내용을 살펴보자.

11 반대로 지불한 인수가격이 장부가치보다 작을 수 있다. 기업회계기준서에서는 이 경우 차액은 염가매수차익으로 인수기업이 취득일에 이익으로 인식하도록 규정하고 있다.

12 대주주가 아닌 상장기업의 주주에게 발생하는 자본이득에 대해서는 세금이 없다.

현재 1인 기업인 ㈜SM의 부채는 없고 자산의 장부가치는 80억원이다. 이 회사 자산은 과거의 취득원가를 기준으로 평가되어 있으나, 현재 시장에서 평가되는 자산의 공정가치는 200억원이다. ㈜JY는 ㈜SM의 자산을 200억원에 인수할 것을 제의해 왔다. 이 상황에서 ㈜JY가 현금으로 인수하는 경우와 주식교환의 방법으로 인수하는 경우 ㈜SM과 ㈜JY의 세금부담에 어떤 차이가 발생하는지를 분석해 보자.[13]

주식교환의 방법으로 인수하는 경우

㈜JY가 ㈜SM을 인수하는 조건으로 자사의 주식을 발행하여 교환하는 경우, 이러한 거래는 비과세대상이다. ㈜SM의 주주는 200억원의 가치에 해당하는 ㈜JY의 주식을 교환받으며 이 주식을 매각하기 전까지는 자본이득(또는 자본손실)을 인식하지 않으므로 세금부담도 없다. ㈜JY는 인수한 ㈜SM 자산을 재평가하지 않고 장부가치 80억원에 대해 기존에 ㈜SM이 처리하던 방법대로 자산의 감가상각을 진행한다.

현금으로 인수하는 경우

㈜JY가 ㈜SM을 200억원의 현금을 주고 인수하는 경우 주식교환의 경우와는 달리 다음과 같은 세금문제가 발생한다.

- 먼저, ㈜SM의 주주는 인수가격 200억원과 자산의 장부가치 80억원과의 차이인 120억원을 자본이득(또는 양도차익)으로 실현한 셈이 되어 이에 대해 소득세를 납부하여야 한다.
- ㈜JY는 인수한 자산가치를 200억원으로 평가하여 기록하게 된다. 따라서 이 200억원에 대해 자산의 잔여내용연수에 걸쳐 감가상각이 일어난다. 기업의 법인세도 이에 따라 영향을 받게 된다.

중 요 용 어

합병(mergers)	취득(acquisitions)
인수(takeover)	기업지배권(corporate control right)
주식공개매수(tender offer)	백지위임장투쟁(proxy contest)
차입매수(leveraged buyout)	M&A의 순현가(*NPV* of M&A)
적대적 M&A(hostile M&A)	시너지(synergy)
독소조항(poison pill)	황금주(golden share)
복수의결권주(dual class share)	M&A 프리미엄(M&A premium)
백기사(white knight)	경영자주의(managerialism)
저평가가설(under-valuation hypothesis)	영업권(goodwill)
무임승차자 문제(free rider problem)	소수주식 강제매수(freeze out)

13 M&A는 그 형태에 따라 적용되는 세법이 다르므로 구체적인 내용은 관련 세법규정을 참고하여야 한다.

발판매수(toehold acquisitions) 교부금합병(cash-out merger)

연 습 문 제

24-1 기업의 지배권을 획득하기 위하여 사용되는 방법을 설명하라.

24-2 적대적 M&A를 방어하는 방법을 설명하라.

24-3 M&A의 시너지를 발생시키는 원천을 설명하라.

24-4 M&A를 하게 되는 동기에는 어떠한 것들이 있는지 설명하라.

24-5 M&A 시장은 주기적으로 붐이 일어나기도 하고 쇠퇴하기도 한다. 이러한 흐름이 생기는 이유는 무엇이라고 생각하는가?

24-6 M&A에 따라 위험이 분산될 수 있는데 이 경우 발생하는 부의 이전효과에 대해 설명하라.

24-7 대상기업의 주주들은 평균적으로 M&A 이후 이익을 얻는 반면에 인수기업의 주주들은 그렇지 못한 이유를 설명하라.

24-8 자기자본으로만 구성된 기업 A와 B의 시장가치는 각각 500억원과 200억원이다. A기업이 B기업을 합병하려고 하는데 A기업은 합병 후 기업가치를 800억원으로 예상하고 있다. B기업이 A기업에게 인수가격으로 250억원을 요구한다면 A기업은 이 제안을 받아들여야 하는지 결정하라.

24-9 백두기업은 한라기업을 인수할 계획을 가지고 있다. 백두기업의 시장가치는 50억원이며 한라기업의 시장가치는 20억원이다. 두 기업은 모두 자기자본만으로 운영되고 있고, 백두기업이 한라기업을 인수할 경우 영구적으로 5,000만원의 추가적인 현금흐름이 발생할 것으로 기대하고 있다. 현금흐름의 적절한 할인율은 10%로 평가된다.

① M&A의 시너지를 계산하라.

② 한라기업은 M&A조건으로 인수 후 기업의 주식 30%나 또는 25억원의 현금을 요구하고 있다. 백두기업이 부담하는 M&A 프리미엄을 각각 구하라.

③ 위 ②의 조건하에서 백두기업은 주식인수와 현금인수 중 어떤 것을 선택해야 할지 분석하라.

24-10 SK사는 LG사를 인수할 계획을 세우고 있다. 인수 후의 기업 SG사의 *PER*는 15이고 주식의 교환비율은 1 : 1이라 한다.

	SK사	LG사
당기순이익	20억	10억
EPS	900원	600원
*EPS*의 성장률	5%	10%
PER	12	20

① 인수 후의 *EPS*와 새로운 주가는 얼마인가?

② M&A에 따른 *EPS*의 변화를 그래프로 나타내라.
③ 시장가격을 기초로 하여 LG사를 인수하는 것이 SK사 주주의 입장에서 유리한지 판단하라.

24-11 ㈜사람은 ㈜자연을 흡수합병하려 한다. 두 기업의 재무자료가 다음과 같을 때 다음 물음에 답하라.

	㈜사람	㈜자연
주 식 수	4,000만주	1,000만주
주식가격	5,000원	3,000원
EPS	1,200원	600원
부채비율(*B/S*)	2	1
자기자본비용	15%	20%
타인자본비용	10%	10%

합병 후 추가적인 현금흐름은 매년 12억원이며, 법인세는 무시한다.

① 추가적인 현금흐름을 할인할 때 적용될 할인율을 결정하라.
② ㈜자연의 주식이 주당 3,600원에 매수된다면, M&A 프리미엄과 합병의 *NPV*는 얼마인가?
③ 만일 ㈜자연의 주식 10주당 ㈜사람의 주식 7주를 지급하기로 하였다면 ㈜사람은 ㈜자연의 주식 1주를 얼마로 평가하는 것인지 계산하라.
④ 위 ③과 같은 조건에서 합병이 이루어질 때, M&A 프리미엄과 합병의 *NPV*를 구하라.
⑤ ㈜자연의 주주는 현금매수와 주식교환 중 어느 것을 선호할지 판단하라.
⑥ 현금매수와 주식교환이 무차별하게 되는 주식교환비율은 얼마인가?

24-12 ㈜사람의 주당순이익(*EPS*)은 3,500원이고, 발행주식수는 100만주이며 현재 시장에서 35,000원에 주식이 거래되고 있다. ㈜사람은 ㈜다울을 인수하고자 하는데 ㈜다울의 주당순이익은 2,000원이고, 발행주식수는 100만주이며 주가는 25,000원이다. ㈜사람은 새로운 주식을 발행함으로써 인수대가를 지급하려고 한다. 인수에 따른 시너지는 없다고 할 때 다음 물음에 답하여라.

① 만약 ㈜사람이 ㈜다울에 아무런 프리미엄도 지급하지 않는다면 인수 후 주당순이익(*EPS*)은 얼마가 될 것인지 계산하라.
② 만약 ㈜사람이 인수 발표 전 주가에 대해서 20%의 프리미엄을 제공하기로 결정하였다면 인수 후 새로운 주당순이익은 어떻게 될지 계산하라.
③ ①에서 주당순이익이 변화한 까닭은 무엇인지 설명하고, 또 ㈜사람의 주주들은 인수로 인해 이익인지 손해인지 판단하라.
④ ㈜사람의 주가이익배수(*PER*)는 M&A 프리미엄을 지급하지 않는 경우 인수 후 얼마가 될지 계산하라. 이는 인수 전과 비교하여 어떠한 차이가 있는지 또 대상사업의 주가이익배수와는 어떠한 차이가 있는지 분석하라.

24-13 최근에 ㈜IMT와 ㈜ADSL은 합병을 통해 ㈜합친통신을 설립하였다. 수요상황에 따른 기업가치는 다음과 같으며 수요상황은 두 기업에 있어서 독립적으로 발생한다.

수요상황	확률	㈜IMT	㈜ADSL
		기업가치	기업가치
상 중 하	0.5 0.3 0.2	5,000억 3,000억 1,000억	2,000억 1,000억 500억

㈜IMT와 ㈜ADSL은 각각 시가기준 3,000억원과 1,000억원에 해당하는 부채를 조달하고 있었으며, 합병에 따른 프리미엄은 일체 지급하지 않았다.

① 합병 후 기업가치의 분포를 결합확률을 이용하여 구하라.
② 합병 후 부채의 가치와 자기자본의 가치의 분포를 구하라.
③ 합병 후 양사의 채권자가 얻게 되는 이득은 무엇이며, 또 얼마나 되는지 분석하라.

24-14 ㈜피에르는 시멘트제조회사인 ㈜고성의 인수를 고려하고 있다. ㈜피에르의 재무담당자는 아래와 같은 정보를 가지고 있다.

	피에르	고성
주가이익배수 총주식수 당기순이익	15 2백만주 20억	12 50만주 15억원

증권분석가들은 ㈜고성에 대해서 현재의 이익과 주당 2,000원 하는 배당이 매년 5%씩 증가할 것이라고 예상하고 있다. 한편 재무담당자는 만약 ㈜피에르가 고성을 인수하게 되면 매년 약 7%의 성장을 할 수 있다고 분석하고 있다. 이러한 사실을 근거로 다음 질문에 답하라.

① ㈜피에르에게 ㈜고성의 가치는 얼마인지 계산하라.
② ㈜피에르가 ㈜고성을 주당 4만원에 인수할 때 M&A의 NPV를 구하라.
③ 만약 ㈜피에르가 ㈜고성을 인수하기 위해 주식교환으로 자사주식 60만주를 제공한다면 M&A의 NPV는 얼마인지 계산하라.

24-15 QE기업은 HD기업에 대한 인수계획을 발표했다. 인수 전 QE사의 주가는 40,000원이고 HD기업의 주가는 30,000원이다. HD사의 인수 전 기업가치가 4조 5천억원이고 시너지가 1조 2천억원일 때 인수의 NPV가 양의 값을 갖도록 하는 최대 주식교환비율을 구하라.

24-16 글라스사의 주가는 20,000원이고 발행주식수는 2백만주이다. 현주는 글라스사를 인수하여 경영진을 교체함으로써 기업가치를 올릴 수 있다고 생각하고 있다. 글라스사의 정관에는 독소조항이 포함되어 있는데 한 주주의 지분이 20%가 넘으면 이 조항이 행사 가능하다. 행사될 경우 인수기업을 제외한 글라스사의 모든 주주들은 자신이 가지고 있는 주식수만큼 새로운 주식을 50% 할인된 가격으로 매입할 수 있게 된다. 현주가 인수를 하는 과정에서 주가는 계속 20,000원에 머물러 있었다고 가정할 때, 글라스사의 경영진은 현주의 인수 시도에 저항하고자 하고 현주의 글라스사 지분율은 20%라고 할 때 다음 물음에 답하라.

① 새로 발행되는 주식수와 주가를 구하라.

② 독소조항이 발효될 경우 현주의 글라스사에 대한 지분율을 구하라.

③ 현주가 가진 글라스사의 주가는 어떻게 될 것인지 분석하라.

④ 독소조항이 발효될 경우 현주에게는 이익인지 또는 손해인지 판단하라. 만약 현주가 손해를 입을 경우 그 손해는 누구의 이익이 되는지 설명하라. 만약 현주가 이익을 얻는다면 이 이익은 누구로부터 나온 것인지도 설명하라.

24-17 발판매수를 통해 무임승차자 문제를 해결할 수 있는지 설명하라.

24-18 갑돌이는 차입매수(Leveraged buyout: LBO)가 주업무인 회사에 다니고 있으며, 지금 ㈜바람의 인수에 대해 평가하고 있다. ㈜바람의 주가는 30,000원이고 발행주식수는 200만주이다. 갑돌이는 이 기업을 인수한 후 경영진을 교체함으로써 기업가치를 40%가량 높일 수 있다고 생각한다. 따라서 ㈜바람에 대한 LBO를 추진하고자 결정하였으며 인수 대가로 한 주당 35,000원을 지불할 예정이다.

① 갑돌이가 50%의 지분을 차지하게 되었을 때 주식매수에 응하지 않은 주식들의 가격은 어떻게 될 것인지 분석하라.

② 질문 ①의 답변에 기초하여, 주주들은 주식매수에 응할 것인지 아닌지를 판단하라.

③ 갑돌이가 이 거래로 인해 얻게 되는 이익을 계산하라.

제 25 장

기업부실과 구조조정

STUDY GUIDE

2008년 미국시장의 비우량주택담보대출(subprime mortgage loan)의 부실에서 촉발된 세계금융위기의 영향으로 국내에서도 많은 기업이 도산하였다. 잘 알려지지 않은 중소기업들뿐 아니라 1990년대 이후 고속성장으로 크게 성공한 기업으로 인식되던 STX와 웅진 등의 대기업들도 도산하고 말았다. 또 여러 금융기관도 부실의 늪에 빠져 정리대상이 되거나 정부의 지원을 받는 처지가 되었다. 기업이 도산하는 경우 그 기업과 관련된 모든 이해관계자가 손해를 보게 된다. 주주와 채권자는 투자금액의 전부 또는 일부를 돌려받지 못하게 되며, 종업원은 생계의 터전을 잃고, 거래처는 매출채권을 회수하지 못하게 된다. 또한 한 기업의 도산은 다른 기업의 도산을 연쇄적으로 초래하여 경제 전체에 큰 부담을 지울 수 있다. 이 장에서는 최근 들어 그 중요성이 강조되고 있는 기업부실의 개념과 요인, 그리고 우리나라의 부실기업정리제도 등에 대해 살펴본다.

25.1 기업부실의 개요

■ 기업부실의 개념

기업부실(corporate financial distress)은 실태가 매우 복잡하고 다양하기 때문에 그 개념을 한마디로 정의하기가 어렵다. 일반적으로 기업부실을 의미하는 용어로는 경제적 부실, 지급불능 그리고 도산과 파산이 있다.[1]

경제적 부실(economic failure)이란 ① 기업의 총수익이 총비용에 미달하는 경우 ② 기업의 투자수익률이 자본비용에 미달하는 경우 등 주로 기업의 수익성 저하가 원인이 되어 나타나는 경제적 어려움을 말한다. 그러나 경제적 부실만을 가지고 기업이 곧 도산할 것이라고 단정할 수는 없다. 왜냐하면 경제적 부실현상이 나타난다고 하더라도 당장에 갚아야 할 부채가 없고 기업의 부채상환 능력이 유지될 수 있다면 기업은 계속 존속할 수 있기 때문이다.

지급불능(insolvency)이란 기업이 일시적인 유동성부족으로 갚아야 될 채무를 상환할 수 없는 경우(기술적 지급불능, technical insolvency)와 기업의 총부채가치가 총자산가치를 넘어 순자산가치가 마이너스가 되는 경우(실질적 지급불능, real insolvency)를 말한다.[2] 기술적 지급불능은 파산의 직접적 원인이 되기도 하지만 일시적 현상인 경우가 많다. 즉 기술적 지급불능이 있더라도 채무를 갚는데 필요한 유동성이 즉시 뒷받침될 수 있다면 기업은 정상적인 상황으로 되돌아갈 수 있기 때문이다. 그러나 실질적 지급불능은 기술적 지급불능과는 달리 일시적인 유동성부족이 아닌 수익성 하락에 따른 만성적인 결손누적에 의한 것이므로 정상적인 상황으로 돌아가기 어렵고, 경우에 따라서는 파산으로 분류되기도 하므로 이를 파산적 지급불능(bankrupt insolvency)이라고도 한다.

한편 지급불능은 기업의 자산과 부채가치를 비교하는 정태적인 관점과 영업활동에서 실현되는 현금흐름과 지출되어야 할 현금흐름을 분석하는 동태적인 관점 두 가지로 분류할 수도 있다. 먼저 정태적 관점에서의 지급불능(stock-based insolvency)은 기업의 자산가치보다 부채가치가 더 커서 순자산가치가 음(−)이 된 경우를 말하며, 동태적 관점에서의 지급불능(flow-based insolvency)은 기업이 영업활동에서 벌어들이는 현금흐름이 계약에 의해 지급되어야 할 현금지출액(예: 이자비용 등)보다 작은 경우를 말한다. 이를 그림으로 나타내면 [그림 25−1]과 같다.

도산과 파산은 기업이 지급능력을 완전히 상실한 경우를 나타내는 개념으로 서로 혼용하여 사용되고 있다. 엄격히 구분한다면 파산(bankruptcy)은 법률적인 용어로 파산적 지급불능의 경우 또는 법원에 의하여 파산선고가 공식적으로 내려진 경우를 뜻한다. 현실적으로는 기업의 자산가치가 부채가치에 미치지 못하여 실질적 지급불능상태에 들어갔을 때, 채권자들이 기업의 폐지를 법원에

1 박정식 · 신동령 · 양철원 · 김류미(2023), 「경영분석」 제7판, 제10장 제1절 참조.

2 지급불능과 유사한 용어로 채무불이행(default)이 있다. 채무불이행은 채무자가 채권자에게 약속한 원리금 상환을 제대로 이행할 수 없게 된 경우를 말한다. 채무불이행은 채무의 일부만을 상환하고 전액을 상환하지 못하는 불완전이행과 채무상환이 늦어지는 이행지체, 그리고 채무를 상환할 수 없는 이행불능으로 분류된다.

| 그림 25-1 | 지급불능

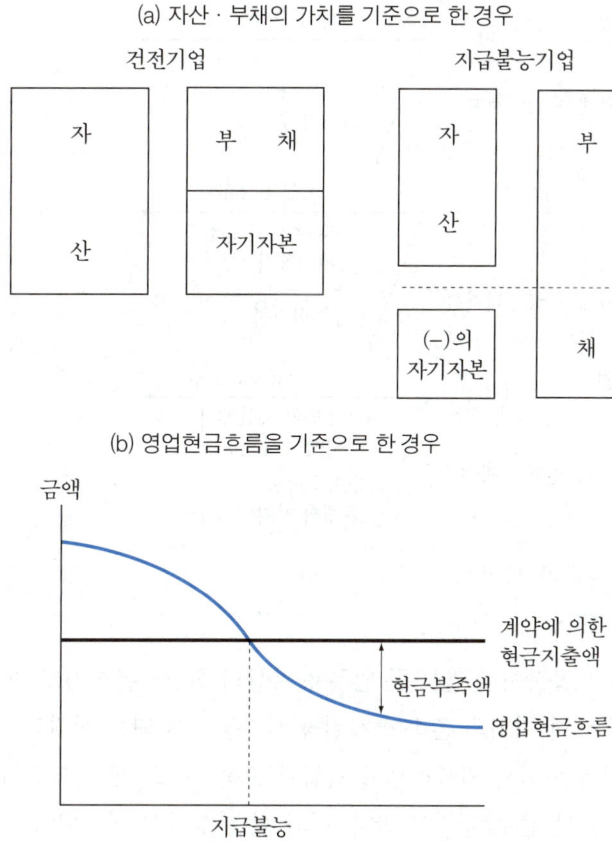

신청하고 이에 따라 법원이 선고를 내림으로써 파산의 효력이 발생한다. 우리나라의 "채무자 회생 및 파산에 관한 법률"에 의하면 채권자나 채무자가 법원에 기업의 파산을 신청하면, 법원은 기업이 계약에 의해 지급되어야 할 금액을 지급할 수 없거나, 부채의 총액이 자산총액을 초과하는 경우에 파산선고를 할 수 있도록 규정하고 있다.

기업의 파산은 순간적으로 일어나는 것이 아니다. 정상적인 기업이 파산에 이르기까지는 연속적인 과정을 밟게 된다. 건전기업이 부실기업으로 전락하는 과정은 다음의 [그림 25-2]와 같이 수익성저하, 지급능력저하, 법률적 파산의 3단계로 진행된다고 볼 수 있다.

건전기업의 경우에는 총수익이 총비용보다 크고 투자수익률이 자본비용보다 높다. 그러나 기업의 수익성이 나빠지고 투자수익률이 저조한 기간이 계속되면, 기업은 내부유보를 줄이고 실제로 업무에 사용되지 않는 비업무용 부동산 등의 자산을 팔아 지급능력의 유지를 꾀하게 된다(제1단계). 이와 같은 결손기간이 더욱 길어지면 사용할 수 있는 내부유보도, 매각할 비업무용 자산도 바닥이 나게 되어 지급능력은 극도로 나빠지며 정상적인 경영이 아주 어렵게 된다(제2단계 중간). 결

| 그림 25-2 | 기업의 부실화과정

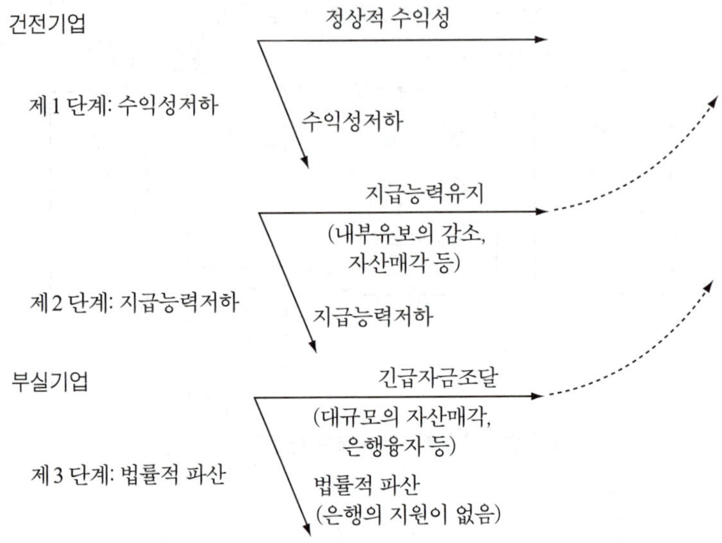

자료: 박정식 외 전게서, [그림 10-1] 인용.

손이 더 누적되면 기업은 공장이나 건물 등 업무용 자산의 상당부분까지도 처분해야 하므로, 외부의 금융지원을 받지 않는 한 기업의 존속이 사실상 불가능하게 되는 실질적 지급불능이 발생한다(제2단계 말). 이 단계에서는 설사 법률적으로 기업이 존속한다고 해도 기업의 효율적인 생산기능이나 자주적인 의사결정기능은 상실되고 만다. 이와 같은 상황이 계속되어 기업이 대규모의 자산을 매각하거나 대규모의 금융지원을 받지 못하면, 부도를 내고 파산을 신청함으로써 완전한 파산(또는 도산)상태에 이르게 된다(제3단계 말).

여기서 한 가지 지적할 사항은 현실에서 발생하는 기업도산은 주로 경영능력의 부족이나 자금조달능력의 저하와 관련된 것이지만, 특정 산업이나 기업을 지원하는 정부의 경제정책과도 결코 무관하지 않다는 사실이다. 즉 정책적 이유로 은행의 대출이 중단될 경우 제1단계 이전의 건전기업이라도 흑자도산하는 경우가 있고, 정부의 정책적 배려에 의해 구제금융이 지원되면 실질적으로는 도산한 부실기업이 그대로 존속할 수도 있다.

■ 기업부실이 초래하는 비용

특정 기업의 부실은 그 기업의 이해관계자는 물론 일반소비자와 국민경제 전체에 큰 비용(손실)을 초래한다. 비용 가운데는 실제로 발생되는 직접비용과, 기회비용의 형태로 발생하는 간접비용이 있다. 이를 손실을 입는 주체별로 정리해 보면 다음과 같다.

도산기업

기업이 도산하는 경우 관련 법규(우리나라의 경우 "채무자 회생 및 파산에 관한 법률"과 상법 등)에서 규정하는 일정한 절차에 따라 기업은 회생 또는 파산 절차를 밟게 된다. 이 과정에서 여러 유형의 비용이 발생한다. 중요한 항목으로는 법률적 절차를 거치는 과정에서 발생하는 변호사 비용, 기업 자산에 대한 평가과정에서 발생하는 회계사 비용, 감정평가사 비용, 그리고 도산기업의 경영자에[3] 대한 보수 등을 들 수 있다. 2001년 파산한 엔론(Enron)의 경우 관련 비용으로 약 7.5억달러가 발생했으며, 2008년 파산한 리만 브라더스(Lehman Brothers)는 관련 비용으로 약 16억달러를 지출하였다.[4] 이러한 직접비용 외에도 회사가 청산되는 경우에는 보통 자산을 실제가치보다 낮은 가격에 처분하게 됨으로써 그 차액만큼 손실이 발생한다. 회생절차를 밟는 경우에도 정상적인 경영활동이 어려워져 매입단가 및 제조원가 상승, 신용의 실추로 인한 차입비용 상승, 자금조달곤란으로 인한 투자기회의 상실, 우수한 인재의 유출, 경영자의 시간손실 등의 기회비용이 발생한다.

주주와 채권자

기업이 도산하면 주가가 급락하거나 주식거래가 중단됨에 따라 주주는 투자원금을 상실하고, 배당금을 지급받지 못하게 된다. 또 추가적인 채무부담이 발생할 수 있으며, 기업도산에 따른 사회적 지위나 권리의 상실 등이 일어난다. 도산기업의 채권자는 채권의 원금이나 이자 수령이 지연되거나 중단된다. 채권의 보전을 위한 활동에 비용과 시간상의 손실이 발생한다.

종업원 및 소비자

종업원에 대한 급료나 퇴직금의 지급이 지연되거나 중단되며, 이들이 이직을 하게 되면 소득이 감소할 수 있다. 장래에 대한 희망의 상실로 좌절하게 되고, 직장이동에 따른 심리적 고통이 가중되며, 복리후생시설을 이용할 수 없게 된다. 도산기업의 제품을 구입한 소비자는 구입한 제품에 대한 A/S를 받을 수 없게 된다.

납품업자 등 거래처

기업이 부실화되면 거래처는 판로의 상실로 매출이 감소한다. 심각한 경우에는 연쇄도산이 발생한다. 또 도산위험이 커질 경우 납품업자는 거래대금의 회수가 지연되거나 중단될 상황을 염려하여 해당 기업과의 거래를 중단할 수 있다. 실제로 2002년 미국에서 K-마트의 주가하락을 걱정한 납품업자들의 상품공급 거부로 K-마트가 도산하였으며, 스위스항공(Swiss Air)도 1990년대 말 이후 자회사인 AOM 프랑스 항공과 사베나 항공의 급속한 실적악화에 따른 연료공급처의 공급거부로 2002년에 도산하였다.

3 도산기업이 회생절차를 밟는 경우 법원은 관리인을 선임하며, 파산절차를 밟는 경우 법원은 파산관재인을 선임한다.
4 Farrell, Maureen(2012), "Lehman Bankruptcy Bill: $1.6 Billion," CNNMoney, March 6.

경쟁기업

도산기업과 동일한 종류의 제품을 생산하는 경쟁기업의 경우 도산기업의 덤핑판매에 따른 가격경쟁으로 인해 이익이 감소하고 제품의 이미지가 악화될 수 있다.

지방자치단체 및 정부

조세수입이 감소하고, 도산기업이 정부로부터 세제와 금융상의 지원을 받았을 경우에는 그 효과가 상실된다.

국민경제

도산기업을 구제하거나 다른 기업에 인수시키는 과정에서 세제 · 금융상의 지원이 제공될 경우 국민의 부담이 늘어난다. 예를 들어 국내의 경우 1997년에 발생한 외환위기로 인한 부실 금융기관의 정리를 위해 약 170조원의 공적자금이 투입되었다.[5] 또 실업자에 대한 보험금지급이 증가하면 국민의 보험료부담도 늘어난다. 기업도산이 빈발할 경우 사회불안이 고조되고 경제성장이 정체되거나 후퇴할 수 있다.

그렇다면 실제로 도산과 관련된 비용은 얼마나 될까? 제14장에서 언급하였듯이 도산관련비용(파산비용)은 직접비용과 간접비용으로 분류된다. 직접비용은 기업의 청산 또는 회생 과정에서 실제로 지출된 것이며, 간접비용은 도산에 따른 매출감소, 이익상실, 차입곤란, 차입비용상승 등의 기회비용으로 구성된다. 측정이 용이한 직접비용보다 측정이 쉽지 않은 간접비용의 규모가 훨씬 큰 것으로 나타나고 있다. 예를 들어 와이스(Weiss)는 직접비용이 도산시점에서의 기업가치의 약 3%라고 추정하였고, 알트만(Altman)은 약 6.2%에 달한다고 하였다. 한편, 알트만은 도산에 의해 상실된 이익규모로 간접비용을 측정할 경우 도산시점에서의 기업가치의 10.5%에 달한다고 추정하고 있다.[6]

25.2 기업부실의 원인과 부실기업의 진로

■ 경영자의 책임과 기업의 부실화과정

기업부실은 기업 내부의 요인에 의해 발생하기도 하며, 외부 환경요인에 의해 발생하기도 한다. 기업가치에 영향을 미치는 내외부의 위험요인을 사전에 파악하고 적절한 위험관리 활동을 수행함으

---

5 금융위원회 발표자료에 따르면 외환위기에 따른 부실 금융기관 정리를 위해 1997년 11월 이후 168조 7000억원의 공적 자금이 지출되었으며, 이 중 2023년 9월 말 현재 약 120.4조원이 회수되었다. 또 2008년 글로벌 금융위기를 극복하기 위해 2009년 6월부터 2013년 말까지 약 6조 2000억원의 구조조정기금이 투입되었으며, 투입자금은 2015년 3월 현재 모두 회수되고 기금은 청산되었다.

6 Weiss, L.(1990), "Bankruptcy Resolution: Direct Costs and Violation of Priority of Claims," *Journal of Financial Economics* 279, 285-314; Altman, E.(1984), "A Further Empirical Investigation of the Bankruptcy Cost Question," *Journal of Finance* 39, 1067-1089.

로써 기업활동이 정상적으로 이루어지도록 하는 것은 경영자가 수행해야 할 중요한 역할이다. 경영자가 위험관리에 실패하는 경우 기업은 부실화되고 생존에 위협을 받게 된다. 즉, 기업부실은 경영자가 위험관리에 실패할 때 받게 되는 벌칙이라고 할 수 있다.

현실에서 기업의 부실은 어느 한 순간에 갑자기 발생하는 것이 아니라 상당한 기간을 두고 서서히 진행되는 경우가 많다. 따라서 부실을 예측하고 이를 방지하기 위해서는 부실화과정을 이해하는 것이 중요하다. 기업부실의 궁극적인 원인이 경영자에게 있다는 것을 감안하면 기업의 부실화과정은 다음의 [그림 25-3]과 같이 나타낼 수 있다.

| 그림 25-3 | 기업의 부실화과정

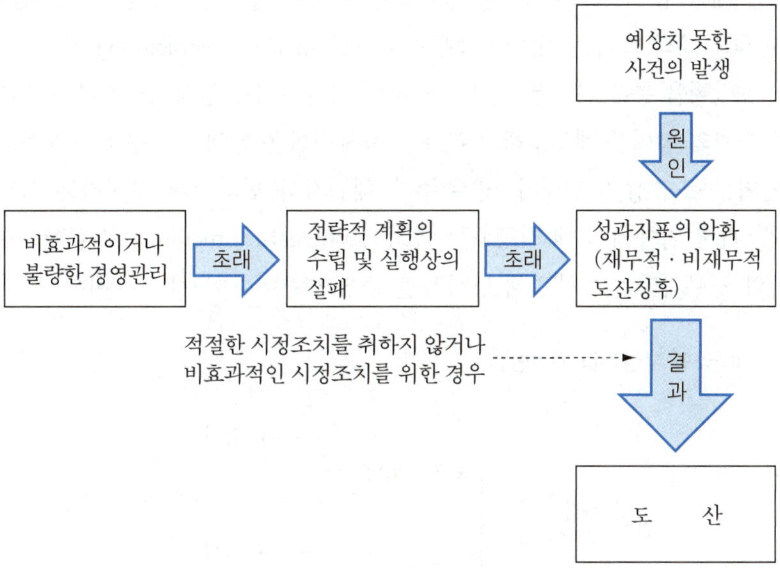

자료: 박정식 외 전게서, [그림 10-3] 인용.

평소 경영상태가 불량하거나 비효율적인 기업일수록 전략적 계획을 수립하거나 실행하는 데 실패하여 부실화될 가능성이 높다. 여기서 전략적 계획(strategic plans)이란 기업의 운명에 큰 영향을 미치는 중요한 계획으로서 주력업종의 선정, 다각화전략, 합병과 취득(M&A), 설비투자, 제품전략 및 영업전략, 가격정책 등을 말한다. 외부환경에 대한 경영자의 잘못된 판단으로 전략적 계획이 잘못 수립되었거나, 또 전략적 계획은 올바로 수립되었더라도 이를 실행할 관리조직에 문제가 있다면 좋은 결과를 기대할 수 없다. 이와 같은 오류들이 결국 기업의 성과를 악화시켜 손실발생, 재무구조 악화 등 부실징후가 나타나게 된다. 한편 경영자가 통제할 수 없는 외부환경 요인이 발생한다면 기업의 성과는 더욱 악화될 수 있다. 기상이변에 의한 원자재 가격의 급등이나 최근에 발생한 COVID-19 팬데믹에 따른 경기침체 등은 대표적인 예이다. 경영자가 이러한 위험요인에 대비하

는 위험관리전략의 수립에 실패하거나 또 유동성확보에 실패한다면 그 기업은 결국 도산하게 된다.[7]

■ 부실기업의 진로

부실로 인해 도산하는 기업은 기업을 재건하거나 정리하기 위해 다음과 같은 활동을 하게 된다: ① 주요 자산의 매각 ② 다른 기업과의 합병 ③ 자본적 지출과 R&D 비용의 감축 ④ 새로운 증권 발행을 통한 자금조달 ⑤ 채권자와의 협상을 통한 채무상환 시기 · 방법 조정 ⑥ 부채의 자기자본으로의 출자전환 ⑦ 파산신청.

이러한 활동 중 ①~③의 항목은 기업의 사업구조조정(asset restructuring)에 관한 것이다. 즉 기존의 사업부분을 매각하거나 다른 사업을 영위하는 회사와 합병하여 사업구조를 변경하거나 개선하는 활동이다. ④~⑥의 항목은 기업의 재무구조조정(financial restructuring)에 관한 것이다. 주식이나 채권의 신규발행을 통해 자금을 새로 조달하여 지급능력을 향상시키거나, 채권자와의 협상을 통해 채무상환 시기와 방법을 재조정하고 부채의 출자전환을 통해 재무구조를 개선하는 활동이다.

이러한 기업의 구조조정은 경영자 및 주주가 채권자와 협의하여 추진하는 사적 정리(private restructuring)와, 관련 법률에 의해 집행되는 법적 정리(legal restructuring)로 분류될 수 있다. 사적 정리가 채권자와 채무자라는 이해관계 당사자를 중심으로 이루어지는 데 비해, 법적 정리는 법원

| 그림 25-4 | 우리나라의 부실기업 처리방법

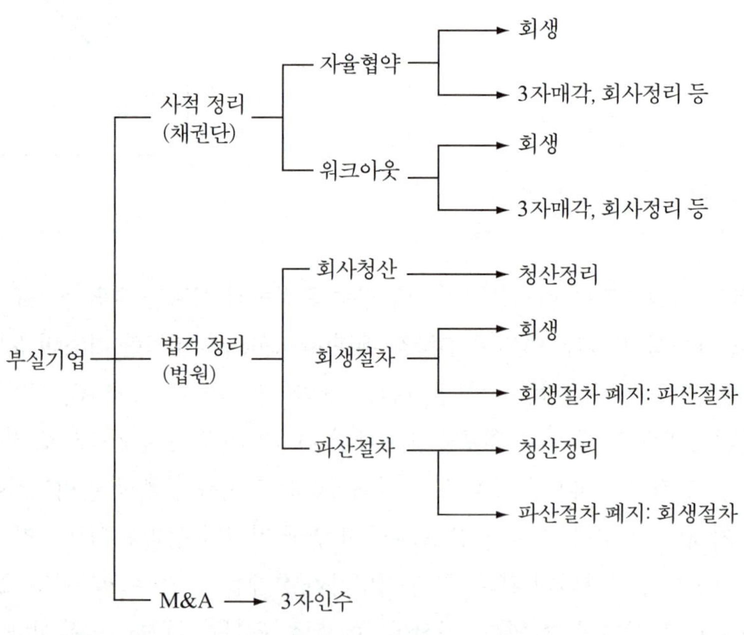

7 기업부실의 구체적인 원인에 대해서는 박정식 외 전게서, pp. 319-329 참조.

이 중심이 되어 재판형식으로 진행된다. 사적 정리의 경우 우리나라에서는 채권금융기관들이 일시적인 자금난을 겪는 부실기업의 정상화를 촉진하고 부실채권의 효율적 정리를 위해 채무구성과 상환일정을 재조정하여 기업회생을 도모하는데, 그 방법으로는 채권단 자율협약에 의한 방식과 기업구조조정촉진법에 근거한 워크아웃(workout, 기업개선작업)이 있다.[8] 법적 정리는 채무자 회생 및 파산에 관한 법률에 근거한 구조조정 방법으로 크게 회생절차와 파산, 그리고 청산의 세 가지로 나눌 수 있다. 부실기업의 처리과정을 그림으로 나타내면 [그림 25-4]와 같다. [그림 25-4]에 제시된 제도들에 대한 구체적인 내용은 다음 절에서 살펴보기로 한다.

25.3 우리나라의 부실기업정리 및 구조조정 제도

이 절에서는 대표적인 부실기업정리 및 구조조정 제도인 자율협약 및 워크아웃과 회생절차, 파산, 그리고 청산에 대해서 간략히 살펴본다.

■ 자율협약(채권단 자율협약)

사적 정리의 한 형태인 자율협약은 일시적인 유동성위기에 빠진 부실징후기업과 이 기업에 자금을 대출해 준 금융회사들(이하 채권단, 주로 시중은행으로 구성된다) 간에 체결하는 경영지원협약을 말한다. 해당 기업이 채권단에 자율협약 체결을 요청할 경우 채권단은 실태조사 등을 통해 기업의 회생가능성을 진단한 후 지원 여부를 결정하게 된다. 자율협약 체결 후 채권단은 기존 부채에 대해 일괄적인 만기연장, 추가자금 대출 등의 지원을 제공하는 한편, 해당 기업에게는 자산매각, 인력감축, 대주주의 사재출연 등을 통해 재무구조 개선조치를 취할 것을 요구한다. 자율협약은 채권단에 참여하고 있는 모든 금융회사들이 동의할 경우에만 가능하며, 법적 강제성 없이 채권단과 기업 간 자율적인 협의를 통해 이루어지기 때문에 여타 구조조정 방식에 비해 채권단과 기업이 결정할 수 있는 폭과 융통성이 크다. 또한 해당 기업은 아직 부실기업으로 판정이 난 것이 아니므로 대외신인도의 훼손도 상대적으로 적다. 이러한 점에서 관련 법률에 의해 시행되는 워크아웃이나 회생절차와는 구분되며, 기업구조조정 방식 중 강도가 가장 낮은 단계에 해당된다.

■ 워크아웃(기업개선작업)

워크아웃 또는 기업개선작업은 회생가능한 부실기업에 대해 회사청산이나 회생절차 등 도산절차

8 워크아웃은 그 근거가 "기업구조조정촉진법"이라는 점에서 법적 정리절차로 볼 수도 있으나, 채권단이 중심이 되어 경영자 및 주주와의 협의를 통해 구조조정이 진행된다는 점에서 이 책에서는 사적 정리절차로 분류한다. 워크아웃은 금융회사들로 구성된 채권단이 중심이 된다는 점에서 자율협약과 유사하다. 그러나 자율협약의 경우 은행이 주로 참여하는 채권단과 해당 기업 간 자율적인 협의에 의해 구조조정이 진행되는 반면, 워크아웃의 경우 해당 기업은 채권단의 요구에 무조건 응해야 한다는 점에서 자율협약에 비해 보다 강도가 높다. 한편, 워크아웃의 채권단에는 카드사, 저축은행 등과 같은 제2금융권도 참여하며, 채권단의 75% 이상이 동의하면 워크아웃이 개시됨에 따라 자율협약에 비해서 진행 속도가 빠르다.

에 들어가지 않고 경영자와 주주, 채권금융기관들이 협의하여 기업의 채무구성과 채무상환일정을 재조정하는 방식으로 기업의 회생을 꾀하는 것을 말한다. 워크아웃은 법적 정리절차와는 달리 경영자와 주주 그리고 채권자 간의 사적인 협의와 계약에 의해 추진된다는 특징을 갖는다.[9]

워크아웃은 기업을 파산시키는 것보다는 사적 계약을 통하여 부실요인을 덜어내고 기업을 회생시키는 것이 낫다고 판단될 때 채권금융기관들의 합의(채권액 기준 3/4 이상의 찬성)에 의해 결정된다. 이 경우 기업은 영업활동을 계속할 수 있고 종업원들은 일자리를 보전할 수 있으므로 기업부실에 따른 사회적인 비용을 줄일 수 있다.

워크아웃은 대출금의 출자전환, 단기대출의 중·장기대출로의 전환, 대출원리금의 상환유예, 이자감면, 채무면제, 신규자금지원, 상호지급보증 해소, 감자, 주력사업의 선정, 외자유치 등의 활동을 통해 기업의 채무상환능력을 개선시킨다. 워크아웃이 진행되는 동안 채권자는 채권자로서 가지는 권리의 행사를 유보하고 또 담보권 등 권리의 일부 또는 전부를 상실할 수도 있다. 경영자와 주주는 워크아웃이 진행되는 동안 기업의 파산이 유예되므로 그 사이에 자구노력을 통해 회생을 도모할 수 있다. 〈표 25-1〉은 자율협약과 워크아웃의 차이를 비교한 것이다.

표 25-1 자율협약과 워크아웃의 비교

구분	자율협약	워크아웃
근거	채권은행 자율협약/채권은행과 대상기업 간 경영정상화 이행약정	기업구조조정촉진법
대상기업	일시적 유동성위기 기업	도산징후기업
신청주체	채무기업	채무기업, 채권자(금융회사)
승인주체	시중은행 중심의 채권단	금융회사(은행, 보험회사, 카드회사, 저축은행 등)
적용대상채무	금융회사 채무(협약채권)	금융회사 채무(협약채권)
적용요건	채권단 100% 동의	총채권액의 75% 이상 동의
법적 구속력	법적 구속력 없음 (다만, 채권은행협의회 구성 이후 총채권액의 75% 이상으로 결의한 사항에 대해서는 구성원은 이에 구속)	법적 구속력 있음
채권자의 출자제한/타회사 지배제한 규정	채권의 출자전환 시 관련 법률에서 규정하는 출자제한/지배력제한 규정의 예외 인정을 받지 못함	채권의 출자전환 시 관련 법률의 출자제한/지배력제한 규정의 예외적용을 받을 수 있음

9 워크아웃제도는 1997년 외환위기 이후 어려움에 빠진 기업회생을 위해 1998년 6월 210개 금융기관 간에 체결된 "기업구조조정 촉진을 위한 금융기관 협약"으로 기본체계가 만들어졌고, 이후 2001년 8월 "기업구조조정촉진법"의 제정에 따라 시장기능에 의한 상시적인 기업구조조정시스템으로 정착되었으며, 2023년 12월 7차 기업구조조정촉진법이 제정, 발효되어 현재에 이르고 있다.

■ 회생절차(법정관리)

우리나라에서는 기업의 퇴출과 관련한 법률로 "채무자 회생 및 파산에 관한 법률"과 상법(회사편) 상의 청산이 있다.[10] 이 중 상법상의 청산 규정과 "채무자 회생 및 파산에 관한 법률"의 파산절차에 관한 규정이 기업의 청산을 목적으로 하는 정리절차를 규정하고 있는 것이라면, "채무자 회생 및 파산에 관한 법률"의 회생절차 규정은 회사의 재건을 목적으로 하는 정리절차를 규정하고 있다.

회생절차는 도산위기에 빠져 있는 부실기업 중 회생이 가능한 기업에게 재기할 수 있는 기회를 제공하는 제도로서, 법원이 각 이해관계자들의 이해를 조정하여 기업이 영업을 계속하면서 그 절차가 진행된다. 도산위기에 빠진 기업은 법원에 회생절차의 개시를 신청할 수 있다. 회생절차를 신청하는 여러 가지 이유가 있으나 그 주된 목적은 기업의 채권과 채무를 신속히 동결하여 회사재산을 보전하는 데 있으므로 기업은 보통 회생절차 신청과 함께 회사재산보전처분 신청을 낸다.

기업이 회생절차를 신청하면 법원은 경제 전반에 미치는 영향과 회생가능성 그리고 채권자들의 동의 여부 등을 검토하여 재산보전처분 결정을 내리게 된다. 이후 법원은 회생절차의 승인에 필요한 사항을 심의하여 기업이 그 조건을 갖추었다고 판단하면 회생절차개시를 결정한다. 일단 회생절차가 시작되면 법원은 회생절차 관리위원회와 채권자협의회의 의견을 들어 적합한 인물을 관리인으로 선임한다. 관리인은 회사의 경영에 관한 모든 권한을 갖고 직무를 수행하며, 법원은 관리인이 선량한 관리자로서의 의무를 다하는지를 감독하게 된다. 이후 관리인은 회생계획안을 작성 · 제출하여 기업과 관련된 이해관계인 집회에서 동의를 받아 회생절차를 진행한다.

기업이 회생절차에 들어가면 기존주주는 지분비율에 따라 회생절차에 참가할 수 있으나, 부채총액이 자산총액을 초과하는 경우에는 의결권을 갖지 못한다. 기존 경영자는 관리인으로 선임되어 기업경영을 계속할 수 있으나 채권자협의회가 요청하는 경우에는 제3자를 관리인으로 선임한다. 또 기존의 모든 채무에 대한 상환이 일정기간 동결되고 채권자의 담보권행사는 금지되며, 기업자산의 매각이나 담보설정 등도 금지된다. 기업회생절차는 법원 주도로 복잡한 이해관계가 조정되며 구조조정절차가 길고 회생절차가 진행되는 동안 정상적인 영업활동이 어렵다는 점에서, 채권단 중심으로 신속한 지원을 통해 회생을 도모하는 워크아웃과 비교된다.

다음의 〈표 25-2〉는 앞서 살펴본 워크아웃과 회생절차의 주요한 차이점을 비교 · 정리한 것이다.[11, 12]

---

10 2006년 4월 1일 이후 "채무자 회생 및 파산에 관한 법률"이 시행되고 있다. 이 법은 과거에 회사정리법, 화의법, 파산법, 그리고 개인채무자회생법으로 나누어져 있던 파산 및 회생에 관한 법률들을 단일법률로 통합한 것이다. 또한 이 법에서는 과거에 회사정리와 화의로 구분되어 있던 기업의 회생절차를 회사정리절차를 중심으로 일원화하고 화의절차를 폐지하였다. 이 법에 의한 회생절차는 흔히 법정관리로 불린다.

11 워크아웃과 파산의 중간형태로 사전계획안제도 또는 합의파산(prepackaged bankruptcy)제도가 있다. 이는 회사와 채권자, 근로자, 납품업자 등의 이해당사자들이 합의하여 미리 구조조정 방안을 수립한 후 법원에 회생절차를 신청하는 제도이다. 채권단은 채권 · 채무조정을 통해 빚을 일부 줄여 주거나 신규 자금을 지원한다. 직·간접 파산비용을

표 25-2 기업회생절차(법정관리)와 워크아웃(기업개선작업)의 비교

	기업회생절차	워크아웃(기업개선작업)
근거법률	채무자 회생 및 파산에 관한 법률	기업구조조정촉진법
대상기업	도산기업 또는 도산징후기업	도산징후기업
신청주체	채무기업, 주주 또는 채권자(금융회사)	채무기업, 채권자(금융회사)
신청시기	부도 이전 및 부도 이후	부도 이전
승인주체	법원	채권단(금융회사)
적용대상채무	대상기업의 모든 채무	금융회사채무
구조조정방법	채무상환기한연장, 이자감면, 채무탕감 등	구조조정, 금융지원(만기연장, 신규대출, 이자감면 등)
기존경영진	유지가능(관리인 선임가능)	유지가능
주주권리	감자로 축소가능	감자, 채권의 출자전환으로 축소가능
정상화 기간	8~10년	3~5년

한편, 회생절차가 개시되어 회생계획이 진행 중인 기업이라 하더라도 법원이 회생계획의 정상적인 수행이 어렵다고 판단하는 경우나 사업을 청산할 때의 가치가 계속할 때의 가치보다 크다고 판단하는 경우에는 회생절차를 폐지할 수 있다. 이 경우 기업은 파산절차를 밟게 된다.

■ 청산과 파산

청산(liquidation)은 상법에 따라 해산한 기업의 법률관계를 정리하고 남은 재산을 채권자와 주주에게 분배하는 것을 말한다. 파산(bankruptcy)은 기업이 채무의 원리금을 상환할 능력이 없을 때 법원이 기업의 재산가치를 평가하여 "채무자 회생 및 파산에 관한 법률"에 정해진 기준에 따라 채권자에게 공평하게 재산을 분배하는 제도이다.

청산과 파산은 기업의 전 재산을 처분하여 분배하고 기업을 해체한다는 점에서는 같지만, 파산이 채무가 기업가치를 초과하거나 채무의 지급불능이라는 경제적 원인에 한정된 결과인 데 비해 청산은 경제적 원인뿐 아니라 주주의 자발적인 해산, 기업의 위법행위로 인한 해산 등에도 적용된

줄여 회사를 살리자는 점에서 워크아웃과 공통점을 갖는다. 다만 워크아웃은 채권은행이 부실기업을 관리하는 데 비해 합의파산은 법원이 관리한다는 점이 다르다. 합의파산은 일반적인 회생절차에 비해 시간이 훨씬 덜 걸린다는 이점이 있다.

12 법원에 의해 관리되는 기업회생절차는 회생절차 종료 시까지 오랜 시간이 걸린다는 단점이 있다. 이 때문에 우리나라에서는 2011년 4월부터 패스트트랙(Fast Track) 기업회생절차를 실시하고 있다. 이는 채권자들 간의 사전 협상이 가능한 기업에 대해서 합의파산제도를 활용하고 워크아웃과 회생절차를 접목하여 주요 채권자 주도로 최대한 빨리(6개월 이내) 기업구조조정을 마무리하여 시장으로 복귀시키는 제도이다. 여기서 6개월은 법원의 회생개시결정 이후 회생계획인가까지의 기간을 의미한다. 또 워크아웃과 회생절차의 장점을 결합하여 신속한 회생절차를 진행할 수 있도록 2017년 3월 이후 회생전문법원을 설립하여 운영하고 있다.

다는 점에서 차이가 있다.[13] 다만 청산은 기업의 해산이유가 합병이나 파산인 경우는 그 적용이 제외된다.

"채무자 회생 및 파산에 관한 법률"에 정해진 파산절차는 일반적으로 채권자의 신청에 의해 시작되지만, 채무자인 기업의 신청이나 법원의 직권으로도 파산을 선고할 수 있다. 파산신청을 받은 법원은 이를 검토하고 타당한 원인이 있다고 판단하면 파산을 결정한다. 법원은 파산선고와 함께 파산관재인을 선임하고 이후의 파산절차는 파산관재인에 의해 집행되게 된다.

일단 법원의 선고를 받고 파산이 결정되면 파산재단이 구성되어 기업의 모든 재산은 파산재단에 귀속된다. 파산재단의 관리 및 처분권은 파산관재인이 갖게 되며, 재단에 속한 모든 재산은 시가로 평가하여 정해진 순서에 따라 채권자와 주주에게 분배된다. 이때 일반적으로 적용되는 재산분배의 순서는 다음과 같다.

1. 파산기업의 재산을 처분하는 데 필요한 관리비용
2. 파산신청 이후에 발생한 무보증채무
3. 임금, 급여 등
4. 퇴직금, 연금 등
5. 소비자에 대한 보상
6. 법인세 등 세금
7. 채권자에 대한 채무
8. 우선주주의 지분
9. 보통주주의 지분

이와 같은 순서에 따라 재산분배가 이루어지는 것을 절대우선원칙(absolute priority rule)이라고 한다.

한편 채권자가 청산배당을 받는 것보다 파산기업이 영업활동을 지속하여 얻는 수익으로 채권을 상환하도록 하는 것이 더 유리하다고 판단할 경우, 채권자는 채무자(기업)와의 협의를 통해 법원에 파산폐지를 신청할 수 있다. 법원이 이를 승인하면 기업은 파산절차를 종결하고 사업을 계속할 수 있다.

■ 사적 정리 vs 법적 정리

기업부실이 발생하여 도산위기에 처한 기업은 기업재건을 위하여 자율협약이나 워크아웃과 같은 사적 정리절차나 회생절차와 같은 법적 정리절차를 선택할 수 있다. 그러면 사적 정리와 법적 정리절차 중 어느 것을 선택하는 것이 기업에게 유리할까? 이에 대해 우리나라 시장을 대상으로 한 연

13 우리나라의 경우 상법 제227조는 회사의 해산사유로 존립기간의 만료, 기타 정관으로 정한 사유의 발생, 총사원의 동의, 사원이 1인으로 된 때, 합병, 파산, 법원의 명령 또는 판결을 들고 있다.

구결과가 많지 않아, 미국 시장에 대한 연구결과를 간단히 소개하면 다음과 같다.[14]

① 역사적으로 볼 때 사적 정리와 법적 정리의 비율은 비슷했으나 최근 들어 법적 정리의 비율이 크게 높아졌다.
② 법적 정리기업에 비해 사적 정리를 추진하는 기업의 주가가 훨씬 큰 폭으로 상승한다.
③ 사적 정리가 법적 정리에 비해 비용이 훨씬 낮은 수준이며 시간도 덜 걸린다.

이러한 결과들은 사적 정리가 법적 정리에 비해 채권자나 주주 모두에게 유리하다는 것을 의미한다. 그럼에도 불구하고 법적 정리절차를 선택하는 비율이 늘어나는 것은 어떤 이유 때문일까? 기존의 연구결과들은 다음과 같은 요소들이 기업재건을 위한 방법을 선택하는 데 큰 영향을 미친다고 주장한다.

- **한계기업**: 일반적으로 볼 때 사적 정리에 비해 법적 정리가 비용이 더 많이 들지만, 일부 특정 기업에서는 법적 정리가 더 나은 방법이 될 수 있다. 즉 법적 정리를 선택할 경우 기존채무가 모두 동결되고, 관리인은 기존채무보다 변제순위가 높은 새로운 부채(senior debt)를 발행하여 기업회생에 필요한 신규자금을 보다 손쉽게 조달할 수 있다.[15] 당장의 현금이 절실한 기업에게는 이러한 채권의 발행이 허용되는 법적 정리를 택하는 것이 유리하다.
- **주주들의 선호**: 법적 정리절차에 들어가 우선순위가 있는 채권을 발행하거나 기존채무의 상환이 동결되는 것은 채권자에게 매우 불리한 일이지만 주주들에게는 득이 될 수 있다. 따라서 주주들은 채권자와의 협상에서 보다 유리한 조건을 얻어내기 위해 사적 정리보다는 법적 정리를 고집할 수 있다.
- **자본구조의 복잡성**: 최근 들어 기업이 자본조달을 위해 발행하는 증권은 여러 가지 옵션이 첨부되는 등 복잡한 형태를 띠고 있으며, 금융기관으로부터의 차입 역시 매우 복잡한 조항을 담고 있다. 따라서 도산기업의 각 채권자들 간에 채무상환 및 재산분배의 우선순위가 명확하게 결정되지 않는 경우가 많아 이해관계의 사적 조정이 어려울 수 있다.
- **정보비대칭**: 채권자는 도산위기에 놓인 기업의 현금부족이 일시적인 것이라고 판단하면 법적 정리 절차를 선호하지 않을 것이며, 또 도산원인이 근본적이고 영구적인 것이라고 판단하면

---

14 Ross, S., R. Westerfield, and J. Jaffe(2022), *Corporate Finance*, McGraw-Hill, 제30장 참조. 한편, World Bank(1999)는 위기상황 시 단기간에 부실기업의 수가 급증함으로써 기업구조조정 실행의 80% 이상이 법적 정리가 아닌 사적 정리를 통해 진행된다고 보고하며, Gilson(1997)은 미국시장에서 평상시의 경우 사적 정리의 거래비용이 법적 정리에 비해 더 크다고 보고한다. 오수근(2008)은 국내의 경우 정부나 채권금융기관 협의회가 주도하는 구조조정보다는 법적 절차를 거쳐 수행하는 구조조정이 더 효율적이라고 주장한다. 오수근(2008), "기업회생제도의 현황과 개선방안,"「사법」 제4호, 사법발전재단; Gilson, S.(1997), "Transactions Costs and Capital Structure Choice: Evidence from Financially Distressed Firms," *Journal of Finance* 52; World Bank(1999), *Symposium on Building Effective Insolvency Systems*, World Bank.

15 제14장에서 소개하였듯이 이를 관리인 금융(debtor-in-possession(DIP) financing)이라고 부른다.

법적 정리 절차나 파산신청을 할 것이다. 그러나 기업이 처한 상황에 대해 주주와 채권자가 가지는 정보는 충분하지도 않고 또 같지도 않다. 채권자가 기업의 재무적 부실이 장기적일 것이라고 판단해도, 주주는 일시적인 현상으로 파악할 수 있다.

25.4 기업부실의 예측방법

기업부실은 그 원인과 진행과정이 다양하다. 부실의 징후도 재무적인 것뿐 아니라 재무제표를 통해 파악할 수 없는 비재무적인 것도 존재하므로 그 예측방법도 매우 다양하다. 다음에서는 기업부실을 예측하는 데 이용될 수 있는 방법들에 대해 간단히 살펴보고, 대표적으로 이용되는 계량모형에 대해 설명한다.

재무제표분석

사실상 기업부실예측의 기본이 되는 분석방법으로서 기업의 재무제표가 그 기업의 경영성과와 재무상태를 정확히 반영한다는 것을 전제로 한다. 기업의 수익성 · 유동성 · 재무구조 등에 관한 각종 재무비율을 분석함으로써 건전기업과 부실기업을 판별하고 특정 기업의 부실가능성을 예측하는 방법이다. 재무제표분석에 대해서는 제2장에서 살펴보았다.

현금흐름분석

기업이 어떤 경로를 통해 도산하게 되었는지와 관계없이 최종적인 도산원인은 채무불이행에 있다. 따라서 기업의 장·단기 현금흐름 추이를 면밀하게 관찰한 결과 현금유출이 현금유입보다 계속 많을 것으로 전망되는 기업은 그만큼 부실가능성이 높은 기업이라고 판단할 수 있다. 기업의 현금흐름에 관한 정보는 제2장에서 살펴본 현금흐름표 등을 분석하여 얻을 수도 있다.

시장정보분석

상장된 기업으로서 부실화가 진행되고 있거나 예상되는 기업은 부실화에 관한 정보가 주가에 즉시 반영되기 때문에 도산발생 수개월 전에 이미 주가가 하락하는 경우가 많다. 또한 제5장에서 살펴본 것과 같이 신용평가기관은 채무불이행위험이 큰 기업이 발행하는 사채나 CP에 대해서는 낮은 등급을 부여하고, 부실화가 예상되면 그만큼 채권등급을 낮추어 발표하게 된다. 이와 같은 시장정보는 일반적으로 재무제표정보에 비하여 적시성이 높으므로 재무제표정보를 보완하여 준다.

경영전략분석

경영자의 자질이나 경험, 기업의 경쟁환경, 기업이 속한 업종의 성장가능성, 국내외 경제환경의 변화 등 기업내외의 모든 환경이 부실화의 원인이 될 수 있다. 그러므로 환경변화에 대응하기 위한 기업의 장·단기전략을 분석하고, 이들 전략이 과연 환경변화에 적절히 대응할 수 있도록 마련되었는지를 수시로 평가함으로써 부실화의 가능성을 예상할 수 있다.

K-score 모형

기업부실을 예측하기 위해 복잡한 형태의 계량모형들이 많이 사용되고 있다. 이에 비해 *K*-score 모형은 이해하기 쉽고 또 현실에서도 자주 이용되는 판별분석을 응용한 것이다. 이에 대해 간단히 살펴보자.

알트만(Altman)은 1996년도에 한국은행과 공동으로 한국기업의 도산을 예측할 수 있는 판별모형을 개발하여 발표하였다.[16] 이 모형은 기본적으로 판별분석(discriminant analysis)을 응용한 것이다. 모형개발을 위해 부실기업표본으로 1989~92년 사이에 도산한 34개 상장기업을 선정하였고, 또 건전기업표본으로는 '짝지워주기 표본설계기법' 에 의해 61개의 우량기업을 선정하였다. 또 기업의 부실상황을 잘 반영할 것으로 기대되는 20개의 재무지표 중 최종적으로 기업규모를 나타내는 총자산가치와 회전율지표인 총자산회전율, 누적적 수익성지표인 총자산 대비 이익잉여금의 비율, 그리고 재무구조를 나타내는 자기자본 대비 총부채의 비율 등 4개의 재무지표를 선정하였다.[17] 〈표 25-3〉은 도산 1년 전 재무제표에서 구한 4개 재무비율의 평균치를 보여주고 있다.

표 25-3 부실기업과 건전기업 재무비율의 평균(도산 1년 전)

재무비율	경제적 의미	부실기업	건전기업	t값[1)]
X_1 = ln(총자산)	기업규모	10.6350	11.3760	4.26
X_2 = ln(매출액/총자산)	활동성	−0.3163	0.0278	4.91
X_3 = 이익잉여금/총자산	누적적 수익성	0.0227	0.1692	11.16
X_4 = 자기자본(장부가치)/총부채	재무구조	0.4487	0.9214	7.40
X_4 = 자기자본(시장가치)/총부채	재무구조	0.5231	1.1761	7.38

주: 1) t값은 두 집단 평균의 차이에 대한 신뢰도를 검정하기 위한 통계량으로서 계산된 t값들은 모두 5%의 유의수준에서 두 집단 평균에 유의한 차이가 있음을 보여주고 있다.
자료: Altman(1996), 405.

〈표 25-3〉의 4개 재무지표로 구성된 판별모형이 *K*1-score 모형과 *K*2-score 모형으로서 다음의 식 25.1 및 식 25.2와 같다. *K*1-score 모형과 *K*2-score 모형의 차이는 표의 재무지표 중 재무구조를 나타내는 X_4 변수의 계산에서 자기자본가치를 장부가치 또는 시장가치 중 어느 것을 사용하느냐의 차이이다.

$$K1\text{-score} = -17.862 + 1.472X_1 + 3.041X_2 + 14.839X_3 + 1.516X_4 \quad (25.1)$$

$$K2\text{-score} = -18.696 + 1.501X_1 + 2.706X_2 + 19.760X_3 + 1.146X_4 \quad (25.2)$$

알트만이 제시한 위 두 모형의 판정기준은 다음과 같다.

16 Altman, E.(1996), "International Bankruptcy Classification Model," 「은행의 신용위험관리」, 한국금융연구원, 381-410.

17 자기자본(장부가치)은 자본총계이고, 자기자본(시장가치)은 총발행주식수×주가(연말)로 계산한 것이다.

부실가능성 없음	$K1 > 0.75$,	$K2 > 0.75$
판정유보	$-2.00 \leq K_1 \leq 0.75$,	$-2.30 \leq K2 \leq 0.75$
부실가능성 심각	$K1 < -2.00$,	$K2 < -2.30$

부실기업표본에 대한 각 모형의 예측정확도를 보면, *K*1-score 모형의 경우 도산 1년 전에는 97.1%, 도산 5년 전에는 68.8%로 나타나고 있고, *K*2-score 모형의 경우 도산 1년 전에는 96.6%, 도산 5년 전에는 75.0%로 나타나고 있다.

이제 *K*1-score 모형을 이용하여 다음 두 회사의 부실가능성을 판정하여 보기로 하자. Y회사와 S회사는 피아노 등을 제조·판매하는 악기제조업체로서 모두 상장기업이다. 연도별로 *K*1-score를 계산하는 데 필요한 자료는 〈표 25-4〉에 제시되어 있다.

표 25-4 Y회사와 S회사의 재무지표 및 *K*1-score

	2020		2021		2022		2023	
	Y사	S사	Y사	S사	Y사	S사	Y사	S사
총자산(백만원)	138,757	365,677	188,620	331,669	230,056	379,513	241,956	382,313
총자산회전율(회)	1.11	0.51	0.97	0.61	0.88	0.51	0.87	0.61
이익잉여금/총자산	0.2410	−0.0290	0.1852	−0.1120	0.1727	−0.0211	0.1585	−0.0443
자기자본/총부채	0.4460	0.1665	1.1787	0.0444	0.8672	0.0482	0.7726	0.0367
*K*1-score	4.14	−1.23	4.46	−2.25	3.80	−1.24	3.49	−1.04

표에 제시된 재무지표와 식 25.1을 이용하여 두 회사의 2020년도의 *K*1-score를 계산하면 다음과 같다.

$$\text{Y회사의 } K1\text{-score} = -17.862 + 1.472 \cdot \ln(138{,}757) + 3.041 \cdot \ln(1.11) + 14.839 \times 0.2410 + 1.516 \times 0.4460 = 4.14$$

$$\text{S회사의 } K1\text{-score} = -17.862 + 1.472 \cdot \ln(365{,}677) + 3.041 \cdot \ln(0.51) + 14.839 \times (-0.0290) + 1.516 \times 0.1665 = -1.23$$

위와 같은 방법으로 계산된 두 회사의 매년도의 *K*1-score가 〈표 25-4〉의 하단에 제시되어 있다. 부실판정기준에 비추어 볼 때 Y회사는 4개년 모두 *K*1-score가 3.49 이상을 보여주어 부실화 가능성이 없는 건전기업이라고 할 수 있다. 그러나 S회사는 *K*1-score가 '부실가능성 심각'의 범위인 −2.25까지 내려간 적이 있는 등 대체로 낮은 점수를 보여주고 있어 부실에 대한 주의가 요구되는 기업으로 판정할 수 있다.

부실예측모형의 발전

판별분석 외에도 다양한 계량모형이 부실예측에 사용되고 있는데 대표적인 것이 로짓분석(logistic

regression)이다. 로짓분석은 설명하고자 하는 변수가 양분된(예를 들어 부도 또는 정상) 경우에 주로 사용하는 방법으로, 두 개의 값(예를 들어 부도 시 1, 정상인 경우 0)만을 가지는 종속변수와 설명변수 사이의 인과관계를 로짓함수를 이용하여 추정하는 통계기법이다. 로짓분석은 선형회귀분석과 유사하게 적용할 수 있으며, 비선형적 효과를 통합하고 있고 기업부실에 대한 전반적인 진단을 내릴 수 있다는 유용성으로 인해 부실예측 연구에 유용하게 쓰인다.[18] 최근에는 인공지능의 발달과 함께 머신러닝(machine learning)과 빅데이터를 이용한 신용평가와 부실예측 방법이 크게 발전하고 있다. 인공지능을 이용한 부실예측 방법에 대한 설명은 이 책의 수준을 넘어서기 때문에 생략한다.[19]

중요용어

기업부실(corporate financial distress)	파산(bankruptcy)
지급불능(insolvency)	경제적 부실(economic failure)
사업구조조정(asset restructuring)	회생절차(reorganization)
재무구조조정(financial restructuring)	워크아웃(workout, 기업개선작업)
자율협약(voluntary agreement)	법적 정리(legal restructuring)
사적 정리(private restructuring)	관리인 금융(DIP financing)
절대우선원칙(absolute priority rule)	*K*-score model
청산(liquidation)	로짓분석(logistic regression)

연습문제

25-1 기업이 부실화되는 단계를 크게 세 가지로 나누어 설명하라.

25-2 경제적 부실, 지급불능, 파산, 청산의 개념에 대해 구분하여 설명하라.

25-3 부실기업의 처리방법을 그 실행주체별로 나누어 설명하라.

25-4 부실기업이 취할 수 있는 행동에는 어떤 것들이 있는지, 이를 사업구조조정(asset restructuring)과 재무구조조정(financial restructuring)으로 나누어 설명하라.

25-5 기업이 파산할 경우 재산분배의 순서를 우선순위부터 적어 보라.

25-6 자율협약과 워크아웃, 회생절차를 비교 · 설명하라.

---

18 로짓분석을 이용한 대표적인 부실예측 연구로 다음을 참조할 수 있다. Ohlson, J.(1980), "Financial Ratios and the Probabilistic Prediction of Bankruptcy," *Journal of Accounting Research* 18(1), 109-131.

19 관심 있는 독자는 다음을 참조할 수 있다. Locatelli, R., G. Pepe, and F. Salis(2022), *Artificial Intelligence and Credit Risk: The Use of Alternative Data and Methods in Internal Credit Rating*, Springer International Publishing.

25-7 기업부실의 예측방법의 종류를 말하고 각각에 대해서 간략히 설명하라.

25-8 한국기업의 도산사례를 찾아보고 그 원인을 분석하라. 참고교재로 박정식 · 신동령 · 양철원 · 김류미 저(2023), 「경영분석」(다산출판사) 제10장과, 신유근 저(1996), 「한국기업의 성공과 실패」(대한상공회의소)를 참조할 수 있다.

25-9 부실기업의 예측방법으로서 *K*-score 모형에 의한 부실기업 판정과정을 설명하라.

25-10 다음은 1997년 11월 3일자 「한국경제」 신문에 실린 '해태그룹의 부실화원인'에 관한 기사이다. 이 기사를 읽고 해태그룹의 기업부실을 초래한 원인들이 무엇이며 이를 방지하기 위해 필요한 것은 무엇인지 논의하라.

해태그룹의 주요 계열사들이 법적 정리 신청이라는 극한상황에까지 몰리게 된 가장 큰 원인은 그동안의 무리한 사업확장과 그에 따른 자금차입 때문이라는 것이 지배적인 분석이다. 해태전자, 해태중공업 등 비주력사업 다각화부문에서 발생한 막대한 적자규모가 결국 그룹 전체의 부실화로 이어졌다는 분석이다. 이처럼 뿌리가 약한 해태그룹이 한보사태 이후 악화된 금융여건을 견디지 못한 것이다.

우선 지난 1983년 인수한 해태중공업이 매년 1백억원 이상의 막대한 적자를 냄으로써 그룹 전체의 자금운영에 주름살을 지게 했다. 지난해 철도차량 제작을 위한 대규모투자도 자금압박의 요인이 됐다. 해태상사도 최근 환율급등으로 인해 큰 환차손피해를 입은 데다 기아자동차의 수출대행 금액을 받지 못해 자금사정이 나빠졌다. 해태전자의 경우 지난 1995년 인켈을 인수하면서 안게 된 부채가 그룹 전체의 부담으로 남아 있는 상태이다.

해태그룹 계열사 재무 · 손익현황(1996년)

(단위: 억원)

기 업 명	자 산	부 채	자 본	매 출	영업이익	금융비용	당기순이익
해태제과	11,547	9,855	446	6,644	552	383	99
해태음료	4,698	4,024	200	4,548	420	294	311
해태산업	1,799	1,688	99	1,080	133	123	5
해태상사	2,435	2,096	180	7,009	403	437	14
해태유통	3,640	3,108	298	3,969	54	128	15
해태전자	8,120	6,199	668	2,254	316	221	59
해태타이거즈	27	42	2	89	−1	1	−3
해태중공업	602	1,349	80	321	−8	122	−119
해태가루비	110	93	50	88	−3	9	−11
코래드	408	376	3	342	40	37	7
에어로시스템	136	162	16	103	2	6	−5
인켈오디오월드	6	1	18	3	−2	0	−2
해태텔레콤	5	5	5	0	−1	0	0
대한포장공업	154	222	77	131	12	23	−12
해태아이엔시	287	281	4	576	13	16	0
합 계	33,974	29,501	2,146	27,157	1,930	1,800	358

이 같은 상황에서 올 초부터 한보, 삼미, 진로, 대농, 기아 등 대기업 그룹들이 잇따라 무너지면서 시중의 자금사정이 극도로 악화된 데다 증권가의 악성루머가 기승을 부려 종금사 등 제2 금융권의 대출금상환 압력이 가중됐다. 해태그룹은 이 위기를 넘기기 위해 고금리의 단기자금을 차입, 급한 불끄기에 나섰으나 눈덩이처럼 불어나는 금융비용을 감당하기 힘든 상황에 이르렀다. 제2 금융권에 몰려 있는 부채만도 2조원에 달한다. 제과, 음료 등에서 벌어들이는 돈만으로는 그날그날의 이자를 갚기에도 버거운 형편이었다. 지난 8월 말 부도위기에 몰렸던 해태그룹은 금융권으로부터 1천억원 상당의 자금지원을 받기로 해 위기를 가까스로 넘겼으나 실제로는 5백47억원만이 지원됐을 뿐이었다. 최근에는 종금사 등 제2 금융권의 대출금회수가 재개되면서 결국 무릎을 꿇고 말았다. 해태그룹의 자구노력방안이 타이밍을 놓쳐 계열사와 보유부동산 매각이 순조롭게 진행되지 못한 것도 벼랑끝에 몰리는 또 다른 요인으로 작용했다는 분석이다.

해태그룹은 지난달 16일 계열사 통·폐합 및 매각, 보유 부동산과 유가증권 매각 등을 통해 모두 1조원 이상의 자금을 마련하겠다는 계획을 발표했었다. 해태는 알짜기업까지 팔아치우는 강도높은 자구방안이라고 설명했지만 실제 협상이 이루어진 것은 거의 없는 실정이다.

자료: 「한국경제」(1997. 11. 3.).

제 26 장

위험관리

STUDY GUIDE

이 장에서는 기업의 재무활동과 관련한 위험관리 문제를 살펴본다. 위험관리(risk management)란 기업의 경영활동에서 발생하는 불확실성의 원인을 파악하고 이에 따라 기업이 입을 수 있는 손해를 줄이거나 방지하는 활동을 말한다. 과거에 기업의 위험관리는 주로 이미 보유하고 있는 자산의 손실에 대비하여 보험(insurance)에 가입하는 정도에 불과하였다. 그러나 지금은 위험관리의 범위가 앞으로 발생할 경영활동의 불확실성에 대비하는 것으로 확대되어 있으며, 효과적인 위험관리수단으로 파생상품이 많이 이용되고 있다. 이 장에서는 재무위험의 관리에 사용되는 대표적인 위험관리기법을 살펴보고, 선물과 옵션을 이용하여 환위험, 이자율위험 등을 어떻게 관리하는지를 살펴본다. 마지막으로 스왑계약에 대해서도 소개한다.

26.1 위험관리의 기초

■ 위험관리란?

경영환경의 불확실성이 날로 커짐에 따라 기업의 생존을 위협하는 요인들은 더욱 증가하고 있으며, 재무관리자의 역할에서 위험관리가 차지하는 비중과 중요성 또한 계속 커지고 있다. 기업경영에서 기업의 수익성과 성장성을 높임으로써 가치를 창출하는 것 못지않게 효과적인 위험관리를 통하여 손실을 최소화하고 적정한 위험-수익의 상충관계를 유지하도록 하는 것이 경영목표의 달성을 위해 중요하다는 것이다.

기업경영에서 위험(risk)은 '기업가치에 변화를 가져오는 미래의 불확실성'으로 정의할 수 있으며, 위험관리(risk management)란 '경영활동에서 발생하는 불확실성의 원인을 파악하고 이에 따라 기업이 입을 수 있는 손해를 줄이거나 방지하기 위한 사전적인 활동'이라고 말할 수 있다. 기업가치에 변화를 가져오는 위험을 크게 구분해 보면 기업을 둘러싼 외부 경제환경이나 정부의 정책 및 규제, 경쟁자 및 고객의 특성 변화로 야기될 수 있는 환경위험(environmental risk), 법적 소송에 휘말릴 수 있는 법적 위험(legal risk), 기업이 선택한 사업전략이 실패할 가능성에 따른 전략/사업위험(strategic business risk), 기업의 영업활동 및 업무처리와 관련되어 발생할 수 있는 운영위험(operational risk), 그리고 환율이나 금리, 상품가격, 주가 등의 변동에 따라 발생할 수 있는 재무위험(financial risk) 등으로 분류할 수 있다. 기업의 위험관리는 이들 위험을 모두 대상으로 해야 하나 이들 모두에 대해 살펴보는 것은 이 책의 범위를 벗어나는 것이므로 이 장에서는 재무위험을 중심으로 위험관리를 살펴본다.

■ 위험관리기법

만일 기업이 현재 처해 있는 위험수준이 기업이 원하는 목표수준에 비해 지나치게 높다면, 이 기업은 위험을 낮출 수 있는 방법을 찾아야 할 것이다. 반면, 위험수준이 목표수준에 비해 너무 낮다면, 위험을 높일 수 있는 방법을 찾아야 할 것이다. 기업의 재무위험과 관련하여 위험관리란 이와 같이 기업이 목표로 하는 위험수준에 맞추어 포지션의 위험을 낮추거나 높이는 활동을 말한다. 선물, 옵션, 스왑 등의 파생상품은 이러한 욕구를 충족시킬 수 있는 매우 효과적인 수단이다. 예를 들어 보유 중인 자산의 위험수준이 너무 낮다고 판단하면 그 자산에 대한 선물을 매입함으로써 위험을 높일 수 있다. 또 위험수준이 너무 높다고 판단하면 선물을 매도함으로써 위험을 낮출 수 있다. 다음에서는 대표적인 재무위험의 관리기법으로 분산투자, 헤지, 보험, 투기에 대해 살펴보고 그 특성을 비교한다.

분산투자

제9장에서 보았듯이 투자자금을 한 종류의 자산에 집중하여 투자하지 않고 여러 자산에 골고루 투자하여 위험을 줄이거나 없애려는 전략을 분산투자(diversification)라고 한다. 또 이렇게 함으로써

위험이 줄어드는 현상을 분산효과라고 한다. 자산들을 결합하여 포트폴리오를 구성함으로써 위험이 줄어드는 것은 자산들의 가격변동이 서로가 서로를 상쇄하기 때문이다. 가격변동이 완전한 정(+)의 상관관계를 가지지 않는 이상 이러한 상쇄작용은 항상 일어나며, 상관관계가 낮을수록 즉 −1에 가까울수록 더욱 강하게 나타난다. 따라서 분산효과를 극대화하려면 상관관계가 낮은 자산들을 결합하는 것이 중요하다.

분산효과는 또한 포트폴리오를 구성하는 자산의 수가 많을수록 크게 나타난다. 자산수가 많을수록 상쇄작용의 횟수가 증가하여 포트폴리오 전체의 변동성을 줄여 주기 때문이다. 그러나 자산의 수를 늘린다고 해서 위험을 완전히 제거할 수 있는 것은 아니다. 자산의 수를 늘려서 얻게 되는 분산효과에는 한계가 있다. 분산투자를 통해 줄일 수 있는 위험을 비체계적 위험이라고 하였고, 분산효과의 한계로 인하여 더 이상 줄일 수 없는 위험을 체계적 위험이라고 하였다.

헤 지

헤지(hedge) 또는 헤징(hedging)은 분산투자와 마찬가지로 가격변동으로부터 발생하는 위험을 줄이거나 없애려는 투자전략이다. 이런 거래를 하는 투자자를 헤저(hedger)라고 부른다. 헤지에서 가격위험에 노출된 포지션, 즉 헤지 전의 포지션(unhedged position)을 헤지대상이라고 하고 또 헤지대상의 위험을 없애기 위한 수단을 헤지수단(hedge vehicle)이라고 한다. 헤지대상과 헤지수단을 합하여 헤지포지션(hedged position)을 구성하게 된다. 이를 그림으로 나타낸 것이 [그림 26−1]의 (a)이다. 헤지의 목적은 가격변동에도 불구하고 헤지포지션의 가치를 일정수준에서 유지하거나 또는 그 변동성을 최소화하는 것이다.

분산투자를 통해 없애고자 하는 위험이 비체계적 위험인 데 비해 헤지를 통해 없애고자 하는 위험은 주로 시장위험(또는 체계적 위험)이나 이자율위험이다. 분산투자에서는 가격변동의 상관관계가 낮은 자산들에 동일포지션을 취하여 위험의 상쇄효과를 얻으려고 하는 반면, 헤지는 가격의 상관관계가 높은 자산들에 포지션을 달리하여 위험상쇄효과를 얻으려고 한다. 즉 헤지대상과 헤지수단의 포지션은 반대가 되어야 하며, 가격변동의 상관관계가 +1에 가까울수록 헤지는 효과적이다. 따라서 헤지수단을 선택할 때 가장 중요한 고려사항은 헤지대상과의 가격움직임의 상관관계가 어

| 그림 26-1 | 헤지포지션과 보험포지션

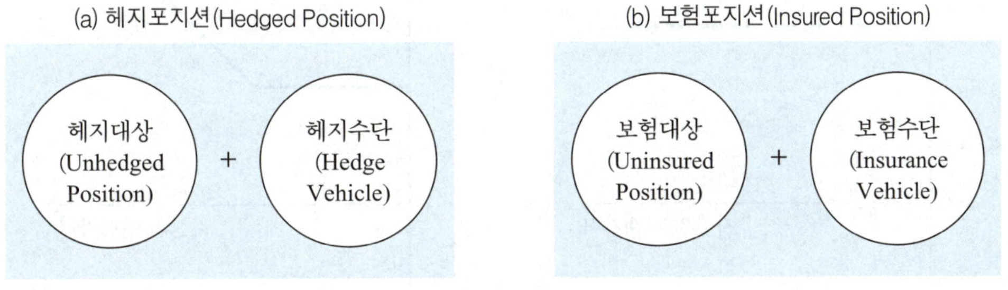

떠한지를 파악하는 일이다. 현물의 가격위험을 없애기 위하여 흔히 선물계약을 헤지수단으로 이용하는데, 이는 바로 현물가격과 선물가격이 같은 방향으로 밀접하게 움직이기 때문이다.

보 험

보험(insurance)은 전통적인 위험관리기법으로서 헤지와 마찬가지로 위험을 줄이고자 하는 전략이다. 보험에서 가격위험에 노출된 포지션, 즉 보험 전의 포지션(uninsured position)을 보험대상이라고 하고 또 보험대상의 위험을 줄이기 위한 수단을 보험수단(insurance vehicle)이라고 한다. 보험대상과 보험수단을 합하여 보험포지션(insured position)을 구성하게 된다. 이를 그림으로 나타낸 것이 [그림 26-1]의 (b)이다. 보험의 목적은 가격변동으로 인해 포지션의 가치가 하락할 때 입게 되는 손실을 일정수준에서 막아 주면서(downside protection), 가격변동으로 인해 포지션의 가치가 상승할 때 얻을 수 있는 이익의 기회(upside potential)도 추구하자는 것이다. 헤지가 모든 위험을 없애고자 하는 전략이라면, 보험은 하방위험(downside risk)을 없애고자 하는 전략이라고 할 수 있다. 헤지와 보험의 수익형태를 [그림 26-2]에서 비교하였다.

금융거래에서 전통적인 보험상품 대신 보험수단으로 흔히 이용되는 것이 옵션이다. 콜옵션으로 구성된 보험포지션은 가격이 상승할 때 발생하는 손실을 보전하는 동시에 가격이 하락하면 이익을 볼 수 있게 한다. 풋옵션으로 구성된 보험포지션은 가격이 하락할 때 발생하는 손실을 보전하는 동시에 가격이 상승하면 이익을 볼 수 있게 한다. 옵션의 수익형태에 대해서는 제17장에서 이미 살펴보았다.

보험은 헤지에 비해 손실이 발생하는 위험만을 없애 준다는 점에서 매우 매력적인 위험관리수단이다. 그러나 보험은 헤지보다 비용이 많이 든다는 단점이 있다. 헤지수단으로 많이 이용되는 선물의 계약비용이 0인 데 비해, 보험수단으로 많이 이용되는 보험증권이나 옵션의 계약비용(즉 옵션가격)은 0보다 크다는 사실이 이를 말해 준다.

| 그림 26-2 | 헤지와 보험 포지션의 수익형태 비교

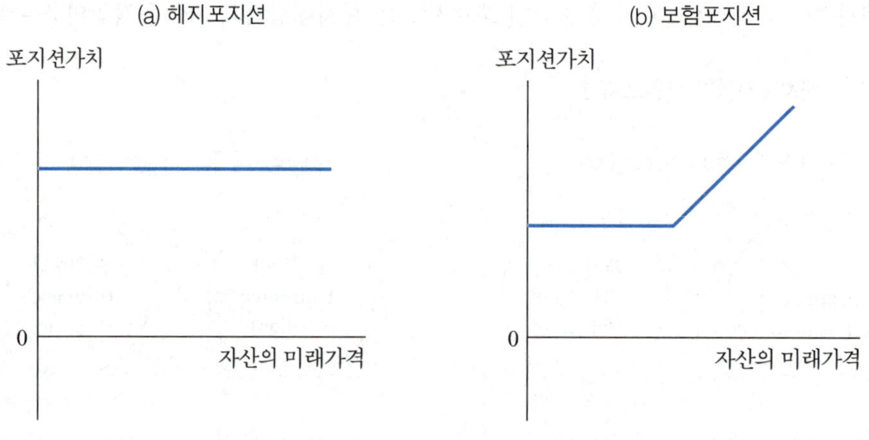

투 기

투기(speculation)는 미래의 가격움직임을 예측하고 이를 이용하여 이익을 얻으려는 거래행위를 말한다. 이런 거래를 하는 투자자를 투기자(speculator)라고 부른다. 투기는 높은 위험을 부담하고 그에 대한 대가로 상당한 보상을 기대하는 활동이라고 할 수 있다. 가격움직임에 대한 예상이 맞을 경우 큰 이익을 얻을 수 있으나 예상이 틀릴 경우 큰 손실을 입을 수 있다. 파생상품 거래에서 기초자산에 대한 거래 없이 선물이나 옵션을 한 방향으로 거래하는 것이 대표적인 예이다. 예를 들어 미래에 원유가격이 상승할 것으로 예상하고 원유에 대한 선물을 매입할 경우, 예상이 적중하면 이익을 얻지만 예상이 빗나가면 큰 손실을 입을 수 있다.

투기자는 위험부담을 원하지 않는 투자자, 즉 헤저 또는 보험수요자의 거래상대방이 되어 준다. 헤저는 투기자에게 자신이 부담하고 싶지 않은 위험을 전가하며, 투기자는 그 위험을 부담하는 대가로 일정한 프리미엄을 얻을 수 있다. [그림 26-3]은 이러한 관계를 나타낸다. 투기자의 이런 역할은 시장에서 위험이 적정가격에 거래되는 것을 가능하게 한다. 또 이는 시장의 유동성을 높이고 시장참가자의 다양한 욕구를 보다 쉽게 만족시킬 수 있다.

| 그림 26-3 | 헤저와 투기자 사이의 위험이전

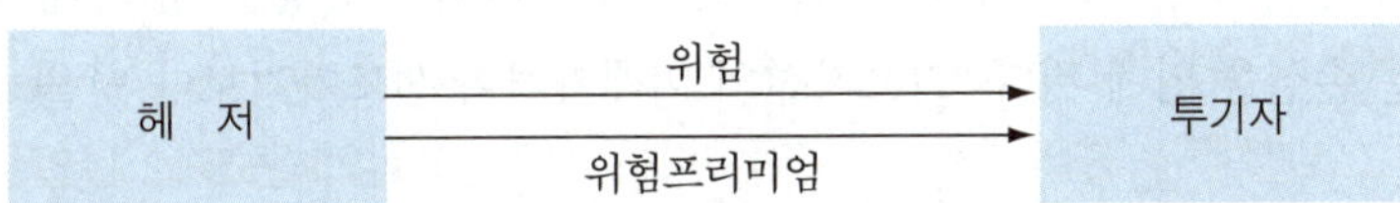

다음의 〈표 26-1〉은 지금까지 살펴본 위험관리기법의 특성을 비교하였다.

표 26-1 위험관리기법의 비교: 분산투자, 헤지, 보험, 투기

구분	위험의 감소			위험의 증가
거래전략	분산투자	헤지	보험	투기
대상위험	비체계적 위험	비체계적, 체계적 위험	손실발생위험	비체계적, 체계적 위험
거래방법	상관관계가 낮은 자산들에 같은 방향으로 거래	기초자산과 상관관계가 높은 선물 등에 반대 방향으로 거래	보험수단으로서 보험증권이나 옵션을 이용	선물, 옵션 등에 한 방향으로 거래

26.2 선도 · 선물과 헤지

■ 선도 · 선물

시장에서 이루어지는 거래는 계약의 체결시점과 이행 및 결제시점을 기준으로 할 때 현물거래와 선도거래로 구분할 수 있다. 현물거래(spot 또는 cash transaction)는 계약의 체결과 이행 및 결제가 동시에 이루어지는 거래를 말한다. 선도거래(forward transaction)는 계약을 체결한 시점과 계약의 이행 및 결제시점 간에 차이가 있는 거래를 말한다. 즉 계약이 먼저 이루어지고, 일정시간이 경과한 후 대금의 지급과 상품의 인수 · 인도가 일어나는 거래를 말한다. 예를 들어 어떤 주부가 쌀을 판매하는 상인에게 200,000원을 주고 쌀 1가마를 샀다면 이는 쌀에 대한 현물거래이다. 그 자리에서 거래가 완료된 것이다. 반면에 이 주부가 쌀을 판매하는 상인으로부터 3개월 후에 210,000원의 가격으로 쌀 1가마를 사기로 하는 계약을 현재 체결했다면 이는 쌀에 대한 선도거래이다. 이에 대해 좀 더 자세히 살펴보자.

선 도

선도(forward) 또는 선도계약은 두 거래당사자가 미래의 특정 시점에 특정 자산을 미리 정한 가격에 거래하기로 현재 시점에서 맺는 계약을 말한다. 여기서 두 거래당사자란 매입자와 매도자를, 특정 시점은 계약의 인도일(delivery date) 또는 만기일(maturity date)을 말한다. 거래대상이 되는 특정자산을 기초자산(underlying asset), 미리 정한 가격을 선도가격(forward price)이라고 부른다. 매입자는 만기일에 기초자산을 사기로 약속하는 것이며 매도자는 만기일에 기초자산을 팔기로 약속하는 것이다. 따라서 만기에서 기초자산의 현물가격이 선도가격보다 높을 경우 매입자는 이득을 보게 되고, 매도자는 손실을 입게 된다. 기초자산의 미래가격이 선도가격보다 낮을 경우에는 반대가 된다.

경제활동에서 이러한 선도계약은 매우 다양하게 이용되고 있다. 정유회사는 수개월 후에 유가가 상승할 가능성에 대비하여 미래의 특정 시기에 특정 가격으로 일정량의 원유를 구입하기로 미리 계약해 둘 수 있으며, 밀 농사를 짓는 농부는 수확한 밀을 안정적으로 처분하기 위하여 미래의 특정 시기에 특정 가격으로 일정량의 밀을 판매하기로 계약을 할 수 있다. 선도거래는 거래당사자들만 합의하면 어떠한 상품에 대해서도 성립될 수 있으며, 원칙적으로 거래당사자 간에만 그 효력을 갖는다.

선도거래와 계약불이행위험

선도거래에서는 두 거래당사자가 만기일에 미리 정한 계약내용에 따라 반드시 거래를 이행해야 할 의무가 있지만, 현실적으로는 거래당사자가 의무를 이행하지 않을 수도 있다. 앞의 예에서 쌀을 사기로 한 주부는 3개월 후의 쌀값이 210,000원보다 낮을 경우 약속한 210,000원에 쌀을 사지 않겠다고 할 수 있으며, 쌀을 팔기로 한 상인은 쌀값이 210,000원보다 높을 경우 약속한 210,000원에 쌀을 팔지 못한다고 할 수 있다. 선도거래에서 거래당사자가 약속을 이행하지 않을 가능성을 계약불이행위험(default risk) 또는 거래상대방위험(counterparty risk)이라고 한다.

매입자가 계약을 이행하지 않는다면 이는 매도자가 부담하는 위험이 되며, 매도자가 계약을 이행하지 않는다면 이는 매입자가 부담하는 위험이 된다. 선도거래에서는 계약불이행위험이 쌍방 간에 항상 존재하며, 많은 선도거래들이 이러한 위험을 없애기 위하여 선물거래로 발전하였다.

선 물

선물(futures) 또는 선물계약은 상품의 내용과 거래의 조건을 표준화하여 시장성을 높인 선도계약이라고 할 수 있다. 선물은 본질적으로 선도와 성격이 같다, 즉 선물 역시 미래의 특정 시점(만기일)에서 특정 상품(기초자산)을 미리 정한 가격(선물가격, futures price)에 거래하기로 하는 계약이다. 따라서 선도와 선물은 경제적인 기능 면에서는 큰 차이가 없다. 그러나 선도와 선물은 거래가 이루어지는 제도(또는 방법) 면에서 몇 가지 차이가 있다. 선도는 거래당사자 간의 사적인 계약으로 장외에서 거래되나, 선물은 잘 조직화된 선물거래소(futures exchange)에서 다수의 수요자와 공급자에 의해 공개적으로 거래된다. 또 거래의 대상이 되는 기초자산의 품질과 규격, 그리고 거래조건이 표준화되어 있어 대량으로 거래가 이루어질 수 있고, 제3자에게 손쉽게 양도될 수 있다. 〈표 26-2〉에서 선도와 선물의 특성을 비교하였다.

표 26-2 선도와 선물의 비교

구분	선도(forward)	선물(futures)
• 거래장소	장외에서 거래	거래소에서 거래
• 거래방법	당사자 간의 직접거래	결제소가 개입
• 계약조건	당사자 간의 합의로 결정	계약조건이 표준화되어 있음
• 증거금	증거금제도 없음	증거금제도 있음
• 결제방법	대부분 만기일에 현물인도 또는 현금결제	일일정산이 이루어지며 만기일 이전에 반대거래로 청산가능
• 거래상대방위험	계약불이행위험 존재	결제소에서 계약이행보증

〈표 26-2〉에서 보는 것처럼 선물거래에서는 선도거래에서 볼 수 없는 결제소나 증거금, 일일정산과정 등이 나타나는데 이들은 결국 선도거래에서 발생할 수 있는 계약불이행위험을 없애기 위한 제도적 장치로 이해할 수 있다.

선도거래의 청산

선도거래는 만기일에 기초자산을 선도가격에 인수 또는 인도하는 현물인도(actual delivery)방식으로 청산된다. 즉, 매입자는 약정한 선도가격을 지불하고 기초자산을 인수하며, 매도자는 선도가격을 받고 기초자산을 인도함으로써 거래가 청산된다. 실제 상품을 인수 · 인도하는 대신 두 거래당사자가 합의하는 경우 만기일의 현물가격과 약정된 선도가격의 차액만을 현금결제(cash settlement)하여 거래를 청산할 수도 있다.

선도거래는 또한 반대거래(reversing trade 또는 offsetting trade)를 통하여 만기일 이전에 청산될 수 있다. 반대거래란 기존의 포지션과 반대되는 포지션을 취하는 것으로 매입자는 매도포지션을, 매도자는 매입포지션을 취하는 것을 의미한다. 기존 포지션에서 발생하는 손익이 새로운 포지션에서 발생하는 손익과 정확히 상쇄되어 실질적으로 계약이 없는 상태와 같아진다는 원리이다. 반대거래는 두 거래당사자가 합의하는 경우 계약의 상대방과 할 수 있다. 두 거래당사자가 합의하는 경우 제 3자에게 기존의 계약을 양도하는 거래를 하더라도 효과는 마찬가지이다. 또 기존계약과는 별도로, 반대포지션에서 제 3자와 새로운 계약을 체결할 수도 있다.

■ 선물거래의 수익

다음에서는 선도 및 선물 거래에서 가격움직임과 관련한 몇 가지 용어와 이들 거래로부터 발생하는 미래의 수익(payoff)을 파악한다. 여기서는 앞서 설명한 선물거래의 일일정산[1]과 선도거래의 계약불이행위험이 없다고 가정하여 두 거래를 구별하지 않고 문제를 다룬다. 대부분의 내용은 선물거래뿐 아니라 선도거래에도 적용되지만 편의상 선물을 중심으로 논의를 전개한다. 우선 선물거래에서 일어나는 사건의 시간대(time line)와 기호를 다음과 같이 나타내자.[2]

시점(τ): 0(계약시점) t(중간시점) T(만기)

S: 현재의 현물가격 S_T: 만기일의 현물가격

F: 현재의 선물가격 F_T: 만기일의 선물가격

r : 현재부터 만기일 사이에 적용되는 연 무위험이자율

선물가격의 특성

선물의 계약시점에서 선물가격과 현물가격은 일반적으로 같지 않다. 또 선물의 최초거래 이후 거래가 계속되는 과정에서 그때그때의 경제상황을 반영하여 선물가격과 현물가격이 형성되므로 두 가격은 계속 변동한다. [그림 26-4]는 두 가격움직임의 예를 보여준다. 그림에서 발견할 수 있는 두 가격 사이의 관계는 다음과 같다.

- 만기 이전의 선물가격과 현물가격은 같지 않지만, 만기일에 두 가격은 같게 되는데($F_T = S_T$), 이를 수렴의 성질(convergence property)이라고 한다. 만기일에 두 가격이 같지 않을 경우 가격차이를 이용한 차익거래가 가능하다. 예를 들어 만기일에 선물가격이 10,000원이고 현물가격이 9,500원이라면, 선물을 매도하고 현물을 매입하여 500원의 차익을 얻을 수 있다. 효율적인 시장에서 이러한 차익거래의 기회는 오래 지속되지 않고 두 가격은 즉시 균형상태로 돌아오게 되는데, 균형이란 두 가격이 같아서 차익거래의 기회가 없는 상태를 말한다.
- 선물가격과 현물가격은 같은 방향으로 밀접하게 움직인다. 즉 두 가격움직임이 높은 양(+)의 상관관계를 가진다. 이러한 관계는 다음의 '선물가격의 결정'에서 다룰 이론모형에 의해서도

1 선물거래는 선도거래와 달리 매일매일의 가격변동에 따라 발생하는 손익을 실현하여 기록하게 되는데 이러한 과정을 일일정산(daily settlement 또는 marking to market)이라고 부른다.

2 기호표현을 쉽게 하기 위하여 편의상 현재의 현물가격과 선물가격을 각기 S와 F로 나타낸다. 이후 구분이 필요한 경우에는 아래 첨자를 사용하여 t시점의 현물가격은 S_t로, 만기가 T인 선물의 t시점의 가격은 F_t 또는 $F_{t,T}$로 나타낸다.

설명될 수 있고, 또 실제로도 그러하다.

• 선물가격이 현물가격보다 높게 나타나는데, 이는 실제나 이론상으로 사실일 수도 있고 아닐 수도 있다. 두 가격의 상대적인 크기에 대해서는 다음의 '선물가격의 결정'에서 살펴본다.

| 그림 26-4 | 현물가격과 선물가격의 움직임의 예

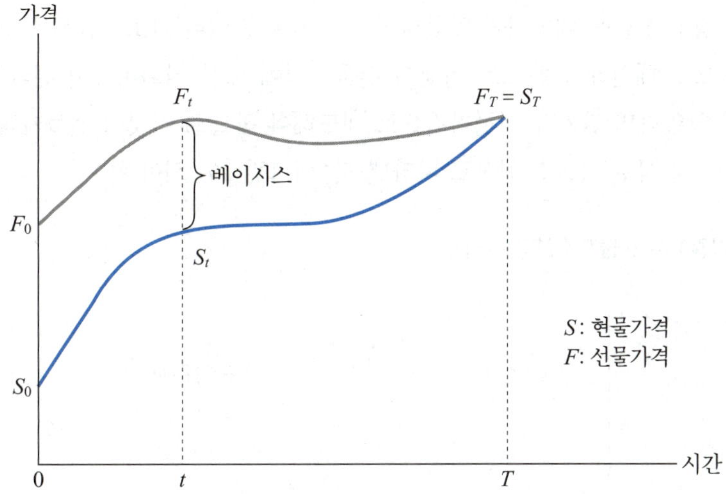

한편, 선물가격과 현물가격의 차이를 베이시스(basis)라고 하는데, 베이시스도 시간의 흐름에 따라 변동한다. 그러나 [그림 26-4]에서 보듯이 시간이 경과하여 만기일에 가까워지면 베이시스는 점점 작아지고 만기일에는 수렴의 성질에 의해 0이 된다. 일반적으로 베이시스의 변동은 선물가격이나 현물가격의 변동보다 훨씬 안정적이다.

선물포지션의 수익

선물의 거래는 매입포지션(long position)과 매도포지션(short position)으로 구분할 수 있다. 매입포지션은 만기일에 선물가격을 지급하고 기초자산을 인수할 것을 약속하는 것이며, 매도포지션은 만기일에 선물가격을 수령하고 기초자산을 인도할 것을 약속하는 것이다. 따라서 선물매입자는 기초자산의 가격이 높을수록 유리하며, 선물매도자는 기초자산의 가격이 낮을수록 유리하다.

선물거래 후 만기일($\tau = T$)까지 그 계약을 보유한다면 만기일에서 발생하는 계약 한 단위당 수익(payoff)은 다음과 같다.[3]

3 앞서 언급하였듯이 선물계약의 초기비용은 0이므로 선물거래에서 발생하는 수익과 손익(profit and loss)은 그 차이가 없다. 일반적으로 손익은 다음과 같이 정의된다: 손익 = 수익 − 비용.

<u>만기일($\tau = T$)에서의 선물포지션의 수익:</u>

$$\text{매입포지션의 수익} = \text{만기일의 현물가격}(S_T) - \text{계약시점의 선물가격}(F) \quad (26.1)$$

$$\text{매도포지션의 수익} = \text{계약시점의 선물가격}(F) - \text{만기일의 현물가격}(S_T) \quad (26.2)$$

매입포지션의 경우 선물을 매입하지 않았다면 만기일에 동일한 기초자산을 확보하기 위해서 만기일의 현물가격으로 매입해야 하므로 이것이 선물가격에 대한 기회비용이 된다. 매도자의 경우 선물매도를 하지 않았다면 만기에 현물가격으로 매도해야 하므로 이것이 선물가격에 대한 기회비용이 된다. 식 26.1과 식 26.2를 그림으로 나타낸 것이 [그림 26-5]이다.

| 그림 26-5 | 만기일에서 선물포지션의 수익

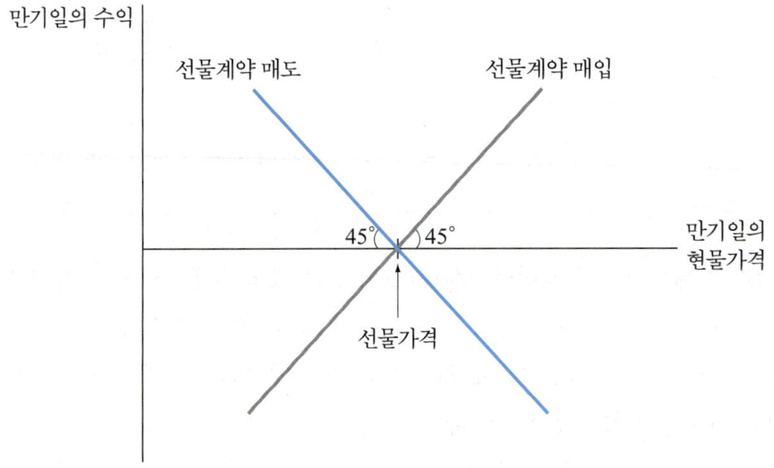

선물거래 후 만기 이전 시점 t에서 반대거래를 통하여 계약을 청산한다면 시점 t에서 발생하는 계약 한 단위당 수익은 다음과 같다.

$$\text{매입포지션의 수익} = \text{시점 } t\text{의 선물가격}(F_t) - \text{계약시점의 선물가격}(F) \quad (26.3)$$

$$\text{매도포지션의 수익} = \text{계약시점의 선물가격}(F) - \text{시점 } t\text{의 선물가격}(F_t) \quad (26.4)$$

식 26.1과 26.2, 그리고 식 26.3과 26.4에서 보면, 선물매입자가 이익을 얻을 경우 선물매도자는 그만큼 손실을 입게 되고, 선물매입자가 손실을 입을 경우 선물매도자는 그만큼 이익을 얻게 된다. 즉 매입자와 매도자의 손익을 더하면 항상 0이 된다. 따라서 선물거래는 본질적으로 '영합게임(zero-sum game)'이며 정상적인 시장상황에서 선물거래는 현물가격에 영향을 미치지 않아야 한다.

예제 26-1 어느 투자자가 내년 3월 10일에 만기가 되는 옥수수 선물 1계약을 매입하였다. 선물가격은 부셸당 6,500원이며 계약단위는 5,000부셸이다. 만기일에 옥수수의 현물가격이 부셸당 6,800원이라면 이 투자자가 얻게 되는 수익은 얼마인지 계산하라. 또 선물을 매도하였을 경우 수익은 어떠한지 계산하라.

풀이 선물을 매입한 경우 이 투자자는 식 26.1에서와 같이 만기일의 현물가격 6,800원과 선물가격 6,500원의 차이인 300원에 거래수량인 5,000부셸을 곱한 1,500,000원의 이익을 얻는다.

$$\begin{aligned}\text{선물매입의 수익} &= (\text{만기일의 현물가격} - \text{계약시점의 선물가격}) \times \text{계약수량} \\ &= (6{,}800 - 6{,}500) \times 5{,}000 = 1{,}500{,}000\text{원}\end{aligned}$$

반대로 선물거래를 매도한 경우 식 26.2에서와 같이 선물가격 6,500원에서 만기일의 현물가격 6,800원을 뺀 값인 (−)300원에 거래수량 5,000부셸을 곱한 1,500,000원의 손실을 입게 된다.

$$\begin{aligned}\text{선물매도의 수익} &= (\text{계약시점의 선물가격} - \text{만기일의 현물가격}) \times \text{계약수량} \\ &= (6{,}500 - 6{,}800) \times 5{,}000 = -1{,}500{,}000\text{원}\end{aligned}$$

■ 선물가격의 결정

선물 또는 선도 거래에서 계약의 만기시점에 매입자가 기초자산을 인도받는 대가로 매도자에게 지불해야 하는 금액을 선물가격(또는 선도가격)이라고 한다. 이 가격은 미래시점에서 지불되지만, 이것이 결정되는 것은 현재시점이다. 선물가격 또는 선도가격이 어떻게 결정되는지를 이해하는 일은 이들 상품을 공부하는 데 있어 가장 기본적이고 필수적인 과정이다.

완전시장에서의 선물가격

완전시장(perfect market)을 가정하고 선물가격을 결정하는 가장 기본이 되는 모형을 도출해 보자. 여기서 완전시장이란 다음과 같은 특성을 지니는 시장을 말한다.

- 완전경쟁(perfect competition)이 일어난다.
- 거래비용, 세금, 배당 등이 없고, 매입−매도가 차이인 매매스프레드(bid-ask spread)가 0이다.
- 차입이자율과 대출이자율이 같다.
- 공매에 대한 제약이 없다.

위와 같은 완전시장에서 선물계약의 만기인 T시점에서 현물 1단위를 확보하기 위한 전략으로 다음과 같은 두 대안을 고려해 보자.

전략 A: 현재시점($\tau = 0$)에서 시점 T에 만기가 도래하는 선물계약 1단위 매입

전략 B: 현재시점($\tau = 0$)에서 현재의 현물가격에 해당하는 금액을 차입하여 현물 1단위를 매입한 후 T시점까지 보유

위 거래에 수반되는 현금흐름은 다음의 표에서 보는 바와 같다.

전략	현금흐름		
	현재시점 ($\tau = 0$)	만기시점($\tau = T$)	
		유출	유입
A: 선물매입	0	$-F$	$+S_T$ (현물 1단위)
B: 차입 + 현물매입	$+S - S = 0$	$-S \cdot (1+r)^T$	$+S_T$ (현물 1단위)

표에서 보면 전략 A와 B의 결과(수익)는 같다. 두 전략 중 어느 쪽을 선택하든 시점 T에서 투자자는 현물 1단위를 확보하게 되며, 이 현물 1단위의 가치는 S_T이다. 또 현재시점의 현금흐름은 두 전략 모두 0이다. 제3장에서 소개한 무차익원리(no arbitrage principle)에 의하면 두 전략이 가져다주는 미래의 수익이 같으면 두 전략에 수반되는 비용(여기서 비용은 시점 T에서 발생한다)도 같아야 한다. 즉, 전략 A 및 B와 관련하여 시점 T에서 발생하는 현금유출이 같아야 한다. 전략 A를 위한 현금유출은 F이고, 전략 B를 위한 현금유출은 $S(1+r)^T$이므로 다음의 관계가 성립한다.

$$F = S \cdot (1+r)^T \tag{26.5}$$

이와 같은 논리는 시점 0에서뿐 아니라 만기까지의 모든 시점에서도 마찬가지로 적용될 수 있으므로 식 26.5의 관계는 다음과 같이 일반화될 수 있다.

$$F_t = S_t \cdot (1+r)^{T-t} \qquad (0 \le t \le T) \tag{26.6}$$

식 26.5와 식 26.6을 '현물-선물 등가식(spot-futures parity)' 또는 '보유비용모형(cost-of-carry model)'이라고 한다. 식 26.6을 보면 다음과 같은 사실을 확인할 수 있다. 첫째, 이자율이 양(+)인 이상 만기 전($t < T$) 선물가격은 현물가격보다 크다($F_t > S_t$). 둘째, 만기시점에서의 선물가격과 현물가격은 같다($F_T = S_T$). 즉 수렴의 성질이 나타난다. 셋째, 이자율이 일정하면 선물가격과 현물가격은 같은 방향으로 움직인다. 현물가격이 올라가면 선물가격도 올라가고, 현물가격이 내려가면 선물가격도 내려간다.[4] 이와 같은 사실들은 [그림 26-4]에서 보여준 현물 및 선물의 가격움직임과 일치하는 것이다.

선물계약의 합성

완전시장에서 앞의 전략 A와 B가 미래시점에서 같은 수익을 가져다준다는 사실은 선물과 현물 간에 다음과 같은 관계가 성립하는 것을 의미한다.

4 선물가격이 현물가격과 같은 방향으로 밀접하게 움직인다는 사실은 선물이 현물가격의 위험을 헤지하기 위한 유용한 수단이 될 수 있는 근거가 된다.

선물매입 ≡ 차입 + 현물매입	(26.7)

즉 선물매입은 차입과 현물매입을 통해 복제(replicate) 또는 합성(synthesize)할 수 있다는 것이다. 결국 식 26.5와 식 26.6은 현물과 선물의 관계를 투자전략 측면에서 나타낸 식 26.7을 투자비용 측면에서 표현한 식이라고 할 수 있다.

차익거래의 예

식 26.5와 식 26.6의 '현물–선물 등가식'은 '무차익원리'에 의해 성립하므로 완전시장에서 선물가격과 현물가격 사이에 이 등가식의 관계가 성립하지 않는다면 어떤 경우라도 차익거래가 가능하다. 이 등가식이 성립하지 않는 경우란 선물이 과대평가되어 시장가격이 이론가격보다 높거나 선물이 과소평가되어 시장가격이 이론가격보다 낮은 경우로 나누어 볼 수 있다. 어떤 경우냐에 따라 서로 다른 두 가지 형태의 차익거래를 할 수 있는데 각각의 예를 들어 보자.

매수차익거래:

시장에서 선물이 과대평가되어 선물가격이 이론가격인 $S \cdot (1+r)^T$보다 높게 형성될 경우 (i) 차입(borrow) (ii) 현물매입(buy spot) (iii) 선물매도(short futures)의 세 가지 거래를 통해 차익을 얻을 수 있다. 이를 매수차익거래(cash-and-carry arbitrage)라고 한다.

예제 26-2 완전시장에서 금 1온스의 현물가격은 260만원이고, 1년 후 만기가 도래하는 선물계약은 275만원에 거래된다고 한다. 무위험이자율은 연 5%이다. 이러한 상황에서 차익거래가 가능한지, 또 가능하다면 어떤 거래가 필요한지를 보여라.

풀이 식 26.5의 현물–선물 등가식을 적용하면 균형에서 선물가격은 $F = 260\text{만} \times 1.05 = 273$(만원)이어야 한다. 따라서 시장의 선물가격 275만원은 과대평가된 것이며, 금 1온스를 기준으로 할 때 다음과 같은 매수차익거래를 통하여 2만원의 차익을 얻을 수 있다.

거래	현금흐름(만원)	
	현재($\tau = 0$)	1년 후($\tau = 1$)
• 차 입	+260	$-260 \times 1.05 = -273$
• 현물(금 1온스)매입	−260	$+S_1$
• 선물 1계약 매도	0	$+275 - S_1$
순현금흐름	0	+2

매도차익거래:

시장에서 선물이 과소평가되어 선물가격이 이론가격인 $S \cdot (1+r)^T$보다 낮게 형성될 경우 (i) 대출(lend) (ii) 현물공매(shortsell spot) (iii) 선물매입(buy futures)의 세 가지 거래를 통해 차익을 얻을 수 있다. 이를 매도차익거래(reverse cash-and-carry arbitrage)라고 한다.

예제 26-3 완전시장에서 금 1온스의 현물가격은 270만원이고, 1년 후 만기가 도래하는 선물계약은 275만원에 거래된다고 한다. 무위험이자율은 연 5%이다. 이러한 상황에서 차익거래가 가능한지, 또 가능하다면 어떤 거래가 필요한지를 보여라.

풀이 식 26.5를 적용하면 균형에서 선물가격은 $F = 270\text{만} \times 1.05 = 283.5$(만원)이어야 한다. 따라서 시장의 선물가격 275만원은 과소평가된 것이며, 금 1온스를 기준으로 할 때 다음과 같은 매도차익거래를 통하여 85,000원의 차익을 얻을 수 있다.

거래	현금흐름(만원)	
	현재($\tau = 0$)	1년 후($\tau = 1$)
• 현물(금 1온스)공매	+270	$-S_1$
• 공매대금 대출(은행예치)	−270	$+270 \times 1.05 = 283.5$
• 선물 1계약 매입	0	$+S_1 - 275$
순현금흐름	0	+8.5

[예제 26-2] 및 [예제 26-3]에서와 같은 차익거래와 관련하여 다음과 같은 사항들을 기억할 필요가 있다. 첫째, 정상적인 시장에서 차익거래가 경쟁적으로 일어나면 현물가격과 선물가격은 자연히 균형으로 돌아온다. 여기서 균형이란 '현물-선물 등가식'이 성립하는 상태를 말한다. 매수차익거래에서 많은 시장참여자들이 현물을 매입하고 선물을 매도하면 현물가격은 올라가고 선물가격은 떨어지게 될 것이며, 매도차익거래에서 현물을 공매하고 선물을 매입하면 현물가격은 내려가고 선물가격은 올라가게 될 것이다. 따라서 차익거래는 시장의 가격발견기능을 촉진하고 효율성을 증진시키는 데 커다란 역할을 한다. 둘째, 매도차익거래는 공매의 제약 때문에 매수차익거래에 비해 현실적으로 실행이 쉽지 않다. 결과로 선물이 과소평가되더라도 선물가격이 균형상태로 돌아오는 데 다소 시간이 걸릴 수 있다. 셋째, 매수차익거래 잔고가 많으면 선물의 만기시점에서 현물가격이 큰 폭으로 떨어질 수 있다. 만기시점에서 차익거래 포지션을 종결하려면 대량의 현물을 매도해야 하기 때문이다. 신문지상 등에서 주가지수선물의 만기시점(우리나라의 경우 3, 6, 9, 12월 둘째 주 목요일)에 매수차익거래 잔고를 보고 주가하락의 가능성을 점치는 것은 바로 이러한 이유 때문이다.

보관비용과 편의수익이 존재하는 경우

미래에 필요한 물건을 확보하는 방법으로 선물거래와 현물거래를 비교할 때, 선물의 경우 거래시점에서 계약만 하고 상품의 인도와 대금의 지불은 만기에 이루어지므로 일반적으로 만기시점까지 해당 현물을 보유하는 데 발생하는 보유비용(cost of carry)만큼 유리하다. 따라서 선물가격은 보유비용만큼 현물가격과 차이가 발생한다. 이때의 보유비용은 현물구입자금에 대한 기회비용인 이자비용뿐 아니라 창고비용, 보험료 등과 같은 보관비용도 포함한다. 보유비용이 양(+)인 경우 선물가격은 기초자산의 현물가격보다 높아야 한다.

그러나 경우에 따라서는 보유비용이 음(−)이 될 수도 있다. 이는 선물대신 현물을 보유하는 것이 유리하다는 것을 의미한다. 밀을 원료로 하는 제과업체의 예를 들어보자. 이 업체가 미래의 과자생산을 위한 밀을 확보하기 위해 선물거래를 할 수 있지만, 그 대신 현물을 매입하여 보유한다면 현재와 선물의 인도시점 사이에서 발생할 수 있는 원료부족이나 생산중단사태를 피할 수 있을 것이다. 이렇게 하여 얻게 되는 이득을 편의수익이라 하고, 이를 현물가격의 비율로 나타낸 것이 편의수익률(convenience yield: y)이다. 편의수익률은 이자비용이나 보관비용과는 반대되는 개념이라 할 수 있다. 이자비용이나 보관비용이 커지면 현물보유비용이 커지는 반면, 편의수익률이 커지면 현물보유비용이 작아진다. 편의수익률이 매우 커서 이자비용과 보관비용의 합을 초과하는 경우에는 순현물보유비용이 음(−)이 된다. 보유비용이 음(−)이면 선물가격은 현물가격보다 낮아야 한다.

금융선물거래의 기초자산인 금융상품(채권, 주식 등)의 보관비용은 거의 0으로 볼 수 있다. 그러나 채권의 경우 현물을 보유한다면 중간에 표면이자를 지급받게 되는데 이때 받는 이자수입이 채권구입자금에 대한 이자비용보다 크다면 채권의 현물보유비용은 음(−)이 되고 따라서 선물가격이 현물가격보다 낮게 형성될 것이다. 한편 주식의 경우 현물을 보유하면 배당을 받게 되고, 외환의 경우 현물을 보유하면 외화에 대한 이자를 받게 되므로 같은 논리가 적용될 수 있다. 따라서 금융선물거래에서 채권의 표면이자나 주식에 대한 배당, 그리고 외화에 대한 이자는 일종의 편의수익으로 해석될 수 있다.

지금까지 소개된 현물보유비용, 즉 이자비용 및 보관비용 그리고 편의수익률을 모두 고려하여 식 26.6의 현물−선물 등가식을 일반화하면 다음과 같다.

$$F_t = S_t \cdot (1 + r + u - y)^{T-t} \qquad (0 \le t \le T) \tag{26.8}$$

여기서 r은 연 무위험이자율을, u는 현물가격에 대한 연 보관비용비율을, 그리고 y는 연 편의수익률을 나타낸다. 위 식에서 $(r + u - y)$는 현물을 보유하기 위한 연간 순보유비용을 나타내므로 식 26.8은 다음과 같이 표현될 수 있다.

$$\text{선물가격} = \text{현물가격} + \text{순보유비용}(= \text{이자비용} + \text{보관비용} - \text{편의수익}) \tag{26.9}$$

식 26.9는 식 26.6과 중요한 차이점을 가진다. 식 26.6에서 보면 이자율이 양(+)인 이상 순보유비용이 항상 양이므로 선물가격이 현물가격보다 항상 크다. 반면 식 26.9에서는 순보유비용이 양(+)인 경우와 음(−)인 경우 모두가 가능하다. 편의수익이 이자와 보관비용보다 작을 경우($r+u-y>0$) 순보유비용은 여전히 양(+)이 되어 선물가격은 현물가격보다 커야 한다. 그러나 편의수익이 이자와 보관비용을 초과할 경우($r+u-y<0$) 순보유비용은 음(−)이 되어 선물가격은 현물가격보다 작게 되는데, 이러한 현상을 백워데이션(backwardation)이라고 한다.

상품선물의 경우 편의수익의 크기는 기초자산의 재고량에 따라 결정될 수 있다. 밀 선물의 경우를 예로 들어보자. 밀의 수확기가 9월 말경이라고 하면, 밀을 수확한 직후인 10월에는 경제 전체적으로 밀의 재고량이 많을 것이므로 현물을 보유함으로써 가지는 편의수익이 작을 것이다. 따라서 이 경우 12월에 만기가 도래하는 계약의 선물가격은 현물가격보다 커야 한다. 그러나 밀을 수확하기 직전인 7월이나 8월경에는 밀의 재고수준이 낮아 현물보유가 가져다주는 편의수익이 아주 커서 이자와 보관비용의 합을 초과할 수 있다. 이 경우 9월 중순에 만기가 도래하는 계약의 선물가격이 현물가격보다 작아지는 백워데이션 현상이 나타날 수 있다. 이와 같이 상품선물의 경우 선물가격과 현물가격의 상대적인 크기가 계절에 따라 바뀌는 현상을 실제에서도 자주 발견할 수 있는데, 이러한 계절성은 바로 편의수익에 의해 설명될 수 있다.[5]

예제 26-4 액면가가100만원이고 표면이자율이 8%인 채권이 있다. 1월 1일 현재시점에서의 시장가격은 100만원이고 이자는 매년 7월 1일에 지급한다. 시장이자율이 8%일 때, 내년 1월 1일에 만기가 도래하는 이 채권에 대한 선물계약에서 선물가격은 얼마가 되어야 하는지를 결정하라. 채권의 보관비용은 없다고 가정하라.

풀이 채권을 보관할 때 직접 지출되는 비용은 0이므로, 채권을 보유하기 위한 기회비용이 곧 보유비용이 된다. 채권을 보유하는 데 따른 기회비용은 100만×0.08 = 8(만원)이 될 것이다. 그러나 채권을 보유하고 있으면 6개월 후 4만원의 이자를 지급받고 이를 재투자하면 6개월간 이자수입 4%를 더 얻을 수 있으므로 이를 감안하면 순수한 기회비용은 80,000 − 40,000 × (1 + 0.04) = 38,400(원)이다. 따라서 이 경우는 순보유비용이 +38,400이 되어 선물가격은 1,000,000 + 38,400 = 1,038,400(원)이 되어야 한다.

■ 선물을 이용한 헤지

제26.1절에서 보았듯이 헤지(hedge)는 자산의 가격변동으로부터 발생하는 위험을 줄이거나 없애는 투자전략으로서 위험관리의 중요한 수단이다. 위험에 노출되어 위험관리의 대상이 되는 자산을 헤지대상(unhedged position)이라 하고, 위험을 줄이거나 없애기 위하여 이용되는 자산을 헤지수단(hedge vehicle)이라고 하였다. 헤지는 가격이 같은 방향으로 움직이는 자산들에 반대포지션을 취

5 금융선물에서 편의수익에 해당하는 주식의 배당이나 채권의 표면이자, 외환에 대한 이자 등은 계절성이 없으므로 선물가격과 현물가격의 관계에 계절성이 나타날 별 이유가 없다.

하여 위험상쇄효과를 얻으려고 하기 때문에 헤지대상과 헤지수단의 가격움직임 사이에 상관관계가 높을수록 즉 상관계수가 +1에 가까울수록 효과적이다. 선물가격결정모형에서 보았듯이 선물가격은 이론적으로 현물가격과 같은 방향으로 밀접하게 움직인다. 즉 두 가격움직임은 높은 양(+)의 상관관계를 가진다. 따라서 선물계약이 기초자산(또는 현물포지션)의 가격변동위험을 없애 주는 헤지수단으로 유용하게 쓰일 수 있다.

앞으로 상품을 매입하려는 기업은 물건의 미래가격이 올라가면 손실을 보고, 현재 상품을 소유하고 있는 기업은 상품의 미래가격이 내려가면 손실을 입게 된다. 이때 선물을 매입하거나 매도해서 이러한 가격변동의 위험을 제거할 수 있다. 선물거래를 이용한 헤지의 방법은 현물포지션과 반대방향의 선물포지션을 취하는 것이며, 매입헤지(long hedge)와 매도헤지(short hedge)로 나뉜다. 〈표 26-3〉은 매입헤지와 매도헤지에서 현물과 선물의 포지션을 나타낸다.

표 26-3 매입헤지와 매도헤지의 포지션

헤지의 종류	현물	선물
매입헤지 매도헤지	공매포지션(short)[6] 매입포지션(long)	매입포지션(long) 매도포지션(short)

매입헤지

매입헤지는 앞으로 현물시장에서 기초자산을 매입하려는 기업 또는 투자자가 선물계약을 매입함으로써 가격상승의 위험을 제거하는 것을 말한다. 가격상승의 위험이란 가격상승으로 인하여 물건을 비싸게 매입해야 되기 때문에 발생하는 손실을 말한다. 원면을 원료로 하여 의류제품을 생산하는 회사가 앞으로 원면가격이 급격히 상승하리라고 예상하는 경우 원면선물을 매입하여 제품의 마진이 줄어드는 것을 막을 수 있다.

매입헤지의 결과를 살펴보자. 미래시점에서 자산가격이 예상대로 올라가면 선물의 매입포지션에서 발생하는 이익이 현물의 매도포지션에서 발생하는 손실을 상쇄한다. 또 당초 예상과는 달리 자산가격이 내려가면 선물의 매입포지션에서 발생하는 손실이 현물의 매도포지션에서 발생하는 이익을 상쇄한다. 결국 기업이나 투자자는 미래가격의 움직임에 상관없이 물건의 구입비용을 현재의 선물가격으로 고정시킬 수 있다.

〈표 26-4〉는 미래에 현물을 거래할 시점과 선물의 만기시점이 일치할 경우 매입헤지에서 발생하는 현금흐름을 나타내었으며, [그림 26-6]은 이를 그림으로 보여준다. 〈표 26-4〉와 [그림 26-6]에서 보듯이 매입헤지를 한 결과 불확실한 만기시점의 현물가격 S_T가 선물거래에 의해 상쇄되고 만기시점의 현금지출이 선물가격 F로 확실하게 결정된다.

---

6 자산을 공매하면 공매시점에서 빌린 자산을 미래에 구입하여 갚아야 한다. 여기서 현물의 공매포지션(short position)이란 미래에 현물을 매입해야 하는 상황을 말한다.

표 26-4 매입헤지에서 발생하는 현금흐름

거래내용	현금흐름	
	$\tau = 0$(현재시점)	$\tau = T$(현물거래시점)*
현물포지션: T시점의 현물가격에 매입	0	$-S_T$**
선물포지션: 0시점에서 선물계약 매입(매입가격: F)	0	$S_T - F$
헤지포지션	0	$-F$

* 선물계약의 만기시점이기도 하다. ** 미래의 현물가격 S_T는 불확실한 확률변수이다.

| 그림 26-6 | 선물을 이용한 매입헤지포지션의 현금흐름

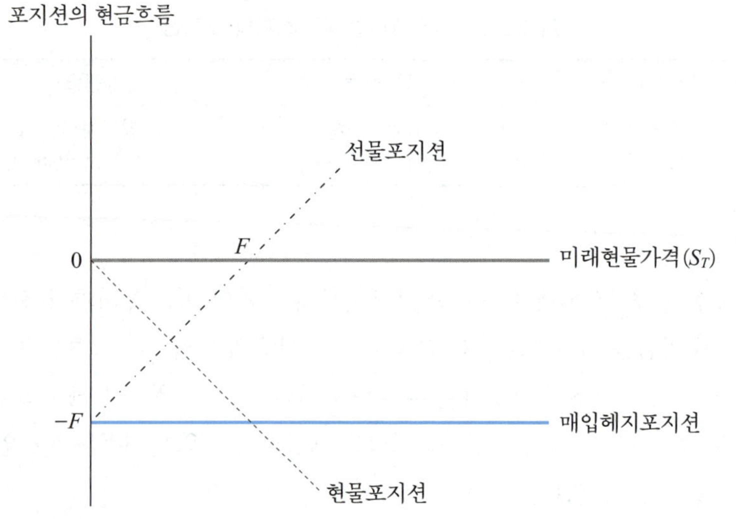

예제 26-5 ITG는 금을 이용하여 IT부품을 제조하는 회사이다. 1년 후 판매할 부품의 수량이 미리 정해져 있다고 하며, 판매가격은 단위당 $2,600로 고정되어 있으나 재료인 금의 가격은 불확실하다고 한다. 부품단위당 고정비는 $350이며, 금을 제외한 다른 재료는 필요가 없어 금을 구입하는 비용 이외의 변동비는 0이라고 한다. 회사의 경영진은 금값 변동에 따른 1년 후 회사의 부품단위당 이익을 다음과 같이 추정하고 있다.

1년 후의 IT부품가격	고정비	변동비(금가격)	순이익
$2,600	$350	$2,300	−$50
$2,600	$350	$2,250	0
$2,600	$350	$2,200	+$50
$2,600	$350	$2,150	+$100

이와 같은 상황에서 ITG는 금값이 높아 회사가 적자를 보는 경우에 대비하여 금선물을 단위당 \$2,220에 매입하였다. 이러한 매입헤지의 결과를 보여라.

풀이

헤지 전의 변동비	선물매입으로부터의 손익	헤지 후의 변동비	헤지 후의 순이익
\$2,300	2,300 − 2,220 = +\$80	2,300 − 80 = \$2,220	\$30
\$2,250	2,250 − 2,220 = +\$30	2,250 − 30 = \$2,220	\$30
\$2,200	2,200 − 2,220 = −\$20	2,200 + 20 = \$2,220	\$30
\$2,150	2,150 − 2,220 = −\$70	2,150 + 70 = \$2,220	\$30

헤지 후의 순이익이 금값에 관계없이 \$30에 고정되는 것을 볼 수 있는데, 이는 헤지의 결과 금을 구입하는 비용의 불확실성이 제거되어 변동비가 \$2,220로 고정되었기 때문이다.

매도헤지

매도헤지는 앞으로 현물시장에서 기초자산을 매도하려는 생산자 또는 투자자가 선물계약을 매도함으로써 가격하락의 위험을 제거하는 것을 말한다. 가격하락의 위험이란 가격하락으로 인하여 물건을 싸게 팔아야 하기 때문에 발생하는 손실을 말한다. 밀 농장을 운영하는 기업이 추수시점에서 밀의 가격이 하락하리라고 예상하는 경우 밀선물을 매도하여 가격하락으로 인한 손실을 막을 수 있다. 또 앞으로 채권을 발행해야 할 상황에서 회사의 재무관리자가 채권가격이 내려가리라고 예상할 경우, 채권선물을 매도하여 회사가 발행할 채권의 가격이 하락하여 발생하는 손해를 막을 수 있다.

매도헤지의 결과를 살펴보자. 미래시점에서 자산가격이 예상대로 내려가면 선물의 매도포지션에서 발생하는 이익이 현물포지션에서 발생하는 손실을 상쇄한다. 또 당초 예상과는 달리 자산가격이 올라가면 선물의 매도포지션에서 발생하는 손실이 현물포지션에서 발생하는 이익을 상쇄한다. 결국 기업이나 투자자는 미래가격의 움직임에 상관없이 물건의 판매수입을 현재의 선물가격으로 고정시킬 수 있다.

〈표 26-5〉는 미래에 현물을 거래할 시점과 선물의 만기시점이 일치할 경우 매도헤지에서 발생

표 26-5 매도헤지에서 발생하는 현금흐름

거래내용	현금흐름	
	$\tau = 0$(현재시점)	$\tau = T$(현물거래시점)*
현물포지션: T시점에서 현물가격에 매도	0	$+S_T$
선물포지션: 0시점에서 선물계약 매도(매도가격: F)	0	$+F - S_T$
헤지포지션	0	$+F$

* 선물계약의 만기시점과 일치한다.

| 그림 26-7 | 선물을 이용한 매도헤지포지션의 현금흐름

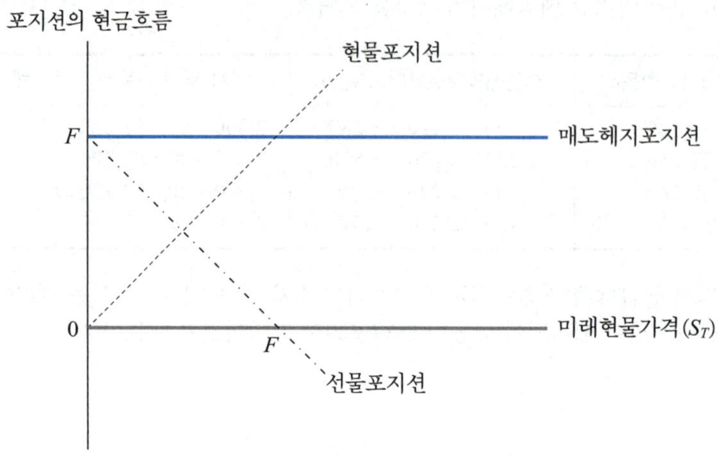

예제 26-6 KGOLD는 금을 제련하여 판매하는 회사로서 내년에 10,000온스의 금을 판매할 계획이다. 내년도 매출은 전량 1년 후에 일어나고, 그 시점에서의 현물가격에 판매될 것이라고 한다. 현재 온스당 금값은 $2,250라고 한다. 현 시점에서 1년 후의 금값이 불확실함에 따라 회사의 경영진은 1년 후에 가능한 시나리오에 대하여 회사의 순이익을 다음과 같이 추정하였다.

1년 후의 금가격	고정비	변동비	순이익
$2,300	$800	$1,420	+$80
$2,250	$800	$1,420	+$30
$2,200	$800	$1,420	−$20
$2,150	$800	$1,420	−$70

이와 같은 상황에서 KGOLD는 금값이 낮아 회사가 적자를 보는 경우에 대비하여 금선물을 단위당 $2,260에 매도하였다. 이러한 매도헤지의 결과를 보여라.

풀이

(단위: 만불)

헤지 전 매출액	선물매도로 인한 손익	헤지 후 매출액	총비용	헤지 후 순이익
$2,300	2,260 − 2,300 = −$40	2,300 − 40 = $2,260	$2,220	$40
$2,250	2,260 − 2,250 = +$10	2,250 + 10 = $2,260	$2,220	$40
$2,200	2,260 − 2,200 = +$60	2,200 + 60 = $2,260	$2,220	$40
$2,150	2,260 − 2,150 = +$110	2,150 + 110 = $2,260	$2,220	$40

헤지 후의 순이익이 금값에 관계없이 $40에 고정되는 것을 볼 수 있는데, 이는 헤지의 결과 금을 판매하는 가격의 불확실성이 제거되어 판매가격이 $2,260로 고정되었기 때문이다.

하는 현금흐름을 나타내었으며, [그림 26-7]은 이를 그림으로 보여준다. 〈표 26-5〉와 [그림 26-7]에서 보듯이 매도헤지의 결과 불확실한 만기시점의 현물가격이 선물거래에 의해 상쇄되고 만기시점의 현금수입은 선물가격 F로 확실하게 결정된다.

완전헤지와 불완전헤지

[예제 26-5]와 [예제 26-6]에서와 같이 가격위험이 완전히 없어지는 경우를 완전헤지(perfect hedge)라고 한다. 완전헤지의 경우 매입헤지에서는 미래에 지출될 구입가격이 약정된 선물가격 F로 고정되며, 매도헤지에서는 미래의 수익이 선물가격 F로 고정된다. 그러나 모든 경우의 헤지에서 위험이 완전히 없어지는 것은 아니다. 완전헤지가 일어나기 위해서는 ① 미래의 현물거래시점(target date)과 선물의 만기시점이 일치해야 하며, ② 기초자산에 대한 선물계약이 존재해야 한다. 이 두 조건이 만족되지 않으면 위험은 어느 정도 줄어들 수 있지만 완전히 제거되지는 않는다. 이러한 경우를 부분헤지(partial hedge) 또는 불완전헤지라고 한다.

①의 조건이 만족되지 않는 예를 들어 보자. 선물의 만기시점(시점 T)이 미래의 현물거래시점(시점 t)과 일치하지 않고 그 이후에 도래한다고 하자($t < T$). 이 경우 선물계약은 시점 t에서 반대거래를 통하여 청산되어야 하므로 매입헤지와 매도헤지의 t시점에서의 현금흐름은 다음과 같이 나타낼 수 있다.

$$\text{매입헤지의 선물만기 전 현금흐름: } -S_t + (F_t - F) = -F + (F_t - S_t) = -F + b_t \quad (26.10)$$

$$\text{매도헤지의 선물만기 전 현금흐름: } S_t + (F - F_t) = F - (F_t - S_t) = F - b_t \quad (26.11)$$

식 26.10과 식 26.11에서 b_t는 t시점에서의 선물가격과 현물가격의 차이를 나타내는 베이시스를 나타낸다. 현 시점에서 볼 때 미래의 베이시스는 불확실하므로 두 헤지에서 위험이 완전히 없어지지 않고 베이시스만큼의 위험이 남게 된다. 이러한 위험을 베이시스위험(basis risk)이라고 한다. 베이시스의 움직임은 현물가격이나 선물가격의 움직임보다는 상당히 안정적이어서 베이시스위험은 현물가격 자체의 위험보다는 훨씬 작다.

한편 위의 조건 ②가 만족되지 않는 경우, 즉 현물에 대한 선물계약이 존재하지 않는 경우에도 여전히 헤지가 가능하다. 기초자산이 현물과 다른 선물계약을 이용하여 헤지를 할 수 있는데, 이를 교차헤지(cross hedge)라 한다. 예를 들어 미래에 밀가루를 다량 구입하여야 할 제과업체가 밀가루 가격의 급등가능성에 대비하여 매입헤지를 하려고 한다. 이때 밀가루에 대한 선물이 존재하지 않아 밀에 대한 선물을 대신 이용한다면 이는 교차헤지가 된다. 교차헤지에서도 헤지수단이 될 자산은 그 가격움직임이 현물의 가격움직임과 밀접할수록 좋다.

최소분산헤지비율

[예제 26-5]와 [예제 26-6]에서 본 것과 같이 완전헤지에서는 현물 한 단위에 대해 선물 한 단위

를 거래함으로써 위험을 완전히 없앨 수 있다. 그러나 헤지 후에도 여전히 위험이 존재하는 부분헤지의 경우, 헤지포지션의 위험수준은 선물을 얼마나 거래하느냐에 따라 달라지기 때문에 거래할 선물의 계약수를 결정하는 일이 매우 중요하다. 물론 헤지의 목적은 위험을 최소화하는 것이다. 선물을 이용하여 헤지포지션을 구성할 때 현물 한 단위에 대한 선물의 거래계약수를 헤지비율(hedge ratio)이라고 한다. 그리고 헤지포지션의 위험을 가장 최소화하는 헤지비율을 최적헤지비율(optimal hedge ratio)이라고 한다. 대부분의 경우 헤지포지션의 위험은 포지션의 가치변화의 분산(variance)으로 측정한다. 이 경우 최적헤지비율은 이 분산을 최소화하도록 결정되어야 할 것이며, 이때 헤지비율을 최소분산헤지비율(minimum variance hedge ratio)이라고 한다.

최소분산헤지비율이 어떻게 결정되는지를 살펴보자. 우선 헤지포지션에서 현물과 선물 각각에 대하여 가격변화를 다음과 같이 표시하자: $\Delta S = S_\tau - S$; $\Delta F = F_\tau - F$, $\tau = t$ 또는 T. ΔS는 미래에 현물을 거래할 시점(헤지포지션을 종결하는 시점)과 현재시점(헤지를 시작하는 시점) 사이에서 발생한 현물 한 단위의 가격변화를 나타내며, ΔF는 같은 기간 중 선물 한 단위의 가격변화를 나타낸다. 따라서 현물 한 단위와 h계약의 선물로 구성된 헤지포지션 전체의 가치변화는 다음과 같다.

$$\begin{aligned} &\text{매입헤지:} \quad -\Delta S + h \cdot \Delta F \\ &\text{매도헤지:} \quad +\Delta S - h \cdot \Delta F \end{aligned} \tag{26.12}$$

식 26.12에서 h는 헤지비율을 나타내며, 양의 부호(+)는 매입포지션, 음의 부호(−)는 매도포지션을 나타낸다. 그리고 분산으로 측정한 헤지포지션의 위험은 다음과 같이 계산된다.

$$\begin{aligned} \sigma_H^2 &\equiv \text{VaR}(-\Delta S + h \cdot \Delta F) = \text{VaR}(+\Delta S - h \cdot \Delta F) \\ &= \text{VaR}(\Delta S) + h^2 \cdot \text{VaR}(\Delta F) - 2h \cdot \text{Cov}(\Delta S, \Delta F) \end{aligned} \tag{26.13}$$

식 26.13에서 헤지포지션의 분산(σ_H^2)을 최소화하는 최적해 h^*는 다음과 같다.[7]

최소분산헤지비율(minimum variance hedge ratio):

$$h^* = \frac{\text{Cov}(\Delta S, \Delta F)}{\text{Var}(\Delta F)} \equiv \frac{\sigma_{SF}}{\sigma_F^2} = \frac{\rho_{SF} \cdot \sigma_S}{\sigma_F} \tag{26.14}$$

Var(·), Cov(· , ·): 괄호 안 값(들)의 분산(variance) 및 공분산(covariance)
ρ_{SF}: 현물가격변화(ΔS)와 선물가격변화(ΔF) 간의 상관계수

식 26.14의 최적헤지비율을 식 26.13에 대입하여 최적헤지포지션의 위험을 계산하면 다음의 결과를 얻는다.

7 식 26.13을 h의 함수로 보고 $d\sigma_H^2(h)/dh = 0$를 만족시키는 h값을 구하면 된다.

$$\sigma_H^2 \big|_{h=h^*} = (1-\rho_{SF}^2)\cdot\sigma_S^2 \tag{26.15}$$

식 26.15에서 보면 헤지대상(현물)과 헤지수단(선물)의 가격변화의 상관계수가 클수록 헤지포지션의 위험이 작아진다는 것을 알 수 있다. 따라서 두 가격변화의 상관계수는 헤지가 얼마나 효과적으로 수행될 수 있는지 즉 헤지의 성과를 나타내는 지표가 된다. 상관계수가 +1이면 포지션위험이 0이 되는 것을 볼 수 있는데, 이는 베이시스위험이 존재하더라도 헤지대상과 헤지수단의 가격움직임이 완전 양(+)의 상관관계를 가질 경우 완전헤지가 가능하다는 것을 의미한다.

예제 26-7 ㈜SQ화학은 휘발유를 원료로 하여 화학제품을 만드는 회사이다. 앞으로 3개월 후에 휘발유 10만배럴이 필요한데, 많은 예측기관들이 곧 휘발유가격이 상승하리라고 예측하고 있다. 이러한 상황에서 SQ는 휘발유와 가격움직임이 밀접한 원유에 대한 선물을 이용하여 가격위험을 헤지하고자 한다. 휘발유선물을 이용하려고 하였으나 시장이 존재하지 않기 때문이다. 3개월 동안의 가격변화에 대한 과거자료를 분석한 결과, 원유가격의 표준편차는 \$3, 휘발유가격의 표준편차는 \$2.5, 그리고 두 가격움직임의 상관계수는 0.9로 추정되었다. 원유선물의 계약단위는 5,000배럴이라고 한다. SQ는 어떤 선물거래를 해야하는지 결정하라.

풀이 식 26.14를 이용한 최적헤지비율은 $h^* = (0.9)(2.5)/(3.0) = 0.75$가 된다. 이는 휘발유 1배럴에 대해 0.75배럴에 해당하는 원유선물계약이 필요하다는 의미이므로, 휘발유 10만배럴에 대해서는 7만 5천배럴(=10만×0.75)에 해당하는 원유선물이 필요하다. 따라서 SQ가 필요로 하는 선물의 계약수는 75,000/5,000 = 15이다. 즉 SQ는 원유선물 15계약을 매입해야 한다.

26.3 환위험의 관리

■ 환위험의 의의

환위험(foreign exchange risk)이란 환율의 변동으로 인하여 기업가치가 변동할 가능성을 말한다. 무역업자나 다국적기업은 영업활동을 위하여 자국통화 이외에도 다른 나라의 통화를 이용하여 거래를 해야 하는 경우가 많다. 세계 모든 나라의 환율이 고정되어 있다면 외화를 이용한 거래에서 환위험은 발생하지 않는다. 그러나 세계 대부분의 통화에 대한 환율은 거의 매일 변동하며 이러한 환율변동은 기업활동에 환위험을 수반한다.

예를 들어 우리나라의 LG전자가 3개월 후에 대금을 받는 조건으로 미국에 1억달러어치의 TV를 수출하기로 계약을 맺었고, 현재 원화와 달러화 간의 환율이 1달러에 1,250원이며 TV의 생산원가는 1,100억원이라고 하자. 이 회사가 수출대금을 지금 받는다면 1,250억원(=1억달러×1,250원/달러)을 받을 수 있다. 그런데 이 회사는 3개월 후에 TV수출대금 1억달러를 받게 되며, 이 대금의 원화가치는 3개월 후의 원/달러 환율이 얼마인가에 달려 있다. 만약 환율이 하락하여(원화의 가치가 상승하여) 달러당 1,050원이 되면 이 회사가 받게 되는 금액은 1,050억원이고 환율이 상승하여(원화가치가 하락하여) 1,300원이 되면 1,300억원을 받는다. 이 회사가 수출계약을 맺은 TV를 생산하는 데 드는 원가는 1,100억원이었으므로 환율이 상승하는 경우 200억원의 이익이 생기지만 환율이 하락하는 경우에는 50억원의 손해를 본다. 이와 같이 환율이 변함에 따라 LG전자가 받는 수출대금의 원화가치도 변하게 된다.

■ 금융시장을 이용한 환위험의 헤지

환위험의 헤지(hedge)란 환율변동에 따른 기업가치의 변동가능성을 없애는 것을 말한다. 경제환경이 복잡해지고 불확실성이 증가함에 따라 세계 각국 통화에 대한 환율은 과거에 비해 보다 심하게 변동하고 있으며, 이에 따라 많은 기업들은 환위험 헤지에 더욱 많은 노력을 기울이고 있다.
환위험을 헤지하는 기장 기본적인 방법 중의 하나는 금융시장을 이용하는 것이다.

앞서의 LG전자의 예를 들어 설명하면, LG전자가 수출계약과 동시에 외환시장에서 3개월 후에 받게 되는 수출대금 1억달러의 현재가치(1억달러를 달러화 이자율로 3개월간 할인한 금액)를 달러화로 차입한 후 이를 현물환율 1,250원에 원화로 바꾸어 국내은행에 3개월간 예치하는 것이다. 이 기업은 3개월 후 미국 무역업자로부터 받는 1억달러로 달러화 차입의 원리금을 상환하면 된다. 원화예금에 대한 이자율과 달러화 차입에 대한 이자율은 이미 결정되어 있으므로 이자율에 대한 불확실성은 없다. 따라서 LG전자는 3개월 후에 원화예금에 대한 원리금을 확실하게 확보할 수 있다. 예를 들어 달러화의 연간이자율이 5%이며, 국내의 원화예금이자율이 4%라 하자. LG전자는 현재시점에서 98,787,655달러[$=1$억$/(1+0.05)^{0.25}$]를 차입한 뒤에 이 금액을 현재 환율 1,250원에 원화로 바꾼 금액 1,234억 8,456만원($=98,787,655\times1,250$)을 연간이자율 4%로 3개월간 예금할 수 있다. 3개월 후에 갚아야 할 달러차입액은 정확히 1억달러이므로 수출대금 회수액으로 갚을 수 있다. 결국 LG전자는 환율변동과 관계 없이 원화예금의 원리금 1,247억 130만원[$=1,234$억 $8,456$만원 $\times(1+0.04)^{0.25}$]을 확보할 수 있다.[8]

■ 선물환과 통화선물을 이용한 환위험의 헤지

환위험의 헤지수단으로 자주 이용되는 것이 선물환과 통화선물이다. 이에 대해 살펴보자.[9]

선물환과 통화선물

선물환(forward exchange)이란 미래의 특정 시점에 한 나라의 통화를 다른 나라의 통화와 미리 정해 놓은 가격으로 교환하기로 약속한 선도계약이다.[10] 미리 정해 놓은 가격을 선도환율(forward exchange rate)이라고 한다. 모든 선도계약과 마찬가지로 선물환은 거래당사자의 합의에 따라 거래 통화, 거래규모, 인도시기 등의 조건이 결정된다.

8 이는 뒤에 살펴볼 이자율평가이론을 이용한 거래이다. 이자율평가이론이 성립하는 경우 LG전자가 확보하게 되는 금액은 선물환을 이용한 헤지의 결과와 동일하다([예제 26-9] 참조).
9 선물환 및 통화선물시장에 대해서는 제27장에서 좀 더 자세히 다뤄진다.
10 엄밀히 말하면 '선도환'이 되어야 하겠지만, 오랜 관습에 따라 선물환이란 명칭이 사용되고 있다.

이에 비해, 통화선물(currency futures)은 몇몇 주요 통화에 대하여 거래소별로 인도일, 거래금액 등 거래조건을 표준화한 상품의 형태로 거래된다. 통화선물은 상품이 표준화되어 있어 고객이 요구하는 조건과 정확하게 일치하지 않을 수 있고 경우에 따라서는 고객이 원하는 통화에 대한 선물이 거래되지 않을 수도 있다. 그러나 선물환거래와 비교하면 계약불이행위험을 걱정할 필요가 없는 것이 큰 장점이다.

선물환율의 결정

선물환율(또는 선도환율)의 결정도 앞 절에서 다룬 일반적인 선물가격 결정방법을 적용하면 된다. 외화를 기초자산으로 생각하되, 외화를 해당 국가의 은행에 예금하면 그 나라의 이자율로 이자소득이 발생하기 때문에 이를 편의수익에 비유할 수 있다. 국내이자율을 r, 기초자산이 되는 외화의 이자율을 r_f, 만기시점을 T, 현재시점의 현물환율을 S, 선물환율을 F라고 하면, 우선 다음과 같은 전략적인 관계식이 성립된다.

> 외환선물 $(1+r_f)^T$ 단위 매입 ≡ 국내통화 S 차입
> + 외화 1단위 매입
> + 외화를 해당 국가의 이자율로 예금(대출) **(26.16)**

식 26.16의 좌변과 우변의 전략을 각각 A와 B라고 하면 시점 T에서 두 전략의 결과(수익)는 같다. 두 전략 중 어느 쪽을 선택하든 시점 T에서 투자자는 외화 $(1+r_f)^T$ 단위를 확보하게 된다. 또 현재시점의 현금흐름은 두 전략 모두 0이다. 그리고 전략 A에 수반되는 비용은 $(1+r_f)^T \cdot F$이고, 전략 B에 수반되는 비용은 $S(1+r)^T$이다. 여기서 비용은 시점 T에서 발생한다. 무차익원리에 의하면 두 전략이 가져다주는 미래의 수익이 같으면 수반되는 비용도 같아야 하기 때문에 다음의 관계가 성립해야 한다.

$$(1+r_f)^T \cdot F = S \cdot (1+r)^T \qquad \text{(26.17)}$$

식 26.17을 선물환율 F에 대해 정리한 식이 이자율평가이론(interest rate parity: IRP)이라고 불리는 선물환율결정모형이다.[11]

> 선물환율결정모형 또는 이자율평가이론(Interest Rate Parity):
>
> $$F = S \cdot \left(\frac{1+r}{1+r_f}\right)^T \approx S \cdot (1+r-r_f)^T \qquad \text{(26.18)}$$

11 이자율평가이론에 대해서는 제27장에서 다시 다루어진다.

식 26.18에서 두 번째 우변항은 식 26.8에서 보관비용이 없는 경우와 비유될 수 있으며, 외화이자율 r_f는 편의수익률 y에 해당하는 것을 알 수 있다. 식 26.18에서 보면 이자율이 국내이자율보다 낮은 외화의 경우 선물환율이 현물환율보다 높고, 이자율이 국내이자율보다 높은 외화의 경우 선물환율이 현물환율보다 낮다. 후자의 경우 선물거래를 통하여 외화를 확보하는 것보다 현재시점에서 현물을 매입하여 미래시점까지 보유하는 것이 유리하기 때문이다. 외환시장에서 선물환율이 식 26.18을 적용하여 계산한 값과 크게 다를 경우 물론 차익거래가 가능하다.

예제 26-8 현재 미국달러에 대한 원화환율이 1,300원/달러이고 우리나라의 이자율은 4%이며 미국의 이자율은 5%이다.

① 1년만기 원/달러 선물의 적정환율을 구하라.

② 외환시장에서 원/달러 선물이 1,200원/달러에 거래된다면 어떠한 차익거래가 가능한지 보여라.

풀이 ① 식 26.18을 이용하면 적정선물환율은 다음과 같다.

$F = (1{,}300)(1.04/1.05) = 1{,}287.62$원/달러

② 선물환율 1,200원/달러는 과소평가된 것이다. 따라서 식 26.16에서 좌변(전략 A)의 포지션을 취하는 동시에 우변(전략 B)의 반대포지션을 취하면 된다. 이는 앞서 소개한 매도차익거래에 해당하는 것으로서 다음과 같은 현금흐름을 수반한다.

거래	현금흐름	
	$\tau = 0$	$\tau = 1$
• 1달러를 차입하여 원화 매입	+1,300원	$-S_1(1.05)$원*
• 원화를 한국이자율로 예금	−1,300원	+1,300(1.04)원
• 원-달러 선물 1.05단위를 1,200원/달러에 매입	0	$+1.05(S_1 - 1{,}200)$**
순현금흐름	0원	92원

* S_1은 1년 후의 현물환율을 나타낸다. 1달러를 매입하였으므로 1.05달러를 갚아야 하며 이를 원화로 환산한 것이 $S_1(1.05)$이다.

** 선물매입의 수익 $(S_1 - 1{,}200)$에 계약수를 곱한 값이다.

선물환을 이용한 헤지

미래에 외화로 물건값을 지불하거나 외화를 매입해야 할 경우, 외화의 가치가 상승하여 환율이 상승하면 (즉 국내통화가 평가절하되면) 더 많은 금액의 국내통화를 지불해야 한다. 이때 선물환(또는 통화선물)을 매입하여 미래에 지불할 외화의 매입가격을 현재의 선물환율에 고정시킬 수 있다. 이는 현물의 공매포지션으로 부터 발생하는 위험을 선물의 매입포지션을 통해 헤지하는 것이므로 매입헤지에 해당한다.

반대로 미래에 외화로 물건값을 수령하거나 외화를 매도해야 할 경우, 외화의 가치가 하락하여

환율이 하락하면 (즉 국내통화가 평가절상되면) 더 적은 금액의 국내통화를 받게 된다. 이때 선물환(또는 통화선물)을 매도하여 미래에 받게 될 외화의 매도가격을 현재의 선물환율에 고정시킬 수 있다. 이는 현물의 매입포지션으로부터 발생하는 위험을 선물의 매도포지션을 통해 헤지하는 것이므로 매도헤지에 해당한다.

예제 26-9 앞서의 LG전자의 예를 들어보자. 현재 원/달러 환율이 1,250원이며, 미국의 달러이자율이 5%, 국내의 원화이자율이 4%라고 하자. 이때 3개월만기 적정선물환율을 구하고 LG전자가 환위험을 어떻게 헤지할 수 있는지 설명하라.

풀이 식 26.18을 이용하면 3개월 만기선물환율은 다음과 같다.

$$F = 1{,}250 \times (1.04/1.05)^{0.25} = 1{,}247.013$$

LG전자는 3개월 후에 수출대금 1억달러를 수취하게 되므로 매도헤지를 해야 한다. 즉, 3개월 후에 1억달러를 달러당 선물환율 1,247.013원에 매도하기로 계약을 체결한다. 거래에 따른 현금흐름을 정리하면 다음 표와 같다.

거래내용	현금흐름	
	$\tau = 0$(현재시점)	$\tau = T$(3개월 후)
현물(수출)포지션: 3개월 후 현물환율에 수출대금 1억달러 매도	0	+1억달러 × S_T
선물환포지션: 3개월 후 선물환율에 1억달러 매도	0	+1억달러 × (1,247.013 − S_T)
매도헤지포지션	0	+ 1억달러 × 1,247.013 = 1,247억 130만원

위 표에서 보는 것과 같이 LG전자는 3개월 후의 현물환율의 변동에 관계없이 1달러당 1,247.013원, 총 1,247억 130만원을 확보한다. 선물환율은 현재시점에서 이미 결정되어 있는 것이므로 LG전자가 3개월 후에 받게 될 금액은 미래의 현물환율의 변동에 영향을 받지 않는다. 따라서 LG전자는 현재시점에서 이 수출계약으로부터 147억 130만원의 이익(생산원가가 1,100억원)이 발생하게 된다는 사실을 알고 거래를 할 수 있다. 선물환을 이용한 헤지의 결과로 LG전자가 확보하는 금액은 앞서 금융시장을 이용한 헤지의 결과와 동일하다. 즉 차익거래기회가 없는 시장에서 두 방법은 항상 같은 결과를 가져다준다. 그러나 현실 시장에서 어떤 기업은 금융시장에서의 차입과 대출에 다른 기업에 비해 불리한 제약이 있을 수 있다. 또 금융시장을 이용하는 방법은 선물환을 이용하는 것에 비해 좀 더 복잡한 거래절차를 필요로 한다. 따라서 많은 기업들이 환위험의 헤지에 손쉽게 이용할 수 있는 선물환을 자주 이용한다.

■ 통화옵션을 이용한 환위험 관리

통화옵션(currency option)은 외국통화 즉 외환을 기초자산으로 하는 옵션을 말한다. 우리나라에도 미국달러옵션이 한국거래소에 상장되어 거래되고 있으며, 기업들이 환위험을 관리하는 데 유용하게 사용할 수 있다.[12] 예를 들어 살펴보자.

미국에 수출을 하는 기업이 3개월 후에 1,000만 달러를 수출대금으로 받기로 하였다. 이 기업의 재무관리자는 그동안 지속되어 온 달러약세가 앞으로 3개월 동안에도 지속될지 아니면 달러약세가 진정되고 강세로 전환될지 알 수가 없는 상황이라고 한다. 이 재무관리자는 외환시장에서 원-달러 환율의 변동위험을 관리하기 위하여 한국거래소에 상장되어 있는 미국달러에 대한 풋옵션을 매입하는 방어풋 전략을 이용하기로 하였다.[13] 달러옵션 1계약의 거래단위는 1만달러이며, 현재 원/달러 환율은 1,250원이며 행사가격이 1,250원인 풋옵션의 시장가격은 30원이다. 이 경우 재무관리자가 매입해야 하는 풋옵션의 계약수는 1,000계약이고 풋옵션 매입비용은 3억원이다.

$$\text{풋옵션 매입계약수} = \frac{\text{받을 달러금액}}{\text{풋옵션의 계약단위}} = \frac{\text{1,000만달러}}{\text{1만달러}} = 1{,}000(\text{계약})$$

$$\text{풋옵션 매입비용} = 1{,}000 \times 30 \times 10{,}000 = 3(\text{억원})$$

이제 3개월 후에 원/달러 환율이 5% 하락하여 1,188원/달러인 경우의 헤지의 결과를 살펴보자. 원/달러 환율이 1,188원이 되면 이 기업이 받은 1,000만달러의 가치는 118.8억원이 된다. 이 기업이 풋옵션의 권리를 행사하면 1계약당 [(1,250－1,188)원/달러]×1만달러＝62만원의 이득이 발생하고 총 1,000계약을 매입하였으므로 총이득은 6.2억원이 된다. 환율이 5% 하락하는 경우 3개월 후에 얻는 총수익은 1,000만달러의 가치 118.8억원과 풋옵션 행사 이득 6.2억원을 합하면 총 125억원이 된다. 여기서 옵션 매입비용 3억원을 차감하면 이 기업이 실제로 받는 금액은 122억원이다.

3개월 후 원/달러 환율이 다양하게 변할 때 풋옵션을 매입하는 방어풋 전략의 결과를 〈표 26-6〉에 정리하였다. 풋옵션을 이용한 방어풋 전략을 사용한 결과 〈표 26-6〉에서 보는 것과 같이 원/달러 환율이 1,250원 이하로 하락하는 경우에 이 기업은 수출대금으로 받은 1,000만달러의 원화

표 26-6 미국달러에 대한 풋옵션매입을 통한 헤지결과

(단위: 억원)

원/달러 환율	1,125	1,188	1,225	1,250	1,275	1,313	1,375
등락률(%)	−10%	−5%	−2%	0%	2%	5%	10%
달러대금의 원화가치	112.5	118.8	122.5	125	127.5	131.3	137.5
미국달러 풋옵션가치	12.5	6.2	2.5	0	0	0	0
미국달러 풋옵션 매입비용	3.0	3.0	3.0	3.0	3.0	3.0	3.0
헤지달러대금의 순가치	122	122	122	122	124.5	128.3	134.5

12 통화옵션의 가격 역시 블랙-숄즈 모형을 이용하여 평가할 수 있다. 이에 대해서는 선물·옵션·스왑(2009), 조재호·박종원·조규성 저, 다산출판사, 제15장을 참조하라.

13 방어풋 전략에 관해서는 제17.3절을 참조하라.

가치를 항상 122억원으로 유지할 수 있으며 환율이 상승하는 경우에는 상승률에 비례하여 수출대금의 원화가치도 증가한다.

■ 해외투자와 환위험의 헤지

다른 나라의 증권시장에서 거래되는 주식과 채권이나 해외사업에 투자하는 경우 투자로부터 얻는 수익률은 환율의 변동에 따라서 큰 영향을 받는다. 해외투자와 관련하여 환위험을 헤지하는 것은 수출입 등에서 발생하는 환위험을 헤지하는 것에 비해 그리 간단하지 않다. 왜냐하면 후자의 경우 받거나 지불해야 할 외화금액을 알고 있기 때문에 환위험 한 가지만 관리하면 되지만, 전자의 경우 해외투자에 대한 미래수익을 알 수 없기 때문에 환위험뿐 아니라 해외투자에 대한 수익률의 위험도 동시에 고려해야 하기 때문이다. 즉 관리대상 위험이 두 가지가 된다. 이 경우 최적헤지비율을 결정하는 데 있어 해외투자에 대한 수익률과 환율의 상관관계가 중요한 역할을 한다. 예를 들어 한국기업이 미국에 투자한 경우, 미국투자에 대한 투자수익률과 원-달러 환율의 상관관계가 양(+)이면 헤지비율을 높여야 하고 또 상관관계가 음(-)이면 헤지비율을 낮추어야 한다. 상관관계가 양(+)이라는 것은 달러수익률이 높을 때 환율이 높고 또 달러수익률이 낮을 때 환율도 낮다는 것을 의미하므로 최종수익률인 원화수익률의 위험이 그만큼 커지기 때문이다. 상관관계가 음(-)이라는 것은 달러수익률이 높을 때 환율이 낮고 또 달러수익률이 낮을 때 환율이 높다는 것을 의미하므로 최종수익률인 원화수익률의 위험이 그만큼 작아지기 때문이다.[14]

26.4 이자율위험의 관리

■ 이자율위험

이자율은 시간에 따라 변동하며 미래의 이자율은 불확실하다. 이자율변동에 따라 자산의 가격과 투자수익이 변동하는 위험을 이자율위험(interest rate risk) 또는 금리위험이라고 한다. 이자율위험에 크게 영향을 받는 대표적인 자산인 채권을 예로 들어 보자. 채권투자에서 이자율위험은 두 가지로 분류할 수 있다. 하나는 이자율변동으로 채권가격이 변동하는 가격위험(price risk)이다. 이자율이 상승하면 채권가격이 하락하고, 이자율이 하락하면 채권가격이 상승한다. 다른 하나는 재투자위험(reinvestment risk)이다. 이표채에 투자하는 경우 투자자는 보유기간 동안 매기 지급받는 표면이자를 재투자하게 되는데, 이자율이 변동하면 재투자수익이 달라진다. 이자율이 상승하면 재투자수익이 증가하고, 이자율이 하락하면 재투자수익이 감소하게 되는데 이를 재투자위험이라고 한

14 해외투자에서 환위험 헤지를 위한 최소분산헤지비율을 구체적으로 도출하면 다음과 같은 공식을 얻을 수 있다.

$$h^* \approx 1 + \frac{\text{cov}(r,\ s)}{\sigma_s^2}$$

여기서 r은 해외투자에 대한 수익률을, s는 환율의 변화율을 나타낸다. 위 공식에서 첫 항인 1은 투자원금을 나타내며 둘째 항은 환율변동에 대한 자산수익률의 민감도를 나타낸다. 투자수익률과 환율의 변동성이 주어지면 이 민감도는 두 변수 간의 상관관계에 의해 결정된다. 위 공식의 도출은 이 책의 범위를 벗어나는 것이므로 여기서는 생략한다.

다. 무이표채는 투자기간 중에 표면이자를 지급받지 않으므로 재투자위험이 없다.

■ 듀레이션

듀레이션(duration: D)은 이자율변동에 따른 채권가격의 변동을 측정하는 지표로 채권투자의 이자율위험을 나타낸다. 이에 대해 살펴보자.

듀레이션은 채권의 실질만기(effective time to maturity)를 나타내는 개념이다. 2년만기 이표채의 경우 명목상의 만기는 2년이지만, 이 이표채를 1년만기 무이표채와 2년만기 무이표채의 포트폴리오로 간주하면 실질만기는 2년이 아니고 1년과 2년의 가중평균이라는 것이다. 이에 따라 실질만기를 나타내는 듀레이션은 '현금흐름이 발생하는 시점의 가중평균'으로 정의되며 다음과 같이 쓸 수 있다.

$$\text{듀레이션}(D) = w_1 \times 1 + w_2 \times 2 + \cdots + w_n \times n = \sum_{\tau=1}^{n} w_\tau \cdot \tau \tag{26.19}$$

여기서 τ는 현금흐름이 발생하는 시점이며, w_τ는 시점 τ에 주어지는 가중치로서 다음과 같이 결정된다.

$$w_\tau = \frac{PV_\tau}{PV_1 + PV_2 + \cdots + PV_n} = \frac{CF_\tau/(1+y)^\tau}{B} \tag{26.20}$$

위 식에서 PV_τ는 시점 τ에서 발생하는 현금흐름의 현재가치, CF_τ는 시점 τ에서 발생하는 현금흐름, B는 채권의 가격, y는 이자율(만기수익률), n은 채권의 만기를 나타낸다. 식 26.19와 식 26.20에 의해 계산되는 듀레이션은 1930년대 말 매콜리(Macaulay)에 의해 처음으로 소개되었다고 해서 '매콜리 듀레이션'으로 불리기도 한다.

채권의 실질만기를 나타내는 매콜리 듀레이션이 채권의 이자율위험을 측정하는 수단이 되는 것은 다음과 같은 관계가 성립하기 때문이다.[15]

$$\frac{dB/B}{dy/(1+y)} = -D \qquad \text{또는} \qquad \frac{dB}{B} = -D \times \frac{dy}{(1+y)} \tag{26.21}$$

식 26.21의 첫 식에서 좌변 항은 이자율의 %변화에 대한 채권가격의 %변화를 나타내는 채권가격의 이자율탄력성(interest rate elasticity)이다. 따라서 듀레이션은 채권가격의 이자율탄력성을 나타내는데, 듀레이션 앞에 음(−)의 부호가 붙은 것은 채권가격이 이자율과 반대방향으로 움직이기 때문이다.

식 26.21의 관계는 이자율의 변동이 아주 작은 경우 즉, 채권가격의 이자율에 대한 미분이 가능

15 이 관계식은 채권의 가격공식을 이자율 y에 대해 미분함으로써 얻어진다.

한 경우에 성립한다. 식 26.21의 둘째 식을 다시 정리하면 현실적으로 다음과 같은 근사관계가 성립한다.

$$\frac{\Delta B}{B} \approx -D^m \cdot \Delta y \qquad \text{또는} \qquad \Delta B \approx -D^m \cdot \Delta y \cdot B \tag{26.22}$$

$D^m \equiv D/(1+y)$: 수정듀레이션(modified duration)

식 26.22에서 Δy는 이자율의 변화분을 나타낸다. 그리고 매콜리 듀레이션을 $(1+y)$로 나눈 값을 수정듀레이션이라고 하는데, 편의상 매콜리 듀레이션을 대신하여 많이 사용된다. 식 26.22의 첫 식에서 Δy를 +1%로 놓으면, 이자율 1% 변화에 따른 채권가격의 변화는 $-D^m$%만큼이 되는 것을 알 수 있다. 식 26.22의 둘째 식은 가격변화를 금액으로 나타낼 때 사용되며, 이때 가격변화를 달러듀레이션(dollar duration)이라고도 한다. 지금까지 살펴본 내용을 예를 통해 분석해 보자.

예제 26-10 만기 10년, 액면가 1,000원, 표면이자율 10%, 현재가격 1,000원인 이표채와 만기 10년, 액면금액 1,000원, 현재가격 385.54원인 무이표채를 고려하자. 두 채권의 만기수익률은 모두 10%이다. 이자율이 1% 상승한 경우 두 채권의 가격이 어떻게 변화하는지를 듀레이션을 이용하여 분석해 보라.

풀이 먼저 두 채권의 듀레이션을 계산해 보자. 무이표채의 듀레이션은 만기와 같은 10년이다. 이표채의 듀레이션을 계산하면 다음과 같이 6.76년이다.

$$D = \frac{1}{1{,}000}\left[\frac{100}{1.1}\times 1 + \frac{100}{1.1^2}\times 2 + \frac{100}{1.1^3}\times 3 + \cdots + \frac{1{,}100}{1.1^{10}}\times 10\right] = 6.76$$

두 채권의 수익률이 모두 10%이므로 무이표채의 수정듀레이션은 10/1.1 = 9.09년, 이표채의 수정듀레이션은 6.76/1.1 = 6.14년이다. 식 26.22를 이용하여 채권가격의 변화분을 계산하면 다음과 같다.

무이표채: $\Delta B = -D^m \cdot \Delta y \cdot B = -9.09 \times (0.01) \times 385.54 = -35.05$원

이표채: $\Delta B = -D^m \cdot \Delta y \cdot B = -6.14 \times (0.01) \times 1{,}000 = -61.45$원

즉, 이자율이 1% 상승할 때 무이표채의 가격은 35.05원만큼 떨어지며, 이표채의 가격은 61.45원만큼 떨어진다. 이자율이 1% 하락할 때는 반대로 35.05원과 61.45원이 각각 올라간다.

채권포트폴리오의 듀레이션

채권포트폴리오의 듀레이션은 포트폴리오를 구성하는 개별채권의 듀레이션을 가중평균한 값이 된다. 채권포트폴리오의 듀레이션을 D_P로 나타내고 각 개별채권의 듀레이션을 D_i, 각 개별채권의 가치가 포트폴리오 전체 가치에서 차지하는 비중을 w_i, 포트폴리오를 구성하는 채권의 종목수를 N이라 하면 채권포트폴리오의 듀레이션은 다음과 같다.

$$D_P = w_1 D_1 + w_2 D_2 + \cdots + w_N D_N \tag{26.23}$$

■ 순자산가치 면역전략

은행들은 일반적으로 자산과 부채의 만기구조가 다르다. 은행의 부채는 주로 투자자들의 예금이며 대개가 단기성 예금이므로 짧은 듀레이션을 갖는다. 반면 은행의 자산은 주로 기업이나 개인에 대한 대출로 구성되며, 이는 부채에 비해 상대적으로 긴 듀레이션을 갖는다. 따라서 은행의 자산은 이자율변동에 보다 민감하다. 이자율이 상승하는 시기에 은행은 자산가치가 부채의 가치에 비해 더욱 크게 하락함으로써 순자산(자기자본)가치가 감소하게 된다. 이러한 이유에서 은행의 포트폴리오 관리전략의 기본전제는 이른바 갭관리(gap management)로 불리는 자산 · 부채관리(asset and liability management: ALM)이다. 이는 자산과 부채의 듀레이션의 차이(gap)를 일정수준으로 제한함으로써 시장이자율의 변동에 따른 순자산가치의 변동위험을 적정하게 관리하고자 하는 데에 그 초점이 두어진다. 갭관리를 하는 하나의 효과적인 방법은 자산의 듀레이션과 부채의 듀레이션을 일치시킴으로써, 이자율이 변동하더라도 순자산가치의 변동을 0으로 만드는 것이다. 즉 다음의 관계를 만족시킬 수 있도록 자산과 부채를 구성한다는 것이다.

$$D_A \times A = D_L \times L \qquad (26.24)$$

위 식에서 D_A는 자산의 평균듀레이션, A는 자산의 시장가치, D_L은 부채의 평균듀레이션, 그리고 L은 부채의 시장가치를 나타낸다.

듀레이션 갭은 식 26.24에서 보통 양변을 자산의 시장가치로 나눈 후 양변의 차이 즉, $[D_A - (L/A) \cdot D_L]$로 측정된다. 식 26.24가 성립하도록 자산과 부채가 구성되는 경우 은행의 순자산가치의 듀레이션은 영(0)이 되며 따라서 순자산가치는 이자율변동과 관계없이 일정하게 된다.[16] 이를 순자산가치 면역전략(net worth immunization)이라고 부른다.

예제 26-11 ABC은행의 자산, 부채현황과 듀레이션이 다음의 표와 같다. 이 은행의 순자산가치가 이자율위험으로부터 헤지되어 있는지 듀레이션 갭을 통해 분석하라.

ABC은행의 자산 · 부채현황과 듀레이션

자산	시장가치(억원)	듀레이션(년)	부채 · 자본	시장가치(억원)	듀레이션(년)
현금	1,000	0	정기예금	6,000	1.0
대출	4,000	1.25	채권	3,000	5.0
장기할부대출	5,000	7.0	자기자본	1,000	–
합계	10,000			10,000	

16 일반적으로 순자산가치의 변동(ΔE)과 듀레이션 갭의 관계는 다음과 같다.

$$\Delta E = \Delta A - \Delta L = -D_A^m \cdot A \cdot \Delta y - (-D_L^m \cdot L \cdot \Delta y) = -A \cdot \left[D_A^m - \left(\frac{L}{A}\right) D_L^m \right] \cdot \Delta y. \text{ 따라서 } \frac{\Delta E}{A} = -\text{듀레이션 갭} \times \Delta y.$$

풀이 ABC은행의 듀레이션 갭을 구해 보자. 먼저, 자산과 부채의 평균듀레이션을 구해 보면 다음과 같다.

$$\text{자산의 평균듀레이션} = 0 \times \frac{1,000}{10,000} + 1.25 \times \frac{4,000}{10,000} + 7.0 \times \frac{5,000}{10,000} = 4(\text{년})$$

$$\text{부채의 평균듀레이션} = 1.0 \times \frac{6,000}{9,000} + 5.0 \times \frac{3,000}{9,000} = 2.33(\text{년})$$

따라서 듀레이션 갭은 다음과 같다.

$$\text{듀레이션 갭} = D_A - (L/A) \cdot D_L = 4.0 - (9,000/10,000) \times 2.33 = 1.9(\text{년})$$

현재 ABC은행의 자산과 부채는 양(+)의 듀레이션 갭을 갖는 구조이다. 이는 이자율이 오를 경우 자기자본가치가 감소하며 이자율이 내릴 경우 자기자본가치가 증가한다는 것을 의미한다. 즉 이자율이 1% 변동할 때 자기자본가치는 대략 자산가치의 1.9%만큼 반대 방향으로 변동한다(각주 16 참조). 따라서 ABC은행이 순자산가치가 이자율변동에 영향을 받지 않고 일정하게 유지되도록 하기 위해서는 듀레이션 갭이 0이 되도록 자산의 듀레이션은 줄이고 부채의 듀레이션은 늘리는 방향으로 자산과 부채의 구성을 조정해야 한다.

■ 채권선물을 이용한 목표듀레이션의 관리

앞의 [예제 26-11]의 ABC은행처럼 이자율이 변함에 따라 가격이 변동하는 상품을 보유하는 기업은 그 기업의 목표에 맞게 이자율위험을 적절히 관리할 필요가 있다. 채권을 보유하거나 발행한 경우 채권을 직접 매매하여 이자율위험을 관리할 수도 있으나, 이 경우 거래비용이 많이 들고 유동성이 부족하여 채권의 매매가 손쉽지 않을 수 있다. 이때 채권선물을 이용하면 투자자의 선호에 맞게 이자율위험을 효율적으로 관리할 수 있다. 이러한 내용을 살펴보자.

채권포트폴리오를 관리하는 펀드매니저나 은행의 자산 · 부채관리자는 포지션의 듀레이션을 적절한 수준으로 유지하여 이자율위험을 관리하고 포지션의 가치를 높이려고 노력한다. 예를 들어 이자율의 상승을 예상하는 경우 펀드매니저는 채권포트폴리오의 듀레이션을 줄이려고 할 것이고, 이자율의 하락이 예상되는 경우에는 듀레이션을 늘리려고 할 것이다. 또 은행의 자산 · 부채관리자는 이자율이 떨어질 것으로 예상할 때 자산의 듀레이션을 부채의 듀레이션보다 크게 하고, 반대로 이자율이 오를 것으로 예상되는 경우에는 자산의 듀레이션을 부채의 듀레이션보다 짧게 하여 순자산(= 자산 - 부채)의 시장가치가 증가될 수 있도록 노력한다. 이와 같이 이자율위험에 노출된 포지션의 듀레이션을 조정할 필요가 있는 경우 현물을 거래하는 것보다 채권선물을 이용하면 손쉽게 그리고 효율적으로 목표를 달성할 수 있다. 즉, 채권을 보유한 상태에서 채권선물을 매입하면 전체포지션의 듀레이션이 길어지고, 채권선물을 매도하면 듀레이션이 짧아진다.

채권투자자가 포트폴리오의 듀레이션을 자신이 원하는 목표듀레이션(target duration) 수준으로 조정하기 위해서는 매입 또는 매도해야 할 채권선물의 계약수를 결정해야 한다. 채권포트폴리오의 현재가치를 B_S, 채권선물 1계약의 가격을 B_F, 거래해야 할 채권선물의 계약수를 N_F라고 하면, 현물포트폴리오와 채권선물로 구성된 목표포지션(target position)의 가치변화 ΔB_T는 다음과 같이 나타낼 수 있다.

$$\Delta B_T = \Delta B_S + N_F \cdot \Delta B_F \tag{26.25}$$

여기서 Δ는 가치의 변화분을 나타낸다. 채권선물을 거래하는 시점에서 선물계약의 가치는 0이므로 채권포트폴리오와 N_F 계약의 채권선물로 구성된 전체포지션의 가치는 현물포트폴리오의 가치와 같다. 그러나 다음 순간 이자율이 변화하면 채권투자자가 목표로 하는 포지션의 가치변화 ΔB_T는 앞에서 배운 식 26.22에 의해 $\Delta B_T = D_T^m \cdot \Delta y_S \cdot B_S$로 나타낼 수 있다. 여기서 D_T^m은 투자자가 원하는 수준의 수정듀레이션, 즉 목표듀레이션(target duration)을 나타낸다. 식 26.22의 관계를 ΔB_S와 ΔB_F에 대해서도 적용하면 식 26.25를 다음과 같이 다시 쓸 수 있다.

$$[-D_T^m \cdot \Delta y_S \cdot B_S] = [-D_S^m \cdot \Delta y_S \cdot B_S] + N_F \cdot [-D_F^m \cdot \Delta y_F \cdot B_F] \tag{26.26}$$

위에서 Δy_F와 D_F^m는 각각 채권선물에 내재된 만기수익률과 수정듀레이션으로서 선물의 기초자산에 대한 수익률과 듀레이션을 의미한다. 이는 선물계약 자체의 만기수익률과 듀레이션은 존재하지 않기 때문이다. 식 26.26을 N_F에 대하여 정리하면 목표듀레이션을 달성하기 위한 선물의 필요계약수 N_F^*를 다음과 같이 구할 수 있다.

$$N_F^* = \left(\frac{D_T^m - D_S^m}{D_F^m}\right)\left(\frac{B_S}{B_F}\right)\left(\frac{\Delta y_S}{\Delta y_F}\right) \tag{26.27}$$

식 26.27에서 $\Delta y_S/\Delta y_F$는 선물의 기초채권에 대한 수익률이 한 단위 변동할 때 채권포트폴리오의 수익률이 변동하는 정도를 나타내며, 이를 흔히 수익률베타(yield beta)라고 부른다. 시장이자율이 변동할 때 채권포트폴리오와 선물의 기초채권의 수익률이 언제나 1 : 1로 변동하지 않을 수 있기 때문에 수익률베타는 이러한 수익률변동의 차이를 반영한다. 식 26.27에서 보면 채권포트폴리오의 듀레이션을 현재보다 길게 하려면 필요계약수의 부호가 양(+)이 되어 선물을 매입해야 하고, 듀레이션을 현재보다 짧게 하려면 필요계약수의 부호가 음(−)이 되어 선물을 매도해야 한다.

채권선물을 이용한 매입헤지: 선행투자

미래에 현금유입을 예상하는 펀드매니저는 현재시점에서 채권선물을 매입함으로써 채권포트폴리오를 현재에 매입하는 효과를 거둘 수 있다. 이를 선행투자전략이라고 부른다. 현재 자금이 없으나 장래의 자금수입을 예상하고 미리 채권포트폴리오를 구성하려는 경우에 채권선물을 매입하면 된다. 이는 식 26.25에서 현재포지션의 가치변화 ΔB_S가 0인 경우에 해당한다. 따라서 식 26.27에서 채권포트폴리오의 듀레이션인 D_S^m에 0을 대입하면 매입헤지포지션의 구성에 필요한 선물계약수를 구할 수 있다.

채권선물을 이용한 매도헤지

현재 채권포트폴리오를 보유하고 있는 투자자가 앞으로 이자율이 가파르게 상승할 것으로 예상하고 있다고 하자. 이에 따라 이 투자자는 보유 중인 포트폴리오의 가치를 이자율변동에 관계없이 일정수준에서 유지하려고 한다. 이 경우 투자자는 현재의 포트폴리오를 그대로 유지하면서 채권선물을 매도함으로써 이 목표를 달성할 수 있다. 즉 그의 목표는 식 26.25에서 목표포지션의 가치변화 ΔB_T를 0이 되도록 하는 것이며, 이를 위해서는 목표듀레이션을 0으로 만들면 된다. 따라서 식 26.27에서 목표듀레이션인 D_T^m에 0을 대입하면 헤지포지션의 구성에 필요한 선물계약수를 구할 수 있다. 이때 계약수가 음(−)의 값을 취하는 것은 헤지포트폴리오 구성을 위해서 선물을 매도해야 한다는 것을 의미한다. 이 경우는 현물에 매입포지션, 선물에 매도포지션을 취하는 것이므로 매도헤지에 해당한다.

예제 26-12 A회사는 현재 3년만기의 국채에 32억원을 투자하고 있다. 앞으로 이자율이 상승할 것으로 예상되어 국채선물을 이용하여 이자율위험을 헤지하려고 한다. 3개월만기의 국채선물 1계약의 가격은 1억원이다. 현재 국채와 국채선물 기초자산의 수정듀레이션은 각각 2년과 3.5년이며 수익률베타는 0.9이다. A회사가 보유한 국채의 이자율위험을 헤지하기 위해 필요한 거래를 결정하라.

풀이 식 26.27을 이용하여 선물의 필요계약수를 구하면 다음과 같다.

$$NF^* = \frac{0-2}{3.5} \times \frac{32}{1} \times 0.9 = -16.46$$

즉, 국채선물 약 16계약을 매도함으로써 보유한 국채의 이자율위험을 헤지할 수 있다.

■ 채권선물을 이용한 이자율위험 관리의 문제

채권선물은 이자율위험을 관리하는 효과적인 수단으로 이용될 수 있으나, 이 과정에서 염두에 두어야 할 몇 가지 문제점이 있다. 이들 문제점을 간단히 살펴보자.

채무불이행위험과 수의상환위험 등의 문제

국채와 같이 채무불이행위험이 없는 채권의 경우 채권가격의 변동은 주로 이자율변동에 기인하기 때문에 이자율위험의 측정지표인 듀레이션을 사용하는 데 별 문제가 없다. 그러나 기업이 발행한 회사채의 경우 듀레이션이 적절한 위험측정지표가 되지 못할 수 있다. 회사채의 경우 이자율뿐 아니라 채무불이행위험과 수의상환위험 등이 채권가격에 영향을 미치기 때문이다. 이들 위험을 고려하는 경우 듀레이션과 수익률베타의 측정은 매우 복잡해지고 앞서 살펴본 식 26.25, 26.26, 26.27 등의 관계는 그 신뢰성이 현저히 떨어지게 된다. 따라서 회사채에 대한 선물계약이 존재하지 않는 상황에서 국채선물을 이용하여 위험을 관리하는 경우 그 효과가 기대했던 것과 상당한 차이가 있을 수 있다.

수익률곡선의 평행이동가정

듀레이션을 이용한 위험관리전략은 수익률곡선이 수평이며, 따라서 단기이자율과 장기이자율이 같은 폭으로 올라가거나 내려가는 것을 가정하고 있다. 그러나 현실적으로 수익률곡선이 수평인 경우는 예외적인 경우이며, 단기이자율과 장기이자율 역시 같은 크기로 변하는 것도 아니다. 따라서 이러한 경우 듀레이션을 이용한 이자율위험의 관리는 의도한 것과는 다른 결과를 얻을 수 있다.

볼록성과 채권가격의 변화

듀레이션을 이용한 분석은 이자율변동과 채권가격변동 간의 선형관계를 전제로 하고 있다. 즉, 이자율이 Δy만큼 변동할 때 채권가격이 변동하는 정도는 $\Delta B \approx -D^m \cdot \Delta y \cdot B$의 형태로서 Δy의 선형함수로 어림할 수 있어야 한다. 그러나 채권가격과 이자율의 실제관계는 원점에 대해 볼록한 비선형관계이다. 따라서 이자율의 변동폭이 아주 작을 경우 듀레이션은 채권가격의 민감도를 적정하게 측정하지만, 이자율의 변동폭이 클 경우 듀레이션에 의한 채권가격변동의 측정은 상당한 오차를 수반할 수 있다.

26.5 스 왑

■ 스왑의 정의와 종류

스왑(swap)은 두 거래당사자가 미리 정해진 방식에 따라 미래의 여러 시점에 걸쳐 일련의 현금흐름을 교환하기로 하는 사적 계약이다. 교환되는 두 개의 현금흐름 중 적어도 하나는 변동하며, 나머지 하나는 고정되거나 변동할 수 있다. 스왑계약에는 기초자산, 명목원금(notional principal: NP), 고정수익률(fixed rate)과 변동수익률(floating rate), 교환통화(currency), 최초계약시점(origination date), 현금흐름이 교환되는 결제일(settlement date), 결제일 사이의 간격(payment interval), 만기일(tenor) 등의 내용이 명시되어야 한다.

선도계약과 마찬가지로 스왑은 장외상품이다. 따라서 거래당사자의 구체적인 요구를 잘 반영할 수 있어 유연성이 매우 높지만, 계약불이행위험을 수반한다. 선물시장에서 볼 수 있는 청산소, 일일정산, 증거금제도 등은 없다.[17] 또한 선도 · 선물의 경우와 마찬가지로 계약이 시작되는 시점에서 스왑의 가치는 0이다. 스왑거래는 크게 이자율스왑과 통화스왑으로 구분된다. 이에 대해 살펴

17 2008년 글로벌 금융위기 이후 보다 안전하고 효율적인 제도 구축으로 시스템위험을 줄이고 장외파생상품시장의 효율성을 제고하는 것을 목표로 새로운 규제시스템이 도입되고 있다(유럽의 Markets in Financial Instruments Directive: MiFID, 미국의 Dodd-Frank Act 등). 주요 내용으로는 모든 거래를 거래정보저장소(trade repository: TR)에 기록하게 함으로써 거래의 투명성을 확보하고, 장외파생상품을 표준화하고 중앙청산소(central counterparty: CCP)를 통해 거래를 청산하게 함으로써 거래상대방위험(계약불이행위험)을 줄이고, 전자거래플랫폼(electronic trading platform: ETP)를 통해 표준화된 상품을 거래하게 함으로써 거래 위험을 관리하는 것들이다. 따라서 최근에는 이자율스왑과 통화스왑 거래량의 상당부분이 CCP를 통해서 청산되고 있다. 우리나라에서는 한국거래소가 CCP 역할을 수행하고 있다.

보자.

금리스왑

금리스왑(interest rate swap: IRS)은 두 거래당사자가 만기까지 정해진 시점에서 스왑의 명목원금에 대한 고정이자와 변동이자를 서로 교환하는 계약으로서, 그 기본형태(plain vanilla IRS)의 내용은 다음과 같이 요약된다.

• 고정이자를 지급하고 변동이자를 수령하는 당사자를 고정이자지급인(pay-fixed 또는 fixed-rate payer)이라고 하고, 변동이자를 지급하고 고정이자를 수령하는 당사자를 고정이자수령인(receive-fixed 또는 fixed-rate receiver)이라고 한다. 고정이자지급인은 변동이자수령인(receive-floating 또는 floating-rate receiver), 고정이자수령인은 변동이자지급인(pay-floating 또는 floating-rate payer)이라고도 할 수 있으나, 혼란을 피하기 위하여 고정이자를 기준으로 한 용어를 주로 사용하기로 한다.

스왑시장의 관행에 따라 고정이자지급인이 스왑의 매입자 또는 매입포지션(long position)이 되고, 고정이자수령인이 스왑의 매도자 또는 매도포지션(short position)이 된다. 이상의 내용을 그림으로 나타낸 것이 [그림 26-8]이다.

| 그림 26-8 | 금리스왑의 매입과 매도 포지션

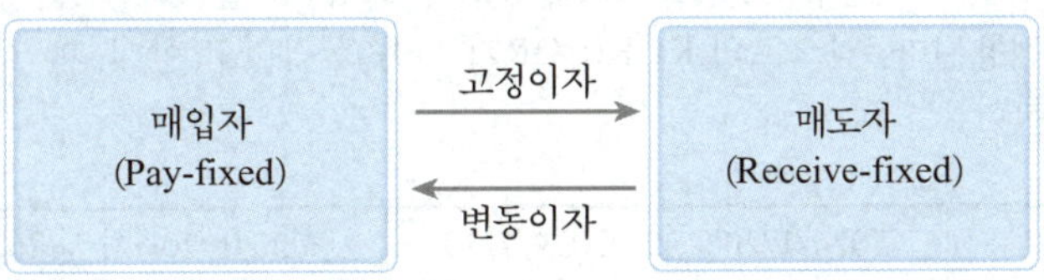

• 흔히 스왑금리(swap rate: SR)라고 불리는 고정금리는 스왑시장에서 결정되며, 금리스왑에서 가격결정이란 바로 이 고정금리를 결정하는 과정을 말한다. 미국시장에서는 대체로 최근에 발행된 만기가 비슷한 재무성채권의 수익률에다 스왑스프레드를 더한 수준에서 결정된다. 그러나 구체적인 가격결정과정은 변동금리와 계약의 성격에 따라 달라질 수 있다. 고정이자지급인이 결제일에 지급해야 할 금액은 다음과 같이 계산된다.

$$\text{고정이자지급액}_\tau = \text{스왑금리} \times [(\tau - 1)\text{과 } \tau \text{ 시점 사이의 날수} / 365] \times \text{명목원금}$$

• 스왑거래에서 변동금리로 가장 많이 사용되는 기준금리(reference rate)는 LIBOR이며, 변동이자지급인(고정이자수령인)이 τ 시점의 결제일에 지급해야 할 금액은 다음과 같이 계산된다.

$$\text{변동이자지급액}_\tau = \text{기준금리}_{\tau-1} \times [(\tau - 1)\text{과 } \tau \text{ 시점 사이의 날수} / 360] \times \text{명목원금}$$

여기서 주의할 점은 τ 시점의 변동이자를 계산할 때 전기 $(\tau-1)$의 변동금리를 적용해야 한다는 것이다. 현재의 금리란 지금부터 앞으로의 기간에 적용될 금리를 나타내기 때문이다. 따라서 스왑거래에서 계약시점 바로 다음에 도래하는 결제일(이자교환일)의 현금흐름은 계약시점에서 확실히 알 수 있고, 그 이후의 현금흐름은 미래의 변동금리를 알 수 없으므로 불확실하다.

- 매 결제일에서 위의 두 금액을 교환하는 것이지만 실제로는 지급액이 더 많은 쪽에서 상대방에게 지급해야 할 금액과 받을 금액의 차이만큼 지불한다. 즉 상계(netting)가 일어난다.
- 금리스왑에서는 원금에 대한 이자가 서로 교환될 뿐 원금 자체는 교환되지 않는다. 또한 원금과 두 이자금액은 항상 같은 통화로 표시된다.
- 스왑기간 동안 고정금리는 정해져 있으나 변동금리는 시장상황에 따라 변동하므로, 스왑의 현금흐름은 앞으로의 변동금리가 어떻게 움직이느냐에 따라 결정된다. 고정이자를 지급하고 변동이자를 받는 고정이자지급인의 관점에서 보면, 변동금리가 올라가면 이익을 보고 내려가면 손실을 입는다. 반면, 변동이자를 지급하고 고정이자를 받는 고정이자수령인의 입장에서

예제 26-13 투자자 X는 고정이자를 지급하고 투자자 Y는 변동이자를 지급하는 스왑계약이 2024년 1월 20일에 시작되어 2026년 1월 20일에 만료된다고 한다. 이자교환은 매년 7월 20일과 1월 20일에 일어나며, 첫 결제일은 2024년 7월 20일이다. 명목원금은 150억원이고 스왑금리는 6%이다. 변동이자를 계산하기 위한 기준금리는 KORIBOR이다. 고정이자는 180/365, 변동이자는 180/360의 날짜계산기준이 적용된다. 앞으로의 KORIBOR가 다음과 같다고 할때, 매 결제일에서 발생하게 될 현금흐름을 계산하라.

시 점	2024/1/20	2024/7/20	2025/1/20	2025/7/20
KORIBOR	5.5%	6.0	6.4%	6.7%

풀이 X가 지급해야 할 매 결제일의 이자지급액은 150억×0.06×(180/365)=4.4384억원이다.[18] 2024년 7월 20일 Y가 지급해야 할 이자는 150억×0.055×(180/360)=4.1250억원이며, 그 이후에 지급할 이자도 유사한 방법으로 계산된다. 이를 정리하면 다음과 같다.

(단위: 억원)

	현금흐름			
	2024/7/20	2025/1/20	2025/7/20	2026/1/20
고정이자지급(X → Y)	4.4384	4.4384	4.4384	4.4384
변동이자지급(Y → X)	4.1250	4.5000	4.8000	5.0250
순지급 (X → Y)	0.3134	−0.0616	−0.3616	−0.5866

18 편의상 만원 이하는 반올림하였다.

보면, 변동금리가 내려가면 이익을 보고 올라가면 손실을 입는다. 그리고 한쪽이 이익을 보면 상대방은 그만큼의 손실을 입는다. 선도 · 선물 및 옵션에서와 마찬가지로 스왑거래도 본질적으로 영합게임이다.

통화스왑

통화스왑(currency swap: CRS)[19]의 거래당사자는 서로 다른 통화로 현금흐름을 교환한다. 금리스왑에서와 비슷한 방법으로 현금흐름의 교환이 일어나지만 다음과 같은 차이점이 있다.

- 반드시 요구되는 것은 아니지만, 많은 경우에 각각 다른 통화로(예를 들어 하나는 원화, 다른 하나는 US$) 표시된 명목원금이 계약시점과 만기시점에서 교환된다. 계약시점에서 교환되는 원금의 흐름과 이자의 흐름은 방향이 반대이다.
- 금리스왑에서 적용되었던 상계는 일어나지 않는다. 즉 결제일에 각자가 주고받을 이자금액을 계산하여 교환하면 된다.
- 통화스왑은 두 가지 통화로 지급하는 이자가 고정금리 또는 변동금리냐에 따라서 네 가지 유형으로 구분된다. 어느 두 통화에 대해서도 적용되는 것이지만, 아래에서는 원화와 외화를 가지고 구분하였다.

	외화수령	원화지급
유형 1	고정금리	고정금리
유형 2	고정금리	변동금리
유형 3	변동금리	고정금리
유형 4	변동금리	변동금리

국내에서는 유형 3의 계약이 가장 많이 거래되고 있으며, 미국시장에서는 변동금리로 달러를 지급하고 외화를 고정금리로 수령하는 유형 2와 같은 통화스왑이 가장 많이 거래된다.

예제 26-14 A라는 한국회사가 미국달러로 고정이자를 지급하고 미국의 거래상대방인 B로부터 원화로 고정이자를 수령하는 통화스왑을 체결하였다. 명목원금은 1,000만달러와 125억원이다. 달러에 대한 금리는 5%이고 원화에 대한 금리는 6%이다. 스왑만기는 2년이고 일년에 두 번 이자가 교환되며, 이자계산은 모두 180/365의 기준이 적용된다. 이 통화스왑에서 거래당사자 A와 B에게 발생할 현금흐름을 보여라. 또 A회사에게 이러한 스왑이 필요한 상황의 예를 들어 보라.

19 통화스왑과 외환스왑(foreign exchange swap)이란 용어를 같은 의미로 사용하는 것을 흔히 볼 수 있다. 그러나 외환스왑의 원래 의미는 외환(현물)과 외환선물을 동시에 반대방향으로 거래하거나, 또는 특정 만기의 외환선물을 매입하는 동시에 기초통화는 같지만 만기가 다른 외환선물을 매도하는 거래를 의미한다. 외환선물 이외의 선물시장에서는 전자를 베이시스거래, 후자를 스프레드거래라고 한다. 외환시장에서 베이시스나 스프레드란 용어 대신 왜 외환스왑이란 용어를 사용하는지는 분명하지 않으나, 스왑이 생기기 전부터 내려오는 관행이라고 한다.

풀이 매 결제일에 A가 지급할 이자는 1,000만×0.05×(180/365)=U$246,575이고, B가 지급할 이자는 125억×0.06×(180/365)=36,986만원이다. 따라서 A에게 발생하는 현금흐름은 다음 표와 같다.

현금흐름					
계약일	결제일 1	결제일 2	결제일 3	만기일	
+$1,000만	−$246,575	−$246,575	−$246,575	−$246,575	−$1,000만
−₩125억	+₩36,986만	+₩36,986만	+₩36,986만	+₩36,986만	+₩125억

B에게 발생하는 현금흐름은 A에게 발생하는 현금흐름에서 부호만 바꿔 주면 된다. 이와 같은 스왑은 A회사가 원화로 채권을 발행하지만 미국의 이자율이 더 낮아 달러로 차입하는 것을 선호할 때 이용될 수 있다.

■ 스왑거래의 이용

선물이나 옵션과 마찬가지로 스왑도 크게 보면 투기, 헤지, 차익거래 등의 목적으로 이용될 수 있으나, 계약이 자유롭고 유연성(flexibility)이 높아 경우에 따라서는 선물이나 옵션보다 더욱 다양하게 이용될 수 있다. 스왑거래 이용의 몇 가지 예를 들어 보자.

변동(고정)금리 부채의 합성

D기업이 10억원의 고정금리 채권을 연 이자율 10%에 발행하고 있다. 이 기업의 재무관리자는 가까운 미래에 단기이자율이 계속 10% 아래로 떨어질 것이라고 전망하고 있다. 이에 따라 D기업은 E기업과 원금 10억원에 대해 10%의 고정이자를 받는 대신 변동이자를 지급하는 금리스왑계약을 체결하였다. 이 경우 D기업은 E기업으로 부터 고정이자를 받아 이를 채권자에게 지급하고, E기업

| 그림 26-9 | 변동(고정)금리 부채의 합성

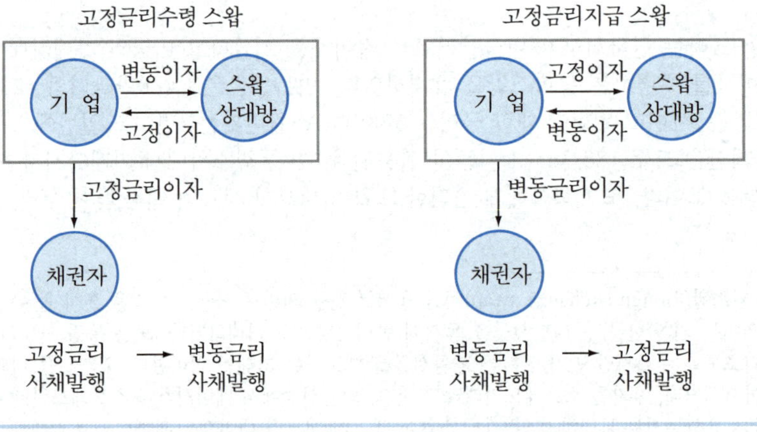

에게는 변동이자를 지불해야 한다. 결과적으로 고정금리 부채를 변동금리 부채로 전환하게 되며, 따라서 다음의 관계가 성립한다.

변동금리 부채 = 고정금리 부채 + 고정금리수령 스왑

한편 변동금리 채권을 발행한 기업이 미래이자율이 올라가리라고 예상을 하면 변동이자를 받고 고정이자를 지급하는 스왑계약을 체결함으로써 변동금리 부채를 고정금리 부채로 전환하는 효과를 거둘 수 있다.

고정금리 부채 = 변동금리 부채 + 고정금리지급 스왑

이상의 내용을 그림으로 나타낸 것이 [그림 26-9]이다.

위험헤지

기업들은 자신의 투자내용과 반대되는 투자를 하고 있는 상대방과 스왑거래를 함으로써 이자율위험이나 환위험을 헤지할 수 있다. 예를 들어 보자.

K은행은 예금에 대해서 변동금리인 LIBOR를 지급하며, 은행자산은 10.5%의 이자를 받는 고정금리 채권으로 구성되어 있다. 한편 S생명보험㈜은 보험가입자에게 9%의 고정수익률을 보장해 주어야 하며, 자산은 LIBOR + 3%를 지급하는 변동금리 채권으로 구성되어 있다. 따라서 은행은 이자율이 올라가면 불리하고, 보험회사는 이자율이 내려가면 불리하다. 즉, 두 기관이 모두 이자율 위험에 노출되어 있지만 서로의 입장은 정반대이다. 이럴 경우 두 기관이 스왑계약을 체결하여

표 26-7 스왑거래를 이용한 두 회사의 위험헤지

K은행

	스왑 전			스왑 후		
LIBOR	영업수익	조달비용	영업마진	영업수익	조달비용	영업마진
6%	10.5%	6%	4.5%	9%	6%	3%
7	10.5	7	3.5	10	7	3
8	10.5	8	2.5	11	8	3
9	10.5	9	1.5	12	9	3

S생명보험

	스왑 전			스왑 후		
LIBOR	영업수익	조달비용	영업마진	영업수익	조달비용	영업마진
6%	9%	9%	0%	10.5%	9%	1.5%
7	10	9	1	10.5	9	1.5
8	11	9	2	10.5	9	1.5
9	12	9	3	10.5	9	1.5

K은행이 S생명보험에게 은행자산에 대한 10.5%의 고정이자를 지불하는 대신 LIBOR + 3%의 변동이자를 받기로 하였다고 하자. 단, 두 기관의 자산규모는 같다. 〈표 26-7〉에서 스왑거래 전과 후의 두 기관의 영업마진을 비교하였다.

〈표 26-7〉에서 보면 K은행과 S생명보험은 스왑거래를 통해 각자의 평균영업마진은 그대로 유지하면서 이자율변동으로부터 발생하는 영업마진의 변동위험을 제거하였다. 이와 같이 스왑은 방향이 반대인 위험을 서로 상쇄시켜 두 거래당사자 모두가 이득을 볼 수 있게 한다.

차입비용절감(차익거래)

기업들 간에 가지는 신용도차이와 재무환경의 차이로 인해 각각의 기업은 서로 다른 거래조건을 가지고 있다. 이러한 여건하에서 각 기업은 자신들이 가지고 있는 상대적 비교우위의 이점을 활용하여 스왑거래를 함으로써 서로 차입비용을 절감할 수 있다.

A와 B 두 회사가 가지고 있는 차입조건이 다음의 〈표 26-8〉과 같다고 하자. A회사는 신용도가 높아서 금융시장에서 좋은 조건으로 자금을 차입할 수 있는 반면, B회사는 상대적으로 신용도가 낮아서 A회사보다는 좋지 못한 조건으로 자금을 차입해야 한다.

표 26-8 A와 B 회사의 차입조건

	고정금리로 차입 시	변동금리로 차입 시
A회사 B회사	6% 7.2%	LIBOR + 0.3% LIBOR + 1.0%
이자율차이	1.2%	0.7%

A회사는 현재 변동금리자금을 원하고 있으며, B회사는 고정금리자금을 원하고 있다고 하자. 〈표 26-8〉을 보면 A회사가 양쪽에서 절대 우위를 가지고 있긴 하지만, 상대적으로 보면 고정금리차입에서 비교우위를 가지고 있다. 왜냐하면 고정금리시장에서 B회사에 비해 1.2%포인트의 우위를 가지고 있으나, 변동금리시장에서는 0.7%포인트의 우위를 가지고 있기 때문이다. B회사는 변동금리시장에서 상대적인 비교우위를 가지고 있다.

이러한 상황하에서 A회사는 6%의 고정금리로 자금을 차입하고 B회사는 LIBOR + 1.0%의 변동금리로 자금을 차입한 후, 서로 이자지급을 교환하는 금리스왑계약을 체결할 수 있다. 스왑거래를 통해 절감할 수 있는 총차입비용은 고정금리시장의 금리차이에서 변동금리시장의 금리차이를 뺀 0.5%포인트(= 1.2% − 0.7%)인데, 이것은 A와 B 두 회사의 신용도와 기타 시장여건에 따라 두 회사에게 적절히 배분될 수 있다.

A, B 두 회사가 공평하게 이득을 분배하기로 했다고 하자. 두 회사 간에 발생한 스왑거래의 자금흐름을 살펴보면 [그림 26-10]과 같다. 그림에서 보는 것처럼 A회사는 B회사에게 변동금리인 LIBOR를 지급하고, B회사는 A회사에게 고정금리 5.95%를 지급한다. 이와 같이 스왑거래를 함

| 그림 26-10 | A와 B 회사 간의 금리스왑의 현금흐름

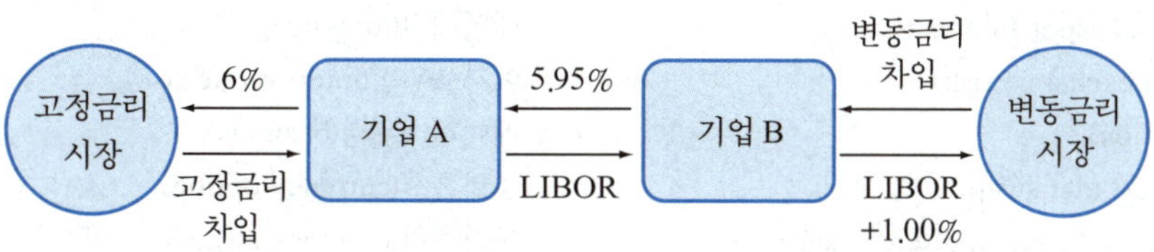

표 26-9 A와 B 회사 간의 금리스왑의 차입비용절감 효과

	A회사	B회사
지급이자 고정금리 변동금리	 6% LIBOR	 5.95% LIBOR + 1.00%
수입이자 고정금리 변동금리	 5.95% –	 – LIBOR
순차입비용	LIBOR + 0.05%	6.95%
차입비용절약	0.25%	0.25%

으로써 고정금리로 자금을 차입한 A회사는 변동금리를 부담하고, 변동금리로 자금을 차입한 B회사는 고정금리를 부담하게 된다. 스왑거래의 결과 A와 B 회사가 얻게 되는 비용절감은 〈표 26-9〉와 같다.

〈표 26-8〉에서 보는 것처럼 만약 스왑거래를 하지 않았다면, A회사의 변동금리비용은 LIBOR + 0.3%이고, B회사의 고정금리비용은 7.2%이다. 하지만 스왑거래를 함으로써 A회사는 LIBOR + 0.05%라는 변동금리로, B회사는 6.95%라는 고정금리로 자금을 조달할 수 있게 되어, 각기 0.25%포인트의 비용을 절감할 수가 있다. 이러한 스왑거래는 고정금리시장과 변동금리시장에서 두 거래당사자에 대한 금리차이가 다르게 나타나는 시장의 불완전성을 이용하는 일종의 차익거래로 해석할 수 있다.

중 요 용 어

위험관리(risk management)
거래상대방위험(counterparty risk)
선물(futures)
베이시스(basis)
헤저(hedger)
반대거래(offsetting trade)
현물거래(spot transaction)
선도(forward)
선물환(forward exchange)
수렴의 성질(convergence property)
매도헤지(short hedge)
현물인도(physical delivery)

현금결제 (cash settlement)
보유비용(cost of carry)
현물－선물 등가식(spot-futures parity)
환위험(foreign exchange risk)
듀레이션(duration)
금리스왑(interest rate swap)
LIBOR(London inter-bank offered rate)
완전헤지(perfect hedge)
이자율평가이론(interest rate parity)
최소분산헤지비율(minimum variance hedge ratio)
선물가격 (futures price)
편의수익률(convenience yield)
매입헤지(long hedge)
이자율위험(interest rate risk)
베이시스위험(basis risk)
통화옵션(currency option)
통화스왑(currency swap)
부분헤지(partial hedge)
듀레이션 갭(duration gap)
순자산가치 면역전략(net worth immunization)

연 습 문 제

26-1 선도와 선물의 차이를 설명하라.

26-2 상품선물과 금융선물의 각 경우에 편의수익률(convenience yield)은 어떠한 형태로 나타나는지 설명하라.

26-3 2024년 1월 1일 현재 은 1온스의 가격은 30,000원이고 1년 동안의 보관비용(보험료 등 제반비용 포함)은 5,000원이다. 연간이자율이 10%인 경우, 은 1온스를 1년 후에 인도하는 선물가격은 얼마가 되어야 하는지 계산하라.

26-4 액면가가 100,000원이고 표면이자율이 8%인 채권이 있다. 2024년 4월 1일 현재 이 채권의 시가는 100,000원이고 이자는 매년 1월 1일에 지급한다. 시장이자율은 8%이다.

① 이 채권의 1년 보유비용을 구하라(단, 3개월간의 이자율은 2%로 계산하라).
② 만기가 2025년 4월 1일인 선물계약의 가격을 계산하라.

26-5 다음의 각 포트폴리오의 가치변동위험을 헤지하기 위해 금융선물을 어떻게 이용할 수 있는지 설명하라.

① 1년 후에 매각할 예정인 유동성이 그리 높지 않은 채권을 보유하고 있다.
② 앞으로 6개월 후에 주식에 투자할 자금이 유입되는데 미래의 주식가격이 상승할 것이라고 예상되고 있다.
③ 현재의 주가가 과대평가되어 있다고 생각하고 주식을 공매하였다. 공매한 주식은 6개월 뒤에 상환할 예정이다.
④ 외환시장에서 1년 예정으로 달러화에 투자하였다. 1년 후의 환율이 하락하는 경우에 입게 될 손실을 회피하고 싶다.

26-6 수목전자의 반도체 생산공장은 섬 지역에 위치하고 있다. 만약 생산공장이 위치하고 있는 지역에 대규모 지진이나 해일이 발생한다면 이 공장에서 입는 손해액은 4,000억원일 것으로 예상된다. 1년에 해당 섬 지역에 대규모 지진이나 해일이 일어날 확률은 1.5%이며 이러한 위험 발생에 따른 손실액의 평가에 사용되는 베타는 −0.6이다.

① 무위험이자율이 6%이고 시장수익률이 11%라 할 때 수목전자의 공장의 손실을 보전하기 위한 보험의 적정보험료를 구하라.

② 보험회사는 위에서 구한 보험료에 사업비의 명목으로 15%를 더 부과하겠다고 한다. 수목전자가 이러한 보험에 가입하도록 하기 위해서는, 보험 가입을 하지 않았을 경우 이 기업이 입게 되는 재해 발생에 따른 손실액은 얼마가 되어야 하는지 결정하라.

26-7 천지상회에서는 2024년 9월 1일 100가마의 쌀을 필요로 하고 있다. 2024년 6월 1일 현재 쌀가격은 가마당 200,000원이며 6개월 후에 인도되는 쌀선물의 가격은 210,000원이다. 천지상회는 쌀의 매입가격을 현재의 선물가격 수준으로 고정시키기 위해 6개월만기의 선물거래를 이용하기로 하였다. 어떤 거래를 해야 하고 이 거래의 성과는 어떻게 되는지 계산하라. 단, 2024년 9월 1일 쌀 1가마당 현물가격은 215,000원이고 선물가격은 220,000원이라 가정하라.

26-8 현재 시장에서는 ㈜천지의 주식이 150,000원으로 거래되고 있다. ㈜천지의 주식에 투자하면 연간 5%의 배당수익률이 기대된다. 시장의 무위험이자율이 10%라 할 때 다음 물음에 답하라.

① ㈜천지 주식에 대한 1년만기 선물가격을 결정하라.

② 현재 시장에서 ㈜천지 주식에 대한 1년만기 선물이 160,000원에 거래되고 있다 하자. 이 경우 어떤 거래를 통해 차익거래이익을 얻을 수 있는지 설명하라.

26-9 다음의 물음에 답하라.

① 2024년 1월 18일 현재 KOSPI 200의 현물지수는 330이며, 연간무위험이자율은 5%라 하자. KOSPI 200의 연간배당수익률을 2%라 할때 12월물(2024년 12월 8일 만기) KOSPI 200 선물의 균형가격을 구하라.

② 12월물 KOSPI 200 선물의 1월 18일 현재의 가격은 335.80이다. 이자율 5%로 대출과 차입을 자유롭게 할 수 있다면 차익거래가 가능한지 따져보고, 만일 가능하다면 그 과정을 보여라(단, KOSPI 200 선물은 1포인트당 250,000원의 금액으로 거래된다).

26-10 위험관리방법으로 자주 이용되는 분산투자, 헤지, 보험의 개념과 특성에 대해 설명하라.

26-11 어떤 경우에 선물을 이용한 매입헤지와 매도헤지를 이용하여 현물포지션의 위험을 헤지할 수 있는지 설명하라.

26-12 A상사는 해산물유통중개업을 하고 있다. A상사는 독일 유통업자에게 1년 동안 5,000kg의 냉동킹크랩을 100,000유로에 공급하기로 계약을 체결하였다. 단, 거래대금은 1년 후에 결제된다. A상사가 국내에서 냉동킹크랩 5,000kg을 1억 3천만원에 매입할 수 있을 때 다음 물음에 답하라.

① A상사가 얻을 수 있는 1년 동안의 이익을 환율(원/유로)의 함수로 나타내라. 환율의 범위는 1,000원/유로에서 1,600원/유로이다.

② 원/유로에 대한 1년만기 선물환율이 1,400원/유로라고 한다. A상사가 이 환율에 유로를 팔기 위해 선물환계약을 체결하였다고 할 때, 냉동킹크랩 유통계약과 선물환계약을 결합한 헤지포지션에서 발생하는 1년간의 이익을 환율(원/유로)의 함수로 나타내라.

③ A상사는 선물환계약 대신 옵션계약을 체결하고자 한다. 1유로를 1,400원에 매입할 수 있는 1년만기 콜옵션이 현재 90원에 거래되고 있다. 또한 1유로를 1,400원에 팔 수 있는 1년만기 풋옵션

도 90원에 거래되고 있다. A상사는 위험을 헤지하기 위해 어떤 거래를 해야 하는지 설명하라.

④ ③의 답을 바탕으로 옵션을 이용했을 경우 냉동킹크랩 유통계약과 옵션계약, 그리고 옵션구입비용을 모두 반영한 거래의 수익을 환율에 대한 함수로 나타내라. 단, 옵션가격에 대한 이자는 무시한다.

⑤ 연말에 유럽연합이 식품에 대한 금수조치를 내렸다고 하자. 결과적으로 A상사의 계약은 해지가 되어 냉동킹크랩을 매입하거나 유로화를 받는 등의 일은 발생하지 않게 되었다. 하지만 A상사는 여전히 선물환계약이나 옵션계약으로부터 손익을 얻을 수 있다. 이러한 경우 선물환계약과 옵션계약에서 발생하는 손익을 환율의 함수로 그려 보고, 계약해지의 위험이 있을 때 어떤 방법이 하방위험을 줄일 수 있는지 설명하라.

26-13 직장생활 10년차인 무용해 대리와 하소연 부부는 그간의 규모 없는 생활 때문에 아직도 전세방 신세를 지고 있다. 이에 하소연 씨는 남편에게 다음과 같은 제안을 하였다. "지금의 전세보증금과 은행융자금을 합하여 집을 장만하고, 차후에 5년간 매년 1억원씩을 분할상환합시다."

① 은행으로부터의 차입이자율이 10%일 때 이 부부가 지금 차입할 수 있는 금액을 결정하라.

② 이 부부가 부담하고 있는 채무의 듀레이션을 구하라.

③ 이 채무에 대한 이자율위험을 없애기 위해 무이표채를 이용하려 한다면, 무이표채의 만기는 몇 년이어야 하는지 결정하라.

④ 위 ③에서 무이표채를 구입하였는데, 구입 직후 이자율이 11%로 올랐다면 채권의 가치와 채무의 가치는 어떻게 변동되는지 계산하라.

⑤ 위 ③에서 이용할 수 있는 무이표채권이 2년만기와 7년만기밖에 없다고 한다. 이 경우에는 어떻게 해야 하는지 설명하라.

⑥ 위와 같은 방법으로 이자율위험을 헤지하는 데에는 어떠한 문제점이 있는지 말해 보라.

26-14 갑돌이는 1억원의 자금을 채권에 투자하고 있으며 3개월 후에 처분할 예정이다. 갑돌이가 투자한 채권의 수정듀레이션은 5년이다. 한편, 시장에는 정부가 발행한 국채 A를 기준으로 하는 3개월만기의 채권선물이 거래되고 있다. 국채 A는 만기 10년, 액면가 100,000원, 수정듀레이션이 8년인 채권이다. 국채 A에 대한 선물은 현재 시장에서 액면가에 거래되고 있다. 위 자료를 이용하여 다음 물음에 답하라(단, 갑돌이가 투자한 채권과 국채 A의 수익률의 변화는 같다고 가정하라).

① 갑돌이가 이자율위험을 헤지하기 위해서는 어떠한 선물거래를 해야 하는지 말해 보라.

② 갑돌이는 앞으로 이자율이 하락할 것으로 예상함에 따라 포트폴리오의 수정듀레이션을 8년으로 증가시키려고 한다. 어떤 거래가 필요한지 결정하라.

26-15 일등기업의 재무상태표는 아래와 같다. 이 기업의 재무관리자는 자산과 부채, 그리고 자기자본의 듀레이션에 대해 분석하고 있다. 이 기업의 오토론(auto loan)의 듀레이션은 2년, 담보대출의 듀레이션은 8년이다. 현금과 저축의 듀레이션은 0이며, 양도성예금증서(CD)의 듀레이션은 2년, 장기차입금의 듀레이션은 12년이다. 다음 물음에 답하라.

(단위: 억원)

자산		부채	
현금	500	저축 및 예금	800
오토론(auto loan)	1,200	양도성예금증서	1,100
담보대출	1,600	장기차입금	1,000
자산총계	3,300	부채총계	2,900
		자본	400
		부채와 자본총계	3,300

① 일등기업의 자기자본의 듀레이션을 구하라.

② 일등기업의 담보대출 중 상당 부분이 조기 상환되어 담보대출이 1,600억원에서 1,000억원으로 줄었으며 현금보유액은 1,100억원이 되었다고 한다. 이때 자기자본의 듀레이션은 어떻게 변화하는지 분석하라. 만약 현재 무위험이자율이 5%인데 이자율이 4%로 하락한다면 이는 일등기업 자본에 어떠한 변화를 일으킬 것인지 말해 보라.

③ 질문 ②에서 대출의 상당부분이 조기에 상환되었으나 이자율은 변화하지 않았다고 하자. 일등기업의 재무관리자는 담보대출을 팔고 10년만기 무이표국채를 매입함으로써 위험을 관리하고자 한다. 일등기업은 현재의 이자율위험을 제거하기 위해 얼마의 국채를 매입 또는 매도해야 하는지 결정하라.

26-16 Y기업은 2,000억원의 자금을 조달하려 한다. Y기업은 LIBOR + 1.5%로 단기차입을 하거나 10년만기 국채이자율에 3%를 더한 이자율로 10년만기 고정금리채권을 발행할 수도 있는데 현재 국채의 수익률은 8.2%이다. 현재 스왑시장에서 만기 10년의 금리스왑은 LIBOR금리와 9% 고정금리가 적용된다.

① Y기업이 10년 동안 2,000억원을 차입하는 최적의 전략을 구성하라. Y기업의 실효차입이자율을 구하라.

② Y기업의 신용등급은 지금으로부터 3년 후, 즉 4년 초에 개선될 것으로 예상된다. 개선된 후에는 국채이자율에 0.5%를 더한 이자율로 7년만기 채권 발행이 가능해지며, 현재 국채수익률은 9.5%이다. 또한 7년만기 금리스왑은 LIBOR금리 또는 10%의 고정금리가 적용된다. Y기업 신용등급 상승에 따른 이익을 누릴 수 있는 전략을 구성하라. 이 경우 새로운 실효차입이자율을 구하라.

26-17 최근에 ㈜대한투자신탁은 매년 LIBOR + 2%의 조건으로 변동금리채권에 5억원을 투자하였으며, ㈜삼성생명은 5억원을 매년 10%의 수익률을 얻을 수 있는 고정금리채권에 투자하였다. 현재 ㈜대한투자신탁과 ㈜삼성생명은 5억원을 차입하여 사용하고 있는데 이자지급조건은 다음 중 하나를 선택할 수 있다.

	고정금리	변동금리
㈜대한투자신탁	7.0%	LIBOR + 0.5%
㈜삼성생명	8.8%	LIBOR + 1.5%

매입한 채권의 이자율변동위험을 헤지하기 위해 두 회사는 은행을 통해 스왑거래를 하려고 한다. 은행의 수수료를 매년 0.2%로 가정할 때 두 회사가 합의할 수 있는 조건으로 스왑거래를 구성해 보라. 스왑의 각 참여자들이 이 거래에 참여하여 얻는 이익은 무엇이며, 또 그 가치는 얼마인지 결정하라.

제 27 장

국제재무관리

STUDY GUIDE

오늘날 기업의 경영활동은 많은 경우 자국 내에만 국한되지 않고 세계 각국을 대상으로 이루어진다. 많은 기업들이 외국에 투자하거나 국제금융시장에서 자금을 조달한다. 우리나라에서는 1997년 말의 외환위기와 2008년도의 금융위기를 겪으면서 국제금융시장과 연계된 금융산업의 구조개편과 기업활동의 세계화가 빠르게 진행되어 왔다. 이 장에서는 외환시장, 환율, 국제자본예산, 그리고 국제자본조달 등 국제재무관리와 관련된 기본적인 문제들을 다룬다.

27.1 국제재무관리의 의의

지금까지 이 책에서는 활동의 범위가 한 나라에 국한되어 있는 기업의 재무관리를 다루었다. 그러나 오늘날의 기업들은 IBM, 테슬라, 마이크로소프트, 삼성전자 등의 예에서 볼 수 있듯이 그 활동범위가 한 나라에만 국한되는 것이 아니라 세계 여러 국가에 걸쳐 있다. 제품의 생산과 영업활동을 위한 거점을 여러 지역에 확보하고, 원재료 매입, 자금조달, 제품의 생산, 마케팅 등 경영활동을 국경에 구애됨이 없이 세계시장을 대상으로 수행하는 기업을 다국적기업(multinational corporation: MNCs)이라 한다. 이러한 다국적기업은 한 국가에 모회사(parent company)를 두고 해외 여러 지역에 자회사와 합작회사, 지사 등을 설립하여 운영하는 형태를 취하지만, 국·내외 활동의 구별이 없으며 이익을 얻을 수 있는 기회와 장소가 있으면 언제 어디로든 진출하는 특성을 갖는다.[1] 우리나라의 많은 기업도 해외투자를 활발하게 진행하고 있으며, 국제금융시장에서의 자금조달 또한 빈번히 이루어지고 있다. 따라서 기업의 국제적인 재무활동이 중요한 관심사가 되고 있다.

국제재무관리가 한 나라에서만 활동하는 기업의 재무관리와 본질적으로 다른 점은 없다. 다만 국제재무관리는 한 국가에서의 재무관리보다 몇 가지 변수가 더 고려되어야 한다는 점이 다르다. 첫째, 기업이 여러 국가에서 활동할 때는 서로 다른 여러 종류의 통화로 거래가 이루어지므로 이에 따른 문제가 발생한다. 대표적으로 각국 통화 간의 교환비율인 환율(exchange rate)이 변함에 따라 기업의 현금흐름이 변동할 위험이 따르게 되는데, 이와 같은 위험을 환위험(foreign exchange risk)이라고 한다. 둘째, 각국의 경제환경이 달라서 해외투자안의 평가를 위한 할인율(자본비용)이 국내의 경우와 다를 수 있다. 특히, 금융시장의 개방수준이 낮은 국가에 진출하는 경우 해당 국가의 금융환경은 세계금융시장과 큰 차이가 날 수 있다. 셋째, 경제적 · 정치적 · 사회적 · 문화적 특성이 다른 여러 나라에서의 활동으로 말미암아 추가적 위험이 발생하게 되는데 이를 통틀어 국가위험(country risk)이라고 한다. 여기에는 가장 극단적인 형태인 기업재산의 몰수(expropriation)뿐 아니라 각국의 정책 · 관습 · 문화에 의해 외국기업에 가해지는 여러 가지 제약이 있다. 대표적으로 외환통제, 과실송금통제, 세금제도의 차이, 해고에 대한 제약 등을 들 수 있다.

환위험과 국가위험은 다국적기업의 경영자가 신경 써야 할 매우 중요한 위험관리 대상이다. 경영자는 기본적으로 영업활동과정에서 이들 위험을 적절하게 관리하는 전략을 세울 수 있으며, 선물, 옵션, 스왑 등 파생상품을 이용한 다양한 환위험 관리기법을 이용할 수도 있다. 또 국가 간에는 이중과세방지협정 및 투자활동을 보장하는 경제조약을 체결하여 국가위험을 감소시키려는 노력을 하고 있다. 환위험의 관리방법에 대해서는 이 책의 제26장에서 설명하고 있다.

---

1 엄밀한 구분이 있는 것은 아니지만, 다국적기업의 발전된 형태로 국가 간의 경계를 초월하여 생산, 마케팅, 재무 등의 경영활동을 수행하는 기업을 글로벌기업(global corporation)이라고도 한다. 이와 유사한 용어로 초국적기업(transnational corporations: TNCs)을 사용하기도 한다.

27.2 외환시장

외환시장(foreign exchange market)은 다른 나라의 화폐, 즉 외환에 대한 매매가 이루어지는 시장이다. 외환시장은 거래소시장이 아닌 점두시장(over-the-counter market)이다. 특정 장소에서 외환거래가 이루어지는 것이 아니라 세계 각국의 은행이나 외환브로커들이 컴퓨터 단말기나 전화 또는 기타 통신기기를 통해 세계 곳곳에서 거래가 형성된다. 외환거래는 대개 세계 각국의 주요 상업은행과 중앙은행들 사이에 일어나며, 기업은 이들 은행을 통하여 외환을 사거나 팔게 된다. BGC와 ICAP 같은 외국계회사 그리고 서울외국환중개㈜와 한국자금중개㈜ 등이 외환을 취급하는 은행들의 외환매매 거래를 중개한다.

■ 환 율

환율(exchange rate)은 한 나라의 화폐가 다른 나라의 화폐로 교환되는 비율, 즉 외환의 가격이다. 외환시장에서 환율은 일반적으로 미국 달러를 기준으로 표시된다. 즉, 1달러를 구입하는 데 필요한 외국화폐의 가격으로 표시된다. 예를 들면 ₩1,000/$는 1달러를 구입하는 데 원화 1,000원이 든다는 것을 나타낸다. ¥101/$와 €0.73/$는 각각 1달러를 구입하는 데 일본의 엔화 101엔과 유럽연합의 유로화 0.73유로가 필요하다는 것을 뜻한다.

환율은 시장상황에 따라 매 시간 변화한다. 원/달러 환율이 1,000원에서 1,010원이 되었다면 원화에 대한 달러의 상대적 가치가 상승했다는 것을 의미하고 이때 환율이 올랐다고 말한다. 1달러를 매입하기 위하여 지불해야 하는 원화가 이전에 비하여 10원 증가한 것이다. 원화를 기준으로 생각하면 달러에 비하여 원화의 상대적 가치가 하락한 것이다. 이런 경우 '원화가 평가절하(depreciation)되었다' 또는 '원화가 약세'라고 말한다. 반대로 원/달러 환율이 1,000원에서 990원이 되면 원화에 대한 달러의 상대적 가치가 하락한 것이고 환율이 내렸다고 말한다. 이때는 원화의 상대적 가치가 올라간 것으로 '원화가 평가절상(appreciation)되었다' 또는 '원화가 강세'라고 말한다.

외환시장에서의 거래는 크게 현물환(spot), 선물환(forward), 그리고 스왑(swap) 등의 거래로 구분할 수 있다.

■ 현물환과 현물환율

현물환거래는 계약과 동시에 외환이 인도되는 거래를 말한다(동시라고 하지만 보통 계약 후 1~2일 후에 결제된다). 현물환거래에서 형성되는 각국 화폐 간의 환율을 현물환율(spot exchange rate)이라 한다. 은행에서는 매일매일 원화 대 외환의 현물환율을 발표하고 있다.

다음의 〈표 27-1〉은 2024년 1월 9일자의 원화와 다른 나라 통화 간의 현물환율을 보여주고 있다. 매매기준율은 한국은행이 전날 은행들 간의 외환거래에서 적용된 환율을 평균하여 발표하는 환율로 각 은행들이 고객들과의 외환거래 시 적용할 환율을 결정할 때 기준으로 이용된다. 〈표

27-1〉에서 '현찰 살 때' 의 환율은 일반수요자가 은행에서 외환을 사는 가격인 동시에 은행이 일반수요자에게 외환을 파는 가격이다. 이를 매도율(ask rate)이라고 한다. '현찰 팔 때' 의 환율은 외환보유자가 은행에 외환을 파는 가격인 동시에 은행이 외환보유자로부터 외환을 사는 가격이다. 이를 매입률(bid rate)이라고 한다. 〈표 27-1〉에서 하나은행이 고시하는 원/달러 환율이 1,289.34원-1,335.26원이므로 은행이 1달러를 살 때는 1,289.34원을 지불하고 1달러를 팔 때는 1,335.26원을 받겠다는 뜻이다. 매도율과 매입률의 차이를 매매스프레드(bid-ask spread)라고 한다. 이것은 은행이 외환을 보유함으로써 부담하게 되는 환위험에 대한 보상이라고 해석될 수 있다. 거래량이 많고 거래가 활발한 통화일수록 매매 스프레드가 작다. 은행의 위험에 대한 인식, 위험관리능력, 그리고 거래규모에 따라 스프레드가 달라질 수 있다.

2024년 1월 9일 **표 27-1 외환시세** (단위: 원)

통화명	현찰 살 때	현찰 팔 때	매매기준율
미국 USD	1,335.26	1,289.34	1,312.30
일본 JPY (100)	929.42	897.46	913.44
유로 EUR	1,466.97	1,409.73	1,438.35
중국 CNY	192.25	173.95	183.10
홍콩 HKD	171.32	164.72	168.02
태국 THB	39.49	35.36	37.61
대만 TWD	47.87	38.10	42.33
필리핀 PHP	25.86	21.59	23.51
싱가포르 SGD	1,007.57	968.27	987.92
호주 AUD	899.50	864.76	882.13
베트남 VND (100)	6.02	4.76	5.39
영국 GBP	1,706.34	1,640.42	1,673.38
캐나다 CAD	1,002.28	963.56	982.92
말레이시아 MYR	303.52	261.70	282.61

자료: 하나은행(www.kebhana.com)

■ 외환차익거래

현물환거래는 세계적으로 연결되어 있으며, 저렴한 비용으로 정보가 교환되기 때문에 각국 간의 환율은 서로 밀접한 관계를 맺고 있다. 예를 들어서 〈표 27-1〉에서 매매기준율을 보면 미국 달러화에 대한 원화의 환율은 1 : 1,312.30이며, 유럽연합 유로화에 대한 원화의 환율이 1 : 1,438.35이므로, 달러화에 대한 유로화의 균형환율은 1 : 0.9124(= 1,312.30/1,438.35)이다. 즉 1달러는 0.9124유로에 교환되어야 한다. 만일 달러화와 유로화가 이와 같은 환율에 거래되지 않고, 1달러당 0.85유로에 거래된다고 하면 어떤 거래를 할 수 있을까? 이 경우 원화를 유로화로 교환하여 이것으로 다시 달러화를 구입하고, 이 달러화를 원화로 환전하면 차익을 얻을 수 있다.[2] 이러한 거래를 외환차익거래(foreign exchange arbitrage)라고 한다. 현물환율들 사이에 불균형상태가 발생하면 외환차익거래가 계속 발생할 것이고, 궁극적으로는 차익거래기회가 사라질 때 외환시장이 균형에 도달한다.

예제 27-1 현재 외환시장에서 1달러가 0.85유로에 거래된다고 하자. 〈표 27-1〉의 자료를 이용하여 외환차익거래를 할 수 있는지를 보여라. 단 환전에 따른 비용은 발생하지 않는다고 가정하라.

풀이 현재 1달러에 대한 유로의 시장가격 0.85유로는 균형환율인 0.9124유로에 비해 낮다. 즉 유로화가 고평가되어 있는 상태이다. 투자자는 1,438.35원을 1유로로 교환하고 이것으로 1.1765달러(= 1/0.85)를 매입한 후, 다시 원화로 교환하면 1,543.92원(= 1,312.30 × 1.1765)을 얻는다. 즉, 1유로당 105.57원(= 1,543.92 − 1,438.35)의 차익을 얻을 수 있다.

■ 선물환과 선물환율

외환시장에서는 현물환뿐 아니라 선물환의 거래도 이루어지는데, 선물환은 미래의 특정 시점에 일정 환율로 해당 외화를 인수 또는 인도하겠다는 계약을 말한다. 이 계약은 선물환의 만기일에서 미리 정해진 환율로 일정한 금액을 서로 교환하겠다는 쌍방의 합의이다. 통화의 교환은 만기일에 일어나지만 외환의 가격, 즉 환율은 현시점에서 쌍방의 합의에 의해 결정된다. 미래의 외환거래에 대해 적용하기로 약속한 환율을 선물환율(forward exchange rate)이라고 한다.[3]

〈표 27-2〉는 2024년 1월 9일의 일본 엔(¥)화 대 미국 달러($)화의 현물환율과 선물환율을 보여준다.

표 27-2 일본 엔화 대 미국 달러화의 환율

기간	환율
현물환율	¥143.60/$
1개월 선물환율	¥143.59/$
3개월 선물환율	¥143.58/$
6개월 선물환율	¥143.56/$
12개월 선물환율	¥143.53/$

자료: https://www.fxempire.com/currencies/usd-jpy/forward-rates

〈표 27-2〉의 첫째 줄을 보면 현물환거래에서 1달러를 사기 위해 143.60엔이 필요하다는 것을 알

2 반대로 달러화가 고평가되어 1달러당 1.05유로에 거래된다면 투자자는 원화를 달러화로 교환하고 이것으로 다시 유로화를 매입하고, 이 유로화를 원화로 환전하면 차익을 얻을 수 있다.

3 엄밀히 말하면 선도환율이라고 해야겠지만 외환시장의 오랜 관습에 따라 선물환율이란 명칭이 사용된다.

수 있다. 또 만기가 1개월인 선물환거래에서 1달러에 대한 선물환율은 143.59엔이고 선물환의 만기가 길어질수록 1달러를 매입하는 데 필요한 엔이 점점 줄어드는 것을 볼 수 있다. 즉 엔화의 가치가 오르고 있다. 〈표 27-2〉와 같이 엔화의 가치가 현물환거래에서보다 선물환거래에서 높을 경우 "엔화는 달러화에 대해 할증(premium)되었다."고 말한다. 반대로 "달러화는 엔화에 대해 할인(discount)되었다."고 말한다.

통화선물과 차액결제선물환

선물환과 비슷한 상품으로 통화선물(currency futures)이 있다. 통화선물은 선물환과 마찬가지로 미래의 일정시점에서 외화를 인수 또는 인도하겠다는 계약이지만 거래조건이 표준화되어 있고 또 조직화된 거래소시장에서 거래된다는 점이 다르다. 또 국내의 외환시장 외에도 홍콩, 싱가포르, 뉴욕, 그리고 런던 등의 해외시장에서 원/달러 차액결제선물환(non-deliverable forward: NDF)이 비거주자를 중심으로 활발하게 거래되고 있다. 차액결제선물환은 결제일에 일정한 명목원금에 대하여 결제시점의 현물환율과 선물환율의 차이에 해당하는 금액만큼을 기준통화(일반적으로 달러화)로 정산하는 선물환계약이다. 차액결제선물환은 명목원금의 교환 없이 환율차이에 해당하는 금액만큼을 정산하기 때문에 계약불이행위험이 작다. 또 달러화로 결제되기 때문에 국제금융시장에서 잘 거래되지 않는 통화에 대해서도 거래가 활발하다.

■ 스 왑

스왑(swap)은 두 거래당사자가 현 시점에서 통화를 교환하고 미래의 일정시점에서 재교환할 것을 약속하는 계약이다. 대표적으로 통화스왑(currency swap)이 있다. 예를 들어 우리나라의 ㈜새한전자는 미국에 있는 자회사에 투자하기 위해 달러화가 필요하고, 미국의 코카콜라사는 한국에서 활동하는 자회사를 위해 원화가 필요하다고 하자. 이때 새한전자는 원화를 코카콜라사에 빌려주는 대신 코카콜라사로부터 달러화를 받고, 1년 후에 다시 달러화를 되돌려 주고 원화를 받는 계약을 체결할 수 있다. 이 경우 새한전자는 1년 동안 달러화를 사용하는 대신 원화의 사용을 포기하는 것이 되며, 코카콜라사는 1년 동안 원화를 사용하는 대신 달러화의 사용을 포기하는 것이 된다. 새한전자가 미국에 잘 알려져 있지 않아서 달러화의 차입이 어렵거나 차입조건이 까다로울 경우, 또 코카콜라사도 한국에서 원화조달이 쉽지 않은 경우에 이러한 통화스왑은 두 거래당사자 모두에게 이익이 될 수 있다.

외환스왑

현물환의 거래 없이 선물환을 매입하거나 매도하는 경우도 있지만 현물환을 거래하고 동시에 선물환을 반대방향으로 거래하는 경우도 많다. 이렇게 현물환과 선물환을 동시에 반대방향으로 거래하는 것을 외환스왑(foreign exchange swap: Forex swap 또는 FX swap)이라고 한다. 외화에 대한 실수요를 바탕으로 환위험을 헤지하고자 하는 기업들은 선물환을 주로 거래하는 데 비해 외화에 대한 다양한 욕구를 가지고 있는 은행들은 외환스왑을 많이 거래한다. 통화스왑은 주로 장기자금조달이나 이에 따른 환위험을 관리하는 수단으로 이용되는 데 비해 외환스왑은 단기자금조달과 이에 따른 환위험을 헤지하는 수단으로 주로 이용된다. 또한 통화스왑은 매기간 해당 통화에 대한 이자를 서로 교환하는 데 비해 외환스왑은 중간에 이자교환이 없으며 결제일에 선물환율로 원금만을 다시 교환한다.

27.3 환율에 대한 시장균형이론

외환시장에서 결정되는 환율은 이론적으로 당사국의 실물시장과 금융시장에서 각각 형성되는 인플레이션율과 이자율의 상호작용에 의해 결정된다. 외환시장, 실물시장, 금융시장은 서로가 독립적으로 운영되지만 환율, 인플레이션율, 이자율을 매개로 하여 서로에게 영향을 미치고, 또 시장간의 차익거래를 통해 균형을 이루게 된다. 이와 같이 차익거래의 제약이 없는 국제금융시장에서 환율이 어떤 메커니즘을 통해 결정되는지를 설명하는 시장균형이론을 다음의 [그림 27-1]에 나타내었다.

| 그림 27-1 | 환율에 대한 시장균형이론

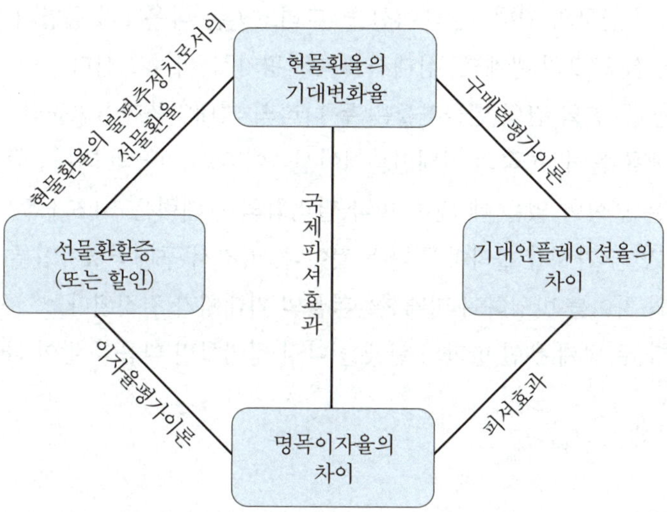

■ 구매력평가이론

구매력평가이론(purchasing power parity: PPP)은 스웨덴의 구스타프 카셀(Gustav Cassel)에 의해 제창된 이론으로서 환율의 결정과정을 설명하는 이론 중 가장 널리 알려져 있다. 이 이론에 의하면 어떤 상품의 구입비용은 거래가 일어나는 국가에 관계없이 같아야 한다는 것이다. 그렇지 않을 경우 차익거래가 가능하기 때문이다. 이 논리를 한국과 미국의 전반적인 물가수준에 적용하면 두 나

라의 물가와 환율 사이에는 다음과 같은 관계가 성립해야 한다.[4]

한국의 물가 = (원/달러) × 미국의 물가 **(27.1)**

식 27.1의 관계를 '절대적 구매력평가식' 이라고 한다.

식 27.1의 관계가 항상 성립하면 (1 + 한국의 물가상승률)은 (1 + 미국의 물가상승률)에 (1 + 원/달러 환율의 상승률)을 곱한 값이어야 한다. 이는 시점 $(t+1)$에서의 식 27.1을 t시점에서의 식 27.1로 나눠 주면 어렵지 않게 얻을 수 있는 결과이다. 이와 같은 관계를 식으로 정리하면 다음과 같다.

(1 + 한국의 물가상승률)/(1 + 미국의 물가상승률) = (1 + 원/달러 상승률) **(27.2)**

식 27.2를 시점 0과 1 사이에 적용한 후 양변에 기댓값을 취하여 다시 정리하면 다음의 관계를 얻게 된다.

$$E(S_1) = S_0\left(\frac{1+l_{₩}}{1+l_{\$}}\right) \approx S_0(1+l_{₩}-l_{\$}) \qquad (27.3)$$

여기서 $E(S_1)$은 1기 후 원/달러 현물환율에 대한 기대치, S_0는 현 시점에서의 원/달러 현물환율, $l_{₩}$는 다음 1기 동안의 한국의 기대인플레이션율, 그리고 $l_{\$}$는 다음 1기 동안의 미국의 기대인플레이션율을 나타낸다. 식 27.3의 관계를 '상대적 구매력평가식' 이라고 한다.

식 27.3에 의하면 두 통화 간의 현물환율은 두 나라의 기대인플레이션율의 차이에 비례하여 움직인다는 것이다. 예를 들어, 한국의 기대인플레이션율이 0%, 미국의 기대인플레이션율이 10%라면, 원화의 구매력은 변함이 없는 데 반해 미국 달러화의 구매력은 10%가 떨어지게 되어 원화가 달러화에 대해 10%만큼 가치가 올라야 한다는 것이다. 따라서 구매력평가이론하에서는 양 국가의 기대인플레이션율의 차이를 반영하여 미래현물환율의 기대치가 결정된다.
식 27.3에서 $E(S_1)$과 두 번째 우변 항과의 관계를 다시 정리하면 다음과 같이 나타낼 수 있다.

$$\frac{E(S_1)-S_0}{S_0} \approx l_{₩}-l_{\$} \qquad (27.3)'$$

위 식은 두 나라의 기대인플레이션율의 차이가 현물환율의 기대변동률의 근삿값이 될 수 있다는 것을 보여준다.

4 만일 원/달러 환율이 달러당 1,000원일 때 똑같은 품질의 와인 한 병에 대해 미국에서의 가격이 10달러이고 한국에서의 가격이 2만원이라고 하자. 이 경우 미국에서 10달러에 와인을 구입한 후 한국에 가져와서 2만원에 팔고, 판매대금을 달러로 환전하면 20달러를 얻게 된다. 결국 10달러의 공짜이익을 얻게 되는 것이다. 이러한 차익거래가 존재하지 않으려면 한국에서의 와인가격이 10,000원[= (1,000원/달러) × 10달러]이 되어야 한다.

예제 27-2 원/달러 현물환율이 1,000원이며, 향후 1년간의 한국의 기대인플레이션율이 2%, 미국의 기대인플레이션율은 5%라고 하자. 이 경우 1년 후의 원/달러 현물환율의 기대치를 계산하라.

풀이 식 27.3을 이용하면 1년 후 현물환율에 대한 기대치는 다음과 같이 971.42원으로 계산된다. $E(S_1) = S_0[(1 + l_{₩})/(1 + l_{\$})] = 1{,}000(1.02/1.05) = 971.42$. 현물환율의 기대변동률은 -2.86% [= (971.42/1,000) − 1]로 두 국가의 기대인플레이션율의 차이 −3%(= 2% − 5%)와 근사하다는 것을 알 수 있다.

■ 피셔효과

각국의 인플레이션율은 그 나라의 명목이자율에 영향을 미친다. 이를 피셔효과(Fisher effect)라고 하는데 식으로 나타내면 다음과 같다.

$$1 + r_N^j = (1 + r_R^j)(1 + l_j) \tag{27.4}$$

식 27.4에서 r_N^j는 j국가의 명목이자율, r_R^j는 j국가의 실질이자율, l_j는 j국가의 기대인플레이션율을 나타낸다. 식 27.4에서 근삿값을 사용하면 다음의 식으로 정리된다(제3.1절 참조).

$$r_N^j \approx r_R^j + l_j \tag{27.4)'$$

즉, 어떤 국가의 명목이자율은 실질이자율과 기대인플레이션율의 합이라는 것이다. 따라서 한국과 미국의 실질이자율이 같고 한국의 인플레이션율이 미국의 인플레이션율보다 2% 높을 것으로 예상된다면, 한국의 명목이자율은 미국의 명목이자율보다 2% 높다는 것이다. 이는 국제금융시장이 균형상태를 유지하면 세계 어느 나라에서나 실질이자율은 같게 되고, 따라서 명목이자율은 각 나라의 기대인플레이션율의 차이만큼 달라지게 된다는 이론이다.

■ 국제피셔효과

구매력평가이론과 피셔효과를 결합하면 국제피셔효과(international Fisher effect)가 성립한다. 이는 두 나라 사이의 현물환율은 두 나라 사이의 명목이자율의 차이가 조정되어 결정된다는 이론이다. 즉 미국과 한국의 실질이자율이 동일하고 원화의 명목이자율이 미국 달러화의 명목이자율보다 2% 높게 예상되면, 원화의 가치가 미국 달러화에 대해 2% 떨어지도록 기대현물환율이 결정된다는 것이다.

국제피셔효과를 식으로 나타내면 다음과 같다.

$$E(S_1) = S_0\left(\frac{1 + r_N^{₩}}{1 + r_N^{\$}}\right) \approx S_0(1 + r_N^{₩} - r_N^{\$}) \tag{27.5}$$

여기서 $r_N^{₩}$는 우리나라의 명목이자율이며, $r_N^{\$}$는 미국의 명목이자율을 나타낸다. 식 27.5는 1기 후의 현물환율의 기대치는 현재환율에 두 나라의 명목이자율의 차이가 반영되어 결정된다는 것을 나타낸다. 식 27.5에서 $E(S_1)$과 두 번째 우변 항과의 관계를 다시 정리하면 다음과 같은 식을 얻는다.

$$\frac{E(S_1)-S_0}{S_0} \approx r_N^{₩} - r_N^{\$} \qquad (27.5)'$$

이 식에 의하면 두 나라의 명목이자율의 차이가 현물환율의 기대변동률의 근삿값이 된다는 것이다.

예제 27-3 현재 원/달러 현물환율이 1,000원이며 향후 1년간 한국의 명목이자율이 4%, 미국의 명목이자율이 2%라고 하자. 이 경우 1년 후 현물환율의 기대치를 구하라.

풀이 식 27.5를 이용하면 1기 후 현물환율의 기대치는 다음과 같다.

$$E(S_1) = S_0[(1+r_N^{₩})/(1+r_N^{\$})] = 1{,}000(1.04/1.02) = 1{,}019.61$$

현물환율의 기대변동률 1.96%[= (1,019.61/1,000) − 1]는 두 국가의 명목이자율의 차이 2%와 근사한 수치이다.

■ 이자율평가이론

이자율평가이론(interest rate parity: IRP)이란 두 나라 간의 명목이자율의 차이는 선물환율의 할증(또는 할인)과 동일하다는 것이다. 선물환계약을 체결하면 현재시점에서 미래의 환율을 고정시켜 놓을 수 있다. 그런데 선물환율의 할증(또는 할인)이 두 나라 간의 명목이자율 차이를 반영하지 못한다면 즉각적으로 차익거래가 가능하다. 예를 통해 살펴보자.

현재 원/달러 현물환율이 1,000원이고, 미국과 한국의 명목이자율은 각각 2%와 4%이며, 1년만기 원/달러 선물환율이 1,010원이라고 하자. 이러한 상황에서 ① 10,000달러를 미국에서 투자하는 경우와 ② 10,000달러를 원화로 바꾸어 한국에서 투자하고 동시에 1년만기 선물환을 매입하여 1년 후에 다시 달러화로 바꾸는 경우를 비교해 보자.

먼저 ①의 경우 1년 후에 받게 되는 수익은 10,200달러(= 10,000 × 1.02)이다. ②의 경우 1년 후에 받게 되는 달러표시 수익은 10,297달러[= (10,000 × 1,000 × 1.04)/1,010]이다. 선물환율은 현재에 확정되어 있는 것이므로 두 투자안 모두 미래수익에 대한 위험부담이 없으며, 투자비용 역시 10,000달러로 동일하다. 그러나 1년 후에 얻는 수익은 97달러의 차이가 발생한다. 따라서 투자자는 미국에서 10,000달러를 2% 이자율에 차입하여 이를 한국에 투자하고, 1년 후에 10,297달러를 받은 후 차입금의 원리금 10,200달러를 갚고 나면 자기자금과 위험을 전혀 부담하지 않으면서 97달러의 차익을 얻을 수 있다. 이와 같은 거래를 금리차익거래(covered interest arbitrage)라고 한다.

그러나 외환시장이 효율적이라면 이와 같은 차익거래기회는 존재하지 않는다. 다시 말해, 선물환율은 두 나라의 명목이자율의 차이를 반영하여 차익거래기회가 존재하지 않는 상태에서 결정되어야 한다. 결국 차익거래기회가 없는 시장에서 앞의 두 투자안(①미국 달러화로 투자, ② 원화로 투자하고 달러로 환전)의 성과에 차이가 있을 수 없으며 다음의 관계식이 성립해야 한다.

$$\$10{,}000(1+r_N^{\$}) = \$10{,}000 \times S_0 \times (1+r_N^{₩}) \div F_0$$

위 식에서 F_0는 1년만기 원/달러 선물환율이다. 위 식을 선물환율에 대해 정리하면 다음의 식을 얻게 되며, 이것이 이자율평가이론이다.

$$F_0 = S_0\left(\frac{1+r_N^{₩}}{1+r_N^{\$}}\right) \approx S_0(1+r_N^{₩} - r_N^{\$}) \tag{27.6}$$

식 27.6은 선물환율이 현물환율에 두 나라의 명목이자율의 차이가 반영되어 결정된다는 것을 말해 준다. 이 식은 다음과 같은 투자전략의 관계를 비용 측면에서 나타낸 것이라고 할 수 있다 .

달러 선물환 매입 = 원화 차입 + 현물환율에 달러 매입 + 달러 예금 (27.6)′

식 27.6에서 F_0와 두 번째 우변 항의 관계를 다시 정리하면 다음과 같은 결과를 얻는다.

$$\frac{F_0 - S_0}{S_0} \approx r_N^{₩} - r_N^{\$} \tag{27.6''}$$

위 식의 좌변 항을 외환시장에서는 선물환할증(forward premium)이라고 부르는데, 두 나라의 명목이자율 차이가 이것의 근삿값이 되는 것을 알 수 있다. 선물환할증이 음(−)이면 이를 선물환할인이라고 부른다.

예제 27-4 앞서 두 투자안 ① (미국에서 투자)과 ② (한국에서 투자하고 달러로 환전)의 예에서 차익거래기회가 존재하지 않으려면 균형선물환율이 얼마가 되어야 할지를 계산하라.

풀이 원/달러 현물환율이 1,000원이고, 미국과 한국의 명목이자율이 각각 2%, 4%이므로 식 27.6을 이용하면 균형선물환율은 다음과 같다.

$$F_0 = S_0[(1+r_N^{₩})/(1+r_N^{\$})] = 1{,}000(1.04/1.02) = 1{,}019.61$$

선물환율의 할증 1.96%(= (1,109.61 − 1,000)/1,000)는 두 나라의 명목이자율의 차이 2%(= 4% − 2%))와 근사한 것을 알 수 있다.

■ 선물환율의 불편추정성

선물환율은 미래현물환율의 기댓값과 밀접한 관계를 가지고 있다. 선물환의 매입 및 매도 결정은 미래의 현물환율에 대한 기대에 달려 있기 때문이다. 선물환율의 불편추정성(unbiasedness)은 외환시장에 참여하는 투자자들이 합리적이고 위험중립적인 경우 선물환율이 미래현물환율의 기댓값과 같다는 내용이다. 예를 들어 설명해 보자.

현재 3개월만기 원/달러 선물환율이 1,050원이라고 하자. 3개월 후의 현물환율이 1,060원이 될 것이라고 예상하는 투자자는 이 환율이 싸다고 판단하여 선물환을 매입할 수 있다. 3개월 후 현물환율이 예상대로 1,060원이 될 경우, 이 투자자는 1,050원에 매입한 달러를 1,060원에 팔아서 10원의 이익을 남길 수 있다. 만일 외환시장에 참가하고 있는 모든 투자자가 3개월 후 현물환율이 1,060원이 될 것으로 예상한다면 선물환에 대한 수요가 증가하여 선물환율이 1,060원으로 상승하게 될 것이다. 즉 선물환율이 미래현물환율의 기댓값과 같을 때 선물환시장은 균형상태에 놓이게 된다는 것이다. 이것을 식으로 나타내면 다음과 같다.

$$F_0^t = E(S_t) \tag{27.7}$$

식 27.7에서 F_0^t는 0시점에서 결정된 t시점의 선물환율이며 $E(S_t)$는 t시점의 현물환율에 대한 기대치이다. 식 27.7의 관계는 투자자들의 합리적 기대와 위험중립성을 전제로 성립하는 것이다. 이러한 전제가 충족되지 않을 경우, 선물환율은 미래현물환율의 기댓값과 일치하지 않는다.

지금까지 두 통화 간의 환율을 결정하는 데 있어 두 통화당사국 간의 기대인플레이션율의 차이, 명목이자율의 차이, 현물환율의 기대변동률, 선물환 할증(또는 할인) 등의 상호 간 관계를 살펴보았다. 차익거래와 자본이동에 아무런 제약이 없고 현물 및 선물 환율로 원하는 외환거래가 언제나 자유로운 시장에서는 이들 이론이 균형환율의 결정과정을 잘 설명한다. 그러나 현실에서 이들 이론이 언제나 성립하는 것은 아니다. 구매력평가이론과 피셔효과는 경제적 논리의 측면에서 보면 지극히 타당한 이론이나 실제로는 그 등식관계가 성립하지 않는 경우가 많다. 미래 인플레이션율과 이자율의 예측에 불확실성이 존재하며 국가 간의 자본이동에 제약이 존재할 수 있기 때문이다. 그러나 이자율평가이론은 투자자들이 차익거래를 통하여 경쟁적으로 이익을 추구하는 효율적인 시장에서는 대체로 성립한다. 또한 선물환율은 미래현물환율의 기댓값과 항상 같아지는 것은 아니지만 현재시점에서 투자자들의 미래현물환율에 대한 기대를 종합적으로 반영한다고 할 수 있다.

27.4 국제자본예산

■ 통합된 금융시장과 해외투자안의 평가

국가에 관계없이 세계의 모든 금융시장에서 유사한 증권의 가격이 같은 방식으로 결정되고, 위험이 같은 증권의 기대수익률이 같게 되며, 한 시장을 다른 시장과 분리시키는 법적 또는 그 이외의 제약이 없을 때, 국제금융시장이 통합되었다(integrated)고 말한다. 금융시장이 통합되는 경우 투자자는 외환뿐 아니라 각국에서 거래되는 증권을 자유롭게 매매할 수 있고, 국가 간 자본이동과 차익거래에 아무런 제약이 없다.

통합된 국제금융시장에서는 식 27.6으로 표현되는 이자율평가이론이 언제나 성립한다. 그렇지 않을 경우 차익거래가 가능하기 때문이다. 이자율평가이론이 성립하는 경우 해외투자안을 평가할 때 국내통화와 외국통화(현지통화) 중 어느 것을 선택해야 할지의 문제는 의미가 없다. 왜냐하면,어느 통화로 평가하더라도 언제나 같은 결과를 가져다주기 때문이다. 예를 통해 살펴보자.

미국시장에 투자하고 있는 한국기업 KS는 내용연수가 1년이고 1년 후에 $100,000의 현금흐름이 발생할 것으로 예상되는 투자안을 검토하고 있다. 현재 원/달러 현물환율은 1,000원이며 1년만기 선물환율은 1,019.61원이다. 달러표시 현금흐름의 평가를 위한 할인율은 2%이며, 원화표시 현금흐름의 평가를 위한 할인율은 4%이다. 이 투자안을 (i) 달러화로 평가할 때 (ii) 원화로 평가할 때의 투자가치를 계산해 보자.

먼저 이 투자안의 달러표시 현재가치 $PV^{\$}$는 다음과 같다.

$$\text{(i) } PV^{\$} = \$100{,}000/(1+0.02) = \$98{,}039.21$$

달러표시 투자안의 가치는 현물환율을 이용하여 언제든지 원화표시로 전환할 수 있다.

$$PV^{₩} = \$98{,}039.21 \times 1{,}000 = 98{,}039{,}210(\text{원})$$

한편, KS는 이 투자안의 원화표시 현재가치를 선물환을 매도하여 1년 후에 받게 될 달러를 원화로 확정하고 이를 원화표시 현금흐름에 대한 할인율로 할인하여 구할 수도 있다. 이 경우 원화표시 현재가치 $PV^{₩}$은 다음과 같다.

$$\text{(ii) } PV^{₩} = (\$100{,}000 \times 1{,}019.61)/(1+0.04) = 98{,}039{,}210(\text{원})$$

또 위 금액을 현물환율을 이용하여 달러로 전환하면 다음과 같이 $98,039.21이다.

$$PV^{\$} = \frac{98{,}039{,}210}{1{,}000} = \$98{,}039.21$$

현물환율과 선물환율을 이용하여 투자안의 가치를 달러화 또는 원화로 언제든지 전환할 수 있기 때문에 어떤 통화로 평가해도 그 결과는 항상 동일하다.

■ 해외투자안의 평가절차

앞서 본 것처럼 이자율평가이론이 성립하는 시장에서는 해외투자안을 국내통화와 현지통화 중 어느 것에 의해 평가해도 무방하다. 그러나 대개의 경우 현지통화를 기준으로 미래현금흐름을 추정하고 이를 국내통화로 전환한 후 순현가를 구하는 과정을 따른다. 이럴 경우 해외투자안의 평가절차를 요약하면 다음과 같다.

① 해외투자에서 발생하는 모든 현금흐름을 현지통화로 추정한다.

② 미래 기대현물환율 또는 선물환율을 이용하여 원화로 환산한다.

③ 적정할인율로 할인하여 *NPV*를 계산한다.

④ 환위험과 국가위험을 고려한다.

예제 27-5 중국에 스마트폰을 수출하는 ㈜새롬은 현지에 스마트폰 생산공장을 세우려고 한다. 이 계획에 소요되는 투자비용은 총 2억위안으로 2024년 초에 투입되며, 이후 4년간 매년 7,000만위안의 세후잉여현금흐름(free cash flow)이 발생할 것으로 예상된다. 4년 후에 스마트폰 생산공장의 잔존가치는 0이며 이때 사업은 종료된다. 현재 중국의 명목무위험이자율은 7%, 한국의 명목무위험이자율은 4%이며 향후 4년간 이 이자율은 변동 없이 지속될 것이라고 한다. 원/위안 현물환율은 160원이다. ㈜새롬은 50 : 50의 자기자본 : 부채 비율로 자금을 조달할 예정이다. ㈜새롬의 자기자본비용은 10%이며 부채비용은 6%이고, 유효법인세율은 40%로 추정된다. ㈜새롬이 이 투자안에 대해 어떤 결정을 내릴지를 분석하라.

	2024	2025	2026	2027	2028
현금흐름(백만위안)	−200	70	70	70	70

풀이 ① ㈜새롬의 투자에서 기대되는 매년의 위안화표시 잉여현금흐름은 다음과 같다.

② 매년 발생하는 위안화 현금흐름을 원화표시 현금흐름으로 환산하기 위해 매년 적용될 선물환율을 구해 보자. 현재 중국과 한국의 이자율 7%와 4%는 앞으로 4년간 일정할 것이기 때문에 각 기간에 적용될 선물환율은 다음과 같이 식 27.6의 이자율평가이론을 적용하여 구할 수 있다.

$$F_0^1 = S_0\left(\frac{1+r_N^{₩}}{1+r_N^{위안}}\right) = 160\left(\frac{1.04}{1.07}\right) = 155.51,\ F_0^2 = S_0\left(\frac{1+r_N^{₩}}{1+r_N^{위안}}\right)^2 = 160\left(\frac{1.04}{1.07}\right)^2 = 151.15$$

$$F_0^3 = S_0\left(\frac{1+r_N^{₩}}{1+r_N^{위안}}\right)^3 = 160\left(\frac{1.04}{1.07}\right)^3 = 146.92,\ F_0^4 = S_0\left(\frac{1+r_N^{₩}}{1+r_N^{위안}}\right)^4 = 160\left(\frac{1.04}{1.07}\right)^4 = 142.80$$

③ 원화표시 잉여현금흐름은 ①에서 구한 위안화표시 잉여현금흐름에 ②에서 구한 선물환율을 곱해서 구할 수 있다.

	2024	2025	2026	2027	2028
현금흐름(백만위안)	−200	70	70	70	70
선물환율(원/위안)	160.00	155.51	151.15	146.92	142.80
현금흐름(백만원)	−32,000	10,886	10,580	10,284	9,996

④ 투자의 순현가를 구하기 위해 자본비용을 구해 보자. 투자비용의 절반씩을 자기자본과 부채로 조달하면 총자본에서 부채가 차지하는 비율은 0.5이다. 자기자본비용이 10%, 부채비용이 6%, 유효법인세율이 40%이므로 가중평균자본비용은 다음과 같다.

자본비용($k_{₩}$) = (0.5) × 10% + (0.5) × 6%(1 − 0.4) = 6.8%

⑤ 투자의 순현가는 ③에서 구한 원화표시 잉여현금흐름을 ④에서 구한 자본비용으로 할인하여 구하면 된다.

$$NPV = -32,000 + \frac{10,886}{1.068} + \frac{10,580}{1.068^2} + \frac{10,284}{1.068^3} + \frac{9,996}{1.068^4} = 3,594(\text{백만원})$$

투자에서 기대되는 순현가가 양(+)이므로, 추가적으로 고려해야 할 환위험과 국가위험이 없다면 ㈜새롬은 이 투자안을 수용할 것이다.

[예제 27-5]에서와 같은 해외투자안의 순현가를 계산하는 과정에서 주의해야 할 점은 기업 자체적으로 예상하는 환율로 현금흐름을 환산해서는 안 되며 반드시 시장에서 결정되는 기대현물환율이나 선물환율을 이용해야 한다는 것이다. 만약 ㈜새롬의 경영자가 적용한 미래의 원/위안 환율이 앞서 계산된 선물환율보다 훨씬 큰 값(예를 들어 200 또는 250 등)을 가진다면, 투자안의 원화표시 현금흐름이 증가하여 순현가가 더욱 커질 수 있다. 제27.2절에서 설명했듯이 선물환계약이나 통화선물시장을 이용하면 미래현물환율의 변동에 관계없이 현재시점에서 미래의 환율을 고정시킬 수 있다. 즉 미래에 발생하는 위안화 현금흐름을 현 시점에서 고정된 선물환율로 환산하면 원화표시 현금흐름도 원/위안 환율 변동에 관계없이 고정될 수 있다.

■ 무차익원리를 이용한 평가결과의 검증

통합된 금융시장에서는 해외투자안을 어느 통화에 의해 평가하더라도 동일한 결과를 가져다준다고 하였다. 이에 따라 [예제 27-5]에서 위안화 현금흐름을 위안화 현금흐름의 평가에 적용되는 자본비용으로 할인하여 순현가를 계산하더라도 동일한 결과를 얻을 수 있어야 한다. 위안화 평가를 위한 할인율은 다음과 같은 관계로부터 구해 낼 수 있다.

$$(1 + k_{\text{위안}}) = \frac{S_0}{F_0}(1 + k_{₩}) \qquad (27.8)$$

여기서 $k_{\text{위안}}$과 $k_{₩}$은 각각 위안화와 원화 현금흐름에 적용되는 할인율(자본비용)을 나타낸다. 식 27.8은 식 27.6의 이자율평가이론을 응용하여 도출한 것이다. 식 27.6의 이자율평가이론의 관계를 식 27.8에 대입하면 위안화 현금흐름에 적용되는 할인율 $k_{\text{위안}}$을 다음과 같이 구해 낼 수 있다.

$$k_{\text{위안}} = \frac{1 + r_{\text{위안}}}{1 + r_{₩}}(1 + k_{₩}) - 1 \approx r_{\text{위안}} + (k_{₩} - r_{₩}) \qquad (27.9)$$

식 27.9에 의하면 국제금융시장이 통합된 경우 해외통화 현금흐름에 적용되는 위험프리미엄은 국내통화 현금흐름에 적용되는 위험프리미엄과 비슷한 값을 갖게 된다. 즉, 국제금융시장이 통합되고 투자안의 위험이 적정하게 평가될 경우, 어느 통화에 의해서도 위험프리미엄은 같게 결정된

예제 27-6 [예제 27-5]에서 위안화 현금흐름의 순현가를 구하고 그 결과가 원화표시 현금흐름을 이용하여 얻은 것과 같다는 것을 보여라.

풀이 식 27.9를 이용하여 위안화표시 현금흐름의 평가에 적용될 자본비용을 계산하면 다음과 같다.

$$k_{위안} = \frac{1 + r_{위안}}{1 + r_{W}}(1 + k_{W}) - 1 = \frac{1.07}{1.04}(1.068) - 1 = 9.88\%$$

이제 위안화표시 잉여현금흐름을 9.88%로 할인하여 투자의 순현가를 구하면 다음과 같다.

$$NPV = -200 + \frac{70}{1.0988} + \frac{70}{1.0988^2} + \frac{70}{1.0988^3} + \frac{70}{1.0988^4} = 22.4682(\text{백만위안})$$

원/위안 현물환율(160원)을 이용하여 순현가를 원화로 환산하면 다음과 같고, 이는 [예제 27-5]에서 얻은 값과 같다: $NPV = 22.4682 \times 160 = 3{,}594$(백만원).

다는 것이다.

■ 분할된 금융시장과 해외투자안의 평가

지금까지 살펴본 해외투자안의 평가는 국제금융시장이 통합되어 있다는 가정하에 유효하다. 그러나 이 가정은 비현실적일 수 있다. 예를 들어 금융시장의 효율성이 떨어지는 개발도상국의 경우, 모든 기업에게 똑같이 금융시장의 이용기회가 주어지는 것은 아니다. 통합된 금융시장에서와는 달리 여러 이유로 금융거래가 제약을 받게 될 때 시장은 분할되었다(segmented)고 말한다. 다음에서는 국제금융시장이 분할된 경우 해외투자안의 평가에 어떤 문제점이 발생하는지를 살펴본다.

정보비대칭과 금융시장 이용기회의 차별성

국내시장과 해외시장의 분할을 가져오는 중요한 원인 중의 하나는 정보비대칭(information asymmetry)이다. 이로 인해 동일한 기업에 대한 평가가 국내시장과 해외시장에서 서로 다를 수 있다. 예를 들어 [예제 27-5]의 ㈜새롬은 한국에서 매우 잘 알려진 기업이기 때문에 국내에서는 주식이나 채권을 쉽게 발행할 수 있다. 그러나 중국시장에는 잘 알려지지 못한 탓에 현지에서의 증권발행에 어려움을 겪을 수 있다. 이런 상황에서 ㈜새롬이 투자자금을 국내 대신 중국에서 조달할 경우, 현지의 투자자는 한국 내에서의 투자자가 요구하는 것보다 더 높은 수익률을 요구하게 된다. 결과로, 자본비용이 상승하여 투자의 순현가는 작아지고 또 투자결정이 달라질 수 있다.

이럴 경우 ㈜새롬은 국내에서 낮은 비용으로 자본을 조달한 후 통화스왑을 이용하여 원화를 위안화로 전환하여 필요한 투자를 수행할 수 있다. 통화스왑에 대해서는 제27.2절에서 설명하였다.

국가위험

현실에서 각국은 자국이 처한 상황에 따라 외국자본의 국내투자와 유·출입을 제한하기도 하고 배당송금을 제한하기도 하며 차별적인 세금을 부과하는 정책을 펴기도 한다. 이러한 위험을 국가위험(country risk)이라고 부른다. 특히 사적 재산권에 대한 보호가 취약한 국가나 경제, 정치 환경이 불안정한 국가의 경우 상대적으로 국가위험이 높다. 국가위험이 큰 나라에 투자하는 투자자는 그에 따른 보상을 요구할 것이므로, 이러한 국가가 발행하는 국채의 수익률은 국가위험에 대한 프리미엄을 반영하여 무위험이자율보다 높게 결정된다. 국가위험이 존재하는 경우 식 27.6의 이자율평가이론은 더 이상 성립하지 않게 된다.

예제 27-7 2024년 1월 9일 외환시장에서 러시아 루블화의 미국 달러화에 대한 현물환율은 R90.93/\$이며, 1년만기 선물환율은 R96.78/\$였다. 1년만기 미국 국채의 수익률은 4.86%이고 러시아 국채의 수익률은 14.75%이다. 이자율평가이론을 이용하여 균형선물환율을 구하라. 균형선물환율과 시장의 선물환율의 차이를 구하고 차이가 발생한 원인을 설명하라.

풀이 식 27.6을 이용하면 균형선물환율은 다음과 같다.

$$F_0 = S_0[(1 + r_N^R)/(1 + r_N^{\$})] = 90.93(1.1475/1.0486) = 99.56$$

이자율평가이론을 통해 구한 선물환율은 시장의 선물환율보다 2.78만큼 높다. 이는 러시아 국채의 채무불이행위험을 반영한 결과로 해석할 수 있다. 즉 러시아의 국채수익률 14.75%는 채무불이행위험에 따른 프리미엄을 반영한 것으로 진정한 의미에서의 무위험이자율보다 높게 형성된 것이다. 10,000루블을 보유한 투자자가 진정한 의미의 무위험투자를 원한다고 하자. 이 투자자는 보유하고 있는 10,000루블을 달러로 전환한 후 미국 국채에 투자하고, 그 원리금을 다시 루블로 환전함으로써 무위험투자를 할 수 있다. 이 경우 1년 후에 얻게 되는 루블화표시 수익은 다음과 같다.

$$\frac{\text{R10, 000}}{\text{R90.93/\$}} \times (1.0486) \times (\text{R96.78/\$}) = \text{R10,804.16}$$

따라서 채무불이행위험이 없는 경우 러시아 국채에 투자하여 얻을 수 있는 진정한 무위험이자율은 8.04%라고 할 수 있다. 러시아 국채의 시장수익률 14.75%에는 러시아 국채의 채무불이행위험에 대한 프리미엄 6.71%(= 14.75% − 8.04%)가 반영된 것이다.

해외투자안 평가에서의 시사점

국내와 해외금융시장이 서로 분할된 경우 해외에 투자하는 기업은 이에 대해 유연하게 대응할 수 있어야 한다. 만일 시장분할이 정보비대칭이나 일시적인 자본통제 등 해소가능한 원인에 의한 것이라면 기업은 이를 기회로 삼아 유리한 투자를 할 수 있다. 즉 자신이 비교우위가 있는 국가에서 낮은 자본비용으로 자본을 조달한 후 높은 수익률을 얻을 수 있는 국가에 투자함으로써 시장분할에 따른 이득을 취할 수 있다. 또 해외자본의 투자유치가 필요한 국가는 이런 기회를 잘 활용할 줄 아는 기업에게 유리한 투자기회를 제공할 수도 있다. 물론 경쟁적인 시장에서 한 기업이 이러한 이득을 장기간 향유하는 것은 쉽지 않다.

예제 27-8 한국기업인 ㈜송정은 사업다각화를 위해 멕시코의 Viva Corporation을 인수할 예정이다. ㈜송정이 Viva를 인수할 경우 첫해에 4.2억페소(pesos)의 세후잉여현금흐름이 발생하고 이후 매년 8%씩 성장할 것으로 예상된다. 인수를 위한 투자비용은 105억페소이다. 원/페소 현물환율은 100원/pesos이다. 멕시코시장을 분석한 결과 ㈜송정은 Viva Corporation이 창출해 낼 페소화 현금흐름의 평가를 위한 자본비용으로 12%가 합리적이라고 추정하고 있다. ㈜송정은 이 투자안 평가를 위한 국내시장의 자본비용을 7.5%로 추정하고 있다. 한국과 멕시코 국채가 거래되는 시장은 하나로 통합되어 있으며, 한국 국채의 수익률은 5%, 멕시코 국채의 수익률은 8%로 양 국가의 국채수익률은 이후 변동 없이 유지될 것이라고 예측된다. ㈜송정이 Viva Corporation을 인수해야 할지를 분석하라.

풀이 ① 우선 페소화로 이 투자의 순현가를 구해 보자. 매년의 잉여현금흐름은 다음과 같다.

연도(t)	0	1	2	3	…	∞
현금흐름(억페소)	−105	4.2	4.2(1.08)	$4.2(1.08)^2$	…	$4.2(1.08)^{\infty-1}$

페소화 현금흐름에 대한 자본비용 12%를 할인율로 하여 위의 현금흐름의 순현가를 구하면 다음과 같다: $NPV = 4.2/(0.12-0.08)-105=0$. 이렇게 투자의 순현가가 0이 된 원인은 ㈜송정이 Viva Corp. 인수전에서 멕시코나 타 국가의 기업들과 치열한 경쟁을 벌이는 과정에서 인수가격이 순현가가 0이 되는 금액까지 상승했기 때문이라고 추정할 수 있다.

② ㈜송정은 투자안을 원화로 평가할 수도 있다. 먼저 선물환율을 이용하여 페소화 현금흐름을 원화로 환산하자. 양 국가의 이자율과 이자율평가이론을 이용하면 미래의 각 기간에 적용될 선물환율은 다음과 같다.

$$F_0^t = S_0\left(\frac{1+r_{₩}}{1+r_{\text{pesos}}}\right)^t = 100\times\left(\frac{1.05}{1.08}\right)^t = 100\times(0.9722)^t = 97.2222\times(0.9722)^{t-1}$$

매년의 원화표시 현금흐름은 ①에서 구한 페소화 현금흐름에 위 식에서 구한 선물환율을 곱해서 구할 수 있다.

$$CF_t^{₩} = CF_t^{\text{pesos}}\times F_0^t = 4.2(1.08)^{t-1}\times 97.2222\times(0.9722)^{t-1} = 408.33\times 1.05^{t-1}$$

연도(t)	0	1	2	3	…	∞
현금흐름(억페소)	−105	4.2	4.2(1.08)	$4.2(1.08)^2$	…	$4.2(1.08)^{\infty-1}$
현금흐름(억원)	−10,500	408.33	408.33(1.05)	$408.33(1.05)^2$	…	$408.33(1.05)^{\infty-1}$

원화 현금흐름의 평가에 사용될 할인율은 7.5%이므로, 원화표시 순현가는 다음과 같다.

$$NPV = 408.33/(0.075-0.05)-10,500 = 5,833.2(\text{억원})$$

국내투자의 관점에서 Viva Corporation 인수의 순현가는 양(+)이므로 ㈜송정은 멕시코 투자를 추진할 수 있다.

[예제 27−8]에서 본 것과 같이 시장이 서로 분할되어 있는 경우 국내통화로 평가한 결과와 해외통화로 평가한 결과 사이에 차이가 발생할 수 있다. 이때 어느 것에 의해 최종판단을 내려야 할지는 평가결과의 차이가 발생한 원인이 무엇인가에 달려 있다. [예제 27−8]에서 페소화로 측정된 기대현금흐름을 원화로 환산하기 위해 이자율평가이론으로부터 얻은 선물환율을 이용하였다. 이러한 방법이 타당성을 갖기 위해서는 현물환율과 투자안의 현금흐름 사이에 상관관계가 없어야 한다.[5] 따라서 평가결과의 차이는 현실 시장에서 이러한 가정이 충족되지 않아서 발생하거나 또는 자본비용의 추정에 오류가 있어 발생할 수도 있다. 차이가 발생하는 또 다른 중요한 원인은 두 국가의 금융시장이 분할되었기 때문일 수 있다는 것이다.

만일 ㈜송정이 추정한 자본비용과 미래현금흐름이 합리적이라면, 평가결과의 차이는 한국 시장과 멕시코 시장의 분할에 따른 것이라고 판단할 수 있다. 즉 ㈜송정은 정보비대칭 등의 이유로 멕시코보다 한국 시장에서의 자금조달에 비교우위를 가지면서 다른 경쟁기업에 비해 Viva Corporation의 인수전에서 보다 우월한 위치를 점할 수 있다. 비교우위를 갖는 국내시장에서 필요자본을 조달하여 다른 기업들이 얻지 못하는 양(+)의 순현가를 실현할 수 있기 때문이다.

27.5 국제자본조달

■ 국제금융시장

기업이나 정부가 해외에서 자본을 조달하기 위해서 국제금융시장에 진출할 때 어떤 금융시장을 어떤 방법으로 이용해야 할지의 문제가 대두된다. 예를 들어 우리나라 기업이 미화 1억달러의 자금을 조달하기로 했다고 하자. 우선 1억달러를 미국 내의 역내시장(internal market)과 미국 외의 역외시장(external market) 중 어디에서 조달할 것인지를 결정해야 한다. 또 미국 내와 미국 외에서 영업하는 금융회사 중 어느 기관을 통해서 조달할 것인지도 선택해야 한다. 다음으로는 채권이나 주식발행을 통한 직접금융과 은행차입 등의 간접금융 중 어떠한 금융방식을 택할지도 결정하여야 한다.

금융방식 및 시장을 중심으로 국제자금조달유형을 나타내 보면 〈표 27−3〉과 같다. 이에 대하여 살펴보자.

---

5 예를 들어 1기 후의 페소화 기대현금흐름을 $E(CF_1^{\text{pesos}})$라 하면 실제 현금흐름은 $[E(CF_1^{\text{pesos}})+\varepsilon]$이 된다. 여기서 ε은 현금흐름의 불확실성을 반영하는 예측오차이며 그 기댓값은 0이다. 선물환거래에서는 기대현금흐름만큼에 대해서 약정이 맺어진다. 따라서 실제로 1기 후에 원화로 전환되는 금액은 $[F_0^1 \times E(CF_1^{\text{pesos}})+S^1 \times \varepsilon]$으로 이 금액은 예측오차와 1기 후의 현물환율에 따라 달라진다. 그러나 현물환율과 예측오차의 상관관계가 0일 경우 $E(S^1 \times \varepsilon)=E(S^1) \times E(\varepsilon)=E(S^1) \times 0=0$이므로, 1년 후 원화표시 현금흐름의 기댓값은 $F_0^1 \times E(CF_1^{\text{pesos}})$이 된다.

표 27-3 국제자본조달의 여러 유형

	역내시장	역외시장
간접금융	현지금융회사	유로달러시장 등
직접금융	외국주식시장 외국채권시장	유로주식시장 등 유로채권시장 등

■ 유로달러와 유로커런시 시장

유로달러(Eurodollar)란 미국 이외 국가의 은행에 예치되어 있는 달러표시 예금을 지칭한다. 그 은행이 미국계 은행이든 아니든 상관없으며, 또 예금주가 미국 거주자이든 아니든 상관없다. '유로달러' 라는 명칭은 과거에 이러한 자금이 주로 유럽지역에 편재해 있었기 때문에 "유럽에 있는 달러"라는 의미였다. 그러나 지금은 싱가포르, 리야드 등 아시아의 주요 금융센터에서도 이러한 달러가 많기 때문에 특정 지역에 국한하지 않고 이 명칭이 사용된다.

달러 이외에도 '유로달러' 형태의 통화가 많은데 유로(유럽연합), 파운드(영국), 엔(일본), 위안(중국) 등이 그 대표적인 예이다. 이들 '유로달러' 형태의 통화를 총칭해서 유로커런시(Eurocurrency)라고 한다. 유로커런시시장의 공급자와 수요자는 주로 각국의 중앙은행, 정부 및 국제금융기관 등과 상업은행 및 대기업들이다. 유로커런시시장에서는 유로달러의 규모가 가장 크다.

유로달러시장에서 차입자에게 적용되는 금리는 런던은행간 이자율(London Inter-Bank Offered Rate: LIBOR)이나 유럽은행간 이자율(Europe Inter-Bank Offered Rate: EURIBOR)과 같은 기준금리에 스프레드(spread)라고 불리는 가산금리를 더한 것이다. 유로달러시장은 주로 기업의 단기자금원으로 많이 이용된다. 우리나라의 기업들도 유로달러시장에서 자주 자금을 조달하고 있다.

■ 국제채권시장

유로커런시시장이 주로 단기자금의 공급원인 데 비해, 중장기 자금조달원으로는 국제주식시장과 국제채권시장이 있다. 이 중에서도 국제채권시장이 훨씬 큰 비중을 차지한다. 국제채권(international bond)은 차입자의 소재국 이외에서 판매되는 채권을 말하는데, 외국채권(foreign bond)과 유로채권(Euro bond)의 두 가지로 나뉜다. 외국채권이란 차입자가 외국에서 해당국 통화표시로 발행한 채권을 말한다. 예를 들어 한국의 기업이 미국에서 달러표시로 채권을 발행하고 이 채권이 미국 증권거래소에 상장되어 거래된다면 이것이 외국채권이다. 외국채권 중 특히 미국에서 미국 달러화표시로 발행되어 거래되는 채권을 양키본드(Yankee bond)라 하고, 일본에서 엔화표시로 발행되어 거래되는 채권을 사무라이본드(Samurai bond)라고 한다. 유로채권이란 채권에 표시된 통화의 발행국 이외의 지역에서 거래되는 채권을 말한다. 한국의 차입자가 달러표시 채권을 발행하여 런던시장에서 매각하면 이 채권은 유로채권이 된다.

■ 아시아달러와 역외금융

유로달러 중 싱가포르에서 거래되는 것을 특히 아시아달러라고 한다. 아시아달러는 약간 특이한 성격을 갖는데, 이는 역외자금이다. 역외금융 또는 오프-쇼어금융(off-shore financing)이란 한 나라의 예금기관이 비거주자(외국인 등)로부터 외화예금을 받아 비거주자에게만 대출할 수 있고 그 외화자금이 국내로 유입되는 것을 금하는 금융방식이다. 이때의 외화자금을 역외 또는 오프-쇼어 자금이라 한다. 역외금융센터는 싱가포르, 바레인, 바하마, 홍콩, 버뮤다, 버진아일랜드, 룩셈부르크, 스위스, 뉴욕, 동경 등 전 세계에 걸쳐 존재한다.

아시아달러시장에서 차입자에게 적용되는 금리는 보통 싱가포르은행간 이자율(Singapore Inter-Bank Offered Rate: SIBOR)이라고 하는 기준금리에 일정률의 가산금리를 더한 것이다.

중 요 용 어

환율(exchange rate)
외환차익거래(foreign exchange arbitrage)
환위험(foreign exchange risk)
현물환(spot exchange)
통화스왑(currency swap)
현물환율(spot exchange rate)
유로달러(Eurodollar)
금리차익거래(covered interest arbitrage)
구매력평가이론(purchasing power parity: PPP)
이자율평가이론(interest rate parity: IRP)
통합된 금융시장(integrated financial markets)
외환시장(foreign exchange market)
외국채권(foreign bond)
국가위험(country risk)
선물환(forward exchange)
외환스왑(foreign exchange swap)
선물환율(forward exchange rate)
유로채권(Euro bond)
역외금융(off-shore financing)
국제피셔효과(international Fisher effect)
국제자본예산(international capital budgeting)
분할된 금융시장(segmented financial markets)

연 습 문 제

27-1 외환거래를 크게 세 가지로 나누고 그 차이를 설명하라.

27-2 국제적으로 활동을 하는 기업이 한 국가 내에서만 활동을 하는 기업에 비해 추가적으로 고려하여야 할 점에는 어떤 것들이 있는지 설명하라.

27-3 해외투자안을 평가하는 과정을 설명하라.

27-4 해외투자안의 자본비용이 국내투자안의 자본비용과 다를 수 있는 원인에 대해 설명하라.

27-5 이자율평가이론이 성립한다고 가정하자. 현물시장과 90일만기 선물환시장에서 1엔(¥)은 0.0086달러($)이다. 일본 금융시장에서 만기가 90일인 무위험채권의 수익률은 4.6%이다. 이 경우 미국 시장에서 만기가 90일인 무위험채권의 수익률은 얼마인지 계산하라.

27-6 2024년 초 현재 외환시장에서 거래되는 미국 달러화에 대한 우리나라 원화의 선물환율이 다음과 같다. 선물환의 할증률 혹은 할인율을 계산하라.

(단위: 원)

현재의 환율	1,270
3개월 선물환율	1,300
6개월 선물환율	1,320
9개월 선물환율	1,330

27-7 외환시장에서 미국 달러화에 대한 원화의 환율은 1 : 1,200이며 일본 엔화에 대한 원화의 환율은 100 : 900이다. 이때 달러화에 대한 엔화의 환율이 1 : 150이라면, 외환차익거래를 이용하여 차익을 얻을 수 있는지를 설명하라.

27-8 현재 달러화와 원화 사이의 현물환율이 ₩1,200/$이다. 향후 1년간의 한국의 명목이자율이 10%이고, 미국의 명목이자율이 5%라고 하자. 국제피셔효과(international Fisher effect)가 성립할 경우 달러화와 원화 사이의 1년 후 현물환율의 기대치를 구하라.

27-9 한라기업은 미국에 현지법인 한라 USA를 설립할 계획을 수립하였다. 한라 USA를 설립하는 경우 예상되는 현금흐름과 이자율은 다음과 같다.

	현금흐름(만달러)	명목이자율(%)	
		한국	미국
0	−500		
1	200	12	6
2	200	11	7
3	200	10	7
4	100	9	6

한라기업의 미국투자에 적합한 할인율은 15%이며, 현재의 환율은 ₩1,200/$이다. 다음 물음에 답하라.

① 국제피셔효과가 성립한다고 가정하고 미래 각 시점의 기대현물환율을 추정하라.

② 투자안의 순현가를 계산하라.

27-10 2024년도 현재 현물환율은 1,100원이고 앞으로 한국과 미국의 기대인플레이션율이 다음과 같을 것으로 예상된다.

항 목	2024	2025	2026	2027	2028
한국의 기대인플레이션율(%)		11	10	10	9
미국의 기대인플레이션율(%)		7	8	9	8
기대현물환율(원/달러)	1,100				

성미전자㈜의 해외투자안이 다음과 같은 현금흐름을 가진다면, 이 투자안에 투자하는 것이 바람직한 것인지 결정하라(단, 투자안의 할인율은 12%이다).

(단위: 백만달러)

항 목	2024	2025	2026	2027	2028
현금흐름(달러)	−25	8	7	7	7

27-11 ㈜미미완구는 한국의 대표적인 완구제작 업체이며, 최근에 유럽과 미국 등지를 대상으로 활발히 수출활동을 벌이고 있다. 올해 ㈜미미완구는 이탈리아에 대한 수출로 €6,000,000의 현금유입이 발생할 것이라고 예측한다. 현재 환율은 ₩1,350/€이며 1년 선물환율은 F_1 = ₩1,420/€이라고 할 때 다음 물음에 답하라.

① 먼저 유로화에 대한 할인율인 5%로 할인한 후 원화로 환산할 경우의 연말에 실현되는 €6,000,000의 가치를 구하라.
② 먼저 원화로 환산한 후 원화에 대한 할인율인 9%로 할인했을 경우의 연말에 실현되는 €6,000,000의 가치를 구하라.
③ 위의 결과에 기초하여 외환시장이 국제적으로 통합되어 있는지의 여부를 설명하라.

27-12 라이언모터스는 우리나라 자동차 업체이며 미국 시장에 진출하려는 계획을 구상 중이다. 현재 원/달러 현물환율은 S = ₩1,000/$이며 원화에 대한 무위험이자율은 4.5%, 달러에 대한 무위험이자율은 6%이다. 시장은 국제적으로 통합되어 있으며 잉여현금흐름의 불확실성은 환율의 불확실성과 상관관계가 없다고 한다. 원화 현금흐름에 대한 가중평균자본비용은 9%라고 할 때 라이언 모터스가 추진하는 프로젝트의 가치를 원화 현금흐름을 기준으로 하여 구하고, 이 프로젝트에 대해 어떠한 결정을 내릴 것인지 판단하라.

라이언 모터스가 추진하는 사업의 잉여현금흐름 (단위: 백만달러)

연도	0	1	2	3	4
잉여현금흐름	−13	8	12	10	12

27-13 달콤제과는 일본으로의 사업 진출을 구상 중에 있다. 원화 자기자본조달비용은 10%이다. 달콤제과는 엔화표시 자기자본조달비용을 알고자 한다. 일본에서의 현금흐름은 원/엔 환율의 움직임과 무관하며, 원화에 대한 무위험이자율은 4%, 엔화에 대한 무위험이자율은 2%이다. 시장이 국제적으로 통합되었다고 가정할 때 엔화 자기자본조달비용을 구하라.

27-14 ABC컨설팅의 원화 타인자본비용은 8%이다. ABC컨설팅에게 적용되는 법인세율은 40%이며 이는 법인이 벌어들인 모든 소득에 대해 적용된다. ABC컨설팅의 경영진은 미국 지사의 사업을 위한 자금조달을 위해 미국에서 새로이 무위험회사채를 발행하고자 한다. 원화에 대한 무위험이자율은 5%이며 달러화에 대한 무위험이자율은 3.5%이다. 경영진은 자본시장이 국제적으로 통합되었다고 믿고 있으며 미국에서의 사업에서 발생하는 현금흐름과 원/달러 환율의 움직임은 무관하다. ABC컨설팅의 세후 달러화 타인자본비용을 구하라.

27-15 중국 정부가 발행한 국채이자율이 6.5%라고 한다. 현재 환율은 1위안 = 165원이고 1년만기 선물환율은 1위안 = 170원이다. 현재 국내 무위험이자율은 6%일 때 중국 국채의 신용스프레드를 구하라.

부 록

표 1 복리가치요소(CVF)

표 2 현가요소(PVF)

표 3 연금의 현가요소($PVFA$)

표 4 연금의 복리가치요소($CVFA$)

표 1 복리가치요소(CVF)

$CVF(r, n) = (1 + r)^n$ (r = 기간당 이자율, n = 기간)

이자율(r) 기간(n)	1%	2%	3%	4%	5%	6%	7%	8%	9%	10%
1	1.0100	1.0200	1.0300	1.0400	1.0500	1.0600	1.0700	1.0800	1.0900	1.1000
2	1.0201	1.0404	1.0609	1.0816	1.1025	1.1236	1.1449	1.1664	1.1881	1.2100
3	1.0303	1.0612	1.0927	1.1249	1.1576	1.1910	1.2250	1.2597	1.2950	1.3310
4	1.0406	1.0824	1.1255	1.1699	1.2155	1.2625	1.3108	1.3605	1.4116	1.4641
5	1.0510	1.1041	1.1593	1.2167	1.2763	1.3382	1.4026	1.4693	1.5386	1.6105
6	1.0615	1.1262	1.1941	1.2653	1.3401	1.4185	1.5007	1.5869	1.6771	1.7716
7	1.0721	1.1487	1.2299	1.3159	1.4071	1.5036	1.6058	1.7138	1.8280	1.9487
8	1.0829	1.1717	1.2668	1.3686	1.4775	1.5938	1.7182	1.8509	1.9926	2.1436
9	1.0937	1.1951	1.3048	1.4233	1.5513	1.6895	1.8385	1.9990	2.1719	2.3579
10	1.1046	1.2190	1.3439	1.4802	1.6289	1.7908	1.9672	2.1589	2.3674	2.5937
11	1.1157	1.2434	1.3842	1.5395	1.7103	1.8983	2.1049	2.3316	2.5804	2.8531
12	1.1268	1.2682	1.4258	1.6010	1.7959	2.0122	2.2522	2.5182	2.8127	3.1384
13	1.1381	1.2936	1.4685	1.6651	1.8856	2.1329	2.4098	2.7196	3.0658	3.4523
14	1.1495	1.3195	1.5126	1.7317	1.9799	2.2609	2.5785	2.9372	3.3417	3.7975
15	1.1610	1.3459	1.5580	1.8009	2.0789	2.3966	2.7590	3.1722	3.6425	4.1772
16	1.1726	1.3728	1.6047	1.8730	2.1829	2.5404	2.9522	3.4259	3.9703	4.5950
17	1.1843	1.4002	1.6528	1.9479	2.2920	2.6928	3.1588	3.7000	4.3276	5.0545
18	1.1961	1.4282	1.7024	2.0258	2.4066	2.8543	3.3799	3.9960	4.7171	5.5599
19	1.2081	1.4568	1.7535	2.1068	2.5270	3.0256	3.6165	4.3157	5.1417	6.1159
20	1.2202	1.4859	1.8061	2.1911	2.6533	3.2071	3.8697	4.6610	5.6044	6.7275
21	1.2324	1.5157	1.8603	2.2788	2.7860	3.3996	4.1406	5.0338	6.1088	7.4002
22	1.2447	1.5460	1.9161	2.3699	2.9253	3.6035	4.4304	5.4365	6.6586	8.1403
23	1.2572	1.5769	1.9736	2.4647	3.0715	3.8197	4.7405	5.8715	7.2579	8.9543
24	1.2697	1.6084	2.0328	2.5633	3.2251	4.0489	5.0724	6.3412	7.9111	9.8497
25	1.2824	1.6406	2.0938	2.6658	3.3864	4.2919	5.4274	6.8485	8.6231	10.835
26	1.2953	1.6734	2.1566	2.7725	3.5557	4.5494	5.8074	7.3964	9.3992	11.918
27	1.3082	1.7069	2.2213	2.8834	3.7335	4.8223	6.2139	7.9881	10.245	13.110
28	1.3213	1.7410	2.2879	2.9987	3.9201	5.1117	6.6488	8.6271	11.167	14.421
29	1.3345	1.7758	2.3566	3.1187	4.1161	5.4184	7.1143	9.3173	12.172	15.863
30	1.3478	1.8114	2.4273	3.2434	4.3219	5.7435	7.6123	10.063	13.268	17.449
35	1.4166	1.9999	2.8139	3.9461	5.5160	7.6861	10.676	14.785	20.414	28.102
40	1.4889	2.2080	3.2620	4.8010	7.0400	10.286	14.974	21.725	31.409	45.259
45	1.5648	2.4379	3.7816	5.8412	8.9850	13.765	21.002	31.920	48.327	72.891
50	1.6446	2.6916	4.3839	7.1067	11.467	18.420	29.457	46.902	74.358	117.39

이자율(r) 기간(n)	11%	12%	13%	14%	15%	16%	17%	18%	19%	20%
1	1.1100	1.1200	1.1300	1.1400	1.1500	1.1600	1.1700	1.1800	1.1900	1.2000
2	1.2321	1.2544	1.2769	1.2996	1.3225	1.3456	1.3689	1.3924	1.4161	1.4400
3	1.3676	1.4049	1.4429	1.4815	1.5209	1.5609	1.6016	1.6430	1.6852	1.7280
4	1.5180	1.5735	1.6305	1.6890	1.7490	1.8106	1.8739	1.9388	2.0053	2.0736
5	1.6851	1.7623	1.8424	1.9254	2.0114	2.1003	2.1924	2.2878	2.3864	2.4883
6	1.8704	1.9738	2.0820	2.1950	2.3131	2.4364	2.5652	2.6996	3.8398	2.9860
7	2.0762	2.2107	2.3526	2.5023	2.6600	2.8262	3.0012	3.1855	3.3793	3.5832
8	2.3045	2.4760	2.6584	2.8526	3.0590	3.2784	3.5115	3.7589	4.0214	4.2998
9	2.5580	2.7731	3.0040	3.2519	3.5179	3.8030	4.1084	4.4355	4.7854	5.1598
10	2.8394	3.1058	3.3946	3.7072	4.0456	4.4114	4.8068	5.2338	5.6947	6.1917
11	3.1518	3.4785	3.8359	4.2262	4.6524	5.1173	5.6240	6.1759	6.7767	7.4301
12	3.4985	3.8960	4.3345	4.8179	5.3503	5.9360	6.5801	7.2876	8.0642	8.9161
13	3.8833	4.3635	4.8980	5.4924	6.1528	6.8858	7.6987	8.5994	9.5964	10.699
14	4.3104	4.8871	5.5348	6.2613	7.0757	7.9875	9.0075	10.147	11.420	12.839
15	4.7846	5.4736	6.2543	7.1379	8.1371	9.2655	10.539	11.974	13.589	15.407
16	5.3109	6.1304	7.0673	8.1372	9.3576	10.748	12.330	14.129	16.172	18.488
17	5.8951	6.8660	7.9861	9.2765	10.761	12.468	14.427	16.672	19.244	22.186
18	6.5436	7.6900	9.0243	10.575	12.375	14.463	16.879	19.673	22.901	26.623
19	7.2633	8.6128	10.197	12.056	14.232	16.777	19.748	23.214	27.252	31.948
20	8.0623	9.6463	11.523	13.743	16.367	19.461	23.106	27.393	32.429	38.338
21	8.9492	10.804	13.021	15.668	18.822	22.574	27.034	32.324	38.591	46.005
22	9.9336	12.100	14.714	17.861	21.645	26.186	31.629	38.142	45.923	55.206
23	11.026	13.552	16.626	20.362	24.891	30.376	37.006	45.008	54.648	66.247
24	12.239	15.179	18.788	23.212	28.625	35.236	43.297	53.109	65.032	79.497
25	13.586	17.000	21.231	26.462	32.919	40.874	50.658	62.669	77.388	95.396
26	15.080	19.040	23.991	30.167	37.857	47.414	59.270	73.949	92.092	114.48
27	16.738	21.325	27.109	34.390	34.535	55.000	69.345	87.260	109.59	137.37
28	18.580	23.884	30.634	39.204	50.066	63.800	81.134	102.97	130.41	164.84
29	20.624	26.750	34.617	44.693	57.575	74.009	94.927	121.50	155.19	197.81
30	22.892	29.960	39.116	50.950	66.212	85.850	111.06	143.37	184.67	237.38
35	38.575	52.800	72.068	98.100	133.18	180.31	243.56	327.99	440.70	590.67
40	65.001	93.051	132.78	188.88	267.86	378.72	533.86	750.38	1051.6	1469.8
45	109.53	163.99	244.64	363.68	538.77	795.44	1170.5	1716.7	2509.6	3657.3
50	184.56	289.00	450.74	700.23	1083.7	1670.7	2566.2	3927.4	5988.9	9100.4

표 2 현가요소(PVF)

$$PVF(r, n) = \frac{1}{(1+r)^n} \quad (r = \text{기간당 할인율}, n = \text{기간})$$

이자율(r) 기간(n)	1%	2%	3%	4%	5%	6%	7%	8%	9%	10%
1	.9901	.9804	.9709	.9615	.9524	.9434	.9346	.9259	.9174	.9091
2	.9803	.9612	.9426	.9266	.9070	.8900	.8734	.8573	.8417	.8264
3	.9706	.9423	.9151	.8890	.8638	.8396	.8163	.7938	.7722	.7513
4	.9610	.9238	.8885	.8548	.8227	.7921	.7629	.7350	.7084	.6830
5	.9515	.9057	.8626	.8219	.7835	.7473	.7130	.6806	.6499	.6209
6	.9420	.8880	.8375	.7903	.7462	.7050	.6663	.6302	.5963	.5655
7	.9327	.8706	.8131	.7599	.7107	.6651	.6227	.5835	.5470	.5132
8	.9235	.8535	.7894	.7307	.6768	.6274	.5820	.5403	.5019	.4665
9	.9143	.8368	.7664	.7026	.6446	.5919	.5439	.5002	.4604	.4241
10	.9053	.8203	.7441	.6756	.6139	.5584	.5083	.4632	.4224	.3855
11	.8963	.8043	.7224	.6496	.5847	.5268	.4751	.4289	.3875	.3505
12	.8874	.7885	.7014	.6246	.5568	.4970	.4440	.3971	.3555	.3186
13	.8787	.7730	.6810	.6006	.5303	.4688	.4150	.3677	.3262	.2897
14	.8700	.7579	.6611	.5775	.5051	.4423	.3878	.3405	.2992	.2633
15	.8613	.7430	.6419	.5553	.4810	.4173	.3624	.3152	.2745	.2394
16	.8528	.7284	.6232	.5339	.4581	.3936	.3387	.2919	.2519	.2176
17	.8444	.7142	.6050	.5134	.4363	.3714	.3166	.2703	.2311	.1978
18	.8360	.7002	.5874	.4936	.4155	.3503	.2959	.2502	.2120	.1799
19	.8277	.6864	.5703	.4746	.3957	.3305	.2765	.2317	.1945	.1635
20	.8195	.6730	.5537	.4564	.3769	.3118	.2584	.2145	.1784	.1486
21	.8114	.6598	.5375	.4388	.3589	.2942	.2415	.1987	.1637	.1351
22	.8034	.6468	.5219	.4220	.3418	.2775	.2257	.1839	.1502	.1228
23	.7954	.6342	.5067	.4057	.3256	.2618	.2109	.1703	.1378	.1117
24	.7876	.6217	.4919	.3901	.3101	.2470	.1971	.1577	.1264	.1015
25	.7798	.6095	.4776	.3751	.2953	.2330	.1842	.1460	.1160	.0923
26	.7720	.5976	.4637	.3607	.2812	.2198	.1722	.1352	.1064	.0839
27	.7644	.5859	.4502	.3468	.2678	.2074	.1609	.1252	.0976	.0763
28	.7568	.5744	.4371	.3335	.2551	.1956	.1504	.1159	.0895	.0693
29	.7493	.5631	.4243	.3207	.2429	.1846	.1406	.1073	.0822	.0630
30	.7419	.5521	.4120	.3083	.2314	.1741	.1314	.0994	.0754	.0573
35	.7059	.5000	.3554	.2534	.1813	.1301	.0937	.0676	.0490	.0356
40	.6717	.4529	.3066	.2083	.1420	.0972	.0668	.0460	.0318	.0221
45	.6391	.4102	.2644	.1712	.1113	.0727	.0476	.0313	.0207	.0137
50	.6080	.3715	.2281	.1407	.0872	.0543	.0339	.0213	.0134	.0085

이자율(r) 기간(n)	11%	12%	13%	14%	15%	16%	17%	18%	19%	20%
1	.9009	.8929	.8850	.8772	.8696	.8621	.8547	.8475	.8403	.8333
2	.8116	.7972	.7831	.7695	.7561	.7432	.7305	.7182	.7062	.6944
3	.7312	.7118	.6931	.6750	.6575	.6407	.6244	.6086	.5934	.5787
4	.6587	.6355	.6133	.5921	.5718	.5523	.5337	.5158	.4987	.4823
5	.5935	.5674	.5428	.5194	.4972	.4761	.4561	.4371	.4190	.4019
6	.5346	.5066	.4803	.4556	.4323	.4104	.3898	.3704	.3521	.3349
7	.4817	.4523	.4251	.3996	.3759	.3538	.3332	.3139	.2959	.2791
8	.4339	.4039	.3762	.3506	.3269	.3050	.2848	.2660	.2487	.2326
9	.3909	.3606	.3329	.3075	.2843	.2630	.2434	.2255	.2090	.1938
10	.3522	.3220	.2946	.2697	.2472	.2267	.2080	.1911	.1756	.1615
11	.3173	.2875	.2607	.2366	.2149	.1954	.1778	.1619	.1476	.1346
12	.2858	.2567	.2307	.2076	.1869	.1685	.1520	.1372	.1240	.1122
13	.2575	.2292	.2042	.1821	.1625	.1452	.1299	.1163	.1042	.0935
14	.2320	.2046	.1807	.1597	.1413	.1252	.1110	.0985	.0876	.0779
15	.2090	.1827	.1599	.1401	.1229	.1079	.0949	.0835	.0736	.0649
16	.1883	.1631	.1415	.1229	.1069	.0930	.0811	.0708	.0618	.0541
17	.1696	.1456	.1252	.1078	.0929	.0802	.0693	.0600	.0520	.0451
18	.1528	.1300	.1108	.0946	.0808	.0691	.0592	.0508	.0437	.0376
19	.1377	.1161	.0981	.0829	.0703	.0596	.0506	.0431	.0367	.0313
20	.1240	.1037	.0868	.0728	.0611	.0514	.0433	.0365	.0308	.0261
21	.1117	.0926	.0768	.0638	.0531	.0443	.0370	.0309	.0259	.0217
22	.1007	.0326	.0680	.0560	.0462	.0382	.0316	.0262	.0218	.0181
23	.0907	.0738	.0601	.0491	.0402	.0329	.0270	.0222	.0183	.0151
24	.0817	.0659	.0532	.0431	.0349	.0284	.0231	.0188	.0154	.0126
25	.0736	.0588	.0471	.0378	.0304	.0245	.0197	.0160	.0129	.0105
26	.0663	.0525	.0417	.0331	.0264	.0211	.0169	.0135	.0109	.0087
27	.0597	.0469	.0369	.0291	.0230	.0182	.0144	.0115	.0091	.0073
28	.0538	.0419	.0326	.0255	.0200	.0157	.0123	.0097	.0077	.0061
29	.0485	.0374	.0289	.0224	.0174	.0135	.0105	.0082	.0064	.0051
30	.0437	.0334	.0256	.0196	.0151	.0116	.0090	.0070	.0054	.0042
35	.0259	.0189	.0139	.0102	.0075	.0055	.0041	.0030	.0023	.0017
40	.0154	.0107	.0075	.0053	.0037	.0026	.0019	.0013	.0010	.0007
45	.0091	.0061	.0041	.0027	.0019	.0013	.0009	.0006	.0004	.0003
50	.0054	.0035	.0022	.0014	.0009	.0006	.0004	.0003	.0002	.0001

표 3 연금의 현가요소($PVFA$)

$$PVFA(r, n) = \frac{(1+r)^n - 1}{r(1+r)^n} \quad (r = \text{기간당 할인율}, n = \text{기간})$$

이자율(r) 기간(n)	1%	2%	3%	4%	5%	6%	7%	8%	9%	10%
1	0.9901	0.9804	0.9709	0.9615	0.9524	0.9434	0.9346	0.9259	0.9174	0.9091
2	1.9704	1.9416	1.9135	1.8861	1.8594	1.8334	1.8080	1.7833	1.7591	1.7355
3	2.9410	2.8839	2.8286	2.7751	2.7232	2.6730	2.6243	2.5771	2.5313	2.4869
4	3.9020	3.8077	3.7171	3.6299	3.5460	3.4651	3.3872	3.3121	3.2397	3.1699
5	4.8534	4.7135	4.5797	4.4518	4.3295	4.2124	4.1002	3.9927	3.8897	3.7908
6	5.7955	5.6014	5.4172	5.2421	5.0757	4.9173	4.7665	4.6229	4.4859	4.3553
7	6.7282	6.4720	6.2303	6.0021	5.7864	5.5824	5.3893	5.2064	5.0330	4.8684
8	7.6517	7.3255	7.0197	6.7327	6.4632	6.2098	5.9713	5.7466	5.5348	5.3349
9	8.5660	8.1622	7.7861	7.4353	7.1078	6.8017	6.5152	6.2469	5.9952	5.7590
10	9.4713	8.9826	8.5302	8.1109	7.7217	7.3601	7.0236	6.7101	6.4177	6.1446
11	10.368	9.7868	9.2526	8.7605	8.3064	7.8869	7.4987	7.1390	6.8052	6.4951
12	11.255	10.575	9.9540	9.3851	8.8633	8.3838	7.9427	7.5361	7.1607	6.8137
13	12.134	11.348	10.635	9.9856	9.3936	8.8527	8.3577	7.9038	7.4869	7.1034
14	13.004	12.106	11.296	10.563	9.8986	9.2950	8.7455	8.2442	7.7862	7.3667
15	13.865	12.849	11.938	11.118	10.380	9.7122	9.1079	8.5595	8.0607	7.6061
16	14.718	13.578	12.561	11.652	10.838	10.106	9.4466	8.8514	8.3126	7.8237
17	15.562	14.292	13.166	12.166	11.274	10.477	9.7632	9.1216	8.5436	8.0216
18	16.398	14.992	13.756	12.659	11.690	10.828	10.059	9.3719	8.7556	8.2014
19	17.226	15.679	14.324	13.134	12.085	11.158	10.336	9.6036	8.9501	8.3649
20	18.046	16.351	14.877	13.590	12.462	11.470	10.594	9.8181	9.1285	8.5136
21	18.857	17.011	15.415	14.029	12.821	11.764	10.835	10.017	9.2922	8.6487
22	19.660	17.658	15.937	14.451	13.163	12.042	11.061	10.201	9.4424	8.7715
23	20.456	18.292	16.444	14.857	13.489	12.303	11.272	10.371	9.5802	8.8832
24	21.243	18.914	16.935	15.247	13.799	12.550	11.469	10.529	9.7066	8.9847
25	22.023	19.524	17.413	15.622	14.094	12.783	11.654	10.675	9.8226	9.0770
26	22.795	20.121	17.877	15.983	14.375	13.003	11.826	10.810	9.9290	9.1609
27	23.560	20.707	18.327	16.330	14.643	13.210	11.987	10.935	10.027	9.2372
28	24.316	21.281	17.764	16.663	14.898	13.406	12.137	11.051	10.116	9.3066
29	25.066	21.844	19.188	16.984	15.141	13.591	12.278	11.158	10.198	9.3696
30	25.808	22.397	19.600	17.292	15.373	13.765	12.409	11.258	10.274	9.4269
35	29.409	24.999	21.487	18.665	16.374	14.498	12.948	11.655	10.567	9.6442
40	32.835	27.356	23.115	19.793	17.159	15.046	13.332	11.925	10.757	9.7791
45	36.095	29.490	24.519	20.720	17.774	15.456	13.605	12.108	10.881	9.8628
50	39.196	31.424	25.730	21.482	18.256	15.762	13.801	12.233	10.962	9.9148

이자율(r) 기간(n)	11%	12%	13%	14%	15%	16%	17%	18%	19%	20%
1	0.9009	0.8929	0.8850	0.8772	0.8696	0.8621	0.8547	0.8475	0.8403	0.8333
2	1.7125	1.6901	1.6681	1.6467	1.6257	1.6052	1.5852	2.5656	1.5465	1.5278
3	2.4437	2.4018	2.3612	2.3216	2.2832	2.2459	2.2096	2.1743	2.1399	2.1065
4	3.1024	3.0373	2.9745	2.9137	2.8550	2.7982	2.7432	2.6901	2.6386	2.5887
5	3.6959	3.6048	3.5172	3.4331	3.3522	3.2743	3.1993	3.1272	3.0576	2.9906
6	4.2305	4.1114	3.9975	3.8887	3.7845	3.6847	3.5892	3.4976	3.4098	3.3255
7	4.7122	4.5638	4.4226	4.2883	4.1604	4.0386	3.9224	3.8115	3.7057	3.6046
8	5.1461	4.9676	4.7988	4.6389	4.4873	4.3436	4.2072	4.0776	3.9544	3.8372
9	5.5370	5.3282	5.1317	4.9464	4.7716	4.6065	4.4506	4.3030	4.1633	4.0310
10	5.8892	5.6502	5.4262	5.2161	5.0188	4.8332	4.6586	4.4941	4.3389	4.1925
11	6.2065	5.9377	5.6869	5.4527	5.2337	5.0286	4.8364	4.6560	4.4865	4.3271
12	6.4924	6.1944	5.9176	5.6603	5.4206	5.1971	4.9884	4.7932	4.6105	4.4392
13	6.7499	6.4235	6.1218	5.8424	5.5831	5.3423	5.1183	4.9095	4.7147	4.5327
14	6.9819	6.6282	6.3025	6.0021	5.7245	5.4675	5.2293	5.0081	4.8023	4.6106
15	7.1909	6.8109	6.4624	6.1422	5.8474	5.5755	5.3242	5.0916	4.8759	4.6755
16	7.3792	6.9740	6.6039	6.2651	5.9542	5.6685	5.4053	5.1624	4.9377	4.7296
17	7.5488	7.1196	6.7291	6.3729	6.0472	5.7487	5.4746	5.2223	4.9897	4.7746
18	7.7016	7.2497	6.8399	6.4674	6.1280	5.8178	5.5339	5.2732	5.0333	4.8122
19	7.8393	7.3658	6.9380	6.5504	6.1982	5.8775	5.5845	5.3162	5.0700	4.8435
20	7.9633	7.4694	7.0248	6.6231	6.2593	5.9288	5.6278	5.3527	5.1009	4.8696
21	8.0751	7.5620	7.1015	6.6870	6.3125	5.9731	5.6648	5.3837	5.1268	4.8913
22	8.1757	7.6446	7.1695	6.7429	6.3587	6.0113	5.6964	5.4099	5.1486	4.9094
23	8.2664	7.7184	7.2297	6.7921	6.3988	6.0442	5.7234	5.4321	5.1668	4.9245
24	8.3481	7.7843	7.2829	6.8351	6.4338	6.0726	5.7465	5.4509	5.1822	4.9371
25	8.4217	7.8431	7.3300	6.8729	6.4641	6.0971	5.7662	5.4669	5.1951	4.9476
26	8.4881	7.8957	7.3717	6.9061	6.4906	6.1182	5.7831	5.4804	5.2060	4.9563
27	8.5478	7.9426	7.4086	6.9352	6.5135	6.1364	5.7975	5.4919	5.2151	4.9636
28	8.6016	7.9844	7.4412	6.9607	6.5335	6.1520	5.8099	5.5016	5.2228	4.9697
29	8.6501	8.0218	7.4701	6.9830	6.5509	6.1656	5.8204	5.5098	5.2292	4.9747
30	8.6938	8.0552	7.4957	7.0027	6.5660	6.1772	5.8294	5.5168	5.2347	4.9789
35	8.8552	8.1755	7.5856	7.0700	6.6166	6.2153	5.8582	5.5386	5.2512	4.9915
40	8.9511	8.2433	7.6344	7.1050	6.6418	6.2335	5.8713	5.5482	5.2582	4.9966
45	9.0079	8.2825	7.6609	7.1232	6.6543	6.2421	5.8773	5.5523	5.2611	4.9986
50	9.0417	8.3045	7.6752	7.1327	6.6605	6.2463	5.8801	5.5541	5.2623	4.9995

표 4 연금의 복리가치요소($CVFA$)

$$CVFA(r, n) = \frac{(1+r)^n - 1}{r} \quad (r = \text{기간당 할인율}, n = \text{기간})$$

이자율(r) 기간(n)	1%	2%	3%	4%	5%	6%	7%	8%	9%	10%
1	1.0000	1.0000	1.0000	1.0000	1.0000	1.0000	1.0000	1.0000	1.0000	1.0000
2	2.0100	2.0200	2.0300	2.0400	2.0500	2.0600	2.0700	2.0800	2.0900	2.1000
3	3.0301	3.0604	3.0909	3.1216	3.1525	3.1836	3.2149	3.2464	3.2781	3.3100
4	4.0604	4.1216	4.1836	4.2465	4.3101	4.3746	4.4399	4.5061	4.5731	4.6410
5	5.1010	5.2040	5.3091	5.4163	5.5256	5.6371	5.7507	5.8666	5.9847	6.1051
6	6.1520	6.3081	6.4684	6.6330	6.8019	6.9753	7.1533	7.3359	7.5233	7.7156
7	7.2135	7.4343	7.6625	7.8983	8.1420	8.3938	8.6540	8.9228	9.2004	9.4872
8	8.2857	8.5830	8.8923	9.2142	9.5491	9.8975	10.260	10.637	11.028	11.436
9	9.3685	9.7546	10.159	10.583	11.027	11.491	11.978	12.488	13.021	13.579
10	10.462	10.950	11.464	12.006	12.578	13.181	13.816	14.487	15.193	15.937
11	11.567	12.169	12.808	13.486	14.207	14.972	15.784	16.645	17.560	18.531
12	12.683	13.412	14.192	15.026	14.917	16.870	17.888	18.977	20.141	21.384
13	13.809	14.680	15.618	16.627	17.713	18.882	20.141	21.495	22.953	24.523
14	14.947	15.974	17.086	18.292	19.599	21.015	22.550	24.215	26.019	27.975
15	16.097	17.293	18.599	20.024	21.579	23.276	25.129	27.152	29.361	31.772
16	17.258	18.639	20.157	21.825	23.657	25.673	27.888	30.324	33.003	35.950
17	18.430	20.012	21.762	23.698	25.840	28.213	30.840	33.750	36.974	40.545
18	19.615	21.412	23.414	25.645	28.132	30.906	33.999	37.450	41.301	45.599
19	20.811	22.841	25.117	27.671	30.539	33.760	37.379	41.446	46.018	51.159
20	22.019	24.297	26.870	29.778	33.066	36.786	40.995	45.762	51.160	57.275
21	23.239	25.783	28.676	31.969	35.719	39.993	44.865	50.423	56.765	64.002
22	24.472	27.299	30.537	34.248	38.505	43.392	49.006	55.457	62.873	71.403
23	25.716	28.845	32.453	36.618	41.430	46.996	53.436	60.893	69.532	79.543
24	26.973	30.422	34.426	39.083	44.502	50.816	58.177	66.765	76.790	88.497
25	28.243	32.030	36.459	41.646	47.727	54.865	63.249	73.106	84.701	98.347
26	29.526	33.671	38.553	44.312	51.113	59.156	68.676	79.954	93.324	109.18
27	30.821	35.344	40.710	47.084	54.669	63.706	74.484	87.351	102.72	121.10
28	32.129	37.051	42.931	49.968	58.403	68.528	80.698	95.339	112.97	134.21
29	33.450	38.792	45.219	52.966	62.323	73.640	87.347	103.97	124.14	148.63
30	34.785	40.568	47.575	56.085	66.439	79.058	94.461	113.28	136.31	164.49
35	41.660	49.994	60.462	73.652	90.320	111.43	138.24	172.32	215.71	271.02
40	48.886	60.402	75.401	95.026	120.80	154.76	199.64	269.06	337.88	442.59
45	56.481	71.893	92.720	121.03	159.70	212.74	285.75	386.51	525.86	718.90
50	64.463	84.579	112.80	152.67	209.35	290.34	406.53	573.77	815.08	1163.9

이자율(r) 기간(n)	11%	12%	13%	14%	15%	16%	17%	18%	19%	20%
1	1.0000	1.0000	1.0000	1.0000	1.0000	1.0000	1.0000	1.0000	1.0000	1.0000
2	2.1100	2.1200	2.1300	2.1400	2.1500	2.1600	2.1700	2.1800	2.1900	2.2000
3	3.3421	3.3744	3.4069	3.4396	3.4725	3.5056	3.5389	3.5724	3.6061	3.6400
4	4.7097	4.7793	4.8498	4.9211	4.9934	5.0665	5.1405	5.2154	5.2913	5.3680
5	6.2278	6.3528	6.4803	6.6101	6.7424	6.8771	7.0144	7.1542	7.2966	7.4416
6	7.9130	8.1152	8.3230	8.5355	8.7537	8.9775	9.2068	9.4420	9.6830	9.9299
7	9.7830	10.089	10.405	10.703	11.067	11.414	11.772	12.142	12.523	12.916
8	11.859	12.300	12.757	13.233	13.727	14.240	14.773	15.327	15.920	16.499
9	14.163	14.776	15.416	16.085	16.786	17.519	18.285	19.086	19.923	20.799
10	16.722	17.549	18.419	19.337	20.304	21.321	22.393	23.521	24.709	25.959
11	19.561	20.655	21.814	23.045	24.349	25.733	27.199	28.755	30.404	32.150
12	22.713	24.133	25.650	27.271	29.002	30.850	32.823	34.931	37.180	39.581
13	26.211	28.029	29.984	32.089	34.352	36.786	39.404	42.219	45.244	48.497
14	30.095	32.393	34.883	37.581	40.505	43.672	47.103	50.818	54.841	59.196
15	34.405	37.280	40.418	43.842	47.580	51.660	56.110	60.965	66.261	72.035
16	39.199	42.753	46.672	50.980	55.717	60.925	66.649	72.939	79.850	87.442
17	44.501	48.884	53.739	59.118	65.075	71.673	78.979	87.068	96.022	105.93
18	50.396	55.750	61.725	68.394	75.836	84.141	93.406	103.74	115.26	128.12
19	56.939	63.440	70.749	78.969	88.212	98.603	110.29	123.41	138.16	154.74
20	64.203	72.052	80.947	91.025	102.44	115.38	130.03	146.63	165.42	186.69
21	72.265	81.699	92.469	104.77	118.81	134.84	153.14	174.02	197.85	225.03
22	81.214	95.503	105.49	120.44	137.63	157.41	180.17	206.34	236.44	271.03
23	91.148	104.60	120.20	138.30	159.28	183.60	211.80	244.49	282.36	326.24
24	102.17	118.16	136.83	158.66	184.17	213.98	248.81	289.49	337.01	392.48
25	114.41	133.33	155.62	181.87	212.79	249.21	292.10	342.60	402.04	471.98
26	127.99	150.33	176.85	208.33	245.71	290.09	342.76	405.27	479.43	567.38
27	143.08	169.37	200.84	238.50	283.57	337.50	402.03	479.22	571.52	681.85
28	159.82	190.70	227.95	272.89	327.10	392.50	471.38	566.48	681.11	819.22
29	178.39	214.58	258.58	312.09	377.17	456.30	552.51	669.45	811.52	984.07
30	199.02	241.33	293.19	356.79	434.75	530.31	647.44	790.95	966.71	1181.9
35	341.59	431.66	546.68	693.57	881.17	1120.7	1426.4	1816.7	2314.2	2948.3
40	581.83	767.09	1013.7	1342.0	1779.1	2360.8	3134.5	4163.2	5529.8	7343.9
45	986.64	1358.3	1874.2	2590.6	3585.1	4965.3	6879.2	9531.6	13203.	18281.
50	1668.7	2400.0	3459.5	4994.5	7217.7	10436.	15089.	21813.	31515.	45497.

찾아보기

국문 찾아보기

ㄱ

ㄴ

ㅂ

ㅇ

ㅊ

영문 찾아보기

A

B

D

E

J

K

L

M

R

S

| 저자 약력 |

■ 박 정 식

2017년 작고
전, 서울대학교 경영대학 교수 및 명예교수
서울대학교 문리과대학 학사
플로리다주립대학교 경영학박사(재무관리)
MIT대학교 초빙교수
한국재무학회 회장

■ 박 종 원

현, 서울시립대학교 경영대학 교수
국민대학교 경영학과 학사
서울대학교 대학원 석사 및 박사(재무 · 금융)
펜실베니아대학교 와튼스쿨 객원연구원
한국재무학회/한국파생상품학회 회장
공인회계사 및 세무사(영화회계법인 근무)

■ 조 재 호

현, 서울대학교 경영대학 명예교수
전, 서울대학교 경영대학 및 경영전문대학원 교수
서울대학교 경영대학 학사
펜실베니아대학교 와튼스쿨 석사(MBA) 및 박사(Ph.D. in Finance)
뉴욕시립대학교 바루크대학 교수
펜실베니아대학교 와튼스쿨 객원연구원
동경대학교 대학원 경제학연구과 특임교수
Chartered Financial Analyst(CFA, 19277)

| 주요 저서 및 논문 |

■ 박 정 식

현대투자론 제5판(공저, 2023, 다산출판사)
경영분석 제7판(공저, 2023, 다산출판사)
현대통계학 제6판(공저, 2022, 다산출판사)
재무관리 제4판(공저, 2021, 다산출판사)
현대재무관리연습(공저, 2003, 다산출판사)

■ 박 종 원

현대투자론 제5판(공저, 다산출판사, 2023)
재무관리 제4판(공저, 다산출판사, 2021)
선물 · 옵션 · 스왑(공저, 다산출판사, 2009)
현대재무관리연습(공저, 다산출판사, 2003)
신용위험관리 제4판(공저, 한국금융연수원, 2021)
위험측정 및 활용 제2판(공저, 한국금융연수원, 2022)

"Price Behavior and Momentum of Small-cap Stocks: A Study Using Principal Component Momentum"(공저, 2023, *Research in International Business and Finance* 65).

"Investor Attention, Firm-Specific Characteristic, and Momentum: A Case of the Korean Stock Market"(공저, 2021, *Research in International Business and Finance* 57)

"Effects of Common Factors on Stock Correlation Networks and Portfolio Diversification"(공저, 2017, *International Review of Financial Analysis* 49).

"Program Trading and the Link between the Spot and Futures Prices"(공저, 2015, *Journal of Futures Markets* 35).

"Futures Trading, Spot Market Volatility, and Market Efficiency: The Case of the Korean Index Futures Market"(공저, 2004, *Journal of Futures Markets* 24).

■ 조 재 호

선물 · 옵션 · 스왑(공저, 2009, 다산출판사)
현대재무관리연습(공저, 2003, 다산출판사)

"한국시장에서의 주식프리미엄과 무위험이자율 의문현상: 외환위기 이후의 자료를 이용한 재검토"(공저, 2020, 재무연구 33)

"Heterogeneous Expectations, Asset Prices, and Trading Volume under a Non-expected Utility Function with CARA"(2019, *Seoul Journal of Business* 25)

"Stock Price Reactions to News and the Momentum Effect in the Korean Stock Market"(공저, 2015, *Asia-Pacific Journal of Financial Studies* 43)

"On the Connection between the Expectations Hypothesis of the Term Structure of Interest Rates and Risk Neutrality"(2006, 계량경제학보)

"Intertemporal Substitution, Risk Aversion, and Asset Pricing under Heterogeneous Beliefs"(2001, 금융학회지)

"Asset Pricing Implications of a Non-expected Recursive Utility Function"(공저, 1994, *International Review of Financial Analysis* 3)

"The Stock Market Premium, Production, and Relative Risk Aversion: A Generalization"(1992, *Economics Letters* 40)

제9판
현대재무관리

1977년 2월 25일 제1판 1쇄 발행
1979년 9월 1일 제2판 1쇄 발행
1982년 8월 25일 제3판 1쇄 발행
1987년 2월 25일 제4판 1쇄 발행
1993년 2월 5일 제5판 1쇄 발행
2001년 2월 25일 제6판 1쇄 발행
2006년 8월 30일 제7판 1쇄 발행
2015년 2월 28일 제8판 1쇄 발행
2024년 2월 25일 제9판 1쇄 발행
2026년 1월 30일 제9판 3쇄 발행

저자와의 협의에 의해 인지첨부를 생략합니다.

저 자 박정식 · 박종원 · 조재호
발행인 강 희 일 · 박 은 자
발행처 다 산 출 판 사
서울특별시 마포구 대흥로 6길 8
등 록 1979. 6. 5. 제3 – 86 호(윤)
전 화 (717) 3661~2, (718) 1751~2
FAX (716) 9945

정가 **39,000원** 파본은 바꾸어 드립니다.

http://www.dasanbooks.co.kr
ISBN 978-89-7110-666-2 93320